Ostias vergessene Spätantike

Deutsches Archäologisches Institut Rom

Palilia

Band 31

hrsg. von Ortwin Dally – Norbert Zimmermann

Axel Gering

Ostias vergessene Spätantike

Eine urbanistische Deutung zur Bewältigung von Verfall

2018

Dr. Ludwig Reichert Verlag Wiesbaden

Umschlagbild:
Collage A. Gering, basierend auf Luftbildern des TOPOI-Teams Berlin 2011 unter der Leitung von U. Lieberwirth (Fotograf H. P. Thamm) im Rahmen der Berlin-Kent-Ostia Excavations BKO mit freundlicher Genehmigung der Sopraintendenz von Ostia (A.Pellegrino 2011)

Redaktion: Deutsches Archäologisches Institut Rom
Textredaktion: Marion Menzel, Deutsches Archäologisches Institut Rom
Satz, Bild und Prepress: Punkt.Satz, Zimmer und Partner, Berlin

Bibliografische Information der Deutschen Nationalbibliothek
Die Deutsche Nationalbibliothek verzeichnet diese Publikation in der Deutschen Nationalbibliografie; detaillierte bibliografische Daten sind im Internet über http://dnb.ddb.de abrufbar.

ISBN 978-3-95490-210-1

Gedruckt auf alterungsbeständigem Papier mit neutralem pH-Wert.
Printed in Germany.

Inhalt

Vorwort

Die vorliegende Fassung meiner Habilitationsschrift fußt in ihren Ursprüngen auf einem Forschungsprojekt des Jahres 2000. Es widmete sich ambitionierten Neuentwürfen für vielgeschossigen Wohnungsbau in der Stadt der hohen Kaiserzeit – die wie das Beispiel der sogenannten Case a Giardino aus Ostia jedoch oft ein »unerfüllter Architektentraum« blieben.

Die entsprechenden Bauaufnahmen ergaben allerdings, anfangs noch als unerwünschtes Nebenprodukt, zahlreiche und bislang völlig unbekannte Spuren spätantiker Veränderung der Bausubstanz. Dieser Befund führte zunächst zum recht trist anmutenden Arbeitstitel für ein Folgeprojekt 2001: »Leben in und mit Ruinen«. Durch nähere Beschäftigung mit den Arten des städtebaulichen Verfalls und lokalen ›Krisenmanagements‹ überwog aber bald schon der Eindruck des beständigen Wandels die Aspekte des unwiderruflichen Verfalls. Den lokalen Krisen und Schwerpunktverschiebungen im Hafenareal Roms des 3. Jhs. war kein linearer städtebaulicher Niedergang, sondern insbesondere im späteren 4. und der ersten Hälfte des 5. Jhs. eine Phase der Konsolidierung und geballter Bauaktivitäten gefolgt, die für Jahrhunderte (und bis heute) das Bild der Stadt Ostia prägte. Das eigentliche Habilitationsprojekt, das sich vom Wohnraum ausgehend seit 2003 zunehmend auch mit der spätantiken Veränderung des öffentlichen Raums beschäftigte, bekam dementsprechend – auf Basis der statistischen Erhebung aller Bauaktivitäten – den zutreffenderen Titel »Die Bewältigung des Verfalls. Urbane Lebensräume im Wandel zwischen Prinzipat und Spätantike«.

Die gleichlautende Habilitationsschrift wurde 2006 an der Philosophischen Fakultät der Humboldt-Universität zu Berlin unter Detlef Rößler angenommen. Ihre Konzeption zielte auf allgemeine und reichsweit vergleichbare Phänomene spätantiker Stadtentwicklung, so daß die einzelnen behandelten Stätten nicht mehr im Titel genannt werden konnten bzw. mußten. Die bis 2010 stark gekürzte vorläufige Druckversion war dagegen wieder konkret auf die urbanistische Entwicklung von Ostia zugeschnitten; sie wurde während der laufenden Forumsgrabungen des Autors aber wieder ›auf Eis‹ gelegt, um die Stratigraphie der Altgrabungen mit den datierenden Befunden neuer Ausgrabungen abgleichen zu können.

Eine wesentliche inhaltliche Erweiterung erfuhr die Studie letztmals durch ein Forschungsprojekt des Autors zur kultischen Topographie und dem statuarischen Inventar in spätantiken Städten in den Jahren 2010–2012 und durch die eigenen Ausgrabungen am sogenannten Foro della Statua Eroica und am Forum von Ostia von 2008–2015. Finanziell unterstützt wurde das Projekt neben vielen kleineren Stiftungen einerseits durch die Gerda-Henkel-Stiftung, wofür hier namentlich insbesondere Angela Kühnen gedankt werden soll, und andererseits durch das Winckelmann-Institut sowie das Präsidium der Humboldt-Universität zu Berlin, wofür insbesondere Stephan Schmid, Susanne Muth, Luca Giuliani und Peter Frensch gedankt werden soll.

In Ostia sei der Sopraintendenz Ostia und insbesondere Anna Gallina Zevi, Angelo Pellegrino, Paola Germoni, Cinzia Morelli, Alfredo Marinucci, Elvira Angeloni und vielen Mitarbeitern vor Ort herzlich dafür gedankt, daß ich mich in den Ausgrabungen, Magazinen und Archiven seit Jahren wie zuhause fühlen darf. Seit mehr als einem Jahrzehnt erhalte ich in Ostia wissenschaftliche Anregungen und materielle wie personelle Hilfe bei meinen stadtweiten Mauer-Surveys, Bauaufnahmen, Fundamentsondagen etc., so daß es jetzt Zeit wird, ein wenig davon zumindest in Form des vorliegenden Buches zurückzugeben.

Darüberhinaus wären die Untersuchungen aber ohne die finanzielle Unterstützung des DAI Rom im Rahmen des Seminars ›Stadtkulturen‹ sowie des DAI Berlin im Rahmen eines dreijährigen Forschungsstipendiums, die Gastfreundschaft des Villino Amelung und die Verbindung zur Lehrtätigkeit an der Humboldt-Universität zu Berlin nicht in der vorliegenden umfassenden Form möglich gewesen. Allen Verantwortlichen und beteiligten Mitarbeitern der genannten Institutionen sei mein herzlichster Dank ausgedrückt, insbesondere Antje Krug für ihr weitgefächertes Interesse an ›Müllforschung‹, Veit Stürmer für die Organisation der Projekträume, sowie allen Beteiligten der urbanistischen Surveys in Aphrodisias und Ephesos. Hervorheben möchte ich Janet DeLaine und Norbert Zimmermann für ihre Kennerschaft der Materie zu Ostia wie Ephesos. Zu Aphrodisias rundete sich das Bild dank Charlotte Roueché, die meinen Theorien zur Südagora sehr motivierende Zustimmung zuteil werden ließ.

Für Anregung und Motivation in meiner Zeit am römischen Institut danke ich Franz Alto Bauer, Sylvia Diebner, Olaf Dräger, Björn Ewald, Stella Falzone, Paola Fornasier, Stefan Freyberger, Roberta Geremia Nucci, Jochen Griesbach, Anette Haug, Kristine Iara, Michael Heinzelmann, Pia Kastenmeier, Luke Lavan, Michael Lesky, Johannes Lipps, Rudi Känel, Valentin Kockel, Dieter Mertens, Stephan Mols, Patrizio Pensabene, Richard Neudecker, Salvatore Ortisi, Carlo Pavolini, Maria-Antonietta Ricciardi, Alessandra Ridolfi, Elisa

Ritzmann, Martin Schulz, Martina Schwarz, Natascha Soijc, Paul Zanker und Fausto Zevi.

Dank gilt nicht zuletzt meiner Ehefrau Susanna Wittmann für Motivation, Mithilfe vor Ort und unermüdliche Korrekturarbeit beim Schreiben, meinem Sohn Alex Whitford für seine praktische Mitarbeit beim Organisieren von Ausgrabungen, Daniel Damgaard und Michael Joyce, Felix Hülsebeck, Johannes Trockels, Lydia Schallenberg, Thorsten und Monica Otto, sowie dem Keramikteam aus Aarhus, ferner Hans-Peter Thamm, Bernhard Strackenbrock, Birgit Tsuchyia, Undine Lieberwirth, Christian Krug und vielen weiteren für ihre Mitarbeit bei der Auswertung des »Ostia-Forum-Projekts« in Ostia und Berlin bis heute.

Daß aus den bisher publizierten Aufsätzen im Rahmen der anvisierten kumulativen Habilitation nach 14 Jahren Forschungen vor Ort auch noch eine Monographie wird, ist vor allem der beständigen nennen wir es ›Ermunterung‹ durch Henning Wrede zuzuschreiben. Sein umfassendes antiquarisches wie mentalitäts- und sozialhistorisches Verständnis von Spätantike verleitete mich zu vielen Exkursen jenseits von Architektur und Urbanistik, legte mir die Frage nach der ›Möblierung‹ der spätantiken Stadt mit klassischen Bildwerken nahe und bewahrte mich durch die verbreiterte Perspektive vor vielen Fehlern. Der primär urbanistische Zugang zur Archäologie, der mich aufgrund meiner Autopsie der Ruinen vor Ort leitete, bildet das Gegengewicht: Objekte werden erst durch ihren urbanen Kontext interessant – dabei wird von selbst klar, daß ich die zugehörige Vorgehensweise und die in ihr steckenden Fehlermöglichkeiten ganz alleine zu verantworten habe.

Für die Aufnahme der Arbeit in die Reihen des Römischen Instituts gilt mein herzlicher Dank Henner von Hesberg, Stefan Freyberger und Ortwin Dally, für die redaktionelle Betreuung Philipp von Rummel, Norbert Zimmermann, Gabriele Scriba und Marion Menzel.

I. Vorbemerkungen – Begriffe und Forschungsstand

I. 1 Die größte Flächengrabung und der städtebauliche Wandel in der Spätantike

> *»müßte man sich eigentlich als Ausgangspunkt seiner Überlegungen eine weitgehend ausgegrabene und archäologisch untersuchte antike Stadt in der Art von Timgad oder Ostia vornehmen«*[1]

Die Forderung, antiken Lebensraum als Ganzes zu erfassen und zu untersuchen, ist nicht neu. Der Blick eines Bauforschers ist auf Jahre hin auf einen einzelnen Bau fixiert, Urbanistik bedingt jedoch, im Idealfall alle Funktionsbereiche einer Stadt in ihrer Interaktion zu betrachten. Nicht der Blick des Architekten und Bauhistorikers auf isolierte Gebäude, sondern das Verständnis ihrer Gesamtwirkung auf die antiken Benutzer und ihr ›Funktionieren‹ im Zusammenhang steht daher im Fokus der urbanistischen wie kulturhistorischen Perspektive. Dazu gehört es, die Bauten und die darin gefundene statuarische Ausstattung wie auch Inschriften, Kleinfunde und scheinbar nebensächliche Nutzungsspuren im Bodenbelag gleichberechtigt und als Einheit zu betrachten und zu deuten.

Nach Jahrzehnten notwendigerweise konzentrierter Bauforschung in vielen ehemals schlecht dokumentierten Flächengrabungen ist heute eine gewaltige Menge an Information verfügbar. Gerade diese Menge schafft Chancen und neue Probleme zugleich: So ist es oft nicht mehr möglich, von verwandten historischen Disziplinen der Altertumswissenschaften aus eine archäologische Flächengrabung als historische Materialquelle zu nutzen, weil die Information zu spezialisiert aufbereitet ist. Das Desiderat an Aufarbeitung ist also zweigeteilt: es bedingt zunächst hoch spezialisierte bauhistorische, grabungsarchäologische oder epigraphische Detailstudien auf jeweils neuestem Forschungsstand, in gewissen Zyklen aber auch allgemeiner verständliche kulturwissenschaftliche Synthesen, die darauf aufbauen. Diese Synthesen müßten die wichtigsten Ergebnisse ersterer Studien verwerten und zur Verständlichung in einen alle Materialgruppen umfassenden, dafür aber lokal begrenzten (kultur-)historischen Kontext als ›Städtebiographie‹ einer spezifischen Epoche einbinden.

Die Voraussetzung, urbanistische Methoden zumindest ansatzweise auf eine antike Stadtruine anwenden zu können, ist ein möglichst großflächig freigelegter Stadtausschnitt und eine gute Erhaltung sowie Dokumentation von Bauten, Ausstattung sowie Kleinfunden und Nutzungsspuren, zumindest für den zu betrachtenden Zeitrahmen, hier die Spätantike.

Viele antike Stätten, die auch oder gerade in der Spätantike zu Bedeutung gelangt waren, können als gut aufgearbeitet gelten, was ihr öffentliches Zentrum betrifft. Ostias spätantike Gestalt hält man dagegen bis heute für unbedeutend, de facto ist sie weitgehend unerforscht. Wie kann man also spätantike Phänomene von städtebaulichem Verfall, Wandel und urbanistischer Reorganisation und Innovation, die danach in Dynamik und Zielrichtung mit den urbanistischen Veränderungen anderer Städten verglichen werden können, ausgerechnet anhand von Ostia untersuchen wollen?

In zweifacher Hinsicht ragt gerade die Beschäftigung mit Ostia über die Bedeutung einer gewöhnlichen Stadtuntersuchung hinaus: Als größte Flächengrabung der antiken Welt kann man hier nämlich einerseits Beobachtungen zur Stadtstruktur auch jenseits des öffentlichen Zentrums machen, die anderswo grabungsbedingt nicht möglich wären, andererseits war Ostia grundsätzlich in der Spätantike wesentlich bedeutender, als man das bislang vermutet hat. So erfuhr gerade die Stadt des späten 3. bis 5. Jhs. n. Chr.[2] einen einzigartigen Funktionswandel und Umbau, der allerdings nicht mehr nur durch die ökonomische Erfolgsgeschichte Ostias selbst getragen worden war, sondern in der Spätantike mehr als zuvor vom Investitonsinteresse und Kapital stadtrömischer senatorischer Familien. Betrachtet man Ostias spätantikes Stadtzentrum, also die Gesamtheit der dort aufgelassenen, reparierten und neu errichteten öffentlichen Bauten, dann ergeben sich dementsprechend die nächsten Parallelen zu Rom, überraschenderweise aber auch zu den Metropolen des Reichsostens, wobei die engsten Analogien urbanistischer ›Standards‹ zu kosmopolitischen Hafenstädten und spätantiken Verwaltungszentren auffallen. Ostia kam bei der Entwicklung von spezifisch spätantiken Stadtstrukturen weder die Rolle eines Vorbilds noch eines reinen Nachahmers zu. Die Stätte erlaubt es allerdings dank der zusammen-

1 Brenk 2003, 5.

2 Alle folgenden Jahresangaben beziehen sich, sofern nicht anders gekennzeichnet, auf die nachchristliche Zeit.

hängenden Freilegung, urbane Schrumpfungs- und Verlagerungsprozesse und die direkt daran ansetzende ›Bewältigung‹ von städtebaulichem Verfall, also die komplexe Gesamtheit eines urbanistischen Wandels, der sich auch im Stadtbild vieler weiterer spätantiken Stadtkulturen beobachten ließe, hier am umfassendsten zu verfolgen und zu verstehen.

Die urbanistische Perspektive bedingt eine etwas unorthodox wirkende Vorgehensweise. Anstelle die Studie nach einzelnen städtebaulichen Phänomenen wie etwa »Die Ballung von Kleingewerbe«, »Die Zonenbildung von Wohnvierteln« oder »Die selektive Renovierung von Thermen« etc. zu gliedern, wird hier versucht, sich einer Stadt in ganzheitlichem Verständnis zu nähern. Das urbane Ensemble von Ostias Innenstadt wird also im Rahmen eines virtuellen Spaziergangs entlang der Hauptstraße des Decumanus verfolgt, ›Abstecher‹ führen danach in die angrenzenden, aber dabei oft auch aus dem Stadtbild ›ausgegrenzten‹ Stadtviertel.

Die Route bildet dabei den roten Faden: die primär topographische und erst sekundär thematisch-phänomenologische Gliederung, die dem Weg eines Besuchers vom Haupttor aus, der Porta Romana, durch die Stadt entspricht, soll ein urbanistisches Gesamtverständnis ermöglichen, das man bei der Lektüre isolierter Gebäudemonographien kaum erreichen würde. Der Leser wird damit, so hoffe ich zumindest, einige bei dieser Vorgehensweise entstehenden thematischen Wiederholungen verzeihen und als Ausgleich dafür zumindest drei Aspekte unmittelbar nachvollziehen können: (a) welche Funktionsbereiche über einzelne Baugrenzen hinaus in Verbindung zueinander genutzt werden konnten, (b) wie man Straßenansichten oder Gebäudeensembles, die noch dazu wie im Fall der durch Statuenkonzentration und Neubauten von Portiken, Platzanlagen und Zierbauten nobilitierten Hauptstraße bewußt inszeniert erscheinen, als Zusammenhang wahrnehmen und nutzen konnte und (c) welche Stadtansichten und -nutzungen sowohl weniger angenehm als auch weniger beabsichtigt waren, insofern dort aufgelassene Ruinenviertel mit Müllhalden, abusiver Bewohnung, intentionalem Abriß und einer lokal außer Kraft gesetzten Kanalisation sehr konkret baulich abgegrenzt wurden.

Der Decumanus, die Hauptachse der hochkaiserzeitlichen Stadt, geriet durch ökonomische Schrumpfungsprozesse in eine neue Stadtrandlage. Das hatte zur Folge, das weniger aus aktiver Stadtplanung heraus denn als Folge reduzierten Verkehrsaufkommens innerhalb der Stadt neue ›urbanistische Ensembles‹ entstanden. Das waren einerseits ›entlastete‹ Bereiche wie verkehrsreduzierte ›Fußgängerzonen‹, andererseits neu ›verdichtete‹ Stadtareale wie soukähnliche Einkaufsstraßen.

Ebenso radikal betraf der Funktionswandel die statuarische Ausstattung des öffentlichen Raums: wo ehemals je nach Aufstellungskontext entweder Ehren- oder Kultstatuen etc. überwogen, dominierte in den Bereichen kanalisierter Betrachterwege, allen voran der neuen Freiflächen und Portiken eine statuarische Neuausstattung, die sich scheinbar beliebig einer Mischung von Privatportraits bis hin zu zahllosen Götterstatuen und deren mythologischem Begleitpersonal bediente. Die dabei während der Altgrabungen aufgefundenen Quantitäten konnten nur ansatzweise aus den wenigen tatsächlich abgeräumten Tempelarealen und älteren Häusern, vor allem jedoch wohl aus organisiert abgeräumten vorstädtischen Villen und Nekropolen stammen.

Ebenso heterogen erweist sich das Bild der traditionell-paganen kultischen Topographie (die christlich geprägte urbane Topographie ist für Ostia nie urbanistisch prägend geworden): Neue Platzanlagen erhoben sich über aufgeschütteten und dazu planierten ›kleinen‹ Heiligtumsbezirken, während die großen Tempel als *decor* und *ornamentum urbis* bis in die ausgehende Spätantike gewartet blieben und sogar neue ›Festorte‹ hinzugekommen waren.

Der Sektor öffentlicher Zierde (*amoenitas*) erscheint als das breiteste Betätigungsfeld spätantiker Neubaumaßnahmen und Stiftungen. Die Bandbreite von nachträglich eingebauter Infrastruktur reicht vom späten 3. Jh. bis in die zweite Hälfte des 5. Jhs. Sie umfaßt dabei Prachtlatrinen und ›Nymphäumsräume‹ als Orte von Kommunikation sowie neue Fassadennymphäen, Portiken und Platzanlagen als Orte der Repräsentation einer wieder direkt in der Stadt wohnenden Elite, aber auch als Verweilpunkte und Zuschauerraum für Prozessionen und Spektakel. Ferner entstanden neue Festorte mit Tribünen und großen betretbaren Wasserbecken, ein nachweislich für Wasserspiele umgebautes Theater, eine neue halbrunde Platzanlage à la mode spätantiker Verwaltungszentren und neue Orte für Audienzen, Gerichtsverhandlungen und Kaiserkult. Neu waren auch eine grundlegend reorganisierte Anwohnerversorgung über offene Marktbereiche (*macella*) anstelle der seit dem 3. Jh. aufgelassenen vielgeschossigen Warenhäuser und nicht zuletzt die politisch-administrativen Bauten für die ebenfalls seit dem 3. Jh. gewandelte politische Elite Ostias und für die Verwaltung der Annona, die Getreideversorgung Roms über Portus und Ostia.

Tendenzen zur Zentralisierung im Stadtbild – so der politisch-administrativen Topographie in der Umgebung des traditionellen Forums wie neuer Platzanlagen gleichermaßen – stehen gegenläufige Tendenzen entgegen: Dezentralisiert erscheint das Infrastrukturangebot der Wohnviertel; mehr als jemals zuvor wurden

Thermen und Zierbauten auch in bislang unterrepräsentierte Stadtviertel eingefügt.

Aus der ›Not‹, dem städtebaulichen Verfall und Leerstand, wurde oft eine ›Tugend‹: Neue Kontexte des Wohnens entstanden, weil große Häuser für anspruchsvolles Wohnen, aber auch kleine Thermen, ›Bars‹ und Gartenanlagen geballt in ehemalige und seit dem späten 3. Jh. in zunehmenden Maß aufgelassene Waren-, Auktionshäuser und Speicherbauten, seit dem Beginn des 5. Jhs. sogar in vermehrt aufgelassene Heiligtümer eingezogen waren.

Lange vor einer tatsächlichen Desurbanisierung durch Verfall begann eine Tendenz der zunehmenden Autonomie verschiedener Stadtviertel mit einer jeweils oft recht unterschiedlichen funktionalen wie sozialen Charakteristik. Zugleich war die Stadt stärker als bislang hierarchisiert, d. h. insgesamt ›kanalisiert‹ und nach Zugänglichkeit gegliedert: Die großen Häuser als Sitz lokaler Honoratioren des 2. Jhs., die über das ganze Stadtgebiet, aber mit Verdichtung in Stadtrandlagen verteilt waren, wurden tendenziell aufgegeben. Neue Mittelpunkte spätantik renovierter Zonen direkt am Decumanus und Cardo wurden dagegen durch den Einzugsbereich mittelgroßer Häuser bis 1000 qm Grundfläche definiert, die direkt an den neuen verkehrsreduzierten Hauptadern lagen. Die neuen Hauseinbauten in ›privatisierte‹ ehemalige Gewerbeflächen waren nach außen hin nur zum Teil durch Portale gut erkennbar, schlossen manchmal aber auch eine vom Nutzungsspektrum intendiert ›öffentliche‹ Infrastruktur wie Zierbauten oder kleine Plätze mit ein.

Für die größte Flächengrabung, Ostia, kann im folgenden ein Gesamtzustand der spätantiken Stadtentwicklung rekonstruiert und bewertet werden. Der Blick fällt damit sowohl auf die ›Sonnenseiten‹ einer spätantiken Stadt, nämlich auf Renovierung, ›Marmorisierung‹ oder Neubau von öffentlichen Flächen sowie luxuriösem Wohnraum, als auch zugleich auf ihre Schattenseiten, die zumindest teilweise als solche aufgefaßt und daher bewußt durch Baumaßnahmen wie mehr als 5 m hohe Mauern aus der Wahrnehmung ausgegrenzt wurden. Wo ein solches Bewußtsein der negativen Konnotation von Leerstand und Verfall existierte, kann anhand urbanistischer Fallstudien konkret nachvollzogen werden: urbanistisch faßbar ist die faktische Ausblendung und dementsprechende Zonierung des Stadtbilds durch ein System sich steigernder Zugangsbeschränkung, sei es durch Türen, Mauern oder ganze Bauensembles. An anderen Orten oder in anderen Stadtvierteln muß auch zur selben Zeit ein Nebeneinander von ›Müll‹ und Marmorglanz nicht als störend wahrgenommen worden sein. Konträr zu einer erst neuzeitlich entwickelten romantischen Ruinenverklärung gab es jedoch ausreichend praktische Gründe, Ruinen, die nicht mehr gebraucht wurden und zugleich als Materialquelle für Neubau dienen konnten, weitestgehend abzureißen, umzunutzen oder wenigstens zu verblenden. Der Anspruch galt auch für ganze verlassene Stadtviertel als regelrechte innerstädtische Ruinenlandschaften; zwischen Anspruch und urbaner Wirklichkeit belegt das archäologische Material jedoch auffällige Diskrepanzen. Nachdem sich die Schwerpunkte innerhalb von Stadt und Region verschoben hatten, waren geduldete bzw. abusive Müllhalden im Straßenraum oder auch regelrechte Armen- bzw. Slumviertel in Form von nur im Obergeschoß besetzten Häusern als potentielle urbane ›Gefahrenherde‹ entstanden, also Bereiche einer unkontrollierten Aneignung von leerstehendem Raum ohne gleichberechtigten Zugang zu den Annehmlichkeiten der spätantiken urbanen Infrastruktur.

Diese Problemzonen der spätantiken Stadt, also aufgegebene und unkontrollierte Areale, lassen sich in vielen neueren Grabungen zumindest in kleinen Ausschnitten stratigraphisch nachweisen, wenn sie der Mülldeponierung dienten (»dark earth«). Gemeinsames Merkmal ist offenbar, daß die kontinuierlich florierenden Städte der hohen Kaiserzeit bis zur Spätantike oft zu groß geworden waren, um den inneren Problemen, angefangen von Müllabfuhr bis hin zur nächtlichen Unsicherheit, mit herkömmlichen Rezepten Herr zu werden. Hinzu kam offenbar, daß die Siedlungs- oder Stadtstrukturen der hohen Kaiserzeit nicht mehr notwendigerweise mit den Ansprüchen, Gewohnheiten und Mentalitäten spätantiker Stadtbewohner oder den Organisationsprinzipien spätantiker Stadtkultur, vor allem, was die Aspekte Zeitvertreib, Einkaufen, Produzieren und soziale Treffpunkte betraf, übereinstimmen mußten.

Ein entsprechendes urbanistisches Phänomen fällt auch bei anderen ausreichend erhaltenen Flächengrabungen in Ansätzen auf: In den oft flächenreduzierten Städten der Spätantike nach Abwanderung vieler Bewohner waren gerade die Schnittstellen zwischen öffentlichem Raum und den Wohnvierteln einerseits sowie zu geballten Gewerbezonen andererseits neu organisiert worden. Dazu dienten Verkehrssperren auf dem Fahrbelag, Straßenverengungen und vollständige Straßensperrungen durch Mauern, Gitter oder verriegelbare Türen. Diese Schnittstellen, also das sekundäre Straßennetz neben und hinter den großen Hauptstraßen, sind jedoch bislang für eine spätantike Großstadt auf repräsentativer Materialbasis ausschließlich in der Ausgrabungsfläche von Ostia untersuchbar. Nur hier zeigt sich vollständig, was sich anhand der ergrabenen Ausschnitte etwa von Ephesos oder Aphrodisias andeutet: die Umstrukturierung des Verkehrsnetzes und verstärkte Zonengliederung sowie eine neue ›horizontale soziale Spreizung‹ innerhalb der einzelnen Stadtviertel.

Die oft ungeklärte Lokalisierung der bei den Altgrabungen gefundenen epigraphischen Belege, meist Stiftungen und Bauinschriften, eröffnet bis heute ein breites Forschungsfeld. Spätantike Platzanlagen in Ostia, vor allem jene an beiden Stadteingängen auf die zentrale Promenade hin, wurden durch eine neu arrangierte Ausstattung zu Orten einer längeren Verweildauer. Durch die Ballung der Zugangswege und neuer Infrastruktur ergab sich zudem ein gegenüber dem hochkaiserzeitlichen Zustand konzentriertes Personenaufkommen. Ältere Monumente der Stadtgeschichte seit der römischen Republik wurden hier durch spätantike Einfassungen neu präsentiert, inschriftlich gesicherte Ehrenmonumente und Stiftungen spätantiker Präfekten kamen hinzu. Gerade entlang der Promenade des Decumanus Ostias hatte man zudem die urbane Statuenausstattung von ›verlassenen Orten‹ (*sordentibus locis*) auf die an der Hauptachse liegenden Platzanlagen und die Eingänge zu den wichtigsten Thermenbauten umgruppiert, neue Einkaufsmöglichkeiten wurden auf dem Straßenraum der sekundären Zubringer zu dieser Hauptachse konzentriert.

Aber auch Aspekte der Bewältigung von Verfall ohne epigraphische Evidenz finden hier Berücksichtigung. Gerade die alltäglichen Prozesse im Umgang mit den Hinterlassenschaften der hochkaiserzeitlichen Stadt lassen sich anhand einer systematischen Neuaufnahme und Bewertung von Steinmetzbetrieben und Marmordepots, die bislang ausschließlich als Kontext von Kalköfen gedeutet wurden, in der Umgebung geballter spätantiker Neubauaktivitäten nachvollziehen. Vor allem auf Basis der ungewöhnlich ausführlichen Grabungstagebücher vor dem Ersten Weltkrieg und der Neugrabungen unter Leitung des Autors am Forum und seiner Umgebung seit 2010 läßt sich dieser Aspekt der spätantiken Stadt als Begleiterscheinung einer städtebaulich extrem aktiven und erfolgreichen Epoche des 4. und 5. Jhs. erweisen, nicht wie bislang oft vermutet als ausschließliches ›Dekadenzphänomen‹ des 6.–8. Jhs. Das ›Recycling‹ von Monumenten für neue Boden- und Wandverkleidungen in der Altstadt als permanenter Baustelle erweist sich auch nach den einschneidenden und über mehrere Bauten greifenden Einsturzkatastrophen des 5. Jhs. als grundsätzliches Kontinuum bis zur Aufgabe der Stadt.

Der Stadtrundgang innerhalb eines so umfassenden Zeitrahmens wie der Spätantike muß, um nicht zu Fehlschlüssen einer scheinbaren Synchronizität von ungleichzeitigen Baumaßnahmen zu kommen, in verschiedene historische Entwicklungsschritte eingeteilt werden. Das ist speziell in Ostia durch die Analyse der verschiedenen Höhenniveaus von Einbauten, Fundamenten und intentionalen Aufschüttungen des Gehniveaus möglich, weil hier die permanente Bedrohung durch Tiberüberschwemmungen bis in die Spätzeit stadtviertelweite Gegenmaßnahmen bedingte. Diese relativen Aufhöhungen und die absoluten Höhenniveaus von Ein- wie Umbauten ergeben bei einer methodisch korrekten Anwendung in lokal zusammenhängenden Bauabschnitten gerade in Ostia überraschend gute Datierungsanhalte.

Auch die Rolle von externen Auslösern von geballtem städtebaulichem Verfall, u. a. durch vermehrte Einsturzkatastrophen des späten 3. Jhs., der Wende zum 5. Jh. und des mittleren 5. Jhs. kann anhand der Aufhöhungen datiert und in größeren Stadtviertelzusammenhängen bewertet werden. Im Fall des ›letzten‹ nachweisbar stadtweit bewältigten Einsturzes um die Mitte des 5. Jhs. kann hier sogar eine Erdbebenwirkung erwiesen und seine Bewältigung erstmals mit stratigraphischen Belegen verbunden werden. Eine offenbar stadtweit relevante Einsturzkatastrophe läßt sich damit ins Jahr 442/443 fest datierten; das Erdbeben wird gerade durch die unabhängige stratigraphische Datierung seiner direkt anschließenden Bewältigung methodisch legitim als tatsächlicher Auslöser für Änderungen im Stadtbild faßbar.

Diese Rekonstruktion der bislang für die Innenstadt als verloren geglaubten Stratigraphie des spätantiken Ostia ist die zentrale Grundlage zum Verständnis dafür, wann, wo und in welchen Einzelschritten der Anspruch an ein ›repräsentativ-monumentales‹ Stadtbild der hohen Kaiserzeit sowie Spätantike in ein ›Leben in und mit Ruinen‹ übergegangen war. Interessant ist dabei, daß der letzte monumentale Zustand der Spätantike seit der zweiten Hälfte des 5. Jhs. bis zur Aufgabe der Besiedlung weitgehend unangetastet beibehalten blieb. Nachweislich im Fall des Forums und der zu Märkten (*macella*) umgenutzen Platzanlagen zu seinen Seiten blieb das traditionelle Stadtzentrum auch noch im 6. Jh. in Funktion. Dasselbe galt für die traditionell-›pagane‹ Ausstattung des öffentlichen Raums, die bis zur endgültigen Aufgabe des Siedlungsareals im 8. Jh. keine statistisch relevanten Zeichen absichtlicher Zerstörung zeigt.

Auf Basis der unpublizierten Grabungstagebücher und ergänzender eigener Neugrabungen sowie urbanistischer Surveys ergeben sich daher umfassende Erklärungsmuster, warum die Ruine und ihre Ausstattung so, wie sie bei den Altgrabungen angetroffen wurde, bis zur Grabungszeit erhalten geblieben war.

Der hier verfolgte Ansatz einer aktuellen Synthese alter Grabungstagebücher, neuerer Bauaufnahmen und mehr als 20 Jahre eigener Forschungen vor Ort unter bauhistorischen, urbanistischen und kulturhistorischen Blickwinkeln dient einer Gesamtanalyse des spätantiken Ostia, also einer konkreten ›Städtebiographie‹. Daraus ergeben sich als Nebeneffekt Aspekte einer verallgemeinerbaren ›Phänomenologie‹ einer spätantiken Stadt von überregionaler Bedeutung. Vor diesem Hintergrund erfüllt die Studie einen zweifachen Zweck: So gilt es zunächst, das spätantike Ostia nach langer forschungsgeschichtlich bedingter Vernachlässigung neu zu entdecken und im Bewußtsein der Forschung als ebenso wichtiges wie seltenes Beispiel einer neu ausgebauten Weltstadt im Westen des spätrömischen Reiches zu etablieren. Davon ausgehend sollen jedoch auch durch den Blick auf die vielfältigen Analogien – sowohl Metropolen als auch regionale Zentren des Imperium Romanum – ein breiteres Verständnis für den Erkenntniswert urbanistischer Methoden und Betrachtungsweisen gewonnen werden.

Die flächendeckende – dabei aber oft wenig detaillierte – Grabungspraxis der Altgrabungen in Ostia wird hier nicht reflexartig unter dem Aspekt der Unterlassung, sondern als Chance betrachtet. Betrachtet man nicht Details, sondern die Stadt als Ganzes, dann kann der Erkenntnisgewinn, der sich aus der systematischen Aufarbeitung und Synthese einer alten Flächengrabung ergibt, heute durch keine noch so genaue Neugrabung mehr ersetzt werden. Grabungen bleiben heute zwangsläufig ausschnittshaft, geophysikalische Prospektionen können dagegen über den Grundriß hinaus kaum Aufschlüsse zur Funktion und Geschichte eines Baus und den Spuren seiner Ausstattung wie Umnutzung bieten.

Eine Aufarbeitung älterer Flächengrabungen durch retrospektive Archivarbeit erweist sich in solchen Fällen zwar meist weniger spektakulär als Neugrabungen, im Verhältnis zum Erkenntnisfortschritt ist sie jedoch oft deutlich rentabler. Die Palette des Vorgehens auf Materialebene reicht dabei vom vergleichenden Studium der Grabungstagebücher sowie Grabungfotografien über die Aufarbeitung des spätantiken Bauanteils (vermeintlich) älterer Bauten durch Bau- oder Maueraufnahmen mit lokal begrenzten Fundamentsondagen bis hin zur Säuberung der Schnittkanten von Altgrabungen und der Reinigung spätantiker Bodenoberflächen. Ergänzt werden kann das durch stadtweite Spoliensurveys zur Frage nach Funktion und Herkunft der letzten spätantiken bildlichen Ausstattung, aber auch durch die kontextuale Auswertung aller Alltagsinschriften und Nutzungsspuren auf den bereits ausgegrabenen Böden, die im Gegensatz zum stehenden Mauerwerk bislang meist kaum dokumentiert wurden. Auch die systematische Sichtung von aussagekräftigen Funden aus den Magazinen vor Ort oder aus der unüberblickbaren Anzahl von publizierten, aber selten beachteten Grabungsvorberichten kann die aktuelle Diskussion um die Wahrnehmbarkeit von städtebaulichem Verfall oder die Spuren der erfolgreichen Bewältigung von Verfall und Genese einer neuen und teilweise überraschend innovativen spätantiken Stadtstruktur erheblich bereichern.

Das allein macht die Evidenz der oft vernachlässigten Spätzeit in alten Flächengrabungen bereits zu einem doppelt spannenden Arbeitsfeld: Zum einen, weil es die bis heute vielschichtig diskutierte Epoche der Spätantike selbst angeht, zum anderen, weil es auch einige Strukturprobleme moderner Forschungslandschaft und eher kontroverse Kapitel moderner Forschungs- und Ideengeschichte in der Auseinandersetzung mit Antike und ihrer zentralen, aber bis heute oft unterschätzten Vermittlungsgrundlage, der Spätantike, betrifft.

I. 2 Urbane Lebensräume als unabhängige kulturhistorische Materialquelle zur ›Bewältigung von Verfall‹

Schriftquellen, die literarische Topoi oder selektive Wahrnehmungen einzelner Zeitzeugen widerspiegeln, galten für die ältere Forschung als wichtigste authentische Belege für die Blüte hochkaiserzeitlicher Urbanität und einen insgesamt eher bemitleidenswerten Zustand der ›krisengeplagten‹ Stadt der Spätantike. Der geradezu zeitlose Entwurf der Stadtflucht, sei es als bukolischer Eskapismus, der vor allem, aber nicht nur spätantiken Diskursen entlehnt wurde, eignet sich jedoch nicht, daraus direkte Rückschlüsse auf die Lebenswirklichkeit spätantiker Städte zu ziehen. Bis heute besonders populär ist etwa das Bild der verfallenden Stadt als Gefahrenherd und Ghetto, das auf eine Kultur in Auflösung anspielt und u. a. Rückwirkungen auf den Buchmarkt zu Neuerscheinungen auch zur Spätantike hat[3].

Einsturz und Abriß bestimmt jede Stadt, und das meist bereits seit ihrer Gründung; Verfall war und ist unabdingbare Voraussetzung für Neubau. Beschränkt man kulturhistorische Deutung auf die bekannten und gut übersetzten antiken Autoren, dann wird man ein Lob der Urbanität und die Freude am Großstadtleben, das im architektonischen Wetteifern der Städte auch anhand profaner Bauten insbesondere im Reichsosten

3 Der Großteil der Neuerscheinungen zur Spätantike bis 2005 war offenbar auf die Pendants zu den medial inspirierten Themenkreisen ›decay‹, ›clash of cultures‹ und ›martial arts‹ reduziert: vgl. dazu Ward-Perkins 2006, 5 f.

bis weit ins 6. Jh. faßbar bleibt, vermissen. Die übliche Anthologie antiker Schriftzeugnisse ist damit aber weit weniger signifikant für die Situation oder Selbstwahrnehmung der spätantiken Welt als eher für den Zeitgeist einer bestimmten Gesellschaftsschicht oder die noch primär philologisch orientierte Archäologie des 19. und frühen 20. Jhs., deren Tradition oft bis heute reicht: je nach Grad der philologischen Vorbildung wird beim Stichwort Spätantike das Grundgefühl einer permanenten Verschlechterung der Zustände reproduziert. Interessanter erscheint es hier, der Frage nachzugehen, wann man erstmals ›Gegenentwürfe‹ zu Wort kommen ließ und damit der viel reicher überlieferten archäologischen Hinterlassenschaft des städtischen Lebensraums selbst ein eigenständiger Zeugniswert zuerkannt wurde.

Mit der Erfahrung des oft ungezügelten Metropolenwachstums in Europa seit 1870 entwickelte sich ein verstärktes Interesse an der Struktur und Organisation antiker Großstädte. Einen ersten konkreten Anlaß, die spätantike Stadt archäologisch wahrzunehmen, hatte jedoch bereits mit der systematischen Grabungstätigkeit im mittleren 19. Jh. begonnen. Der ›erste wissenschaftliche‹ Ausgräber von Ostia, Luciano Visconti, ließ einen zusammenhängenden Platz, den sogenannten Piazzale della Vittoria (s. u.) ausgraben und dokumentierte auch die spätantiken Befunde in überraschend sensibler und unvoreingenommener Weise, um sich eine Vorstellung des letzten erhaltenen Zustands einer antiken Stadt wie Ostia zu machen. Ein überwiegender Teil der Ausgrabungspraxis bis zum ersten Weltkrieg spiegelte einen weit höheren wissenschaftlichen Standard wider als in der Zeit zwischen den Weltkriegen. Für Italien und insbesondere Ostia galt das vermehrt: gerade weil im Rahmen faschistischer Kulturpolitik der römischen Antike eine wichtige Vorbildfunktion zugekommen war, konnten Ausgrabungen nicht mehr wertefrei bleiben. Insbesondere die rationale Stadtplanung der hohen Kaiserzeit hatte futuristischen Vordenkern bereits vor dem Ersten Weltkrieg und dann dem funktionalen Wohnungsbau faschistischer Zeit als vorbildhaft gegolten[4]; die pittoresk und rückständig anmutende Bebauung einer als dekadent empfundenen Spätzeit interessierte dagegen nicht, sie stand der erneut ›aufklärerisch‹ inszenierten Moderne dezidiert entgegen und forderte daher sogar den Abriß aktiv heraus.

Ein Teil des Vermächtnisses von Altgrabungen ist also die Notwendigkeit, den Anteil von Renovierung oder von innovativer Bauleistung der Spätantike nachträglich neu bestimmen zu müssen: Spaziert man heute durch gut aufgearbeitete antike Stätten, dann ist man überrascht, wie oft sich hinter einer Etikettierung wie etwa »Bau des 2. Jhs.« ein überwiegend spätantiker Renovierungs- oder sogar Neubauanteil verbirgt. Die faktische Wahrnehmung eines spätantiken Stadtzustands ist auch dem heutigen Betrachter nicht immer bewußt, weil er klassische Antike im ›Reinzustand‹ erwartet und dieser Erwartung, sei es auch unbewußt, genügt wird. Es ist nicht leicht zu entscheiden, wie man spät- und nachantike Umnutzungen publikumswirksam aufbereiten kann, zugleich aber auch beeindruckende Bauten in ihrem ›Planungs- oder Urzustand‹ vor den späteren Veränderungen präsentiert, wobei die Entscheidung per se die Zerstörung der Authentizität von historisch gewachsenen Ensembles bedingt.

I. 3 Voraussetzungen – Eine Grabungs- und Forschungsgeschichte mit Hindernissen

I. 3. a ›Erlebnispark Ostia‹ – Das Vermächtnis der großen Grabungskampagne 1938–1941

Ostia in jenem Zustand einer spätantiken Stadtruine, den man bei der Freilegung zunächst vorgefunden hatte, zu erhalten, schien zur Zeit der großen Grabungskampagne zwischen 1938 und 1941 kaum von Interesse. Die Ausgräber unter der Leitung von Guido Calza wollten oder sollten damals eher aus propagandistischen denn aus wissenschaftlichen Gründen den Zustand der Stadt zur Zeit der größten Expansion des römischen Imperiums im 2. Jh. verdeutlichen, was zu einer oft bis heute richtungsweisenden Kanalisierung des Forschungsinteresses an Ostia auf die hohe Kaiserzeit führte[5]. Der Wille zu einem einheitlichen Neuaufbau Ostias erinnert ansatzweise an das Konzept heutiger Erlebnisparks. Sowohl der sehr heterogene Erhaltungszustand der hochkaiserzeitlichen Altstadt als auch der besondere Ausstattungsluxus vieler spätantiker Bauten mit Buntmarmor zwangen aber in der Praxis – glücklicherweise – zu einer weit weniger einheitlichen Rekonstruktion der Ruine als es vorgesehen war[6].

4 Kockel 2001.

5 Eine in mehrfacher Hinsicht positive Ausnahme bildete der ebenso akribische wie produktive Grabungsarchitekt Italo Gismondi, der sowohl in seinen Plänen spätantike Nutzungsspuren präzise dokumentierte (Calza u. a. 1953, Beilagen) als auch als Archäologe spätantike Umbauten wie jenen des Theaters für Wasserspiele thematisierte und umfassend behandelte: Gismondi 1955.

6 Vgl. dazu Olivanti 2001, 61 f.

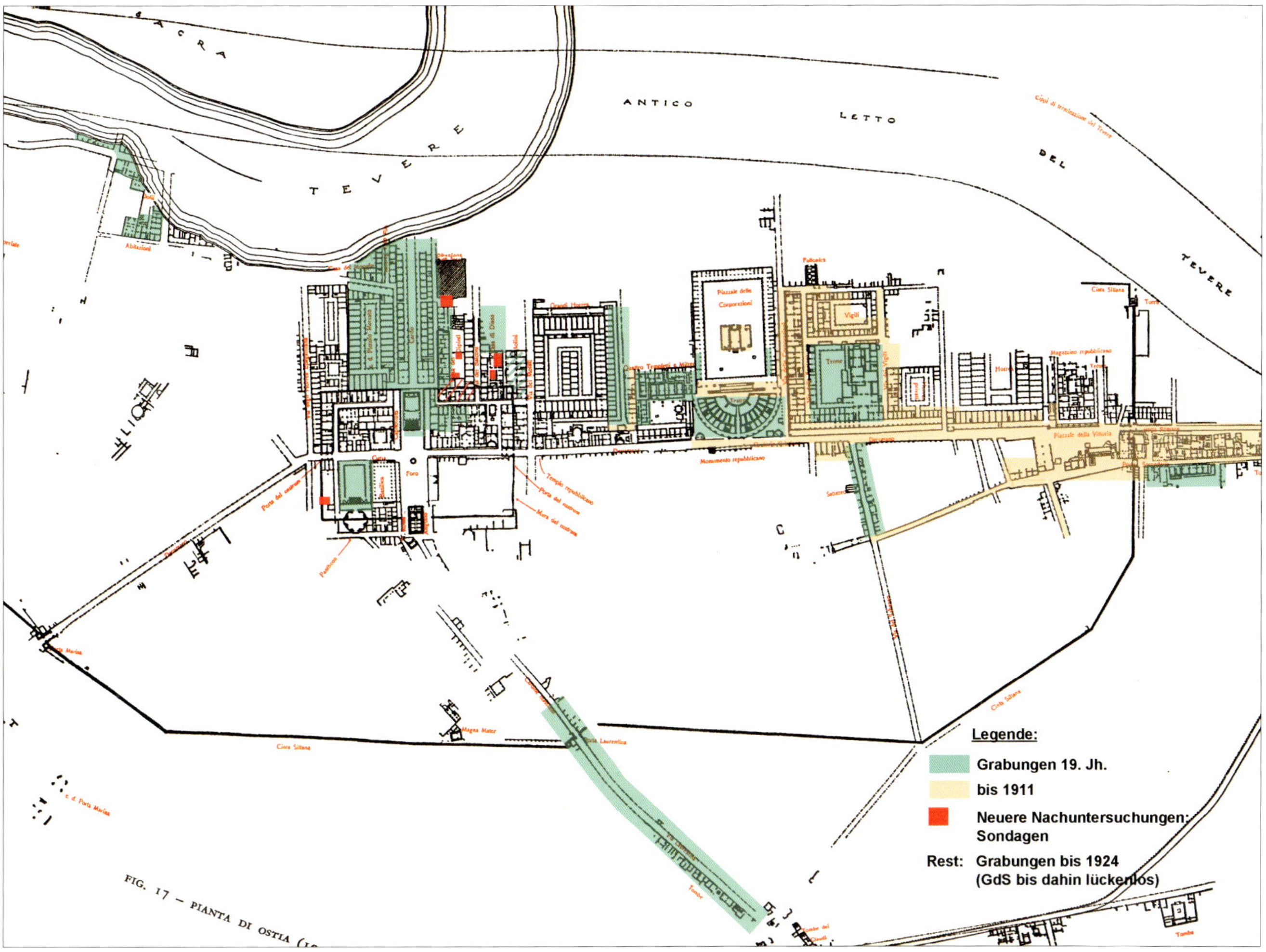

Abb. 1 Ostia. Grabungsgeschichte 1855–1857

Einzelne Relikte der spät- und nachantiken Veränderung von Bauten waren dementsprechend zwar oft wahllos beschädigt oder für den Besucher kaschiert, aber zumindest nicht flächendeckend abgerissen worden. Relativ gut erhalten hat sich die Hinterlassenschaft der späten Transformation Ostias vor allem in jenem Teil der Stadt, der noch vor dem Ersten Weltkrieg freigelegt worden war (Abb. 1). Es kann daher als Glücksfall der Grabungsgeschichte gelten, daß bereits damals auch der Decumanus bis zum Forum sowie die daran angrenzenden Neptunsthermen und das Theater freigelegt worden waren also Areale, die allesamt Ballungspunkte der spätantiken Stadtnutzung darstellten.

Die spätantiken Zu-, Ein- und Umbauten wurden dagegen vor allem im Westen und Süden Ostias, also den Gebieten der Grabungen von 1938 bis 1941, aus dem freigelegten Areal beseitigt. Ein Grabungsarbeiter und einer der letzten Zeitzeugen der großen Grabungskampagne von 1938–1941 erinnerte sich in einem Gespräch mit Jan Theo Bakker an die radikalen Grabungsmethoden dieser Zeit: »Muri tardoantichi non sono stati conservati. Sono stati trovati e [...] blum! [...] rovesciati. Il più dei cocci è stato buttato via, soltanto vasi e lucerne più o meno intatti sono stati conservati«[7].

Die spätantiken Nutzungshorizonte sowie in situ belassene Ruinen im Straßenraum können also vor allem in dem vor 1938 freigelegten Areal, der Osthälfte der Stadt bis zum Forum oder aber am heutigen Grabungsrand, untersucht werden.

Die bahnbrechende Studie von Giovanni Becatti zu den späten Häusern von 1948 bildete einen ersten wichtigen Einschnitt in diese Tradition der Vernachlässigung

7 Interview mit Alberino Vicari, einem Teilnehmer der großen Grabungskampagne: Dazu s. Bakker 1988, 23 f.

von Spätantike, der auch wegweisend für die Darstellung des spätantiken Bauanteils im Stadtbild im ersten Band der Reihe der ›Scavi di Ostia‹ von 1953 werden sollte[8]. Als Nachwirkung kann gelten, daß bis heute vor allem die spätantiken Häuser durch neuere Forschungsprojekte und Dissertationen adäquat aufgearbeitet werden[9]. Die spätantiken Reparaturen, Umnutzungen und Neubauten jenseits der späten Häuser Ostias blieben dagegen zum großen Teil forschungsgeschichtliches Neuland, zumindest was Detailstudien betrifft, wenn es sich nicht um Kirchen handelte oder das, was man für Kirchen hielt[10]. Das gilt bis heute um so mehr für profane öffentliche Bauten: So ist die vielfältige Bebauung des öffentlichen Raums zwar so vollständig wie in keiner anderen römischen Stadt ergraben, jedoch nur selten als Zustand einer letzten spätantiken Renovierungsphase ins Bewußtsein der Forschung gelangt, obwohl dazu sogar in vielen Fällen epigraphische Evidenz vorliegt[11].

I. 3. b Zur Bedeutung alter Pläne und Fotografien bis 1924

Viele spätantike Ein- und Umbauten, die in den älteren Plänen Italo Gismondis oder seiner Vorgänger noch verzeichnet worden sind, hatte man im Zug der großen Grabungskampagne 1938–1941 beseitigt. Grundlegende Informationen, die in älteren Plänen und Berichten zu finden sind, können also durch neue Bauaufnahmen vor Ort nicht ersetzt werden. Insbesondere zum letzten Zustand der spätantiken Stadt muß die Recherche daher auf den ältesten verfügbaren Fundberichten selbst fußen: Es ist der Zustand, der bei der Freilegung zuerst zutage trat.

Der grabungszeitliche Zustand der Ruine läßt sich in den Bereichen, die zwischen 1855 und 1924 systematisch freigelegt wurden, dank des Interesses seiner Ausgräber und seit dem frühen 20. Jh. auch dank qualitativ hochwertiger Fotografien noch überraschend gut fassen. Die Grundlage der Rekonstruktion spätantiker Stratigraphie und Nutzungszusammenhänge bildet also der kritische Vergleich des heutigen Zustands mit dem Status quo der Ausgrabungszeit. Dieser ›ursprüngliche‹ Zustand der Ruine ist durch die modernen Restaurierungs- und Konservierungsmaßnahmen oft genug stärker verunklärt worden als durch die natürlichen Verwitterungsprozesse der inzwischen oft mehr als 100 Jahre freistehenden Bauten.

I. 3. c Ein Lichtblick – Die Grabungstagebücher von Raffaele Finelli

Gerade spätantike Hinterlassenschaften waren über Jahrhunderte die letzten offensichtlichen Zeugnisse Ostias, die aus der Erde ragten[12]. Was davon bis zum Beginn der wissenschaftlichen Ausgrabungstätigkeit im Stadtzentrum noch übrig geblieben war, wurde im wesentlichen bis zum Ende des Ersten Weltkriegs abgegraben. Die unpublizierten Grabungstagebücher im Besitz der Sopraintendenz bilden daher die wichtigste Dokumentation zu spätantiken Siedlungsschichten in der Altgrabung von Ostia. Das »Giornale dello Scavo« bzw. »Giornale degli Scavi«, im folgenden abgekürzt »GdS«, ist in lückenloser Reihe zumindest bis 1924 erhalten geblieben. Die Bände 2 bis 22 von 1907 bis 1924, und die daraus vorwiegend in den »Notizie degli Scavi« publizierten Extrakte spiegeln den Zustand dieser Stätte noch vor der radikalen Säuberung der Ruine mit ihrem partiellen Wiederaufbau während der großen Grabungskampagne 1938–1941 wider[13]. 1941 war die Flächengrabung kriegsbedingt zum Erliegen gekommen. Dieser Zustand

8 Becatti 1949; Calza u. a. 1953.

9 Wegweisend für Ostia: Boersma u. a. 1985. Ein Überblick: Gering 2002b. Neuestens Danner (im Druck).

10 Calza – De Chirico 1941. Zur Diskussion der Problematik bisheriger Zuweisungen einer christlich-sakralen Topographie vgl. dagegen den Überblick Beat Brenks: Brenk 2001, 262–271.

11 Zur entsprechenden Deutung der Epigraphik s. vor allem Wickert 1933.

12 Papst Pius II Piccolomini beschrieb – Commentarii XI 48–51 s. Calza u. a. 1953, 25 – anläßlich seines Besuchs der Stätte im Jahr 1461 Portiken aus zahlreich herumliegenden Säulen und Statuen. Im Gegensatz zur Ausstattung der Gewerbemetropole des 2. Jhs. mit Pfeilerportiken aus Ziegeln kann es sich dabei nur um die stratigraphisch deutlich höher gelegenen Säulenportiken der spätantiken Stadtausbauphasen gehandelt haben, die gerade in der Renaissance beliebtes Ziel von Materialraub geworden waren und von deren nur noch spärlich erhaltenen Resten noch zu sprechen sein wird.

13 Band 23 (1929/1930) ist nur der Isola Sacra gewidmet, eine chronologische Lücke bleibt bis zu den Bänden 24–26, die äußerst summarische Beobachtungen zur großen Grabungskampagne 1938–1941 unter der Direktion Calzas enthalten, teilweise dennoch wichtige Anhalte liefern, um die Funde wieder mit ihrem Kontext verbinden zu können. Dazu s. u. – Zur spezifischen Relevanz der Münzfunde und der Problematik einer fehlenden Aufarbeitung in Form von vollständigen Münzlisten mit der Angabe des Fundkontexts vgl. Lavan 2003, xii.

ist heute sichtbar. Den Bänden des GdS nach dem Zweiten Weltkrieg, in denen vornehmlich die Konservierung der Bauten und einzelne Tiefensondagen dokumentiert sind, kommt für die vorliegende Studie mit gewissen Ausnahmen wie z. B. den Bemerkungen zu Grabungen in den ›Case a Giardino‹ von 1969 oder zu den Säuberungen und Grabungen in den ›Terme Bizantine‹ von 1958 und 1969–1970 keine vergleichbare Relevanz zu.

Das gesamte GdS wurde hier erstmals systematisch – nicht wie bisher nur punktuell für einzelne Bauaufnahmen – zu allen spätantiken Funden und Befunden, vor allem aber auch zu den eher beiläufig beobachteten Verschüttungen und artifiziellen Aufhöhungen im Straßenraum und zum Einsturz der Obergeschosse durchsucht. Der Quellenwert der Grabungstagebücher liegt weniger im konkreten Zugriff auf einzelne Bauten oder etwa raumgenaue Fundinventare, sondern erschließt sich vor allem in vergleichender Lektüre aller Beobachtungen des Grabungsassistenten Raffaele Finelli. Erst durch das tiefere Verständnis, wie der Grabungsablauf organisiert war, lassen sich die oft verwirrenden Fundberichte des GdS und die meist nur knapp publizierten Ergebnisse in der Reihe »Notizie degli Scavi« genauer lokalisieren und bewerten. Der federführende Grabungsassistent mehrerer Ausgrabungsdirektoren dokumentierte zudem oft eher beiläufig eigene Reflektionen gerade zur Evidenz der späten Siedlungsphasen Ostias, die vor allem seiner Neugier und seinen Bemühungen um das Verständnis der Befunde – auch gegen den neuen Zeitgeist – zu verdanken sind und die sich für ein Verständnis der Stätte auch heute noch als unabdingbar erweisen[14].

Was Finellis assoziative Art der Tagebuch- und Gedankenführung leider vermissen läßt, sind Pläne, Schnitte und genaue Bezeichnungen des Arbeitsfelds im Stadtgebiet: Dem vorgegebenen Arbeitsziel einer gleichzeitigen Freilegung verschiedenster Areale entsprechen sprunghafte und teilweise missverständliche Angaben, die manchmal nur mit einiger Mühe lokalisiert werden können. Hinzu kommt, daß viele Inventarnummern der angegebenen Funde heute nicht mehr nachvollziehbar sind. Ohne den zeitaufwendigen Blick auf die Gesamtheit der Information der Grabungsdokumentation und den Status quo der Ruine vor Ort erscheinen die Angaben daher oft unverständlich, so daß ihre Aussagekraft bisher meist unterschätzt worden ist. Insgesamt ergeben sich aber trotz aller Einschränkungen zwei wesentliche Aspekte aus der Aufarbeitung des GdS:

- Datierte stratigraphische Befunde zum Straßenraum. Die Fassaden und Trümmer der Obergeschosse von Bauten waren offenbar sowohl direkt auf das kaiserzeitliche Straßenpflaster als auch auf spätere Erhöhungen des Gehniveaus der Straßen gefallen. Das ergibt jeweils Anhalte für eine relative Datierung des Einsturzes anhand der Bezüge zur spätantiken Stratigraphie[15]. Die Erhöhungen des Gehniveaus können wiederum auch bei modernen Sondagen nachgewiesen werden und enthalten mit gewisser Regelmäßigkeit absolute Datierungsanhalte durch Münzfunde und ihr Keramikspektrum.
- Hinweise auf die Verbindung zwischen Niveauerhöhungen im Straßenraum und der Anhebung von Türschwellen, Fußböden und Einbauten in Innen-

14 Raffaele Finelli dokumentierte die Grabungsarbeiten unter der Ägide des 1913 verstorbenen Direktors Dante Vaglieri, später u. a. auch noch einige Zeit unter Roberto Paribeni und dem wohl bekanntesten Direktor Guido Calza bis 1924. Einige Passagen daraus werden im folgenden im Wortlaut ohne Korrekturen der Diktion wiedergegeben, um den wertungsfreien Zugriff auf diese Informationen zu ermöglichen. – Finellis Beobachtungen zeichnen sich durch eine für ihre Zeit ungewöhnliche Sensibilität gegenüber diesen später oft als dekadent bzw. als Zeichen des Niedergangs der römischen Architektur klassifizierten Befunde aus, die bis zu den letzten spätantiken Nutzungsphasen der Stadt reichen, als man sich zunehmend in Ruinen arrangierte und das (Ab-)Wassersystem nicht mehr funktionierte. In der Auswahl und Verbindung der Beobachtungen mit kleinen Exkursen zur Deutung zeigt sich ein ständiges Bemühen um ein Verständnis in einem größeren Zusammenhang, dem seither in der Ostia-Forschung wenig Entsprechendes gefolgt ist. Ohne dieses sehr plastische Interesse wären Forschungen zum spätantiken Alltag in Ostia zum Scheitern verurteilt. Aber auch unter forschungs- und zeitgeschichtlichen Aspekten sind die Grabungstagebücher von großem Interesse, da sie den Wandel der Arbeitsatmosphäre zum bald schon auf wenige Fragen kanalisierten und instrumentalisierten Forschungsdiktat im Rahmen faschistischer Kulturpolitik widerspiegeln.

15 Ein beliebiges Beispiel von per se kaum aussagekräftigen Beobachtungen, die sich erst durch ihre Verbindung mit Analogien im Stadtgebiet als wertvoll erweisen, bilden die Bemerkungen zu einer gewissen Musterhaftigkeit der Stratigraphie spätantiker Aufhöhungen im Verhältnis zum Einsturz der Bauten. Dazu s. beispielsweise GdS 6, 1913, 21: »Lo scavo si trova ora dietro all'ambiente del lato est di questo piccolo Mercato, a contare da nord a sud. Anche in questi giorni come in tutto il periodo dello scavo, si sono sempre notati in questo punto i due strati, quello di sopra e formato di pezzi di volte e muri caduti appartenenti ai piani superiori, e quello di sotto di terra con pocchi [pochi] materiali da costruzione«.

räumen. Viele Renovierungen oder Einbauten, die anhand der Mauertechnik nicht datierbar wären, lassen sich in Bezug zu einer gemeinsamen Erhöhung mit dem Straßenraum setzen, wobei das oft datierende Aufhöhungsmaterial aus dem Einsturz von Bauten, aber auch aus bewußten Aufschüttungen resultieren konnte.

I. 3. d Möglichkeiten zur Rekonstruktion der ›verlorenen‹ Stratigraphie

Die nachträgliche Aufarbeitung der Altgrabungen basiert grundlegend darauf, die spätantiken Schichten und Erhöhungen des Gehniveaus, die bis 1941 abgegraben wurden, mit den isolierten Bauten, die erhalten blieben, zumindest ›virtuell‹ wieder zu verbinden. Diese virtuelle Rekonstruktion des stratigraphischen Kontextes ergibt sich u. a. aus dem Vergleich des GdS mit der Evidenz eigener Sondagen in Bereichen, in denen auch heute noch spätantike Stratigraphie sichtbar und vermeßbar ist. Das bis 1938 abgegrabene Nutzungsniveau läßt sich darüberhinaus aber auch an Stellen nachweisen, an denen gemauerte bzw. von oben eingegossene spätantike Fundamentreste scheinbar ›frei schwebend‹ erhalten blieben. Durch verschiedene Fundamenthöhen von aufeinanderfolgenden spätantiken Einbauten kann dabei die Schichtenabfolge nach dem GdS Finellis geprüft und durch detailliertere Beobachtung zu ihrer Zusammensetzung und Unterteilung aus neueren Sondagen vertieft werden. Dank des spezifischen Interesses des Grabungsassistenten Finelli, die Beobachtungen jeweils mit einer zumindest grundlegenden stratigraphischen Unterteilung zu verbinden, ist es heute zumindest möglich, den ersten großflächigen Verfall und die artifiziellen Aufhöhungen des späten 3.–5. Jhs. mit Gewerbe- und Haushaltsschutt von späteren Aufhöhungen über 1 m Höhe, die eine Aufgabe der hochkaiserzeitlichen Bauten bedingten, abzugrenzen.

Im folgenden werden relative Höhenangaben gegenüber einer absoluten Höhenangabe, der kein unmittelbar verständlicher Aussagewert für die vergleichende Deutung zukommt, vorgezogen: Relative Höhenangaben beziehen sich auf das heute freigelegte Gehniveau, meist das letzte Straßenniveau severischer Zeit[16]. Dies geschieht u. a. auch deswegen, um die Vergleichbarkeit der Angaben relativer Höhen über dem letzten Straßenpflaster im GdS und der älteren Literatur mit neuen stratigraphischen Befunden zu gewährleisten[17].

I. 3. e Drei Jahrzehnte Bauforschung – Chancen und Grenzen der ›Mikrohistorien‹

Die Entstehung des großstädtischen Ostia mit einer vorwiegend vier- bis fünfgeschossigen Bebauung, also die Bauvorgänge von claudischer bis severischer Zeit, sind anhand der Ziegelstempel gut datiert. Damit sind die Umstände gut erforschbar, wie es zum rasanten Höhenwachstum des 2. Jhs. und der Etablierung eines hochentwickelten Mietmarktes für Gewerbe- und Wohnraum kam und wie man damals große Wohnungsbauprojekte nach avantgardistischen Konzepten aus der Kapitale Rom organisierte. Unklar ist dagegen, wie, warum und vor allem wann dieses System des Mietmarktes als ›Motor des städtebaulichen Wandels‹ und Fortschritts in Ostia scheiterte, zusammenbrach und durch was es ersetzt wurde, weil bereits für das 3. Jh. keine exakten Datierungsmöglichkeiten mehr vorliegen: Auch vorbildliche einzelne Bauuntersuchungen – wie jene u. a. von Janet DeLaine in der Stadtmitte durchgeführten – können diese Fragen nach der Benutzungszeit und dem ›Ende der Insula‹ nicht beantworten[18].

Ausführlichere Bauanalysen der letzten Jahrzehnte belegen auch nach der ersten Hälfte des 3. Jhs. eine Vielzahl von Umbauphasen. Gerade für die Folgezeit bieten sie aber nur selten übereinstimmende Datierungsanhalte.

Vor etwa 30 Jahren führte ein Generationenwechsel zu einer vorsichtigen Abkehr von der Forschungstradition des ›Dekadenzmodells‹ und einer Tendenz, gerade die Methoden der stilistischen Datierung von Bodenmosaiken und Wandmalerei, die innerhalb ihrer Grenze bis um etwa 300 bisher nur immer weiter verfeinert wurden, grundlegend in Frage zu stellen: Tendenziell zutreffendere Datierungsanhalte für die Spätantike

16 Zum Netz der absoluten Vermessungspunkte auf dem freigelegten Gehniveau s. Mannucci 1995. Alle relativen Höhenangaben mit dem Kürzel »+« beziehen sich auf ein spätestens severisches Referenzniveau.

17 Raum- und Straßenniveaus der hohen Kaiserzeit bilden nach den Grabungen bis 1941 einen gut sichtbaren und seit 1995 – vgl. letzte Anm. – auch relativ umfassend vermessenen Bezugspunkt, der durch das letzte erhaltene Straßenpflaster repräsentiert ist. In den Grabungstagebüchern, aber auch in älteren Publikationen sind ebenfalls gewöhnlich relative Messungen zum jeweils letzten erhaltenen Straßenpflaster als Referenzniveau angegeben.

18 Vgl. z. B. DeLaine 1995, 79–106. Zum Wohnungsmarkt vgl. Gering 2002a, 111 f.; Gering 2004, 306 f.; Gering 2011, 301–308.

liefert die grundlegende Studie von Thea L. Heres, allerdings hat sich die Methode absoluter Datierung von Ziegelmauerwerk anhand der Vermessung von Ziegeln wie Mörtelabständen zumindest in einigen Fällen nachweislich als problematisch erwiesen[19]. Von einem Verständnis der spätantiken Stadtentwicklung Ostias scheint man in Ermangelung eines verbindlich akzeptierten Chronologiegerüstes also bis heute weit entfernt.

Auch Bauaufnahmen führen zu keiner ›Patentlösung‹ für ein spätantikes Datierungsgerüst: Unmittelbar benachbarte Gebäude unterscheiden sich oft genug in ihrer Mikrohistorie. Bleibt der Blick auf diese Ebene beschränkt, dann führt der Fortschritt bei den Bauanalysen, die immer weiter ins Detail gehen, jedoch in vielen Fällen lediglich zu einer zunehmenden Isolierung ihrer Ergebnisse voneinander. Ein allzu lineares Fortschrittsmodell von Erkenntnisgewinn erscheint im Rückblick tatsächlich kaum zutreffend: So ist der historische Deutungsdiskurs nämlich heute keineswegs abgeschlossen; es scheint sich bis auf weiteres um einen fortgesetzten Generationenkonflikt zu handeln.

I. 3. f Zu Organisation und Aufbau der vorliegenden Studie

Eine abstrakte Gliederung der Phänomene des Verfalls und seiner Bewältigung im späten 3., 4. und 5. Jh. erschien hier – wie bereits eingangs erwähnt – wenig wünschenswert. Anstelle dessen werden die urbanistischen Beobachtungen in Form eines zusammenhängenden ›Spaziergangs‹ entlang der Promenade sowie durch die wichtigsten angrenzenden Stadtviertel und Bereiche später Bauaktivitäten Ostias angeordnet. Damit wird die urbanistische Perspektive nachvollziehbar, die die antiken Nutzungen und ihre Bezüge, die oft über mehrere Gebäude- und Besitzgrenzen hinweg reichen konnten, illustrieren soll.

Zugleich kann der Materialteil so als Anhalt und Leitfaden genommen werden, um auch vor Ort die Beobachtungen in Form eines realen Spaziergangs nachzuvollziehen und einen Eindruck zu erhalten, wie der Einzugsbereich bestimmter Infrastruktur und die Bezüge innerhalb eines spätantiken Platzensembles oder innerhalb einer einheitlichen Ausstattungsphase der Promenade des Decumanus wahrnehmbar waren, bzw. wie die Akzente in der Stadtgestaltung auf antike Nutzer und Nutzungen wirken konnten.

So dient der besonders ausführliche fotografische Dokumentationsteil mit eigenen und grabungszeitlichen Plänen einerseits als Ersatz für die Anschauung der Ruine, andererseits aber auch als Hilfestellung, um das zu ergänzen, was beim realen Anblick fehlt – die spätantiken Geh- und Nutzungsniveaus –, und das auszublenden, was hier nicht dazugehört, nämlich die Kompromisse, die der komplexen Grabungsgeschichte und der heutigen touristischen Erschließung der Stätte geschuldet sind[20].

Es werden hier eigene Kürzel für alle besprochenen Gebäude in Ergänzung zu den bereits lange eingebürgerten und oft auch sehr anschaulichen modernen Namen verwendet. Diese Kürzel sind der Laufrichtung entlang des Decumanus von der Porta Romana aus in topographischer Reihenfolge der Besprechung der Stadt von Ost nach West durchnummeriert. Sie beziehen sich auf alle bislang auch farbig publizierten Pläne und sollen die Auffindung erleichtern[21]. Die üblichen numerischen ›Adressen‹ gemäß der Grabungspublikation erwiesen sich für einen Spaziergang entlang des Decumanus dagegen als nicht geeignet: Das Ordnungssystem entspricht gerade dort weniger tatsächlicher topographischer Nachbarschaft als den durch den Decumanus abstrakt getrennten Regionen I, II und V. Eine Konkordanz zwischen beiden Systemen der Benennung ist den Plänen zu entnehmen, um den Zugriff auf die ältere Literatur zu ermöglichen.

19 Zur Tradition absoluter Mauerdatierung vgl. noch Heres 1982. Vgl. dazu z. B. allerdings die exzellente Synthese von Pavolini 1986a, 254.

20 Ohne Zusatzinformation ist Ostia in urbanistischer Perspektive vor allem als diffuser Mischzustand einzelner spätrepublikanischer sowie vieler hochkaiserzeitlicher und einiger spätantiker Bauten wahrnehmbar. Monumente, die um 300 längst überbaut waren, sind so seit der Grabung wieder sichtbar und zugänglich geworden, andere, die eigentlich sichtbar sein müßten, wurden jedoch bis auf wenige Reste abgerissen, um älteren den Weg frei zu machen. Die Gehniveaus blieben im heutigen ›Erlebnispark Ostia‹ entsprechend der aus den unterschiedlichsten Motiven unternommenen Grabungstätigkeiten überdies variabel.

21 Gering 2002a; Gering 2004, Abb. 49; Gering 2010, Taf. 1. 2; Gering 2011; Gering u. a. 2011; Gering 2013a; Gering 2013b; Gering 2014.

II. Beispielhafte Phänomene der Umnutzung in Ostia – Monumentalisierte Plätze, Prachtstraßen und die Transformation des Stadtzentrums

II. 1 Der Decumanus von Ostia – Eine Prachtstraße als städtebauliches Programm und die Zweiteilung des Verkehrssystems

II. 1. a Das ›Foyer‹ der Prachtstraße – Neue Freiflächen und die Reorganisation des Verkehrssystems

Die ersten wissenschaftlichen Flächengrabungen und ihr Presseecho

Seit 1855 hatte man in Ostia begonnen, nach einer antiken Stadt zu graben, nicht mehr nur nach isolierten Statuen und Inschriften, um die Museen und Privatsammlungen zu füllen (Abb. 1). Die Ausgrabungen Viscontis reichten damals – ausgehend von einer vorstädtischen Gräberstraße – bis zur Südseite eines großes Monuments auf einer Platzanlage, die sich unmittelbar hinter dem Stadttor innerhalb des Mauerrings von Ostia befindet. Damals war die Grabung noch klein, das öffentliche Interesse an einer über sporadische Raubgräberei hinausgehenden Flächengrabung jedoch geweckt. Zeitungsartikel in der in- wie ausländischen Presse referierten unisono die überwältigenden Eindrücke von Ostia, die der Ausgräber Visconti seinen Besuchern vor Ort bereits nach wenigen Jahren intensivierter Arbeit vermitteln konnte. Ein Korrespondent der Londoner Zeitung »The Times« berichtet von einem Besuch des französischen Botschafters und des diplomatischen Corps im Jahr 1858 in der Stätte: »And the greatest surprise was expressed at the complete manner in which the ruins of that once splendid city have been brought to light. The fountains, the public squares [...], the statues and the columns constitute the finest group of ruins that can be possibly conceived«[22].

Die Öffentlichkeitsarbeit Viscontis reichte offenbar aus, um – auch für heutige Verhältnisse – auffallend detaillierte Berichte in der Tagespresse zu rechtfertigen. Ein Artikel in »The Times« zu »Excavations at Ostia« von 1857 geht auf den Fundkontext der letzten spätantiken Bauten auf diesem Platz, die dabei verwendeten Spolien und sogar die Existenz von Haushaltsinventaren ein. Auch Funde aus der ›Spätzeit‹ römischer Städte – konkret: nach den ›Zerstörungen durch die Barbaren‹ – erschienen damals offenbar noch durchaus geeignet, um detaillierter aufgeführt zu werden sowie die öffentliche Neugier zu wecken und auch zu stillen: »The former site contains the remains of houses rebuilt after the destruction of the town by the barbarians, and the walls therefore contain numerous fragments of old edifices, with inscriptions, marble ornaments, and basreliefs, utensils made of bronze, ivory, or clay and co.«[23].

Ein weiterer Artikel vom 7. Mai 1858 ergänzt weitere Details aus der spätantiken Alltagswelt, also zu eben jenen Ausstattungsfunden, die auf den ›letzten‹ antiken Zustand der Stadt vor ihrer Aufgabe, Zerstörung oder Verschüttung zurückgehen: »The military station is near the gate, and is well preserved; in it has been discovered a marble table, on which the soldiers played at different games when not on duty. Near the gate also is a fountain richly decorated and fed by a large conduit«[24].

Der Grabungszustand des Platzes am Stadttor ist bis zum Beginn des Ersten Weltkriegs durch vielfältige Fundberichte dokumentiert worden. Neben dem öffentlichen Interesse wurden die regelmäßig publizierten Ergebnisse der Freilegungen auch in der internationalen Forschung rezipiert und in Überblicksstudien für den deutsch- oder englischsprachigen Raum zusammengefaßt[25]. Die Hinterlassenschaften der »wiedererrichteten« Häuser aus dem Bericht von 1857, die möglicherweise aus dem späteren 5. bis 8. Jh. stammten[26], wurden um 1910 allerdings abgegraben. Unter dem Direktor Dante Vaglieri erreichte die Dokumentation zwar qualitative Höhepunkte, zugleich begann sich jedoch das

22 The Times (London), 2. Juni 1858, 6 (Passagen vom Autor kursiv gefaßt).

23 The Times (London), 31. Dezember 1857, 6: »Excavations at Ostia. – The works now going on [...]«. Zur zugrunde liegenden Grabungsdokumentation – Il Giornale di Roma vom 15. Mai 1858 und 28. März 1860 – vgl. auch Paschetto 1912, 434 f.

24 The Times (London), 7. Mai 1858, 6: »The Excavations at Ostia. – A letter from Rome gives some additional details [...]«.

25 Ein zusammenhängendes Verständnis von ›urbanistischen Situationen‹ wie der damals gerade erst freigelegten Platzanlage erklärt z. B. Thomas Ashby in seiner 1912 erschienenen Überblicksstudie – Ashby 1912 – ergänzend zu Fisch 1898.

26 Meiggs vermutete hier eine Rückzugssiedlung, die zeitlich wie örtlich bis unmittelbar an den Bau der Folgesiedlung Gregoriopolis, der heutige ›Borgo‹, in den Jahren 827–844 reichte: Meiggs 1973, 100.

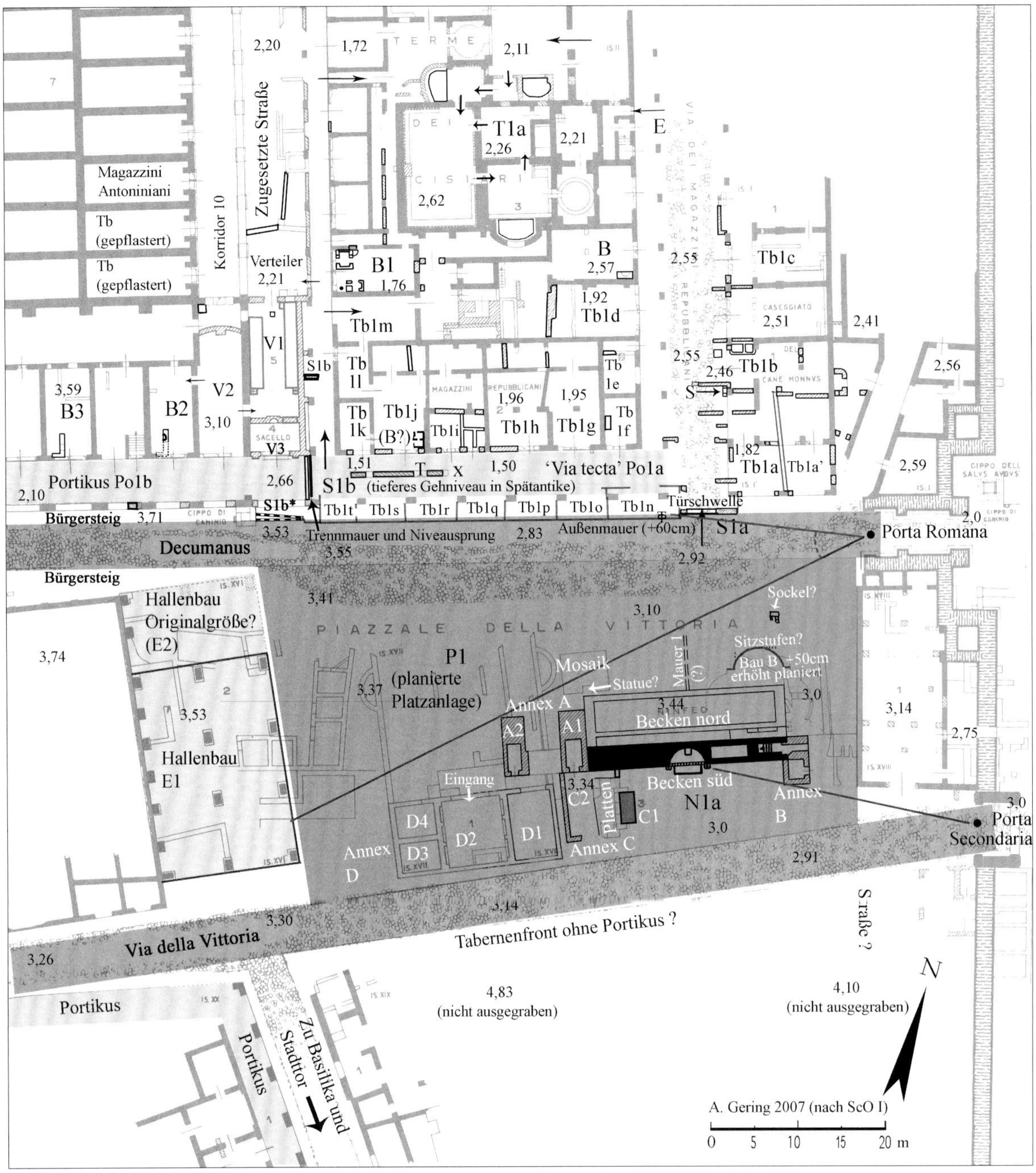

Abb. 2 Piazzale della Vittoria P1 (M. 1 : 750)

- Neubauten des späten 3.–5. Jhs.
- neu gestaltete Portiken und Hallen
- nicht ausgefüllte Mauern unter der Platzfläche: abgerissene Vorgängerbauten

P1 Piazzale della Vittoria

Tb Taberna

B ›Bar‹

S Türschwelle

N Nymphäum

Po Portikus

Interesse auf die früheren Siedlungsepochen, vor allem die republikanische Zeit, zu begrenzen – mit fatalen Folgen für die ehemals gut erhaltene spätantike Bebauung nicht nur dieses Platzes.

Der Piazzale della Vittoria (Abb. 2, P1) war die erste große Platzanlage Ostias[27], wenn man von Rom aus auf der Via Ostiense die ausgedehnten Nekropolen hinter sich gebracht und die Stadt durch das Haupttor im Osten, die Porta Romana (Abb. 2, Blickpunkt), betreten hatte. Diese Platzanlage war bereits aufgrund ihrer Lage und ihrem spezifischen Bezug zu Rom ein spezieller Fokus für die urbane Verschönerung aller Epochen – so auch der Spätantike.

Der Piazzale bot in der Spätantike einen radikal gewandelten Anblick gegenüber dem fast vollständig bebauten Zustand des Areals in der frühen und hohen Kaiserzeit. Zwischen Decumanus und Via della Vittoria war eine Freifläche entstanden (Abb. 2). Portiken und Hallen wurden damals umfassend neu gestaltet. Die dichte Vorgängerbebauung war dazu abgerissen und planiert worden.

Eine Halle als neuer ›Blickfang‹

Als Ergebnis von Abriß und Planierung eröffnete sich dem spätantiken Besucher am Standort der Porta Romana ein weiter Blick auf den Platz bis zu seinem Abschluß im Westen, wo sich ein großer Bau der späten Kaiserzeit oder Spätantike befand (Abb. 2, E1/E2)[28].

Heute sind von diesem ›Blickfang‹ nur noch spärliche Reste von rechteckigen Ziegelpfeilern erhalten, die kaum über das Platzniveau ragen. Es handelte sich bei diesem Bau in Ermangelung von Außenwänden ehemals wohl nicht um jene Zisterne, die hier alten Grabungsberichten zufolge freigelegt worden war[29], sondern mit großer Wahrscheinlichkeit um eine offene Halle (Abb. 3, Halle?). Bereits Valentin Kockel bezeichnete den Bau als eine Art »Loggia«[30]. An einem ähnlich ausgestatteten und in vergleichbarer Weise planierten Platz am anderen Ende der Stadt, der aber nicht vor der zweiten Hälfte des 4. Jhs. datiert werden kann, existiert dazu ein Pendant am Platzrand, das allerdings bereits aus dem 2. Jh. stammt[31]. Die Pfeilerabstände sind hier allerdings deutlich größer

27 P1 (bzw. auch andere Kürzel) erscheinen in den Plänen, um Plätze – wie hier – oder Gebäude zu bezeichnen. Die Nummerierung geht dabei entlang des Decumanus von der Porta Romana im Osten der Stadt nach Westen fortschreitend. »P« meint Platz, »Po« Portikus etc. Im Anhang befindet sich eine Tabelle zur Erklärung aller Kürzel.

28 Der Bau V xvi 2 ist bei Calza u. a. 1953 nicht erwähnt und wurde bis heute noch nicht baugeschichtlich untersucht. Die Pfeiler ragen bis heute über das Platzniveau vom Piazzale della Vittoria P1: unabhängig von seiner Entstehungszeit scheint der Pfeilerbau also nicht planiert worden zu sein und damit also bis zum letzten Zustand der Stadt der Spätantike aufrecht gestanden zu haben. Die Entstehungszeit ergibt sich aus dem Zeitpunkt der Planierung der Vorgängerbauten an dieser Stelle (Abb. 4, E–G). Nach Kockel 1992, 106 Anm. 30 und neueren Untersuchungen zur absoluten Höhe der Gehniveaus an dieser Stelle (s. u.) datiert die Planierung frühestens in severische Zeit.

29 Zum Bau am Westende von P1 als »Cisterna« bzw. »castella d'acqua – serbatoio« s. Ricciardi – Scrinari 1996, Bd. 1, 137 Abb. 214 (grau markiert). Ricciardis Deutung vom Bau V xvi 2 basiert auf nicht näher zitierten Aussagen von Grabungsarbeitern, die »nella zona una grande cisterna coperta a volte« gesehen haben. Ricciardi fügt weitere Berichte als Zeugnis für die Deutung des Baus als Zisterne an: Paschetto 1912, 256 zitiert den Bericht Nibbys als Augenzeugen eines Zustands von 1829. Der relativ detaillierten Beschreibung ist allerdings zu entnehmen, daß sich Nibby auf einen Bau am Endpunkt des Aquädukts bezieht, der inzwischen von 1982–1984 wieder freigelegt worden ist und daher im Grundplan Gismondis von 1953 noch fehlt. Die »tre contrafforti [...] in linea retta con la chiesa di S. Sebastiano« – s. Nibby 1819, 62 – sind dem neueren Plan bei Ricciardi – Scrinari 1996, Bd. 1, 137 Abb. 214 zufolge zweifelsfrei im Inneren das sogenannte Castellum Ostiense zu lokalisieren, das im Süden der Via della Vittoria an der Stadtmauer liegt. Auch die Berichte der Grabungsarbeiter werden sich wohl auf diese große überwölbte Zisterne bezogen haben. Daneben wurde von Vaglieri 1910, 31 für den Platz P1 selbst ein weiterer Bau als Zisterne gedeutet, der zwischen Porta Romana und N1a liegt. Auch dessen Beschreibung und Lage kann sich aber keinesfalls auf den Bau der ›Loggia‹ beziehen. Dafür kommt neben dem planierten Brunnenhaus B nur der Bau V xviii 1 in Frage, für den die Feststellung eines höheren Nutzungsniveaus nach Vaglieri – »a ad un livello più alto« (s. o.) – zutrifft: Vgl. dazu Mannucci 1995, Taf. 13 (3,14 m). Eine Datierung von Umbauten in die zweite Hälfte des 3. Jhs. findet sich bei Calza u. a. 1953, 238. Mit einem großen Eingang nach Süden handelte es sich bei V xviii 1, was einen heute sichtbaren und bisher nicht näher untersuchten Bauzustand betrifft, möglicherweise um eine Torwache – wofür der separate Mauerdurchgang in den östlichen Annexräumen spricht – und in Zusammenhang damit u. a. auch um ein *stabulum* in der Art, wie man es in Regio III iv 1 findet.

30 Zur Benennung »Loggia« s. Kockel 1992, 105.

31 Eine gut vergleichbare ›Loggia‹ (Po7a), jedoch mit kleineren Abständen und Mauerdicken der Pfeiler, befindet sich am Südwestende des Platzes P7 vor der Porta Marina, also am entgegengesetzten Ende der Stadt am Meer. Diese ›Loggia di Cartilio‹ datiert in das 2. Jh. und

Abb. 3 Piazzale della Vittoria P1, Blick vom Fassadennymphäum N1a nach Nordwesten

als bei der ›Loggia di Cartilio‹ vor der Porta Marina, wobei die gesamte Größe der Halle heute allerdings nicht mehr eindeutig bestimmt werden kann[32].

Das monumentale Stadttor spätrepublikanischer, flavischer oder hadrianischer Zeit[33] (Abb. 2, Porta Romana) war in der späten Kaiserzeit wiederaufgebaut worden. Für eine Datierung der späten Ausbesserungen etwa in die Zeit der Platzneuanlage spricht bereits die Fundamenthöhe des Mauerwerks, das bis heute im Kontext des Stadttores zu beobachten ist und das Bodenniveau eines Raums des 3. Jhs. unmittelbar nördlich des Stadttores (Abb. 2, 2,59 m) überragt. Das Ziegelmauerwerk im Kontext beider Torflügel entspricht ferner exakt den spätkaiserzeitlichen Teilstrecken der Stadtmauer, die südlich bis unmittelbar an die Porta Secondaria mit einer Fundamenthöhe von +3,0 m reichen (Abb. 2).

Die im 2. Jh. großräumig abgerissene bzw. teilweise auch direkt überbaute Stadtmauer war im 4. und 5. Jh. nach Russell Meiggs zwar offenbar höchstens eingeschränkt funktionsfähig, bereits die Ausgräber hatten aber in ihrem gesamten Verlauf späte Reparaturspuren beobachtet[34]. Nach den Forschungen Michael

ist ein ebenfalls zu den Seiten hin völlig offener Bau, der nur aus Pfeilern bestand und hier wohl u. a. auch Marktzwecken gedient hatte. Zur Nutzung der Loggia auf der Platzanlage P7 als ›Rast- oder Versammlungsplatz‹ vgl. Pavolini 1983, 170.

32 Die extrem gestreckte Pfeilerstellung bei V xvi 2 läßt unabhängig von der nicht übereinstimmenden Lage jener überwölbten Zisterne der Berichte – vgl. dazu die letzte Anm. – eine Überwölbung des Hallenbaus E1/E2 bei V xiv 2 mit Gußmauerwerk unwahrscheinlich erscheinen. Unklar ist, wie weit sich die Halle in ihrem spätantiken Zustand erstreckte: Die Freilegung und abschließende Publikation des Befunds im Plan von Gismondi von 1919 – dazu s. Paribeni 1920, 158 – umfaßte nur den Bereich, der hier als ›Hallenbau E1‹ benannt wurde (Abb. 2). Nimmt man an, daß einst auch die nördlich davon in den späteren Plan Gismondis von 1953 eingezeichneten Pfeiler über das spätantike Platzniveau gereicht hatten, dann ergäbe sich eine dementsprechend breiter zu rekonstruierende Halle E1/E2 als Westabschluß des Piazzale della Vittoria P1. Dafür spräche zumindest auch der im Plan Gismondis von 1919 (Gismondi 1919) eingezeichnete Pfeiler an der Nordwestecke der Fortsetzung des Hallenbaus E2, der übereck verläuft und eine Fortsetzung der Portikus hier nahelegt.

33 Zur Porta Romana vgl. Kockel 1992, 110 mit Anm. 56 zur älteren Literatur: Die Datierung der Bauplastik des Torbaus variiert demnach zwischen flavischer oder hadrianischer Zeit. Vgl. dazu Freyberger 1990, 73 f. Zum spätrepublikanischen Fundament des Stadttors und seiner Inschrift, die auf das Konsulat Ciceros verweist, s. Zevi 2004, 27–31 mit Abb. 14–16.

34 Meiggs 1973, 97: »in the trial pits that were sunk to trace the line of the walls some later work could be seen«.

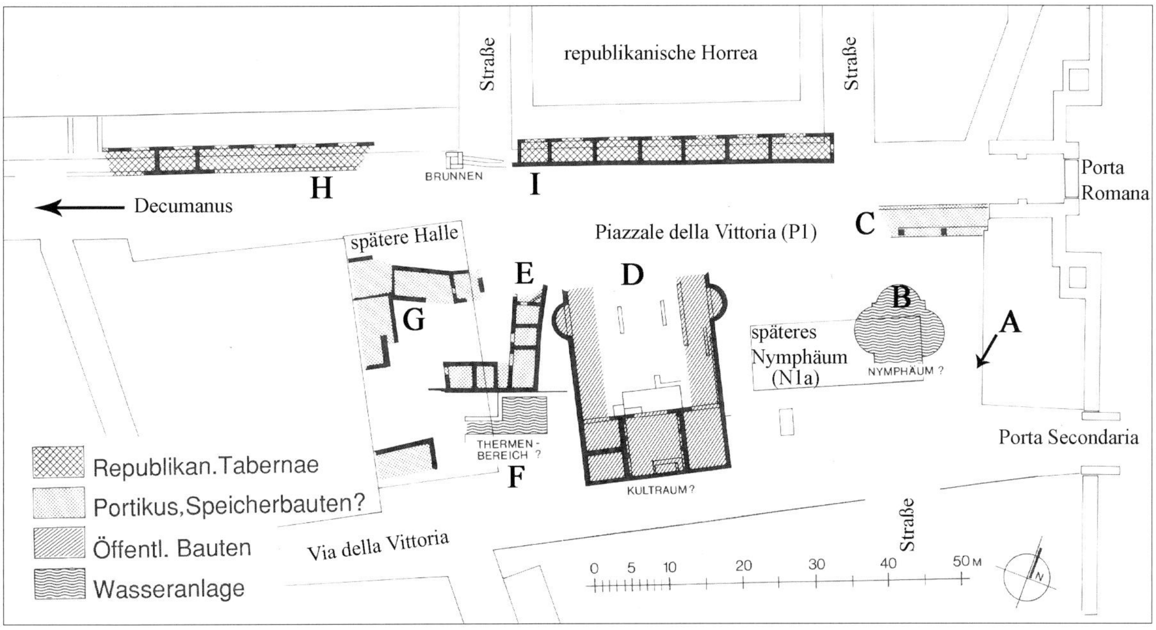

Abb. 4 Piazzale della Vittoria P1, Vorgängerbebauung (nach V. Kockel). M. 1 : 1000

Heinzelmanns auch an anderen Stadttoren war die Mauer wohl im späten 3. Jh. zumindest mit temporärer Wirkung wiederhergestellt worden; das Gehniveau der Straße wurde hier aber offenbar nicht angepaßt[35]. Nach einer kurzen Phase verstärkter Unsicherheit im späten 3. Jh. hatte der Mauerring offenbar aber im 4. Jh. analog zur Aurelianischen Mauer in Rom vor allem repräsentative Funktionen zu erfüllen, denn die Stadtmauer bildete ein unverzichtbares Statussymbol, wobei die Nachbarstadt Portus erst im 5. Jh. seine Mauer erhielt. Den insgesamt überwiegenden ›Schaucharakter‹ dieser Stadtmauer mag ein Detail belegen: Zumindest seit dem Zeitpunkt der heute noch sichtbaren Pflasterung des Decumanus weist der Torbau keine Türschwelle auf, eine solche Schwelle wäre aber prinzipiell zur festen Verriegelung in fortifikatorischem Kontext unabdingbar. Das severisch bis spätkaiserzeitlich zu datierende Pflaster des Decumanus ist hier jedoch zweifelsfrei noch in situ, was auch ein grabungszeitlicher Plan Gismondis belegt, der zudem innerhalb der Porta Romana in deutlichem Gegensatz zur weiter südlich liegenden Porta Secondaria keinen Niveausprung für eine etwaige Türschwelle verzeichnet[36].

Zur ehemaligen Bebauung der Platzfläche vor der Spätantike

Bei Tiefengrabungen des frühen 20. Jhs. kamen eine Reihe von planierten Vorgängerbauten unter dem Pflasterniveau zutage. Dazu gehören ein ehemals bis an den Decumanus reichender Kultraum iulisch-claudischer Zeit (Abb. 4, D), der nach Valentin Kockel – jedoch in stark verkleinerten Ausmaßen – Ähnlichkeiten mit dem Augustusforum in Rom aufwies, ferner einige

35 Vgl. vorige Anm. Nach den Untersuchungen Michael Heinzelmanns an anderen Toranlagen, deren abschließende Publikation noch aussteht, wurde der im späten 3. Jh. reaktivierte Verteidigungsring nur kurzzeitig tatsächlich genutzt, weil man schon bald darauf die Torschwellen durch einen verkehrsfreundlicheren Fahrbelag überbaute. Das Gehniveau der Via Ostiensis bis zur Porta Romana beträgt allerdings nur wenig mehr als 2 m – zu den Niveaus s. Abb. 2 – und entspricht damit nicht jenem des Decumanus innerhalb des Stadtgebiets (2,83 m) und jenem des gepflasterten Platzes südlich des Nymphäums N1a mit 3,0–3,10 m. Zu den stadtweiten Vermessungen von Höhenniveaus vgl. Mannucci 1995, Taf. 12. Eine Straßensondage auf der Via Ostiensis unmittelbar außerhalb der Porta Romana ergab nach Heinzelmann 1999, 84–86 Abb. 3 kaum Unterschiede zwischen dem trajanischen Straßenniveau und der freigelegten Oberkante der Pflastersteine des severischen Straßenniveaus auf der Höhe von 2,10–2,20 m.

36 Zum Steinplan vgl. den Plan Italo Gismondis von 1919: s. Paribeni 1920, 158. Im Gegensatz zur Porta Romana zeigt die Porta Secondaria auch im heute sichtbaren Zustand des Straßennetzes eine Türschwelle auf dem spätesten erhalten gebliebenen gepflasterten Platzniveau südlich des Fassadennymphäums N1a (Abb. 2) auf der Höhe von 3,0 m.

Abb. 5 Fassadennymphäum N1a von Nordwesten aus gesehen

Nutzbauten und ein Wasserbecken mit Zugangsrampe unter der späteren Halle (Abb. 4, E–G) sowie ein wohl überdachtes Brunnenhaus mit drei Apsiden unter dem späteren Nymphäum N1a (Abb. 4, B).

Weiterhin scheint ein späterer Mosaikraum (Abb. 2. 3. 5) einen unmittelbaren Vorgänger der spätantiken Platznutzung gebildet zu haben, weil dessen Nutzungsniveau mit dem Fundamentniveau der Platzbebauung über der Planierungsschicht (fast) übereinstimmt: möglicherweise handelte es sich dabei um einen Teil der bereits in der Antike planierten privaten Wohnbebauung des späteren 3. oder frühen 4. Jhs., die bei den Grabungen 1858 und 1860 zutage getreten war, wo 1857 auch noch spätere Bauphasen der eingangs zitierten »wiedererrichteten« Häuser auf dem Platzareal sichtbar waren, die als Spolienbauten wiederum nach dem 5. Jh. den Platz zugesetzt hatten[37].

Die spätrepublikanischen Tabernenreihen H und I (Abb. 4), die als Teil von Horrea nach Norden, also nicht auf den Decumanus geöffnet waren, sowie die parallel zum Decumanus verlaufende Portikus C waren bereits lange vor Beginn der spätantiken Ausstattungsphasen der Stadt zugunsten neuerer Portiken des 2. Jhs. abgerissen worden[38].

Die späteren Bauten über dem erhaltenen Platzpflaster – Ein ›Fassadennymphäum‹

Das beherrschende Monument des durch Abriß und Planierung freigeräumten Platzes bildet ein Fassadennymphäum N1a, das mehr als 21 m lang ist (Abb. 5. 6)[39]. Es ist mit einem großen Becken nach Norden auf den Decumanus und mit einer halbrunden Nische nach Süden auf die Via della Vittoria hin orientiert (Abb. 2).

37 Zum Mosaik eines Privathauses des späten 3. Jhs. (Becatti) oder 4. Jhs. (van Essen) s. Becatti 1961, 232 f.: »Il livello molto alto del mosaico, pari a quello ultimo della strada, sembra indicare un periodo piuttosto tardo«; van Essen 1956–1958. Zur Grabungsdokumentation – Il Giornale di Roma vom 15. 5. 1858 und 28. 3. 1860 – vgl. auch Paschetto 1912, 434 f. Zu Mosaikraum und der durch das Mosaik ausgesparten Struktur zusammenfassend s. Vaglieri 1914, 50. Wenn es sich tatsächlich um private Hausbebauung handelte, ist zu betonen, daß hier damit ein Fall vorläge, wo öffentlich-repräsentative Belange – die Schaffung einer Freifläche – gerade in der Spätantike vor privaten Interessen – der Beibehaltung einer luxuriösen Wohnbebauung – gegangen wären. Die Einbindung des Mosaiks in einen Raum oder eine Umfassung ist durch die Reste einer angrenzenden Mauer, die ebenfalls in geringer Höhe planiert worden war, belegt Abb. 13.

38 Zu diesen Vorgängerbauten und den Erhöhungen s. Kockel 1992, 99 f. 105 f. mit Abb. 63. Zu den Vorgängerbauten vgl. auch Ricciardi – Scrinari 1996, Bd. 1, 137 f. Näheres zur Folgebebauung s. u.

39 Der Ausgräber Vaglieri schildert die Freilegung des Platzareals und den Befund des dort zutage getretenen Beckens (Abb. 5) und seiner Umgebung: »è venuto in luce un abbeveratoio lungo ben ventuno metri e largo

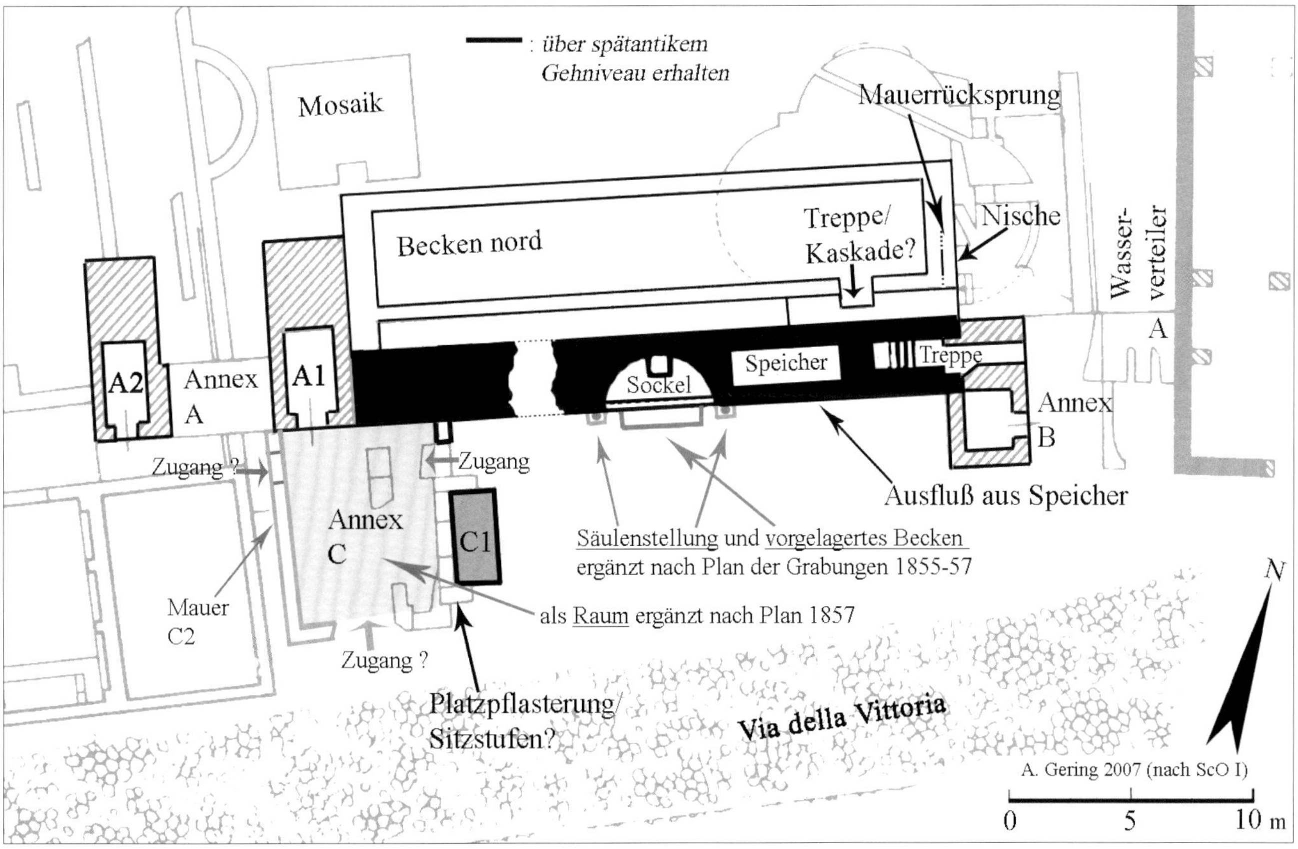

Abb. 6 Fassadennymphäum N1a mit seinen Annexbauten (M. 1 : 300)

Das große nördliche Becken fällt bereits von der Porta Romana aus ins Auge. Ähnliches galt für die Wassernische der Südseite, die bereits durch Visconti freigelegt worden war und die man bis heute bereits beim Durchqueren der Porta Secondaria aus vollständig sehen kann (Abb. 2, Blickpunkt).

Das zweiseitige Fassadennymphäum N1a unterscheidet sich grundlegend vom Vorgängerbau mit den drei Apsiden (Abb. 4, B), der sowohl als geschlossenes Brunnenhaus ergänzt wird als auch ausschließlich nach Süden ausgerichtet war. Das große Becken im Norden ist in Teilen in derselben Mauertechnik wie der Fassadensockel ausgeführt, was für eine gemeinsame Konzeption und Ausführung spricht[40].

Der massiv gegossene Sockelbereich des platzbeherrschenden Monuments (Abb. 6, schwarz) konnte mit 2,50 m Mauerdicke prinzipiell einen Baukörper vielgeschossiger Höhe tragen. Obwohl sich keine eindeutig zuweisbaren Bauteile einer Geschoßgliederung erhalten haben, wird man wohl allein aus Überlegungen zur Proportionierung eine weitaus größere Bauhöhe als die heute erhaltene postulieren: Auch aufgrund der erhöht liegenden Wasserzufuhr und der Innentreppe (Abb. 6, Treppe) scheint es ausreichend gesichert, von einem mehrgeschossigen Fassadennymphäum zu sprechen[41]. Eine repräsentativ verzierte ›Schauwand‹ müßte man in Analogie zu anderen platzmittigen Fassadennymphäen (s. u.) ferner wohl an beiden Langseiten des Sockels

m. 3,60 [...]. In mezzo, tra quella e questo, a un livello più alto si ha un altro serbatoio d'acqua. In seguito a questa costruzione si vedono altri muri, ma rasi quasi al suolo«. Dazu und zu den exakten Abmessungen s. Ricciardi – Scrinari 1996, Bd. 2, 236.

40 Eine genauere Bauuntersuchung existiert bisher nicht, erscheint aber auch angesichts des heute weitgehend ergänzten Zustandes der Ruine schwierig: Die Rekonstruktion des Aufrisses muß also auch weiterhin vage bleiben, weswegen ein diesbezüglicher Versuch der Visualisierung (Abb. 10) nur sehr schematisch zu verstehen ist. – Anhand der alten Grabungsfotos ergibt sich jedoch, daß die großteils moderne Ergänzung der Beckenmauer hier zumindest im wesentlichen zutreffend erfolgte, was den sehr regelmäßigen Charakter der Mauerverschalung betrifft, die an zwei Seiten derselben Mauer sowohl aus Opus vittatum als auch aus Opus testaceum besteht.

41 Vgl. dazu Ricciardi – Scrinari 1996, Bd. 2, 235.

Abb. 7 Fassadennymphäum N1a von Nordosten aus gesehen

annehmen. Nachweisbar ist die Verzierung des monumentalen Sockels heute allerdings nur noch in Form des erwähnten vorgelagerten Beckens (Abb. 6, Becken nord) und anhand einer halbrunden Nische an seiner Südseite, der ehemals ebenfalls ein (kleineres) Becken vorgelagert war.

Im Mauerkern des Fassadensockels ist ein Wasserspeicher integriert (Abb. 6. 11, Speicher), der von einer nicht mehr erhaltenen Druckwasserleitung gespeist wurde. Der einzig erhaltene Ausfluß dieses Speichers erfolgt nach Süden hin (Abb. 6, Ausfluß aus Speicher), weitere Ausflüsse sind jedoch denkbar, da die geringe Erhaltungshöhe nur wenige Aussagen erlaubt. Die Anlage und Größe dieses Speichers bildet ein weiteres Indiz, daß der Fassadensockel ehemals deutlich höher gewesen sein muß als heute erhalten.

Der Einlauf von Wasser in das große nördliche Bekken, das ehemals wohl wie beim südlichen halbrunden Becken mit Opus signinum ausgekleidet war[42], erfolgte u. a. möglicherweise über eine kleine Kaskade. Zumindest befindet sich zwischen dem Fassadensockel und der davon abgetrennten Rückwand des vorgelagerten Beckens eine rechteckige Einbuchtung mit abfallendem Boden (Abb. 6, Treppe/Kaskade?), die zugleich auch den Zugang zum Becken bei Wartungsarbeiten ermöglicht haben könnte. Wasserspeicher und ›Kaskade‹ liegen also am östlichen Ende des Baus, an dem die Wasseranbindung vom benachbarten Wasserverteiler des *castellum aquae* her erfolgte (Abb. 2. 6, Wasserverteiler A).

Das Gelände ist heute insbesondere an der Nordostseite des Beckens uneben, was von den planierten Resten des Vorgängerbaus des Brunnenhauses B mit den drei Konchen an dieser Stelle herrührt (Abb. 7, B). An der Ostseite über einer kleinen Nische in der Außenwand (Abb. 6. 7, Nische) ist die Beckenmauer deutlich höher als am Rest des Beckens erhalten[43].

Ein ›Brunnenplatz‹ bisher unbekannter Monumentalität zum Decumanus hin

Das Becken auf der Nordseite des Fassadennymphäums N1a (Abb. 2. Becken nord 5–7) war mit einer etwa 80 qm großen Wasserfläche eines der größten Freiluftwasserbecken in der Stadt. Carlo Pavolini bezeichnet das Becken als Viehtränke[44]. Allerdings spricht einiges dafür, daß es sich dabei nur um eine ›monumentalisierte‹ Form ohne jeglichen praktischen Nutzen gehandelt haben kann. Für eine Viehtränke scheint nämlich das

42 Zum Becken der Südseite vgl. Letzner 1990, 445.

43 Die Rückmauer dieser kleinen Nische ist im Mauerkern original erhalten und erweist sich vom Beckeninneren aus gesehen als dünner und separat gemauert. Sie diente so als unabhängige Einfassung, die auf einem tieferen Beckenrand aufsetzt.

44 Pavolini 1983, 45.

mindestens 70–90 cm hohe Becken in Verbindung zur erheblichen Mauerdicke – an den Schmalseiten ehemals bis zu 1 m, an den Langseiten 70 cm (Abb. 6. 7, Parapet) – kaum geeignet und daher wohl auch zumindest nicht primär konzipiert worden zu sein[45]. Offenbar sollte es aber auch nicht in erster Linie der Wasserversorgung für Anwohner oder Ankommende dienen, weil das nördliche Becken nur mit starker Einschränkung zum Wasserschöpfen geeignet scheint. Zur gewöhnlichen Brauchwasserentnahme mit Gefäßen eignen sich zwar Parapethöhen um 90 cm, die doppelt bis dreifach höhere Mauerdicke spricht allerdings gegen einen reibungslosen Schöpfvorgang aus dem Becken, wobei seine räumliche Tiefe mit 3,60 m zudem die Anforderung an Tränken oder Schöpfbecken bei weitem übertrifft[46]. Gegen Viehtränke wie Schöpfbecken spricht auch die angrenzende Bebauung des treppenähnlichen Seitenflügels an der westlichen Schmalseite des Monuments, die den Zugang erschwerte[47]. Die hypothetische Unterscheidung einer nördlichen ›Nutzseite‹ von einer ›Zierseite‹ im Süden basiert auf der Annahme, daß durch die Porta Romana über den Decumanus der Hauptteil des Liefer- und Warenverkehrs für die Gewerbegebiete Ostias abgewickelt wurde. Das mag für den Zustand der Gewerbestadt des 2. Jhs. gegolten haben. Ohne diese Prämisse und allein auf Basis des Befunds beurteilt, scheint eine solche Unterscheidung aber schwer nachvollziehbar. Ein Blick auf das Verkehrssystem der spätantiken Stadt wird im Gegenteil erweisen, daß durch den Neubau des nördlichen Beckens vorwiegende Zieraspekte auf den Beginn des Decumanus hin ausgerichtet wurden, weil auch der Decumanus selbst seinen gewerblichen Charakter zugunsten einer verstärkt repräsentativen Nutzung des Straßenraums eingebüßt hatte.

Der monumentale Fassadenbau des Wasserspiels bildete ein äquivalentes Gegengewicht zu den platzbestimmenden Hallenbauten an der Nord- und Westseite des Piazzale della Vittoria P1 (Abb. 3). Der Hauptzweck der Nordseite des Nymphäums als neuer Decumanusfront galt wohl der Präsentation von bewegtem Wasser und gebauten ›Wasserspielen‹: Maria-Antonietta Ricciardi spricht bezüglich der monumentalen Fassade dezidiert von einer »mostra d'acqua«[48], wobei sich jedoch außer der erwähnten kleinen Treppe bzw. Kaskade von einem weiteren Einlauf des Wassers von erhöhter Position aus nichts mehr erhalten hat. Sieht man von einem ›marginalisierten‹ Nutzaspekt wie der kleinen Nische als möglicher Brauchwasserauslauf im Osten ab, bleibt angesichts der großen Wasserfläche nur der wohl erwünschte Effekt der Wassergeräusche und -spiegelung für eine lebendig bewegte Beleuchtung der Fassade und ihrer statuarischen Ausstattung (s. u.) anzunehmen. Der Piazzale selbst scheint zumindest bis zum späten 5. Jh. als Freifläche wahrnehmbar geblieben zu sein, auch wenn man zur näheren Datierung und Struktur der kleinteiligen Wohnbebauung späterer Zeit, die 1855–1857 ergraben worden war, keine Aussagen mehr treffen kann. Aber auch in seiner ›freien Platzphase‹ des frühen 4. bis späten 5. Jhs. mußte er nicht zwangsläufig als Marktbereich genutzt und entsprechend temporär bebaut worden sein, weil dafür die Marktstraßen und Portiken nördlich wie südlich des Platzes sowie die bereits erwähnte multifunktionale Halle E (Abb. 4) am westlichen Platzabschluß zur Verfügung standen[49].

45 Zu den Maßen vgl. Ricciardi – Scrinari 1996, Bd. 2, 236. Anhand alter Grabungsfotografien läßt sich eine deutlich über 70 cm liegende einheitliche Höhe annehmen, was u. a. im Osten des Beckens heute noch nachvollziehbar ist.

46 Die Maßvergleiche ergeben sich zu kleinasiatischen Brunnenbecken, die zum Teil auch aus Ziegeln gemauert wurden: Die durchschnittliche Höhe des Hauptbeckens der Beispiele »ausschließlich zweckorientiert konzipierter Beckenbrunnen« aus kleinasiatischen Städten beträgt nach Dorl-Klingenschmid 2001, 104 f. etwa 90 cm, wobei die Mauerdicke der Parapets 30 cm nie überschritt, sondern meist sogar erheblich darunter lag. Das Parapet des Nymphäums N1a ist stark modern ergänzt und läßt daher keine Untersuchung von Schöpfspuren o. ä. und der Gestaltung des Beckenrands zu. Für die Zweckmäßigkeit des Schöpfvorgangs – viel mehr noch für die Funktionalität als Tiertränke – ist die Wandstärke ein wesentlicher Faktor. Für mehrfache Nutzungsmöglichkeiten spricht aber auch bei Beispielen mit höherem Parapet, daß Wasserspeier, vorgelagerte niedrigere Becken oder Schöpfkompartimente im Hauptbecken vorhanden waren. Eine andere Möglichkeit war, daß das Wasser über den Beckenrand lief und durch eine vorgelagerte Rinne aufgefangen wurde. Hier fehlen Überlaufrinnen etc. vor dem Bekken, wobei darüberhinaus ein treppenähnlicher Flügel an der westlichen Schmalseite des großen Beckens die Zugänglichkeit eingeschränkt haben dürfte.

47 Inwieweit das Becken von außen – wie im Fall des ›Agorapools‹ von Aphrodisias (s. u.) – vielleicht über solche Stufen oder sogar an der Stelle des planierten Baus B (Abb. 7) betretbar war, läßt sich nicht mehr klären.

48 Vgl. dazu Ricciardi – Scrinari 1996, Bd. 2, 235.

49 Die Funde des Ausgräbers Vaglieri von Konstruktionen in Leichtbauweise – vgl. dazu Kockel 1992, 105 f. – entsprechen offenbar tieferliegenden Nutzungsniveaus der Stadt. Seine oft mißverständlichen Angaben zu stratigraphischen Beobachtungen lassen sich heute nicht mehr überprüfen, nachdem die originale Pflasterdecke durch die Tiefengrabungen weitgehend zerstört ist. So ist nicht wirklich auszuschließen, daß es sich wenigstens teilweise auch um spätantike oder moderne ephemere Bauten gehandelt haben könnte.

Eine besondere Wirkung ergab die Freifläche und der zur Schau gestellte Wasserreichtum wohl für einen Betrachter, der den Status quo der dicht bebauten Gewerbestadt vor dem spätantiken Stadtumbau noch gekannt hatte: Gerade Freiflächen und Wasserluxus waren für Ostia keineswegs selbstverständlich, die Anzahl der Zierbrunnen und Platzanlagen erreichte interessanterweise in ganz Ostia erst in der Spätantike ihren Höhepunkt[50].

Ein regelrechter Überraschungseffekt ergab sich wohl auch für den ortsfremden Besucher, wenn er aus der vorstädtischen Bebauung durch die Porta Romana auf den Platz trat: Bis zum späten 3. Jh. waren die Nekropolen an der Via Ostiense mit straßenseitig vorgeblendeter Infrastruktur aus Bars und Geschäften kontinuierlich verdichtet worden. Ähnliches galt, wenn er vom Tiber her aus ebenso dicht bebauten Via dei Magazzini Repubblicani durch den spätantiken ›Torbereich‹ (Abb. 2, S1a) dieser Einkaufsstraße ins Freie auf den Piazzale getreten war. Dieser möglicherweise als *via tecta* überdachte ›Bazarbereich‹ wird unten noch näher zu betrachten sein, weil es sich dabei um ein weit verbreitetes Phänomen offenbar offiziell tolerierter spätantiker Straßenbebauung und Funktionsballung handelte.

Faßt man zusammen, dann gilt: Kein Platzensemble könnte geeigneter gewesen sein als der nördliche Piazzale mit seinen neuen Hallen, renovierten Portiken und dem mittigen monumentalen Fassadennymphäum (Abb. 2), um als ›Foyer‹ einer neuen *civitas amoenissima* – im deutlichsten Gegensatz zur eng bebauten Gewerbestadt des 2. Jhs. – wahrgenommen zu werden. Die Verbesserung von Lebensqualität, nicht die rudimentäre Kaschierung von Verfall konnten hier jedem Ankömmling am Haupteingang zur Stadt deutlich vor Augen treten. Offenbar eignete sich der Platz gut für die ritualisierte Ankunft und den Empfang u. a. von stadtrömischen Senatoren und Praefekten (*adventus*), was noch eingehend erörtert wird, und leitete direkt zur ebenfalls neu ›herausgeputzten‹ Prachtstraße des Decumanus über, während gewerbliche Schwerpunkte nach der Abräumung der Platzfläche in Nebenstraßen und auf die Platzsüdseite ausgelagert wurden.

Die Südseite des Wassermonuments als neue ›Straßenfassade‹

Im Gegensatz zur Nordseite des Fassadennymphäums, die aufgrund des kaum praktikablen Beckens als ›Zierseite‹ gedeutet wurde (s. o.), stehen die erweiterten praktischen Nutzungsmöglichkeiten seiner Südseite. Obwohl auch die Südseite zumindest bei ihrer mittigen Nische eine architektonische Gliederung erhielt, spiegeln sowohl eine vorgelagerte niedrige Tränke als auch ein zusätzlicher Wasserauslaß am Speicherbecken ein vielfältiges Angebot zur alltäglichen Wasserentnahme (Abb. 8, Wasserauslaß).

Bis heute sieht man in der mittigen Nische der Südseite, die ein Podest für eine kleine Statue aufwies (Abb. 9, Sockel), Putzspuren für Verkleidungsplatten, die aus Marmor bestanden[51].

Die Ausgrabungen von 1855–1857 beschränkten sich auf einen Bereich von der Porta Secondaria bis zur Südseite des Nymphäums (Abb. 8). Bei den Grabungen fanden sich hier zwei Basen, die entweder als Sockel für Statuen dienten oder vorgeblendete Säulen trugen, wie es bei der engsten Parallele, dem Fassadennymphäum in Augst, der Fall war[52]: Die Basen lagen einst zu Seiten des vorgelagerten Beckens, das heute nur noch ansatzweise erhalten ist (Abb. 6. 9). Der Ausgräber Visconti rekonstruierte die Ausstattung mit Statuen auf marmorverkleideten bzw. marmornen Basen in und neben den Wasserbecken, wobei die Bezeichnung »vago lavoro« in der Diktion der Zeit wohl auf die wenig präzise Linienführung der spätantiken Ausarbeitung beider Basen verweist: »Una grande nicchia entra [un] muro, e questa contenne una statua di cui rimane la base: il piano di essa nicchia, munito di sponda, formava il primo ricettacolo delle acque, ch'indi cadevano per tre bocche, in un bacino inferiore, ai due capi del quale stanno pure due basi marmoree, d'assai vago lavoro, già sostegno di statue, che più non esistono«[53]. Bereits Paschetto kommentiert etwa 50 Jahre später die Verluste der Ausstattung: »Ed oggi non esistono più, ne le basi marmoree, ne il bacino, e invece di tre bocche, se ne vede una sola, quella di destra«[54]. Alle drei in der Beschreibung

50 Zu den neuen Thermen, Zierbrunnen und Freiflächen severischer bis spätantiker Zeit s. Gering 2004, Abb. 49.

51 Vgl. hier Abb. 2; Ricciardi – Scrinari 1996, Bd. 2, 235 mit Abb. 434. Im Mauerwerk des Sockels außerhalb der Nische selbst fanden sich allerdings keine Spuren metallener Halterungen oder steinerner ›Dübel‹ für Verkleidungsplatten, wie das z. B. beim Fassadennymphäum N4a am Bivium überliefert ist.

52 Zur Deutung als Säulen oder Pilaster s. u. Zur Verzierung des einzigen Pendants zum Nymphäum N1a des ›Typus‹ IX D in Augst mit Säulen vgl. Letzner 1990, 155 mit Anm. 314.

53 Dazu s. Visconti 1857, 309. Zitiert bei Paschetto 1912, 251. Auf modernen Sockeln wurden zwei Grabstatuen in der Nähe wiederaufgestellt, die aus dem Einzugsbereich des Nymphäums N1a stammen. Dazu s. u.

54 Dazu s. Paschetto 1912, 251 f.

Abb. 8 Fassadennymphäum N1a, Südseite mit der Porta Secondaria

Abb. 9 Fassadennymphäum N1a, die Südseite mit vorgelagertem Becken im heutigen Zustand

Viscontis genannten Durchläufe lassen sich jedoch mit einiger Mühe durchaus noch erkennen, wobei zumindest einer in situ erhalten blieb (Abb. 9, A). Die Parapetmauer der halbrunden Nische (Abb. 9, Parapet) und das davor liegende Becken sind offenbar im Zusammenhang ausgeführt worden: Die drei Ausläufe bedingen ein vorgelagertes Becken, nachdem sich an dieser Stelle keine Rinne oder ein Abfluß fand, der diesem Becken vorausgegangen sein könnte. Die Deutung mehrerer Bauphasen allein aufgrund unterschiedlicher Mauertechniken scheint daher nicht zwingend[55].

Fest steht: Die im heutigen Bestand durch diese tatsächlich praktisch nutzbare ›Tränke‹ und den separaten Ausfluß für Wassergefäße deutlich nachweisbare

55 Zur Deutung als spätere Bauphase vgl. Heres 1982, 566 f. Auch nach Letzner 1990 sind die Vorderwand der halbrunden Nische sowie ferner der Annex B und die Treppenanlage eine »eindeutig spätere Hinzufügung«. Deutet man das vorgelagerte Becken tatsächlich als Teil einer späteren Bauphase, muß man also zumindest die Parapetmauer der halbrunden Nische zeitgleich ebenfalls als spätere Baumaßnahme ansetzen. Ohne Parapet kann die Nische aber nicht als Becken ›funktionieren‹ und ein ›Vorgängerparapet‹ der halbrunden Nische ist anhand des Putzes nicht belegbar. Möglich wäre, daß es sich bei Becken wie Nischenabschluß um gleichzeitig konzipierte, aber in separaten Arbeitsschritten ausgeführte Maßnahmen handelte, die unterschiedlichen Anforderungen an Stabilität und Qualität des Mauerwerks entsprechen.

Abb. 10 Fassadennymphäum N1a, die Südseite mit hypothetischem Aufriß der zentralen Nische zur Statuenaufstellung

Nutzseite orientiert sich also nicht auf den Decumanus, sondern auf den Bereich vor dem zweiten Stadttor südlich der Porta Romana (Abb. 2. 6). Dieses an und für sich marginale Detail erhält vor dem Hintergrund des gesamten Verkehrssystem Aussagekraft: Der ›Zier-‹ und ›Nutzseite‹ des Fassadennymphäums scheinen im Zug der spätantiken Reorganisation des ›Foyers‹ zur Stadt insgesamt unterschiedliche Nutzungen des Decumanus und der Via della Vittoria zu entsprechen, was noch ausführlicher zu untersuchen sein wird.

Zur Ausstattung der Südseite des Fassadennymphäums gehören mehrere Annexbauten. Vor dem Bau einer kleinen Verbindungsmauer mit dem Nymphäum N1a stand hier ein größerer Ziegelsockel (Abb. 6, C1) frei, um den herum eine Aussparung für ungewöhnlich dicke Verkleidungsplatten erhalten blieb[56]. Der Sockel erinnert in seinen Dimensionen durchaus an einen Altar, lag jedoch außerhalb des ehemaligen Kultbezirks D und zudem auf einem deutlich höheren Nutzungsniveau als der Kultbau flavischer Zeit (Abb. 4, D). Es handelte sich um eine verkleidete Basis, die bereits vor dem Bau des Nymphäums N1a errichtet worden war und ehemals wohl ein Reiterstandbild o. ä. getragen hatte oder vielleicht auch selbst als kleines Wasserspiel dienen konnte.

Im Südosten des Fassadensockels ist ein kleiner Annex (Abb. 6. 8, B) vorgelagert; auf der gegenüberliegenden Schmalseite im Westen befindet sich ein seitlicher Flügelbau, der einer Rampe oder einem Treppenaufgang ähnelt (Abb. 6, Annex A)[57]. Die Bautechnik der Annexe unterscheidet sich nur bei Annex B mit vermehrter Ziegel- und Spolienverwertung vom Fassadensockel[58]. Annex C ist in seiner Struktur und Funktion unklar, zumal sich seine Rekonstruktion im Grabungsplan von 1857 – insbesondere was die Zugänge betrifft – deutlich vom Plan Gismondis und der heute erhaltenen Bausubstanz unterscheidet (Abb. 6). Möglicherweise war der bereits vor dem Bau des Fassadennymphäums bestehende Ziegelsockel C1 zu einem gewissen Zeitpunkt in einen Raum C miteinbezogen worden[59]. Über die Funktion der Annexe kann keine nähere Aussage getroffen werden. Klar ist nur, daß sie aufgrund ihrer Türen, die durchwegs gegen eine Nutzung als Wasserspeicher sprechen, von Süden bzw. Südosten aus zugänglich waren[60].

56 Im Durchgang des Annexes A1 (Abb. 6) sind heute Teile einer Plattenverteilung aus Kalkstein aufgestellt, die eine fragmentarische Inschrift tragen. Die Dicke der Platten entspricht einer möglicherweise sekundären Verwendung als Verkleidung des Sockels C1. Dazu s. u.

57 Zu den Annexen s. Heres 1982, 566 f.

58 Vgl. dazu Ricciardi – Scrinari 1996, Bd. 2, 235–237 Abb. 436–438.

59 Das entspräche der Deutung Viscontis (s. o.), der diese Räume in ihrer letzten spätantiken Bauphase beschrieb.

60 Das Speicherbecken im Fassadensockel genügte wohl, um momentane Versorgungsschwankungen im Wasserleitungsdruck zu überbrücken. Weitere Räume als Wasserspeicher waren kaum notwendig, zumal gerade im Umkreis des Piazzale eine regelrechte Überversorgung mit Speicherbecken festzustellen ist. Vgl. dazu Jansen 2002, 137 f.

Alle im spätantiken Platzzustand noch nachweislich stehenden Annexbauten A–C sind nicht etwa auf den Decumanus, sondern nach Süden bzw. Osten hin auf die Via della Vittoria geöffnet. Der südlich des Fassadensockels vorgelagerte Annexbau C und sein kleineres Pendant B an der Südostseite des Fassadennymphäums bilden die seitliche Rahmung eines kleinen Platzabschnitts. Die weit nach Süden bis zum Straßenraum der Via della Vittoria vorragenden Räume B und C erwiesen sich hier also wohl geeignet, die Südseite des Nymphäums mit der zentralen Nische als vom Straßenraum abgegrenzter ›Aufenthaltspunkt‹ zu charakterisieren (Abb. 10).

Zur Datierung der ›späten‹ Stadtausstattung des Piazzale della Vittoria

Der Prunkbrunnen auf dem Piazzale della Vittoria P1 kann als die wichtigste Baumaßnahme am Beginn der neu ausgestatteten Promenade des Decumanus von Ostia verstanden werden. Aus seiner Lage und Größe ergibt sich, daß hier nicht nur näher auf die Ausstattung, Funktion und Wahrnehmbarkeit des Baus, sondern auch auf die Frage nach seiner genauen Datierung eingegangen werden muß, nicht zuletzt, um den möglichen ›Vorbild- oder Programmcharakter‹ des Fassadennymphäums im Verhältnis zur Entstehungszeit der übrigen Ausbauten der Promenade von Ostia verstehen zu können.

Die Entstehungszeit des Fassadennymphäums N1a läßt sich nur anhand der Mauertechnik – bei einem geringen Anteil an Spolien – kaum ausreichend eingrenzen: Die Bauweise in Opus vittatum ist von severischer Zeit bis in die ausgehende Spätantike gebräuchlich geblieben. Dementsprechend sind die bisherigen Datierungsversuche mit Ausnahme der absoluten Mauerdatierungen um 275–300 von Thea Heres, die methodisch allerdings auch kritisch betrachtet werden können, meist sehr vage zwischen dem späten 3. und 4. Jh. gehalten[61]. Die Spolienverwertung selbst bildet zwar ein Indiz für eine frühestens severische Entstehung, die am Bau wiederverwendeten Bauglieder geben aber keine näheren Termini post quem. Stratigraphische Befunde, die zur Datierung herangezogen werden könnten, wurden unter dem Grabungsdirektor Dante Vaglieri abgegraben. Das Datierungsdilemma für die nachseverischen Geh- und Nutzungshorizonte, aber auch das fehlende Interesse der neueren Forschung an diesem Platz liegt vor allem an den widersprüchlichen Befunden der Ausgrabungsberichte von Vaglieri. Valentin Kockel stellte dementsprechend bei einer Neubearbeitung des Materials fest: »Der Leser der Berichte bekommt manchmal den Eindruck, daß Vaglieri selbst die Befunde nicht immer genau verstand. Entsprechend knapp sind auch die neueren Bemerkungen zum Piazzale della Vittoria«[62].

Einen Hinweis auf eine längere Nutzungsgeschichte des Baus liefert indessen die Beobachtung von zwei grundlegend verschiedenen Mörtel- bzw. Putzschichten innerhalb des großen Beckens und an seiner decumanusseitigen Außenwand. Damit ist neben der Konzeptionsphase zumindest eine grundlegende Reparaturphase belegt. Interessanterweise scheint zumindest der Beckensockel im letzten erhalten gebliebenen Zustand an seiner Außenseite nur bemalt, nicht durch Marmorplatten verkleidet gewesen zu sein. Auf Basis des Erhaltenen läßt sich die umfassende Reparaturphase innerhalb der Spätantike nicht näher zeitlich eingrenzen.

Bisherige Datierungsvorschläge sind kontrovers: Als Spiegelung einer verbreiteten Tendenz, die ›letzte‹ größere Ausbauphase der Stadt bereits in severische Zeit zu setzen, wird auch die Planierung der Platzfläche zusammen mit ihrer letzten erhaltenen Pflasterung und den hier neu errichteten Bauten in der Überblicksstudie von Valentin Kockel – wenn auch mit Vorbehalten – »severisch (?)« datiert[63]. Die Tendenz zu einer (fast) ausschließlich severischen Datierung der letzten großen Umbaumaßnahmen in der Stadt geht einher mit der Datierung vieler Mauern aus regelmäßigem Opus vittatum A in die severische Zeit, ohne dazu stratigraphische Indizien oder eine genauere Mörtelanalyse einzubeziehen. Eine solche Verfahrensweise findet sich u. a. bei den Arbeiten von Ricardo Mar[64]. Das Phänomen ist jedoch kein Einzelfall und beruht auf der bis heute verbreiteten Grundannahme eines relativ frühen und unumkehrbaren Bedeutungsverlustes von Ostia zugunsten von Portus seit dem späteren 3. Jh. Oft lassen externe Datierungsmöglichkeiten und Fundmünzen diese Ansätze absoluter Mauerdatierung im einzelnen entkräften. Vor allem geben jedoch die Grabungstagebücher und Fundberichte Auskunft über den spätan-

61 Zur Datierung des Nymphäums N1a s. Calza u. a. 1953, 160. 238 (allgemein 4./5. Jh.); Neuerburg 1965, 74. 195 (4./5. Jh.); Heres 1982, 114. 566 f. (Datierung der wichtigsten Bauphasen von 275–300, wobei späteste Veränderungen im 1. Viertel des 4. Jhs. angesetzt werden); Letzner 1990, 445; Ricciardi – Scrinari 1996, Bd. 1, 138 (3./4. Jh.); Ricciardi – Scrinari 1996, Bd. 2, 235 f. (4. Jh.).

62 Dazu s. Kockel 1992, 106 Anm. 30.

63 Dazu s. Kockel 1992, 106 Anm. 30 (Phase 5).

64 Vgl. dazu Mar 2001: die Phasenpläne zum Serapeion und dem Heiligtum des Herakles verweisen auf severische Zeit, obwohl beide eine nachweislich umfangreiche Renovierung im späten 4. Jh. erfuhren. Dazu s. u.

tiken Zustand der Stadt, der heute inzwischen weitgehend verloren ist. Mauerwerk aus Opus vittatum A war demnach die häufigste Bauweise im letzten nachweisbaren Zustand der Stadt des 4.–6. Jhs., der an vielen Stellen entlang des Decumanus nur etwa +60-75 cm erhöht war, in den tibernahen Stadtvierteln jedoch auf einem bis zu 2–3 m erhöhten Nutzungsniveau verfolgt werden kann[65]. In dieser Hinsicht trifft die Tendenz einer ›Spätdatierung‹, die für viele Bauten erstmals durch Heres in die Ostia-Forschung eingeführt worden war, mit dem Ansatz der hier propagierten erneuten Prüfung vermeintlich fester Datierungen vieler Baumaßnahmen überein[66]. Grundlegend ist für die Revision bisheriger Datierungen, genauer als bisher severische von spätantiken Niveauerhöhungen unterscheiden zu können.

Gerade diese Unterscheidung der spätantiken Nutzungsniveaus von den severischen fällt auf dem Piazzale della Vittoria schwer: Die Pflastersteine auf severischem Nutzungsniveau wurden hier einerseits nach den Tiefensondagen Vaglieris umfassend neu versetzt, andererseits waren sie aber auch dort, wo sie in situ erhalten scheinen, bereits in der Antike mehrfach wiederverwendet worden, wobei der ehemals zusammenhängende Pflasterverbund durcheinander geriet. Der heutige Eindruck eines größtenteils kaum befahrbaren Pflasterbelags aus relativ kleinen und unregelmäßigen Steinen erklärt sich also neben den modernen Störungen u. a. aus der bereits spätkaiserzeitlichen Aufarbeitung eines älteren Pflasters. Durchgehend vertiefte Wagenspuren sind höchstens über kleinere Plattenverbände aus zwei oder drei Basaltblöcken hin zu beobachten. Das ist keineswegs typisch für hochkaiserzeitliche Pflasterbeläge in der Stadt, findet aber Parallelen an den wenigen Stellen des Decumanus, die nicht bereits im Zug der spät- oder nachantiken Entnahme der Bleileitungen sowie der modernen Grabungen aus ihrem Verband gerissen worden waren, so etwa auf Höhe der Neptunsthermen[67].

Ein Vergleich der Höhenniveaus auf dem Piazzale della Vittoria ergibt exemplarische Aufschlüsse, inwiefern sich in lokal eng begrenzten Arealen relative Höhenunterschiede als Indizien zur Datierung eignen oder nicht. Ein Indiz für ein erhöhtes Platzniveau zum Zeitpunkt des Einbaus des ›Beckens nord‹ ist, daß man nördlich des Fassadennymphäums eine +30–60 cm hohe Auflage über dem heute erhaltenen Pflaster rekonstruieren müßte, um eine einheitlich ebene Zugangsfläche vor dem Becken zu schaffen. Anders die Südseite: dort belegt der heute noch ebenerdig sichtbare Beckenvorbau vor der halbrunden Nische im Fassadensockel als ›spätestes Element‹ des Nymphäums, daß zumindest dort das in situ erhaltene Pflaster auch mit den spätantiken Nutzungsniveaus um 3,36–3,44 m NN bis zum späteren 5. Jh. übereinstimmte. Eine zufällige Anhöhe im Geländerelief führte also auf der Südseite des Fassadennymphäums dazu, daß das wohl bereits in severischer Zeit gepflasterte Gehniveau dort auch in der Folgezeit beibehalten werden konnte, die umliegenden und oft deutlich niedriger liegenden Bereiche wurden dagegen mehrfach an die stadtweiten Niveauerhöhungen angepaßt, um stehendes Wasser auf dem Platzareal nach den frühjährlichen Überschwemmungen durch den Tiber zu vermeiden.

Das Platzpflaster lag mit 3,10 m NN insgesamt höher als das Pflaster der umliegenden Straßen, so des Decumanus (2,80–3 m NN) und der Via Ostiense außerhalb der Porta Romana (um 2–2,50 m NN)[68]. Dementsprechend von der Höhe des Gehniveaus des Piazzale beeindruckt, schlug bereits Giovanni Becatti eine absolute Datierung des Mosaiks auf der Platzfläche des Piazzale (Abb. 13) auch aus nicht-stilistischen Gründen in das späte 3. Jh. vor, anderen Forschern zufolge weist es sogar in das 4. Jh.[69].

Stadtweit vereinheitlichen läßt sich die absolute Höhe wie hier 3,10 m in ihrem Verhältnis zur Datierung jedoch nur mit Einschränkungen – der Versuch, von den relativen lokalen Höhenunterschieden zu einer stadtweit gültigen Aussage zu kommen, scheitert an der unterschiedlichen Höhenentwicklung der aufgegebenen gegenüber den kontinuierlich benutzten Stadtvierteln[70].

65 Dazu s. hier v. a. Kapitel II. 4.

66 Vgl. dazu bereits Kapitel I. 3. e.

67 Vgl. dazu Vaglieri 1910, 233: Die später – in ›Epoche c‹ – wiederverwendeten Straßenpflasterblöcke scheinen demnach zudem kleiner und unregelmäßiger als die ursprünglichen gewesen zu sein.

68 Dazu s. Mannucci 1995: Via Ostiense und Via dei Sepolcri etwa 50 m außerhalb der Porta Romana und Porta Secondaria etwa 2,50 m (2,47/2,53 m: Taf. 14), Niveauanstieg Via dei Sepolcri kontinuierlich bis auf maximal etwa 3 m bei der Porta Secondaria (2,76/3,0 m: Taf. 13). Via Ostiense dagegen mit Niveauabfall auf 2 m an der Porta Romana (2,13/2,0 m: Taf. 13). Die Via della Vittoria bleibt beim Westende von P1 auf Platzniveau (3,14 m), der Decumanus steigt am Westende des Piazzale della Vittoria P1 auf seinen bislang höchsten Stand um 3 m.

69 Dazu s. Becatti 1961, 232. Das Mosaik liegt auf der Höhe von 3,10 m.

70 Zur absoluten Fundamenthöhe des Baus N1a s. Ricciardi – Scrinari 1996, Bd. 2, 236: 3,36/3,06 m. Vgl. dazu Mannucci 1995, Taf. 12 (3,34/3,44 m). Nach Ricciardi – Scrinari 1996, Bd. 2, 259 Anm. 54 ergeben Erhöhungen einen ungefähren Anhalt zur zeitlichen Gliederung in sieben Phasen vom 4. Jh. v. Chr. zum 5./6. Jh. n. Chr., wobei antoninische Erhöhungen

Ausstattungsfunde in situ? Ein Sockelfundament als Schlüssel zur Deutung der Niveaus

Vor dem Hintergrund der Zierfassaden des Nymphäums sowie der umliegenden Hallenbauten als Orte angenehmen Aufenthalts könnte man vermuten, daß auch der bildlichen Ausstattung des freigeräumten Platzes eine größere Rolle zur Repräsentation des spätkaiserzeitlichen bzw. spätantiken Gemeinwesens zugekommen war. Die entsprechende Evidenz des Piazzale della Vittoria selbst ist jedoch äußerst spärlich. Die spät- und nachantiken Siedlungsschichten wurden bei den Grabungen seit Viscontis Entdeckung des Nymphäums 1855 beseitigt. Deutet man die späten Häuser Viscontis (s. o.) als Teile einer letzten Rückzugssiedlung des 7.–8. Jhs. über dem Piazzale della Vittoria, dann wäre es unwahrscheinlich, hier prinzipiell noch größere Bereiche von in situ verschütteter Ausstattung des 4. und 5. Jhs. zu erwarten[71]. Nach den Tiefengrabungen Vaglieris um 1910 befinden sich heute zudem nur noch geringe Teilflächen des Platzpflasters in situ, die bei genauerer Nachuntersuchung Ausstattungsspuren oder einzelne Standspuren von Monumenten und Sockeln aufweisen können. Nur unmittelbar vor dem Fassadennymphäum haben sich Hinweise auf Ausstattungselemente einer letzten Nutzungsphase vor späteren Aufschüttungen des Gehniveaus erhalten. So wurden unmittelbar nach der Altgrabung auf dem Platz in der Nähe der Porta Secondaria (Abb. 2. 8) zwei Grabstatuen auf modernen Sockeln wiederaufgestellt, die ehemals wohl aus der unmittelbar vorgelagerten Nekropole stammten, möglicherweise aber auch in der Spätantike zur Platzausstattung gehört haben könnten[72].

Neben dem großen Sockel C1 im Süden des Monuments, der ehemals vielleicht als Altar diente oder ein Reiterstandbild trug (Abb. 11, C1), und einer wiederverwendeten Inschrift als Sockelverkleidung (Abb. 11, A2), die möglicherweise ebenfalls aus den Nekropolen stammte, ist vor allem eine zunächst sehr unscheinbare Struktur nördlich des großen ›Beckens nord‹ zu nennen. Unmittelbar nördlich des planierten Vorgängernymphäums B liegt ein Fundamentbereich aus Spolien (Abb. 2, Sockel?; Abb. 14), der sowohl in den Steinplänen von 1919 dokumentiert wurde als auch bis heute erhalten geblieben ist (Abb. 12)[73].

Das Fundament selbst besteht aus Gußmauerwerk, das bis zu einer Höhe von etwa +50–60 cm über dem Platzpflaster reicht. Über der erhöhten Fundamentlinie liegen mehrere große Travertinblöcke mit Einlassungen, die an dieser Stelle offenbar wiederverwendet

(Phase e) nicht über die maximale Höhe des Straßenniveaus von 3 m reichen, während die diokletianisch-konstantinischen Niveauerhöhungen (Phase f) sich im Spektrum zwischen 2,90 und 3,50 m im Inneren von Gebäuden bewegen und das Straßenniveau abzüglich der Türschwellen etwas darunter liegt. Die letzten Erhöhungen des 5./6. Jhs. (Phase g) lassen sich demnach mit einer weiteren Erhöhung von +80-100 cm im Inneren von Gebäuden fassen, wobei die Straßen damals Ricciardi zufolge insgesamt bis durchschnittlich etwa 3,50 m Höhe aufgeschüttet wurden. Das relevante Bezugsmaß 3,36/3,06 m ergäbe damit eine Zugehörigkeit zur Phase f, wobei das Spektrum nachweislich severischer Erhöhungen aber Überschneidungen sowohl zur Phase e als auch zur Phase g aufweist. Absolute Zahlenangaben wie die genannten sind also mit Vorsicht zu genießen: Zur Problematik der in der Antike ungleichmäßig von Erhöhungen betroffenen Stadtteile, wo z. B. ungewöhnlich hohe antoninisch-severische Erhöhungen in tibernahen Stadtteilen sehr geringen späteren gegenüberstehen und umgekehrt, s. u. Zu berücksichtigen sind auch die oft erheblichen natürlichen Geländeschwankungen, die sich am Decumanus anschaulich verfolgen lassen: Vgl. dazu Jansen 2002, 126 Abb. IV.3. Zur Höhenverteilung der Wasserbauten s. Jansen 2002, 150 Abb. IV.39. Die Maße ergeben sich bei Ricciardi – Scrinari 1996, Bd. 2, 259 – dementsprechend aus der Vermessung der Erhöhungen »del piano di posa dell'aqcua nei serbatoi stessi con presenza di casse plumbee«. Neuere Grabungen und Sondagen unter anderen Gesichtpunkten ergänzen das Bild und belegen ein oft nur geringes Höhenwachstum wie im Fall der Forumsportiken oder des Macellums am Bivium: Dort kamen vom Gehniveau des 1. Jhs. bis zum letzten Marmorpflaster des späten 4. Jhs. insgesamt nur Erhöhungen von 12–44 cm vor. Dazu s. Ortisi 1999, 73.

71 Anders im Fall des bereits früher aufgegebenen Abschnitts des Decumanus vom Theater bis zum Forum, wo Ausstattung besser erhalten geblieben war. Dazu s. u.

72 Belege für die Wiederverwertung von Material aus Nekropolen (Sarkophage, Statuen, Grabinschriftenplatten, Grabaltäre etc.) finden sich vor allem bei den spätantiken Platzanlagen und Portiken entlang des Decumanus geballt. Sie wurden dort für Wand- und Bodenverkleidungen und die spätantike Statuenausstattung zweitverwendet. Die dortige Ballung späterer Kalköfen scheint daher zwar für die Reduktion des Bestandes verantwortlich gewesen zu sein, ist aber für den Fundort der Ausstattung selbst nicht aussagekräftig, der mit Ausnahme von Störungen im wesentlichen auf ihre Zweitverwendung zurückgeht. Zur Erörterung dieser Arbeitshypothese s. u.

73 Dazu s. vor allem den ausgezeichneten Grundplan, der von Gismondi 1919 erstellt wurde, in: Paribeni 1920, 158.

Abb. 11 Fassadennymphäum N1a, Blick nach Westen mit den Sockeln C1 und A2

Abb. 12 Piazzale della Vittoria P1, Sockel zur Aufstellung einer Statue oder Säule auf erhöhtem Gehniveau

wurden. Klammerlöcher belegen, daß ehemals zwei weitere Travertinblöcke, die wohl aus Tabernenschwellen gewonnen wurden, im Bauverbund dieses Sockels standen. Im Plan Gismondis von 1919 sind alle Elemente noch insgesamt als Teil einer U-förmigen Struktur eingezeichnet (darauf basiert Abb. 2), die heute jedoch nur noch in ihrem verbindenden Oberteil erhalten geblieben ist (Abb. 12).

Der Ostiabesucher Richard Fisch erwähnte diesen Sockel unmittelbar nachdem er die – im späten 19. Jh. noch sehr überschaubaren – Ausgrabungen betreten hatte: »Zur linken treffen wir einen Brunnen an, vor welchem wahrscheinlich eine Säule in einsamer Pracht gestanden hat. Auf beiden Seiten liegen niedrige Mauerreste von alten Privatgebäuden«[74]. Wenn die Vermutungen des Gymnasiallehrers Fisch nicht rein hypothetischer Natur waren, dann war er entweder auf eine entsprechende Säule aufmerksam gemacht worden oder es wäre die heute sehr unscheinbare Häufung von

74 Fisch 1898, 32.

Abb. 13 Mosaik der Vorgängerbebauung vor dem Fassadennymphäum N1a

Spolien noch im 19. Jh. als Sockel eines Säulenmonuments zu erkennen gewesen, wie auch im Fall von Side aus verschiedensten Spolien bestehen konnte (s. u.). Die Beobachtungen von Fisch basierten auf einem wesentlich besseren Erhaltungszustand, weil sie den Zustand noch vor den Tiefengrabungen Vaglieris um 1910 wiedergeben, bei denen der Platz und die Altfunde Viscontis ohne nähere Dokumentation großflächig abgeräumt worden waren; sie lassen sich aber angesichts des Erhaltenen nicht mehr verifizieren.

Unmittelbar unter dem Fundamentniveau des nördlichen Nymphäumsbeckens befindet sich ein Mosaik des 3. oder frühen 4. Jhs. (Abb. 2. 5. 6. 13). In Verbindung dazu befand sich dort innerhalb des Mosaiks der quadratisch ummauerte Bereich eines kleinen Wasserbeckens und eine Fundamentierung bzw. ein Sockel für eine Statue (Abb. 2, Statue?; Abb. 13), wobei dieser Sockel allerdings bis heute restlos verwittert ist. Unklar ist, ob es sich um ein Hausinventar gehandelt hatte, das hier spätestens mit dem Bau des ›Becken nord‹ überbaut und abgeräumt worden war, oder ob dieser Mosaikboden in der Platzphase des 4. und 5. Jhs. als Teil des Nymphäums sichtbar geblieben war, zumal das kleine Becken an das große anzuschließen scheint (Abb. 13).

Aufgrund der unklaren Dokumentation der Ausgrabungen um 1910 ist es auch nicht mehr möglich, die Zugehörigkeit jener Funde zu klären, die zur Grabungszeit auf dem Platzniveau gemacht worden waren. Hierzu läßt sich der Reihenfolge der Auffindung nach u. a. ein nackter männlicher Torso und mehrere Fragmente einer umfangreichen Inschrift nennen, die zu einem spätantiken Spolienboden bzw. der Innenverkleidung der Nymphäumsbecken in ihrer späteren Reparaturphase gehört haben können[75] (Abb. 2, Annex A1–A2; Abb. 11).

Vor allem aufgrund des Sockelfundaments läßt sich die spätantike Stratigraphie des Piazzale della Vittoria schematisch skizzieren, wozu hier ein nicht maßstabsgerechter Schnitt durch die Bauten von Norden (links) nach Süden (rechts) des Platzes als Verdeutlichung dient (Abb. 14). Vor dem Bau des großen Beckens des Fassadennymphäums waren offenbar jene Mauern, die zum Mosaikraum des späten 3. oder frühen 4. Jhs. gehört hatten (Abb. 14, dunkelgrau gestreift), planiert worden. Das ›Becken nord‹ wäre weder benutzbar noch sichtbar gewesen, wenn man diese Häuser beibehalten hätte. Die älteren Häuser fußen ihrerseits bereits auf den planierten Kultbauten des 1. und 2. Jhs. und dem darüber liegenden severischen Straßen- und Platzpflaster.

Die eingangs zitierten Bemerkungen zu den Grabungen Viscontis von 1857 ergeben Anhalte, daß man auf den planierten Ruinen der älteren Häuser nach einer längeren Zäsur wieder Häuser errichtet hatte, die zur Grabungszeit 1855–1857 bis zum Besuch des Berliner Reisenden Fisch 1898 noch höher als der Beckenrand selbst angestanden hatten (Abb. 14, hellgrau gestreift). Diese Häuser müßten nach der Aufgabe des Fassadennymphäums datiert werden. Die Aufgabe des Wasser-

75 Vaglieri 1911, 403–410.

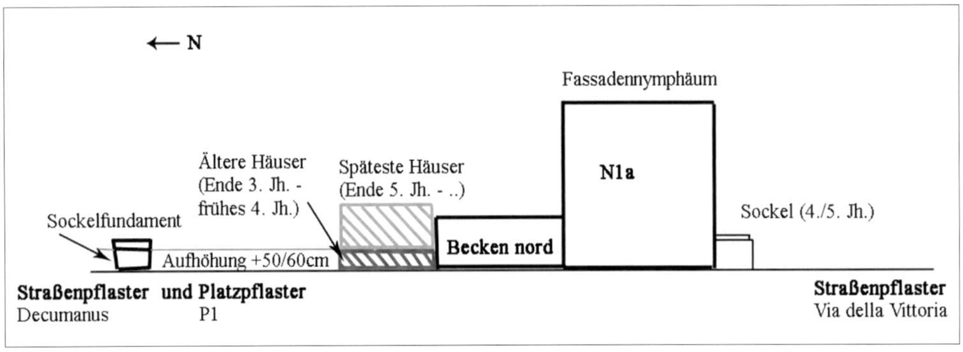

Abb. 14 Schematischer Schnitt durch das Fassadennymphäum N1a von Nord nach Süd

spiels muß in Analogie zu den neuesten Befunden zur letzten monumentalen Renovierung des Decumanus und der Plätze der Innenstadt nicht vor Ende des 5. Jhs. zu erwarten sein. Sicher ist, daß die Versorgung mit fließendem Wasser, die eine unabdingbare Voraussetzung für den Betrieb eines Fassadennymphäums darstellt, bis dahin und möglicherweise auch noch länger stadtweit gewartet blieb. Die hier eingangs zitierten Spolienbauten Viscontis aus den Berichten der »London Times« scheinen sich auf eine spätere Phase der Wohnnutzung auf dem Piazzale delle Corporazioni zu beziehen. Es wird auch bei der Untersuchung der übrigen Plätze Ostias gezeigt werden können, daß hier wohl erst seit dem späten 5. Jh. verstärkt ehemalige kommunale Freiflächen abusiv besetzt wurden.

Das Fundament des kleinen Sockels (Abb. 12) aus Gußmauerwerk wurde von oben eingefüllt und sollte nicht gesehen werden: Es setzt demnach eine umgebende Aufhöhung von +60 cm beim Bau bereits zweifelsfrei voraus, fußt aber aus statischen Gründen noch direkt auf dem stabilen Platzpflaster, was auch für den Fassadensockel N1a selbst gilt.

Weniger eindeutig als beim Sockel läßt sich das Verhältnis des vorgelagerten großen Beckens zur Aufhöhung um +50/60 cm bestimmen. An dem Fassadennymphäum N1a selbst findet sich keine aussagekräftige Fundamentlinie, die der Aufhöhung eindeutig entspricht. Dennoch wird durch die Tatsache, daß der Bau des ›Becken nord‹ eine Planierung der Häuser zumindest bis auf eine Höhe von +30 cm notwendig voraussetzt, ebenfalls eine dementsprechende Aufschüttung und Erhöhung des Gehniveaus bereits vor dem Bau anzunehmen sein. Es spricht also einiges dafür, daß das große Becken erst nach der Platzaufhöhung entstanden war und in Betrieb genommen wurde.

Die stadtweit überraschend einheitliche relative Aufhöhung um etwa +50–60 cm gegenüber dem letzten erhaltenen Pflaster bzw. dem bereits erhöhten severischen Gehniveau hat einen Terminus post quem des späteren 4. Jhs., was u. a. durch eine Inschrift des Julian im Aufschüttungsmaterial und viele Münzen an verschiedenen Stellen dieser bis heute erhaltenen Aufhöhungsschicht belegt ist[76]. Die lange Benutzungszeit von Münzen des 4. Jhs. im lokalen Geldkreislauf Ostias sagt allerdings wenig zur Obergrenze für die Datierung der Aufhöhung aus (s. u.).

Zur Baudekoration des Nymphäums N1a

Auffällig wenig weiß man über die Baudekoration des Nymphäums, die entweder vor dem Bau der spätesten Häuser an dieser Stelle in der Aufhöhung bis +50–60 cm verschüttet worden war oder im Mauerwerk der spätesten ›byzantinischen‹ Häuser wiederverwendet worden sein könnte[77].

Heute fällt dem Besucher im Kontext des Nymphäums vor allem der Reliefpfeiler einer geflügelten Göttin als Repräsentation einer Victoria-Minerva auf, der bereits unmittelbar nach der Grabung unter Vaglieri modern wieder aufgestellt wurde (Abb. 2. 6, Annex A2; Abb. 11)[78]. Vielleicht hatte dieses Relief bereits in der

76 Zur Bewertung der Evidenz des Versturzes der Horrea Epagathiana auf eine etwa +70 cm erhöhte Schicht in der Via Epagathiana vgl. bereits Gering 2004, 358–360. Zu den Münzfunden aus den eigenen Sondagen s. u.

77 Die Erhaltungshöhe der antiken Bauten nimmt erst in größerer Entfernung von der Nachfolgesiedlung zu, deren Errichtung im 9. Jh. einen kontinuierlichen Abtransport aller brauchbaren Materialien entlang der Via Ostiense bedingte, bis es zu einer Veränderung des Zugriffs auf Ostias Ruinen kam: Der großangelegte und systematischere Materialraub des hohen Mittelalters und der Renaissance für Bauprojekte in Amalfi, Pisa oder Rom erfolgte für den weiteren Transport vom Tiber her.

78 Zevi 2004, 30 f. Abb. 17.

Spätantike als Spolie im Umkreis des Fassadennymphäums eine Drittverwendung gefunden, der Fundort liegt gleichermaßen in der Nähe des Stadttores wie des Nymphäums selbst. Nach Henner von Hesberg hatte das spätrepublikanische Hochrelief zumindest in Zweitverwendung auch das Stadttor der hohen Kaiserzeit verziert[79]. Das Stadttor war erneut im 4. Jh. in Funktion und läßt eine entsprechend repräsentative Ausstattung erwarten. Es wäre denkbar, daß die betonte ›Außenansicht‹ von Ostia zu einem späteren Zeitpunkt aber wie in vielen anderen Städten von paganen Symbolen bereinigt worden war, während die aus ihrem ehemaligen Kontext isolierten mythologischen Bilder für Plätze oder Fassadennymphäen in der Stadt keinen Anstoß erregt haben würden[80]. Letztere Vermutung bleibt jedoch notwendigerweise genauso hypothetisch wie die spätantike Gestalt des Stadttores selbst.

Bis 1919 kamen bei der Räumung des Schutts und der letzten spätantiken Nutzungshorizonte über dem Niveau des Basaltpflasters noch weitere Fragmente von statuarischer Ausstattung zutage. Es ist den Fundberichten nicht zu entnehmen, ob die Statuen im Bauschutt des Fassadennymphäums verschüttet wurden oder in späterer Zeit auf einem höheren Gehniveau liegengeblieben waren, es sich also um ›Zufallsfunde‹ mit nur eingeschränkter Aussagekraft handelt[81]. Die vielen Marmorplatten- und Inschriftenfragmente, die vorwiegend aus den Nekropolen stammen, könnten in Zweitverwendung sowohl der Ausstattung von Beckenböden und aufgehendem Mauerwerk des Fassadennymphäums N1a als auch einer möglichen Marmorpflasterung des Piazzale della Vittoria selbst gedient haben. Die repräsentative Platzgestaltung auf dem ehemaligen Gehniveau von +50–60 cm läßt wohl nicht nur gestampften Erdboden, sondern zumindest um das Nymphäum einen Marmorboden erwarten, der zumindest an allen übrigen spätantik freigeräumten Platzanlagen belegt ist[82].

Neue Sitzgelegenheiten zur Steigerung der Attraktivität des Platzensembles?

Die Reste des planierten Brunnenhauses mit den drei Apsiden waren zum Zeitpunkt der Grabung noch deutlich über das Fundamentniveau des Fassadennymphäums von 3,10/3,36 m hinaus erhalten geblieben (Abb. 7). Möglicherweise hatte man die erhöht belassene Ruine in Verbindung zu einigen vorgesetzten Bauteilen dazu umgenutzt, um eine umlaufende Sitzstufe auf dem späten Platzniveau zu schaffen (Abb. 2, Sitzstufen?). Sitzstufen sind sowohl in Verbindung zu stadteingangsnahen Plätzen, als auch zu zweiseitigen Fassadennymphäen häufig zu beobachten[83]. Bei Sitzbänken handelt es sich um übliche Formen spätantiker Stadtausstattung, die keine zwangsläufig abusive Nutzung widerspiegeln müssen, sondern anhand des größeren Herstellungsaufwands auch als ›offizielle‹ Stiftungen vorkommen und damit kommunalen Willen verdeutlichen können. Von einer solchen nachweislich ›letzten‹ Ausstattung des Piazzale della Vittoria stammt auch ein aufwendig ausgearbeitetes Spielbrett, das eine gebaute Sitzgelegenheit voraussetzt. Das Beispiel wurde von Visconti in der unmittelbar an den Platz grenzenden sogenannten Kaserne der Wachmannschaft freigelegt, war bereits in den eingangs zitierten Zeitungsberichten von 1858 genannt und wurde danach noch von Fisch 1898 besichtigt, liegt heute aber nicht mehr in situ[84].

Der urbane Kontext des Fassadennymphäums N1a – Verkehrssystem und Zonenbildung

›Statische‹ Nutzungsaspekte ergaben sich am Piazzale della Vittoria P1 durch bauliche Vorgaben des Fassadennymphäums, nämlich an dessen Südseite durch den abgeschlossenen Bereich vor der Statuennische und an dessen Nordseite mit wahrscheinlichen Statuenstand-

79 Zur Datierung der Minerva-Victoria zwischen Sulla und Caesar und ihrer Zweitverwendung vgl. von Hesberg 1998, 370–378.

80 Das heute auf Annex 2 (Abb. 2) aufgestellte Hochrelief der Viktoria-Minerva stammt zwar ursprünglich sicher vom Torbau der Stadtmauer, wurde aber gleichermaßen ›in der Nähe‹ des Stadttors – vgl. dazu Zevi 2004, 30 – wie auch des Nymphäums N1a gefunden: Vgl. dazu Pavolini 1983, 48.

81 Zu den problematischen Angaben des ›Fundkatalogs‹ Vaglieris s. Vaglieri 1910, 9 f. 31 f. 62.

82 Eine Zuordnung der Funde aus den alten Grabungen für ganz Ostia ist bis heute in großen Teilen Desiderat geblieben. Zur Ausstattung mit Marmorpflaster und Statuen im Kontext aller hier behandelten Platzanlagen s. u.

83 In Perge befindet sich am Hauptplatz hinter dem Stadttor in urbanistisch gut vergleichbarer Lage ein Spielfeld mit angegliederten Sitzbänken. Zu Kontext und Bedeutung spätantiker Sitzgelegenheiten in kleinasiatischen und syrischen Städten und einer neuen Qualität des Sitzens im öffentlichen Raum spätantiker Städte ist eine Studie des Autors in Vorbereitung.

84 Zur Lokalisierung des Spielfelds und der ›Kaserne‹ vgl. Fisch 1898, 32 f.

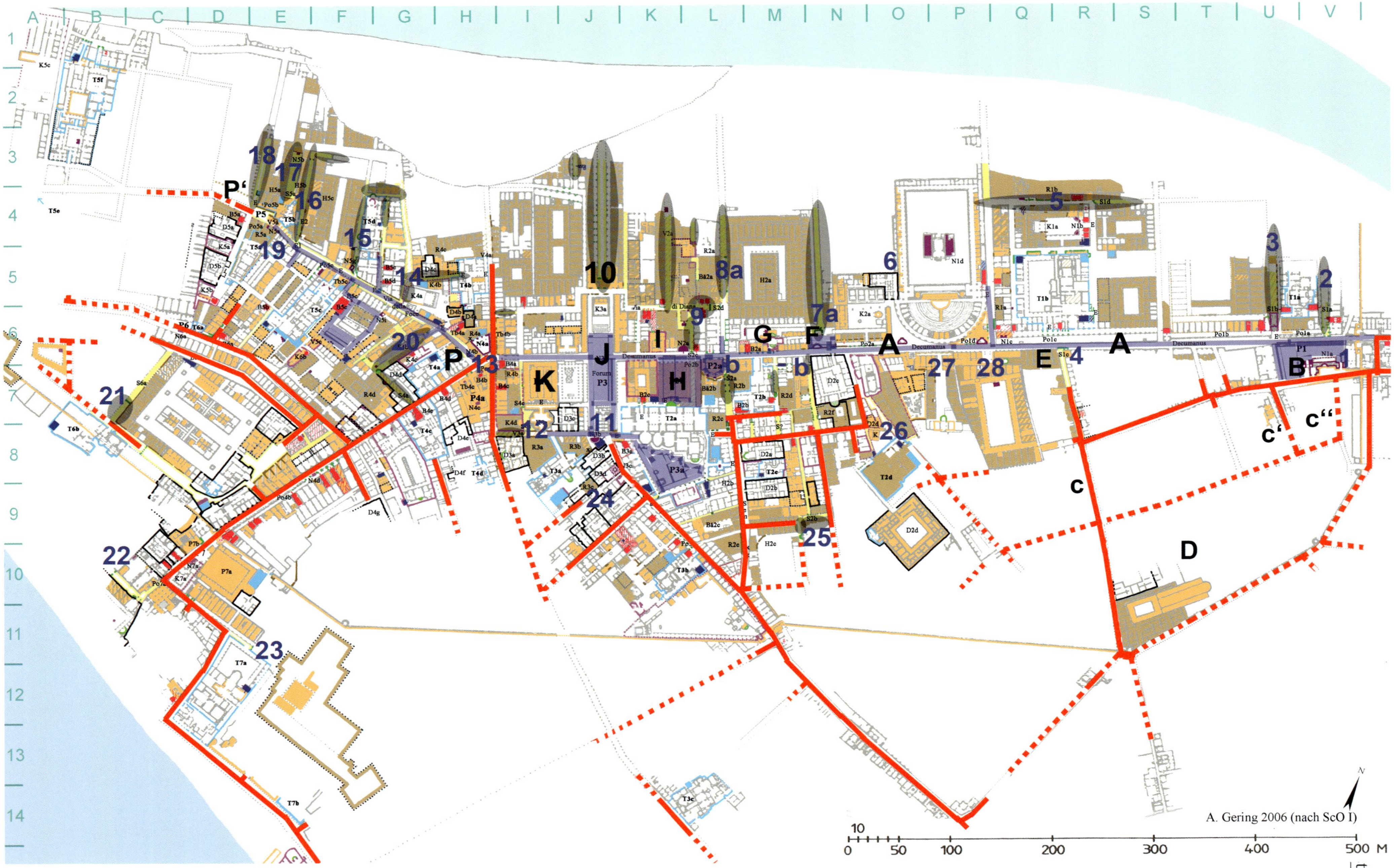

Abb. 15 Plan der spätantiken Reorganisation des Straßensystems (M. 1 : 5000)

orten und möglichen Sitzgelegenheiten. Plätze wie P1 waren aber vorrangig Durchgangsraum. Das Fassadennymphäum, dem als *lacus ad portam* wohl die Qualität einer namensgebenden Sehenswürdigkeit zukam, lag zwischen zwei Stadttoren und zwei entsprechenden Hauptverkehrsachsen, dem Decumanus im Norden (Abb. 15, A) und der Via della Vittoria im Süden (Abb. 15, B). Platz und Nymphäum hatten die entsprechende ›dynamische‹ Raumfunktion eines Weg- und Verkehrsteilers (Abb. 2. 15).

Die Via della Vittoria diente in der Spätantike offenbar mehr denn je als stark frequentierte Verkehrsachse. Nach Westen hin führte sie zu einigen bisher nur im Ansatz ergrabenen, sehr großen Häusern der Regio V und der florierenden gewerblichen Infrastruktur mit einer erheblichen Horreadichte, die sich aus der guten Verbindung zu den vorstädtischen Arealen erklärt, sowie über mehrere große Abzweiger zur großen konstantinischen Bischofskirche (Abb. 15, D). Eine dieser Straßen, die bisher nicht ergraben wurde, mündete südlich auf das Fassadennymphäum (Abb. 2, Straße?; Abb. 15, c", gestrichelt). Von der Via della Vittoria aus bog der Durchgangsverkehr auf die Hauptstraßen nach Süden, über die man an der Basilika (Abb. 15, D) vorbei direkt ins Umland und ans Meer gelangen konnte, wenn man dazu nicht eine Umgehungsstraße entlang der Stadtmauer genutzt hatte[85].

Der Begriff ›Prachtstraße‹ oder ›Promenade‹ bezeichnet im folgenden einen seit dem späten 3. Jh. vermehrt repräsentativ ausgestatteten Abschnitt der bereits bestehenden Hauptstraße der hochkaiserzeitlichen Stadt, des Decumanus (Abb. 15, A), der über wichtige Bauten und neu angelegte Plätze der Spätantike (Abb. 15, F–I) ins Stadtzentrum auf das Forum (Abb. 15, J) führte.

Ostia war zum Höhepunkt seiner Gewerbeblüte im 2. Jh. innerhalb des Mauerrings gleichmäßig dicht bebaut und fast ausschließlich auf kommerzielle Bedürfnisse, so insbesondere auf einen unbeschränkten Warenverkehr zwischen den Tiberkais im Norden, dem Verladehafen der hier produzierten oder verhandelten Waren, und den dezentralen Lager- und Produktionsstätten – insgesamt mehr als 1300 Tabernen und Horrea – des gesamten Stadtgebiets zugeschnitten. Davon unterscheidet sich die spätantike Stadt nach dem logistischen Strukturwandel, der bereits in spätseverischer Zeit zur Stillegung eines großen Teils der Warenlager und Auktionshäuser nördlich des Decumanus und der Via della Foce (Abb. 15) geführt hatte, und von dem noch zu sprechen sein wird: Eine grundsätzliche Dichotomie betraf nun bewohnte und unbewohnte Areale, verdichtete contra ›entlastete‹ bzw. aufgelassene Bereiche. Dadurch, daß die Stadtviertel zwischen Decumanus und Tiber fast insgesamt verlassen und aufgegeben wurden, gerieten die ehemals zentral gelegenen Achsen Decumanus und Via della Foce in eine Stadtrandlage. Durch ihre einseitige Entkoppelung von Durchgangsverkehr zum Tiber hin wurden sie, ohne daß das notwendigerweise auf ›Stadtplanung‹ beruht hätte, zugleich ›verkehrsberuhigt‹. Spätantike Bauvorhaben reagierten auf diese neue Situation: Nicht gebrauchte Nebenstraßen wurden verschlossen und so zu Sackgassen umgewandelt (Abb. 15, 1–28). Neue Platzanlagen und Freiräume wurden in die entstandenen Nischen und Brachen eingebaut. Sie gliederten und hierarchisierten den vormals gleichförmig dichten Stadtkörper. Im Ergebnis entstand so nach urbanen Schrumpfungsprozessen ein Gesamtzustand, der sich in vielen Aspekten auch bei der als Ensemble geplanten urbanistischen Beruhigung moderner Innenstädte beobachten ließe.

Die durch spätantike Portiken und Platzanlagen nobilitierte Prachtstraße des Decumanus wurde selbst wiederum durch Umleitungen des gewerblichen Durchgangsverkehrs entlastet. Solche Güterverkehrsachsen bzw. Umleitungen für den Durchgangsverkehr schließen im spätantiken Ostia nur noch südlich an den Decumanus an (Abb. 15). Sie zeichnen sich durch flankierende Tabernenreihen aus, wobei dort ansonsten nur durchgehende Portiken, aber keine den Verkehrsfluß behindernden oder verlangsamenden Übergriffe auf den Straßenraum vorkamen, um den Güterverkehr zu kanalisieren. Eine davon abgrenzbare dritte Kategorie bilden Seitenstraßen als geballte Kleingewerbebereiche, bei denen der Straßenraum weitgehend oder sogar vollständig bebaut und damit für Fahrverkehr ganz blokkiert wurde.

Das Fassadennymphäum N1a als Verkehrsteiler

Eine geschrumpfte Stadt weist notwendigerweise eine veränderte Organisation und Zonierung der Stadtviertel und des Straßensystems gegenüber ihrem Urzustand auf. In Zusammenhang damit ›funktionieren‹ auch einzelne Gebäude wie das Fassadennymphäum nicht nur für sich selbst, z. B. als Brunnen und Rastplatz, sondern auch innerhalb eines übergeordneten Systems,

85 Vgl. dazu Abb. 15: Das Straßennetz richtet sich hier nach der grundlegenden Grabungspublikation (Calza u. a. 1953) und den bereits publizierten Ergebnissen der Prospektionen des DAI unter M. Heinzelmann. Grundlegend dazu vgl. Heinzelmann 1998, 175 f.

z. B. als Wegweiser oder urbanes Gliederungselement. Ein gutes Beispiel ist die fassadenhafte Abgrenzung der Nordflanke der Via della Vittoria (Abb. 2) von der planierten Platzfläche des Piazzale. Die wohl beabsichtigte Wirkung des Nymphäums als Verkehrsteiler wird besonders deutlich, wenn auch der südwestlich gelegene Annex D in der Spätantike noch aufrecht gestanden haben sollte, was der Plan Gismondis nahelegt (Abb. 2, Annex D)[86]. Die wohl seit dem 2. Jh. unvermindert starke Nutzung der Via della Vittoria für Durchgangs- und Güterverkehr sowie Gewerbenutzung ab der Porta Secondaria wurde im späten 3. oder 4. Jh. durch den Neubau des Fassadennymphäums vom Platzgeschehen und dem Beginn der Promenade des Decumanus weitgehend abgetrennt.

Die mittige Lage des Fassadennymphäums zwischen zwei Stadttoren ermöglichte seine funktionale Zweiteilung in eine Zier- und Nutzseite. Die Annahme einer weitgehenden Entlastung des Decumanus vom gewerblichen Durchgangsverkehr kann im freigelegten Areal daneben auch – als indirekter Beweis – auf den Befund der Straßen selbst gestützt werden, die wiederum von der Via della Vittoria aus nach Süden weiterführten. Die Verkehrstrennung zieht sich durch das ganze Stadtbild: Fast alle wichtigen Nord-Süd-Achsen in der Regio V, die von Süden aus als Zubringer auf den weiteren Verlauf der Promenade des Decumanus führten, waren nachträglich durch Einbauten blockiert worden. Diese Einbauten waren per se kein Indiz von urbanistischem ›Niedergang‹, sondern standen meist in Verbindung zu anspruchsvollen spätantiken Neubauten, die in den folgenden Kapiteln näher betrachtet werden (Abb. 15, E–J).

Der letzte frühmittelalterliche Zustand der Stadt, den die Grabungen des 19. Jhs. südwestlich des Piazzale della Vittoria noch relativ ungestört ergaben, scheint mit der vollständigen Aufgabe des kaiserzeitlichen und spätantiken Straßennetzes einhergegangen zu sein: »Percorrendo questa via, si ha la prova dei rimaneggiamenti che si sono compiuti in questa regione durante la decadenza; i muri che la fiancheggiano sono di opera irregolare e grossolana. Costruzioni precedenti sono state malamente adattate ai bisogni nuovi e le aperture primitive chiuse con lavori molto rozzi. I muri poi non seguono la via: qua la scartano, là la ricoprono. Sul principio la crepidine di sinistra viene a trovarsi quasi nel mezzo della via, e quella di destra è scomparsa«[87].

Die spätesten Mauern und Bürgersteige folgten offenbar nicht mehr dem Straßenverlauf der Via della Vittoria. Allein der Umgang mit den Altbauten der hochkaiserzeitlichen Stadt bleibt als Kriterium, den Zubau oder die ›Bazarisierung‹ von Straßen – also ihre Besetzung durch Wohnbauten oder Ladenlokale bzw. Tabernen – zumindest grob datieren zu können: jene des 4. und 5. Jhs., die sich noch (in etwa) auf dem Gehniveau der kaiserzeitlichen Stadt befanden und daher das vorgegebene Straßensystem berücksichtigten und jene späteren, die das nicht mehr taten, weil die entsprechenden Altbauten bereits eingestürzt waren. Beispiele für erstere, also die frühe ›Bazarisierung‹ des Straßenraums, lassen sich an der Nordseite des Piazzale della Vittoria beobachten.

Die nördliche Randbebauung des Platzes – Thermen, Bars, Häuser und Einkaufsstraßen

Nicht mehr gebrauchte Durchgangsstraßen vom Piazzale della Vittoria nach Norden, also zum Tiberufer und seinen Lagerhallen hin, wurden durch Wohnhäuser, erkennbar an ihren Mosaikböden, oder durch kleine Vorräume besetzt, die aus den Altbauten in die ehemals durchgängigen Portiken oder sogar auf den Straßenraum selbst vorgezogen wurden. Dieses Grundmuster spätantiker Einbauten verbindet die Nebenstraßen, die auf diesen Platz münden, mit vielen anderen Beispielen von bebautem Straßenraum in Ostia oder anderen spätantiken Städten. Nach Ausweis der vielen Wasserbecken im Kontext dieser Einbauten (Abb. 2, Tb1a–c; Abb. 16, Raum 3–6) handelte es sich zum überwiegenden Teil um Vorräume von voneinander unabhängigen kleinen Gewerbeeinheiten, sogenannte ›Tabernen‹.

Die Via dei Magazzini Repubblicani bildet ein gutes Beispiel für eine geballte Einkaufs- und ›Bazarstraße‹, bei der die hochkaiserzeitlichen Tabernen (Abb. 2. 17) bis auf den Straßenraum erweitert wurden. Alle dazu verwendeten Einbauten (Abb. 2, Tb1a–c) bestanden aus Opus vittatum mit einem hohen Anteil an Tuffblöcken und sehr verschiedenen und zum Teil verkleinerten, also eindeutig wiederverwendeten Ziegeln (Abb. 17). Diese Einbauten sind allein über ihr Nutzungsniveau zwischen dem späten 3. und dem mittleren 5. Jh. datierbar und blockierten die ehemalige Fahrstraße und die gesamte östliche Portikus vor dem spätantik mehrfach umgebauten Caseggiato del Cane Monnus, das aus Tabernen, Ställen und wohl auch Unterkünften für die hier ankommenden Fuhrleute und Besucher bestand[88].

Charakteristisch ist das Spektrum der Funktionsbereiche, die hier neben den erweiterten Ladenlokalen

86 Calza u. a. 1953, Abb. 35. Neben N1a ist auch der Annex D als spätantike Baumaßnahme schraffiert: D1 (Bezeichnung s. hier Abb. 2).

87 Paschetto 1912, 260.

88 Der Caseggiato del Cane Monnus wurde bisher nur bezüglich seines namensgebenden Mosaikdekors, nicht aber seiner Funktion untersucht. Vgl. dazu Pavolini 1983, 48; Becatti 1961, 122 f. Die Ausstattung der Ta-

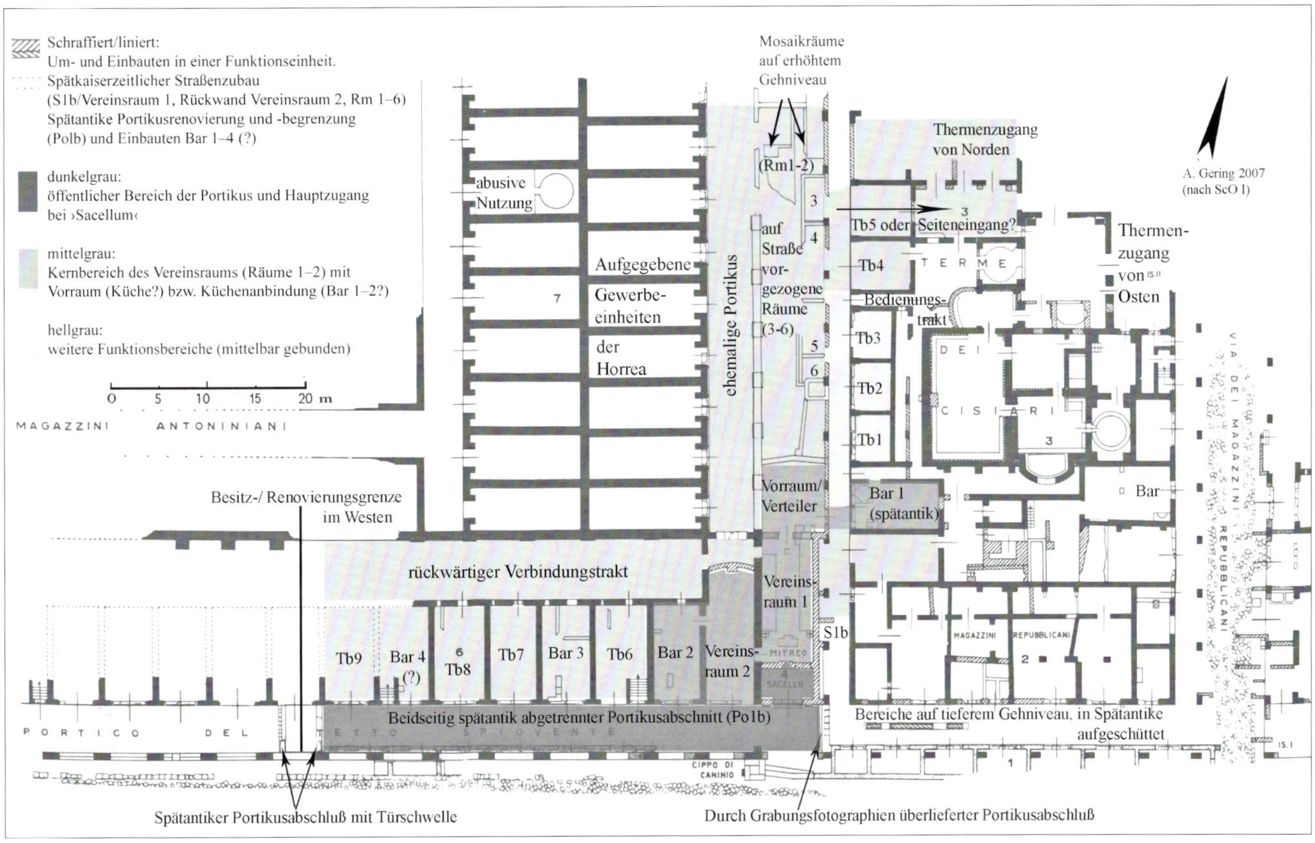

Abb. 16 Nordseite des Piazzale della Vittoria P1 mit den Portiken Po01a und Po01b

einen spätantiken ›Boom‹ erfuhren: gastronomische Kleinbetriebe, sogenannte Bars, und Thermen. Eine große Badeanlage, die hier erstmalig im frühen 3. Jh. in ein ehemaliges Warenhaus – die Magazzini Repubblicani – eingebaut worden waren, wurden im 4. und 5. Jh. grundlegend erweitert und neu mit Statuen ausgestattet (Abb. 16, Terme dei Cisiarii)[89].

Der wichtigste Zugang zu diesen sogenannten Terme dei Cisiarii T1a, den nach einer Mosaikdarstellung benannten Thermen der Fuhrleute, erfolgte wohl ehemals vom Tiber im Norden her. Vom Piazzale della Vittoria aus erreichte man sie über die Einkaufsstraße in der zugangskontrollierten Via dei Magazzini Repubblicani (Abb. 2, S1a; Abb. 16)[90].

Abb. 17 Die auf den Straßenraum vorgezogene Tabernenfront (Tb1b)

bernen mit Wasserbecken ist relativ unspezifisch, eine vorgesetzte Bank bei den Tabernen Tb1a–b läßt allerdings wie beim Thermopolium in der Via di Diana mit großer Wahrscheinlichkeit an eine Bar denken. Dazu s. u. Zur Deutung der Ställe und Unterkunftsmöglichkeiten vgl. Pavolini 1983, 48 f. Der Begriff ›Bar‹ anstelle des Kürzels Tb für Taberne wird hier durch einen eindeutigen Beleg, nämlich einen fest gebauten Tresen und bzw. oder gebaute Regale innerhalb des spezifischen Formenrepertoires definiert, das dem Katalog Gustav Hermansens zugrunde liegt: Zur Typologie und Funktion der Tabernen, Schänken und Stehimbisse s. Hermansen 1981, 127 f. Zur Deutung der Terme dei Cisiarii T1a als ›schola‹ vgl. Mar 1996, 157 f.

89 Zur Statuenausstattung s. Murer 2016.

90 Zu den spätantiken Neubauten an diesem Platz vgl. Calza u. a. 1953 Abb. 35. Zur Therme vgl. Pavolini 1983, 50.

Über einen kleinen Korridor und zwei Türschwellen konnte man das große Apodyterium (Abb. 2, E; Abb. 16, Thermenzugang von Osten) betreten. Die öffentliche Anbindung der Therme von einer Straße her spricht zumindest gegen einen ausschließlichen Bezug auf einen Verein, wie das die Benennung als Terme dei Cisiarii bzw. der Fuhrleute nahelegt.

Zu neu gebauten oder erweiterten Thermen gehörte auch eine jeweils typische Infrastruktur aus dem Einzugsbereich der Haupteingänge von Thermen: Das sind neben den großen Gemeinschaftslatrinen vor allem sogenannte Bars, also Ausschankbetriebe bzw. Gaststätten, deren Gestalt von kleinsten Straßentresen für Laufkundschaft bis zu regelrechten Restaurants mit Sitzplätzen in luxuriös marmorisierten Innenhöfen oder Gartenanlagen reichen konnte. Ostia besteht aus einer Vielzahl solcher gastronomischer Kleinbetriebe. Sie werden gewöhnlich als Phänomen des 2. Jhs. betrachtet (s. u.). Um so wichtiger scheint es, zu betonen, daß dabei fast ausschließlich deren letzter – also spätantiker – Zustand erhalten blieb. Spätantike Bars, wie die verschiedenen Formen von Schänken und Restaurants im folgenden vereinheitlichend genannt werden sollen, waren oft in ehemalige und damals bereits aufgegebene Lagerräume oder Gewerbeeinheiten eingebaut worden (Abb. 2, B; Abb. 16, Bar)[91]. In den spätantik zugebauten Portiken der Via dei Magazzini Repubblicani konzentrierten sich öffentliche Versorgungseinrichtungen sowohl auf der Seite des Haupteingangs der Thermen mit zwei Bars und Latrinen als auch auf der gegenüberliegenden Seite mit den für Bars charakteristischen Vorbauten und Sitzgelegenheiten wie am Thermopolium in der Via di Diana (Abb. 2, B, Tb1b; Abb. 17)[92].

Die stadtweit insgesamt überraschend große Anzahl von Neubauten oder Erweiterungen von Bars seit der Mitte des 3. Jhs. mag daher rühren, daß entweder ihre Nachfrage und Beliebtheit insgesamt zugenommen hatte oder Bars mit davor möglicherweise weiter verbreiteten hölzernen Ausstattungselementen, die sich heute ohne erhaltenen Putz meist nicht mehr erkennen lassen, in der Spätantike einfach durch dauerhaftere Marmoreinbauten ersetzt worden waren. In beiden Fällen bleibt

Abb. 18 Nachträgliche Straßenzusetzung auf höherem Gehniveau (S1b)

zu konstatieren, daß hier seit dem 3. Jh. – möglicherweise jedoch nur für Ostia gültig[93] – parallel zu ihrer zunehmend aufwendigen Marmorausstattung ein genereller Statuswandel von der einfachen Gassenschänke zu einer grundsätzlich akzeptierten Versorgungseinrichtung außer Haus stattgefunden haben mußte. Aufwendig dekorierte ›Marmor-Bars‹ ballten sich sowohl im Kontext wichtiger öffentlicher Bauten wie eben der Großthermen als auch in den zugangsbeschränkten und neu geballten Luxuswohnvierteln; sie waren damit keineswegs – wie noch im Ostia des 2. Jhs. üblich – etwa nur auf die Hauptstraßen mit Tabernenreihen, also die geballten Wohnbereiche unterer Bevölkerungsschichten beschränkt.

Zugangsbeschränkt und dicht bebaut war eine Parallelstraße zur Via dei Magazzini Repubblicani, die ehemals vom Piazzale della Vittoria nach Norden in Richtung Tiber führte. Sie lag zwischen den Terme dei Cisiarii und den Magazzini Antoniniani (Abb. 2. 16. 19).

Gerade in der Zeit nach der Aufgabe der großen Magazzini Antoniniani (Abb. 16, Aufgegebene Gewerbeeinheiten) wurde diese unbenannte Straße zwischen den Horrea und den Thermen nördlich der

91 Zu den Thermen s. Pavolini 1983, 48 f. Calza u. a. 1953, Abb. 34. 35. Zur Datierung der (Haupt-)Phase 2 der Terme dei Cisiarii (T1a) in der zweiten Hälfte des 3. Jhs. vgl. Bakker 1999, 59 f. – Zur Verteilung der Bars in Ostia vgl. Gering 2004, Abb. 49 (Klapptafel: rot).

92 Zu weiteren zugebauten Portiken mit Luxustabernen vgl. die Platzanlage P4 (Abb. 212, Tb4b). Zum Thermopolium an der Via di Diana mit den spätantik vorgelagerten Sitzbänken s. hier Kapitel II. 4. b.

93 Eine stadtweite funktionale Differenzierung ihres Vorkommens ist ansonsten nur für Pompeji möglich. In spätantiken Metropolen wie Ephesos oder Aphrodisias fehlen dagegen großflächig freigelegte Wohnzonen, um die Verteilung und Dichte von Bars zu vergleichen. Zu den Bars und Tabernen ist eine Dissertation von Anna Katharina Kieburg in Vorbereitung.

Abb. 19 Nachträglicher Einbau von Mosaikräumen in eine Portikus (Rm 1–6)

Straßenschwelle S1b (Abb. 16. 18) zunehmend mit Bauten (Abb. 19, Rm 1–6) besetzt.

Dieser Bereich hinter der Straßensperre S1b war vom Piazzale della Vittoria aus nicht sichtbar, weist aber eine um so überraschendere Dichte an zugangsbeschränkter, also ›halböffentlicher‹ Infrastruktur auf. Neben einer Bar, die nach Ausweis des Bodendekors zumindest auch im 5. Jh. noch in Betrieb war (s. u.), waren das vor allem mehrere Tabernen unklarer Gewerbefunktion und einige angrenzende Kult- und Gelageräume, die nach Ausweis der letzten Reparaturen auch im 4. Jh. noch gleichbleibend genutzt worden zu sein scheinen (Abb. 16, ›Vereinsraum‹ 1/2, mittelgrau). In diesem Zusammenhang sind auch zwei weitere Räume mit einem Mosaikdekor auffällig, die aufgrund stilistischer Parallelen wie ihres erhöhten Nutzungsniveaus frühestens in das späte 3. Jh. gesetzt werden können (Abb. 19, Rm 1–2). Sie liegen direkt vor einem Nebeneingang zu den Thermen (Abb. 16. 19, Pfeil zu Tb5). Ein separater Zugang zu den Thermen konnte für die Bewohner bzw. Benutzer dieser ›privatisierten‹ Straße offenbar ein Höchstmaß an Komfort bieten. Der bauliche Befund dieser Abgrenzung und ›Sonderstellung‹ der direkten Umgebung des Thermen-Nebeneingangs legt nahe, hier anspruchsvollen Wohnraum anzunehmen, der in eine größere Parzelle zusammenhängenden Vereinsbesitzes eingebaut worden war.

Die Portikus Po1a

Einen eigenständigen Funktionsbereich bildet der nördliche Abschluß des Piazzale vor der Straßensperre S1b, also die Portikus Po1a (Abb. 2). Theodor Ashby beschreibt 1912 die gerade freigelegten Portikuspfeiler am Piazzale della Vittoria und beginnenden Decumanus, die sich auf den Ausbau zweigeschossiger Portiken im 2. Jh. beziehen lassen: »The portico presently became more magnificient: the lower story consisted of massive pillars of brick, with bases and capitals of travertine while the upper was supported by granite columns«[94].

Die neue Ausstattung der Decumanusfront vieler Gebäude mit zumindest eingeschossigen Säulenhallen wird entlang des gesamten Decumanusverlaufs zu verfolgen sein. Die spätantike Wiederverwertung vieler Säulen ist dazu vielfach belegt (s. u.). Es bleibt allerdings reine Hypothese, daß dazu als ›Bewältigung von Verfall‹ der hadrianischen Portiken die Säulen der ehemaligen Obergeschoßordnung im Erdgeschoß wiederverwendet worden sein könnten. Heute ist der Bereich der Portikus Po1a fast komplett bis auf das spätrepublikanische Gehniveau der Vorgängerbebauung abgegraben. Ein Blick auf die Mauern in Opus vittatum mit starkem Bauschuttanteil erweist zumindest, daß auch hier spätantike Ausbauten – paradoxerweise auf flavischem Gehniveau – feststellbar sind. Eine versuchsweise

94 Ashby 1912, 169.

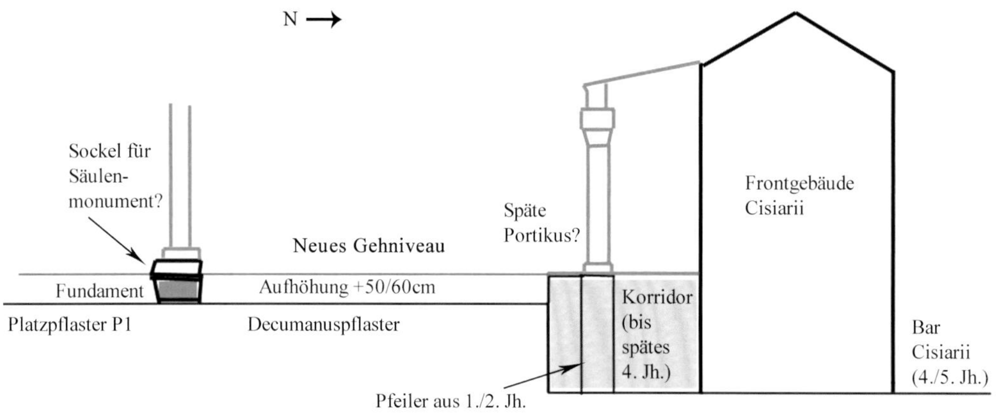

Abb. 20 Schematischer Schnitt durch die Bebauung des nördlichen Platzrandes von P1

Rekonstruktion zeigt das an dieser Stelle besonders komplexe Nebeneinander von Gehniveaus (Abb. 20).

Die Tabernenreihe (Abb. 2, Tb1n–Tb1t), die sich im Untergeschoß vor dem Frontgebäude der Thermen der ›Cisiarii‹ (Abb. 20) befand, war nicht auf den Piazzale della Vittoria oder seine Vorgängerbebauung orientiert, sondern auf einen mittigen Korridor (Abb. 20. 21, schwarz umrandet). Die Tabernen an einem Mittelkorridor gehen auf ein übliches Schema eines Lagerhauses (*horreum*) spätrepublikanischen Ursprungs zurück (Abb. 5). Korridor und Tabernen befinden sich auf einem deutlich tieferen Gehniveau als der Decumanus (Abb. 20).

Die Tabernenreihe zeigt aber auch Renovierungen seit dem 3. Jh. in Opus vittatum mixtum. Desweiteren fand sich zur Grabungszeit immerhin 1,12 m unter dem Platzniveau des Piazzale ein später ›Impasto‹-Boden, der als Gehniveau diente und genau mit einer noch heute erhaltenen wiederverwendeten Tabernenschwelle (Abb. 2. 21, x) korrespondierte[95]. Zur selben späten Ausbauphase gehörten wohl auch Schwarz-weiß-Mosaiken auf der Höhe von 1,15 m unter dem Referenzniveau, die bereits nach Aussage des Ausgräbers Vaglieri zweifelsfrei bestätigten, daß »il piano basso è rimasto sino ad epoca tarda«[96].

Die Grabungsnotizen belegen ferner eine Abfolge weiterer Gehniveaus des 4. Jhs., von denen zumindest ein spätantiker Ziegelboden nähere Erwähnung fand. So fährt Vaglieri fort, daß über einer etwa 30 cm dicken Lage von Bauschutt aus eingestürzten Obergeschossen etwa 85 cm unter dem Piazzale-Niveau – d. h. auf der absoluten Höhe von 1,98 m, also exakt jener Einbauhöhe der Türschwellen der Tabernen (Abb. 2, Tb1g–k) – ein letzter Boden aus Ziegeln gefunden wurde. Der vielgeschossige Fassadenbau vor den Thermen war offenbar eingestürzt und durch einen späteren Bau ersetzt worden, dessen Fassade etwas weiter nördlich als früher mit dem Verlauf der neuen Türschwellen (x) endete (Abb. 20, Pfeiler aus 1./2. Jh.). Die Platzfläche wurde damit zwar vergrößert, die etwas tiefer gelegene ›Einkaufsstraße‹ mußte dennoch zumindest bis zu einer endgültigen Verschüttung im Rahmen einer plötzlichen Einsturzkatastrophe, die den Zustand der Werkstätten ›konservierte‹, noch auf diesem gegenüber dem Platz um 115–85 cm niedriger liegenden Nutzungsniveau zugänglich und genutzt geblieben sein (Abb. 20. 21).

Die Südfassade der ehemaligen Horrea war an dieser Stelle auch nach dem Einbau der Thermen im 3. Jh. kontinuierlich in Funktion geblieben. Anstelle einfacher Lagerräume waren die nördlich an den Korridor grenzenden Tabernen (Abb. 2, Tb1f–k) jedoch offenbar in eine ›Einkaufsstraße‹ umgewandelt worden, was der aufwendige Mosaikdekor, aber auch einige zur Datierung aussagekräftige Funde mit christlicher Symbolik aus der obersten Auffüllung der Tabernen – die u. a. als Marmor-, Keramik- und Bronzewerkstätten dienten – belegen können[97].

Vaglieri führt unter den Funden Gewichte auf, die sehr wahrscheinlich aus der letzten erhaltenen Ausstattung von eingestürzten oder ausgebrannten Kaufläden

95 Dazu s. Vaglieri 1910, 62.
96 Dazu s. Vaglieri 1910, 62. 67.
97 Der Einbau einer Mauer aus Opus vittatum mixtum mit einem Anteil an Bauschutt und einer Türschwelle (Abb. 2. 21, x) auf einem relativ erhöhten, aber insgesamt deutlich unter der severischen Platzpflasterung liegenden Nutzungsniveau spricht dafür, daß man die ehemaligen spätrepublikanischen Tabernen aufgehöht und ihren Verkaufsraum auf den Bereich des mittigen Korridors vorgezogen haben könnte, wie das für alle ebenerdigen ›Bazarstraßen‹ Ostias wie z. B. der Via dei Magazzini Repubblicani nachweisbar ist. Vaglieri

Abb. 21 Portikus Po1a auf dem Gehniveau des 3. und 4. Jhs.

stammen, da sie nicht wiederverwertet wurden[98]. Hier fand sich ferner eine Statuette mit antiker Reparatur, die vielleicht, nachdem der Bauschutt hier aus einer lokalen Planierung stammt, wohl auf eine entsprechende Marmorwerkstatt an dieser Stelle – nahe bei den spätantik abgeräumten vorstädtischen Arealen mit Nekropolen – schließen läßt. Weitere Statuetten und Kapitelle wie auch Sarkophagfragmente lassen sich dem Kontext der Werkstatt zuordnen. Zur spätantiken Ausstattung einer benachbarten Taberne gehören auch Metallfunde. Allein aufgrund ihres Materialwerts und insbesondere wegen ihres Zusammenhangs stellen diese Funde aus Bronze zweifelsfrei ein einheitliches Werkstattinventar dar, das Vaglieri »fra la terra che riempiva questa costruzione« fand und das ihn ebenfalls wegen des Zustands ›in Reparatur‹ verblüffte: Teile von Wasserhähnen, Ringe sowie eine Nadel bzw. Brosche mit Reparaturspuren. Ferner fanden sich Matritzen für Keramik als Indiz für Keramikherstellung, die Teil eines spätantiken Ladeninventars bildeten. Das Spektrum der Matritzen reichte von Darstellungen der Diana über Tauben und Palmzweig bis zum *signum Christi*[99]. Diese bunte Mischung an Taberneninventaren gibt einen Terminus post quem des frühen 4. Jhs. und spiegelt Prozesse einer umfassenden Spoliation von Dingen aus der Alltagswelt (Wasserhähne, Schmuck, Statuetten) wie auch aus den Nekropolen (Sarkophage, Statuen, Inschriftenplatten) für den Grabbrauch in der spätantiken Stadt wieder. Die überraschende Bandbreite der Taberneninventare findet eine direkte Analogie in den Tabernen im Theaterrund und weiteren durch plötzlichen Einsturz konservierten Bereichen um das Forum (s. u.).

Das Gehniveau (Abb. 20. 21, Gehniveau Po1a) dieser ›Einkaufspassage‹ im Souterrain entsprach damit seit dem späten 3. bzw. frühen 4. Jh. der Höhe der heute noch sichtbaren zusammengesetzten Tabernenschwellen, deren letzter Nutzungszustand bis heute erhalten blieb. Das Gehniveau des planierten Piazzale und des einbezogenen Decumanus (Abb. 21, weiß), aber auch der Portikus Po1b war deutlich höher als jenes der ›Einkaufsstraße‹ Po1a (Abb. 20, Korridor bis spätes 4. Jh.). So verwundert es nicht, daß die Portiken Po1a und Po1b durch eine Mauer getrennt wurden, die bis zum Ende der Besiedlung beibehalten blieb, zur Grabungszeit vollständig erhalten war und auch Eingang in ältere Pläne fand (Abb. 16).

Eine Planierung und Aufhöhung des Platzareals am Ende des 4. Jhs. oder im 5. Jh.?

Es schließt sich die Frage an, was mit der Einkaufspassage im Untergeschoß nach den gehäuften Einsturzkatastrophen der vielgeschossigen Bauten geschehen war: Der Einsturz oder Abriß vieler Obergeschosse ist auch in der Nachbarschaft des Piazzale della Vittoria belegt. Offenbar hat man zumindest die südliche Tabernen-

1910, 67 erwähnt 1,20 m unter dem Straßenniveau einige Ausstattungsgegenstände der Tabernen.

98 Vaglieri 1910, 67 f.
99 Vaglieri 1910, 67 f.

reihe der ehemaligen Horrea in der fortgeschrittenen Spätantike bis zur Höhe von etwa +60 cm über dem heute sichtbaren Platzpflaster planiert, um eine einheitliche Flucht mit der Pfeilerportikus P01b (Abb. 2. 20. 21) zu bilden[100]. Maßnahmen zur Erhöhung des Gehniveaus um etwa +60–70 cm bildeten ein stadtweit verbreitetes Muster: So zeigen u. a. auch alle spätantik erhöhten Portiken und Platzanlagen entlang des Decumanus ein Fundamentniveau um +60 cm über dem heute erhaltenen bzw. zur Grabungszeit rekonstruierten Decumanuspflaster. Vor dem Theater kann die Planierung von Vorgängerbauten zur Gewinnung eines neuen Platzes, der von Portiken gesäumt war, mit einer Inschrift des Präfekten der Getreideversorgung Roms (*annona*) Ragonius Vincentius Celsus verbunden werden, was zu einer möglichen Datierung dieser Aufhöhung in die Jahre seiner Amtstätigkeit zwischen 385–389 führt[101].

Die »wenigen, aber typischen Elemente einer spätantiken Platzanlage«, Hallen bzw. Portiken und Nymphäen, aber auch eine umfangreiche Infrastruktur mit abschließbaren Einkaufsstraßen, waren hier bereits im frühen 4. Jh. nachträglich durch den Einsturz bzw. bewußten Abriß von vielgeschossigen Altbauten gewonnen worden[102]. Auch wenn der Sockel des Fassadennymphäums damals bereits vorhanden war, scheint es jedoch, daß hier erst am Ende des 4. Jhs. ein vollständiges spätantikes Platzensemble mit einer grundlegenden zweiten Ausbauphase des platzmittigen Fassadennymphäums und allen anderen Elementen der Platzausstattung entstanden war. Analog zum Platz vor der Porta Marina (P7, s. u.) war dazu jene kleinteilige und wohl kultisch genutzte Vorgängerbebauung sowie die übergangsweise abusive Bebauung mit Wohnhäusern durch eine monumentale Freifläche ersetzt worden.

Vergleiche zum urbanen Kontext – Platzbeherrschende Fassadennymphäen

Die Zierseite des Prunkbrunnens ist auf die Hauptader der Stadt, den Decumanus ausgerichtet, der zur verkehrsreduzierten Prachtstraße ausgebaut worden war. Ganz besonders trat das Fassadennymphäum N1a durch die außerordentlich große Freifläche hervor, die einen Abstand zur Straße schuf, so daß der raumgreifende Eindruck der Front mit den Seitenflügeln gut wahrgenommen werden konnte. Auf dem Piazzale war genug Raum vorhanden, um das Nymphäum inmitten des belebten Kontexts in Ruhe betrachten zu können. Auch an seiner Südseite wurde ein ausreichender Abstand zum Straßenverkehr durch Annexbauten unterstrichen, die geeignet waren, einen ›Platz auf dem Platz‹ abzutrennen und damit einen Verweilpunkt zu schaffen.

Die mittige Lage des Fassadennymphäums auf dem Platz zwischen zwei querenden Hauptachsen erscheint zunächst ungewöhnlich. Die leicht zurückgesetzte Lage trotz Orientierung des Nymphäums auf eine Hauptachse findet sich aber z. B. auch bei den Brunnenbauten direkt hinter dem Stadttor von Perge, dem Nymphäum in Milet oder in Hierapolis am Apollontemenos[103].

Eine direkte Analogie ergibt sich zum freistehenden Nymphäum von Side. Die Lage differiert dort nur insofern, als dieses Nymphäum vor den Stadttoren liegt, das Bauwerk in Ostia dagegen direkt dahinter[104]. Es bestehen wesentliche Parallelen zum Fassadennymphäum von Ostia: Von der Stadt aus erreichte man auf der Hauptstraße die ›Wasserseite‹ des mehrgeschossigen Fassadennymphäums von Side, die als die Hauptansichtsseite gelten kann. Diese Fassade war wie das Beispiel in Ostia zusätzlich durch einen Vorplatz als Ziel-

100 Dazu s. die alten Fotografien Alinari 32717. 32720, die gut illustrieren können, daß das Mauerwerk hier nur bis zur Höhe von etwa 40–50 cm über dem severischen Straßenpflaster anstand, d. h. bei einer weitergehenden Planierung der Platzfläche bereits unter einer Niveauerhöhung von etwa 50 cm über dem heute noch erhaltenen Platzpflaster verschwunden wäre, wie das auch für die platzmittige Vorgängerbebauung bei P7 gut belegt ist (s. u.).

101 Auch die Reparatur und der Umbau des Theaters selbst sowie die Schaffung weiterer spätantiker Platzanlagen haben diese charakteristische Einbauhöhe, zu denen möglicherweise ebenfalls Inschriften des Ragonius Vincentius Celsus zugeordnet werden können. Dazu s. u.

102 Zur Planierung eines Altarbaus und der Schaffung einer darüberliegenden Portikus am Platz vor der Celsusbibliothek in Ephesos vgl. Bauer 1996, 298 f.

103 Zu den Nymphäen in Perge vgl. Dorl-Klingenschmid 2001, 226 f. Zu dem milesischen Nymphäum vgl. Wiegand 1919, 73 f.; Tuttahs 1998, der besonders zur Funktion des Baus neue Erkenntnisse bietet. Zu dem Nymphäum am Apollontemenos in Hierapolis vgl. De Benardi-Ferrero – Berti 1993, 142 f.

104 Zur grundlegenden Beschreibung des Nymphäums, das mit seiner für die Kaiserzeit wohl einzigartigen Kombination an Charakteristiken – u. a. freistehend, vor den Stadttoren, zwei Ansichtsseiten, begehbar, wegen zu hoher Brüstung wohl nicht zum Wasserschöpfen geeignet, vermutlich dreigeschossig – zwar ein lohnenswertes Untersuchungsobjekt bildet, das aber bis heute noch nicht umfassend aufgearbeitet wurde, s. Mansel 1963, 53 f.

Abb. 22 Portikus Po1b, der Ostabschluß

und Aufenthaltspunkt gestaltet. Steinerne Sitzbänke gehören in Side zur gebauten Ausstattung und ermöglichten ein längeres Verweilen wie sie möglicherweise auch im Norden des Nymphäums N1a ansatzweise erhalten geblieben waren.

Der Blick nach Rom zeigt, daß es selbst in der (ehemaligen) Kapitale wie im spätantiken Ostia nur zwei Beispiele von monumentalen mehrgeschossigen Fassadennymphäen gab. Sie sind in das 1. bzw. frühe 3. Jh. zu datieren, stehen aber nur teilweise in einem analogen urbanistischen Kontext: Es ist das severische Septizodium, das von der Via Appia her als repräsentatives ›Foyer‹ zum Palatin dienen konnte und das monumentale Nymphäum an der Substruktion des Claudiustempels[105]. Letzteres scheint im Rahmen der neronischen Palastanlage entstanden zu sein, wobei das gesamte Stadtzentrum für die enormen Ausmaße der kaiserlichen ›Palastvilla‹ vereinnahmt werden sollte. Die Integration in eine großzügige Parkanlage zwischen dem Fassadennymphäum und der nur teilweise umgesetzten neronischen Villa währte – wenn überhaupt – nur kurz und wäre dabei wohl auch kaum öffentlich rezipiert worden. Die Einbindung in das dicht gedrängte spätere Stadtbild ermöglichte dagegen keinerlei axiale Zugänglichkeit und Fernsicht mehr auf die extrem breite Fassade als Endpunkt einer Blickachse. Auch ansonsten überwiegen Unterschiede: Das Septizodium wie auch das Nymphäum am Podium des Claudiustempels dienten in ihrem jeweiligen Kontext zusätzlich als Verblendung, nämlich im einen Fall der Substruktionen des Palatins, im anderen der Substruktionen des Claudiustempels[106]. Das Erfassen des gesamten Monuments war in Ostia dagegen nachweislich von den verschiedensten Blickwinkeln her möglich, so bereits vom Stadttor aus (Abb. 2). Die spätantik freigeräumte Platzanlage zwischen den Toren im Osten und dem Beginn der Promenade im Westen des Piazzale della Vittoria ermöglichte insbesondere einen vollständigen Blick auf das Ensemble von der Position der spätantik modifizierten Portikus Po1a aus, die die Breitseite des Platzes gegenüber der Schaufassade des Nymphäums N1a einnahm (Abb. 22).

105 Zum Septizodium in Rom s. die Literatur Pisano-Sartorio 1996 ebenso Scheithauer 2000, 188 mit Anm. 35. Zum Nymphäum am Claudiustempel s. Buzzetti 1993.

106 Da in Rom sowohl Funktion als auch Kontext der Bauten von der Evidenz in Ostia abweichen, lassen sich also keine näheren Bezüge oder Beeinflussungen annehmen. Die Beispiele in Rom stellen kaiserliche Stiftungen dar, was sie in Ostia mit großer Sicherheit nicht sind. Festhalten läßt sich nur, daß es sich in allen Fällen um extrem auffällig konzipierte Bauwerke handelte, deren Sinn im Überraschungseffekt liegt und deren Anzahl daher auch notwendigerweise gering bleiben muß. In Rom ist dieser ›Bautypus‹ seit der Kaiserzeit bekannt und in den zwei erwähnten Beispielen in geradezu einzigartiger monumentaler Ausführung erhalten – das längste bekannte kleinasiatische Pendant dazu bildet der sog. Tritonenbrunnen in Hierapolis, vgl. D'Andria 2001, 104 f.

Fest steht vor diesem Hintergrund: Das Fassadennymphäum mit seinem großen hypäthralen Wasserbecken stellt in Ostia einen spätantiken ›Akzent‹ ohne hochkaiserzeitliche Vorläufer dar und ist zunächst vor allem als deutlicher Verweis auf Wasserluxus zu verstehen. Im Gegensatz zu den vielen Prunkbrunnen in Rom oder anderen Städten mit umfangreichen Wasserressourcen wurde Ostia tatsächlich jedoch nur durch wenige Wasserleitungen versorgt, entsprechend war das Stadtbild der hochkaiserzeitlichen Gewerbemetropole nicht durch den Eindruck von übermäßigem ostentativem Wasserreichtum charakterisiert gewesen. Um so mehr wird den spätantiken Zeitgenossen die Dimension des Nymphäums und insbesondere seines nördlichen Beckens aufgefallen sein. So liegt die Länge mit mindestens 22 m – berechnet man die Annexbauten mit ein, dann ergeben sich über 30 m – im oberen Durchschnitt der Fassadennymphäen im Reichsosten[107].

Mit dem Fassadennymphäum direkt hinter den Stadttoren Ostias und dem monumentalen spätantiken Neubau einer mehrgeschossigen Schauwand mit Statuennischen am Bivium, die später noch eingehend behandelt wird[108], existierten im spätantiken Ostia sogar gleich zwei mehrgeschossige Fassadennymphäen. Selbst ohne die übrigen kleineren Prunkbrunnen, mit denen man seit der Mitte des 3. Jhs. das Stadtbild entlang der Promenade bis zum Platz vor der Porta Marina systematisch bereichert hatte, erstaunt der Umfang dieses Wasserluxus. Neben der neuen Bedeutung von Zier- und Wasserbauten im spätantiken Ostia allgemein mußte aber vor allem der Bautypus des mehrgeschossigen Fassadennymphäums selbst den Zeitgenossen aufgefallen sein: Zumindest im Reichswesten und insbesondere bei Städten vergleichbarer Größe ist er zudem in dieser Dimension nahezu ohne Parallele. Ostias Stadtbild lag damit seit dem Übergang zur Spätantike bezüglich seines Ausstattungsstandards erstmals weit über dem Durchschnitt italischer Städte. Der Anspruch des späten Stadtbilds weist auf Parallelen im östlichen Mittelmeerraum. Innerhalb der spätantiken Metropolen und Hafenstädte entlang der üblichen Handelsrouten, die Ostia neben Nordwestafrika mit Leptis Magna auch mit Alexandria und dem florierenden Reichsosten verbanden, war Ostia in dieser Hinsicht mit großem zeitlichen Abstand ›konkurrenzfähig‹ geworden. Erst in seinem spätantiken Zustand, um so mehr aber im Vergleich zum hochkaiserzeitlichen Status quo, konnte und sollte es offenbar als eigenständige Stadt wirken und für die ansässigen Bewohner das repräsentative Zentrum der Region verkörpern[109].

II. 1. b Die Fassaden der Prachtstraße – ›Privatisierte‹ Portiken und die Kontinuität von Besitz- und Renovierungsgrenzen

Der Beginn der Hallenstraße mit aufgeteilten und ›privatisierten‹ Portiken

Der Decumanus in Form einer Hallenstraße beginnt am Westende des Piazzale della Vittoria P1: Als Produkt mehrerer großer Bauvorhaben des 2. Jhs. hatten die Portiken des Decumanus damals bis knapp vor das Theater gereicht[110]. Dagegen fehlen heute fast alle spätantiken Einbauten und Modifikationen der hadrianischen Portikus, weil sie nach den Ausgrabungen entfernt wurden, um einen fiktiven Blütezustand des 2. Jhs. präsentieren zu können[111]. Erhalten blieb hier nur eine Zusetzung: Neben der stadtweit verbreiteten nachträglichen Verstärkung der Pfeiler, die als Folge von Einsturzkatastrophen und Erdbeben des späten 4. oder 5. Jhs. gedeutet werden können[112], handelt es sich hier um ein Indiz für eine Aufteilung bzw. den verkleinerten Wiederaufbau der Pfeilerportikus P01b.

Das Fundament der Abtrennung, die quer zum Portikus- und Decumanusverlauf eingebaut wurde (Abb. 16, Portikusabschluß mit Türschwelle), besteht vollständig aus Bauschutt: Dieser Schutt reicht bis zum spätantiken

107 Nimmt man das Nymphäum am Claudiustempel mit ca. 170 m aus einer Berechnung heraus und bildet einen Durchschnittswert aus den Längen von ca. 20 m bei Dorl-Klingenschmid 2001 betrachteten Nymphäen, die zumindest zweigeschossig sind, dann erhält man eine Durchschnittslänge von etwas mehr als 30 m für mehrgeschossige Fassadennymphäen, bei eingeschossigen liegt diese mit 21 m jedoch deutlich darunter.

108 Zum Nymphäum N4a auf dem ehemaligen Platz am Bivium P4 s. Kapitel II. 5. a.

109 Im Reichswesten stellen mehrgeschossige Fassadennymphäen eine Seltenheit dar. Vgl. dazu Neuerburg, 1965, 178 f. Zur Situation im Osten vgl. Dorl-Klingenschmid 2001.

110 Zur Stadtentwicklung s. Calza u. a. 1953 Abb. 32 (Plan hadrianische Zeit).

111 Ältere Fotos wie Alinari 32720 (enstanden um 1930) zeigen u. a. beim Ende der Portikus P01b (Abb. 22, Ostabschluß P01b) eine Zusetzung aus Opus vittatum, die inzwischen entfernt ist. Dazu s. u.

112 Zur baulichen Evidenz von bewältigten Einsturzschäden, die wohl auf ein oder mehrere Erdbeben zurückzuführen sind, s. hier vor allem die Kapitel II. 2. a (Neptunsthermen), II . 2. c (Theater), II. 3. b–c (Neue Fora und die Forumsthermen) und II. 4. b–II. 5. a (Dianaviertel bis Fassadennymphäum N4a).

Abb. 23 Portikus Po1b, Gehniveaus und eine Aufteilung

Abb. 24 Portikus Po1b, eine zusätzlich erhöhte Türschwelle

Gehniveau (Abb. 23, b) und besteht aus Travertinblöken, Marmorbruchstücken, Pflastersteinen, Mosaiktesserae, etc. Die darüber sichtbaren Ziegellagen (Abb. 23. 24) könnten vielleicht nach einer Aufhöhung des späten 4. bis mittleren 5. Jhs. datiert werden, da ihr Fundamentniveau (Abb. 24) einem insgesamt um +60 cm erhöhten Niveau über dem Decumanuspflaster entspricht. In der späten Mauer ist eine Türschwelle inkorporiert, die noch etwas weiter erhöht ist (Abb. 23, c/c'; Abb. 24, Türschwelle). Möglicherweise war die Türschwelle aber nur Teil des aufgehenden Spolienmauerwerks, wofür spricht, daß sie zumindest in ihrer heutigen Ergänzung schräg eingemauert ist.

Unter der spätantiken Mauer mit der Türschwelle c/c' erscheinen Teile der Fundamentierung aber in Art einer grabungszeitlichen Stützmaßnahme, die bis auf das Gehniveau republikanischer Zeit reicht. Tatsächlich markiert diese Mauer die westliche Grenze der Tiefgrabungen Vaglieris, auf den hier wohl die Maßnahmen zur Stabilisierung der Grabungskante zurückgehen.

Die mehrfach modern konservierte, aber im Kern zweifellos antike Mauer aus Opus vittatum (Abb. 24)

Abb. 25 Portikus P01b, der originale Bestand des Raumteilers aus Bauschutt

besteht u. a. aus einem typisch spätantiken Mörtel mit hohem Anteil von Bauschutt, Keramik und durch Brand kalziniertem Mörtel (Abb. 25). Ein weiteres Indiz, daß es sich hierbei um eine tatsächlich spätantike Absperrung handelt, findet sich innerhalb der Tabernen der Magazzini Antoniniani (Abb. 16; Abb. 26, Tb7–8): Die Fundamentierung des Bartresens in Bar 3 (Abb. 26) überragt die Oberkante der Tabernenschwellen. Nachträgliche Einbauten in den Tabernen entsprechen also dem erhöhten Gehniveau ›b‹ im Inneren der Portikus.

Das Fundamentniveau der heute sichtbaren Tabernenschwellen innerhalb der Portikus P01b (Abb. 26, Fundamentniveau) entspricht dagegen dem Gehniveau des Decumanus des 2. und frühen 3. Jhs. (Abb. 23, a, Gehniveau 2./3. Jh.).

Die hier exemplarisch untersuchte seitliche Abschlußmauer aus Opus vittatum im Osten der Portikus (Abb. 24) hatte im Westen der Pfeilerhalle ein Pendant (Abb. 2. 14. 22 14)[113], das ebenfalls aus Opus vittatum bestand. Beide Begrenzungsmauern fußen auf einem spätantiken Gehniveau, das bereits gegenüber dem letzten gepflasterten Niveau des Decumanus erhöht worden war. Die Portikus konnte damals nicht mehr als ›überdachter Gehsteig‹ und eigenständiger Durchgangsbereich parallel zum Straßenraum genutzt werden. Fußgänger mußten auf Höhe der Abschlußmauern auf die Straße ausweichen, was u. a. als Hinweis auf die Entlastung des Decumanus vom Fahrverkehr und seine möglicherweise graduelle Umwandlung in einen verkehrsentlasteten Bereich im Laufe des 4. und 5. Jhs. gewertet werden könnte. Die Sperrung der Portiken und Umleitung auf den Straßenraum belegt auch andernorts, wie am oberen Embolos in Ephesos, den Beginn eines verkehrsreduzierten Bereichs[114].

Beim Decumanus in Ostia gebot es wohl die Eignung der Prachtstraße als Transportweg zur Versorgung der Thermen und als politisch-repräsentativer Raum für Versammlungen, Spektakel und Prozessionen, keine dauerhaften baulichen Verkehrssperrungen für Wagen direkt auf dem Straßenraum und Fahrbelag selbst anzubringen.

Der Bürgersteig erweist sich in der antiken Stadt im Gegensatz zum modernen Stadtraum meist als ›Privatangelegenheit‹: Seine Reparatur blieb daher an bestimmte Besitzgrenzen gebunden. An der gegenüberliegenden Südseite des Decumanus war ein Gehsteig offenbar in Verbindung zur aufgeteilten Portikus angelegt worden, da er genau deren Länge entsprach. Es ist damit sehr wahrscheinlich, daß der gesamte Bereich der sieben Tabernen (Abb. 16, Bar 2–Tb9) im Norden der Portikus dei Cisiarii sowohl einen einheitlichen Funktionsbereich als auch eine gemeinsame Besitzeinheit darstellte, die im erhalten gebliebenen Zustand der spätantiken Stadt zusammen mit dem Westabschluß dieser Portikus endete (s. u.).

Der spätantike ›Barboom‹ in der abgeteilten Portikus

Das Phänomen einer Ballung spätantiker Schänken, Restaurants oder Bars war bereits im vorigen Abschnitt im Umkreis der Thermen der Fuhrleute, der Cisiarii, auffällig geworden (Abb. 16)[115]. Zwei gleichartige L-förmige Bartresen aus Opus vittatum lassen sich bis heute in der Portikus der Cisiarii nachweisen, nur einer davon führte aber bisher zur Identifizierung des zugehörigen Raums als Schänke oder Bar (Abb. 26)[116]. Das östliche Pendant zur einzigen bislang zugewiesenen Bar grenzt direkt an einen großen Raum mit einem für Ostia sehr seltenen polychromen Mosaik (Abb. 27) an und ist durch eine Tür mit diesem verbunden (Abb. 2, B2). Vielleicht ist sogar noch eine weitere Bar westlich der beiden bis heute

113 Zu dem durch Grabungsfotografien überlieferten Portikusabschluß, der nach der Grabung entfernt worden war, vgl. hier bereits Anm. 111.

114 Die Definition einer regelrechten ›Fußgängerzone‹ nach Hilke Thür wäre auch für die Arkadiane in Ephesos zutreffend, obwohl dort wie hier in Ostia am Beginn des Decumanus selbst keine Indizien einer dauerhaft gebauten Verkehrssperrung erhalten geblieben sind. Vgl. dazu Thür 1999, 104 Anm. 7.

115 Vgl. dazu und zur grundlegenden Definition ›Bar‹ bereits Kapitel II. 1. a.

116 Zur Taberne mit Barausstattung s. bisher Hermansen 1981, 142 f. mit Abb. 74. 75. Die Sammlung der Beispiele bei Hermansen 1981, 125 f. 137 f. (zum Bau II ii) und

Abb. 26 Portikus Po1b, der Einbau von Bartresen auf erhöhtem Gehniveau

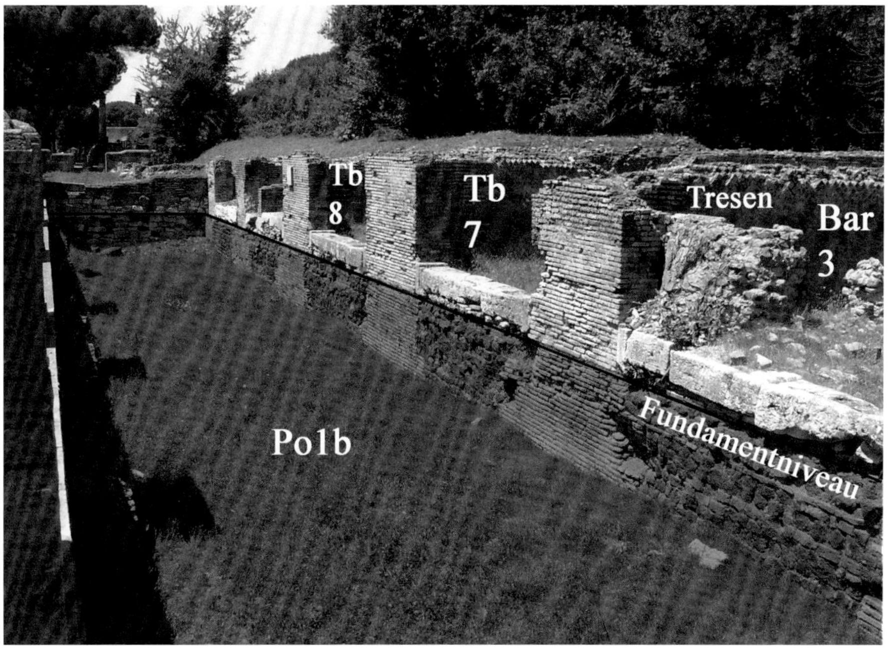

sichtbar gebliebenen Beispiele zu lokalisieren (Abb. 16, Bar 4?). Unabhängig davon wird deutlich, daß sich innerhalb der spätantik aufgeteilten Portikus dei Cisiarii mehrere Bars desselben Typus und wohl auch einer ähnlichen Zeitstellung ballen und fast alle Räume und Tabernen an dieser Stelle teilweise über einen Rückraum miteinander verbunden sind[117]. Die gemeinsame Zugänglichkeit der Räume war hier nicht nachträglich blockiert worden. Das spricht dafür, daß sich zwischen den Absperrungen der Portikus auch in der Spätantike noch eine einheitliche Funktions- und Besitzeinheit mit gastronomischer (Teil-)Funktion befand, die als ›letzter‹ Zustand des antiken Stadtbilds vor den späteren und weit umfangreicheren Erhöhungen des Gehniveaus im späteren 5. und im 6. Jh. bis heute erhalten geblieben ist.

Funktionale Kontinuität? Repräsentative Außenwirkung und ein zentraler Klinen- bzw. Gelageraum

Der Saal mit dem für Ostia ungewöhnlich aufwendigen polychromen Mosaik, das meist in das 2. Jh. datiert wird und in der Folgezeit mehrfach repariert wurde, wurde bisher als Heiligtum oder Vereinssitz gedeutet (Abb. 27. 28)[118]. Der Raum hat eine rückwärtige Apsis mit einem Sockel (Abb. 28), der sich zur Aufstellung von Statuen eignete und wohl nachträglich eingebaut wurde. Das Mosaikbodenniveau von 3,10 m entspricht dabei dem höchsten Punkt des Gehniveaus in der Portikus der Cisiarii, das hier wohl seit dem Ende des 3. Jhs. beibehalten worden war. Demgegenüber deutlich erhöht waren die Böden der beiden Bars B2 und B3 mit 3,59 m, also einem üblichen spätantiken Nutzungsniveau des 4. und 5. Jhs. für Innenräume[119].

Auf der Ostseite des Mosaiksaales befindet sich ein Durchgang zu einem deutlich tiefer liegenden Gelage- und Klinenraum (Abb. 2, V1; Abb. 29), der sich als einziger Raum nicht auf den Decumanus, sondern auf die Portikus und die Straße hinter der Absperrung S1b öffnete. Dieser funktionale Bezug auf das auch in der Spätantike beibehaltene Souterrain der Thermen in den spätrepublikanischen Horrea kann diese Niveauanomalie hinreichend erklären: Wirtschaftstrakte von Thermen befinden sich gewöhnlich in Halbgeschossen unterhalb des eigentlichen Nutzungsniveaus.

Der Klinen- bzw. Gelageraum selbst wurde bisher meist als Mithräum bezeichnet[120]. Neben ganz allge-

Bakker 1994 kann keinen Anspruch auf Vollständigkeit erheben. Die bisher nicht erkannten Beispiele von Bars mit eindeutig erhaltener Ausstattung werden in den folgenden Kapiteln in ihrem urbanistischen Zusammenhang thematisiert. Zu einer Gesamtübersicht auf Stand der eigenen Bauaufnahmen s. Gering 2004, Abb. 49, rot.

117 Zum Typus s. Hermansen 1981, 142 f.

118 Mehrere kleinere Zugänge zur Therme liegen an der Westseite des Blocks II ii 2–3. Zum Mithräum mit vorgelagertem Nischenbau (II ii 4–5) vgl. Becatti 1954, 132. Bollmann 1998, 298 f.

119 Zu den Vergleichshöhen vgl. hier bereits die Kapitel I. 3. d. und II. 1. a; Mannucci 1995.

120 Dazu s. Becatti 1954 45 f. mit Abb. 9.

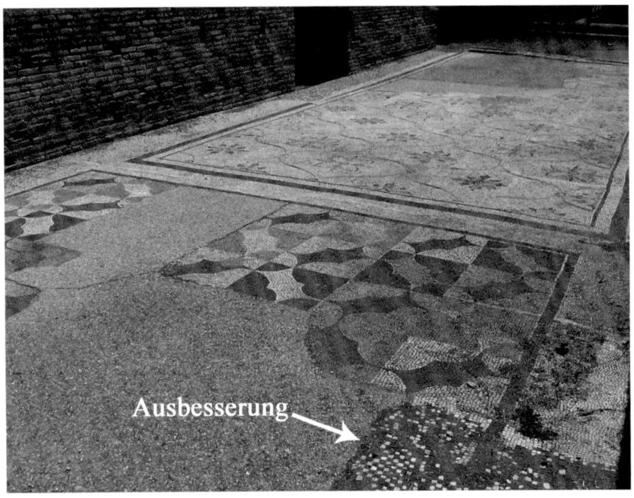

Abb. 27 Portikus Po1b, Mosaikraum mit spätantiken Ausbesserungen

Abb. 28 Mosaikraum mit rückwärtigem Sockel für Statuenaufstellung

meinen Anforderungen an Gelagearchitektur, so u. a. gemauerte Auflagen und Wasserbecken zur Frischwasserversorgung im Boden, zeigt er jedoch keinerlei Spezifika dieses Kultes anhand des Dekors oder der Ausstattung. Der Klinenraum war vom Decumanus abgetrennt und nördlich der zugesetzten Portikus Po1a mit den Terme dei Cisiarii und einer benachbarten Bar mit Küche verbunden[121]. Die seitlichen Bänke aus Opus vittatum eignen sich bei einer Breite von etwa 1,5 m nur für ein leicht versetztes Schrägliegen, jedoch kein platzsparendes Nebeneinanderliegen wie im Sacello delle Tre Navate[122]. Die Zahl der Adressaten war offenbar kleiner als beim genannten hochkaiserzeitlichen Bau für Festgelage aus der Regio III. Eine Ausrichtung der Versammelten ergab sich hier wie dort durch die Anordnung eines größeren Sockels am südlichen Raumende und ein Wasserbecken im Boden aus Opus sectile im Norden, der auf älteren Fotografien und dem Plan sichtbar ist[123].

Die kleine nachträglich errichtete Fundamentierung S1b (Abb. 2. 18), die keine stützende Funktion wie die umgebenden Pfeiler aus Tuff hatte, ist entweder als durchgehende Sperrmauer oder als Straßensperre mit Türschwelle zu ergänzen. Durch sie konnte der Nebeneingang der Therme selbst ›privatisiert‹ werden, d. h. zu gewissen Zeiten oder Anlässen exklusiv den Nutzern des Gelage- und Klinensaales vorbehalten bleiben. Das Fehlen der konkreten Verweise auf eine kultische Nutzung im letzten Zustand dieses Gelagesaales läßt entweder auf eine der vielen Gilden Ostias ohne dezidierte Kulteinbindung schließen – man denke an die Fuhrleute – oder auch auf ›gewöhnliche‹ Besucher der Terme dei Cisiarii, die hier eine Infrastruktur für spezielle Gelegenheiten nutzen bzw. anmieten konnten. Fest steht anhand des archäologischen Befunds: Die rückwärtige Tür des Gelage- und Klinenraums zu Bars und den Thermen (Abb. 2. 16. 29) blieb auch nach der Errichtung der Absperrung S1b in Funktion.

Die differenzierte Bar- und Küchenausstattung der Thermenbar ist auf der grabungszeitlichen Fotografie noch mit einem Tresen und einem Ofen oder Wassererhitzer aus Opus vittatum sichtbar[124]. Dank ihres fast perfekten Erhaltungszustands fand diese Ausstattung, die inzwischen zur Hälfte verschwunden ist, auch Eingang in den Grundplan von Gismondi[125].

Bereits die Bauweise aus sehr unregelmäßigem Opus vittatum mit extrem hohem Anteil an wiederverwendeten Ziegeln läßt eine spätantike Datierung vermuten, die durch den heute noch erhaltenen Mosaikboden

121 Dazu s. Paribeni 1920, 162 Abb. 1. Plan 6. Decumanusseitig vorgesetzt war ein kleiner Kultraum mit einer zentralen Nische und einem sehr breiten und durch Pilaster betonten Eingang (Abb. 2, V3). Eine ehemals direkte Verbindung zwischen Gelage- und Kultraum war wohl zum Zeitpunkt des Einbaus der seitlichen Bänke in den Gelageraum zugesetzt worden. Das geschah in derselben Mauertechnik, aber auf einem deutlich erhöhten Nutzungsniveau.

122 Zur Deutung als Mithräum vgl. Hermansen 1981, 81 f. Zum Sacello delle Tre Navate s. Hermansen 1981, 82.

123 Dazu s. Alinari 33224. Vgl. Becatti 1954, 132 f.

124 Dazu s. Alinari 33224.

125 Calza u. a. 1953, Beilage 5. Zu den Funden Vaglieris von Töpfen und Ausstattungsgegenständen in Tb1g–k vgl. hier letztes Kapitel. Zum Zustand, den T. Kleberg (Kleberg 1957) noch im Jahr 1957 begutachten konnte, vgl. Hermansen 1981, 142.

Abb. 29 Spätantiker Mosaikboden der Bar 1 auf älterem Gehniveau

verifiziert werden kann (Abb. 29), der selbst allerdings auf einem lokalen ›flavischen‹ Gehniveau von 1,76 m liegt. Diese Niveauanomalie, die im vorigen Kapitel erörtert worden war, läßt sich durch das bereits vorgegebene Souterrain der Thermen (s. o.) erklären, in dessen Einzugsbereich die Bar liegt; das variable Nutzungsniveau von Innenräumen ist jenseits der Hauptstraße nicht unbedingt datierungsrelevant.

Die Datierung des Opus-sectile-Bodens des Gelageraums wie des polychromen Mosaiks des Barraums mit extrem großen und unregelmäßigen Mosaiksteinen ergibt sich aus seinen nächsten Parallelen bei den spätesten Ausstattungsphasen ostiensischer Stadthäuser des späten 4. und gesamten 5. Jhs. auf einem Nutzungsniveau von mindestens +60–70 cm oder dem spätesten polychromen Mosaik der Forumsthermen[126]. Trotz der komplizierten Zugänglichkeit waren offenbar viele Bereiche der zugesetzten Straße nördlich der Straßensperre S1b auch im gesamten 4. und 5. Jh. noch in Benutzung geblieben. Den Verteilerräumen (Abb. 2. 16, Vorraum/Verteiler) kam dabei eine entscheidende Rolle für das Funktionieren des Ensembles zu. Es ist wohl kein Zufall, daß gerade hier als Zeichen spätantiker Spoliation unter den spärlichen Funden eine offenbar wiederverwendete Ara des Jahres 199 zutage trat, die den Nymphen gewidmet war und hier eine spätere Sekundärnutzung erfuhr. Sie stand in der Nähe eines Wasserbeckens im Durchgangsraum nördlich des Vereinsraums 2 (Abb. 2, V2) auf dem spätesten greifbaren Gehniveau (Abb. 2, Korridor 10)[127]. Damit scheint klar, daß der Bereich der ›privatisierten‹ Portikus dei Cisiarii auch in seiner letzten Ausstattungsphase insgesamt als direkter Einzugsbereich der Thermen und ihrer Infrastruktur, wozu auch der zentral gelegene Gelage- und Klinenraum V1 gehörte, gedeutet werden muß. Der Vereinsraum 1 (Abb. 2, V1) lag an zentraler Stelle in diesem Gebäudekonglomerat und verfügte über zahlreiche Verbindungen zu Bars und Küchen auf unterschiedlichen Gehniveaus.

Die Verbindung von Bars mit Küchenausstattung, einem öffentlichen, d. h. weithin sichtbaren Repräsentationsbereich mit betontem (Kaiser-)Kultraum und großem Zugang auf den Decumanus und einem davon wesentlich stärker abgeschlossenen Gelageraum mit Marmordekor, seitlichen Liegebänken, Wasserbecken und Abflüssen bietet alle öffentlichen bis privateren Aspekte, die ein hochkaiserzeitlicher Vereinsitz als ›sozialer Treffpunkt‹ erfordern konnte.

Die nachträglichen Zubauten zum Decumanus hin legen seit dem späten 3. Jh. nahe, daß der unbeschränkte öffentliche Zugang vom Decumanus aus nur noch zur abgegrenzten Portikus und zum Saal mit dem polychromen Mosaik erfolgte und man für die dahinter gelegenen Bereiche eine kanalisierte und kontrollierte Zugänglichkeit bevorzugte, die Funktionen der einzelnen Räume aber im wesentlichen beibehalten worden waren.

Die multifunktionalen Terme dei Cisiarii und ihr Nutzungszusammenhang

Die Umgebung der Terme dei Cisiarii T1a erweist sich gerade nach der Aufgabe der Magazzini Antoniniani im Laufe des 3. Jhs. als Nutzungszusammenhang fast der gesamten Nordhälfte des Piazzale della Vittoria P1. Der an sich unspezifisch gestaltete Gelagesaal, der mit Becken und einem Abfluß im Boden aus Opus sectile zur Bewirtung größerer Personengruppen geeignet war, bildete Teil eines Netzwerks vielfältiger Bauten, die zu einer einheitlichen Besitzeinheit gehörten. Dieser Besitz umfaßte sowohl Wohnraum, der (unter-)vermietet werden konnte, als auch seit der Mitte des 3. Jhs. zweckentfremdeten öffentlichen Raum. Letzterer umfaßte die großen Horrea, die ehemals wohl als kaiserliche Stiftung für Getreidelagerung kommunal verwaltet worden waren, sich jedoch bald schon als überdimensioniert erwiesen hatten. In diesen Privatbesitz war auch nach und nach der Straßenraum der Verbindungsachsen nach Norden geraten, der östlich der Magazzini Antoniniani fast insgesamt einerseits durch aufwendig mit Mosaiken ausgestattete Speise- und Gelageräume, andererseits durch Service- und Küchenräume mit Böden

126 Dazu s. Becatti 1961, Taf. 57 (Domus delle Colonne). 201 (Domus V x 1). 208 (Domus di Garofano).

127 Dazu s. Paribeni 1920, 163 f. (Raum 10).

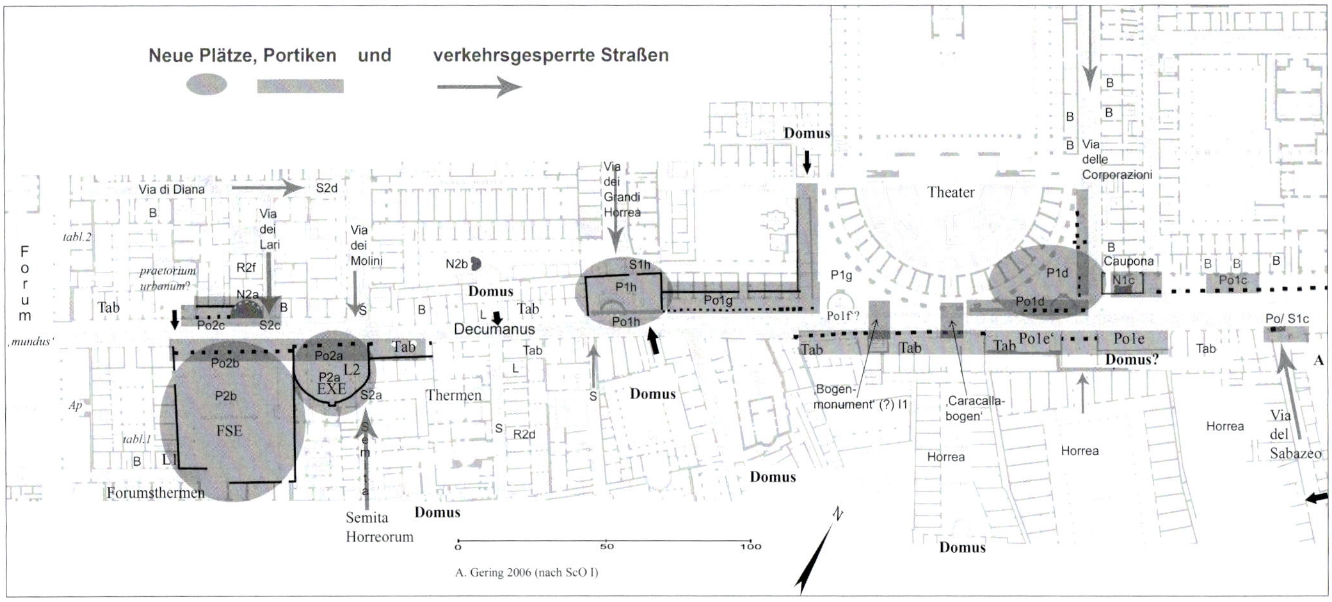

Abb. 30 Neue Plätze, Portiken und verkehrsgesperrte Straßen entlang des Decumanus bis zum Forum (M. 1:2500)

FSE	Foro della Statua Eroica	Po	Portikus	R	Ruine	L	Latrine
EXE	Exedra	N	Nymphäum/Brunnen	S	Straßensperre		
P	Platzanlage	B	›Bar‹	Tab	Taberna		

aus Opus spicatum und entsprechende Nutzbauten mit Wasserbecken etc. besetzt worden war.

Der urbanistische Befund der geballten halböffentlichen Infrastruktur für Gelage und Bad spiegelt hier die Kontinuität einer Grundkonstante angenehmen Stadtlebens (*amoenitas*) bis ins 5. Jh. wider; inwiefern dahinter auch im 4. und 5. Jh. noch eine konkrete Berufsvereinigung gestanden haben kann (oder muß), muß vor dem Hintergrund des völligen Versiegens von Schriftquellen zum spätantiken Vereinswesen offen bleiben[128].

II. 1. c Straßensperren und die spätantike Verkehrsentlastung des Decumanus

Für einen Besucher, der vom Piazzale della Vittoria P1 her kam, fielen wohl zuerst die Umbauten an der Via del Sabazeo westlich des bislang noch nicht ausgegrabenen Gebäudes A auf (Abb. 30, S1c). Es handelt sich dabei um die spätantike Bebauung der ersten größeren durchgehenden Straße, die nach dem Piazzale vom Decumanus nach Süden hin abzweigte: die Via del Sabazeo. Diese Straße bildete in ihrem weiteren Verlauf eine der wichtigsten Hauptverkehrsadern auch der spätantiken Stadt, weil sie über ein Stadttor auf die Umfahrungsstraße der Via Ostiense entlang der Stadtmauer und zugleich auf die wichtigste Verbindungsstraße zum vorstädtischen ›Boomviertel‹ an der Pianabella führte (Abb. 15). Es ist wohl kein Zufall, daß an dieser Straße in unmittelbarer Nähe zum Tor auch die größte christliche Kirche Ostias lag (Abb. 15, D): ihre Lage an der Via del Sabazeo erscheint zwar im Verhältnis zum politisch-administrativen Stadtzentrum am Forum, das bis ins späte 5. Jh. gewartet blieb (s. u.), als marginal, innerhalb des spätantiken Überlandverkehrsnetzes betrachtet jedoch als zentral.

Die ›Bazarisierung‹ von Portiken als Übergangsphänomen der beginnenden Spätantike?

Die beste Grundlage, um spätantike Umnutzungen wie u. a. die Bebauung der Via del Sabazeo (S1c) im Areal um die Neptunsthermen herum erforschen zu können, bildet der erste Grabungsplan dieses Areals. Er wurde unter der Initiative von Dante Vaglieri, dem ersten Direktor der staatlichen Ausgrabungen, im Jahr 1909 von Gatti erstellt (Abb. 31. 34)[129]. Dieser Plan

128 Zu einer neueren Übersicht, für die erstmals größere Stadtteilausschnitte zugrundegelegt wurden, vgl. Egelhaaf-Gaiser 2002. Leider fehlt gerade für den interessanten Bereich der Terme dei Cisiarii T1a eine nähere Untersuchung des Grundplans. Vgl. zum bisherigen Kenntnisstand auch Mar 2002; Pavolini 2004, 589 f.

129 Plan D. Vaglieri – E. Gatti 1909, Archivio dei disegni, Sopraintendenz Ostia. Vgl. Ricciardi – Scrinari 1996, Bd. 1, 18 Abb. 4. Dazu s. auch die Grabungsfotografien Anderson 21044. 21045; näheres s. u.

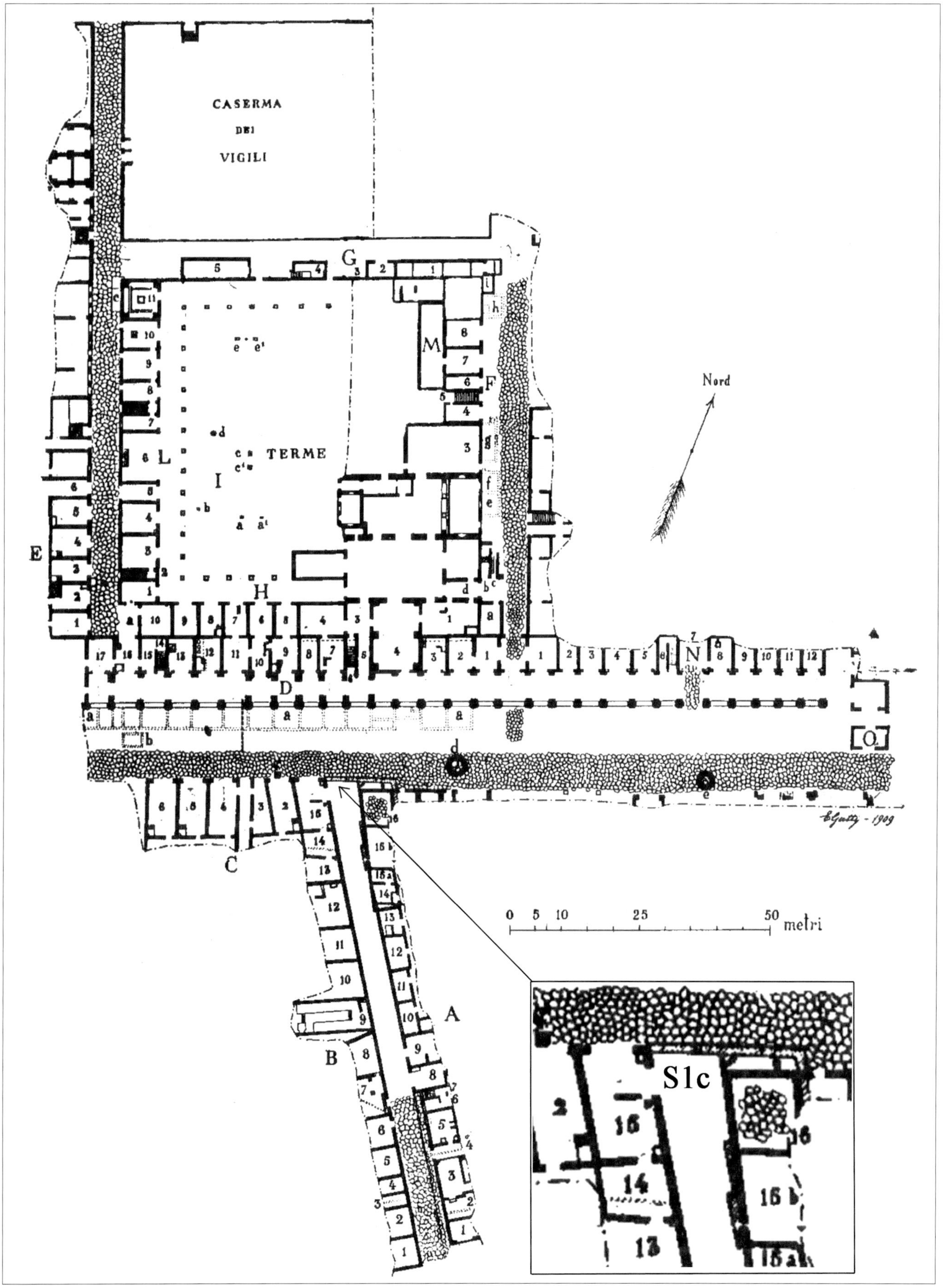

Abb. 31 Straßensperrung S1c im Plan der Altgrabungen (M. 1:1000)

Abb. 32 Via del Sabazeo, eine Türzusetzung in Opus vittatum

Abb. 33 Fundament 1 der Horrea und der spätere Neubau der Domus A

und gleichzeitige Fotografien enthalten gerade zu den spätantiken Veränderungen deutlich mehr Informationen als der Stadtplan, der von Italo Gismondi und Antonio Visca für die Grabungspublikation »Scavi di Ostia«[130] angefertigt wurde. Zu dessen Entstehungzeit um 1949 waren bereits viele Einbauten verfallen oder absichtlich entfernt worden.

Der Plan der Neptunsthermen von 1909 zeigt interessanterweise direkt gegenüber der bebauten Straßenmündung der Via del Sabazeo eine durchlaufende Reihe von Tabernen (Abb. 31, a), die der hadrianischen Portikus der Neptunsthermen vorgeblendet war (Abb. 30, P01c). Die Tabernen nehmen Rücksicht auf die Pfeilerstellung und erweisen sich damit als nachträglich errichtet. Obwohl alle datierenden Hinweise bei den Altgrabungen beseitigt wurden, wirkt der ›Typus‹ des Einbaus vertraut: Offenbar war die Thermenportikus zu einer beidseitigen ›Bazarstraße‹ umgebaut worden, wobei die später angefügte Tabernenreihe auf Kosten der ehemaligen Straßenbreite des Decumanus den Bürgersteig komplett besetzte. Klar ist, daß diese Tabernen den monumentalen Charakter der Portikus beeinträchtigen konnten, weil ihre nicht dekorativ ausgestaltete Rückmauer den straßenseitigen Abschluß bildete und neben einigen Becken weitere Zierbauten oder vorgeblendete Säulen o. ä. nicht erhalten geblieben sind (Abb. 31, a. b; 34). Daß auch die in der Mitte des Decumanus gelegenen frühmittelalterlichen Brunnen (Abb. 31. 34, d. e), die nur hier konzentriert vorkamen, noch mit einer letzten Nutzung dieses Bazarbereichs zusammenhängen könnten, kann jedoch ausgeschlossen werden, da die Tabernenreihe noch in der Antike bewußt planiert worden war. Die sehr regelmäßige Planierungshöhe von +50–60 cm war bereits bei den gekappten Tuffpfeilern unter der Portikus P01a am Piazzale della Vittoria aufgefallen und dort mit Verweis auf eine analoge Erhöhung des Gehniveaus am Theater in Verbindung zu einer Inschrift des späten 4. Jhs. datiert worden (s. o.).

Eine direkte Analogie zum Typus dieser Taberneneinbauten in Portiken ergibt sich z. B. zum Zubau der Hauptstraße von Palmyra in spätantiker bis frühislamischer Zeit: Auch dort war der ehemalige Straßenraum selbst durch Tabernen besetzt worden. Die straßenseitig vorgeblendeten Tabernen öffneten sich in die Portikus als neuer Mittelkorridor (Abb. 31, D) und ergaben so bei minimalem Bauaufwand einen komplett überdachten ›Bazarbereich‹. Aus der ehemals offenen Straßenportikus mit jeweils einer bereits bestehenden Tabernenreihe wurde so eine geschlossene Einkaufspassage aus zwei flankierenden Tabernenreihen.

›Privatisierte‹ Straßen im Einzugsbereich eines späten Stadthauses – Die spätantike Bebauung aufgegebener Horrea

Von der Regio V, die südlich an den Decumanus grenzt, war bis 1909 nur ein kleiner Abschnitt der Via del Sabazeo ergraben worden (Abb. 31, A–C; Abb. 32). Die Arbeiten haben sich auch seither nur auf die unmittelbar an die Straße grenzenden Bereiche beschränkt[131]. Östlich der Via del Sabazeo erstreckt sich ein bis heute unausgegrabenes Areal (Abb. 31, A), an dessen Front zumindest zwei Säulen unmittelbar nach der Grabung wieder aufgerichtet wurden. Ob diese Säulen einen Eingang

130 Dazu vgl. Calza u. a. 1953, Beilagen; Descœudres 2001, Beilage.

131 Zur Grabungsgeschichte der nördlichen Via del Sabazeo vgl. Riva 1999, 120.

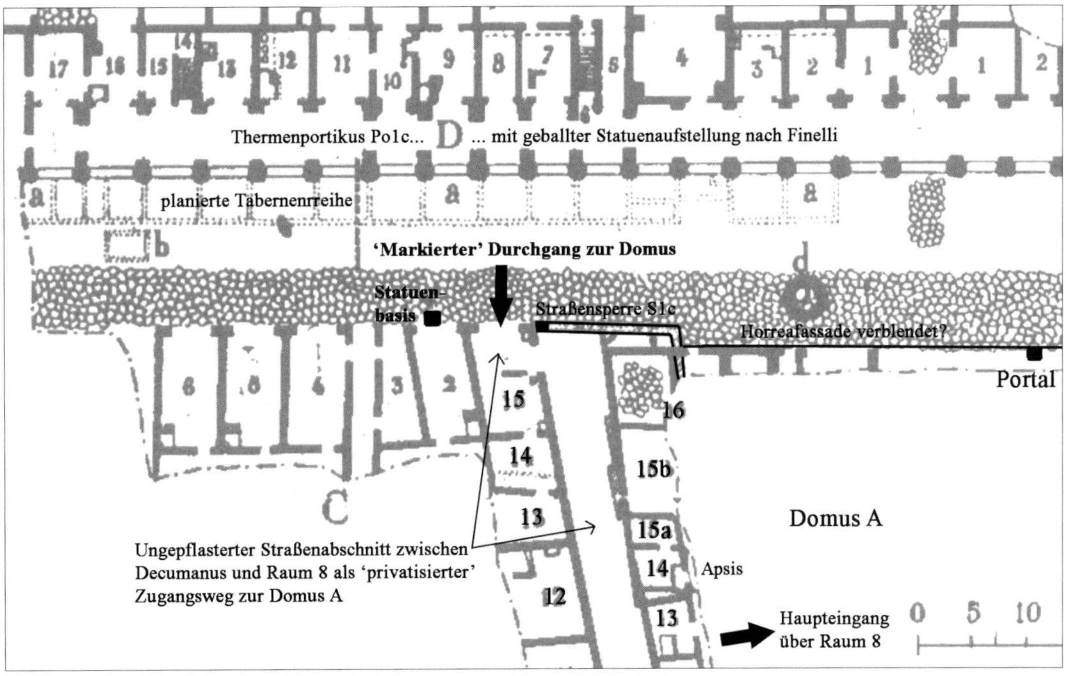

Abb. 34 Domus A. Privatisierter Straßenzugang und Sockel für Statuenaufstellung (M. 1:750)

markierten, der möglicherweise zu einem spätantiken Haus, das hier in ehemalige Horrea eingebaut worden war, gehörte, oder Teil einer größeren Portikus bildeten, ist unklar. Die Säulen können wohl nicht mit einem bereits im 19. Jh. ergrabenen Gebäude aus Granitsäulen aus der Beschreibung Viscontis identifiziert werden[132].

Der nordwestliche Eckraum des Gebäudes A (Abb. 31. 33. 34, A16), der 1909 bis aufs Fundamentniveau gereinigt wurde, war im Inneren mit großen Basaltblöcken, die gewöhnlich nur für Straßen oder bei Gewerberaum verwendet wurden, gepflastert. Zwischen diesem Raum und dem Decumanuspflaster sind im Plan von 1909 mehrere Einbauten auf dem Straßenraum eingezeichnet (Abb. 31 mit Ausschnitt S1c; Abb. 32. 34), die auch auf älteren Fotografien nur ansatzweise sichtbar sind und hier auf ihre Funktion und Bedeutung im spätantiken Stadtbild hin näher untersucht werden sollen.

Die Deutung von Größe und Ausstattung des spätantiken Gebäudes A (Abb. 35) bleibt ohne neue Grabungen an dieser Stelle hypothetisch, die Umnutzung der bislang freigelegten Innenräume des Warenhauses für anspruchsvolles Wohnen ist aber in Analogie zu anderen Stadthäusern mit Eingangsportalen, Apsiden und dem ausgegrabenen Funktionsbereich einer wohnhaustypischen Küche recht wahrscheinlich. Die Einbauten aus Opus vittatum korrespondieren mit einer Zusetzung auf der gegenüberliegenden Straßenseite (Abb. 32).

132 Zum mißverständlichen älteren Grabungsbericht Viscontis vgl. Vaglieri 1909, 231.

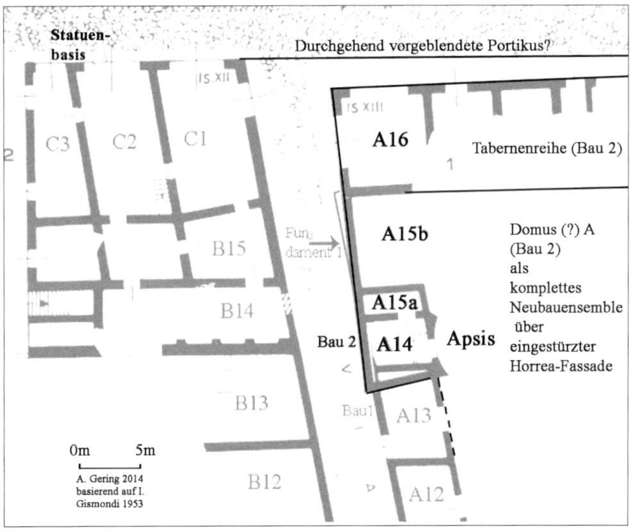

Abb. 35 Domus A. Bau 2 mit Apsis und eine vorgeblendete Tabernenreihe (M. 1:600)

Eine große Küche, die zur Grabungszeit das am vollständigsten ausgestattete Beispiel Ostias dargestellt hatte, liegt am östlichen Straßenrand der Via del Sabazeo (Abb. 31, A5). Wegen ihrer Größe und der nicht direkt auf Laufkundschaft bezogenen Anordnung der Tür wird sie wohl weniger zu einer Bar als zu einem größeren Stadthaus oder einem Vereinsbereich gehört haben, der den nördlichen Teil der ehemaligen Horrea eingenommen hatte. Die im Ansatz ergrabene Apsis im Gebäude A (Abb. 35, Bau 2, Apsis einer Domus?) stellt einen typischen Bestandteil großer Häuser im ›senatorischen Wohngeschmack‹ dar. Zur Deutung als Stadthaus würde die mit 30 qm sehr große und umfangreich ausgestattete Küche in Bau 1 (Abb. 35, Bau 1), die sich auf einen korridorartigen Neben- oder Hintereingang zum eigentlichen Aufenthaltsbereich oder einem Peristyl bezieht, gut passen[133]. Bau 2 weicht in seiner Orientierung deutlich sowohl von Bau 1 als auch vom Verlauf der Via del Sabazeo ab und erweist sich damit als später errichtet, da er die Fundamente von Bau 1 überlagert. Die Apsis von Bau 2, die zweifelsfrei auf das Areal von Bau 1 übergreift, wurde jedoch bislang noch nicht im Rahmen der Dokumentationen zum späten Wohnen berücksichtigt und die einige Räume entfernte Küche in Bau 1 hat man bislang nur isoliert behandelt[134]. Ohne weitere Grabungen muß unklar bleiben, ob es sich bei Bau 1 um eine zusammenhängende große Domus gehandelt hat, die auch Räume von Bau 2 inkorporierte, oder um eine Ballung mehrerer kleinerer Stadthäuser, wie man sie z. B. im ehemaligen Serapeum in der Regio III (s. u.) nachträglich eingebaut findet.

Ein Abschnitt der Via del Sabazeo war bereits in der Antike seines Straßenpflasters beraubt worden. Dieser Abschnitt reicht von der zugebauten Mündung auf den Decumanus bis zum Nebeneingang des neuen Wohnkomplexes mit der eingangsnahen Küche (Abb. 31, A 8). Eine solche Beraubung findet Parallelen bei anderen nachträglich überbauten, erhöhten oder verkehrsgesperrten Bereichen: Spätere Gehniveaus, vor allem in Nebenstraßen, kamen mit Böden aus gestampftem Schuttmaterial aus. Die schweren Pflasterblöcke konnte man dagegen gut für stabile Innenböden von Gewerbeeinbauten wie z. B. Bäckereien mit Getreidemühlen wiederverwenden, die besondere Lasten zu tragen hatten. Tatsächlich finden sich Pflasterblöcke sowohl im Straßenzubau selbst als auch im direkt angrenzenden Raum A 16 verbaut bzw. wiederverwendet (Abb. 34).

Der pflasterlose Straßenabschnitt zeigt, daß die Via del Sabazeo zumindest in ihrem Teil nördlich der Kreuzung mit der Via della Vittoria in der Spätantike kaum noch als wichtige Verkehrsachse gedient haben konnte. In der hohen Kaiserzeit hatte sie u. a. den Direktzugang der Regio V zu den Neptunsthermen, zu den Caserma dei Vigili und zu den Horrea am Tiber im Norden hin gebildet. In der Spätantike avancierte sie dagegen offenbar zu einer ›beruhigten‹ und privatisierten Sackgasse, wozu sich Parallelen im Kontext luxuriösen späten Wohnens fast im gesamten Stadtgebiet beobachten lassen[135].

Den rudimentären Notwendigkeiten von Lieferverkehr hatte man auch im letzten erhaltenen Zustand des Pflasters noch Rechnung getragen: Hervorzuheben ist, daß Pflasterung und Bürgersteig dem Plan zufolge damals zumindest bis zum Eingang mit der größten Öffnungsbreite (Abb. 31, 8) beibehalten blieb. Die Pflasterung reichte damit genau bis zum ›Lieferanteneingang‹ 8 des Stadthauskomplexes, der sich nördlich der Küche (Abb. 31, A5) befand.

Der weitere Verlauf der Via del Sabazeo südlich der querenden Via della Vittoria ist durch neuere Grabungen in einigen Abschnitten untersucht worden, wodurch die hohe Frequentation und die lange Nutzungsdauer dieser Straße für kanalisierten Durchgangsverkehr südlich ihrer Kreuzung mit der Via della Vittoria im Gegensatz zu ihrem ungepflasterten nördlichen Abschnitt erwiesen werden konnten. Diese Durchgangsfunktion behielt die südliche Via del Sabazeo nach den Forschungen Michael Heinzelmanns offenbar auch noch als sie nach großen Einsturzkatastrophen des späten 4. bis mittleren 5. Jhs. und danach noch bis ins frühe 7. Jh. mehrfach erhöht worden war[136].

Zur Rekonstruktion der Straßensperre S1d – Ein Fundament im erhöhten Gehniveau?

An der Mündung der Via del Sabazeo auf den Decumanus befand sich zwischen der Tabernenreihe C und der Gebäudeecke A (Abb. 31. 34. 35, C1–6, A16) ehemals

133 Dazu s. Riva 1999, 120 f. mit Abb. 2. Zu den Küchengrößen der Appartements und Häuser Ostias zwischen 5 qm und 30 qm vgl. Gering 2002a, 158 f.

134 Die Küche in Verbindung zu einer Eingangspassage ist aussagekräftig: Küchen liegen bei größeren Wohnungen oder Häusern öfters an Nebeneingängen und möglichst von den Haupträumen entfernt. Das spricht an dieser Stelle eher für ein Haus als einen Vereinssitz, wo Küchen meist ohne eigenen Nebeneingang in direkter Nähe der Gelageräume angeordnet sind. Zur Ausstattung dieser Küche vgl. Ricciardi – Scrinari 1996, Bd. 2, 184 mit Abb. 336 (Becken b und c); Riva 1999, 120 mit Abb. 2.; Gering 1999, 109 mit Anm. 9. Zur Vernachlässigung bis hin zur absichtlichen Zerstörung von Küchen während der großen Grabungskampagne vgl. die Beispiele in V iii. Private Küchen, zumal aufwendig gebaute, durfte es der Ansicht des Ausgräbers Guido Calza im Mietwohnungsbau nicht geben.

135 Eine ähnliche Zugangssituation am Ende einer Sackgasse zeigt sich im Wohnviertel der Regio V ii, ferner bei der Domus dei Pesci, insbesondere bei deren Haupteingang im Norden, bei der Domus dei Tigriniani D4d, der Domus dei Dioscuri oder auch dem großen Wohnhauskomplex außerhalb der Porta Marina, der Loggia di Cartilio P07a.

136 Zur Aufhöhung dieser Straße und zum Einsturz der angrenzenden Gebäude im späten 4. oder frühen 5. Jh. vgl. Heinzelmann u. a. 1999, 291 f. Heinzelmann u. a. 2000, 393 f. Der Güterverkehr wurde offenbar über die Via della Vittoria auf die Via del Sabazeo vom östli-

eine Fundamentsetzung, die die Straßenmündung insgesamt absperrte. Im Plan von 1909 wurde diese, um sie von den hochkaiserzeitlichen Bauten unterscheiden zu können, als spätere Bauphase angegeben und schraffiert.

Die Bebauung der Straßenmündung der Via del Sabazeo bestand aus Bauschutt und Spolien. Es verwundert daher nicht, daß sie 1909 nicht konserviert wurde und bereits wenige Jahre nach der Grabung fast vollends verschwunden war. Dennoch ist sie von großer Bedeutung für das Verständnis des Verkehrssystems: Vollständige Straßen- und Verkehrssperren, nicht nur Straßenverengungen, stellen keinen Einzelfall dar, neu eingerichtete Sackgassen (Abb. 15, oval umkreist) charakterisieren sogar das spätantike Stadtbild[137]. Es ist daher trotz ihrer schlechten Erhaltung wichtig, diese Bebauung im Verhältnis zu den übrigen Straßensperrungen im Stadtbild zu datieren und ihre konkrete Funktion an dieser Stelle zu bestimmen. Um die verlorene stratigraphische Einbindung des Straßenzubaus S1c anhand der heute noch erhaltenen Fundamenthöhen zu rekonstruieren, ist wiederum ein Blick auf die gesamte ältere Grabungsdokumentation der Via del Sabazeo unumgänglich.

Vor Ort fällt heute auf, daß sowohl die spärlichen Reste der Sperre selbst als auch eine benachbarte Mauerzusetzung (Abb. 35, A14) und ein Fundament, das unter spätantiken Tabernenmauern hervorragt (Abb. 33), ein höheres Gehniveau als das heute ergrabene voraussetzen. Die frei liegenden Fundamente geben Hinweise auf einen abgerissenen Vorgängerbau (Abb. 35, Fundament 1) sowie einen spätantiken Neubau, möglicherweise jenes große Haus im spätantiken Wohngeschmack, das bereits in Verbindung mit einer Küche thematisiert worden war[138]. Sie lassen eine Anhebung des Gehniveaus um etwa +40–50 cm gegenüber dem heute freigelegten Straßenniveau ohne Pflastersteine rekonstruieren, wozu es auch noch weitere Hinweise zu geben scheint.

So sind die inzwischen ›verschwundenen‹ Aufhöhungen spät- und nachantiker Gehniveaus aus gestampfter Erde in den Grabungsberichten von 1909 zumindest erwähnt: »Nella via medesima si sono osservati degli strati di terra battuta, con pendenza da nord a sud«[139]. Die zugehörige Auffüllungsschicht bestand dem ersten Ausgräber Vaglieri zufolge aus Amphorenscherben, Bauschutt und dem Haushaltsmüll in einer charakteristischen Zusammensetzung, die auch an anderen Stellen der Grabung bereits damals nachgewiesen werden konnte und auch heute noch bei Sondagen zutage tritt[140]. Vaglieri trägt ferner auch zur Straßensperre selbst, die mit dieser Aufhöhung korrespondiert, einige sehr aufschlußreiche Bemerkungen bei: »Innanzi a questa stanza, sulla via, comincia un murricolo, che sporge per m. 0,46 e corre per m. 4,50, costruito con poligoni stradali, mattoni e terra«[141]. Die Mauer bestand demnach u. a. aus Spolien des an dieser Stelle ausgeraubten Straßenpflasters und Ziegelbruchstücken. Das könnte mit dem heute erhaltenen Bestand eines stark modern restaurierten Fundamentrests korrespondieren (Abb 36. 37).

Nachdem eine Erhöhung des umgebenden Nutzungsniveaus um 40–50 cm bereits durch die Fundamente erwiesen ist (s. o.), wird der Mauerzug also wohl als Fundament zu deuten sein, das zwar selbst verdeckt geblieben war, jedoch dazu konzipiert scheint, eine Struktur von gewissem Gewicht zu tragen. Aus den Grabungstagebüchern wird damit ein Befund deutlich, der in Ostia öfters anzutreffen ist, z. B. bei den Zubauten einer ehemaligen Nebenstraße für die spätantike Nymphäumshalle der Domus dei Tigriniani (Regio III, D4d) oder beim Zubau des Gehsteigs durch eine Hofmauer der Terme Piccole[142]: Pflastersteine wurden hier wie dort aus dem Straßenbelag, der wegen Aufhöhung nicht mehr gebraucht wurde, entnommen und lokal wiederverwendet. In beiden Fällen geschah das u. a. auch für die Fundamentierung einer Außenwand.

chen Stadttor her geleitet, was Lastkarrenspuren hier sowohl auf dem freigelegten Teil der Straße, als auch u. a. Sondagen belegen können. Vgl. dazu Heinzelmann u. a. 1999, 293; Heinzelmann u. a. 2000, 394: Über dem severischen Straßenpflaster liegen demnach unter der eingestürzten Randbebauung sogar noch vier weitere Gehniveaus. Zu den letzten Gehniveaus über den eingestürzten Insulae im frühen 7. Jh. s. Streubel 2010.

137 Gering 2004, Abb. 49, gelb.

138 Der Plan Gismondis (Abb. 35) zeigt, daß das vorkragende Fundament 1 wohl einem Bau des 2. Jhs. – hier als Bau 1 bezeichnet – zugehörte, während Bau 2 insgesamt aus spätantikem Mauerwerk zu bestehen scheint (Abb. 33). An Raum A14 grenzt eine Apsis, die als konstituierendes Merkmal großer spätantiker Häuser in Ostia nach weltstädtischem Vorbild senatorischen bzw. reichen Wohnens gelten kann. Zu den späten Häusern Ostias s. Gering 2004, 377 Anm. 173 und Abb. 49, schwarz, Apsis grün.

139 Vaglieri 1909, 25.

140 Dazu s. Vaglieri 1909, 25: »di anfore misti e calcinacci, come nella via che si sta scavando presso il tempio di Vulcano«. Zu einem sehr ähnlichen Materialspektrum s. die Sondagen an der Platzanlage P5 (s. u.).

141 Dazu s. Vaglieri 1909, 18.

142 Zur Domus dei Tigriniani D4d mit dem Zubau S4d s. u.; Brenk 2001, 265 f. mit Abb. 4. 5.

Abb. 36 Reste der Straßenzusetzung S1c in situ, Stylobatblock und Säulenbasis

Abb. 37 Die Straßenzusetzung S1c als Portikus?

Fest steht: Sowohl die vor 1909 erstellte Dokumentation als auch die heute noch vor Ort verbliebenen Reste unterscheiden sich damit erheblich vom ›gereinigten‹ und idealisierten Plan von Gismondi und Visca von 1949 (Abb. 35). Gerade das bei Gismondi scheinbar beliebig vervollständigte Straßenpflaster entspricht keineswegs jenem spätantiken Endzustand, den ein Blick auf den älteren, aber nicht nur in dieser Hinsicht genaueren Plan Gattis ergibt (Abb. 34).

Der Fundamentverlauf der Vorgängerbebauung (Bau 1) mit abweichender Orientierung (Abb. 33. 34, schraffiert vor Raum 15b; Abb. 35, Fundament 1) legt nahe, daß die gesamte Decumanusfront und die Räume A14–16 in der Spätantike modifiziert bzw. sogar ganz neu gebaut worden waren: als Bau 2 mit Mauern aus wiederverwendeten Ziegeln und Abschnitten in Opus vittatum (Abb. 33). Raum 15b war dabei vom Raum 16 mit gewerblicher Nutzung getrennt worden. Hier wurde 1909 eine Marmorsäule gefunden, die möglicherweise zur Innenausstattung der Domus oder einer vorgelagerten Portikus gehört haben könnte[143].

Ein interessantes Detail ist ferner, daß in einem weiter südlich gelegenen Raum der benachbarten Horrea im Westen (Abb. 31, C10) ein Boden aus »cocciopesto« erhalten blieb, der etwa +50 cm höher als der freigelegte Straßenbelag lag[144]. Das kann als weiteres Indiz für die spätkaiserzeitliche Erhöhung des Gehniveaus zumindest im gesamten pflasterlosen nördlichen Abschnitt der Via del Sabazeo gewertet werden, deren Teil die erwähnte Straßensperre auf den Decumanus hin bildet.

Dem Plan Gattis zufolge mußte das Fundament S1c auf dem Gehniveau der hohen Kaiserzeit eine Totalsperrung des Straßenraums der Via del Sabazeo gebildet haben, wobei nur Fußgängerverkehr durch angrenzende – und vermutlich dafür aufgegebene – Tabernen (Abb. 31, A16 und B15) möglich geblieben wäre. Ergänzt man eine Mauer auf dem bis 1909 erhalten gebliebenen Fundament, dann würde sich S1c demselben Typus von Verkehrssperren zugehörig erweisen wie die Exedra P2a, die ein ganzes Wohnviertel vom Decumanus abgrenzte: Hier wie dort wurde der Personenverkehr nicht mehr über die Straße, sondern durch ehemalige Tabernen geleitet[145].

Die einzige erhaltene Hinterlassenschaft des ehemals durchgehenden Straßenzubaus steht heute isoliert am westlichen Straßenrand. Das Fundament (Abb. 36. 37) ist zwar modern konserviert und verputzt, im unteren Bereich besteht es aber aus typisch wiederverwendeten Ziegeln mit abgesprungenen Ecken, worauf ein unregelmäßiger größerer Steinblock ruht. Dieser Block ist an seiner Oberseite abgeflacht und damit als Auflagefläche für weitere Aufbauten oder als Träger einer Säulenbasis geeignet. Vielleicht banden ehemals mehrere dieser Blöcke in üblicher Art von Säulenfundamenten in eine Ziegelmauer ein, wozu die spätantike Ostportikus des Foro della Statua Eroica[146] die anschaulichste Parallele

143 Vaglieri 1909, 19.
144 Vaglieri 1909, 23 f.
145 Zur Exedra EXE/P2a und dem Wohnviertel an der Semita s. hier Kapitel II. 3. b.
146 Größere Steinblöcke unter den Säulenbasen findet man auch bei der ›theodosianischen‹ Portikus P01g und den spätantiken Portikusfundamenten des Foro della Statua Eroica FSE/P2b. Dazu s. hier die Kapitel II. 3. a und II. 3. c.

bietet. Das Material des Fundaments erinnert an die Beschreibung der Ausgräber: Bauschutt, Ziegel und wiederverwendete Steinblöcke (s. o.). Eine Säulenbasis aus Kalkstein liegt heute unmittelbar auf. Sie ist sehr unregelmäßig gearbeitet und gleicht in ihrer Machart einigen der Säulenbasen der ›theodosianischen‹ Portikus P01g (s. u.): Es handelt sich hier wie dort um eine spätantike Neuanfertigung, sie muß hier aber nicht zwingend in situ gefunden worden sein. Der wesentlich größere und ehemals westlich angrenzende quadratische Sokkel c1" (Abb. 39, c1"), der eine Taberne blockierte und möglicherweise am Decumanusrand als spätantike Statuenbasis wiederverwendet worden war, ist heute ganz verschwunden.

Unklar ist, ob und inwieweit man die dahinter liegende Straße auch nach dem Einbau der Straßensperre S1c noch als Straße – und damit auch für den nicht Ortskundigen als Option zum Abbiegen – wahrnehmen konnte oder nicht. Eine hypothetische Rekonstruktion als ›Säulenvorhang‹ (Abb. 37), dem eine direkte Parallele vor dem Theater entspräche[147], ist angesichts der Basis und weiterer Fundsäulen im Raum A16 zwar denkbar, aber hypothetisch. Unabhängig von der Rekonstruktion als Stylobat oder Mauerfundament ist der Straßensperre S1c und ihren Parallelen wie der Exedra P2a mit gemauerter Rückwand allerdings gemeinsam, daß sie die Zuleitung von Fahrverkehr vom oder auf den Decumanus ausschlossen, während sie zumindest einen Zugang für Passanten boten.

Abb. 38 Portiken auf unterschiedlichen Gehniveaus vor dem Theater

II. 2 Das Theaterviertel von Ostia – Ein neu ausgestattetes Zentrum spätantiker Repräsentation, Unterhaltung und Festkultur

II. 2. a *Amoenissima civitas* – Renovierte Portiken mit neuem Marmordekor, erweiterte ›Bar-Restaurants‹ und Stadthäuser im Einzugsbereich der Neptunsthermen

Unmittelbar neben dem Theater gelegen, bildeten die Neptunsthermen seit dem 2. Jh. den wichtigsten öffentlichen Anziehungspunkt im Stadtviertel am Theater (Abb. 39, Terme di Nettuno). Die Entstehungsgeschichte der hadrianischen Neubauten um die Neptunsthermen ist jüngst ausführlich behandelt worden[148], so daß hier nur einige Aspekte untersucht werden sollen, die die spätere Veränderung dieses Stadtviertels betreffen. Auffällig ist, daß Areale mit aufwendiger spätantiker Neubebauung und städtebaulicher Verfall in diesem Stadtviertel sehr nahe beieinanderlagen. So waren Bereiche wie die Caserma dei Vigili und weitere nordöstlich angrenzende Kasernen, in denen im 2. und 3. Jh. die Sicherheitskräfte untergebracht waren, die die tibernahen Warenhäuser Ostias zu überwachen hatten, sowie mehrere Wohnblocks in der Via dei Vigili unmittelbar nördlich und östlich der Neptunsthermen bereits im späten 3. Jh. aufgegeben worden und seither als Ruine liegengeblieben[149]. Mit der Aufgabe der Waren- und Auktionshäuser sowie der Kasernen war offenbar ein erheblicher Teil der Kundschaft von Großgewerben und Dienstleistern weggefallen. Zahlreiche Bäckereien in der Via delle Corporazioni (Abb. 39) wurden in der Folge geschlossen, vermietbare Wohnungen zu Kleingewerbe oder Ställen umgenutzt[150].

Um so auffälliger ist die Konzentration von Säulen auf erhöhtem Gehniveau in diesem Areal um das Theater, d. h. sowohl entlang des Decumanus (Abb. 38. 39, d1–d3), als auch entlang der Via delle Corporazioni (Abb. 39, d5–d8). Die gegenüberliegende Decumanusseite bestand ehemals ebenfalls aus einer Portikus (Abb. 38, rechts; Abb. 39, P01e), die allerdings auf einem deutlich tieferen Gehniveau gebaut worden war, so daß unklar ist, inwiefern sie für eine spätantike Umnutzung vom erhöhten Decumanusniveau aus zugänglich geblieben war.

147 Dazu s. hier Kapitel II. 2. b.

148 Zur neuesten Bauaufnahme s. die Dissertation von Nicoline Bauers: Bauers 2004. Zum besten Plan der Thermen s. Vaglieri 1914, Taf. II.

149 Dazu s. hier Kapitel II. 4. a.

150 Dazu s. hier Kapitel II. 4. b.

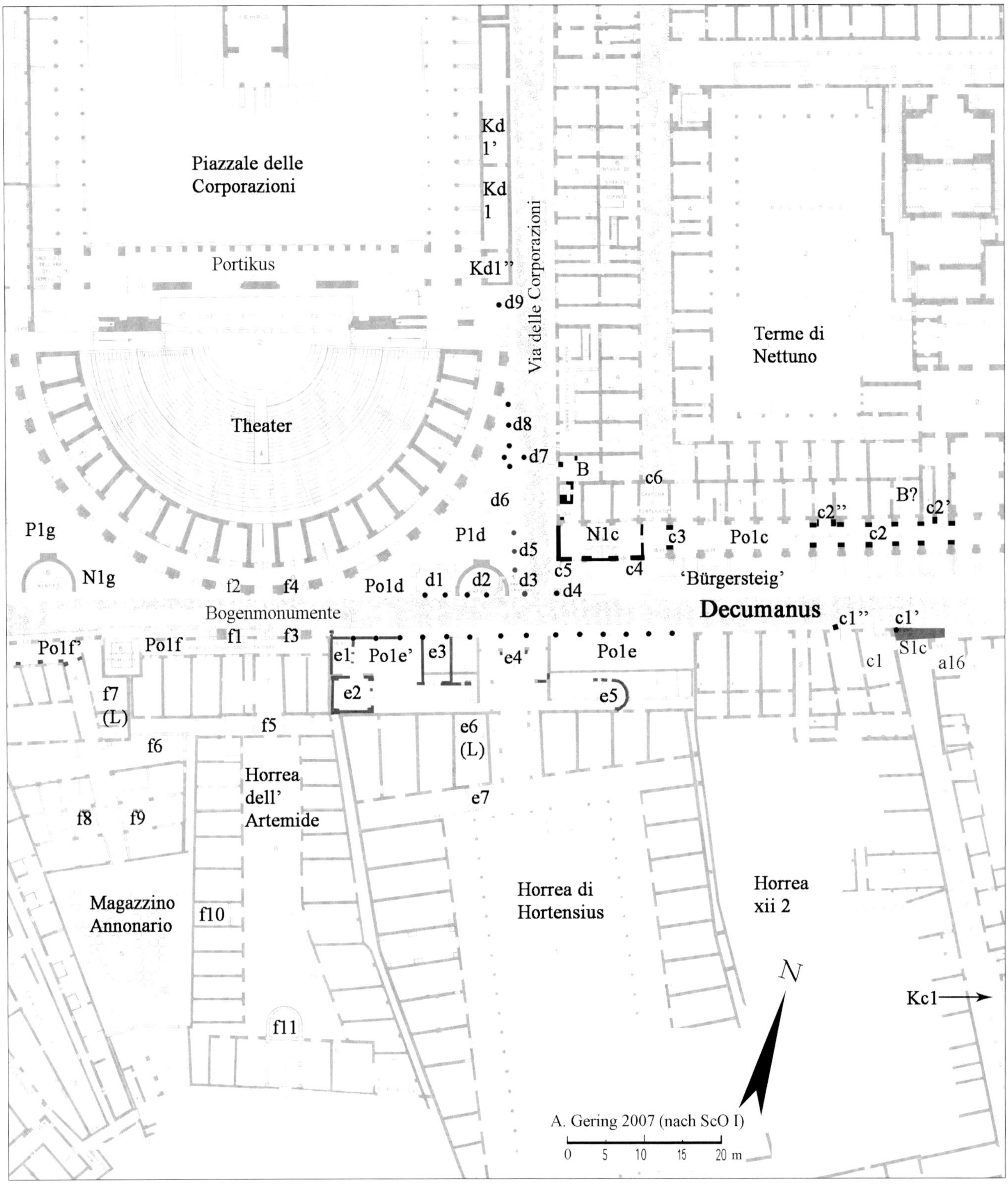

Abb. 39 Plan des Stadtviertels am Theater und den Neptunsthermen (M. 1:750)

Abb. 40 Portikus P01c vor den Neptunsthermen, Pfeilerverstärkungen

Mit der Umwandlung Ostias von der Gewerbemetropole in eine *amoenissima civitas* seit severischer Zeit[151] war stadtweit eine umfassende Umnutzung der Infrastruktur vor sich gegangen: Die Dichte der Infrastruktur für Kommunikation, Müßiggang, Vergnügen und Unterhaltung nahm hier dementsprechend zu, es entstanden neue Zierbrunnen, Portiken und Platzanlagen.

Politische Repräsentation in Form von Statuenstiftungen und Ehrenbögen, die bislang nur zum Teil erforscht wurden, konzentrierte sich neben dem alten Forum vor allem auf den Zugang zum Theater. Die ehemals gleichmäßig stadtweit verteilte kommerzielle Attraktivität begrenzte sich auf die unmittelbare Umgebung des Theaters an den Decumanusfassaden aufgrund der hier nun geballten Fluktuation innerhalb des reduzierten Siedlungsareals. Dementsprechend bezogen sich auch die spätantiken Ausbauphasen der Neptunsthermen im 4. und 5. Jh. fast ausschließlich auf die südlich angrenzende Fassade zum Decumanus und die südwestliche Anbindung seiner Portiken zum Theater hin. Das Viertel um das Theater hinter diesen Tabernenfassaden wiederum entwickelte sich einerseits – im Norden des Decumanus bis zum Tiber hin – zu einem aufgelassenen Ruinengelände, andererseits – im Süden des Decumanus – zu einem äußerst attraktiven Standort für spätantike Stadthäuser.

Die statische Verstärkung und Neuausstattung der Thermenportikus P01c

Eine zweigeschossige Pfeilerportikus des 2. Jhs. – die längste zusammenhängende Portikus Ostias – ist dem hadrianischen Neubauareal um die Neptunsthermen vorgelagert (Abb. 30; 39, P01c; Abb. 40). Man erreichte den Haupteingang der Thermen, aber auch den breiten Zugang zu den Obergeschossen über diese Portikus.

Die Portikus P01c war im 2. Jh. mehrgeschossig angelegt worden, was eine große Treppenanlage belegt. Der umfangreichen Stützung des Mittelteils der Portikus (Abb. 39, c2, c2', c2''; Abb. 40) scheint daher weniger der Wille zu weiterer Aufstockung als eine grundlegende Beschädigung der tragenden Struktur zugrundegelegen zu haben. Auch das umgebende Stadtviertel war den Grabungstagebüchern zufolge großflächig von Einsturzkatastrophen betroffen, die sich seit dem späten 3. und im 4. Jh. ereignet hatten, als viele Insulae im Norden des Decumanus bereits abgerissen und nach wiederverwertbaren Materialien durchsortiert worden waren[152]. Zu dieser Zeit war der Ausbau des Decumanus zur Prachtstraße gerade im Gange, was durch die Einbauten von neuen Zierbrunnen und Marmorplattenböden auf erhöhtem Nutzungsniveau gegenüber den hochkaiserzeitlichen Böden aus Opus spicatum oder Mosaiken gerade in dieser Portikus deutlich wird.

151 Gering 2004; Gering 2010; Gering 2011.

152 Dazu s. hier Kapitel II. 4. a.

Die Portikus der Neptunsthermen weist an ihrem östlichen wie westlichen Ende Einbauten auf, die den ehemaligen Durchgangsraum zusetzten (Abb. 30, Bar; Abb. 39, N1c)[153]. Die Kombination der statischen Stützung der Portikuspfeiler mit dem Einbau neuer Infrastruktur im Einzugsbereich von Thermeneingängen scheint ein typisches Muster spätantiker Baumaßnahmen. Nach den bisherigen Forschungen wurden die Thermen und ihre vorgelagerte Portikus letztmalig im 4. Jh. renoviert[154]. Das entspricht dem Befund eines erhöhten Fundamentniveaus vor den Pfeilern (Abb. 40), das mit den letzten spätantiken Erhöhungen des Gehniveaus in den umliegenden Räumen korrespondiert (s. u.). Die Verstärkungen aus Ziegelmauerwerk mit einem hohen Anteil wiederverwendeter Ziegel (Abb. 39, c2–c3; Abb. 40) datieren nach Heres' Maueranalysen um die Mitte des 4. Jhs.; die Reparaturen können als mögliche Folge eines Erdbebens in Latium im Jahr 346 gedeutet werden[155].

Zur Neuaustattung der Portikus mit Marmorplatten aus abgeräumten Nekropolen – Ein datierter Aufstellungskontext für Statuen?

Nach den statisch bedingten Reparaturen erhielt die Portikus der Neptunsthermen den alten Grabungsberichten zufolge einen Bodenbelag aus marmornen Spolien nach spätantikem Ausstattungsgeschmack. Der Marmorboden blieb innerhalb der Caupona, die unten näher behandelt wird, gut erhalten (Abb. 41. 42). In der Portikus Po1c ist er jedoch (fast) völlig verschwunden (Abb. 40), was möglicherweise neben Erosionseinflüssen seit der Grabungszeit auch ganz konkret einer gezielten nachantiken Abräumung zuzuschreiben sein kann, wozu einige Hinweise unten erörtert werden. Viele der sekundär verlegten Bodenplatten in den übrigen Portiken entlang des Decumanus bestanden den alten Grabungsberichten zufolge aus fragmentierten Inschriften aus den Nekropolen[156]. Diese Beobachtung wurde von den Ausgräbern nicht weiter problematisiert, da solche Vorgänge in einer nicht näher definierten ›späten‹ Epoche angesiedelt wurden. Es bleibt hier und bei der Behandlung der übrigen spätantik neu gepflasterten Portiken, Platzanlagen und öffentlichen Bauten die Frage zu klären, inwiefern bereits im 4. Jh. eine ›offizielle‹ Abräumung der Nekropolen möglich war, um entsprechende Quantitäten an Baumaterial für öffentliche – nicht unkontrollierte private – Bauprojekte zu gewinnen.

Interessant ist, daß gemäß der Berichte von Finelli und Vaglieri in den Portiken Po1b/c solche Marmorplatten zahlreich belegt sind, aber auch Bodenplatten für eine Drittverwendung als Zusetzung einer Tür gefunden wurden[157]. Damit ist gesichert, daß das Material aus den Nekropolen einerseits für einen letzten Boden genutzt wurde, aber solches Material andererseits auch noch für Trockenmauerwerk und Türzusetzungen wiederverwendet wurde, bevor die entsprechende Portikus insgesamt eingestürzt war. Ein Beleg für die Zweitverwendung von Grabinschriften und Marmorplatten aus den Nekropolen im noch belebten städtischen Raum können auch inschriftliche oder figürliche Graffiti darstellen, die die Sichtbarkeit und lange Nutzung der neuen Wand- oder Bodenplatten illustrieren, bevor man sie aus Böden und Wänden entfernte und für letzte Baumaßnahmen wie Türzusetzungen verwendete, in deren dritten Verwendungskontext sie dann erhalten blieben[158]. Es ist hervorzuheben, daß die Marmorplatten, ganz oder fragmentiert, die größte Quantität an Fundmaterial der Altgrabungen darstellten. Das gibt in etwa eine Vorstellung, in welchem umfassenden Maß man sich die Straßenrandbebauung in der Spätantike neu marmorisiert vorzustellen hat, insbesondere, wenn man die unbekannten Quantitäten von bereits vor den Altgrabungen verlorenen Bodenplatten berücksichtigt, die zu ungelöschtem Kalk gebrannt worden waren, um neuen Mörtel oder weiße Wandfarbe zu gewinnen.

Vaglieri schildert in seinen Grabungsberichten seit 1909 die ungewöhnlich reichen Funde aus der Thermenportikus und den angrenzenden Tabernen der Neptunsthermen (s. u.). Die Bandbreite der Funde spiegelt offenbar einen letzten spätantiken Gesamtzustand wider. Es kann auf Basis der Fundberichte ohne stratigraphische Beobachtungen aber leider nicht sicher erwiesen werden, ob diese Portikus einen der für die Deutung wichtigen einheitlichen Kontext gesicherter statuarischer Ausstattung unter ihrem Versturz bewahrt hatte, oder inwiefern sich hier verschiedenste divergierende Aus-

153 Vgl. dazu Ricciardi – Scrinari 1996, Bd. 2, 199–201 Abb. 350–353. Zur übereck angelegten Portikus Po1d und dem wesentlich späteren Einbau einer kleinen Kapelle gegenüber vgl. Ricciardi – Scrinari 1996, Bd. 2, 199 Abb. 350; 203 f. mit Abb. 358. 360.

154 Vgl. dazu Heres 1982, 444 Abb. 79: Nach der dort verwendeten Datierung wurden die Pfeiler um 350 verstärkt. Zur Funktionsweise vgl. Poccardi 2001, 161 f. Abb. 2. Zur Fortsetzung der Thermenportikus, der spätantiken Portikus Po1d vgl. Vaglieri 1909, 231. 293.

155 Heres 1978; Guidoboni 1986, 245 f.; Gering 2004, 322 mit Anm. 66. Zu weiteren Vergleichen s. u.

156 Vaglieri 1909, 84–97. 231.

157 Vaglieri 1909, 85 mit Abb. 1.

158 Vaglieri 1909, 85: »ama pueru«; Vaglieri 1909, 118: »testa di cavallo con palma«.

stattungszustände vor ihrer endgüligen Konservierung durch Einsturz überlagerten[159]. Einen Hinweis auf letzteres erhält man, als Vaglieri eine gesichert spätantike Tabernenausstattung beschrieb: »Addossata alla parete verso il portico vi ha un piccolo semicerchio rivestito di lastre irregolari di marmo tanto nel pavimento quanto nel muro«, und zugleich eine Erhöhung von 1 m über diesem Boden erwähnte, auf der ein menschliches Skelett gefunden wurde, wobei beides vom selben endgültigen Einsturz bedeckt war[160]. In einer anderen Taberne fand er einen Kindersarkophag mit Bestattung. Das läßt darauf schließen, daß sich hier die Zeugnisse des monumentalen Ostia des 4. und 5. Jhs., also die aufgefundenen Statuen der hohen Kaiserzeit, gefiltert durch ihre Wiederaufstellung in der Spätantike, noch mit den Zeugnissen eines weit längeren Nachlebens der Bauten überlagerten, als deren Bewohner zu lokalen Bestattungen in vollständig aus den Nekropolen entwendeten Sarkophagen beigesetzt wurden. Die massenhafte Verwendung ganzer antiker Sarkophage für späte Neubestattungen des 6.–8. Jhs. in der Stadt war von Vaglieri im Fall der Märtyrermemoria vor dem Theater erklärt worden, wobei die Kapelle jedoch noch deutlich von der Thermenportikus entfernt liegt.

Für das geballte Vorhandensein von Material aus Nekropolen in einigen der Tabernen lassen sich aber auch Steinwerkstätten anführen, die Vaglieri u. a. auch im Souterrain der Portikus Po1a am Piazzale della Vittoria (s. o.) oder in den Tabernen am Theater und am Forum in beispielhaftem Erhaltungszustand freilegte und deren gesamtes Inventar plötzlich verschüttet worden war. In all diesen Fällen gestattet es der plötzliche katastrophenbedingte Einsturz, repräsentative Aufschlüsse zum Querschnitt des Materials in einem konkreten historischen Kontext vom späten 4. Jh. bis zur Mitte des 5. Jhs. zu gewinnen (s. u.). Festzuhalten bleibt, daß anhand der Portikusböden Po1b–c gesichert ist, daß die Benutzung von Sarkophagfragmenten bereits auf wesentlich frühere Nutzungsphasen als etwa eine frühmittelalterliche Beraubung zurückgeht, nämlich auf eine Bauphase, als die Böden hier erstmals über dem Opus spicatum der hohen Kaiserzeit nachweislich noch im 4. Jh. mit Marmorbruchstücken gepflastert worden waren[161].

Vaglieri dokumentierte, immer basierend auf den wesentlich umfangreicheren Listen aus den unpublizierten Grabungstagebüchern Finellis, neben Idealplastik u. a. auch Ehrenstatuen, die hier in der Spätantike durchaus bewußt aufgestellt gewesen sein könnten und zumindest bei einem Beispiel auch auf zeitgenössische Stifter schließen lassen könnten[162]. Vom Eingang zur Thermenanlage rührten umfangreiche Funde her, u. a. auch eine Medusa im Hochrelief und Götterstatuen; diese sind im selben Fundkatalog vereint wie auch zahlreiche weitere Sarkophag- und Inschriftenfragmente, die vom spätantiken Bodenbelag der Portikus oder der angrenzenden Tabernen wie der Bar des Fortunatus stammen könnten, wo Vaglieri noch einen »pavimento di lastre irregolari di marmo« in situ gefunden hatte[163]. Daß die Wiederaufstellung von Götterstatuen, aus ihrem kultischen Kontext genommen, zumindest kein Einzelfall gewesen wäre, dokumentiert eine tatsächlich in situ gefundene Statuenbasis für eine wiederaufgestellte Dea Roma vor dem benachbarten Theater, zu der möglicherweise ein neu zugewiesenes Fragment aus dem Vatikan existiert[164]. Inwiefern für die offenbar beliebt gebliebenen Sujets aus der Mythologie auch neu herangeschaffte Statuen aus den Nekropolen *in formam deorum* gedient haben können, wird unten u. a. im Rahmen weiterer spätantiker Werkstattfunde am Theater noch näher erörtert[165]. Einen wohl zuverlässigen Indikator für die Existenz von möglichen Ehren- und Grabstatuen in den Fundlisten, die sich anhand des Magazinbestands allerdings oft nicht mehr einzeln nachprüfen lassen, kann man der Terminologie Vaglieris zumindest zu weiblichen Gewandstatuen entnehmen: »statua marmorea panneggiata«[166]. Weibliche Ehrenstatuen aus Tempelarealen, Platzanlagen oder die möglicherweise wesentlich häufigeren weiblichen Grabstatuen konnten, wenn sie insgesamt unzerkleinert erhalten geblieben waren, wohl für Reparaturen oder Umarbeitungen, vielleicht aber auch für eine neue Aufstellung in die Stadt verbracht worden sein, während sie zerkleinert in Einzelfällen wie dem oben geschilderten auch nachweislich als Fragment in späterem Trockenmauerwerk eine letzte Verwendung fanden[167].

Der späteste renovierte bzw. neu verlegte Mosaikdekor in den Neptunsthermen hat sich in eingangsnahen Durchgangs- und Verteilerräumen, vor allem im neuen Apodyterium, erhalten. Nach Giovanni Becatti reflektiert der Dekor ›mystische‹ Buchstaben und Symbole

159 Vaglieri 1909, 117–121.
160 Vaglieri 1909, 90.
161 Vaglieri 1909, 92–97.
162 Vaglieri 1909, 83. 131 Abb. 6: »statua virile, marmorea, acefala con tunica e toga piegata sul braccio sinistro e sostenuta con la destra. I piedi sono calzati, alt. M. 0,87«.
163 Vaglieri 1909, 90–97. Zum Bodenbelag beim Fortunatusraum vgl. dazu Vaglieri 1909, 92 f.
164 Dazu s. hier Kapitel II. 2. b.
165 Dazu s. hier die Kapitel II. 3. a. und II. 3. d.
166 Vaglieri 1909, 83–85. Dazu s. hier auch Anm. 207.
167 Dazu s. hier Anm. 156–158.

christlicher Vorstellungen[168]. Ihre Datierung wurde bisher zwischen der zweiten Hälfte des 3. und der ersten Hälfte des 4. Jhs. angesetzt[169]. Der Dekor spiegelt jedoch den Zeitgeist einer christlich-paganen Mischkultur und Vorstellungswelt, die den archäologischen Zeugnissen zufolge auch noch lange Zeit nach der ersten offiziellen Legitimierung des Christentums angenommen werden kann[170]. In den letzten größeren Umbauphasen, die auf diese Neuausstattung folgten, hatte man die Thermen durch mehrere Mauerzüge, die den Mosaikdekor des Hauptraums aus dem 2. Jh. nicht mehr beachteten, flächenreduziert[171]. Bislang werden diese Umbauten wohl zu früh angesetzt, eine fortgesetzte Nutzung der Thermen zumindest in der ersten Hälfte des 5. Jhs. – und auch noch nach den statischen Problemen durch Erdbebenwirkung um die Mitte des 5. Jhs. – ist wahrscheinlich, wenn man auf ihre prominente Umgebung blickt. Die Verkleinerung der Thermenfläche fügt sich in das Bild improvisiert wirkender Reparaturen nach einer großen, aber noch bewältigten Einsturzkatastrophe in der Mitte oder der zweiten Hälfte des 5. Jhs., die man an vielen Bauten stadtweit beobachten kann (s. u.). Der endgültige Einsturz scheint analog zum Theater (s. u.) jedoch erst wesentlich später erfolgt zu sein.

Planierte Tabernenreihen auf dem Bürgersteig – Eine Baumaßnahme vor der letzten umfassenden Marmorneuausstattung der Thermenportikus

> »*In un certo tempo, che non sappiamo quale sia stato, vasche e murricoli furono rasi ad un piano ed il tutto ricoperto*«[172].

Der Bürgersteig vor der Thermenportikus bestand aus einem nachträglich bebauten Bereich, der bis zum Decumanuspflaster hin reichte (Abb. 30. 39). Auf alten Grabungsfotografien und -plänen (Abb. 31) kann man tabernenähnliche Strukturen erkennen, die im letzten Kapitel bereits als Marktbereich gedeutet wurden. Vaglieri benennt klar den bewußten Abriß dieser Bauten auf einem einheitlichen Niveau und die anschließende Auffüllung und Aufhöhung des Gehniveaus. Innerhalb dieser eingeschossigen bazarartigen Vorbauten sind nur wenige Einbauten solider errichtet worden und daher besser erhalten geblieben, so vor allem wegen des extrem haltbaren Mörtels einiger Wasserbecken (Abb. 41).

Die Planierungshöhe der Marktbuden selbst entspricht mit +40–60 cm in etwa der Höhe der zweiten spätantiken Aufhöhungsschicht über dem hochkaiserzeitlichen Straßenpflaster, so daß die Reste der Tabernenreihe spätestens seit dem späten 4. oder in der ersten Hälfte des 5. Jhs. nicht mehr sichtbar waren[173]. Diese Erhöhung korrespondiert mit dem neu angehobenen Nutzungsniveau innerhalb der Thermenportikus von +40 cm, wobei Höhendifferenzen über Türschwellen oder eine Stufe (Abb. 42) ausgeglichen wurden, die in der Straßenrandbebauung gewöhnlich u. a. auch dem Schutz vor Regenwasser dienten.

Die Planierung der Tabernen war also die Voraussetzung der spätesten repräsentativen Neuausstattung der Thermenportikus im 4. und 5. Jh. mit einem erhöhten Marmorplattenboden aus Spolien; die Tabernen bildeten damit nicht, wie man vermuten könnte, den Endzustand einer schrittweise bis ins frühe Mittelalter abusiv zugebauten Portikus.

Es bleibt beim Erhaltungszustand offen, ob der letzte Marmorboden auf das Innere der Thermenportikus beschränkt blieb und sich außerhalb auf dem Bürgersteig nur ein einfacher Straßenbelag aus gestampfter Erde über den planierten Tabernen erstreckte oder ob hier vielleicht im Anschluß an die Erhöhung des Bürgersteigs eine vorgeblendete Säulenportikus über den planierten Verkaufsbuden errichtet worden sein kann. Eine Säule, die hier während der Grabung zutage trat und 1910 auf den Grundmauern des späteren Kapelleneinbaus fälschlicherweise aufgestellt worden war (Abb. 41), scheint auf den ersten Blick diese Vermutung zu bestärken. Die Säule kann jedoch auch von der Säulenreihe entlang der Via delle Corporazioni stammen, die zum Bau der kleinen christlichen Kapelle im 7. Jh. verkleinert

168 Dazu s. Becatti 1961, 52 f. mit Abb. 16. 17. Becatti unternimmt an dieser Stelle eine ausführliche Diskussion der ›kryptochristlichen‹ Motive, teilweise Kreuzeszeichen und Initialien des Namens Jesus – dazu s. Becatti 1961, 54 –, teilweise auch Abkürzungen für *resurrectio* und den Vogel Phönix als Symbol der *felix temporum reparatio*: dazu s. Becatti 1961, 56.

169 Dazu s. Becatti 1961, 58. Die Datierung ergibt sich Becatti zufolge zwischen der zweiten Hälfte des 3. Jhs. und der ersten Hälfte des 4. Jhs.

170 Rothaus 2000.

171 Dazu s. Becatti 1961, 46 f. mit Abb. 15: In Raum C wurden Mauerzüge auf den Mosaikboden gesetzt, die den Dekor deutlich sichtbar durchbrechen. Zur Datierung der Abteilung in das 3.–4. Jh. s. Becatti 1961, 47.

172 Vaglieri 1914, 55.

173 Die absolute Höhe des lokalen Referenzpunktes der Messungen des Bürgersteigs beträgt 3,67 m NN. Zur Erhöhung des Innenraums des Marmorsaals 2 um etwa +40–50 cm vgl. Mannucci 1995. Die Erhöhungen des Decumanusniveaus um +60 cm können diese Erhöhungen im Nutzungsniveau von Innenräumen bewirkt haben, was sich anhand vieler nachträglich erhöhten Türschwellen im Stadtgebiet nachweisen läßt.

oder ganz entfernt und unter der Aufhöhung begraben worden war (Abb. 39, d3, s. u.). Zumindest ein ehemaliger Säulenstandort (Abb. 39, d4) ist allerdings an der Stelle eines kleinen Fundamentrests anzunehmen, der bis heute übriggeblieben ist, weil er ehemals im Fundamentbereich der mit +145 cm deutlich höher liegenden Kapelle inkorporiert worden war (Abb. 39, d4; Abb. 41, Fundament des späteren Kapelleneinbaus).

Ein neuer Typus des spätantiken ›Bar-Restaurants‹? Die spätantik erweiterte Caupona des Fortunatus

Gerade der spätantike Einbau einer Raumgruppe mit Marmorboden in eine ehemalige Tabernenreihe (Abb. 41) auf erhöhtem Gehniveau prägt den scheinbar ›hochkaiserzeitlichen‹ Zustand der Thermenportikus.

Den westlichen Abschluß dieser Portikus bildet ein nachträglich eingebauter Raum mit Plattenboden und einem großen tresenförmigen Brunnen (Abb. 30. 39, N1c; Abb. 41, Marmorsaal). Die Ostwand dieses Raums wurde in regelmäßig abwechselnden Lagen aus Ziegeln und Tuffsteinen (Opus vittatum A) ausgeführt (Abb. 42), die Süd- und Westwand in reinem Ziegelmauerwerk. Beide Mauertechniken wurden möglicherweise gleichzeitig verwendet, entsprechen aber unterschiedlichen statischen Anforderungen. Der Portikuseinbau ist mit zwei Türen nach Süden auf den Bürgersteig des Decumanus hin geöffnet (Abb. 39, c4–c5; 41, Zugänge 4 und 5), die übrigen Zugänge beziehen sich auf das Innere der Portikus.

Inwieweit die Zugänge des Marmorsaals (Abb. 41, Zugänge 4 und 5) auf den Bürgersteig als ›Außentür‹ dienten, also direkt in einen nicht überdachten Straßenbereich – oder eben in eine vorgelagerte Portikus – führten, ist nicht mehr eindeutig zu klären. Beide Türschwellen waren zwar prinzipiell als Außenschwelle und Straßenabschluß mit einer entsprechenden Höhendifferenz als Schutz gegen Regenwasser konzipiert, einige Mauerzüge setzen sich jedoch auch südlich des Marmorsaals auf den Bürgersteig hin fort. Eine vorgelagerte Bebauung in Form einer erweiterten Hallenstraße oder als nicht überdachte Terrasse auf dem Areal des ›Bürgersteigs‹ noch vor der eigentlichen Thermenportikus P01c ist damit zumindest nicht auszuschließen. Eine Terrasse, deren Funktion als erweiterter Gastbereich unter freiem Himmel an den Innenhof des Thermopoliums in der Via di Diana mit Wasserbecken erinnern würde, könnte bis zur Südwand des planierten Beckens (Abb. 41) gereicht haben.

Die östlich angrenzende ›Caupona des Fortunatus‹ (II vi 1) besaß einen Hauptzugang vom Portikusinneren und von den Neptunsthermen über die Via della Fontana her (Abb. 39, c6; Abb. 41, Mosaik des Fortunatus). Die ›Caupona‹ ist mit Mosaikdekor ausgestattet und liegt etwas erhöht auf dem ehemaligen Straßenraum der Via della Fontana[174].

Die insgesamt untereinander verbundene Raumgruppe um den tresenähnlichen Brunnen N1c (Abb. 41. 42) umfaßte in ihrem spätantiken Endzustand insgesamt sieben Räume, die allesamt ein erhöhtes Nutzungsniveau aufweisen. Letzterem entsprach eine vergleichbare Erhöhung des Straßenniveaus und eine entsprechende Datierung nach der severischen Zeit[175].

Der tresenähnliche Brunnen mit mehreren halbrunden Wasserbecken wurde unter der Initiative von Maria-Antonietta Ricciardi vermessen und zusammen mit dem Marmorboden aus unterschiedlich großen Spolien in seinem heutigen Zustand dokumentiert[176]. Der Boden des Marmorsaals liegt demnach zwischen +51 cm und +56 cm höher als das hochkaiserzeitliche ›Referenzniveau‹ des Decumanus von 3,67 m NN, dem der hier nur geringfügig von Westen nach Osten ansteigende (+0 bis +8 cm) Bürgersteig in etwa gleicht. Das Innenniveau des Marmorsaals entsprach noch zur Grabungszeit dem Gehniveau in der Thermenportikus, das ehemals ebenfalls erhöht und den Grabungstagebüchern zufolge mit Marmorspolien gepflastert gewesen war (s. o.).

Es bleibt die Frage nach der Funktion der Raumgruppe um den Marmorsaal. Einen wichtigen Hinweis liefert der Mosaikdekor eines benachbarten und zumindest zeitweise direkt an den Marmorraum 3 angebundenen Raums mit dem Mosaik des Fortunatus (Abb. 41). Die namensgebende Inschrift aus severischer Zeit[177] mit

174 Dazu und zur Bildung einer Umleitung des Personenverkehrs östlich der Bar vgl. Hermansen 1981, 147.

175 Zu den spätantiken Einbauten sowie den zugesetzten Tabernen im Plan Gismondis von 1913, der zusammen mit den Grabungstagebüchern den letzten Zustand vor der Verschüttung widerspiegelt, vgl. Ricciardi – Scrinari 1996, Bd. 2, 71 Abb. 121. Eine Reihe weiterer Bars mit angeschlossenen Latrinen ist aufgrund dieses Plans auch in den nördlich angrenzenden Insulae anzunehmen, deren heutiger Zustand aber eine zweifelsfreie Deutung nicht mehr zuläßt.

176 Dazu s. Ricciardi – Scrinari 1996, Bd. 2, 199 f. Der hier verwendete Plan Abb. 41 geht auf diese Vorarbeiten zurück. Maria-Antonietta Ricciardi sei für die Überlassung an dieser Stelle gedankt. Das Marmorpflaster scheint zur Grabungszeit entweder wesentlich besser erhalten gewesen oder im Plan Gismondis summarischer wiedergegeben worden zu sein. Die unterschiedlichen Materialien und Plattengrößen sprechen für eine Wiederverwendung älterer Marmorplatten aus unterschiedlichen Kontexten an dieser Stelle.

177 Dazu s. Becatti 1961, 63.

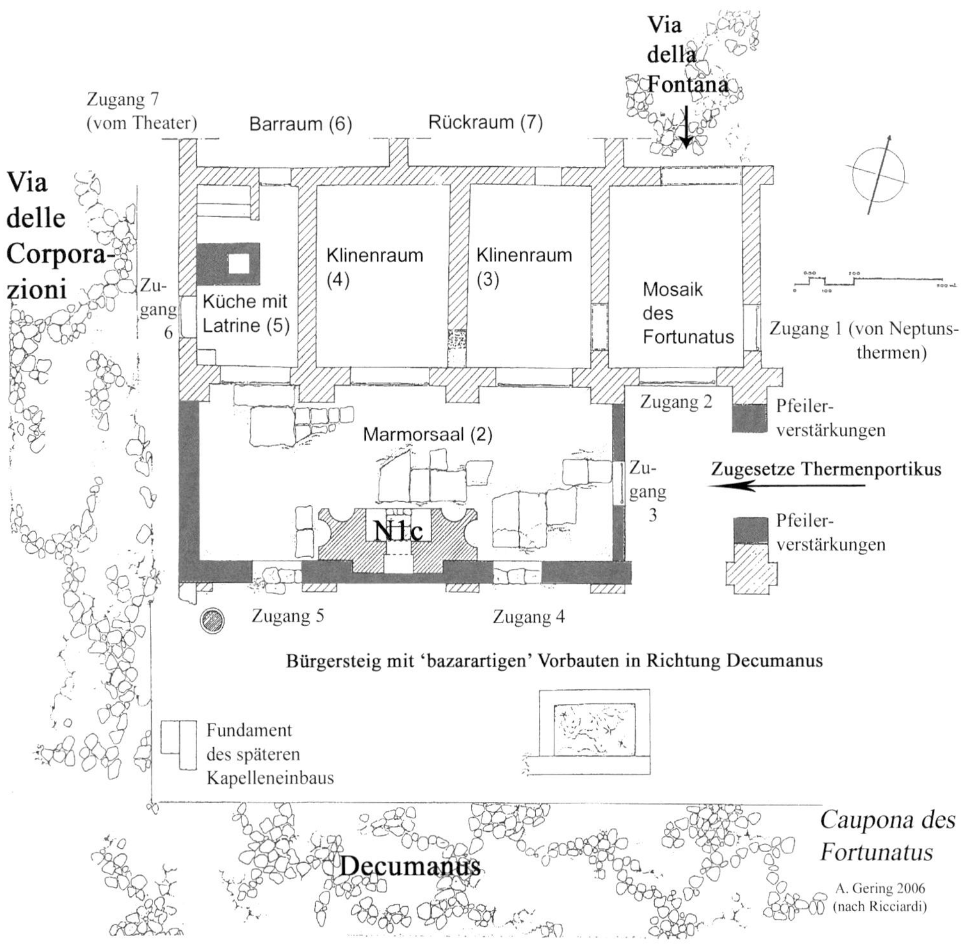

Abb. 41 Erweiterte Caupona des Fortunatus (Plan nach M. A. Ricciardi). M. 1:250

Abb. 42 Zierbrunnen N1c im Marmorsaal, Blick von Osten

Abb. 43 Raum 1 mit Mosaik des Fortunatus, Blick nach Norden

dem wohlmeinenden Rat zu Seiten eines Kraters (*Bibe!*) orientierte sich auf den kleinen Zugang 1 zu diesem Raum (Abb. 43). Man konnte den Krater samt Spruch also nur seitenrichtig wahrnehmen, wenn man diesen Raum von der Umleitung der Via della Fontana oder der benachbarten Palästra der Neptunsthermen von Osten her betrat[178]. Vor Zugang 1 befand sich ehemals ein Wasserbecken, das nur noch durch den Plan von Gatti von 1909 überliefert ist (Abb. 31, Raum 16). Im Inneren des Mosaikraums mit dem Krater selbst finden sich jedoch keinerlei Spuren von Barausstattung: Ein Tresen mit Wasserbecken fehlt wie auch jene für Bars generell notwendige Wasserleitung, obwohl die Versorgung der Gäste mit frischem Trinkwasser noch vor dem notwendigen Spülen eine Grundanforderung an diesen Funktionsbereich darstellte. Gustav Hermansen bezeichnet den Raum aufgrund des Mosaiks als Bar, obwohl er betont, daß es keinerlei bauliche Zeugnisse für diese Deutung wie charakteristische Tresen, Regale oder Wasserbecken etc. gibt[179].

Das Problem der scheinbar fehlenden Barausstattung löst sich, wenn man annimmt, daß die Caupona in ihrer ersten severischen Bauphase einen Tresen gehabt hatte, der in der spätantiken Ausbauphase entfernt worden war, worauf die auffällig regelmäßigen rechteckigen Lücken im Mosaikboden deuten könnten (Abb. 43).

Offenbar war also der Mosaikraum im letzten greifbaren spätantiken Zustand keine ›autonome‹ Caupona oder Bar mehr, wie es noch die typologischen Vergleiche Hermansens mit maximal zweiräumigen Bars[180] nahelegen, sondern das neue Foyer eines mehrräumigen Komplexes aus Küche, Bar-, sowie aufwendig gestalteten Speise- und Aufenthaltsräumen.

Eine gut erhaltene Wassernische mit Fließwasseranschluß befindet sich in der Küche, die durch ihre gebaute Ausstattung – ein Herd mit separatem Wassererhitzer – zweifelsfrei bestimmt werden kann (Abb. 41, Raum 5). Die Küche mit der in die Raumecke eingebauten Latrine[181] befand sich an zentraler Stelle innerhalb der Raumgruppe, um sowohl von beiden Triclinia

178 Zum gesamten Text: [...] *Fortunatus/[...]atera quod sitis/ Bibe* und der neueren Deutung s. Hermansen 1981, 146 f.

179 Dazu s. Hermansen 1981, 147.

180 Dazu vgl. letzte Anm.

181 Die Latrine in der kleinen Küche war offenbar zusammen mit den übrigen Ausstattungselementen nachträglich eingebaut worden: Der dazu nötige Abwasserkanal verlief über dem hadrianischen Bodenniveau und unmittelbar unter der Türschwelle zwischen Küche (Raum 5) und dem Barraum (Raum 6) mit der Tür zum Theater. Zur Latrine vgl. Ricciardi – Scrinari 1996, Bd. 2, 71. – Der Bereich der Bar konnte dabei durch eine Tür, die sich von der Küche aus verschließen ließ, abgetrennt werden. Die Türschwelle selbst ist Teil des spätantiken Mauerwerks, das sich leicht vom hochkaiserzeitlichen der Tabernenreihe unterscheiden läßt.

(Abb. 41, Räume 3–4) als auch vom nördlich angrenzenden Barraum leicht erreichbar zu sein. Die Küche besaß einen eigenen Straßeneingang (Abb. 41, Zugang 6), der jedoch aufgrund seiner geringen Türöffnungsbreite als Nebeneingang gedeutet werden muß.

Die Anbindung des Mosaikraums des Fortunatus an die Speiseräume (Abb. 41, Räume 3–4) der eigentlichen Bar mit Tresen (Räume 6–7) und separater Küche (Raum 5) sowie vorgelagertem Marmorsaal mit Wasserspiel (Raum 2) scheint gegeben, auch nachdem man die unmittelbare Verbindung zum Marmorraum 3 zugesetzt hatte. Diese wohl nachträgliche Zusetzung ist vermutlich der vorgesehenen Ausstattung des Raums 3 mit Klinen geschuldet, die sich sonst nicht störungsfrei realisieren ließe[182]. Unabhängig vom Zeitpunkt der offenbar nachträglichen Türzusetzung muß von einer zusammenhängenden Besitzeinheit ausgegangen werden.

Der Mosaikraum war wohl erstmals auf Kosten des namentlich genannten Betreibers einer Bar, eines gewissen Fortunatus, dekoriert worden. Das geschah wohl vorrangig als Werbemaßnahme, um den Besucherstrom zwischen Decumanus und Therme, der durch diesen Durchgangsraum geführt werden konnte, auf die Existenz einer Bar (Abb. 41, Räume 2–5) aufmerksam zu machen. Das galt auch noch nach seiner Zusetzung auf die Via della Fontana hin (Abb. 39, c6) bis zu einem Zeitpunkt, als das Mosaik möglicherweise von Marmorplatten überdeckt worden war[183]. Ein Zusammenhang der Abtrennung des Raums zur Schließung der Via della Fontana nach Norden hin ist durchaus wahrscheinlich. Beides geschah wohl wiederum in Verbindung zur spätantiken Ausbauphase der Caupona mit den Marmortriclinia[184] und der Verstärkungsphase der Pfeiler der Portikus im 4. Jh. (Abb. 39, c3; Abb. 40. 41). Als Motivation für die Umbauten könnte man neben statischen Verstärkungen eine generelle Kanalisierung der Zugangswege zu den Thermen im 4. und 5. Jh. vermuten, die nach der Aufgabe der Kasernen und vieler Appartments in den tibernahen Vierteln weniger nach Norden und mehr als zuvor nach Süden auf den Decumanus orientiert wurden (s. o.).

Bereits die zentrale Anbindung an eine Küche spricht eindeutig dagegen, bei der Deutung des großen Marmorsaals an einen Seitenraum der bereits erwähnten christlichen Kapelle mit einer entsprechenden Funktion als Baptisterium zu denken[185]. Als weiteres Gegenargument kann ferner angeführt werden, daß die Unterschiede im Nutzungsniveau zwischen dem gesamten Komplex der Caupona mit etwa +50 cm und der Kapelle mit +1,45 m über dem heute freigelegten Decumanuspflaster für einen gleichzeitigen Nutzungszustand unvereinbar sind. Es ist unklar, wann genau die Caupona aufgegeben worden war, bevor sie unter dieser letzten Erhöhung des Gehniveaus des Decumanus auf +1,45 m nachweislich außer Funktion geraten sein muß. Das nachweisliche Ende des Theaterviertels als Ort urbaner Repräsentation und Vergnügung wird zumindest durch den Kapelleneinbau festgesetzt; dieser Einbau läßt sich aber nicht vor dem 7. Jh. ansetzen.

Geplante Flexibilität – Ein ›Bar-Restaurant‹ für kollektive Gelagenutzungen oder ein corpus fontanorum*?*

Unmittelbar nördlich der Küche grenzte ein gesicherter Barraum (Abb. 41, Barraum 6) an, dessen Bartresen bis zu den Grabungen noch sichtbar geblieben war. Letzterer ist daher in den Grabungsberichten sowie auf dem älteren Plan von Gismondi (s. u.) verzeichnet. Dieser Bartresen (Abb. 41. 46, B) befand sich auf dem nördlichen Teil der Tabernenschwelle und orientierte sich direkt auf den in der Spätantike als Portikus umgestalteten Vorplatz des Theaters, der im folgenden Kapitel besprochen wird.

Die funktionsspezifischen Einbauten dieses luxuriösen ›Bar-Restaurants‹, also der Brunnen in Raum 2

182 Der Deutung einer zwar vorgesehenen, aber niemals realisierten Tür im Rahmen einer für Ostia gut belegten ›Modulbauweise‹ der hadrianischen Grundstruktur widerspricht der durchaus unterschiedliche Zementkern unter den modern konservierten Ziegeln.

183 Dazu bildet der Plan Gismondis von 1913 den einzigen Beleg. Möglicherweise handelt es sich aber um einen Fehler des Plans.

184 Im Nutzungszusammenhang mit dem in die Portikus integrierten und daher überdachten Einbau des Marmorsaals (Abb. 41, Raum 2) und seiner umfangreichen Neuausstattung mit dem Zierbrunnen entstand wohl auch der Mauerdurchbruch zwischen Raum 3 und 7. Dabei handelt es sich um eine sogenannte Servicetür, d. h. einen kleinen und untergeordneten Zugang vom Rückraum 7 zum neuen Triclinium (Raum 3), der wie üblich aus der Mitte versetzt ist. Über diese Tür konnten Speisen von der Küche und dem Barraum (Raum 5 und 6) über den Rückraum in den eigentlichen Speiseraum 3 gebracht werden, ohne dazu den repräsentativen Marmorsaal 2 betreten zu müssen.

185 Zur Deutung als Bar anhand von typologischen Parallelen (Bereich N5a vor den Terme Piccole T5b) anstelle einer rein spekulativen Verbindung des Marmorluxus mit sakralen Kontexten: Gering 2004, 318 mit Anm. 58. Diese Deutung wurde von Jan Theo Bakker im Anschluß an die hier vertretene und erstmals 2004 publizierte Deutung referiert: <www.ostia-antica.org> (06.04.2016).

sowie der heute nicht mehr erhaltene Tresen über der Türschwelle von Raum 6 (Abb. 39, B; Abb. 41, Barraum 6) waren von der Küche in Raum 5 abgetrennt. Das ist innerhalb der Evidenz Ostias äußerst untypisch für die gewöhnlich nur ein- bis zweiräumigen Bars oder Cauponae und belegt hier entweder einen neuen Typus eines regelrechten Restaurants mit angegliederten vermietbaren Gelageräumen oder eben einen halböffentlichen Gelage- und Repräsentationsbereich, für den man Analogien in den hochkaiserzeitlichen Vereinssitzen von Ostia kennt. Die prominente Lage direkt am Theater und den Thermen als tageszeitliche Aufenthaltsmittelpunkte spräche prinzipiell für beide Möglichkeiten, so daß vor einer konkreteren Deutung weitere Vergleiche im Stadtgebiet gesammelt werden müssen.

Der funktional differenzierte Wassererhitzer charakterisiert Großküchen, die über den Bedarf einer kleineren Bar, Garküche oder einzelnen Wohnung hinausgehen. Wassererhitzer dienten dem Gelagebedarf vieler Personen und finden sich dementsprechend fast ausschließlich in Vereinssitzen oder den Großküchen für den Piazzale delle Corporazioni (Abb. 39, Kd1).

Zum Anlageschema des Wasserspiels N1c in Form eines monumentalisierten Tresens in einem Innenraum (Abb. 41, N1c) lassen sich einige Analogien im Stadtgebiet heranziehen. Als Teil einer ebenfalls nachträglich zugesetzten Portikus erinnert der Zierbrunnen N1c zunächst an den ähnlich aufgebauten, aber kleineren Tresen N5a mit einem integrierten Wasserbecken am Platz P5 (Abb. 229, N5a; Abb. 242): Der Bereich N5a war ebenfalls aufwendig mit Marmor gepflastert und wie N1c auf einem gegenüber dem letzten gepflasterten Straßenniveau um etwa +50 cm erhöhten Nutzungsniveau in eine ehemals durchgängige Portikus eingebaut worden[186]. Auch der Vorbau N5a diente als Eingangsbereich zu den Thermen.

Die ungewöhnliche Größe und Form ergibt sich bei dem Brunnen N1c aus seiner Lage in direkter Blickachse vor zwei Gelage- und Speiseräumen. Damit war zumindest eine Zweitfunktion als Zierbrunnen im Innenraum verbunden. Der Ausblick von Triclinia auf ein Nymphäum und dahinterliegende Fenster ist auch andernorts innerhalb von überdachten Bereichen belegt. Die nächste Parallele ergibt sich zu einer Raumgruppe in den Case a Giardino (III ix 3), die anhand ihrer Zweittüren für Bewohnung wie für kollektive Gelagenutzung gleichermaßen geeignet gewesen scheint[187].

Zusammenfassend ergibt sich: Der einzige typologisch gesicherte Tresen der siebenräumigen Einheit ist aufgrund der alten Pläne rekonstruierbar und entspricht anhand seines Anlageschemas einem gängigen Typus von Bar. Dieser Tresen bezog sich auf die Laufkundschaft an der Via delle Corporazioni vom Theater her (Abb. 39, B; 41, Raum 6) und war vom Rest der Besitzeinheit abschließbar. Die Raumgruppe 1–7 konnte damit sowohl in ihrem Nordteil als Bar und Schnellimbiß (Caupona) als auch in ihrem Südteil als vermietbares Gelageambiente für ›geschlossene Gesellschaften‹ mit dem repräsentativen Raumangebot einer größeren Wohnung nach neuestem spätantiken Wohngeschmack dienen. Das Wasserspiel N1c im Marmorsaal entsprach durchaus dem höchsten Qualitätsstandard von Wohnluxus, weil die nächsten Parallelen aus dem privaten Raum die größten Stadthäuser bildeten, die mit Marmorböden und Brunnen aufwendig ausgestattet worden waren, so z. B. die Domus delle Colonne (Regio IV) oder die Domus del Protiro (Regio V).

Kurz- wie langfristige Nutzungsarten, also einerseits der ›Schnellimbiß‹, andererseits der Aufenthalt in Speise- bzw. Gelageräumen mit elegantem Ausblick, waren bei Bedarf durch Türen voneinander trennbar. Vielleicht handelte es sich um eine beabsichtigte Flexibilität der Nutzungsweise, die auch die übrigen neu gebauten ›Bar-Restaurants‹ auszeichnet, die sich interessanterweise nicht in der gewerblichen Blütezeit Ostias im 2. Jh., sondern erst in der Phase seiner Neuorientierung seit dem späten 3. und 4. Jh. entlang der Promenade des Decumanus ballten. Die Raumkonzeption der erweiterten Caupona mit regelrechten Separees für eine halböffentliche ›kollektive‹ Nutzung entspricht den Anforderungen, die man auch für einen möglicherweise zumindest temporären Versammlungsort größerer Personengruppen bzw. Sitz von Vereinigungen erwarten würde. Das kann – muß aber nicht – durch eine seltene Koinzidenz zweier Inschriftenfunde bestärkt werden, wovon eine Fistula zumindest für die Bauphase eines der Wasserbecken des Areals einen *corpus fontanorum* als Grundbesitzer belegt, während in der nahen Thermenportikus

186 Dazu s. Kapitel II. 5. c.

187 Dazu s. Gering 2002a, 122 f. mit Abb. 4. Die Raumgruppe (III ix 3) war im 3. Jh. durch den nachträglichen Einbau einer Nymphäumsnische vor der Fensterfront in der Wohnqualität nach Vorbild großer Häuser wie der Domus del Ninfeo (III v 1) gesteigert worden. Dort befand sich die Wassernische in der Fensterfront des Hauptraumes. Dazu vgl. Pavolini 1983, 161 f. Bei III ix 3 handelt sich um ein Appartement mit einer Reihe von untypischen Merkmalen, wobei vor allem die vollständige Verbindung aller Räume untereinander in der Art von ›Servicetüren‹ auffällt. Das kann auf Vorbilder des Gelagetrakts bei größeren Häusern wie III ix 22 zurückgeführt werden, ist möglicherweise aber auch Indiz einer kollektiven Nutzung durch ein Kollegium. Dazu vgl. Gering 2002a, 122 f.

eine Mitgliederliste dieses Vereines zutage trat[188]. Die Vorstellung ist immerhin amüsant, daß dieses Kollegium der Brunnenbauer, wenn man der Zuweisung hier folgen will, sich mit dem prächtigsten Innennymphäum Ostias geschmückt haben würde.

Thermentypische Funktionsbereiche – Spätantiker ›Barboom‹ in der Thermenportikus

Die Portikus vor den Neptunsthermen war durch mindestens eine weitere spätantike Bar ausgestattet worden, die sich auch anhand des Plans von Gatti von 1909 zweifelsfrei anhand ihres Tresens identifizieren läßt[189] (Abb. 31, Raum 7; Abb. 39, B?). Diese hatte einen thermentypischen Zweiteingang zur Umkleide. Sie lag zugleich im spätantik renovierten Bereich der Portikus mit den Stützungen und repräsentiert damit den letzten erhalten gebliebenen Zustand des Stadtbilds vor dem endgültigen Einsturz der Thermen.

Eine weitere Bar scheint sich nach Gattis Zählung im Durchgangsraum 9 zur Palästra befunden zu haben, ein Tresen ist heute aber nicht mehr eindeutig zu identifizieren. Ein eingangsnaher Einbau in Raum 12 ähnelt der Anlage in Raum 9 und könnte daher sogar noch auf einen weiteren Bartresen hindeuten.

Die reiche Evidenz der Einbauten in die rückwärtigen Tabernen dieses Abschnitts der Portikus steht im Gegensatz zu ihrer Fortsetzung im Osten vor einem Wohnblock (*insula*). Erst am Ostabschluß der Thermenportikus finden sich weitere Hinweise auf eine Bar, die 1909 noch nicht ausgegraben und daher nicht in den Plan Gattis aufgenommen worden war. Vor allem ein im Ansatz erhaltener Tresen konnte dort 2002 im Rahmen eines Surveys des Autors zu den Bars von Ostia bei einer Säuberung freigelegt und vermessen werden (Abb. 31, Grabungsende am rechten Bildrand mit vorgelagertem Raum O; Abb. 44).

Das Fundament eines Bartresens erhebt sich an üblicher Stelle auf der linken Seite der Geschäftsöffnung (Abb. 44). Der Ansatz des zweiteiligen Tresens erhebt

Abb. 44 Bareinbau mit erhöhtem Nutzungsniveau als Ostabschluß der Thermenportikus P01c

sich auf einem Nutzungsniveau, das wie bei der Caupona des Fortunatus um etwa +40–50 cm erhöht war. Der Tresen ist typologisch zweifelsfrei zuordenbar. Die Art der Aufschüttung innerhalb des Barraums, der glücklicherweise bis heute noch nicht bis auf das hochkaiserzeitliche Gehniveau hin freigelegt wurde, ist dabei im Anschnitt sichtbar geblieben. Das stellt für die Bars von Ostia, deren letzter Zustand oft abgegraben und dementsprechend schwer zu datieren ist, eine große Seltenheit dar: Die Aufhöhung der spätkaiserzeitlich-spätantiken Nutzungsniveaus innerhalb des Barraums besteht aus Haushaltskeramik, Amphorenscherben sowie Bauschutt und Tuffmaterial eingestürzter oder abgerissener Mauern im Mörtelverbund. Ein besonders hoher Anteil kommt dabei den zerkleinerten Zwischenböden von eingestürzten oder abgerissenen Obergeschossen zu[190]. Der Tresen orientiert sich auf eine Nebenstraße, die einen der wenigen Zugänge zur Thermenportikus von Norden und den tibernahen Stadtvierteln her bildet, der offenbar in der Spätantike noch nicht verschlossen worden war und eine entsprechend kanalisierte Fluktua-

188 Zur spätantiken Vereinsaktivität vgl. bereits Kapitel II. 1. b. Nach Vaglieri 1909, 120 fand sich in der Nähe der Caupona eine nicht näher datierte Fistula, die möglicherweise zum Becken N1c – oder aber auch einem der planierten Becken bzw. einem inzwischen verschwundenen Becken im Raum mit dem Mosaik des Fortunatus selbst – geführt hatte. Sie trägt die Inschrift *corpus fontanorum*, was sich wohl auf die Besitzer dieser Einrichtung beziehen läßt. Zum *corpus fontanorum* s. Vaglieri 1909, 90.

189 Zu den nachträglichen Beckeneinbauten in der Tabernenreihe vor den Neptunsthermen vgl. Ricciardi – Scrinari 1996, Bd. 2, 71 f. Im Fall eines halbrunden Beckens in einer Taberne, die sich direkt neben dem Aufgang ins Obergeschoß der Thermen befindet (Abb. 39, B?), handelt es sich wohl ebenfalls um den Teil eines Bartresens. Eine direkte typologische Parallele ergibt sich zu einer Bar im Süden des sogenannten Caseggiato del Sole. Dazu s. u.

190 Zur Analyse der verbreiteten Aufhöhungen aus einem charakteristischen Materialgemisch auf Basis der Grabungstagebücher und neuen Sondagen vgl. Kapitel II. 5. c.

tion erwarten läßt[191]. In vergleichbarer urbanistischer Einbindung mit der Caupona des Fortunatus an der Via della Corporazioni befand sich also auch hier am östlichen Ende der Thermenportikus Po1c ein – jedoch bedeutend kleineres – Pendant zum großen ›Bar-Restaurant‹ mit seinen Triclinia und dem Wasserspiel N1c.

Die bescheidenere einräumige Bar am Ostende der Thermenportikus besaß dennoch wie die erwähnte Caupona einen breiten Zugang auf einen ebenfalls vorgelagerten Bereich mit Wasseranbindung (Abb. 31, Raum O am rechten Bildrand), dessen genaue Funktion jedoch nicht mehr geklärt werden kann.

Die Umnutzung der Horrea des Hortensius, Horrea dell'Artemide und des Magazzino Annonario – Späte Häuser mit irregulärem Grundriß?

Eine Reduktion oder Aufgabe der Horreaflächen ist Kennzeichen des Strukturwandels in Ostia bereits seit severischer Zeit. Damals war offenbar das System der Beladung der Schiffe durch Güter aus den Waren- und Auktionshäusern der tibernahen Viertel außer Funktion gesetzt worden, möglicherweise, weil ein anderer Mittelmeerhafen wie z. B. Leptis Magna unter den severischen Herrschern die bis dahin spezifische Rolle Ostias als Exporteur und Warendrehscheibe, die für den beispiellosen Bauboom des 2. Jhs. verantwortlich gewesen war, übernommen hatte[192]. Fest steht: die Horrea Antoniniana waren bereits außer Funktion gesetzt gewesen, als man den Vereinsbereich der Terme dei Cisiarii in der zweiten Hälfte des 3. Jhs. erstmals um einen Thermenneubau auf Kosten aufgelassener und umfunktionierter Horrea erweitert hatte[193]. Fast alle Horrea Ostias waren im Laufe des 3. Jhs. außer Funktion geraten und im 4. Jh. im Zustand irreparabler Ruinen. In der spätantiken Stadt ging man sehr unterschiedlich mit diesen ungebrauchten Überkapazitäten an Lagerraum um: Im Norden des Decumanus blieben sie, die Decumanusfassade ausgenommen, ohne Nachnutzung und wurden als Materialquelle für Neubauten in Ostia oder Portus demontiert. Belege von bewußt planierten Horrea, neben denen transportfertig gestapelte Baumaterialien in situ gefunden wurden, werden noch erörtert[194]. Im Süden der Prachtstraße wurden Horrea dagegen fast generell einer Nachnutzung zugeführt, die zum luxuriösen Charakter des Decumanus wie der neuen ›Wohnviertel‹ der Regio IV und V paßte.

Der Einbau eines großen Stadthauses mit Apsis war bereits für das Gebäude A östlich der Via del Sabazeo vermutet worden, bei dem es sich ebenfalls ehemals um Horrea gehandelt hatte[195]. Ein weiteres Beispiel bietet die Umwandlung der Horrea des Hortensius. Dazu wurde die decumanusseitige Portikus (V xii 1, Abb. 39, Po1e/Po1e') teilweise zugesetzt. Weitere Einbauten erstrecken sich zu beiden Seiten des Haupteingangs der Horrea (Abb. 39, e1–e5). Auffällig ist hier ein Ensemble sehr breit geöffneter Räume, einerseits eines Apsidenraums e5, andererseits einer axial gegenüberliegenden Gruppe von zwei rechteckigen Räumen mit sehr breitem Zugang und Säulenportal (Abb. 39, e1/e2), die sich jeweils hinter den decumanusseitigen Portiken befinden. Wenn sich bei zukünftigen Grabungen eine Wasserzuführung in die Apsis e5 und damit ihre Funktion als Nymphäum erweisen lassen sollte, dann könnte der Einbau einer späten Kapelle an dieser Stelle für die Deutung ausgeschlossen werden. Bereits die Räume e1 und e2 legen aber nahe, hier ein übliches Stadthaus mit repräsentativem Gelageraum in Sigmaform, allerdings in recht kleinem Maßstab, zu vermuten. Der Haupteingang erfolgte über das Foyer e4. Wie bei der Domus dei Tigriniani (Regio III, s. u.) war der Nymphäums- bzw. Apsidenbereich vom eigentlichen Wohnbereich getrennt, der sich wiederum westlich des Foyers in ehemaligen Lagerräumen bis zum Einbau e7 erstreckte. In einem der ehemaligen Lagerräume, die den Durchgang zum Hof der ehemaligen Horrea flankieren, wurde eine große Latrine nachträglich eingebaut (Abb. 39, e6/L).

Gerade jene ›Häuser‹, die durch Umbauten bestehender (Gewerbe-)Räume gewonnen wurden, weisen typologisch wenig eindeutige Grundrißformen auf. Ähnliches kann auch für den hier nur ansatzweise erhaltenen Einbau in den Horrea des Hortensius (Abb. 39, e5) gelten. Nachträglich eingebauter Wohnraum eines durchwegs irregulären Anlageschemas, allerdings mit wohnungstypischen kleinen und gut verschließbaren Räumen, findet sich im Einzugsbereich von Theater und Neptunsthermen ferner im westlich an die Horrea des Hortensius angrenzenden Magazzino Annonario (Abb. 39, f8–f9).

Es scheint fast allen spätantiken Häusern, ob irregulär oder regelmäßig, zu Gruppen geballt oder einzeln vorkommend, gemeinsam zu sein, daß sie nahe an den kontinuierlich renovierten Erschließungsachsen Cardo, Decumanus und Via della Foce lagen. Ein weiterer

191 Die Bar lag an einer prominenter Stelle mit hoher Fluktuation: Hier führte eine nach Norden abzweigende und heute noch verschüttete Seitenstraße zu einer Platzanlage vor einer großen Horrea-ähnlichen Hofinsula, die sich neben der bekannten Caserma dei Vigili befindet. Im Gegensatz zur genannten Caserma ist diese Hofinsula bisher weder freigelegt noch geophysikalisch untersucht.

192 Diesen Hinweis verdanke ich Michael Heinzelmann.

193 Dazu vgl. hier Kapitel II. 1. a.

194 Dazu vgl. hier Kapitel II. 4. a.

195 Dazu vgl. hier Kapitel II. 1. c.

Hauseinbau in Horrea im Theaterviertel fällt allerdings durch ein etwas abweichendes Anlageschema auf: Die repräsentativen Räume mit der zweifelsfrei spätantiken Apsis f11 (Abb. 39) beziehen sich auf ein Haus, daß nicht hinter den Frontbereich der ehemaligen Horrea dell'Artemide eingebaut worden war, sondern in deren Rückbereich.

Es bleibt festzuhalten, daß die Südflanke des Decumanus bis zum Theater aus Horrea bestanden hatte, von denen wiederum bis auf eine Ausnahme (Horrea xii 2) alle durch spätantike Einbauten von Wohnraum, zum überwiegenden Teil Häuser mit Apsidenräumen, charakterisiert wurden. Die Häuser der Regio V sind allerdings erst nach 1930 ergraben worden, weswegen zu ihrer Anlage und Ausstattung bis zu ihrer aktuellen Neuuntersuchung unter Cinzia Morelli keinerlei Dokumentation existiert, während umgekehrt in den Grabungstagebüchern späte Hausausstattungen mit aufwendig gestalteten Mosaikböden auf sehr hohen – und damals restlos abgegrabenen – Gehniveaus überliefert sind, die wiederum nicht mehr lokalisiert werden können[196].

II. 2. b Säkulare Pracht statt sakrale Topographie – Neue Plätze und Portiken vor dem Theater

Theatervorplatz und Theatereingang – Eine Statuenweihung und die Bautätigkeit des Ragonius Vincentius Celsus

Vor dem Theater hatten in der hohen Kaiserzeit mehrere kleine Zier- und Zweckbauten gestanden, so unter anderem ein halbrunder Straßenbrunnen mit pavillonartig überdachtem Annexraum (Abb. 39, d1–d2; Abb. 45. 46, B/D), eine Latrinenanlage und eine darin inkorporierte ältere Basis, vielleicht für eine Reiterstatue (Abb. 39, d6; Abb. 46, C)[197]. Diese Bauten wurden hier – wie bereits an mehreren anderen Stellen beobachtet – in einer auffällig einheitlichen Höhe von etwa +65–70 cm über dem Decumanuspflaster, das hier nur in Teilen original erhalten blieb, planiert[198]. Die dazwischenliegenden Bereiche hatte man in Folge mit dem entstandenen Bauschutt zugeschüttet[199]. Wie beim Piazzale della Vittoria P1 erhob sich auch hier eine neue Freifläche über den planierten Ruinen von Vorgängerbauten. Dieses erhöhte Gehniveau im spätantiken Zustand, der inzwischen abgegraben ist, war bei den Grabungen um 1910 freigelegt worden. Das belegt vor allem eine Grabungsfotografie, die einen noch nicht modern gereinigten Zustand der Ruine mit wichtigen Funden in situ präsentiert und von Vaglieri publiziert worden war[200].

Den zweifellos wichtigsten Fund aus diesem Bereich stellt der wiederverwendete Statuensockel des Augustalen Aufidius Fortis dar. Als Monument des 2. Jhs. stammte dieser Sockel ursprünglich vom benachbarten Piazzale delle Corporazioni (Abb. 39). In sekundärer Aufstellung erhielt seine Rückseite aber eine Inschrift des senatorischen Präfekten der Annona Ragonius Vincentius Celsus und wurde neu vor dem Theater aufgestellt; nach ausführlicher Herleitung durch den Ausgräber Vaglieri hatte der Sockel als Basis einer Statue der Dea Roma gedient[201]. Auf Grabungsfotografien um 1910–1911[202] und im späteren Plan Gismondis (Abb. 46) findet sich diese Basis nicht. Dennoch spricht einiges dafür, daß sie an der Stelle, wo sie heute steht, gefunden wurde und einstmals auch gestanden haben könnte (Abb. 45. 46, E; Abb. 47. 48).

196 Grabungstagebücher existieren dazu – mit Ausnahme von 1932 zur Regio V – nur zur großen Grabungskampagne 1938–1941. Im GdS 23, 1932 wurden Mosaiken dokumentiert, die möglicherweise einem weiteren späten Haus in der Nähe des Theaters auf einem inzwischen abgegrabenen Gehniveau zugehört haben könnten. Die Lokalisierung der Funde bleibt Desiderat.

197 Dazu s. bereits Vaglieri 1910, 95 f. 138 f.; GdS 3, 1910, 73. 79 f. (15. März 1910).

198 Originales Decumanuspflaster ist im Abschnitt d2/d3 (Abb. 39) erhalten. Die Planierungshöhe des Raumes d1 und des Brunnens d2 stimmt damit exakt mit der Türschwellenhöhe des spätantiken Raumes A16 an der Straßensperre S1c über dem Decumanuspflaster überein (+65 cm). Dazu s. hier Kapitel II. 1. c.

199 Vgl. dazu Anm. 197.

200 B 1924 »Reg. II. Veduta del Piazzale delle Corporazioni durante lo scavo« erweist sich als fehlerhaft beschriftet: Der Blickwinkel reicht vom ›Caracallabogen‹ über die aufgestellten Säulen der Portikus P01d bis zur Portikus der Neptunsthermen im Hintergrund. Publiziert wurde die Aufnahme erstmals in Vaglieris Bericht in den NSc 1913, ohne daß dort jedoch Details erkennbar wären. Wichtige Funde, u. a. Riefelsarkophage, Säulen und Kapitelle der Portikus – deren Gebälk und Dach jedoch kaum Spuren hinterließ – und möglicherweise auch ein weiterer Inschriftensockel wurden hier in Fundlage dokumentiert.

201 CIL XIV Suppl. 4621 (Aufidius Fortis). CIL XIV Suppl. 4716 (Ragonius Vincentius Celsus). Inwiefern dieser Sockel möglicherweise eine Statue der Roma trug, ist Gegenstand einer ausführlichen Herleitung bei Vaglieri 1910, 104 f.: Hier werden auch die Formulare sämtlicher bekannten Inschriften des Ragonius erörtert. Vgl. dazu auch Calza u. a. 1953 161.

202 Vgl. dazu auch das Übersichtsfoto B 1981 (Sopraintendenz, Archivio fotografico, Juli 1911).

Abb. 45 Blick auf den Theatervorplatz P1d mit den Strukturen A–E

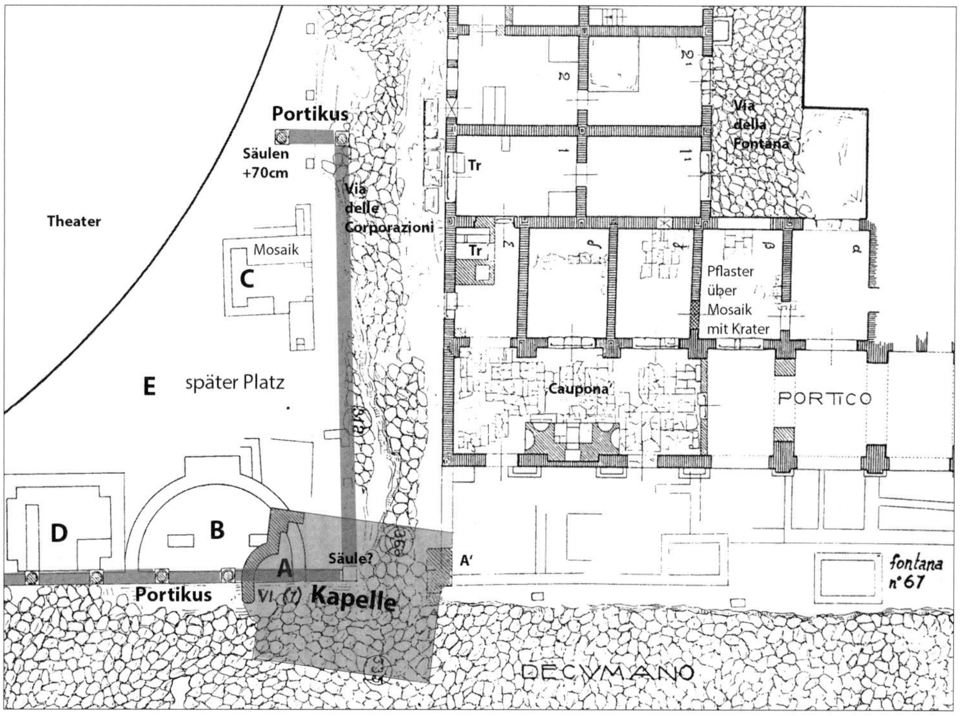

Abb. 46 Theatervorplatz P1d mit Portiken und dem späteren Kapelleneinbau (Plan nach I. Gismondi)

Abb. 47 Wiederverwendeter Statuensockel mit der Inschrift des Ragonius Vincentius Celsus

Abb. 48 Die Inschrift als ›vierte‹ Platzseite der spätantiken Theaterportiken

Der Inschriftensockel (Abb. 47. 48) ist heute zweifelsfrei modern arrangiert, seine schräg abgebrochene Standfläche wurde dazu ergänzt. Entdeckt wurde er jedoch: »in questo tratto tra via della fontana e l'ingresso del teatro«[203]. Nach der Diktion der Fundberichte zu urteilen, kam die Basis bei der Grabung aufrecht stehend in der Art einer originalen Aufstellung zutage[204]. Offenbar stand sie dabei allerdings deutlich höher auf einer spätantiken Aufhöhungsschicht, die heute abgegraben ist, denn Vaglieri bemerkt eher beiläufig in einer Anmerkung: »Va notato che la base di Ragonio non fu raccolta sul piano originario, ma su un piano rialzato, corrispondente ad epoca tarda«[205]. Die erwähnte Aufhöhungsschicht bzw. das Gehniveau, das mit der Aufstellung des Sockels korrespondierte, entspricht sehr wahrscheinlich dem um etwa +65–75 cm erhöhten Platzpflaster über der oben erwähnten planierten Vorgängerbebauung[206].

Die Inschrift hatte am Platz ihrer spätantiken Zweitverwendung offenbar unter einer noch späteren Aufhöhungs- bzw. Verfallsschicht geschützt die Zeiten überdauert. Der Bau einer späteren christlichen Kapelle, auf die noch näher eingegangen wird, bedingte den Abriß der Vorgängerbebauung und eine letzte Planierung in der Höhe von +1 m bis +1,45 m (Abb. 52)[207]. Unter diesen spätesten Gehniveaus, aber wohl bereits über dem Planierungsniveau von +65–75 cm befand sich offenbar ein Friedhof, was Vaglieri aus vollständig erhaltenen Sarkophagen schließt[208]. Aus dieser Schicht, aber wohl in situ in Falllage, nicht wie die Sarkophage von oben nach-

203 Vaglieri 1910, 96.
204 Vaglieri 1910, 102–106 mit Anm. 1.
205 Vaglieri 1910, 106 Anm. 1.
206 Der Grabungsassistent Finelli thematisiert zwei Aufhöhungen im Bereich um das Theater, jene um etwa +65–75 cm, die stadtweit verbreitet ist und wie auch hier noch mit Marmor- bzw. Mosaikfußböden korrespondiert, und eine wesentlich höhere um +1,45 m als gestampfter Erdboden, den er einer »epoca molto tarda« zuweist, als Ostia bereits verlassen war. Näheres zu diesen Gehniveaus s. u. und Kapitel II. 2. c; II. 4. a.
207 Paroli 1993, 160 mit Anm. 37; 167.
208 Der Inschriftensockel gehörte wohl zur selben Fundschicht zwischen +65 cm und +1,45 m, zu der auch einige von einem höheren Gehniveau aus in den Boden eingelassene Sarkophage gehörten, die nicht wie üblich bereits vorher zerbrochen, sondern vollständig zutage kamen. Das unterstreicht die Vermutung, daß es sich hier um einen der wenigen bekannten Funde handelt, die tatsächlich in der Spätantike im Kontext des Platzes P01d, zumindest innerhalb des von Vaglieri grob eingegrenzten Areals (s. o.), gestanden hatten. Es ist umgekehrt zumindest auf diesem Gehniveau von +65 cm, das der städtebaulichen Blütezeit des späten

träglich eingetieft, stammt die Inschrift des Ragonius, ferner die Statuen von stehenden oder sitzenden Frauen und die heute wiederaufgestellten Säulen der Portikus P01d[209]. Aufgrund dieses Fundzusammenhangs einer insgesamt abgeräumten Platzanlage unter der späteren Kapelle ist es wahrscheinlich, daß weibliche Götterstatuen, mythologisches Personal oder weibliche Ehrenstatuen, die im hochkaiserzeitlichen Ostia allesamt im Kontext von Heiligtümern, Nekropolen oder privaten Häusern verbürgt sind, hier in neuem öffentlichen Kontext vielleicht einen Teil der spätantiken Platzausstattung gebildet hatten. Alle diese unter dem spätesten Nutzungsniveau liegenden Funde waren zum Zeitpunkt des Kapelleneinbaus und in der Folgezeit nicht mehr zugänglich, als man verstärkt nach Spolien gesucht hatte. So wurde die Inschrift offenbar auch nicht wie viele andere Inschriftenspolien in Ostias letzten Siedlungsphasen des 7.–8. Jhs. in den äußeren Arkadengang der Cavea des Theaters vermauert[210]. Damals hatte man zumindest jene Statuensockel, die zur Stabilisierung oder Ausschmückung des Theaters verwendet worden waren und ebenfalls ursprünglich vom Piazzale delle Corporazioni stammten[211], wohl in Drittverwendung dazu genutzt, das Theater zu einer letzten Festung – wohl insbesondere gegen die seit dem 7. Jh. zunehmenden Plünderungen der Saraszenen – umzubauen[212].

Ragonius Vincentius Celsus stellt eine der bekanntesten Persönlichkeiten seiner Zeit dar. Seine Karriere und sein Wirken sind durch etliche Zeugnisse aus Rom, Ostia und Portus belegt: Der Inschriftensockel vor dem Theater läßt sich anhand der Angabe seines Amtes als Praefekt der Getreideversorgung Roms (*annona*) vor dem 25. August 389 ansetzen, angetreten hatte er sein Amt im Jahr 384[213].

Lothar Wickert, der Bearbeiter der Inschriften Ostias, stand in regem Briefkontakt zu den damaligen Ausgräbern. Damit verfügte er über Hintergrundinformationen, die zwar nur selten explizit publiziert wurden, aber zumindest in seine allgemeiner formulierten Deutungen einflossen. Seine entsprechenden Zuweisungen bilden auch in Fällen, zu denen inzwischen detailliertere Bauanalysen vorliegen, nachweisbar extrem verläßliche Anhalte, die eine Verifizierung von Fundkontexten über unseren heutigen Wissensstand hinaus ermöglichen. Seine Einschätzung von Ragonius' erweiterter Rolle bei der Renovierung sowohl des Theaters als auch bei Baumaßnahmen in dessen Umfeld, z. B. der Theatervorplätze, fußte auf einer genauen Kenntnis von Vaglieris sowie Finellis Vorgehensweise bei Grabung und Dokumentation; ihr ist daher ein entsprechendes Gewicht beizumessen: »Aus Vaglieris Fundbericht scheint hervorzugehen, daß diese Basis in situ, d. h. am Standort ihrer zweiten Verwendung, gefunden sein könnte. [...] Dann gewinnt die von Vaglieri sehr vorsichtig angedeutete Vermutung, daß Ragonius Vincentius Celsus bei der letzten Erneuerung des Theaters eine sehr wesentliche Rolle gespielt habe, große Wahrscheinlichkeit«[214].

Alte Grabungsfotografien geben einen Zustand wieder, als der Theatervorplatz spätestens zum Zeitpunkt der Aufstellung Ragonius' Statuensockels an ein neues und um +65 cm höheres Gehniveau angepaßt worden war[215]. Ragonius' Statuenstiftung bietet für sich genommen zunächst nur einen Terminus ante quem zur Datierung des neu planierten Platzareals. Allerdings spricht der Blick auf den gesamten Decumanus – und die Häufigkeit der Inschriften des Ragonius gerade in Verbindung zu erhöhten Neubauten wie der Exedra P2a oder dem neuen Nymphäumsraum vor den Forumsthermen dafür, daß die Erhöhung des Gehniveaus auch am Theater als Teil und unmittelbare Voraussetzung zu seiner Bautätigkeit stattgefunden hatte. Die Rolle des Ragonius bei der ersten umfassenden spätantiken Erneuerung des Theaters wurde von Wickert deutlich formuliert (s. o.): Offenbar verwies aber bereits Paschettos umfassende Studie von 1912 implizit auf Ragonius, wenn er die Erneuerungen des Theaters »um 385« ansetzte[216].

Nach Rodolfo Lancianis Grabungsbericht von 1880–1881 – dem Ergebnis einer der ersten wissenschaftlich gut dokumentierten Ausgrabungen – war der Eingangsbereich zum Theater aus Spolien vom Piazzale delle Corporazioni neu gestaltet worden, was zum einen Sitzbänke im Eingangskorridor des Theaters, zum

4. und frühen 5. Jhs. entsprach, kaum wahrscheinlich, daß der Inschriftensockel hier nur abgestellt worden und ›zufällig‹ liegengeblieben wäre, um in einen der benachbarten Kalköfen verbracht zu werden. Zu Sarkophagen s. Vaglieri 1910, 96 f.

209 Zu einigen weiteren Statuen aus diesem Kontext s. Vaglieri 1910, 99: »testa muliebre diademata [...], figura muliebre [...], figura muliebre (?) seduta (Nereide?)«.

210 Vgl. dazu z. B. CIL XIV Suppl. 4402, 4651, 4323. Zur Herkunft vieler Statuensockel vom Piazzale vgl. bereits Lanciani 1881, 115.

211 Dazu vgl. Lanciani 1880, 470.

212 Gismondi 1955, 293 f. mit Anm 3; Paroli 1993, 167.

213 Wickert 1933, 843. Ein neuerer Überblick über die spätantiken Inschriften vgl. Février 1958, 319 f.

214 Wickert 1933, 843. Dazu s. Février 1958, 843 mit Anm. 4.

215 Zum Decumanus vgl. die Grabungsfotografie B 2081: Das Decumanuspflaster wurde seit 1913 zu größeren Teilen neu verlegt. Ausnahmen bilden Abschnitte westlich des Theaters: B 2091 (1913).

216 Paschetto 1912, 279.

anderen einen mit Ziegeln gemauerten Stützbogen im Tonnengewölbe der Cavea betraf[217]. Italo Gismondi faßt in seiner Studie von 1954 die bisherigen Ansätze zur Datierung des spätantiken Theaterumbaus zusammen: »la trasformazione dell'ingresso centrale operata mediante la costruzione dell'arco con l'impiego di basi di statue, che il Lanciani dice eseguita sotto Onorio (395–423), mentre il Paschetto, secondo alcune sue considerazioni sulla decadenza delle Corporazioni, la datarebbe a Teodosio (379–395), deve essere più antica della colimbètra almeno di qualche decennio«[218].

Das Verhältnis der Vorgängerbauten zur ›Spolien-Portikus‹ vor dem Theater

Das ältere Travertinpflaster unter dem planierten Theatervorplatz P1d ist original erhalten. Das Gehniveau des daran angrenzenden Decumanus am Theater entspricht dagegen heute teilweise nicht mehr dem antiken Befund, weil es nach dem modernen Wiederaufbau des Theaters im Jahr 1927 an dessen deutlich tieferes augusteisches Gehniveau angeglichen worden ist[219]. Der Decumanus ist an der Stelle des sogenannten Caracallabogens (Abb. 39, f1–f4) nachweislich bereits zu dessen Entstehungszeit deutlich höher anzusetzen als es das dort heute sichtbare Straßenpflaster zeigt, was bereits der älteren Forschung bekannt war[220].

Das halbrunde hochkaiserzeitliche Nymphäum B (Abb. 46, B) war zum Zeitpunkt des Einbaus der Säulen der Portikus P01d planiert worden (Abb. 46, Portikus) und damit nachweislich nicht mehr in Betrieb[221]. Die Vermessung belegt, daß das Planierungsniveau unter dem modern wiederaufgestellten Wasserspeier in Form eines Schiffsbugs[222] dieselbe Höhe von etwa +60 cm über dem Travertinpflaster aufweist wie das Gußmauerwerk unter der Säulenbasis westlich der Kapelle (+61 cm) über dem dort noch originalen Decumanuspflaster. Der Bau der Portikus P01d setzt also die Demontage des Wasserspeiers wie des gesamten aufgehenden Mauerwerks des Nymphäums voraus. Die Säulen auf dem planierten Beckenrand des Nymphäums fluchten ferner nicht mit dem Scheitelpunkt des asymmetrisch angelegten Halbrunds des Beckens: Ein baulicher Zusammenhang der Säulenstellung mit dem Nymphäum ist damit eindeutig auszuschließen.

Abb. 49 Sichtbarer Spolienverbau im Raum D

Nach Vaglieri ist im Bereich der planierten Latrine (Abb. 45; Abb. 46, C) eine Basis inkorporiert, die ihren Maßen (3 × 1,20 m) nach für ein Reiterstandbild geeignet war[223]. Für Raum D (Abb. 45. 46, D) vermerkt er vier Pilaster, die mit dem heute sichtbaren Befund der verstärkten Ecken korrespondieren und ein leichtes Dach getragen haben konnten: Raum D war ehemals vielleicht mit einer pavillonartigen Überdachung zu ergänzen. Auch dieser Raum kann aber nicht weiter genutzt worden sein, als man den Theatervorplatz neu organisierte: Der Innenboden wurde aufgeschüttet und mit Marmorspolien, die hier teilweise sogar sichtbar verlegt worden waren und daher von den Ausgräbern in situ belassen wurden (Abb. 49), gepflastert. Vaglieri schließt seine Beschreibung der Vorgängerbauten mit einem Blick auf das gesamte Ensemble von Platz und

217 Dazu vgl. Lanciani 1880, 470.
218 Gismondi 1955, 308.
219 Dazu s. Pavolini 1983, 63 f.
220 Zum Caracallabogen s. Pensabene – Zevi 1971, 481 f. Zur Schemazeichnung von Zevi und Pensabene s. a. Pavolini 1983, 64.
221 Dazu vgl. Ricciardi – Scrinari 1996, Bd. 2, 203 f.
222 Zu einem ähnlichen Wasserspeier, wie er hier im Schutt des planierten Nymphäums erhalten blieb, am Bivium P4 vgl. hier Kapitel II. 5. a.
223 Vaglieri 1910, 138.

Theater sowie die verbliebenen Tabernen im äußeren Theaterrund, die im nächsten Kapitel noch eingehend behandelt werden: »Queste costruzioni e altre prossime furono tagliate *tutte ad un piano.* All'altezza di questo fu fatto un pavimento a piccoli pezzi di marmo che si è ritrovato in alcuni punti e all'istessa altezza arrivava anche il più tardo pavimento in qualche taberna«[224].

Die Grabungsfotografien um 1910–1911 bilden einen für die vorliegende Fragestellung interessanten Zustand ab: Damals war gerade das spätantike Nutzungsniveau der Portikus erreicht und freigelegt worden, jedoch noch nicht das darunterliegende hochkaiserzeitliche Straßenpflaster. Der äußere Rund des Theaters, die offenbar nicht vor dem 6. Jh. kollabierte Erweiterung der Cavea, war noch nicht wieder modern nachgebaut, d. h. in diesem Fall unter Aufgabe der alten Pfeilerstandorte sogar völlig neu gestaltet worden. Das gesamte Areal hatte erst unter Guido Calza seine bereinigte Form als wichtiger Bestandteil des neu errichteten ›Erlebnisparks‹ Ostia erhalten. Der Ausgräber sprach in der Diktion Mussolinis von einer Befreiung von Zu- und Umbauten: »interventi di consolidamento e di ricomposizione, di completamento e di ripristino, di liberazione«; das Ergebnis war zwar ein wieder benutzbares Theater, allerdings auf Kosten des beinahe vollständigen Verlustes seiner originalen urbanistischen wie kulturhistorischen Einbettung[225].

Erhalten blieb nur der geschlossene Zustand einiger Tabernen, die nach einer Brandkatastrophe in Wasserspeicher umgebaut worden waren. Sie lagen unmittelbar neben Tabernen, die über einer Schicht aus ausgebranntem Inventar noch letztmalig mit einem erhöhten Innenboden wieder genutzt wurden. So lange der ebenfalls erhöhte Platz in Benutzung war[226], dienten sie offenbar als Steinmetzbetrieb, Mörtelproduktionsstätte sowie weitere Verkaufsräume und Werkstätten, so u. a. für Gläser und Metallwaren; eine der Tabernen enthielt einen kleinen Ofen, in dem eine Reihe von kleinformatigen Inschriftenfragmenten und Marmorabschlägen inkorporiert waren. Ein solcher Kalkofen ist per se kein Indiz für städtebaulichen Niedergang, zumal Marmorabschläge als Nebeneffekte der Neupflasterung von Böden anfielen, und Mörtel wiederum auch für das Mörtelbett einer neuen Boden- und Wandpflasterung benötigt wurde[227].

Zur Rekonstruktion der Spolien-Portikus – Säulenvorhang oder Halle?

Der Plan Gismondis (Abb. 46) zeigt entlang des Decumanus eine regelmäßige Anordnung von Portikussäulen. Diese bestehen aus unterschiedlichen Materialien, gehörten aber zusammen mit ihren korinthischen Kapitellen offenbar zu einem einheitlich wiederverwendeten ›Set‹ von Spolien, weil sie dieselben Versatzmarken tragen. Der Ausgrabungsdirektor Vaglieri schreibt zum ›colonnato a colonne di portasanta‹: »furono rialzate tre delle colonne, che si rinvennero intere [...]. Due di esse conservano i capitelli corinzii, sui quali sotto l'abaco si leggono le lettere capovolte da una parte del rosone PDE, dall'altro PP CC, sul frammento di un altro capitello si legge TICF«[228]. Daß drei der Säulen aus härterem Material waren, rechtfertigt die unterschiedliche Eignung für schnell angebrachte Alltags-Graffitis, die sich nur auf einer weiteren Säule, die daneben gestellt wurde, in Höhe eines stehenden Betrachters fanden.

Die Portikus P01d (Abb. 39, d1–d8; Abb. 45, rechts im Bild) berücksichtigt einerseits den Verlauf des Decumanus, andererseits aber wohl auch jenen der Via delle Corporazioni. Unklar ist nur, ob zwischen den zwei Säulen im Norden des Platzes P01d (Abb. 39, d7) sowie einigen weiteren Säulen parallel zur Via delle Corporazioni (d8) eine einheitliche Verbindung bestanden hatte oder hier möglicherweise mehrere Bauphasen bzw. Bauabschnitte greifbar sind. Zumindest scheinen die Säulen d5 und d8 mit der erhaltenen Basis d3 an der Ecke zwischen Decumanus und Via delle Corporazioni nicht in Flucht zu liegen. Alle Säulen vereint jedoch das einheitliche neue Gehniveau der spätantiken Platzanlage und der angrenzenden Via delle Corporazioni.

Die Ostseite des Theaterplatzes P1d ist während der Grabung bis auf ein älteres Gehniveau abgegraben worden, so daß die um +65 cm erhöhten Auflageflächen der Säulenbasen an dieser Stelle bereits auf den späteren Grabungsfotografien und dem Plan Gismondis (Abb. 46) nicht mehr sichtbar sind. So ist bis heute nur ein Stück Marmorboden dieser Portikusseite erhalten geblieben (s. o., Abb. 39, auf d6; Abb. 46, C). Die Existenz einer übereck verlaufenden Säulenreihe scheint aber durch den Vermerk Vaglieris gesichert zu sein, wonach zum Zeitpunkt der ersten Ausgrabungen an drei

224 Vaglieri 1910, 138 f. Kursive Hervorhebung durch den Autor.

225 Dazu s. Greco 1999, 14 f. Abb. 3. 4.

226 Vgl. hier Anm. 223.

227 Datierende Funde stammen aus den Tabernen in der Cavea. Zur etwas verwirrenden Zählweise der Tabernen in der Cavea vgl. Wickert 1933, 843. Zu den ›recycelnden‹ spätantiken Handwerksbetrieben, u. a. einem Glaser und Marmorbildhauer bzw. Steinmetz, s. hier Kapitel II. 2. c.

228 Vaglieri 1910, 95.

Abb. 50 Die Säulenfundamente d7 als Zeugnisse eines abgegrabenen Gehniveaus

Abb. 51 Der Boden C aus Opus sectile korrespondiert mit dem Portikusniveau

Seiten Portiken vorhanden waren, während die vierte Seite des trapezoidalen Platzes durch das Theater selbst begrenzt wurde[229].

Auch an einer dritten Seite im Norden – und der schmalsten der insgesamt trapezoidalen Anlage – befanden sich Säulen (Abb. 50), die genau mit dem späten Platzboden fluchten (Abb. 51). Um innerhalb der ›Blendportiken‹ eine einheitliche Verlegung des Gebälks über den Säulen und möglicherweise eine zumindest partielle Überdachung realisieren zu können, wurde das natürliche Geländegefälle offenbar durch unterschiedlich hohe Fundamente ausgeglichen. So reduzierte sich die Erhöhung an der Stelle der einzigen erhaltenen Säule auf dem Straßenraum der Via delle Corporazioni (Abb. 50) auf etwa +40 cm, wobei das Fundament unter der wiederverwendeten Säulenbasis aus dem üblichen Bauschutt, einem Konglomerat aus Tuff- und Mosaiksteinen, Feinkeramik und den Fragmenten von hier wiederverwendeten Zwischenböden von Insulae besteht.

Denkmodelle der Ausgräberzeit auf dem Prüfstand – Eine ausschließlich ›christliche‹ Platznutzung in der Spätantike?

Die spätantike Bebauung vor dem Theater wurde von den Ausgräbern in christlicher Tradition als *locus martyrii* mit zahlreichen Sarkophagen gedeutet, die an dieser Stelle zutage getreten waren[230]. Vor allem die 8,70 m lange einschiffige Kapelle (Abb. 46, schraffierter Mauerzug A über B), die sich teilweise über dem Platz und teilweise über den Decumanus erstreckte, wird zur Deutung einer starken und langen christlichen Tradition an dieser Stelle herangezogen[231].

Bereits die deutlichen Höhenunterschiede der hier gut rekonstruierbaren spätantiken Stratigraphie zwischen +65–70 cm des planierten Platzes einerseits und der mehr als +1 m erhöhten Kapelle und ihren von oben eingelassenen Bestattungen widersprechen jedoch diesem Deutungsmodell. Für die vorliegende Rekonstruktion der spätantiken Stadt interessiert vor allem der Zustand des 4. und 5. Jhs. auf dem Gehniveau von +65–70 cm.

Bei der Neugestaltung des erhöhten Platzniveaus +65–75 cm über den heute sichtbaren Travertinplatten (Abb. 45) und den planierten Vorgängerbauten wurden zum Teil auch größere Spolienplatten verwendet (Abb. 46, D; Abb. 49). Eine spezifische Funktion dieses sichtbar verbauten Dekors innerhalb des Bodenbelags inmitten des – zumindest ehemals – pavillonartig überdachten Raums D kann nicht mehr geklärt werden. Der ostentative Verbau der Vorderseite im Gegensatz zur glatteren Rückseite findet Parallelen am Forum bei den spätesten Reparaturen des monumentalen Pflasters in der zweiten Hälfte des 5. Jhs. (s. u.). Der Platzboden bestand neben diesem Spolienverbau aber offenbar auch aus einem Opus-sectile-Boden aus unregelmäßigen, bunten und sehr großen Marmorbruchstücken, die zum Teil bis heute erhalten blieben (Abb. 46, C, Mosaik).

Auch die unveröffentlichten Grabungstagebücher tragen einige Informationen zur Gestaltung eines Bodens durch ein Bodenfragment aus Opus sectile bei:

229 Vaglieri 1910, 95.
230 Zum *locus martyrii* s. Vaglieri 1910, 139. Bauer 2003, 58 f.
231 Zur Kapelle vgl. Bauer 2003, 58 f. mit Verweisen auf die ältere Literatur: Paroli 1993, 167 Abb. 1, 2; 7 a–c.

»Tasselletto a quadrato faciente parte di un pavimento di epocha [epoca] molto tarda, pavimento gia notato col portico lungo la via del teatro [...] su questo tassello si legge ›PAX CHRISTI‹.«[232].

In einer Brandschicht aus dem Areal ist in den Grabungstagebüchern ein weiterer Fund dokumentiert, der zur christlichen Gesamtdeutung der Platzausstattung herangezogen wurde: »Sotto uno strato d'incendio si raccolse una lastra marmorea: ›[...] SANCTIS‹«[233].

Ohne stratigraphische Fundangaben bleibt zumindest offen, ob die Inschrift SANCTIS zur ersten konstituierenden Bauphase des Theatervorplatzes und der Portikus des Ragonius auf dem Gehniveau von +65–70 cm mit dem unregelmäßigen Spolien- und Mosaikboden gehört haben muß, oder zu einer späteren Bebauung auf Höhe der Theaterkapelle (> +1 m).

Die Datierung dieser Portiken in severische Zeit und der Kapelle in das 4. Jh. nach Ricciardi[234] entspricht einer alten Forschungstradition, sie ist jedoch keineswegs mehr haltbar, insbesondere, wenn man die Befunde mit den stratigraphischen Daten verbindet. Das Nutzungsniveau der Kapelle ist mit mehr als +1 m deutlich höher gelegen als jenes der Platzanlage mit dem erhaltenen Boden aus unregelmäßigem Buntmarmormosaik[235]. Die Bauweise der kleinen christlichen Kapelle aus großen wiederverwendeten Tuffblöcken mit Ziegelfüllung und spezifisch ›frühmittelalterlichem‹ Mörtel läßt sich, Lidia Paroli zufolge, mit christlichen Bauten in Portus und den leoninischen Mauern in Rom vergleichen[236]. Demnach handelte es sich frühestens um einen Bau des späten 6. oder 7. Jhs.

Die Stratigraphie läßt also zwei Böden aus Opus sectile rekonstruieren, jenen des Platzes des 4. und 5. Jhs. und jenen der späteren Kapelle des 6.–8. Jhs. Vollständig unklar bleibt jedoch, inwieweit es bereits Spuren einer dezidiert christlichen Platznutzung auf dem darunter liegenden Platzniveau des 4. und 5. Jhs. gegeben hatte, noch bevor die Kapelle entstanden war.

Franz Alto Bauer führt Indizien auf[237], die bereits vor dem Bau der frühmittelalterlichen Kapelle mehrere Bestattungen und einen Märtyrerkult an dieser zentralen Stelle im Stadtbild zu belegen scheinen. Wie Bauer vermutete, könnte eine christliche Konnotation an diesem Platz im Betrachtungszeitraum des späten 4. und frühen 5. Jhs. in der kollektiven Erinnerung einer *lectio cristiana* durchaus präsent gewesen sein. Mangels jeglicher baulicher Zeugnisse für eine ›Vorgängerkapelle‹ auf dem Gehniveau von +65–70 cm wäre diese *memoria* jedoch für Uneingeweihte zumindest nicht sichtbar gewesen[238]. Der Verortung der christlichen Inschriften auf dem Platzniveau steht die hier rekonstruierte Stratigraphie der Sarkophagfunde gegenüber, die sich nicht der Auffüllung unter dem Platzniveau von +65 cm zuweisen lassen können, sondern nur darüber. Eine explizite Christianisierung der Innenstadt blieb in Ostia mit Ausnahme der sehr späten Theaterkapelle offenbar aus, vielleicht auch, weil Verarmung und Abwanderung im Zug der Gotenkriege und Naturkatastrophen sowie ein demografischer Einbruch durch wiederkehrende Pestepidemien eine Umsetzung eines deutlicher christianisierten Stadtbilds gerade seit justinianischer Zeit verhinderten.

Eine traditionell-pagane oder pagan-christlich gemischte Platzausstattung

Rekonstruiert man nur die Architektur, dann hat man auf dem Gehiveau von +65–70 cm einen ›bereinigten‹ und weitgehend unspezifischen Platz vor sich, wie man ihn mehrfach entlang des spätantiken Decumanus findet. Vor allem die statuarische Ausstattung definierte also den Platzcharakter. Gerade diese Ausstattung belegt nun eine interessante Koexistenz mit der möglichen frühesten Märtyrermemoria nach Bauer (s. o.), wofür die Dea Roma nur ein Beispiel unter mehreren bildete, insofern Vaglieri hier auch eine Reihe von weiteren traditionellen Götter- und Ehrenstatuen gefunden hatte[239]. Im Gegensatz zur Dea Roma können diese zwar nicht mehr ihrem genauen Aufstellungskontext zugewiesen werden, in ihrer Ballung erscheinen sie jedoch genauso aussagekräftig: Die Konzentration kontinuierlich paganer Ausstattung diente hier wie auch bei allen anderen

232 GdS 3, 1910, 73.
233 Vaglieri 1910, 107.
234 Ricciardi – Scrinari 1996, Bd. 2, 204 Abb. 359.
235 Vgl. dazu Paroli 1993, 168. Die Maßangabe +75 cm nach Bauer 2003, 58 ist nicht zutreffend, die Fundamentoberkante ragt mehr als 1,40 m über das an dieser Stelle original erhaltene Decumanuspflaster.
236 Paroli 1993, 167 mit Anm. 61 zu den Vergleichen.
237 Zu einem der Sarkophage, die hier von Vaglieri unter dem letzten Gehniveau gefunden worden waren und der sekundär für die Bestattung des Märtyrers und Bischofs Quiriacus genutzt wurde, s. Bauer 2003, 58: »Vermutlich hatte man den Sarkophag in den Boden eingelassen, so daß nur der Deckel mit der Inschrift sichtbar war. Die Inschrift scheint wiederum früher zu sein als die Kapelle: Sie könnte im 5. Jh. angefertigt worden sein [...].« Quiriacus war am Caracallabogen vor dem Theater im späten 3. Jh. hingerichtet worden, was eine nahe gelegene Erinnerungsstätte, war sie zunächst auch nur sehr einfach gestaltet, erklären kann. Dazu s. Bauer 2003, 59. Vgl. auch Paroli 1993, 167.
238 Zum Verhältnis von Kultmal zur Legende vgl. Paroli 1993, 59 f. 61.
239 Dazu s. hier Anm. 208. 209.

und besser erhaltenen späten Plätzen Ostias der städtischen Zierde (*ornamentum urbis*). Die Fundberichte wie ältere Grabungsfotografien belegen neben der erwähnten Dea Roma und dem älteren Fundament für eine Reiterstatue also eindeutig, daß der Platz in der Spätantike keineswegs leer geblieben war. Die Freiflächen um das Theater bildeten beliebte Versammlungsbereiche, die zu den verschiedensten Anlässen genutzt worden sein könnten und dementsprechend attraktive Aufstellungsorte für Bildwerke zur Repräsentation von Stiftern und Eliten. Die per se unspezifische Architektur der Hallen und ihre Ausstattung bilden ein deutliches Indiz gegen eine eindeutige christliche Inanspruchnahme, die seit den Ausgräbern als gesichert gilt: Wie die Roma-Statue handelte es sich bei Bauten wie Bauschmuck um ganz in antik-paganer Tradition stehende Stiftungen, die auch in der pagan-christlichen Mischkultur der Spätantike offenbar problemlos koexisitert haben konnten.

Abb. 52 Der Kapelleneinbau als Zubau von Decumanus und Via delle Corporazioni

Die ›Christianisierung‹ des Platzensembles erst nach Einsturz und Ende von Theater und Portikus

Finellis Stratigraphie konnte durch die hier herangezogenen Beobachtungen zur Mikrohistorie angrenzender Bauten erweitert werden. Innerhalb der Aufhöhung, die bis zur Höhe +1,45 m über dem letzten Straßenpflaster reichte[240], ließen sich mehrere Schichten trennen. Zur Datierung der einzelnen Erhöhungen selbst boten auch die münzdatierten Verschüttungsbefunde (Terminus post quem von 423) in zwei gut dokumentierten Appartements mit dazwischen liegenden Gehnivaus um +30 cm, +65 cm und +90 cm Anhalte, die im Rahmen der ›abgewerteten‹ Stadtviertel nördlich der ›Schaufassade des Decumanus‹ besprochen werden[241].

Wahrscheinlich kam es zur dezidiert christlichen Prägung des Platzensembles P01d erst, als das Theater, zumindest der äußere Umgang der Cavea, eingestürzt war und auch nicht mehr als solches für Aufführungen genutzt wurde. Die neue christliche Kapelle, die das Straßenbett des Decumanus außer Funktion setzte (Abb. 46. 52) und ehemals auch den Zugang zum Piazzale delle Corporazioni über die Via delle Corporazioni komplett blockiert hatte, war nachweislich erst nach dem Einsturz der severischen Erweiterung der Cavea gebaut worden. Der Kapellenbau – und auch die Begräbnisstätte[242] – war über einer Aufschüttung mit Bauschutt entstanden, in der sich große Trümmer der Theaterfassade befanden. Die Sarkophage waren wie auch die Säulen und Gebälkreste der eingestürzten Portikus über diesem Gehniveau, aber »sotto il pavimento della chiesetta« gefunden worden[243]. Als man hier die retrospektive Märtyrergedenkstätte als Kapelle mit angeschlossenem Friedhof baute, war der traditionelle Festspielbetrieb des 4. und noch 5. Jhs. wohl definitiv beendet.

Die letzte in den Grabungstagebüchern dokumentierte Straßenerhöhung in der Via delle Corporazioni entspricht mit +1,45 m einem Zustand des späten 6.–8. Jhs. Damals waren alle angrenzenden Insulae mit ihren Tabernen zumindest im Erdgeschoß verlassen und aufgegeben worden. Bewohnt blieben – wenn überhaupt – nur noch die Obergeschosse[244]. Zum Zeitpunkt des Einbaus der Kapelle war also nicht nur das Theater selbst, sondern auch die vielgeschossige Bebauung um

240 In GdS 5, 1912, 297 gibt er zunächst die komplizierte, aber dafür ungewöhnlich zweifelsfreie Lokalisierung der Beschreibung: »Proseguono i lavori di scavo nella via parallela, ad ovest di quella della Fontana, e precisamente in *(sic!)* fra questa e le scole o sede delle corporazioni« wieder. Dann bezieht Finelli sich direkt auf den Befund: »Lo strato battuto di cui ho acennato nell'ultimo giornale, e diviso in più strati sopraposti, il più alto trovasi a met. 1,45 dal piano della strada che vi sta sotto«.

241 Dazu s. hier Kapitel II. 4. a.

242 Vgl. Paroli 1993, 167 f. mit Anm. 62.

243 Vaglieri 1910, 139.

244 Dazu s. GdS 5, 1912, 316: »muri caduti dei piani superiori [...] sono seduti su uno strato di terra che conserva l'altezza di quello che fu notato sopra la strada, cioè alto m 1,45. La terra alta circa m 1,45 nelle taberne lungo la strada ci fa vedere chiaramente che esse erano state abbandonate quando furo [furono] invase dalla terra, e se gente resideva ancora nelle costruzioni di cui si parla, certamente abbitava [abitava] ai piani superiori«.

das Theater bereits komplett eingestürzt, was an dieser Stelle hohe Schuttstraten bewirkte. Finelli hatte diese am Anfang seiner Grabungspraxis noch mit großem Erstaunen konstatiert, in der Via delle Corporazioni angekommen, unterscheidet er jedoch bereits mit Kennerschaft mehrere Laufniveaus, die zum Teil auch noch über den Trümmern der vielgeschossigen Bebauung und des kollabierten Theaters lagen[245]. Die Kaufläden und Gewerbebetriebe in der Substruktion der Cavea waren damals schon lange aufgegeben, weil der äußere Arkadenumgang des Theaters eingestürzt war[246].

Der Theatervorplatz als Wegstation entlang der Promenade – Gleiche Einbauhöhe und gleiche Funktion?

Anhand der alten Pläne sowie der wiederaufgestellten Statuenbasis des Ragonius Vincentius Celsus ist an dieser prominenten Stelle zwischen Decumanus und Theater eine spätantike Ausstattungsphase des Decumanus gesichert, die sich ins späte 4. Jh. datieren läßt. Bemerkenswert ist dabei, daß bestehende Denkmäler und Statuen, die Latrine, vor allem aber die hochkaiserzeitlichen apsidialen Wassermonumente am Theater nicht renoviert, sondern beseitigt worden waren.

Das scheint kein Einzelfall zu sein: Auch im Fall der Platzanlagen P1 (s. o.) oder P1h (s. u.) hatte man auf der Höhe von etwa +60 cm über dem heutigen Decumanuspflaster alle Vorgängerbauten neben einem ebenfalls apsidialen Nymphäum rasiert und planiert, um eine neue Freifläche zu erhalten. Die Erhöhung der Portiken um +65–75 cm über dem severischen Decumanuspflaster war bereits für die Türschwelle in der westlichen Portikusbegrenzung P01b am Beginn der Promenade am Piazzale della Vittoria P1 sowie bei den Neubauten hinter der Straßensperre S1c (Raum A16) festgestellt worden (s. o.). Diese Maßnahmen eint ihr Gehniveau. Wahrscheinlich kann es nicht vor dem späten 4. Jh. angesetzt werden, wenn man die Erhöhung und Planierung des Platzes P01d mit der Reparatur des Theaters in theodosianischer Zeit und Ragonius' Statuenweihung zwischen 385–389 verbindet (s. o.). Aber auch, wenn man Ragonius' Inschrift nur als Terminus ante quem dieser Erhöhung um +60–70 cm deuten will, bleibt u. a. neben den Münzfunden aus neueren Ausgrabungen (s. u.) auch noch eine Inschrift des Julian Apostata, die selbst einen Teil dieser Aufhöhung des Gehniveaus bei den Horrea Epagathiana bildete, und einen klaren Terminus post quem liefert[247].

Den deutlich gegenüber dem Decumanuspflaster erhöhten Bauten des späten 4. Jhs. steht eine Reihe von Wassermonumenten an der Promenade gegenüber, die direkt auf bzw. maximal etwa +30 cm über dem severischen Gehniveau aufsetzen. Diese waren auch im fortgeschrittenen 4. Jh. nicht außer Funktion gesetzt und planiert worden, sondern weiter in Benutzung blieben, auch wenn sie dann etwas tiefer als zuvor in die Umgebung eingebettet lagen. Dabei handelt es sich entweder um Neubauten wie das Fassadennymphäum N1a auf dem Piazzale della Vittoria P1 oder um Renovierungen wie das apsidiale Nymphäum N2a, das dem Foro della Statua Eroica FSE/P2b gegenüber lag.

Damit kann schon an dieser Stelle vermutet werden, daß die Promenade des Decumanus zumindest zwei umfassendere spätantike Ausbauphasen erlebt hatte, wovon die erste oft sogar noch unmittelbar vor einer ersten spätantiken – nach Ricciardi sogenannten diokletianisch-konstantinischen – Niveauerhöhung stattfand[248]. Die hier beschriebenen Portiken gehören jedoch zweifellos einer Zeit nach den zweiten Erhöhungen an. Dabei handelt es sich um eine Periode, für die auch besonders viele Stiftungen der senatorischen Präfekten der Annona – in ihrer Funktion als höchste offizielle Würdenträger in Ostia sowie Portus und wohl zugleich ebenfalls als Grundbesitzer in Innenstadt und Umland – überliefert sind, wie das hier wohl auch für den größten Gönner des späten Ostia, Ragonius Vincentius Celsus, der Fall ist[249].

Eine allgemeinere Deutung der Funktionen des Theatervorplatzes, die sich nicht auf den Theaterbetrieb und Festtage bezogen, kann nur in Verbindung zur Funktion der gesamten Promenade des Decumanus erfolgen. Neue Portiken und Platzanlagen schaffen zusätzlichen – und vor Witterungseinflüssen geschützten – Raum für Zuschauer. Dabei muß berücksichtigt werden, daß in der Spätantike wichtige Abläufe wie der Besuch der Präfekten oder von Angehörigen der senatorischen Oberschicht für Gerichtstage, überregional bedeutsame Feste wie für die Dioskuren und auch im Alltag als prozessionale Spektakel im Straßenraum inszeniert wurden, wobei die genaue Betrachtung der Details wie z. B. der Gewänder der Prozessionsteilnehmer offenbar eine erhebliche Rolle spielte und eine entsprechende

245 Finelli – s. GdS 5, 1912, 297 – fährt fort: »Essi strati sono sempre formati da materiali distrutti e sono molto battuti, e ciò denota un continuo pasaggio [passaggio] volta che la città si rialzava, e ciò fine all'epoca tarda«.

246 Dazu Vaglieri 1913, 296.

247 CIL XIV Suppl. 4408.

248 Hier am Theater findet sich nur ein Beleg diokletianischer Zeit (CIL XIV Suppl. 4402), der jedoch keiner konkreten Baumaßnahme mehr zugeordnet werden kann.

249 Zu den Stiftungen neuerdings s. Bauer 2003, 57. Zu neueren Münzfunden vgl. Kapitel II. 5. c.

Abb. 53 Theater. Blick auf Orchestra, die *porticus post scaenam* und den Piazzale delle Corporazioni

Sichtbarkeit bei der Inszenierung des Spektakels voraussetzte[250]. Auch stadtrömische Senatoren, die nicht die Annonapräfektur innehatten, sind als Eigner u. a. von innerstädtischen Thermen sowie als Grundbesitzer im Territorium von Ostia und daher wohl als ›ständige Gäste‹ in Ostia gut überliefert[251].

Der Theatervorplatz bildete einen wichtigen Bestandteil der Monumentalisierung des Decumanus. Dazu paßt der Charakter der Platzportikus als Säulenvorhang und Schaufassade, die im Gegensatz zu den weiter zurückgesetzten Appartments an der Via delle Corporazioni offenbar bis ins spätere 5. Jh. mit repräsentativem Anspruch beibehalten worden war. Die neue Portikus vor dem Theater ist damit ein kleiner Teil des Phänomens, das hier entlang des ganzen Decumanus verfolgt wird: seine versuchsweise Umgestaltung in eine möglichst durchgehend fluchtende Säulenstraße. Ob durch den Säulenvorhang allerdings umgekehrt das Theater als pagane Spiel- und Feststätte selbst ›maskiert‹ werden sollte, wie es Vaglieri bei der Benennung der Portikus und des gesamten Platzes des 4. und 5. Jhs. als *locus martyrii* – wohl mit Implikation eines beabsichtigten ›Kulturkampfs‹ der christlichen und paganen Platznutzung – annahm, ist wohl kaum mehr haltbar[252]. Im Gegenteil: Die Platzplanierung, der Vorbau der Spolienportikus P01d und der Theaterumbau für Wasserspiele, der im folgenden noch näher erörtert werden wird, gehören offenbar untrennbar zusammen[253].

250 Zusammenfassend: Lavan 2011.

251 Zur entsprechenden Deutung einer *fistula* aus den Terme del Faro, die bis zur Mitte des 5. Jhs. in senatorischem Besitz waren, vgl. bereits Geremia Nucci 1999, 37 mit Anm. 9; Gering 2004, 310 f. mit Anm. 31–33. Zur senatorischen Präsenz im 5. Jh. vgl. auch das Elfenbeindiptychon bei Vaglieri 1910, 114.

252 Vaglieri 1910, 139. Vgl. Calza u. a. 1953, 162: »la zona creata nel IV–V secolo consacrata ai martiri«.

253 Aufführungsorte und Zielpunkte von Festzügen sind gerade in der Spätantike oft durch ein Theater charakterisiert: Eine entsprechende Deutung wird sowohl durch den Umbau des Theaters für sogenannte Kolymbethra, d. h. Wasserspiele, bestärkt, die einen unabdingbaren Bestandteil solcher Feste bildeten, als auch durch die spätantike Einrichtung großer hypäthraler Wasserbecken auf dem bereits von den Händlern verlassenen Piazzale delle Corporazioni. Diese Becken waren aus Spolien des bereits eingestürzten oder abgerissenen Tempels errichtet worden und lassen damit zumindest eine temporäre ›Nachnutzung‹ dieses Platzes im Rahmen von spätantiken Festspielen und Aufführungen vermuten. Vgl dazu das nächste Kapitel.

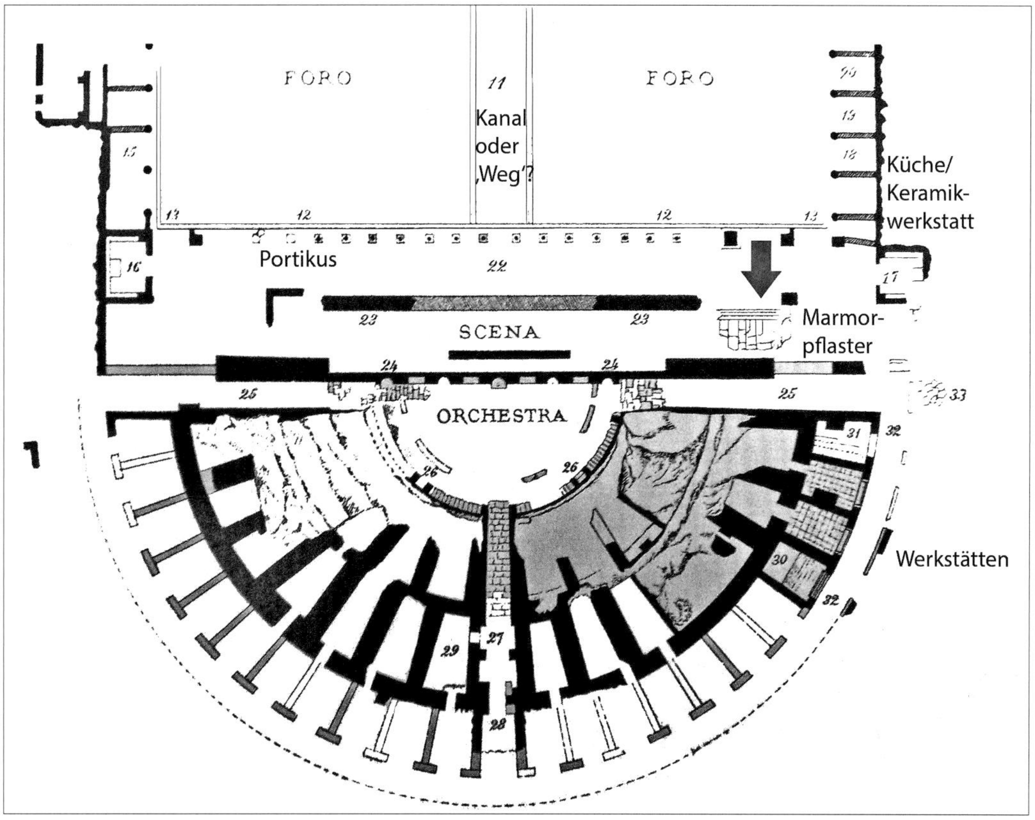

Abb. 54 Theater. Der spätantike Endzustand bei der ersten Freilegung (Plan nach R. Lanciani)

II. 2. c Der Umbau des Theaters und des ehemaligen Handelsforums für Wasserspektakel – Zu Ausstattungsfunden und Nutzungsspuren des Theaterbetriebs im späten 4. und 5. Jh.

> »*An der Vorderseite der Bühne laufen in abwechselnd halbrunder und viereckiger Form neun Nischen entlang. Zwischen ihnen stehen marmorne Pfeiler mit umfangreichen Inschriften, die für längere Zeit unsere Aufmerksamkeit in Anspruch nehmen.*«[254]

Eine Reihe rechteckiger Sockel, die ehemals wohl vom Piazzale delle Corporazioni stammten, standen im Zustand unmittelbar nach den ersten Ausgrabungen vor der Bühnenwand in der Orchestra, die heute von allen spätantiken Umbauten bereinigt ist (Abb. 53). Dort konnte sie der hier zitierte Oberstudienrat Fisch noch 1898 betrachten. Auch alte Grabungsfotografien belegen den Zustand vor der modernen Gartengestaltung am Theater von Ostia. Auffällig ist die Entfernung dieser Ausstattung, die bei den ersten Ausgrabungen von 1880–1881 unter Rodolfo Lanciani und bei weiteren Säuberungen um 1910 zutage getreten war: Im Zustand der Bepflanzung nach 1910 wurden Inschriftenpfeiler ›zurück‹ auf den Piazzale delle Corporazioni verbracht, wo sie noch heute stehen (Abb. 53. 65). Diese Inschriftenpfeiler, die ehemals innerhalb des Theaters zur Stützung des Mauerwerks, teilweise aber auch zur Verzierung in der Spätantike wiederverwendet worden waren, hatte man hier offenbar nach den Grabungen für Besucher zur Betrachtung gut sichtbar neu aufgestellt, da sie im Plan Gismondis, der den spätantiken Endzustand des Theaters detailliert wiedergibt, nicht aufgenommen wurden (Abb. 55).

Der Ausgangspunkt der Neuuntersuchung ist der Fußboden der Orchestra und der zentrale Korridor in der Cavea des Theaters, der von Italo Gismondi ausführlich publiziert wurde und trotz der Umbaumaßnahmen unter Guido Calza bis heute gut erhalten geblieben ist[255].

Die durch grabungszeitliche Fotografien belegten Standorte der mindestens fünf, möglicherweise aber bis zu acht Sockeln vor der Bühnenwand sind anhand von Standspuren heute nicht mehr nachweisbar. Der ehemalige Zubau der drei mittigen Nischen im letzten Nutzungszustand des Theaters ist indessen zweifelsfrei be-

254 Vgl. dazu bereits Fisch 1898, 29.
255 Bislang der beste Überblick zu Ostia: Gismondi 1955. Eine Übersicht zu den Umbauten von Theatern für Wasserspiele auf neuestem Forschungsstand, allerdings meist auf Basis der älteren Literatur ohne eigene Autopsie der Ruinen, bietet Berlan-Bajard 2006.

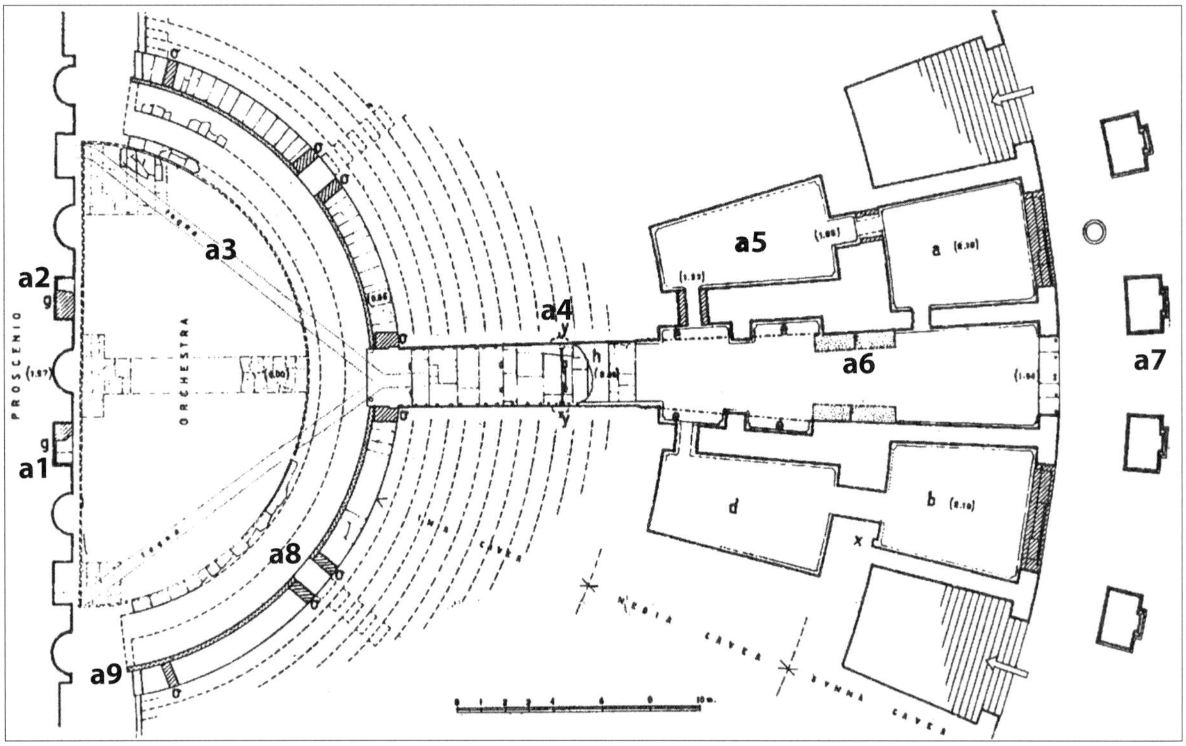

Abb. 55 Der Umbau des Theaters für Wasserspiele (Plan nach I. Gismondi). M. 1:300

a1–a2	Treppen	a5	Wasserspeicher	a8	Postament
a3	Abflußkanal	a6	Korridorverstärkung	a9	Graffiti
a4	Spundwand	a7	äußerer Theaterrund		

legt. Lanciani kennzeichnet einen leicht vorgezogenen Zubau der mittleren Nische (Abb. 54). Zwei Zubauten der seitlich angrenzenden Nischen sind auch noch im Plan Gismondis berücksichtigt (Abb. 55, a1–a2): es handelt sich um kleine Podien, die als Treppe gedient haben konnten und später noch im Rahmen der Deutung im Vergleich mit anderen umgebauten Orchestren behandelt werden (Abb. 59. 60). Es erscheint vielversprechend, die Frage nach Rückschlüssen von baulichen Gemeinsamkeiten auf spezifische Muster im Theaterbetrieb und eine eventuell reichsweit einheitliche Aufführungspraxis zu stellen.

Gismondis Studie belegt, daß hier eine Verwandlung der Orchestra des Theaters von ›Land zu Wasser‹ (Abb. 55) beabsichtigt war, wofür ein komplexes System an Zu- und Abläufen sorgte. Insbesondere die scheinbare Mühelosigkeit dieser Verwandlung trug zu einem Überraschungseffekt bei, der offenbar einem spezifisch spätantiken Faible für technische Spielereien, Effekte und Innovationen entgegenkam[256]. Entfernte man eine Verschlußplatte (Abb. 55, a4; Abb. 59), dann ergoß sich der geballte Wasserstrom aus mehreren Zisternen (a5) und einem großen Sammelbecken im ehemaligen zentralen Eingangskorridor (a6) in die Orchestra des Theaters. An deren Rändern waren möglicherweise Statuen auf Sockeln aufgestellt, die sich in der plötzlich entstandenen Wasserfläche spiegeln konnten. Ebenso schnell ließ sich die Orchestra offenbar wieder ›trockenlegen‹. Das Auslassen des Wassers aus der Orchestra sollte offenbar rasch vonstatten gehen können, um den Überraschungseffekt der Verwandlung des Landes zu Wasser und umgekehrt zu unterstreichen. Gismondis Plan belegt dementsprechend zwei große Abflußkanäle, die aber noch hinsichtlich ihres Durchmessers, Neigungswinkels und ihrer Sedimentierung untersucht werden müßten, um die Abflußgeschwindigkeit und vielleicht auch die Häufigkeit ihrer tatsächlichen Nutzung bestimmen zu können (Abb. 55, a3)[257].

256 Gismondi 1955, 305.

257 Die teilweise noch nicht modern gesäuberten Kanäle sollen auf ihre verbliebene Sedimentierung hin untersucht werden, um exemplarisch zu erforschen, wie lange bzw. wie oft spätantike Theater für solche Wasserspiele genutzt wurden. Vgl. <www.lateantiqueostia.wordpress.com> (04.04.2016).

Die ältere Forschung deutete die damit verbundenen Wasserspeicher, die in ehemalige Tabernen der Cavea eingebaut worden waren und die rasche Verwandlung der ›trockenen‹ Orchestra in ein künstliches Meer erst ermöglichten, signifikanterweise ausschließlich als ›Dekadenzphänomen‹, ohne den Zweck der Zisternen verstanden zu haben. In der grundlegenden Grabungspublikation von Guido Calza von 1953 findet sich die Deutung, daß die Speichereinbauten eine bereits sehr verarmte Stadtkultur widerspiegeln, die nicht mehr imstande gewesen war, die Fließwasserversorgung zu warten[258]. Das ist durch neuere Untersuchungen zu entkräften: am Ende des 4. Jhs. und auch noch nach der Mitte des 5. Jhs. wurde nach Ausweis von datierbaren *fistulae* das Wasserversorgungssystem von Ostia grundlegend wiederhergestellt[259]. Nachdem man am Theater also anstelle eines Armutsindikators eine rein ›luxuriöse‹ Wassernutzung konstatieren muß, lohnt sich ein kurzer Blick auf die Funktionsweise der Wasseranlagen anhand der erwähnten Studie Gismondis von 1954, bevor der weitere Kontext solcher Wasserspiele in der unmittelbaren Umgebung des Theaters untersucht wird.

Der Umbau des Theaters im Überblick – Wie funktionierten Wasserspiele?

Erhalten blieb die typische Vermauerung der Orchestra, die mit Wasser aufgefüllt werden konnte (Abb. 55), in Form relativ dünner Marmorplatten, die jedoch wohl ehemals an ihrer Rückseite durch Ziegelmauern und eine Auffüllung der Zwischenräume verstärkt worden waren, um dem Wasserdruck standzuhalten. Dieser bauliche ›Typus‹ von Umnutzung findet seine nächste Parallele im Dionysostheater von Athen – dort wurden die dünnen Parapetplatten durch eine Bruchsteinmauer verstärkt[260]. Entsprechende Umbauten sind daneben aber im gesamten Mittelmeerraum verbreitet und scheinen in der Spätantike den Höhepunkt ihrer Verbreitung erfahren zu haben, was möglicherweise mit der gesetzlichen Wiederzulassung der 396 verbotenen Theater- und Wasserspiele nach 399 in Verbindung gebracht werden kann. Die erste entsprechende Deutung umgenutzter Theater im Rahmen von ›Thetimimen‹ basiert auf den grundlegenden philologischen Arbeiten Traversaris[261]. Es ist interessant, daß sowohl spätantike Gesetzestexte als auch die christliche moralische Kritik auch nach dem ersten umfassenden Verbot paganer Feste noch Wasserspiele, d. h. Kolymbethra, in unmittelbarem Bezug zum Theater und seinem Spielbetrieb thematisierten[262].

Von philologischer Seite her gibt es auch in der neueren Forschung weniger Probleme mit der Deutung von Wasserspielen im Theater als von archäologischer Seite her[263]. Die neuere archäologische Forschung kommt zu sehr konträren Thesen, die illustrieren, wie kursorisch viele Orchestren bisher dokumentiert wurden und wie unterschiedlich daher bereits die unklaren baulichen Befunde gedeutet werden können: Während nach Arthur Segal z. B. noch fast alle Theater im römischen Palästina für Wasserspiele benutzt werden konnten, stellte Alexandra G. Retzleff zumindest für den Nahen Osten kürzlich fest: »From an archeological standpoint, the hypothesis of flooding and waterproofing has now been discounted at every theater in the Near East once thought to have such capacity«[264].

Eine Tendenz in der heutigen Forschung[265], die Evidenz paganer spätantiker Aufführungen auf Basis solcher Umbauten reichsweit weitgehend wieder in Frage zu stellen, steht eine reiche Materialbasis und u. a. auch das Theater von Ostia entgegen. Auch den vorgebrachten technischen Einwänden, daß sich Orchestren nicht wirklich dauerhaft abdichten ließen, läßt sich der nur ephemere Charakter der szenischen Vorführungen entgegenhalten. Anhand der umfangreichen Wasserspeicher in ehemaligen Tabernen (Abb. 55, a5) und anhand des breiten Zuflusses kann im Fall Ostias zweifelsfrei die vollständige Auffüllung der Orchestra mit etwa 90 cm – 1 m Wassertiefe rekonstruiert werden[266].

258 Calza u. a. 1953, 25.

259 Gismondi 1955, 301 mit Anm. 16; Geremia Nucci 2001.

260 Gismondi 1955, 308.

261 Traversari 1950, 18–25; Traversari 1952, 302 f..

262 Cod. Theod. 15, 6; Joh. Chrys, Contra ludos et theatra, PG 56, 263–270. Vgl. dazu auch Wiedemann 1995, 145–159.

263 Auch Zeev Weiss wies so beispielsweise auf die überraschende Vertrautheit der Rabbiner gerade mit dem spätantiken Maiumasfest hin und fragte, »whether it was also celebrated in Palestine along with other water or spring festivals that were held *in and near theaters*« [Kursive Heraushebung vom Autor]. Weiss – Talgam 2002, 71 mit Anm. 63. – Die Frage bleibt, wann und wo umgekehrt die Existenz von Festplätzen mit separaten Wasserbecken und breiten Schautreppen einen eigenen Umbau des Theaters obsolet werden ließ: Ehemals waren bei außerstädtischen Festorten die Bauten stärker funktional differenziert, wohl weil mehr Raum zur Verfügung stand als bei der späteren innerstädtischen Adaption.

264 Retzleff 2001; Segal 1997. Ein Überblick auch bei Nielsen 2002.

265 Berlan-Bajard 2006.

266 Zu 90 cm Beckentiefe über dem Orchestraboden vgl. Gismondi 1955, 308 Anm. 33.

Viele Theater im Reichsosten oder aus Nordafrika zeigen eine analoge Umwandlung, da eine Absenkung des Orchestrabodens hier wie dort meist nicht möglich war[267]. Als Resultat der notwendigen Aufhöhung wurden die untersten Sitzreihen nicht mehr benutzt[268]. Daß das Theater von Ostia durch diese Einbauten für Wasserspiele zugleich auch besser als zuvor für *venationes* geeignet war, ist durchaus wahrscheinlich. Auch die Präsentation von – dressierten? – Tieren in wassergefüllten Orchestren wäre damit denkbar, ebenso in verkleinertem Maßstab Naumachien oder Kämpfe bzw. szenische Schauspiele auf schwimmenden Inseln etc.[269]. Neben dezidiert spätantiken ›Moden‹ wie der nächtlichen Aufführungspraxis mit künstlicher Beleuchtung oder mimischen Vorführungen im Wasser – die nicht nur, aber u. a. auch im Kontext von Fruchtbarkeits- und Jahreszeitenfesten den Nymphen, Nereiden und Grazien gewidmet waren – könnte man hier ferner vor allem an die Umsetzung der beliebten mythologischen Bilder des Seethiasos in reale Aufführungen denken[270]. Das konnte durchaus vordergründige erotische Konnotation haben: Die Floralia oder das ›synkretistische‹ Frühjahrsfest Maiumas, das auch für Ostia überliefert ist[271], war sogar ein Anlaß, bei dem die Mimen völlig nackt auftraten und die Geburt der Aphrodite im Wasser nachspielten, sei es auch anstelle der Göttin selbst oder ihrer Priesterinnen anhand von unverfänglicherem mythologischen Personal[272]. Die Reduktion von antikheidnischen Spielen und Festen auf ihren Unterhaltungswert, d. h. ihre Lösung von traditionellen kultisch konnotierten Orten und dem paganen Opferritus, erlaubte es, populäre Spektakel, Vorführungen und Feste für Heiden und Christen in einer Grauzone zwischen wiederholten offiziellen Verboten, Wiederzulassungen oder stillschweigender Duldung gleichermaßen attraktiv zu halten: Der geeignetste Veranstaltungsort ohne direkte Heiligtumseinbindung war das Theater[273].

Die Bühnentreppen – Feste Vorgaben für Bühnenbild und Aufführungspraxis

Ein weiteres für die Umbauten des Theaters für Wasserspiele typisches Element neben dem umlaufenden wasserdichten Parapet sind die Stufen, die vom Bühnenhaus in die auffüllbare Orchestra herunter führen (Abb. 55, a1–a2; Abb. 56. 60. 61): Gismondi überliefert diese für Ostia in den beiden mittigen rechteckigen Nischen des Bühnenfundaments (Abb. 55, a1–a2). Gerade ihre Verdoppelung und spiegelsymmetrische Anordnung, die einem reichsweit beinahe identischen Anlageschema entspricht (Abb. 60. 61), legt nahe, daß sie eine wichtige und einheitliche Rolle bei der Choreographie von Aufführungen oder Festspielen innehatten. Die Akteure, für bestimmte Szenarien offenbar als Personal des Meeresthiasos, u. a. als Nymphen und Nereiden verkleidet, konnten offenbar über diese Stufen von allen

267 Zu weiteren Beispielen spätantik umgewandelter Orchestren vgl. Oepen 2003. Eine umlaufende Mauer, um die Zuschauer der unteren Ränge vor den Gladiatoren oder den Beteiligten der *venationes* zu schützen, gibt es bei vielen Theatern, u. a. jenem in Cartagena. Dazu s. Oepen 2003, Taf. 78. – Zu weiteren Beispielen vgl. Picard – Baillon 1992, 11 f. – Zu Theaterumbauten s. Berlan-Bajard 2006; Burmeister 2006; Sear 2006, 68–82. 92–95.

268 Der Typus ist weit verbreitet. Ein Wasserkanal, der im Theater von Ephesos wie Aphrodisias rund um die Orchestra verlief, konnte auch zur Reinigung des angefallenen Tierbluts bei *venationes* dienen. Ein Gitter und eine Mauer, die die drei untersten Stufen außer Funktion setzte, lassen in beiden Fällen an einen Umbau für Gladiatorenspiele und *venationes* denken. Solche Spiele und spätantike Spielegeber sind u. a. durch späte Mosaiken im Palazzo Imperiale auch für Ostia überliefert, nur fehlt dort der eigentlich passende Aufführungsort, ein Amphitheater, wenn man nicht einen ovalen Einbau in offengelassene Horrea dementsprechend als späte Übungsarena oder ›improvisiertes‹ Amphitheater deuten will: Gering 2004, 340 Anm. 103 mit Abb. 21. 49 (H2c).

269 Gegen Naumachien s. Gismondi 1955, 307.

270 Gismondi 1955, 307–308. Zur Rolle der in der Spätantike zunehmend populärer werdenden Thetimimen für Ostia nach den grundlegenden Studien G. Traversaris vgl. bereits Calza u. a. 1953, 161.

271 Zum inschriftlich dokumentierten Fest und beispielhaft erhaltenen Festplatz des Maiumas in Aphrodias s. Kapitel III. – Der direkte Zugang zur Südagora von Aphrodisias, genauer: zum Bereich zwischen dem großen Becken mit der neuen Zugangsrampe und dem neuen Becken und der deutlich sichtbaren Maiumarchenehrung vor dem ehemaligen Agorator, läßt dort zumindest auf einen bewußten Bezug zu den Badehandlungen des Maiumas schließen, bei dem nachweislich auch szenische Aufführungen im Theater eine erhebliche Rolle spielten. Dieses Fest ist auch für das spätantike Ostia überliefert. Dazu neuestens s. Boin 2013, 204–210.

272 French 1985, 191 f.; Mentzu-Meimare 1996, 58–73. Zu Floralia s. Bergmann – Kondoleon 1999, 211.

273 Zur Definition s. French 1985. Der modern konstruierte Gegensatz Heiden – Christen ist French 1985, 179 zufolge im spätantiken Alltag nicht vergleichbar ausschließlich wahrgenommen worden, zumal sich auch im 5. Jh. noch viele Bürger erst am Sterbebett taufen ließen.

Abb. 56 Sekundäre Treppen zwischen Orchestra und Bühnenhaus (a2)

Rängen aus gut sichtbar zu zwei Seiten hin ins Wasser gelangen[274].

Zur Statuenausstattung für den Spielbetrieb? Ein grabungszeitliches Marmordepot oder eine verschüttete Skulpturenwerkstatt im Theaterrund

Im äußeren Halbrund des Theaters liegt eine Reihe von Tabernen eingebettet. Die Beschreibung des GdS bezieht sich zunächst auf die dritte Taberne westlich des Haupteingangs. Dort befanden sich zwei sehr charakteristische Schichten, die Finelli auch im gesamten damals bekannten Stadtgebiet antraf: zum einen eine ›untere Schicht‹ (A), die in mehrere Gehniveaus zu unterteilen ist, und zum anderen eine Einsturzschicht darüber (B), die aus dem endgültigen und nicht mehr bewältigten Versturzmaterial des Gebäudes bestand[275].

Die Tabernen besaßen mehrere Böden, sie waren also an die spätantiken Erhöhungen des Gehniveaus im 4. und 5. Jh. angepaßt worden. Vaglieri und sein ausführender Grabungsassistent Finelli fanden innerhalb der insgesamt mehr als +1 m hohen Aufhöhungsschicht in diesen Tabernen (A) mehrere Gehniveaus aus gestampfter Erde und dabei auch einige Brandhorizonte als Indiz von mehreren Bränden, denen jeweils der Einsturz der hölzernen Einbauten und Tabernenobergeschosse gefolgt war[276]. Die Brände in den Tabernen waren auch schon lange vor dem endgültigen Einsturz des Theaters Ursache für Baufälligkeit und Reparaturen. Zumindest traten in den Tabernen des äußeren Umgangs ungestörte Gewerbeinventare und Münzen zutage[277].

Die ersten publizierten Grabungsberichte Vaglieris von 1913 geben damit einen eindeutigen Hinweis, daß zumindest die ›dritte‹ Taberne im äußeren Theaterrund nicht bereits anläßlich der Umwandlung des Theaters für Wasserspiele außer Funktion gesetzt worden war, sondern erst durch den Einsturz des Theaters auf einem Gehniveau von +1 m (Schicht B). Das legt nahe, daß einem gewaltsam unterbrochenen Werkstattbetrieb an dieser Stelle, den Vaglieri beim Fortgang der Ausgrabungen umfassend freilegte, eine große Aussagekraft zukommt, was Angebot, Nachfrage, Anwendungsgebiete und Verarbeitungspraxis von wiederverwendetem Material im 5. Jh. betraf.

Finelli und Vaglieri fanden hier 1912 zuoberst eine starke Brandschicht, die das Nutzungsende der Taberne markierte[278]. Im Brandschutt vermerkten die Ausgräber eine Vielzahl von Marmorplatten, auch Bruchstücke und Abschläge, die sie zur Deutung einer Steinmetzwerkstatt an dieser Stelle brachte. Diese These wurde durch weitere Funde bestärkt, so z. B. vorgefertigte Werkstücke für eine weitere Bearbeitung, die bereits zurechtgesägt waren, und in verschiedenen geometrischen Formen vorlagen. In einer Steinplatte waren sogar die Umrisse einer Figur vorgeritzt, was für eine Funktion als Muster bzw. Modell spricht oder auch der Übung diente: »modello o di esercizio di discenti«[279].

274 Zu »Stage girls splashed naked in the newly constructed theaters of Antiochia, their shining bodies recreating the life-giving energy of the Nymphs and Nereids«, vgl. Brown 1988, 316. Näheres zum Thetimimus bei Berlan-Bajard 2007. Zu den Stufen von der Bühne in die Orchestra vgl. Sear 2006, Taf. 112. 114: Die Theater von Ephesos wie Aphrodisias (Abb. 62, Theater und Odeon gleichermaßen) zeigen denselben Treppentypus wie Dodona in Griechenland oder Xanthos, Perge, Milet und Hierapolis in der Türkei.

275 Dazu s. GdS 6, 1913, 20: »La latrina si trova nell'angolo a sinistra ma in fondo di chi entra e nella parte di fondo si trova la porta che conduceva al dietro bottegha [bottega] che si rova [trova] sotto la cavea del teatro. [...] Gli strati in questa taberna sono due, *quello di sotto alto un metro e più è formato di più strati*, sempre di terra e più volte con traccie di fuoco, questo ci dimostra che il piano delle taberne fu alzato più volte, *subbendo* [subendo] *questa più incendi*. Lo strato superiore è composta [composto] di grossi pezzi di volte e muri caduti e fra questi pezzi di opera spigata appartente ai pavimenti superiori, frammenti di cornici [di] marmo bianco, di ornati a bassorilievi con grosse foglie di acantus« [kursive Heraushebung vom Autor].

276 Vgl. dazu GdS 6, 1913, 19 f.: Die Brandstraten stammen aus den Tabernen im Westen des Theaters »[...] precisamente nella terza e quarta taberna a sinistra di chi guarda l'ingresso principale di questo dal Decumano«.

277 Dazu s. Finelli, GdS 5, 1912, 344.

278 Vaglieri 1913, 296–299.

279 Vaglieri 1913, 296.

Abb. 57 Analogien zur Theaterwerkstatt: Die sekundäre Aufstellung von Statuen möglicherweise auch aus den Nekropolen entlang des Decumanus

Abb. 58 Analogien zur Theaterwerkstatt: Abdruck eines Sarkophagfragments im spätantiken Pflaster einer Platzanlage

Der Fund war mit weiteren Statuen, aber auch halbfertigen Werkstücken vergesellschaftet. Vaglieri hob vor allem das Fragment eines weiblichen Oberschenkels hervor, aus dem der Steinmetz gerade begonnen hatte, eine kleinere Figur mit Armen und Händen zu meisseln[280]. Die Figur blieb unfertig, entweder, weil das Stück fehlerhaft war oder weil der Werkstattbetrieb in Folge eines Feuers unterbrochen wurde und als Ruine verschüttet belassen blieb. Stilistisch ist das unfertige Produkt aufgrund seines geringen handwerklichen Anspruchs kaum hinreichend datierbar. Interessant ist, daß es von seinen Fundumständen her zweifellos eine spätantike Neuproduktion darstellt, wobei es umgekehrt auch keine technischen, ikonographischen oder stilistischen Gegenargumente gäbe, es nicht als spätantike Neuanfertigung deuten zu können.

In der letzten Brandschicht lag ebenfalls der Torso einer Nereide, deren ausgezeichnete Erhaltung eine der seltenen Abbildungen in den Vorberichten legitimierte[281]. Dabei handelt es sich zweifelos um ein wiederverwendetes Werk der hohen Kaiserzeit, das ehemals in Verbindung zu weiteren Figuren gestanden hatte und hier wohl nur repariert und bzw. oder gelagert wurde.

Das außerordentliche Marmorinventar einer Recycling-Werkstatt im Einzugsbereich des Theaters bietet unabhängig von ihrer möglichen grabungszeitlichen Zweitdeponierung Anhalte für eine zukünftige Detailuntersuchung, aber auch für weitere Überlegungen zur Verteilung von Werkstätten im Stadtgebiet. Charakteristische Abschläge wie aus den Altfunden Vaglieris waren auch in der Ecktaberne zwischen Forum und Via di Diana in einer bislang unpublizierten Ausgrabung von Janet DeLaine in der sogenannten Insula di Giove e Ganimede zutage getreten[282]. Die Untersuchungen des Forums seit 2010 haben erwiesen, daß hier Werkstätten im direkten Einzugsbereich von größeren spätantiken Neu-

280 Vaglieri 1913, 297 Abb. 2 a. b.

281 Vaglieri 1913, 297 Abb. 3 a. b.

282 Den Hinweis verdanke ich Janet DeLaine. Die Datierung von Marmordepots aus oberflächennahen Schichten ist prinzipiell von spätantiker Zeit bis zur Grabungszeit möglich. Nur Nachuntersuchungen vor Ort können dezidierte Aufschlüsse ergeben, wobei die Stratigraphie im Fall der Theatertabernen jedoch restlos abgegraben ist. Die Ballung von Werkspuren auf den Spolien legt hier nahe, daß es sich zumindest beim Inhalt des Marmordepots um einen spätantik-frühmittelalterlichen Deponierungskontext gehandelt ha-

bauvorhaben eingerichtet wurden. Das galt insbesondere für den nördlichen Forumsteil, der bei seiner letzten Reparatur um oder nach der Mitte des 5. Jhs. bereits von ausgedehnten Ruinenarealen im Norden eingekreist war. Der Leerstand vieler Altbauten erlaubte es offenbar, daß Steinmetzbetriebe, offenbar um die Transportwege zu minimieren, möglichst nahe am Endverbraucher größerer Neuausstattungsprojekte lagen. Am Forum boten sich dazu direkt angrenzende aufgelassene Tabernen, am Theater wiederum jene Tabernen des Theaterrunds, die nicht für Zisternen umgenutzt worden waren.

Zwei Schwerpunkte für eine spätantike Zweitverwendung können auf Basis des archäologischen Materials aus dem Werkstattfund Vaglieris abgeleitet werden:

1. Die Reparatur und Lagerung bezog sich auf vollständige oder reparable Bildwerke, darunter Statuen von Göttern und mythologischem Begleitpersonal. Die Werkstatt, die ehemals wohl nahe ihres möglicherweise erst grabungszeitlich im Theaterrund deponierten Inventars gelegen hatte, diente dabei der Reparatur oder Aufarbeitung älterer Statuen zum Zweck ihrer Wiederaufstellung, nicht ihrer Verbrennung in Kalköfen. Die Lokalisierung der Werkstatt selbst an öffentlichen Platzanlagen spricht hier wie andernorts entweder für den freien Verkauf oder für einen intendierten öffentlichen Wiederaufstellungskontext in der unmittelbaren Umgebung, so z. B. im Theater oder am Decumanus. Die Translokation von Statuen aus verfallenen Arealen kann archäologisch in einer Reihe von spätantik neu aufgestellten Statuenbasen gefaßt werden, die an allen größeren Plätzen des Stadtzentrums erhalten geblieben sind[283] und der modernen Wiederaufstellung einer Götterstatue oder möglichen Grabstatue *in formam deorum* auf einer antiken Basis entlang des Decumanus geglichen haben kann (Abb. 57).
2. Neben den Bildwerken dominierte die Bearbeitung von Marmorplatten unterschiedlicher geometrischer Formen, bzw. die Zwischen- oder ›End‹-Lagerung von als Boden- oder Wandplatten verlegbaren Marmorspolien in Werkstätten oder Depots. Eindeutige Belege von wiederverbauten Platten, die z. B. auch aus den Nekropolen abgeräumt wurden, finden sich in vielen der neu gepflasterten Plätze und Portiken Ostias. Als Pars pro Toto einer reichen, in den Grabungstagebüchern aber nur unvollständig dokumentierten Materialbasis, kann z. B. ein Mörtelabdruck eines Riefelsarkophagfragments gelten, der im letzten Pflaster des Foro della Statua Eroica im Jahr 2009 gefunden wurde (Abb. 58)[284]. Die Funde vieler zurechtgehauener Platten in der Theaterwerkstatt spricht ferner für die lokale Verlegung dieser Platten, vielleicht konkret für neue Böden in und um die Orchestra; das geschah in Kontexten des späten 4. wie des 5. Jhs. verstärkt als Anpassung ad hoc, was die räumliche Nähe der Steinmetze zum Ort der Verlegung bereits anhand des Werkprozesses bedingt. Bearbeitungsspuren einer Umarbeitung zeigt u. a. auch ein vom Platz nördlich des Theaters stammender Sockel mit Inschrift, der als Basis für eine Säule oder Statue dienen sollte. Der Sockel war entweder unfertig geblieben oder für eine bestimmte Einpassung konzipiert, die die Fehlstellen überdeckte. Vielleicht diente er wie die acht eingangs erwähnten Sockel einer neuen Ausstattung der Orchestra (Abb. 59), wo Fisch diese Sockel 1898 noch gesehen hatte (s. o.).

Abb. 59 Ein umgearbeiteter Statuensockel: Werkstattstück für die letzte Theaterausstattung?

Neue Aufstellungskontexte für mythologische Statuen um die wassergefüllte Orchestra?

Durch die alten Pläne ist belegt, wie durch mehrere kleine Ziegelmauern am halbrunden Orchestra-Rand mehrere Kompartimente abgegrenzt wurden (Abb. 55, a8). Diese konnten wohl mit Schutt und Erdreich ver-

ben könnte, wobei dieses Material dann von Lanciani im 19. Jh. im Umfeld des Theaters ausgegraben und in einer der damals gerade neu ausgegrabenen Tabernen der Cavea möglicherweise auch als rezentes Marmordepot gesammelt und gesichert worden sein könnte. Dazu s. Kapitel II. 3. d.

283 Die erhaltene Evidenz spätantiker Sockel in den Platzanlagen P1d (>2), P1h, P2a (>1), FSE/P2b (>8?), das Forum (>12) oder P4b (>6?) ist sehr ausschnittshaft, läßt aber auf die zerstörten Platzflächen hochgerechnet eine Vielzahl neuer Statuen annehmen. Dazu s. u.

284 Dazu s. Kapitel II. 3. c.

füllt werden, um die sehr dünnen Marmorplatten gegen den anstehenden Wasserdruck der Wasserfüllung der Orchestra zu stabilisieren. Vor den hinterfütterten Marmorplatten und auf den Ziegelfundamenten befanden sich nach Ausweis der ersten Ausgräber, aber auch späterer Grabungsfotografien im letzten Ausstattungszustand des Theaters entweder hervorgehobene Sitzgelegenheiten und bzw. oder Basen für statuarische Ausstattung (Abb. 54, 26)[285].

Vielleicht wurden in der Steinmetzwerkstatt im Theaterrund nicht nur Bodenplatten vorbereitet, sondern auch Statuen u. a. für die Neuausstattung des Theaters adaptiert und repariert, was allerdings bedeutet, daß dieser Vorgang durch eine Einsturzkatastrophe unterbrochen und danach, zumindest was das Werkstattdepot aus der ›dritten‹ Taberne Vaglieris betrifft, ganz aufgegeben worden war.

Die von Vaglieri gefundene Nereide aus der Theaterwerkstatt (s. o.) eignete sich zur Ausstattung eines für Wasserspiele umgebauten Theaters, insbesondere, wenn man die im Spielplan offenbar beliebtesten Aufführungen berücksichtigt. Es ist notwendigerweise stark hypothetisch, aber dennoch reizvoll, die letzte spätantike Statuenaufstellung auf Ebene der gefüllten Orchestra, also über der Wasserfläche zu rekonstruieren. Dazu bräuchte es mindestens 90 cm hohe Sockel, was in etwa der zu einem Sockel umgearbeiteten Inschriftenbasis (Abb. 59) entspräche. So hätten sowohl die Wasserfläche also auch die statuarische Wiedergabe des Seethiasos aus Nymphen und Nereiden am Rand der Wasserfläche die realen Mimen der wohl populärsten Aufführungen im Rahmen von Wasserspektakeln ›gespiegelt‹.

Das Bühnenhaus und die statischen Einbauten zu Zeiten der Wasserspiele

Unklar bleibt, inwieweit das Bühnenhaus (*scaena*) noch in ihrem severischen Ausbauzustand aufrecht stand, als man die Orchestra – und möglicherweise zeitgleich den Platz nördlich des Theaters – für Wasserspiele umbaute. Die Inschrift der Theatererweiterung unter Septimius Severus wurde in vielen Fragmenten in den Substruktionen des Bühnengebäudes gefunden. Deutet man dies als beabsichtigte Verfüllung, dann könnte die Bühne bereits fast völlig eingestürzt gewesen sein, bevor sie grundlegende spätantike Renovierungen oder Umbauten erfahren hatte[286].

Der spätantike Endzustand der Theaterumbauten war bei den Ausgrabungen unter Lanciani 1880–1881 zutage getreten. Der Zustand der Orchestra unterscheidet sich im älteren Plan nicht wesentlich vom jüngeren Plan von Gismondi; auffällig ist jedoch vor allem eine größere Partie von offenbar unregelmäßigen Steinplatten mit einem gestuften Rand auf der »*scena*« im Plan Lancianis (Abb. 54). Hier handelt es sich um Marmorplatten, deren unregelmäßiges Anlageschema jenem des letzten Spolienbodens der Orchestra für Wasserspiele gleicht. Es wäre anhand der nachträglich eingerichteten Bühnentreppe (s. o.) kaum verwunderlich, das das Bühnenhaus (*scaena*) bis zur Mauer 23, wohin die sekundär verlegten Platten reichen, in den Ablauf der Wasserspektakel einbezogen worden war. Das gewinnt zusätzliche Plausibilität, wenn auch der Wasserkanal 11 (Abb. 54. 63) auf dem dahinterliegenden Piazzale delle Corporazioni noch in Verbindung dazu genutzt worden wäre, was den kompletten Einsturz des alten Bühnenhauses voraussetzt.

Wann datieren statische Reparatur und funktionale Umnutzung? Zu den Inschriften

Um das Wasser im Eingangskorridor zurückzuhalten, genügte die temporäre Verschließung, von der sich Aussparungen für Verschlußplatten im Boden und an den Seitenwänden erhalten haben (Abb. 55, a4; Abb. 60)[287]. Die wesentlichen Merkmale bildeten neben dem Einbau von Zisternen (Abb. 55, a5) die Konstruktion eines ›Stützbogens‹ zur statischen Verstärkung des Gewölbes des Eingangskorridors der Cavea (Abb. 55, a6) und die Stützmauern in den Seiteneingängen zur Orchestra (Abb. 64)[288]. Auch eine Reihe von Statuenbasen vom Piazzale delle Corporazioni wurde hier wiederverwendet (s. o.), um die Wände des Mittelgangs zur Orchestra zu verstärken[289].

Wickert führt als überzeugende Indizien der ersten nachseverischen Reparatur die Fragmente einer Diokletiansinschrift an, deren insgesamt vier Fragmente im Theater gefunden wurden[290].

Lanciani erwähnte Fragmente einer großen Inschrift »di tipo onoriano«[291]. Bereits Wickert war jedoch unklar, auf welche Inschrift sich der Ausgräber hier bezieht: Wenn sie tatsächlich als ›groß‹ angesehen werden muß, scheidet die einzige bekannte Inschrift des Honorius aus der Nähe des Theaters, die sogar in zwei-

285 Lanciani 1881, 110–120.
286 Lanciani 1881, 110 f. 120.
287 Gismondi 1955, 298 mit Abb 2.
288 Lanciani 1880, 469; Gismondi 1955, 308. Vgl. dazu auch Calza u. a. 1953, 161. Dazu näheres s. u.
289 Lanciani 1880, 469; Wickert 1933, 842 f.: CIL Suppl. 154. 374.
290 Wickert 1933, 635. 842: CIL Suppl. 4402.
291 Lanciani 1880, 470.

Abb. 60 Theaterumbauten. Die Evidenz des Bodenpflasters im Mittelkorridor (a4)

facher Ausführung erhalten blieb, aus[292]. Auch die Inschriftenspolien, die zur Stützung des Theatereingangs verwendet worden waren, ergeben keine brauchbaren Datierungshinweise[293]. Wie bereits angeführt, kommt daher der Basis des Ragonius Vincentius Celsus vor dem Theater eine entscheidende Bedeutung für das Verständnis der Baugeschichte des Theaters zu[294]. Demnach käme zumindest für die statische Stabilisierung die Zeit der Präfektur des Ragonius Vincentius Celsus (384–389) in der Regierungszeit des Theodosius I. (379/383–395) in Frage[295]. Ohne weitere Inschriften als die erwähnten für das Theater heranziehen zu können, vermutet Gismondi, daß das Theater erst einige Jahre später unter Honorius (395–423) bzw. Honorius und Arkadius (395–408) seinen letzten Umbau erfahren haben könnte[296].

Unklar ist, inwieweit das Theater möglicherweise schon im Laufe des 4. Jhs. mangels regelmäßiger Wartung baufällig geworden war und dann ein plötzlicher Einsturz zum Auslöser bzw. ›Katalysator‹ für eine umfassende Renovierung mit Umbau und Funktionswandel geworden sein könnte. Der These einer plötzlich eingetroffenen Baufälligkeit – möglicherweise in Folge eines Erdbebens – als Bauanlaß, die vor allem durch die Beobachtungen des ersten Ausgräbers Lanciani gestützt werden, steht die Anschauung Guido Calzas entgegen, daß keinerlei Risse zu beobachten wären[297]. Folgt man Calzas Beobachtung, dann wäre das Theater also nur aus funktionalen Gründen, um etwa neuen Aufführungsmoden oder einem ›Geschmackswandel‹ hinsichtlich des Bühnenbilds zu begegnen, umgebaut worden[298]. Ein auffälliges Indiz für reichsweit einheitliche spätantike Umbaumuster (Abb. 61. 62) wäre zumindest, daß sich viele Umbauten von Theatern im Osten wie Westen des Imperiums ins spätere 4. Jh., wenn nicht sogar erst nach der Wiederzulassung der 396 verbotenen Theaterspiele, also nach 399 geballt ansetzen lassen[299].

292 Dazu s. u.: CIL Suppl. 4410. 4411.
293 Wickert 1933, 842 f.
294 Vgl. dazu bereits Wickert 1933, 843.
295 Gismondi 1955, 308. Weiterhin mit Verweis auf Valentinian II. und Theodosius I., gefunden in zwei Fragmenten, eines vor dem Theater, eines im Theater: CIL Suppl. 4412.
296 Gismondi 1955, 308: »qualche decennio«. Zur Problematik, CIL Suppl. 4410. 4411 als ›groß‹ zu bezeichnen, s. o.
297 Calza u. a. 1953, 161.
298 Der Umbau des Dionysostheaters in Athen für Wasserspiele ist wegen der Spoliation mehrerer Tempel vor dem frühen 5. Jh. kaum denkbar. Zu anderen datierten Beispielen vgl. z. B. Sear 2006, 95 f. Taf. 96: Ptolemais nach 405, Kyrene nach 365, ferner in Italien selbst Cassino, Syrakus, Taormina und Tyndaris, etc. In das 3. Jh. werden die Umbauten des Theaters von Perge und Side gesetzt, ins spätere 4. oder 5. Jh. wird wohl der Großteil der Theater zu setzen sein, vgl. Nysa (Abb. 61), Xanthos, Assos, Myra, etc. Dazu s. Burmeister 2006.
299 Zu Verbot und Wiederzulassung der Wasserspiele 396 und 399 bis hin zur Wiederzulassung von *venationes* 498 vgl. French 1985, 64–67.

Abb. 61 Typologische Vergleiche: Das Theater von Nysa

Abb. 62 Typologische Vergleiche: Das Theater von Aphrodisias

Das 5. Jh. erweist sich sogar in vielen Aspekten als Blütezeit von Theaterspektakeln[300].

Die Umbauten zeigen, daß sich statisch notwendige Reparaturen und die grundlegende Umnutzung und Erweiterung des Spielplans gegenseitig ergänzten: Die Zubauten der Tabernen für die neuen Zisternen eignen sich zur statischen Stabilisierung, umgekehrt bedingt eine Nutzung eines Raumes als Wasserreservoire auch zusätzliche Verstärkungen der Seitenwände. Eine solche Doppelfunktion erfüllten jene vorgeblendeten späten Ziegellagen, die zugleich auch das Gewölbe im Eingangskorridor stabilisieren konnten[301].

Zum Anteil statischer Stabilisierung – Bewältigter Einsturz im 4. Jh. und ein Erdbeben der Mitte bzw. des späten 5. Jhs. als Ende des Theaterbetriebs?

Das Hyposcenium scheint in der Spätantike weitgehend betretbar geblieben zu sein, was ein eindeutig christlicher Graffito neben einem Spielfeld belegen kann.

300 Auch neue Ämter sind in Verbindung zu spätantiken Amüsements belegt: Zu einem *tribunus volumptatus* ab 413 s. French 1985, 64.

301 Dazu s. Calza u. a. 1953, 161. Zur Umwandlung des Theaters nach I. Gismondi vgl. auch Bauer 2003, 57 mit Anm. 92; Calza u. a. 1953, 161. Vgl. dazu Tosi 2003, 85 f. Taf. 2 Abb. 81. 82.

Abb. 63 Die späteste Marmorpflasterung und die Marmorverkleidung der Orchestra (a9)

Abb. 64 Sekundäre Verstärkungspfeiler der Cavea

Weitere Graffiti mit Themen der säkularen Aufführungspraxis des 4.–5. Jhs., z. B. auch zu *venationes*, sind hier jedoch leider nicht in situ erhalten geblieben oder wegen mangelndem Interesse zur Grabungszeit nicht dokumentiert worden, obwohl bei den Altgrabungen einige Bodenplatten mit entsprechenden Graffiti gefunden wurden[302].

Das erhöhte Gehniveau über dem Travertinpflaster des Theaterplatzes P1d (s. o.) und von etwa +60 cm über dem Decumanuspflaster und in den Tabernen korrespondiert mit der Umnutzung des Theaters für Wasserspiele[303]. Die Wasserversorgung zu Auffüllung der Spielfläche setzte ein bereits um +60 cm erhöhtes Nutzungsniveau der Umgebung voraus. Folgt man den stratigraphischen Beobachtungen Finellis, dann kann man den Einsturz des äußeren Umgangs der Cavea des Theaters allerdings erst auf einem Niveau der letzten Erhöhungen über +1 m annehmen, wobei zumindest einige Tabernen des Theaters bis dahin noch in Funktion geblieben waren. Einsturzmaterial wäre jedoch zumindest bei früheren Einsturzkatastrophen umgekehrt kaum liegengeblieben, solange das gesamte Stadtviertel noch in Funktion und die Promenade durchgängig benutzbar bleiben sollte. Die sichtbaren Blöcke vom endgültigen Einsturz des Theaters waren so groß, daß man sie nicht mehr durch Niveauerhöungen unter 1–2 m überdecken konnte, und sie liegen überdies deutlich über dem Planierungsniveau des Brunnens N1g sowie über dem spätantiken Boden dieses Bereichs, der analog zum besser erhaltenen Zwickelplatz östlich des Theaters aus Opus sectile ebenso mit unregelmäßig geschnittenen Buntmarmorstücken gepflastert war[304].

302 Vgl. Wickert 1933, 743 zu den Theatergraffiti am Hyposcenium: CIL XIV Suppl. 5232–5241. Hinweise zur spätantiken Aufführungspraxis wie anhand der reichen Graffiti aus Ephesos oder Aphrodisias (5./6. Jh.) ergeben sich durch diese Graffiti leider nicht. Zu Ephesos vgl. Roueché 1993; Roueché 2002, 254–281.

303 Dazu s. GdS 5, 1912, 303. 343.

304 Die weiße Linie entspricht dabei mehr oder weniger dem Planierungsniveau des Brunnens westlich des Theaters. Dazu s. GdS 5, 1912, 343: »Poche furono le osservazioni che si potettero fare. Prima la presenza di pochi strati battuti sul Decumano e poco alti e i grandi blocchi del teatro caduti molto lontani e a poca altezza del selciato del detto Decumano, cioè alla medesima altezza dei piani battuti nelle taberne del teatro, giusto come fu visto in queste che si stanno scavando e in quelle scavate nell [nel] 1910 ad est del sudetto teatro. Queste prime osservazioni che si vengono facendo [furono fatte] anche ad ovest del teatro, ci fanno vedere che questo cadde quando gli strati non erano tanto alti, giusto come fu detto nel giornale del 23 novembre p. p. che parlava della via delle Corporazioni«.

Der letzte Funktionszustand der Orchestra im 5. Jh. kann heute noch anhand des Spolienbelags des Fußbodens aus verschiedensten Marmorarten (Abb. 63) nachvollzogen werden, in dessen wenigen original erhaltenen Abschnitten sich auch noch Nutzungszeugnisse wie Spielfelder und Graffiti (s. o.) erhalten haben.

Die Stützmauer der Cavea (Abb. 64) erinnert anhand ihrer Mörtelqualität und ihres Spektrums aus durchwegs wiederverwendeten Ziegeln verschiedener Dikken[305], unmittelbar an die Zisternen im Theater, die ins späte 4. Jh. datiert werden, und an den Fundamentpfeiler des Caracallabogens vor dem Theater, der bislang severisch datiert wird (s. u.).

Zur Benutzungszeit des Theaters in der Spätantike

Vaglieri respektive Finelli fuhr 1913 fort am Theater zu graben, und zwar in der vierten Taberne westlich des Haupteingangs. Hier spricht er dezidiert von einer Aufhöhungsschicht, die man auf einer Höhe von +60 bis +70 cm einst im gesamten Stadtgebiet von Ostia nachvollziehen konnte: »strato inferiore, cioè lo strato che copriva Ostia prima che il teatro fosse distrutto ed i piani superiori fossero caduti«[306]. Mit dieser Erhöhung scheint auch eine Reparatur der Zisternenböden aus Opus signinum im Inneren des Theaters zu korrespondieren[307].

Die Obergeschosse des Theaters waren nachweislich erst auf eine Erhöhung von +1 m über dem Decumanus gefallen, was mit dem Einsturzbefund der Portikus vor den Neptunsthermen korrespondiert. Das Nutzungsniveau der frühmittelalterlichen Kirche mit mehr als +1 m fußte bereits auf diesen Ruinen. Prinzipiell stand also die Cavea des Theaters damit bis zum späten 6. oder 7. Jh. aufrecht.

Die kommerzielle Infrastruktur in den Tabernen des Theaterrunds, die Werkstätten und Verkaufsläden der Glas- und Metallhandwerker sowie der hier näher erörterte Steinmetzbetrieb, erweisen sich zwar nach Bränden kontinuierlich renoviert, sie könnten prinzipiell aber auch schon vor dem Ende des Theaterbetriebs, also in der Mitte des 5. Jhs. aufgegeben worden sein.

Es gibt jedoch keine eindeutigen Anhalte dagegen, daß die umgebaute Orchestra für Wasserspiele und/oder *venationes* wie auch die stadtrömischen Theater und das Kolosseum zumindest prinzipiell bis zu den letzten Verboten von Tierhetzen und Schauspielen im Westen im Jahr 523 in Funktion geblieben sein könnte[308]. Der letzte Umbau des Theaters vom Ort unterhaltsamer Wasserspiele zur lebensrettenden Festung und Rückzugssiedlung wird von den Ausgräbern bereits im 5. Jh. angesetzt[309]; nach den vorliegenden Überlegungen wird man diese Aufgabe der wichtigsten kommunalen Funktionen und damit die Aufgabe eines grundlegenden Anspruchs an Urbanität wohl nicht vor dem Ende der Fließwasserversorgung im Stadtzentrum annehmen. Daß diese zumindest bis ins 6. Jh. kontinuierlich funktionierte, belegen die Sondagen im Hauptkanal der Terme Bizantine und der Forumsthermen (s. u.). Ergänzende Fundamentsondagen am Aquädukt im Osten der Forumsthermen könnten weitere Anhalte liefern; der massive Marmorspolienverbau u. a. aus Tempeln deutet aber darauf hin, daß auch dieser Bau, der sich zwar als modern wiederaufgerichtet erweist, mit seinen spätesten originalen Bestandteilen möglicherweise noch in die zweite Hälfte des 5. Jhs. weist (s. u.).

Faßt man diese Überlegungen auf Basis der Datierungsanhalte der Grabungstagebücher zusammen, ergibt sich folgende Chronologie des spätantiken Theaterbetriebs:

1. eine erste grundlegende diokletianische Reparatur der severischen Anlage,
2. eine bewältigte Einsturzkatastrophe und Verstärkung der baulichen Struktur, datierbar zwischen 385–423,
3. den Umbau für Wasserspiele unter Arkadius und/oder Honorius, wohl nach der reichsweiten Wiederzulassung dieser Spiele durch den Gesetzgeber 399,
4. einen umfassenden Einsturz von Teilen der Cavea über den Tabernen und des Bühnenhauses zur Mitte des 5. Jhs., möglicherweise in Folge des Erdbebens und Brands um 442/443, und danach die Aufgabe der Tabernen in der Cavea (Einsturzschicht B). Damit hingen stadtweit verbreitete Aufhöhungen und letzte stark improvisierte Stützungen zusammen, wobei u. a. Inschriften aus der Orchestra im Eingangskorridor verbaut worden waren und die eingestürzte Bühnenwand abgeräumt worden sein könnte,
5. möglicherweise eine rudimentäre Fortführung des Spielbetriebs bis zum Ende der Fließwasserversorgung im 6. Jh. oder dem umfassenden Verbot aller Spiele und szenischen Aufführungen – allerdings nicht der immer noch populären Wasserspiele – von 523, sowie
6. die Nachnutzung der Ruine des Kerns der Cavea – bei vollständigem Funktionswandel – als Festung und Rückzugssiedlung der letzten Bewohner Ostias im 7. und 8. Jh.

305 Zur Bauweise der Zisternen ebenfalls aus sehr stark gemischten Ziegeln vgl. Gismondi 1955, 300.
306 Dazu s. GdS 6, 1913, 27.
307 Gismondi 1955, 299.
308 French 1985, 66.
309 Gismondi 1955, 294 mit Anm. 3.

Abb. 65 Theater, *porticus post scaenam*. Fundamente in situ

Zur problematischen Erhaltung und Datierung der Theaterportikus post scaenam

Die seit den frühesten Grabungsfotografien sichtbare Portikus hinter der Bühne (Abb. 53. 65), die bereits im Plan Lancianis verzeichnet ist (Abb. 54), gilt seit längerem als modernes Pasticcio[310]. Möglicherweise griff hier jedoch die moderne, d. h. grabungszeitliche Wiederaufstellung von Fundmaterial auf das Material einer bereits spätantiken Spoliation an derselben Stelle zurück. Dafür sprächen einige Indizien wie der lokale Einzugsbereich der Spolien und der Datierungsrahmen ihrer Zweitverwendung. Eine der hier modern wiederaufgestellten Säulen auf der Rückseite des Bühnengebäudes trägt eine spätantike Beschriftung. Eine andere, in etwa portikusmittige Säule mit dem Bild des Genius der Castra Peregrina stammt aus dem frühen 3. Jh.; sie wird ursprünglich in der Nachbarschaft der entsprechenden Kasernen aufgestellt gewesen sein. Die Wiederverwendung wäre nach der Aufgabe und Abräumung der Kasernen durchaus denkbar. Problematischer in der Deutung scheint dagegen die Verwendung einzelner Säulen des heute nicht mehr erhaltenen dritten Obergeschosses der Cavea[311]: Betrachtet man diese Säulen als originalen Bestand einer spätantiken Portikus an dieser Stelle, dann könnte die heute wiederaufgestellte *porticus post scaenam* erst nach dem Einsturz des oberen Theatergeschosses gebaut worden sein. Damit müßte man ausschließen, daß ihre erhalten gebliebene Gestalt Teil des originalen Bühnengebäudes war, es handelte sich vielmehr um dessen ›Ersatz‹.

Die hypothetische Spätdatierung dieser Portikus bezieht sich jedoch nicht auf das Fundament der Säulenreihe, das unbestritten älteren Ursprungs ist. Nach neuesten Untersuchungen blieb die erste augusteische Anlage einer *porticus post scaenam* trotz mehrerer Niveauerhöhungen beibehalten[312]. Obwohl sich das Verständnis der ›gesamten‹ Nutzungszeit des Theaters auch dieser neuen Studie zufolge in alter Forschungstradition konkret nur bis auf das 3. Jh. bezieht, galt das vielleicht auch für die gesamte Spätantike. Bei der entsprechenden Notwendigkeit von Reparaturen auch in dem langen bislang unbeachteten Zeitraum nach dem Ende des 2. Jhs. bis zur Aufgabe der Theaterspiele im späten 5. oder frühen 6. Jh. (s. o.) ist es also nicht auszuschließen, daß die Anlage einer *porticus post scaenam* ähnlicher Form, jedoch vielleicht mit anderen Säulen, tatsächlich auf die Spätantike zurückgeht. Spoliensäulen könnten damals

310 Zusammenfassend: Pavolini 1983, 67.

311 Der Befund Pavolinis rekurriert auf die Publikationen von Calza zum Theater. Dazu s. o.

312 Battistelli – Greco 2002, 402 f. mit Abb. 5 zu Niveauerhöhungen bis Commodus.

auf die regelmäßige Reihe der augusteischen Tuff-Fundamente an dieser Stelle gesetzt worden sein, insbesondere nach einer Verkleinerung oder einem späten Umbau der Cavea oder einem Einsturz der Bühnenfront. Die marmornen Säulenbasen (Abb. 65), die in einigen Fällen mit wiederverwendeten Ziegeln in ›spätantiker‹ Machart, aber zweifellos mit modernem Mörtel geflickt wurden, spiegeln einen umfassenden Wiederaufbau aus der Zeit der ersten Grabungen im späten 19. und frühen 20. Jh. wider. Die entscheidende Frage zur weiteren mikroarchäologischen Untersuchung wäre, inwiefern auch die Ziegelreparaturen zwischen den augusteischen Tuffpfeilern modern zu datieren sind oder bereits spätantiken Ursprungs sein könnten.

Zwei betretbare ›Schaubecken‹ – Der Piazzale delle Corporazioni als Festort der Spätantike?

Einige Indizien sprechen dafür, daß die Marmorverkleidung der Cella des Tempels auf dem Piazzale delle Corporazioni bereits abgerissen war, als man eine Reihe von Pfeilern an der westlichen Langseite des Tempelpodiums aus Tuffblöcken, Spolien und wiederverwendeten Ziegeln errichtete[313] (Abb. 66, a; Abb. 67–69). Hier befand sich ein großes Becken mit Stufen und einem Boden aus Marmorspolienplatten.

Die Existenz von wasserdichtem Mörtel und einer lückenlosen Umfassungsmauer belegt eindeutig, daß das Becken (Abb. 66, a) mit Wasser gefüllt werden konnte. Dabei kann vielleicht ein Einlauf über Kaskaden angenommen werden, die zwischen den Pfeilern vor dem Tempelpodium angebracht gewesen sein können (Abb. 66, Pfeiler; Abb. 67). Das entspräche einer auch bei späten Privathäusern gebräuchlichen Art der Rückseitengestaltung größerer Zierbecken[314]. Der Beckenrand ist heute überwachsen. Nach Ausweis des Erhaltungszustandes während der Grabungen war er jedoch gut erhalten und daher wohl auch ursprünglich fast ebenerdig, wobei die Höhendifferenz durch Stufen ausgeglichen wurde, was ein Betreten des Beckens erleichterte. Da sich der Beckengrund unter dem spätantiken Gehniveau befand, kann man einen maximal etwa 60 cm hohen Wasserstand vermuten.

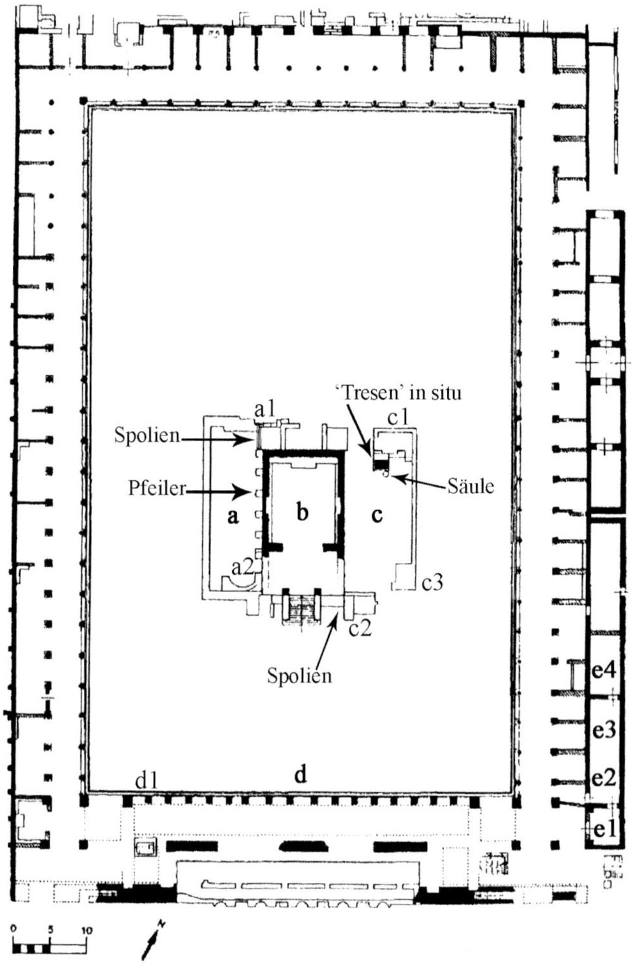

Abb. 66 Piazzale delle Corporazioni. Die platzmittigen Wasserbecken am Tempel (Plan nach I. Gismondi). M. 1:1000

Der Bau des Beckens a ging in mehreren Bauabschnitten vor sich. Als ein vom Bau der Tuffpfeiler am Tempelpodium abgrenzbarer Arbeitsschritt erweist sich die Anbringung von Spolien der Tempelcella (Abb. 67, Spolien; Abb. 68. 69), die hier ebenerdig die Struktur a1 umrahmen: Der südliche Abschluß des Profils nimmt Rücksicht auf den Tuffpfeiler, die verbleibende Lücke wurde durch ein ›Füllstück‹ (Abb. 69) sorgfältig geschlossen[315].

Die apsisartige Nische a2 könnte einer davon unabhängigen Ausbauphase des Beckenkomplexes angehört

313 Möglicherweise verwendete man einige Teile des marmornen Cellasockels zum Bau der Brunnenbecken und ihrer Annexbauten (Abb. 67–69). Auffällig ist zumindest, daß vom Aufbau des Tempels bereits zur Grabungszeit nur wenig Fundmaterial in situ erhalten war, wobei das Podium heute weit über den antiken Mauerkern hinaus ergänzt ist. Erhalten war zur Grabungszeit nur ein Altar, ein Kapitell und eine Basis: vgl. dazu noch Fisch 1898, 30.

314 Eine Kaskade dieser Art findet sich in der Domus di Amore e Psiche D4c oder am Nymphäum N4a. Dazu s. hier Kapitel II. 5. a.

315 Es ist denkbar, daß hier mehrere Bauphasen bei näherer Untersuchung zu trennen wären, was verschiedene sich überschneidende Mauerzüge und Orientierungen nahelegen.

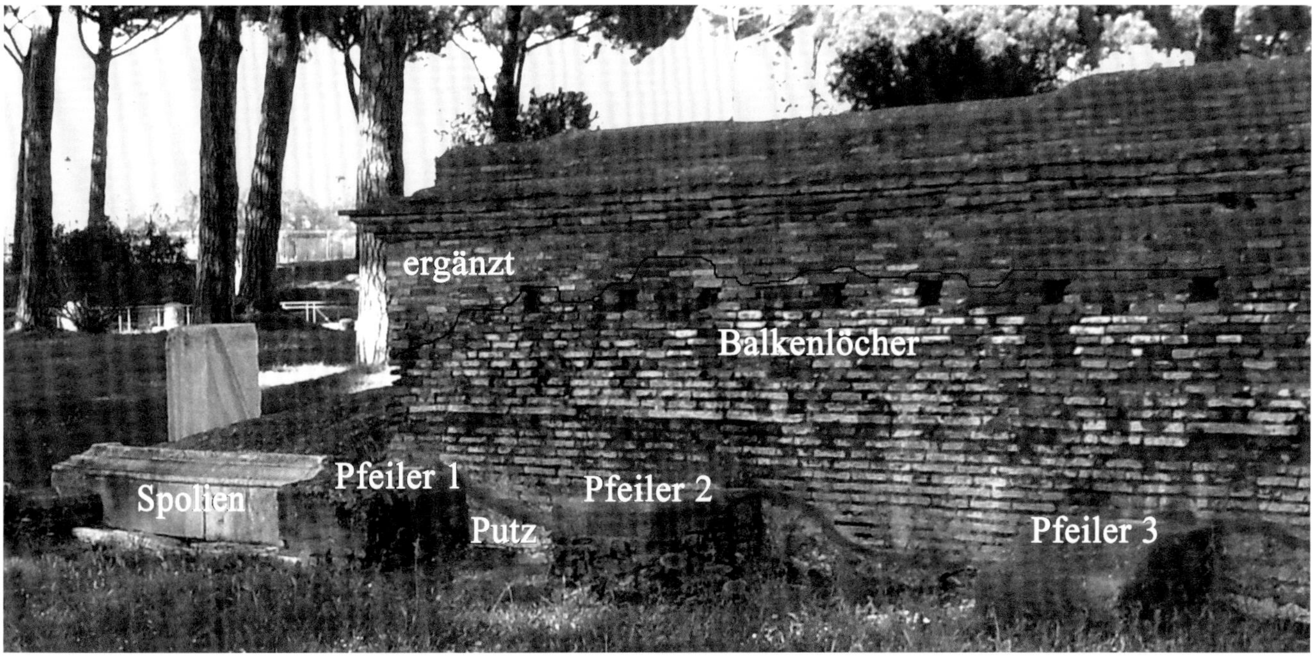

Abb. 67 Die Spolienverwendung und Pfeilereinbauten an der Westseite des Tempels

Abb. 68 Der wiederverwendete Cellasockel a1 als Indiz des Tempelabrisses

haben: entweder befand sich hier eine Statue oder vielleicht ein zusätzlicher Wasserauslauf. Der halbrunde Bau wird in Art einer künstlichen Grotte gestaltet gewesen sein, was den Aspekt des Zierbeckens mit mythologischen Assoziationen verknüpfen konnte.

Eine Reihe von Vertiefungen (Abb. 67. 68, a', b') hängen offenbar mit dem Bau des Podiums – wohl als Gerüstlöcher – zusammen, weil sie nicht nur im Bereich um die Pfeiler, sondern auch an der Nordseite und Ostseite des Podiums unter den späteren Anbauten sichtbar sind. Das Podium selbst war ehemals mit Marmorplatten verkleidet gewesen, von denen sich geringe Reste hinter der späteren Überbauung durch die Becken erhalten haben (Abb. 70). Zum Zeitpunkt des Einbaus der Tuffpfeiler an der Westseite des Wasserbeckens scheint diese Marmorverkleidung des Tempelpodiums bereits demontiert gewesen zu sein – wohl um den Beckenboden abzudichten –, was der hier erhalten gebliebene Putz zwischen den Pfeilern vermuten läßt.

Das Spolienbecken war problemlos fast ebenerdig betretbar. Dies ist eine für die Deutung wichtige Beobachtung: Betretbare Wasserbecken unter freiem Himmel

Abb. 69 Die Anpassung des Cellasockels a1 an die Spolienbecken

Abb. 70 Nymphäumsbecken am Tempelpodium in mehreren Umbau- und Erweiterungsphasen. Marmor in situ

kommen im Stadtgebiet Ostias ansonsten nicht vor. Zur praktischen Wasserspeicherung oder -entnahme scheidet die Anlage bereits aufgrund ihrer Dimensionen und Anbindung aus. Dem Becken wird also eine spezifische Funktion zugekommen sein, die dekorative Gesichtspunkte beinhaltet, zugleich aber wohl in einem größeren funktionalen Zusammenhang mit der spätantiken Umnutzung des Theaters für Wasserspiele gedeutet werden kann: Betretbare Wasserbecken spielen für ›Wasserspiele‹ bzw. Kolymbethra eine konstituierende Rolle.

Eine abweichende Ausstattung spiegelt die Seite östlich des Tempelpodiums (Abb. 66, c; Abb. 71). Hier sind zwar einzelne bauliche Elemente – so der ›Tresen‹ c1[316] – deutlich höher erhalten geblieben als auf der Westseite, allerdings vermißt man einen klar durchgängigen Beckenrand. Auch wenn die verstreuten Mauerzüge keine zusammenhängende Begrenzung ergänzen lassen, umfaßten sie dennoch anhand ihrer Vertiefung ein annähernd großes Wasserbecken wie auf der Westseite.

Nach Ausweis des verwendeten Mörtels, der durchschnittlichen Ziegelgrößen und des hohen Anteils an wiederverwendeten Ziegeln liegt bei allen Ein- und Annexbauten um das Tempelpodium herum zumindest eine nachseverische Datierung nahe. Zumindest teilweise scheinen sie zudem auf einem bereits etwa

316 Die vorgelagerte Säule c1 (Abb. 70) wurde hier wohl in situ gefunden. Möglicherweise ist sie mit einer heute noch am Platz liegenden Spoliensäule aus Granit identisch. Dazu s. u.

um +30–50 cm erhöhten Gehniveau errichtet worden zu sein (›Tresen‹ c1). Auch die massive Verwendung von Spolien an fast allen Anbauten scheint für ein spätes Datum zu sprechen (Abb. 66–70, Spolien).

Über die genaue Gestalt der Strukturen c1 und c2 geben ältere Grabungsfotografien und der Plan Lancianis (Abb. 71) eine vom heute sichtbaren Zustand geringfügig abweichende Auskunft[317]. Klar ist, daß das Mauerwerk des in etwa quadratischen Bereichs c2'/c2" (Abb. 70. 71) stark modern ergänzt ist. Nur ein kleiner Ausfluß (Abb. 70, Ausfluß) gehört zweifelsfrei zum originalen Bestand. Der Plan Lancianis bezieht sich auf einen Zustand unmittelbar nach der Grabung und noch vor der Rekonstruktion, ist jedoch sehr frei gehalten, so daß dem Plan Gismondis (Abb. 66) trotz seiner späteren Entstehung der Vorzug zu geben ist, weil er mit dem Bestand auch vor der modernen Rekonstruktion (Abb. 67. 68. 70) besser übereinstimmt. Nimmt man die Evidenz zusammen, dann bildeten c2" und der Bereich c2"' ehemals wohl einen größeren zusammenhängenden Sockel, von dem aus Wasser in ein niedriger gelegenes Bekken (Abb. 70, c2') fließen konnte[318].

Unklar bleibt die Funktion des leicht gewölbten ›Tresens‹ bzw. der Nymphäumsnische c1 (Abb. 66. 71), vor der offenbar eine kleine Säule Aufstellung fand (Abb. 66, Säule)[319]. Weitere Räume im Norden dieser Struktur und des Tempelpodiums selbst sind heute nicht mehr erhalten. Vielleicht traten die großen Wasserbecken im Westen und möglicherweise auch im Osten des Tempelpodiums in eine bereits lange Tradition von älteren und kleineren Brunnenmonumenten mit weiteren angeschlossenen Räumen an dieser Stelle.

Einen möglichen Hinweis auf die Struktur und Funktion der platzmittigen Bebauung des Piazzale delle Corporazioni als innerstädtischer ›Nymphenhain‹ bildet die Beschreibung des Berliner Ostia-Besuchers Fisch. Er verband den 1898 noch wesentlich besser erhaltenen Befund des Nymphäums vor Ort mit seinem philologischen Vorwissen: »Einiges Licht würde alsdann auch auf eine sonst etwas unklare Anlage fallen, die man auf der östlichen Seite dieses Tempels vorfindet,

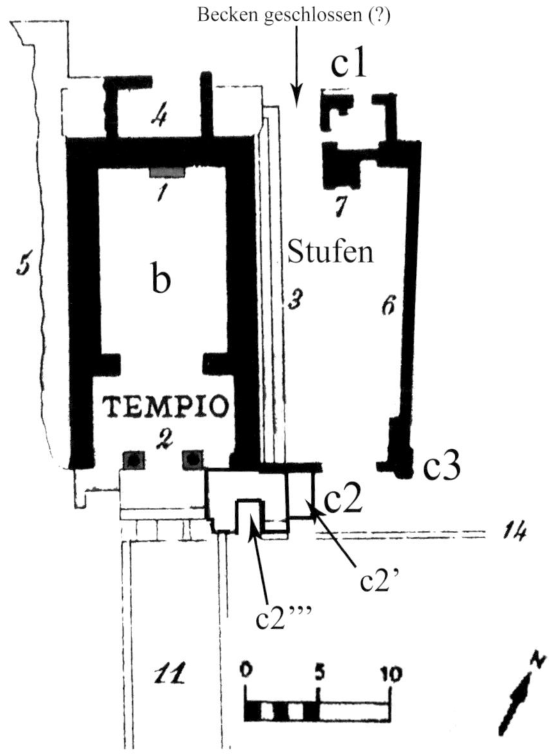

Abb. 71 Die platzmittigen Bauten im spätantiken Endzustand (Plan nach R. Lanciani). M. 1:1000

und die namentlich einen künstlichen Wasserbau enthält. Denn dann könnte man ihrer Inschrift wegen mit diesem jene zu Ostia im Anfange dieses Jahrhunderts [also um 1800 – Anm. d. Verf.] ausgegrabene Brunneneinfassung in Beziehung setzen, die von C. Caecilius Onesimus, L. Hortensius Gallus und N. Trebonius Eutyches »infolge einer Ermahnung der allerheiligsten Ceres *und der Nymphen*« einst gestiftet worden ist und sich jetzt in der Galeria Lapidaria des Vatikans befindet. Alles zusammen genommen würde demnach auf dem Forum ein Heiligtum der Ceres gelegen haben und daneben eine kleine schattige Anpflanzung von Baum und Strauch, in der für erquickungsbedürftige Seelen frisches Wasser plätscherte«[320]. Nach Wickert spielt eine

317 Lanciani 1881.

318 Auch hier zeigt sich exemplarisch, wie die moderne Rekonstruktion von Mauerzügen auf vermeintlich ›originales‹ Ziegelmauerwerk fokussiert erfolgt und dabei den Grabungsbefund verunklären kann: Wäre die Mauer zwischen c2" und c2"' nicht modern *über* ihre originale Höhe hinaus hochgezogen worden, wäre der zusammenhängende Sockel auch als solcher zu verstehen.

319 Die Struktur c1 könnte einer separaten Bauphase angehören, zumal hier eine deutlich erhöhte Fundamentlinie sichtbar ist. Oder stand sie im Becken?

320 Fisch 1898, 30. Kursive Markierung vom Autor. – Eine direkte Parallele dazu ist auf der Südagora von Aphrodisias mit der Quelleinfassung und dem den Nymphen gewidmeten Garten – ebenfalls wohl als ›innerstädtische bepflanzte Naturzone‹ – des 177 m langen ›Agorapools‹ nachweisbar. Dort zumindest ist die kultische Kontinuität der Nymphenverehrung in Form des auch im Reichswesten in der Spätantike zunehmend populären Frühjahrs- bzw. Maiumasfestes bis ins späte 5. Jh. inschriftlich belegt. Ähnliches gilt für die hypäthralen Wasserbecken vor dem Theater von Al Shuni. Vgl. dazu hier Kapitel III.

Ara *ad Annonam Augustam* eine wesentliche Rolle zur ersten Identifikation des Tempels durch Carcopino[321]; Ceres als Tempelherrin ergab sich für Fisch 1898 als logische Deutungsoption.

Gleichsam, als ob die Bemerkungen Fischs zum Piazzale den Zeitgeist trafen, hatte der Direktor der Ausgrabungen Vaglieri seit seinem Amtsantritt 1907 ein Begrünungsprogramm in die Tat umgesetzt, das möglicherweise spätantike Vorläufer hatte. Die üppige Bepflanzung des Areals ist bereits in Fotografien um 1911 belegt, wurde jedoch – wohl ebenfalls als Zeichen der Zeit – unter seinem späteren Nachfolger Guido Calza vernachlässigt und aufgegeben[322]. Beim Ausmaß der Bepflanzung um 1910 und etwa einem Jahrhundert unkontrollierter Vegetationsentwicklung seither in den oberflächennahen spätantiken Schichten ist allerdings zu bezweifeln, ob moderne Gartenarchäologie hier eine Chance hätte, die antike Bepflanzung zu rekonstruieren.

Ein vorläufiger Deutungsversuch als Festplatz für Wasserspiele

Neben dem Freiluftbecken des ebenfalls spätantiken Fassadennymphäums N1a auf dem Piazzale della Vittoria P1 (Abb. 2–7) handelt es sich zumindest bei dem Becken der Westseite um das größte hypäthrale Wasserbecken in Ostias Stadtgebiet. Spätantike Erhöhungen wurden bereits unter Vaglieri abgegraben, wobei auch einige unpublizierte Sondagen unterhalb des Platzniveaus durchgeführt wurden. Innerhalb der Abwasserkanäle der Becken, die damals glücklicherweise nicht freigelegt wurden, könnten aber noch originale Sedimentfüllungen erhalten geblieben sein, um Aussagen über Bauzeit und Benutzungsdauer dieser Beckenanlage treffen zu können. Eine Säuberung des Platzareals und eine genaue Dokumentation der Platzoberfläche in ihrer letzten Gestaltung ist daher – begleitet von einzelnen Fundamentsondagen am Beckenrand, der künstlichen Grotte und dem erhöhten ›Tresen‹ – für weitere Grabungskampagnen des Autors nach Abschluß der Forumspublikation vorgesehen.

Unklar ist bis heute die Funktion einer Struktur (Abb. 54. 71, 11), die nur im Plan Lancianis berücksichtigt wurde, möglicherweise aber eine direkte Verbindung des umbauten Tempels mit der *porticus post scaenam* darstellte. Es ist nicht auszuschließen, daß auch diese Struktur als Wasserbecken gedient haben könnte. Bereits die erste moderne Begrünung des Platzareals unter Dante Vaglieri nahm auf diese antiken Strukturen jedoch nur noch begrenzt Rücksicht: Das mögliche Bekken wurde planiert und an seine Stelle trat ein modern gefaßter Zugangsweg zum Tempel. Der Tempel selbst wurde danach wieder in alter hochkaiserzeitlicher Größe rekonstruiert – während seine in der Spätantike dominanten, möglicherweise sogar dreiseitig umgebenden Wasserbecken bis heute beinahe in Vergessenheit geraten sind.

So verwundert auch kaum, daß die Erhöhungen des Geh- bzw. Nutzungsniveaus der Platzanlage und ihre Umnutzungen nach dem Ende des 2. Jhs. auch bei neueren Sondagen und Vermessungen überhaupt nicht thematisiert werden. Wohl nicht zuletzt deswegen endet die Zusammenfassung von Gabriella Greco zur Frage, welcher Nutzungsphase man die Becken zuweisen könne, in Aporie: Die Möglichkeit einer spätantiken Entstehung wird nicht in Betracht gezogen[323]. Zumindest, wenn sich die Spoliation der Marmorverkleidung des Tempels in den Fundamenten der Becken und Annexbauten durch Bauaufnahmen über den ersten Anschein hinaus verifizieren ließe, wäre ein Datierungsansatz jedoch wohl nicht vor dem frühen 5. Jh. denkbar. So hatte man in Ostia noch bis ins späte 4. Jh. die wichtigsten Tempel der Stadt renoviert, wobei intentionale Tempelabrisse wie jener des Vereinstempels für den Divus Pius für den Bau der Honoriusportikus (Po1g, s. u.) im frühen 5. Jh. offenbar noch die Ausnahme bildeten[324]. Unklar bleibt bis auf weiteres, inwiefern ein von Lanciani gefundenes und von Wickert vervollständigt gelesenes, allerdings bislang nicht näher datiertes Epistylfragment in den Deutungszusammenhang einzubetten ist[325].

Unter den hier verbauten Inschriftenspolien befand sich auch eine Inschrift eines Vereins, nämlich des *corpus scaphariorum traiectus rusticeli*[326]: Vereinsbesitz wurde in Ostia nicht vor dem 4. Jh. zur Spoliation freigegeben, wie im folgenden auch aus dem Wiederverwendungskontext des Pflasters des Foro della Statua Eroica FSE/P2b hervorgeht. Spolien eines verwandten

321 Wickert 1933, 844.
322 Dazu ausführlich s. Olivanti 2001.
323 Auch neueste Untersuchungen ergaben bislang keine Ergebnisse, welcher Phase die Becken zuzuweisen sind. Spätantike Erhöhungen werden interessanterweise hier nicht thematisiert: Wohl nicht zuletzt deswegen endet die Zusammenfassung von Gabriella Greco diesbezüglich in Aporie: Dazu s. Battistelli – Greco 2002, 405.
324 Zum Befund von Spolien des Roma- und Augustustempels unter dem spätantiken Platzpflaster des über die Via della Forica verbundenen Foro della Statua Eroica FSE/P2b s. u.
325 Wickert 1933, 843 zu CIL XIV Suppl. 4733: *basim qu.. ..ens et Op.. ..us additis cultioribus ornamentis restituerunt.*
326 Zu CIL XIV Suppl. 4556 s. Wickert 1933, 842.

Vereins – der Fährleute, *lenuncularii* des *traiectus Rusticeli* – wurden auch bei der Neupflasterung des Bodens der Forumsthermen im späten 4. Jh. verwendet[327]: Diese Maßnahme wird nach Marinucci in theodosianische Zeit datiert, als Ragonius Vincentius Celsus Präfekt der Annona war.

Neben den Inschriften kamen eine Reihe von Spolien aus den vorstädtischen Nekropolen zur Verwendung, als man die Beckenböden pflasterte: Vor Ort haben sich bis heute Teile von Riefelsarkophagen erhalten (Abb. 69), die sekundäre Nutzungsspuren – Einlassungen etc. – aufweisen. Daneben finden sich Säulen kleineren Durchmessers, die möglicherweise als Aufsatz auf dem Brunnenrand gedient haben konnten, wie das z. B. für die kleinen Brunnenbecken in der Portikus am Südrand des Biviumplatzes P4 überliefert ist[328]. Eine gut erhaltene Granitsäule wird wohl mit jener Säule identisch sein, die Eingang in den Plan Gismondis gefunden hat (Abb. 66, Säule).

Das Fehlen von Wasserbecken auf dem spätantiken Vorplatz P1d fiel im Vergleich gerade zu seinen Vorgängerphasen mit mehreren Wasserbauten auf – einen möglichen Ersatz könnte der Piazzale delle Corporazioni in seinem letzten überlieferten Zustand geboten haben. Die außerordentlich großen Wasserbecken am Tempelpodium lassen sich prinzipiell mit ähnlichen Einrichtungen auf der Südagora von Aphrodisias (s. u.) parallelisieren, wobei im Fall von Aphrodisias wie auch z. B. in Side zusätzlich an einer mit dem Piazzale direkt vergleichbaren Stelle vor dem Theater in der Spätantike sogar ein neuer Platz (›Tetrastoon‹) entstanden war[329].

Die meisten spätantiken Neubauten wie Renovierungen im Bereich um das Theater liegen auf einem erhöhten Gehniveau von etwa +60 cm, das hier vom späten 4. Jh. an offenbar bis zum nicht mehr bewältigten Einsturz des Theaters im 6. Jh. beibehalten worden war. Bis ins 6. Jh. handelt es sich beim Theater um keine ausschließlich christlich ›besetzte‹ oder repräsentativ gestaltete Stätte der Märtyrerverehrung[330], wie das bisher oft gemutmaßt wurde[331]. Der bauliche Befund einer zeitlichen wie örtlichen Koexistenz verschiedener Nutzungsbereiche widerspricht einem modern konstruierten Antagonismus oder einer eindeutigen zeitlichen Abfolge christlicher Nutzungen nach den paganen. Der Bereich um das in severischer Zeit erweiterte Theater war neben seiner nur möglicherweise sichtbaren Märtyrermemoria auch in der christlichen Spätantike vor allem ein Ballungspunkt von Vergnügungsmöglichkeiten und Zeitvertreib in Thermen, Bars und weiteren Dienstleistungsbetrieben. Daneben dienten das Theater und der Piazzale als Wegstation auf der zentralen Prozessionsachse des Decumanus, also u. a. wohl auch als Versammlungszentrum für die verschiedensten Gelegenheiten, für Akklamationen[332] und möglicherweise eben auch für zentrale Stadtfeste oder Spiele paganen Ursprungs. Diese Alltagswelt von Spiel und Unterhaltung wird u. a. durch das Spektrum der Graffiti im direkten Umkreis des Theaters mit Spielfeldern und vielfältigen Verweisen auf die Welt der Gladiatorenspiele sowie der in der Spätantike sehr beliebten *venationes*, die im 5. Jh. weitgehend die Gladiatorenspiele ›ersetzt‹ hatten, unterstrichen[333]. Es wäre also keineswegs verwunderlich, wenn hier in Ostia das Theater wie in vielen Städten des gesamten Imperiums auch bereits längere Zeit für Tierkämpfe gedient hatte. Seit etwa 400 diente das Theater zudem zeitweise als Bühne für Wasserspektakel und Festspiele mit entsprechend mythologischem ›Bühnenbild‹. Das konnte hier wie andernorts dazu dienen, wesentliche kulturstiftende Feste und Vergnügungen, die sich ungebrochener Popularität erfreuten, am Leben zu erhalten.

Als wichtige Motivation für die geballten Umbautätigkeiten und sekundären Statuenauf- bzw. umstellungen um das Theater galt offenbar noch die Notwendigkeit ›säkularer‹ Repräsentation von Stiftern und Spielegebern, die sich in Ostia neben den Präfekten der Annona wohl vor allem aus dem Kreis der hier grundbesitzenden oder ›eingeheirateten‹ Familien aus der stadtrömischen Senatsaristokratie wie z. B. der *Anicii* oder *Symmachi* herleiten lassen. Das Ende des vielfältigen öffentlichen Kommunikations- und Vergnügungsangebots, also das Ende der ›klassisch-antiken‹ Urbanität unter der Prämisse der ›säkularen‹ Repräsentation traditioneller Eliten ist

327 ScO XI 23 zu »fase III d«.

328 In der Portikus Po4a liegen insgesamt zwei Becken. Bei jenem vor der Taberne Tb4c sind die Säulen noch in situ auf dem Beckenrand erhalten. Dazu s. u.

329 Dazu s. hier Kapitel III.

330 Dazu s. Bauer 2003, 46 f. 58 f.

331 Vgl. Calza u. a. 1953, 161. Zur Legende um den Bischof Quiriacus – möglicherweise als wesentlich später entstandene Fiktion, um eine vermeintliche Kontinuität zum Ereignis des Martyriums im 3. Jh. herzustellen – s. die Zusammenfassung bei Bauer 2003, 58 f. 60.

332 CIL XIV Suppl. 5298.

333 Vgl. Wickert 1933, 743 zu CIL XIV Suppl. 5232–5241. Hinter Spielfeldern überwiegen die Bilder von Arena und Siegeszweigen. Auf den wenigen originalen Marmorbereichen im Theater finden sich ebenfalls Spielfelder. Kreuzgraffiti sind dagegen nur bei der benachbarten Portikus Po1g greifbar (s. u.).

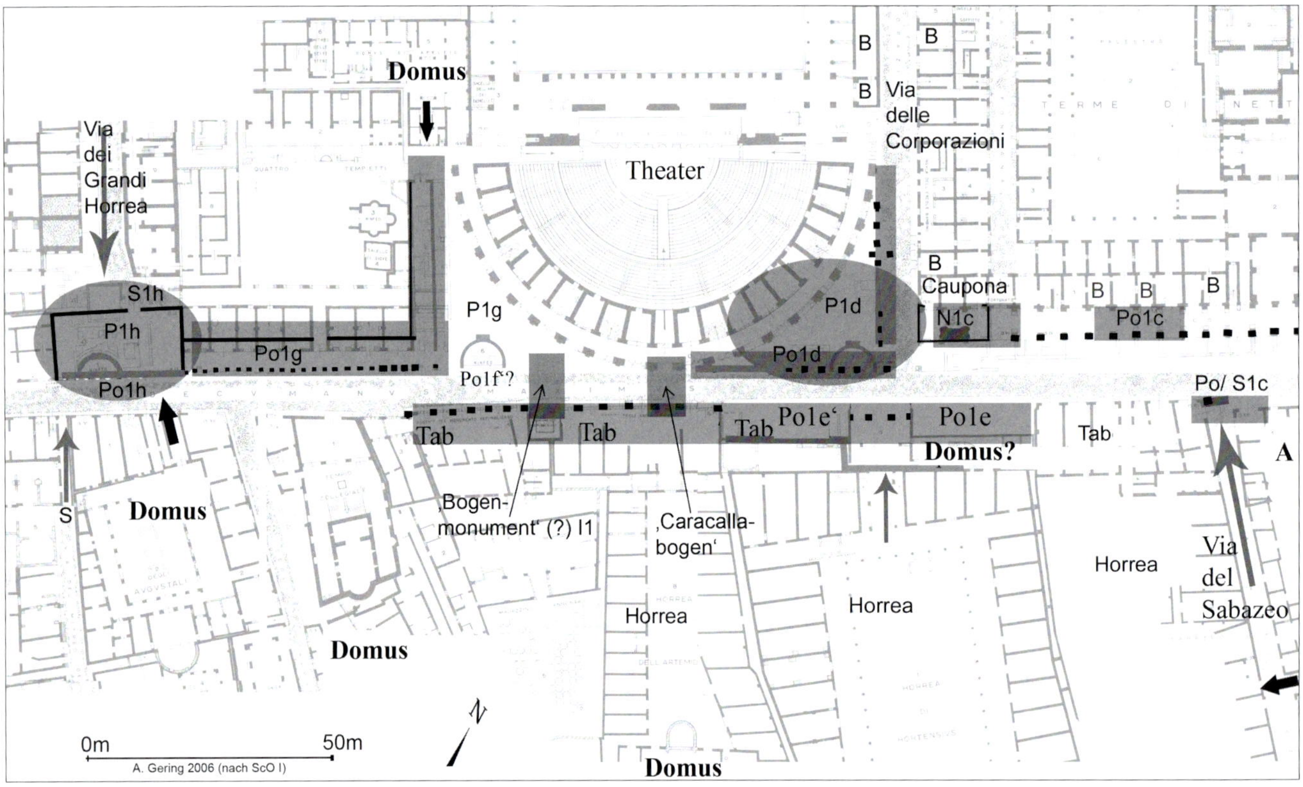

Abb. 72 Die Portiken, Platzanlagen und Bogenmonumente am Theater: Der spätantike Endzustand (M. 1:1500)

wohl erst erreicht worden, als diese ihre Besitzungen in Ostias Umland und Innenstadt und damit auch ihr Interesse an der Verschönerung der Stadt aufgegeben hatten. In dieses Vakuum war dann möglicherweise seit dem Ende des 5. Jhs. verstärkt der lokale Bischof von Ostia getreten und dann zum einzigen Bauherrn avanciert, nachdem die stadtrömischen Protagonisten aus dem Stadtleben Ostias verschwunden waren.

II. 3 Das repräsentative Stadtzentrum in der Spätantike – Vom Theater bis zum Forum

II. 3. a Neue Säulenhallen und ›private‹ Plätze vor großen Häusern

Zur Verkleidung eines Tempelareals – Die Portikus Po1g vor den ›Quattro Tempietti‹

Vor dem Heiligtumsareal der Quattro Tempietti (II viii 2) befindet sich eine Tabernenreihe, der zum Decumanus hin eine Fassade aus Säulen vorgeblendet ist (Abb. 72, Po1g; Abb. 73–75).

Die bislang ausführlichste Darstellung wurde von Katharina Rieger mit neuen Plänen vorgelegt; sie deutet diese Portikus als die späteste Bauphase des Kultareals der Quattro Tempietti[334]. Rieger datiert die Portikus in severische Zeit[335]. Das ist jedoch bereits anhand der deutlich unterschiedlichen Gehniveaus der Portikus (+30–40 cm) und der Tabernen, deren Fundamentlinie auf dem Gehniveau des Decumanus liegt und die von Rieger auf Basis älterer Forschungen ebenfalls severisch datiert werden, auszuschließen.

Das Portikusfundament (Abb. 73. 74) setzt gegenüber dem Decumanuspflaster eine geringe Erhöhung voraus, um die Portikus ebenerdig betreten zu können. Das Portikusinnere wurde bei den Grabungen Vaglieris allerdings bis auf ein wesentlich tieferes Gehniveau abgegraben, so daß hier das spätantike Nutzungsniveau verloren ist. Hinweise auf spätantike Bauphasen in diesem Areal kann man heute nur noch einigen Mauerresten entnehmen, die dem spätesten Fundamentniveau der Portikus entsprechen.

334 Vgl. dazu Rieger 2004, 39–57 mit Abb. 3. 4.

335 Rieger 2004, 39. Die Trennmauer wie auch die südlich und östlich vorgelagerte Portikus wird bei Rieger 2004, 57 in die severische Phase gesetzt, wogegen aber die Erhöhung der Säulenfundamente um +30–50 cm spricht.

Abb. 73 Die Spoliensäulen der Portikus Po1g, Ansicht von Südosten

Abb. 74 Die Spoliensäulen der Portikus Po1g, Ansicht von Südwesten

Eine ältere Reihe von insgesamt acht Tabernen hatte einst die decumanusseitige Front des Tempelareals gebildet (Abb. 75). Innerhalb der Tabernenreihe erfolgte der Zugang zum Tempelareal zwischen der fünften und sechsten Taberne von Westen aus gezählt. Von dieser severischen Tabernenreihe waren in Folge nur jene Mauerzüge einheitlich planiert worden, die auf dem Bereich der spätantiken Portikus lagen (Abb. 74. 75). Da die Tabernenköpfe teilweise modern restauriert wurden, erscheinen sie heute höher als ihr originaler Bestand: ohne ihre oberste moderne Mauerkrone entspricht der originale Bestand aber exakt der Planierungshöhe, die mit der Fundamentlinie der Rückmauer übereinstimmt (Abb. 76).

Die Bauphase als Portikus, die überdacht war, bedingt zwingend eine stabile Rückmauer. Die durchgehende Rückmauer aus Opus vittatum A (Abb. 74–76) setzt auf einem planierten Gehniveau von etwa +40 cm über dem Decumanuspflaster auf.

Alle hier wiederaufgestellten Säulen sind unterschiedlich, ebenso ihre Basen. Der Unterbau der stark modern überrestaurierten Säulenstellungen ist ebenfalls sehr unregelmäßig. Er besteht nachweislich aus einem Spolienblock aus Travertin, wiederverwendeten Ziegellagen oder auch Eingüssen von Bauschutt, die von oben erfolgt waren (Abb. 73. 74). Das legt nahe, an dieser Stelle eine spätantike Bauphase als Säulenhalle anzunehmen, obwohl im Stylobat eindeutig ältere

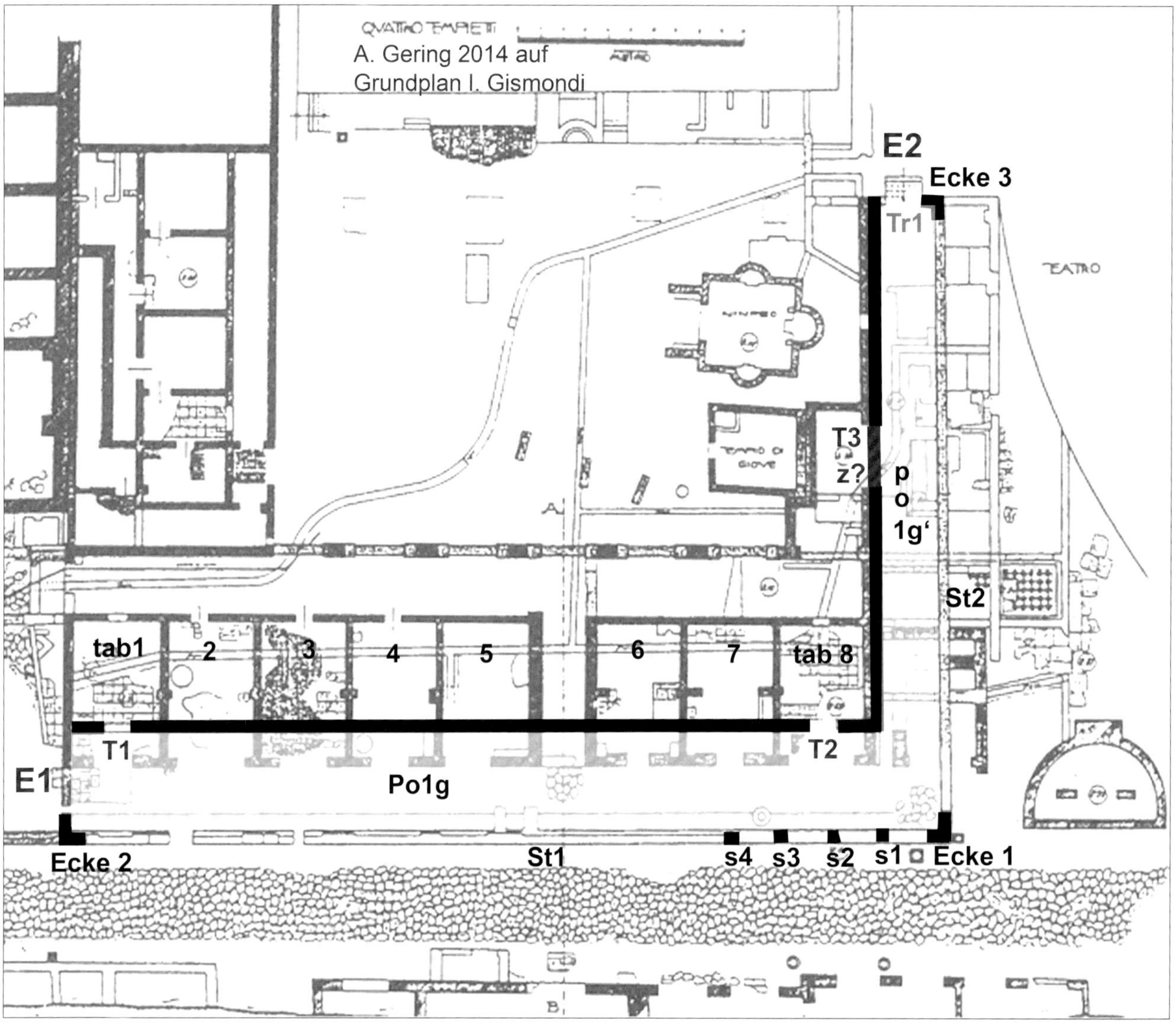

Abb. 75 Die Portikus Po1g und ihre Fortsetzung Po1g‘ über Eck (Plan nach I. Gismondi). M. 1:300
▬ Mauern mit erhöhtem Fundamentniveau

Abb. 76 Ehemalige Tabernen und die Tür T1 im Fundamentbereich der erhöhten Portikus

Vorläuferstrukturen severischer Zeit, möglicherweise u. a. für rechteckige Ziegelpfeiler, inkorporiert waren.

Der moderne Wiederaufbau des Mauerwerks der älteren Tabernen führte zu einer Fehlinterpretation von zusammengehörigen Mauerwerksphasen bei Rieger. Die Baureihenfolge wird im Plan bei Gismondi[336] indessen bereits zutreffend wiedergegeben (Abb. 75): Die Portikusrückmauer erhebt sich über der Tabernenreihe. Nördlich der Rückmauer blieben einige Tabernen noch deutlich höher als ihre planierten Vorderteile erhalten. Die nachträglich zugesetzten Tabernen weisen im Inneren Mosaikböden auf, die sich in das frühe oder mittlere 3. Jh. datieren lassen[337].

Durch Mauern mit erhöhtem Fundamentniveau (Abb. 75) wurde die Anlage in Zugang und Erscheinungsbild grundlegend umgestaltet. Als neuer Prospekt konnte man vom Decumanus aus anstelle der üblichen Tabernenfronten eine durchgehende Säulenhalle ohne Innengliederung wahrnehmen. Die Portikusrückwand sperrte sowohl den Zugang zum Tempelareal als auch die meisten Tabernenöffnungen ab. Die Tabernen wurden planiert und blieben unter der späteren Erhöhung des Gehniveaus vollständig verborgen. Der Bau der neuen Portikus diente damit sowohl der Sperrung des Zugangs zu einem nicht mehr gebrauchten Kultareal als auch der Verblendung einer nicht mehr gebrauchten vorgelagerten Tabernenreihe.

Die Gesamtzahl der in Funktion befindlichen Tabernen war von acht auf maximal zwei reduziert worden: Nur die beiden Tabernen am Ost- bzw. Westrand der Portikus waren auch innerhalb der späten Portikus auf dem um etwa +60–70 cm erhöhten spätantiken Nutzungsniveau in Benutzung geblieben, wovon ihre Aussparung für breite Tabernenschwellen spricht (Abb. 75. 76).

Das Hofareal vor den spätrepublikanischen Tempeln war zum Bauzeitpunkt der Portikus offenbar bereits außer Funktion geraten und an drei Seiten vollständig zugesetzt worden[338]. Der Plan Gismondis zeigt eine weitere Zusetzung auch der Pfeilerreihe nördlich der Tabernen (Abb. 75). Nur die Westseite des Hofes diente möglicherweise auch in der Spätantike noch als einfacher Wohnraum mit einer angeschlossenen Produktionsstätte[339]. Der übrige Hofbereich wurde dagegen als Ruine offengelassen und als Müllhalde genutzt. Daneben kam es, wohl in Krisenzeiten, zu einer sporadischen Nutzung als innerstädtischer Bestattungsplatz; es handelte sich jedoch nicht um eine plangemäß angelegte ›innerstädtische‹ Nekropole wie um die Theaterkapelle herum: Aussagen über eine reduzierte Stadtfläche können anhand dieser Bestattungen daher genausowenig wie anhand der Bestattungen auf dem Nutzungsniveau +1 m in den Tabernen vor den Neptunsthermen (s. o.) getroffen werden[340].

Die erhöhte Auffüllung war im Inneren der Portikus P01g zum Bauzeitpunkt der Trennmauer aus Opus vittatum A bereits vorhanden. Das wird hier durch mehrere Lagen ungeglätteter Tuffblöcke bis zur Höhe der planierten T-förmigen Tabernenmauern (Abb. 76) deutlich, die nicht als sichtbare Mauer, sondern als Fundament konzipiert waren und ehemals in eine bereits bestehende Aufhöhung von oben eingefüllt worden waren. Die älteren Tabernen des 2. Jhs. waren dagegen von einem tiefer liegenden Fundamentniveau aus gemauert worden.

Die Fortsetzung der Portikus über Eck bis zum Theater

Die vorgeblendete Halle im Osten des Hofbereichs der Quattro Tempietti, die sich mit ihrer Langseite auf den Zwickelplatz am Theater hin öffnete, war an ihrer nördlichen Schmalseite über mehrere Stufen zugänglich, die im Plan Gismondis als originaler Bestand eingezeichnet sind (Abb. 75). Durch diese Stufen konnte sie vom Theater aus betreten werden (Abb. 77).

Die Erstreckung des spätesten Baus über Eck ist anhand des Plans von Gismondi (Abb. 75) angedeutet. Den Schlüssel zum Verständnis der Bauabfolgen bilden die einheitlichen Planierungsniveaus der Vorgängerbauten im Plan, die sich teilweise auch noch vor Ort belegen lassen (Abb. 79). Alle Strukturen inklusive des Mosaikraums, die auf dem Plan eingezeichnet sind, waren zum Zweck der spätantiken Bereinigung des westlichen Zwickelplatzes vor dem Theater auf der Höhe von etwa +60 cm planiert worden. Diese Planierung ging dem Bau der spätesten Portikus voraus. Die unregelmäßigen Auffüllungen und ein wesentlich höheres Gehniveau im Portikusinneren sind noch heute vor Ort sichtbar; eine unmittelbar der ›Rückmauer‹ der Portikus vorgelagerte Struktur besteht fast vollständig aus Spolienmaterial

336 Vaglieri 1915, 24.

337 Becatti 1961, 85 f.

338 Calza u. a. 1953, 155 Abb. 35 (schraffiert).

339 Dazu s. Gering 2002, Kat. Nr. 30.

340 Zur spätantiken Nutzung des Tempelareals vgl. Rieger 2004, 77 f. Zur wohl zu früh angesetzten Datierung der Aufgabe und Nutzung für Bestattungen vgl. Rieger 2004 53 f. Die älteren Grabungsberichte sind hierzu recht ausführlich: Möglicherweise handelte es sich um einen spezifisch vandalischen Bestattungskontext. Zu Vergleichen s. z. B. Leone 2007, 198 f.

Abb. 77 Der Portikuszugang E2 mit Treppen von der spätantik ausgebauten sogenannten Domus di Apuleio her

Abb. 78 Die Ecke 3 der Portikus. Severischer Bestand und spätantike Umwandlung

Abb. 79 Die spätantike Aufhöhung des Portikusbodens von P01g durch Spolien

(Abb. 78. 79). Die hier noch gut erhaltene Außenmauer des Tempelbezirks diente zweifellos als Rückmauer auch der spätesten Portikus an dieser Stelle.

Der teilweise severische Mauern inkorporierende Stylobat mit spätantiken Reparaturen ist direkt vom Bodenniveau des 2. Jhs. aus mit einer Eckverstärkung aus Travertin gemauert (Abb. 77. 78), aber sehr unregelmäßig erhalten. Vielleicht ruhten hier ehemals Pfeiler – und in der letzten Nutzungsphase dann Säulenbasen einer umlaufenden Portikus – auf dem hier sehr hoch anstehenden ›Podium‹. Der Stylobat war allerdings bereits zur Grabungszeit nicht mehr ausreichend hoch erhalten, weswegen im Plan Gismondis auch keine diesbezüglichen Angaben zu entnehmen sind.

Die Hallenfortsetzung vor dem Theater hatte ein deutlich höheres Gehniveau als ihr Pendant entlang des Decumanus. Auch aufgrund ihrer Aufhöhung aus Spolienmaterial würde man sie kaum in dieselbe Bauphase weisen. Dennoch vereint sie dieselbe Außenmauer und Eckgestaltung (Abb. 78. 80).

Der Aus- bzw. Umbau eines severischen Vorläuferbaus unklaren Aufrisses zu einer Säulenportikus an dieser Stelle erweist sich möglicherweise als Bindeglied und Teil eines mehrere Bauten übergeifenden Konzepts zur Bewältigung sichtbaren Verfalls.

Die kleinen Tempel auf nur wenig erhöhten Podien im Areal der Quattro Tempietti waren durch die neu vorgeblendete Halle von einer Betrachterposition am Decumanus oder am Theatervorplatz aus wohl nicht mehr sichtbar. Möglicherweise war die Verblendung vor dem Hintergrund geschehen, pagane Tempelareale zwar nicht systematisch zu zerstören, jedoch stärker als bisher aus der öffentlichen Wahrnehmung zurückzudrängen, wie das im Reichsosten z. B. in vielen Städten durch Fassadennymphäen oder neu gebaute Portiken nachweislich der Fall war. Zugleich schloß die Portikus aus Spoliensäulen die Neugestaltung der insgesamt zwei spiegelsymmetrischen Vorplätze des Theaters (P1d und P1g) nach Westen hin ab, die aufgrund der einheitlichen Erhöhung des Gehniveaus und der Evidenz des ebenfalls auf höherem Gehniveau gefundenen Inschriftensockels des Ragonius Vincentius Celsus in die Zeit um oder nach 385–395 gewiesen wurden.

Die unmittelbar nach der Ausgrabung teilweise wiedererrichtete Mauerecke im Südwesten des Baus (Abb. 80) enthält zumindest in einigen Ziegellagen und im Mauerkern antikes Mauerwerk. Charakteristisch

Abb. 80 Die Ecke 2 der Portikus. Severischer Bestand als Pfeilerportikus und spätantiker Wiederaufbau als erhöhte Säulenportikus

sind die heterogenen Ziegelarten, die Mißachtung exakt horizontaler Ziegellegung und der starke Mörtelanteil mit Bauschutt-Beimengung. Unklar ist beim schlechten Erhaltungszustand, inwieweit diese Mauerecke auf eine oder mehrere spätere Reparaturen nach einer Einsturzkatastrophe zurückgeht. In jedem Fall besteht eine deutlich sichtbare Trennlinie zwischen dem älteren Fundament aus Bruchmauerwerk, das parallel zum Decumanus verläuft und als Stylobat der Portikus diente, und der darauf schräg aufsetzenden Ziegellagen der Mauerecke.

Einige spätantike Bauinschriften – Eine Portikus des Theodosius?

Vaglieri überliefert einige Inschriften aus der unmittelbaren Umgebung der Portikus, die aus der Zeit der Kaiser Valentinian II. (383–392), Theodosius I. (379/383–395) und Arkadius (395–408) stammen[341]. Dabei handelt es sich um drei 1913 im Umkreis des Theaters gefundene Fragmente einer Gebälkinschrift und eine identische Zwillingsinschrift, zu der einige weitere Fragmente auf dem Decumanus auf Höhe der Via dei Molini (damals: Via della Pistrina oder delle Pistrine) gefunden wurden. Wickert datiert diese Inschriften in die Zeit von 384 bis 388[342]. Der

341 CIL XIV Suppl. 4410. Vaglieri 1914, 89. Vgl. dazu Bauer 2003, 47 f. mit Anm. 28. Stifter des Baus war (Hir)tuleius Herculius, dessen Stiftertätigkeit nach Bauer nur anhand dieser Inschrift und seinem Pendant – CIL XIV Suppl. 4411, s. übernächste Anm. – überliefert ist.

342 Wickert 1933, 843 mit Anm. 3. Wenn die Eingrenzung auf 384–388 zutreffen sollte, ergibt sich nur eine Frage: Warum wird auf der Inschrift nicht Ragonius Vincentius Celsus als Präfekt der Annona genannt?

Abb. 81 Spätantike Bauinschrift auf wiederverwendetem Gebälk, vollständiger erhaltenes Pendant mit rechter Ecke

ansonsten nicht näher datierbare Präfekt Hirtuleius Herculius[343] gibt darüberhinaus möglicherweise Anhalte, sie jenseits von Ragonius' Wirkungszeit entweder auf 383 oder von 389 bis 392 zu datieren:

[Toto orbe vict]ORIBVS AC TRIVMFAT(oribus) SEMPER AVGVST(is) VALENTINIANO THEODOSIO A[rcadio et Maximo[344]]
[pro felicita]TE AC BEATITVDINE CLEMEN[tiaque tempo]RVM [...] OPSEQ(u...)
[Hir] TVLEIVS HERCVLIVS V(ir) C(larissimus) ANNONA[e pra]EFECTV[s ... ae]DIFIC[cavit]

Die vollständiger erhaltene Gebälkinschrift (Abb. 81) wurde nach Wickert sogar unmittelbar vor der »area dei quattro tempietti« in Sichtweite des Theaters gefunden[345]. Sie befindet sich heute vor Ort auf die Rückwand der Portikus montiert, um eine möglichst publikumswirksame Präsentation zu erreichen. Wichtig ist jedoch zu betonen, daß diese Anbringung suggestiv ist: die Inschriften könnten auch von anderen Bauten im Umkreis der Portikus stammen, wenn sich nicht weitere Argumente finden lassen, sie konkret mit der Portikus zu verbinden. Die weniger vollständige Inschrift überliefert die letzten drei Buchstaben: [...]VIT der oben genannten Inschrift (Abb. 82).

Prinzipiell ist es, gerade im Vergleich mit den üblichen Toleranzen bei der Angabe des Fundortes in der alten Grabungsdokumentation, gut möglich, daß das beschriftete Marmorgebälkteil (Abb. 81. 82) zu den übrigen erhaltenen Baugliedern der Portikus P01g gehört hatte[346]. Zwei weitere Gebälkteile sind heute vor Ort aufgestellt (Abb. 76, Bildmitte), deren Zugehörigkeit unklar ist.

Der Durchmesser der wiederverwendeten Säulen der Portikus P01g legt mit 44,5 cm die Rekonstruktion einer eingeschossigen Portikus mittlerer Höhe von etwa 3–4 m nahe, die Forumssäulen haben einen Durchmesser von 55 cm bei einer Höhe von etwa 5 m.

Die wortgleiche, wenn auch wesentlich schlechter erhaltene Inschrift (Abb. 82)[347] stellt wie die besser erhaltene (Abb. 81) den rechten Abschluß eines wiederverwendeten Gebälks dar, das anhand der Einlassungen bereits eine ältere Inschrift aus Bronzebuchstaben getragen hatte. Auf derselben Portikusfront wird man beide Inschriften also nicht unterbringen können. Die zweite Inschrift könnte sich jedoch auf die theaterseitige Flanke der spätantiken Portikus P01g bezogen haben. Das erscheint aufgrund des Seltenheitswerts einer parallelen Ausführung zweier Portiken über Eck durchaus plausibel; prinzipiell käme dazu aber auch ein zweiseitiges Bogenmonument in Frage, das man am spätantik

343 Wickert 1933, 636 ergänzt Hirtuleius Herculius. Vgl. dazu auch CIL XIV Suppl. 4412.
344 Wickert 1933, 636 entzifferte mehr Buchstaben als Vaglieri: Dazu s. CIL XIV Suppl. 4411: [...] *et Maximo.*
345 Wickert 1933, 843
346 Höhe 28 cm, Tiefe 26 cm.
347 CIL XVI Suppl. 4411. Gefunden vor der Insula I ix beim Platz P1h: Vgl. dazu Wickert 1933, 844.

Abb. 82 Spätantike Bauinschrift auf wiederverwendetem Gebälk, Fragment einer rechten Ecke

verstärkten Haupteingang zum Theater ebenfalls mit wiederverwendeter Bauplastik rekonstruieren könnte (s. u.).

Der Platz P1g als ungegliederte Freifläche mit Boden aus Opus sectile

Analog zum östlichen Theatervorplatz P1d wurde auch westlich des Theaters das halbrunde Nymphäum des 2. Jhs. planiert, wofür die einheitliche Planierungshöhe im heutigen Zustand der Ruine und auch die sichtbare Stratigraphie auf grabungszeitlichen Fotografien sprechen. Ein Indiz, daß der gesamte Platz westlich des Theaters über dem planierten Brunnenbau neu gepflastert gewesen war, bildet das erhalten gebliebene Fragment eines Bodens aus Opus sectile, der von Vaglieri exakt über der Planierungshöhe des Nymphäums gefunden worden ist; dieser Boden entspricht damit dem Opus-sectile-Boden auf dem analogen ›Zwickel‹-Platz P1d östlich des Theaters[348].

Auch vor dem Platzteil P1g (Abb. 72, P1g mit der möglichen Portikus P01f') westlich des Theaters könnte man zwar prinzipiell eine spiegelsymmetrisch angelegte decumanusseitige Portikus annehmen, die hier noch deutlich vor dem Nymphäum am Straßenrand des Decumanus gestanden haben müßte; davon hat sich jedoch keine Spur erhalten[349].

Der Anteil von wiederverwendetem Baumaterial und Neuanfertigungen

Die Säulen, die seit 1912/1913 im Bereich der Portikus gefunden wurden und dort bis heute teilweise liegengeblieben sind, erscheinen mit Durchmessern um 45 cm zumindest in etwa maßgleich, bestehen aber offenbar aus recht unterschiedlichen Materialien (Abb. 74)[350]. Dasselbe gilt für die Säulenbasen, die zum Teil wiederverwendet wurden, zum Teil aber auch spätantike Neuanfertigungen in sorgfältiger, aber nicht winkeltreuer Ausführung darstellen. Der Gebälkteil mit der Inschrift wurde dagegen nachweislich ohne große spätantike Veränderung wiederverwendet: Die unregelmäßig verteilten Vertiefungen einer Inschrift abweichender Buchstabengrößen aus metallenen Buchstaben sind noch gut sichtbar (Abb. 82). Auch weitere Bauteile basieren auf dem Prinzip der Wiederverwertung, allerdings mit einem höheren Anteil an Umarbeitung: Ein Architravstück des gegenüberliegenden aufgelassenen Tempels des Divus Pertinax, das bereits Wickert in Verbindung zur Portikus erwähnt, fand als Seitenabschluß eines bislang unbekannten Baus oder Portikusbereichs Verwendung, weswegen seine Schmalseite in sehr kursorischer Arbeit mit Faszien und Profilen verziert wurde[351].

Das Gebälkteil zeigt charakteristisch spätantike Stilmerkmale und stellt damit eine sichtbare spätantike Neuanfertigung dar. Spätantike Bauten bestehen gewöhnlich aus den zahlreich vorhandenen Bauelementen von abgerissenen öffentlichen Monumenten, die jeweils nicht oder nur geringfügig für ihre neuen Wiederverwertungskontexte modifiziert werden mußten; die gezielte Anfertigung eines passenden Gebälks im späten Formgeschmack weist damit auf die große Bedeutung des entsprechenden Neubaus für das spätantike Stadtbild hin. Die ebenfalls annähernd komplette

348 Vaglieri 1914, 89. Der Versturzblock der Theaterarkaden auf dem bereits erhöhten Gehniveau über dem Nymphäum führte dazu, daß der ehemals noch sichtbare Boden zumindest an dieser Stelle zunächst nicht abgegraben werden konnte.

349 Dazu s. Kapitel II. 3. a.

350 Die Beobachtungen im Rahmen eines stadtweiten Spoliensurveys, denen die vorliegende Arbeit gewidmet ist, können und sollen per se nicht eine zukünftige Vermessung und Bauaufnahme ersetzen, die gerade für die ›theodosianische‹ Portikus P01g trotz der problematischen Überlieferungslage von großer Bedeutung wäre.

351 Zum Gebälkteil, das aus dem Abriß des gegenüberliegenden Vereinstempels, der dem »Divus Pius« geweiht war, resultierte: CIL Suppl. 4365. Vgl. dazu Wickert 1933, 844. – Zu einer ebenfalls wiederverwendeten und auf der Straße gefundenen Säule mit Steinmetzinschrift vgl. Wickert 1933, 840 mit Anm. 6. – Zur Spoliation vgl. Pensabene 2004, 281–297.

Neuanfertigung eines großen zusammenhängenden Mamorgebälks, dessen Rohmaterial ebenfalls aus Spolien gewonnen wurde, kennt man ansonsten nur von der Eingangsarchitektur des Foro della Statua Eroica FSE/P2b. Diese wurde im Rahmen der Ausgrabungen des Autors in Kooperation mit der Kent-University bereits separat publiziert und wird auch unten nochmals eingehend erörtert[352]. Das Problem bleibt, daß dieses neu angefertigte Fragment nicht kompatibel mit dem wiederverwendeten Gebälk mit der datierenden Inschrift (s. o.) scheint, also eines von beiden von einer anderen Stelle stammen muß. Wahrscheinlich ist, daß das ungewöhnlich gefertigte Eckstück, das zudem sekundäre Abarbeitungen zeigt, an anderer Stelle verbaut war.

Graffiti aus der direkten Umgebung des Theaters – Aufschlüsse zur letzten Nutzung und der Art der Spektakel?

Die Säulen der Portikus (Abb. 73. 74) bildeten offenbar ein zusammengehöriges ›Set‹, das zumindest in der Spätantike nachweislich aufrecht gestanden hatte, weil sie allesamt von Graffiti ähnlicher Art in Augenhöhe eines neben den Säulen stehenden oder auf dem Portikusboden sitzenden durchschnittlichen Betrachters bedeckt sind. Sie wurden hier also während der Grabungszeit tatsächlich als einheitlicher Fundzusammenhang an ihrer spätantiken Stelle wiederaufgerichtet. Ein dameähnliches Spielfeld befindet sich hingegen auf zwei daneben liegenden Säulen[353]. Es lassen sich hier also zwei Arten von Graffiti unterscheiden: jene, die während einer liegenden Zwischenlagerung oder nachdem die Säulen umgefallen waren, angebracht worden sind und jene, die einen stehenden oder sitzenden Betrachter ›ansprechen‹, was für stark frequentierte Bereiche der Stadt charakteristisch ist.

Die ähnliche Positionierung und Dichte der Graffiti legen nahe, daß zumindest der Großteil der Säulen nicht erst beschriftet worden war, als sie bereits lagen. Als ›flüchtige‹ Graffiti können eine Karikatur eines Gesichts, die Darstellung eines Helms und die Sonnenuhr[354] etwa auf Augenhöhe gelten, die durchwegs als einfache Linien in den weichen Stein eingeritzt wurden. Aufwendiger gebohrt war nur ein Kreuzgraffito. Mit gröberem Werkzeug war in recht flüchtiger Manier ferner ein Zweig eingemeißelt, den man als Siegeszweig vor allem im Kontext von Spielstätten wie Theatern, Amphitheatern etc. oder entlang vieler Hauptstraßen

Abb. 83 Abbildungen von *venationes* aus dem Umfeld des Theaters

und Prozessionsrouten spätantiker Städte nachweisen kann.

Kreuzgraffiti bilden nach der bisherigen Übersicht über alle Spoliensäulen entlang des Decumanus eine Seltenheit: Entweder spielte die offensive christliche Inanspruchnahme des öffentlichen Raums hier keine vergleichbare Rolle wie in den blühenden Metropolen des Reichsostens oder sie verlief in anderen Bahnen. Möglich ist auch, wozu nur die ältesten Grabungsnotizen Aufschluß geben, daß bestimmte Zeichen vorwiegend als »dipinti« aufgemalt waren, die heute verschwunden sind[355].

352 Dazu s. hier Kapitel II. 3. d.

353 Ostia, Inv. 19423.

354 Dazu s. bereits Vaglieri 1914, 89.

355 Die Kontexte spätantiker Graffiti aus den Grabungstagebüchern wurden bislang noch nicht zusammenfassend ausgewertet: Die bislang vollständigste Übersicht findet sich bei Langner 2001.

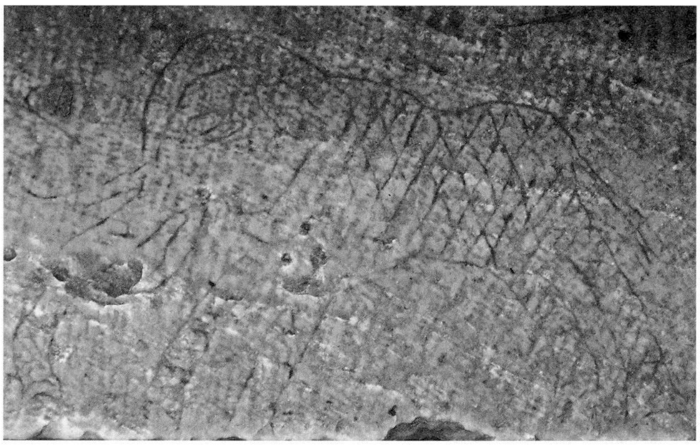

Abb. 84 Abbildungen von *venationes* aus dem Umfeld des Theaters

Die Dichte der Graffiti bei den heute wieder aufgestellten wie liegenden Säulen der Portikus erscheint innerhalb Ostias außergewöhnlich. Vielleicht könnte es aber auch darüberhinaus als Hinweis gedeutet werden, daß die Portikus neben der Spielstätte des Theaters besonders prominent lag, von vielen Besuchern des Theaters als direkter Zugang frequentiert wurde und auch innerhalb der Spätantike noch ungewöhnlich lange stehen geblieben war.

Weitere Graffiti mit Darstellungen aus der Welt der Spiele, Tierhetzen und Jagden (*venationes*) sind in der Umgebung des Theaters seit den Altgrabungen überliefert. Eine Marmorbodenplatte (Abb. 83) zeigt mehrere Tiere, bewaffnete Jäger und einen Elefanten mit charakteristischer Netzdarstellung[356]. Dasselbe Motiv findet sich bei einer – modern wiederverwendeten – Bodenplatte, die ebenfalls aus dem Bereich um das Theater stammt (Abb. 84)[357].

Die spätantike Reparatur und Umwidmung des Caracallabogens?

Die ›theodosianische‹ Portikus P01g verlief nachweislich über Eck, um den Theatervorplatz P1g einzubeziehen (Abb. 75). Trat man durch den Caracallabogen am Theater nach Westen, dann eröffnete sich ein umfassender Blick auf beide Portiken. Um eine solche Portikus für Betrachter vom Dekumanus wie vom Theater gleichermaßen zu beschriften, braucht es also zweckmäßigerweise zwei Inschriften. Die zwei bereits erwähnten Inschriften für Valentinian II. und Theodosius I., also CIL Suppl. 4410 und 4411, enden beide in einem rechten Außenstück einer ansonsten identisch gearbeiteten Gebälkzone (Abb. 81. 82). Es wäre also gut möglich, diese an zwei verschiedenen Seiten ein und desselben Monuments bzw. Gebäudes unterzubringen, im Fall der Portikus P01g also sowohl am rechten Ende der Portikusfront am Theatervorplatz als auch am rechten Abschluß der Decumanusfront derselben Portikus.

Eine andere Deutungsmöglichkeit, die in Verbindung zum dezidiert späten Mauerwerk und Gehniveau des Caracallabogens deutlich wird (s. u.), ergäbe sich, wenn man beide Architravinschriften auf dem Doppelbogen vor dem Theater selbst verteilt. Das erscheint aus konstruktiven Gründen als eine ebenso einfache wie praktikable Lösung; es ergibt sich dort nur das Problem, daß der Bogen vor dem Theater – so scheint es zumindest – aus guten Gründen als besetzt gelten kann, und zwar durch eine vorzüglich zur Straßenbreite passende Caracallainschrift[358].

Denkbar ist jedoch, daß der Caracallabogen im Zug von Brand- und Erdbebenkatastrophen grundlegend reparaturbedürftig wurde. Dann könnte es in Verbindung zur Reorganisation des Theatereingangs unter Ragonius Vincentius Celsus parallel zu den Maßnahmen des ansonsten nicht faßbaren Präfekten der Annona Hirtuleius Herculius zudem auch zu einer inhaltlich motivierten ›Umweihung‹ des aus statischen Gründen unabdingbar ins Theater inkorporierten Bogenmonuments gekommen sein. Das könnte dann also entweder als reparierter Caracallabogen geschehen sein oder auch als umgewidmete ›Eingangsarchitektur‹ theodosianischer Zeit[359].

Mit oder ohne Umwidmung scheinen die Befunde Lancianis zur spätantiken Reparatur des Theaters (s. o.) zumindest die Beobachtung einer spätantiken Reparatur des Theatereingangs zu stützen, dessen integraler Bestandteil dieser Doppelbogen zweifellos war. Die Wiederverwertung von Statuenbasen vom Piazzale delle Corporazioni hatte u. a. den Zweck gehabt, den Eingangsbereich zum Theater neu zu verstärken (s. o.). Eine wesentliche Rolle kann dabei auch der Bogen gespielt haben, dessen älterer Aufbau zusammen mit der Inschrift für Caracalla bei dieser Gelegenheit als Bauschutt in die Erhöhung des Gehniveaus um etwa +60 cm an dieser Stelle gekommen sein könnte[360]. Ein

356 NSc 1915, 290 Abb. 7, gefunden im Umkreis des Theaters (bei der Caupona des Fortunatus, s. o.).

357 1910 wiederverwendet für den Stufenaufgang zum platzmittigen Tempel des Piazzale delle Corporazioni.

358 Ausführlich zur Deutung als Caracallabogen: Pensabene – Zevi 1971.

359 Zur Rolle des Bogens als Ort des Martyriums in der christlichen Topographie s. hier bereits Kapitel II. 2. b. Zu den Inschriften vgl. hier Kapitel II. 2. c.

360 Die stratigraphische Fundsituation der Caracallainschrift (s. o.) wäre dazu von außerordentlicher Bedeutung, wurde aber leider nicht ausreichend genau dokumentiert.

Abb. 85 Der sogenannte Caracallabogen vor dem Theater, Mauerkern

spätantiker Wiederaufbau mit denselben Bauteilen, allerdings sicherlich mit einigen typischen Spuren der Wiederversetzung älterer Bauteile, hätte dann an dessen Stelle treten und zur statischen Stabilisierung des Eingangsbereichs zum Theater beitragen können.

Das Grundproblem aller Deutungsansätze ist: Fast alle postseverischen Mauern fielen der Absenkung und umfassenden Säuberung des Gehniveaus der Straßen unter Guido Calza zum Opfer, als man das Theater neu aufbaute und dazu u. a. das Decumanuspflaster anpasste[361].

Von der architektonischen Gestaltung des Theaterbogens, der durch Fausto Zevi und Patrizio Pensabene 1971 Caracalla zugewiesen wurde, blieben vor Ort vor allem die straßenseitigen Mauerpfeiler (Abb. 85) erhalten[362]. Eine Marmorverkleidung der Ziegelsockel vor dem Theatereingang ist zu ergänzen. Deutlich sichtbar ist am Mauerkern des Bogens die bereits vorausgesetzte Niveauerhöhung des Decumanus, die sich in der Abgrenzung des Fundamentbereichs des Sockels in Opus vittatum von seinem Mauerwerk in Opus latericium in der Höhe von +85 cm über dem hier allerdings modern abgesenkten Gehniveau des Decumanus (Abb. 85) zeigt[363]. Der Sockel entspricht dem erhöhten Bürgersteig an der dem Theater gegenüberliegenden Seite. Die deutliche Erhöhung um etwa +60 bis +85 cm am Theater hat Carlo Pavolini zu einer vorsichtigen Formulierung zum Verhältnis des Caracallabogens zu ›severischen‹ oder späteren Niveauerhöhungen verleitet[364].

Das Mauerwerk des Pfeilers erinnert anhand von Material und Verarbeitungstechnik (Abb. 85) an die Verstärkungspfeiler vor der Cavea des Theaters (Abb. 64) sowie die Ummauerung der Zisternen im Theater. Das große Ausmaß und die Heterogenität wiederverwendeter Ziegel in Farbe sowie Dicke und der hohe Bauschuttanteil im Mörtel ähneln ferner dem Mauerwerk der ›theodosianischen‹ Portikus P01g (Abb. 80), das allerdings auch von severischer bis spätantiker Zeit datiert werden kann. Eine absolute Mauerdatierung ist damit nicht möglich, eine nur severische Datierung allerdings umgekehrt auch keineswegs zwingend.

361 Pavolini 1983, 63 f.

362 Pensabene – Zevi 1971.

363 Zur modernen Absenkung des Pflasterniveaus im Bereich um das Theater vgl. eine alte Grabungsfotografie, die den grabungszeitlichen Zustand illustriert: Calza – Becatti 1949, 81 Abb. 27; Pavolini 1983, 63.

364 Pavolini 1983, 63 f. Zu kleineren Erhöhungen von nur +40–50 cm vgl. Calza u. a. 1953, 25 f.

Abb. 86 Die Mauerecke H1 und die hypothetische Portikus Po1f

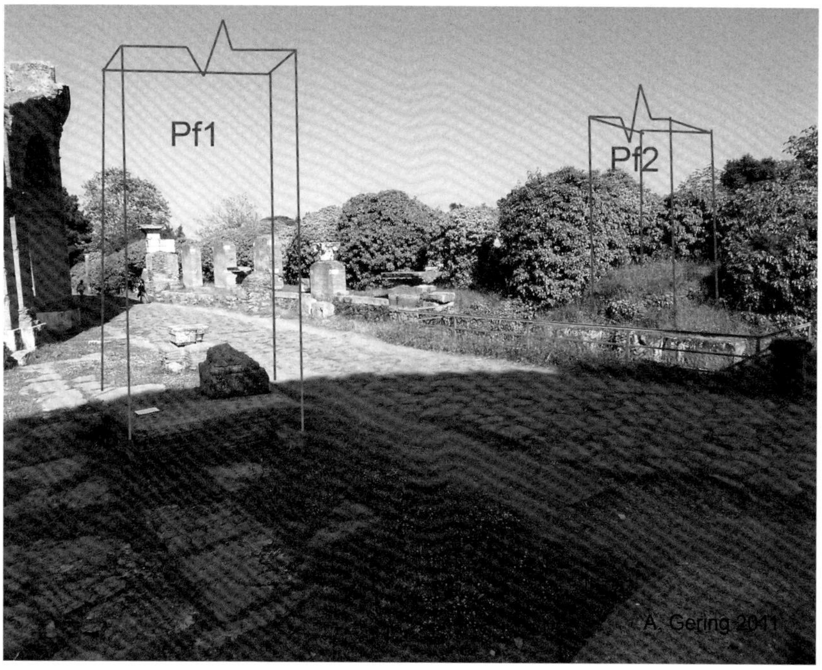

Abb. 87 Die Rekonstruktion eines bislang unbekannten Bogenmonuments auf zwei Pfeilern (Pf1 und Pf2-2)

Eine Kettenreaktion möglicher Umdeutungen auf dem undokumentierten Platz P1g

Die Existenz von severisch datierbaren Baugliedern eines Caracallabogens, allen voran die Inschrift, aber auch von Architrav-, Fries- und Gebälkteilen ist gesichert. Eine 6,30 × 1,80 m große Inschrift konnte von Pensabene und Zevi aus Fragmenten aus dem Areal des Platzes P1g rekonstruiert werden (s. o). Für ein Bogenmonument severischer Zeit mit diesen Maßen käme prinzipiell aber auch ein benachbartes fast quadratisches Fundament (204 × 177 cm) auf dem Platz P1g in Frage (Abb. 86, I1; Abb. 87). Der Pfeiler Pf1 (Abb. 87) wurde bislang nicht berücksichtigt. Dennoch entspricht gerade dieses Fundament dem gesicherten severischen Straßenniveau und liegt einem spätrepublikanischen Grabmonument gegenüber, das bereits unter dem severischen Gehiveau nicht mehr sichtbar gewesen war, möglicherweise aber als solides Fundament für einen späteren Aufbau wiederbenutzt werden konnte, der interessanterweise tatsächlich in Flucht mit dem Pfeiler Pf1 liegt und auch in etwa maßgleich wäre (Abb. 87, Pf2)[365].

Der Vorschlag zur Ersetzung des in der Forschung seit 1971 etablierten Caracallabogens durch eine theodosianische Reparatur des Eingangs zum spätantik reparierten Theater bleibt hier beim Ausmaß moderner Rekonstruktion an dieser prominenten Stelle im Stadtbild zunächst notwendig hypothetisch. Auch hypothetisch, aber prinzipiell möglich, wäre eine Verbindung des Theaterbogens mit zwei der insgesamt drei spätantiken Bau- bzw. Reparaturinschriften theodosianischer Zeit (s. o.). Bereits die Rekonstruktion der severischen Inschrift auf einer bislang unbekannten Bogenarchitektur (Abb. 87, Pf1 und Pf2), die neben einzelnen Teilen vor allem durch den großen Mauersockel I1 auf P1g überliefert wäre (Abb. 86, I1; Abb. 87), hätte eine Kettenreaktion von Umbenennungen zur Folge, um so mehr die Annahme eines bislang unbekannten spätkaiserzeitlichen Bogenmonuments an dieser Stelle. Die errechnete Länge der Caracallainschrift mit 6,30 m paßt gut zwischen die Pfeiler Pf1 und Pf2. Die spätantiken Inschriften sind dagegen insgesamt wesentlich kleiner, sie würden sich vielleicht für einen beengteren Raum wie jenen des Theaterbogens, der nur bis zum äußeren Theaterrund reichen konnte, besser geeignet haben (Abb. 81).

Das Fundament H1 (Abb. 86) käme für Bogenmonumente kaum in Frage, es entspricht in seiner L-förmigen Anlage eher einer Mauerecke. Es wäre diesbezüglich vielleicht als letzter Rest eines ehemals bis zur Portikus Po1g reichenden weiteren ›Säulenvorhangs‹ zu deuten, der analog zum Theatervorplatz P1d ergänzt werden könnte (Abb. 86. 88, Po1f?). Eine Standspur hat sich direkt vor der Eckmauer der Portikus Po1g erhalten, eignet sich aber kaum für eine Säulenstellung, weil kein Abstand zur Mauerecke der ›theodosianischen‹ Portikus vorhanden ist (Abb. 88, S1). Weitere Standspuren können allerdings auch bei Nachuntersuchungen nicht

365 Vaglieri 1914, 89.

Abb. 88 Der Platz an der Westseite des Theaters und das planierte Nymphäum N1g

mehr aufgefunden werden, da der markierte Bereich der möglichen Portikus Po1f durch ihre nachantike Beraubung, die Altgrabungen und moderne Kabel- sowie Rohrverlegung (Abb. 88, Gully) komplett gestört ist. Die Portikus Po1f wäre im Gegensatz zur spiegelsymmetrischen Portikus Po1d am Theater nach Ausweis der Standspur S1 ebenerdig zum Decumanus errichtet worden. Sie entspräche damit einer bereits früheren Nutzungsphase, als das Travertinpflaster mit verschiedenen Spolienreparaturen (Abb. 88, Sp) noch in Funktion war und das Nymphäum N1g noch nicht planiert worden war. Rekonstruiert man ein Bogenmonument auf dem Sockel I1 (Abb. 86), dann hätte zu dessen Bau allerdings die Portikus Po1f entfernt werden müssen.

Es konnten hier Argumente aufgeführt werden, zumindest die bis heute erhaltene Mauerstruktur des Doppelbogens am Theatereingang, bislang dem Caracalla zugewiesen, auf eine spätantike Reparatur zurückzuführen, die vielleicht sogar ›namenlos‹ geblieben war. Umgekehrt kann man auch an der bislang ›festen‹ Zuweisung aller erhaltenen Bauteile zu einem einzigen, symmetrisch konzipierten Doppelbogenmonument zweifeln. Letzteres erfährt einige Unterstützung durch die erneute Sichtung und Aufarbeitung des erhaltenen Bestands an Architekturgliedern durch Patrizio Pensabene in seiner umfassenden Studie von 2007, in der er sich von seiner vereinfachten Einschätzung in der Erstpublikation zusammen mit Fausto Zevi von 1971 tendenziell distanziert[366]. Dazu veranlaßten ihn einige ›Anomalien‹ die sich deutlich von dem unterschieden, was nach Pensabene hochkaiserzeitliche Architektur ausmacht »la simmetria e altre convenzioni degli elevati architettonici«; hier fallen ihm dagegen nicht nur stilistische Unterschiede »tra i due tipi di cornici impiegati« auf, sondern auch »aspetti tecnici legati in particolare all'unico elemento di architrave conservato che presenta inferiormente una specie di mensolone intagliato nello stesso blocco, e infine della pratica del reimpiego che sempre più appare in uso ad Ostia a partire dall'étà severiana«. Die Wiederverwendung anderer oder früherer Bauelemente als die eines vermeintlich ›einheitlich‹ konzipierten Bogens, die sich an bereits existente Bauten unter Aufgabe von Maßgleichheit und Symmetrie anpassen müssen, kann genausogut für spätantike Baumaßnahmen in Anspruch genommen werden. Pensabene fährt zu möglichen Vorläufern fort: »La cornice può datarsi tranquillamente in epoca severiana [...], ma non può escludersi che essa vi sia stata reimpiegata. [...] questa superficie era l'inferiore che si appoggiava al blocco avesse avuto un'altra funzione prima di essere reimpiegato girandolo di 90 gradi in modo da far risultare le cavità per l'impernamento originario sui fianchi«[367]. Als Erklärung würde sich ebenfalls anbieten, anstelle des ›unsymmetrischen‹ Doppelbogens mehrere bislang unbekannte frühere Bogenmonumente an dieser Stelle auf bislang unerklärten Fundamentresten zu vermuten.

366 Pensabene 2007, 291 f.

367 Pensabene 2007, 293.

Nähere Klärung kann daher nur durch die Bauaufnahme der Pflasterplatten des Platzes P1g unter Einbeziehung aller Spolien dieses Areals aus den Magazinen herbeigeführt werden. Dieser Platz war in den bestehenden Detailplänen von Gismondi ausgespart geblieben, was dazu geführt hatte, daß die genannten Fundamente bislang nie zur Deutung herangezogen wurden. Vor einer detaillierten Platzdokumentation erscheint es zu gewagt, weitergehende Schlüsse zu ziehen – dennoch ist es beim Ausmaß der vorhandenen Bauglieder, Inschriften und ungeklärten früheren Fundamentreste um das Theater herum und der spätantiken Bautätigkeit am Theater in der Zeit von Valentinian II., Theodosius I., Honorius und Arkadius[368] keine völlig unbegründete Hypothese, die vielleicht geeignet ist, die Diskussion um vermeintlich bekannte Bauten zu beleben.

Der Zubau einer Gewerbeachse und die Anlage einer bislang unbekannten Platzanlage

Eine der ältesten und wichtigsten Gewerbeachsen, die von den Tiberkais und den dort angrenzenden großen Horrea für Getreide und Lebensmittel her ehemals direkt auf den Decumanus mündete, war die Via dei Grandi Horrea (Abb. 89).

Im spätantiken Endzustand des Stadtbilds lag an Stelle der Straßenmündung der Via dei Grandi Horrea auf den Decumanus eine nach Norden hin vermauerte Platzanlage (Abb. 89, P1h). Die Mündung der Gewerbeachse und ehemaligen Durchgangsstraße vom Tiber auf diesen Platz erscheint bereits durch die geringe Zugangsbreite für Fahrverkehr unzugänglich. Auf älteren Plänen und Grabungsfotografien sieht man an dieser Stelle einen Niveausprung, der wohl ehemals auf eine Türschwelle zurückging (Abb. 90, S1h; Abb. 91).

Die Sperrung der ehemaligen Durchgangsachse zum Tiber stand in gegenseitiger Abhängigkeit mit dem Zubau der Arkaden und Gehsteige an ihrem Straßenrand: Alte Fotografien der ›Grandi Horrea‹ verdeutlichen eine fast durchgehende Zusetzung der Portikus an der Westseite der Via dei Grandi Horrea, die nördlich der Straßensperre S1h begann[369]. Die ehemalige gewerbliche Nutzung der Straßenränder in den Portiken bis zum Tiber war zum Zeitpunkt des Platzeinbaus P1h offenbar fast insgesamt aufgegeben worden.

Die Grandi Horrea waren nach dem Terminus post quem von Münzfunden offenbar bereits im 4. Jh. ausgebrannt und als Ruine liegengeblieben[370]. Die Portikusbebauung und die vorgelagerte Platzanlage hatte hier also die Funktion der Verblendung eines nicht mehr gebrauchten Gebäudes bzw. der Ausblendung eines ganzen Stadtviertels. Bei der Via dei Grandi Horrea handelte es sich daher nachweislich nicht um eine belebte spätantike ›Bazarstraße‹ wie z. B. die bereits oben erörterte Via dei Magazzini Repubblicani am Piazzale della Vittoria P1. Neben den Zubauten konnten hier nämlich keine weiteren Einbauten wie Becken oder Sitzbänke identifiziert werden, die auf eine spätantike Um- oder Nachnutzung der hochkaiserzeitlichen Tabernen dieser großen Nord-Süd-Achse mit einem kontinuierlichen Gewerbe- oder Dienstleistungsschwerpunkt deuten.

Ein Raum befindet sich nördlich der Platzanlage P1h (Abb. 89–92, K). Dieser wird durch eine spätantike Mauer mit einem extrem hohen Bauschuttanteil (Abb. 91–93, M1) begrenzt und erweist sich anhand der Erhaltungshöhe (Abb. 90, M2) als zweifelsfrei in der Spätantike in Funktion. Die Rückmauer der Platzanlage ist insgesamt spätantiken Ursprungs, nicht nur eine kleine Türzusetzung, wie im Plan Gismondis falsch eingezeichnet (Abb. 91). Das ist grundlegend für die Deutung des Funktionswandels an dieser Stelle.

Der Raum K befindet sich unmittelbar hinter der Platzrückwand am Endpunkt der gepflasterten Gewerbeachse (Abb. 89. 91). Sein einziger Zugang ist unmittelbar auf diese Schnittstelle zwischen der spätantik ausgebauten Promenade des Decumanus und dem damals bereits aufgegebenen Gewerbeviertel am Tiber um die Grandi Horrea hin orientiert. Das spätantike Bodenniveau im Raum ist abgegraben. Eine konkrete gewerbliche Funktion durch Indizien wie Wasserzuläufe, Becken etc. kann daher an dieser Stelle nicht mehr festgestellt werden: Es wäre denkbar, daß Zugangskontrolle – eine ›Türhüterfunktion‹ wie analoge Räume in Insulae – der Hauptzweck dieses Raumes war. Eine direkte Parallele ergäbe sich dazu auch für einen Raum hinter der Tür in der Rückwand der Exedra P2a (s. u.). Deutet man das Türsymbol auf dem Plan Gismondis (Abb. 89. 91) und die Travertinblöcke in situ als Hinweise auf eine ehemalige Türschwelle, dann hatte hier möglicherweise eine Toranlage die zeitweise – also

368 Dazu vgl. hier bereits letzter Abschnitt: Zur Deutung der Zwillingsinschriften – möglicherweise für den Zwillingsbogen vor dem Theater? – mit dem Formular (vict)ORIBVS AC TRIVMFAT [...] s. Wickert 1933, 843.

369 Von den Zusetzungen der Interkolumnien sind auch heute noch mehrere Mauerreste aus Opus vittatum A erhalten geblieben, die durchwegs auf dem Gehniveau des Straßenpflasters aufsetzen. Der Zubau der Gebäude ersetzte hier also die spätantiken Erhöhungen oder ging ihnen zeitlich voraus: Das Gebäude muß also noch vor dem 5. Jh. aufgegeben gewesen sein.

370 Vaglieri 1913, 204–209. Dazu vgl. hier Kapitel II. 4. a. b.

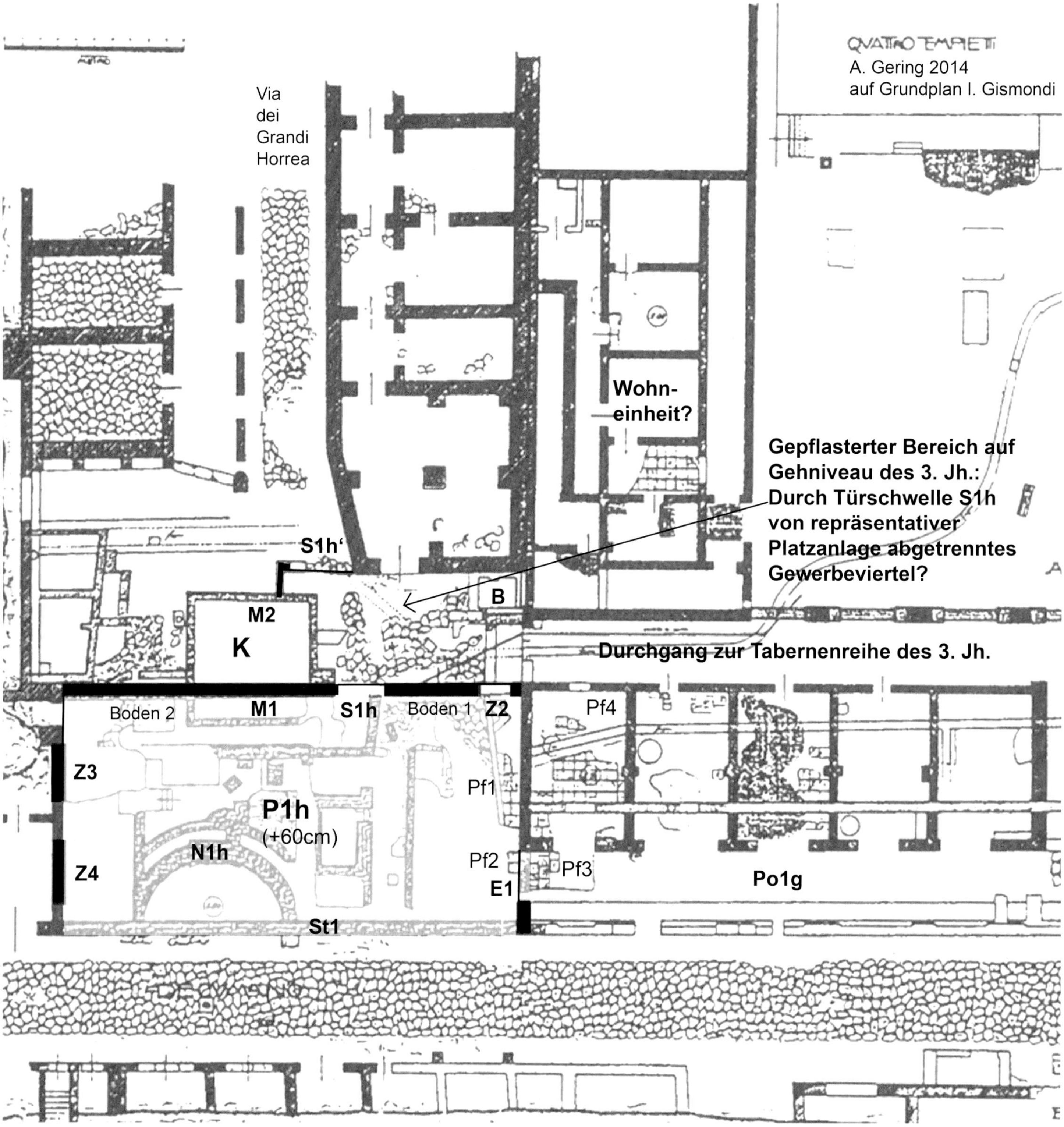

Abb. 89 Der Platz P1h im spätantiken Endzustand (Plan nach I. Gismondi). M. 1:300

Abb. 90 Der Platz P1h unmittelbar nach der Ausgrabung im Jahr 1913. Statuenfunde von der Platzoberfläche

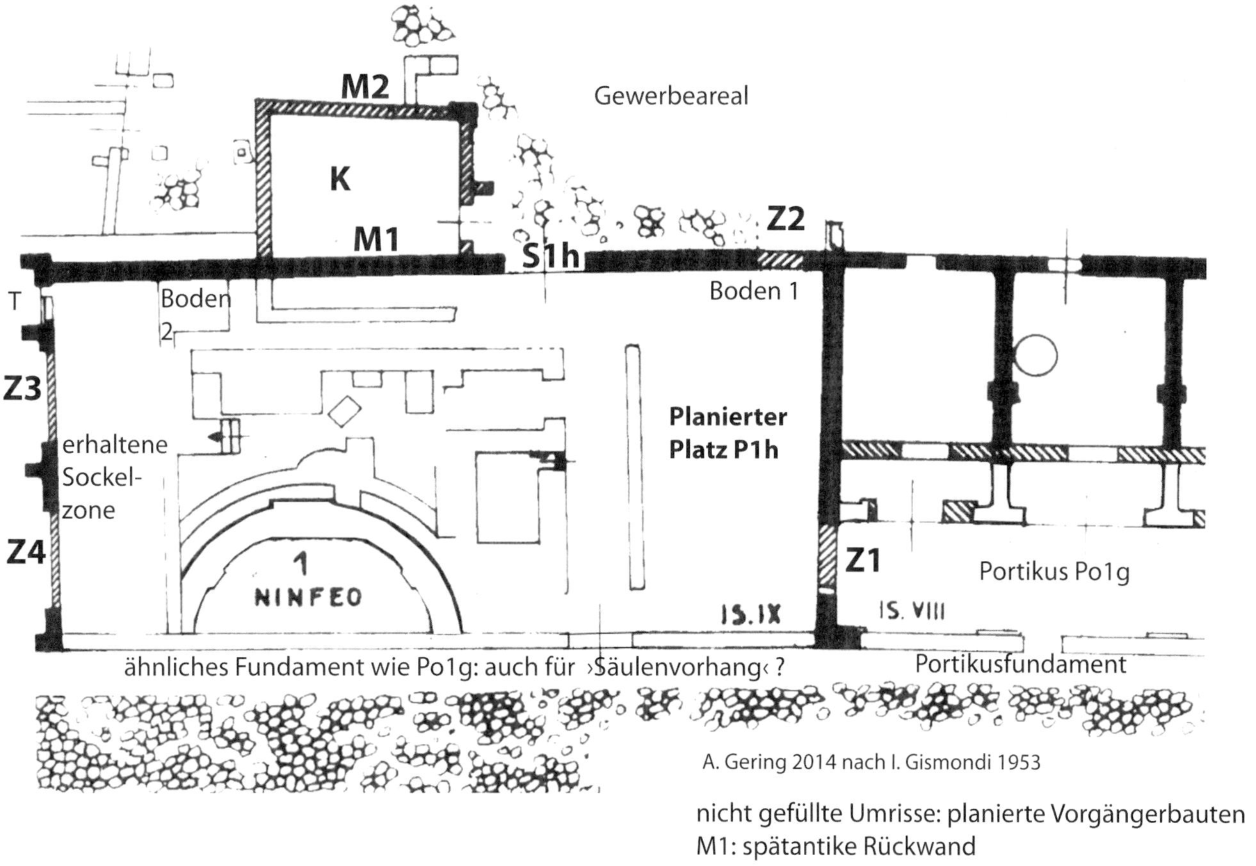

Abb. 91 Der Platz P1h nach der Grabungspublikation von 1953. Die spätantike Rückwand M1

Abb. 92 Blick auf die Rückwand M1 mit Fundament aus Bauschutt von Raum K aus gesehen

wohl vor allem nächtliche – Abschließung von Norden aus gestattete[371].

Die Platzanlage P1h war bislang nicht als solche erkannt worden. Bei näherer Betrachtung zeigen sich jedoch auch noch knapp 100 Jahre nach ihrer fast undokumentierten Freilegung drei voneinander unabhängige Beweise ihrer Existenz in der Spätantike:

1. Das rechteckige Platzareal P1h fluchtet mit seiner Vorderfront und Rückmauer genau mit der Portikus P01g inklusive ihrer überbauten Tabernenreihe (Abb. 75. 89). Alle Mauerzüge innerhalb des Platzareals P1h sind gleichmäßig hoch erhalten und nachweislich an ihrer Oberfläche abgearbeitet. Die alte Grabungsfotografie von 1913 (Abb. 90, Boden 1–3) und der heutige Zustand zeigen mit einem gewissen Gefälle zum Decumanus hin die Planierung der Vorgängerbebauung. Das war offenbar nicht als unregelmäßiger nachantiker Ziegelraub, sondern als einheitliche Planierung geschehen, um darüber ein neues Gehniveau zu schaffen (Abb. 75. 89. 91, Boden 1–2), wie es für fast alle spätantiken Plätze Ostias charakteristisch ist. Die einheitliche Planierungshöhe des Nymphäums N1h gleicht dem nachweislich spätantik planierten Platz vor dem Theater P1d. Die analogen Niveauunterschiede lassen sich auch an der spätantiken Mauer M1 der Platzumgrenzung fassen, die ein wesentlich höheres Fundamentniveau aufweist als die Vorgängerbebauung des 2. Jhs. (Abb. 91. 92)[372].
2. Die Grabungsfotografie belegt, daß der decumanusseitige Abschluß des Platzes (Abb. 90, Portikusfundament 1) durchgehend gestaltet war und nicht etwa einen Durchgang aufwies, wie es Gismondi im Plan von 1953 (Abb. 91) fälschlicherweise andeutete, ohne dabei die unterschiedlichen Gehniveaus zu beachten. Dieses offenbar spätere Fassadenfundament schnitt das Nymphäum (Abb. 90, Fund 1–2 N1h) ab und bildete wohl analog zur Portikus vor dem Theater P01d und dem dort planierten Nymphäum das Fundament einer spätantiken Säulenstellung.

371 Zwei Türflügel wären bei der erheblichen Breite zu ergänzen, die sich nach Norden hin öffnen ließen. Die Anordnung des Raums ›hinter‹ der Tür entspricht damit sowohl dem Schema spätantiker Einkaufsstraßen, die wohl nachtsüber abschließbar waren, als auch den üblichen Zellen von *ostiarii* in größeren Insulae wie z. B. der Casa di Diana. Dazu s. hier Kapitel II. 4. b. Eine Zugangskontrolle, wer hier unberechtigterweise aus der nur noch spärlich besiedelten Ruinenlandschaft am Tiber auf die Promenade treten wollte und umgekehrt, wird nicht nur durch *tabernarii* und Türwächter, sondern auch durch belebte Platzanlagen selbst gewährleistet.

372 Der ›Türwächterraum‹ wurde bis auf sein hochkaiserzeitliches Nutzungsniveau abgegraben. Deutlich sichtbar ist auf Abb. 92 das von oben in eine bereits bestehende Erhöhung eingegossene Fundament, das sich durch eine sehr unregelmäßige Oberfläche und gröbere Steine vom aufgehenden Mauerwerk unterscheidet.

Abb. 93 Das Spolienfundament in den Türzusetzungen Z3-4 von Westen aus gesehen

Abb. 94 Wiederverwendete Verkleidungsplatten der spätantiken Platzanlage vor der Zusetzung Z3

3. Die Art der artifiziellen Aufhöhung mit Bau- und Gewerbeschutt, aber auch großen Straßenpflasterblöcken und abgeräumter Bauornamentik etc. läßt sich mit dem Platz des Foro della Statua Eroica (FSE/P2b, s. u.) vergleichen. Einziger Unterschied: Hier wurde das Aufhöhungsmaterial bei der Altgrabung fast komplett beseitigt, bei der Platzanlage FSE/P2b ist es hingegen durch einen Zufall der Grabungsgschichte weitgehend erhalten geblieben[373]. Die ›Systematik‹ bei der Neuanlage dieser Spolienplätze entlang des Decumanus scheint in allen Fällen identisch: Die Vorgehensweise bei der Aufhöhung des Foro della Statua Eroica beinhaltete u. a., einzelne Elemente der planierten Vorgängerbauten an Ort und Stelle zu ›beerdigen‹.

Wie am Piazzale della Vittoria P1 blieben auch bei der Platzanlage P1h einige charakteristisch halbrunde Elemente des antoninischen Fassadennymphäums (Abb. 90, Sp1–2) erhalten, ebenso aber auch Teile der wiederverwendeten Bauplastik wie z. B. der Pilaster (Abb. 94) oder der statuarischen Ausstattung des spätantiken Platzes (Abb. 90, Sp3–4, 5–15). Zum Zeitpunkt der Errichtung der durchwegs erhöhten Portiken Po1d–Po1h war auch dieses Nymphäum, das dritte in Reihe auf dem Decumanusabschnitt seit der Caupona des Fortunatus, aufgegeben und überbaut worden.

Der Durchgang zur Portikus (Abb. 90–91, z1) und zum Areal der Quattro Tempietti z2 wurde zu einem unbestimmten Zeitpunkt zugesetzt. Um einen relativ geschlossenen Platz zu schaffen, wurden ferner eine der im Westen angrenzenden Tabernenöffnungen mit dünnen nicht-tragenden Mauern (Abb. 90. 91, z3; Abb. 93. 94) geschlossen, wobei diese Abschließung durchwegs dieselbe Mörtelzusammensetzung mit einem großen Anteil von Bauschutt und Haushaltsmüll zeigt wie die Rückwand des Platzes M1 (Abb. 92)[374]. Deutlich ist, daß der Zubau der Tabernen auf erhöhtem Gehniveau erfolgte (Abb. 93).

Die Grabungsberichte zur Insula II ix – Dante Vaglieri und die Spätantike

Es lohnt sich insbesondere im Decumanusabschnitt zwischen Theater und Forum, die Evidenz der unpublizierten Grabungstagebücher und der daraus publizierten Auszüge in den »Notizie degli Scavi« als wichtigste Primärquellen zu behandeln. An keiner anderen Stelle in Ostias Stadtgebiet erscheint die Funddichte größer und zugleich der Anteil von in situ befindlichen spätantiken Fundkontexten besser dokumentiert. Dazu gilt es allerdings, einige charakteristische Fehler zu beachten, die den an mehreren Stellen zugleich engagierten Ausgräbern zwischen 1910 und 1913 unterliefen: Der damalige Ausgrabungsdirektor Vaglieri ließ die gesamten Straßenfassaden zwischen der Via dei Grandi Horrea und der Via della Pistrina oder delle Pistrine (der seit Calza umbenannten Via dei Molini) entlang des Decumanus parallel ergraben. Folge ist, daß die Berichte dazu oft recht unvermittelt zwischen diesen Schauplätzen

373 Vaglieri 1913, 205 f. Zur Platzanlage P2b s. hier Kapitel II. 3. c.

374 Zur spezifischen Zusammensetzung des Bauschutts aus eingestürzten Obergeschossen von vielgeschossigen Insulae vgl. hier bereits Kapitel I.

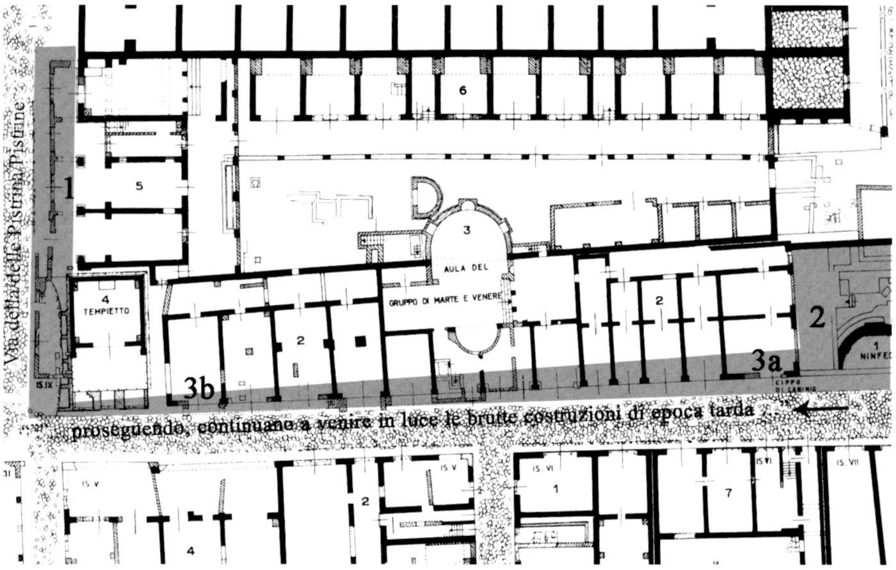

Abb. 95 Die Fundkontexte aus den Altgrabungen Vaglieris vom Platz P1h bis zur Via dei Molini bzw. Via delle Pistrine

hin und her ›springen‹ und in einigen Fällen Verwechslungen vorkamen, die die Herkunft wichtiger Funde betreffen. Mit einiger Sorgfalt lassen sich jedoch die Fehlerquellen orten und die daraus resultierenden Irrtümer der Zuweisung klären.

Im Jahre 1913 publizierte Vaglieri Vorberichte zu den Grabungen zwischen dem Theater und der Via della Pistrina. Auf den schweren Tuffpfeilern der Grandi Horrea hatte er »dipinti« gefunden[375]. Kleinkunst, Inschriften, Gefäße und Gegenstände der Alltagswelt kamen aus späteren Aufhöhungsschichten im Eingangsbereich zu den Grandi Horrea dazu: hier hatte man abgeräumte Haushalts- und Gewerbeausstattungen aus Einsturzkatastrophen deponiert. Die Beschreibungen Vaglieris zeigen eine bislang unerreichte Detailliertheit und Abbildungsdichte[376]. Auch auf Höhe der Via della Pistrina (Abb. 95, linker Bildrand), wurden Mauerzüge noch ungewöhnlich ausführlich dokumentiert. Bald schloß Vaglieri aus den relativen Bezügen, wie die Fundamente der Tuffmauern spätere Mauern schnitten, jedoch auf eine weit spätere Entstehung dieser Mauern als in republikanischer Zeit[377]. Als die Grabungen auf dem Areal des spätantiken Platzes P1h fortgesetzt wurden, wandte sich sein Interesse daher vom dominanten Befund der Oberflächen ab und dem Fundamentniveau mit Vorgängerbauten zu[378]. Es lohnt sich hier, die Diktion unmittelbar wiederzugeben, um die Grabungsmotivation Vaglieris angesichts der offenbar doch sehr häufig auftauchenden Zeugnisse einer ›dekadenten‹ Spätzeit zu verstehen, ohne daß Vaglieri allerdings die Chance der Flächengrabungen in Ostia nutzte, spätantike Phasen der Stadt- und Kulturentwicklung in ihrer Eigengesetzlichkeit zu verstehen[379]: »Proseguendo, continuano a venire in luce le *brutte costruzioni* di epoca tarda, alcune anche senza fondazione«[380], und weiter »Esse sono ad un livello più alto della strada, sicché vi si accedeva da un marciapiede, o come mi pare, tutta la via era stata rialzata, ma forse senza nuova selciatura«[381].

Die Grabungsberichte im Spiegel der alten Fotografien zum Platzareal P1h – Anhalte zur Rekonstruktion der spätantiken Baudekoration

Nach Abschluß der Grabungen von 1913 ließ Vaglieri einen Plan anfertigen, der allerdings nur die Tabernen am Straßenrand sowie den Westabschluß des Platzes P1h zeigt[382]. Nicht berücksichtigt wurden die Reste der spätantiken Portikusfundamentierung entlang des

375 Vaglieri 1913, 204.
376 Vaglieri 1913, 205 f.
377 Vaglieri 1913, 206.
378 Vaglieri 1913, 209: »Lungo il decumano a sud della suddetta piscina è venuta in luce una vasca semicircolare (m. 7,70 × 3,10) con pilastri aggettati ai fianchi«.
379 Vgl. dazu bereits Kapitel I. ›Brutte costruzioni‹ bezeichnet oft, aber nicht ausschließlich Trockenmauerwerk. – Dazu s. u. Eine eigene Fundamentierung war überdies oft verzichtbar, weil die spätantiken Bauten, soweit es aufgehendes Mauerwerk oder tragende Säulen betraf, unmittelbar auf die planierten Altbauten oder das ältere Straßenpflaster aufsetzen konnten: eine stabilere Fundamentierung ist kaum denkbar.
380 Vaglieri 1913, 209.
381 Vaglieri 1913, 209.
382 Vaglieri 1913, 399.

Decumanus, die das antoninische Nymphäum N1h unter P1h eindeutig überschnitt und außer Funktion setzte (Abb. 90).

Nachdem der Fundbericht Vaglieris innerhalb der sehr großen Insula II ix und des ihr vorgelagerten Straßenraums zwischen dem Platz P1h (Abb. 95, 2) und der später in Via dei Molini umbenannten Via della Pistrina (Abb. 95, linker Bildrand) nicht näher differenziert ist[383], müssen alte Grabungsfotografien zu Hilfe genommen werden, um zu unterscheiden, welche Funde wo genau getätigt wurden. Für das Platzareal P1h erweist sich eine Fotografie von 1913 als sehr hilfreich: Aus dem Grabungsareal über dem planierten Nymphäum N1h kamen neben vielen Spolien (Abb. 90, Sp10–15) auch spätantik modifizierte Bauglieder, vor allem Säulen, Pfeiler und ein großer Architrav, der nicht zum Nymphäum N1h gehören kann, zutage (Abb. 90, Sp6–9).

Marmorbalustraden, von denen hier einige Beispiele gefunden wurden, gehören einem Typus an, der zumindest in Ostia erst in der Spätantike mit dem Aufkommen neuer marmorisierter Platzanlagen belegt zu sein scheint[384]. Auch eine Vielzahl an geglätteten Marmorplatten trat hier zutage. Vaglieri vermerkte die Herkunft dieser Platten vor allem aufgrund ihrer Inschriften, die bei ihrer spätantiken Zweitverwendung als Fußbodenplatten jedoch nur die unsichtbar gebliebene Rückseite gebildet hatten, auch hier wieder mit besonderem Interesse: »Moltissimi altri frammenti di iscrizioni sepolcrali«[385]. Das Vorkommen flacher Marmorplatten (Abb. 90, Sp10–14) resultierte hier wohl primär aus der Notwendigkeit, den planierten Bereich neu zu pflastern. Ob das auch für den Decumanus zumindest in Teilen, d. h. für seinen ›Bürgersteig‹, gelten kann, muß offen bleiben.

Bereits zur Grabungszeit war auf auf dem Platzareal P1h kein einheitlicher Plattenbelag mehr vorhanden gewesen – dieser wäre sicherlich unter Vaglieri respektive Finelli zumindest ansatzweise dokumentiert worden. Beim Ausmaß nachantiker Beraubung, die im gesamten Bereich des Decumanus vor allem die bereits erhöhte, also einfacher zugängliche spätantike Ausbauphase betraf, verwundert das aber kaum: Ein spätantiker Marmorboden aus den obersten Schichten bildete zu allen Zeiten eine ideale Quelle für Materialraub. Das gilt für die nachantiken Epochen vermehrten Buntmarmorbedarfs, als ›gebrauchsfertige‹ Bodenplatten aus Ostia in mittelalterliche Kirchenböden von Amalfi bis Pisa wiederverwendet wurden[386]. Marmorplatten sind jedoch auch besonders einfach zu stapeln, um eine effiziente Füllung eines Kalkofens zu erhalten, was ihre Beraubung an dieser Stelle für benachbarte Kalköfen nach dem Ende der Platznutzung von P1h am wahrscheinlichsten macht. Die Kalkbrennöfen können hier allerdings nicht für die Ballung der heterogenen Funde verantwortlich gemacht werden, weil diese Öfen selbst wohl meist dezentral in besonders ertragreiche Kontexte eingebaut worden waren.

Zwei Statuen des Pudicitia-Typus aus ›fremden Kontexten‹ auf dem Platz – Ehrenstatuen aus Häusern, aufgelassenen paganen Heiligtümern und öffentlichen Bauten oder Grabstatuen aus den Nekropolen?

Von besonderem Interesse sind zwei Statuen, die unmittelbar nach der Grabung vor dem Platz wiederaufgestellt worden waren (Abb. 90, Sp3–4). Bereits ihre Fundumstände – sie stammen aus der ersten Flächengrabung vor den anschließenden Tiefensondagen – und ihre Vergesellschaftung mit den übrigen Spolien von der Platzoberfläche (Sp5–15) macht es wahrscheinlich, daß sie nicht vom Vorgängerbau, dem Nymphäum, stammen können. Das wird dadurch bestärkt, daß es sich auch thematisch um keine in der hohen Kaiserzeit üblichen Brunnenfiguren gehandelt hat. Gefunden wurden zwei weibliche Gewandfiguren, die stark verhüllt sind, was bereits per se in starkem Gegensatz zum üblicherweise leichter bekleideten mythologischen Personal in Brunnen steht. Durch ihre identische Ponderation und Armhaltung wären sie daneben auch nicht für eine symmetrische Aufstellung zu Seiten einer mittigen Nische geeignet gewesen, wie es durch die Architektur des halbrunden Fassadennymphäums vorgegeben gewesen wäre.

Weibliche Gewandstatuen im Typus der Pudicitia sind im letzten Zustand von Ostia sowohl innerhalb des öffentlichen Raums als auch innerhalb von Privathäusern belegt[387]. Möglicherweise könnten Frauenstatuen als Ehrenstatuen aufgestellt worden sein, wozu es im hochkaiserzeitlichen Ostia – mit Ausnahme der zahlreichen Portraits von Kaisergattinnen[388] – jedoch keine lokalisierbaren Belege in öffentlichen Aufstellungs-

383 Vgl. diesbezüglich bereits Wickert 1933, 844.
384 Entsprechende Formen werden hier in Kapitel II. 3. c behandelt.
385 Vaglieri 1913, 215.
386 Calza u. a. 1953, 27 f.
387 Für Ostia durch die Grabungstagebücher Finellis von 1908 bis 1924 gut dokumentiert: auf dem Piazzale della Vittoria P1, auf der Platzanlage P1h, auf dem Forum dreimal und in privaten Hausaustattungen in diesem Bereich. In der sogenannten Sede degli Augustali, wohl einer privaten Domus des 4. Jhs., wurde so ein besonders gut erhaltenes Exemplar mit Kopf gefunden: Calza – De Chirico 1941, 234–237 Abb. 10–12.
388 Dazu s. hier das Kapitel II. 3. d.

kontexten wie z. B. dem Forum gibt. Ansonsten kämen zugangsbeschränkte ›halböffentliche‹ Kontexte wie Tempelareale in Frage, die wie die Kulte für die Bona Dea ganz spezifisch auf Frauen ausgerichtet waren[389]. Daneben ist der Typus der Pudicitia aber auch für Grabstatuen überliefert[390]. Setzt man die zwei recht kleinen Heiligtümer der Bona Dea oder auch die Gesamtfläche der übrigen innerstädtischen Heiligtümer den fast unbegrenzten Flächen von vorstädtischen Nekropolen gegenüber, dann dürfte man per se aus Nekropolen die größten Quantitäten erwarten, so daß die Wiederverwendung solcher Statuen im städtischen Raum mit der höchsten statistischen Wahrscheinlichkeit auf Grabstatuen zurückging.

Weit weniger als Marmorplatten sind Statuen für eine Stapelung – und damit maximal dichte Befüllung eines Kalkofens – geeignet, ob sie nun unzerkleinert oder auch fragmentiert sind[391]. Kalköfen wurden bis ins 19. Jh. zweckmäßigerweise nahe an die reichsten Materialquellen, nicht nahe am Endverbraucher gebaut, weil es einfacher erscheint, das reduzierte Endprodukt Kalk zu transportieren als das Rohmaterial. Die aufgefundenen Statuen sind nicht zerkleinert, nicht bestoßen und bis auf den Kopf sogar ganz erhalten, was einen solchen Transportweg von den vorstädtischen Nekropolen bis in die Stadtmitte – noch dazu einen nicht direkt über Hauptstraßen mit der Vorstadt Pianabella verbundenen Ort wie die Platzanlage P1h – nur zur Kalkherstellung in diesem Fall wohl viel zu aufwendig gemacht hätte.

Mit einer gewissen Wahrscheinlichkeit war der Platz P1h also wie auch andere spätantike Plätze intentional u. a. mit vollständig erhaltenen Ehren- oder Grabstatuen dekoriert worden, die aus den Nekropolen hierher transportiert worden waren. Das geschah vielleicht, weil sie von ihrem ›dress-code‹ her den Anforderungen eines öffentlichen Kontextes entsprachen oder eben in fast beliebiger Menge, gut erhalten und überdies ›umsonst‹ zur Verfügung gestanden hatten[392]. Aus den Nekropolen stammte auch der Großteil der Marmorplatten, die zur Marmorausstattung von Böden und Wänden der neuen Plätze und Hallen wiederverwendet worden waren, was bereits an mehreren Fundballungen entlang des Decumanus festgestellt wurde[393].

Intentionale Zerstörungen der Statuen?

Für eine Deutung ist es interessant, daß zumindest die zwei überlieferten Fundstatuen von der Platzanlage P1h – hier mit Ausnahme ihres Kopfes – hervorragend erhalten sind. Das scheint den bislang üblichen Eindruck einer weit verbreiteten Zerstörung von Statuen entgegenzustehen, der die ältere Forschungsgeschichte bis hin zu den neueren Deutungen bestimmt, die allerdings vor allem auf Funden aus Heiligtümern basieren: »A large part of the corpus consists of damaged statues and statuary fragments [...]. For instance, in the sanctuaries in Rome [...] all statues that remained on display were smashed, but the most important images were [...] simply buried«[394].

Es finden sich bei allen bislang ausgewerteten Kontexten von Statuenfunden entlang des Decumanus im Zug der Grabungen Vaglieris, sieht man von einigen unklaren Sonderfällen ab, kaum Beispiele einer intentionalen Verstümmelung oder Fragmentierung, die sich durch spezifische Hack- oder Meisselspuren oder auch christliche Umdeutung durch Zeichen eindeutig definieren läßt. Ohne eine Nachuntersuchung des Magazinbestands können keine exakten statistischen Vergleichsangaben zwischen den wenigen möglichen Zerstörungen und der überwältigenden Masse an Fundmaterial guter Erhaltung aus Ostia erstellt werden. Zumindest der Bestand, der bei den Altgrabungen aus der Stadtmitte bis 1805 gewonnen wurde und in

389 Interessanterweise wurden beide Heiligtumsareale der Bona Dea in Ostia in der Spätantike überbaut, das innerstädtische in der Regio V durch eine spätantike Domus, die sogar den Tempel selbst miteinbezog, das vorstädtische auf dem Piazzale fuori Porta Marina P7 durch eine Planierung und Aufhöhung des Gehniveaus um etwa +70 cm. Dazu s. Kapitel II. 5. f.

390 Dazu s. Kapitel II. 3. d.

391 Ein Beleg dafür wird unten näher vorgestellt: Der ›nicht angezündete‹ Kalkofen, der 1921 im Südosten der Forumsportikus MFE gefunden wurde, enthielt ausschließlich Marmorplatten. Möglicherweise geht der Kalkofen nur auf das 19. Jh. zurück, er belegt aber unabhängig davon die sicherlich effizienteste Praxis, Kalk zu brennen. Das Inventar dieses Kalkofens blieb bis heute erhalten und wurde im Rahmen des »Ostia-Forum-Projekts« u. a. in einer Masterarbeit von Daniel Damgaard aufgearbeitet. Es handelt sich um Platten der Forumsportiken, aber auch Elementen, die sich dem Kapitol zuordnen ließen: den Deckziegeln (coppi) des marmornen Daches. Das Pflaster um das Kapitol lag nach den Ausgrabungen von 1801–1804 frei und wurde nachweislich noch in die Kalköfen des Signore Vitelli verbracht. Dazu näheres s. Kapitel II. 3. d.

392 Pagane Nekropolen im außerstädtischen Territorium wie an der Via Laurentina wurden nicht mehr gewartet, also handelt es sich offenbar nicht um Teile einer privatisierten Besitzeinheit. Inwiefern eine ›kommunale‹ Kontrolle existierte, die den Verkauf von Material von ungebrauchten Arealen regelte, ist aber unklar.

393 Dazu s. o. Vgl. Vaglieri 1913, 215.

394 Jacobs 2010, 285.

den Vatikan gelangte, war bestens erhalten; das Fehlen von erkennbaren intentionalen Verstümmelungen gilt auch für alle bis 1924 am Forum gefundenen Statuen[395]. Am Forum waren auch zahlreiche Statuetten gefunden worden, für die man eher einen ursprünglichen Aufstellungskontext in Häusern vermuten könnte. Nachweislich aus Kultarealen stammende Statuen sind allerdings entlang des Decumanus mit Ausnahme der Dea Roma am Theater nicht eindeutig belegt[396].

Zur erneuten Nachfrage nach Statuen zur Platzausstattung

Die von 1908–1924 von Finelli aufgefundene Ansammlung von Statuen und Spolien entlang des Decumanus war in den frühmittelalterlichen Stadtphasen bis zum Verlassen Ostias im 8. Jh. möglicherweise durch partielle Verschüttung in manchen Arealen wie der Thermenportikus P01c besser als anderswo erhalten geblieben, aber offenbar nicht systematisch beseitigt worden. Das zeigt zugleich an, daß diese Statuen nicht ›beerdigt‹ wurden, sondern auch die gesamte Spätantike im öffentlichen Raum frei zugänglich – wenn auch wohl zum Großteil in räumlich geschützten Kontexten mit Überdachung – beibehalten worden waren und offenbar auch nach dem Ende der Plätze und Portiken als urbane Verweilpunkte keiner bewußten »attack by hostile Christians«[397] zum Opfer fielen.

Vaglieris statuarische Fundlisten müssen mit der methodischen Einschränkung verstanden werden, daß sie keine Augenblicksaufnahme, sondern oft einen Summenzustand vieler Jahrhunderte Aufstellungspraxis und eine spätantike Redaktion des Erhaltenswerten widerspiegeln. Auch als die ›späten‹ Plätze Ostias geballt entstanden waren, hatte man offenbar erneut eine Nachfrage nach neuer statuarischer Ausstattung entwickelt, um eine ›Füllung‹ dieses neuen städtischen Raums zu erreichen, vielleicht auch, weil damals bereits viele Statuen aus öffentlichen hochkaiserzeitlichen Aufstellungskontexten beschädigt oder zerstört gewesen waren. In den neuen räumlich geschützten Kontexten des 4. Jhs. – Nymphäumsräume wie das sogenannte Ninfeo degli Eroti am Cardo[398] oder die Portiken des Decumanus – waren Statuen aus Gründen der Zier wiederverwendet worden, in den Reparaturphasen des 5. Jhs. blieben sie zumindest nachweislich beibehalten.

Die neuen Platzanlagen entlang des Decumanus bildeten ideale Hintergrundfolien für eine solche Konzentration an Statuen, da die Besetzung von Straßenraum erst durch die Entkoppelung vom Durchgangsverkehr ermöglicht wird, unabhängig davon, ob eine anderweitige Ausstattung, etwa mit gebauten Sitzgelegenheiten, hier vorhanden war oder nicht. Die Schaffung von neuem ›statischem‹ Raum, also Verweilmöglichkeiten, direkt neben dem ›dynamischen‹ Durchgangsraum der Straßen erhöhte wiederum sowohl die Aufenthaltswahrscheinlichkeit als auch die Verweildauer von Personen an den Platzanlagen als neuen Knotenpunkten der späten Stadtstruktur. Die geeignete Anordnung der neuen Plätze an Kreuzungen von Zugangswegen zu Privathäusern (gegenüber P1h) oder zu Wohnvierteln (Exedra P2a vor der Semita, s. u.) eignete sich also dazu, den Eindruck einer belebten Stadt zu erzeugen bzw. zu steigern oder eventuelle Verluste der realen Fluktuation und Frequentation von urbanen Platzanlagen, die durch die Prozesse der Schrumpfung des Stadtgebiets und der Bevölkerungsdichte bedingt waren, auszugleichen. So konnten Statuen die reale Belebung von Plätzen verstärken, weil diese Belebung einen zentralen Topos des spätantiken Städtelobs darstellt[399]. Erst durch seine Ausstattung mit Statuen wird der leere Platz zum Funktionsträger: als Ort der Entschleunigung und des Müßiggangs, des visuellen Genusses, der Kommunikation ohne Streßfaktoren wie unmittelbarer Lärm oder Geruchsbelästigung durch Güterverkehr, Produktion und Handel.

Die Lokalisierung des Portraits eines spätantiken Magistraten aus den »brutte costruzioni di epoca tarda«

Vaglieri ließ für die Fundberichte in den »Notizie degli Scavi« von 1913 erstmals einen detaillierten Übersichtsplan über das Grabungsareal anfertigen[400]. Die darin eingezeichneten, aber nur straßenseitig angegrabenen spätantiken Strukturen lassen sich mit der Insula II ix im späteren Plan Gismondis von 1953 identifizieren (Abb. 95, 2–3b, Areal grau).

395 Dazu näheres im Kapitel II. 3. d.

396 Zu Statuen *in formam deorum* vgl. Wrede 1981. Allein aus den Altgrabungen im Stadtzentrum stammen mehr als zehn Artemisstatuen, was in keinem Verhältnis zu ihrer möglichen primären Aufstellung als Kultstatuen in Heiligtümern, in denen sie in Ostia zudem nur zu anderen Gottheiten assoziiert aufgestellt gewesen sein könnten, zu stehen scheint. Dazu s. u.

397 Jacobs 2010, 285.

398 Dazu s. Kapitel II. 3. d.

399 Vgl. Jacobs 2010, 268–277 zu ›positiven Akkulturationsphänomenen‹ in Verbindung mit Statuen.

400 Vaglieri 1913, 399 f.

Abb. 96 Spätantikes Portrait aus den Altgrabungen Vaglieris

Abb. 97 Sarapisstatue als Ausgangspunkt der Umarbeitung zum spätantiken Portrait

In der knappen Übersicht der »Notizie degli Scavi« erfolgte die Präsentation der wichtigsten Funde nach qualitativen Kriterien, nicht nach der Reihenfolge der Auffindung. Ein lebensgroßer Portraitkopf aus Marmor[401] (Abb. 96), den man wohl ins 5. Jh. datieren kann, fand dabei vorrangige Beachtung, wenngleich er von Vaglieri aus qualitativen Gründen dem linearen Dekadenzmodell folgend noch vor den Beginn der Spätantike datiert wurde: »Buona scultura. Pieno di vita. È dell'ultimo quarto del III. Sec.«[402]. Der Kopf selbst trägt deutliche Züge von Umarbeitung. Man könnte aufgrund der Frisurenreste vielleicht annehmen, daß er aus einem Sarapiskopf gewonnen wurde (Abb. 97). Es ist für das Verständnis des Portraits von großer Bedeutung, daß es mindestens eine Wiederholung dazu gibt, die ebenfalls aus Ostia stammt, nämlich einen Portraitkopf aus den Magazinen des Vatikans[403]. Es ist dabei wichtig zu betonen, daß dieses spätantike Portrait für Ostia zwar keineswegs einen Einzelfall bildete[404], durchaus aber seine ebenso hochwertige handwerkliche Ausarbeitung wie späte Datierung ins 5. Jh.[405]. Daher scheint auch die Frage nach dem Fundkontext von großem Interesse; durch diesen Fund könnte der Ort als wichtiger öffentlicher Bereich auch noch im (sogar späteren?) 5. Jh. anzusehen sein.

Die Ikonographie eines Magistraten mit Sorgenfalten entspricht üblichen Darstellungen öffentlicher Würdenträger; in Rom kennt man allerdings in dieser Zeit neben

401 Heute Museum Ostia, Inv. 42, lunensischer Marmor. Höhe ab Halsansatz 36 cm. Im Rahmen des regelrechten Ausstattungsprogramms des Ragonius Vincentius Celsus, zu dem wohl auch diese Platzanlage gehört, wäre es zumindest nicht auszuschließen, daß hier entweder Ragonius selbst oder eben ein anderer einflußreicher Präfekt der Annona durch Portraitstatuen geehrt wurde, allerdings ist das vorliegende Portrait wohl deutlich später als die Regierungszeit des Ragonius (384–389) anzusetzen. – Den Hinweis zur stilistischen Datierung verdanke ich Henning Wrede.

402 Vaglieri 1913, 209.

403 Das Portrait kommt in mehreren Kopien vor und genoß seit seiner Auffindung erhebliche Beachtung, was u. a. auch zu einem Eintrag in den knappen Grabungsführer Calzas führte: Calza 1925, 172 f. Abb. 51. – Zu den Wiederholungen des Portraittypus im Vatikan, Inv. 2602: Prusac 2011, 156 Kat. 469. 470 Taf. 134. 135. Eine Studie des Autors ist dazu in Vorbereitung.

404 Dazu sei auf die Dissertation von U. Gehn (Gehn 2012, Anm. 404. 405) verwiesen.

405 Zur Datierung ins späte 5. Jh. s. Prusac 2011, 156 Kat. 470.

den kaiserlichen Portraits nur noch jene der jeweiligen Stadtpräfekten. So ist es sehr wahrscheinlich, auch hier einen senatorischen Stadtpräfekten des 5. Jhs. greifen zu können, da diese Amtsträger auch für Ostia inschriftlich mehrfach belegt als Bauherrn die ›Nachfolge‹ der Präfekten der Annona des 4. Jhs. antraten (s. u.).

Das Portrait als Teil der Platzausstattung von P1h?

Dank der ausgezeichneten Erhaltung scheint der Kopf entweder relativ bald nach seiner Aufstellung – im späten 5. Jh. – in die Erde gekommen zu sein oder man wird ihn in einem Raum, nicht auf einer offenen Fläche aufgestellt annehmen. Den Fundkontext seiner letzten Verwendung stellten nach Ausweis der »Notizie degli Scavi« jene »brutte costruzioni« dar, die im Anschluß an die Freilegung des – damals noch unerkannten – Platzes P1h angegraben wurden. Möglicherweise fand Vaglieri also dort den Kontext der Zweitverwendung des umgearbeiteten Portraits im Umkreis der Platzanlage P1h.

Einen Hinweis darauf, daß es sich hier um einen der wenigen bekannten Aufstellungsorte eines Objektes gehandelt haben könnte, kann man der ungewöhnlichen Diktion Vaglieris entnehmen: Der Hinweis »Da queste rovine [...]« erweist sich als ungewöhnlich konkrete Lokalisierung, die sich deutlich von Vaglieris Bezeichnung der weitaus üblicheren heterogenen Fundverteilung auf dem Decumanus durch spät- oder nachantike Materialräuber unterschied[406]. Vaglieri listet auch weitere Objekte auf, die in seinem damals aktuellen Grabungsareal zwischen Decumanus und der Mündung der Via della Pistrina gefunden wurden, versieht das jedoch mit dem Zusatz: »e da questo tratto del decumano sino a Via della Pistrina«[407]. Funde auf dem Decumanus erschienen den erfahrenen Ausgräbern Finelli und Vaglieri ohne weitere Aussagekraft, insofern es sich in Ermangelung direkt zugehöriger Bauten deutlich nachvollziehbar nicht mehr um ungestörte Aufstellungskontexte, sondern lediglich um Spuren eines ›beliebig‹ scheinenden spät- und nachantiken Materialraubs handelte. Fragen nach einer ›Systematik‹ der Spoliation, sei es für eine intendierte Wieder- oder Neuaufstellung im Kontext von spätantiken Portiken oder Plätzen oder einer letzten Abräumung, um das Bodenpflaster der Plätze ungestört entnehmen zu können, spielten damals allerdings noch keine Rolle.

Das Portrait als Drittverwendung im Kontext von Exedra oder Foro della Statua Eroica FSE/P2b?

Geht man von der Hypothese aus, daß das oben genannte Portrait in einer der zahlreichen ›brutte costruzioni‹ nur für letzte Umbauten als Füll- oder Baumaterial drittverwendet[408] worden war, dann waren die ›brutte costruzioni‹ nicht der ursprünglich intendierte spätantike Aufstellungskontext. Dieser wäre aber wohl in der Nähe anzunehmen, wenn der Kopf dabei nur als beliebiges Baumaterial zur Auffüllung verwendet wurde. Zur Lokalisierung von ›brutte costruzioni‹ bietet sich prinzipiell der gesamte Abschnitt des Decumanus von der Platzrandbebauung P1h über den Eingangsbereich der sogenannten Aula del gruppo di Marte e Venere bis hin zu den monumentalen spätantiken Eingangsfronten der Exedra P2a und dem Foro della Statua Eroica FSE/P2b an. Vor allem die Mündung der Via dei Molini auf den Decumanus kommt jedoch für die ›brutte costruzioni‹ in Frage, weil sie im 5. Jh. durch Einbauten in eine soukähnliche Marktstraße verwandelt worden war: Das waren Einbauten, die im Blickwinkel der damaligen Ausgräber am ehesten als ›unschöne‹ Bebauung ohne architektonischen Anspruch aufgefaßt werden konnten.

Anhand der Grabungstagebücher wird der Fundort tatsächlich nur mit »Via della Pistrina« angegeben, was topographisch mit der heutigen Beschriftung im Museum »Via dei Molini« übereinstimmt (s. o.). Berücksichtigt man, daß man 1912 auch die Inschrift der Reparatur eines Macellums auf dem Decumanus vor dem Foro della Statua Eroica FSE/P2b gefunden hatte, die sich heute zweifelsfrei dem großen spätantiken Neubau der Fassade gegenüber der Via dei Molini zuweisen läßt[409], dann kommt man insgesamt zu zwei sehr wahrscheinlichen Kandidaten der originalen Aufstellung dieses Portraits im Einzugsbereich der Marktstraße auf der Via dei Molini: Die Exedra EXE/P2a und das benachbarte sogenannte Macellum vor dem Foro della Statua Eroica FSE/P2b, die beide noch eingehend behandelt werden und beide anhand von spätantiken Sockeln mehrfache Möglichkeiten für Statuenaufstellung boten.

Weitere Teile der Ausstattung

Zu den geballten Funden, die sich mit großer Wahrscheinlichkeit direkt zur Straßenfront später Plätze, nicht der Tabernenreihe vor der Aula del gruppo di

406 Vaglieri 1913, 209.
407 Vaglieri 1913, 209.
408 Erstverwendung: wohl als Sarapis, Zweitverwendung als Magistratenportrait, Drittverwendung als Baumaterial.
409 Dazu ausführlich s. Gering 2011. Vgl. hier Kapitel II. 3. c.

Marte e Venere, zuordnen lassen (Abb. 95, 2–3b), gehören ferner zwei Marmorbüsten bärtiger Männer und das Bildnis einer Frau[410]. Daneben finden sich eine Reihe idealplastischer Beispiele, so ein nackter Ephebe, der möglicherweise als junger Satyr zu ergänzen ist, ein weiterer Satyr sowie mehrere männliche Torsi[411]. Eine dritte Gruppe bilden mehrere Venusstatuen, eine Frauenstatue ›nach hellenistischer Bildidee‹ und die Büste einer Minerva[412]. Das gemeinsame Erkennungsmerkmal insbesondere der Privatportraits ist die ausgezeichnete Erhaltung; die Idealplastik vereint über den Zufall ihrer Erhaltung hinaus das Sujet, bei dem es sich zum Großteil um mythologisches Personal aus dem dionysisch-aphrodisischen Kreis als Auswahl dezidiert berühmter – oder zumindest so zu verstehender – Urbilder handelt.

Eine ursprünglich gemeinsame spätantike (Wieder-)Aufstellung dieser Objektgruppen ist allein aufgrund ihrer Heterogenität nicht auszuschließen; kaum ins Bild einer spätantiken Statuengalerie scheint lediglich der Torso einer Männerstatue mit Mithrasinschrift zu passen, weil hier kein Mithräum in der Nähe lag[413]. Bei der Annahme einer Zweitaufstellung von Material aus verlassenen Bereichen – wie am Beispiel einer Basis vom Forum *Translatam ex sordentibus locis* benannt – spielte das allerdings keine Rolle[414]. So könnte auch diese Statue in ihrem mehr oder weniger öffentlichen spätantiken Aufstellungskontext am Decumanus oder in den angrenzenden spätantiken Bauten aus ihrem originalen kultischen Kontext gelöst nicht mehr problematisch erschienen sein.

Unmittelbar mit diesen Statuen vergesellschaftet fand Vaglieri eine spätantike Inschrift auf einem Architravteil (0,44 m × 0,85 m × 0,26 m), der selbst in späterer Zeit noch wiederverwendet wurde, wie mehrfache Einlassungsspuren nahelegen, und sich heute auf dem Platz P1h befindet (Abb. 98)[415]:

Abb. 98 Zu einer Schrankenplatte umgearbeitete spätantike Inschrift

[...] INVICTISSIMORVM
(praefectus) ANNONAE AETERNAE VRBIS
(dedi)CAVITQUE ...[416].

Ohne daß hier der Name des Präfekten der Annona ergänzbar wäre, handelte es sich dennoch wohl um eine Stiftung der Präfekten der Annona des späten 4. Jhs.[417], also der Zeit des Ragonius Vincentius Celsus, Hirtuleius Herculius oder P. Attius Clementius, die durch Stiftungen in der Nähe (Theater/Forum) belegt sind[418]. Gerade zu P. Attius Clementius wurde hier sogar ein weiteres Inschriftenfragment gefunden (s. u.).

410 Vaglieri 1913, 209 f. mit Abb. 11 (Kopf, Höhe 25 cm, vollständig erhalten). Abb. 12 (Büste eines Mannes mit zur Hälfte fehlendem Kopf, 3. Jh.). Abb. 13a/b (ferner Bildnis einer Dame, Höhe 0,24 m).

411 Vaglieri 1913, 209 f.

412 Zur Frauenstatue nach hellenistischem Vorbild, Höhe 1,73 m s. Vaglieri 1913, 210. 212 (Abb. 14). Zu den übrigen Bildern Vaglieri 1913, 211 f. (bis Abb. 17).

413 Dazu s. Vaglieri 1913, 351 f. Zur Mithrasinschrift CIL Suppl. 4307 vgl. Wickert 1933, 844.

414 Zur Inschrift CIL xiv 4721 s. Kapitel II. 3. d: Es ist unklar, was die *sordentibus locis* konkret bedeuten konnten. Aus urbanistischer Perspektive kommt bereits innerhalb des Stadtareals von Ostia vieles in Frage, angefangen bei den aufgelassenen Platzanlagen (vgl. dazu Bauer – Witschel 2007, 139) bis hin zu Tempelarealen. Letzteres ist allerdings einzuschränken: Die Inschrift datiert ans Ende des 4. Jhs. (s. u). Damit scheiden die meisten Tempelareale noch aus, weil die letzten Stiftungen in Tempelarealen am Ende des 4. Jhs. faßbar sind und eine generelle Aufgabe von Heiligtümern erst als Produkt wiederholter Verbote der Kultausübung verstanden werden kann, was sich auch im Spiegel der Legislative noch mehr als ein Jahrhundert weiterziehen konnte. Dazu s. neuestens Boin 2013. Es gibt aber auch eine Kategorie von paganen Heiligtümern, die ein überwiegend frühes und oft gewaltsames Ende bereits im 4. Jh. erlebt hatte: Mithräen. Insofern wäre der Kontext ›aufgelassener‹ Heiligtümer zumindest hier für eine Begriffsverwendung des 4. Jhs. denkbar.

415 Vaglieri 1913, 211.

416 CIL Suppl. 4413. Zum Formular ergeben sich vielfältige Parallelen bei den Inschriften aus dieser Zeit, etwa CIL XIV 138 (aus Portus, 1866 gefunden): *invictissimorum principum Valentiniani, Theodosii et arcadii semper Augustorum* [...] *praefectus annonae urbis Romae*. Vgl. dazu Vaglieri 1910, 105.

417 Zur Rolle der Präfekten (Praefectus urbis und vor allem Praefectus annonae) in Ostia generell: Pavis d'Escurac 1976, 286 f.

418 Zur Inschrift am Forum s. Vaglieri 1913, 237.

Ein weiteres Inschriftenfragment ähnlicher Maße, allerdings eines anderen Schrifttyps und auf einem anderen Trägermaterial (0,55 × 0,66 × 0,27 m), war nach der Anbringung der Inschrift im 4. oder 5. Jh. nochmals wiederverwendet worden, was die halbrunden Abnutzungsspuren als Handmühle o. ä. nahezulegen scheinen.

[...] ORUM AVG ...[419].

Die Fundbeschreibung Vaglieris endet in einer Aufzählung, die bei der Masse an Architekturteilen nur noch Materialgruppen berücksichtigt: »Rocchi di colonne di bigio, di africano, di marmo bianco. – Basi. – Pilastri. – Capitelli. – Mensole. – Frammenti di lastre iscritte«. Diese Aufzählung fand aufgrund ihrer Beispielhaftigkeit Eingang in die Grabungspublikation der »Scavi di Ostia« von 1953[420]. Bei dem Schwerpunkt auf großformatigen Baugliedern bietet sich hier aber auch noch knapp 100 Jahre nach der Grabung eine gute Ausgangslage, die einzelnen Funde vor Ort und aus den Magazinen erstmals als Zusammenhang zu begreifen und für eine Rekonstruktion der Fassadenfront des P1h in ihrer spätantiken Gestalt analog zum Foro della Statua Eroica (s. u.) zu erfassen. Denn in Ermangelung einer repräsentativen Säulengliederung vor der Tabernenreihe (Abb. 95, 3a. 3b) bleibt nur, diese Bauelemente, falls sie sich als zusammengehörig erweisen lassen, als architektonische Ausstattung der decumanusseitigen Front der neuen Platzanlagen P1h oder P2a/P2b (Abb. 101) zu begreifen.

Neben der Platzausstattung selbst ist auch die Zusammensetzung der Auffüllschichten von Interesse. Möglicherweise betrafen Vaglieris Beschreibungen zu seinen Grabungen auf der heutigen Via dei Molini und an den Grandi Horrea auch einige Befunde unmittelbar bevor er das antoninische Nymphäumsareal mit den Bassins (Abb. 90) vor der Via dei Grandi Horrea vollständig freigelegt hatte. Als Teil der ehemaligen Aufhöhungen waren dabei u. a. eine Tonlampe mit *signum Christi*, daneben aber auch Gegenstände einer möglicherweise bereits älteren Platznutzung wie z. B. verschiedene Gewichte und eine *mensa ponderaria* zutage getreten[421].

Im Rahmen der Fundberichte Vaglieris läßt sich vielleicht ein weiterer Datierungsanhalt, zumindest für die letzte Reparatur- bzw. Nutzungsphase des Platzes, gewinnen. Wie das bereits für die oben genannte Architravinschrift galt, so scheint auch die sehr fragmentarisch erhaltene Inschrift des P. Attius Clementius, der in der zweiten Hälfte des 4. Jhs. Präfekt der Annona gewesen war, auf dem Platz P1h gefunden worden zu sein:

... (radiert Cl)EMENT
(annon)AE PRAE(fectus)...[422].

Die genaue Lokalisierung der Funde bleibt notwendig hypothetisch, klar ist jedoch die statistisch relevante Tendenz auf repräsentativer Materialbasis: Neben dem Forum und der ›Palästra‹ P3a der Forumsthermen[423] wurden Ehrenstatuen sowie Idealstatuen von Göttern und ihrem mythologischem Begleitpersonal in der Spätantike offenbar auch verstärkt an den Rändern des Decumanus aufgestellt, sei es im Eingangsbereich großer (halb-)privater Repräsentationsflächen oder sei es auf neuen öffentlichen Platzanlagen und ›Verweilpunkten‹ entlang des Decumanus. Vielleicht zielte diese Art der ›Möblierung‹ an den Rändern des dynamischen Raums daneben auch zu einem gewissen Grad auf die Betrachtung während des Gehens: Prozessionen waren ein standardisierter Bestandteil der spätantiken Festkultur (*adventus* der Präfekten der Annona oder der Präfekten der Stadt Rom), aber auch der Alltagskultur (*pompa funebris*). Der Decumanus und sein fassadenhafter Ausbau in der Spätantike bietet die zentrale – und einzige verbleibende – Hintergrundfolie für solche Prozessionen von der Porta Romana bis ins Stadtzentrum. Inwieweit die christliche Inanspruchnahme desselben Prozessionsrahmens durch die rein ideelle Umwertung der urbanen Topographie vonstatten gehen konnte oder durch einzelne bauliche Zutaten wie das Märtyrermemorium vor dem Theater verstärkt werden mußte (s. u.), muß in Ermangelung eindeutiger Indizien oder Nutzungsspuren offen bleiben. Fest steht aber: Die statuarische Ausstattung der Decumanusränder mit Magistraten und mythologischen Figuren blieb in Ostia auch in den Zeiten einer zunehmend dominanten Christianisierung der Lebensbereiche seit dem späteren 5. Jh. oder im 6. Jh. offenbar noch sichtbar und beibehalten.

419 CIL Suppl. 4414. Vaglieri 1913, 213: »Altro simile«.
420 Calza u. a. 1953, 159.
421 Vaglieri 1913, 214 f. 217.
422 Vaglieri 1913, 214.
423 Zur wohl bekanntesten spätantiken Statue aus Ostia, die auf der Palästra der Forumsthermen gefunden wurde, einem Ritter wohl konstantinischer Zeit, und weiteren Statuenfunden aus Ostia vgl. neuestens Gehn 2012, bes. 490–497 Kat. W 2. – Zum Haus in der Palästra der Forumsthermen vgl. hier Kapitel II. 5. b.

Die Heterogenität der Fundballungen als Produkt eines spätantiken Aufstellungsgeschmacks oder zufälliger ›Abräumung‹ für Kalköfen?

Die ebenso zahlreiche und gute Erhaltung von Statuen hinsichtlich ihrer spätantiken Zweitverwendung im letzten Zustand des Stadtbilds ist ein an sich ungewöhnlicher Befund, den man vor allem in Ostia auf einer einzigartig breiten urbanistischen Materialbasis herleiten kann. Die Nähe oder Entfernung zum Einzugsbereich von Kalköfen stellt keinen relevanten Faktor für die Bandbreite und den Erhaltungszustand von Statuen dar, weil in unmittelbar an Kalköfen angrenzenden Insulae einzelne Bereiche ihre Ausstattung weitgehend bewahrten, während daneben liegende Areale komplett beraubt sein konnten[424]. Der erhaltene Bestand an Fundstatuen der Altgrabungen entlang des Decumanus war mit zahlreichen architektonischen Elementen, aber auch Fragmenten von Inschriften und Altären etc. vergesellschaftet (s. o.). Diese Auswahl des ›Erhaltungswürdigen‹ wie Brauchbaren spiegelt der erhaltene Zustand des Stadtbilds wider. Die Auswahl kann damit auf die letzte intendierte spätantike Ausstattungsphase der Bauten selbst zurückgehen, aber auch auf eine weitere und noch spätere Selektion des ›Zufälligen‹, die jeweils bei der Beraubung der Bauten erfolgt war.

Weil in Vaglieris Bericht zwischen Ruinen und Decumanus nicht differenziert wird, muß es unklar bleiben, welche weiteren Funde sich zum Portrait des Magistraten ›aus den Ruinen‹ gruppieren lassen. Möglicherweise bildete es zusammen mit weiteren Privatportraits (s. o.) eine regelrechte Statuengalerie, die man aus verschiedenen verlassenen Arealen, seien es aufgegebene Häuser oder Thermen, öffentliche Plätze in aufgelassenen Stadtvierteln oder Heiligtümer und Nekropolen zusammengetragen und zur Verschönerung einer spezifischen ›Schaufassade‹ des Decumanus konzentriert wiederaufgestellt hatte. Im Obergeschoß der 42 m langen Fassade des Foro della Statua Eroica FSE/P2b und vor ihren Ziegelpfeilern im Erdgeschoß befanden sich jeweils acht mögliche Anbringungsorte für Statuen. Vor der zurückgesetzten Treppenanlage und vor allem auf der Platzfläche ließen sich viele weitere Plätze für Statuensockel vermuten. Im Kontext des Forums und seiner Portiken finden sich neben dem Piazzale della Vittoria P1 und dem Platz P4b vor dem Tempio Rotondo weitere in Ostia erhalten gebliebene Statuensockel des 4. und 5. Jhs. auf öffentlichen Platzanlagen[425].

Kalköfeninhalte, die nicht verbrannt wurden, stellen dagegen nur sehr temporäre Zustände dar, die kaum stadtweit im selben Zustand aufgefunden worden wären[426]. Die breite Materialbasis spricht gegen die Annahme Paolo Lenzis, die aufgefundene Mischung sehr heterogener Statuen sei allein das Produkt einer zufälligen Deponierung in Depots für Kalköfen. Statuen, die hier zwar in Kalköfen versammelt, aber dann doch nicht verarbeitet worden wären (daß sie nicht verarbeitet wurden, ist bereits aufgrund ihrer Erhaltung belegt), müßten statistische Ausnahmen bleiben. Unabhängig davon wären auch die seltenen Fälle nicht angezündeter Kalköfeninhalte als der verbliebene Rest einer hier ehemals lokal konzentrierten Statuenausstattung zu verstehen, was z. B. anhand des Kalkofens neben dem Kapitol, in dem fast nur Fragmente der Bauplastik des Kapitols Verwendung fanden, ausreichend deutlich wird[427]. Das gälte auch, wenn man die Fundballungen als Spuren einer ›postantiken‹ Konzentration der Ausstattung einer ganzen Platzanlage deutet, die zeitgleich und zum Zweck der Beraubung der Pflasterplatten vorgenommen worden wäre.

Nähere Aussagen zu den Aufstellungskontexten spätantiker Statuen ergeben sich für Ostia daher: (a) durch die Analyse der Verteilung und Häufung spätantiker Reparatur- oder Umbaumaßnahmen, also der ›Eignung‹ möglicher Ausstellungskontexte und (b) durch den Vergleich der verschiedenen Fundballungen im Verhältnis zum Grabungsfortschritt.

Sicher auszuschließen ist als Herkunftsort der Statuenfunde Vaglieris von 1912 so zumindest das Innere der nordöstlich angrenzenden spätantiken Bebauung der Aula del gruppo di Marte e Venere, die zwar ebenfalls eine umfangreiche späte Bildausstattung beherbergt hatte, aber zum Zeitpunkt des Vorberichts Vaglieris noch nicht freigelegt war[428].

424 Dazu s. Kapitel II. 3. d: Das mutmaßliche *praetorium urbanum* in der Casa della Basilica CDB und der Aula del Buon Pastore ABP mit vollständiger Ausstattung in direkter Nachbarschaft zu vier Kalköfen, drei im Caseggiato dei Triclini CDT, einer in der Portikus MFE.

425 Dazu eingehend s. hier Kapitel II. 3. c.

426 Lenzi 1998. Der Deutung Lenzis steht die Problematik einer durchwegs fehlenden Zerkleinerung der Statuen sowie der Umstand ihrer prinzipiellen Erhaltung bis heute entgegen, weswegen er auf Erklärungsmodelle wie ›nicht angezündete‹ Kalköfen zurückgreifen mußte.

427 Dazu s. Kapitel II. 3. d.

428 Vaglieri 1913, 399 f. Zur Ausstattung dieses Hauses aus zahlreichen wiederverwendeten Grabstatuen s. die Studie von Murer 2016. Ich danke der Autorin für diesen Hinweis. Zum Einbau dieser Domus in eine hadrianische Tabernenreihe s. Heres 1982, 458–463; Hermansen 1981, 78 f. – Zum Innennymphäum als einer der Orte für Statuenaufstellung vgl. auch Gering 2004, 341 Anm. 107.

Ein Überblick – Stratigraphie, Kontext und Funktion der neuen Platzfläche P1h

Die Evidenz des Höhenwachstums der spätantiken Stadt erlaubt eine nähere Datierung der Platzfläche P1h: Das antoninische Nymphäum auf dem späteren Platzareal wurde erst in der Zeit nach den Niveauerhöhungen um +60 cm durch ein vorgelagertes und mit der benachbarten ›theodosianischen‹ Portikus P01g vereinheitlichtes Portikusfundament überbaut. Die Vorderseite des antoninischen Nymphäums wurde gekappt, wie das bereits bei der Portikus über dem Nymphäum N1d am Theater festgestellt werden konnte.

Das spätantike Platzniveau ist heute nur noch in der Nordwestecke des Platzes sichtbar. Die Grabungsfotografie von 1913 (Abb. 90) belegt die komplett beraubte Vorgängerbebauung an dieser Stelle und die Ausstattung des spätantiken Platzareals. Quadratische Pfeiler mit mehreren nachträglichen Modifikationen wie Durchbohrungen bildeten offenbar wichtige Elemente der Platzgestaltung und -einfassung. Es sind spezifische Bauteile von spätantiken Plätzen entlang des Decumanus, die u. a. auch am Foro della Statua Eroica FSE/P2b vorkommen. Ähnliche sekundäre Einlassungen finden sich auch auf dem wiederverwendeten Architravblock (Abb. 98). Diese Modifikationen spiegeln eine Wiederverwendung inschriftlich datierter Monumente des späten 4. Jhs. in der letzten monumentalisierten Fassung des Platzes im 5. Jh.

Eine wichtige Grundlage zur Rekonstruktion des spätantiken Platzareals bildet der Plan Gismondis zu den Ausgrabungen von 1911–1914, der 1915 publiziert wurde[429] (Abb. 89). Teile der Platzfläche könnten aus Ziegeln oder aus Marmorspolien bestanden haben, eine entsprechende Mixtur sowohl aus großen *bipedales* und Marmorbruchstücken ist auch bei den spätantiken Reparaturen der Böden der stadtrömischen Kaiserfora wie u. a. dem Forum Pacis belegt, eine spätantike Pflasterung mit Ziegeln bzw. *bipedales* ist auch für die Straße südlich der Case a Giardino verbürgt[430]. Ein Indiz findet sich heute noch vor Ort: Unter der Zusetzungsmauer der Tabernen (Abb. 93), die ehemals im Nordwesten auf die Vorgängerbebauung des Platzes geöffnet waren, liegen noch einige Marmorplattenspolien in situ.

Für die Deutung der Funktion des neuen Platzes P1h ist seine Umgebung aussagekräftig: Das spätantike Nutzungsniveau des direkt gegenüberliegenden spätantiken Hauses, der sogenannten Domus degli Augustali, entspricht exakt dem Planierungsniveau des Platzes. Das geht aus der spätantik neu verlegten Türschwelle hervor, von der aus man auf einen kleinen Korridor und jenseits des Decumanus auf die neue Platzfläche P1h blickt.

Die Anbindung eines Platzes an große Häuser im ›senatorischen Wohngeschmack‹ ist hier damit zumindest mittelbar festzustellen: Der Platz P1h liegt zwar auf der anderen Seite des Decumanus, er erweiterte aber zweifellos den repräsentativen Aspekt des Hauseingangs, indem er hier Versammlungen, Akklamationen oder auch das traditionelle Warten der Bittsteller o. ä. in ansprechendem Ambiente ermöglichte[431]. Die Domus degli Augustali selbst ist als privates Wohnhaus mit außerordentlichem Repräsentationswert zu begreifen, das im 4. Jh. mit einer großen Apsis und polychromen Mosaiken zu einem der größten und zugleich am besten ausgestatteten Häuser am Decumanus avanciert war, was neuestens in einer Studie von Carlo Pavolini belegt wurde[432]. Mittelgroße Wohnhäuser am Decumanus bis zu 1000 qm Nutzfläche im Erdgeschoß sind nicht selten, was bereits am Beginn des Decumanus mit dem Einbau einer späten Domus in die Horrea östlich der Via del Sabazeo erörtert worden war und wozu sich am südlichen Cardo, aber auch um das Bivium herum, zahlreiche weitere Beispiele finden (s. u.). Die wesentlich größeren Villen der alteingesessenen Elite von 4000 qm und mehr waren hingegen eher am Stadtrand oder vor der Stadt gelegen und manchmal bereits im 4. Jh., spätestens aber in der zweiten Hälfte des 5. Jhs. verlassen worden, wie die Vorberichte Michael Heinzelmanns vermuten lassen[433].

Ein kontextualer Vergleich des Platzes P1h mit den ›privaten‹ Platzstiftungen des späten 4. und gesamten 5. Jhs. in Rom, die wohl ebenfalls im Einzugsbereich großer senatorischer Domus entstanden waren, böte sich an, scheitert aber an der ungleichen Materialgrundlage: Während man in Rom nur Inschriften, nicht aber die bauliche Fassung der späten Plätze und Fora kennt, ist hier die urbanistische Evidenz vorhanden, die Inschriften dazu fehlen jedoch mit den oben genannten Ausnahmen[434]. Dennoch bemerkt Franz Alto Bauer für

429 Paribeni 1915, 24.

430 Gering 2002a, 134.

431 Die beiden Säulen, die heute vor dem Eingang zur Domus degli Augustali stehen, stammen wohl von dem Platz P1h oder der benachbarten Portikus P01g, wobei sie mit diesen in etwa maßgleich sind.

432 Dazu s. Calza – De Chirico 1941, 196–209; Heres 1982, 554–558; Bollmann 1998, 335–340. Die Deutung als Domus findet sich bei Pavolini 2011, 1025 f.

433 Heinzelmann 1999; Heinzelmann 2000; Heinzelmann 2002a; Heinzelmann 2002b.

434 Bauer 1997. Zu den Inschriften der Exedra EXE/P2a oder des Platzes FSE/P2b s. hier Kapitel II. 3. b. c.

Abb. 99 Ein Wasserspeicher für Nymphäen auf höherem Gehniveau hinter der Aula del gruppo di Marte e Venere

die stadtrömische Evidenz, was noch viel deutlicher für die hier aus Ostia bekannten kleinen Platzanlagen als ›Schnittstellen‹ zwischen ›privatem‹ Haus und öffentlicher Promenade zu gelten scheint: Demnach handelte es sich nämlich vor allem um »kleinere [...] Plätze, die von den betreffenden Senatoren ausgestattet wurden und deshalb auch ein Ort für deren eigene Selbstdarstellung werden konnten«[435]. Das spätantike Portrait eines Magistraten aus dem 5. Jh. (Abb. 96), das wohl von einem der Plätze entlang des Decumanus stammt, könnte ein Monument solcher senatorischer (Selbst-)Darstellung gewesen sein.

Ein Ausblick – Drei Phänomene der Reorganisation der späten Stadt

Blickt man auf den gesamten Bereich der Insula II ix zwischen der Via dei Grandi Horrea und der Aula del gruppo di Marte e Venere, dann konnten drei Phänomene der horizontalen Zonenbildung und Reorganisation der spätantiken Stadtstruktur festgestellt werden:

- der Zubau von nicht mehr gebrauchtem Gewerberaum zur Sicherung der Ruinen vor dem Zutritt Unbefugter, also der Abschluß der Grandi Horrea,
- die Zugangskontrolle und Ausgrenzung eines Ruinenviertels bis hin zum Tiber und
- die um +60–70 cm erhöhten Einbauten von Zier- und Repräsentationsbauten sowie Platzanlagen, die auf den Decumanus orientiert sind.

Derselben Erhöhung wie der Neubau der Platzrückmauer M1 (Abb. 92) scheint auch das freistehende Nymphäum N2b auf einem westlich angrenzenden Innenhof zwischen der Aula del gruppo di Marte e Venere[436] und den aufgegebenen Grandi Horrea anzugehören (Abb. 99).

Trotz der drei in Reihe zugunsten von erweiterten Platzanlagen überbauten und außer Funktion gesetzten apsidialen Nymphäen entlang des Decumanus waren damit auch in diesem Teil des spätantiken Ostia mehr Brunnenmonumente als jemals zuvor in Funktion. Das wird bereits anhand einer Zählung der ersatzweise neu hinzugekommenen Nymphäen und Wasserbecken im Umkreis der Grandi Horrea deutlich. Das Stadtviertel zwischen Decumanus und Tiber war hier vor der Aufgabe der Grandi Horrea nur durch Tabernenreihen und Lagerräume geprägt, die selbst keinen Beitrag zur anspruchsvollen Stadtausstattung einer *amoenissima civitas* leisten konnten.

Ein viertes Phänomen, das sich östlich des Theaters mehrfach belegt fand – etwa in der Via dei Magazzini Repubblicani auf dem Platz P1 und der Bereich um die Caserma dei Vigili –, fehlt allerdings an dieser Stelle: Die Bildung einer neuen ›Bazarzone‹ oder Einkaufsstraße. Erst die Via dei Molini, die einzige große Gewerbeachse im Westen des hier besprochenen Areals, bildet die nächste verdichtete ›Bazarzone‹ am Decumanus, die sich wie üblich in einer nördlich an die Promenade angrenzenden Nebenstraße ausbreitete.

Der Platz P1h und die ›theodosianische‹ Portikus P01g belegen wie die unmittelbar im Westen daran angrenzende Aula del gruppo di Marte e Venere eine Kanalisierung spätantiker Bautätigkeit in einem bislang nicht gekannten Umfang auf die unmittelbar an den Decumanus grenzenden Gebäude auch westlich des Theaters. Das war als kohärentes Phänomen über einzelne isolierte Fallstudien hinaus bislang nicht wahrgenommen worden, weil die spätantike Stadt auf erhöhtem Gehniveau nach den älteren Flächengrabungen Calzas als verschollen galt. So blieb auch die Platzanlage P1h neben der ›theodosianischen‹ Portikus bislang unerwähnt, weil der Grundplan Gismondis an dieser Stelle mißverständlich ausgeführt erscheint und die planierte Platzfläche und ihr spätantiker Bauanteil daher bis heute nicht als solcher erkannt worden ist[437].

435 Bauer 1997.

436 Die Einbindung der spätantiken Bauten auf einem meist deutlich erhöhten Fundamentniveau (Abb. 99) ist an dieser Stelle bisher nicht durch Bauaufnahmen erschlossen. Bisher s. Vaglieri 1913, 399 f.

437 Zum Platz P1h vgl. Calza u. a. 1953, 155 Abb. 35: Das Areal ist im Gegensatz zur spätantiken Umbauung der Quattro Tempietti hier nicht schraffiert wiedergegeben, also nicht als spätantik modifiziert gekennzeichnet.

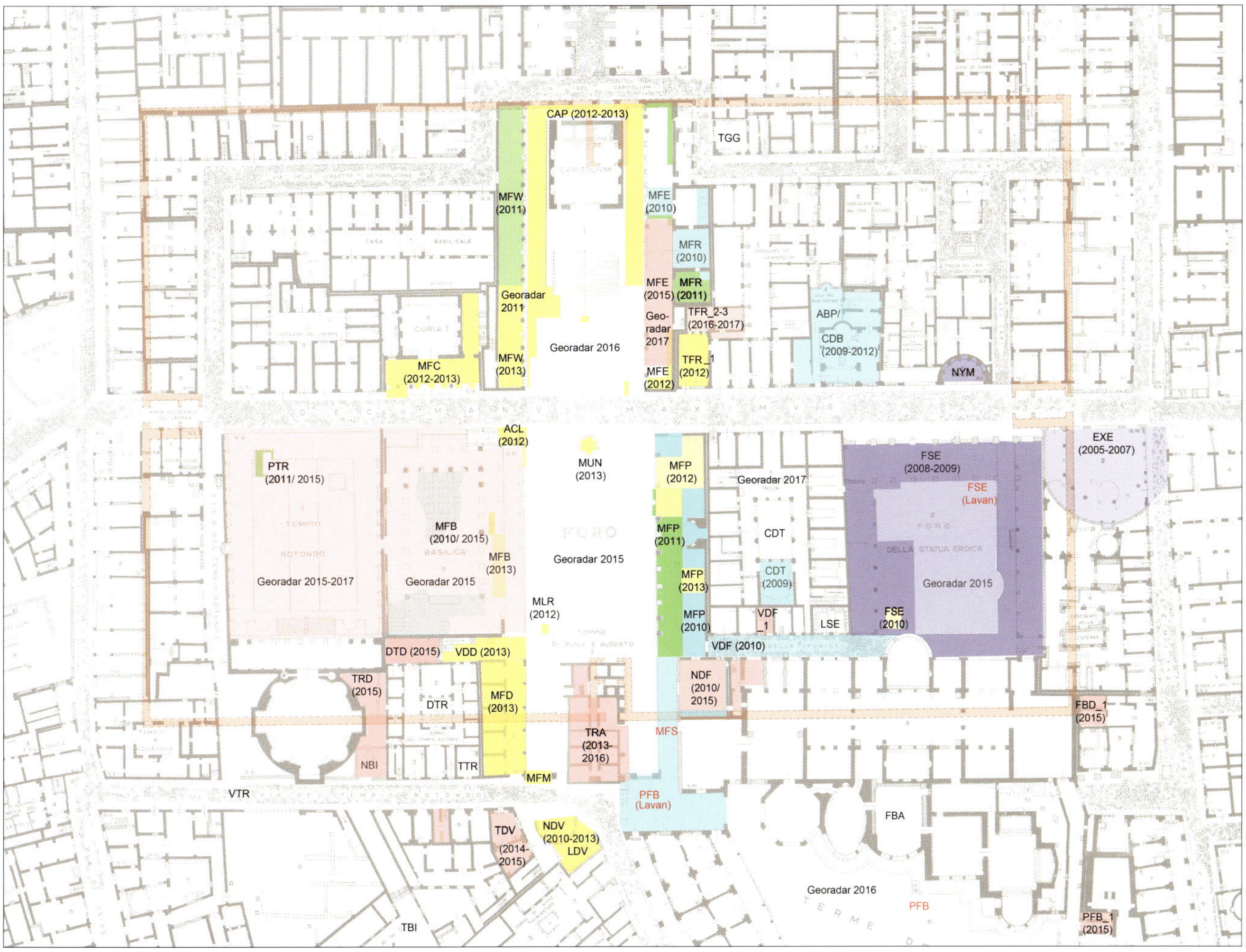

Abb. 100 Die Innenstadt von Ostia. Areale des »Ostia-Forum-Projekts« (OFP) bis 2017 (rote Buchstaben: L. Lavan bis 2011)

ABP Aula del Buon Pastore
ACL Attius-Clementinus-Basis
CAP Kapitol
CDB Casa della Basilica
CDT Caseggiato dei Triclini
DTD Domus del Tempio Rotondo Depot
DTR Domus del Tempio Rotondo
EXE Exedra
FBA Forumsbad
FBD Forumsbad Depot
FSE Foro della Statua Eroica
FT Forumsthermen
LDV Latrine »della Venere«
LSE Latrine am Foro della Statua Eroica
MFB Main Forum Basilica
MFC Curia?
MFD Südwestportikus
MFE Nordostportikus
MFM Bogenmonument
MFP Südostportikus
MFR Dreiraumeinheit
MFS Abgerissene Portikus
MFW Nordwestportikus
MLR Reiterstandbild
MUN Mundus
NBI Nymphäum an Terme Bizantine
NDF Nymphäumsraum des Forums
NDV Ninfeo della Venere
NYM Nymphäum am Decumanus
PFB Palästra Forumsbad
PTR Vorplatz des Tempio Rotondo
Tb Taberna
TDV Taberna ›della Venere‹
TFR Taberna Forum Rückraum
TGG Taberna di Giove e Ganimede
TRD Tempio Rotondo Depot
TRA Roma- und Augustustempel
TTR Taberna Tempio Rotondo
VDD Via della Domus
VDF Via della Forica
VTR Via del Tempio Rotondo

II. 3. b Eine halbrunde Exedra EXE/P2a als ›urbanes Statussymbol‹ und Platzensemble

Die Ballung von spätantiken Platzanlagen im traditionellen Stadtzentrum

Neben den durchwegs kleineren Platzanlagen, die sich um das Theater und den westlich angrenzenden Kultbezirk der Quattro Tempietti gruppierten und bereits als Produkt spätantiker Ausstattungsphasen der Promenade behandelt wurden, ballen sich größere Plätze, die in der Spätantike umgewandelt, ausgebaut oder sogar neu entstanden waren, erst im Zentrum der ›Altstadt‹ Ostias unmittelbar um das zentrale Forum (Abb. 100). Diese Plätze wurden zwischen 2005 und 2015 vom Autor in mehreren Kooperationsprojekten erforscht; insbeson-

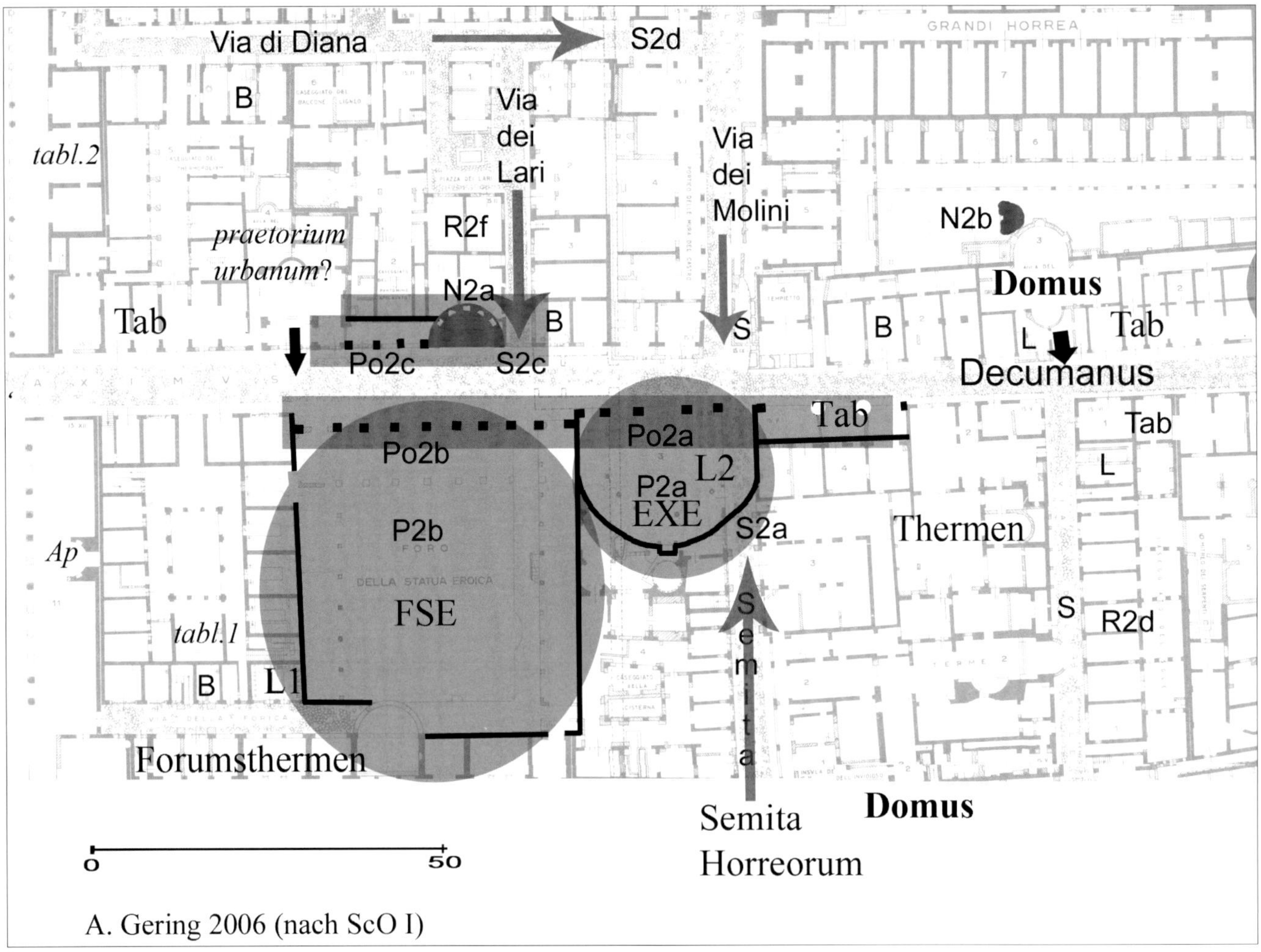

Abb. 101 Zwei spätantike Platzanlagen und die Zusetzung ehemaliger Gewerbehauptachsen (M. 1:1000)

ABP	Aula del Buon Pastore	FSE	Foro della Statua Eroica	Po	Portikus
Ap	Apsis	L	Latrine	Tab	Taberna
B	Bar	N	Nymphäum	Tabl	Tablinum
EXE	Exedra	P	Platzanlage	R	Ruine

dere das Forum und der Westen der Altstadt sind dabei noch Teil des für weitere sechs Jahre geplanten »Ostia-Forum-Projekts«[438].

Das Zentrum Ostias kann durch die Erstreckung der historischen ›Altstadt‹ in den Grenzen des republikanischen Castrums definiert werden, deren östlicher Abschluß durch den Verlauf der sogenannten Semita dei Cippi – oder mit ihrem antiken Straßennamen: *Semita Horreorum* – und ihrer nördlichen Fortsetzung, der Via dei Molini, markiert wird (Abb. 101, vertikale Pfeile)[439].

Zwei Platzanlagen befinden sich auf dem Gebiet der Altstadt östlich des Forums P3 an der Promenade: die Exedra EXE/P2a (Abb. 100. 101, umkreist; Abb. 102) und das westlich angrenzende Foro della Statua Eroica FSE/P2b[440]. Das Areal des halbkreisförmigen Platzes, die Exedra EXE/P2a, wurde noch vor dem Zweiten Weltkrieg bis auf das spätantike Platzniveau von etwa 3,10 m NN freigelegt. Dieser Platz wurde dann im November 1996 im Rahmen von Reinigungsmaßnahmen noch um 30–70 cm tiefer bis auf das Gehniveau des 2. Jhs. ab-

438 <www.ostiaforumproject.com> (Stand April 2016).

439 Zur Erstreckung des Castrums zwischen Forum und den republikanischen Ausbauphasen des Stadtbilds vgl. Calza u. a. 1953, 97 f. Abb. 29 f.

440 Zur Exedra I xii 3 (EXE/P2a) und dem benachbarten Foro della Statua Eroica (FSE/P2b) s. Calza u. a. 1953, Taf. 31; Heres 1982, 386 f.; Bakker 1999, 98 f. Dazu s. u.

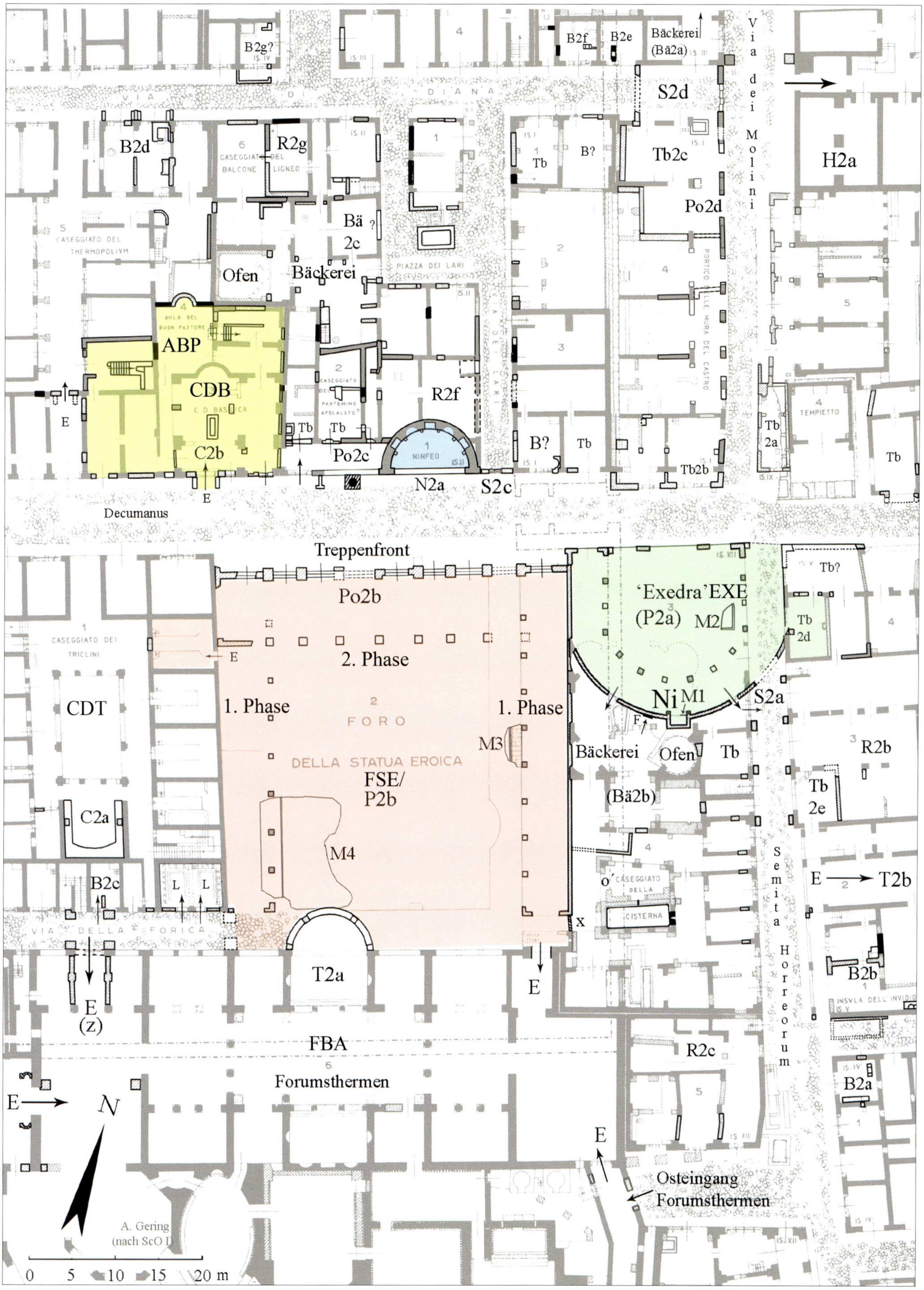

Abb. 102 Das Areal zwischen Via dei Molini und Forum. Spätantike Bauaktivitäten (M. 1:600)

Abb. 103 Die Exedra EXE/P2a von Osten aus gesehen

Abb. 104 Fundamentsondage F im Becken Be1

gegraben, wozu jedoch keine Grabungsdokumentation vorliegt[441]. Im Jahr 2004 wurde die Abfolge, Zugehörigkeit und Funktion der unter der spätantiken Platzfläche der Exedra liegenden Strukturen näher untersucht und erstmals publiziert[442].

Mit einer Mauerdicke von etwa 30 cm läßt sich die halbrunde Exedra-Rückwand nur eingeschossig ergänzen (Abb. 103). Die bis auf das etwa 60 cm tiefere Niveau der Vorgängerbebauung hinunter massiv gemauerte und nicht nur oberflächlich eingegossene Fundamentierung (Abb. 104) spricht allerdings dafür, daß die halbrunde Rückwand und die vorgelagerten Säulen eine relativ aufwendige Überdachung getragen hatten. Die Säulen, die hier in situ gefunden worden waren, wurden noch während der Grabungen der Zwischenkriegszeit wiederaufgestellt und seither mehrfach ergänzt (Abb. 103. 105. 107. 108).

441 Dazu s. Bakker 1999, 98. Zur Exedra P2a wurde zwar bis 1996 ein erster Plan, jedoch keine entsprechende Bauaufnahme und Deutung des Befunds publiziert. Zum Plan s. Ricciardi – Scrinari 1996, Bd. 2, 38 f. Ein kurzer Hinweis auf die Freilegung, die dort aber noch keine Berücksichtigung fand, s. Bakker 1999, 99. Die einzige etwas ausführlichere Deutung der Nutzungsphase als Bäckerei beschränkt sich auf den erhaltenen Bereich der Therme südlich der Exedramauer. Dazu s. Bakker 1999, 98 f. mit Abb. 93. Zum Vorgängerbau des Oktogons einer Therme s. Bakker 1999, 129 f. mit Abb. 30. Zum hadrianischen Bad im Caseggiato della Cisterna vgl. Calza u. a. 1953, 159.

442 Als Extrakt und Zusammenfassung der Ergebnisse s. bereits Gering 2004, 321–342.

Abb. 105 Die Exedra von Nordosten aus gesehen. Das Straßenniveau der Semita dei Cippi

Sondagen in einem ehemaligen Becken der Therme (Abb. 112, Be1; Abb. 104) im Jahr 2004 ergaben, daß die Exedramauer in ihrem Fundamentbereich aus charakteristischen Zwischenböden kollabierter Obergeschosse, großen Pflastersteinen und Einsturzmaterial mit Brandspuren bestand. Dasselbe Material wurde danach auch zur nachträglichen Verfüllung der dabei entstandenen Bau- bzw. Fundamentgrube verwendet. Die Exedrawand besteht über einer doppelten Ziegellage als Fundamentlinie aus einer Mischung aus Ziegelmauerwerk sowie Opus vittatum A und B. Die Verwendung lokal angefallenen Bauschutts für die Fundamentierung der Säulen (Abb. 106) und für die Verfüllungsschicht unterhalb des spätantiken Platzniveaus erscheint bei einer Reihe von Baumaßnahmen als typisch für ein einheitliches Abräumen von statisch labilen oder bereits eingestürzten Vorgängerbauten, offenbar Zeichen eines direkten ›Krisenmanagements‹ nach plötzlichen Einsturzkatastrophen, insbesondere in Folge von Bränden[443].

Abb. 106 Das Fundament der Portikus aus Bauschutt (s12)

443 Typisch für ein ›direktes Krisenmanagement‹ nach Bränden ist vor allem die Deponierung von minderwertigem Baumaterial, das kalziniert, d. h. durch Brand geschädigt worden war, im Fundamentbereich. Ein ähnlicher Befund einer einheitlich spätantiken Aufschüttung ergab sich offenbar bei der Ausräumung der Zisternen unter der Exedra P2a seit 1996. Diesen Hinweis verdanke ich Alfredo Marinucci.

Abb. 107 Die zentrale Nische der Exedra für Statuenaufstellung

Abb. 108 Rekonstruktion des Exedra-Aufrisses vom Decumanus aus gesehen

Die Exedrarückwand besaß eine Nische in ihrer Mitte (Abb. 102. 112, M1; Abb. 107). Diese weist eine ausreichende Tiefe auf, um Ausstattung auch in Form z. B. einer überlebensgroßen Statue aufzunehmen. Sie wurde jedoch so stark restauriert, daß nicht mehr geklärt werden kann, inwiefern sich hier zusätzlich Spuren einer Wasserdurchführung befunden haben, wofür wasserdichter Mörtel in der unteren Sockelzone spräche (Abb. 107).

Die Exedra selbst war zwischen Säulenstellung und Rückwand überdacht, wobei die Art des Daches entweder als durchgehendes Pultdach (Abb. 108) oder vielleicht mit giebelförmiger Betonung der Mittelnische an der Rückwand zu rekonstruieren ist. Eine decumanusseitige Schaufassade mit vorgeblendeten Säulen wie etwa beim benachbarten Foro della Statua Eroica FSE/P2b kann hier ausgeschlossen werden. Die halbrunde Platzfläche, die von den Portiken umrahmt wurde, war ebenso wie die Schmalseiten der Portiken unmittelbar vom Decumanus bzw. dem unmittelbar daran angrenzenden Bürgersteig aus auf voller Breite betretbar, wie das der Rekonstruktionsvorschlag nahelegt (Abb. 102. 108).

Aus den frühen Grabungen auf dem Gebiet der Decumanusfront der Exedra EXE/P2a stammt der wichtigste Teil des 4,68 m lang erhaltenen Architravs mit der

Abb. 109 Der Architrav des Ragonius Vincentius Celsus

Inschrift des Ragonius Vincentius Celsus (Abb. 109), die unten noch eingehend erörtert wird[444]. Ein weiterer Teil trat in den unmittelbar angrenzenden Forumsthermen zutage[445]. Vielleicht fand der zweite Teil der Inschrift in den Forumsthermen eine Drittverwendung bei deren letzten umfassenden Reparatur in der zweiten Hälfte des 5. Jhs.[446]. Die Inschrift kann wegen ihrer außerordentlichen Länge nicht dem Gebälk der kleinen Nische am Scheitelpunkt des Halbrunds selbst zugeordnet werden. Die Rekonstruktion eines vorgesetzten Giebels zur Betonung der Statuennische, bei der ein gerader Architrav verwendet worden sein könnte, ist dagegen rein hypothetisch: Entsprechende Säulenstandorte sind nicht erhalten.

Spätantike Neuanfertigungen von Pilasterkapitellen sowie das Fragment eines Grabaltars wurden bis 1999 in den Auffüllschichten des Exedrabodens gefunden und sind heute teilweise noch vor Ort aufgestellt. Damit wäre denkbar, daß auch der Hauptteil der genannten Inschrift hier ehemals als Teil der Aufhöhung des Platzes verbaut worden war, nachdem man eingestürzte Bauten wie z. B. die Nordfront der Forumsthermen abgerissen hatte[447].

Die Exedra EXE/P2b scheint nicht vor dem späten 4. Jh., also dem Entstehungsdatum der Inschrift des Ragonius zwischen 385–389 entstanden zu sein, was auch mit der Mauerdatierung nach Heres übereinstimmen würde[448]. Trifft die Hypothese der Wiederverwertung der Inschrift als Auffüllung zu, dann würde sich ein grundlegender Wiederaufbau der Exedra sogar am besten ins 5. Jh. nach einer stadtweiten Einsturzkatastrophe, die den originalen architektonischen Kontext von Ragonius' Inschrift zerstört hatte, setzen lassen. Ein Argument für die Spätdatierung bildet das um +30–80 cm gegenüber den Vorgängerbauten erhöhte Nutzungsniveau der Säulenbasen sowie die Verwendung von charakteristischem Bauschutt aus Einsturzkatastrophen für die Aufhöhungen (Abb. 106).

Die wahrscheinlichste Annahme zur Spätdatierung der letzten monumentalen Bauphase der Exedra in das 5. Jh. beruht auch auf einem Vergleich von Mauerwerk und Mörtel (Abb. 104. 113) mit der bislang spätesten Mauer in der Nordwestecke des benachbarten Foro della Statua Eroica FSE/P2b, die aufgrund der Untersuchung von Fundamentbettungen in das mittlere 5. Jh. oder später datiert werden kann[449]. Ein Blick auf die keineswegs einheitlich gemauerte Rückwand mit der Nische der Exedra und der darin inkorporierten älteren Wasserbecken (Abb. 110) ergibt also Anhaltspunkte für eine ›gestreckte‹ und auch komplexere Baugeschichte weit über ihre mutmaßliche Entstehung in maxentischer Zeit hinaus, die auf einer älteren Deutung Alfredo Marinuccis beruht[450].

444 CIL XIV Suppl. 4718.

445 Zur Spätdatierung der Exedra vgl. Ricciardi – Scrinari 1996, Bd. 2, 194: »databile agli inizi del V sec. da un frammento d'iscrizione proveniente dalle Terme del Foro«. Damit ist wohl das Fragment der Inschrift des Ragonius Vincentius Celsus, das ins späte 4. Jh., genauer zwischen 384–389 zu datieren ist, angesprochen. Nach Zevi (Zevi 1971, 449 f. 466) kann Ragonius Vincentius Celsus der Bau des neuen Nordeingangs der Forumsthermen zugeschrieben werden. Die entsprechende 4,68 m lange Inschrift – vgl. Zevi 1971, Taf. 1 – ist demnach für eine Außenwand bestimmt gewesen. Zur näheren Diskussion des Befunds s. hier Kapitel II. 3. c. Zu einer weiteren Inschrift, die anhand der Schriftgröße ebenfalls einer kleineren Architektur zuzuordnen ist, des Flavius Octavius Victor, vgl. Zevi 1971, 466 mit Anm. 47 Taf. 1, 3.

446 Zur Reparatur mit Amphoren s. GdS 1967. Dazu s. u.

447 Gering 2013, 269.

448 Zur Datierung des Mauerwerks aus Opus vittatum A und B in die zweite Hälfte des 4. Jhs. s. Heres 1982, 392: »approximately contemporaneus with Forum of the Heroic Statue«, das nach Heres 1982, 386 f. zur Mitte des 4. Jhs. entstanden war.

449 Dazu s. hier Kapitel II. 3. c.

450 Die bisherige Frühdatierung basiert auf der Bauphaseneinteilung der Forumsthermen in ScO XI 22 f. Die Phase IIIa, die nach dem Datierungssystem bei Calza u. a. 1953 in die Zeit des Maxentius gesetzt wird, ging demnach einher mit der »demolizione dell'antistante impianto termale adrianeo e la sua quasi totale trasformazione in area porticata a costituire un diaframma monumentale tra le terme del Foro ed il Decumano Massimo (il c. d.

Abb. 110 Die Bäckerei hinter der Exedra-Rückmauer. Becken und Ofen

Eine Bäckerei als Übergangsnutzung wird ›verblendet‹

Der Bereich am ehemaligen östlichen Stadttor des Castrums war in der hohen Kaiserzeit durch eine Reihe gewerblicher Bauten an der zentralen Straßenkreuzung der Semita Horreorum mit dem Decumanus geprägt (Abb. 102, Bäckerei, Tabernen).

Im 2. Jh. waren mehrere Großbäckereien im Zuge des ›Gewerbebooms‹ und der Vorrangstellung der gewerblichen Nord-Süd-Verbindungen entlang von Semita und Cardo konzentriert worden[451]. Die größte dieser Bäckereien nördlich des Decumanus, der Caseggiato dei Molini (Abb. 102, Bä2a), wurde im späten 3. Jh. nach einer Brand- und Einsturzkatastrophe als Ruine belassen[452]. Etwas weiter südlich baute man – vielleicht als Ersatz dafür – einen Bäckereibetrieb mit Mühle und Backofen in die relativ nahen und damals offenbar schon aufgegebenen Thermen auf dem Areal der späteren Exedra EXE/P2a ein (Abb. 110. 102, Bä2b).

Den hadrianischen Thermen war decumanusseitig ehemals eine trajanische Tabernenreihe vorgelagert, wofür eine in situ erhaltene Tabernenschwelle spricht, weitere Tabernenschwellen grenzen an (Abb. 112, Türschwellen T; Abb. 108). Der Eckpfeiler, der für die spätantike Portikus wiederverwendet wurde, besteht in seinem unteren Teil aus beinahe mörtellosem trajanischen Mauerwerk (Abb. 105. 108).

Die Thermen unter der späteren Exedra waren im späten 3. Jh. ausgebrannt und wurden danach wegen der Erweiterung der benachbarten Forumsthermen, wohl unter Maxentius[453], nicht mehr gebraucht, aber offenbar noch nicht ganz abgerissen. Die hadrianischen Grundmauern der Thermen, in denen der Backofen ohne große Veränderung eingebaut werden konnte, sind südlich der Exedrarückmauer gut erhalten: In einer der ehemals vier Apsiden kann man dort, wo die Verkleidung des späteren Backofens aus Tuffplatten Lücken aufweist, heute noch die ursprüngliche Panel-

Foro della Statua Eroica)«. Gänzlich unberücksichtigt blieb dabei jedoch die Zwischennutzung eines Teils dieser Thermen innerhalb des Caseggiato della Cisterna als Bäckerei. Marinucci vermutete bis zum Neubau der Exedra unter Maxentius eine »lungo periodo di coesistenza« (ScO XI 22) der hadrianischen Thermen um den Caseggiato della Cisterna und die antoninischen Forumsthermen. Die Theorie der relativ späten Aufgabe der Therme wird durch die Existenz der Prachtlatrine auf höherem Gehniveau unterstützt.

451 Vgl. dazu Bakker 1999, 16 f. 39 f. 65 f. 80 f. 90 f. 117 f.

452 Vgl. dazu Bakker 1999, 32 f. 133 f. Zu typischem Einsturzmaterial, das bei der Reparatur einiger Bäckereien im späten 3. Jh. faßbar ist, vgl. Bakker 1999, 71 mit Anm. 43. Als Mörtelbeimischung wurden hier Mosaiktesserae, Kohle, Glas, Keramik, kalzinierter Mörtel etc. in der Phase 3F des Ausbaus von I xiii 4 festgestellt, die nach dem System von Th. L. Heres – dazu s. Heres 1982 – um 250–300 angesetzt wird.

453 Vgl. dazu ScO XI 22 f. (Phase IIIa).

gliederung der Wandmalerei der Thermen unter dem heutigen Schutzdach (Abb. 110) betrachten[454].

Die Verlegung der neuen Großbäckerei Bä2b nach Süden, die jedoch noch an derselben Hauptverkehrsachse wie die aufgegebene Bäckerei Bä2a lag (Abb. 102), erwies sich als günstige Wahl, da die Stadtviertel am Tiber, in denen auch der ausgebrannte Caseggiato dei Molini lag, bereits seit dem späten 3. oder frühen 4. Jh. zunehmend verlassen worden waren[455].

Zwischen dem Einbau der Bäckerei und der Genese der spätantiken und sehr repräsentativen Platzanlage an dieser Stelle, die als Endzustand bis heute erhalten blieb, liegen allerdings mehrere Jahrzehnte bzw. fast ein Jahrhundert Baugeschichte. Einen Hinweis darauf liefert auch ein bis heute erhaltenes Areal von Marmorpflaster, das wohl den Boden einer inkorporierten Latrine auf dem späteren Platzpflaster bildete (Abb. 102, M2; 111. 112, Latr)[456]: Die Wasserrinnen, die dabei verwendet wurden, bildeten ehemals die Deckziegel (coppi) des Marmordaches des Kapitols[457].

Nach ersten Untersuchungen von Jan Theo Bakker wurde die gesamte Bäckerei zum Zeitpunkt, als die Rückwand der Exedra gebaut wurde, aufgegeben[458]. So wäre denkbar, daß die halbrunde Exedrarückmauer wiederum in unmittelbarer Folge eines Brands der Bäckerei entstanden war. Tatsächlich wurden u. a. Mühlsteine als konstituierende Teile der Bäckerei in der Aufhöhung für den ehemals wohl mit Marmorspolien gepflasterten Exedraboden verwendet. Zumindest der Ofen und einige weitere Räume hinter der Exedrawand konnten jedoch auch nach dem Bau der Exedra weiter benutzt worden sein, da in dieser Wand eine Tür existiert und der Ofen so zugänglich blieb (Abb. 110. 112, T3)[459].

Unabhängig davon wird durch die Planierung der Vorgängerbebauung unter der späteren Platzanlage und die Errichtung der Exedrarückmauer deutlich, daß man sowohl die Ruinen der Thermen (Abb. 112) als auch ihre improvisierte Umnutzung als Bäckerei (Abb. 112) vom Decumanus aus nicht mehr wahrnehmen sollte und

454 Vgl. dazu Bakker 1999, 97 f. 129 f.; Gering 2004, 333 Abb. 16. Zum Gesamtplan mit den Vorgängerbauten s. Ricciardi – Scrinari 1996, Bd. 2, 38 f.

455 Dazu s. hier Kapitel II. 4. a. b.

456 Vgl. dazu bereits Gering 2004, 326–342. Die Abfolge der Nutzungsniveaus ist an dieser Stelle dicht gedrängt. Der Bodenbelag aus Marmorspolienplatten mit einer Türangel und einer neugebauten Wasserrinne stimmt sowohl mit dem Fundamentniveau der Säulenbasen auf dem spätantiken Platz, als auch dem spätesten Mosaikboden der Thermen überein (s. Abb. 102, M2; Abb. 111. 112). Die Platten könnten wie auch beim benachbarten Foro della Statua Eroica den spätantiken Boden der Platzanlage – zum Pflaster M3 vgl. Heres 1982, 387 – gebildet haben, die rechteckige Führung der angrenzenden Wasserrinnen beim Platzpflaster M2 läßt sich aber nicht mit der Überdachung einer halbrunden Portikus vereinbaren. Möglicherweise gehörte dieser Einbau also eher zu einer mehrsitzigen Latrine an dieser Stelle, wofür die Einbettung der Pflasterplatten in einen Raum mit Türschwelle und einem Abfluß spricht. Die Deutung als Latrine, nicht als Regenwasserabfluß läßt sich kaum mit dem Kontext eines unüberdachten Platzes vereinbaren. Die Latrine gehörte prinzipiell, wenn man die Parallelen typischer Standorte von großen mehrsitzigen Latrinen im Eingangsbereich von Thermen berücksichtigt (T1b, T2a/b, T3b, T4a/c etc.), zur Nutzungsphase des Areals als Thermen. Das der Bäckerei als Gewerbebereich zugehörige Straßenpflaster korrespondiert mit den erhaltenen Türschwellen, die wiederum noch nicht zur Phase des unüberdachten und unbebauten Platzes gehören können. Der Einbau einer Latrine wäre wohl am ehesten im Rahmen der letzten Nutzungsphase der Thermen nach der Erhöhung des Bodenniveaus in den Räumen um 300 denkbar, wobei die Latrine während der Nutzungsphase als Bäckerei weiterexistierte und damals auch mit einem neuen Pflaster repariert worden sein könnte, während die Platzanlage später über den insgesamt abgerissenen Räumen gebaut wurde.

457 Vgl. dazu <www.ostiaforumproject.com/subprojects>. Eine entsprechende Studie von Daniel Damgaard zu den wiederverwendeten Dachziegeln ist in Publikationsvorbereitung.

458 Dazu s. Bakker 1999, 99.

459 Vgl. dazu Gering 2004, 321–326. Dieser Zugang zur Bäckerei nimmt Rücksicht auf ein älteres Becken, das mit fließend Wasser versorgt wurde und in die Exedrarückwand einbindet (Abb. 102. 110. 112, Be2): Ricciardi – Scrinari 1996, Bd. 2, 38. Die Nutzung der Bäckerei Bä2b kann nicht vor der Phase als Therme erfolgt sein, was durch die Malerei im Backofen belegt ist. Die Größe, Aufteilung und Baugeschichte der Thermen selbst sind zwar weitgehend ungeklärt – vgl. dazu Bakker 1999, 99 (›Interpretation‹) –, klar ist aber, daß sie der Hauptabnehmer des Wassers aus dem wohl damit in Zusammenhang gebauten hadrianischen Caseggiato della Cisterna war. Erst nach Aufgabe, Einsturz und Abriß der Thermen – nach ScO XI 22 wohl in maxentischer Zeit – konnte die Zisterne in ihrer Fläche reduziert, dabei aber letztmalig repariert und nun auch für die im 4. Jh. erweiterten Forumsthermen und andere, kleinere Abnehmer wie die Becken der Bäckerei herangezogen werden. Zu den Abnehmern innerhalb einer »vasta zona« zwischen Bar und Forica im Caseggiato dei Triclini (B2c) und den Produktionsstätten, Bars wie auch der Therme an der Semita dei Cippi (R2b, B2b, T2b) vgl. Ricciardi – Scrinari 1996, Bd. 2, 108 f.

Abb. 111 Der Marmorboden mit Abflußrinne im Areal der Exedra

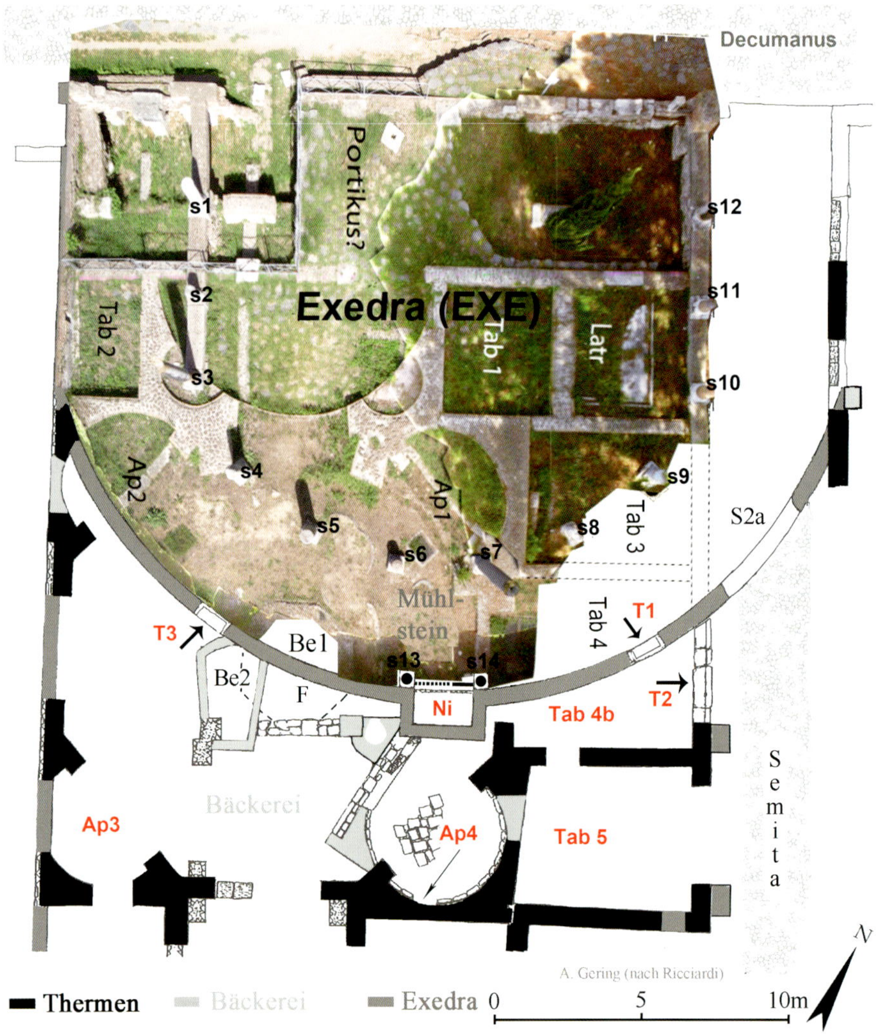

Abb. 112 Plan mit Fotomosaik der Exedra und ihrer Annexräume (M. 1:250)

Abb. 113 Exedra-Rückmauer auf der Semita dei Cippi von Süden aus gesehen

nach dem Bau der Rückwand der Exedra (Abb. 112) auch tatsächlich nicht mehr sehen konnte. Möglicherweise dienten aber die Tabernen hinter der Exedramauer und an der südlich daran angrenzenden Semita Horreorum dem lokalen Verkauf der Waren aus der hauseigenen Produktion, die auch noch im 5. Jh. hinter der Schaufassade des Decumanus für das angrenzende Luxuswohnviertel in Benutzung geblieben war.

Die Anbindung an den Decumanus – Treppen oder Aufhöhungen des Straßenniveaus?

Die in situ erhaltene Türschwelle mit der Ablaufrinne an der Nordostecke der Portikus der Platzanlage EXE/P2a (Abb. 103. 108. 112, T), spricht eindeutig dafür, hier eine Erhöhung des Gehniveaus des Decumanus oder zumindest eines ›Gehsteigs‹ um etwa +40–70 cm gegenüber dem heute sichtbaren Straßenpflaster anzunehmen. Bereits Vaglieri kommentierte den Grabungsbefund am Decumanus an dieser Stelle: »tutta la via era stata rialzata, ma forse senza nuova selciatura«[460].

Es ist also nicht nötig, hier eine ehemals vorgelagerte Treppenanlage zu ergänzen, wie sie für das angrenzende Forum FSE/P2b aus einer ersten Bauphase erhalten geblieben ist[461]. Für eine Erhöhung des Straßenniveaus gibt es auch eine Reihe von Indizien bei den gegenüberliegenden Gebäuden, z. B. den nachträglich erhöhten Türschwellen in dem sogenannten Caseggiato di Pantomimo Apolausto[462].

Die Blockade ehemaliger Gewerbeachsen – Die Exedra als Straßensperre

Die Weiterführung des Halbrunds der Exedra auf dem Straßenraum der Semita dei Cippi wurde im Zuge der intensivierten Grabungsarbeiten unter Guido Calza durchbrochen. Der heute noch sichtbare Mauerkern an beiden Seiten ist zwar stark restauriert (Abb. 113), ältere Fotografien lassen aber die ehemals durchgehende Verbindung der Mauer über den Straßenraum der Semita hinweg, die nur für den Bau der Grabungseisenbahn durchbrochen worden war, zweifelsfrei rekonstruieren[463]. Die Exedra schloß damit eine zentrale Nord-Süd-Verkehrsachse der ehemaligen Gewerbestadt Ostia komplett ab.

Der einzige verbleibende Durchgang war hier anstelle einer etwa 4 m breiten öffentlichen Straße nur für Fußgänger über eine zweifache Schwelle passierbar:

460 Vaglieri 1913, 209.

461 Im Straßenpflaster ist im Bereich vor der erhöhten Türschwelle eine Aussparung erhalten, die prinzipiell Raum für einen vorgelagerten Treppenbereich geboten hätte. Allerdings sind auch auf älteren Grabungsfotografien keine Reste einer solchen Treppe mehr sichtbar. Zur deutlich zurückgesetzten Treppe des Platzes P2b, die sich erheblich in der Anlage unterscheidet und wohl älteren Bauphasen zugehört, s. u.

462 Dazu s. Abb. 102, P02c mit Tb. Vgl. hier Kapitel II. 3. d.

463 Zum Zustand von 1911 s. Calza u. a. 1953, 15. – Zu 1925 s. Calza u. a. 1953, 68 Abb. 17. Der Durchbruch war wohl nötig geworden, um den Zugang zur Regio V während der Grabungszeit zu ermöglichen. Auf der Semita verliefen die Gleise für die Kipploren.

Abb. 114 Gemeinsame Außenmauer der Exedra EXE/P2a und des benachbarten Foro della Statua Eroica FSE/P2b

Eine befindet sich in der Exedrawand, eine weitere in der südlich angrenzenden Tabernenfront der Vorgängerstruktur (Abb. 112. 113)[464].

Die durch die Exedrarückmauer zugesetzte Hauptstraße (Abb. 113) ist die einzige Straße Ostias, deren antiker Straßenname bekannt ist: Zwei Begrenzungssteine, die heute noch in situ am Bordstein stehen[465], belegen keineswegs zufällig ihre Bedeutung als ›Horrea-Straße‹: An dieser wichtigen Nord-Süd-Achse lagen tatsächlich zahlreiche Horrea. Ihre Fortsetzung nach Norden, die Via dei Molini, die mit Zubauten im Laufe des 4. und 5. Jhs. zwar zunehmend besetzt und als spätantike ›Einkaufspassage‹ umgenutzt, aber noch nicht gesperrt wurde, reichte bis zu den Grandi Horrea nördlich des Decumanus[466].

Unabhängig von der vergleichsweise geringen Größe der Platzanlage der Exedra ist ihre städtebauliche Bedeutung als Straßensperre zentral. Die ehemalige Funktion der Semita als Hauptverkehrsachse wurde wie auch das gesamte Verkehrssystem von der Sperrung grundlegend betroffen. Das Güterverkehrsaufkommen der Kaiserzeit hatte hier auf der Semita Horreorum den zwar parallel laufenden, aber immer schon repräsentativer gestalteten Cardo wohl weit übertroffen, wobei im Falle des Cardo erschwerend hinzukommt, daß man dort das statuenbesetzte Forum entgegen üblicher Reglementierung mit Lastkarren längs durchquert haben müßte[467].

Eine Kernfrage ergibt sich zum Bezug der beiden benachbarten Platzanlagen EXE/P2a und FSE/P2b zueinander: Beide besitzen eine gemeinsame Mauer als Außenmauer (Abb. 114), was für eine gemeinsame ›Besitz- und Renovierungseinheit‹ spricht.

Tatsächlich auffällig ist ferner die ähnliche Ausführung der ›Rückseiten‹ zweier Mauern, die auch in ihrem Kontext gut vergleichbar erscheinen. Die Mauer E des Foro della Statua Eroica FSE/P2b (Abb. 102, E; Abb. 126) bildete in einer funktional noch nicht ganz geklärten späten Bauphase eine zumindest teilweise durchgehende Rückwand der Portikus Po2b, die an eine Wand mit bereits beraubtem oder zerstörtem Wanddekor ansetzte und später wiederum eingerissen wurde. Diese Portikus diente – noch vor der letzten Platzphase – vielleicht dazu, Ruinen zu verbergen, ganz wie es die Rückmauer der halbrunden Portikus P2a leistete.

Ein kleines Resümee zur urbanistischen Funktion der Exedra EXE/P2a

Die in der Spätantike neu angelegten Plätze EXE/P2a und FSE/P2b haben ein gemeinsames Merkmal: Sie blockierten ehemalige Straßen, nämlich die Nord-Süd-Achse der Semita Horreorum und die parallel dazu

464 Zu einer ähnlichen zweifachen Blockade für Güter-, nicht aber Personenverkehr als Umleitung über den Haupt- und Nebeneingang der dort wohl außer Funktion gesetzten Taberne 15 s. die Sperrung S1c.

465 Vgl. dazu Gering 2004, Abb. 49: Position markiert mit x (L/M 9/10). Man liest: Haec Semita Hor(*reorum*) est.

466 Dazu s. Gering 2004, Abb. 49: Horrea (H2a–H2c), Großbäckereien mit integrierten Mühlen (Bä2a–Bä2c) und aufgegebene Gewerbebetriebe, die mit der Verarbeitung von Getreide in Verbindung standen (R2b–R2c).

467 Zur Semita als »prolungamento dell'antica pomeriale esterna orientale«, vgl. ScO XI 20: »ebbe la funzione, già in età tiberiana, di raccordare la massima parte del traffico commerciale tra lo scalo fluviale e la porta Laurentina, in alternativa all'attraversamento del Foro, divenuto un'area monumentale e zona di rispetto«. Zu der für viele römische Städte üblichen Sperrung des Forums als Durchgangsachse für Güterverkehr vgl. MacDonald 1986, 70 f. Zu bestimmten Sperrzeiten für den Güterverkehr vgl. Paoli 1979, 58. 66 mit Anm. 3; 68 f.

weiter westlich verlaufende Verbindung der ›Via dei Lari‹ mit der Via della Forica (Abb. 100–102). Die Funktion der Verkehrs- und Durchgangssperre ist bei der Exedra EXE/P2a durch eine doppelt verschließbare Tür baulich artikuliert, um den Zugang zum südlich angrenzenden Luxuswohnviertel an der Semita und dem Osteingang der Forumsthermen zu kanalisieren, kontrollieren und zu bestimmten Gelegenheiten oder Tageszeiten absperren zu können[468]. Vergleichbare Formen eines kanalisierten Eingangs zu Wohnbereichen, die durch ein Netz von Sackgassen aus dem durchlässigen Stadtbild der hohen Kaiserzeit isoliert worden waren, lassen sich in Arealen mit einer hohen Konzentration von luxuriösem Wohnraum auch in anderen Stadtvierteln belegen (s. u.). Der urbane Kontext von Exedren ließe sich ferner noch mit weiteren Beispielen aus anderen Städten vergleichen: Ihr nachträglicher Einbau in das Straßennetz zur verstärkten Zugangskontrolle bestimmter Bereiche war offenbar kein Einzelfall.

II. 3. c Alltagszentren für die späte Stadt – Das Foro della Statua Eroica FSE/P2b als neuer Forum-/Macellum-Komplex und die spätantike Nobilitierung der Straßenfassade

Die Verschließung von großen Nord-Süd-Achsen in der Spätantike stimmt mit der Lage neuer Platzanlagen und Portiken auffällig genau überein (Abb. 101. 102. 116). ›Einfacheste‹ Mauern aus Bauschutt und Spolien, die der Bewältigung des städtebaulichen Verfalls sowie des Leerstands von Altbauten und einer entsprechenden Siedlungsflächenreduktion dienten, konnten also zeitgleich und in direkter Verbindung zu anspruchsvoll-repräsentativen Neubauten errichtet worden sein.

Das größte Neubauvorhaben des spätantiken Ostia war das Foro della Statua Eroica (FSE/P2b, Abb. 115–119). Der Platz wurde in den Jahren 2008–2011 von einem Team unter Leitung des Autors in Kooperation mit Luke Lavan (University of Kent) und mit bewährter Unterstützung durch die Direktion der »Scavi di Ostia« (Angelo Pellegrino) ausgegraben und erstmals wissenschaftlich aufgenommen[469]. Die Dokumentation der zuoberst erhaltenen Pflasterplatten mehrerer spätantiker Platzphasen durch Horizontalfotografie, die Einmessung aller stehenden Mauern sowie mehrere stratigraphische Sondagen in den Aufhöhungen unter dem Platzpflaster bildeten den Kern des vereinbarten Arbeitsprogramms.

Der Platz FSE/P2b wird hier synonym als Macellum bezeichnet. Diese Zuweisung beruht auf archäologischen wie epigraphischen Indizien (s. u.). Einlassungen für Marktstände finden sich auch im spätantiken Pflaster des nur knapp 50 m westlich liegenden Hauptforums, so daß eine typologische Unterscheidung zwischen Forum und Macellum zumindest im letzten Zustand der Spätantike nicht einfach fällt. Das Forum konnte also teilweise bzw. zeitweise auch als Markt genutzt worden sein, jedoch sehr wahrscheinlich nicht im gleichen Maßstab für verderbliche und stark geruchsintensive Güter wie lebendige Tiere, Frischfleisch und Fisch, wozu ein leicht abschüssiger Pflasterboden mit spezifischer Reinigungsrinne wesentlich geeigneter scheint als ein gewöhnlicher Platzboden. Die Bezeichnung ›Forum‹ wäre für das Foro della Statua Eroica FSE/P2b insofern ebenfalls berechtigt, als das dort gelegene Macellum bereits einen – unfertig gebliebenen – Platzvorläufer hatte, den man möglicherweise mit dem in der Historia Augusta überlieferten *Forum Aureliani* verbinden kann[470].

Ein fast unbekannter Platz – Zur Problematik bisheriger Pläne – Zwei Portiken mit jeweils neun Säulen oder drei Portiken mit jeweils acht Säulen?

Das Areal P2b war an drei Seiten von Portiken eingerahmt, wobei die nördliche Platzeinfassung als Pfeilerportikus parallel zum Decumanus verlief und den Hauptzugang zum Platz bildete (Abb. 115. 116).

Der Grabungsarchitekt Italo Gismondi verzeichnete in seinem Plan von 1953 (Abb. 116) den Gesamtzustand nach den Ausgrabungen vor dem Zweiten Weltkrieg, jedoch ohne Bauphasen zu trennen. Der Plan zeigt dementsprechend sowohl die decumanusseitige Portikus in Ost-West-Erstreckung als auch die zwei Portiken in Nord-Süd-Erstreckung auf dem Platzareal. Ältere Sondagen von Vaglieri und Calza im Unterbau der

468 Die Zugangskontrolle erfolgt im Kontext von stärker frequentierten Aufenthalts- und Verweilpunkten ›automatisch‹ und in weit höherem Maß, als es bei wenig frequentierten oder unbeobachteten Punkten der Fall wäre. Zur Rolle des Zugangs vgl. bereits Kapitel II. 3. a (zur Platzanlage P1h).

469 Die Idee zur umfassenden Ausgrabung und Dokumentation der gesamten erhaltenen Platzfläche ergab sich aus den ersten Vermessungen und Säuberungen 2005 zum Status quo der Altgrabungen. Bislang existierte neben der grundlegenden Grabungspublikation (Calza u. a. 1953), auf der auch der hier vorliegende Plan (Abb. 116) beruht, keinerlei Plangrundlage zum Bestand des Platzpflasters oder der darin inkorporierten Vorgängerbauten.

470 Dazu s. bereits ausführlich Gering u. a. 2011, 454–456.

Abb. 115 Das Foro della Statua Eroica (FSE/P2b) und seine Umgebung

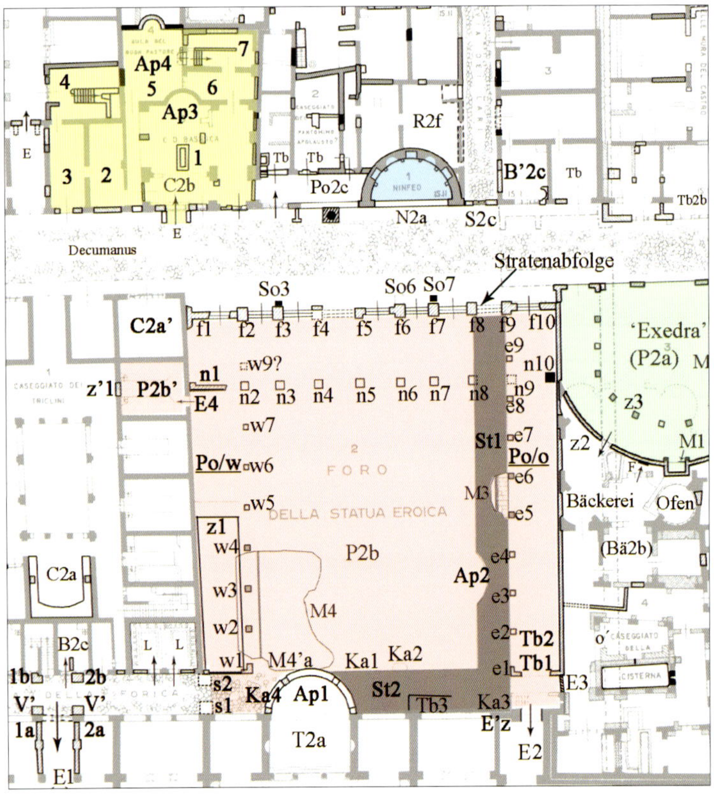

Abb. 116 Das Foro della Statua Eroica FSE/P2b (Plan nach I. Gismondi)

e	Einbauten
f	Pfeiler
n	rückwärtige Pfeiler- oder Säulenstandorte
Po/o	Ostportikus
Po/w	Westportikus
So	Fundamentsockel
s	Stützpfeiler
w	Säulenstandorte
z	Durchgang zugesetzt

Platzanlage blieben undokumentiert und im Plan Gismondis entsprechend unberücksichtigt[471].

Die Planerstellung stützt sich auf den Umriß der Platzanlage, die Bebauung des Platzes war damals aber offenbar noch nicht insgesamt ergraben. Insbesondere die Säulenstandorte der Westportikus erwiesen sich durch die Neugrabungen seit 2008 als unzutreffend, was im Gegensatz zur recht akkurat vermessenen Ostportikus deutlich auffällt. Die Westportikus ist im Gegensatz zu den neun Säulenfundamenten der Ostportikus nur mit acht Säulen eingezeichnet (Abb. 116, w1–w7 und w9?), wobei ein deutlich größerer Säulenabstand auffällt. Bei der Westportikus ›fehlt‹ im Plan Gismondis also die Säulenbasis w8. Dieser Fehler rührt daher, daß die erhaltenen Säulenstandorte w1–w3 nachweislich in ihrem Abstand und in ihrem Verhältnis zur Zisterne falsch eingemessen worden waren und bei der Zeichnung der Säulenstandorte w4–w7 im Plan diese Abstände übernommen wurden.

Vermessungen der sichtbaren Säulenbasen w1–w4 belegen zweifelsfrei eine gleichartige Anlage der Ost- wie Westportikus mit etwa denselben Säulenabständen zwischen 4–5 m und derselben Säulenzahl: neun Säulen wie im Fall der Ostportikus (Abb. 116, e1–e9), die direkt bis zur Fassade am Decumanus heran reichen. Die Säulenstandorte e9 und w9 lassen sich aber nicht mit der Annahme einer überdachten Frontportikus zwischen den Pfeilern f1–f10 und den rückwärtigen Pfeiler- oder Säulenstandorten n1–n10 vereinbaren. Offenbar muß der Gesamtzustand mit drei Portiken in mehrere Bauphasen unterschiedlicher Plangestaltung zerlegt werden. Grabungsfotografien belegen zudem hinter der Pfeilerfront den Ansatz einer Rückmauer aus Opus vittatum (Abb. 116, n1), die offenbar bereits in der Antike, nicht erst bei den Grabungsarbeiten, nachträglich teilweise eingerissen und überbaut worden war. Die Fortsetzung dieser Mauer bilden Spolienfundamente aus Bruchsteinen (n2–n9), die zur Grabungszeit bereits fast vollständig freigelegt worden waren, danach jedoch wieder verfüllt wurden und heute überwachsen sind[472]. Sie könnten zeitgleich bzw. in einem Bauvorgang mit der ähnlich orientierten Mauer n1 angelegt worden sein. Es ist jedoch auszuschließen, daß diese Spolienfundamente eine ehemals komplett durchgehende Mauer an dieser Stelle ersetzt hatten, weil auf den alten Grabungsfotografien zwar die Spoliensockel von Gismondis Plan n2–n9 sichtbar sind, jedoch keine dazwischen liegende Fundamentierung einer älteren Mauer, die man bequem beibehalten hätte können, um darauf Säulen zu platzieren.

Die decumanusseitige Eingangsfront im letzten Nutzungs- und Ausstattungszustand

> *»con un ingresso, che è il più largo di quanti si sono finora scavati in Ostia. Sui muri a sinistra sono collocati avanzi marmorei di una grande costruzione la quale era certamente di epoca tarda«*[473]

Bei den ersten Grabungen unter Vaglieri im Jahr 1913 wurden Bauteile der Fassade im Straßenbett des Decumanus gefunden[474]. Die zum Teil direkt aneinanderpassenden Gebälkteile, die 1913 auf getrennten Pfeilern wiederaufgestellt wurden (Abb. 116, f2 und f3; Abb. 117), und die heute nicht mehr vor Ort befindlichen Säulen aus Granit waren offenbar in ihrem originalen Bauzusammenhang in jene Grube gestürzt, die Vaglieri zufolge wohl bei der Beraubung der bleiernen Druckwasserleitung im Decumanusbett entstanden war: »Decumano. – Nel tratto tra la via della pistrina e il tempio di Vulcano, il selciato si rinvenne tutto sconvolto, già in antico, da chi ricercava come sembra probabile, il piombo della conduttura. E insieme con i selci ad un piano molto basso, poco sopra la sabbia, si rinvennero rocchi di grosse colonne di granito e grossi frammenti di architrave marmoreo, appartenenti ad un grande monumento«[475].

Die teilweise aneinander passenden Architravteile (Abb. 117. 119, f2 und f3; 143)[476] neben der Reihe von gleichartigen Granitsäulen aus dem geschilderten Fundkontext zeigt, daß die Fassade offenbar nicht einem schrittweisen nachantiken Materialraub, sondern wohl einer einheitlichen Einsturzkatastrophe zum Opfer gefallen war. Es handelt sich also um einen Architektur- und Ausstattungsfund, der zumindest weitgehend

471 Der Auskunft Alfredo Marinuccis zufolge hatte man 1913 einen Abflußkanal auf den Decumanus hin entdeckt und in der Folgezeit unter Guido Calza Sondagen angelegt, um dessen weiteren Verlauf zu klären.

472 Eine dieser Basen, die in den Grabungsfotografien (Fotoarchiv der Sopraintendenz Ostia: B 2075, B 2081, B 2093, B 2103, B 2203, B 2386) am deutlichsten wiedergegeben ist, scheint an ihrer Oberseite eine Ziegelbettung in runder Form aufzuweisen und damit am ehesten als Säulenstandort zu deuten sein. Möglicherweise entstammt dieser Pfeiler einer früheren Bauphase als die übrigen, die eine in sich kohärente Gruppe bilden.

473 Vaglieri 1914, 90.

474 Dazu s. Vaglieri 1913, 207–210. 299–303.

475 Vaglieri 1913, 299.

476 Vaglieri 1913, 299.

Abb. 117 Die Eingangsfront vom Foro della Statua Eroica FSE/P2b von Nordwesten aus gesehen

Abb. 118 Plan und Fotomosaik vom Foro della Statua Eroica FSE/P2b (Plan nach A. Mannucci). Die Ausgrabungsareale A–Q (M. 1:500)

als Zusammenhang in situ zu betrachten ist[477]. Nach Vaglieris Bericht waren hier auch Straßenpflasterblökke mit unter die Fassadenteile gemischt[478]. Damit ist es wahrscheinlich, daß die Fassade in eine bereits existierende Raubgrube im Decumanusbett gefallen war. Die Datierung einer solchen Grube läßt sich erst nach dem Zusammenbruch der Fließwasserversorgung ansetzen, der Einsturz der Fassade war also wohl erst relativ spät, also im 7.–8. Jh. erfolgt. Neben den üblichen Marmorinschriftenplatten aus den Nekropolen, die nachweislich als Fragmente im Platzpflaster verbaut gewesen waren und in größerer Anzahl auch in den Fundkontext der Fassade gelangt waren, gehörten dazu u. a. auch Statuen wie kleine Statuetten[479], eine Brunneneinfassung[480] sowie spätantike Fragmente einer Inschrift eines Praefectus, die auch vom Platz selbst stammen könnte[481].

Das Gebälk (Abb. 140) wurde ausführlich im Vorbericht zu den Berlin-Kent-Ostia Excavations behandelt[482]. Alle Gebälkteile erweisen sich stilistisch als spätantike Neuanfertigungen, wobei nur das Baumaterial selbst aus wiederbenutzten Marmorblöcken besteht: So wurde für das Gebälkfragment f2 nachweislich ein älterer Inschriftensockel wiederverwendet (Abb. 142)[483]. Die Fassadengliederung mit dem Konsolengebälk läßt sich vergleichbar zu den stadtrömischen Kaiserfora[484] oder Bogenmonumenten mit einer hohen Attikazone ergänzen, um dem umgebenden Ensemble von vielgeschossigen Bauten zu entsprechen (Abb. 139).

Auch die Spoliensockel vor den Ziegelpfeilern (Abb. 116, S03, S06–7; Abb. 117) wurden nicht erst im Zuge der Grabung hier deponiert, was aus grabungszeitlichen Fotografien und den teilweise noch erhaltenen sekundären Fundamentbettungen dieser Sockel hervorgeht. Letztere liegen hier also an ihrem letzten spätantiken Aufstellungsort auf einem Randbereich neben dem Straßenpflaster, dem ›Bürgersteig‹. Dieser Bereich hat sich zumindest als kleiner Streifen auch nach den spät- oder nachantiken Raubgrabungen in Straßenmitte in situ erhalten.

An den Pfeilern f5 und f6 befand sich – direkt in der Fassadenmitte (Abb. 117; Abb. 118, J) – jeweils ein Maueransatz. Die Maueransätze waren mit den Pfeilern zusammen entstanden, also bereits in der ersten Bauphase der Fassade vorgesehen. Der Maueransatz ist identisch mit jenem an den Pfeilern f2 und f9 (Abb. 119), die den Treppenzugängen vom Decumanus zu den seitlichen Portiken vorgelagert waren. Man kann anhand der verstärkten Tragkraft der Pfeiler hier wie dort wohl eine umfangreichere architektonische Gliederung für einen betonten Zugang vermuten. Nachdem die gesamte Fassadenfront sehr gleichmäßig von Treppen durchbrochen wurde, geschah das möglicherweise durch eine mittige Archivolte im geraden Architrav (Abb. 145) und bzw. oder durch einen Giebel, der die Mitte der Fassade visuell betonte, was Analogien auch bei monumentalen Eingangsfassaden wie z. B. beim Palast von Ravenna findet.

Seitlich dieses betonten Mitteldurchgangs erstreckten sich je drei Treppendurchgänge auf die Platzfläche und jeweils ein weiterer Treppeneingang zu den seitlichen Portiken. Bereits die einzigartige Dimension dieser Fassade mit acht Pfeilern – auch ohne die großen marmornen Architekturglieder – gab dem spätantiken wie rezenten Betrachter einen eindeutigen Hinweis, wo ein wichtiges Alltagszentrum Ostias in seiner Spätzeit lag. Mehr noch als die Monumentalität der Einzelformen verweist jedoch die Tatsache, daß es sich um keine der üblichen Hallen, sondern eine rückwärtig durchlässige Eingangsfront mit breiten Treppen handelte, auf Parallelen bei älteren Kaiserfora und großen Marktanlagen (*macella*). Es ist ein typisches Lagekriterium von Macella, dem Forum als Alltagsmittelpunkt benachbart zu sein und an einer wichtigen Erschließungsachse, hier am Decumanus, zu liegen, aber zugleich von beiden Zentren hoher Fluktuation und Aufenthaltswahrscheinlichkeit – so gut es bei minimaler Distanz geht – räumlich getrennt zu sein. Diese ›Grundkonstante‹ von *macella* erfüllt die fassadenhafte Eingangsfront mit ihrer Treppenanlage in idealer Weise.

Die Platzgestaltung hinter der Fassade – Bauabfolgen und gemeinsame Bauphasen 1a–b

Die sich zur gleichen Zeit und Bauphase eindeutig ausschließende Plangestaltung mit drei Portiken legte bereits vor Grabungsbeginn nahe, mehrere unterschiedliche Konzeptionen und zumindest zwei voneinander unabhängige und tatsächlich vollständig realisierte Bauphasen anzunehmen. Nähere Hinweise auf die Abfolge und absolute Datierung der Bauphasen ergaben sich nach der gemeinsam mit der University of Kent durchgeführten Ausgrabungskampagne von 2008, den

477 Die übrigen Funde blieben bis heute am Platz (u. a. mit Inventarnummern ab P1300), so auch vollständig erhaltene Bauglieder als spätantike Neuanfertigungen.
478 Vaglieri 1913, 300–303.
479 Vaglieri 1913, 300 Abb. 6.
480 Vaglieri 1913, 300 Abb. 7.
481 Vaglieri 1913, 300 Nr. 4.
482 Gering u. a. 2011, 419–431.
483 Zur Inschrift CIL XIV Suppl. 4559 vgl. Wickert 1933, 844.
484 Vgl. z. B. die bis heute erhaltene Ostwand des Forum Transitorium in Rom.

Abb. 119 Foro della Statua Eroica FSE/P2b. Fotomosaik des Ausgrabungsareals des Berliner Teams (Plan nach A. Gering und L. Lavan). M. 1:250

Abb. 120 Foro della Statua Eroica. Blick auf das Ausgrabungsareal A–E

Arbeiten des Berliner Teams am erhaltenen Pflasterbestand bis 2010 und der laufenden Auswertung durch den Autor seither im Rahmen der Vorberichte zu den »Kent-Berlin-Excavations« sowie dem »Ostia-Forum-Projekt«[485].

Zusammen mit den Fassadenpfeilern (Abb. 115–119, f2–f9), die sehr sorgfältig gemauert sind, wurden auch Teile des Fundaments der Längsportikus (Abb. 119, m1a/b) in einer ersten Bauphase errichtet (Phase 1a)[486]. Das südliche Ende dieses Stylobats der Phase 1a ist durch einen datierten Spolienkontext definiert, nämlich einem im Fundament der Folgephase 1b wiederverwendeten Altar von 285/286[487]. Erst in der darauf folgenden Bauphase (Phase 1b[488]) wurde das bestehende Fundament der seitlichen Portikus w1–9 vereinheitlicht bzw. möglicherweise damals bereits erstmalig verbreitert (Abb. 119, Ext. 1a–b) sowie nach Süden hin fortgesetzt, so daß hier zum ersten Mal eine durchgehende Säulenreihe darauf aufgestellt werden konnte (Abb. 120).

Die parallel angeordnete Ostportikus o1–9 (Abb. 119) überlagert einen Pfeiler der Front, ist also ebenfalls später als die Frontpfeiler anzusetzen. Auch die erste nachweisbare Platzpflasterung stammt aus dieser Bauphase 1b. Man kann daraus die Hypothese ableiten, daß die Fassadenfront des Platzes – möglicherweise mit kaiserlicher Unterstützung – monumental angelegt, jedoch nicht vollendet worden war und nach gewisser Zeit erst mit begrenzteren Mitteln fertiggestellt werden konnte[489].

Einen nachkonstantinischen Terminus post quem für die Errichtung des ersten nachweisbaren Platzpflasters in der Bauphase 1b bilden einerseits Funde aus der Planierungsschicht unter dem ersten Pflaster, andererseits die Bauabfolge in Beziehung zur wohl maxentisch-konstantinischen Apsis der Thermen (Abb. 119, Ap2; Abb. 120).

Es ist gesichert, daß die unvollendet gebliebene Konzeption der Bauphase 1a nicht nur die Eingangsarchi-

485 Gering 2011; Gering u. a. 2011b, 420–431; Gering 2012; Lavan 2012; Gering 2014.
486 Gering u. a. 2011, 429 f. 499; Lavan 2012, 669–671.
487 Gering u. a. 2011, 450 f. 500; Lavan 2012, 669–671 Abb. 15.
488 Gering 2011b, 499.
489 Gering u. a. 2011, 454–456.

Abb. 121 Foro della Statua Eroica. Das zerbrochen wiederverlegte Pflaster im teilweise modern ergänzten Areal B

Abb. 122 Foro della Statua Eroica. Originale Abdrücke von Pflasterplatten, Platten 3–4

tektur, sondern auch bereits eine Platzanlage mit zwei seitlichen Portiken in den Dimensionen vorsah, die dann in Bauphase 1b tatsächlich ausgeführt worden ist. Dafür spricht, daß ein gewisser Teil des Stylobats der Längsportiken wie erwähnt (Abb. 119, m1a/b) noch auf Bauphase 1a zurückgeht. Man kann ferner annehmen, daß beide Bauphasen 1a und 1b zeitlich nicht allzu weit voneinander getrennt sind, erstere im späten 3. oder der ersten Hälfte des 4. Jhs., zweitere als Vollendung eines unfertigen Baus zumindest nicht lange nach der Mitte des 4. Jhs.[490]. Damit bestätigt sich die Mauerdatierung von Heres an dieser Stelle[491].

Vielleicht hatte sogar die dritte Portikus der Platzanlage, die parallel zur Fassadenfront verlief, einen Vorläufer. Zumindest entspricht der untere Teil des Sockels s3 noch der Bauphase 1a bzw. 1b mit einem tieferen Fundamentniveau (Abb. 128). Der Sockel erweist sich über einer kleinen Fundamentstufe, etwa 20–30 cm

490 Aus diesem Grund findet man auch keine Münzen der zweiten Hälfte des 4. Jhs. in der Aufhöhungsschicht 1: Gering u. a. 2011, 450.

491 Heres 1982, 392.

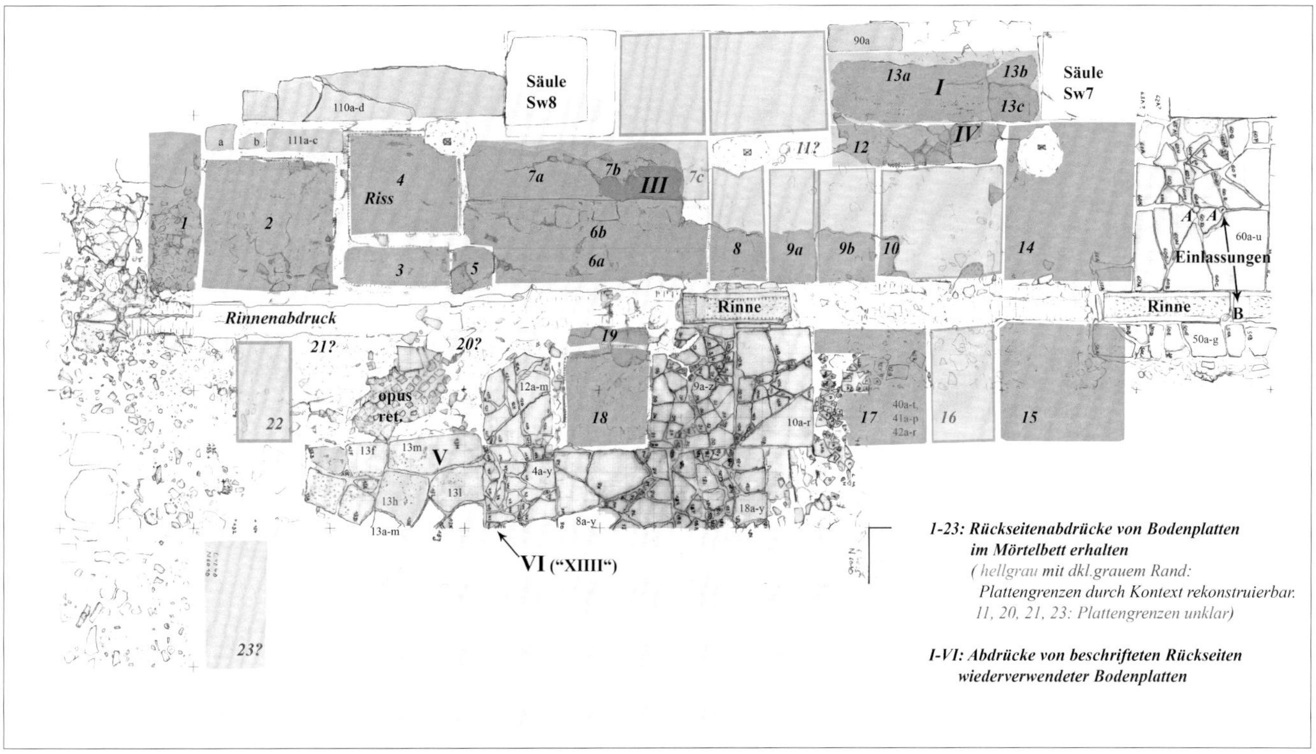

Abb. 123 Foro della Statua Eroica. Plan der Plattenabdrücke der ersten Pflasterphase im Areal A-B

unter der spätesten Platzoberfläche der Phasen 2b–c, mit Marmorplatten verkleidet, war damals also sichtbar geblieben[492]. Diese Fundamentstufe entsprach in etwa dem unregelmäßig abgesunkenen Niveau des Platzpflasters der Phase 1b, das etwa 20–45 cm tiefer lag (Abb. 122. 123). Offenbar wurde der Sockel s3 ab einem gewissen Zeitpunkt jedoch auf dasselbe Niveau wie die Sokkel s4–s8 gebracht und diente dann einem Neubau der Portikus in der Bauphase FSE 2b.

Über das Pflaster der Bauphase 1b kann nur spekuliert werden. Möglicherweise bestand es aus einer Reihe von Platten, die später dann in Bauphase 2 in bereits zerbrochenem Zustand auf einer neuen Planierschicht erhöht und nivelliert wiederverwendet worden waren (Abb. 121). Vom Pflaster selbst haben sich unterhalb des letzten Gehniveaus nur die Abdruckspuren im Mörtelbett erhalten (Abb. 122; 123, 1–23).

Eine einheitliche Bau- bzw. Pflasterphase FSE 2? Neue Unterteilungen

Als Bauphase 2 wird die Gesamtheit aller Ein- und Umbauten bezeichnet, die die Platzfunktion als Macellum mit seiner charakteristischen Eingangsfront mit vorgesetzten Säulen und dem Pflaster in der letzten erhalten gebliebenen monumentalen Gestalt definierten.

Die Datierung der Bauphase 2, die den gesamten heute sichtbaren Baubestand an der Oberfläche der Platzanlage umfaßt, gestaltet sich entsprechend komplex. Das Spektrum der lesbaren Münzen in den Auffüll- und Nivellierschichten für das oberste Platzpflaster reicht zumindest bis Honorius, der Pflasterbau könnte aber zumindest in Teilbereichen aufgrund der Keramikfunde und des Terminus post quem vieler abgegriffener *nummi* auch noch deutlich später, also um oder nach der Mitte des 5. Jhs. erfolgt sein[493].

Das gesamte heute an der Oberfläche erhalten gebliebene und überwiegend stark fragmentierte Pflaster (Abb. 118–121. 123) ist, was die Deutung erschwert, ein Produkt undokumentierter moderner Restaurierungen bis 1968[494]. In seinem letzten greifbaren Zustand der Spätantike wurde es nach einer umfassenden Einsturzkatastrophe über einer sehr unregelmäßigen Aufhöhungsschicht von +5 – +45 cm neu verlegt, wobei man offenbar zum Großteil auf bereits gebrochene Platten der Vorgängerphase 1b zurückgegriffen hatte, während insgesamt in den Arealen A–D (Abb. 118) nur zwei Platten bis heute unzerbrochen erhalten geblieben sind.

492 Gering u. a. 2011, 429 Abb. 13.
493 Gering u. a. 2011, 451–454.
494 Dazu vgl. Gering u. a. 2011, 434 Abb. 16.

Abb. 124 Foro della Statua Eroica. Fassadenpfeiler f1 und f2 mit Spolienfundamenten aus Treppenstufen

Abb. 125 Foro della Statua Eroica. Abdruck einer Inschrift als wiederverwendeter Bodenplatte (Inschrift I auf Platte 13a)

Das Pflasterareal E (Abb. 118) blieb von Zerstörungen wie Erhöhungen verschont, während die übrigen Areale Zeugnis für weitere umfassende Einsturzkatastrophen und ihre Bewältigung geben[495].

Die Bauphase 2 läßt sich damit in verschiedene Subphasen unterteilen, wovon eine mögliche Teilreparaturphase durch eine Inschrift von 418–420 näher eingegrenzt werden könnte (s. u.), weitere Subphasen aber nachweislich bis ins späte 5. Jh. reichen.

Bauphase FSE 2a – Eine neue Fassade im spätantiken Ausstattungsgeschmack?

Die Bauphase 2a, datierbar in die erste Hälfte des 5. Jhs., läßt sich mit einer Reparatur und möglichen Umgestaltung der Fassade in Verbindung bringen. Gesicherterweise entstanden damals die Fundamentsockel vor den Pfeilern (Abb. 119, S02–S07) als Auflage für Säulen. Säulen sind zwingende Voraussetzung für den Einsatz des Gebälks, das hier gefunden worden war und Dübelspuren an seiner Unterseite aufweist. Unklar ist, ob unter den heute erhaltenen Spolienfundamenten (Abb. 124) bereits ältere Fundamente für Säulenstellungen aus der Bauphase 1b angenommen werden können: das muß angesichts ihrer vollständigen Ersetzung durch die spätere Fundamentierung leider Spekulation bleiben. Sicher ist also nur, daß in Bauphase 2a der Architrav mit dem verkröpften Gebälk (Abb. 124, A) erstmals eindeutig nachweisbar an Stelle der Ziegelpfeiler der Eingangsfront verwendet wurde. Die genaue Rekonstruktion der Fassade wird unten noch näher ausgeführt.

Eine Reparatur des Pflasterbodens der Phase 1b in der Phase 2a scheint parallel zur ersten Aufhöhung des Nutzungsniveaus faßbar. Es ist wichtig festzuhalten, daß dabei zahlreiche wiederverwendete Inschriftenträger wie auch Spolien von Wand- und Deckenverkleidungen ihren Abdruck im Mörtelbett hinterlassen haben (Abb. 125).

495 Zu einer stadtweiten Einsturzkatastrophe und der Aufhöhung s. Gering u. a. 2011, 452.

Abb. 126 Das Ausgrabungsareal H vom Foro della Statua Eroica. Stratigraphie

Abb. 127 Das Ausgrabungsareal H vom Foro della Statua Eroica. Mauerabfolgen

Die Übergangsphase FSE 2b – Eine hölzerne Portikus als Bewältigung einer umfassenden Einsturzkatastrophe der ersten Hälfte des 5. Jhs.?

Ein 2008 angelegter Schnitt (Abb. 126. 127) fokussierte auf den Berührungspunkt zwischen einer der seitlichen Portiken, hier der westlichen, und der nördlichen Eingangsfront mit ihrer rückwärtigen Pfeilerstellung. Ziel war es, die relativen Abfolgen der Portiken von FSE zu bestimmen und absolute Datierungsanhalte für ihre Errichtung zu gewinnen.

So konnte geklärt werden, daß in den Bauphasen FSE 1a/b des 4. Jhs. die zwei seitlichen sogenannten Längs-Portiken direkt bis zur Fassade reichten, während diese Fassade selbst nur aus einer ›Schauwand‹ bestanden hatte und nicht separat überdacht war. Diese Fassade bestand aus Ziegelpfeilern, denen zum Platzinneren hin noch keine Säulenreihe oder eine andere Art von Stützen oder Pfeilerstellungen vorgelagert war.

Unter der Bauphase FSE 2b wird eine Reihe von Umbauten verstanden, denen eine gemeinsame Charakteristik zugrundeliegt: sie bildeten eine dritte Portikus, die parallel zur Decumanusfront verlief und hier erstmals einen überdachten Raum hinter den Eingangspfeilern geboten hatte. Diese dritte Portikus, die sich vorwiegend aus hölzernen Elementen rekonstruieren läßt (s. u.), konnte mehreren Zwecken dienen: (1.) als Interimslösung für ein Gerüst für die Wiederaufrichtung des Architravs der Eingangsfront, (2.) als wettergeschützter Marktbereich, der die eingestürzten seitlichen Portiken ersetzt haben könnte und zugleich – wie die benachbarte Exedra – (3.) der ›Verblendung‹ eines ruinösen Bereichs auf der Platzfläche selbst oder dahinter.

Die dritte Portikus bestand aus drei sehr unterschiedlichen Elementen: (1.) Einer fest gebauten und nachträglich teilweise wieder eingerissenen Mauer, (2.) einem fest fundamentierten und wiederverwendeten Sockel und (3.) einigen offenbar sehr improvisiert errichteten Fundamenten für Stützen.

Die Mauer

Eine Mauer aus recht unregelmäßig verlegtem Opus vittatum (Abb. 119, m2/ras; Abb. 126, 2) verband ehemals die Platzaußenmauer (Abb. 126, 1) mit dem Stylobat (Abb. 126, 1/3a) und schloß damit die gesamte westliche Längs-Portikus ab. Von der ehemals fast 40 m langen Portikus blieb also, ähnlich einer Taberne, nur ein etwas mehr als 5 m tiefer Raum mit Öffnung auf den Decumanus hin. Das Mauerwerk mit einer charakteristischen Zwischenlage aus drei Reihen von Ziegeln zwischen den ansonsten regelmäßig alternierenden Tufelli und Ziegellagen erinnert wie bereits erwähnt an die Rückmauer der benachbarten Exedra EXE/P2a (Abb. 113)[496]. Die Hypothese, daß es sich auch hier um eine nur übergangsweise realisierte Baumaßnahme gehandelt hatte, basiert auf der Feststellung, daß die Mauer nachträglich wieder eingerissen worden war: Dies geschah nicht etwa grabungszeitlich, sondern nachweislich noch in der Antike, weil eine spätere Mauer aus Bruchsteinen ohne Mörtel (Abb. 126, 4) dieses eingerissene Fundament (Abb. 126, 3a) überlappte. Die Mauer selbst setzt an der bereits verkleidungslosen Innenwand der Platzanlage an. Das könnte auf eine intentionale Beraubung, wahrscheinlicher jedoch auf den katastrophenbedingten Einsturz der Wandverkleidung zurückzuführen sein. Nachweislich später erfolgten eine stratifizierte Beraubung von Bodenplatten und eine undokumentierte grabungszeitliche Störung (Abb. 126, 5), bei der wiederum die Bruchsteinmauer 4 durchbrochen wurde. Die Bruchsteinmauer 4 wird unten noch versuchsweise näher zu deuten und zu datieren sein, nämlich als letzte Reparatur im Rahmen einer hier neu eingeführten spätantiken Phase FSE 2d anstelle einer nachantiken Phase 3.

Die Sockel und Stützen

Der Fundamentsockel s3 der rückwärtigen Säulenstellung (Abb. 119, s3; Abb. 128) – in Gismondis Plan (Abb. 116, n3) – unterscheidet sich grundlegend von den übrigen Sockeln. Der massive Sockel s3 war 2008 unter Leitung des Autors ausgegraben worden, die übrigen Sockel bis s7 wurden unter Luke Lavan bis 2010 ausgegraben und gesondert vorgestellt; nur der Sockel s8 war bereits bei den Altgrabungen freigelegt und fotografiert worden[497]. Anhand des Sockels s3 und des Schnitts von 2008 kann die Erneuerung von Platzpflaster und Fassade des Macellums in Phase 2b insofern präziser gefaßt werden, daß sie nach dem Einsturz und der Spoliation des gesamten Roma- und Augustustempel stattgefunden haben muß. In der Füllung des Fundaments fand sich nämlich ein unregelmäßig abgebrochenes Fragment vom Cellasockel des Roma- und Augustustempels (Abb. 128. 129, A). Der Vergleich mit dem noch vor Ort befindlichen maßgleichen Cellasockel aus den Grabungen bis 1924 erweist die Provenienz eindeutig (Abb. 129, B). Das Fragment war bei den Altgrabungen unter Guido Calza nur an seiner rückwärtigen – also nördlichen und zum Pfeilerfundament weisenden – Bruchkante angegraben worden. Alte Grabungsfotografien[498] belegen, daß hier nur etwa im Umkreis von 40–60 cm um den Pfeiler s3 herum trichterförmig und wenig tief ausgegraben wurde. So wurde damals der etwa 30 cm tiefer liegende Absatz des Sockels s3 noch nicht freigelegt. Die dabei – wenn überhaupt – nur im Anschnitt zutage getretene Bruchkante des Cellasokkelfragments mußte offenbar so unspektakulär gewirkt haben, daß man hier nicht weiter um den Sockel s3 herum ausgrub und dieser Fund in seiner Bedeutung noch nicht erkannt wurde.

Wichtig ist zu betonen, daß die übrigen Sockel s4–s7 aus grob gefügten Bruchsteinen bestehen. Durch ihre Dokumentation 2008 wurde klar, daß sie keineswegs ausreichend tief und stabil fundamentiert waren, um steinerne Säulen zu tragen. So kommen hier in der Portikusmitte nur Holzsäulen oder -balken und eine leichte Dachkonstruktion in Frage. Bis auf den gemauerten Boden der Vorgängerbebauung, in diesem Fall das Straßenpflaster, reichten ansonsten nur die Fundamente von Sockel s8, der analog zu s3 zumindest prinzipiell auch eine steinerne Säule getragen haben könnte. Anders als s3 bestand dieses Fundament s8 jedoch selbst fast vollständig aus Spolien und enthielt die intentional in Fragmente zerkleinerte namensgebende Statue des Platzes[499].

Unabhängig davon, daß der Sockel s3 bereits zu einer ersten Bauphase (1a oder 1b) gehört haben kann, steht also fest: Ein geschlossener Marktbereich, überdeckt von einem leichten Holzdach mit den improvisierten

496 Vgl. dazu bereits Gering 2011, Farbtaf. 7.

497 Gering u. a. 2011, 428–430.

498 Fotoarchiv der Sopraintendenz Ostia B 2075, B 2081, B 2093, B 2103, B 2203, B 2386.

499 Das bildet für Ostia eine Ausnahme, weil die meisten Statuenfunde unzerbrochen von der letzten spätantiken Ausstattungsphase des privaten wie öffentlichen Raums stammen.

Abb. 128 Foro della Statua Eroica. Das Fundament s3 und der Cellablock des Roma- und Augustustempels in der Auffüllung

Abb. 129 Foro della Statua Eroica. Der Cellablock (A) und das Vergleichsstück vom Tempel (B)

Auflagen s4–s8 als ›dritte‹ Portikus, war direkt hinter der Eingangsfront erst in der Phase FSE 2b vorhanden. Damals existierte aber nur diese Vorhalle des Platzes, während die westliche Längs-Portikus nach ihrem Einsturz auf die Größe einer Taberne verkürzt worden war und die östliche Längs-Portikus sogar insgesamt eingestürzt gewesen sein muß. Umfangreiche Funde des Deckenstucks aus der obersten Aufhöhungsschicht in den seitlichen Portiken könnten auf diese Einsturzkatastrophe zurückgehen.

Auch wenn man statt sechs hölzernen Stützen nur vier mittige hölzerne Säulen, die von zwei steinernen Säulen auf den Sockeln s3 und s8 eingerahmt wurden, rekonstruiert, bleibt der improvisierte Charakter, den die gemauerte seitliche Einfassung dieser ›Ersatzportikus‹ im Areal der ehemaligen seitlichen Portiken unterstreicht.

Die Hypothese, die Bauphase FSE 2b und die Mauer m2 (Abb. 119) seien eine Interimslösung, wird also durch sechs Argumente bestärkt:

1. Die Fundamentierungen s4–s8 waren mit Ausnahme des wiederverwerteten Sockels s3 weder von Anfang an geplant noch bis zum Ende der Platznutzung beibehalten worden (Phasen 2c–2d),
2. auch die Mauer m2 wurde noch in der Antike teilweise wieder entfernt,
3. das Pendant zur Mauer m2/ras, nämlich die Sockel s9 und s10 (Abb. 119), waren ebenfalls nicht sichtbar geblieben bzw. intentional überdeckt worden,
4. als seitliche Auflagen wurden die Stylobatmauern der eingestürzten Portiken offenbar nicht zweitverwendet (Abb. 119, s2, s9),
5. die nur von Erde umgebenen Statuenfragmente im Fundament von s8 sind eher Zeichen einer sehr improvisierten lokalen Beseitigung von Bauschutt als einer geplanten Aufhöhung und Spoliation,
6. die Interkolumnien sind extrem unregelmäßig, was für einen dauerhaften Bau mit Ziercharakter sehr befremdlich erscheinen würde.

Die Phase FSE/2b des Foro della Statua Eroica wird auch stratigraphisch durch die Überdeckung der Pfeiler datierbar: Sie hat einen klaren Terminus post quem nach dem Bau der seitlichen Portiken (Phasen 1b–2a), aber zugleich einen Terminus ante quem durch die Füllschicht, die sich über einem planierten Pfeilerrest innerhalb der Ostportikus befindet. Diese Füllschicht FSE 1075 wird von Lavan durch ein Spektrum von Keramik des späten 4. bis mittleren 5. Jhs. charakterisiert, wobei jedoch die endgültige Auswertung der gesamten Quantität des Keramikmaterials noch abzuwarten bleibt[500]. Damit ist auf Basis der bisherigen Keramikauswertung zumindest relativ wahrscheinlich, daß die provisorische Eingangsportikus mit Holzstützen und Holzdach nicht wesentlich länger als bis zur Mitte des 5. Jhs. in Betrieb geblieben sein kann, während sich der letzte Boden der östlichen Seitenportikus nach der Beseitigung dieses Interimsbaus in die zweite Hälfte des 5. Jhs. datieren läßt. Vergleicht man dieses Abrißdatum nicht lange nach der Mitte des 5. Jhs. mit dem Entstehungsdatum der Portikus nicht lange vor der Mitte des 5. Jhs., dann erhält man hier den ungewöhnlichen Befund einer nur sehr kurzzeitig und auch nur mit ›ephemeren‹ Materialien gebauten Anlage, die einer spezifischen Deutung bedarf.

Die Portiken hatten damals ihre Wandverkleidung aus Marmor eingebüßt, die teilweise in der Auffüllung unter dem letzten Platzpflaster ›beerdigt‹, teilweise aber auch für Bodenplatten wiederverwendet wurde[501]. Bei aller gegebener Vorsicht liegt es hier durchaus nahe, an ein Erdbeben als wahrscheinlichsten Auslöser des plötzlichen Einsturzes der Längs-Portiken sowie des Baus eines ›Notdaches‹ zu denken, das als ›dritte‹ Portikus eben bis zum Wiederaufbau der Längsportiken deren Funktion übernommen hatte und dann wiederum selbst abgerissen werden konnte.

Ein besonders deutlich spürbares Erdbeben konnte einer Studie von Emanuela Guidoboni zufolge in Rom und Ravenna im Jahr 442/443 gleichermaßen mit einer Stärke von VIII–X auf der Mercalli-Skala rekonstruiert werden. Diese Stärke legt auch bei einem relativ entfernten Epizentrum in den Abruzzen nahe, das als Auslöser umfassender Zerstörungen in Ostia in Betracht gezogen werden kann. Die Arbeitshypothese des Einsturzes von Portiken der Bauphase 2a durch dieses Beben unterscheidet sich hier insofern von einer ebenso beliebten wie oft auch ›beliebigen‹ Erdbebendatierung, die per se problematisch bleibt, als es dazu den stratifizierten Befund des ›Notbaus‹ der Phase 2b gibt, der auf einen solchen Einsturz um die Mitte des 5. Jhs. gefolgt war. Nur diese nachweisliche Bewältigung des Einsturzes gestattet es in Verbindung zu seismischen Befunden am Altbau, einen möglichen Auslöser von Einsturz wie das Erdbeben von 442/443 methodisch legitim benennen zu können.

Das gilt jedoch nicht für weitere, möglicherweise ebenso starke Erdbeben wie jenes, das nach Guidoboni auf Basis von Inschriftenfunden in Rom kurz vor 484 oder um 508 angesetzt werden kann. Es muß mangels datierter ›Bewältigungsspuren‹ vorerst offen bleiben, ob und inwieweit dieses Erdbeben für weitere Einsturzkatastrophen verantwortlich gemacht werden kann. Damit bleibt aber auch offen, wann das Macellum genau aufgegeben worden war und durch welche Auslöser der Übergang zur Phase 3 stattgefunden hatte, wobei diese Phase des Foro della Statua Eroica FSE/P2b durch partielle Umnutzung und Beraubung, aber nicht mehr durch den Neubau bzw. die Reparatur des Platzes in seiner Funktion als Macellum definiert wird[502].

Bauphase FSE 2c – Die umfassenden Reparaturen eines nachweislichen Einsturzes

Die Überdeckung der Sockel der Interimsportikus durch den Boden in den seitlichen Portiken wird nach der Keramikauswertung durch das Kent-Team unter Luke Lavan offenbar in die zweite Hälfte des 5. Jhs. datiert[503]. Folgt man dieser Keramikdatierung, dann wäre klar, daß die seitlichen Portiken nach Abriß der

500 Lavan 2012, 673: »piers must belong to later phase than to that of the north and south porticoes«. Dagegen gilt: »the northernmost pier of internal colonnade was clearly a secondary addition, no part of the original portico. The floor-fill that covered it (FSE 1075) contained late fourth to mid fifth century ceramics, providing a rough terminus ante quem oft he mid fifth century«.

501 Mehrere Platten im Areal B zeigen etwa 5 mm breite Löcher für bronzene Dübel, die zur Befestigung von Wandplatten geeignet sind (Abb. 123, Plattenfragmente 13a–m). Weitere Wandplattenfragmente und marmorne Sockel- bzw. Deckenleisten fanden sich unmittelbar in der ungestörten Aufhöhungsschicht der Phase FSE 2c neben Areal C.

502 Gering u. a. 2011, 453. Zur reichen Quellenlage des Erdbebens von 443 s. Guidoboni 1986, 290–292. 411: Offenbar kollabierten im Jahr 443 – weit mehr als bei Erdbeben des frühen 5. Jhs. – in Rom damals nicht nur neu gebaute Portiken und Statuen, sondern auch die sicherlich stabiler gebauten »wichtigsten Häuser« der Oberschicht. Auch für Ravenna ist im Jahr 443, genauer sogar am 15. April um 1 Uhr nachts, ein starkes Erdbeben überliefert, bei dem u. a. wohl eine Kirche eingestürzt war, die gerade erst errichtet gewesen zu sein scheint. Erdbeben ab der Stärke VIII–X der Mercalliskala werden mit einer Wirkung von »major damage to most buildings, limited 250 km from epicenter« definiert. Das entspricht Erdbeben der Stärke 8 bis 10 auf der Richterskala. Bei dem zitierten Wirkungsradius und einem vermuteten Epizentrum im Apennin wäre eine gleichermaßen verheerende Wirkung von Rom bzw. Ostia bis Ravenna gut möglich. Zum Erdbeben kurz vor 484 oder kurz vor 508, das durch eine Reparaturinschrift des Kolosseums überliefert ist, mit der Stärke VII für Rom s. Guidoboni 1986, 305 f. 411.

503 Lavan 2012, 673.

Abb. 130 Foro della Statua Eroica. Das Pflasterareal B und der Abdruck der Rinne aus wiederverwerteten Dachziegeln

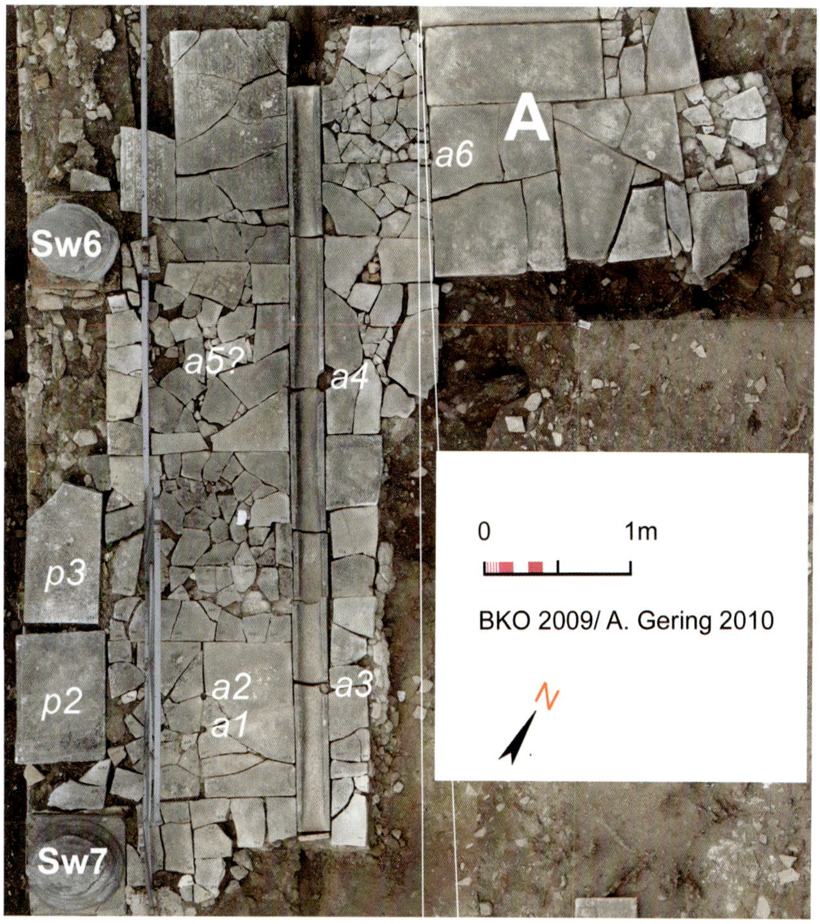

Abb. 131 Foro della Statua Eroica. Das Pflasterareal A und die Einlassungsspuren für Tische und Marktstände (M. 1:50)

Interimsportikus der Phase FSE 2b nochmals wieder aufgebaut worden waren.

Die Arbeiten des Berliner Teams bis 2010 konnten erweisen, daß die Bauphase FSE 2c mit einer umfassenden Erhöhung des Gehniveaus einhergegangen war. Insbesondere durch die Erweiterung des Berliner Grabungsareals im Jahr 2009 wurde klar, daß das Platzpflaster der Phase 1b mit den Reparaturen der Bauphase 2a durch eine Zerstörungsschicht vom letzten erhaltenen und deutlich erhöhten Platzpflaster (Abb. 130. 131) der Phase 2c getrennt wird. Die in den wiederverwendeten originalen Platten enthaltene Einlassungsspuren (Abb. 131, a1–a6) markierten einst wohl Marktstände bzw. die Position von hölzernen Tischen[504].

Die Abflußrinnen bestanden aus ehemaligen Deckziegeln eines Marmordaches (coppi), deren Verbindungssteg bzw. Überlappung abgearbeitet worden war. Ihre sekundäre Verwendung und tertiäre Wiedereinbettung auf der Platzfläche zeigt sich am Mörtelbett (Abb. 122. 123. 130). Damgaard konnte nachweisen, daß diese Rinnen den 1804 beim Kapitol gefundenen in Maßen und Material gleichen und seiner Rekonstruktion zufolge ehemals etwa 1/8 der Dachfläche des Kapitols eingenommen haben dürften[505]. Auch wenn man berücksichtigt, daß der Typus dieser Deckziegel im 2. Jh. ›standardisiert‹ und daher auch für andere Marmordächer Ostias in Gebrauch gewesen sein kann, kann man daraus schließen, daß entweder das Dach des Kapitols oder eines anderen Tempels damals zu einem großen Teil eingestürzt gewesen war, bevor man die Platzfläche mit diesen umgearbeiteten Rinnen ausstatten konnte.

Auch am Forum ließ sich eine knapp 20 cm hohe Aufhöhungsschicht unmittelbar unter dem Mörtelbett der Wandhälfte im Nordteil der Südostportikus MFP beobachten (Abb. 132). Sie enthielt Marmorabschläge, beschädigte Marmorwerkstücke sowie Fragmente von Kapitellen und Inschriften, die möglicherweise von einer Abräumung des Forums herrührten. Als datieren-

504 Gering u. a. 2011, 435–437.

505 <www.ostiaforumproject/subprojects> (06.04.2016).

Abb. 132 Forum/Südostportikus MFP. Die charakteristische Erhöhung des Gehniveaus des 5. Jhs.

Abb. 133 Foro della Statua Eroica FSE/P2b. Fund einer griechischen ›Übungsinschrift‹ aus der Auffüllung bei Areal B

des Indiz konnte dort neben zahlreichen Münzen bis Honorius und Arkadius ebenfalls die Einfüllung von Bauschutt eines frühkaiserzeitlichen Baus mit korinthischen Kapitellen, möglicherweise des eingestürzten Roma- und Augustustempels, beobachtet werden, obwohl es sich bei den bislang bearbeiteten Kapitellfragmenten um keine statistisch repräsentativen Materialmengen handelt[506]. Die Aufhöhung erfolgte hier unter dem letzten erhaltenen Mörtelbett der Portikus.

Die Aufhöhungsschicht unter dem bei der Altgrabung freigelegten obersten Gehniveau des Foro della Statua Eroica FSE/P2b wird durch einen starken Brand charakterisiert, da hier geschmolzenes Blei in großen Quantitäten und breiter Verteilung über das Grabungsareal auffiel. Dieses Blei wird wohl zum Großteil von der Abdichtung der Dachkonstruktion der Portikus stammen, nachdem die Bleifunde mit vielen gebrochenen Dachziegeln vergesellschaftet waren. Aber auch interessante ›Alltagsfunde‹ aus der Kampagne 2008 stammen aus diesem Zerstörungshorizont, so etwa ein kleines Schultäfelchen mit griechischer Beschriftung (Abb. 133) und eine Vielzahl von Spielsteinen. Durch die oberflächennahen Störungen der Altgrabungen bedingt kann nur tendenziell vermutet werden, daß viele dieser Funde ein Schlaglicht auf die Portikusnutzung bis zu ihrem letzten ›bewältigten‹ Einsturzzeitpunkt um die Mitte des 5. Jhs. werfen können. Die Bandbreite der damit verbundenen Nutzungen reicht vom Schulunterricht o. ä. bis zu Müßiggang und Zeitvertreib beim Spiel, also Tätigkeiten, die über den reinen Alltagsbetrieb eines Macellums hinausweisen und den Platz FSE/P2b als spätantikes Alltagszentrum vergleichbar einem Forum ausweisen.

Die Fundauswertung in den Arealen der freien Platzfläche unmittelbar vor der westlichen Seitenportikus ist noch nicht abgeschlossen, es deutet sich aber für die Pflasterreparaturen ein analoges Datierungsspektrum vom zweiten Viertel bis zum letzten Viertel des 5. Jhs. wie in der östlichen Portikus an, die von Lavan ergraben wurde[507].

Zunächst scheint die Rückwand der Interimsportikus zum Teil abgerissen worden zu sein, um die lateralen Portiken reparieren zu können. Es wurden ferner offenbar Verstärkungen im Fundamentbereich der Westportikus angebracht (Abb. 119, Ext.1b), um die offenbar einheitlich nach Westen hin abgesunkene Stylobatmauer (erneut) als Auflage für Säulen verwenden zu können. Auf einer Schicht aus charakteristisch grauem Mörtel, der auch am Forum für die Phase der letzten aufwendigen Nivellierung nach Erdbebenschäden belegt

506 Die Aufarbeitung der Münz- sowie Keramikfunde und der Bauornamentik aus der Bauschuttauffüllung der Südostportikus MFP ist für die Arbeitskampagne 2014 und den nächsten Zwischenbericht vorgesehen.

507 Lavan 2012, 673: »fill immediately below last known floor […] dating to the last quarter of fifth century, directly covered by collapsed roof plaster«.

Abb. 134 Foro della Statua Eroica. Areal H und die apsidialen Strukturen

ist, wurden die Säulen auf dem Stylobat wieder aufgerichtet. Die Schwachpunkte der Konstruktion blieben aber offenbar bestehen, denn es läßt sich im Laufe der Baugeschichte des 5. Jhs. noch eine weitere Phase der Bewältigung ähnlicher Fundamentabsenkungen (Phase 2d) vermuten. Auch diese war durch Verstärkungen und Verfestigungen im Fundamentbereich des Portikusstylobats charakterisiert, allerdings auf der den Stylobatverstärkungen Ext.1a–b gegenüberliegenden Seite (Abb. 119).

Man kann annehmen, daß die zahlreichen Versetzungs- und Reparaturspuren im Architrav seiner Wiederversetzung in dieselbe Position an der Fassade gedient hatten (s. u.). Inwieweit es damals auch zur gezielten Neuanfertigung von Ersatzstücken für diesen oder einen benachbarten Platz wie die Exedra kam, möglicherweise für kleine Rundnischen oder die Archivolten der Überwölbung des zentralen Eingangsportals, kann jedoch anhand von per se kaum datierbaren spätantiken Einzelstücken (Abb. 145) nicht beantwortet werden[508].

Die Bauphase 2d oder eine ›post-antike‹ Phase 3? Ein Vorschlag zur Deutung einer Bruchsteinmauer

Im Jahr 2008 wurde unter gemeinsamer Leitung des Autors und Luke Lavan begonnen, den besonders interessanten Überschneidungsbereich der zwei sich gegenseitig ausschließenden Portiken im Norden und Westen des Foro della Statua Eroica FSE/P2b durch Fundamentsondagen zu erforschen (Abb. 119, s2?; Abb. 126. 127. 134).

Das Kent-Team setzte 2009 die Arbeiten in diesem Areal fort, wertete in Folge bis 2011 die Fundkeramik aus und erhielt damit wertvolle Anhalte, um die hier geschilderten relativen Bauabfolgen und Bauphasen mit absoluten Datierungen verbinden zu können. Zur Frage nach der Funktion der dabei zutage getretenen Baustrukturen scheint es im Rahmen einer Diskussion der Grabungsbefunde allerdings angebracht, das vom Kent-Team ursprünglich als ›post-antik‹ behandelte Areal von verschieden dichten Einfüllungen im Nordwesten der Platzanlage (Abb. 134), basierend auf dem Vorbericht des Kent-Teams von 2012 in einen größeren Vergleich zum Platzpflaster des Berliner Teams zu stellen[509].

Einen wesentlichen Deutungsanhalt bietet Lavan zufolge das Füllmaterial zwischen dem Stylobat der Säulenreihe (Abb. 119, m1a) und zwei charakteristischen apsidialen Mauerzügen (Abb. 119, m3a–b). Diese Einfüllung bestand aus einem wesentlich dichter gepreßten Material, was bereits anhand der Oberflächensäuberung von 2008 (Abb. 134) deutlich sichtbar wurde. Diese unterschiedlichen Füllungsdichten führten Lavan zur Deutung einer stabilisierenden Funktion: »as if an attempt had been made to improve the structural stability of this area«[510]. Die äußere Ziegellage der ›Apsiswände‹ aus rohem Ziegelbruchmauerwerk mit Marmorfrag-

508 Lavan 2012, 674 postuliert für diese Elemente eine eigenständige Phase 2e.

509 Lavan 2012.

510 Lavan 2012, 678.

Abb. 135 Foro della Statua Eroica. Säulenbasis mit einseitiger Bleiunterfütterung zum Ausgleich einer Neigung des Stylobats

Abb. 136 Foro della Statua Eroica. Areal B und wiederaufgerichtete Säule mit Bleiunterfütterung

menten und Bauschutt diente möglicherweise also dazu, den hoch verdichteten Boden unmittelbar vor der Stylobatmauer vom normalen Umgebungsboden abzugrenzen. Dieses Bruchmauerwerk überschneidet den Fundamentrest 3a der abgerissenen Mauer 2 der Phase 2b eindeutig (Abb. 126. 127), belegt also die zeitliche Abfolge der Phasen 2b und 2c/d.

Lavan impliziert bei seiner Deutung des Befunds, daß zum Bau der apsidialen Strukturen bereits kein Platzpflaster mehr vorhanden war. Damit gerät das Fundament per se in eine ›post-antike‹ Phase der Umnutzung des ehemaligen Platzes. Analogien zur letzten statisch bedingten Pflasterreparatur der Forumsportiken zeigen aber, daß Spolienplatten auch ohne Vorbereitungsschichten direkt auf eine Bauschuttfüllung gelegt werden konnten. So könnte man zumindest prinzipiell auch hier nach dem Bau der apsidialen Fundamente noch von einem spätesten Pflaster an dieser Stelle ausgehen, das durch die Funde Vaglieris von Platten der Decumanusfront vielleicht zumindest zum Teil noch überliefert wurde (s. o.). Damit könnten sich diese Reparaturen auf einen letzten, wenn auch improvisierten Wiederaufbau des Platzes wie der Stylobatmauer beziehen lassen[511].

Einseitig mit Ziegeln eingefaßte Maueroberflächen, auch wenn sie ohne Mörtel gefügt sind, stellen im Fundamentbereich keine Seltenheit dar. Sie sind anhand ihrer groben Mauertechnik und der Verwendung von Marmorspolien nicht ›postantik‹ datierbar, sondern nur anhand der Funde innerhalb der Einfüllung zeitlich einzugrenzen. Die Füllungen der zwei verdichteten Areale selbst werden nach der Auswertung durch Lavan durch das Keramikspektrum im späten 4. und 5. Jh. (Kontext 1069) oder im späten 5. Jh. bzw. frühen 6. Jh. (Kontext 1079) angesetzt. Diese Füllungen könnten also ein Pendant zur zweifachen Verstärkung Ext.1a–b der anderen Seite der Stylobatmauer m1a–b gewesen sein und denselben Zweck erfüllt haben, nämlich um die durch eine Einsturzkatastrophe abgesunkene und zu einer Seite geneigte Stylobatmauer ausreichend zu stützen, ohne einen aufwendigeren Neubau oder eine Unterfütterung des mehrfach wiederverwendeten Fundaments unternehmen zu müssen.

Die hypothetische Deutung als Stützmauern wird durch die Fortsetzung m3c der einseitigen Verschalungsmauern m3a–b entlang des gesamten Stylobats bestärkt, wobei die Mauerzüge m4a–c dieselbe Funktion erfüllt haben dürften, nachdem die Einfüllung m3a–c abgeschlossen waren (Abb. 119). Folgt man dem hier vorgebrachten Deutungsvorschlag und den vom Kent-Team vorgeschlagenen Datierungen der Keramik[512], dann erhielte man hier das späteste faßbare Zeugnis des Wiederaufbaus einer Portikus aus nicht-sakralem Kontext im Umland um Rom, wobei diese Portikus das konstituierende Element eines teilweise wetterfesten, d. h. überdachten Marktplatzes gebildet hätte.

Es sei hier nur ergänzend erwähnt, daß auch die offenbar modernen Bleiunterfütterungen der nach 1927 wiederaufgerichteten Säulen (Abb. 135. 136) einen bis heute störenden Neigungswinkel der Stylobatmauer ausgleichen, um die Säulen gerade aufstellen zu können.

Funktionale Kontinuität bis ins 6. Jh.?

Die letzte nachweisbare Reparaturphase des Macellums mit seitlichen Portiken datiert ins letzte Viertel des 5. Jhs. oder sogar bis ins frühe 6. Jh., wenn man die Evidenz der westlichen Seitenportikus mit dem durch Lavan datierten Kontext 1079 hinzunimmt (s. o.). Es ist daher anzunehmen, daß das Macellum als Marktbereich auch im 6. Jh. noch aufrecht gestanden hatte und in Funktion war, um die verbliebenen Anwohner zu versorgen. Ein Macellum erscheint in dieser Hinsicht wesentlich wichtiger als ein Forum.

Berücksichtigt man weniger das Erscheinungsbild der äußerlich improvisiert wirkenden Maßnahmen, sondern vor allem deren funktionalen Kontext, dann erweist sich jede implizit ›qualitative‹ Deutungstendenz als irreführend. Auch die letzte nachweisbare Reparatur des Status quo des Macellums, etwa zwei Jahrhunderte nach der Bauphase FSE 1a, verfolgte offenbar denselben Anspruch an funktionierende seitliche Portiken als überdachte Räume wie die übrigen vorangegangenen Wiederaufbauten nach lokalen Einsturzkatastrophen.

Das Macellum in der Folgezeit – Ein Ausblick auf Kontinuitäten und das Ende der monumentalen Nutzung der Innenstadt (Phase 3)

Die Beraubung der Bodenplatten ist archäologisch faßbar: An Stelle der beraubten Platte 20 (Abb. 123) befindet sich ein Teil Mauerwerk aus Opus reticulatum (Abb. 123, opus. ret.; Abb. 137), der wohl von einer lokalen Einsturzkatastrophe der Rückwand des Caseggiato dei Triclini herrührte. Das Mauerfragment ist Teil der Aufhöhungsschicht, die interessanterweise bis zur Höhe der in situ erhaltenen Pflasterung reichte. Durch

511 Die Mauer der Phase FSE 2b legt nahe, daß die Wandverkleidung aus Marmor in der letzten Bauphase 2c nicht mehr angebracht worden war, also mit einer einfachen Verputzung zu rechnen ist.

512 Lavan 2012, 678. Die Endpublikation ist für 2014 angekündigt.

Abb. 137 Foro della Statua Eroica. Ein Mauerfragment aus Opus reticulatum anstelle einer fehlenden Platte

Abb. 138 Foro della Statua Eroica. Eine stark fragmentierte Reparaturplatte der letzten Pflasterphase

das Fehlen der ehemals darüberliegenden Schichten muß jedoch offen bleiben, ob es sich um eine letzte Reparatur einer Bodenoberfläche – hier dann mit einer möglichen Mörtelschicht – oder um ein Indiz für die endgültige Verschüttung der Platzanlage gehandelt haben könnte. Die Existenz von extrem stark fragmentierten Pflasterplatten im Pflasterverband könnte mit einer letzten Reparatur der Pflasteroberfläche korrespondieren (Abb. 138).

Wegen fehlender archäologischer Datierungsmöglichkeiten bietet nur die späteste inschriftliche Erwähnung eines Macellums in Ostia weitere Aufschlüsse zu möglichen funktionalen Kontinuitäten, insofern Textformat und -inhalt mit Wundergeschichten wohl nicht vor dem 6. oder 7. Jh. zu verbinden ist[513]. Der Text befindet sich auf einer Säule, die von Calza im sogenannten Macellum am Bivium wiederaufgestellt wurde, aufgefunden wurde sie jedoch als bereits liegende Säule, die am Bivium in eine relativ späte Straßensperre verbaut worden war[514]. Der späte Graffito selbst belegt nicht, daß der Inschriftenträger, die Säule, in einem Macellum gestanden haben muß: er berichtet allgemein von einem für den Schreiber erinnerungswürdigen Ereignis. Sowohl die Tatsache der Zweitverwendung am Bivium als auch die der liegenden Beschriftung erklären vielmehr, daß der originale Aufstellungskontext der Säule zum Zeitpunkt der Anbringung bereits ohne Säule, also zumindest teilweise verfallen, war. Da der funktional definierte Begriff aber implizit wohl ein in Gebrauch befindliches Gebäude bezeichnet, kann das zumindest nicht jenes der Säulenherkunft sein. Festzuhalten bleibt, daß dem Graffito zufolge ein innerstädtisches Macellum vielleicht noch im 6. oder 7. Jh. als übliche Benennung und offenbar allgemein bekannter Funktionsbereich in Gebrauch gewesen war[515].

Berücksichtigt man die zeitlose Notwendigkeit eines leicht zu reinigenden Steinbodens mit Rinnen für den Verkauf von Vieh, Fleisch und Fisch, dann blieb gerade die Platzanlage FSE/P2b ein idealer Ort, weil sie einen ohnehin bereits sehr hoch gelegenen Platzboden (3,60 m NN) aufwies. Das entsprach auch den Gehniveaus des 6. und 7. Jhs. wie z. B. den Straßenniveaus über den eingestürzten Insulafassaden in der Via del Sabazeo (s. o.), aber auch dem Gehniveau der zunehmend nur noch in den Obergeschossen bewohnten innerstädtischen Insulae um die Via di Diana (s. u.).

Die verschiedensten Renovierungsbemühungen nach altersbedingten Einsturzkatastrophen, Bränden und Erdbeben sind zumindest bis ins frühe 6. Jh. nachweisbar, Indizien einer längeren Nutzung über diesem Pflasterniveau wurden bei den Altgrabungen jedoch weitestgehend vernichtet. Den endgültigen Einsturz

513 Gering 2011, 442–445 mit Anm. 94 zur älteren Literatur. Neuestens dazu Boin 2013, 234–236.

514 Dazu s. hier Kapitel II. 5. a.

515 Wo das hochkaiserzeitliche Macellum in Ostia zwischen dem 1. Jh. und dem späten 4. Jh. gelegen hat, bleibt indessen weiter Gegenstand einer offenen Diskussion. Vgl. dazu hier Kapitel II. 3. d.

Abb. 139 Foro della Statua Eroica. Die Fassadenrekonstruktion auf Basis der erhaltenen Bauteile

der Platzfassade wird man vielleicht dennoch nicht vor dem späten 6. Jh. annehmen, weil die Fassade weitgehend vollständig (s. o.) in eine bereits existente Raubgrube im Decumanusbett gefallen war. Die Beraubung der Druckwasserleitungen bedeutete wiederum die komplette Aufgabe des Decumanus als Zugangsweg, was erst durch den Bau der Theaterkapelle des späten 6.–8. Jhs. (s. o.) auf dem Decumanuspflaster nahegelegt wird. Die Existenz der Theaterkapelle selbst muß allerdings nicht mehr auf eine besiedelte Innenstadt deuten, da es sich dabei möglicherweise um den Endpunkt einer Prozessionsroute vom neuen Borgo des 8./9. Jhs. in die aufgegebene Altsiedlung gehandelt hatte.

Zur Rekonstruktion der Fassade – Geschmackswandel und spätantike Farbkontraste

Vielleicht waren die zwei Säulen aus Rosengranit, die damals vor dem neu gebauten Museum wiederaufgestellt wurden, Teile jener Granitsäulen, die 1912 vor dem Foro della Statua Eroica FSE/P2b gefunden worden waren[516]. Ist dies der Fall, dann wären nicht nur alle bekannten Teile des Gebälks, sondern auch die Säulen dieser Fassade in der Spätantike nachweislich neu angefertigt worden. Basis und Säule sind getrennt gearbeitet. Ungewöhnlich erscheint, daß die einzige an ihrer Oberseite sichtbare Säulenbasis vor dem Museum kein Dübelloch aufweist: Offenbar hatten die Säulen nur dekorative Zwecke ohne größere statische Anforderungen zu erfüllen, weil das verkröpfte Gebälk der Fassade fest in den Ziegelpfeilern (Abb. 117) eingemauert war. Die korinthischen Kapitelle, die seit 1913 vor dem Museum über den Säulen angeordnet sind (Abb. 139), gehören nachweislich nicht zum Fundkontext, die Abmessungen der Kapitelle passen jedoch zumindest annähernd zu den Architraven aus der Altgrabung Vaglieris[517].

Es läßt sich noch eine Reihe weiterer Bauteile aus den Altfunden Vaglieris, die heute ebenfalls vor Ort aufbewahrt werden, versuchsweise der Fassade zuordnen.

Auf Basis der Funde läßt sich die Fassade rekonstruieren (Abb. 139). Interessanterweise fehlen vom Architrav gerade jene Teile, die keine herausragende tragende

516 Vaglieri 1913, 207 f. 299 f.

517 13 cm Abstand des Dübellochs von der Vorderseite des Architravs auf dem Ziegelpfeiler f7 der Decumanusfront. 27 cm Säulenradius.

Funktion innehatten, zur Rekonstruktion der vollständigen Ordnung aber notwendig vorauszusetzen sind. Vom Architrav zwischen den Ziegelpfeilern mit ihrem verkröpften Gebälk ist nur ein mögliches Fragment einer Rundnische oder Archivolte überliefert (Abb. 145). Ergänzend zur dreidimensionalen Rekonstruktion der Fassade durch das Team der Kent-University könnte man anstelle eines durchgehenden geraden Marmorarchitravs aber auch gemauerte Ziegelbögen oder einen einfachen oberen Abschluß aus Steinblöcken annehmen[518].

Es ist erwiesen, daß die Eingangsfront zur Platzanlage im 4. Jh. keinen eigenen Raumkörper beinhaltete, sondern nur den Übergang vom Straßenraum auf den Platz als ›Schaufassade‹ gleichsam linear markierte. Es handelte sich um eine Ziegelarkade, die – ähnlich der ›Portikusfront‹ der Forumsbasilika in Ostia – bei einer größeren Einsturzkatastrophe bis auf die Pfeiler eingestürzt war. Erst in einer der Bauphasen des frühen 5. Jhs. (FSE 2a) – möglicherweise unter der hier inschriftlich bezeugten Reparaturtätigkeit des Aurelius Symmachus in seiner aktiven Amtszeit als Stadtpräfekt Roms von 418 bis 420 – ist eine ›werktreue‹ Teilreparatur des Platzpflasters, aber zugleich die Anbringung des Spoliengebälks (Abb. 139. 140) gesichert. Derselbe Aurelius Symmachus wurde als Bauherr in Rom bislang mit dem eingeschossigen Vorbau vor der Basilica Aemilia in Verbindung gebracht, zu dem man bislang ein Architravfragment mit Inschrift zuordnete (Abb. 141). Nach Johannes Lipps gehört dieser Umbau zwar bereits ins frühe 4. Jh., aber seine Argumention zielt vor allem auf eine methodisch korrekte Zuweisungspraxis und weniger direkte Verbindung mit Symmachus als dies bislang gehandhabt wurde. Der Vorbau selbst kann, vor allem wegen der Wiederverwendung von bereits spätantiken Basen als Piedestalen, jedoch wohl auch mit einer fassadenhaften ›Reparatur‹ der Basilica Aemilia des 5. Jhs. verbunden werden[519].

Nachdem die zwei Hauptteile der Inschrift des Symmachus vor dem Foro della Statua Eroica FSE/P2b im selben Fundkontext wie die Fassade selbst gefunden wurden, läßt sich dessen Urheberschaft an einem wie auch immer gestalteten Umbau nicht wie beim Beispiel der Basilica Aemilia aus Rom entkräften. Was Lipps für das Forum Romanum des 4. Jhs. schildert, könnte auch den Zustand des Macellums von Ostia im 5. Jh. gut charakterisieren: »So war der frühkaiserzeitliche Platz maßgeblich durch Bogenarchitekturen auf Pfeilern republikanischer Tradition geprägt […]. Nun wurden diese Pfeiler an allen Seiten durch Säulenstellungen, hauptsächlich aus Spolienmaterial ersetzt. Bestanden die Fassaden der Forumsbauten bis dahin ausschließlich aus weißem Marmor, wurden jetzt teilweise Granit und Buntmarmor verwendet«[520].

Den Einlassungsspuren zufolge standen über den vorspringenden Gebälkkonsolen Säulen (Abb. 142) oder Statuen (Abb. 143), wenn die Einarbeitungen nicht zur Erstverwendung des Gebälks gehört hatten. Das erinnerte an stadtrömische Monumente wie die Kaiserfora, die Blendfassade des sogenannten Romulustempels am Forum (Abb. 144) oder etwa den Konstantinsbogen und zeigt, daß prinzipiell mit einer aufwendigen Attikazone zu rechnen wäre (Abb. 139). Die größte Portikus des Forums von Ostia (MFP), die im nächsten Kapitel behandelt werden wird, erhielt in der Spätantike, was u. a. durch einen eindeutigen Terminus post quem von Münzen des Arkadius in der Fundamentierung belegt ist, ihre erste vorgelagerte Säulenstellung aus grauen Granitsäulen. Das kontrastierte dort bereits deutlich die Ziegelfassaden im gesamten Südteil des Forums und die durchwegs weißen Säulen der beiden Forumstempel sowie der hadrianischen Portiken der Nordhälfte des Forums. Von noch größerer Auffälligkeit erwies sich indessen die Verwendung der Granitsäulen aus den Fundberichten Vaglieris; wenn man sie in Beziehung setzt zu den zahlreichen Fragmenten aus dunkelgrünem Marmor – eindeutig als der sehr wertvolle Serpentin benennbar –, die seit 2008 zusammen mit einigen gelben Plattenfragmenten direkt um die Fassadenpfeiler herum gefunden worden sind sowie den Pilasterkapitellen mit dem Gebälk aus den Altfunden. Die offenbar bewußt gesuchten Farb- und Hell-Dunkel-Kontraste hätte eine direkte Entsprechung in der äußerst repräsentati-

518 <www.visualisinglateantiquity.wordpress.com>, (Mai 2014).

519 Zur Zugehörigkeit des Architravs mit dem Namen des Symmachus, der vor dem Caesartempel gefunden wurde, zur Basilica Aemilia neuerdings skeptisch: Lipps 2013, 115–117. Stilistische Vergleiche des Architravs führen nicht weiter, so versucht Lipps die Datierung über kontextuale Kriterien. Folgt man rein stilistischen Kriterien zur Datierung des Gebälks, so ergäbe sich als nächste Parallele auch der sogenannte Romulustempel in Rom (s. u.). Das Gebälk des Foro della Statua Eroica FSE müßte dann ins frühe 4. Jh. und damit noch in die Phase FSE 1a/b angesetzt werden. Zumindest auf Basis der Analogien zu fassadenhaften Verblendung in FSE Phase 2b wäre es jedoch nicht auszuschließen, bei dem Vorbau der Basilica Aemilia an eine Reparatur nach dem auch in Rom verbürgten Erdbeben von 442/443 zu denken.

520 Lipps 2013, 117.

Abb. 140 Architrav der Eingangsfront vom Foro della Statua Eroica

Abb. 142 Foro della Statua Eroica. Aufsicht auf die Einlassungsspuren der Oberseiten der Architravfragmente f2 und f3

Abb. 141 Rom. Architravinschrift des Aurelius Symmachus vom Forum Romanum

Abb. 143 Foro della Statua Eroica. Aufsicht auf die Einlassungsspuren des Architravfragments f7

Abb. 144 Rom. Architrav des Romulustempels vom Forum Romanum

ven Ausstattung der stadtrömischen spätantiken Vorhalle – die kaum als ›Notbau‹ zu bezeichnen wäre – vor der Basilica Aemilia. Der wertvolle und schwer zu bearbeitende Rosengranit hatte dort wohl einen extremen Farbkontrast vor dem bislang recht einheitlich weißen Forumsprospekt des hochkaiserzeitlichen Zustands – zumindest, was die Säulen betrifft – gebildet.

Patrizio Pensabene vermutete für das Foro della Statua Eroica analog zur Portikus der Basilica Aemilia in Rom Piedestale[521], deren quadratische Fundamentierungen bis heute sichtbar geblieben sind (Abb. 119, S06–7) oder durch die Grabungen seit 2008 erwiesen werden konnten. Allerdings waren diese Piedestale, die Abarbeitungen in einer Höhe von 40 cm zeigten, tatsächlich zum Zeitpunkt der Fertigstellung der Fassade nicht (mehr) zu sehen: Der direkt vorgelagerte Decumanus wurde im Zeitrahmen der ersten Hälfte bis zur Mitte des 5. Jhs. um genau diesen Abstand erhöht, um den jährlichen Überschwemmungen durch eine zunehmend einheitliche Aufhöhung des Straßennetzes zu begegnen und bzw. oder den Schutt einer großen Einsturzkatastrophe zu entsorgen. Inwiefern diese späte Erhöhung zumindest entlang der ›Bürgersteige‹ mit den hier zahlreich direkt am Decumanus gefundenen Marmorplatten als Spolien aus den Nekropolen (s. o.) gepflastert gewesen war, kann nicht mehr erwiesen werden. Es ist aber auch durchaus denkbar, daß hier tatsächlich ein einfacher Gebrauchsboden aus kleinen Steinen in einem Mörtelverbund das neue ›Decumanuspflaster‹ gebildet hatte, indem er über eine Auffüllschicht aus Erde und Gewerbeabfällen gelegt worden war. Um so deutlicher markierte dann wohl die bunte Fassade den Übergang von der Straße zum Platzensemble.

Faßt man alles bislang Bekannte zur Fassadenrekonstruktion des Foro della Statua Eroica FSE/P2b zusammen, dann gleicht das engagierteste Reparaturprojekt Ostias im 5. Jh. sehr weitgehend dem, was man als das auffälligste spätantike Bauunterfangen am Forum Romanum bezeichnen könnte und das man bisher nur als Notbau und ›Verkleidung‹ der Basilica Aemilia angesprochen hat. Das könnte nun tatsächlich in beiden Fällen auf einen ähnlichen Bauzeitpunkt und eine ähnliche Intention, Akzente zu setzen, zurückzuführen sein, auch wenn die Urheberschaft im einzelnen ein Gegenstand offener Diskussionen bleibt. Die Basilica Aemilia, die im Inneren um 408 oder auch 443 ausgebrannt gewesen sein könnte[522], war, und das zeigt auch die Argiletumfassade, im 5. Jh. noch durchwegs innovativ und aufwendig sowohl durch ein Fassadennymphäum als auch durch eine Säulenhalle als Verweilpunkt umgenutzt und verkleidet worden.

Die neue Macellum-Front als Teil einer ›Ensembleplanung‹ zusammen mit der Exedra EXE/P2a?

Zwischen der Exedra EXE/P2a und dem Macellum vor dem Foro della Statua Eroica FSE/P2b erstreckt sich in Nord-Süd-Richtung eine gemeinsame Ziegelmauer (Abb. 114). Sie inkorporiert Teile der hochkaiserzeitlichen Vorgängerbebauung der Thermen, setzt auf dem hochkaiserzeitlichen Gehniveau an und läßt sich zumindest im heute noch sichtbaren Teil über dem Wandputz anhand der Mörtelqualität, der Ausführungsart und der Wiederverwendung von Ziegeln zweifellos einer einheitlichen Bauphase zuordnen. Der gemeinsame, nicht doppelte Mauerverlauf legt dabei nahe, daß es zur Zeit ihrer Errichtung einen Zusammenhang beider spätantiker Bauten als Besitz- oder Planungseinheit gab[523].

Die Exedra EXE/P2a wurde durch die halbrunde Rückmauer in ihrer Form und Funktion konstituiert. Die halbrunde Rückmauer setzt nicht direkt an die Außenmauer des Foro della Statua Eroica FSE/P2b an, sondern an einen älteren Mauerteil der Vorgängerthermen, setzt aber den weiteren Mauerverlauf bis zum Decumanus voraus. Dadurch ist klar, daß sie später als die Außenmauer des Forums FSE errichtet worden sein muß.

Der Zugang zur Exedra auf Höhe von 3,10 m NN ohne Stufen setzt bereits die Erhöhung des Decumanus voraus, die nicht vor dem späten 4. Jh. angesetzt werden kann. Für die Phase 2a des Macellums FSE/P2b galt dasselbe. Eine gemeinsame Ausführung von neuer Säulenfront des Macellums und der Exedra im frühen 5. Jh. wäre also denkbar, wofür auch Vorbilder von einheitlich entstandenen spätantiken Forum-Exedra-Komplexen wie das Theodosiusforum in Konstantinopel sprächen.

521 Pensabene 2007, 476.

522 Den letztendlichen Beweis kann nur die vollständige Analyse aller Fundmünzen aus der Einsturzschicht erbringen, um zu repräsentativen Ergebnissen zu kommen.

523 Dem Befund der Baufuge am Rücksprung der decumanusseitigen Fassade entsprechend (Abb. 116. 119, f10), handelte es sich bei den trajanisch-hadrianischen Vorgängerbauten der Frontbereiche der Exedra und des Foro della Statua Eroica dagegen noch um zwei getrennte Bauten bzw. Besitz- oder Renovierungsgrenzen.

Zur Datierung und Genese des Platzensembles aus Exedra und Foro della Statua Eroica – Das Macellum P2a/b als neues spätantikes Alltagszentrum

Die Entwicklungsetappen der gemeinsamen Baugeschichte des gesamten Areals von Exedra EXE/P2a und Foro della Statua Eroica FSE/P2b sollen hier zusammengefaßt werden:

- 1. Jh.: Die vortrajanische Bebauung an dieser Stelle ist ohne Tiefensondagen völlig ungeklärt. Die Decumanusfront der Exedra war durch eine trajanische Tabernenreihe charakterisiert. Die Via della Forica und die nach Norden abzweigende Verbindung zur Via dei Lari auf der anderen Seite des Decumanus bildeten die einzige bislang nachweisbare ältere Gliederung des Areals.
- 2. Jh.: In hadrianisch-antoninischer Zeit wurden Thermenbauten auf dem Areal beider Platzflächen errichtet. Die Via dei Lari und eine angrenzende Tabernenreihe trennte beide Thermenareale, so daß vielleicht von zwei getrennten Thermen auszugehen ist.
- Im frühen 3. Jh. kamen in beiden Thermenbereichen nachträgliche Einbauten hinzu, so ein Apsidenraum und zwei mit Marmor ausgestattete ›Prachtlatrinen‹. Seit ihrem Einsturz im späten 3. Jh. waren die Thermenbauten als Ruine liegengeblieben[524].
- Spätes 3./frühes 4. Jh.: Die ersten Maßnahmen nach dem Brand dienten der improvisierten Bewältigung und Ausblendung des Verfalls. Auf dem Areal der späteren Exedra wurde nachweislich eine Bäckerei in die aufgegebenen Thermenbauten eingefügt. Der monumentale Neubau der Decumanusfront mit Ziegelpfeilern könnte Ausgangspunkt eines geplanten ›Aureliansforums‹ auf dem Foro della Statua Eroica FSE/P2b mit einer Säulenweihung durch seinen Nachfolger Tacitus gewesen sein.
  Der Platz FSE/P2b selbst war damals wohl noch nicht gepflastert, so lange, bis die Straßen auf der Platzfläche aufgefüllt und außer Funktion gesetzt worden waren. Die Forumsthermen erhielten einen Annexbau, der mit seiner Apsis den Straßenraum der Via della Forica fast ganz blockierte. Zum Zeitpunkt ihres Einbaus war das Gehniveau der Straßen auf dem Platzareal aber noch nicht erhöht. Die Auffüllung dieser Straßen legt nahe, diese für das Platzpflaster konstituierende Baumaßnahme nicht vor der Mitte des 4. Jhs. anzusetzen.
- Zweite Hälfte des 4. Jhs.: Das eigentliche Platzareal wurde in dieser Zeit nur knapp unter dem heute erhaltenen Gehniveau unmittelbar über dem Mosaikboden der aufgegebenen Thermen komplett mit Marmorplatten ausgestattet. Die Portiken ruhen auf Fundamenten, die ältere Spolien und Inschriften einbezogen. Die qualitativ sehr anspruchsvollen architektonischen Elemente der Wandpilaster, die neu angefertigt worden waren, werden nach Pensabene in die zweite Hälfte des 4. Jhs. gesetzt[525]. Zu dieser Zeit war es wohl auch zu einer Erweiterung der angrenzenden Forumsthermen gekommen. Möglicherweise standen die Zisternen, die man sowohl unter der Exedra als auch unter dem Forum angelegt hatte, damit in Verbindung. Zwei Eingänge werden auf höherem Gehniveau des Foro della Statua Eroica FSE/P2b zu den Forumsthermen eingerichtet, die die Platzanlage zum ›Foyer‹ der Thermen machen. Diese umfassenden Bauphasen können mit mehreren Inschriften des Ragonius Vincentius Celsus am alten Forum und dem Verbindungsweg zum Foro della Statua Eroica FSE/P2b sowie möglicherweise auch an den Portiken der Platzanlagen verbunden werden.
- Erste Hälfte 5. Jh.: Die Reparatur eines Macellums unter Aurelius Symmachus in den Jahren 418–420 und der konstituierenden Bauphase der Exedra EXE/P2a auf erhöhtem Niveau. Die Reparaturinschrift des Symmachus, die in drei Teilen auf dem Decumanus und in einer benachbarten Seitenstraße gefunden wurde, ist zweifelsfrei auf die Platzfassade zu beziehen. Das Foro della Statua Eroica kann auch ohne gebaute Tabernenstrukturen zumindest temporär als Fleisch- und Lebensmittelmarkt benutzt worden sein, wie das für viele vor allem spätantike Märkte überliefert ist.
- Mitte 5. Jh.: Auf der Platzfläche selbst erfolgte eine grundlegende Pflasterreparatur. Die Ursache lag in einer Absenkung des Platzareals – Erosion und Einsacken der Hohlraumfüllung mit Bauschutt –, als Auslöser sind jedoch auch plötzliche Einsturzkatastrophen durch ein besonders starkes Erdbeben denkbar. Auch im Süden des Forums scheint eine solche Katastrophe zum Einsturz des Roma- und Augustustempels geführt zu haben, dessen Spolien am Macellum Verwendung fanden. Weiter südlich angrenzend befinden sich Privathäuser, die in der Zeit unmittelbar vor der letzten Reparatur der Terme Bizantine an der Via del Tempio Rotondo ausgebrannt waren. Die Möglichkeiten der absoluten Baudatierung sind nicht ausreichend, als Ursache dieser Brände in allen Fällen zweifelsfrei das Erdbeben von 442/443 zu bestimmen. Auf Basis des ›Notbaus‹ der

524 Dazu s. ScO XI 23 f.

525 Dazu s. Pensabene 1973, 118. Anm. 1. Nr. 444. Taf. 44.

dritten Portikus des Foro della Statua Eroica FSE/P2b gewinnt ein gemeinsames Erklärungsmodell zur Ballung vieler Einsturzbefunde mit zum Teil auch wertvollen Haushaltsinventaren und Münzreihen zu dieser Zeit aber große Plausibilität.

- Zweite Hälfte 5. Jh.: Beschädigte Bauelemente der älteren monumentalen Platzphasen wurden auf höherem Gehniveau wiederverwendet, ebenso Inschriften aus dem benachbarten Caseggiato dei Triclini CDT, das zu dieser Zeit spätestens aufgegeben oder als Ruine belassen wurde und dabei wohl zur selben Besitzeinheit wie das Forum und Macellum selbst gehörte. Für eine damals bereits erfolgte Offenlassung spricht auch die Einbeziehung eines Raums zum Areal des Macellums, dessen Tür zum Innenhof des Caseggiato dei Triclini hin durch charakteristischen Bauschutt von Einsturzkatastrophen zugesetzt war (Abb. 116, z'1).
  Der Platz FSE/P2b wurde nach dieser Brand- und Einsturzkatastrophe in der Mitte des 5. Jhs. offenbar von seiner direkten Anbindung an die Forumsthermen gelöst, weil deren größter Haupthallenbau, das Frigidarium, mit den Wasserbecken und der Apsis damals offenbar so baufällig geworden war, daß man alle Fenster und Zugänge in der Thermenfassade geschlossen hatte. Die Zusetzungen der Nordzugänge zu den Forumsthermen, die zur Grabungszeit noch erhalten waren, aber nachträglich entfernt wurden, könnten aus der Zeit des mittleren 5. Jhs. stammen.

Zur Bedeutung neu angefertigter Bauteile bei ›säkularen‹ spätantiken Bauten

Aus den Bauphasen FSE 1b oder 2a–c stammt ein Einzelstück einer runden Nische oder Archivolte (Abb. 145), die an der Fassadenfront Verwendung gefunden haben könnte. Der Janus quadrifrons in Rom ergäbe die nächste Parallele, was die qualitativ hochwertige Anfertigung, allerdings ohne Vorzeichnung von Kreissegmenten betrifft (Abb. 146). Ein Pendant dazu ist am Vorplatz des Tempio Rotondo PTR/P4b im spätesten faßbaren Wiederverwendungkontext, als die Platzfläche mit einer Latrine o. ä. bebaut worden war, überliefert (Abb. 184)[526]. Vielleicht war auch die Fassadenfront dieses Platzes analog zum Foro della Statua Eroica FSE/P2b mit Architrav (Abb. 124. 140) und Archivolten gestal-

Abb. 145 Foro della Statua Eroica. Fragment einer Archivolte der Eingangsfront

tet gewesen. Für deren Anbringung an der Schaufassade des Foro della Statua Eroica könnte man zumindest an den betonten Mitteldurchgang der Fassade denken (s. o.), der von einer Archivolte gekrönt gewesen sein könnte, da diese aufgrund des ergänzbaren Durchmessers zwischen zwei Eingangspfeiler passen würde.

Der einzige Neubau mit einem ähnlich hohen Anteil an neu angefertigten Bauteilen aus dem öffentlichen Bereich ist die große christliche Basilika, die von Michael Heinzelmann näher erforscht wurde[527]. Der Anspruch, sich im sichtbaren Bereich so weit wie möglich durch eine auffällig neue Architekturornamentik von anderen Bauten abzugrenzen, scheint in beiden Fällen beider sehr unterschiedlich konnotierter Gebäude – das eine als Zentrum der neuen christlichen Religion, das andere als repräsentatives Zentrum und Nutzungsmittelpunkt im Alltag – vergleichbar hoch gewesen zu sein.

Warum ›einzigartig‹? – Alleinstellungsmerkmale des neu gebauten Platzes FSE/P2b

Bislang wurde das Areal des Foro della Statua Eroica FSE/P2b – wie fast alle profanen spätantiken Bauten Ostias – sowohl zur Grabungszeit als auch in der Sekundärliteratur bis auf wenige und kurze Bemerkungen kaum beachtet[528].

Demgegenüber steht seine außerordentliche kulturhistorische Bedeutung, die erst durch den Vergleich mit anderen Städten des Reichswestens deutlich hervortritt. Mit Ausnahme der ›privaten‹ Fora Roms, zu denen nur

526 Hiervon ist sogar ein fast baugleiches Bogensegment erhalten geblieben, als man den Fußboden des Vorplatzes im späteren 5. Jh. angehoben und dieses Element zur Niveauerhöhung darin verbaut hatte. Vgl. dazu Gering u. a. 2011, 443–445.

527 Bauer – Heinzelmann 1999; Bauer – Heinzelmann 2001.

528 Zum Foro della Statua Eroica vgl. bisher Calza u. a. 1953, 161 Taf. 31; Zevi 1971, 465 f.; Meiggs 1973, 551; Pensabene 1973, 118; Heres 1982, 386 f.; Pavolini 1983, 108; ScO XI 22. 165; Bakker 1999, 98 f.

Abb. 146 Rom, Janus quadrifrons. Vergleichsbeispiel zur Archivolte vom Foro della Statua Eroica

inschriftliche Belege existieren[529], handelt es sich um das einzige Beispiel einer gut erhaltenen und später nicht weiter überbauten Platzanlage, die im Reichswesten in der Spätantike neu gebaut worden war. Ähnliche Fora bzw. Agorai oder Tetrastoa als Neubauten findet man ansonsten nur in den führenden Provinzzentren des Reichsostens und der Kapitale Konstantinopel. Bereits diese Tatsache an sich belegt wiederum die außerordentliche Bedeutung Ostias in der Spätantike: das wird besonders durch einen Vergleich zur Situation anderer Städte im Reichswesten zu dieser Zeit deutlich[530]. Die Beibehaltung des öffentlichen Lebens auf den bestehenden Fora und ihre dementsprechende Renovierung im gesamten 4. Jh. ist dabei weniger überraschend[531]. Zum Neubau eines solchen Platzes findet man indessen keine Analogien[532]. Christian Witschel konstatiert für die Fora im 5. Jh.: »Jedenfalls hatten sie zu diesem Zeitpunkt ihre Funktion als wichtigster Ort für das Leben der Gemeinde offensichtlich verloren. Statuenaufstellungen wurden hier in der Folgezeit naturgemäß kaum mehr vorgenommen«[533].

Fora und Platzanlagen konnten als Freifläche auch im 5. Jh. weiterexistieren, ohne abusiv durch eine ›squatter occupation‹ dauerhaft bebaut zu werden oder als Ruine liegenzubleiben, wenn sie einem dezidiert merkantilen Zweck dienten. Als Beispiel dient das Forum von Caesarea in Mauretanien, »dessen Charakter aber im frühen 5. Jh. durch die Installation hölzerner ›Buden‹, die vermutlich merkantilen Zwecken dienten, sowie durch den Bau einer christlichen Basilika (?) ebenfalls recht nachhaltig verändert wurde«[534]. Die Nutzungen als Forum, Festplatz und Fleischmarkt müssen sich dabei gerade in der Spätantike nicht gegenseitig ausschließen. Die typologisch nächsten Platzneuanlagen ohne die für Macella typischen angegliederten Tabernen wie in Aphrodisias oder Skythopolis konnten neben repräsentativen Zwecken auch alltäglichen Nutzungen als Lebensmittelmarkt dienen. Auf dem Platz vor dem Theater in Aphrodisias ballten sich die Statuen von Magistraten und implizieren u. a. eine repräsentative Nutzung im Rahmen von Feierlichkeiten und Prozessionen, die hier nachweislich eine wichtige Station hatten[535].

Eine solche merkantile (Teil-)Nutzung ist für das Macellum FSE/P2b mindestens in seinen Ausbauzuständen des 5. Jhs. durch seine Renovierungsinschrift von 418–420 als *macellum reparatum* überliefert, wobei diese Inschrift auch inhaltlich als ›Reparatur‹ mit dem archäologischen Befund der Reinigungsrinnen und Einlassungen für Marktbuden bzw. Tische im Pflaster der Phase 2a bestens übereinstimmt. Inwieweit hier die Marktfunktion aber tatsächlich länger als die repräsentative Funktion dazu beigetragen haben kann,

529 Bauer 1997.
530 Bauer – Witschel 2007; Haug 2010.
531 Zur entsprechenden Evidenz vor allem aus der Provinz Africa s. Bauer – Witschel 2007, 115.
532 Bauer – Witschel 2007, 114.
533 Bauer – Witschel 2007, 114.
534 Bauer – Witschel 2007, 114 mit Anm. 9.
535 Zum Beispiel aus Aphrodisias s. hier Kapitel III.

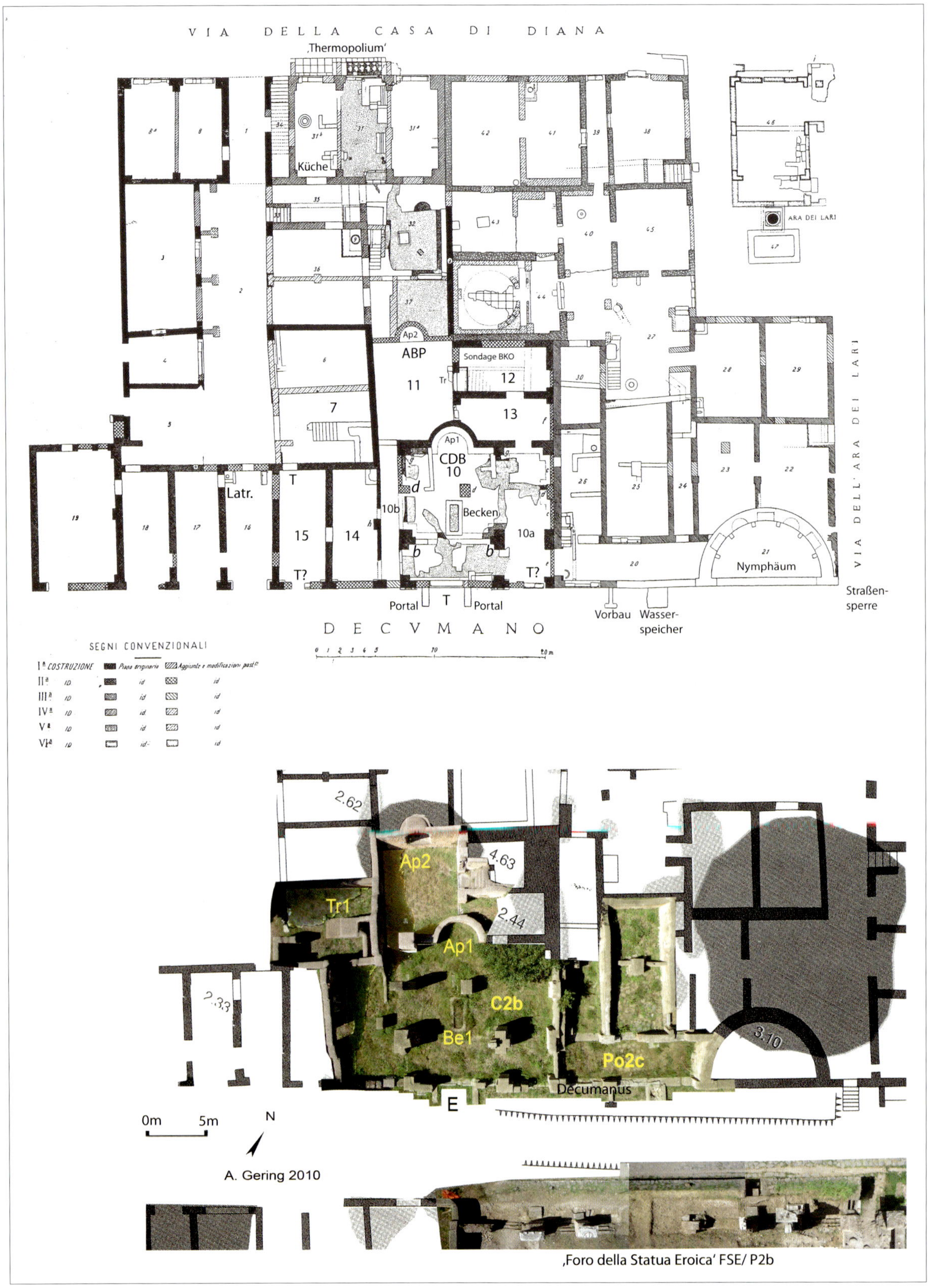

Abb. 147 Plan und Fotomosaik der Casa della Basilica CDB und der Aula del Buon Pastore ABP (M. 1:500)

den Status quo der Platzanlage zu erhalten, kann nur anhand seines Bestands an ›offiziellen‹ Statuen und Inschriften der Präfekten, die Vaglieri hier 1913 gefunden hatte (s. o.), im Vergleich mit den archäologisch verbürgten spätesten Reparaturen des späten 5. oder frühen 6. Jhs. gemutmaßt werden.

II. 3. d Die Umgebung von Exedra EXE/P2a und dem Foro della Statua Eroica FSE/P2b als erweitertes Stadtzentrum der Spätantike? Politisch-administrative Bauten und neue Alltagsmittelpunkte nördlich des Decumanus

Der Decumanus, ehemals Mittelachse der hochkaiserzeitlichen Stadt, geriet im spätantiken Ostia in eine Randlage. Die aufgelassenen Viertel, das wird in einem zweiten Hauptteil der vorliegenden Studie thematisiert, waren zugleich Orte zur Deponierung von Haushalts- und Gewerbemüll. Zum Teil mehr als 5 m hohe Mauern sperrten die verlassenen Stadtviertel ab, was anhand alter Grabungsfotografien für den nördlichen Cardo oder die Via di Diana überliefert ist. Diese für Gerüche und Blicke undurchdringlichen Barrieren bildeten eine ›zweite Linie‹ hinter den Straßenzusetzungen, die direkt auf den Decumanus mündeten und wenigstens durch Türen durchlässig blieben, wenn auch für einen selektierten Publikumsverkehr[536].

Vor diesem Hintergrund kann die unmittelbare Bebauung der Nordseite des Decumanus gegenüber der neuen Platzanlagen in ihrer urbanen Einbettung als Zeichen einer erfolgreichen ›Bewältigung‹ von städtebaulichem Verfall gewertet werden: Das alte Stadtzentrum war offenbar ein Zentrum geblieben, das signifikante Umbauten und Erweiterungen im Vergleich zum hochkaiserzeitlichen Stadtbild erfuhr.

Ein restauriertes Nymphäum

Der spätantike Zustand des Decumanus ist zwischen Via dei Molini und Forum nur in kleinen Ausschnitten am Straßenrand erhalten geblieben. Auf der Straße sieht man heute die modern aufgemauerte Schnittkante der Tiefengrabungen und das wesentlich tiefere Gehniveau der Ausgrabungen von Vaglieri aus dem Jahr 1912, die den Zweck hatten, die Hauptachse des Decumanus innerhalb des Castrums, hier auf dem Gehniveau tiberischer Zeit, unter dem ehemals höher gelegenen Decumanuspflaster des 2. Jhs. freizulegen. Erhalten blieben vor allem die sogenannte Casa della Basilica, die in der Spätantike renoviert, erweitert und zugleich so stark modifiziert worden war, daß von einem Funktionswechsel auszugehen ist, und das spätantik renovierte halbrunde Nymphäum N2a (Abb. 102. 116. 147).

Das straßenseitige Nymphäum N2a wurde 1914 unter Vaglieri ergraben[537]: Dabei ergab sich, daß die Marmorverkleidung des halbrunden Wasserbeckens durchwegs aus wiederverwendeten Bauteilen bestand, wobei sich im Mörtelgrund die unterschiedlichsten Abdrücke der Rückseiten der Marmorplatten erhalten haben, u. a. ein Fragment einer Inschrift, die wohl aus den Nekropolen stammte[538]. Die Baugeschichte des Straßenbrunnens wurde vom Teamteil der Kent-University unter Leitung von Luke Lavan in den Jahren 2009–2010 dokumentiert und aufgearbeitet. Hierzu ist bislang ein Vorbericht erschienen[539].

Die Innenwandgliederung mit rechteckigen und halbrunden Nischen für Statuenausstattung spiegelt den spätantiken Endzustand des Baus wider (Abb. 148). Nach den Restaurierungen von 1915 und 1963 haben sich keine Verfüllungsschichten mehr im Nymphäum selbst erhalten, um Aufschluß über dessen Nutzungszeit zu erhalten. Zur Rekonstruktion der spätantiken Stratigraphie aussagekräftig ist aber die Einbauhöhe von Überlaufkanälen im erhaltenen Mauerbestand: So existiert ein Überlauf des Beckens, der in der Höhe von +35 cm über dem Decumanuspflaster in eine seit 1914 abgegrabene Auffüllschicht entwässert hatte. Eine Kanaldurchführung befindet sich in der Seitenmauer der Straßenzusetzung S2c (Abb. 149).

Die Straßensperrung S2c und ein wiederverwendeter Sarkophag – Urbanistische Indizien zur organisierten Abräumung paganer Nekropolen für den letzten monumentalen Stadtausbau

Zwei Mauerzungen ragen in den ehemaligen Straßenraum der Via dei Lari hinein und fassen eine Türschwelle aus Marmor ein (S2c, Abb. 102. 116). Dazu wurde ein Marmorsarkophag zu einer Türschwelle umgebaut. Die untere Profilierung des Sarkophagkastens blieb dabei noch zum Decumanus hin deutlich sichtbar verbaut (Abb. 149. 203. 204).

Auf dem Foro della Statua Eroica wurden seit 2008 zahlreiche Fragmente von Grabinschriften gefunden, die nachweislich mit Teilen von Riefelsarkophagen als

536 Dazu vgl. hier Kapitel II. 4. b.

537 Dazu s. Vaglieri 1914, 69–70. 244–247 mit Abb. 1; 246 zur Straßenzusetzung S2c.

538 Vgl. dazu letzte Anm. Diese Praxis der Spoliation war bereits entlang des gesamten Decumanus und auf FSE/P2b beobachtet worden. Dazu vgl. hier letztes Kapitel.

539 Lavan 2012.

Abb. 148 Das Nymphäum westlich des Straßenzubaus S2c

Abb. 149 Der Straßenzubau S2c mit Material aus den Nekropolen

neue Bodenplatten mit der Dekorseite nach unten eingemörtelt worden waren. Das geschah nicht nur als lokale Reparatur, um Lücken oder zerstörte Stellen des Platzpflasters zu füllen, sondern im Rahmen einer die ganze Platzfläche betreffenden Neupflasterung in den Phasen FSE 2b–c[540]. Die stratifizierte Wiederverwendung von nachweislichem Material aus den Nekropolen datiert auf dem Foro della Statua Eroica also nach der Mitte des 5. Jhs. Die Verwendung des Sarkophagunterteils für die Türschwelle S2c scheint dagegen bereits früher anzusetzen.

540 Zum als Bodenplatte verwendeten Riefelsarkophagfragment im Areal FSE/C s. Gering u. a. 2011, 424. 473.

Die absolute Datierung solcher Wiederverwendungskontexte ist von kulturgeschichtlicher Bedeutung, weil sie zugleich Aufschlüsse darüber geben kann, wann die paganen Nekropolen tatsächlich umfassend und organisiert beraubt werden konnten. Finelli betonte in den Grabungstagbüchern von 1908 bis 1924 mit steter Regelmäßigkeit die zahlreichen Funde von fragmentierten Grabinschriften, Altären und Sarkophagen bei den Grabungen entlang des Decumanus, was den Bearbeiter der Inschriften für den CIL, Lothar Wickert, zu einer entsprechenden, aber im Gegensatz zu Finellis GdS erstmals breitenwirksam publizierten Thematisierung dieser ungewöhnlichen Fundballung veranlasste[541].

Die Belegung der vorstädtischen Nekropolen Ostias nahm den Studien von Michael Heinzelmann zufolge bereits im 3. Jh. stark ab, was meist mit dem ökonomisch bedingten Wegzug gerade ›mittlerer‹ Gesellschaftsschichten erklärt wurde[542], so daß bestimmte Grabmonumente einzelner Familien keinen realen Erinnerungswert mehr hatten. Als öffentlich organisiertes und kommunal lizenziertes Phänomen, bezogen auf alle paganen Nekropolen, wird man die aktive Plünderung paganer Begräbnisorte aber vielleicht nicht vor dem späten 4. Jh. annehmen können, denn vor ihrer regelmäßigen Abräumung und innerstädtischer Wiederverwendungspraxis mag aus Gründen von traditionell-paganer Identitätsbindung und kulturellem Gedächtnis wohl noch einige Zeit verstrichen sein. Eine Notwendigkeit zur staatlichen Regulierung wird auch wiederholt Niederschlag in der Legislative, insbesondere gegen die private Wiederverwendung von Material aus den Nekropolen, gefunden haben; interessanter als der Soll-Zustand des Gesetzgebers erscheint hier jedoch der gesellschaftliche Ist-Zustand, der sich auf repräsentativer Materialbasis einer urbanistischen Studie ermitteln läßt.

Vor dem Hintergrund dieser bislang nicht exakt datierten kulturellen Brüche innerhalb der traditionellen Dichotomie von Stadt und Nekropole ist die Tatsache, daß der Sarkophag Teil einer gut datier- und deutbaren Umbautätigkeit war, bedeutsam. Die Datierung der Straßensperre S2c in der Via dei Lari erhält einen Terminus ante quem durch die Auffüllung dieser Straße unter der Platzanlage des Foro della Statua Eroica FSE/P2b. Der Einbau der Tür S2c in die ehemalige Durchgangsachse geschah wohl in direktem System- und Funktionszusammenhang zum Foro della Statua Eroica, als man die Fortsetzung der Via dei Lari südlich des Decumanus aufgeschüttet und in das Platzpflaster inkorporiert hatte. Damit waren beide Teile der ehemaligen Durchgangsstraße für Fahrverkehr komplett blokkiert worden. Das geschah spätestens zusammen mit der ersten nachweislich das gesamte Platzareal des Foro della Statua Eroica überdeckenden Pflasterphase, also der konstituierenden Bauphase FSE 1b bis zur Mitte des 4. Jhs. (s. o.). Die Straßensperre datiert damit bereits vor dem Bau des Fundaments s8 auf dem Straßenraum der Fortsetzung der Via dei Lari in der Phase FSE 2b, der Mitte des 5. Jhs. (s. o.). Die stratigraphische Einbindung der Türschwelle belegt diesen Datierungsansatz.

Die Türschwelle S2c ging also zusammen mit der Reorganisation des Straßensystems dem Neubau der meisten spätantiken Platzanlagen vom späteren 4. bis in die erste Hälfte des 5. Jhs. voraus. Ziel der Sperre war es, eine zunehmend auf repräsentative Anlässe konzentrierte Nutzung des Decumanus durch die Entlastung von Durchgangsverkehr und die Einschränkung des Zugangs von den bereits seit dem späten 3. Jh. verlassenen Stadtvierteln am Tiber her zu ermöglichen. Damit erweist sich auch diese Türschwelle als ein Indiz gegen die These Paolo Lenzis, Material aus den Nekropolen sei hier nur innerhalb der Stadt gefunden worden, weil es in Materialdepots von Kalköfen verbracht worden war, um zu Kalk gebrannt zu werden. Lenzi setzt die Datierung des Vorgangs, Material aus den paganen Nekropolen in die Innenstadt zu überführen, zudem erst in die frühmittelalterliche Zeit des 6.–8. Jhs. an, als der Decumanus sicher keinen vergleichbar monumentalen Ausbau und entsprechend repräsentative Nutzungen mehr erlebt hatte[543]. Der ungewöhnlich ›frühe‹ Verwendungskontext des Sarkophags in der Straßenzusetzung S2c ist wie die Verkleidung des Nymphäums N2a mit Spolien aus den Nekropolen dagegen nachweislich bereits zur Mitte des 4. Jhs. noch vor den spätantiken Erhöhungen des Gehniveaus um +40 oder +70 cm anzusetzen. Es wird im Rahmen des nächsten Kapitels zum Forum noch genauer ausgeführt, daß die Nachfrage nach Material aus den Nekropolen in größerem Maßstab auch auf die Anforderung von ›Recyclingbetrieben‹ für den spätantiken Stadtumbau zurückgehen konnte. Die Anpassung von Grabinschriften an neue Kontexte, den Plattenbelag von Böden und Wänden, begleitete damals nachweislich die Kalkherstellung aus fragmentierten Platten und Abschlägen bereits auf dem Höhepunkt spätantiker Bauaktivitäten im späten 4. und frühen 5. Jh.

541 Zu Finelli s. o. Wickert 1933, 821.

542 Heinzelmann 2000, 77–84. – Zum Wegzug der Mittelschichten zusammenfassend: Gering 2013a, 305–308.

543 Lenzi 1998, 251 f.

Östlich der Türschwelle S2c grenzt ein Gewerbeeinbau an, der anhand seiner gut erhaltenen gebauten Ausstattung wahrscheinlich als Thermopolium oder Bar anzusprechen ist, bislang aber nicht als solche gedeutet wurde (Abb. 116. 147, B'2c). Eine halbrunde Einfassung eines Bartresens, der ehemals ein *dolium* umfaßte und typologisch mehrere Vergleiche in Ostia findet, und ein Wasserbecken sowie die erhöhte Türschwelle auf den Decumanus blieben in situ erhalten. Die Einbauhöhe läßt eine relative Datierung zu: Der Seiteneingang der Bar zur ›Via dei Lari‹ war offenbar in Verbindung zum Einbau der Straßenzusetzung S2c verschlossen worden, während die Orientierung des Haupteingangs auf den erhöhten Decumanus eine Benutzungszeit der Bar auch in späteren Epochen belegt, als das Gehniveau zwischen +40 bis +70 cm höher lag.

Die anhand der Türschwelle S2c durch zwei Türflügel (Abb. 203. 204, s. u.) von innen verschließbare Via dei Lari war in der Spätantike offenbar nicht mehr so stark wie zuvor frequentiert, was auch die vielen Zubauten ehemaliger Tabernen neben den aufgegebenen Räumen der Bäckereien belegen können.

Die Vorhalle Po2c und ihre letzte Nutzung – Kleingewerbe und Dienstleistung an der repräsentativen Promenade

Auch westlich des Nymphäums N2b befinden sich Einbauten am Straßenrand, die auf ein ehemals höheres Gehniveau schließen lassen, das bei der Ausgrabung undokumentiert entfernt worden war (Abb. 102. 116, Po2c). Diese Einbauten, ein T-förmiger Mauerzug und ein quadratischer Regenwasserspeicher (Abb. 147, vor Querraum 20), stellen Fundamente dar, die die Erhöhungen des Straßenniveaus des 4. und frühen 5. Jhs. voraussetzen, selbst aber noch wesentlich später datieren können, da sie die Aufgabe des Wasserleitungsnetzes voraussetzen. Aufgrund der auf den Gehsteig vorgelagerten T-förmigen Mauer wurde der Publikumsverkehr auf dem Gehsteig unterbrochen bzw. umgeleitet. Solche Vorbauten kommen bei spätantik renovierten Tabernen, aber auch bei Hauseingängen recht häufig vor und dienen gewöhnlich dem intendierten Verweilen, so u. a. direkt als Sitzbank oder als Stütze eines kleinen Vordaches[544]. Die Vorhalle mit den Tabernenschwellen (Abb. 147, Raum 20) scheint den Einbauten des Regenwasserspeichers auf dem vorgelagerten Bürgersteig (s. o.) zufolge, der mit Ziehbrunnen im Decumanus und der Semita dei Cippi parallelisiert werden könnte, bis über das 6. Jh. hinaus genutzt worden zu sein.

Die Ausstattungsfunde eines Thermopoliums bzw. einer Bar im Inneren der Vorhalle (s. o.) legen nahe, daß der Bereich zwischen dem Zierbau N2a und der repräsentativen Fassade des Versammlungsbereichs der Casa della Basilica CDB/C2b als Verweilpunkt intendiert war. Die Errichtung einer kleinen T-förmigen Mauerzunge auf dem Gehsteig kann also wohl in Analogie zum Thermopolium in der Via di Diana oder den Barbetrieben um die Terme dei Cisiarii T1a herum auch als Indiz der Entlastung des Decumanus vom Fahrverkehr und der ›Entschleunigung‹ der hier intendierten Fluktuation gedeutet werden (Abb. 150).

Die Vermischung gewerblicher Funktionsbereiche mit gebauten Verweilmöglichkeiten am Rand der Promenade ist kein Indiz gegen ihren repräsentativen Charakter: Auch um die nahe Mündung der Via dei Molini konzentrierten sich spätantike Tabernenvorbauten, die auf den Gehsteig bzw. sogar auf den Straßenraum vorgezogen worden waren und als Eingangsbereich der ›Einkaufsstraße‹ auf der Via dei Molini gedeutet wurden (s. o.). Diese Vor- und Einbauten von tabernenartigen Räumen bildeten vielleicht den Ersatz der älteren trajanischen Tabernenreihen auf der gegenüberliegenden Seite des Decumanus, die im späten 3. oder frühen 4. Jh. für den spätantiken Neubau der großen Platzanlage FSE/P2b sowie auch für den späteren Bau der Exedra EXE/P2a planiert worden waren.

Eine geballte gewerbliche Nutzung ist durch viele Einbauten im Inneren des Caseggiato del Pantomimo Apolausto hinter der Portikus Po2c gesichert, die durch den Plan der Ausgrabungszeit festgehalten wurden (Abb. 147, Vorhalle 20 bei Mauer e, Raum 26). Diese Ausbauten, die noch ein deutlich höheres Nutzungsniveau von +70 cm widerspiegeln als die mit etwa +35 cm erhöhte Bar, gehen auf eine weitere stadtweite Erhöhung der Gehniveaus in der ersten Hälfte oder Mitte des 5. Jhs. zurück, die in Verbindung zu geballtem Verfall und Schuttaufkommen aufgrund von plötzlichen Einsturzkatastrophen stand.

Das Gehniveau von mindestens +70 cm ist im Caseggiato del Pantomimo Apolausto in Form von Fundamenten, die als Eingüsse von oben in den bereits vorhandenen Bauschutt aus Einsturzmaterial erfolgt waren (Abb. 147, 25), belegt. Unabhängig von den möglichen Ursachen ist durch die Anhebung der Innenniveaus eine Wiederbenutzung eingestürzter Bereiche im 5. Jh. nachweisbar, wobei allerdings nicht mehr archäologisch geklärt werden kann, ob hier ein sofortiges ›Krisenmanagement‹ erfolgreich zur Auslastung der Immobilie beitragen konnte oder eine längere Nutzungszäsur nach der Einsturzkatastrophe in den ausgebrannten, teilweise eingestürzten oder aus Nachfragegründen zeitweise aufgegebenen Bereichen stattgefunden hatte. Was für eine gewisse Zäsur spricht: Die letzten erhalten geblie-

544 Zu einem ähnlichen Türvorbau der Aula del gruppo di Marte e Venere s. Vaglieri 1913, 401.

Abb. 150 Eine spätantike Vorhalle vor Tabernen westlich des Nymphäums

benen Funktionsbereiche der Insula I ii zwischen Via dei Molini und Forum zeichnen sich dadurch aus, daß veränderte Renovierungs- und Besitzgrenzen und eine abweichende Binnenaufteilung dominierten. Ein Indiz dafür sind u. a. jene Türschwellen innerhalb des Caseggiato del Pantomimo Apolausto, die u. a. auf dem um +70 cm erhöhten Nutzungsniveau in neu angelegten Mauerdurchbrüchen zwischen ehemals voneinander getrennten Einheiten eingebaut wurden, aber auch die Zubauten fast aller Tabernen dieser Insula (Abb. 147, 3, 6, 14, 15, 19, 28, 29, 36, 38, 41, 45).

Die doppelten Mauern der Casa della Basilica CDB/C2b gegenüber den im Osten und Norden angrenzenden Bauten, die die ursprüngliche Aufteilung widerspiegeln, könnten dagegen aus Gründen des Brandschutzes errichtet worden sein und damit noch in Tradition der neronischen Brandvorschriften gestanden haben. Es ist hervorzuheben, daß die Mauern zur Nordseite hin nicht verschalt oder verputzt waren, also offenbar keinerlei repräsentativen Aspekt zu wahren hatten.

Die Besetzung des Bürgersteigs vom Nymphäum N2a bis zur Casa della Basilica[545] durch Einbauten spricht dafür, daß es sich spätestens nach Einsturzkatastrophen der ersten Hälfte des 5. Jhs., mit denen hier die lokalen Erhöhungen des Gehniveaus korrespondierten, um einen ›offiziell‹ tolerierten Übergriff auf den öffentlichen Raum gehandelt hatte. Straßen und öffentliche Funktionsbereiche waren davon ebenso betroffen wie ›privates‹ Kleingewerbe.

Zeichen von Einsturzkatastrophe(n) und eines grundlegenden Benutzer- und Funktionswandels lassen sich in fast allen Funktionsbereichen der Insula I ii finden: Ruinen von Gewerberaum wurden durch ein wiederaufgebautes und dabei mit Spolien aus den Nekropolen verziertes Nymphäum verblendet (N2b, Abb. 147, 21),

545 Zur Datierung der Umbauten bis zur Mitte des 4. Jhs. vgl. Paribeni 1916b, 143 f.; Heres 1982, 374 f. Die Deutung als Vereinsbesitz s. Hermansen 1981.

Abb. 151 Blick auf die Casa della Basilica CDB und die rückwärtige Apsis der Aula del Buon Pastore ABP

das mehrere Tabernen überschnitt. Ferner wurde hier eine Bäckerei aufgegeben und viele Tabernen zugesetzt (Abb. 147, 27–29, 38–45). Aus einer aufgelassenen Tabernenreihe wurde umgekehrt die größte Bar Ostias, das bekannte ›Thermopolium‹, gefunden (Abb. 147, 31–37), das durch eine Einsturzkatastrophe der Mitte des 5. Jhs. in beispielhaftem Erhaltungszustand konserviert wurde.

Die in der Mitte der Decumanusfassade der Insula I ii prominent gelegene Casa della Basilica (CDB/C2b, Abb. 147, 10–15) wurde seit ihrem ersten großflächigen Einsturz mit einem münzdatierten Terminus post quem konstantinischer Zeit spätestens in der zweiten Hälfte des 4. Jhs. (s. u.) keineswegs als Ruine belassen, sondern auf zwei Geschosse reduziert, neu überdacht, umfassend umgestaltet und einer ebenfalls repräsentativen Nachfolgenutzung zugeführt.

Vom Marktgebäude zum Verwaltungssitz? Die erweiterte Casa della Basilica und ihr spätantiker Anbau als mögliches praetorium/secretarium publicum

Die Insula I ii reichte von der Via dei Lari bis zu einer Dreiraumgruppe am Forum, die später noch im Rahmen des Forums zu erörtern sein wird. Diese Insula I ii wurde zwischen 1912 und 1916 erstmals systematisch ausgegraben. Dabei traten vereinzelte Spuren früherer Grabungstätigkeit zutage, so u. a. Graffiti des 19. Jhs., die annehmen lassen, daß hier bereits während und nach den Ausgrabungen von 1801–1804 nach Statuen und Wertgegenständen gesucht worden war. Im April und Mai 1912 folgten die ersten systematischen Grabungen im Süden der Insula I ii entlang des Decumanus unter Leitung von Dante Vaglieri (s. o.)[546]; Januar und Februar 1914 sowie Januar bis Mai 1915 folgte unter Guido Calza die Freilegung der Via di Diana im Norden der Insula, wobei eine Türzusetzung durchbrochen worden war. Die Insula zwischen diesen Straßen wurde von Roberto Paribeni 1916 ergraben und mit einem für seine Zeit vorbildlich ausgeführten Phasenplan Stefanis dokumentiert[547]. Paribeni bezeichnete dabei in seiner Publikation der Befunde von 1916 eine zentral in dieser Insula angeordnete Pfeilerhalle, die durch eine Apsis im Norden abgeschlossen wurde, als Basilika, wobei der Name »Casa della Basilica« (Abb. 151. 154, CDB) bis heute beibehalten blieb[548].

Es lassen sich drei Gründe heranziehen, warum hier ausführlicher als bisher üblich auf eine einzelne Mikrohistorie eines Baus eingegangen wird: (1.) Die außerordentliche Erhaltung spätantiker Einbauten sowie Ausstattungsinventare, (2.) die relativ gute Dokumen-

546 Publiziert in: Vaglieri 1913, 229. 447; Calza 1914, 69.
547 Paribeni 1916b, 399 f.
548 Paribeni 1916b. Zum Begriff und seiner Bedeutung vgl. auch Wickert 1933, 844 f.; Calza u. a. 1953, Anhang.

tationslage der Altgrabungen[549] sowie (3.) die überraschend zahlreichen epigraphischen Funde[550].

Die Pfeilerhalle der Casa della Basilica (Abb. 147, 10[551]) öffnete sich im Süden ehemals durch einen der größten Zugänge in ganz Ostia auf den Decumanus. Zur originalen Öffnungsbreite von 6,35 m und mehreren Nebeneingängen bleibt ansonsten nur eine Dreiraumgruppe MFR zum Vergleich, die sich aufs Forum orientiert sowie eine weitere spätantik mit Marmor ausgestattete Raumgruppe, die sich auf die Palästra der Forumsthermen öffnet und später in ein Wohnhaus umgebaut worden war[552]. All diesen Bauten ist eine öffentliche Funktion gemeinsam.

Der Eingang ist durch zwei Pilaster aus Formziegeln betont, die aufgrund des fast mörtellosen Mauerwerks auffallen und daher wohl in trajanische Zeit gewiesen werden können. Dieser Eingang des frühen 2. Jhs. wurde in späterer Zeit zugesetzt und verkleinert. Aber auch in seinem letzten erhalten gebliebenen Zustand übertrifft die Öffnungsbreite mit ca. 3 m noch jene von gewöhnlichen Eingängen bei Privathäusern. Auffällig ist im Endzustand auch das auf den Bürgersteig vorgelagerte Eingangsportal, das zum Grabungszeitpunkt noch wesentlich besser erhalten war: Paribeni ergänzt dort zwei Säulen, die einen kleinen Giebel getragen haben konnten, wie das auch für die Domus del Protiro (V ii) belegt ist[553]. Der spätere breitenreduzierte Eingang ist leicht aus der Mitte des trajanischen Eingangs mit den Pilastern versetzt[554]. Das scheint den Zweck gehabt zu haben, vom Eingang aus nicht axial auf einen später hinzugefügten Stützpfeiler (Abb. 147, d) zu blicken, sondern auf die rückwärtige Apsis. Die Apsis erweist sich damit auch – oder gerade – in den spätantiken Endphasen der Baugeschichte als bedeutsam. Bei den Grabungen Paribenis und nach einer erneuten Säuberung des Mosaikuntergrunds 2005 und 2009 ließ sich in der Apsis selbst kein gebautes Fundament für eine Statuenaufstellung nachweisen. So kann man in Vergleich zu den apsidialen Empfangssälen größerer Häuser zumindest annehmen, daß hier der herausgehobene Sitz einer einzelnen Person bei Empfang größerer Personengruppen gestanden haben könnte. Aus typologischen Gründen ist auszuschließen, daß diese Apsis der christlichen Kultausübung gedient hatte: Das im Zentrum des Saales gelegene Brunnenbecken wurde ehemals durch Wasserleitungen als Zierbrunnen versorgt, die bis zur Grabungszeit erhalten blieben[555].

Ältere Deutungen 1 – Ein Macellum?

Paribenis Deutung der Casa della Basilica als profane ›Basilika‹ basiert zunächst auf der noch rein philologisch fundierten Annahme, daß solche Versammlungsbereiche in Analogie zu Rom sehr zahlreich waren[556]. Auch die Funktion des modularen Pfeilerbaus als »*macellum*«[557] wurde dabei thematisiert, u. a. vielleicht, weil Paribenis unmittelbarer Vorgänger Vaglieri decumanusmittig, d. h. auch in der Nähe der Fassade dieses Baus, die – allerdings wesentlich spätere – Inschrift des Aurelius Symmachus zum *macellum reparatum* gefunden hatte (s. o.). Prinzipiell käme der Grundriß in seiner ersten Konzeptionsphase[558] durchaus für eine solche Deutung als überdachter Lebensmittelmarkt in Betracht, da überdachte Pfeilerhallen mit vergleichbarem Grundriß bei beiden stadteingangsnahen Plätzen (P1: Halle E, P7: Loggia di Cartilio) als Marktareale belegt sind. Der Bau bildete wie die durchgehend verbundenen Tabernenreihen seiner Umgebung ein besonders fortschrittliches Konzept des 2. Jhs., das neben einer direkten Analogie zum tragenden Pfeilergerüst im Caseggiato degli Aurighi (III x) nur Vergleiche zu den Tabernenreihen in den Case a Giardino (III ix) aufweist. Gemeinsames Charakteristikum ist dabei eine Halle

549 Vaglieri 1913, 227–240; Paribeni 1916b.

550 CIL XIV; Wickert 1933. Die epigraphischen Funde sind allerdings nur zu einem kleinen Teil aufgearbeitet. Calzas Inschriftenfund von 1951 ist bislang nicht publiziert. Die Fundkontexte der Inschriftenfunde können anhand der unpublizierten Grabungstagebücher (GdS) näher bestimmt werden als das bislang durch Wickert unternommen wurde. Eine diesbezügliche Arbeit wäre Desiderat der Forschung und hier zugleich beispielhaft für die Deutung und Aufarbeitung auch schlechter dokumentierter Bauten mit spätantiken Spolienfußböden. Eine entsprechendes Promotionsvorhaben im Rahmen des »Ostia-Forum-Projekts« (OFP) unternimmt Lena Kaumanns.

551 Bei Paribeni als »sala principale« bezeichnet. – Alle folgenden Raumnummern beziehen sich auf den grundlegenden Plan Paribeni 1916b, 429, hier s. Abb. 147.

552 Zu den Abmessungen s. Paribeni 1916b, 405. Zu den Vergleichen s. u.

553 Paribeni 1916b, 406 Fig. 2. Zur Domus del Protiro (V ii) s. Boersma u. a. 1985.

554 Die trajanische Datierung des mörtellosen Schmuckmauerwerks wird durch im Inneren des Pfeilersaals gefundene Ziegelstempel aus dem Jahr 113 unterstrichen. Dazu s. Paribeni 1916b, 408 f.

555 Paribeni 1916b, 406.

556 Paribeni 1916b, 407 mit Anm. 1.

557 Paribeni 1916b, 406 f.

558 Paribeni 1916b, 407 Abb. 3.

mit stabilem Gußgewölbe, das auf Pfeilern ruht und damit eine beliebige Innenaufteilung des Erdgeschosses ohne statische Implikationen für die Obergeschosse über dem Gußgewölbe ermöglicht: Damit erreichte man eine besonders hohe Funktionalität und Flexibilität für wechselnde Anforderungen auf dem Mietmarkt. Hinzu kommt der außerordentlich breite Zugang vom Decumanus aus, der nur bei solchen Hallen zu finden ist: Wenn man hier keine weiteren Zubauten des 2. Jhs. an der Fassade annehmen will, scheidet die Deutung eines ›halböffentlichen‹, also zugangskontrollierten Vereinssitzes bzw. Versammlungs-, Fest- und Gelageortes von Kult- oder Berufsvereinigungen (*collegia*) in dieser Zeit aus.

Paribeni verwirft die Deutung als Macellum aber, weil der Bau dafür zu klein gewesen sei. Interessant erscheint diese Deutung als Macellum immerhin durch den Umstand, ein spätantikes Macellum auf Basis desselben Inschriftenfundes direkt gegenüber lokalisieren zu können, wobei der offene Platz FSE/P2b (s. o.) möglicherweise – mit unbekannten Zwischenstationen – der funktionale Nachfolger dieses Baus CDB/C2b als früheres Macellum in etwa derselben urbanistischen Einbettung gewesen sein könnte.

Ältere Deutungen 2 – Ein Vereinssitz?

Die heute weithin akzeptierte Deutung des Areals bis zu seiner spätantiken Um- und Wiederbenutzung stammt von Guido Calza, der die Casa della Basilica 1953 erstmals als Vereinssitz der *lenuncularii traiectus luculli* ansprach. Im Jahr 1951 war bei Nachgrabungen in der Aula del Buon Pastore ABP eine Ehreninschrift für Gordian III. gefunden worden, die von diesem Verein gestiftet wurde. Gustav Hermansen übernahm diese Deutung Calzas (s. o.), die prinzipiell jedoch aufgrund der Fundumstände problematisch erscheint. Es wurde nämlich innerhalb des Gebäudes bereits vor 1951 eine Vielzahl von Marmorplatten mit und ohne Inschriften sehr heterogener Provenienz[559] gefunden, was sich dadurch erklärt, daß der spätantik erhöhte Boden einst mit Marmorspolien gepflastert gewesen war, wobei diese Spolien selbst keinerlei Aussagekraft zur Deutung der Funktion dieses Bereichs gehabt haben mußten. Zur Verwendung gerade von Vereinsinschriften für späte Bodenreparaturen des späten 4. und 5. Jhs. gibt es eine Reihe von Vergleichen, u. a. mehrerer Inschriften vom Platzpflaster des Forum-Macellum-Komplexes FSE/P2b, die 1967 anläßlich von Reparaturarbeiten gefunden wurden[560]: Die Ausstattung vieler Vereinshäuser scheint seit dem späten 4. Jh. als probates Baumaterial kostengünstig verfügbar gewesen zu sein. Das beste Beispiel für die Wiederverwendung von Vereinsinschriften für einen neuen Fußbodenbelag des späten 4. oder der ersten Hälfte des 5. Jhs. liefern jedoch die Forumsthermen selbst. Allein aufgrund eines isoliert herausgegriffenen Inschriftenfundes würde man die Thermen sicher nicht als Vereinssitz deuten, zumal hier neben anderen Vereinen wie den *fabri tignuarii* auch offizielle Inschriften vom Forum sowie private Inschriften aus den Nekropolen Verwendung fanden[561].

Zweifelsfrei fest steht also nur, daß es einen Vereinssitz der Fährleute gegeben hatte, dessen Mitgliederlisten ab einem gewissen Zeitpunkt als Baumaterial an verschiedensten Stellen des Stadtgebiets wiederverwendet wurde. Nach Ausweis einer zweiten Inschrift des Vereins der Fährleute, der *lenuncularii*, die im Fußboden der etwa 150 m entfernt liegenden Forumsthermen verbaut worden war, scheint ihr Vereinssitz und dessen Ausstattung spätestens in theodosianischer Zeit aufgegeben und zur Spoliation freigegeben gewesen zu sein.

Calzas These des Vereinssitzes wurde auch von Beate Bollmann aufgegriffen, die Grundlagen der Vereinszuordnung wurden dabei aber nicht mehr hinterfragt[562]. Eine Vereinsdeutung an dieser Stelle ist jedoch durchaus folgenreich. Setzt man voraus, daß die Vereinsinschrift auch bei Zweitverwendung in unmittelbarer Nähe ihrer Erstverwendung verbaut worden sein muß, dann würde dies bedeuteten, daß die Casa della Basilica oder sogar der gesamte Häuserblock der Insula I ii wie bei vielen anderen Vereinen mindestens bis zu Gordian III., vielleicht aber sogar noch bis zum Ende des 4. Jhs. – dem Zeitpunkt der Spoliation der Vereinsinschriften – Eigentum des Vereins der *lenuncularii* geblieben wäre. Die Annahme des Sitzes des *praetorium publicum* aufgrund eines wörtlichen Verständnisses der Historia Augusta, derzufolge dessen Einrichtung in zeitliche wie topographische Nähe zum ›aurelianischen‹ Forum von Ostia gerückt wäre (s. u.)[563], würde bei Annahme einer langen Vereinskontinuität an dieser Stelle entweder entkräftet oder zeitlich um ein Jahrhundert nach hinten verschoben.

559 Die Ehreninschrift für Gordian III. ist unpubliziert (Ostia, Inv. 7906); Wickert 1933.

560 GdS 1967.

561 Zu den Inschriften der Forumsthermen s. ScO XI. Dazu vgl. hier Kapitel II. 3. c.

562 Bollmann 1998.

563 SHA, Aurelian 45, 2; Meiggs 1960, 2.

Ältere Deutungen 3 – Eine christliche (Doppel-) Kapelle?

Paribeni selbst legte die Grundlage für eine dezidiert christliche Deutung der spätantiken Sekundärnutzung des Gebäudes, die sich seit Freilegung der Aula del Buon Pastore (ABP, I ii 4) in der Forschung etablierte[564]. Seine Bezeichnung als »chiesetta cristiana o due tra loro comunicanti« fußte neben allgemeinen Grundrißanalogien zu Apsisbauten auf Funden, so vor allem der Reliefﬁgur eines *pastor bonus* auf einer kleinen Säule und einer dazu wiederverwerteten Plinthe, die aus einem paganen Relief gewonnen wurde, die man damals in der Aula gefunden hatte[565]. Analogien einer ›kontextualen‹ Typologie zu christlichen Versammlungsbereichen kamen in der späteren Forschung hinzu, erweisen sich bei näherer Hinsicht aber als kaum haltbar: Die nächste Parallele, die Domus dei Tigriniani in Ostia, ist ebenfalls ein öffentlich zugänglicher Versammlungsraum mit Apsis und raumprägendem Nymphäum. Auch dieser Bereich war von Guido Calza noch als christlicher Versammlungsraum gedeutet worden, er gilt jedoch nach den Studien von Beat Brenk als öffentlicher Empfangsbereich eines großen privaten Hauses, auch wenn Ausstattung und Inschriften dort christliche Verweise auf die Paradiesflüsse thematisieren[566]. Paribenis *pastor bonus*, namensgebend für den späten Annexbau, die Aula del Buon Pastore, kann vor diesem Hintergrund kaum als schlagender Beweis für die spezifische Ausstattung eines christlichen Kultraums dienen, auch wenn man eine dezidierte *lectio cristiana* des bukolischen Bildes zugrundelegt: Wie im Fall der Domus dei Tigriniani können solche Bilder und Verweise auch private Häuser zieren.

Es müssen jedoch neben den Deutungsmodellen Haus oder Kirche noch andere Erklärungsmodelle geprüft werden, diesen von vornherein öffentlich konzipierten Bau in seinem spätantiken Nachleben besser als bislang zu verstehen.

Ein nachträglich vergrößerter Komplex – Casa della Basilica, Aula del Buon Pastore und Tabernen

Eine Nachuntersuchung des Mauerwerks der Casa della Basilica CDB, der Aula del Buon Pastore ABP und der zugesetzten Tabernen der Umgebung im Jahr 2005 ergab, daß der gesamte Bereich tatsächlich in einer Bauphase mit der ›Aula‹ über die Grenzen der Casa della Basilica hinaus auf die Fläche angrenzender Tabernen erweitert worden war. Bereits Paribeni wies, allerdings ohne nähere Begründung, die Rückwand der Aula (Abb. 147, 11) in Opus vittatum und die Zubauten am Decumanus aus großen Tuffblöcken, den Spolien der alten Umfassungsmauer des Castrums (Abb. 151), inklusive des neuen versetzten Eingangs derselben Bauphase zu[567]. Damals wurde auch der Empfangsraum selbst durch neue und zum Teil doppelte Außenmauern deﬁniert und vom benachbarten Gebäude abgegrenzt (Abb. 147, Mauer c, e, f). Diese Abgrenzung signalisiert eine Aufteilung der Besitz- und Funktionseinheit an dieser Stelle, um die gewerblichen Einbauten der letzten spätantiken Bauphasen in den Räumen 25 und 26 (das Caseggiato di Pantomimo Apolausto, s. o.) und in der Vorhalle 20 von der nicht-kommerziellen Nutzung des Pfeilersaals und seiner Annexe besser abzugrenzen.

Ein Münzhort als Terminus post quem für den Umbau

Die Grabungsdokumentation Paribenis liefert einen wertvollen Hinweis, den grundlegenden Umbau bzw. Ausbau der Casa della Basilica nach seinem Einsturz, der mit einer Aufhöhung der Nutzungsniveaus einhergegangen war, genauer datieren zu können. Bei der Ausgrabung des Eingangskorridors 16 stieß er auf Einbauten zweier kleiner Mauern und eines Abflusses und stellt fest: »in età tarda nel suo angolo NW fu adatta (*sic!*) latrina«[568]. Der Abfluß dieser Latrine verlief ganz offenbar innerhalb eines bereits aufgehöhten Nutzungsniveaus, bei dessen Freilegung Paribeni eine Reihe von wertvollen Funden tätigte. Dabei handelte es sich offenbar um die Applik einer sehr aufwendig dekorierten Tür, »porta di nobile aspetto«, und eine Reihe von immerhin 58 Münzen, »piccoli bronzi del principio del quarto secolo«[569]. Der Einbau dieser Latrine setzte wiederum den Zubau der Tür zum Hof 2 voraus, man kann sie damit wohl als eine der späten Modiﬁkationen in der Baugeschichte der Insula I ii begreifen.

Anhand der Existenz wertvoller Funde als Teil einer Aufhöhungsschicht wird klar, daß hier auch ein plötzlicher Einsturz eine Rolle gespielt haben muß. Eine reguläre Aufhöhung bestand hier wie andernorts aus Gewerbe- und Haushaltsabfällen, vor allem Keramik, sowie

564 Paribeni 1916b, 411.

565 Paribeni 1916b 411 mit Anm. 1: Als offenbar zugehörige Plinthe diente ein teilweise getilgtes Relief einer bukolischen Landschaft mit einer Statue des Apollon oder der Diana.

566 Zusammenfassend zur Falsiﬁzierung christlicher Versammlungsbauten s. Brenk 2001.

567 Paribeni 1916b, 429.

568 Paribeni 1916b, 409.

569 Paribeni 1916b, 409 mit Abb. 4.

beschädigten Bauteilen der eingestürzten Architektur sowie einzelnen Münzen, kaum aber aus großen Münzhorten und recycelbarem Metall. Es ist zu vermuten, daß der Einsturz des Gußmauerwerks der Gewölbedecke der Casa della Basilica und der wohl brandbedingte Einsturz vieler hölzerner Mezzanindecken der flankierenden Tabernen hier zur Versiegelung und außerordentlichen Erhaltung von Haushaltsinventaren geführt hatte, wie das in analoger Weise für den Caseggiato dei Molini (s. u.) und der Casa di Diana (s. u.) überliefert ist.

Als Teil eines Versturzes, der innerhalb der Aufhöhungsschicht zu seiner Bewältigung konserviert worden war, stellt diese Münzreihe eine klare datierende Evidenz dar: Der Einsturz und seine Bewältigung muß nach dem Anfang des 4. Jhs. stattgefunden haben. Man könnte den Einsturzzeitpunkt tendenziell weiter eingrenzen, wenn man berücksichtigt, daß bei der relativ großen Münzreihe Paribeni zufolge nur Münzen des frühen 4. Jhs. auffällig waren. Das bleibt allerdings insofern hypothetisch, als sich innerhalb der nicht mehr lesbaren Exemplare vielleicht spätere Schlußmünzen befunden haben könnten[570].

Die letzte Phase vor dem spätantiken Umbau

Mithilfe von Mauern aus verschiedensten Mauertechniken war die Funktion der Casa della Basilica CDB bereits im 3. Jh., also vor ihrem Einsturz, gegenüber der Grundstruktur der insgesamt offenen Pfeilerhalle neu definiert worden: Der Bau zeigt einen einfarbig weißen Mosaikboden, der durch eine schwarze Borte gegliedert wurde. Eine Quermauer in Raum 10 zwischen den Pfeilern b und b war offenbar in ihrem heute sichtbaren Endzustand planiert gewesen (Abb. 147). Die schwarze Mosaikborte deutet aber daraufhin, daß diese Abgrenzung während der Nutzungsphase des Mosaikbodens, also zumindest bis zum Einsturz des Gebäudes im 4. Jh., als Mauer vorhanden gewesen sein muß, auch wenn man mögliche Türen in dieser Mauer annehmen kann. Eine Reihe unregelmäßiger Mauern untergliederte den Raum, deren zeitliches Verhältnis zum Mosaikboden in den erhaltenen Partien noch zu klären wäre, wobei sich der Erhaltungszustand des Bodens allerdings heute teilweise deutlich vom Plan Paribenis unterscheidet.

Zur Nutzungsphase des Mosaikbodens scheint auch das raummittige Wasserbecken zu gehören, daß ebenfalls mit Mosaikboden ausgestattet war und auf diesem Nutzungsniveau fußt. Das Wasserbecken durchbrach allerdings bereits den schwarzen Randstreifen des Mosaikbodens, was für einen nachträglichen Einbau spricht[571]. Der Aufbau des Wasserbeckens erweist sich bei näherer Betrachtung seines Mauerwerks ferner aus wiederverwendeten Ziegeln und einem charakteristischen Mörtel mit höherem Bauschuttanteil als spätere Reparatur, wie bereits Paribeni vermutet hatte[572].

Reparaturen mit ähnlichem Mörtel finden sich hier weit verbreitet. Die teilweise auch nachträglich verstärkten Pfeiler und die rückwärtigen Außenmauern (Abb. 147, 12–13) zeigen zweifelsfrei, daß die Gewölbedecke des 2. Jhs. einer Einsturzkatastrophe zum Opfer gefallen war, die eine Anhebung des Nutzungsniveaus in mehreren Räumen und die grundlegende Reparatur des aufgehenden Mauerwerks sowohl des Erdgeschosses als auch aller darüber befindlichen Obergeschosse bedingte.

Die spätantike Raumstruktur nach dem Einsturz – Ein großer Empfangsbereich

Anstelle der Unterteilung von Vorraum und Hauptraum entstand in der Casa della Basilica nach dem Einsturz mit einem Terminus post quem des frühen 4. Jhs. ein im Inneren einheitlich zusammenhängender Versammlungs- bzw. Empfangsbereich. Der Zugang auf den Korridor 10b wurde dazu vergrößert, indem man die alte Trennmauer eingerissen hatte und durch die neue Mauer d ersetzte (Abb. 147). Nimmt man einen späteren Marmorspolienboden auf höherem Gehniveau nicht nur in den Nebenräumen, wo die Aufschüttung zum Teil erhalten geblieben ist, sondern auch in diesem Hauptraum an, dann könnte nach seinem Einbau die Absetzung zwischen Vorraum und Hauptraum vollständig nivelliert worden sein. Die Abgrenzung war ehemals durch die einheitliche schwarze Rahmung des Bodenmosaiks des 2. oder 3. Jhs. entlang der Wände erreicht worden (s. o.), die diesen visuell oder konkret durch die nun rasierte Mauer zwischen den Pfeilern b und b abgetrennt hatte. Eine vergleichbare Borte ist im Vorraum zum Decumanus hin nicht vorhanden.

Unklar ist, ob das Wasserbecken im Zentrum der Halle zu diesem Zeitpunkt noch in Funktion war oder nicht. Seine Zu- und Ableitung blieb in der Aufhöhungsschicht des Nutzungsniveaus erhalten, es könnte daher durchaus bis zu einer späteren Phase, in der es planiert wurde, noch mit erhöht und weiter benutzt worden sein.

570 Eine Neuuntersuchung dieses Materials ist wegen seiner Unauffindbarkeit leider nicht mehr möglich.

571 Wenn man dessen ergänzten Verlauf nach Paribeni 1916b, 429 (Plan) zugrundelegt. Leider ist hier kein Mosaikboden mehr erhalten, um das unmittelbare Verhältnis von Becken und Boden untersuchen zu können.

572 Paribeni 1916b, 406.

Über eine breite Türschwelle war auch der Vorraum an den Korridor 10b angeschlossen. Über diesen Korridor erreichte man sowohl durch eine weitere Tür die Aula del Buon Pastore (Abb. 147, 11) als auch die aus ehemaligen Tabernen gewonnenen seriellen Annexräume 14 und 15 sowie zuletzt den Treppenraum 7.

Eine Raumgruppe hinter der Casa della Basilica, die eine eigene Obergeschoßanbindung aufweist (Abb. 147, 12), zeigt durchwegs erhöhte Nutzungsniveaus (Abb. 147, 11–13). Die kontinuierliche Benutzbarkeit der Obergeschoßtreppe 12, deren unterste vier Stufen im spätesten erhöhten Gehniveau in Raum 11 verschwunden waren und die spätantik neu gebaute zweite Obergeschoßtreppe in einem angeschlossenen Seitenraum einer ehemaligen Taberne (Abb. 147, 7) legt nahe, daß mit dem Wiederaufbau einer erhöhten Decke des Hauptsaales auch die Anlage neuer Obergeschosse erfolgt sein mußte. Ein relativ weitgehender Einsturz der Obergeschosse und des Daches des Altbaus wird vorauszusetzen sein[573]. Ein Indiz dafür bilden die Reparaturen im aufgehenden Mauerwerk gerade im Treppenbereich 12 sowie auch die umfangreiche lokale Wiederverwertung von Baumaterial, wobei die entsprechenden Ein- und Umbauten aus Bauschutt mit einem hohen Anteil an marmornen Wandverkleidungsplatten und Dachziegeln ausgeführt wurden (Abb. 201. 202).

Die Deutung als Verwaltungssitz und Archiv – Interne Zweiteilung und zwei Apsiden für ein praetorium *und* secretarium urbanum

Im Rückraum des Areals, der Aula del Buon Pastore, dominiert eine Wandnische (Abb. 147, Ap2; Abb. 151). Die gesamte Wand in Opus vittatum mit dieser zentralen spätantiken Nische präsentiert sich nach Süden hin aus sorgfältig gestaltetem Ziegelmauerwerk, während ihre Rückseite, die später noch im Rahmen des Thermopoliumhofes betrachtet wird, aus charakteristischem Bauschutt eingestürzter Obergeschosse besteht (Abb. 102, schwarz; Abb. 201. 202).

Die spätantike Nische der Aula ist jedoch deutlich kleiner und im Gegensatz zur Apsis der Casa della Basilica erhöht und daher wohl nur für Statuenaufstellung oder als ›Bücherregal‹, d. h. als Stauraum für Schriftrollen geeignet. Eine separate Deutung dieses Teilbereichs der Anlage als ›Privatkapelle‹ aufgrund des Säulenreliefs des ›guten Hirten‹ (s. o.) ist neuerdings auch von Franz Alto Bauer ausgeschlossen worden, weil der komplexe und für christliche Versammlungen weder übliche noch spezifisch geeignete Grundriß so kaum erklärt wird[574]. Das gesamte Gebäude entspricht andererseits auch nicht den typischen Grundformen späten repräsentativen Wohnens in Ostia. Der breite Zugang auf den Apsisbereich in der Casa della Basilica findet zwar Vergleiche bei besonders aufwendig gestalteten Häusern des späten 4. und 5. Jhs. wie der Domus dei Tigriniani (s. o.), die fehlende Hierarchisierung im Zugang, die zahlreichen Nebeneingänge und die angeschlossene Aula mit zweiter Apsis bleiben dabei aber ohne Parallele und Erklärung[575]. Ein Argument gegen die Deutung als gewöhnliches spätes Haus mittlerer Größe bildet ferner die Eingangsbetonung durch das Portal auf der Straße. Diese stand im Gegensatz zu fast allen übrigen Häusern Ostias, die entweder vorwiegend in Ballungen an ruhigen Nebenstraßen vorkommen oder zwar am Decumanus lagen, aber von der Hauptachse etwas zurückgesetzt, durch Korridore etc. abgegrenzt oder nur über Seitenstraßen zugänglich waren[576].

Die bereits ältere Apsis (Abb. 102. 147, Ap1; Abb. 151) liegt ebenerdig und ist gut als herausgehobener Sitzplatz wichtiger Funktionsträger beim Empfang von größeren Personengruppen in der breit angelegten Halle geeignet. Die seriell angebundenen Annexräume im Erdgeschoß des Baus (11–14) könnten daneben unabhängig genutzt worden sein.

Ein zumindest temporärer Repräsentations- und Verwaltungssitz wäre an dieser prominenten Stelle dagegen gut denkbar, wozu zudem der hybride Grundriß eines Versammlungsbereiches ohne spezifische Wohnräume im Erdgeschoß gut passen würde, der wie bei

573 In den Jahren 2009–2011 erfolgten hier limitierte Fundamentsondagen in den Aufhöhungen durch Lena Kaumanns und Gunnar Sperveslage im Rahmen der Kent-Berlin-Ostia Excavations. Das Material wurde von Lena Kaumanns bearbeitet und wird in einem gesonderten Zwischenbericht vorgestellt.

574 Vgl. dazu Bauer 2003, 44 mit Anm. 5 zur bisherigen Literatur.

575 Die geringe Hierarchisierung ist auffällig (Abb. 147): Vom direkt ohne weiteren Vorraum aus zugänglichen Versammlungs- und Empfangsraum 10 aus wird auch der zweite Hauptraum, die Aula 11, erschlossen. In serieller Reihung gibt es dagegen nur sekundäre Räume am Ende der Hierarchie (Raum 12 als Treppenraum, Raum 15, der noch dazu einen separaten Straßeneingang besitzt, und Raum 7 als Treppenraum mit separatem Nebeneingang). Diese Merkmale einer kaum zugangsbeschränkten und daher weitestgehend ›öffentlichen‹ Erdgeschoßgliederung belegen eine hybride Grundrißform von Vereinssitzen, nicht jedoch Wohnhäuser.

576 Vgl. die Domus degli Augustali (s. o.) gegenüber des Platzes P1h und die Aula del gruppo di Marte e Venere neben diesem Platz, wenn man beide als Häuser deutet.

spätantiken Statthaltersitzen üblich keinem festen Typus entspricht, jedoch generell über einen sehr auffälligen Zugang, eine interne Zweiteilung und meist auch über ein bis zwei Apsiden verfügt[577].

Es bleibt festzuhalten: Die Zweiteilung des Grundrisses der Casa della Basilica und der Aula del Buon Pastore innerhalb des Bereichs C2b (Abb. 147) verweist auf die nächsten typologischen Parallelen bei Statthaltersitzen. Das ist ein Merkmal, das ansonsten im Wohnraum Ostias entlang des Decumanus nicht vorkommt. Selbst die nächste Parallele, die Aula del gruppo di Marte e Venere mit zwei Apsiden kann durchaus als Privathaus angesprochen werden, wenn man kleinere Wohnräume in dem durch zwei Treppen angebundenen Obergeschoß annimmt. Davon grenzt sich dieser Bereich nun deutlich ab. Generell ist auf Basis typologischer Kriterien die Wohnnutzung als Domus nicht auszuschließen. Dennoch scheint es hier mehr als bei allen anderen ›Häusern‹ Ostias wahrscheinlich, eine rein öffentliche Nutzung anzunehmen.

Mit den angeschlossenen Archivräumen in der Aula del Buon Pastore handelte sich also bei dem Komplex der Casa della Basilica und der Aula del Buon Pastore möglicherweise um das seit dem späteren 3. Jh. überlieferte *praetorium/secretarium publicum* der Historia Augusta (s. o.). Hier wären demnach seit Ende der Selbstverwaltung Ostias nach 252 zumindest der Verwaltungsstab der *curatores* des späten 3. und frühen 4. Jhs., der Präfekten der *annona* des 4./5. Jhs. bzw. des *praefectus urbis* oder *vicarius urbis* des 5./6. Jhs. zumindest zeitweise präsent und tätig gewesen. Für die temporären öffentlichen Auftritte der *curatores* und Präfekten selbst eigneten sich für ihren Aufenthalt in Ostia neben den öffentlichen Platzanlagen noch viele andere Gebäude, so auch die monumentale Dreiraumeinheit an der Ostseite des Forums (s. u.), die interessanterweise direkt im Westen an die Insula I ii angrenzte (MFR, Abb. 157. 170).

Der Eingang der Casa della Basilica wurde über den Gehsteig selbst bis zur Straße vorgezogen. Eine solche ›Blockade‹ des öffentlichen Raums ist Indiz für die öffentliche Bedeutung dieses Baus gerade in der Spätantike, als Vereinsnutzung entlang des Decumanus hier nicht mehr dominierte. Fest steht jedoch unabhängig von der Deutung der Innenräume und der zahlreichen Skulpturen- wie Inschriftenfunde aus den Altgrabungen: Grundriß, Fassadengestaltung und die Größe sowie Orientierung des Hauptzugangs weisen darauf hin, daß es sich hier um den wichtigsten spätantiken öffentlichen Bau im unmittelbaren nördlichen Einzugsbereich des Forum-Macellum-Exedra-Komplexes P2a/P2b gehandelt hatte.

Eine ›Ergänzung‹ zur Dreiraumgruppe MFR und Verwaltungssitz? Der spätkaiserzeitlich neu ausgestattete Caseggiato dei Triclini CDT/C2a mit neu gepflastertem ›tablinum‹ *als Empfangsraum*

Im Stadtzentrum ballt sich eine Reihe von öffentlichen Bauten, denen seit dem späteren 3. Jh. eine wie auch immer geartete repräsentative Funktion zugekommen sein muß, was durch ihren außerordentlich breiten ›öffentlichen‹ Zugang und ihre aufwendige Neuausstattung deutlich wird. Dazu zählt neben der bereits erwähnten Casa della Basilica CDB eine forumsseitig angrenzende Dreiraumeinheit östlich des Kapitols (MFR, s. u.) sowie die Vorhalle der Curia an der Westseite des alten Forums, die in der Spätantike ebenfalls grundlegend renoviert worden war, aber auch das Caseggiato dei Triclini CDT/C2a. Dabei handelt es sich um das (ehemalige) Vereinshaus der *fabri tignuari*, das spätkaiserzeitliche Ausbauphasen des Bodenpflasters wie der Wände mit gut erhaltener marmorimitierender Malerei aufwies (Abb. 152).

Der Caseggiato dei Triclini war in frühhadrianischer Zeit aus Opus mixtum auf einem Gehniveau von 2,90 m NN errichtet worden (Abb. 153).

Dabei handelt es sich um ein möglicherweise bereits im späten 3. Jh., spätestens jedoch im frühen 5. Jh. aufgegebenes Vereinshaus, dessen letzte Mitgliederliste aus dem Jahr 282 stammt und dessen Vereinsinschriften für die Neupflasterung der Forumsthermen und das Platzpflaster FSE/P2b im späten 4. oder frühen 5. Jh. wiederverwendet wurden. Das zentral gelegene Gebäude erfuhr nach Ende des 3. Jhs. noch eine repräsentative Nachnutzung, wie die Reparatur des Marmorbodens des *›tablinum‹* aus sehr unregelmäßig verlegten Marmorplatten, durchwegs Spolien, nahelegt. Parallelen zu dieser Verlegungstechnik finden sich in der Casa della Basilica CDB/C2b, den Platzanlagen der Exedra EXE/P2a (die sogenannte Latrine), dem Foro della Statua Eroica FSE/P2b sowie auch bei den Forumsportiken jeweils in Pflasterphasen des 4. und frühen 5. Jhs. Zur Datierung ergeben sich einige weitere Indizien: Die marmorimitie-

577 Ein Vergleich zur Agora von Kyrene ergibt ähnliche Größen repräsentativer Stadtsitze der Spätantike. Weitere Beispiele ergäben sich zum byzantinischen Statthalterpalast in Caesarea (Israel), Gortyn auf Kreta oder dem Dreikonchenbau aus Aphrodisias (s. u.), wobei als vages Vorbild die Palastarchitektur in Konstantinopel herangezogen werden kann. Dazu näheres s. hier Kapitel III.

Abb. 152 Das sogenannte *tablinum* des Caseggiato dei Triclini CDT. Reste der Malerei unter der separaten Überdachung

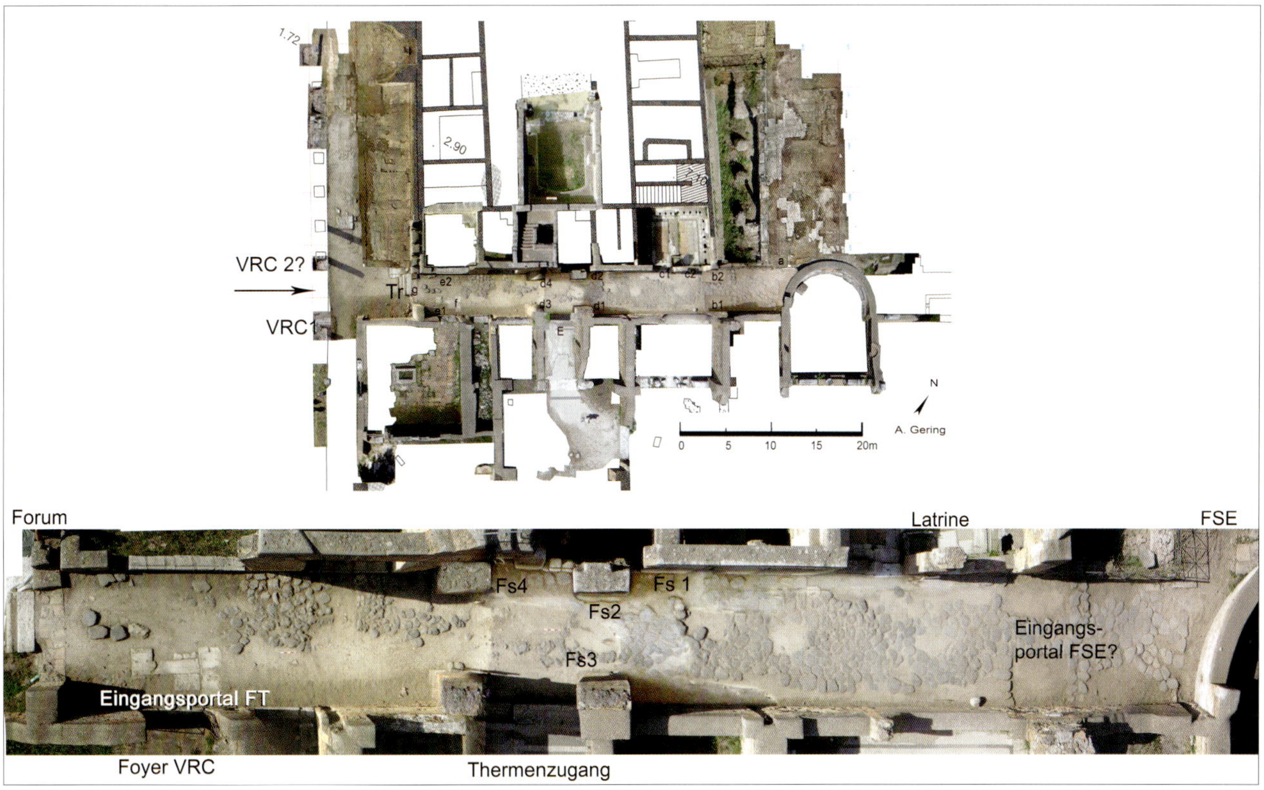

Abb. 153 Die Via della Forica VDF und der Südteil des Caseggiato dei Triclini CDT mit Tablinum (M. 1:800)

renden Malereien des ›*tablinum*‹ als Klinenraum sprechen für eine Datierung in das späte 3. oder frühe 4. Jh., wozu es die nächsten Parallelen im *tablinum* der Casa delle Muse in den Case a Giardino gibt[578]. Die Verstärkungspfeiler des ›*tablinum*‹, die in Zusammenhang mit dem Neuausbau dieses repräsentativen Empfangsraums stehen, finden ihre nächsten Analogien in jener Reihe von Pfeilern der *via tecta* in der Via della Forica aus dem frühen 4. Jh. (Abb. 153, d1–d4). Damit ergibt sich hier eine repräsentative Nutzungsphase, die man wohl nach dem Ende des Vereinswesens ansetzen kann.

II. 3. e Das spätantike Forum – Die Bewältigung von Einsturzkatastrophen durch Neupflasterung, Spoliationsprozesse und die letzte statuarische Ausstattung

Zur Grabungsgeschichte – Voraussetzungen für die Neuinterpretation von Altgrabungen

> »*La dispersione dei Fasti Annali di Ostia dal loro originario collocamento che dovette essere qualche monumento pubblico al Foro, risulta quindi avvenuta appena all'inizio della decadenza di Ostia. [...] Ciò dimostra non solo una decadenza, ma un completo disinteresse delle autorità comunali che deve essere certo messo in rapporto con la creazione del municipio di Porto avvenuta sotto Costatino tra il 312 e il 314.*«[579].

Die These des raschen und unumkehrbaren Niedergangs von Ostia seit Ende des 3. Jhs., vertreten vor allem durch Guido Calza, schien auch am Forum durch den Abriß öffentlicher Monumente gestützt zu werden, wie die zitierte Passage aus Calzas Studien nahelegt. In der Domus del Tempio Rotondo im Südwesten des Forums (Abb. 154. 155, DTR) waren unter Calza Teile der Jahresfasten im *impluvium* gefunden worden[580]. Offizielle Monumente der Stadtgeschichte, die für eine Bodenreparatur in einem privaten Haus des späten 3. Jhs. verwendet wurden, stellten für Calza ein signifikantes Zeichen des kompletten urbanistischen Desinteresses der kommunalen Autoritäten am öffentlichen Raum dar, und zwar bereits in ›konstantinischer Zeit‹.

Die Ausgrabungen dieses Hauses und insbesondere auch seiner Forumsfront, einer Reihe von Tabernen mit vorgelagerter Portikus (Abb. 155, P03e mit den Tabernen 1–5), sind in den unpublizierten Grabungstagebüchern von 1923 überraschend ausführlich dokumentiert und brachten sehr aufschlußreiche Spuren gerade des späten Nachlebens des Forums zutage[581]. Davon wurde jedoch, offenbar aus mangelndem Interesse, nichts veröffentlicht.

Dennoch spielte das Forum Ostias für Guido Calza seit 1921 eine wichtige Rolle in der Legitimation seines eigenen Schaffens. Einen zentralen Abschnitt bildete dabei die Freilegung und prominente Inszenierung der an sich eher unscheinbaren Podiumsstruktur des Roma- und Augustustempels (Abb. 155, K3b). Ein über den Status quo hinausgehender Wiederaufbau war ein politischer Aspekt der Grabungen in faschistischer Zeit, der von Elena Calandra beispielhaft untersucht wurde und der für Calzas weiteres Vorgehen wegweisend war, wie seine spätere ›aktive‹ Rekonstruktionstätigkeit belegen kann[582]. Mit den publikumswirksamen Restaurierungsmaßnahmen Calzas an diesem Tempel ging bereits eine zunehmend spärlicher werdende wissenschaftliche Dokumentation und Publikation der Neufunde einher, was sich anhand der thematischen Schwerpunkte der Einträge in die Grabungstagebücher zwischen 1921–1924 widerspiegelt[583]. Damit sind bereits die wesentlichen Gründe genannt, warum das Forum – außer dem von Calza freigelegten Tempel und seiner nachträglichen Bauaufnahme durch den Architekten Gorski 1957 – nach dem Zweiten Weltkrieg kaum mehr auf archäologisches Interesse stieß: Neue Bauten waren unter Calza errichtet worden, um die gefundenen Bauteile ausstellen zu können, wobei originale Strukturen zugebaut wurden. Das Verhältnis der Bauten zu den verschiedenen freigelegten Gehniveaus erscheint bis heute verwirrend bis unverständlich. Eine visuelle Hilfestellung für den Besucher existiert hier nicht, was beispielsweise durch die dreidimensionale Aufnahme des Status quo der Ruine und ihre Visualisierung vor Ort in Modellen zur diachronen Entwicklung und Rekonstruktion des Forums mit seinen Gehniveaus und Funden verwirklicht werden könnte[584].

Von der originalen statuarischen Ausstattung des Forumsplatzes oder seiner Portiken erhält man vor Ort keine Anschauung, weder auf den – inzwischen wieder

578 Gering 2002; Falzone 2007.
579 Calza 1932, 188.
580 Dazu s. letzte Anm.
581 Finelli, GdS 20, 1923. Das Areal der Südwestportikus MFD stand daher 90 Jahre nach seiner Ausgrabung im Zentrum der Arbeitskampagne 2013 des »Ostia-Forum-Projekts«. Dazu s. u.
582 Calandra 2000, 439–442.
583 Calandra 2000, 445–448.
584 <www.ostiaforumproject.com/3-D-Visualization> (Mai 2014).

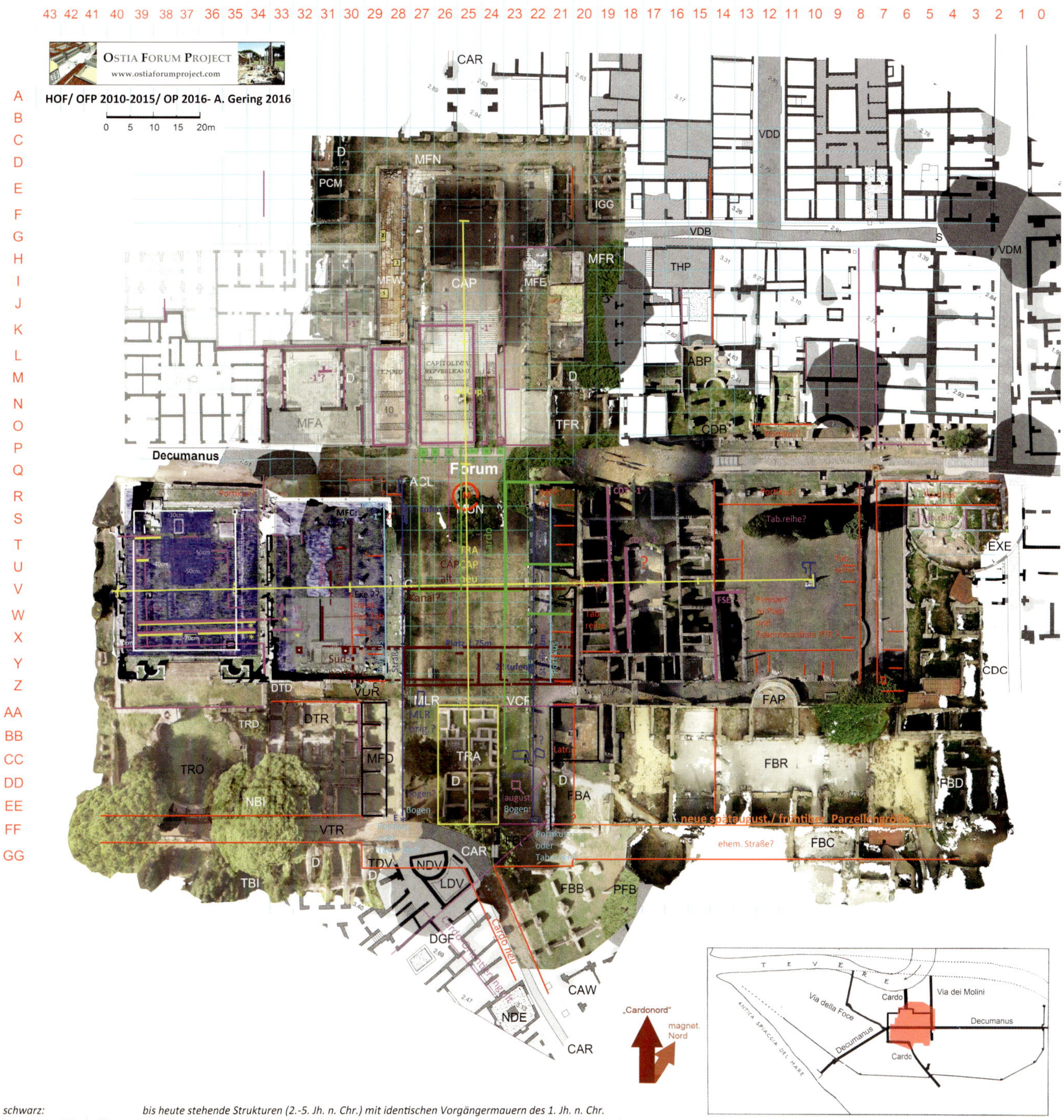

schwarz: *bis heute stehende Strukturen (2.-5. Jh. n. Chr.) mit identischen Vorgängermauern des 1. Jh. n. Chr.*
blau, lila und dunkellila: *Geophysik, Luftbilder und Sondagen OFP,* *: spätere hadrianische Portiken über älterem Stufenunterbau

Abb. 154 Das Forum. Orthofotografie vom Oktokopter (Plan nach A. Mannucci). M. 1:1250

Abb. 155 Luftbild des Südteils des Forums. Entzerrte Schrägansicht und das rekonstruierte spätantike Aufhöhungsniveau A/B

DTR	Domus del Tempio Rotondo	NDV	Ninfeo della Venere
E	Eingang	Po	Portikus
FT	Forumsthermen	Tba/Tbb	Hortfunde (Münzen)
K3b	planierter Roma- und Augustustempel	TBZ	Terme Bizantine
L	Latrine	VDF	Via della Forica
MFP	Südostportikus	VTR	Via del Tempio Rotondo

zugewucherten oder nie ganz freigelegten – Böden, noch im Museum. Umgekehrt stammten zwar viele der im heute sichtbaren Zustand verbauten Marmorstücke aus den Forumsgrabungen, allerdings aus neuzeitlich gestörten Schichten. Die sehr unterschiedlichen Spolienplatten hatten ehemals nicht die Stufen des Kapitols oder Teile der Portiken bzw. der Platzfläche selbst in situ geziert, sondern wurden zum Zweck der Veranschaulichung hier erst modern verbaut. Diese Platten zeigen eine Vielzahl von Spielfeldern, Türangeln, Türflügelschleifspuren, Linien und ornamentale oder figurale Graffiti, die verschiedenste Kontexte ihrer Wiederverwendung in Tabernen, Wohnräumen oder vielleicht sogar am Forumsplatz selbst nahelegen.

Es ist nur folgerichtig, daß Fundkontexte und stratigraphische Beobachtungen eine zunehmend marginale Rolle in der Grabungsdokumentation spielten. Der neue Schwerpunkt von Fotografie und ›aktiver‹ Rekonstruktion wurde von Guido Calza in der Einleitung der grundlegenden Grabungspublikation »Scavi di Ostia I« von 1953 als wegweisender Fortschritt formuliert[585], bedeutete faktisch jedoch die Aufgabe eines bereits unter Gatti, Vaglieri oder Paribeni erreichten wissenschaftlichen Standards in der Grabungspraxis[586]. Diese hatte

585 Interessant ist, daß die Kombination beider Aspekte, also Fotografie und Rekonstruktion, daher auch im Mittelpunkt der ›neuen‹ Dokumentation Calzas steht: Calza läßt fotografieren, wie die Gebäude nach seinen Rekonstruktionen aussehen, viel seltener jedoch, wie ihr Status quo vor den modernen Veränderungen war. Das beste Beispiel dieser Praxis bildet die Anastylose des Giebels des Roma- und Augustustempels.

586 Bei allen Verdiensten des hervorragenden Grabungsarchitekten Italo Gismondi war Calza selbst – außer auf philologischem Gebiet – ebenso wie die Leiter der Ausgrabungen der Kaiserfora Roms in faschistischer Zeit durch keinerlei spezifische Qualifikation hinsichtlich eines Grabungsarchäologen ausgewiesen.

sich seit dem mittleren 19. Jhs. immerhin durch ein noch gleichberechtigtes Interesse auch an den späten Stadtphasen ausgezeichnet, dank des Grabungsassistenten Finelli zumindest bis 1924 auch noch durch ein zumindest rudimentäres stratigraphisches Verständnis[587].

Neben ergänzenden neuen Ausgrabungen bleiben also als zentrale Quellen nur die ältere Grabungsdokumentation des 19. Jhs., vorbildhaft analysiert in der Synthese Paschettos von 1912, sowie die unpublizierten Grabungstagebücher des Assistenten Raffaele Finelli und die fotografische Dokumentation, um Rückschlüsse auf das Forum und dessen spätantike Bedeutung und Funktion ziehen zu können[588].

Zum verschollenen Forumspflaster

> »*Del pavimento del Foro sono conservate all'angolo sud-est alcune lastre di travertino, ma tale pavimentazione fu sostituita più tardi da un'altra a livello superiore in cocciopesto, sopra a cui saranno state lastre marmoree dell* (sic!) *quali non si è però trovata traccia.*«[589]

Der Forumsplatz war – mit Ausnahmen, vor allem der Portiken – bereits mehrfach durchwühlt und wieder zugeschüttet worden, bevor an dieser Stelle die ersten Flächengrabungen des 20. Jhs. stattfanden. Finelli bemerkte so etwa in seinem Grabungsbericht, daß der Forumsplatz nördlich des Roma- und Augustustempels aus wiedereingefülltem Grabungsschutt bestand[590], also keine stratigraphischen Aufschlüsse mehr ermöglichte. Dieser Befund ist nicht nur, aber vor allem für das Forum typisch, das nach Jahrhunderten undokumentierter Raubgrabungen bereits zu Beginn des 19. Jhs. und dann auch nochmals 1824–1825 weitgehend freigelegt worden war, vorwiegend, um Statuen für private Sammler und öffentliche Sammlungen zu bergen[591]. Dieser Teil des Forums lud seit jeher zu Grabungen ein, da das Kapitol, ehemals als stadtmittig gelegener Vulkantempel gedeutet, als Landmarke hier immer zu sehen gewesen war und auf bedeutende Funde in seiner Umgebung schließen ließ. Nur Teilbereiche der Forumsportiken waren damals nördlich des Decumanus noch nicht ausgegraben worden, was dem Plan Holls von 1805 zu entnehmen ist[592]. Bis zu Beginn des 20. Jhs. scheinen um das Kapitol jedoch noch mehrere Partien des Platzpflasters erhalten geblieben zu sein, bevor erste Tiefengrabungen seit 1912 auch diesen Bestand ohne nähere Dokumentation weiter dezimiert hatten.

Der Grabungsdokumentation Finellis kann man den Hinweis auf die bei der folgenden Forumsgrabung unter Calza entfernten späten Gehniveaus (»battuti«) von +40–50 cm respektive +75 cm über einem nicht näher bezeichneten Forumsniveau entnehmen[593].

Erste Voruntersuchungen vor Ort im Jahre 2005 und die Ausgrabungstätigkeit seit 2010 erwiesen jedoch, daß das spätantike Gehniveau mit Marmorpflasterung im Bereich um das Forum keineswegs endgültig verloren ist, wie das bislang vermutet worden war (Abb. 156)[594]. Eine solche spätantike Pflasterung und ihr Mörtelbett mit Reparaturphasen bis in die zweite Hälfte des 5. Jhs. (Abb. 156) und ein später Reparaturboden der zweiten Hälfte des 5. Jhs. in der Südwestportikus MFD, entsprechend zu Calzas ›cocciopesto‹-Boden[595], läßt sich in den überdachten Portiken und ihren Annexräumen nachweisen.

Das spätantike Marmorpflaster bestand aus Spolien, die aus vielen privaten wie öffentlichen Bauten Ostias stammten. Die meist handlich zurechtgesägten Bodenplatten mit Dicken von 2–9 cm waren ein bevorzugtes Material für Kalköfen, aber auch für die mittelalterliche Spoliation, die im 12. Jh. den Höhepunkt der Nachfrage nach Marmorverkleidungen erreicht hatte, sei es als Boden- oder Wandpflaster in Kirchen und Palästen. Es verwundert nicht, daß solch ideales Brenn- und Baumaterial nur noch an besonders geschützt oder tief liegenden Stellen bis heute erhalten geblieben ist. Gerade das späteste Pflaster war also bereits vor den ersten Ausgrabungen unter Giuseppe Petrini im 19. Jh. erheblich dezimiert worden, weil es direkt unter der Vegetationsschicht zutage trat und im Bereich des Forums nicht durch das Einsturzmaterial vielgeschossiger Bauten schützend überdeckt worden war[596].

Durch die Ausgrabungen des »Ostia-Forum-Projekts« (s. u.) seit 2010 wurden alle erhaltenen antiken Bodenoberflächen der Forumsrandbebauung freigelegt und erstmals wissenschaftlich dokumentiert. Durch stratigraphische Untersuchungen unter dem Pflaster

587 Dazu s. bereits Kapitel I.
588 Zur Grabungsgeschichte s. Paschetto 1912, 357–362. 485–525; Calza u. a. 1953, 25 f. 29–33. 40 (Plan 1804). 69. 71–73. Taf. 39. Die neuere Forschungs- und Ausgrabungsgeschichte zum Forum selbst ist von Geremia Nucci ausführlich vorgelegt worden: Geremia Nucci 2013, 23–53.
589 Calza 1925, 147 f.
590 GdS 19, 1922, 117.
591 Paschetto 1912, 485–525.
592 Calza u. a. 1953, 40.
593 Calza u. a. 1953, 71 f.
594 Calza 1925, 147 f.
595 Calza 1925, 148.
596 Dazu s. bereits Kapitel I. 3. a–e.

Abb. 156 Forum. Die Südostportikus MFP von Süden aus gesehen

wurde dabei erstmals klar, daß alle Portiken des Forums im späten 4. Jh. und auch noch im 5. Jh., sogar nach der Planierung des Roma- und Augustustempels, mit Marmorfußböden repariert worden waren. Auch andere abgeräumte Monumente des Forums wurden dafür systematisch zu brauchbaren Bodenplatten zerlegt, in Ergänzung dazu brachte man aber offenbar auch zahlreiche Spolien aus den Nekropolen der Umgebung ins Stadtzentrum.

Die Gehniveaus am Forum – Ein Vergleich

Es kann als eine Ausnahme innerhalb der stadtweit recht regelmäßigen Niveauerhöhungen gelten, daß das Forum in wichtigen Teilen zumindest bis zum späten 4. Jh. noch nicht erhöht worden war. Das gilt für die Portiken der Forumsränder, die bereits in ihrer hadrianischen Anlage recht hoch angelegt waren (2,40 m NN, s. u.). Ähnliches gilt aber auch für die Platzfläche selbst in der bis heute besser erhaltenen Platzhälfte nördlich des Decumanus (2,20–2,30 m NN).

Die wesentlichen Bauphasen und Erhöhungen des Forums bis zur hohen Kaiserzeit wurden bereits von Becatti erarbeitet, ergänzende Niveaumessungen lassen jedoch die Abfolge dieser Bauphasen besser verstehen[597]: Über dem republikanischen Zentrum des Castrums auf 0,85 m NN mit einem Vorgängertempel neben dem Kapitol folgte eine Erhöhung des Gehniveaus in augusteisch-tiberischer Zeit auf etwa 1,40–1,50 m NN sowie eine umfassende augusteische und tiberische Bauphase. Auf diesem Gehniveau fußen das heute an dieser Stelle freigelegte Decumanusniveau (um 1,55 m NN), der Roma- und Augustustempel und das platzmittige runde Nymphäum in seiner ersten Bauphase. Offenbar war mit diesen Bauten bereits die Konzeption eines ersten Forums mit einer Rahmung aus zwei Reihen von Portiken verbunden gewesen[598]. Die Bauten orientierten sich damals an der Spiegelachse, die durch die Mitte des Roma- und Augustustempels ging und auf die originale Castrum-Quelle (Abb. 154) mündete.

In flavisch bis trajanischer Zeit folgte die Errichtung von Curia und Forumsbasilika sowie einer großen Pfeilerhalle als Pendant dazu am Ostrand des Forums[599], in hadrianischer Zeit war dann der Platz durch nach dem Stadtbrand von 117 neu errichtete zweigeschossige Portiken umrahmt worden. Alle Neubauten dieser Zeit orientierten sich an der Mittelachse des Kapitols. Den ideellen Mittelpunkt der Kolonie bildete damals immer

597 Zu absoluten Maßen in der stadtweiten Übersicht vgl. Mannucci 1995.

598 Calza u. a. 1953, 115 f.

599 Calza u. a. 1953, 123 f. Die flavische Pfeilerhalle wurde in die spätere Forumsportikus MFP inkorporiert. Dazu s. u.

noch die Castrum-Quelle, die seit claudisch-flavischer Zeit jedoch neu gefaßt und etwa 65 cm aus der Achse verschoben worden war[600].

Das hadrianische Kapitolium fußt auf einer Höhe von 2,22 m NN, das Gehniveau dieser Zeit im nördlichen Forumsteil läßt sich um 2,20–2,30 m annehmen. Die Pflasterung innerhalb der Portiken blieb demgegenüber bis heute deutlich weiter erhöht erhalten (2,90 m NN in der Forumshälfte nördlich des Decumanus und immerhin 2,20–2,40 m NN in der Forumshälfte südlich des Decumanus).

Der in großen Teilen bis heute erhaltene späteste Platzboden in der Südostportikus MFP liegt auf der Höhe von 2,30–2,40 m NN. Es ist wahrscheinlich, daß das spätantike Nutzungsniveau der Platzfläche südlich des Decumanus vor seiner Entfernung bis 1924 jenem der nördlichen Platzhälfte, dort etwa auf Höhe von 2,30 m NN gelegen, entsprochen haben könnte. Zunächst kann man die von Calza genannten Erhöhungen von +40–50 cm auf das Fundamentniveau des Roma- und Augustustempels, bezogen auf dessen Mauerkern in seinem nicht modern rekonstruierten Zustand, beziehen (1,76 m NN). Mit einer weiteren Aufhöhung wäre die Südostportikus MFP ebenerdig vom Platz aus zugänglich gewesen. Dasselbe gilt wohl auch für die Portikus, die der im Südwesten des Forums gelegenen Basilika forumsseitig vorgelagert war, und vor der einige Treppen in situ erhalten blieben. Die angrenzende Forumsbasilika selbst knüpft wiederum mit 2,84–3,00 m NN in etwa an das Niveau von 2,90 m NN an, das in der hinter der Südostportikus MFW liegenden Caseggiato dei Triclini CDT sowie der wichtigen spätantiken Verbindungsachse der Via della Forica VDF (Abb. 153) gemessen wird.

Das Forum in der Spät- und Nachantike – Die Bau- und Umnutzungsphasen I–VII im Überblick

Das Forum und seine angrenzenden politisch-administrativen Bauten bilden den Gegenstand neuer Forschungen des Autors im Rahmen dreier Projekte, (1.) der »Berlin-Kent-Excavations« bzw. »Kent-Berlin-Excavations« (BKO bis 2009, KBO bis 2011), (2.) der »Humboldt-Ostia-Forum Excavations« (HOF) und (3.) des »Ostia-Forum-Projekts« (OFP). Den Bauphasen des Stadtzentrums von spätrepublikanischer Zeit bis in die ausgehende Spätantike ist eine eigene Monographie gewidmet, die für den Abschluß des Ostia-Projekts in seiner aktuellen Erweiterung 2016–2022 vorgesehen ist.

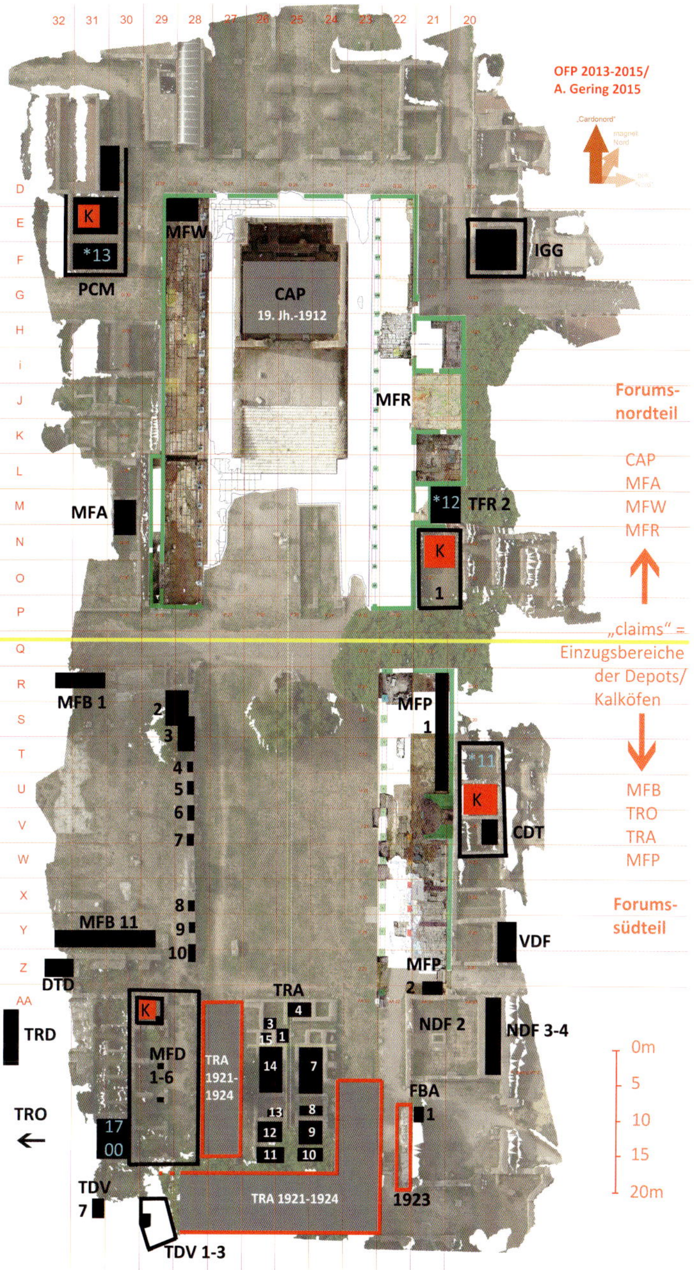

Abb. 157 Das Forum. Orthophotographie und Plan

Die Entdeckung der spätantiken Bauphasen des Forums ist eines der zentralen Ergebnisse des »Ostia-Forum-Projekts« (Abb. 157)[601]. Wenngleich die Fundmünzen, Keramik und Kleinfunde der neueren Arbeitskampagnen 2012–2013 auch erst teilweise aufgearbeitet werden konnten, so ergibt sich jedoch bereits auf dem jetzigen Kenntnisstand eine ausreichende

600 Zum Phänomen der verschobenen Planungsachsen und der Vorläuferfora ist ein Dissertationsprojekt von Daniel Damgaard: »Flavian Fora and the moving mundus of Ostia« in Vorbereitung.

601 s. Gering u. a. 2011; Gering 2014; <www.ostiaforum-project.com> (14.04.2016) mit der gesamten Literatur und Forschungsgeschichte zum Projekt.

Abb. 158 Die spätantike Innenstadt. Bereiche von Verfall (braun), Planierung/ Überbauung (violett), Aufschüttung (gelb, blau) und Renovierung (grün)

ABP	Aula del Buon Pastore
ACL	Attius-Clementinus-Basis
Bä	Bäckerei
CDB	Casa della Basilica
CDT	Caseggiato dei Triclini
DTR	Domus del Tempio Rotondo
EXE	Exedra
FBA	Forumsbad
FBA'	Forumsbad Frigidarium außer Funktion
FBB	Forumsbad Domus
FBL	Forumsbad Latrine
FBT	Forumsbad Tempel
FBQ	Forumsbad Aquädukt
FNY	Nymphäumsnische am Portal vor NDF
FSE/P2b	Foro della Statua Eroica
ITM	Insula mit Thermopolium
K	Kultbau: Mithräum
Kap	Kapitol
MFA	Bogenmonument mit Zubau
MFB	Basilika
MFC	Curia?
MFD	Südwestportikus
MFE	Nordostportikus
MFP	Südostportikus
MFR	Dreiraumeinheit
MFS	Abgerissene Portikus
MFT	Treppenanlage
MFW	Nordwestportikus
MLR	Reiterstandbild
MUN	Mundus
NBI	Nymphäum bei Terme Bizantine
NDV	Ninfeo della Venere
NYM	Nymphäum am Decumanus
Po	Portikus
PTR	Vorplatz des Tempio Rotondo
R	Ruine
S	Straßensprerrung
Tb	Taberna
TBI	Terme Bizantine
TDV	Taberna »della Venere«
TFR	Taberna Forum Rückraum
TGG	Taberna di Giove e Ganimede
TRA	Roma- und Augustustempel
VDF	Via della Forica
VDO	Treppe zu Obergeschoß
VTR	Via del Tempio Rotondo

Grundlage, die Entwicklung bis zur endgültigen Aufgabe des Forums skizzieren zu können[602].

Ostias Forum bildet eine einzigartige Chance, traditionelle Anschauungen zum Umgang mit antiker Hinterlassenschaft in der zunehmend christianisierten Spätantike im Zentrum einer Stadt aufgrund des archäologischen Materials unabhängig von Schriftquellen zu überprüfen. Eine der verbreiteten Thesen der Altforschung betrifft die vorsätzliche Zerstörung paganer Monumente, allen voran die Tempel, und der statuarischen Ausstattung. Dagegen spricht die archäologische Evidenz aus den neuen Grabungen, vor allem aber auch die gute Erhaltung des überwältigenden Teils der Statuen und Ausstattungsfunde aus den Altgrabungen. Um so mehr verwundert der stratifizierte Befund, daß der Roma- und Augustustempel tatsächlich schon abgerissen worden war, bevor das Forum seine letzte monumentale Renovierung erlebt hatte. Es wird zu untersuchen sein, inwiefern hier ein absichtlicher Abriß der Aufarbeitung einer Ruine diente, die zuvor aufgrund einer Naturkatastrophe eingestürzt war.

Ein kurzer Abriß der Verfallsgeschichte und der spätantike Neuaufbau des Forums

Erste Einsturzkatastrophen lassen sich insbesondere im Areal des späteren Foro della Statua Eroica FSE/P2b, der späteren Exedra EXE/P2a und des nördlich gegenüberliegenden Nymphäums NYM an Stelle von ehemaligen Bäckereien, die offenbar durch Brandeinwirkung eingestürzt waren (Bä2c), nachweisen (Abb. 158). Diese lokalen Einsturzbefunde des späten 3. Jhs. (Einsturz E1) basieren auf der Vernachlässigung einer spezifischen Gewerbeart für den Export, nämlich Großbäckereien (Bä2a–c), seit dem Gewerbestrukturwandel nachseverischer Zeit. Im Rahmen der Aufarbeitung dieser Einsturzkatastrophen entstanden neue Bauten, so die ersten Portikusbauten auf dem Foro della Statua Eroica FSE 1a/b und das gegenüberliegende Nymphäum, in der ersten spätantiken Bauphase I (280–380). Das Forum war bis zu diesem Zeitpunkt ohne größere Schäden erhalten geblieben.

Eine weitere Einsturzkatastrophe ist möglicherweise im späten 4. oder frühen 5. Jh. Auslöser für eine Reihe von Umbauten geworden, die erstmals nach etwa zwei Jahrhunderten auch wieder das Forum selbst betrafen. Allen voran stehen die Grabungsbefunde aus der Südostportikus MFP (Abb. 156–164). Basierend auf 35 Fundmünzen an verschiedenen Stellen unter dem Pflaster und in den noch weiter darunter liegenden Vorbereitungsschichten ist zweifelsfrei belegt, daß das heute sichtbare Marmorpflaster der Säulenhälfte nicht vor der Mitte des 4. Jhs., und jenes der Wandhälfte nicht vor dem späten 4. oder frühen 5. Jh. entstanden sein kann, was dort ein Terminus post quem der Münzen des Arcadius und Honorius demonstriert[603]. Damals wurde eine teilweise abgesunkene Vorbereitungsschicht ersetzt, um erneut einen planen Untergrund herzustellen. Danach wurden relativ große Pflasterplatten vorwiegend längs verlegt, wobei alle Platten jedoch bereits unterschiedliche Größen aufwiesen und Abweichungen der Laufrichtung vorkamen. Gemeinsamer Nenner der Platten ist es, daß sie mit 5–9 cm, in Einzelfällen sogar bis zu 20 cm und mehr dick waren. Damit unterscheiden sie sich deutlich von jenen nachweislich hadrianischen Plattenböden von 1–3 cm Plattendicke, die in der Dreiraumeinheit MFR der Nordhälfte des Forums zum Teil erhalten geblieben waren.

Säulenvorhänge vor älteren Ziegelpfeilern – Die Aufhöhung des Forumsplatzes und neue Akzentuierung spätantiker Bautätigkeit

In der spätantiken Phase II (380–430) wurden alle Portiken des Forums und der Fassadenbereich des Macellums FSE/P2b renoviert und dabei zum Teil sogar grundlegend ausgebaut bzw. verändert. Bislang war sowohl zumindest die Südhälfte des Forums als auch das Macellum durch Fassaden aus Ziegelpfeilern charakterisiert gewesen (Abb. 159, links).

Es ist anhand des Terminus post quem der Münzen des Arkadius nicht zu bestimmen, wann die Südostportikus MFP erstmals durch Säulen ausgestattet wurde. Dazu mußten die Travertinbasen der Portikusfront in die Ziegelmauer m2 eingefügt werden: das kann bereits in der Phase II geschehen sein, spätestens in der Phase III (um 440/450). Zunächst erscheinen diese Travertinbasen, die aus vielen kleinen Steinen und modernem Mörtel bestehen, grabungszeitlich zu datieren. Es ist jedoch im Norden der Portikus eine monolithische Basis erhalten geblieben, die als in situ zu betrachten ist. Der gemauerte Stylobat m2 (Abb. 160) war also bereits in der Antike statisch beeinträchtigt gewesen oder aus Gründen der Breite (60 cm) nicht für Säulenstellung geeignet. Damals wurden offenbar neue quadratische Auflagen für Säulen in der Flucht der ehemaligen Pfeiler geschaffen (Abb. 160). Der Neubau setzt einen kompletten Abriß von Pfeilern und Gewölben oder der Dachkonstruktion des Vorgängerbaus aus dem 2. Jh. voraus (Abb. 159. 161). Wiederverwendbar waren nur die Rückmauer und die rückwärtige Apsis.

602 Zur Bauphaseneinteilung im Detail: Gering 2014.

603 Gering u. a. 2011; Gering 2014.

Abb. 159 Südostportikus MFP. Die Pfeilerhalle der ersten Bauphase und die später vorgesetzte Säulenportikus

Abb. 160 Südostportikus MFP. Die Säulenportikus auf Spolienfundamenten

Die Südostportikus MFP zeigt wie die Exedra EXE/P2a keine vorgesetzten Stufen. Der Forumsplatz muß daher spätestens in Verbindung zu einer stadtweiten Niveauerhöhung, für die bereits in der älteren Forschung ein Terminus post quem des späten 4. Jhs. festgestellt werden konnte[604], aufgehöht worden sein. Diese Aufhöhung ist im Grabungsbericht Calzas zum Forumsplatz mit +75 cm erwähnt (s. o.); es ist aber unklar, inwiefern diese mit einer Neupflasterung auch des Forumsplatzes

604 Lorenzatti 1998, 94 f. mit älterer Literatur zum »rialzamento«.

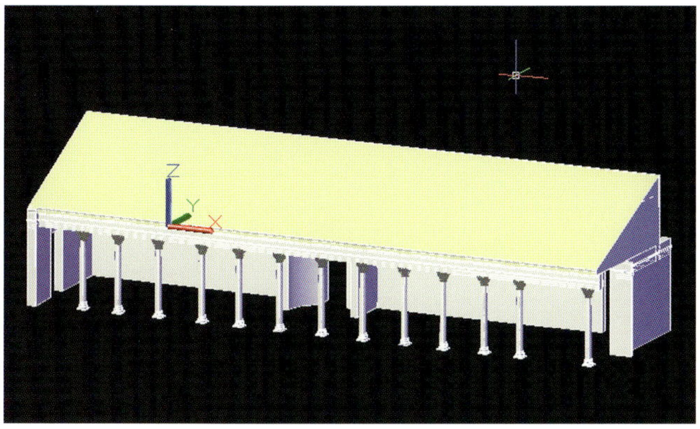

Abb. 161 Südostportikus MFP. 3-D-Modell des spätantiken Endzustands mit mittiger Apsis und eingeschossiger Halle

selbst verbunden war. Gesichert ist hingegen, daß die originale Travertinbasis im Norden der Südostportikus MFP (s. o.) anhand ihrer Außenseite eine solche Aufhöhung voraussetzte. Resultat war die Ersetzung der Ziegelpfeilerfassaden durch Säulenvorhänge (Abb. 159, rechts; Abb. 161).

Im Laufe der Spätantike ereigneten sich mehrere Einsturzkatastrophen in verschiedenen Gebäuden in Ostias Stadtzentrum (Abb. 166, dunkel unterlegt). Dieser Einsturz wurde jedoch keineswegs im Ruinenstadium belassen, sondern umfassend repariert, zum Großteil unter Wiederverwendung bestehender architektonischer Elemente, die wiederaufgerichtet wurden[605].

Eine Erhöhung durch eine charakteristische Nivellierschicht von etwa 20 cm Dicke (Abb. 132) findet sich im Unterbau der Südostportikus des Forums zwischen den Bauphasen MFP 1 des späten 1. und frühen 2. Jhs. und dem Endzustand des Forums des 5. Jhs. nach den Bauphasen MFP 3b–c (Abb. 163. 164). Das bedingt unterschiedliche Rekonstruktionen des hochkaiserzeitlichen Forums gegenüber dem spätantiken Forumsplatz (Abb. 171. 172).

Die erste Phase der Forumsportikus bestand hier aus einer Pfeilerreihe des späten 1. Jhs. Die mittige Apsis (Abb. 175) ist erst späteren Datums, nämlich späthadrianisch-antoninischer Zeit. Ihre Anlage zeigt eine kleine Planänderung im Fundamentbereich, interessant ist aber, daß die ausgeführte Apsis weder mit der älteren Pfeilerreihe m1 korrespondiert noch mit dem späteren Säuleneinbau auf improvisierten Travertinfundamenten m2 (Abb. 162).

Möglicherweise hatte die späthadrianische Apsis zunächst eine Funktion als freistehendes Nymphäum, wie seine separate Pflasterung und der wasserdichte Mörtel nahelegen. Unklar ist die Gestalt und Baugeschichte der

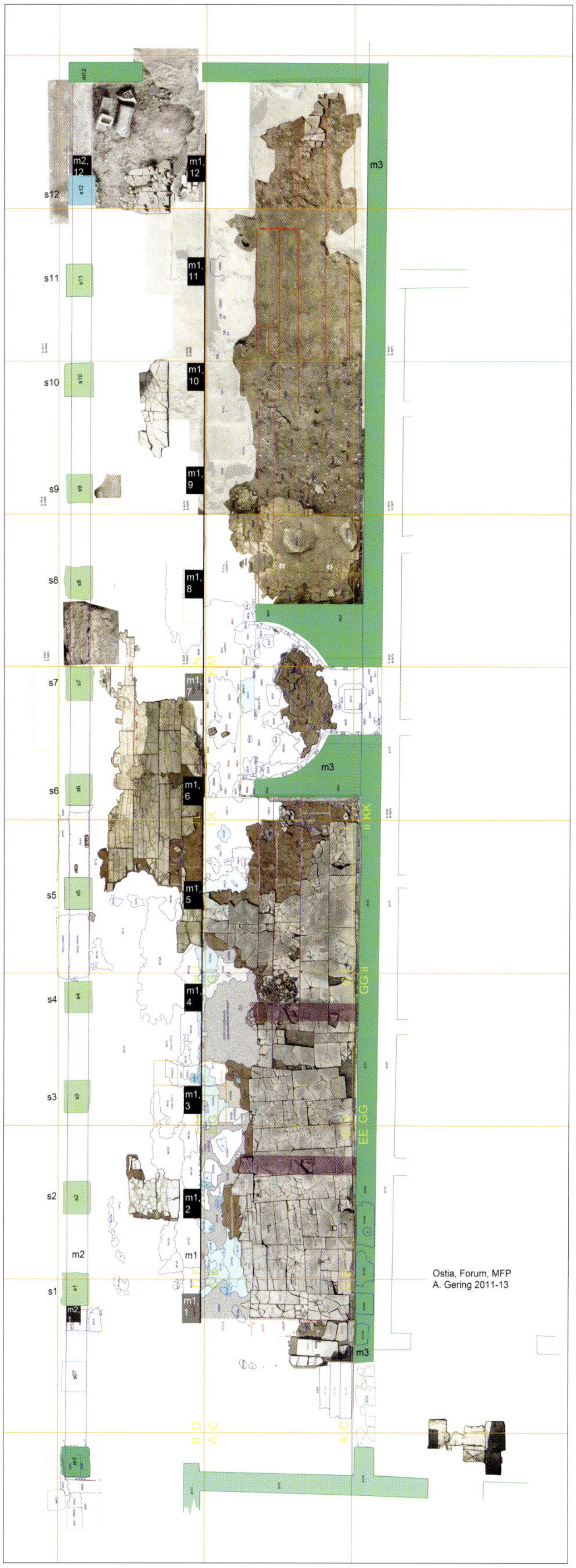

Abb. 162 Südostportikus MFP. Grundplan des bis 2013 freigelegten Zustands

605 Dazu s. Gering 2014.

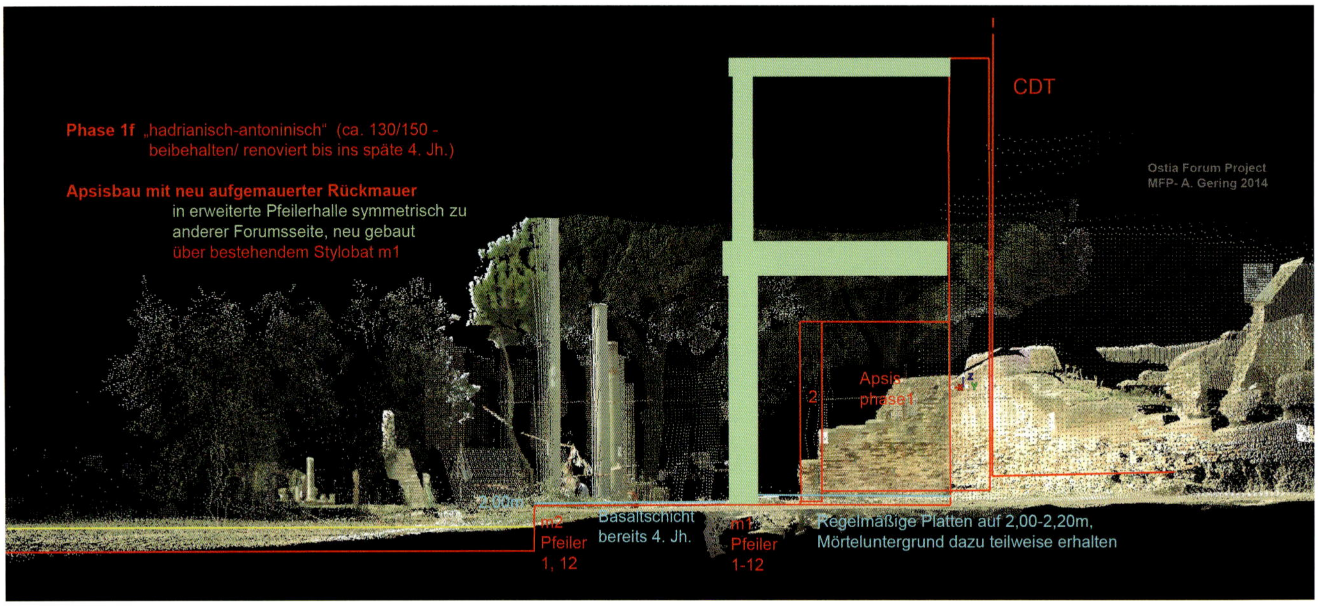

Abb. 163 Südostportikus MFP. Hypothetischer Querschnitt der hadrianischen Pfeilerportikus mit zwei Geschossen

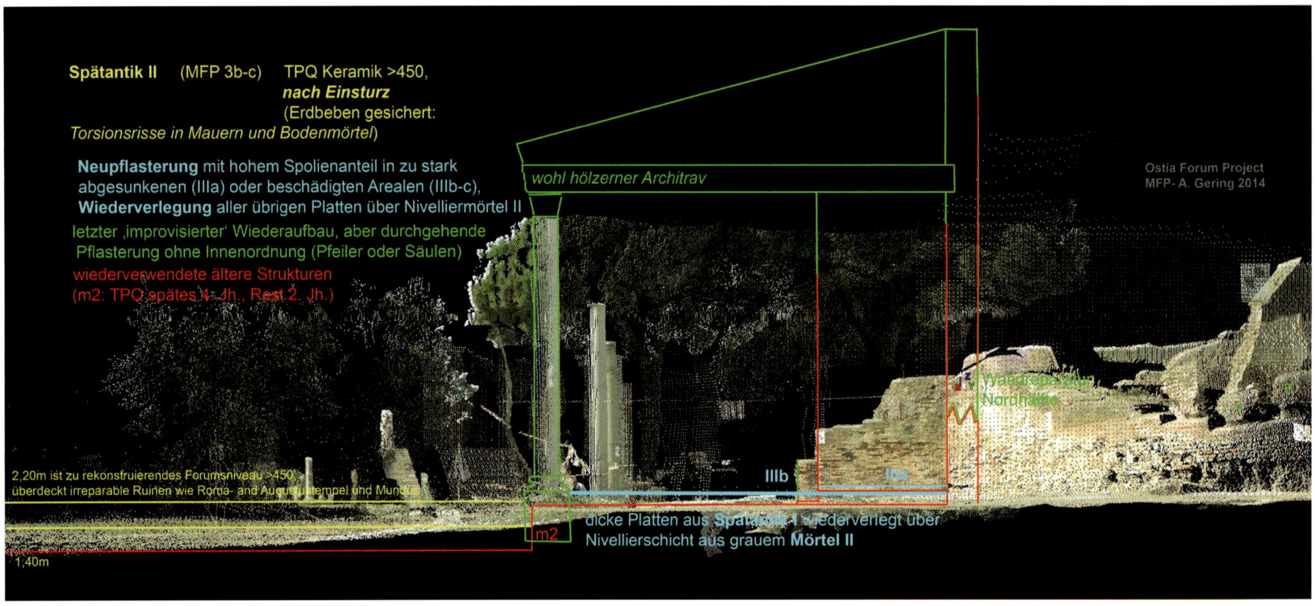

Abb. 164 Südostportikus MFP. Hypothetischer Querschnitt der letzten Säulenportikus

umgebenden Portikus (Abb. 163) von antoninischer Zeit bis zum spätantiken Neubau des späten 4. Jhs. oder der ersten Hälfte des 5. Jhs., als die Säulen hier vorgesetzt wurden (Abb. 159. 160). Innerhalb der Spätantike dominierte dagegen bauliche Kontinuität: die Säulenportikus wurde nach Reparaturen des Bodens und einer Nivellierung des Mörtelbetts nach offensichtlichem Einsturz dann in ähnlicher Weise, aber wohl mit hölzernem Gebälk, um oder nach der Mitte des 5. Jhs. wieder aufgebaut (Abb. 164).

Die Rekonstruktion der verlorenen Stratigraphie des Forums – Wiedereinfüllungen aus Raubgrabungen versus spätantike Füllschichten

Seit Februar 1921 wurde begonnen, den Forumsplatz südlich des Decumanus freizulegen[606]. Der Grabungsassistent Raffaele Finelli bemerkte, leider ohne nähere stratigraphische Angaben, daß der Aushub aus vielen

606 Geremia Nucci 2013, 23–53. 295–303.

Marmorsplittern, Abschlägen bis hin zu kleinen Teilen architektonischer Ornamentik, die aus der Zerschlagung von großen Architekturstücken stammten, bestand. Das deutete er als Hinterlassenschaft, die beim Zubereiten des Materials zur Brennung von ungelöschtem Kalk entsteht, ein Vorgang, den er im verlassenen Ostia in nachantiken oder mittelalterlichen Epochen ansiedelt[607].

Während der Grabungskampagne 2010 konnten in der Südostportikus MFP die gesamten antiken Pflaster- und Mörteloberflächen sowie die unregelmäßigen Anschnittkanten der Altgrabungen gereinigt werden. Dabei trat u. a. die oberste Deckschicht unter dem Feinmörtel, der die Platten trug, zutage. Diese Vorbereitungsschicht bestand hier teilweise aus einer Lage regelmäßiger Tuffsteine, wie das auch sonst als Pflasterbett üblicherweise zu finden ist, teilweise aber auch aus einer charakteristischen Mischung von Bauschutt. So fanden sich hier gebrochene Dachziegel, Fragmente von Feinkeramik, Gebrauchskeramik, Glas, zahlreiche Münzen, Fragmente von Inschriften, von Bauplastik – z. B. winzige Teile eines korinthischen Kapitells[608] – und viele weitere Abschläge von Marmorplatten. Durch den stratifizierten Befund dieses Materials unter dem Mörtelbett und unter dem spätantik verlegten Pflaster ist gesichert, daß diese Materialmischung kein Produkt nachantiker Raubaktivitäten »nei tempi di Ostia abbandonata« sein konnte, wie Finelli es deutete[609]. Die Füllung war Teil einer spätantiken Stratigraphie, d. h. Produkt einer städtebaulich sehr aktiven Periode von Einsturz, Abriß, Recycling und einer umfassenden Reparatur der Böden der Forumsportiken.

Finelli vermerkt einen Unterschied der Schichtenzusammensetzung, als er im Oktober 1921 begann, ein »größeres öffentliches Monument«, nämlich das Podium des sogenannten Roma- und Augustustempels[610] freizulegen. Dort fand er eine große Menge von kleinteiligen Marmorplatten, »lastrame minuto di marmi«, jedoch kaum mehr die winzigen Marmorabschläge wie in den übrigen Teilen des Forums »ma poche scaglie in confronto alle tante rinvenute in altri siti del Foro«[611]. Herstellungsabfälle und Halbfertigprodukte für einen späten Boden statt Zeugnisse von Werkprozessen zur Zerkleinerung von Material bilden einen sehr interessanten Befund, weil es sich hier um eine offenbar von früheren Raubgrabungen verschontes Areal gehandelt hat. Finelli bestätigt damit die Existenz spätantiker Aufhöhungsschichten als direkte Zeugnisse von Recycling auf dem Forumsplatz, zu denen sich Analogien in den Forumsportiken seit 2010 gefunden haben.

Der eingestürzte Roma- und Augustustempel und die Aufhöhung des Cardo mit Bauschutt um 1,20 m in der Mitte des 5. Jhs.

Im Jahr 1924 wurde vor dem Zugang zur Palästra der Forumsthermen ein Mosaikboden auf einem sehr hohen Gehniveau von 3,50–3,60 m NN entdeckt, der aus großen schwarzen und weißen Mosaiksteinen bestand. Das betreffende Areal wurde 2010 im Rahmen der Berlin-Kent-Excavations untersucht. Anhand seiner Einbauhöhe und stratigraphischen Abfolge ist zweifelsfrei belegt, daß der Mosaikboden erst nach dem Zubau des Bogendurchgangs zum Cardo entstanden war und auch einer spätantiken Bauphase entspricht[612]. Eine ähnlich hohe Auffüllschicht wurde bei den Ausgrabungen des frühen 20. Jhs. ausgegraben: sie reichte vom letzten gepflasterten Gehniveau des Cardo auf etwa 2,60 m NN bis zur originalen Erhaltungshöhe des Podiums des Roma- und Augustustempels (knapp unter 3,60 m NN).

Interessant ist, daß aus dieser Auffüllschicht viele Bauteile desselben Tempels der Roma und des Augustus stammten, die Finelli 1923 aufführte: »in questa terra fu raccolto un grosso pezzo di marmo bianco con angolo retto, rosoni e menzole [mensole], certamente questo formava l'angolo sinistro della cornice del tempio a cui appartengono quelli rinvenuti, e ancora insito, appartenenti alla cella del tempio che sorgeva a sud del foro Civile«[613].

Es ist entscheidend für die Deutung, daß alle großen Bauteile des Giebels des Roma- und Augustustempels direkt auf dem gepflasteren Gehniveau des Cardo und der Via del Tempio Rotondo lagen und von den Ausgräbern dort 1921–1924 gefunden wurden. Damit ist klar, daß diese – im Gegensatz zur stark durchwühlten

607 Finelli, GdS 16, 1921, 80.

608 Möglicherweise anhand der Gestaltung der Bohrkanäle her zu urteilen aus der Frühen Kaiserzeit.

609 Finelli, GdS 16, 1921, 80.

610 Diese Zuweisung beruht auf einer Reihe von Funden und Prämissen, die Gegenstand der Diskussion sind. Dagegen: Rieger 2004, 25 mit Anm. 75 mit der Deutung des Tempels als Sitz der *flamines*, basierend auf Calandra 2000, 442 f. Dafür: Geremia Nucci 2005; Geremia Nucci 2013. – Es ist in diesem Zusammenhang interessant, daß die vor dem Theater spätantik wiederaufgestellte Statue der Dea Roma (eine zweite?) auf einem wiederverwendeten Sockel des P. Aufidius Fortis stand, der ebenfalls einer der prominenten *flamines Romae et Augusti* gewesen war. Waren beide Elemente aus demselben originalen Kontext hierher verbracht worden, der nicht identisch mit dem sogenannten Roma- und Augustustempel gewesen sein müßte? Vgl. dazu den nächsten Abschnitt.

611 Finelli, GdS 16, 1921, 116 f.

612 Lavan 2012.

613 Finelli, GdS 19, 1923, 29 f.

Nordseite des Tempelpodiums[614] – den früheren Ausgräbern noch nicht bekannt waren. Das bezieht sich auch auf die nicht lokalisierten Grabungen Petrinis von 1805 oder sogar noch spätere Raubgrabungen zur Materialgewinnung für Kalköfen bis weit ins 19. Jh. hinein.

Das gilt um so mehr, da direkt auf dem Pflaster des Cardo, »sul selciato del cardine«, auch statuarische Funde getätigt wurden[615]: der Kopf einer Akroterfigur und die Dea Roma wären im frühen 19. Jh. sicher gewinnbringend verkauft worden, hätte man sie damals bereits gefunden. Auch Geremia Nucci betont: »È notevole che i materiali rinvenuti in questa zona a sud del podio sembrarono a Finelli in situazione di crollo e, diversamente da quanto emergeva dalle annotazioni precedenti, qui la terra non sembra essere stata indagata in precedenza«[616].

Damit ist zumindest am Cardo, also im Süden des Tempels, bereits auszuschließen, daß diese Funde vom Roma- und Augustustempel insgesamt etwa durch die Raubgrabungen des 19. Jhs. in eine tiefere Schicht geraten sein konnten. So ist aber umgekehrt auch eindeutig gesichert, daß der Einsturz dieses Giebels noch vor der Erhöhung des Cardo stattgefunden haben muß, weil die Fragmente direkt auf den Cardo gefallen waren, nicht auf eine bereits bestehende Erhöhung. Wann datiert nun diese Erhöhung des Cardo und der anschließenden Via del Tempio Rotondo, die einen extrem aufschlußreichen Terminus ante quem für den Einsturz des Tempels bildet? Und gibt es Bauten, die diese Erhöhung wiederum voraussetzen, also nachweislich später als der Einsturz des Tempels datieren?

Als Beleg zu einer bis zu 1,20 m hohen Aufhöhung des Cardo gibt eine grundlegende Bauaufnahme zur südlich an das Ninfeo della Venere angrenzenden ›Domus di Giove Fulminatore‹ von Sandro Lorenzatti Auskunft (Abb. 158, NDV; Abb. 166)[617]. Zur Datierung des Einsturzes selbst ist die 2008 vom Autor ergrabene Stratigraphie zur Wiederverwendung des Cellablocks des Roma- und Augustustempels in der Bauphase FSE 2b aussagekräftig. Durch die Keramikdatierung in den Fundamentgruben erhält die Einfüllung des Cellasockels einen Terminus post quem; ein Terminus ante quem ergibt sich durch die Keramikfunde des Kent-Teams in den Fundamenten eines überlagernden Baus, der diesen Bau wiederum außer Funktion gesetzt hat; so kommt man zu einem recht knappen Datierungsspektrum um die Mitte des 5. Jhs.[618]. Da eine eingestürzte Ruine an prominenten Punkten wie dem Forum kaum lange liegengelassen geblieben sein wird, lag die Spoliation und Aufarbeitung wohl zeitlich relativ nahe am Einsturzzeitpunkt. So kann das Erdbeben von 442/443 – oder ein nicht dokumentiertes weiteres Erdbeben dieser Zeit um 440–450 – als Einsturzursache für den Roma- und Augustustempel und zugleich als Auslöser für eine Bewältigung von Verfall durch umfassende Aufhöhungen sehr wahrscheinlich gemacht werden. Ein wichtiges Indiz ist eine ebenfalls aufgrund seismischer Auslöser kollabierte Fassade (Abb. 158, R3a; Abb. 219) in derselben Aufhöhungsschicht, die unten noch näher behandelt wird.

Es gibt stratigraphische Indizien für Einbauten, die den Einsturz des Roma- und Augustustempels und die darauf folgende Aufhöhung von +70–90 cm wiederum bereits voraussetzen. Das Gehniveau des gepflasterten Cardo hat bei der Latrine als Teilbereich des Ninfeo della Venere eine Höhe von 3,53 m NN; der spätantike Latrinenanbau selbst setzt anhand seines Fundamentniveaus bereits eine Einbauhöhe von +70–80 cm voraus und datiert damit gesichert nach dem Tempeleinsturz und seiner Bewältigung. Die Fundamenthöhe der Latrine gleicht wiederum dem Gehniveau des neuen Eingangs zu den Forumsthermen mit seinem spätantiken Portal südlich des zugesetzten Bogenmonuments (Abb. 158, MFA) auf der Höhe von 3,53 m NN.

Auch hier ist wiederum bemerkenswert, daß sowohl die Toilettensitze des Latrinenanbaus als auch weitere konstruktive Elemente, aber auch einfache Fundamentfüllungen durch Material aus Nekropolen, u. a. auch von Grabinschriften und Sarkophagen, gewonnen wurde: Es handelt sich also um ein weiteres Beispiel einer datierten Wiederverwendung von Material aus den Nekropolen innerhalb des Stadtgebiets. Die Datierung in die Mitte oder zweite Hälfte des 5. Jhs. ergibt hier bereits recht späte gebaute Wiederverwertungskontexte, was in analoger Datierung auch von der Reparatur des Abwasserkanals der Terme Bizantine u. a. mit einem dort gefundenen Sarkophagunterteil belegt ist[619].

Hinweise auf spätantikes ›Recycling‹ am Tempelpodium und die Notwendigkeit der Aufhöhung

Es gibt Hinweise, die die These des intentionalen und organisierten Abtragens aller brauchbaren Materialien der bereits baufälligen Ruine des Roma- und Augustus-

614 Finelli, GdS 18, 1922, 115–117.

615 Finelli, GdS 16, 1921, 144. 146. Vgl. dazu Geremia Nucci 2013, 28. – Zu weiteren Funden vom Cardo aus den OFP-Grabungskampagnen 2014/2015 und der vollständigen Rekonstruktion des Rückseitengiebels des Tempels s. Gering 2016.

616 Geremia Nucci 2013, 29.

617 Lorenzatti 1998.

618 Dazu und zur Keramikdatierung durch das Kent-Team unter Luke Lavan s. Kapitel II. 3. c.

619 Geremia Nucci 2013, 45 mit Anm. 96.

tempels mitten in der Spätantike stützen: So bemerkte Finelli 1922 die Abdrücke der geraubten Verkleidung: »certamente, caduto il tempio, furono presi i blocchi che rivestivano i muri del basamento [...], cosi che nel muro vi resto l'impronta dei blocchi tolti«[620].

Nach diesem umfangreichen Recycling wäre eine unverkleidete Mauerstruktur übrig geblieben, etwa in der Form, wie sie heute sichtbar ist (Abb. 155, K3b). In Anbetracht der Höhe der Türschwelle des Nymphäumsraums mit 2,80 m NN und des direkt benachbarten spätesten Neubaus des Thermeneingangs zu den Forumsthermen auf der Höhe von 3,60 m NN (Abb. 155, E4/5) ist die Aufhöhung und Überdeckung sowohl der abgerissenen Portikus MFS als auch des unscheinbaren Tempelpodiums zumindest bis zur Höhe von 2,80 m NN wahrscheinlich. Diese Annahme bezieht sich weniger auf ästhetische Gesichtspunkte, sondern vor allem darauf, einen allzugroßen Niveausprung zum Süden des Tempelpodiums mit der neuen Cardohöhe von 3,60 m NN zu vermeiden. Es ist jedoch auch denkbar, daß die komplette Höhendifferenz zum Thermeneingang E4/5 von 2,40 m NN aus über Stufen überwunden wurde, die hier dann jenen entsprochen haben würden, die man heute an dieser Stelle sieht. Erklärungsbedürftig bleibt dann allerdings ein Abfluß[621] in der Zusetzung des Bogenmonuments, der ein heute nicht mehr vorhandenes Gehniveau von zumindest 2,80 m NN an dieser Stelle vorauszusetzen scheint.

Man hatte – wie erwähnt – fast alle bis heute gut erhaltenen Bauteile des Tempels im Süden des Forums direkt auf dem Straßenpflaster der Abzweigung des Cardo in die Via del Tempio Rotondo gefunden. Dieser Straßenabschnitt war nun nachweislich noch vor der letzten Bauphase der Terme Bizantine erhöht worden[622]. Innerhalb dieser Erhöhung fand sich sogar ein weiteres Relikt eines Erdbebens ›beerdigt‹, nämlich eine direkt aufs Straßenpflaster eingestürzte Außenmauer einer großen Domus (Abb. 158, R3a; Abb. 166. 219)[623]. Die ›beerdigten‹ Trümmer des Tempels wie diese Fassade bildeten also nicht nur Zeugnisse eines endgültigen Verfalls einiger Bauten durch Erdbebenwirkung, sondern auch Zeugnisse der Bewältigung der Einsturzkatastrophe durch Aufhöhung des Gehniveaus und Neubau bzw. Reparatur vieler anderer Bauten.

Die Mindesthöhe des neuen Gehniveaus ist für die gesamte Via del Tempio Rotondo belegt: an ihrem Westende wird dieses durch die Maße der auf die Straße gefallenen Fassade mit ihrer Oberseite auf 3,10 m NN bedingt, wobei diese eingestürzte Fassade mit erhaltener Fensterlaibung bis heute noch direkt auf dem Straßenpflaster aufliegt (Abb. 219)[624].

Die ›beerdigte‹ Dea Roma und drei statistisch relevante Tendenzen zur Statuenausstattung

Der in mehrere Teile gebrochene Torso einer sogenannten Dea Roma[625] wurde im Jahr 1921 direkt auf dem Straßenpflaster der Via del Tempio Rotondo an ihrem Übergang zum Cardo gefunden. Das Gehniveau am Fundort »auf dem Cardopflaster« läßt sich nachträglich in etwa mit maximal 2, 60 m NN rekonstruieren.

Die Fundumstände sind von besonderer Bedeutung: (1.) es finden sich keine Anzeichen einer absichtlichen Zerstörung der Statue, (2.) die Statue lag direkt auf dem noch heute sichtbaren Straßenpflaster aus Basalt, obwohl man an dieser Stelle zweifelsfrei ein um +90 cm bis +120 cm höheres Gehniveau rekonstruieren kann, was oben bereits näher ausgeführt wurde[626], (3.) die Statue hat keinen Kopf.

Aus den Fundberichten Finellis und Vaglieris entlang des Decumanus lassen sich, auch wenn stratigraphische Angaben fehlen, im Vergleich zum heutigen Zustand der jeweiligen Bauten bzw. Fundkontexte zumindest drei Tendenzen auf statistisch relevanter Materialmenge ableiten, die den Ausnahmecharakter des Befunds der Dea Roma nahelegen:

- Statuen wurden nur in Ausnahmefällen zur Fundamentierung oder Aufhöhung ›entsorgt‹, also bei der letzten Aufhöhung bzw. Pflasterung der Plätze unter den Aufhöhungen bewußt beseitigt,
- der Großteil der Statuenfunde aus Ostia stammt aus spätantiken Wiederaufstellungskontexten, d. h. stand auf den Erhöhungen des Gehniveaus des späten 4. und mittleren 5. Jhs. und war dort zumindest bis ins spätere 6. Jh. sichtbar geblieben.
- Für gut erhaltene Statuen zur (Wieder-)Ausschmükkung der Stadt (*decor*) nach umfassenden Einsturzkatastrophen standen hochkaiserzeitliche Statuen im öffentlichen Raum offenbar nicht ausreichend zur

620 Finelli, GdS 18, 1922, 122.
621 Lavan 2012, 657 mit Abb. 5.
622 Geremia Nucci 2013, 41–46 Abb. 19. Dazu auch s. u.
623 Ausführlich: s. hier Kapitel II. 5. b. Vgl. dazu bereits Gering 2004, 371 f. mit Abb. 48.
624 Dazu vgl. Gering 2004, 373 Abb. 48.
625 Zur Deutung der Dea Roma vgl. Geremia Nucci 2013, 183–213. Ein davon unabhängiges Fragment einer kolossalen Sitzstatue der Dea Roma konnte aus den Beständen der Vatikanischen Museen hinzugefügt werden: War dieses Fragment die Kultstatue? Dagegen stünde jedoch die hadrianische Datierung des Fragments, die anhand der Fotografie allerdings kaum zu veri- oder falsifizieren ist. Dazu vgl. Vorster 2004, 30, Nr. 8 (Inv. 10661); Geremia Nucci 2013, 197 f.
626 Vgl. dazu Geremia Nucci 2013, 38.

Verfügung. Möglichen Ersatz konnte man aus aufgelassenen Häusern, Tempelarealen und den vorstädtischen Nekropolen nehmen: Genau diese ›Mischung‹ scheint das Gesamtinventar von Statuenfunden widerzuspiegeln.

- Die Ergänzung, Reparatur oder Aufstockung der statuarischen Ausstattung (*decor*) der neuen Platzanlagen auch oder gerade nach den Einsturzkatastrophen im 5. Jh. ist nicht nur archäologisch faßbar, sie wird auch epigraphisch in Verbindung zum *macellum reparatum* des Aurelius Symmachus thematisiert[627].

Die Dea Roma – zumindest jenes sogenannte Kultbild aus der Grabung Calzas – bildet dagegen neben der stark fragmentierten Statue des nackten Athleten im Fundament s8, der für das Foro della Statua Eroica FSE namensgebend wurde, eine der wenigen Ausnahmen, weil sie offenbar unter dem spätantiken Nutzungsniveau der letzten monumentalen Forumsreparatur ›beseitigt‹ wurde.

Es bleibt nur eine Frage: Warum war die sogenannte Dea Roma aus dem Tempel oder die Viktorien vom Tempeldach nach dessen Einsturz, stratifiziert um die Mitte des 5. Jhs. spätestens faßbar, nicht wieder aufgestellt worden? Eine Reihe von wiedererrichteten Basen (MFR, s. u.) oder sogar neu geschaffenen Spolienbasen (MFW, s. u.) aus den spätantiken Bauphasen der Forumsportiken des 5. Jhs. oder die Basis des Ragonius am Theater aus dem 4. Jh. legen nahe, daß prinzipiell neue Statuen in neuen Kontexten, den Forumsportiken, aufgestellt wurden[628]. Das ist aber zumindest für die hier auf dem Cardopflaster gefundenen Statuen auszuschließen. Ihr Erhaltungszustand war möglicherweise zu schlecht, offenbar aber nicht wegen einer bewußten Zerschlagung, wofür sich keinerlei Spuren finden, sondern wegen ihres fehlenden Kopfes: es kann nur gemutmaßt werden, daß nicht christlicher Eifer, sondern eher der ganz profane Einsturz des Tempeldachs auf diese Statue dafür verantwortlich gemacht werden könnte[629].

Der ›aufgeräumte‹ Zustand eines ersten Krisenmanagements

Der Ausgräber Guido Calza fand 1921 neben den bereits erwähnten Teilen des Giebels zwei große Fragmente der Dea Roma. Die Grabungsfotografie zeigt einen Zustand, bevor die Funde zu ihrem neuen Aufstellungskontext bewegt worden waren[630]. Dieser entspricht dem spätantiken Endzustand und ist daher sehr aussagekräftig: Offenbar ist es nicht der originale Einsturzzustand in situ, denn das Kultbild müßte dann im Tempel gefunden worden sein, sondern ein geringfügig ›aufgeräumter‹ Zustand nach der ersten Bewältigung des Verfalls des Tempels. Offenbar war es nicht von vornherein zu einem planvollen Abriß des Tempels gekommen, sondern dieser war – vielleicht als Folge langer Vernachlässigung – durch einen externen Auslöser, wie es das Erdbeben von 442–443 gebildet haben könnte, eingestürzt.

Statt den Tempel jedoch als Ruine an diesem prominenten Punkt der späten Stadt zu belassen, wurde dieser nach seinem partiellen Einsturz fast insgesamt abgetragen. Zweckmäßigerweise baute man die Werkstätten zur partiellen Weiterverarbeitung der Bauteile dieses Tempels in die Nähe, um Transportwege zu minimieren, sowohl was den Abstand zur Materialquelle – den Tempel – als auch zum Endverbraucher – Forumsportiken und Terme Bizantine – betrifft. Die Werkstatt bzw. der steinverarbeitende Betrieb W2 (s. u.), der in die ehemalige Südwestportikus MFD eingebaut worden war, wird unten noch näher behandelt. Funde von halbfertigen Werkstücken und ein durch Münzen datierbarer Umbau mit Terminus post quem in der zweiten Hälfte des 5. Jhs. waren als Belege für diese Deutung in der Ausgrabungskampagne 2013 in der Südwestportikus MFD gefunden worden[631].

Es ist wichtig zu betonen, daß die Terme Bizantine einer Sondage aus dem unpublizierten Grabungsbericht von 1972 zufolge keine Vorgängerphasen des 3. Jhs. aufwiesen, wie noch in der älteren Forschung vermutet worden war[632]. Dieser wichtigste und größte innerstädtische Thermenneubau des 4. oder 5. Jhs. in Ostia bestand zum Großteil aus Spolien. Aus seiner letzten faßbaren Reparaturphase des Hauptabwasserkanals stammen u. a. Spolien vom Roma- und Augustustempel: »riutilizzati nel restauro di una fogna sottostante il corridoio d'ingresso delle terme«[633]. Gerade deren Verwendung zur Reparatur des Abwasserkanals ist aussagekräftig in Verbindung zum postulierten Einsturz des Tempels durch ein Erdbeben: Kanäle und Wasserzuleitungen wären, vergleicht man übliche Erdbebenszenarien, dabei sowohl die Schwachstellen als auch die ersten

627 CIL XIV Suppl. 4719; Gering 2011b, 442; Wickert 1933, 844.

628 Als Hypothese formuliert: Gering u.a. 2011, 476–486. Zur Dea Roma vom Theater s. hier Kapitel II. 2. b.

629 Vgl. Geremia Nucci 2013, 25 mit Anm. 18. 29 mit Abb. 6. 39.

630 Geremia Nucci 2013, 29 Abb. 6.

631 Ein Zwischenbericht dazu: Gering 2014. Dazu auch s. u.

632 Lorenzatti 1998, 94 mit Anm. 36.

633 Geremia Nucci 2013, 41; GdS 39, 1970, 30–32.

Ansatzpunkte für notwendige Reparaturen zur Wiederinbetriebnahme einer Thermenanlage. Folgt man der Hypothese des Erdbebens von 442/443, dann waren die Terme Bizantine neben den ›Terme del Faro‹ am südlichen Cardo damals vielleicht wirklich zum ›direkten Ersatz‹ für die Mitte des 5. Jhs. zumindest teilweise unbenutzbar gewordenen und aus statischen Gründen in ihrem Nordteil großflächig zugesetzten Forumsthermen geworden.

Die Selektion des Brauchbaren – Was fehlt am Befund?

Der ›aufgeräumte Zustand‹ nach der ersten Bewältigung von Verfall kann nicht durch die undokumentierten Raubgrabungen bis zur Mitte des 19. Jhs. bewirkt worden sein, was oben bereits ausgeführt wurde und auch Finellis rudimentäre Schichten-Beobachtungen belegen. Das wird durch einen weiteren Aspekt unterstützt. Es ist von besonderem Interesse, was unter Calza eben gerade nicht (mehr) gefunden wurde: »non furono rinvenute tracce dell'architrave, delle colonne e capitelli o di pilastri e capitelli«[634]. Dieses Fehlen kann man nicht nur undokumentierten Raubgrabungen zuschreiben, denn Abdrücke von Pilastern im Mörtelbett des Foro della Statua Eroica FSE wie der Forumsportikus MFP sowie rasierte Pilaster als Bodenplatten in situ (FSE, Areal A) belegen, daß kannelierte Pilaster von Tempeln oder öffentlichen Gebäuden durchaus zur Neupflasterung von Böden herangezogen wurden.

Auch Architrave waren beliebte Teile einer Wiederverwertung, ebenso Säulen, Basen und Kapitelle. Ganz offenbar wurde hier also ein Zustand einer absichtsvollen Sortierung und Selektion des Brauchbaren nach dem Einsturz ›eingefroren‹, der bis zu Calzas Grabung weitgehend erhalten geblieben zu sein scheint. Calzas Eingriff könnte man höchstens darauf beziehen, daß er die im Cardobereich bis 1924 gefundenen Blöcke vor ihrer fotografischen Dokumentation und dem modernen Wiederverbau als Giebel mehr als zuvor auf einen Haufen konzentriert hatte, der sich am Tempelfundament befand, weil auf dem stabilen Cardopflaster die Grabungszugsschienen verlegt werden mußten.

Es handelte sich also höchstens teilweise um einen Einsturzbefund in situ, der hier ›zufällig‹ begraben worden war, teilweise aber nachweislich um die Reste eines bewußten Recyclingprozesses von Podium wie darüber befindlichen Bauteilen, die hier unter einer beabsichtigten Aufhöhung verschwanden. Daher rührt der Befund her, daß nur bestimmte Arten von Fragmenten des Roma- und Augustustempels um den Tempel herum lagen, die Calza dann zur Rekonstruktion des Giebels verwenden konnte: ausschließlich komplex geformte Bauglieder. Offenbar fand bereits vor dem Bau des neuen Straßenbelags im 5. Jh. eine Selektion des Brauchbaren – einfache Platten, Wandverkleidungen und zersägbare Quader – statt, bevor man das Gehniveau aufhöhte und die Trümmer bis zur Grabungszeit aus der Wahrnehmung verschwanden. Die unter dem neu angelegten Gehniveau ›beerdigten‹ Trümmer sind also Indiz einer florierenden Wiederverwendungspraxis und einer ebenso umfassenden Transformation der sakralen Topographie des Forums, keineswegs aber Zeugnis der Aufgabe des gesamten Forums. Forum und Cardo erhielten nachweislich über dieser Aufhöhung nochmals ein Gehniveau, das allerdings vielleicht nicht mehr insgesamt, sondern vor allem im Straßenraum besonders frequentierter Bereiche oder innerhalb der Portiken mit marmorner Pflasterung ausgestattet worden war[635].

Möglichkeiten für die Spolienforschung durch Analyse der Wiederverwendung in stratifizierten Kontexten

Aus den Altgrabungen Paribenis von 1916 stammt u. a. die Inschrift eines Familienmitglieds der *Egrilii*, einer der im 2. Jh. bedeutendsten Familien Ostias: Der Kontext der Wiederverwendung dieser Inschrift im Marmorpflaster der Dreiraumeinheit MFR datiert bereits ins 4. Jh. In der Forumsportikus MFP wurde dagegen die Inschrift des Aulus Egrilius gefunden, der erst in einer letzten Pflasterreparatur der Mitte des 5. Jhs. verbaut wurde. Ein Bruch mit der Tradition von Ehrenmonumenten wie stadtgeschichtlich wichtigen Annalen, z. B. den *fasti*, läßt sich durch eine Wiederverwendung im Pflaster des Foro della Statua Eroica in das späte 4. oder die erste Hälfte des 5. Jhs. belegen. Die Jahresfasten waren bei einer Reparatur des Impluviums der Casa del Tempio Rotondo wiederverwendet worden, die innerhalb der Benutzungszeit dieses Hauses vom späten 3. bis späten 5. Jh. nicht näher datiert werden kann, aber nach Calza vielleicht bereits Teil des originalen Ausstattungsbestands konstantinischer Zeit war (s. o.). Die *fasti augustales* scheinen zumindest tendenziell auch in späteren Pflasterreparaturen wie beim Foro di Porta Marina, oder sogar in Drittverwendung an bislang unbekannten Spolienbauten in der Nähe der Curia MFC vorzukommen. Eine Quantifizierung weiterer Indizien, die datierte Kontexte der Wiederverwertung zum Gegenstand haben, wäre daher aufschlußreich.

Es gibt mehrere unabhängig voneinander datierte Kontexte der Wiederverwertung, die zeigen, daß die Ruine

634 Finelli, GdS 18, 1922, 1 f.

635 Dazu ausführlich Gering 2013b.

des Roma- und Augustustempels bereits aufgelassen und zur Spoliation freigegeben worden war, als in Ostia noch umfassend renoviert wurde:

- die Reste der Pflasterung, die Finelli bei der Via del Tempio Rotondo und am Cardo erwähnt und die ihm zufolge aus Spolien bestanden[636],
- die Altfunde von Cella- und Gebälkfragmenten, die im Platzuntergrund des Foro della Statua Eroica 1931 gefunden worden waren sowie
- die Neufunde des Cellasockelfragments aus den Sondagen der Oberflächengrabungen von 2008 am Foro della Statua Eroica[637].

Roberta Geremia Nucci führt ferner das oben bereits erwähnte Material an, das zur Reparatur des Hauptabwasserkanals der Terme Bizantine oder sogar für die zentrale Türschwelle dieser Thermen wiederverwendet worden war[638]. Der Hauptkanal und die Türschwelle bildeten nach dem Einsturz der umliegenden Insulae (Abb. 157. 168) dabei die spätesten faßbaren Reparaturen, denen offenbar auch einige ähnlich spät zu datierende Böden entsprechen[639].

Die Forumsthermen sind diesbezüglich noch keineswegs ausreichend untersucht; die Bodenplatten sind allerdings modern einzementiert, was eine Untersuchung der Rückseiten verhindert. Das vorstädtische Foro di Porta Marina wäre in dieser Hinsicht ein besonders wichtiges Desiderat für die systematische Freilegung und Untersuchung des Platzpflasters, weil dieses noch nicht modern konserviert und einzementiert wurde. Nachdem erste Platzsäuberungen 1968 dort bereits die Fragmente der *fasti augustales* zutage gebracht haben (s. u.), könnte man dort vielleicht auch weiteres Material des Roma- und Augustustempels oder anderer Monumente vermuten.

Reiterstandbild und Sockel – Einige Beobachtungen zur Spoliation der Basis des Manlius Rusticianus

Neben den heute noch sichtbaren Statuenaufstellungen durch die Präfekten der Annona Attius Clementius und Ragonius Vincentius Celsus ist inschriftlich noch eine weitere Ehrenstatue für einen Praefekten der Annona als Basis einer Reiterstatue überliefert, die auf dem Forum in direkter Nachbarschaft zum Tempel der Roma und des Augustus gefunden wurde (Abb. 158, MLR)[640].

Dieses Reiterstandbild vom Forum bildet ein Beispiel der komplexen Geschichte von Spoliation, Abräumung und anschließender Wiederbenutzung. Raffaele Finelli fand 1916 in der Insula di Giove e Ganimede (I iv 2, s. u.) den bronzenen Vorderhuf eines Pferdes. Er war Teil von intentional angelegten Aufhöhungen des Nutzungsniveaus in dieser Insula aus Haushalts- und Gewerbemüll[641]. Nach Janet DeLaine datiert diese Aufhöhung bereits in das 4. Jh., wohl dessen zweiter Hälfte[642], nach einer Phase der temporären Aufgabe dieses Bereichs im 3. Jh., wohl ebenfalls in dessen zweiter Hälfte. Weniger durch externe Katastrophen als durch Nachfrage bedingt, scheint im späteren 3. Jh. Gewerbe- und Mietraum mittleren bis hohen Wohnstandards aufgegeben oder in seinem Anspruch gesenkt worden zu sein, insbesondere, wenn Insulakonzepte wie hier ausschließlich auf anspruchsvolles Wohnen spezialisiert waren[643].

Das Reiterstandbild belegt einen bereits ins 4. Jh. datierten Kontext von Abräumung offizieller Ehrenmonumente. Maria Elena Marchese wies umgekehrt den 1916 etwa 200 m entfernt gefundenen Pferdehuf dem nahe gelegenen Forum zu[644]: Als zugehörige Kontexte könnten demnach eine 1824 beim Kapitol gefundene Inschriftenbasis des Fabius Hermogenes aus dem späteren 2. Jh.[645] oder auch die Basis des Man(i)lius Rusticianus aus dem frühen 4. Jh.[646] (Abb. 165) in Betracht kommen. Beide Basen waren bis zum Ende der Besiedlung Ostias noch auf dem Forum gestanden, allerdings ist unklar, in welchem stratigraphischen Kontext, d. h. ob sie in der Spätantike möglicherweise sichtbar geblieben oder überdeckt bzw. verschoben worden waren. Der Sockel des Rusticianus stand bei seiner Auffindung direkt am Podium des Roma- und Augustustempels (s. u.). Er wäre problemlos unter einer hier hypothetisch vertretenen Aufhöhung bis 2,90 m NN verschwunden, die hier nur ganz lokal zwischen dem Tempelpodium und der Südwestportikus MFD eingefüllt gewesen sein müßte. Diese Einfüllung datiert um die Mitte des 5. Jhs. Aufschlüsse darüber kann wiederum die Datierung der Spoliation von Sockel und Reiterstandbild ergeben, die entweder vor oder zeitgleich mit der Einfüllung zu erwarten wäre.

636 Gering 2013, 222–233; Geremia Nucci 2013, 39.
637 Ostia Inv. B 2373 von 1931. Gering 2011b, 429 Abb. 13; Geremia Nucci 2013, 39 Abb. 13. 48; 103 f.
638 Geremia Nucci 2013, 41–46 Abb. 19.
639 Becatti 1949, 186 Nr. 347–349; Geremia Nucci 2013, 46.
640 Bauer – Witschel 2007, 138; Boin 2013, 149 f.
641 GdS 9, 1916, 203: »gli scarichi che riempiono gli ambienti […] a strati in regolari [irregolari]«.
642 Diesen konkreteren Hinweis verdanke ich Janet DeLaine. Zur Datierung ins 4. Jh. s. DeLaine 1995, 79–106.
643 Gering 1999; Gering 2001; Gering 2002a; Gering 2002b.
644 Marchese 2003, 321.
645 Marchese 2003, 322.
646 Marchese 2003, 324–326.

Abb. 165 Forum. Das Reiterstandbild des Man(i)lius Rusticianus MLR im Spoliationsprozess

Folgt man der Deutung des Grabungsassistenten Finelli in den unpublizierten Grabungstagebüchern zur Basis des Rusticianus, dann finden sich am Sockel selbst eindeutige Belege, daß nicht nur das möglicherweise zuweisbare Bronzepferd, sondern auch dieser Teil des Monuments selbst zur Spoliation freigegeben war: »un grande cippo marmoreo, rotto in più pezzi dagli antichi cercatori di marmi per farne calce, ed in questo cippo è molto importante il vedere il sistema come essi adoperavano gli arnesi per ridurre in pezzi i grossi marmi«[647].

Der Fundort im Nordwesten des Podiums (»basamento«) des Roma- und Augustustempels selbst gibt offenbar keine Hinweise, daß der Sockel des Rusticianus hier in situ stand, weil die Untermauerung eines solchen schweren Reiterdenkmals fehlt: »null'ancora è stato rinvenuto della sottobasa [sottobase] di questo monumento, ma immaggine [immagine] che non deve essere lontano, essendo il blocco molto grosso e pesante e sicuramente non fu fatto camminare molto«[648].

Der Sockel hat sich einer grabungszeitlichen Fotografie von 1923 zufolge näher am Podium des Roma- und Augustustempels befunden als heute aufgestellt[649]. Außer der Fotografie gibt es jedoch nur den Beleg aus dem GdS für diese moderne ›Statuenwanderung‹, die zum Zwecke der Untersuchung des Unterbaus plausibel angenommen werden kann.

Interessant ist aber, daß der Sockel bereits in der Antike verlegt worden sein muß, wie Finelli vermutet, weil er eben keinen Unterbau am Auffindungsort hatte. Man könnte eine Abräumung vermuten, wobei der bereits aller brauchbaren Materialien entkleidete Restsockel dann beim Tempelpodium deponiert und mit diesem zusammen unter der intentionalen Aufhöhung bis 2,90 m NN verschüttet worden war.

Der Block, der heute durch grabungszeitliche Klammern konserviert scheint, bestand zur Grabungszeit offenbar aus vier Einzelteilen, wovon eines fehlt bzw. bereits zu Platten umgearbeitet, zu Kalk gebrannt oder anderswo wiederverwendet wurde. Der Sockel wurde Finelli zufolge am Auffindungsort ›ausgeschlachtet‹: »il cippo fu rotto nel punto ove lo abbiamo rinvenuto. Il trovasi in sito e ricomposto«[650].

Der Sockel des Rusticianus steht heute auf einem Gehniveau von etwa 1,70 m NN, was dem Zustand noch vor der spätantiken Erhöhung des Forumsplatzes entspricht. Der Grabungsfotografie zufolge stand er zum Auffindungszeitpunkt ebenerdig zum Fundament des Roma- und Augustustempels, ebenfalls also auf etwa 1,75 m NN.

Man könnte also ergänzend zu den Befunden Marcheses zum Bronzehuf annehmen, daß auch dieser Sockel eines möglicherweise zugehörigen Reiterstandbilds bereits im 4. oder frühen 5. Jh. der Spoliation anheimgefallen war. Es gibt Hinweise, daß dies sogar bereits unter Konstantin, also relativ kurz nach der Aufstellung des Monuments am Anfang des 4. Jhs. der Fall gewesen sein könnte. Im Jahr 1967 wurde eine Vergleichsinschrift desselben Man(i)lius Rusticianus im Fundament der Platzportiken des Foro della Statua Eroica FSE inventarisiert, wobei sich dieses Fundament in einem stratifizierten Kontext der Phase FSE 1b der ersten Hälfte bis zur Mitte des 4. Jhs. befindet (s. o.). Die geballte Beseitigung der Monumente des unter Maxentius aus Rom bekannten Prätorianerpräfekten und *curator* der Kolonie Ostia[651] kann also als Produkt der gewandelten politischen Verhältnisse in konstantinischer Zeit gedeutet werden. Dies wäre also aus Gründen einer selektiven Abräumung geschehen – wofür auch das ebenso unsichtbar verbaute Pendant im Fundament von FSE/P2b Phase 1b spricht –, bevor die Forumsportiken einen neuen Marmorboden aus Spolien erhalten hatten.

Möglicherweise könnte die Spoliation des gesamten Reiterdenkmals aber auch in Zusammenhang mit der systematischen Spoliation des benachbarten Roma- und Augustustempels nach dessen Einsturz um 442/443 geschehen sein. Dafür spricht tendenziell eine weitere Beobachtung: Die sieben flachen Löcher an der Ostseite des Sockels liegen entlang einer unregelmäßig abfallenden Rißkante im Stein. Der Riß ist wohl konkret durch

647 GdS 19, 1922, 116 f.
648 GdS 19, 1922, 116 f.
649 Negativ Ostia B 2283 von 1923.
650 GdS 19, 1922, 116 f.
651 Marchese 2003, 325 f. mit Anm. 31.

Hebelwirkung in diesen Löchern verursacht worden, um das massive Monument in mehrere Teile zu zerbrechen. Die Aushöhlungen wurden also nicht in metallarmen Zeiten vorgenommen, um Bronze und Bleiverguß der Klammern zwischen mehreren separaten Blöcken bergen zu können, was die spät- bis nachantike Sichtbarkeit und Zugänglichkeit des Monuments auf höherem Nutzungsniveau üblicherweise voraussetzen würde. Die systematischen Aushöhlungen sind, wie bereits Finelli in der oben zitierten Passage zu Recht herausstellt, seltene Zeichen einer systematischen Spoliation, sei es, um die Marmorstücke dann leichter in dünnere Bodenplatten zersägen zu können, wozu es von den Bauteilen des Roma- und Augustustempels eine Reihe von Belegen mit Sägespuren gibt, jedoch viel zu aufwendig, um nur zur leichteren Verbrennung des Materials zur Kalkgewinnung für Mörtel zu dienen.

Nimmt man nach diesen Überlegungen und gestützt auf den stratigraphischen Kontext des Sockels einen Zeitpunkt der Spoliation des Reiterdenkmals des Rusticianus bereits im 4. oder bis zur Mitte des 5. Jhs. an, dann würde das recht gut zum separat gefundenen Pferdehuf im stratifizierten Kontext des späteren 4. oder 5. Jhs. (s. o.) passen. Damals waren massive Metallfragmente als Teil von nicht mehr gebrauchten Denkmälern des Forums in nahe Werkstätten zur Weiterverarbeitung verbracht worden.

Geballter Einsturz contra Bewältigung – ›Recycling‹-Werkstätten, Depots, Kalköfen – Ein ›quasi-pompejanischer‹ Zustand der letzten umfassenden Reparaturen?

Während der Altgrabungen wurden von Finelli mehrere sogenannte Materialdepots entdeckt, in denen Marmorplatten und andere Baumaterialien sortiert aufgefunden wurden; diese Depots fanden sich vor allem in den verlassenen Stadtvierteln nördlich des Decumanus[652]. Auch in der unmittelbaren Umgebung des Forums befinden sich sortierte Stapel von verschiedensten architektonischen Teilen aus Marmor, vorwiegend flache Wand- oder Bodenplatten, zum Teil verziert, Kasettendecken, Architrave und nicht zuletzt Dachziegel aus Marmor[653]. Einige Stapel lassen sich als Produkt früherer Ausgrabungsaktivitäten erweisen. Es gibt jedoch auch Depots, die stratifiziert sind und nachweislich auf ›Recyclingbetriebe‹ für den spätantiken Stadtumbau zurückgehen, wobei die Anpassung der Spolienplatten dort vielleicht auch parallel zur Kalkbrennung aus fragmentierten Platten und größeren Abschlägen umgearbeiteter Platten erfolgte. Das geschah auf dem Höhepunkt spätantiker Bauaktivitäten im späten 4. und frühen 5. Jh.: diese Depots müssen also nicht als Evidenz städtebaulichen Niedergangs des 6.–8. Jhs. gedeutet werden, was vor allem in der bereits zitierten Studie von Lenzi vertreten wurde[654].

Eine wesentliche Evidenz, um die Art und die Geschwindigkeit städtebaulichen Wandels besser zu verstehen, bildet das Forum Ostias mit seinen spätantiken Steinverarbeitungsbetrieben, Depots und Kalköfen.

Depots dienten nur im Ausnahmefall ausschließlich für Kalköfen. Am Forum selbst ist nur in einem Fall durch eine solide gemauerte Baustruktur ein antik gemauerter Kalkofen auf dem Nutzungsniveau der Spätantike erwiesen (Abb. 166, W/D10?). Ein Kalkofeninhalt, der seiner Verbrennung in der Antike durch Zufall entgangen gewesen wäre, muß als absolute Ausnahme oder Fehlinterpretation der Ausgräber gelten (Abb. 166, D/W4?). Der Regelfall scheint eher eine Deponierung von marmornen Spolien zur Boden-, Wand- und Dachverkleidung, die aus vollständigem oder beschädigtem Material durch aktive Umarbeitung in spezialisierten Betrieben oder auch direkt vor Ort bei der Verlegung des Bodenpflasters oder Wandbelags zubereitet wurden.

Die Spuren dieses Umarbeitungsprozesses sind zugleich die archäologischen Leitkriterien, auf die bislang im Grabungsalltag und bei der Dokumentation oft wenig geachtet worden war. Seit der ersten Freilegung von Mörtelböden während der Ausgrabung des Foro della Statua Eroica durch das Berliner Team 2009 werden Marmorabschläge anhand ihrer Quantität und Verbreitung kartiert. Im Jahr 2013 konnten auf dem Forum mehrere steinverarbeitende Betriebe aufgrund großer Quantitäten von Abschlägen und Werkstücken in verschiedenen Umarbeitungsstadien lokalisiert werden, was im folgenden näher ausgeführt werden soll.

»Nicht angezündete Marmoröfen« oder spätantike Werkstätten? Lokale Einzugsbereiche von Spolien

Antonio Nibby überlieferte einen oder mehrere Kalköfen auf dem Forum nahe dem Kapitol: »ed ancora si vede non lunghi dal Tempio a sinistra la metà di una calcara, alla quale *ancora non è stato posto il fuoco*, tutta piena di tali pezzi di marmo«[655]. Es ist nicht sehr wahr-

652 Dazu s. hier nächstes Kapitel.
653 Zur Aufarbeitung dieses Materials aus den Depots s. <www.ostiaforumproject.com/subprojects> (Mai 2018); Gering 2017; Gering 2018.
654 Lenzi 1998.
655 Nibby 1819, 294–296.

scheinlich, daß diese Beobachtung im Jahr 1819 auf der Ausgrabung eines spätantik- frühmittelalterlichen Kalkofens beruht haben kann; eher könnte Nibby hier einen jener vollständig aufrecht stehenden Kalköfen gesehen und beschrieben haben, die ein Signore Vitelli aus dem frühen 19. Jh. noch überraschend aktiv betrieben hatte.

Im Süden der nordöstlichen Forumsportikus wurde von Finelli ein knappes Jahrhundert später ein Marmorlager beschrieben, daß er als nicht angezündeten Kalkofen interpretierte[656]. Möglicherweise handelt es sich um denselben Befund: das Depot D/W4 (Abb. 166, *12). Auch ein rezenter Kalkofen, der nach den Grabungen, die 1805 beendet worden waren, errichtet worden wäre, hätte sich wohl zweckmäßigerweise auf dem damals noch freiliegenden antiken Gehniveau befunden, um die schweren Pflasterplatten nicht zu weit bzw. über eine große Höhendifferenz hinaus in den Ofen selbst transportieren zu müssen. Das Verbot, Antiken hier nach mittelalterlichem Vorbild zu Kalk zu brennen, erfolgte noch in der ersten Hälfte des 19. Jhs. In der Folgezeit könnte der Kalkofen wieder verschüttet worden sein und so mit dem Befund der erneuten Ausgrabung eines »nicht angezündeten Kalkofeninhalts« von 1915 übereinstimmen. Das würde bedeuten, daß das Kapitol und das Forumspflaster den Großteil seiner Marmorausstattung erst im 19. Jh. und nicht bereits in Spätantike oder Mittelalter, eingebüßt hatte. Diese Annahme wird durch die weit bessere Erhaltung des Kapitols im Plan von Giuseppe Antonio Guattani von 1805 bestärkt, wo noch fast alle Pflasterplatten im und um das Kapitol herum eingezeichnet waren; die reichen Funde von Bauplastik vom Kapitol faßte Paschetto 1912 auf Basis von Nibbys Bericht von 1819 zusammen[657]. Vor allem der Befund eines vollständig erhaltenen Buntmarmorbodens im Kapitol, das aufgrund seiner Podiumshöhe immer leicht erreichbar blieb und zugleich Symbol des traditionell-paganen Staatskults war, legt zugleich nahe, gängige Thesen einer intentionalen frühmittelalterlichen Zerstörung antiker Monumente zu überdenken.

Ein großer Teil des Kalkofeninhalts wie z. B. der Bukranienfries stammte offenbar vom Kapitol – also ebenso wie jene Dachziegel, die hier 2013 gefunden wurden: »Fra questi frammenti esiste un pezzo del fregio del Tempio, sul quale sono scolpiti bucrani, ed il principio di un aspergillo a crini di cavallo, tutto di nobile scultura«[658]. Weitere Funde betreffen Reliefs von der Forumsbasilika und ein Fragment eines Bogenmonuments, zu dem in der Forumsportikus MFP im Jahr 2010 ein Pendant gefunden werden konnte[659].

Bislang wurden innerstädtische Kalköfen ausschließlich als Zeichen des spätantiken Niedergangs der Stadtkultur bewertet. Dieser Deutung stehen auch hier wieder zwei Aspekte entgegen: (1.) die Datierung vieler Kalköfen entweder in die städtebaulich sehr aktive Periode von 380 bis 450 oder in eindeutig nachantike Zeit, (2.) die Neudeutung vermeintlicher ›Kalköfeninhalte‹ als Depots spätantiker Steinwerkstätten.

Marmordepots und Kalköfen waren ein Teil der nötigen Infrastruktur, um ein repräsentatives Stadtzentrum nach einer umfassenden Einsturzkatastrophe wieder aufzubauen. Diese Infrastruktur wurde zweckmäßigerweise lokal um das Forum herum in aufgelassenen Bereichen wie Tabernen und Horrea angeordnet. Ähnliches gilt für die Verteilung der übrigen Kalköfen Ostias, die – sieht man von den definitiv mittelalterlichen oder neuzeitlichen wie jenem in der Via della Calcara ab – auch jeweils im direkten Einzugsbereich von spätantiken Bauaktivitäten erhalten blieben, so z. B. im aufgegebenen Caseggiato dei Triclini CDT nahe am Foro della Statua Eroica FSE oder vor den Neptunsthermen etc.

Deutet man Marmordepots nicht als letzten Zustand, sondern als transitorisches Element einer *city in flux*, dann können auch Kalköfen als Zeichen von städtebaulichen Aktivitätszentren in der Spätantike verstanden werden. Die postantiken Beispiele dienen andererseits als Indiz, daß bestimmte Monumente wie das Kapitol die gesamte Spätantike und die anschließende schrittweise Verödung Ostias im frühen Mittelalter ohne größere Schäden – und wohl noch mit einem Großteil des Marmordachs – überstanden hatten[660].

Spätantike Werkstätten zeigen eine jeweils unterschiedliche archäologische Evidenz, die hier exemplarisch anhand von drei Beispielen illustriert werden soll:

Die Steinwerkstatt W1

Die Steinwerkstatt W1 (Abb. 166) wurde bei den Ausgrabungen von Janet DeLaine und David Wilkinson in der Insula di Giove e Ganimede erstmalig erkannt und als solche benannt[661]. Marmorabschläge demonstrieren offenbar eindeutig, daß hier Material umgearbeitet wurde. Die Nähe zum Forum ist zweifach deutbar: Entweder war es Material vom Forum, das hier vom Forum

656 GdS 8, 1915, 127.

657 Vgl. Paschetto 1912, 359–362. Dazu ist ein Subprojekt von Daniel Damgaard im Rahmen des »Ostia-Forum-Projekts« (OFP) in Bearbeitung.

658 Nibby 1819, 295.

659 Geremia Nucci 2013, 31; Gering 2013a, 231 Abb. 15.

660 Die Dachziegel aus dem Kalkofen von Nibby und/oder Finelli erweisen sich durchwegs als gebrochen, aber als unbearbeitet für eine weitere Verwendung als Abfluß- und Reinigungsrinnen der Platzanlagen P2a/b.

661 Den mündlichen Hinweis darauf verdanke ich Janet DeLaine. Die Publikation steht noch aus.

Abb. 166 Die Innenstadt. Aufgegebene und umgewandelte Areale in der zweiten Hälfte des 5. Jhs.

entfernt und für den Gebrauch anderswo zubereitet wurde oder eher Material, das von lokalen Einsturzkatastrophen herrührte und hier ebenso lokal an Ort und Stelle für den Wiederaufbau des Forumspflasters verwendet wurde. Für letztere These sprechen die Funde analoger Abschläge sowohl im Mörtelbett, also unter dem spätesten Pflaster aller Forumsportiken, als auch die Evidenz weiterer ›Werkstätten‹.

Interessanterweise wurde in den Aufhöhungsschichten innerhalb derselben Insula di Giove e Ganimede ein Fragment eines bronzenen Pferdefußes gefunden (s. o.). Auch hier könnte man also von einem Lager sowie Recyclingbetrieb für die Metallfunde vom Forum ausgehen, die von nicht mehr gebrauchten Monumenten wie etwa dem Reiterstandbild des Manlius Rusticianus stammten. Dieses Standbild war wohl bereits im 4. Jh. demontiert worden, was sich nicht nur auf das bronzene Pferd selbst, sondern auch seinen marmornen Sockel bezog. Die charakteristischen Werkspuren der Aufsplitterung des Sockels in mehrere wiederverwertbare Teile finden ihre nächste Parallele in der Stilichobasis auf dem Forum Romanum, was für die Datierung der Spoliationsprozesse ins späte 4. und frühe 5. Jh. eine sehr passende Parallele darstellt. Der ausgeraubte Sockel war ehemals unter der späteren Aufschüttung um das planierte Fundament des Roma- und Augustustempels wohl komplett ›verschwunden‹.

Die Steinwerkstätten W2 und W3

Das prominenteste und flächengrößte Beispiel eines solchen Recyclingbetriebs konnte 2013 im Rahmen des »Ostia-Forum-Projekts« freigelegt und erstmals dokumentiert werden (Abb. 166, W2; 220. 221). In Raum 5, der mit dem ›ungeordneten‹ Depot in einer stillgelegten Sackgasse verbunden war, wurde 2013 die bislang größte Anzahl verschiedenster Buntmarmorfragmente gefunden, die hier gelagert, aber anhand ihrer Reparatur- und Umarbeitungsspuren auch ganz offensichtlich weiterverarbeitet wurden.

Die ersten Ausgrabungen in W2 fanden 1924 statt »Fu anche completato lo scavo delle cinque taberne che si trovano in fondo a sud del lato ovest del foro, taberne anteriori alla casa«; für den südlich gegenüberliegenden Steinmetzbetrieb D/W3 ging es kurz danach weiter »Con altri 4 operai furono continuati gli scavi all'angolo sudest del Foro e qui furono scoperte le porte di due taberne, porte che guardano il foro e che si trovano rivolte a nord. Il pavimento innanzi queste taberne è a mosaico bianco«. Wegen der ungewöhnlichen Bodenhöhe deutet Finelli für D/W3 eine späte Entstehung der Werkstatt »queste taberne e pavimento innanzi furono costruiti dopo la fontana, sicuramente costruite in epoca tarda«[662].

Beide Werkstätten sind aus den Grabungsberichten erschließbar. Offenbar faszinierte den Ausgräber damals die besonders fundreichen Freilegungen, was einerseits darauf zurückzuführen sein könnte, daß hier 1802–1804 mehrere Räume noch nicht ausgegraben worden waren, andererseits, daß hier bereits in der Spätantike mehr als anderswo recyclingfähiges Material gehortet worden war. Die Werkstatt befand sich in der Nähe einer regulär gewarteten Wasserzufuhr, die für den Betrieb von effektiven mechanischen Steinsägen Voraussetzung ist. Nimmt man gerade nach Einsturzkatastrophen durch Erdbeben eine weitgehende Zerstörung der Fließwasserversorgung an, dann erhält das Lagekriterium nahe an neu verlegten Wasserleitungen wie z. B. entlang des südlichen Cardo vom Aquädukt der spätantiken Stadtmauer her über Druckwasserleitungen bis zu den Terme Bizantine eine vermehrte Bedeutung.

Gut datierbar ist die Verfalls- und Umbaugeschichte, hier vor allem die Verbindung mit extrem münzreichen Hortfunden, die 1924 und 2013 getätigt wurden (Abb. 220. 221)[663]. Dabei ist von besonderem Interesse, daß Teile der Südwestportikus MFD, die den fünf Tabernen vorgeblendet war, ebenfalls für die Reparatur des Abwasserkanals der Terme Bizantine wiederverwendet worden waren (s. o.) »un capitello di colonna tuscanio [...] proveniente dal Foro lungo il lato della Basilica«[664]. Die neue Werkstatt brauchte keine vorgelagerten Säulen mehr: Auch hier könnte man mutmaßen, daß diese Portikus durch den erdbebenbedingten Einsturz und Brand des Gebäudes um die Mitte des 5. Jhs. größtenteils unbrauchbar geworden war. Danach wurde das verwertbare Material abgeräumt und u. a. in nahe gelegenen Neubauten wie den Terme Bizantine wiederverwendet, um dann wiederum in der beraubten Südwestportikus MFD auf einem erhöhten Gehniveau einen neuen Gebrauchsboden einziehen und den Bereich als Werkstatt umbauen zu können. Diese Werkstatt repräsentierte den letzten Änderungszustand des Stadtbilds. Der Bereich wurde hier durch die schrittweise Aufgabe des Stadtraums bedingt aufgelassen und blieb so, mit Ausnahme einer anzunehmenden Beraubung des Mobiliars, mit unbrauchbaren Werkstücken, Abschlägen sowie Steinsägeabfällen gleichsam ›eingefroren‹ bis zu den Ausgrabungen von 1924 und 2013 erhalten.

Abb. 167 Ein Cellablock des Roma- und Augustustempels wird zu Bodenplatten zersägt

Die vollständige Auswertung der insgesamt bis zu zehn möglichen Werkstätten, Marmordepots und Kalköfen im Areal um das Forum vom 4./5.–20. Jh. ist für die Endpublikation zum spätantiken Forum vorgesehen. Es erweist sich nicht als Zufall, wo antike oder auch moderne grabungszeitliche Steinlager angelegt wurden (Abb. 166). Die Evidenz wird über grabungsgeschichtliche Aspekte hinaus interessant, wenn sich Funde von ›halbfertigen‹ oder unbrauchbaren Werkstücken als in situ erweisen lassen und in Verbindung zu spätantikem Neubau stehen. Der Seitenraum neben der Curia (Abb. 166, W/D8?) war durch Spolienpfeiler neu unterteilt, gestützt und überdacht, aber nicht gepflastert worden. Möglicherweise befand sich hier ein lokaler Steinmetzbetrieb, der die Vorhalle der Curia mit einem neuen Wand- und Bodenpflaster versah, hier aber vielleicht in seinem letzten Ausstattungszustand aufgelassen worden war. Der Nachweis ist durch die rigorose Grabungspraxis an dieser Stelle jedoch nur durch neue

662 Finelli, GdS 22, 1924.

663 Zu den Münzfunden in der Südwestportikus MFD: Gering 2014; Gering 2017; Gering 2018.

664 Geremia Nucci 2013, 45 Anm. 96.

Abb. 168 Forum. Nordteil mit erhaltenem Pflasterbestand

Abb. 169 Südostportikus MFP. Fast ausschließliche Verwendung von Spolien für Bodenplatten im Areal G als späteste Reparatur. Die Dicke der Platten variiert von 5 cm bis zu einem Konsolengebälk von etwa 20 cm

Nachgrabungen möglich, weil eventuelle Marmorabschläge und Kleinfunde bislang undokumentiert entfernt worden waren[665]. Einziges Indiz bleibt ein Steinblock (Abb. 167), der eine Vorzeichnungslinie aufweist, entlang derer eine typische Bodenplatte gesägt worden wäre; der Sägevorgang stoppte etwa 1 cm innerhalb des Steins, weil die Platte offenbar gebrochen, also unbrauchbar geworden war.

Der Nordteil des Forums – Der Plattenbelag und seine Verlegungsarten

Der 1912 teilweise ergrabene Pflasterbestand der Nordhälfte des Forums bis zum Decumanus deckt sich mit dem noch heute vorhandenen Bestand, soweit das bislang durch Säuberungen des Status quo der Altgrabungen geprüft werden konnte. Einerseits finden sich relativ regelmäßig verlegte, aber jeweils ungleich breite Platten, die auch noch durch Fotografien um 1912 belegt sind. Sie wurden in den Portiken längs verlegt, d. h. ihre Langseiten parallel zur Langseite der Portiken. Eine weitgehend ähnliche Dimensionierung der Einzelplatten führte zu regelmäßigen Fluchtlinien, zumindest, was die Längsachse ihrer Anordnung betrifft.

Diese Verlegungstechnik kommt mit einigen Ausnahmen offenbar auch in der Dreiraumeinheit MFR (Abb. 168. 170. 173. 174) vor, die sich hinter der Nordostportikus MFE befindet, sich auf das Kapitol hin öffnet und hier noch näher zu besprechen sein wird.

Eine zweite Verlegungsart ist durch unregelmäßige Plattengrößen und das Fehlen einer horizontalen wie vertikalen Fluchtlinie bei der Verlegung charakterisiert (Abb. 169). Dennoch handelte es sich zumindest bei dem seit 2010 dokumentierten Bestand noch um eine antike Verlegungsart, also kein modernes Pasticcio aus Fundmarmorstücken, die von bereits abgegrabenen Gehniveaus stammten, wie das für andere Bereiche durchaus festzustellen ist (Abb. 168, 4).

Die neu gepflasterte Dreiraumeinheit MFR am Forum und Sockel für Statuenaufstellungen – Spätantiker Repräsentationsort und sacellum*?*

Im Nordosten des Forumsplatzes befindet sich, hinter der Forumsportikus, eine durchgehend verbundene Raumgruppe aus drei großen Räumen. Der mittlere Raum ist fast mit seiner gesamten Breite auf die Portikus geöffnet, aber auch die angrenzenden Seitenräume fallen durch außerordentliche Öffnungsbreiten auf (Abb. 170).

Diese Dreiraumgruppe MFR war erstmals im 19. Jh. ausgegraben worden: Bis 1804 hatte man die vorgelagerten Portiken freigelegt, damals erscheint sie aber noch nicht auf dem abschließenden Plan von Holl von 1805[666].

665 Eine Oberflächenuntersuchung der antiken Böden der Curia ist für die Arbeitskampagne 2015 des »Ostia-Forum-Projekts« (OFP) vorgesehen.

666 Calza u. a. 1953, 40.

Abb. 170 Die Dreiraumeinheit MFR

Abb. 171 Das Forum im 2. Jh.: Rekonstruktion (auf Basis des Modells der Sopraintendenz)

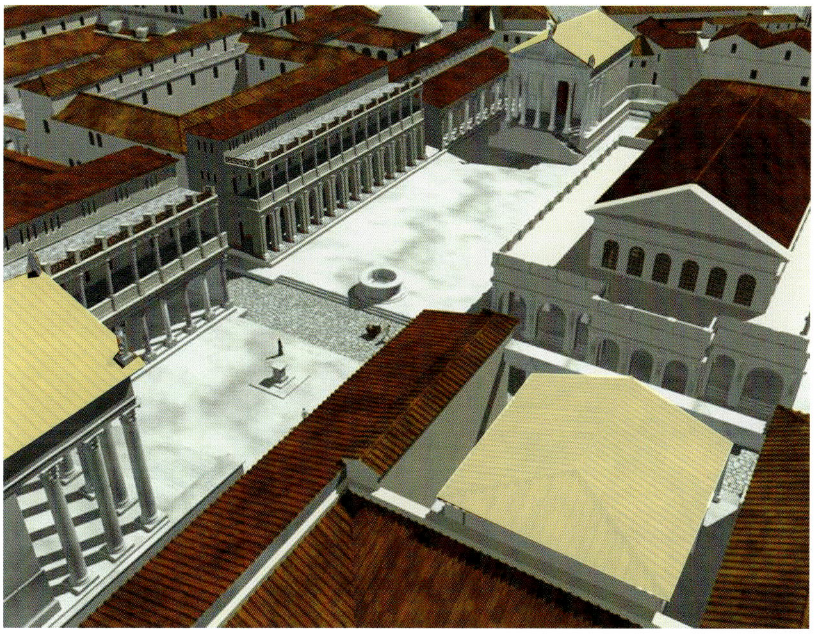

Abb. 172 Das Forum im 5. Jh.: Rekonstruktion (auf Basis des Modells der Sopraintendenz)

In der dreidimensionalen Rekonstruktion von 2001[667] wird die Raumgruppe MFR – nicht die vorgelagerte Portikus MFE – mit zweigeschossiger Höhe rekonstruiert (Abb. 171); sie hätte demzufolge eine Fensterfront gehabt, die ehemals sogar über die Dachhöhe der vorgelagerten eingeschossigen Portikus hinausragte. Indiz für ihre Mehrgeschossigkeit ist eine im Süden der Dreiraumgruppe befindliche Treppe. Patrizio Pensabene deutet hingegen auch die Portikus MFE selbst in ihrem hochkaiserzeitlichen Zustand als zweigeschossig (Abb. 171): Er identifiziert eine Reihe von Basen, die zu einer zweiten Säulenordnung gehört haben könnten, die das Obergeschoß der Portikus trug[668]. Die Rekonstruktion für den spätantiken Endzustand nach der umfassenden Einsturzkatastrophe der Mitte des 5. Jhs. (442/443?) geht von einer eingeschossig wiedererrichteten Raumgruppe MFR aus (Abb. 172), während die vorgelagerte Portikus MFE als Teil des Forumsplatzes gepflastert blieb, aber nicht mehr überdacht worden war. Das basiert auf der Analyse des alten Grabungsplans

667 <www.ostia-antica.org> (Mai 2014).

668 Pensabene 2007, 259.

Abb. 173 Dreiraumeinheit MFR: Der Südraum als 3-D-Modell

von Holl aus dem Jahr 1805, der hier im Gegensatz zur Westportikus MFW (s. u.) keine Säulen vermerkt, und der alten Grabungsfotografien. Diese scheinen ebenfalls zu belegen, daß zum Auffindungszeitpunkt um 1912 keine Säulenbasen mehr in situ über dem Pflasterniveau sichtbar erhalten geblieben waren, also die Portikus MFE wohl bereits in der Spätantike planiert worden war und die heute sichtbaren Säulen Produkt einer modernen Wiederaufstellung von 1913–1968 sind.

Die Freilegung der überwachsenen Böden der Dreiraumeinheit 2010–2011 ergab, daß jene Bodenplatten, die unregelmäßig ohne horizontale Fluchtlinien verlegt wurden, aus Spolien bestehen. Die hier wiederverwendeten Platten wurden also offenbar nicht auf einheitliche Maße zurechtgesägt, um sie an ein bestehendes Raster anzupassen: solche Anpassungen geschahen nur in einzelnen Fällen, wo andernfalls Lücken entstanden wären. Auffällig ist allerdings, daß eine vertikale Orientierung an durchgehenden Linien berücksichtigt worden zu sein scheint.

Die Verwendung ganzer ›Sets‹ von Spolien eines Monuments belegt eine Verlegungspraxis, die den vollständigen Abbau älterer Ehren- und Kultmonumente voraussetzt. Das war offenbar bereits beim Bau des ersten spätantiken Bodenpflasters der Dreiraumgruppe MFR der Fall. Zumindest war bis zur ersten Hälfte des 5. Jhs. der alte Bestand an Monumenten des Forums bewahrt geblieben, wozu es wiederum eine Reihe von Indizien gibt, auf die noch im Rahmen der relativen Pflasterchronologie der innerstädtischen Plätze einzugehen sein wird (s. u.).

Die Raumgruppe MFR zeigt innerhalb der drei Räume einige Abweichungen zur Pflasterchronologie der übrigen Forumsportiken. Möglicherweise war hier der hadrianische Boden mit sehr dünnen Platten (1–2 cm) und der gemalte Wanddekor zumindest in den beiden Seitenräumen bis in das 5. Jh. erhalten und benutzt geblieben. Erst nach einer großen Einsturzkatastrophe war dieser teilweise durch dicke Platten (7–9 cm) ersetzt worden, während der Mittelraum bereits im 4. Jh. ein neues und relativ regelmäßiges Pflaster aus einheitlich mitteldicken Platten erhalten zu haben scheint. Das belegen Mörtelvergleiche zum Pflaster der Phase 2 der Südostportikus MFP (s. o.), das aufgrund von Münzfunden nach der Mitte des 4. Jhs. angesetzt werden muß und ebenfalls aus recht einheitlichen und mitteldicken Platten bestand.

Der seit 2010 freigelegte Zustand zeigt einen fast vollständig erhaltenen Boden im Mittelraum, der allerdings in Teilen stark modern restauriert ist. Zwei Platten, die im Zustand um 1912 noch vorhanden waren, wurden jedoch zum Zweck von Tiefengrabungen an dieser Stelle entnommen, wobei es sich zudem bei einer der beiden Platten um das Fragment einer Inschrift handelte, die in den Grabungstagebüchern und im daraus publizierten Exzerpt innerhalb der »Notizie degli Scavi« vermerkt ist.

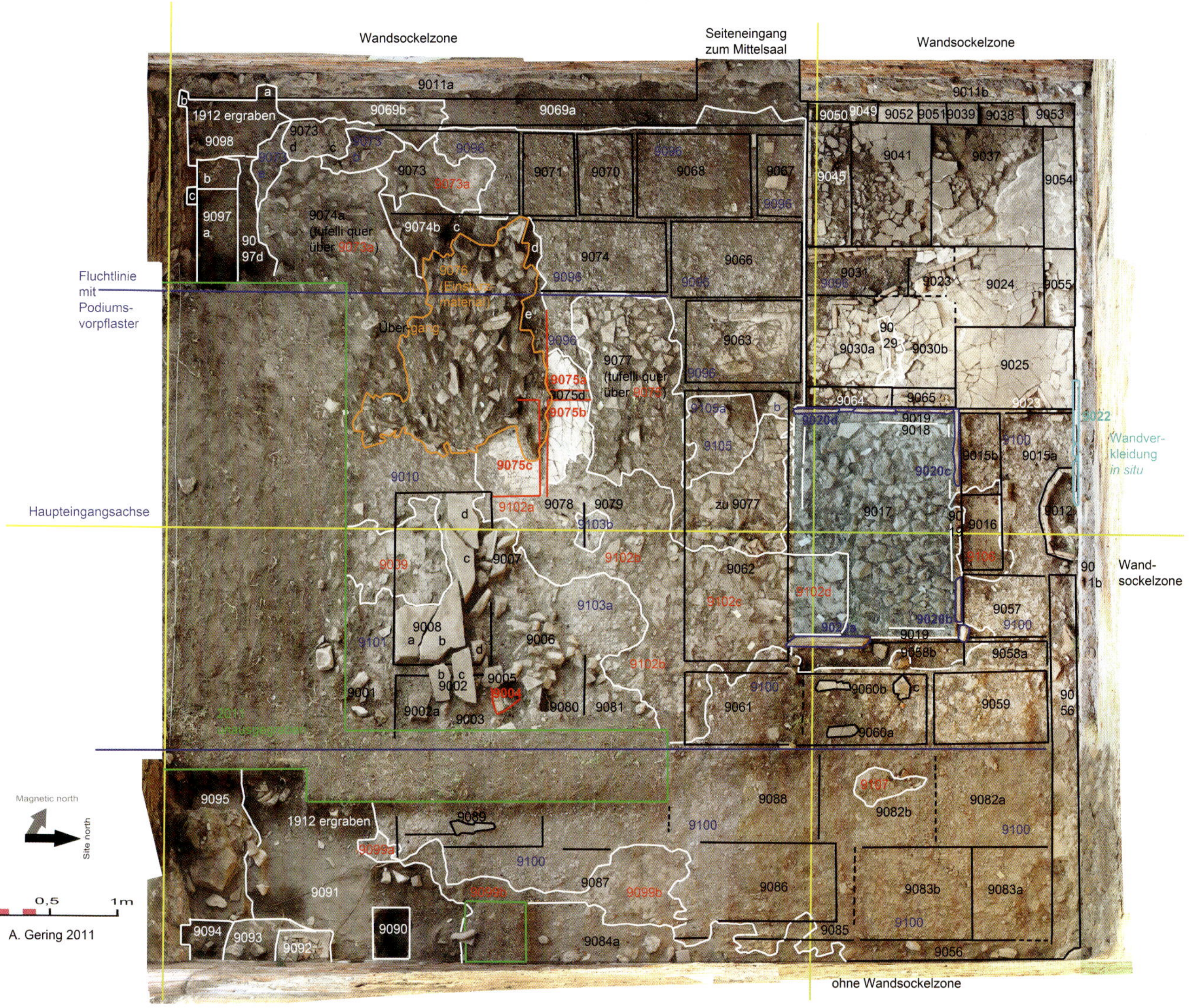

Abb. 174 Dreiraumeinheit MFR. Kontextplan des Südraums (M. 1:50)

Das 41 × 9,5 × 2,5 cm messende Inschriftenfragment wurde im zentralen Saal der Dreiraumgruppe gefunden, dessen Grabung von Nord nach Süd erfolgte (»nel secondo degli ambienti su citati«): A. EGRILIUS PLARIA(n)US – PRAEF AERARI MILIT(ari)S – P C PONTIF VOLK [...][669]. Derselbe Patron scheint auch Praefekt des *aerarium* des Saturn gewesen zu sein[670].

Bereits 1912 wurde der nördliche Seitenraum erstmals angegraben. Der Raum mit den Maßen 6,70 × 6,95 m hatte eine 3,70 m breite Türöffnung. Im Jahr 2010 konnten bei Nachgrabungen keinerlei Spuren der Türschwelle festgestellt werden. Der Bereich um die rückwärtigen Sockel wurde 1912 noch nicht vollständig bis auf die spätantike Oberfläche ergraben. Diesem Umstand ist zu verdanken, daß 2010 hier wichtige Funde getätigt werden konnten, die ausreichen, um die ehemalige Ausstattung des Raumes rekonstruieren zu können. Es wurde deutlich, daß der Bodenbelag in seiner letzten Reparaturphase aus großen, unregelmäßig geformten und sehr dicken Marmorplatten bestanden hatte. Die erste Phase zeigt hingegen dünne Marmorplatten mit intendierter Ornamentik als Opus sectile. Die Sockel wurden durch Marmorplatten sehr unterschiedlicher Dicke verkleidet, die 2011 im Südraum an einem 1912 noch nicht ergrabenen Sockel in situ gefunden wurden (Abb. 173. 174, Kontext 9017). Auch der Wandsockel bestand aus Buntmarmor und kann in seiner farblichen Fassung ergänzt werden. Funde u. a. von Serpentin und Porphyr belegen, daß hier auch teure Materialien verwendet wurden, um die Sockel in Art eines Opus sectile, zum Teil mit kom-

669 Vaglieri 1913, 305; Pensabene 2007, 258 f.; Gering u. a. 2011, 481 mit Anm. 166.

670 Inschrift Inv. 8209 im Lapidarium Ostia.

plexer Ornamentik, zu verzieren. Das aufgehende Mauerwerk über der Sockelzone war dagegen bemalt, wovon sich auch 2010 noch Reste fanden. Die Sockel selbst sind heute noch bis zu 20 cm hoch erhalten und messen 1,40 × 1,45 m bzw. 2,45 × 1,45 m. Mit diesen außerordentlichen Breiten eignen sie sich zur Aufstellung großformatiger Statuen oder sogar Statuengruppen[671].

Weil die wandnahen Sockel besser fundamentiert waren als das raummittige Pflaster, kam es bei einer umfassenden Einsturzkatastrophe durch Erdbebenwirkung offenbar zu einer unregelmäßigen Absenkung des Raumbodens vor allem in den Seitenräumen der Dreiraumeinheit. Die Profile der dreidimensionalen Aufnahmen des Raumbodens (Abb. 173) belegen eindeutig, daß das alte hadrianische Pflaster exakt auf den nicht eingesunkenen Partien beibehalten worden war, während die abgesunkenen Partien durch Bauschutt aufgefüllt und neu gepflastert wurden. Die Bauschuttfüllung datiert durch einige Münzen mit einem Terminus post quem der zweiten Hälfte des 4. Jhs. Mörtelvergleiche ergeben eine direkte Parallele zur spätesten Pflasterreparatur der Südostportikus MFP im Areal G, die ebenfalls auf lokale Absenkungen im Boden beschränkt blieb und bei der ausschließlich Spolien extrem unterschiedlicher Dicken verwendet worden waren (Abb. 162, Areal G; Abb. 169).

Die über das gesamte Forum verteilte Evidenz von ähnlich bewältigten Fundamentsenkungen läßt, wie auch bereits beim Foro della Statua Eroica FSE beobachtet, an eine gemeinsame Wiederaufbaumaßnahme denken. Das Keramikspektrum konkretisiert die Münzdatierungen zumindest beim Foro della Statua Eroica FSE, der Forumsportikus MFP und der Nordwestportikus MFW (s. u.) so weit, die Reparaturen am Mörtelbett zur Mitte des 5. Jhs. oder später anzunehmen.

Hervorzuheben ist, daß der Einsturz hier wie auch bei der Südostportikus MFP durch die ungewöhnlich dikken Bodenplatten, zum Teil über und neben regelrechten Einsturztrichtern im Vorgängerboden (Abb. 174, Trichter Kontext 9076, Platte Kontext 9008), nachweislich noch bewältigt worden war. Die Sockel als Aufstellungsorte für Statuen blieben in der spätesten Reparaturphase des Bodenpflasters berücksichtigt, sie waren also auch nach Mitte des 5. Jhs. noch sichtbar geblieben.

Die spätantike Reparatur der Nordwestportikus MFW und späte Basen für die Wiederaufstellung von Statuen

Im Jahr 2011 wurde die nordwestliche Portikus des Forums MFW bis zum obersten erhaltenen Pflasterbett ausgegraben[672]. Ergänzend konnten drei Tiefensondagen durchgeführt werden, die die bislang spätesten Befunde von ungestörten spätantiken Einsturztrichtern und deren Verfüllung und Reparatur erbrachten (Abb. 168, 1–3; 176. 177). Die extrem dichte Keramikverfüllung bestand vorwiegend aus Amphoren, deren Spektrum eine Datierung der Verfüllung ins späte 5. oder frühe 6. Jh. nahelegt. Enthalten waren auch Dachziegel. Die Auffüllung der Kaverne diente nachweislich einer letzten Pflasterreparatur, bei der allerdings weitgehend auf Vorbereitungsschichten und ein Mörtelbett verzichtet worden war. Die Keramikfüllung wurde als Unterprojekt der Forumsgrabungen (BKO/OFP) von Undine Lieberwirth, Hans-Peter Thamm und Bernhard Fritsch durch Georadar, Laserscanner und Kameras dreidimensional aufgenommen. Die Ergebnisse des Methodenvergleichs werden gesondert publiziert[673].

Durch die erneute Säuberung bereits ergrabener Areale konnten erstmals die Ausmaße von Störungen, Raubgrabungen und undokumentierten Eingriffen des 19. und frühen 20. Jh. dokumentiert werden. In der Nordwestportikus MFW befinden sich bis heute größere Pflasterpartien in situ (Abb. 168), so daß das darunter liegende datierende Material aus ungestörten Kontexten stammt. Damit war es möglich, hier die gesamte Baugeschichte vom 1. bis frühen 6. Jh. anhand einer komplexen horizontalen wie vertikalen Mörtelstratigraphie von Aufhöhungen, Nivellierungen und lokalen Reparaturen nachzuverfolgen. Die Nordwestportikus MFW gibt auf Basis dieses Chronologiegerüstes u. a. auch Einblicke in die (Wieder-)Aufstellungspraxis von Statuen in stratifizierten Kontexten des 5. Jhs., was durch die Aussparung von soliden, aber durchwegs irregulär geformten Spolienbasen in der spätesten Mörtelschicht belegt scheint (Abb. 176): Dieser Aspekt stellt eine sehr fragile und seltene Evidenz dar und wird im folgenden näher erörtert.

Die Grabungstagebücher von 1924 überliefern Reinigungsarbeiten im Nordwesten des Forums, wo sich ein damals noch nicht freigelegtes Areal befand: »Foro innanzi al tempio di Vulcano. Furono continuati gli scavi, nel tratto nord, angolo nord-ovest, ove v'è ancora *un tratto non scavato*. I lavori eseguiti in questi giorni si limitarono a muovere solamente terra mossa durante gli scavi del 1802 e 3«. Finelli beschreibt einige Funde, die

671 Vgl. dazu bereits Gering u. a. 2011, 485.

672 Dazu s. Gering u. a. 2011, Gering 2014.

673 Zur Keramikdatierung im einzelnen s. den nächsten Zwischenbericht mit einem Beitrag von Philipp Kobusch sowie die gemeinsame Publikation eines Beitrags für die CAA 2016 – 44th Computer Applications & Quantitative Methods in Archaeology, Oslo 29. März – 2. April 2016 durch den Autor und Undine Lieberwirth.

Abb. 175 Südostportikus MFP. Apsis mit moderner Statuenaufstellung

sich hier im Abraum der Ausgrabungen von 1802 und 1803 noch finden ließen und als Pars pro Toto eine Vorstellung vom damals abgeräumten Material vermitteln können. Dazu gehörten u. a. eine kleine unbekleidete Venusstatue (Inv. 14927), ein überlebensgroßes Fußfragment (Inv. 14928) und ein Frauenkopf mit Diadem, der durch den Zusatz »Arte scadente« von besonderem Interesse ist, weil sich dahinter implizit eine Datierung in die spätkaiserzeitliche oder spätantike Epoche verbirgt[674]. Der publizierte Grabungsbericht von Vaglieri von 1913 trägt einen weiteren Fund bei: eine Inschrift, die Marc Aurel benennt[675]. Möglicherweise stammt auch die Statue, die erst unter Calza auf einem vollständig modernen Sockel in der Apsis der Südostportikus MFP aufgestellt wurde, aus den Altfunden des Forumsareals (Abb. 175).

Pensabene spricht von Statuen des Kaiserhauses, die im Norden und Westen des Forums in den Portiken aufgestellt gewesen sein sollen (Abb. 176, Kontexte 9500a–9505a als mögliche Standorte), ohne allerdings auf nähere Details einzugehen: »Ricordiamo, inoltre, che dagli elenchi del Paschetto del 1912 risulta che una buona parte dei ritratti della famiglia imperiale furono ritrovati negli anni in cui si liberava il lato nord e ovest del Foro, a confermare la sua nuova funzione di luogo di rappresentazione del sistema politico imperiale.«[676].

Betrachtet man den bei Pensabene zitierten Katalog von Paschetto, dann läßt sich das definitiv für den Gesamtbestand jener Funde der Grabungen von 1802–1804/1805, die vor allem vom Forum, dem nördlich angrenzenden Cardo – und teilweise auch noch vom südwestlich angrenzenden Areal des Tempio Rotondo – stammten, verifizieren. Paschetto überprüfte allerdings die Benennung der Statuen nicht selbst anhand zeitgenössischer Forschungsliteratur, sondern übernahm Zuweisungen in die Listung, die sich auf dem Stand der antiquarischen Portraitforschung des frühen 19. Jhs. befanden. Läßt man ikonographisch problematische Fälle wie Lucilla – die Gattin des Lucius Verus – (237[677]), Didius Julianus (98) oder Plautilla – die Gattin des Caracalla – (99) aus, dann scheint sich dennoch ein Schwerpunkt der möglichen Kaisergalerie auf Kaisern und Kaiserinnen des 2. Jhs. abzuzeichnen: Trajan (231)[678], Plotina (232), Faustina (234, 235), Marc Aurel (97) und Antoninus Pius (212, 233).

674 Finelli, GdS 22, 1924, Juni 1924, Nr. 14929.
675 Vaglieri 1913, 303.
676 Pensabene 2007, 268.
677 Die Nummern beziehen sich auf die Listung bei Paschetto 1912, 520–525.
678 Pensabene 2007, 296 mit Anm. 928 und 297 mit Anm. 935 zum Trajanskopf, der heute in der Glyptothek München ausgestellt ist, aber nachweislich aus den Grabungen von Petrini stammt.

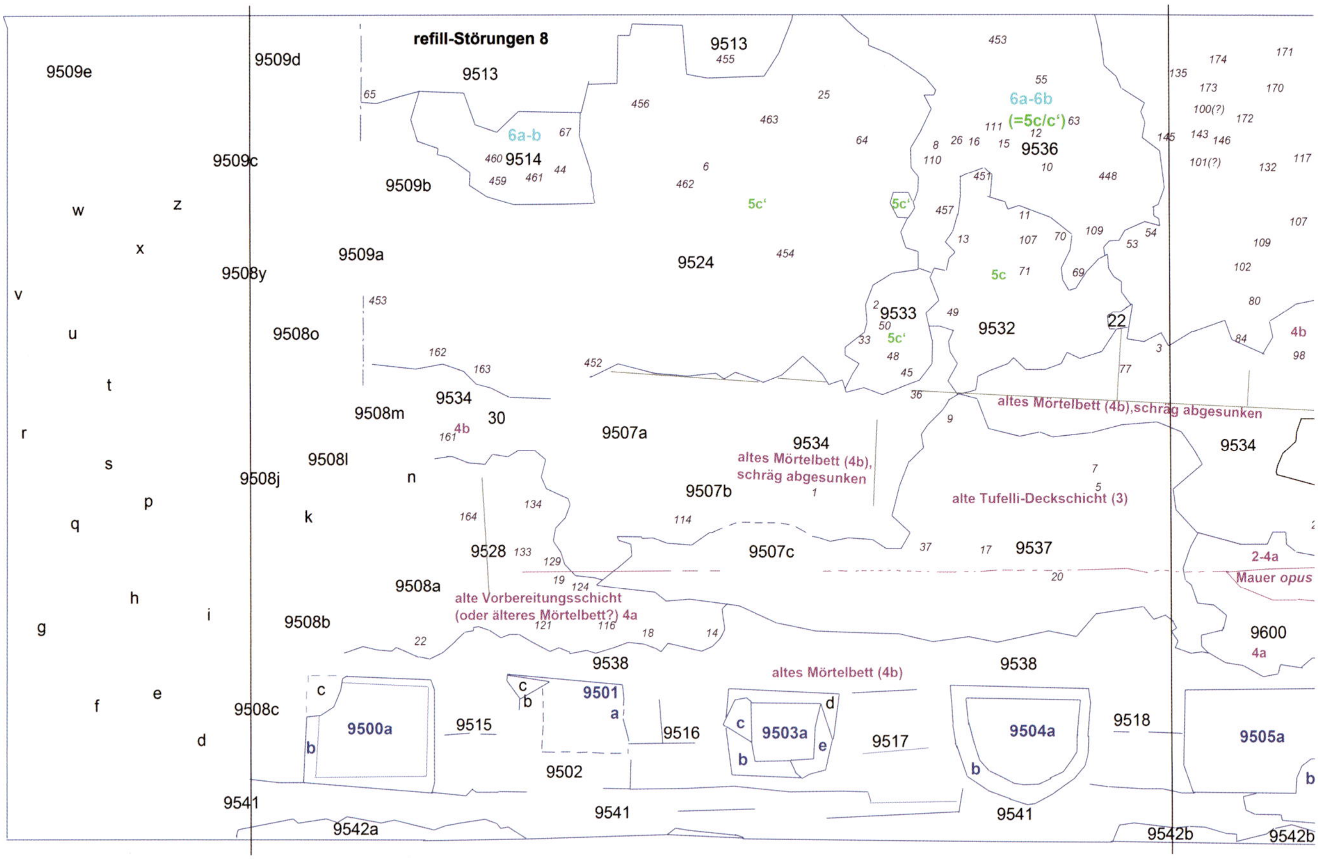

Abb. 176 Nordwestportikus MFW. Mörtelabdrücke von Statuenbasen in der spätesten Pflasterreparatur

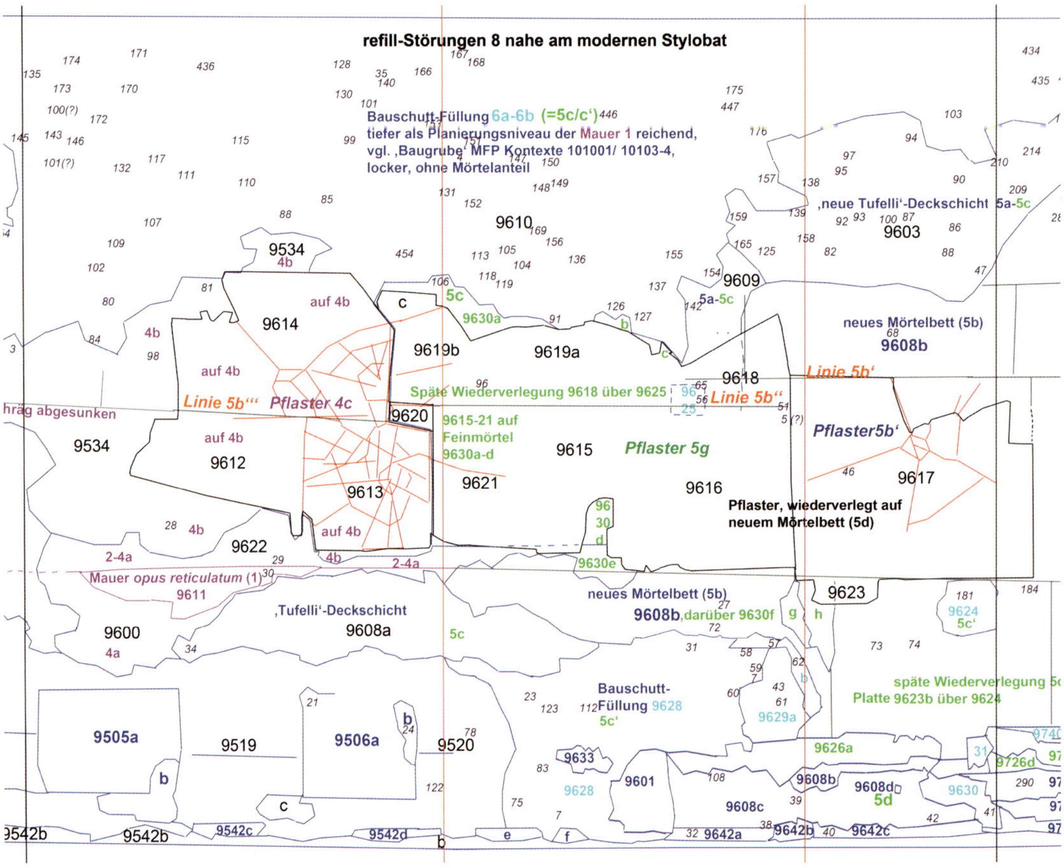

Abb. 176 Fortsetzung

Abb. 177 Nordwestportikus MFW. Pflasterbestand des 2.–5. Jhs. und letzte Auffüllung einer Kaverne im späten 5. Jh.

Von Interesse für eine ›politische‹ Funktion der möglichen Statuengalerie ist auch die Repräsentation der lokalen Elite. Dazu könnten zwei Beispiele aus den Altgrabungen bis 1804 gehören: »96. Testa incognita di magistrato municipale«, »230. Testa incognita consolare o di magistrato municipiale«[679].

Das entworfene Bild, das auf der Listung Paschettos beruht, berücksichtigt jedoch nicht jene spätkaiserzeitlichen oder spätantiken Statuen der ›arte scadente‹, die zwischen 1911 und 1924 hier gefunden worden waren sowie weitere, die wohl 1802–1804/1805 auch gefunden, aber eben nicht als solche erkannt worden waren (»statua virile imperiale, con clamide«[680], »testa di imperatrice incognita«[681], »Busto imperiale«[682]). Eine umfassende Sichtung des Bestands aus den Altgrabungen ist vor weiteren Deutungen unabdingbar, um auch den Anteil spätantiker Kaiserbilder und Magistraten an der bildlichen Forumsausstattung bestimmen zu können[683].

Pensabenes Deutung einer »*neuen* politischen Funktion« durch Statuenaufstellungen des Kaiserhauses bezieht sich auf den Zustand des 2. Jhs., als der Nordteil des Forums unter Hadrian insgesamt erweitert und neu gestaltet wurde. Es bleibt allerdings die Frage, inwiefern und inwieweit der Zustand des Forums, der seit den Ausgrabungen von 1802 bis 2013 ans Tageslicht tritt, tatsächlich das 2. Jh. widerspiegelt.

Durch die Mörtelstratigraphie in der Portikus MFW aus den Forumsgrabungen 2011, die in mehreren Vorberichten publiziert wurden[684], ist klar, daß die Portikusinnenböden, die zum Teil mit Statuenbasen und anderen Einlassungsspuren erhalten blieben, auf eine deutlich erhöhte spätantike Bauphase mit mehreren weiteren Reparaturen, allerdings ohne weitere Erhöhung, zurückgehen (Abb. 176. 177). Damit ist ebenso klar, daß die statuarische Ausstattung, die seit zwei Jahrhunderten recht zahlreich aus dem Schutt über diesem spätantiken Pflaster zutage trat, nur einen letzten erhalten gebliebenen Ausstattungszustand des Forums spiegeln kann. So ist neben dem Zufall post-antiker Beraubungsvorgänge anzunehmen, daß die Auswahl der Statuen auch bereits auf eine spätantike Redaktion zurückgegangen sein könnte und in jedem Fall keineswegs ungefiltert den hochkaiserzeitlichen Zustand widerspiegelt[685]. Dennoch muß der präsentierten Bandbreite nicht unbedingt

679 Paschetto 1912, 521 f.
680 Paschetto 1912, 520 Nr. 213.
681 Paschetto 1912, 521 Nr. 226.
682 Paschetto 1912, 521 Nr. 222.
683 Ein entsprechendes Subpojekt der Forumsgrabungen ist ein Dissertationsvorhaben von Daniel Damgaard zur Rekonstruktion der Forumsausstattung: <www.ostiaforumproject.com/subprojects> (Mai 2014). Eine entsprechende Arbeit für das Forum von Minturnae beruht auf ähnlichen Voraussetzungen, wobei die Statuen allerdings nicht in verschiedenste Sammlungen geraten waren, sondern en bloc in nur eine Sammlung. Diesen Hinweis verdanke ich Patric Kreuz.
684 Gering u. a. 2011; Gering 2014.
685 Lavan 2011, 465–468 (Images of Former Emperors).

Abb. 178 Blick auf die Nordwestportikus MFW und das Kapitol

eine komplexe Programmatik zugrundegelegen haben, wenn man annimmt, daß man nach den Einsturzkatastrophen der ersten Hälfte des 5. Jhs. auf einem höheren Gehniveau jene Statuen wieder aufgestellt hatte, die nach der oder den Einsturzkatastrophe(n) durch Zufall noch ausreichend gut erhalten geblieben waren.

Die Spoliation des Kapitoldachs und die Altfunde aus dem Areal um das Kapitol

Am Nordende des Forums befindet sich mit 17 m Erhaltungshöhe bis heute weithin sichtbar das Kapitol[686]. Nachweislich war der Bau damit nie abgerissen oder planiert worden (Abb. 178).

Ob auch der vorgelagerte Altar in der Spätantike in situ belassen blieb, kann letztendlich nur durch Fundamentsondagen zweifelsfrei näher untersucht werden. In seinem jetzigen Aufstellungskontext scheint es sich bei dem kleinen Teil von Platzpflaster unter dem stark rekonstruierten Sockel jedoch um ein Pasticcio der Zeit nach 1912 zu handeln, das hier zu dem Zwecke angeordnet wurde, den Altar im Zustand des 2. Jhs. zu visualisieren. Ein Indiz für einen möglicherweise ›fiktionalen‹ Aufstellungskontext der Altarfragmente an dieser Stelle ist, daß dieser Bestand des Pflasters in dem ansonsten recht akkuraten Grabungsplan von 1912[687] nicht eingezeichnet ist, obwohl das Areal in der Mittelachse vor dem Kapitol damals schon ergraben war.

Aus dem Bereich des Kapitols selbst stammen nach der Listung Paschettos neben einem marmornen Tischfuß in Form eines Greifen das Fragment eines Esels, der Bacchus oder einen Silen trug (145), die Statue einer Opfernden (146) und – einer ikonographischen Deutung des 19. Jhs. zufolge – die statuarische Wiedergabe eines altrömischen Lokalmythos aus der frühen Republik (147)[688]. Diese Funde aus der Zeit von 1802–1804, zu denen noch jene von 1864 hinzukommen, zeigen, daß das Kapitol und sein Inventar noch nicht systematisch beraubt worden waren, als das Dach des Kapitols eingestürzt war. Leider ist es bislang nicht möglich, diese letzte Einsturzkatastrophe, die die beschriebenen Funde unter dem Bauschutt ›konservierte‹, mit Sicherheit zu datieren. Klar ist nach den Berechnungen von Daniel Damgaard nur, daß das marmorne Dach des Kapitols

686 Albo 2002, 363.

687 Archivio dei disegni, Soprintendenza per i Beni Archeologici di Roma, Sede di Ostia, Banc B, Cass. 6, Cart. 2, Nr. 149.

688 Die Nummern beziehen sich auf die Listung bei Paschetto 1912, 525 Nr. 145–147.

bereits zu mindestens einem Achtel seiner Fläche in der ersten Hälfte des 5. Jhs. ersetzt worden war, weswegen in Folge viele Dach- und Deckziegel (*tegulae* und *imbrices*) für den Wiederaufbau mehrerer Platzböden auf einem neu nivellierten Untergrund verwendet wurden. Entsprechende pentagonale Dachziegel, die in den Maßen eindeutig mit den von Guattani gezeichneten Beispielen von abschließenden Antefixen[689] übereinstimmen, fanden sich bei den Spoliensurveys in den Rinnen der Exedra EXE/P2a und des Foro della Statua Eroica FSE/P2b. Zugehörige Dachziegel waren ferner im Pflaster der Forumsportiken MFP und MFW, der Dreiraumgruppe MFR, sowie möglicherweise auch im Boden der Aula del Buon Pastore ABP und der Casa della Basilica CDB verbaut.

»A occidente del tempio di Vulcano, aderente ad esso« zitiert Paschetto die Ausgräber von 1803–1804 fand man ein Gebäude: »Altro edificio con gradinata in marmo, e *portico* sostenuto da colonne, parte di granito, e parte di bigio lumachellato«, wobei Paschetto erklärend hinzufügt: »trattasi del lato sinistro del porticato che sembra ornasse i fianchi del tempio di Vulcano«[690].

Es ist wichtig, festzuhalten, daß der spätantike Endzustand der Portikus, der 1803 noch ohne Veränderungen aufgefunden wurde, auch Granitsäulen überliefert. Die ›Mischung‹ belegt, daß offenbar eine Reparatur stattgefunden haben muß, bei der auch Säulen aus Granit hinzukamen, die auf dem Forum ansonsten nur in der nachträglich umgerüsteten Südostportikus MFP überliefert sind.

Im zweifelsfrei lokalisierten Bereich des Nordwestens des Forums fanden sich nach Paschetto ferner »148. Cicogna, simbolo della pietà: forse anticamente aveva gambe d'argento; lavoro eccellentissimo in metallo« und ein weiteres Metallobjekt »149. Figurina in piedi di *Apollo*, con manto fibulato sull'omero destro e che copre il braccio e l'omero sinistro [...]. La figurina è su piccola base rettangolare: il capo è forato da una catenella. Forse è parte d'una antica lucerna sacra ad Apollo«[691]. Folgt man dem von Paschetto auszugsweise publizierten Grabungsinventar von 1802–1804, dann wurde damals noch eine überraschend große Reihe von Metallfunden getätigt, deren ehemaliger Kontext Privathäuser wie Heiligtümer gewesen sein könnten[692].

Statuen vom Forum – Eine Übersicht über die Gattungen und ihre Provenienz

Die Fundballungen der Altgrabungen von 1802–1924 aus dem Stadtzentrum von Ostia lassen sich in fünf Gruppen von Statuen einteilen[693]:

1. Reiterstandbilder aus Bronze,
2. Marmorne Statuen von Magistraten,
3. Marmorne Bildwerke von Angehörigen des Kaiserhauses (Kaiser und Kaiserinnen der hohen Kaiserzeit, möglicherweise in Auswahl),
4. Marmor- und Bronzestatuen und -statuetten von Göttern und mythologischem Personal,
5. Frauenstatuen im Typus mit verhülltem Kopf (›Statua di donna panneggiata‹)[694].

Die ersten drei Gruppen, Reiterstandbilder, Magistrate und Kaiserhaus, waren bereits in der hohen Kaiserzeit nachweislich auf dem Forum vertreten[695]. Sie konnten in der Spätantike fortgeführt worden sein, was für Reiterstandbilder (MLR, s. o.), für Statuen des Kaiserhauses und auch für Magistraten belegt zu sein scheint (s. o.). Die Präsenz von Götterstatuen (Gruppe 4) kann nachweislich zumindest zum Teil bereits vor der Spätantike verifiziert werden, insofern diese in der Cella des Roma- und Augustustempels oder des Kapitols gestanden hatten. Die Gruppe 5 scheint dagegen eine Ausnahme oder spätantike ›Neuerung‹ darzustellen.

Prinzipiell verwundert die statuarische Repräsentation wichtiger Götter im Kontext eines spätantiken Forums oder seiner Umgebung nicht, wenn man auf die kanonische Auswahl der zwölf Götter blickt, die man vom Forum in Aquileia oder etwa auch von der Portikus der *dei consentes* am Forum Romanum her kennt. Jupiter, Juno und Minerva treten gerade im Umkreis des Kapitols nicht unerwartet auf, zumal hier, folgt man Paschettos Beschreibung zum Kapitol, in der fortgeschrittenen Spätantike offenbar das Tempelinventar in der Tempelsubstruktion ›beerdigt‹ worden war[696]. Die spätantike Aufstellung einer Minerva am Forum von Ostia könnte zudem auch ihrem Seitenaspekt als Stadt- und Staatsgottheit geschuldet sein, was zumindest für ein stadtrömisches Pendant am Forum Romanum noch im Jahr 472/473 belegt zu sein scheint[697]. Offensichtlich

689 Paschetto 1912, 362 Abb. 104. Den Hinweis verdanke ich Daniel Damgaard.
690 Paschetto 1912, 513 f.
691 Paschetto 1912, 515.
692 s. letzte Anm.
693 Zu den Statuen, die in den Vatikan gelangt sind, s. neuestens: Vorster 2004, 30–142.
694 Paschetto 1912, 206 f. 209. Weitere Beispiele stammen aus den neueren Grabungen bis 1924.
695 Boin 2013, 140–154.
696 Paschetto 1912, 552, Mai 1864: »si libera dalla terra la cella inferiore del tempio«.
697 Lavan 2011, 455–457. Interessanterweise wurde eine Minerva-Statue nahe der Curia am Forum Romanum noch 472/473 vom Stadtpräfekten Roms wiederhergestellt.

ist ferner, daß mit dem Kreis des Bacchus, der Venus und Personifikationen wie der Fortuna oder der Musen prominente Kontinuitätsstränge bis in die Spätantike zitiert werden[698].

Es ist bereits erörtert worden, daß die begrenzte Anzahl der Kultbilder der hochkaiserzeitlichen Tempelareale Ostias wohl bei weitem nicht für alle entlang des Decumanus und im Umkreis des Forums gefundenen Götterstatuen ausgereicht haben können[699]. Nach Einsturz und Abräumung intentional ›beerdigter‹ Kultstatuen wie jene ›Dea Roma‹, die um die Mitte des 5. Jhs. in eine spätantike Aufhöhung gelangt war, sind für Ostia mit Ausnahme des unklaren Kontextes der in der zweiten Hälfte des 19. Jhs. ausgegrabenen Substruktionen des Kapitols nicht überliefert. Der Einsturz des Roma- und Augustustempels blieb offenbar Ausnahme, ebenso wie die ›Beerdigung‹ seiner statuarischen Ausstattung.

Der Großteil der Götterfiguren muß wohl, wenn sie nicht vor Ort bereits aufgestellt und verfügbar waren, aus Kontexten verlassener Häuser zur Dekoration der neu gepflasterten spätantiken Forumsportiken als zentrale Aufenthaltsmittelpunkte der spätantiken Stadt mit ›Nymphäumsräumen‹ und weiterer Infrastruktur wie Prachtlatrinen (s. u.) geholt worden sein. Es ist von Cristina Murer vermutet worden, daß gerade die weit verbreiteten Bildwerke von Artemis/Diana, Venus und Ceres wohl aus dem Kontext der Nekropolen als ehemalige Portraits *in formam deorum* gestammt haben könnten, insofern sie nicht Teil der privaten Hausausstattung von inzwischen verlassenen Häusern der hohen Kaiserzeit gewesen waren[700]. Entsprechende mythologische Statuen der Gruppe 4 sowie möglicherweise dezidierte Grabstatuen der Gruppe 5 sind nach dem Ausweis von Paschettos Listung jeweils in mehreren Exemplaren auch aus dem Umkreis des Forums belegt (s. o.).

Aufgegebene Plätze scheinen innerhalb der spätantiken Stadt Ostia hingegen die Ausnahme: Nimmt man einen der wenigen möglichen Kandidaten wie das *forum vinarium* einmal aus, dessen Lokalisierung nach wie vor unklar ist, dann wurden im spätantiken Ostia weit mehr Plätze kontinuierlich gewartet und sogar neu gebaut als aufgegeben. Als Herkunft für Statuen kommen sie statistisch betrachtet daher, wenn überhaupt, nur marginal in Frage. Dasselbe gilt für die Thermen, die in der Spätantike nicht aufgegeben, sondern erweitert oder durch Neubauten ersetzt worden waren, sowie die Platzanlagen mit den großen Fassadennymphäen, die per se eine Vielzahl von Statuen beherbergten. Sowohl das Bivium-Nymphäum (N4a, s. u.) als auch jenes auf dem Piazzale della Vittoria (N1a) waren jedoch erst im späten 3. oder 4. Jh. entstanden und hatten nachweislich Ausbau- oder Reparaturphasen des 5. Jhs. Sie wiesen Sockel und Nischen für Statuen auf und waren, im Fall des Nymphäums N4a nachweislich, mit Statuen vorwiegend dionysischer und mariner Sujets ausgestattet worden. Auch die Fassadennymphäen kommen daher vor der Aufgabe der repräsentativen Nutzung des Decumanus, die sich erst nach der Mitte des 5. Jhs. annehmen läßt, als Materialquelle nicht in Frage.

Spoliation und Restaurierung – Die Curia und Forumsbasilika am Forum in der Spätantike

In der Curia (Abb. 154, AUC; Abb. 158, MFC) wurden in der letzten greifbaren Umbauphase einige Annexräume durch Pfeilereinbauten verstärkt sowie der Obergeschoßzugang von den Forumsportiken aus neu gestaltet. Nach Befund der Ausgräber hatte man bei diesen Reparaturen wichtige Dokumente des politischen Lebens in Ostia, die sogenannten *fasti augustales*, als Baumaterial wiederverwendet, was anhand der unpublizierten Grabungstagebücher (GdS) auch für die Neupflasterung sowohl des Macellums auf dem Foro della Statua Eroica FSE/P2b wie auch des weiter entfernten Foro di Porta Marina P7a durch Funde von Teilen der *fasti* belegt ist[701]. Inwieweit Kaiserkulttempel und dazu gehörige Monumente wie die *fasti* zum Zeitpunkt der Renovierungen als Quellen wiederverwertbarer Baumaterialien zur Verfügung standen, wurde bei Betrachtung des eingestürzten Roma- und Augustustempels erörtert, dessen Ruine offenbar zur Mitte des 5. Jhs. oder bereits davor ›offiziell‹ zur Entnahme von Spolien freigegeben und anschließend planiert worden war.

Die Existenz spätantiker Ausbesserungen der Curia ist auch heute noch gut sichtbar, sei es in Form von statischen Stützungen oder sei es an der Neupflasterung

698 Lavan 2011, 441 f.: »reflecting the enduring appeal of Dionysiac festive culture in Late Antiquity«.

699 Es wäre zudem sehr unwahrscheinlich, daß man solche Kultbilder in jedem Fall aus ihrem Tempel in einen anderen Kontext, so z. B. hier auf das Forum oder in die Forumsportiken überführt hätte. Am Beispiel der Dea Roma wurde deutlich, daß – bleibt man bei ihrer Deutung als Kultbild – dieses Kultbild zumindest bis zur Mitte des 5. Jhs. bzw. bis zum Einsturz von 442/443 in situ im Tempel verblieben war.

700 Zu den Bildnissen in *formam deorum* s. Wrede 1981. Zur ausführlichen Diskussion s. bereits Kapitel II. 3. a. – Zur Verwendung von Grabstatuen im privaten Raum s. Murer 2016. Für den Hinweis und eine fruchtbare Diskussion zur komplementären Evidenz des öffentlichen Raums, die in der vorliegenden Studie gesammelt wurde, danke ich der Autorin.

701 Dazu GdS 1967. Vgl. bereits Paribeni 1916a, 221–226; Wickert 1933.

Abb. 179 Das zentrale Rundmonument des Forums (MUN)

ihres Vorraums zum Decumanus hin[702]. Unabhängig davon, ob es sich tatsächlich um einen Tempel gehandelt hat, wie jüngst erneut von Katharina Rieger vorgeschlagen wurde, oder nicht, konnten hier bis in die ausgehende Spätantike Versammlungen stattgefunden haben. Die Größe und Lage der Curia sprechen in Ermangelung einer zweiten vergleichbaren Anlage aus dem 1. Jh. sehr wahrscheinlich dafür, hier eine tatsächliche Curia anzunehmen. Dafür scheint auch ein inschriftlicher Befund vorzuliegen, der eine spätantike Reparatur einer Curia in Ostia dokumentiert, wobei, folgt man dieser Annahme, der Begriff auch noch im 5. Jh. gebraucht worden wäre: Zumindest läßt sich der nur fragmentarisch erhaltene Beleg einer Bauinschrift anhand seiner Wortlänge durchaus plausibel als *c(uria)* ergänzen, wie Wickert vorschlägt[703]. Wenn die Zuweisung stimmt, dann wäre auch dieser wichtige Bau noch lange nach dem Ende der nominellen Selbstverwaltung, nämlich zwischen 408 und 423, renoviert worden.

Auch die Forumsbasilika zeigt in ihrem Südteil eine Reparatur durch Marmorplatten, die nachweislich irregulären Anlageschemata folgen und sich deutlich vom Boden des 2. Jhs. unterscheiden. Eine Untersuchung des Mörtelbetts dieser Ersatzplatten ist für 2015 geplant, um anhand von datierenden Indizien Aufschlüsse zur Chronologie der Basilika zu gewinnen.

Ein zentrales Brunnenmonument (MUN) auf dem Forum mit stadtgeschichtlichem Bezug

Der heutige Betrachter erreicht das Forum auf dem freigelegten Gehniveau des Decumanus aus dem 2. Jh., er betrachtet dann jedoch Bauten und Monumente aus dem 2.–5. Jh. in verschiedenen Umarbeitungs- und Wiederaufstellungskontexten, zu denen entsprechend erhöhte Gehniveaus inzwischen abgegraben sind. Zugleich gibt es auf dem Forum ein Monument, daß heute wie in der Antike einen Blick in die Tiefe, also auf das republikanische Ostia, gestattet, nämlich auf die Ebene des alten Castrums.

Die spätantike Ausbauphase des Forums der ersten Hälfte des 5. Jhs. ist durch eine Niveauerhöhung des Forumsplatzes auf ca. 2,00 m NN charakterisiert. Es bleibt die Frage, inwiefern damals noch jener kleine Brunnenbau, der für einen Stadtbesucher das republikanische Gehniveau Ostias und die Quelle des Castrums in Erinnerung bringen konnte (Abb. 179), ebenfalls erhöht worden war, um sichtbar und benutzbar zu bleiben. Die Ausgrabungskampagne 2013 konnte das anhand einer Bauaufnahme von spätantiken Reparaturen an der Quelleinfassung, dem Wassereinlauf sowie dem Beckenboden, aber auch anhand der Klammerlöcher zur Neuversetzung des umlaufenden Marmorsockels

702 Dazu vgl. bereits den Abschnitt zur möglichen Werkstatt im Seitenraum.

703 CIL XIV Suppl. 4531 könnte nach Wickert C(uria) ergänzen lassen. Calza (s. Calza u. a. 1953 161) bleibt dagegen ohne Angabe von Gründen skeptisch. Zumindest können Gründe für diese Haltung gemutmaßt werden: Eine spätantike Renovierung eines der wichtigsten öffentlichen Gebäude und Zentrums städtischer Identität paßt nicht zur Grundthese Calzas eines unumkehrbaren Bedeutungsverlusts von Ostia nach der Mitte des 3. Jhs.

zweifelsfrei erweisen[704]. Eine Verbindung zur Quelle des Castrums wurde also auch noch im 5. Jh. durch das tiefere Niveau eines Brunnenmonuments auf dem Forum sinnfällig vor Augen geführt. Nach Jan Theo Bakker ergaben sich über die allgemeinen stadtkulturell-historischen Assoziationen hinaus vielfältige Bezüge zur vorbildhaften Stadtgeschichte der Republik und zur Gründungslegende von Ostia sowie als Zentrum ritueller Waschungen im Rahmen einer *lustratio* und zur pagan-kultischen Topographie Ostias, namentlich zu Ceres und den Nymphen[705]. Möglicherweise spielte der Bau sogar bei der rituellen Neugründung Ostias unter Claudius im Jahr 51 eine zentrale Rolle[706].

Es ist anhand des Baubestands auszuschließen, daß dieses Monument einer bewußt-selektiven Planierung zum Opfer gefallen wäre, die eine zunehmend bereinigte und ›säkularisierte‹ Topographie spätantiker Stadtzentren zum Ziel gehabt hätte. Spätantike Reparaturen verbürgen die kontinuierliche Präsenz aller Kultstätten auf dem Forum zumindest bis zur Mitte des 5. Jhs.: Deren Verfall und die schrittweise Nutzungsaufgabe im späten 5., 6. oder 7. Jh. scheinen eher durch äußere Anlässe zufallsbedingt denn als intentionale Zerstörung zu deuten, was die gute Erhaltung bis zur Grabungszeit bedingte. Eine Reihe der 1802–1804 auf dem Forum gefundenen Statuen könnte sich prinzipiell auch diesem Monument zuordnen lasssen, das mit seinen sechs Nischen oder auch im Interkolumnium seines verschwundenen Aufbaus als Monopteros zahlreiche Aufstellungsmöglichkeiten bot und vor 1805 bereits erstmals freigelegt worden zu sein scheint.

Nach Vaglieri handelte es sich bei den heute noch erhaltenen Resten um einen Rundbau aus Ziegelmauerwerk mit einem Durchmesser von etwa 2,90 m, der außen mit Marmor verkleidet war[707]. Das Innere war mit sechs Nischen gegliedert, wobei am Boden einer dieser Nischen ein gemauerter Bogen in der Nischenrückwand zu erkennen ist. Der Boden im Inneren des Wasserbekkens war mit schwarz-weiß-Mosaiken ausgestattet, von denen heute fast keine Reste mehr sichtbar sind.

Hier wurde offenbar eine Grundwasserquelle gefaßt, die mit dem Gehniveau des Castrums korrespondiert (Abb. 179, Bogen in Nische). Auf republikanischem Gehniveau waren von Vaglieri beim Fortgang der Grabungen 1913 in unmittelbarer Nähe des späteren Rundmonuments dementsprechend ein Brunnen gefunden worden, der aus Tuffquadern der Maße 56 × 37 cm bestand[708].

Der Aufbau des Brunnenmonuments wird von Bakker als Monopteros rekonstruiert, in dessen Interkolumnien Statuen gestanden haben dürften[709]. Zumindest der gegossene Mauerkern ist in situ erhalten und dabei deutlich höher als nachweisliche spätantike Monumente auf der Forumsfläche: Der Sockel war nicht planiert worden, wie das für die Nymphäen am Theater festgestellt wurde, sondern blieb sichtbar. Seine Lage ist unmittelbar mit der Promenade verbunden und innerhalb der Freifläche des Forums herausgehoben, so daß man davon ausgehen kann, daß das Monument auch in der Spätantike einen wesentlichen Akzent im Stadtbild dargestellt haben muß. So verwundert es nicht, am Anteil wiederverwendeter Ziegel und bei der Verwendung von Bauschutt im Mörtel auch Spuren spätkaiserzeitlicher oder spätantiker Reparaturen am Beckenboden fassen zu können, obwohl im heute erhaltenen Zustand der Anteil moderner Rekonstruktion die originalen Ziegellagen, die bis heute durch ihre unterschiedliche Mörtelart abgrenzbar sind, deutlich überwiegt.

Die Bedeutung von spätantiken Brunnenmonumenten entlang der Promenade war bereits beim Piazzale della Vittoria P1 thematisiert worden, ein Pendant dazu wird am Bivium P4 noch zu untersuchen sein. Die Funktion des Brunnenmonuments auf dem Forum scheint dagegen weniger mit seiner Größe als mit seiner Lage verbunden zu sein: Topographisch betrachtet ist es der *umbilicus* Ostias, forumsmittig und damit zugleich stadtmittig[710]: Für Stadtfeste, bei denen die Stadtgründung in Ort und Bild eine Rolle spielt, eignet sich dieses kleine Monument wohl als ein idealer Anknüpfungspunkt. Zur kommemorativen Funktion des Zierbrunnens scheint die asymmetrische Anlage der Nischengliederung (Abb. 179) Aufschluß zu geben, die damit Sehgewohnheiten durchbricht und so die Anbindung einer älteren Quelle sinnfällig inszeniert.

Interessant ist daher der Befund der Stratigraphie an dieser Stelle: Die marmornen Fundamente des Rundbrunnens (bis zur Höhe von +1,73 m NN) waren wohl deshalb erhalten geblieben, weil sie zum Zeitpunkt späterer Spoliation seit der Mitte des 5. Jhs. wie auch der gemauerte Beckenrand nicht mehr sichtbar gewesen

704 Gering 2014. Die Bauaufnahme ist Kristina Junker zu verdanken. Sie wird in den nächsten Vorberichten publiziert. Vgl. dazu <www.ostiaforumproject.com/subprojects> (20.04.2016).

705 Dazu s. <www.ostia-antica.org/regio1/forum/circ.htm> (20.04.2016).

706 Mar 2002.

707 Vaglieri 1913, 237.

708 Vaglieri 1913, 303.

709 Dazu s. <www.ostia-antica.org/regio1/forum/circ.htm> (Februar 2017).

710 Zur Einbindung in die Planungs- und Symmetrieachsen s. bereits den Abschnitt zu den Forumsniveaus.

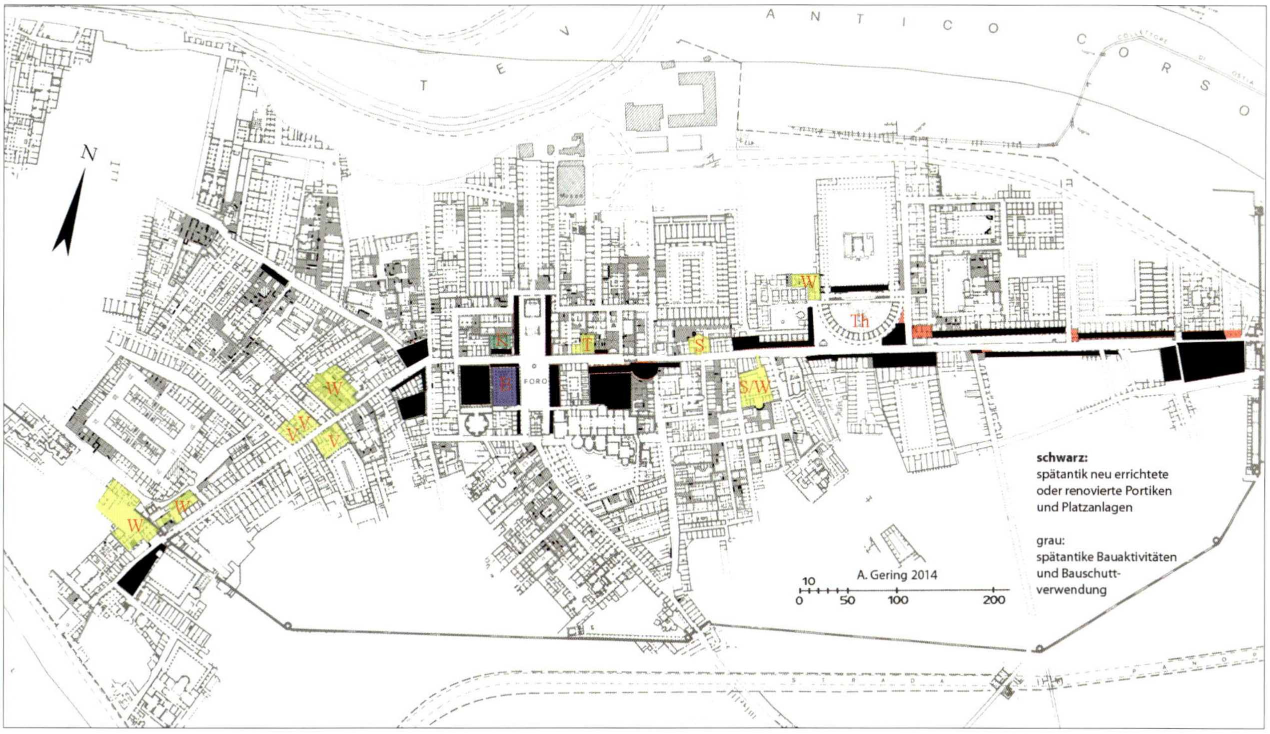

Abb. 180 Verteilungsplan der renovierten oder neu gebauten Portiken und Platzanlagen in Ostia (M. 1:7500)

waren. Die Erhöhung des Gehniveaus um +70 cm, die zumindest in den Grabungstagebüchern noch faßbar ist (s. o.), hatte damals vielleicht den gesamten Brunnenbau begraben – diese Erhöhung bis auf etwa 2,40 m NN schloß damit an das Gehniveau der Forumsportiken und der Nordhälfte des Forumsplatzes an und scheint sich mit der Planierung des Roma- und Augustustempels verbinden zu lassen (s. o.).

Das Forum seit dem späteren 5. Jh. unterschied sich damit vielleicht erstmals in wesentlichen Aspekten von jenem bis zur Mitte des 5. Jhs.: Viele Monumente früherer Jahrhunderte waren ganz offenbar abgeräumt worden und in benachbarte Bauten und Platzanlagen verbaut worden. Der Platz wurde über den nicht mehr verwendbaren Trümmern und Fundamenten sowohl des Roma- und Augustustempels als auch des Rundbrunnens und *umbilicus* der Stadtgeschichte aufgehöht und dadurch wohl erstmals in seiner Baugeschichte durch ein Gehniveau ohne Marmorplatten ausgestattet. Bereits vor der Aufhöhung der Platzfläche blieben an die Stufen der Portiken gelehnte Inschriften wie jene des Ragonius Vincentius Celsus und ihres Pendants auch danach noch in situ erhalten; die Inschrift des Attius Clementius stammte jedoch zu ihrer Fundzeit – wie jene Inschrift des Ragonius Vincentius Celsus vor dem Theater (s. o.) – wohl aus einer höheren Schicht des 5. Jhs., sie wurde erst nach der Grabung auf das damals wieder freigelegte Pflaster des 2. Jhs. gestellt, das aus Buntmarmor bestand.

Zur Deutung einer Teilfunktion spätantiker Portiken und Platzanlagen – Zuschauerraum für Spektakel und Prozessionen?

Vom Stadttor, hier der Porta Romana, bis zum Zentrum wurden in der Spätantike neue Portiken geschaffen oder zumindest renoviert bzw. erweitert (Abb. 180). Alle neuen Platzanlagen liegen hinter Portiken, sind vom Decumanus aus also zunächst als ›Hallenstraße‹ wahrnehmbar. Straßenblockaden und Straßenverengungen der auf den Decumanus mündenden Gewerbeachsen waren hier keineswegs Indiz eines stadtkulturellen Niedergangs, sondern der Monumentalisierung und Kanalisierung des Decumanus als konzentrierte Prachtmeile, an deren Rändern offenbar reichlich Raum für Zuschauer zur Verfügung stand. Die Bereinigung des Decumanus und seiner Randbebauung von gewerblichen Zubauten steht hier im dezidierten Gegensatz zu allen übrigen großen Verbindungsachsen wie der Via della Foce oder der Via della Vittoria etc., die durch Vorbauten auf den Straßenraum verengt wurden, wobei diese Vorbauten gewerblich dominiert waren (Straßenverengung aus ökonomischen Gründen). Der Straßenrand des 2. Jhs. hatte vor allem dazu eingeladen, in einzelne Geschäfte (Tabernen) zu gehen. An deren Stelle wurden seit dem 4. Jh. verschieden große Freiflächen als mögliche Verweilpunkte eingebaut: Nach der Portikus der Neptunsthermen (Po1c) und der Planierung beider Theatervorplätze (Po1d/g)[711]

711 Dazu s. hier Kapitel II. 2. a–c.

war auch unmittelbar östlich des Platzes der Exedra EXE/P2a auf dem Areal ehemaliger Tabernen eine Vorhalle entstanden; die um etwa +60 cm erhöhten und daher späteren Tabernenschwellen sind im Verhältnis zum hochkaiserzeitlichen Zustand deutlich zurückgesetzt. Westlich der Exedra ließen sich die breite Straßenfront des Foro della Statua Eroica FSE/P2b und auch Bauten wie die kleine Vorhalle oder die Portikus Po2c als Beispiele desselben Phänomens anführen.

Nutzungsspuren im letzten Pflaster vor dessen Überdeckung – Überlegungen zur Südostportikus MFP auf dem Forum als ›Zielpunkt‹ spätantiker Prozessionen und Spektakel

Durch die Flächengrabung werden in Ostia Einblicke in die urbane Organisation von spezifisch spätantiken ›Zeremoniellen‹ möglich, die bei der Ankunft oder Audienz der Präfekten bzw. sonstiger Honoratioren, wichtigen Spielen oder besonderen Stadtfesten stattfanden. Es handelte sich wie bereits mehrfach angesprochen um Rituale, die mit einer Prozessionsachse von der Porta Romana, dem Endpunkt der Überlandstraße aus Rom, bis zu den Fora Ostias verbunden waren. Der Ablauf solcher politisch-religiöser Prozessionen oder profaner Machtdemonstrationen als Spektakel, für die es Versorgungseinrichtungen – wie z. B. die zahlreichen Bars und Brunnen – und vor allem Zuschauerraum am Straßenrand braucht, wird sich beim Transport von sakralen Reliquien kaum wesentlich von säkularen Aufzügen politischer Würdenträger sowie der Stadtbevölkerung unterschieden haben. Nur die Endpunkte solcher Aufzüge waren grundsätzlich unterschiedlicher Natur. Als Endpunkt eignen sich prinzipiell alle größeren Freiflächen, die verkehrsgünstig genug liegen, um eine reibungslose Zugauflösung zu garantieren.

Offenbar war hier mit der neu durch Säulen hervorgehobenen Südostportikus MFP und den übrigen renovierten Portiken auf dem Forum ein geeigneter Endpunkt für Prozessionen vorhanden.

Eine vergleichbare Konzentration von sekundär verbrachten Statuen findet sich vor der Basilica Aemilia bzw. dem sogenannten Tempio di Romolo an der Via Sacra in Rom[712]. Im konkreten Fall der Forumsportikus MFP wurde hier offenbar keine zweigeschossige Markthalle mehr benötigt, sondern der geschützte Ausblick für Zuschauer. Das Forum erwies sich als praktikabler Endpunkt solcher Prozessionen zumindest bis ans Ende des 5. Jhs., als das bestehende Pflaster der Forumsportiken letztmalig mit Mörtel nivelliert wurde. Bis zu dieser Zeit erwies es sich als sinnvoll, dauerhafte Einlassungen

Abb. 181 Wiederverschließbares Einlassungsloch für schwere Holzbalken im Pflaster der Südostportikus MFP

auch für ephemere, aber offenbar regelmäßige Aufführungen, die der Aufstellung von vielsitzigen Tribünen dienten, vorzusehen. Deren letzte geschlossene Einlassungsspuren blieben im baulichen Befund des Pflasters bis heute erhalten (Abb. 181. 182, 1a–6a, 4b–7b).

Auffällig ist umgekehrt, daß westlich des Forums – in Prozessionsrichtung von der Porta Romana aus also nach dem Forum – keine neu gebauten oder zumindest neu ausgestatteten Hallen und Portiken aus Spoliensäulen mehr auffallen (Abb. 180). Das spricht zwar nicht gegen die Möglichkeit, daß einzelne Prozessionen auch zum Meer weitergingen. Es zeigt jedoch sehr deutlich, daß jene spätantiken Prozessionen mit besonderem politisch-repräsentativen Anspruch nur bis zu den Fora und ihrer unmittelbaren Umgebung wie dem möglichen *praetorium urbanum* reichten. Festzuhalten bleibt ferner auch: Eine dezidiert christliche Prozessionsachse zur konstantinischen Basilika existierte zumindest nicht mit innerstädtischer Anbindung, was die Straßensperre S1c auf dem Decumanus belegt[713].

Der Platz vor dem Tempio Rotondo PTR/P4b – Vom Festplatz zum Marktplatz des 5. Jhs. als Pendant zum Forum-Macellum auf dem Foro della Statua Eroica FSE/P2b?

Die Betrachtung der spätantiken Gestalt des Stadtzentrums von Ostia, das die Fläche des gesamten ehemaligen Castrums einnahm, endet mit dem hier vorgestellten Platz, der unmittelbar westlich an die Forumsbasilika angrenzt, hier als ›Piazzale del Tempio Rotondo‹ benannt (Abb. 154, PTR).

712 Bauer – Witschel 2007, 139 f.

713 Dazu vgl. hier Kapitel II. 1. c.

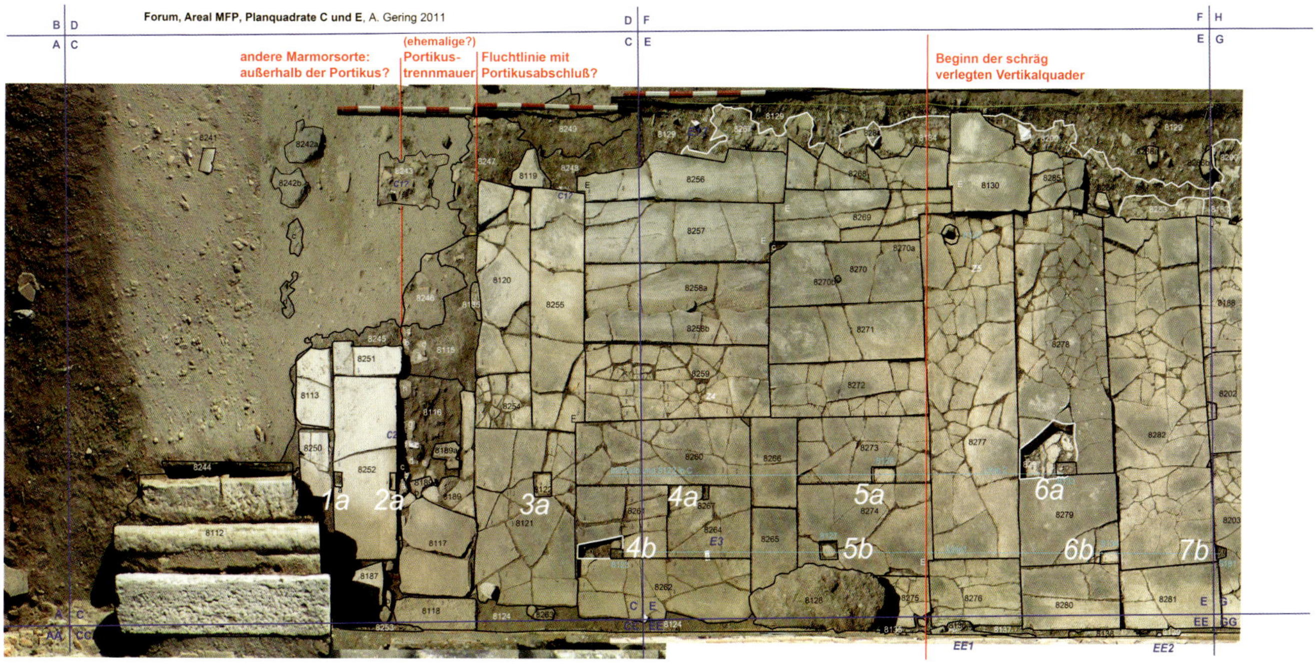

Abb. 182 Südostportikus MFP. Die Rekonstruktion einer Holztribüne auf Basis der regelmäßigen Einlassungsspuren

Der Platz scheint bereits 1802–1804 fast vollständig ausgegraben worden zu sein. Die Pläne dieser Zeit von Giuseppe Antonio Guattani und Pietro Holl[714], 1805 publiziert, sind zwar nicht maßstabsgerecht und im Detail sehr frei gehalten, bieten aber dennoch einen wichtigen Einblick zum Umfang der Grabungen, der Vorgehensweise und dem damals aufgefundenen Bestand. Für die Ausgräber dieser Zeit war vor allem die statuarische Ausstattung des Rundtempels mit den vor den Nischen befindlichen Basen, die heute nicht mehr erhalten sind, von Interesse. Die Raumstruktur selbst ist daher bis auf die rückwärtige Nische im wesentlichen richtig wiedergegeben. Die Struktur des Vorplatzes erscheint dagegen deutlich summarischer. Die angegebenen Rundnischen stimmen weder in ihrer Anzahl noch Verteilung mit dem Befund überein. Das könnte ein Indiz dafür sein, daß bis 1804 tatsächlich keineswegs der gesamte Platz freigelegt worden war, sondern nur ein kleinerer Teil. Für die Planerstellung hätte man dann vom freigelegten Teilbereich auf das Ganze geschlossen. Diese Vermutung zur Vorgehensweise wird dadurch unterstrichen, daß hier nicht klar zwischen Befund und Rekonstruktion unterschieden wird, obwohl das durch verschiedene Schraffierungsgrade angedeutet scheint. Das gilt insbesondere für die Südseite des Platzes, wo sich die Angabe der Treppe mit den flankierenden Nymphäen fundamental vom heutigen Bestand unterscheidet.

Unklar ist ferner, welche der Platzphasen (s. u.) damals tatsächlich freigelegt worden waren: Es ist durchaus wahrscheinlich, daß Giuseppe Petrini beim ersten festen Gehniveau gestoppt haben könnte: das ist ein Gehniveau, das durch Travertinplatten auf Höhe von 3,10–3,20 m NN gebildet wird. Diese Platten sind heute bis auf kleine Ausnahmen verschwunden, möglicherweise als Baumaterial für die Neubauten des 19. Jhs. im Borgo[715]. An einigen Stellen muß aber bereits das tiefere Gehniveau von 2,30 m NN erreicht worden sein, weil im Plan die drei Stufen zwischen den vier umlaufenden Portiken (?) richtig vermerkt sind.

Calza legte diesen Platz 1925 nach 120 Jahren Überwucherung erneut frei, auch damals erfolgte aber keine nähere stratigraphische Beobachtung. Damit ist unklar, wo ›nur‹ die Wiedereinfüllung des Grabungsschutts von Petrini oder tatsächlich auch nach 1804 noch ungestörte spät- und nachantike Stratigraphie abgegraben wurde. 1925 wurde aber nachweislich die ganze Fläche des Platzes bis auf ein älteres Gehniveau des 2./3. Jhs. (2,30 m NN) abgegraben. Dieses Niveau ist bis heute

714 Guattani 1805 und P. Holl, Nr. 11, Archivio dei disegni Inv. 71, Ostia Antica. – Zur Grabungsgeschichte zu diesem Platz s. Rieger 2004, 173–176.

715 Eine vergleichbare Materialspoliation im 19. Jh. ist zumindest für das Kapitol verbürgt, das interessanterweise im gesamten Mittelalter weniger in Mitleidenschaft gezogen worden war als in den wenigen Jahrzehnten seit seiner ersten Säuberung 1804. Bereits Nibby beklagte 1819 den fast vollständig erfolgten Materialraub seiner Tage (s. o.).

sichtbar und wird durch sehr regelmäßige dünne Marmorplatten charakterisiert (s. u.). Dabei erfolgte allerdings neben grundlegenden Fotografien und dem späteren Grundplan von Gismondi zum Status quo der Ruine keine ausführliche schriftliche Publikation, sieht man von wenigen Seiten im populären Ostia-Führer von 1925 und der Abschlußpublikation von Becatti aus dem Jahr 1953 ab[716].

Die ersten umfassenden Deutungsversuche und eine grundlegende virtuelle Rekonstruktion erfolgte durch Cecil C. Briggs im Jahr 1930[717]. Die seither erfolgten Untersuchungen werden in der bislang ausführlichsten Erörterung von Anna-Katharina Rieger zusammengefaßt[718]. Ergänzend ist seither nur die aktualisierte Detailstudie zur Bauornamentik von Patrizio Pensabene im Jahre 2007 hinzugekommen, die auf vielen älteren Vorarbeiten Pensabenes, auch zum Material des vorliegenden Baus, beruht[719].

Auch die bislang umfassendste Dokumentation durch Rieger wird dem komplexen Befund, gerade, was das spätantike Nachleben betrifft, nicht gerecht. Aus der problematischen Grabungsgeschichte resultiert die bis heute offene Frage, in welchen Bauphasen oder ob man diesen Platz überhaupt mit Säulenhallen ergänzt oder nicht. Offen ist auch die Frage nach seiner Ausstattung und Funktion bzw. deren Wandel zwischen dem 3. und 6. Jh. Auffällig ist, daß sich bislang alle Bearbeiter, trotz einer gemeinsamen Tendenz, den Neubau des Tempio Rotondo zwischen spätseverischer und diokletianischer Zeit anzusetzen, nicht mit dem Anteil tatsächlich spätantiker Baumaßnahmen des 4., 5. oder sogar 6. Jhs. auseinandergesetzt haben.

Beim Ausmaß der bereits durch die Altgrabungen dokumentierten Wiederverwendung greift die Datierung der Bauplastik nicht: Die Erstausstattung läßt sich wohl unter Alexander Severus begreifen, der letzte greifbare Zustand gerade des Platzes als Produkt von Reparaturen oder auch grundlegenden Umnutzungen ist dagegen schwer zu datieren. Allein das legitimiert es hier, nur wenige Jahre nach der ausführlichen Studie Riegers einen Nachtrag zu liefern. Riegers bisheriger Gliederung der prinzipiellen Bauphasen und ihrer Datierung muß dabei eine weitere grundlegende Bauphase hinzugefügt werden: eine umfassende spätantike Neupflasterung der Böden nach Reparatur des Abflußsystems, der auch ein zumindest partieller Neubau des aufgehenden Mauerwerks sowie umfassende Neuverkleidung der Wand gefolgt war.

Zum Zugang zur Platzanlage

Die Decumanusfassade der Platzanlage ist heute bis auf den stark rekonstruierten Unterbau von drei Stufen nicht mehr erhalten[720]. Wenn man annimmt, daß der Platzzugang vom Decumanus aus ehemals so stark beschränkt war, wie das der Plan von 1805 annehmen läßt[721], dann würde man an das Areal eines Heiligtums denken, keineswegs aber an eine öffentliche Platzanlage mit ökonomischer Teilfunktion, was allein durch die geringe Zugangsbreite für Warenverkehr auszuschließen wäre.

Calzas Grabungsbefund von 1925 ist daher grundlegend zum Verständnis zumindest der letzten Nutzungsphase dieser Platzanlage, die bis zur Grabung sichtbar blieb: »una specie di amplissimo peristilio con nicchie sulle pareti rivestite di marmo come lo era il pavimento e che giungeva fino al decumano«[722].

Der heute sichtbare Niveauunterschied zwischen Decumanus (1,51 m NN) und der nördlichen Platzportikus (2,84 m NN) ist Folge der Tiefengrabung am Decumanus. Es wäre durchaus wahrscheinlich, daß der Platz zumindest in seiner letzten spätantiken Gestalt in voller Breite und weitgehend ebenerdig auf den Decumanus geöffnet gewesen wäre, in Art einer offenen Pfeilerhalle analog zu dem ›spiegelsymmetrisch‹ östlich des Forums ausgebauten Macellum auf dem Foro della Statua Eroica FSE/P2b. Von einer geschlossenen Mauer mit Nischengliederung als Decumanusfront, wie sie der Plan von 1805 zeigt, finden sich zumindest im Baubefund 1925 keinerlei Reste[723]. Rieger beobachtete ferner am Übergang von der Platzfläche zur decumanusseitigen Portikus eine Reihe von Aussparungen von 20 × 30 cm Größe, die sie als – offenbar mobil einsetzbare – Gitter oder Schranken deutet, um den Umgang zur Platzfläche hin abzugrenzen[724].

Die Pflasterphasen

Calza erwähnt die spätantike Gestalt des Areals: »Un rifacimento posteriore elevò il piano di questo peristilio che fu rivestito di mosaico a grossi e irregolari tasselli. Tale aula aveva un portico a colonne che gli antichi

716 Calza 1925, 144 f.; Calza u. a. 1953, 124. 152 Abb. 30. 31.
717 Briggs, 1930, 161–169.
718 Rieger 2004.
719 Pensabene 2002; Pensabene 2007.
720 So Pensabene 2007, 298 Anm. 938 verweist wie Rieger 2004, 175 Anm. 825 auf die Publikation Calzas von 1925: Zur korrekten Seitenzahl s. Calza 1925, 144 f.
721 Zum Plan von 1805 s. Rieger 2004, 175 Abb. 144.
722 Calza 1925, 145.
723 Rieger 2004, 176 Abb. 145.
724 Rieger 2004, 177.

scavatori segnarono in pianta in numero di 36. Certo all'imponenza dell'edificio che fu forse l'ultima sontuosa costruzione ostiense nuoce la spogliazione di marmi, colonne, elementi architettonici, avvenuta nei secoli passati e alcuni immiserimenti dei tardissimi tempi ostiensi«[725].

Die grundlegende Studie von Briggs von 1930 vermerkte in Ergänzung zur spärlichen Grabungsdokumentation Calzas zumindest drei Bodenniveaus: einen regelmäßigen Mosaikboden, offenbar des 1. oder 2. Jhs., ein regelmäßiges Marmorpflaster mit Platten der Größe von 1,37 × 0,69 m sowie ein Mosaikboden mit unregelmäßigen Tesserae, die aus Buntmarmorspolien gewonnen worden waren[726].

Die Abfolge oder Koexistenz dieser Böden ist bis heute nicht befriedigend geklärt. Nach Pensabene bezog sich der Buntmarmorboden aus Spolientesserae nur auf die an allen vier Seiten umlaufenden Portiken des Platzes, die Platzfläche selbst habe auch damals noch aus den regelmäßig verlegten Marmorplatten bestanden[727]. Nach Pensabene scheint der Boden aus diesen Marmorplatten, der sich wiederum unter dem Travertinpflaster (s. u.) befindet, allerdings selbst möglicherweise bereits spätantiken Ursprungs oder zumindest bis in die Spätantike genutzt worden zu sein: »probabile si riferisca ad interventi tardi, come si riscontra in tanti altri edifici di Ostia tra il IV e i primi decenni del V sec. d. C.«[728]. Die regelmäßige Verlegung von recht dünnen Platten spricht gegen eine spätantike Datierung, möglicherweise war der Marmorboden sogar bereits vor dem Tempio Rotondo im Rahmen eines Vorgängerbaus im 1. oder 2. Jh. entstanden. Sehr wahrscheinlich wäre aber, wenn man die Benutzungszeit dieses Bodens vom 2. bis ins 3. Jh. noch vor der Neupflasterung mit Travertinplatten annimmt (s. u.), daß sich hier – wie in der Nordhälfte des Forums mit einer fast direkt vergleichbaren Pflasterhöhe von 2,30–2,40 m NN (s. o.) – spätantike Reparaturen finden lassen. Das für spätantike Verhältnisse niedrig wirkende Nutzungsniveau von etwa 2,30 m NN wäre hier dann offenbar wie am Forum zumindest im 4. Jh. bzw. bis zu den Einsturzkatastrophen des frühen 5. Jhs. mit den direkt anschließenden Niveauerhöhungen beibehalten geblieben.

Der platzmittige Marmorboden ist durch die Grabungsfotografie von 1925 überliefert[729]. Direkt darüber erhob sich auf den Stufen ein Areal höher verlegter Travertinplatten und darüber befindlicher Mauerzüge. Die sieben erhaltenen Abflüsse der Platzanlage wurden mehrfach erhöht. Die Travertinplatten des spätesten erhaltenen Bodenniveaus im Nordwesten der Platzfläche (3,16 m NN) korrespondieren dabei mit der Einbauhöhe der übrigen Abflüsse (3,09 m NN)[730]. Ein zweifellos wiederverwendeter Gully in der Südostecke des Platzes liegt auf einem deutlich höheren Gehniveau[731]. Auch der Umgang war offenbar in einer letzten Pflasterphase komplett mit Travertinplatten überdeckt, die Mosaiken waren also entgegen Pensabenes Vermutung (s. o.) nicht mehr sichtbar.

Von besonderem Interesse für die vorliegende Arbeit ist der erhöhte Bereich im Nordwesten der Platzfläche, der nach Ausweis seines deutlich höheren Nutzungsniveaus (3,16 m NN) über der Höhe der Platzportiken (2,84–2,92 m NN, Platzfläche 2,34 m NN) zusammen mit einem Pendant im Nordosten den spätesten greifbaren Baubestand darstellt. Es handelt sich um eine Reihe von Pflasterplatten aus Travertin (Abb. 183), die von Mauern überbaut wurden. Ein untrügliches Indiz der spätantiken Datierung ist, daß hier neben dem runden Gully im aufgehenden Mauerwerk ein halbrundes Bauteil einer Archivolte verbaut wurde (Abb. 184), das ein Pendant auf dem Platz FSE/P2b besitzt (Abb. 145).

Wenn es sich um eine lokale Wiederverwendung desselben Monuments handelt, bedeutet das, daß die Wandgliederung zu dieser Zeit bereits verfallen bzw. zur Spoliation freigegeben gewesen war und eine ähnliche Datierung wie in Phase FSE 3, nach Spoliation der Fassadenfront, naheliegt. Mit diesem Befund kommt man für die Entstehungszeit der Mauerzüge in die Zeit des 6. oder 7. Jhs., also deutlich später als die Platzböden selbst oder als der bis heute teilweise erhaltene Boden der Portiken in Opus sectile[732], der auch im höher gelegenen Pronaos des Rundtempels noch Reparaturen der Boden- und Wandgliederung zu belegen scheint.

Eine grabungszeitliche Abbildung von 1925 belegt den Zustand unmittelbar nach der Rekonstruktion des Mauerwerks, die dem heutigen Zustand gleicht (Abb. 183. 184)[733]. Über die späte Funktion dieser Struktur kann nur gemutmaßt werden: Ein runder Abfluß im Travertinpflaster (Abb. 184) wurde hier vom umgebenden Mauerwerk freigelassen. Vor einem im Westen massiveren Sockelbereich erstrecken sich im Osten zwei Zungenmauern. Ein spätes Wasserbecken an dieser Stelle wäre denkbar, ist hier aber nicht mehr anhand des Mörtels zu verifizieren. Die erhaltenen Mauerreste

725 Calza 1925, 145.
726 Briggs 1930, 164. 167; Pensabene 2007, 298 f.
727 Pensabene 2007, 299 Anm. 241.
728 Pensabene 2007, 299 Anm. 941.
729 Rieger 2004, 176 Abb. 145.
730 Rieger 2004, 174 Abb. 143.
731 Rieger 2004, 187 Abb. 164.
732 Rieger 2004, 178 Abb. 149.
733 Rieger 2004, 176 Abb. 145.

Abb. 183 Platz vor dem Tempio Rotondo PTR. Das späteste Travertinpflaster im Nordwesten

Abb. 184 Platz vor dem Tempio Rotondo PTR. Ansicht der spätesten Mauern mit Spolienverwertung einer Archivolte

spiegeln wohl mehrere späte Phasen der Platznutzung als Markt, wozu ein Wasserbecken analog zu jenem auf dem sogenannten Macellum der Taberna dei Pescivendoli (Abb. 217, P04a) gut passen würde, oder seiner Umnutzung zu einer Freifläche mit Brunnen wieder.

Das Travertinpflaster selbst spiegelt einen Zustand noch vor diesen letzten Nutzungen wider. Unter den späteren Mauerzügen befindet sich vor allem ein quadratischer Travertinblock, der aufgrund seiner Höhe deutlich aus dem Pflaster hervorragt (Abb. 183, links im Bild). Das Grabungstagebuch von 1922 gibt dazu Auskunft[734]: »in un punto di questo lastricato vi è inserito un grosso dado di travertino cha ha l'apparenza di una sottobase di colonna o di pilastro«. Diese Deutung des Travertinwürfels nach Finelli wird von Pensabene allerdings von einer Säulenstellung zu einer Statuenbasis modifiziert, weil nur ein Beispiel einer solchen gefunden worden sei: »tuttavia è stata scoperta solo questa ›sottobase‹ e non altre, e anche per questo non mi pare l'evidenza di un

734 Finelli, GdS 18, 1922, 108.

colonnato che sarebbe stato inserito nel lastricato di travertino, quanto invece di una base per statua o altro«[735].

Das steht jedoch im Gegensatz zur Beobachtung von Briggs, mehrere solche Strukturen – »several small bases for monuments« –, allerdings nicht in regelmäßiger Anordnung, gefunden zu haben (s. u.). Briggs nannte diese Monumente in direkter Verbindung zur Spolie der Archivolte (s. o.), die hier benachbart zum Travertinwürfel verbaut worden war, was als Indiz für die Annahme mehrerer analoger Basen gelten kann[736]. Vereint man die Beobachtungen, dann kann es sich also entweder um eine Reihe von mehreren Statuenbasen gehandelt haben oder um eine spätantike Portikus auf Travertinfundamenten, die auch am Macellum auf dem Foro della Statua Eroica FSE/P2b (Phase 2b), am Forum (Südostportikus MFP) und an der allerdings stark restaurierten Vorhalle der Curia belegt ist.

Die spätantike Transformation dieses Platzes ist insbesondere von Interesse, weil das bis heute erhaltene Ensemble des Platzes mit Rundbau, läßt man mögliche Vorgängerbauten darunter einmal außer Betracht[737], erst zur Mitte des 3. Jhs. entstanden war, zugleich aber von vornherein dem Kaiserkult gewidmet gewesen zu sein scheint[738]. Die Kaiserkultbauten sind jedoch offenbar, so war zumindest für den Roma- und Augustustempel auf dem Forum von Ostia, aber auch für alle damit verbundenen Monumente wie die *fasti augustales* oder einen weiteren bislang nicht lokalisierten Tempel für vergöttlichte Kaiser festgestellt worden, einer recht frühen Spoliation bereits im späten 4. oder in der ersten Hälfte des 5. Jhs. anheimgefallen[739]. Pensabene zitiert in seiner Studie von 2007 ein Verbot der Verehrung von Bildern des Kaiserhauses bereits konstantinischer Zeit[740]. Geremia Nucci hält dagegen gerade bezüglich des Kaiserkults lange Kontinuitäten für wahrscheinlicher, weil dieser 392 unter Theodosius Verboten nicht thematisiert wurde und *flamines* des Kaiserkults in Nordafrika bis 525 überliefert sind[741].

Es wäre aber denkbar, daß die funktionale Transformation dieses Platzensembles, die man in ihrem Endzustand zumindest mit insgesamt zwei neuen Böden greifen kann, bereits im 4. Jh. begonnen haben könnte. Bereits Briggs sprach von einem Funktionswandel zum offenen Marktbereich, der wohl analog zum Macellum auf dem Foro della Statua Eroica sowohl in den Hallen als auch auf der offenen Platzfläche stattgefunden haben kann: »At a later period this entire court was filled in and paved with coarse blocks, at which time the court may have been used as a marketplace«[742].

Der Hofbereich als Markt und Zentrum spätantiker Statuenwiederaufstellung?

Briggs ergänzt den Vorhof zur Bauzeit, also im 3. Jh., als »court of honor«[743], in dem Statuen entlang der Wände in Ädikulen gestanden hatten. Diese Ädikulen wurden auch in späteren Bauphasen offenbar beibehalten, sie sind durch ihre Bauteile bis heute ergänzbar[744].

Calza rekonstruierte – im Gegensatz zu Guattani – offenbar keine Portiken, weder im originalen noch im letzten erhaltenen Pflasterzustand, obwohl er den Hof bis 1925 als Peristyl bezeichnet hatte; Briggs berichtet davon: »Although these steps ran all about the court, there is no evidence for the supposition that there was here at one time a peristyle; for, according to the recent excavator, though contrary to the assumptions of Guattani, there was no trace of column bases around the court«[745]. Möglicherweise waren die Säulenbasen und -schäfte während der Grabungen von 1802–1804 hier entnommen worden; die Fundamente könnten zumindest jene Travertinblöcke gebildet haben, die zumindest in einem erhöhten und quadratischen Beispiel innerhalb des Travertinpflasters erhalten geblieben waren (s. o.).

Eine mögliche Marktfunktion scheint durch die Anpassung der Abflüsse bis in die Zeit der spätesten Niveauerhöhung gesichert: »as the pavement levels were changed, the covers were simply raised in order that they might be used again«[746]. Fließend Wasser war im Vorhof verfügbar: Die damit verbundenen Statuennischen bzw. Wassermonumente des 3. Jhs. zu Seiten der Treppe zum Tempelbereich, nach Briggs »built at a very late date« lassen offenbar eine statuarische Ausstattung vermuten[747].

Dezidiert später datiert Briggs allerdings weitere Strukturen, die auf eine statuarische Ausstattung

735 Pensabene 2007, 307 mit Anm. 968.
736 Briggs 1930, 168. Dazu s. u. näheres.
737 Rieger 2004, 194.
738 Dazu Pensabene 2007, 296–297. Zu einem sogar noch im frühen 4. Jh. neu gebauten Rundbau am Pincio in Rom vgl. Pensabene 2007, 297 Anm. 929.
739 Zu den ehemaligen Stätten des Kaiserkults vgl. Rieger 2004, 251 f. Zur Spoliation des Inschriftenblocks eines Tempels für die *divi* in den Forumsthermen: s. Bloch in: Calza u. a. 1953, 249 f. Nr. 16.
740 Pensabene 2007, 296: CIL XV 5265.
741 Geremia Nucci 2013, 37.
742 Briggs 1930, 164–167.
743 Briggs 1930, 167.
744 Dazu ausführlich Pensabene 2007, 299–305 mit Abb. 170.
745 Calza 1925, 145; Briggs 1930, 164.
746 Briggs 1930, 164.
747 Briggs 1930, 164.

schließen lassen, die sich in ihrem irregulären Anlageschema deutlich von der regulären und symmetrischen Ausstattung der Ädikulenwände und Wassernischen unterscheidet: »In the forecourt near the front are several small bases for monuments, which have no relation to the period with which we have been concerned. The placing of these monuments is irregular and disregards the lines of the court of fame, which was unmistakably much earlier«[748]. Zur Verwendung von Spolien in dieser letzten Hofausstattungsphase mit den Statuenbasen fährt Briggs fort: »Details were used in them that must have been taken from earlier buildings elsewhere in the city. They bear testimony to the poor work of later centuries«[749].

Patrizio Pensabene hat sich zuletzt mit den Platzphasen intensiv auseinandergesetzt, so daß hier nur einige Ergänzungen zur Deutung beizutragen sind, was der Status quo der Grabungen zur letzten Struktur der Anlage aussagen kann[750]. Hier gefunden und daher bis zur Aufgabe im statuarischen Programm des eigentlichen Tempelbereichs beibehalten, blieben die Mitglieder der *gens Severiana*, aber auch kolossale Statuen von Trajan und Hadrian[751].

Pensabene bezweifelt die Chronologie nach Briggs und hält das späteste bis heute erhaltene Travertinpflaster für gleichzeitig mit dem Bau des Tempio Rotondo[752]. Als Argument wird die Gleichzeitigkeit der Gullys mit dem letzten Pflaster angeführt. Das kann jedoch auch damit begündet werden, daß diese Gullys zwar tatsächlich aus der ersten Pflasterphase des 3. Jhs. stammten, für die letzte Pflasterphase hier aber auf erhöhtem Gehniveau wiederverwendet worden waren, wie Briggs selbst bereits anführte[753].

Insbesondere die Areale mit spätem Mosaikboden könnten eine spätere Datierung als jene von Pensabene vorgeschlagene des 3. Jhs. nahelegen. Die unregelmäßigen Mosaiksteine von 3–6,5 cm Seitenlänge[754] waren typische ›Abfallprodukte‹ der Spoliation von Buntmarmorplatten und ihre nächste Parallele weist zum Boden der Forumsthermen mit dem Buntmarmormosaik, das nicht vor der Planierung des Roma- und Augustustempels und damit nicht vor der zweiten Hälfte des 5. Jhs. angesetzt werden kann. Anhand von Vergleichen, u. a. mit der Bar in der gesperrten Straße S1b nördlich des Piazzale della Vittoria P1, liegt nahe, daß auch weitere Mosaikböden mit großen unregelmäßigen Tesserae, die aus Buntmarmorspolien gewonnen wurden, eine Spoliationsphase nach dem späten 4. Jh. darstellen.

Unabhängig von der Chronologie im einzelnen und der Deutung des oder der Travertinbasen als Säulenstandorte oder Statuenbasen ist klar, daß ein großer Teil der Statuenfunde des frühen 19. Jhs., die bereits im Rahmen des Forums erwähnt wurden, aus diesem Areal des Tempio Rotondo stammen.

Die Deutung der Nutzungsniveaus und Vorgängerphasen sowie das Verhältnis der Platzbebauung und -funktion zur angrenzenden Forumsbasilika sind nach den Deutungsvorschlägen von Rieger bis heute Gegenstand der Diskussion[755]. Besonders die Aspekte der Umnutzung zum Markt und der spätantiken Statuenaufstellung bedingen neue archäologische Oberflächenuntersuchungen an dieser Stelle, die im Rahmen des »Ostia-Forum-Projekts« für 2016 anvisiert sind, um die hier gerade für die Spätantike besonders reichen, aber nie wissenschaftlich dokumentierten Befunde der Altgrabungen Calzas deuten zu können.

Nur Zierbauten im spätantiken ›Elite-Resort‹ Ostia? Zur neu konzentrierten ökonomischen Teilfunktion der Platzanlagen der Innenstadt im 4. und 5. Jh.

Die spätantike Phase der Ausstattung der Promenade mit Zierbauten ist einerseits durch eine fassadenhafte Gesamtwirkung mit kontinuierlich repräsentativem Anspruch, andererseits zugleich durch die flächendekkende Aufgabe von Produktion und gewerblicher Nutzung des Innenstadtgebiets im 4. und 5. Jh. charakterisiert. Eine vorwiegend kleingewerbliche Umnutzung und Besetzung dieser Freiflächen begann in diesen prominent gelegenen Arealen erst seit dem späten 5. Jh.[756].

Die Frage bleibt, welche Rolle die in über planierten Thermen neu gebauten Platzanlagen FSE/P2b oder aus Kultarealen umfunktionierten Marktareale (P4b) vor diesem Hintergrund vor allem für die Befriedigung des innerstädtischen Anwohnerbedarfs im 4. und 5. Jh. oder für einen größeren regionalen Einzugsbereich innehatten. Häuser und suburbane Villen in Meeresnähe scheinen eher – teilweise sogar bereits im 4. Jh. – aufgegeben, während gerade die Lage am südlichen Forum und Cardo, aber auch am Bivium für einen geballten Wohnluxus eine sehr intensive Boomphase gerade in der ersten Hälfte des 5. Jhs. erlebt hatte. So könnten

748 Briggs 1930, 168.
749 Briggs 1930, 168.
750 Pensabene 2007, 296–315.
751 Pensabene 2007, 297 mit Anm. 935.
752 Pensabene 2007, 299 mit Anm. 941.
753 Briggs 1930, 168.
754 Vgl. Pensabene 2007, 307: »difficilmente databili prima del III secolo«.
755 Rieger 2004, 173–176. Zusammengefaßt bei Pensabene 2007, 299 f.
756 Paroli 1993, 164 f.

die nachweislich im 5. Jh. zu Macella umgewandelten Platzanlagen gerade für die Innenstadt einen Ersatz für die nicht mehr benutzbaren Lager- und Auktionshäuser der tibernahen Stadtviertel geboten haben. Beide Plätze waren mit immerhin mehr als 2000 m² reiner Platzfläche sogar etwas größer als das etwa 1900 qm messende Platzareal des Forums Ostias dimensioniert.

Nach den großen Einsturzkatastrophen der ersten Hälfte des 5. Jhs. scheinen aus praktischen Gründen eines möglichst ökonomischen Wiederaufbaus ehemals in vielgeschossigen Bauten integrierte Marktfunktionen auf freie Platzanlagen verlagert worden zu sein. Beispiele wie die vielgeschossigen Markthallen der sogenannten Mercati Traianei (Abb. 229, H5a) im Nordwesten der Stadt waren nach ihrem Einsturz um die Mitte des 5. Jhs. nicht wiederaufgebaut worden (s. u.), obwohl die umgebenden Stadtviertel bewohnt geblieben waren.

Die Aufgabe des stadtweit dezentral organisierten Speicher- und Gewerberaums wurde bereits durch eine umfangreiche Reorganisation des Ein- und Ausladesystems im Netzwerk der Kanäle und Kais zwischen Ostia und Portus sowie einer Verlagerung der Funktion Ostias als ›Handelsdrehscheibe‹ zugunsten z. B. von Leptis Magna seit severischer Zeit begründet[757]. Damals wurde der Anfangspunkt einer Entwicklung zur Zentralisierung der innerstädtischen Grundversorgung gesetzt, die in der Zeit der beginnenden staatlichen Baufürsorge durch die *curatores*, Präfekten der Annona und später die Stadtpräfekten Roms selbst offenbar fortgeführt wurde. Das *macellum reparatum* des Aurelius Symmachus in der Stadtmitte lieferte dafür eines der wenigen, ausnahmsweise auch epigraphisch konnotierten Beispiele. Dafür sprechen in viel breiterem Rahmen aber auch die Mikrohistorien der peripher gelegenen Horrea selbst, wovon viele bereits nach Einsturzkatastrophen des 3. Jhs. jeweils unrenoviert als Ruine belassen blieben, bis sie in späterer Zeit und auch nur in Ausnahmefällen für späte Häuser oder lokale Marktanlagen wiederbenutzt wurden.

Die wesentliche Ursache, das Straßennetz und die Plätze vor allem im Stadtzentrum im späten 4. und der ersten Hälfte des 5. Jhs. auszubauen, muß in der spezifischen Versorgungssicherheit Ostias durch stadtrömisch-senatorische Grundbesitzer und Investoren gesucht werden. Durch deren Eigeninteresse, sie sind hier durch Fistulae auch im 5. Jh. noch als Grundbesitzer verbürgt, war es auch nach dem radikalen Einbruch des Mietmarktes im späten 3. Jh. zum Umbau von einer vielgeschossigen zu einer ein- bis zweigeschossigen Stadtlandschaft gekommen. Erleichternd kam gerade im Laufe des 5. Jhs. hinzu, daß Bauplätze für prominente Stiftungen wie Macella für die senatorischen Stifter auf ihrem ›eigenen‹ Grund kostenfrei oder ansonsten zumindest sehr kostengünstig zur Verfügung gestanden haben dürften, nachdem die Areale der traditionellen ›sakralen‹ Topographie zunehmend zur Nachnutzung freistanden wie auch der ›Mietmarkt‹ gleichermaßen in dieser Zeit endgültig zusammengebrochen gewesen war.

II. 4 Jenseits der ›Schokoladenseite‹ der spätantiken Stadt – Leerstand, Müllhalden, und das neue Ordnungsprinzip der Zonenbildung

II. 4. a Die beispielhafte Aufgabe eines Stadtviertels hinter den Neptunsthermen

Die Straßen im Stadtviertel zwischen den Neptunsthermen und dem Theater waren bereits 1897[758] zusammen mit ihren spätantiken Aufhöhungen dokumentiert worden. Der Ausgräber Antonio Gatti schildert die Zusammensetzung des Auffüllungsmaterials einer Straße, der Via della Fontana: Demnach war es Haus- und Gewerbemüll »da varie parti della città e *anche dal di fuori*«. Dabei trat eine »quantità veramente enorme di anfore spezzate«[759] zutage, die auch auf vielen anderen Straßen nördlich des Decumanus absichtlich zur Aufhöhung des Gehniveaus, wohl gegen die zunehmend hohen Tiberüberschwemmungen, zerkleinert deponiert worden waren. Münzreihen in diesen Aufhöhungsschichten und Tonlampen mit christlichen Motiven decken zumindest das 4. und frühe 5. Jh. ab[760]. Gefunden wurden auch Statuen[761] und ein großes, in Marmor eingeritztes Spielfeld[762], das aufgrund seiner Größe wohl ehemals den öffentlichen Raum, vielleicht sogar konkret die benachbarte Caserma dei Vigili, geziert hatten und hier als reine Auffüllung Verwendung fanden.

Der direkte Thermenzugang vom Decumanus über die Caupona des Fortunatus wurde analog dazu seit den Erhöhungen des späten 4. Jhs. blockiert[763]. Ob die Straße

757 Diesen Hinweis verdanke ich Michael Heinzelmann.
758 Gatti – Borsari 1897, 519 f.
759 Gatti – Borsari 1897, 523.
760 Gatti – Borsari 1897, 523 (»Lucerna certamente cristiana«); 525 (Münzreihen von Alexander Severus bis Konstantin).
761 Gatti – Borsari 1897, 525 f.
762 Gatti – Borsari 1897, 528.
763 Dazu s. hier Kapitel II. 2. a.

nach den sehr umfassenden spätantiken Aufhöhungen bereits ganz aufgegeben wurde, scheint aufgrund der letzten nachweisbaren Einbauten von ebenerdigen Wasserbecken und Gewerbeböden in ehemals luxuriöse Appartements unwahrscheinlich. Einige Funde aus den frühen Grabungen belegen, daß für das tatsächliche Ende der Nutzung ein katastrophenbedingter Einsturz mit einem Terminus post quem von 423 verantwortlich gemacht werden kann, weswegen der Erhaltungszustand der angrenzenden Wohnungen (s. u.) hier auch besser als anderswo ist. So wurde auch auf der Via della Fontana selbst ein bronzener Wasserspeier nur wenige Meter von dem Brunnen gefunden, der der Straße den Namen gab. Ein spätantikes Materialrecycling fand hier nach Mitte des 5. Jhs. offenbar nicht mehr statt [764].

Der Aussagewert der Stratigraphie zur Aufgabe des Stadtviertels an den Kasernen

Die Via delle Corporazioni, die von Finelli vor der Freilegung des Piazzale delle Corporazioni übergangsweise auch zunächst noch »Via ad ovest della via della Fontana« benannt wurde, zweigt östlich des Theaters von der Promenade des Decumanus nach Norden hin ab. Finelli beschreibt als Protokollführer der Grabungstagebücher einen Schnitt durch die Aufhöhungen dieser Straße. Demnach ergab sich hier auch nach dem ersten großflächigen Einsturz der umliegenden vielgeschossigen Bauten noch der Bedarf, das Viertel hinter dem Theater zu erschließen, wobei dieser Zugang bis zu einer späteren und vollständigen Straßenblockade allerdings auf einem festgestampften Erdbelag ohne Pflasterung über den Trümmern der eingestürzten Gebäude erfolgen mußte [765].

Nach den ersten spätantiken Erhöhungen des Nutzungsniveaus im frühen 4. Jh. um etwa +30 – +40 cm, die hier auch anhand spätantiker Taberneneinbauten auf den Straßenraum um die Caserma dei Vigili nachweisbar sind, war die Via delle Corporazioni nach Norden hin mindestens noch bis zur Höhe der Caserma dei Vigili passierbar. Der heutige nördliche Grabungsrand besteht aus mehreren ansatzweise freigelegten Insulae, deren extrem niedrige Erhaltungshöhe belegt, daß sie noch in der Antike abgerissen und planiert worden waren. Offenbar geschah das u. a. als Prävention gegen Tiberüberschwemmungen. Es ist also fraglich, ob die Via delle Corporazioni nach diesem Abriß auch noch darüberhinaus nach Norden hin passierbar blieb, wo sie sich in den bisher noch nicht freigelegten, aber bereits im Laufe des 4. Jhs. größtenteils aufgegebenen Bereich der Lagerhallen in Richtung Tiber fortgesetzt hätte.

Straßensperren und planierte Gebäude nördlich der Caserma dei Vigili

Nördlich der Neptunsthermen liegt die Caserma dei Vigili (Abb. 185)[766]. Die Konzentration von Funktionsbereichen, die als Bars und verwandte Dienstleistungsbetriebe gedeutet werden können, vor dem Haupteingang im Osten der Caserma an der Via dei Vigili verwundert wenig, solange hier bis etwa zur Mitte des 3. Jhs. mehrere Hundert Soldaten stationiert waren[767]. Auch gegen-

764 Gatti – Borsari 1897, 523 f. Abb. 5.

765 GdS 5, 1912, 295 (16.–19. Oktober 1912): »Nel taglio fatto notai un forte battuto faciente parte di una strada che passava sopra queste ruine in un epoca molto tarda, ma piu alta della antica strada«.

766 Für die Überlassung des Plans danke ich Maria Antonietta Ricciardi.

767 Dazu s. bereits Vaglieri 1911, 404; Vaglieri 1912, 23. 163. Vgl. Ricciardi – Scrinari 1996, Bd. 2, 69 f.; Pensabene 2002, 300 f. Finelli, GdS 5, 1912, 11 beschreibt die Mauern und den Untergrund dieses Mosaikraums, der mit kleinem Fundament direkt auf das Straßenpflaster reichte und bereits zur Grabungszeit nicht viel besser erhalten war als heute: »Dei muri che ricingene restano poche vestigge ed hanno le fondazioni profonde m 0,30«. Ungewöhnlich ist der Aufbau, der über einem kleinen Maueransatz vermutlich aus vergänglichen Materialien bestanden hat. Dazu fährt Finelli, GdS 5, 1912, 11 fort: »Sulla facciata della caserma si trovano buchi *(sic!)* tutti alla medesima altezza e ciòe ci fa dedere [vedere] il tetto, il quale doveva essere molto leggere essendo i buchi *(sic!)* fatti per travi piccole e con pendenza verso la strada«. Im Gegensatz zu heute sah Finelli, GdS 5, 1912, 11 umfangreiche Spuren der Wanddekoration an dieser Stelle: »La medesima parete ha traccie d'imbiangature [d'imbiancatura] con linee rosse, gialle, turchine, ecc., verticali, orizzontali circolari ecc., una sopraposta all'altra, cioè in più volte, e queste, alle volte, si soprapongono anche agli strati di bianco«. Finelli schließt wohl zu Recht von der Orientierung des dargestellten Kraters auf einen Eingang von Norden her. Damit öffnet sich dieser Raum nicht auf den Haupteingang zur Caserma, sondern auf den direkten Einzugsbereich einer offenbar nachträglich geöffneten und aus konservatorischen Gründen erst modern geschlossenen Taberne. Damit bildete der Mosaikraum nur eine Erweiterung der Bar auf den Straßenraum und zugleich eine Markierung im Straßenraum, die auch als ›Werbung‹ verstanden werden kann. In diesem 3 × 1,80 m kleinen Raum wäre keinerlei größeres Mobiliar wie ein hölzerner Tresen und dazu noch Publikumsverkehr zu erwarten. Zum Inneren der Caserma, an deren Außenmauer der Raum lehnt, existiert keine unmittelbare Verbindung.

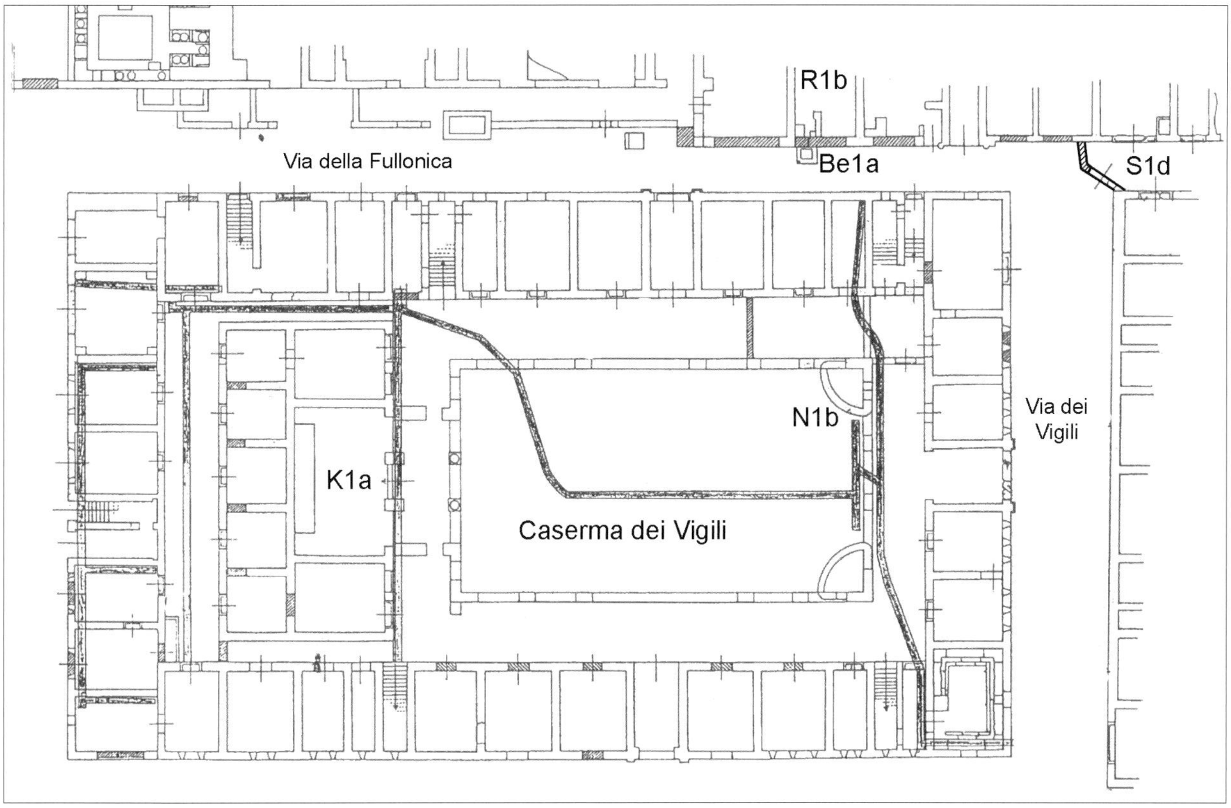

Abb. 185 Caserma dei Vigili. Plan der Abflüsse und spätantiken Einbauten (nach M. A. Ricciardi)
▨ = Tabernenzusetzungen

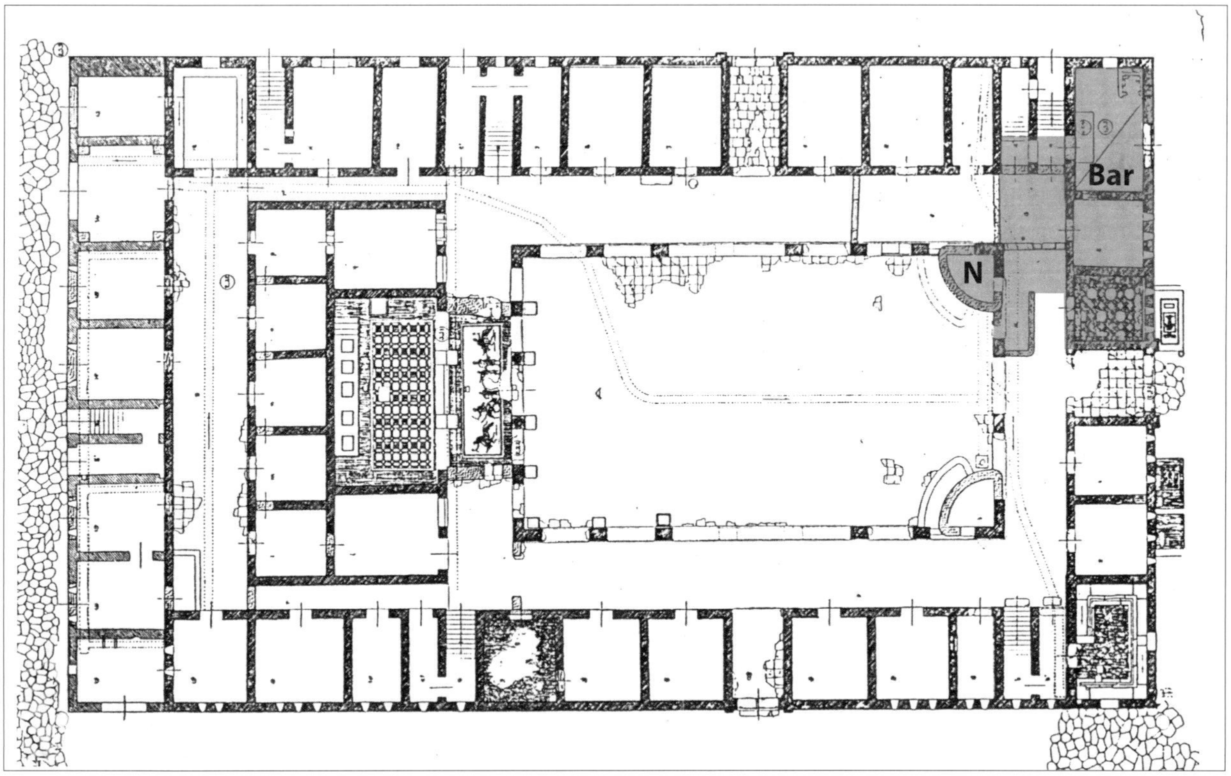

Abb. 186 Caserma dei Vigili. Grabungszeitlicher Plan mit markiertem Bareinbau

Abb. 187 Wasserspeicher und Nymphäum N1b in der Caserma dei Vigili

über der Caserma dei Vigili lag eine weitere Kaserne, die bisher allerdings nur an einer Ecke freigelegt wurde.

Hier interessiert vor allem der Zustand der letzten (Um-)Nutzungen nach dem Verlassen der Kasernen, aber noch vor dem ersten großflächigen Einsturz der Altbauten an dieser Stelle. Die nordöstliche Ecktaberne der Caserma, die mit jener südlich angrenzenden und nachträglich geöffneten intern verbunden ist, war bereits von vornherein auf den Straßenraum der Via dei Vigili geöffnet. Es liegt nahe, diese Raumgruppe als den eigentlichen Barbereich aufzufassen, in dem genug Platz für die übliche Ausstattung mit Tresen, Regalen und Becken vorhanden gewesen ist. Zur Grabungszeit wurden hier tatsächlich mehrere Einbauten aus Spolien gefunden, die an eine Küchenausstattung erinnern. Heute sind die Einbauten nicht mehr erhalten, so daß eine genaue Zuweisung der Funktionen schwer fällt. Der alte Grabungsplan (Abb. 186) zeigt in der äußersten Nordostecke der langrechteckigen Ecktaberne eine Struktur, die alten Grabungsfotografien (s. o.) zufolge aus wiederverwendetem Material von Dolien besteht. Die späte Datierung der Einbauten läßt sich auch aus der Tatsache entnehmen, daß die Obergeschosse des Innenraums der Caserma nach dem Abzug der Vigiles bereits vermauert und das Erdgeschoß nur sehr kanalisiert zugänglich gemacht wurde, während sich der späte ›Barbereich‹ offenbar nach dem Abzug der hier stationierten Truppen nach der Mitte des 3. Jhs. (s. o.) ausschließlich nach außen orientierte. Dazu war sowohl eine zweite Türschwelle nachträglich eingefügt worden als auch die ehemalige Verbindung in den Innenhof in einen geschlossenen Rückraum mit Zugang zu Wasserbecken (Abb. 185, N1b mit neuen Ableitungen; Abb. 186. 187) umgewandelt worden[768].

Trat man aus den Barräumen der Caserma wieder auf die Via dei Vigili, dann würde ein Abbiegen nach Norden kaum weiter attraktiv gewirkt haben. Der gesamte nördliche Straßenrand der Via della Fullonica war durch Verschließungen in Opus vittatum B (Abb. 185, R1b) bereits im späten 3. oder spätestens im frühen 4. Jh. zugesetzt worden, also noch vor den diokletianisch-konstantinischen Erhöhungen des Gehniveaus, die auch für die Via della Fullonica verbürgt sind.

Die Fortsetzung der Via della Fullonica nach Osten wurde durch eine Straßensperre (Abb. 185, S1d) in Form von einer Türschwelle mit Türangel (Abb. 188) den alten Grabungsberichten zufolge zu einer Taberne umgebildet[769]: »Al principio di questa strada e precisamente all'angolo nordest della via dei Vigili v' è un muro un po' obblico [oblicuo], al quale è attacata una soglia di porta che taglia questa strada. La soglia e il muro in parola che formano una porta, fanno immaginare che la strada di cui si parla, o almeno un tratto di essa, fu trasformato in taberna«.

768 Dazu s. auch Vaglieri 1911, 404; Vaglieri 1912, 23. 163. Dazu vgl. GdS 5, 1912, 11 f.

769 Dazu vgl. GdS 5, 1912, 95.

Abb. 188 Straßenzusetzung S1d in Form einer Tabernentür

Die Straßensperre S1d verengte die Straßenkreuzung von der Via della Fullonica und der Via dei Vigili durch die geknickte Mauer mit integrierter Tabernenschwelle (Abb. 188) derart, daß man vom Straßenraum dort keine Option zum Abbiegen, sondern nur den Anblick einer Taberne innerhalb einer geschlossenen Wand wahrnehmen konnte. Vielleicht war hier tatsächlich der ungenutzte Straßenraum in einen Kaufladen verwandelt worden, wofür die schräge Anordnung der Geschäftstür spricht, die so arrangiert ist, daß man sie vom einzigen frequentierten Haupteingang der spätantik umgenutzten ›Caserma-Bars‹ aus gut sehen konnte[770].

Die Fortsetzung des Wegs von der Via dei Vigili durch die Via della Fullonica nach Westen in Richtung Piazzale delle Corporazioni, zeichnete sich durch die fast vollständige Schließung von Tabernen und sonstigen Türen zu beiden Seiten der Straße aus, was sogar ehemalige Bars an dieser Stelle betraf. Deren Tresen in der üblichen Anordnung ist zwar inzwischen verfallen, aber zumindest im Plan hinter den Zusetzungen der Tabernentüren dokumentiert (Abb. 185, R1b). Dabei bildet in beiden Fällen weniger die Form des Tresens, als dessen Anordnung an der dazu üblichen linken Seite des Eingangs den entscheidenden Hinweis zur Identifikation.

An der Nordseite der Via della Fullonica sieht man heute noch eine für Insulae übliche Türbetonung durch runde Ziegelpilaster (Abb. 185, einziger nicht zugesetzter Eingang zwischen Be1a und S1d). Wie bei V iii und anderen luxuriösen Wohnungen, aber auch bei Horrea und Auktionshäusern für Luxusgüter dienten sie wohl dazu, einen Eingang aus der ansonsten gleichförmigen Tabernenfront abzuheben, die jeweils straßenseitig vorgelagert war. Daß es sich hier eher um eine Haustür als um eine Insula-Tür handelt, wird durch die fehlende Treppe im Eingangsbereich nahegelegt[771]. Dieser Zugang bildete innerhalb seines Kontexts nach der Mitte des 3. Jhs. eine Ausnahme: Es handelte sich um die einzige (noch) nicht zugesetzte Türöffnung in der gesamten Straße. Dennoch war das dahinterliegende Gebäude wie die übrigen Bauten im Norden dieser Straße spätestens im 4. Jh. planiert worden. Daher muß bezweifelt werden, daß dieses Haus eine ähnlich boomhafte Entwicklung wie die späten Stadtresidenzen in den südlicher gelegenen Stadtvierteln mitgemacht hatte. Wie komplett aufgegeben die Straßenfront gewirkt haben muß, belegt heute nur noch der Gesamtplan nach Gismondi oder der Ausschnittsplan nach Ricciardi (Abb. 185), weil viele der Zubauten wegen der schlechteren Mörtelqualität

770 Eine Parallele wäre die Straßensperre S2d, wobei das ›tote Ende‹ der neuen Sackgasse Via di Diana in Richtung der Via dei Molini dort ebenfalls in eine Taberne umgewandelt worden war. Vgl. hier Kapitel II. 4. b.

771 Dazu s. GdS 5, 1912, 94: »Lo scavo in questa settimana fu riconcentrato in fondo a nord della Via dei Vigili. [...] Uno di quest'ingressi si trova, quasi, all'angolo nordest di questa caserma, e i muri fiangheggiano [fiancheggiano] questo ingresso, sono ornati da colonne a cortine a mattoni«.

inzwischen schneller verwittert sind als das umgebende hochkaiserzeitliche Mauerwerk.

Auch die Nordseite der Caserma dei Vigili selbst war zur Via della Fullonica hin fast völlig abgeschlossen worden, nachdem man die gegenüberliegenden Bauten (Abb. 185, R1b) gegen Tiberüberschwemmungen planiert hatte[772].

Einzigartige Indizien für intentionalen Abriß zur Spoliengewinnung – Die Evidenz der Grabungstagebücher zu gestapelten und sortierten Baumaterialien

Der gesamte Bereich nördlich der Via della Fullonica ist heute wesentlich niedriger erhalten als die Südseite mit der Caserma dei Vigili.

Relativ früh scheinen die Bauten auf dieser Straßenseite in Richtung Tiber einem zunehmenden Materialrecycling ausgesetzt gewesen zu sein. Finelli machte eine Beobachtung, die sich noch heute für die Bereiche nördlich der Kasernen bestätigen läßt, jedoch seinerzeit nachweislich nicht durch moderne Rekonstruktionen bedingt gewesen sein konnte: »quanto più ci avviniciamo [avviciniamo] al posto dove passava il Tevere, le ruine diventano ancora più bassa [basse]«[773].

Im nördlichen Abschnitt der Via dei Vigili, die nach Finelli in der Spätantike nicht mehr erhöht worden war, hatte man wohl sogar das Straßenpflaster zur Wiederverwertung an anderer Stelle entnommen, noch bevor dieses Viertel aufgegeben wurde[774]. Das deutlichste Indiz für intentionalen Abriß und eine logistisch gut vorbereitete Aufarbeitung des wiederzuverwendenden Materials liefern wiederum die Grabungstagebücher. Es ist eine Information, die auf genauen Beobachtungen beim Abräumen der spätantiken Schichten basiert und daher für viele andere Stadtviertel leider verloren ist. So wurden hier in den Ruinen der Nordrandbebauung der Via della Fullonica nämlich bereits sortierte Häufen von Spolienmaterial gefunden, einerseits Tufelli, andererseits Ziegel, die dort auf ihre Abholung warteten[775]: »ed in queste ruine furono rinvenuti molti materiali accumulati, pezzi di tufi in granparte pronti per essere portati via, giusta come si vide nella via dei Vigili con la stipe di matonella, e questa stipe conferma cioè che s'è dette più su ed altrove in riguardo al trasporto dei materiali«.

Der wohl intentionale Abriß der vielgeschossigen Bebauung – möglicherweise nach vorangegangenen Einsturzkatastrophen – ging an dieser Stelle jedoch nicht mit einer völligen Aufgabe der Besiedlung einher. Nach dem von den Ausgräbern konstatierten Abriß vieler Horrea in den tibernahen Vierteln und der damit einhergehenden Aufhöhung des Gehniveaus in Gebäuden und Straßen sind dort sehr typische Bauaktivitäten festzustellen. Wie seit dem späten 3. Jh. auch z. B. im Straßenraum bei der Via dei Magazzini Repubblicani üblich, wurden hier kleine gewerbliche Strukturen, die analog zu Tabernen zugleich auch als Wohnraum der einfachsten Art dienen konnten, den bestehenden Bauten vorgeblendet und der Straßenraum so als Phänomen der ›Bazarisierung‹ besetzt und verengt (Abb. 185, Mauern und Becken westlich von Be1a)[776]. Diese wohl abusiv errichteten Einheiten mit einigen Tabernenschwellen nutzten den gut fundamentierten Straßenraum, nachdem die dahinterliegenden Gebäude ruinös geworden und nur noch als Abrißzone genutzt worden waren, was fehlende statische Stützungen und die sehr einheitliche Planierungshöhe dieser Altbauten nahelegen. Die Altbauten wurden noch auf dem kaiserzeitlichen Nutzungsniveau straßenseitig verschlossen. Durch die neu vorgeblendeten Räume auf dem ehemaligen Straßenraum ließen sich einerseits Ruinen kaschieren, andererseits unnötig breiter Straßenraum reduzieren und die Versorgung der Anwohner aufrechterhalten. Diese Bebauung war den Verhältnissen einer verminderten Nachfrage und Bewohnungsdichte nach der Aufgabe der Caserma dei Vigili besser angepaßt, weil es sich um kleinere und einfacher zu wartende Strukturen handelte als die vielgeschossigen Altbauten der hohen Kaiserzeit.

772 Vgl. GdS 5, 1912, 73 f. Zur Deutung der Beobachtungen Finellis s. u.

773 Zur Via Fullonica s. GdS 5, 1912 73 f. Das hier abgerissene und bereits gestapelte Material, meist von Horrea, konnte über den Tiber und den Verbindungskanal zum Hafen direkt nach Portus transportiert werden. Vgl. dazu Finellis generelles Erklärungsmodell, das im Fortgang seiner Grabungen anhand der Befunde von Abriß und der Sortierung des Spolienmaterials mehrfach verifiziert wurde (s. o., Anm. 4), in GdS 5, 1912, 74: »Per affermare questo basta il visitare le ruine di Porto, per vedere che esse sono in granparte con materiali provenienti da monumenti distrutti e questi monumenti certamente non stavano a Porto, dove si costruiva, e non si demoliva, ma si demoliva ad Ostia che si spopolava lentamente«.

774 Zur nördlichen Via dei Vigili s. GdS 5, 1912, 94: »In quest'ultimo tratta di strada non trovai selci poligonali basaldini, forse già esportati prima che fu abbandonata la città, almeno in questo punto«.

775 Zu den Funden in der Bebauung nördlich der Caserma in Richtung Tiber s. GdS 5, 1912, 146.

776 Finelli stellt in GdS 5, 1912, 62 f. eindeutige Spuren einer ›Bazarisierung‹ der Straßen fest: »Anche in questa strada vi sono traccie di piccole costruzioni aggiunte alle case incombrante [ingombranti] la via come lungo il portico a volta innanzi alle terme lungo il Decumano e addossate alla caserma dei Vigili«.

Auf der Via della Fullonica waren die Trümmer der eingestürzten kaiserzeitlichen Altbauten an Ort und Stelle ›recycelt‹ worden, wobei die entsprechenden Materialien (s. o.) einen Teil der abgetragenen spätantiken Erhöhungsschichten bildeten. Die Straße selbst war nach dem Abriß der Horrea und Gewerbebauten im Norden, u. a. einer Fullonica, durch Gewerbeschutt, meist Amphorenscherben, aber auch zuletzt noch durch die Hinterlassenschaften der erst um oder nach der Mitte des 5. Jhs. eingestürzten Bauten südlich der Via della Fullonica noch mehrfach erhöht worden[777].

Das Phänomen der Taberneneinbauten auf einem bereits mit +70–90 cm erhöhten Straßenraum ist weit verbreitet. Es stellt einen Nebeneffekt des bereits erwähnten ›Kleingewerbebooms‹ in Folge der sozialen Spreizung dar. Generell vereint die heute noch erhaltenen Einbauten, daß sie direkt auf das Straßenpflaster fundamentiert, aber auf einem höheren Gehniveau genutzt worden waren. Finelli stellt für »tutti i vani« auf dem ehemaligen Straßenraum, die er in diesem Viertel nördlich der Neptunsthermen bisher ergraben hatte, fest, daß sie einen gestampften Boden in Höhe von 80–90 cm aufwiesen. Dieser Boden korrespondierte mit einer hier lokal höher ausfallenden Aufschüttung des Straßenraums, die über den üblichen +60–70 cm hohen Aufschüttungen des späten 4. oder frühen 5. Jhs. (s. o.) lag, aber dennoch wohl noch ins 5. Jh. zu datieren ist[778]. Wegen ihres erhöhten Nutzungsniveaus im Inneren wurden die im Straßenraum errichteten Tabernen nachweislich also auch noch im 5. Jh. aufrecht erhalten, also deutlich länger genutzt als die nicht erhöhten hochkaiserzeitlichen Altbauten dahinter. Diese Einbauten wurden von Finelli stellvertretend für Beispiele an anderer Stelle ausführlich beschrieben, weswegen sie hier auch beispielhaft für viele weitere Straßen stehen, die man seinerzeit nicht mehr mit derselben Präzision freilegte und dokumentierte.

Zur These der synchronen Zonenbildung und räumlichen Trennung zwischen Kleingewerbe- und Luxuswohnvierteln

Die Wartung des Abwasserkanalnetzes scheint trotz vieler Neubauten auf dem um +70–90 cm erhöhten Nutzungs- und Gehniveau nicht mehr stadtweit einheitlich gewährleistet gewesen zu sein. Das galt unabhängig von der zu entsorgenden Abwassermenge, denn die Praxis lokaler Sickergruben in der Straßenaufschüttung ist auch bei den spätantiken Thermenneubauten wie etwa der Terme Piccole T5b und ihrem Pendant innerhalb der Serapeumshorrea T6a belegt, die 2004–2005 in mehreren Sondagen untersucht werden konnten (s. u.)[779]. Offenbar war es jenseits der Promenade und spätantiken Boomviertel nicht mehr Pflicht bzw. geltender Usus, das kommunale Abwassersystem zu benutzen – oder es wurde nicht mehr entsprechend überwacht. Die Verbindung zum Gehniveau des Promenadenausbaus belegt jedoch, daß sich Maßnahmen, die von der abusiven Bebauung des Straßenraums vor eingestürzten Altbauten bis zur improvisierten Sickergrube reichen, etwa zur selben Zeit datieren lassen wie die neuerrichteten marmorgepflasterten Platzanlagen am Decumanus. Auch das ist ein Indiz, das die synchrone, aber eben räumlich getrennte Polarität des späten Ostia zwischen Kleingewerbezonen und ›Bazarvierteln‹ einerseits und großzügigen Prachtstraßen und Luxuswohnvierteln ohne Gewerbeanteil andererseits beleuchtet: Alle bekannten abusiven Einbauten auf den nicht mehr gebrauchten Straßenraum Ostias befinden sind nördlich des Decumanus oder in Regio III. Die offensichtlich einfachsten Behausungen mit Kleingewerbeanteil und ihre provisorisch wirkende Bauweise und Abwasserentsorgung sind also, wie das bei den Case a Giardino (III ix) schon ansatzweise vermutet werden konnte[780], nicht späteste Dekadenzphänomene des 6. oder 7. Jhs., sondern aufgrund ihres Verhältnisses zu denselben Niveauerhöhungen gleichzeitig mit der späten Blüte der Stadt anzusetzen. Das Trennelement zwischen südlichen und nördlichen Stadtvierteln, der Decumanus, bildete selbst zugleich als Höhepunkt des urbanen Ausstattungsluxus eine ›eigene‹ Zone, die allerdings durch hohe Mauern hinter den neu errichteten Plätzen und Straßensperren vom Anblick und Geruch großflächiger Müllhalden bei einer zugleich nicht mehr funktionierenden Abwasserentsorgung in diesen Bereichen abgegrenzt wurde.

777 Zu eingestürzten Tabernen aus Mauerwerk des mittleren 2. Jhs. s. GdS 5, 1912, 102: »Da un arco caduto in quest'ultima strada e che faceva parte delle taberne che la fiancheggiano, furono toldi [tolti] dei mattoni«.

778 Dazu s. GdS 5, 1912, 137 f.: »È bene notare che in tutti i vani ho osservato un forte rialzamento della città, prima che fosse stata abbandonata questa parte di essa. Per esempio, in quasi tutti i vani ho notato un piano battuto che varia da cm 80 ai 90 in altezza«. Diese Beobachtung wurde bei Ricciardi – Scrinari 1996, Bd. 2, 85 nicht berücksichtigt. Daraus ergibt sich aber, daß ihre Datierung »Fine II sec. d. C. (?)« nicht zutrifft. Die Einbettung der von Vaglieri publizierten Fistulae in diese Aufhöhung legt ihre Wiederverwendung an dieser Stelle nahe und kann nicht als Datierungskriterium dienen. Dazu vgl. Vaglieri 1912, 205. 387; Vaglieri 1913, 11.

779 Zu den Terme Piccole T5b s. Kapitel II. 5. c.

780 Dazu s. Gering 2002a, 132.

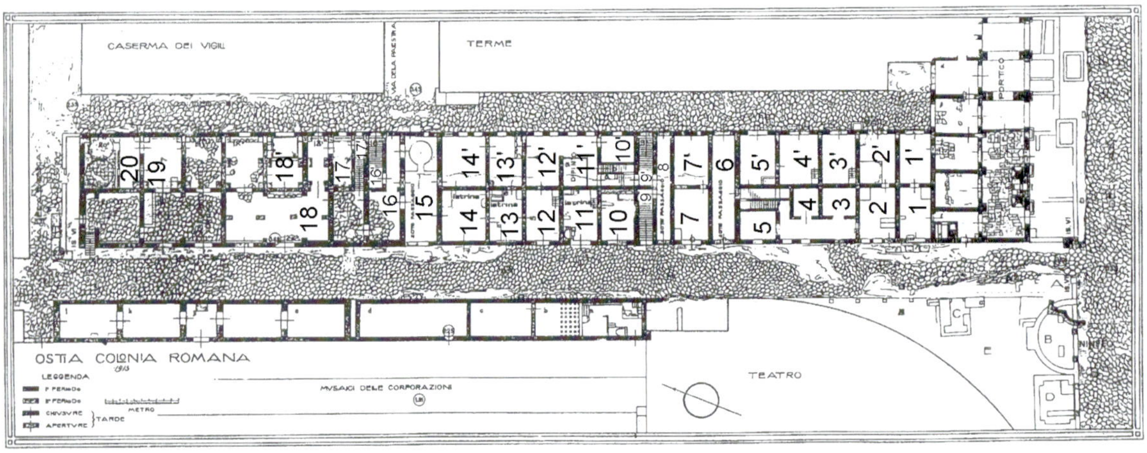

Abb. 189 Plan der Randbebauung der Via delle Corporazioni (nach I. Gismondi). M. 1:1000

Abb. 190 Die Küche am Piazzale delle Corporazioni

Die letzte Nutzung einer Küche für Festgelage am Piazzale delle Corporazioni im 4. Jh.

Die kleine Küche mit einem angrenzenden geheizten Raum, möglicherweise einem kleinen Baderaum[781], dessen Hypokausten bis heute sichtbar blieben (Abb. 189, untere Bildmitte; Abb. 190), war mit mehreren Wasserbecken, einem Herd und gemauertem Wasserkocher, sowie weiteren Einbauten und mobilen Einrichtungsstücken unklarer Funktion umfangreich ausgestattet.

Solange die Tür (Abb. 192) der Küche zum Piazzale noch nicht mit Bauschutt aus Obergeschoßböden ei-

781 Zur Caupona vgl. Ricciardi – Scrinari 1996, Bd. 2, 75 f. Zum Inventar s. GdS 5, 1912, 303: »questi materiali stavano qui prima che avessero abbattute le pareti dell'ambiente […] Una campanella da tavolino col manico anulato«. Zum möglichen Balneum: »Furono anche continuati gli scavi nelle ruine che si trovano ad ovest di questa strada, e qui fu scoperta una vaschetta con tubo di carico, scarico e quello di sopravanzo, forse

ner vorangegangenen Einsturzkatastrophe zugesetzt worden war, stand diese Küche offenbar in exklusivem Nutzungszusammenhang mit Festgelagen in den ›Kontoren‹ am Piazzale delle Corporazioni.

Finelli schließt aus den Verschüttungsbefunden, daß die umfangreich eingerichtete Küche und dem heizbaren Raum und ihr Pendant in den nördlich angrenzenden Räumen (Abb. 189, Zweite Küche) bereits längere Zeit vor der Aufgabe des umgebenden Stadtviertels abgerissen und planiert worden waren. Die gegenüberliegende Straßenrandbebauung der beiden Appartementblocks (Abb. 189, Räume 1–20) war dagegen nach einem zwischenzeitlichen ersten großflächigen Verfall ungebrauchter Obergeschosse, wovon auch Brandschichten zeugen, zum Großteil offenbar erst auf den letzten verfestigten Laufhorizont von +1,45 m gestürzt, als das Viertel zumindest in seinem Erdgeschoß insgesamt verlassen worden war[782].

Deutet man die Funktion dieser Küchen im Kontext des letztmalig im frühen 4. Jh. renovierten Piazzale, dann steht die Aufgabe der Küchennutzung als Pars pro Toto für die Aufgabe des Piazzale als Repräsentationsfläche und Festplatz für die Großhändler sowie Produzenten- und Handelsvereinigungen von Ostia und Portus insgesamt – und damit ein möglicher Anhalt für den »collapse of the middle-class«[783].

Der Piazzale delle Corporazioni und die ›mittelständische Repräsentation‹

Viele Mosaikböden des Piazzale weisen umfangreiche Reparaturen unmittelbar vor den Kontoren bzw. Festräumen auf. Unter Verwendung von traditionellen Gelagemotiven – Kantharoi etc. – zeigen sie stilistisch dezidiert ›anti-klassizistische‹ Tendenzen (Abb. 191)[784]. Darstellungsinhalte, die auf die Funktion des Piazzale vor allem für Festgelage hinweisen, sind sowohl bei den hochkaiserzeitlichen als auch bei den spätesten Darstellungen greifbar (Abb. 191). Sie zeigen nun Trink- und Mischgefäße anstelle der Gewerbe- und Transportdarstellungen.

Man könnte bei der letzten traditionellen Nutzung des Piazzale an einen Bezug zur umfassenden Renovierung des alten gewerblichen Status von Ostia und damit einer *renovatio* des Vereinswesens unter Maxentius selbst denken, der Ostia aus persönlichen Motiven eng verbunden war und dort nicht nur bestehende Vereine als Träger des gewerblichen Charakters unterstützte, sondern hier sogar eine Münzprägestätte neu etablierte[785].

vaschetta da bagno. A nord di questa vaschetta furono anche scoperte delle suspensurae, per sorportare un secondo pavimento, ed anche questo pavimento doppio fa immaginare che questi sono bagni«.

782 Vgl. GdS 5, 1912, 295: »Tutte queste osservazioni mi fanno immaginare che tutte le costruzioni a destra [...] furono rasate prima che fosse rialzata la strada sopra le macerie ed all'impiedi vi restarano solo quelle a sinistra, dovettero almeno imparte conservare una parte degli appartamenti superiori«. Zum letzten und höchsten Gehniveau der Stadt vgl. GdS 5, 1912 298: »Lo strato battuto più alto [1,45 m] che si rinviene in questi scavi non lascia più in dubbio a far vedere che le costruzioni, che stanno a sinistra, andando da sud a nord, e precisamente quelle che stanno a ridosso delle scole, lato est del quadriportico, dietro il teatro, erano gia state distrutte quando si passava sullo strato più alto. Non così quelle che stanno a destra, sempre andando da sud a nord, in questo lato le costruzioni erano in gran parte conservate, avento [avendo] trovato in più punti della strada dei muri caduti alti più metri, sopra all'ultimo strato battuto della strada, e ciò ci vedere chiaramente che questi caddero quando la strada era gia stata abbandonata«.

783 Vgl. dazu Meiggs 1973, 94 f. ›Mittelständisch‹ bezieht sich hier auf die Neuankömmlinge im Ostia claudisch-trajanischer Zeit, die in einem Umfeld bisher unbekannter sozialer Dynamik Aufstiegsmöglichkeiten als private Unternehmer fanden. Sie stellen den Großteil der Mitglieder der Vereine, wobei solche Vereine natürlich unter formeller Patronage der lokalen Elite standen und insgesamt als Zusammenschluß verschiedenster sozialer Schichten zu verstehen sind. Dazu vgl. Egelhaaf-Gaiser 2002.

784 Zu den spätesten Mosaikreparaturen des Piazzale in seiner Nordostecke vgl. Becatti 1961, 72 f.

785 Diese traditionelle Ansichtsweise gewinnt an Plausibilität, wenn man berücksichtigt, daß sich die gesamte Repräsentation des Maxentius – vom Städtebau, dem Forum, bis zur neuen Inszenierung der kaiserlichen Repräsentation und der Münzpropaganda – tatsächlich nur auf Rom und seinen unmittelbaren Einzugsbereich bezogen hatte, was in dezidiertem Gegensatz zum Handlungsraum seines Kontrahenten Konstantin stand. Diesen Hinweis verdanke ich Hauke Ziemssen. Damit wäre Ostia als die alte Hafenstadt von Rom, seit 251 noch dazu von Rom aus verwaltet, ganz notwendig in den Fokus kaiserlicher (Bau-)Politik gelangt. Die kompilatorische Untersuchung zu Vereinen von B. Bollmann – dazu s. Bollmann 1998; Bollmann 2001 – streift nur vereinzelt das ›Nachleben‹ von Vereinen und Vereinshäusern nach der Mitte des 3. Jhs. Vgl. dazu die Untersuchungen von Steuernagel 2004.

Abb. 191 Späte Mosaikreparaturen am Piazzale delle Corporazioni

Abb. 192 Die Zusetzung der Küchentür zum Piazzale delle Corporazioni und die Umwandlung in eine Werkstatt

Spoliation, Umnutzung oder Leerstand?

Auch nach der Aufgabe des ›Handelsmarktes‹ mit Tiberanbindung bleibt die Rolle des Piazzale delle Corporazioni im 4. und 5. Jh. als ›Festplatz‹ mit Theateranbindung bedeutend. Unzweifelhaft ist aber der Befund der Aufgabe des hochkaiserzeitlichen Händlertreffpunkts durch seine Spoliation: Die Sockel der Monumente bürgerlicher Selbstdarstellung des 2. und 3. Jhs. fanden beim Theaterumbau für Wasserspiele und in seiner statischen Stabilisierung (s. o.) Verwendung: Spätestens unter dem Stifter Ragonius Vincentius Celsus, Präfekt der Annona, der um 385–389 eine Statuenbasis vom Piazzale wiederverwendete, war dieser also offenbar schon nicht mehr in regulärer Funktion gewesen.

Das Verlassen der Kontore und temporären Gelagebereiche am Piazzale äußert sich wiederum archäologisch am deutlichsten im Zubau der Verbindung der

Küche über die Tür in Raum A zum Piazzale hin mit Bauschutt aus kollabierten Dächern, Zwischenböden bzw. Decken und Mauern (Abb. 192). Ganz offenbar wurde die Mauer gebaut, als der Raum noch nicht verschüttet war: Es handelt sich um kein Gußfundament, das von oben her in eine bestehende Verschüttung eingefüllt worden wäre. Nach dem Zubau konnten am Piazzale keine Gelage mehr versorgt werden, obwohl das wohl eine der Hauptfunktionen der Räumlichkeiten gewesen war[786].

Die Autonomie der Randbebauung des Platzes – Werkstätten für den lokalen Bedarf?

Für die Randbebauung des Piazzale delle Corporazioni läßt sich keine Nutzungsaufgabe, sondern ein Nutzungswandel feststellen, der die Abkoppelung des ehemaligen Küchenraums vom Piazzale bedingte.

Drei Stufen führen vom Niveau der Küche (Abb. 189. 190) zum Boden des unmittelbar angrenzenden Raums mit den Hypokausten. Dieselbe Raumaufteilung wurde bei der Nachnutzung – nach Ausweis der Grabungsberichte Vaglieris und auch der neueren Bearbeitung Ricciardis zufolge wohl als Töpferwerkstatt[787] – beibehalten, die Abwässer jedoch in dieser späteren Phase direkt auf das Straßenpflaster geleitet. Ein neuer Boden aus Cocciopesto korrespondierte mit der neuen Nutzung und überdeckte ehemals das gesamte Mosaik dieses Raums (Abb. 190). Die spätantike Renovierung der Küche war mit dem Ende der Festgelage der Vereinigungen einheimischer oder auswärtiger Großhändler, Produzenten und Zwischenhändler nicht mehr nötig. Anstelle dessen trat die Abkopplung vom Piazzale, der offenbar weiterhin nicht abusiv bebaut wurde, und die Umnutzung als Handwerksbetrieb im Rahmen der bereits thematisierten Kleingewerbeballung um die verlassenen Kasernen, ein Phänomen also, das auch generell in den freigelegten Vierteln nördlich des Decumanus beobachtet werden kann[788].

Die Grabungstagebücher zum spätantiken Nachleben von aufgegebenem Wohnraum

Man kann die Insula dell'Ercole Bambino (Abb. 189, Räume 1–7) oder die nördlich daran angrenzende Insula del Soffitto Dipinto als einen wichtigen Schlüssel zum Verständnis der Erhöhungen des Nutzungsniveaus und der damit verbundenen Umwandlungen im Stadtteil östlich des Theaters bezeichnen. Die Wohnformen der Appartements im vielgeschossigen Kontext waren typisch für das hochkaiserzeitliche Ostia gewesen[789]. Sie fanden keine Kontinuität im spätkaiserzeitlichen und spätantiken Ostia, erfuhren jedoch unmittelbar nach ihrer ersten Freilegung eine Vorbildrolle für den Wohnungsbau des frühen 20. Jhs.[790].

Eine Aufwertung könnte für eine ›Attikawohnung‹ der Insula del Soffitto Dipinto anhand der Teile eines mosaizierten Innennymphäums aus dem Versturzmaterial der Obergeschosse vermutet werden wie das auch für die Ausstattung einer balkonartigen Loggia im Obergeschoß mit spätantiken Säulen in den Case a Giardino belegt ist[791]. Neben abusiver Nutzung

786 Auf einem Raummosaik an der Ostseite des Piazzale, unmittelbar vor der oben genannten Küche, war ein Sklave dargestellt, der zum Wasserkochen – als konkrete Vorbereitung zum Gelage – Holzscheite unter einem großen Gefäß anzündet. Die Darstellung des Gefäßes mit einem Holzscheit lehnt sich dabei jedoch nicht an dafür übliche Wassergefäße an, sondern verblüffenderweise an jene Gefäßform der Moduli bzw. Getreidemaßeinheiten, die auf den Mosaiken Ostias mit ›Themen aus der Arbeitswelt‹ sehr oft auftritt. Die Darstellung ist zum Betrachter gewandt, der durch die Portikus flaniert und in die angrenzenden Räume blickt. Sie verweist also wohl – analog zu den Moduli bei den Horrea der Mensores – auf die Tätigkeit, die dort vorwiegend oder vorzugsweise ausgeführt wurde. Dabei handelt es sich aber nicht um das Messen von Getreidemengen, sondern die Vorbereitung zum Trinkgelage. Anstelle der üblichen Gefäßtypen oder baulich spezifizierter Wasserkocher wird das Alltagsgefäß der Mensores und damit auch der Arbeitsalltag der Händler durch die Hinzufügung des knienden Dieners und der brennenden Holzscheite als allgemeinverständliche Chiffre höchst passend in Bezug zum Adressaten auf ihrem Fest- und Versammlungsplatz, dem Piazzale delle Corporazioni, gesetzt. Der Piazzale diente damit wohl vor allem der Repräsentation der Händler und Handelsvereinigungen beim Festgelage, nicht als Platz von ›Handelskontoren‹, in denen die alltäglichen Geschäfte tagsüber getätigt wurden. Diese Deutung wird sowohl durch die nur kleinen Zugänge nach Norden zum Viertel der Horrea hin als auch die verhältnismäßig großen Küchen 1 und 2 mit Wasserkocher am zentralen Zugang zwischen Theater und Piazzale unterstrichen. Nicht die massive Fluktuation von Gütern von den tibernahen nördlichen Horrea auf diesen Platz und umgekehrt war also auf diesem Handelsforum wichtig, sondern die möglichst direkte Versorgung mit Warmwasser für die Mischung des Weins und darüberhinaus die Zubereitung warmer Speisen.

787 Dazu s. Ricciardi – Scrinari 1996, Bd. 2, 76; s. auch Vaglieri 1913, 14. 122. 129 (Plan).

788 Dazu vgl. hier letzter Abschnitt; Ricciardi – Scrinari 1996, Bd. 2, 75 f.

789 Dazu s. Gering, 1999.

790 Dazu s. V. Kockel in: Descœudres 2001, 66 f.

791 Dazu s. GdS 6, 1913, 12 f.

einzelner Obergeschosse als neuer Erdgeschosse auf einem wesentlich höheren Nutzungsniveau dominierte hier aber die vollständige und ersatzlose Aufgabe des anspruchsvollen Wohnraums von Mittelschichten im Erdgeschoß analog zur Situation der Via di Diana und Via dei Balconi[792]. Finelli erwähnt Aufschüttungen, die die Appartements an der Via delle Corporazioni zu einem Zeitpunkt als verlassen ausweisen, als das Theater noch nicht eingestürzt war[793].

Für die Frage nach verbreiteten Phänomenen im Umgang mit städtebaulichem Verfall ist interessant, daß erste Zubauten des Eingangsbereichs der Appartements und die Senkung ihres repräsentativen Anspruchs bereits vor dem ersten großflächigen Einsturz belegt sind[794]. Nach der Beschreibung Finellis wurde der Zugang zum Appartement der Insula dell'Ercole Bambino vom Eingangskorridor 6, dem *medianum* der Rechtsquellen[795], auf den Verteiler zugesetzt (Abb. 189). Diese Baumaßnahme demonstriert zumindest, daß der Treppenzwickel, das *subscalarium*, in dem sich meist eine Latrine befand, von außen her noch zugänglich bleiben sollte. Im Inneren der Wohnung scheint eine Aufteilung des ehemals zusammengehörigen Bereichs in separate Einheiten sowohl im Erd- als auch im ersten Obergeschoß erfolgt zu sein. Für eine Aufteilung und eine darauf folgende Umnutzung des Wohnraums für gewerbliche Zwecke noch vor der Verschüttung des Erdgeschosses sprechen die Einbauten von gewerblicher Infrastruktur, hier Öfen und Wasserbecken, in den ehemaligen repräsentativen Hauptraum (*exedra*) der Wohneinheit 2 (Abb. 189). Weitere Indizien bilden die nachträglichen Durchbrüche von gewerblichen Türöffnungen in der Fassade, die sich hier wie bei der Insula del Soffitto Dipinto oder den Appartements an der Via dei Vigili finden, sowie die Zusetzung der Innentreppe[796].

Quasi-pompejanische Verschüttungsbefunde mit einem Terminus post quem von 423–425 oder später – Das Erdbeben von 442/443?

In der Insula dell'Ercole Bambino wurden mehrere, zum Teil sehr umfangreiche Gruppen von Münzen gefunden[797]. Als besonders wichtig erweist sich dabei ein bestimmter Münzfund, weil er von Finelli mit einer genauen stratigraphischen Angabe versehen wurde und auch heute noch auswertbar vorliegt: Aus einem der *cubicula*, den nur indirekt beleuchteten Nebenräumen der *medianum*-Appartements (Abb. 189, Raum 4), stammen 117 Münzen aus einer innerhalb der ganzen Wohnung einheitlich dicken Einsturzschicht mit 12 cm Durchmesser[798]. Die spätesten Münzen stammen dabei offenbar aus den Jahren 423–425, ihre Laufzeit kann jedoch noch durchaus länger veranschlagt werden. Hier ist ein Münzhort greifbar, der auffällig nahe an verbreitete Einsturzballungen um die Mitte des 5. Jhs. heranreicht, möglicherweise verbunden mit dem Erdbeben von 442/443, zumal es sich hier um einen plötzlichen wie auch endgültigen Einsturz handelt. Wichtig ist für die Datierung der Phänomene, daß die hölzerne Decke des Erdgeschosses – nicht die häufig nachweisbaren Gußgewölbe des ersten Obergeschosses – damals bereits entfernt und offenbar an anderer Stelle als Baumaterial wiederverwendet worden war, lange bevor die Insula endgültig eingestürzt war[799].

792 Dazu s. hier Kapitel II. 4. b.

793 Dazu fährt Finelli in GdS 5, 1912, 347 fort: »Dico solo che la casa subbì modificazioni piu tardi e gli strati negli scarichi ci fanno vedere chiaramente che i piani terreni nella casa erano abbandonati quando cadde il teatro, e forse anche abbandonata una parte dei piani superiori, evendo [avendo] trovato negli scarichi poche traccie di soffitti a camere [a] canna, giusto come acennai nell'ultimo giornale«. Zur Reparatur des Theaters selbst wohl um oder kurz nach 400 existiert auch ein Datierungsanhalt durch Münzen, die aber bisher noch nicht näher untersucht wurden: Zu Inv. Nr. 6749 (»ventidue monete modulo piccolo«) s. GdS 5, 1912, 353. Hinzu kommt eine Inschrift auf einem kleinen Architrav, die möglicherweise aus dem Kontext später Renovierungen am Theater stammt, auf Honorius verweist und damit ans Ende des 4. Jhs. datiert. Vgl. dazu Calza u. a. 1953, 162. Dazu s. hier Kapitel II. 3. a.

794 Dazu s. GdS 5, 1912, 357 f. Die Zubauten der Appartements an der Via dei Vigili bilden eine Analogie: Gering 2002b, 36 Kat. 12.

795 Zur Terminologie der *medianum*-Appartements vgl. Hermansen 1981, 24 f.; Gering 1999, 103 f.

796 Dazu s. GdS 5, 1912, 357 f.

797 Zu Inv. Nr. 6711 s. GdS 5, 1912, 347: »Nella poca terra sotto la su detta testa e il pavimento e nei buchi di questo intorno al punto dove fu rinvenuta la testa, fu raccolto: 6711 b. Bronzo. Centodieci monete.«. Dazu s. u. Zu Inv. Nr. 6750 s. GdS 5, 1912, 360 f.: »Ottocentonovantasei monete di modulo piccolo«.

798 Dazu s. GdS 5, 1912, 361: »Gli scarichi in questa casa erano disordinati, solo uno strato di m. 0,12 era uniforme in tutti gli ambienti. E in questo strato che fu raccolta il gruppetto di 117 monete, nella camera E«. Die spätesten Münzen stammen dabei aus den Jahren 423–425.

799 Der gut wieder verwertbare Bauschutt aus Obergeschoß-Zwischenböden diente vorzugsweise in Mauern aus Opus vittatum als Tuffersatz. Zu den Cubicula des Appartements (Abb. 189): 11' und 12' fährt Finelli in GdS 5, 1912, 361 fort: »È anche sicuro che quando fu abbandonata la casa, il soffitto era gia caduto, non avendo trovato traccie di questo ne negli scarichi superiori

Das Nutzungsniveau des Eingangsbereichs war ebenso wie der Straßenraum im späten 3. oder frühen 4. Jh. um +30 cm erhöht worden. Auf diesem erhöhten Niveau wurde ein weiterer Münzfund in der Nähe einer zerbrochenen Amphore gemacht[800]. Auch die letzte Nutzung der umgebenden Räume scheint durch eine einheitliche letzte Schicht mit Münzfunden versiegelt[801]. In diesen Fällen handelte es sich vorwiegend um *minimi*: Sie lassen sich nachweislich nicht vor der zweiten Hälfte des 4. Jhs. ansetzen und können bis weit ins 5. Jh. im Umlauf geblieben sein[802].

Die unmittelbar nördlich an den Durchgang (Abb. 189, Korridor 6) angrenzende Einheit aus zwei Tabernen (Räume 7 und 7') war in ihrem letzten Zustand vor der Verschüttung Finelli zufolge durch Verschließung einer der beiden Geschäftsöffnungen, die sich auf die Neptunsthermen geöffnet hatten, zu einer Wohnung umgebaut worden[803]. Dieser Zubau korrespondiert mit der Schließung der Via della Fontana, die ›privatisiert‹ und durch Gewerbemüll aufgefüllt wurde, also nicht wie der übrige kommunale Straßenraum in diesem Stadtviertel frei und benutzbar gehalten worden war. Nach der Auffüllung war sie nicht mehr als eigenständige Nord-Süd-Achse wahrzunehmen und durch Wagen- und Güterverkehr benutzbar: Eine Geschäftsöffnung auf dieser Seite wurde damit verzichtbar. Die Orientierung der Tabernenfronten auf die Via delle Corporazioni und das Theater hatte dagegen auch nach dessen partiellem Einsturz, seiner grundlegenden Umnutzung für Wasserspiele und der Bebauung des Vorplatzes mit einer Portikus offenbar noch bis mindestens zum Ende des 5. Jhs. nicht an Attraktivität verloren.

Die relative Erhöhung des Innenniveaus des Eingangskorridors zum ehemaligen Appartement ›di Ercole Bambino‹ um +30 cm korrespondiert mit der bereits behandelten Erhöhung des Fußbodens im Marmorsaal der Caupona des Fortunatus gegenüber dem Gehniveau der Portikus (s. o.). Diese Erhöhung um +30 cm – und insgesamt um etwa +60 cm gegenüber dem Decumanuspflaster – gilt aber auch für die von Finelli dokumentierten Fußbodenniveaus, die in den Tabernen der Cavea der severischen Erweiterung des Theaters gefunden wurden (s. o.). Eine ähnliche Zeitstellung der Maßnahmen innerhalb des 4. und 5. Jhs. ist daher anzunehmen, als das Theater nachweislich in seiner gesamten Größe noch in Funktion war.

Die Grabungstagebücher zur letzten Nutzung der Tabernen vor der Verschüttung des Erdgeschosses

Weiter nördlich grenzt die Insula del Soffitto Dipinto (Abb. 189, Räume 9–14) an[804]. Die Ausstattung der Tabernen 12–14 war zum Zeitpunkt der Grabung in beispielhafter Vollständigkeit erhalten und dokumentiert worden. Der Plan der Grabungstagebücher, der von Italo Gismondi 1913 umgezeichnet worden ist (Abb. 189), gibt eine Vielzahl von Einbauten an, die die Funktion der Gewerbe an dieser Stelle gut rekonstruieren lassen.

Nach Ausweis der Funde muß die einzige Wohnung im Erdgeschoß der Insula del Soffitto Dipinto einer überraschenden Einsturzkatastrophe zum Opfer gefallen sein. Das gesamte vielgeschossige Gebäude wurde zwar auch danach weiter benutzt, die Decke des insgesamt zweigeschossig konzipierten Appartements war jedoch über dem vollständigen Hausrat eines größeren Haushalts kollabiert und so bis zur Grabung unberührt liegengeblieben[805].

Einige Hinweise für einen plötzlichen Einsturz finden sich auch bei den Tabernen dieser Insula. So sind hier Funde der Gewerbeeinrichtung oder vielleicht sogar gerade begonnene Vorgänge der Raumausstattung faßbar, die, wenn sie nicht vom Einsturz überrascht worden wären, ansonsten keinerlei dauerhafte Spuren einer Umnutzung hinterlassen hätten. Ein gutes Beispiel dafür ist ein Lagerbereich für Mosaiktesserae im *subscalarium* (Abb. 189, Raum 10'). Für Finelli ist dies ein Indiz, daß hier entweder ein Mosaizist gewohnt

ne sullo strato sopra il pavimento, strato accennato più su. Solo e securo che gli intonaci affrescati delle pareti erano in gran parte al posto, avendoli trovati triturati negli scarichi sopra allo strato sopra il pavimento. Furono rinvenuti frammentini abbondadadissimi [abbondantissimi] d'intonaci affrescati nella camera C e E«.

800 Dazu s. GdS 5, 1912, 361 f.: »Nel vestibolo A a quasi m.0,30 dal pavimento e presso un'anfora frammentata, fu raccolto quel gruzzolo di monete 6750 Bronzo. Ottocentonovantasei monete di modulo piccolo. Terracotta figurina rossiccia«.

801 Zu Inv. Nr. 6779 (»ventisei monete«) s. GdS 5, 1912, 363.

802 Zu einer näheren Untersuchung der *minimi* und ihrer Zusammensetzung ist eine Aufarbeitung der Fundmünzen des OFP bis 2015 in Kooperation mit Nadja Spagnoli geplant.

803 Dazu s. GdS 5, 1912, 372 f.: »Con questa trasformazione si può dire con sicurezza che la taberna fu trasformata in abbitazione [abitazione]«.

804 Bauers 2004. S. auch Gering 2002b, Anhang II.

805 Zu Dachziegeln, Terrakotten, Amphoren, Bein-, Bronze- und Eisenobjekten mit den Inv. Nr. 6837–6860 vgl. GdS 6, 1913, 1. Vor allem fällt die Konzentration von Tischvasen und Türschlüsseln innerhalb des Haushaltsinventars auf, die Rückschlüsse auf den Wohngeschmack, Einrichtungs- und Lebensgewohnheiten, aber auch das Sicherheitsbedürfnis eines ›modernen‹ Haushalts ohne Sklaven und Türhüter zuläßt.

hatte oder gerade mit einer Neuausstattung beschäftigt war, als die Einsturzkatastrophe erfolgte. Interessanterweise handelt es sich um farbige Tesserae, die nicht aus Buntmarmor, sondern aus Glas bestanden[806]. Sie können daher als Hinweise auf eine relativ aufwendige Renovierung gelten, die hier möglicherweise im Obergeschoß hätte stattfinden sollen. Im Schutt dieser Einheiten fanden sich auch Teile eines Innennymphäums im späten Wohngeschmack, das eine Anbindung ans Fließwassernetz bedingte und anhand seiner Fundlage zweifelsfrei aus dem Obergeschoß stammte[807].

Neben den Zeugnissen plötzlicher Verschüttung sind aber auch statische Verstärkungen und Zusetzungen der Tabernen durch die Grundrißskizze in den Grabungstagebüchern und ihre nur ein Jahr später publizierte Umzeichnung von 1913 (Abb. 189) dokumentiert. Nicht zugesetzte Tabernen waren hier im Eingangsbereich verstärkt worden. Das spricht für die vorrangige Motivation, neben der möglichen Aufgabe einiger Bereiche oder ihrer Anpassung an neue Funktionen auch Maßnahmen zur Sicherung der Baustatik auszuführen. Die Türverengungen fanden dabei zwar noch Eingang in den grundlegenden Gesamtplan von Italo Gismondi und Antonio Visca von 1949[808], die Zusetzungen der Tabernen jedoch nicht, weil diese zur besseren Sichtbarkeit für die Besucher der geplanten Weltausstellung von 1942 entfernt worden waren. Eine ähnliche Veränderung erfuhr auch die Einbindung der Insula in den Straßenraum: So wurde das letzte erhaltene Straßenpflaster an der östlichen Straßenseite der Via delle Corporazioni entfernt.

Dienstleistung im Einzugsbereich des spätantiken Festzentrums am Theater

Gerade die zum Theater weisende Seite der Insulae an der Via delle Corporazioni ist für die vorliegende Fragestellung nach urbanistischen Zusammenhängen von besonderem Interesse. Daher soll hier ein detaillierterer Blick als bisher üblich auf die konkrete Raumausstattung erfolgen, die das Phänomen des spätantiken Kleingewerbe- und Barbooms beispielhaft illustrieren kann.

In den Grabungstagebüchern wird neben den übrigen Kleingewerbeeinheiten auch eine Bar (Abb. 189, Raum 11) beschrieben. Dazu bietet sich anhand detaillierter Pläne (Abb. 189) und Beschreibungen der Grabungszeit ein für Ostia seltenes Bild einer im spätantiken Zustand ›eingefrorenen‹ und relativ vollständig erhaltenen Einrichtung[809].

Mit einer Fläche von fast 30 qm war die Taberne 11 größer als viele andere Bars im Stadtgebiet, die meist nur aus einem Raum bestanden. Mit dem über einer Tür angebundenen und südlich angrenzenden Raum 10 zusammen ergeben sich sogar etwas mehr als 60 qm Grundfläche.

Eine Vielzahl von Becken diente in Raum 11 praktischen Zwecken wie der Bereitstellung von Trinkwasser oder dem Abspülen des Geschirrs, aber auch repräsentativen Aspekten wie der ›werbewirksamen‹ Präsentation von Fließwasser in Marmorbecken, die von der Straße aus zu sehen waren. Die Bar hatte ferner eine eigene Latrine unter der Holztreppe, die zum Obergeschoß führte, wo der *tabernarius* mit seiner Familie wohnen konnte[810]. Der Tresen an der Nordwand bestand aus zwei Teilen: Der westliche Teil stellte eine gemauerte Wölbung über einem kleinen Wasserbecken (Abb. 193) dar und war von Finelli zwar beschrieben, aber nicht als Bartresen erkannt worden, da zu dieser Zeit noch keine typologische Arbeit zu Bars und ›Schankstuben‹ existierte[811].

Der östliche Teil des Tresens wird aus einer Erweiterung der Auflagefläche bestanden haben, die heute aber nur noch im Ansatz erhalten ist. Der nachträgliche Türdurchbruch von Raum 11 zu Raum 10 belegt, daß

806 Zum »deposito di tasselli« s. GdS 6, 1913, 12 f.: »di mosaici di pasta vitrea di più colori, questi tasselli farebbero immaginare che in questa casa stava un mosaicista oppure la casa apparteneva ad [un] mosaicista«.

807 Dazu s. GdS 6, 1913, 12 f.

808 Publiziert in Calza u. a. 1953.

809 Zur Planskizze s. GdS 6, 1913, 12. Zur Bar in der Taberne 11, in der der Tresen heute noch erhalten, die übrigen gebauten Einrichtungsgegenstände aber weitestgehend verwittert sind, s. GdS 6, 1913, 15.

810 Dazu s. GdS 6, 1913, 15 f.: »sotto la scala vi era la latrina di cui resta un muretto e l'incastro per la tavola e sotto questo il foro che conduceva le materie fegali [fecali] nella fogna che passa sotto«. Zu den marmorisierten Becken fährt Finelli fort: »Addossato all'angolo nordovest, ma più adossato alla parete nord si trova una vasca per acqua di forma semicircolare, coperta da volticella simisferica [semisferica] con davanzale rivestito in marmo. Adossato a questa vasca, ma sotto di essa, vi e un'altra vaschetta in lastra di marmo che riceveva l'acqua di scarico della vasca grande e da questa vaschetta, per apertura all'orlo andava a scaricarsi in fognoletto il quale andava a gettarsi nella fogna sotto la latrina. Accosto alla su detta vaschetta si trova una base di pilastro in marmo bianco con cornice in tre lati e sopra la base in incavo circolare. Alt m. 0,3 × 0,54 × 0,48. Parallela a questa vaschetta si trova un muretto a cotina [cortina] a mattoni, ma non so a qual uso poteva servire«.

811 Vgl. die vorangehende Anmerkung: Die Beschreibung »muretto a cortina a mattoni« bezieht sich auf die übliche Bauweise von Tresen später Bars in Opus listatum. Der Tresen östlich des Einbaus mit Becken ist heute

Abb. 193 Die östliche Randbebauung der Via delle Corporazioni

beide Räume in Verbindung zum Bartresen an der Türöffnung (Abb. 193) genutzt werden konnten. Für zweiräumige Bars dieser Aufteilung gibt es bei den übrigen Beispielen im Stadtgebiet viele Parallelen[812].

In der Taberne 12 findet sich wie bereits in Raum 11 eine Latrine, deren Abflußleitung in die kommunale Kanalisation an dieser Stelle begann[813]. Die Breite der Türöffnung dieses Raums war reduziert worden. In der Nordwestecke des Raums befand sich ein Becken. Bedeutsam ist die Verbindungstür in der Nordwand zu den nächsten beiden Tabernen 13 und 14, deren Geschäftsöffnung zur Straße hin ganz zugesetzt worden war (Abb. 189). Daraus ergibt sich zweifelsfrei, daß man die letzte greifbare Nutzung vor der Verschüttung der Insula als Kleingewerbeballung von Produktionseinheiten und Dienstleistungsbetrieben mit separat angeschlossenem Wohntrakt deuten kann. Der Wohnbereich befand sich wahrscheinlich jeweils in den über die Innentreppen erschlossenen Obergeschoßräumen und nicht im Erdgeschoß selbst, das durchgehend von gewerblichen Einbauten dominiert war[814].

Der Gewerbekomplex bestand aus mindestens drei und ehemals wohl sogar fünf zusammenhängenden Räumen. Die ehemalige Taberne 13 hatte zumindest zwischenzeitlich eine Verbindung zum repräsentativen Hauptraum – die große Exedra (s. o.) – des Appartements im Erdgeschoß der Insula del Soffitto Dipinto, die allerdings wohl erst zu einem Zeitpunkt eingerichtet worden war, als diese Wohnung bereits aufgeteilt und der Nordteil nicht mehr weiter bewohnt, sondern gewerblich genutzt wurde. Als allerletzte greifbare Baumaßnahme ist hier die nachträglich durchbrochene Tür wieder verfüllt worden. Dabei fand – wie bei der Tür der Küche 1 des Piazzale delle Corporazioni – Bauschutt aus eingestürzten Obergeschossen für eine grob gemauerte Zusetzung Verwendung, wodurch der Bereich in zwei gewerbliche Einheiten mit zwei bzw. drei Räumen aufgeteilt wurde.

verschwunden, aber im Detailplan zweifelsfrei als solcher zu erkennen und wie üblich zur linken Seite des Eingangs angeordnet, so daß die Nachttür innerhalb der Tabernenöffnung frei zugänglich blieb.

812 Vgl. dazu Hermansen 1981, 147 f.

813 Dazu s. GdS 6, 1913, 16: »Nell'angolo nordest vi dove v'essere la latrina, tovandosi [trovandosi] in questo punto il principio di una fogna«.

814 Etwas vage dazu Finelli: vgl. GdS 6, 1913, 16: »taberna trasformata anche in abitazione privata«.

Der Raum 13 selbst wies offenbar eine Reihe von Einbauten auf, die sich vor allem durch ein großes, über Stufen betretbares Becken und eine weitere Latrine auszeichnen[815]. Die offenbar ehemals erhöhte Türschwelle ist von besonderem Interesse, weil es sich dabei nach Ausweis der Grabungsberichte um eine wiederverwendete Grabinschrift handelte. Damit ergibt sich ein ungefährer Datierungsanhalt, der hier einen originalen Bauzusammenhang der Türschwelle zur hadrianischen Grundstruktur ausschließen läßt und in die nachseverische Zeit weist[816].

Raum 14 besitzt mit der Latrine eine übliche Ausstattung für ehemals separat vermietbare Tabernen. In dieser Taberne befanden sich zumindest zwei spätantike Bodenbeläge übereinander[817]. Auch hier war also im Innenraum auf die bereits erwähnten Erhöhungen im Straßenraum durch die Angleichung der Nutzungsniveaus innen und außen reagiert worden. Damit ergibt sich eine relativ lange Benutzungszeit dieser Tabernen, die von der Phase der ersten Erhöhung zwischen +30–50 cm bis zur zweiten Erhöhung mit etwa +60 cm bis max. +80–90 cm Höhe über dem severischen Straßenpflaster reichte. Die Nutzung des Erdgeschosses wurde erst im Zug der großen Aufhöhung im Straßenraum mit einer Gesamthöhe von mehr als +1,45 m aufgegeben. Eine Anpassung an ein um +1,45 m erhöhtes Innenniveau hätte zur Folge, daß die Zwischendecken des ersten Obergeschosses in einer Höhe von 3,30–3,90 m zu niedrig gewesen wären, wobei die Nutzung dieser Räume für antike Verhältnisse, zumal wenn man Feuerstellen ohne spezifischen Rauchabzug berücksichtigt, unmöglich geworden wäre. Mit dieser Erhöhung des Gehniveaus ging also das Ende der Nutzung der Erdgeschosse der Altbauten von Insulae in diesem Stadtviertel einher.

Die nördlich an die Taberne 14 anschließende Passage 15 war im Rückbereich mit dem Einbau eines Ofens auf beiden Seiten zugesetzt worden. Der Bereich gehörte im mittleren 3. Jh. zu einer Bäckerei, die sich auch durch den Zubau vieler Verbindungstüren auf die Via delle Corporazioni mit Mauerwerk aus Opus vittatum A auszeichnet (Abb. 189). Diese von Jan Theo Bakker untersuchte Bäckerei war offenbar bereits im späten 3. Jh. aufgegeben worden[818]. Die Bäckerei war also noch vor ihrer Aufgabe wohl in direktem Zusammenhang mit der großen Nachfrage der zahlreichen Belegschaft der benachbarten Kasernen[819] in severischer Zeit und möglicherweise auch noch bis zur Mitte des 3. Jhs. schrittweise erweitert worden. Nach der Aufgabe der Kaserne wurde die Bäckerei jedoch an dieser Stelle nicht mehr gebraucht und verlassen, worauf die genannten Zubauten der Räume auf die Via delle Corporazioni hindeuten. Eine Umnutzung für andere Zwecke kam hier offenbar wegen mangelnder Attraktivität des Standorts nicht mehr in Frage. Der Bereich, dessen Boden nur aus grobem Straßenpflaster bestand, wurde seiner noch brauchbaren Ausstattung – wie üblich bei Bäckereien also der Mühlsteine und Ofenverkleidungsplatten, die sich anderswo wiederverwenden ließen[820] – beraubt. Danach wurde er analog zur Ruine des Caseggiato del Sole[821] nach außen hin gegen unbefugten Zutritt geschlossen sowie im Inneren mit partieller Verschüttung belassen.

II. 4. b Das System der Ausgrenzung eines Stadtviertels – Mülldeponien und die ›privatisierte‹ Infrastruktur von Bars hinter den Verkehrs- und Sichtsperren

Die Folgen eines Großbrands – Der Funktionswandel und ›Abstieg‹ eines Stadtviertels

Die Großbäckerei in der Via dei Molini (Abb. 102, Bä2a) hatte man im Laufe des späteren 3. Jhs. zum letzten Mal durch Mauern in Opus vittatum umfassend repariert.

815 Dazu s. GdS 6, 1913, 17: Zur Nordwestecke beschreibt Finelli eine »vasca per acqua larg. m 2,42 × 1,46 × 0, 85 con tre gradini tutto coperto ad intonaco ad opera signina con cordoni negli augoli [angoli]. Anche qui vi sono traccie della scala […]. Nell'angolo nordest vi era la latrina di cui resta [restano] traccie di un muretto, come traccie di altri muretti si trovano sotto al pavimento e precisamente innanzi alla soglia con la iscrizione sudetta«.

816 Vgl. die vorausgehende Anmerkung. GdS 6, 1913, 17. Diese Schwelle mit der Inschrift ist insofern interessant, als sie die Plünderung von Grabkomplexen voraussetzt, was vor der Mitte des 3. Jhs. mehr als unwahrscheinlich wäre.

817 Dazu s. GdS 6, 1913, 17: »Nell'angolo nordest si trova la latrina. In questa taberna si trovano due pavimenti una sopvraposto [sovrapposto] all'altro«. Der untere war demnach aus Opus spicatum, der obere aus Opus signinum.

818 Dazu s. Bakker 1999 78 f.

819 Zur vierteltypischen Struktur der tibernahen Stadtviertel aus Horrea und Kasernen s. o. – Östlich der bekannten Caserma dei Vigili befand sich ein Bau, der diesen nachweislichen Kasernen gleicht und daher wohl ebenso zu deuten ist. In den unausgegrabenen Arealen ist mit einer hohen Dichte an Horrea und möglicherweise sogar weiteren ›Kasernen‹ zu rechnen.

820 Eine solche übergangsweise in die Ruine einer hadrianischen Thermenanlage eingebaute Bäckerei wurde hier im Kapitel II. 3. b behandelt.

821 Dazu s. Gering 2004, 338 mit Anm. 101; 345 Abb. 25; 346 f. mit Anm. 112–114; Abb. 49 (R2d).

Abb. 194 Die Via di Diana und zugebaute Tabernen in der Via dei Balconi

Wie viele Großbetriebe, die offenbar auf einen über den Anwohnerbedarf hinausreichenden Export orientiert waren, lag sie unmittelbar an der Via dei Molini, der nördlichen Fortsetzung der Haupthandelsachse in Nord-Süd-Richtung, der Semita Horreorum bzw. Semita dei Cippi. Diese Straße verband die großen Getreidelager – Grandi Horrea (Abb. 102, H2a) – mit dem dezentralen verarbeitenden Gewerbe sowie den Tiberkais für den Transport ostiensischer Backwaren nach Portus oder Rom[822]. Diese Bäckerei wie auch die umgebenden Bauten waren bereits im späten 3. Jh. ausgebrannt, eingestürzt und als Ruine in verschüttetem Zustand belassen worden. Aufgegeben und zugesetzt wurden seit dem späten 3. Jh. auch weitere Bäckereien, so jene im Erdgeschoß der Insula del Balcone Ligneo (Abb. 102, Bä2c/R2g; Abb. 194).

Durch den Brand der Bäckerei Bä2a im Erdgeschoß des Caseggiato dei Molini wurden auch die Obergeschosse der Insula in Mitleidenschaft gezogen. Der Einsturzschutt aus den Wohnungen der Obergeschosse enthielt Haushaltsinventare mit Lampenhaltern, Mobiliarteilen, Schlüsseln, mehrere Münzserien, die bis Probus (276–282) reichten, und Küchengegenstände. Im damals immerhin noch 1,5–3 m hoch anstehenden Einsturzmaterial fanden sich bei den ersten Grabungen von 1870 aber auch Statuetten, Waffen und einige Werkzeuge, die auf einen metallverarbeitenden Gewerbebetrieb in der Tabernenfront vor der Bäckerei schließen lassen. Bakker stellte aufgrund dieses Befunds abschließend fest: »The structure of the Molini was neither rebuilt after the fire, nor were the ruins ever properly cleared away.«[823]. Ähnliches gilt für ein an die Bäckerei Bä2a grenzendes Heiligtum in einer ehemaligen Seitenstraße der Via di Diana, das nach Ausweis der alten Grabungen mit einer marmornen Kultstatue und Bronzestatuetten um einen Altar, aber auch mit Schreiner- und Malerwerkzeug am Eingang verschüttet wurde. Nach Deutung der Ausgräber sollte es daher wohl gerade neu dekoriert werden, bevor der endgültige Einsturz als plötzlich hereinbrechende Katastrophe erfolgt war. Verschüttet wurden ferner 56 Münzen, darunter viele *minimi*, die allerdings allesamt nicht ausgewertet wurden und bis heute verschollen sind[824].

Das Phänomen der Ausgrenzung und Sicherung von Ruinen konnte im Extremfall ein ganzes Stadtviertel betreffen: Das wird besonders im Bereich um die Via di

822 Bakker 1999.
823 Dazu s. Bakker 1999, 32 mit Anm. 43.
824 Zum angrenzenden Sacello di Silvano vgl. Bakker 1994, 164: »In room 24 Calza and Finelli found a destruction-layer resulting from fire, c. 3,00 m high, with fifty-six unidentified coins«. Möglich wäre, daß dieser Raum nach strukturellen Schäden, vielleicht vom Erdbeben von 275, gerade wieder repariert und im noch unfertigen Zustand verschüttet wurde. Nach Bakker 1994, 168 f. gilt: »The latter finds, together with layer 6, sug-

Abb. 195 Die Straßenzusetzung der Via dei Balconi von Nordwesten

Abb. 196 Die Straßenzusetzung der Via di Diana von Südosten

Diana und die Via dei Balconi deutlich, die man von der Promenade des Decumanus aus nur noch als Ortskundiger erreichen konnte. Die relativ gut dokumentierten Verschüttungen im Straßenraum der Via dei Balconi und die ausführlich geführten Grabungstagebücher zur Freilegung der Gebäude lassen eine ebenso ungewöhnlich frühe wie großflächige erste Einsturzkatastrophe der Bebauung durch einen oder mehrere Großbrände an dieser Stelle vermuten. Es gibt allerdings Hinweise, daß diese Brandkatastrophe hier nur eine temporäre Nutzungszäsur auslöste, der erst später die endgültige Aufgabe und der Einsturz der Obergeschosse gefolgt war, weil Münzen, die nachweislich zumindest aus dem 4. Jh. stammten, aus den Obergeschossen eine zweite Einsturzschicht bildeten[825].

Abb. 197 Die Straßenzusetzung als zweigeteilte Struktur

Es gibt Hinweise auf eine komplette Straßensperrung (Abb. 195), die zumindest teilweise Eingang in den Plan von Gismondi gefunden hat[826].

Die Straßenblockade auf der Via di Diana unmittelbar östlich einer spätantik renovierten Bar (Abb. 102, B2e; Abb. 196) war in Mauerwerk aus Opus vittatum A und grobem Bauschutt ausgeführt. Vor der Mauer, die um 1914 immerhin noch etwa um 1 m hoch erhalten war (Abb. 195), erstreckte sich ehemals ein durchgehend etwa +30 cm hoch aufgeschütteter Bereich, der in der Spätantike bis zum Ansatz der Schwelle der Bar B2e reichte und zumindest in Ansätzen dort bis heute noch erhalten blieb (Abb. 196. 197). An der Stelle der heute verschwundenen Straßensperre zwischen den seitlichen Maueransätzen ist allerdings nur noch zu bemerken, daß das Straßenpflaster fehlt.

Die Existenz und sperrende Funktion dieser ehemals ebenfalls mehr als 3 m hohen vollständigen Straßensperrung ist bislang nicht erkannt worden. Janet DeLaine deutete die Funktion der heute noch erhaltenen niedrigen Mauer als treppenähnlichen ›Niveauausgleich‹: »the difference in level was mediated by a late structure blocking the east end of the Via di Diana where it met the Via dei Molini«[827]. DeLaines Deutung bezieht sich allein auf den heutigen Erhaltungszustand, zudem ohne Blick auf den baulichen Kontext dieser Mauer. Bezieht man jedoch die nähere Umgebung mit ein, dann erkennt man insbesondere in diesem Fall die spezifische Funktion, die diese Mauer hatte: Sie stand in Zusammenhang mit weiteren baugleichen Mauerzügen, die mehrere Tabernen (Abb. 102, Tb2c) in einer ehemaligen Portikus (Abb. 102, Po2d) bildeten. Berücksichtig man ferner, daß die Mauer bei den ersten Grabungen noch über Eck erhalten war, dann diente die ›Straßensperre‹ hier ganz konkret als Rückwand einer spätantiken Taberne, die direkt auf den Straßenraum gebaut worden war (Abb. 102, S2d), was bereits an der Caserma dei Vigili (Abb 185, S1d; Abb. 188) als übliche Vorgehensweise zur Kaschierung festgestellt worden war (s. o.).

Das wird insbesondere durch die Verbindung zu einer zweiten vorgesetzten Straßenverengung deutlich, die eine Geschäftsöffnung in der Art einer üblichen Tabernenschwelle bildet. Diese Türschwelle öffnete sich wiederum auf die Via dei Molini, nicht auf die Via

gest that the room was beeing repainted when it caught fire in the late 3rd century«. Für die Ruinen gilt trotz der hier begrabenen Wertgegenstände – und der vielen Münzen, allerdings ausschließlich kleinster Einheit – nach GdS 8, 1915, 99: »non furono piu toccati«.

825 Vgl. dazu Gering 2004, 348 mit Anm. 114. – Vaglieri 1908, 247 f. Vermerkt wurden die Spuren extrem starker Brände, deren Aschestratum unter den Schichten der spätantiken Aufschüttung mit Siedlungsmüll lag. Das Viertel war offenbar bereits zur Mitte des 4. Jhs. weitgehend verlassen worden und wurde – durch die Verschüttung auch der letzten Einbauten von Bars – als Müllhalde und zugleich als Schutzwall gegen die Tiberüberschwemmungen genutzt. Umbauten gingen hier mit einer erheblichen Senkung der Wohnqualität, vielleicht sogar der Aufgabe des Großteils der Bewohnung einher. Zum Einbau eines Pflasterbodens in einen ehemals aufwendig dekorierten Hauptraum des Erdgeschosses s. Marinucci – Falzone 2001, 238 f. mit Abb. 11 (dazu s. u.). Nach GdS 7, 1914, 136 f. (18.05.1914) ist über der Erhöhung des späten 3. Jhs. eine zweite Einsturzschicht mit Münzen des 4. Jhs. »dal secondo piano« verbürgt.

826 Calza u. a. 1953, Beilage 8.

827 DeLaine 1995, 97.

Abb. 198 Die späten Taberneneinbauten in der Via dei Molini

di Diana[828]. Das verwundert kaum: Die Via dei Molini war – wie bereits erwähnt – zu einer spätantiken Einkaufsstraße umgewandelt worden. Das Vorziehen der Tabernen in ehemalige Portiken war ein fester ›Umbautypus‹ solcher Einkaufsstraßen und schon mehrfach beobachtet worden, so u. a. auch in der Via dei Magazzini Repubblicani am Piazzale della Vittoria P1. Offenbar entstanden spätantike Einkaufsstraßen vorzugsweise in Verbindung zu neu geschaffenen und dabei dezidiert nicht kommerziell genutzten Platzanlagen. Die Via dei Molini führt hier auf die neue Platzanlage der Exedra EXE/P2a wie die Via dei Magazzini Repubblicani auf den Piazzale della Vittoria P1 (Abb. 102): Auch das wäre ein Beispiel für das postulierte Phänomen einer zunehmenden funktionalen Spezifizierung im spätantiken Stadtbild. Beide Fälle spiegeln eine klare horizontale funktionale Differenzierung zwischen rein repräsentativ genutzten Flächen und soukähnlichen konzentrierten Gewerbeflächen wider. Eine solche funktionale Differenzierung war zumindest in diesem Maß in der hochkaiserzeitlichen Stadt noch unbekannt.

Durch den Bau der Mauer S2d und damit auch den Einbau der Tabernen wurde die soukähnlich verengte Via dei Molini (Abb. 102, Tb2a–c; Abb. 198) als Einkaufsstraße konstituiert. Die wesentlich später zu datierende letzte Erhöhung konservierte den Befund einer bis zuletzt in Funktion befindlichen gewerblichen Infrastruktur an dieser Stelle, die zum Zeitpunkt der ersten Grabungen daher auch noch deutlich höher als die Umgebung erhalten war.

Die Bau- und Verfallsgeschichte einer ebenfalls an der Via di Diana gelegenen Insula ergibt Aufschlüsse zur Benutzungszeit der Einkaufsstraße: Die vorletzte dokumentierte Aufhöhung in Räumen der Insula I iv erreichte etwa +1 m, bevor die Obergeschosse kollabiert waren. Der Stuck der Decken des Erdgeschosses ruhte auf dieser Erhöhung um +1 m, die in der Folgezeit dann weitere +2–4 m hoch unter Bauschutt und Siedlungsmüll begraben wurde[829]. Die Datierung der endgültigen Einsturzkatastrophen mit Füllhöhen von insgesamt +3–5 m zwischen dem 6. und 8. Jh., die Carlo Pavolini bereits vermutet hat[830], scheint damit auch für die Einkaufsstraße der Via dei Molini gesichert.

Die Entstehung der ›Einkaufsstraße‹ des 4. und 5. Jhs. folgte der erwähnten Brandkatastrophe des späten 3. Jhs. in der Großbäckerei dei Molini Bä2a. Die Nord-Süd-Achse der Via dei Molini war zunächst zwischen dem späten 3. und der Mitte des 4. Jhs. in der Höhe von etwa +30 cm auf einem Aufschüttungshorizont aus gestampftem Bauschutt planiert und so wieder befahrbar

828 Diese Türschwelle wurde bereits in älteren Plänen vermerkt, wobei allerdings zur eigentlichen Straßensperre der Rückmauer wiederum der Nachweis fehlt. – Zum Plan zum Nymphäum N2a und seiner Umgebung vgl. Ricciardi – Scrinari 1996, Bd. 2, 194 f.

829 Die Neuuntersuchung des datierenden Materials ist bisher noch nicht publiziert, unterstreicht aber die Vermutung, daß die Verschüttungen bereits im 4. Jh. begonnen hatten. Den Hinweis verdanke ich Janet DeLaine. Bisher s. DeLaine 1995, 94 f.

830 Pavolini 1986a, 270; Marinucci – Falzone 2001, 239.

gemacht worden: »volendo riusare la strada fu fatto uno scarico su di essa per ristabilire la viabilità dei carri, scarico formato di calcinacci e di poca tegolazza il tutto formando un'altezza di m. 0,27«[831].

Auch spätere Nutzungsniveaus der Via dei Molini markieren keine Zäsur, sondern eine relativ kontinuierliche Nutzung der Straße an dieser Stelle: Dafür sprechen u. a. neugebaute Tabernen aus wiederverwendeten Tuffquadern der Castrum-Mauer auf dem Straßenraum vor den Grandi Horrea, die bereits eine Erhöhung des Straßenniveaus von +30 cm voraussetzten[832]. Die Beschaffenheit der Schichten über dem Straßenpflaster, aber auch über dem direkten Versturzmaterial ist durch die Grabungstagebücher bekannt: So kann für diese Einkaufsstraße geklärt werden, daß sie in der beginnenden Spätantike auch nach weiteren Erhöhungen ›diokletianisch-konstantinischer‹ Zeit, die mit ersten inschriftlich überlieferten Umbauten im Theater und an vielen weiteren Stellen korrespondierten, in Benutzung war[833].

Belegt ist durch die Grabungstagebücher aber ferner, daß diese Fortsetzung der Semita zum Tiber hin seit dem Einsturz der Grandi Horrea am Ende des 4. Jhs. oder im frühen 5. Jh. nicht mehr mit dem Tiberufer verbunden war. Durch eine Reihe von teilweise nicht mehr erhaltenen Bauten bei der Taberne Tb2a (Abb. 102. 198) war die Einkaufsstraße der Via dei Molini bereits zuvor für Fahrverkehr von der Promenade aus gesperrt gewesen[834]. Die Umwandlung der ehemaligen Durchgangsachse der Via dei Molini in eine soukähnliche Einkaufsstraße im Norden des Decumanus korrespondiert damit mit der vollständigen Fahrverkehrssperrung der Fortsetzung dieser Straße im Süden des Decumanus durch die Exedra EXE/P2a und die Tür S2a (s. o.).

Die zweite Ebene hinter der ›Schaufassade‹ – Straßenzubau und Barboom als synchrone Entwicklungen?

Zwischen den weitverbreiteten Aufschüttungen im Inneren von zumindest im Erdgeschoß aufgelassenen Insulae und der Umwandlung des alten Verkehrssystems gab es bauliche und funktionale Verknüpfungen mit späten Neubauten, meist aus dem Bereich von Anwohnerversorgung und Dienstleistung. Der Straßenabschluß der Via di Diana zur Via dei Molini[835] ging mit

831 Auf dem Straßenpflaster der Via dei Molini fanden sich Bruchstücke der Mauern der eingestürzten Bäkkerei. Dazu s. GdS 8, 1915, 99 (1.–6. 3. 1924): »i molini s'incendiarono in un epoca che le strade di Ostia non erano ancora rialzate, e questo viene confermato dai trovamenti dei muri caduti e a condatto [contatto] del su detto pavimento della strada, dunque se i molini s'incendiarono quando la strada non era ancora alzata se ne deve deturre [dedurre] che l'incendio avvene in un epoca non molto tarda«. Zum Straßenpflaster gibt das GdS 7, 1914, 239 f. (1.–5.12.1924) Auskunft: »La maniera come sono disordinati i blocchi del pavimento di questa strada fanno vedere che essa doveva essere abbandonata o per lo meno pochissima frequentata, ma da pedoni«. Zur ersten Aufhöhung fährt der Bericht fort: »Data la impossibiltà di potervi transitare e dato anche che Ostia era ancora molto abitata [...], volendo riusare la strada fu fatto uno scarico su di essa per ristabilire la viabilità dei carri, scarico formato di calcinacci e di poca tegolazza il tutto formando un'altezza di m. 0,27«.

832 Finelli in GdS 7, 1914, 239 f. (1.–5. 12. 1924) fährt fort: »Esso e molto battuto e perciò fa vedere un passaggio continuo. Questo rialzamento si accorda con dei rialzamenti di pavimenti e muri aggiunti che si vedano nelle taberne o ambienti qualunque che fiancheggiano ad *ovest* l'isola in parola«.

833 Vgl. dazu vorletzte Anm. – Zu weiteren Erhöhungen des späteren 4. Jhs., die offenbar ein ebenfalls übliches Gehniveau im bisher ergrabenen Stadtareal widerspiegeln, fährt der Bericht fort: »Un'altro rialzamento di questa strada [...], un secondo strato di quasi tutta tegolezza alt in media m. 0,14. Anche questo rialzamento ha una relazione con degli altri rialzamenti fatti negli ambienti [...]. Anche con questo secondo rialzamento noi vediamo che Ostia è ancora molto abitata trovando traccie di costruzione fatte in questa epoca, oltre a qui ma lunga la parte del Decumano scavato finora, intorno al teatro, nella via della Fontana, nella via delle Corporazioni e nei molini.«

834 Zu den Bauten an der Mündung der Via dei Molini s. Vaglieri 1913, 209 f. 299 f. Nach GdS 7, 1914, 241 konnten die »abitazioni tardi« hier nicht konserviert werden. Vgl. dazu Bakker 1999, 54 mit Anm. 63. Darauf folgen wesentlich höhere Aufschüttungen »a nord dei molini«, die sich auch durch ihre Zusammensetzung aus Einsturzmaterial und Siedlungsmüll abheben: »Altri rialzamenti avvennero piu tardi [...] quando il piano terreno era coperto di materiali caduti o fuori di uso ma Ostia sempre abitata giusto come dimostra un tubo in piombo che passa lungo il lato ovest di questa strada, tubo del secondo secolo riadoperato in quest' epoca tardissima«. Zu weiteren Beispielen, bei denen stratigraphische Befunde vorliegen, Paroli 1993, 163 f. 165 (zur »rioccupazione« um 400).

835 Dieser Zubau ist stark modern rekonstruiert – vgl. Bakker 1999, 18 Abb. 8a –, aber in seiner Struktur durch originale Ziegellagen bis zu 1,20 m Höhe erhalten und auch durch das Fehlen des Straßenpflasters hier zu verfolgen, das auf ältere Sondagetätigkeiten an dieser Stelle hinweist. Alte Fotografien belegen den Zubau vor 1930 noch in situ, die nicht dokumentierten Sondagen müssen demnach danach stattgefunden haben: Alinari 38456. 38457.

Abb. 199 Thermopolium: Stützungen der *mensolae*

Abb. 200 Thermopolium: Marmoreinbauten im Inneren

der konzentrierten Umnutzung der eingeschlossenen Anrainerbauten an der Via di Diana einher. Dieser Straßenabschluß entspricht dem erhöhten Nutzungsniveau der Türschwellen und Innenräume und so auch dem nachträglichen Treseneinbau für die beiden Bars innerhalb der Tabernen (Abb. 196)[836].

Wie aus verbauten severischen Inschriftenspolien hervorgeht, wurde frühestens im Laufe des 3. Jhs. der gastronomische Großbetrieb des sogenannten Thermopoliums in drei Tabernen und einen Innenhof auf hadrianischem Nutzungsniveau eingebaut (Abb. 199. 200. 201)[837]. Die statisch motivierte Stützung der Konsolen (Abb. 199) erfolgte in einer zweiten Phase, als man eine Stabilisierung baufälliger Gebäude im gesamten Bereich bis zum Decumanus vornahm[838]. Die Bar wurde nach einem plötzlich erfolgten Einsturz – wohl noch vor der großen Erhöhung des Gehniveaus um +90 cm im späten 5. Jh. – verschüttet belassen, was die gute Erhaltung der Malereien bewirkt haben dürfte[839].

Das Thermopolium bildet zusammen mit der Caupona des Fortunatus die größte bisher freigelegte Bar Ostias. Die großzügige Anlage, die Sitzgelegenheiten im

836 Dazu s. Hermansen 1981, 127 f. Die kleine Bar B2e am östlichen Ende der Via di Diana (Abb. 196), die direkt an der mehr als 1,20 m hohen Straßenabschlußmauer S2d liegt, hatte neben dem Tresen typische Einbauten wie eine Vorrichtung zum Erhitzen von Wasser. Der Tresen und seine umgebende Ausstattung wurde dabei zunehmend erweitert, wobei die Art des stückweisen und keineswegs homogenen Einbaus und die Wiederverwendung von Ziegeln auch für den »original bar counter« gegen Hermansens Einordnung als durchwegs originale Einbauten aus der Entstehungszeit der Insula in antoninischer Zeit spricht. Für beide Bars, B2e–f, gilt das erhöhte Nutzungsniveau diokletianisch-konstantinischer Zeit, das bei den chronologischen Erwägungen Hermansens noch keine Rolle spielte, insbesondere aber für den Tresen von Bar B2e eine funktionale Verbindung – über Ähnlichkeiten mit dem Ziegelmauerwerk des Straßenabschlusses hinaus – zur letzten Benutzungsphase der Erdgeschosse an dieser Stelle ergibt. – Die Bar B2f ist durch ihre abweichende Bauweise in Opus vittatum allgemein der Gruppe der späteren Bar-Neubauten, etwa ab der Mitte des 3. Jhs. zuzuweisen. Auch sie besaß einen Wassererhitzer, sowie möglicherweise weitere Einbauten, die im Plan von Gismondi (Calza u. a. 1953, Beilage 8) zwar berücksichtigt, heute aber nicht mehr erhalten sind. – Durch die Erhöhung des Nutzungsniveaus in beiden Tabernen sind unabhängig von der recht unterschiedlichen Anlage und Bauweise nähere Aufschlüsse zur Datierung der Bareinbauten, aber auch der Zusetzungen in den Wänden möglich. Die Erhöhung, verzeichnet bei DeLaine 1995, 98 Abb. 5,10 als »re-use at higher level« kann, muß allerdings nicht derselben Ausstattungsphase angehören. Dem Plan von Heres 1999, 18 zufolge werden die konstituierenden Treseneinbauten in der östlichen Bar, sowie die Zusetzung der Verbindung zum Sacello del Silvano laut Legende (Heres 1999, 19) als »non-dated late-3rd century walls« bezeichnet.

837 Dazu s. Hermansen 1981, 130 f. Die Bar besaß Sitzgelegenheiten, möglicherweise als ›Gartenrestaurant‹ mit Innenhof. Der Haupteingang erfolgte über den mittleren der drei Räume. Im westlich angrenzenden Raum befand sich nach dem Ausgräber Paribeni eine regelrechte Küche, nicht nur ein Wasserkocher wie bei kleineren Bars. Dazu vgl. Hermansen 1981, 131.

838 Die Fotografie Alinari 38456 ist noch vor dem Einzug neuer Decken entstanden.

839 Zu den Grabungen s. Paribeni 1916b, 411 f. Dazu vgl. Hermansen 1981, 131 f. Die Bar war offenbar zusammen mit vielen Objekten eingestürzt und begraben geblie-

Abb. 201 Thermopolium: Innenhof mit Sitzbank und Wasserspiel

Abb. 202 Die ›unsichtbare‹ Rückseite der Aula del Buon Pastore ABP mit Gerüstloch

Innenhof mit kleinen Wasserspielen, die fortgeschrittene Marmorisierung und die aufwendigen Malereien mit marmorimitierendem Dekor zeigen den für Ostia höchsten Standard einer Bar, bzw. dem hier offenbar spezifisch spätantiken Bautypus eines regelrechten ›Bar-Restaurants‹ mit großer Küche und Sitzbereich, der zugleich eine neuartige Form der Eßkultur anzeigt[840].

Der mosaizierte Innenhof der Bar, der ehemals größer gewesen war, wurde von der Rückseite der Aula del Buon Pastore ABP überbaut, wobei dieser Einbau keinerlei Rücksicht auf die Sichtbarkeit von seiner Rückseite aus genommen zu haben scheint. Das läßt sich heute noch anhand einer Apsis belegen (Abb. 201), die seitlich durch Bauschutt, zum Teil aus Marmorspolien, eingefaßt ist (Abb. 201. 202). Diese Apsis überschneidet den Bodendekor des Innenhofs, was sich nur erklären läßt, wenn man einen gemeinsamen Besitzer für das gesamte Areal I ii oder eine vorausgegangene Aufgabe des Thermopoliums annimmt. Ganz offenbar handelte es sich um einen Insulakomplex, der auch nach der Aufgabe der Bäckereien noch zumindest bis ins spätere 4. Jh. vielgeschossig geblieben war. Der Einschnitt der Brandkatastrophen des späten 3. Jhs. wird hier durch eine Phase der Verstärkung der Frontpfeiler zur Via di Diana hin belegt, mit der eine oder auch mehrere Phasen der luxuriösen Marmorisierung (Abb. 200) einhergegangen waren, die ältere Böden innerhalb des Thermopoliums ersetzten.

Der Bereich der späten Bar[841] blieb auf dem Nutzungsniveau von +30 cm belassen und war daher nachweislich nicht mehr in Funktion, als er unter den +60–100 cm hohen Aufschüttungen, die für die Via di Diana belegt sind, offenbar gut konserviert wurde.

Die Abschließung des Direktzugangs vom Decumanus in das Dianaviertel stellte dabei noch vor den Erhöhungen des Gehniveaus um +60–70 cm im späten 4. oder frühen 5. Jh. einen deutlichen Einschnitt in die Funktionsweise und Anbindung der Bars wie auch der gewerblichen Infrastruktur dar. Die ehemals sowohl für Personen als auch für schweren Güter- und Wagenverkehr durchgängige Via dei Lari wurde durch Mauern bis auf etwa zwei Drittel ihrer Breite verengt. Bei Bedarf war sie sogar – wie bereits erwähnt – absperrbar (Abb. 203. 204). Die für diese Stelle neu gearbeitete Türschwelle, die aus einem Sarkophagunterteil gewonnen wurde (s. o.), läßt einen Türflügel ergänzen, den man

ben. Unklar ist jedoch, ob diese Objekte aus den zum Zeitpunkt des Einsturzes noch teilweise bewohnten Appartements der Obergeschosse stammten, da über dem *maenianum* der Bar die Balkontür und eine charakteristische Fensterverteilung eines *medianum*-Appartements mit etwa 110 qm Fläche erhalten ist, oder aus der Bar selbst.

840 Vgl. Anm. 837. Jeweils ein solches ›Bar-Restaurant‹ aus mehreren differenzierten Räumen auch ohne direkten Thermenkontext markiert die Aufenthalts- und Nutzungszentren der Stadt des 4. Jhs.: Erstens die Caupona des Fortunatus als insgesamt siebenräumige Einrichtung mit Küche und Nymphäum beim spätantik renovierten Theater, zweitens die aufwendig bemalte Caupona del Pavone im späten Wohnviertel am südlichen Cardo, drittens die Bars im Innenhof III i an der ›Fußgängerzone‹ zwischen dem Straßenknotenpunkt des Bivium und dem Serapeum, sowie viertens die Caupona des Alexander Helix im spätantiken ›Boomviertel‹ und eigenständigen Subzentrum an der Porta Marina.

841 Zum Plan s. Paribeni 1916b, 411f. 418f. mit Abb. 5 (Raum 7, ›vierte‹ Bauphase).

Abb. 203 Die Türschwelle S2c in der Via dei Lari. Türöffnung nach Norden hin

Abb. 204 Die Türschwelle S2c in der Via dei Lari. Detail der Türangel

von innen verriegeln konnte und der aufgrund seiner Abnutzung auch in häufiger Benutzung war (Abb. 204).

Direkt westlich davon schließt sich das große Nymphäum N2a an, das man im späten 3. oder frühen 4. Jh. der aufgegeben Bäckerei Bä2c decumanusseitig vorgeblendet hatte[842]. Die Straßensperre und das Nymphäum sind durch Baufugen getrennte – also voneinander unabhängig ausgeführte – Bauten, die aber offenbar einem gemeinsamen Zweck dienten: Der lokalen ›Verblendung‹ von Ruinen und der Zonierung sowie Hierarchisierung des städtischen Raums. Die Via dei Lari hatte zur Via di Diana geführt, die von aufgegebenem Gewerberaum dominiert wurde. Durch die Straßensperre, die äußerlich wie eine übliche Tabernentür erscheint, und durch das Nymphäum waren sowohl diese Ruinen als auch die dahinter in der Via di Diana konzentrierte lokale Infrastruktur von der Promenade des Decumanus aus weder sichtbar noch unbeschränkt zugänglich.

Die genannten Straßensperren gehen also insgesamt einher mit einer grundlegenden Veränderung der Erschließung und Verkehrsanbindung der dahinterliegenden Stadtviertel. Um die Via di Diana entstand ein Netz von Sackgassen, das auf eine systematische Planung und ähnliche Zeitstellung der Zusetzungen wie S2c und S2d schließen läßt, da sie nur in ihrem gegenseitigen Zusammenhang funktionieren konnten. Sie standen wiederum teilweise in direkter baulicher Verbindung zu Einbauten von eindeutig spätantiken erhöhten Böden wie in den an die Sperre S2d angrenzenden Bars in der Via di Diana (Abb. 102, B2e/f; Abb. 196). Die Funktion von Straßenschließungen nördlich des Decumanus zur Ausgrenzung einer Ruinenlandschaft war bereits überblicksartig untersucht worden[843]. Durchgangsstraßen, die einseitig vermauert, im Straßenraum bebaut oder durch Türschwellen zugangsbeschränkt wurden, belegen, daß die an den Plätzen P1, P1h, P2a und P2b festgestellten neuen Akzente der Hierarchisierung des Stadtbilds und der kanalisierten Bautätigkeit am Decumanus keinen isolierten Einzelfall bildeten, sondern mit einem entgegengesetzten Phänomen korrespondierten: Der Ausgrenzung und als Folge auch der Abwertung bestimmter Stadtviertel.

Die ›Vorgeschichte‹ des Verfalls – Gesenkte Wohnqualität und Gewerbeverlagerung

Die Auswirkungen des Feuers im Caseggiato dei Molini müssen auch die unmittelbar angrenzende Casa di Diana betroffen haben. Der Pflasterboden und das neu eingebaute Becken an der Langseite des ehemaligen kleineren Hauptraums der luxuriösen Wohnung im Erdgeschoß der Insula di Diana wird meist als Teil eines Stalls oder einer Werkstatt gedeutet[844]. Das ließe darauf schließen, daß das Erdgeschoß – möglicherweise noch vor oder in Folge des Brands – entweder in eine Unterkunft verwandelt worden war, oder hier die Zugtiere für den Mühlenbetrieb der verschiedenen umgebenden Großbäckereien untergebracht gewesen waren. Der Wandel vom äußerst repräsentativ ausgestatteten Empfangssaal zum grob gepflasterten Stall ist als eine ein-

842 Vgl. dazu hier bereits letztes Kapitel: Zur Bäckerei s. Bakker 1999, 90 f. mit Abb. 24 (Bau 21). Zum Nymphäum s. Paribeni 1916b, 143 f.; Ricciardi – Scrinari 1996, Bd. 2, 194 Nr. 1.

843 Dazu s. Gering 2004, 334 f.

844 Dazu s. DeLaine 1995, 95.

deutige Senkung des Qualitätsstandards zu verstehen, wobei man bei der prinzipiell richtigen Feststellung DeLaines »no decline in vitality« den Verlust repräsentativen Anspruchs dennoch berücksichtigen sollte[845]. Diesen Umbau und die damit einhergehende radikale Standardsenkung datiert DeLaine nach der bisher akzeptierten Meinung des Ausgräbers Guido Calza noch vor das Ende des 3. Jhs[846].

Die Geschichte permanenter statischer Probleme läßt sich durch mehrfache Stützungen und Aufhöhungen hier bereits seit dem späten 2. Jh. verfolgen. Anhand neuer Bauaufnahmen zu den beiden größten Insulae des Stadtviertels um die Via di Diana und Via dei Balconi, nämlich den Insulae I iii und I iv, kann diese Vorgeschichte des spätantiken Nutzungswandels exemplarisch nachvollzogen werden.

Nachträglich verstärkte Mauern, zusätzlich eingebaute Pfeiler und statische Stützungen aller Art bilden einen zentralen Bestandteil der Baugeschichte vieler vielgeschossiger Bauten, was vor allem mit dem problematischen Baugrund in Ostia – Sand – und dem wechselnden Grundwasserspiegel durch die Nähe des Tibers mit seinen jahreszeitlich bedingten Überschwemmungen zu tun hat. Diese spezifischen Bedingungen führten einerseits zu Fundamentsenkungen und Rissen, andererseits zu feuchten Erdgeschossen und einer entsprechend schlechteren Wohnqualität. Diese Problematik ging sowohl den späteren Stützungen und der Senkung des Anspruchs in den Nutzungsphasen des Erdgeschosses Ende des 3. Jhs., als auch den noch später erfolgenden Einsturzkatastrophen und letzten Aufhöhungen des gesamten Erdgeschosses um einige Zeit voraus[847]. Die frühesten Renovierungen erstreckten sich dabei bereits notwendigerweise bis zu den Fundamenten. Deutlich früher als in den Bereichen südlich des Decumanus beinhalteten diese Renovierungen zugleich eine Aufhöhung des Nutzungsniveaus, was in dieser Verbindung bei Gebäuden in den tibernahen Vierteln nördlich des Decumanus auf die Problematik eines zu hohen Grundwasserspiegels schließen läßt. Deutlich wird das durch die spezifische Art des Fundamentbaus mit liegenden, bzw. stehenden Amphoren als spezifische Maßnahme gegen einen hohen, bzw. schwankenden Grundwasserspiegel, wobei diese Amphorenschicht wie die *suspensurae* in Horrea einen wirkungsvollen Schutz vor Feuchtigkeit bildete.

Nach Ansicht des Ausgräbers des Marmornymphäums im Innenhof der Casa di Diana, Alfredo Marinucci, datieren die Ein- und Zubauten zur Abdichtung des Fundaments und statischen Verstärkung des Erdgeschosses, die auch mit einer ersten deutlichen Erhöhung des Nutzungsniveaus im Inneren des Gebäudes korrespondieren, noch in die severische Zeit, obwohl die Benutzungsdauer der dieser Datierung zugrunde gelegten Tonlampen durchaus auch länger angesetzt werden könnte[848].

In der Casa di Diana mußte eine solche Erhöhung zur Aufgabe des hofmittigen Wasserspiels führen, bedingte aber auch eine komplette Aufgabe der aufwendigen Vorgängermosaiken sowie die Neuverlegung eines Bodens im Innenhof. Interessant ist, daß die späteren Böden aus gröberen Tesserae und einfacherer Ornamentik bestehen. Neben der kontinuierlich präsenten Problematik von Überschwemmungen durch den jahreszeitlich ansteigenden Grundwasserspiegel ist auch ein konkreter Teileinsturz des aufgehenden Mauerwerks als Auslöser der Umbaumaßnahmen denkbar. Unabhängig von solchen Einflüssen scheint jedoch auch der Wohngeschmack selbst einem Wandel unterlegen zu sein und die Nachfrage nach extrem luxuriös ausgestattetem Wohnraum in vielgeschossigem Kontext nach Vorbild und Anspruch der wenigen Stadthäuser der hohen Kaiserzeit nachgelassen zu haben.

In der neueren Forschung scheint als gesichert zu gelten, daß ein Brand des späten 3. Jhs. die benachbarte Insula I iv betroffen hatte, wobei zur Bewältigung der

845 Dazu s. DeLaine 1995, 95.

846 Dazu s. DeLaine 1995, 95: »While the latest wall-paintings there have been dated to the mid 3rd century, one of the main ground-floor rooms had already been turned into a stable before the house was abandoned in the late 3rd century, possibly at the same time as the bakery«. Die Datierung beruht auf Calza 1917, 323 (s. o.).

847 Zur Insula I iii s. Falzone 1999, 149 f.; Marinucci – Falzone 2001, 236 f.

848 Nach Ausweis des verwendeten Versturzmaterials läßt sich ein ungefährer Datierungsanhalt zumindest für den Teilschritt der Aufhöhungen im Inneren von I iii 3/4 durch Tonlampen spätantoninisch-severischer Produktion gewinnen. Diesen Hinweis verdanke ich Alfredo Marinucci. – Zu einer Vorpublikation s. Marinucci – Falzone 2001, 236 f. mit Abb. 10: Nach den nur geringfügigen Modifikationen der Grundstruktur der Insula di Diana vom Ende des 2. und Anfang des 3. Jhs., die sich auf die innere Aufteilung des Hauptraums und die damit verbundene Neudekoration der Wände bezogen, stellt die vierte Phase (225–250) die erste substantielle Veränderung ihrer hochkaiserzeitlichen Grundstruktur dar. Unklar ist dabei nur, wie lange diese Tonlampen in Benutzung gewesen waren, bevor sie hier als Bestandteil von Hausmüll zur Aufhöhung verwendet wurden. Eine Eingrenzung der Datierung der Aufhöhungsschicht nur auf den Produktionszeitraum vom späten 2. bis zur Mitte des 3. Jhs. kann so auch zu eng gefaßt sein.

Abb. 205 Der Innenhof der Insula di Giove e Ganimede

damit zusammenhängenden statischen Probleme offenbar ähnliche Strategien der Bewältigung von Verfall wie bei der Insula I iii zur Anwendung kamen: die Schließung und Aufschüttung von Räumen sowie die Verstärkung des Mauerwerks[849]. Die besonders betroffene Wohneinheit der Insula di Giove e Ganimede (Abb. 205) bildete eines der größten Appartements in Ostia, dessen erstes Obergeschoß auch nach den spätesten Erhöhungen um +3 m noch genutzt blieb[850].

Die nachseverische Entwicklung wurde in der Insula di Giove e Ganimede sowohl von strukturellen Schäden am Mauerwerk als auch deren Bewältigung durch Zusetzungen, Umbauten und eine neue Grundierung und Übermalung der Wände mit Kalkmilch charakterisiert. Kalkmilch diente als Grundlage für einen meist heute nicht mehr erhaltenen Liniendekor, der stilisitisch der Reparatur aller Mosaiken »in a random fashion« zu einer Zeit »some time later in the 3rd century« nahesteht[851]. Zu beiden Arten von Maßnahmen finden sich Parallelen in fast allen gut erhaltenen Bauten Ostias, nicht nur in der benachbarten Insula di Diana: Zum Zeitpunkt dieser Renovierungen war also das Stadtgebiet in seiner gesamten hochkaiserzeitlichen Erstrekkung in Funktion[852].

Zu spätantiker Umnutzung sind die Beobachtungen DeLaines im großen Hofbereich der Insula I iv, die vor allem auf Basis der Grabungstagebücher gewonnen werden konnten, von besonderem Interesse[853]. So ist analog zu den Case a Giardino (III ix)[854] auch in der Insula I iv eine grundlegend neue Nutzung des hochkaiserzeitlichen Hofareals (Abb. 205)[855] durch eine spätantike Pflasterung der ehemaligen Grünflächen belegt, die im Zug

849 Dazu vgl. Falzone 2004, 144 mit Anm. 6. Bisher s. Pavolini 1986a, 257; DeLaine 1995, 95 f.

850 Zur Bewohnungsgeschichte vor den Phasen der Umwandlung dieses Appartements vgl. DeLaine – Wilkinson 1999, 175 f.

851 Dazu DeLaine 1995, 94: »At the time of excavation many if not most of the Antonine wall-paintings in all three houses (I iv 2–5), plus the garden shrine, were covered with a thin coat of whitewash which served as the basis for a new phase of decoration«. Zu dieser Dekoration in III x vgl. Mols 1999, 253 f. Abb. 4.

852 Zu einem ähnlichen Dekor auf Kalkmilchgrundlage vgl. III ix 6; vgl. Gering 2002a, 127 mit Anm. 50.

853 Dazu s. GdS 10, 1917, 58 f. und GdS 12, 1919, 227 f. 255. 263 f. Vgl. DeLaine 1995, 94 mit Anm. 47 f.

854 Zur Pflasterung des ehemals möglicherweise begrünten Innenhofs von III ix mit wiederverwendetem Material, so z. B. im Bereich der Pfeilerportikus vor III ix 18 mit einem Boden aus Opus spicatum, vgl. bereits Gering 2002a, 134 Abb. 16.

855 Den Hinweis auf die Ergebnisse der nur vorberichtsartig publizierten Sondagen im Innenhof, der im 2. Jh. möglicherweise tatsächlich als Garten genutzt worden war, sofern die Wurzelhöhlen nicht auf eine Bepflanzung unmittelbar nach den Grabungen unter Dante Vaglieri zurückgehen, verdanke ich Janet DeLaine. Dazu bisher s. DeLaine – Wilkinson 1999, 77 f. Der Gartenbereich nahm 40 % der Gesamtfläche der Anlage im Erdgeschoß ein. Eine vergleichbar große Freifläche, die ausschließlich den Anwohnern einer Luxuswohnanla-

der Grabungen des frühen 20. Jhs. allerdings wieder vollständig entfernt wurde.

Die großen Vorratsgefäße (*dolia*) im Norden der Anlage hatte man damals außer Betrieb gesetzt, indem ihr Rand abgebrochen und ihr Inneres mit Schutt aus umliegenden Gebäuden, u. a. von Bäckereien mit Backformen und Terrakottamasken, angefüllt wurde[856].

Unmittelbar darüber befand sich ein Boden aus großen Marmortesserae, der typisch für spätantike Bauten Ostias erscheint. Einer gewerblichen Nutzung war hier damit in der Spätantike zumindest in einem Teilbereich des Hofs eine nicht näher definierbare repräsentative Nutzung gefolgt, die auf Kosten von Gewerbeflächen ging. Aus diesem Befund ergibt sich auch, daß zumindest im Inneren des Hofareals dieser Insula (Abb. 205) bis zur Verschüttung des Erdgeschosses und der Aufgabe der anspruchsvollen Bewohnung der größten Einheit, der Insula di Giove e Ganimede (I iv 2) und ihres abgetrennten Gartenareals, im späteren 4. oder frühen 5. Jh. keine vergleichbaren Aufhöhungen gegenüber dem hadrianisch-antoninischen Gehniveau stattgefunden hatten.

Ein Blick auf das Höhenwachstum der Stadt anhand von gut publizierten neueren Bauaufnahmen in der unmittelbar benachbarten Insula di Diana oder an vielen anderen Stellen im Stadtgebiet mag die Unterschiede illustrieren. Für die ersten Erhöhungen von hadrianischer bis severischer Zeit ergibt sich demgegenüber ein Durchschnitt von etwa +30–50 cm, wobei zwar einzelne deutliche Variationen auftreten können, allerdings wird für jene des 4. Jhs. ein breites ›Mittelfeld‹ der Werte anhand der alten Grabungstagebücher um +50–60 cm bestätigt[857].

Nach Ausweis der Grabungstagebücher fand sich in Teilbereichen des Innenhofs von der Insula I iv ein Pflasterboden aus Basalt (s. o.): Basaltböden sind ein charakteristisches Indiz von Gewerbenutzung. Ein ähnlicher Einbau von stabilem Pflasterbelag läßt sich an vielen Stellen im Stadtgebiet, z. B. auch in der Insula del Soffitto Dipinto oder im Innenbereich der Insula di Diana nachweisen, wo in den letzten Nutzungsphasen des Erdgeschosses nachträglich gewerbliche Nutzungsflächen eingebaut worden waren[858]. Auch nach der Mitte des 3. Jhs. wurde also der innerstädtische Raum genutzt, möglicherweise sogar intensiver als zuvor, aber wie in der Insula di Diana nicht mehr unter dem Primat einer möglichst großzügigen und luxuriösen Bewohnung. Die einzelnen, ursprünglich sehr großen Einheiten waren seit severischer Zeit mehrfach aufgeteilt worden. Seit dem mittleren 3. Jh. folgte eine eher kleinräumige Bewohnung und intensivierte kleingewerbliche Nutzungsweise. Das Phänomen des ›Kleingewerbebooms‹, der nach der Mitte des 3. Jhs. die luxuriöse Appartementkultur bis zur Blüte des späten luxuriösen Wohnens im 4. Jh. ersetzte, wurde an mehreren Stellen des Stadtbilds deutlich (s. o.). Die Gartenanlage von I iv hatte im 2. Jh, also am Höhepunkt der Bewohnungsdichte von Ostia bei entsprechenden Bodenpreisen 40 % der Grundfläche der Wohnanlage eingenommen. Diese ›Freifläche‹

ge zur Verfügung stand, existiert in Ostia ansonsten nur bei den Case a Giardino (III ix 1–24). Der sicher noch teurere Boden in der Innenstadt führte wahrscheinlich dazu, daß es sich bei diesen Appartements um den teuersten Mietraum in Ostia handelte, besonders wenn die Gartenfläche hier auf die Wohnanlage umgelegt worden ist.

856 Dazu s. DeLaine 1995, 99 Anm. 47.

857 Zu den Niveaus in der Insula I iv s. DeLaine – Wilkinson 1999, 79. An anderen Stellen im Stadtgebiet sind erhebliche und mehrfache Aufhöhungen zwischen dem späten 2. und späten 4. Jh. festzustellen, z. B. in I x 3. Dazu s. Martin 1999, 76: von 1,56–1,73 m (»pavimento tardo II sec. d. C.«) bis zu 2,00–2,39 m (»riempimento III sec. d. C.«, zu dem aber sicher ein korrespondierendes Gehniveau gehörte, Martin 1999, 75 f.) und 2,90–2,95 m (»pavimento IV sec. d. C.«), also eine Gesamtdifferenz von immerhin 1,17–1,39 cm, wobei die letzte erhaltene spätantike Erhöhung vom 3. zum 4. Jh. hin eine Höhe von 51–95 cm aufwies. Dazu vgl. Kapitel II. 5. b. In der Schola del Traiano sind Erhöhungen von 31–53 cm gegenüber dem hadrianisch-antoninischen Niveau belegt: Vgl. dazu David 1999, 70 (von 2,79–2,80/2,93–3,01 m antoninisch bis 3,32 m severisch). Im Macellum ergaben sich keine ausreichend aussagekräftigen Erhöhungen, die chronologisch differenzierbar gewesen wären, weil im gesamten Zeitraum zwischen dem Boden des 1. Jhs. mit 1,64–1,88 m und dem letzten nachweisbaren des späten 4. oder frühen 5. Jhs. mit 2,00–2,08 m nur 12–44 cm liegen: vgl. Ortisi 1999, 73. Die Sondagen im Tempio dei Fabri Navales ergaben eine Aufhöhung von immerhin 1,70 m zwischen der Oberkante der Fundamente des Tempels und der Portiken in spätantoninischer Zeit und einem Mosaikboden des 3. Jhs. und damit die größte nachweisbare Aufhöhung vor den gehäuften Einsturzkatastrophen des 4. Jhs. Vgl. dazu De Ruyt 1999, 65. Eine Sondage in der Via Ostiensis, etwa 70 cm östlich der Porta Romana, ergab dagegen wiederum keine oder nur geringfügige Unterschiede zwischen der trajanischen Straßenbettung und dem heute noch erhaltenen severischen Straßenpflaster: 1,90–1,95 m als oberer Abschluß eines Straßenuntergrunds des frühen 2. Jhs. und 2,10–2,20 m Oberkante der Pflastersteine des severischen Straßenniveaus. Vgl. dazu Heinzelmann 1999, 84 f. 86 Abb. 3.

858 Vgl. dazu Kapitel II. 4. a.

wurde gerade in der zweiten Hälfte des 3. Jhs. intensiver als jemals zuvor bebaut und zu eigenständigen Parzellen einer wohl vorwiegend gewerblichen Funktion umgewandelt.

Unabhängig von den Umnutzungen blieb die einheitliche Besitzgröße der Insula I iv 2–5 auch im 4. Jh. noch gewahrt, weil gemeinsame Veränderungen über die Einheitengrenzen hinweg festgestellt werden können. Der radikale Wandel der Nutzung des Gartenareals könnte wie bei den Case a Giardino (III ix) auf eine stadtweite gleichzeitige Anpassung an eine stark veränderte Nachfrage, nicht nur was den Wohnraum, sondern auch den Gewerberaum betrifft[859], hinweisen. Nach der Mitte des 3. Jhs. lassen sich Tendenzen in der Mikrohistorie beider wohnungsbaulichen Komplexe I iv und III ix feststellen, die für die Entwicklung der Wirtschafts- und Sozialgeschichte der Stadtviertel nördlich des Decumanus, also jenseits der späten Boomzentren des südlichen Stadtareals seit dem späteren 3. Jh. typisch erscheint. So spiegelt sich die Verarmung der ›Mittelschichten‹ in den zunehmend kleinen Wohneinheiten wider, was insgesamt als Senkung des qualitativen Anspruchs des ursprünglichen wohnungsbaulichen Konzepts gedeutet werden muß. Auf der Ebene der einzelnen Mikrohistorie kann zwar neben solchen Marktschwankungen auch ein eventueller Besitzerwechsel zugrundegelegen haben; eine ›individuelle‹ Motivation zu Umbauten bleibt aber bei der erheblichen Anzahl von Analogien im gesamten Stadtgebiet vernachlässigbar: Es handelte sich tatsächlich um übergeordnete Phänomene eines Sozialstrukturwandels[860].

Von den spätantiken Nutzungsniveaus, die sich auf den Erhöhungen von +3–5 m befanden, sind nur wenige Reste bekannt. Finelli dokumentierte seine Beobachtungen zu einem Schnitt durch die +2–4 m hohe Verschüttung der Via di Diana[861]. Damals war die Via di Diana selbst verlassen und bereits unter riesigen Hausmüllstraten verborgen, die Finelli zu dem Schluß verleiteten, daß es sich bei der Siedlung dieser Zeit dennoch um eine erhebliche Bewohnerzahl – oder wahlweise sehr lange Zeiträume des Nachlebens – gehandelt haben könnte[862].

Der Ausgräber Guido Calza datierte die große artifizielle Aufschüttung, die eine Nutzungsaufgabe des Erdgeschosses bedingt haben mußte, bereits ins späte 3. Jh. Betrachtet man jedoch die Fundmünzen aus der Via di Diana, deren späteste immerhin maxentischer Zeit entstammt, und die Münzen aus dem Erdgeschoß der Insula di Diana selbst, das offenbar bis ins späte 4. Jh. zugänglich geblieben war, sowie die zahlreichen Amphoren, zum Teil mit Stempeln, aus der Via dei Balconi, dann können diese auf heutigem Kenntnisstand zusammen mit der spätesten eingebrachten Haushaltskeramik nach DeLaine auf einen deutlich späteren Ansatz hinweisen[863]. Nur die Erstreckung dieser Auffüllschicht ist nicht ganz geklärt: Carlo Pavolini hält es lediglich für möglich, daß diese Aufschüttung von der Via dei Balconi bis in die Einheit I iv 4 reichte, DeLaine sieht es dagegen als bewiesen an, was sie mit einer Nachuntersuchung der Amphorenstempel und dem Vergleich zu Calzas Fundbeschreibungen zur Via dei Balconi begründet[864].

859 Es waren eher mehrere kleine Wohnungen mit geringerem Austattungsanspruch rentabel, daher kommen in ganz Ostia zu dieser Zeit Wohnungsaufteilungen der großzügigen *medianum*-Appartements mit über 400 qm Gesamtfläche in Einheiten um oder unter 100 qm vor, sowohl in den Komplexen I iv 3–4 als auch in der Casa del Soffitto Dipinto oder III ix–x und dabei im Erdgeschoß und Obergeschoß mit den Einheiten 101–106, 108–110a: Zur Aufteilung des ersten Obergeschosses von III x 1 vgl. Gering 1999, 111 Abb. 7; Gering 2001, 204 Abb. 4 (Schema B mit den Räumen 101–107 und Schema J mit den Räumen 108–110a). 205 f. mit Abb. 5.

860 Dazu s. DeLaine 1995, 95.

861 Dazu s. GdS, 1916, 2: »e poi ci fanno vedere il come la via fu abbandonata e qual'uso servisse poi. Quello che noi vediamo ora è che la strada è in grande parte incombra [ingombra] di pezzi di muri caduti dalla casa di Diana [...]. Nella strada sudetta ad ovest di questa casa seguitano a mostrarsi gli strati formati di rifiuti di abitazioni ed essi si trovano ad altezze varie cioè da circa m 2 dal piano stradale antico a m 4 circa così a noi e facile vedere a mezzo di questi scarichi che in Ostia si abitava ancora quando la strada era incombra [ingombra] di muri caduti e su questi si scaricavano rifiuti di abitazioni«.

862 Dazu s. GdS, 1916, 8 f.: »Dalle osservazioni fatte si conferma sempre indiscudibilmente che le costruzioni lungo questo lato erano state già imparte demolite quando la casa di Diana era ancora impiedi e in essi ambienti e nella strada si versarono gli scarichi o rifiuti di abitazioni, cioè la strada era stata abbandonata e perciò veniva considerata come mondezzaio seguito ad essere anche quando caddero i muri dei piani superiori della casa di Diana. Come ho detto negli ultimi giornali di scavo, gli strati di questo mondezzaio o rifiuti di abitazioni sono piutosto voluminosi e ciò fa supporre che molta genta vivava [viveva] ancora in Ostia quando questi furono fatti«.

863 Dazu s. DeLaine 1995, 95 mit Anm. 56; Calza 1920/1921, 425.

864 Dazu s. DeLaine 1995, 106 Anm. 56; Pavolini 1986a, 253.

Ausblick – Das stadtweite Ende der Insula

Das Material der Aufhöhung läßt einige Aussagen zum Hergang des Verfalls der Stadtviertel nördlich des Decumanus und seiner direkten Bewältigung zu: Calza vermutete, daß die Schicht mit den Fassadenteilen von einem intentionalen Abriß der Obergeschosse zur Materialgewinnung stammt. Nach erfolgter Spolienentnahme sei das verlassene Viertel dann als Mülldeponie genutzt worden[865]. Danach war es nach einer vollständigen Nutzungszäsur zu einer Wiederbesiedlung gekommen, die ihre spärlichen Spuren in den heute noch sichtbaren Mauerdurchbrüchen auf der Ebene des ersten Obergeschosses, sowie den bei der Grabung beseitigten Mauern auf Erdbettung und den auf demselben Niveau gestampften Fußböden in etwa +3 m Höhe hinterlassen hat. Am höchsten erwies sich die Schuttauffüllung in der Insula I iv 2 mit bis zu +5 m. Es verwundert nicht, daß diese Insula daher eines der am höchsten erhaltenen Gebäude darstellt. So konservierte die artifizielle Aufschüttung hier tatsächlich das vollständig in situ stehende Mauerwerk bis zum ersten Obergeschoß und originale Mauerteile bis zum Boden des zweiten Obergeschosses, die nach der Grabung unter Calza relativ problemlos wieder ›zusammengesetzt‹ werden konnten.

Auch in anderen Insulae finden sich Einbauten im Obergeschoß, die auf eine späteste Nutzung nach dieser Aufhöhung des späten 5. oder 6. Jhs. schließen lassen, so im Korridor um den Hof des ersten Obergeschosses des Caseggiato degli Aurighi (III x 1), wobei dort sogar einzelne Wohneinheiten durch Zungenmauern aus Tuffmauerwerk neu gebildet wurden[866]. An vergleichbarer Stelle und wohl zum gleichen Zweck findet sich auch Bruchmauerwerk im Hofumgang des ersten Obergeschosses der Insula di Diana (I iii 3–4). Dasselbe gilt ansatzweise für alle weiteren Insulae, die auf dieser Ebene noch ausreichend im antiken Bestand erhalten und auch nach der Konservierung und Reinigung so belassen worden sind[867].

Auch Türdurchbrüche auf Ebene der Obergeschosse gehörten wohl oft zu diesen spätesten Nutzungsphasen. Ihre Spätdatierung ist gesichert, wenn analog ausgeführte Türdurchbrüche im Erdgeschoß fehlen und sie sich so mit großer Wahrscheinlichkeit in Relation zur Aufhöhung von +3 m setzen lassen[868]. Das Fehlen großer Vorkommen von Ziegeln in der Schuttschicht mit den Amphorenscherben legt nahe, daß man in den spätesten Besiedlungsphasen das erste oder vielleicht in Ausnahmefällen auch noch das zweite Obergeschoß der Insulae abusiv bewohnte, weitere Obergeschosse und die originale hochkaiserzeitliche Überdachung damals aber bereits längst eingestürzt oder abgerissen und als Baumaterial für Neubauten an anderer Stelle abtransportiert worden waren. Deswegen nahm man nach der Freilegung der ersten Insulae Ostias auch längere Zeit nur eine durchschnittlich dreigeschossige Bebauungshöhe der Insulae an. Das kann heute jedoch nicht nur durch die außerordentlichen Mauerdicken, die geräumigen Treppenhäuser sowie die zahlreichen Obergeschoßböden mit Mosaiken oder Opus spicatum-Auflagen im Bauschutt, sondern auch durch die bessere Kenntnis der Verfallsgeschichte Ostias als Fehlschluß erwiesen werden[869].

Für die Wiederbenutzung der teilweise abgerissenen Insulae mußte man Notdächer auf der Höhe des ersten oder zweiten Obergeschosses in die Ruinen der ehemals vielgeschossigen Bauten einbauen, zu denen es aber leider nur geringe, bzw. relativ unspezifische Spuren gibt. Die Existenz neuer Dächer zwei bis drei Geschosse unter den originalen scheint zumindest beim Caseggiato degli Aurighi (III x 1) durch bauliche Beobachtungen gesichert[870]. Diese Spuren lassen sich zumindest in

865 Dazu s. DeLaine 1995, 95 mit Anm. 56.

866 Dazu s. hier Kapitel II. 5. d.

867 Dazu s. Packer 1971, 123 f. Gerade spätantike Mauern sind oft nicht konserviert worden und wegen ihrer Bauweise, ihres im verfallenen Zustand unspezifischen Baumaterials und ihres zementarmen Mörtels in den mehr als 60 Jahren seit der großen Grabungskampagne im Gegensatz zum Ziegelmauerwerk vollständig verwittert. Davon geben vor allem noch alte Grabungspläne und der Grundplan von Italo Gismondi von 1953 Auskunft, wobei vor allem den unter Dante Vaglieri erstellten Plänen höchste Zuverlässigkeit zukommt, wie Maueranalysen vor Ort vielfach ergeben haben (s. o.). Zu vergleichbaren Baumaßnahmen auf der Ebene des ersten Obergeschosses, um den Zustand nach einem Einsturz der Obergeschosse zu stabilisieren, gehört eine Reihe von Baumaßnahmen in der Insula di Serapide (III x 3). Dazu s. u.

868 In manchen Bereichen ist allerdings keine entsprechend hohe Verschüttung vorhanden gewesen und ähnlich grob gestaltete Türdurchbrüche korrespondieren dort mit weit geringeren Erhöhungen von +30–50 cm. In solchen Fällen ist ohne weitere Indizien unklar, ob es sich um eine frühere Datierung handelt, die sich noch vor der Mitte des 4. Jhs. ansetzen läßt oder um spätere Maßnahmen in zufälligen Senken im ungleichmäßigen Höhenrelief der Schutthäufen, die dann die späteste Siedlung auf dem ehemaligen Stadtareal charakterisierten. Vgl. dazu bereits Gering 2002a, 132 f.

869 Vgl. dazu Hermansen 1981, 22 f.

870 Dazu z. B. der Nachweis im Caseggiato degli Aurighi, daß dort im Zug der späten Einbauten auf die Fläche des umlaufenden Korridors die Gewölbeansätze abgearbeitet wurden. Ohne Gewölbeabschluß des ersten Obergeschosses ist aber die Existenz weiterer Ge-

Abb. 206 Eine Türzusetzung mit Obergeschoß-Zwischenböden und Opus-spicatum-Böden

III x 1 hypothetisch mit konkreten Dachformen, möglicherweise voneinander getrennte Raumüberdachungen verbinden, wobei für weitere Insulae zukünftige Detailforschung vonnöten wäre.

Ein nachträglich eingebautes Fenster in der Ostwand der Insula di Giove e Ganimede (I iv 2) belegt nach den Beobachtungen von DeLaine, daß die Obergeschosse der vorgelagerten Tabernenreihe zur Zeit der (Wieder-)Benutzung der Insula di Giove e Ganimede seit dem späten 4. oder frühen 5. Jh., bereits abgerissen oder eingestürzt gewesen waren[871]. Zubauten im Erdgeschoß wurden hier aus dem jeweils lokal angefallenen Versturzmaterial der Obergeschosse (Abb. 206) gewonnen, dessen Vorkommen und Verbreitung bei spätantiken Reparaturen in einem stadtweiten Survey analysiert und nach seiner Verbreitungsdichte und seinem Verwendungszweck hin ausgewertet werden konnte. Bei den Insulae III x und I iv spricht die Dichte der Zubauten für einen vorausgegangenen Einsturz und einen intentionalen Abriß der nicht mehr gebrauchten, bzw. baufälligen dritten, vierten oder fünften Obergeschosse.

In der Insula di Bacco Fanciullo (I iv 3) ist noch vor der großen Verschüttung von +3–5 m und dem Einsturz der Decken sowie dem Abriß aller darüberliegenden Teile der Obergeschosse eine letzte Erhöhung des Nutzungsniveaus im Inneren der Räume auf insgesamt +1 m nachweisbar. Bei ehemaligen Deckenböden von etwa 3,30 m konnte man also auch jetzt noch relativ bequem im Erdgeschoß aufrecht stehen. Das Material dieser Aufhöhung wird für die gut vergleichbare Nutzungs- und Verfallsgeschichte der Insula delle Ierodule (III ix 6) derzeit untersucht, auch dort wies die letzte Aufhöhung vor der Nutzungsaufgabe der Erdgeschoßbereiche die Höhe von etwa +1 m auf. Diese Höhe entspricht in etwa den bekannten Aufhöhungen von Finellis ›unterer‹ Schicht innerhalb des Stadtgebiets nach den Grabungstagebüchern[872].

II. 4. c Ausgrenzungen – Weitere Straßensperren am Forum und am Wohnviertel entlang der Semita

Der ehemalige Hauptzugang zum Tiber wird ausgegrenzt

Der nördliche Cardo war in der Spätantike unmittelbar am Nordende des Forumsplatzes auf deutlich höherem Gehniveau vermauert worden (Abb. 207. 208). Die alten Grabungsfotografien zeigen eine noch höher als 4 m erhaltene komplette Vermauerung der Straße, die aus Gründen touristischer Zugänglichkeit aber schon bald abgerissen wurde. Heute ist davon nur noch ein winziger Rest erhalten geblieben (Abb. 208).

Es ist von außerordentlicher Bedeutung für das Verständnis der spätantiken Stadtstruktur, daß die alten Grabungsfotografien eindeutig belegen, daß die Sperrmauer des Cardo höher fundamentiert war als das Cardopflaster (Abb. 166, Z1/Z2): Der vorspringende

schosse kaum möglich, so daß zum Zeitpunkt des Einbaus nach der Mitte oder dem Ende des 4. Jhs. also eine Erhaltungshöhe des gesamten Wohnungsbaukomplexes III x 1–3 angenommen werden kann, die mehr oder weniger dem heute rekonstruierten Zustand mit einer überwiegend ein- und in einigen Bereichen zweigeschossigen Erhaltungshöhe, nicht aber der fünfgeschossigen Konzeption hadrianisch-antoninischer Zeit entspricht.

871 Dazu s. DeLaine 1995, 96.

872 Mit dieser Aufhöhung von 1 m in Innenräumen, die an jene weit verbreiteten von +70–90 cm im Straßenraum des Stadtgebiets zwar erinnert, aber nicht notwendig korrelieren mußte, geht der Abriß der Obergeschosse der Insula di Giove e Ganimede in gegenseitiger Abhängigkeit einher. DeLaine 1995, 96 hält diesen Vorgang für »systematic and deliberate«, möglicherweise auch, weil durch Feuer geschädigtes Mauerwerk kalziniert und seine Tragkraft verliert. Die Niederlegung der Mauern in III ix 4–5 scheint ebenso auf eine Brandkatastrophe zurückzugehen, wie die Wiederverwertung von kalziniertem Mauerwerk in Eingußfundamenten belegen kann, wobei diese Fundamente etwa +90 cm–1,20 m über dem hadrianischen Fundamentniveau liegen. Dazu vgl. Gering 2002a, Abb. 19, Einheit *4, Raum 3 und das im Süden vorgelagerte Eingußfundament für die Pflasterung.

Abb. 207 Die Türzusetzung des Seitenflügels des nördlichen Cardo

Abb. 208 Die Türzusetzung im Straßenraum des nördlichen Cardo

Fundamentbereich mit den Aussparungen für die hölzernen Träger im Gußbeton ist gut sichtbar und überragt das sichtbare Pflaster erheblich. Damit ergibt sich ein relativer Hinweis auf die Datierung. Die zum Kapitol gewandte Seite der Vermauerung ist dagegen ebenerdig zum Pflaster auf der Höhe von etwa 2,60 m NN gebaut (Abb. 208). Das erklärt sich dadurch, daß das Pflaster hier, im noch benutzten Teil der Stadt, kontinuierlich erhöht worden war, während es im verlassenen Bereich dahinter im Zustand des 2. Jhs. belassen blieb.

Es wäre denkbar, daß auch dieser Bereich wie die Via dei Dipinti oder die Via dei Balconi artifiziell durch Amphoren und Hausmüll aufgeschüttet und als innerstädtische Müllhalde genutzt worden war. Das geschah möglicherweise u. a. auch, um hier eine möglichst lückenlose Barrikade gegen die Tiberüberschwemmungen in den nördlich des Decumanus gelegenen Gewerbe- und Lagervierteln zu bilden. Eine ähnliche Verschüttung mit den zwei ›typischen‹ Schichten ist zumindest auch beim Pendant zur Via dei Dipinti, einer parallel verlaufenden Nord-Süd-Achse zum Piccolo Mercato am Ende des damaligen Grabungsareals greifbar, die westlich an den vermauerten Cardo anschloß. Zu diesen Schichten und zu Einsturz und Aufschüttung der

Abb. 209 Die Türzusetzung in westlich angrenzenden Tabernen des nördlichen Cardo. Ein Marmorlager mit Kalkofen

Abb. 210 Die Türzusetzung in östlich angrenzenden Tabernen des nördlichen Cardo

angrenzenden Horrea geben die Grabungstagebücher ausreichend Auskunft[873].

Eine große Durchlässigkeit, insbesondere von Nord nach Süd, also vom Tiberufer zu den vielfältigen Gewerbe- und Lagerbereichen innerhalb des Stadtgebiets und zu den vorstädtischen Verbindungsstraßen, war die zentrale Voraussetzung der dezentralen privaten Wirtschaftsstruktur der hohen Kaiserzeit.

In der Spätantike erscheint die maßgebliche Erschließungsrichtung innerhalb Ostias dagegen um 90° gedreht. Anstelle der Nord-Süd-Achsen blieb vor allem der Decumanus als zentrale Ost-West-Achse von bzw. zu den Villen am Meer entlang der Via Severiana als uneingeschränkt durchlässige Promenade auf einem einheitlichen Gehniveau beibehalten, den lokalen Güterverkehr leitete man statt über die alten Verkehrsadern Decumanus, Cardo oder Semita und Via dei Molini nun über ehemalige Nebenstraßen im Süden der Stadt.

Das gemeinsame zugrundeliegende Ziel eines komplexen Systems aus mehreren Straßensperren war, bestehende Ruinen aus dem wahrnehmbaren Stadtbild ›auszublenden‹. Ein gutes Beispiel bildet neben dem oben erörterten Dianaviertel auch die Blockade des Zugangs zum nördlichen Cardo (s. o.), der sich nicht nur auf der Straße selbst (Abb. 208), sondern auch im Zubau vieler unmittelbar umliegender Tabernen spiegelt (Abb. 166, Z1/Z2; Abb. 209. 210).

Das Wohnviertel an der Semita

Die Verschiebung der Schwerpunkte sowie die Reduzierung der Gewerbenutzung an der ehemaligen ›Horrea-Straße‹, der Semita Horreorum südlich der Ex-

873 Dazu s. GdS 6, 1913, 21: »via coperta parallela a quello dietro al tempio di Vulcano e al lato ovest del piccolo mercato. Lo scavo si trova ora dietro all'ambiente del lato est di questo piccolo Mercato, a contare da nord a sud. Anche in questi giorni come in tutto il periodo dello scavo, si sono sempre notati in questo punto i due strati, quello di sopra e formato di pezzi di volte e muri caduti appartenenti ai piani superiori, e quello di sotto di terra con pocchi [pochi] materiali da costruzione. In questo giorno fu raggiunto il sottopassaggio sotto la scala che si trova a sinistra di chi parte dal tempio di Vulcano e va verso il Tevere«.

edra EXE/P2a (Abb. 211), ist bei der gut publizierten Insula V ii und V iii exemplarisch nachzuvollziehen. Dort traten Bereiche luxuriösen späten Wohnens an Stelle der direkt an die Durchgangsstraße grenzenden Tabernen, nachdem sowohl die Semita als auch einige parallele Nebenstraßen für den Durchgangsverkehr durch ein Netz von Sackgassen gesperrt worden waren[874].

Der Sinn der Straßenschließungen in Form einer Wohnungs- oder Tabernentür ist wohl zum Teil in einem zunehmenden Sicherheitsbedürfnis der Anwohner zu suchen. Die Richtung der Türöffnung gibt dazu einige Aufschlüsse: Bei der Straßensperre S2b konnte die Via della Casa del Pozzo ganz offenbar von der Seite der späten Häuser aus verschlossen und verriegelt werden (Abb. 211, östlich des Appartements A 29d.). Der unkontrollierte Zugang von größeren zusammenhängenden Ruinenflächen ehemaliger Horrea, die südlich an die Sperre S2b angrenzten, oder von den nahen Überlandstraßen sollte offenbar temporär, wahrscheinlich nachts, begrenzt werden.

Der Einbau der Schwelle S2b auf eine vorgelagerte Ruinenballung hin war im Rahmen eines umfangreichen Wiederaufbaus der Insula V ii erfolgt: Die Straßensperre S2b wurde dabei in einem durchgehenden Mauerzug mit der Außenmauer einer neuen Wohnung (Abb. 211, A29d) in Opus vittatum A gebaut. Das geschah nach Ausweis der wegweisenden Bauuntersuchungen unter Johannes Boersma wohl im Rahmen einer grundlegenden spätantiken Renovierungs- und Ausbauphase, die Boersma nach der teilweise problematischen Chronologie von Thea Heres in die zweite Hälfte des 4. Jhs. setzt[875]. Offensichtlich waren diese Baumaßnahmen einer Einsturzkatastrophe gefolgt, was an der Zwischenwand zwischen den Einheiten V ii 14 (Abb. 211, A 29a) und der südlich angrenzenden Gewerbestruktur besonders deutlich wird, die bis auf die Höhe der Grundmauern von nur etwa 20 cm stark

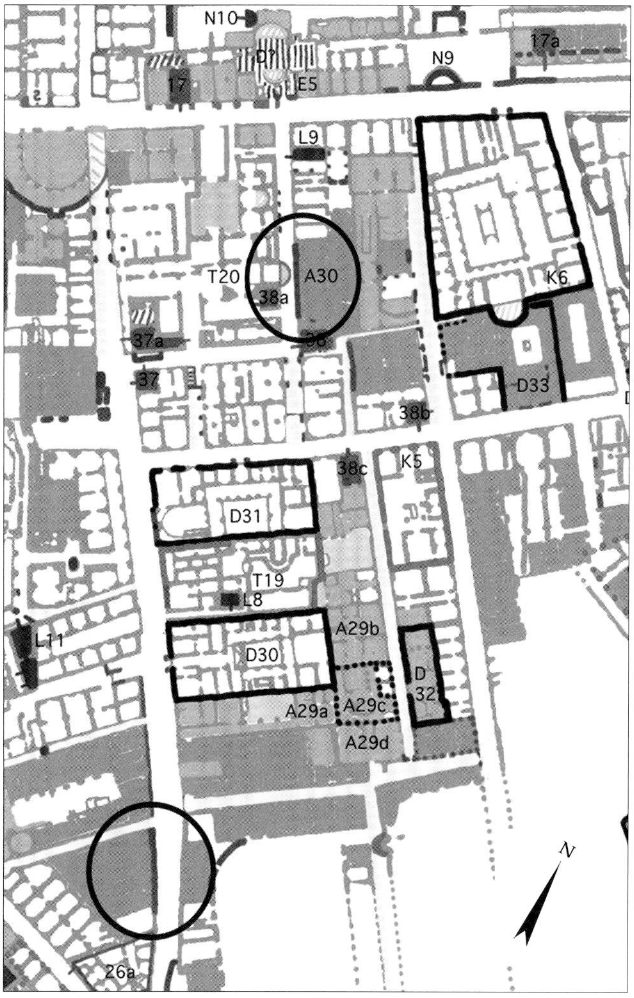

Abb. 211 Straßenzusetzungen und verkleidete Ruinen in spätantiken Luxuswohnvierteln der Regio V

durch Hitze beschädigt worden war und wohl in Folge dessen darüber eingestürzt ist[876]. Möglicherweise war der Brand oder sogar der Einsturz selbst die unmittelbare Folge eines Erdbebens[877].

874 Zur Dominanz der Bewohnung in den spätantiken Phasen im Block V ii s. Boersma u. a. 1985, 216 f. mit Abb. 203 f. 221 f. mit Abb. 206. Vgl. dazu Boersma u. a. 1985, 160: »This gradual shift of interest is understandable in the light of the diminishing importance of semita dei cippi as a thoroughfare«.

875 Zur Blockade S2b als Teil einer größeren Renovierung der Einheit V ii 14 s. Boersma u. a. 1985, 191: »the outer walls were restored during the second half of the fourth century including the partial blockage of Via della Casa del Pozzo«.

876 Auch weitere Einheiten wie V ii 10 waren damals komplett eingestürzt gewesen. Vgl. dazu Boersma u. a. 1985, 26 f. Abb. 26: Die Nordwand von V ii 2 wurde zum Teil bis auf die Höhe von etwa 20 cm komplett abgerissen und in derselben Position durch Opus vittatum A und Bauschutt ersetzt. Auch der Mörtel wurde in sehr improvisiert wirkender Weise zum Teil aus kollabiertem Material gewonnen. Vgl. dazu Boersma u. a. 1985, 27: »containing pieces of marble«. Die sofortige Wiederverwendung von Material des Einsturzes an Ort und Stelle entspricht einem üblichen ersten direkten Krisenmanagement, das unmittelbar an die Einsturzkatastrophe anschloß. Die Baugeschichte des Blocks V ii weist ferner umfangreiche Umbauten, die mehrere Besitzeinheiten zugleich umfassen, auch in der darauf folgenden Zeit auf. Vgl. dazu auch Boersma u. a. 1985, 27: »The building contains a large proportion of opus vittatum, showing that the building still functioned in later antiquity«.

877 Dazu s. o. Nach Heinzelmann u.a. 1999, 325 f. können weitere Einsturzkatastrophen innerhalb der Regio V in

Eine ähnliche zweiteilige Straßensperre, die Zugang nur noch über Tabernen ermöglichte, wie das bereits im vorigen an der Semita Horreorum (P2a mit S2a), an der Via dei Molini (S2d) oder dem Beginn der Via del Sabazeo festgestellt werden konnte (S1c über Taberne A16), befand sich möglicherweise auch an der Mündung der Via del Sole auf die Via della Fortuna Annonaria. Nach Ausweis des Grundplans von Gismondi fanden sich dort Hinweise auf eine verkehrssperrende Straßenbebauung. Die Blockade selbst ist heute zwar nicht mehr erhalten, der Einbau einer späten Apsis der Terme dell'Invidioso T2b auf den Straßenraum direkt gegenüber der Brandmauer der Ruine des Caseggiato del Sole (Abb. 211, A30 umkreist) ist aber wohl der Tatsache geschuldet, daß hier kein Durchgangsverkehr mehr vorgesehen war.

Auch hier fällt ein Phänomen auf, das an den Bereich um die verlassene Caserma dei Vigili (Abb. 185, K1a, R1b, S1d), an die Absperrungen des gesamten Viertels um die Via di Diana nördlich der Promenade und an die Via di Diana selbst erinnert: Mit der Umgestaltung des einzigen decumanusseitigen Zugangs des Luxuswohnviertels der Regio V ii/iii zur Fußgängerzone, die hier anhand des Einsturzzeitpunkts des Caseggiato del Sole in das späte 3. oder frühe 4. Jh. datiert werden kann[878], scheint hier eine Reihe von Bars entstanden zu sein. Alle Beispiele stellen nachträgliche Einbauten dar, die wie auch das sogenannte Thermopolium an der Via di Diana (B2d) frühestens zur Mitte des 3. Jhs. in aufgegebenen Tabernen eingerichtet worden waren. Alle Bars des Viertels an der Semita (Abb. 211) waren offenbar auch noch im 5. Jh. in Verbindung zu den Nebeneingängen der Terme dell'Invidioso T2b (Abb. 211, T20) in Funktion geblieben. Die außerordentliche Bardichte – allesamt Neubauten des späten 3. und 4. Jhs. – unterstreicht die Bedeutung der Terme dell'Invidioso in der Spätantike. Das stellt wiederum einen Unterschied zum eindeutig abgewerteten Dianaviertel (s. o.) dar, wo keine Thermen oder größere Häuser vorhanden und auch keine neuen Bäder oder spätantike Häuser entstanden waren.

Die Terme dell'Invidioso T2b umgab eine Reihe von neuen Sackgassen anstelle ehemaliger Durchgangsstraßen. Der direkte axiale Zugang vom Decumanus zu den großen Häusern im Viertel an der Semita wurde dadurch – in Ergänzung zur ›eleganten‹ Zugangsbeschränkung S2a der Exedra EXE/P2a – verhindert. Trotz der partiellen Wagenverkehrssperrung durch die Thermenapsis (Abb. 211, A30 umkreist) handelte es sich bei der Via del Sole um die einzige durchgängige Wegführung neben insgesamt vier zugangsbeschränkten oder ganz zugesetzten Straßen, die zuvor vom Decumanus aus nach Süden geführt hatten (Abb. 211). An dieser stark ›kanalisierten‹ Wegführung ballte sich nun das gesamte spätantike Infrastrukturangebot im direkten Einzugsbereich der Terme dell'Invidioso T2b. Eine rege Frequentation von Fußgängern ist dort neben den erwähnten Bars auch in gegenseitiger Abhängigkeit zu weiteren Thermen, durchwegs renovierten Einkaufsläden bzw. Tabernen und einer decumanusseitigen Großlatrine L9 anzunehmen. In einem großen Kreis um die öffentliche Platzanlage der ›Palästra‹ der Forumsthermen P3a wurden dementsprechend fast alle Vorgängerbauten, auch der Gewerberaum, spätantik wiederverwertet und offenbar gezielt erst der dahinter angrenzende Randbereich mit höherer Ruinendichte durch einfachere Straßensperren und Brandmauern ausgeblendet, wie u. a. zwei typische Beispiele zugesetzter Ruinen, deren ausgebrannte Reste in situ belassen wurden, belegen können (Abb. 211, umkreist). Die Eingänge der großen und luxuriösen Häuser des Viertels an der Semita (Abb. 211, D30 und D31) waren direkt auf den Einzugsbereich des Nebeneingangs der Forumsthermen im Westen orientiert. Aus Perspektive dieser Häuser und ihrer Zugangswege zu Palästra P3a und Forum P3 zumindest ließen sich die Feuermauern vor ausgebrannten Ruinen (Abb. 211, beide Kreise) nicht unmittelbar wahrnehmen.

II. 5. Die Stadtviertel außerhalb des Stadtzentrums vom Cardo bis zur Via della Foce – Nobilitierung, Ruinenbildung, Aufhöhung und ›Re-Kommerzialisierung‹

II. 5. a Das Bivium P4 als ehemaliger Verkehrsknotenpunkt – Ein Fassadennymphäum des 3.–4. Jhs. und die ›Re-Kommerzialisierung‹ des Platzes nach Mitte des 5. Jhs.

Die wichtigste Straßenkreuzung und der größte Verkehrsknotenpunkt im Westen Ostias ist der Platz am

der Via del Sabazeo festgestellt werden: »Im späteren 4. oder im 5. Jh. waren die Außenwände der beiderseits angrenzenden Gebäude auf die Straße gestürzt, möglicherweise infolge eines Erdbebens«. Dieser Einsturz erfolgte aber offenbar nicht unmittelbar auf das letzte hochkaiserzeitliche Straßenpflaster, sondern bereits auf eine bestehende Aufhöhung, die aus mehreren Nutzungshorizonten bestand, während über der gefallenen Fassade wiederum weitere Nutzungshorizonte nachgewiesen werden konnten. Den Hinweis verdanke ich dem Schnittleiter Benjamin Streibl. Eine spätere Datierung als im vorliegenden Fall des Blocks V ii ist damit sehr wahrscheinlich. Die abschließende Publikation der Sondagen in der Via del Sabazeo bleibt jedoch abzuwarten.

878 Vgl. dazu Gering 2004, 338 mit Anm. 101.

Abb. 212 Das Stadtviertel am Bivium P4. Spätantike Ein- und Umbauten (M. 1:750)

Bivium P4. Der Platz befindet sich am Westrand der Innenstadt (Abb. 212. 217). Die Altstadt wurde durch die Grenzen des republikanischen Castrums definiert, das wiederum noch in der Spätantike am Straßenmuster erkennbar war.

Der Schnittpunkt zwischen der Altstadt und den neuen Stadtteilen der hohen Kaiserzeit (Regio III) wird durch drei spätantike Entwicklungen charakterisiert, die in ihrer zeitlichen Abfolge zu klären sein werden. Der Platz wurde: (1.) durch eine große Schaufassade mit Statuennischen, ein ›Fassadennymphäum‹, besetzt (N4a, Abb. 212. 213. 214), (2.) am Rand durch spätantike Tabernenreihen eingefaßt und zugebaut, und (3.) nach Nordwesten hin durch Straßensperren von den Verbindungen zum Tiberufer und dem Flußhafen bzw. dem Tempel der Dioskuren zunehmend isoliert. Bereits mit dem Beginn dieser Entwicklung im späten 3. oder frühen 4. Jh. hatte der Platz zugunsten der neuen Zierfunktion seine ehemalige Bedeutung als Marktbereich und Umlademöglichkeit für den gewerblichen Güterverkehr verloren. Dieser Platz blieb wegen der Kanalisierung des Decumanus als Promenade in seiner zentralen

Abb. 213 Das Fassadennymphäum am Bivium N4a. Rundnische mit Konsolen

Abb. 214 Fassadennymphäum N4a. Der zentrale Wasserauslaß aus dem Rückraum hinter der Nymphäumsfassade

Funktion als Verteiler beschnitten, bis eine zunehmend wirtschaftliche Umnutzung die rein repräsentativen Elemente der Platzgestaltung ersetzte.

Die Fassade der Horrea Epagathiana war insgesamt auf die Straße gefallen, ist heute aber wieder im Bauzustand der hohen Kaiserzeit rekonstruiert. In der Spätantike war sie nicht wie bei der Domus (Abb. 212, D3a/V3a) oder der Serapeumsfront V5a (Abb. 228. 229) bereits auf das letzte erhaltene hadrianische bzw. severische Straßenpflaster gefallen, sondern erst auf eine deutlich erhöhte Auflage, nämlich das als Fahrbelag verfestigte und um +70 cm erhöhte Straßenniveau[879].

Die Tabernenreihe nördlich der Horrea Epagathiana (Abb. 215) wurde bisher nur im vorderen Bereich ausgegraben, dahinter sind die originalen Füllschichten der

879 Zu zwei verschiedenen Schichten s. GdS 19, 1922, ab 19.06. und 01.07.1922: »Lo strato formando questo rialzamento e formato di sfabbricini mista a poca terra, il tutto molto battuto [...]. Questo strato e molto chiaro ed e molto visibile come sono i materiali, muri e parti decorativi ed architettonici appartenenti alla sudetta casa, caduti sullo strato sudetto«. Zur Schicht, die bis zur Höhe von +75 cm über dem heute freigelegten Straßenbelag reichte, und zu einer Verkehrsblockade durch ein gefallenes Mauerstück – wohl der Tabernen – fährt Finelli fort: »Nei materiali che formano lo strato di rialzamento della via, strato anteriore alla caduta dei muri della casa in parola, vi era un pezzo di muro a cortina a mattoni, certamente appartenente ad un'altra costruzione, muro caduto nella strada accomodato in modo che il transito seguito a funzionare sopra questo, indizio questo di una decadenza già di molto avanzata«.

Abb. 215 Die um 70 cm erhöhten Tabernen an der Via Epagathiana

endgültigen und nicht mehr bewältigten Einsturzkatastrophe erhalten, die hier nach Ausweis der Grabungstagebücher erst sehr spät, d. h. nach der großen Aufhöhung des Nutzungsniveaus angesetzt werden kann. Die Zubauten der Tabernen selbst sind u. a. aus zerkleinerten Obergeschoßböden und durch einen charakteristischen Mörtel mit hohem Anteil an Keramik und Bauschutt gekennzeichnet.

Die Tabernen an der Ostseite der Via Epagathiana (Abb. 212, Tb4b, +30 cm) waren erstmals bereits vor der großen Erhöhung um +70 cm verändert worden: Die Fläche der ehemals durchgängigen vorgelagerten Portikus wurde dabei – wie am Piazzale della Vittoria (P1, Tb1a–c) oder auch gegenüber der Exedra (P2, Tb2a–c) – besetzt und die Tabernen (Tb4b) dadurch ein Stück nach vorne versetzt. Das geht aus den Grabungstagebüchern und dem heute noch sichtbaren Niveau ihrer Türschwellen hervor, das wie in der Via dei Molini zunächst im 3. Jh. mit bis zu +30 cm über dem hadrianischen Gehniveau zunächst nur geringfügig im Bereich des Gehsteigs, nicht notwendig auch des Fahrbelags, erhöht worden war.

Die spätantik restaurierten Tabernen, die ein um +70 cm erhöhtes Fundament voraussetzen (Abb. 215), besaßen im Gegensatz zu ihren Vorgängern aber wohl nur noch ein Obergeschoß, was die Ausgräber aus dem Fehlen von großen Treppenhäusern, den schmalen Mauern und den geringen Resten von Aufbauten in der Schicht der endgültigen Verschüttung aus Haushaltsinventar mit Glas, Geschirr und Münzen schlossen[880].

Auf diese Weise ist sowohl die Reparatur als auch die Reduktion der Obergeschosse von Wohn- und Ge-

880 Dazu s. GdS 20 (1923) 2.–5.01.1923: »fatte per l'ampliamento che dovevano reggere ben poco peso, essendo molto malfatte e che fanno vedere la vera decadenza alla miseria dell'epoca in cui furono fatte«. Hier wurden auch Funde von Haushaltsinventar wohl aus den Obergeschossen, offensichtlich nach einem plötzlichen Einsturz, gemacht: Inv. 14850/70 belegt eine Reihe von Münzen, der Rest besteht aus einer für überraschende Einsturzkatastrophen typischen Mixtur aus Fensterglas, Glas- und Tonvasen, Lampen, Amphoren, Schreibgeräten, Essensresten (Muscheln und Tierknochen) sowie verbranntem Holz, u. a. von Fensterrahmen oder Mobiliarteilen, etc. Zu einem ähnlichen Befund einer zur Mitte des 5. Jhs. kollabierten Insula mit vollständigen Haushaltsinventaren im Fundamentbereich der Terme Piccole T5b s. hier Kapitel II. 5. c. – Zu den weiter nördlich in der Via Epagathiana angrenzenden und geschlossenen Tabernen s. Calza 1941, 33 Taf. 1. Portiken und Bürgersteige lagen wie bei Tb4a–c oder B4a–b jeweils auf privatem Raum, wenn sie nicht über mehrere Besitzgrenzen reichten. Ihre Besetzung mit privaten Neubauten stellte daher kein rechtliches Problem dar. Daß sogar eine Zweckentfremdung öffentlicher Portiken zumindest im Nachhinein durchaus ›legalisiert‹ werden konnte, wenn die Einbauten mit Marmor verkleidet wurden (wie z. B. das Nymphäum N4d in der Portikus Po4b), ist zumindest in späterer Zeit kodifiziert worden, war vielleicht aber schon davor Usus gewesen.

werbebauten an der Via Epagathiana als Auslöser für eine über mehrere Besitzgrenzen greifende funktionale Neuorientierung belegt, bei der offenbar auch der öffentliche Straßenraum der Portiken privatisiert und in Folge die freie Platzfläche erneut bebaut werden konnte.

Die Freifläche mit Fassadennymphäum und dionysischer Statuenausstattung des 3. und frühen 4. Jhs. und die Besetzung des Platzes mit einem Lagerhaus im späteren 5. Jh.?

Die Frage bleibt jedoch offen, wann genau, wie und warum man die in ihrer Lage besonders attraktiven Tabernen an der Nordwestseite des Platzes aus dem 2. und 3. Jh. (Abb. 212, R4a) aufgegeben, zugesetzt und an dieser Stelle eine Fassadenfront mit erhöhten Nischen als Teil eines spätkaiserzeitlichen oder spätantiken Fassadennymphäums N4a gestaltet hatte[881]. Dieser Bau und sein urbanistischer Kontext war 2004 bereits eingehend erörtert worden: Nur einige neuere Nachträge zur Deutung sollen hier ergänzend hinzugefügt werden[882].

Einzigartig für Ostia erweist sich die 22,5 m breite und mehr als 5 m hohe Schmuckfassade, die mit ihren Dimensionen jene auf dem Piazzale della Vittoria noch übertroffen hat (Abb. 212. 213)[883].

Ein großes und niedrig ummauertes Areal schließt direkt an die Schaufassade mit ihren Ädikulen und einer wohl adäquaten Statuenausstattung an. Die trapezoidale Ummauerung ist bis zu 70 cm hoch erhalten, zum Teil jedoch fehlen Teilstrecken oder sind stark modern ergänzt. Innerhalb des Areals befinden sich mehrere Basen (So 1–4). Wenn sie aufgrund ihrer massiven Bauweise einen erhöhten Boden oder Pfeiler für eine Überdachung getragen haben, wäre die Fernwirkung des Fassadennymphäums wohl stark beeinträchtigt worden. Grazilere Pfeiler wie das im Nordosten der Fassade von den Ausgräbern aufgestellte Beispiel (Abb. 216) lassen sich dagegen problemlos in die monumental-repräsentative Phase des Nymphäums einfügen.

Im Rahmen der Berlin-Kent-Excavations in Kooperation mit Luke Lavan wurde das Bivium im Jahr 2010 erneut vom Kent-Team untersucht[884]. Dabei konnte erwiesen werden, daß die trapezoidale Umfassungsmauer in einer gemeinsamen Bauphase entstanden war, aber kein Wasserbecken dargestellt haben kann[885]. Der Boden aus Opus spicatum ging demnach auf die Vorgängerbebauung, wohl Häuser, zurück. Die Schaufassade war offenbar mit weißem Marmor und Giallo antico verkleidet. Ein sicher anzunehmendes Wasserbecken vor der Fassade, das durch Reste von Opus signinum erwiesen ist, reichte wohl etwa 2 m weit von der Fassade weg, wurde aber für den Einbau einer vorgelagerten Struktur zerstört[886]. Thea Heres deutete den Bereich der trapezoidalen Umfassungsmauer als überdachtes ›Brunnenhaus‹[887]. Andrea Schmölder-Veit deutet diese ebenso als ›Nymphäumsraum‹, der in einer zweiten spätantiken Bauphase vor die ältere Schaufassade gesetzt worden wäre[888]. Luke Lavan zieht eine Deutung dieser Mauern als Lagerhaus vor, das der »utilitarian phase of the city« seit dem späteren 5. Jh. bzw. im 6. Jh. entsprochen haben könnte[889].

Folgt man den neuesten Grabungsergebnissen des Kent-Teams, dann war die spätantike Platzfläche nicht als ›Nymphäumsraum‹ zugebaut worden, sondern zu-

881 Zur Errichtung des Nymphäums im 4. Jh. in nur einer Phase s. Heres 1982, 413. Zu einer extrem abweichenden Datierung ins 2. Jh. bzw. in severische Zeit s. Mar 1992, 178 mit Abb. 95. Letzterer Vorschlag muß hier u. a. vor dem Hintergrund der relativen Datierung des Mauerwerks des Nymphäums als Bauphase nach den nachweislich vorausgegangenen Einsturzkatastrophen und Reparaturen im Bereich von R4a in Frage gestellt werden.

882 Dazu s. bereits Gering 2004, 349–368.

883 Die Platzrandbebauung um das Bivium P4 wies ehemals mindestens vier Geschosse auf, die in der Spätantike allerdings wie bei der östlich angrenzenden, neu gebauten Tabernenreihe reduziert worden sein konnten. Um eine adäquate Wirkung des Nymphäums bei einer Fassadenlänge von etwa 22,5 m zu gewährleisten, ist die durch die Nischen anzunehmende Gesamthöhe von 4,5–5 m wohl eher überschritten worden. Die Länge von 22,5 m entspricht jedoch dem Durchschnitt der gut vergleichbaren mehrgeschossigen Nymphäen in kleinasiatischen Städten. Die Bandbreite reicht von neun Beispielen mit 11–21 m bis zu sechs Beispielen mit über 30 m. Die eingeschossigen Nymphäen liegen mit 15–18 m tendenziell unter der Länge mehrgeschossiger Nymphäen. Dazu vgl. Dorl-Klingenschmid 2001.

884 Lavan 2012, 681–685.

885 Lavan 2012, 681.

886 Lavan 2012, 682.

887 Vgl. dazu Heres 1982, 411: Die Bezeichnung ›Fountain House‹ impliziert eine zumindest partielle Überdachung, zu der aber konkrete Anhalte fehlen. Nur am nordöstlichen Beckenrand steht ein wiederverwendeter Pfeiler mit Spuren einer Einarbeitung für Gitter. Nach GdS 22, 1924, 51 f. (9.–14.06.1924) wurden im Bereich vom Nymphäum N4a auch weitere wiederverwendete Bauteile gefunden, die auf eine mögliche Überdachung schließen ließen, vielleicht aber nur zum Fassadenschmuck dieses oder eines anderen benachbarten Baus gehörten, so u. a. gemauerte Arkaden, Säulen und ein ebenfalls aus anderem Kontext stammender Architrav mit einer Widmung an Pertinax (Inv. 15391).

888 Schmölder-Veit 2010, 117 f.

889 Lavan 2012, 684 f.

Abb. 216 Spolien vom letzten Zustand des Fassadennymphäums. Ein Umbau zu Horrea?

mindest bis ins spätere 5. Jh. in ihrer monumentalen Form als Freifläche mit Fassadennymphäum ohne Überdachung erhalten und sichtbar geblieben. Lavans Annahme scheint entgegen Heres und Schmölder-Veit (s. o.) plausibler, insofern die marmorne Zierfassade durch einen vorgeblendeten Bau wohl erst aus der Wahrnehmung verdrängt werden konnte, als der Decumanus keinen spezifisch repräsentativen Zwecken mehr dienen mußte. Damit kommt man in eine Zeit, als Plätze nicht mehr neu gebaut, sondern abusiv besetzt worden waren und in der auch dieser Platz nach Lavan mit dem Einzug der ›utilitarian phase‹ entsprechend in ein Lager- oder Warenhaus umgewandelt worden zu sein scheint. Zeugnis dieses Lagerhauses als hölzerne Konstruktion mit erhöhtem Boden wären demnach auch die ziegelverkleideten Pfeiler innerhalb der trapezoidalen Umfassungsmauer (Abb. 212, N4a).

Möglicherweise markierten auch hier Einsturzkatastrophen der Mitte oder des späten 5. Jhs. einen ›Katalysator‹ für den Übergang von der monumental-repräsentativen Phase des Stadtbilds zur ›Nutzphase‹ mit einer neuen Orientierung auf den Anwohnerbedarf, die vom Wegzug der Eliten beschleunigt wurde und sich in einem entsprechend gesenkten urbanistischen Anspruch eines Decumanus ohne sichtbare Zierbauten äußerte.

Zu einer noch späteren Phase gehören nach Lavan Tuff-Fundamente unmittelbar vor der Schaufassade, die bereits die Beraubung ihres Wandmarmors voraussetzen. Zur ›Nutzphase‹ auch dieser Tuffphase könnte dann auch die Straßensperrung der Via della Foce am ehesten passen, wobei aus dem Bauschutt vieler eingestürzter Gebäude diese Hauptachse dann nach Ausweis der Grabungstagebücher in ihrer immerhin 9,60 m breiten Mündung auf den Decumanus bis auf zwei kleine Fußgängerpassagen – wohl mit Türschwellen – gesperrt worden war. Diese konnten den Fahrverkehr hier vollständig blockieren: »costruzioni di carattere privato, ma tarde [...] la strada che s'iniziava dal decumano, con queste tardissime costruzioni, fu chiusa«[890].

Schaufassade und Wasserspiel hatten wohl zumindest im 4. Jh und der ersten Hälfte des 5. Jhs. einen einzigartigen städtebaulichen Akzent gesetzt, auch wenn das originale Wasserbecken wohl nur mit etwa 2 m Breite und einer Gesamtfläche von weniger als 40 qm ergänzt werden muß[891]. Bei den Grabungen 1938 wurden

890 Zur Straßensperre s. ausführlich: Gering 2004, 354–356 mit Anm. 126. Zitat s. GdS 22, 1924, 51 f. (9.–14. Juni 1924, R. Finelli). Zur Tuffphase s. Lavan 2012, 685 Abb. 30.

891 Etwa seit severischer Zeit konnten die Becken von Nymphäen extrem groß ausfallen. Der Tritonenbrunnen, ein mehrgeschossiges Nymphäum antoninischer bis severischer Zeit in Hierapolis, weist ein Becken mit etwa 235 qm Fläche auf. Vgl. dazu Dorl-Klingenschmid 2001, 196 f. Abb. 122a. Das wohl spätantike Nymphäum, das den Zugang zum Apollontemenos in Hierapolis versperrte, diente vielleicht einer Form der Verblendung nicht mehr gewarteter Bereiche und läßt eine Beckengröße von 250 qm vermuten. Wenig überzeugend gegen die Deutung als Nymphäum wegen fehlendem Kalksinter vgl. Dorl-Klingenschmid 2001, 193 f. mit Abb. 121a (Maßstab falsch). Zur Deutung als Nymphäum s. De

im Bereich des Beckens ein Delphin mit einem reitenden Eroten sowie weitere kleinere Fragmente von Ausstattung, die dort bis heute liegenblieben, gefunden. Zwischen den ›Zähnen‹ des Delphins war eine dünne Rohrleitung als Wasserauslaß eingebaut, die ihn als Wasserspeier erweist, der zweifelsfrei zur statuarischen Ausstattung eines Nymphäums gehörte und wohl etwas erhöht aufgestellt war, um die Fontäne zur Geltung zu bringen. Eine ähnliche Ausstattung wurde von Calza auf der südlich angrenzenden Platzanlage des Macellum P4a (Abb. 212, N4c) vermutet, deren Zugang vom Decumanus durch zwei Säulen hervorgehoben ist. Diese spätantike Platzanlage könnte in Analogie zur Reinigungsrinne vom Foro della Statua Eroica FSE/P2b diese Funktion zumindest von der Mitte des 4. Jhs. an bis zur möglichen Umnutzung des Foro della Statua Eroica in ein Macellum am Ende des 4. Jhs. ausgefüllt haben. Die Figurengruppe aus einem Delphin und Eroten, die seit 1938 einige Zeit auf das Zierbecken N4c gestellt wurde, stammt allerdings nicht von dieser Stelle. Nach Ausweis der Grabungstagebücher wurde sie an der Kreuzung des Decumanus mit der Via della Foce gefunden, rührte daher also nur mittelbar vom Brunnenbau selbst her: nach seiner Abräumung wurde die Figurengruppe offenbar in der ›Nutzphase‹ des späten 5. oder 6. Jhs. innerhalb der angrenzenden Straßensperre verbaut. Aus den unmittelbar zusammenhängenden Inventarnummern läßt sich dennoch ableiten, daß dieser Delphin in unmittelbarer Verbindung mit jenem vom Bivium gefunden worden war.

Zusammen mit seinem motivisch identischen und ebenfalls wiederverwendeten Pendant kann dieser Delphin nun daher mit großer Wahrscheinlichkeit wieder seinem originalen spätantiken Kontext als statuarische Ausstattung wie auch zwei Hermen mit dionysischem Personal und ein junger Bacchus vor der Fassade oder im Becken von N4a zugewiesen werden[892].

Möglicherweise gab es sogar noch weitere Teile einer maritimen und brunnentypischen Ausstattung, u. a. ein kleiner marmorner Schiffsbug, wovon bis 2004 noch einige Reste innerhalb des Beckens zeugten, die sich mit besser erhaltenen Wasserspeiern wie jenem vor dem Theater vergleichen ließen, inzwischen jedoch verschwunden sind[893].

II. 5. b Der Cardo, die Via del Tempio Rotondo und das Bivium – Anspruchsvolles Wohnen in aufgelassenen Arealen und die Rolle von Einsturz in der Mitte des 5. Jhs.

Belassener Versturz einer Domus – Verfall als Auslöser für Umbauten?

Eine der ehemals sehr häufigen, jedoch nach den Ausgrabungen meist entfernten Spuren von Verfall bilden auf den Straßenraum gefallene Fassaden. Den in situ belassenen Versturz einer Fassade findet man vor einem großen Stadthaus (Abb. 217. 218, Versturz V3a; Abb. 219). Das Haus selbst (Abb. 217. 218, Domus D3a) liegt in der Via del Tempio Rotondo, einer Straße, die den südlichen Cardo fortsetzte. Die Via del Tempio Rotondo avancierte seit dem späteren 3. Jh., als das Forum zunehmend abgeschlossen und zumindest der Durchgangsbogen

Benardi Ferrero – Berti 1993, 142. Zum Becken des inschriftlich auf 211/212 datierten extraurbanen Nymphäums in Side mit etwa 370 qm s. D'Andria 2001, 110. Mit etwa 360 qm könnte möglicherweise das Becken des stadtrömischen Septizodium rekonstruiert werden, wenn man den Angaben bei Dombart 1922, Taf. 1 folgt. Das etwa 170 m lange neronische Nymphäum am Claudiustempel in Rom hatte wohl mehrere, voneinander isolierte Becken. Bis auf diese Ausnahmen liegen die Beckengrößen aber unter 150 qm.

892 Zum Delphin mit Eroten s. Ricciardi – Scrinari 1996, Bd. 2, 195 f. Abb. 344. (GdS 24, 1938/1939, gefunden am 03.08.1938, Inv. 497). Zu Form, Kontext und der severischen Datierung vgl. Ricciardi – Scrinari 1996, Bd. 2, 202 f. Zu den motivisch identischen Delphingruppen, die keine spätantike Neuanfertigung darstellen und damit für das Nymphäum N4a wiederverwendet worden waren, vgl. GdS 24, 1938/1939, 03.08.1939 (Inv. 497. 498). Zu dem durch Calza willkürlich ergänzten Zustand des Beckens N4c mit einem der Delphine vgl. noch Ricciardi – Scrinari 1996, Bd. 2, 145 f. Abb. 264. Vgl. dagegen bereits Kockel – Ortisi 2000, 351 mit Anm. 2. – Zu weiteren Funden aus einer spätantiken Schicht – »scavo ancora piuttosto superficiale« – aus diesem Bereich, die sich aber nicht genauer zuweisen lassen, s. GdS 24, 1938/1939, 105 (12.12.1938): »nell'angolo compreso fra la strada che va al Tempio di Ercole e il Decumano proviene un capitello marmoreo [...], insieme è stata trovata una piccola ermetta marmorea con una testa silenica barbata e coronata«. Ein dionysisches Pendant wurde auch bei der später fortgesetzten Freilegung zutage gebracht. Dazu s. den Eintrag vom 05.01.1939, 106 f.: »Dagli ambienti con vasche fra il decumanus e la via del Tempio di Ercole viene in luce un ermetta marmorea di un giovane Bacco«.

893 Ein Wasserspeier, der der Basis eines hier gefundenen und wesentlich kleineren Fragments ähnelt, befindet sich in den halbrunden Nymphäen des Zwickelplatzes westlich des Theaters. Zu Form und der severischen Datierung vgl. Ricciardi – Scrinari 1996, Bd. 2, 202 f. Abb. 356; Schmölder 2001, 104 Abb. 5.

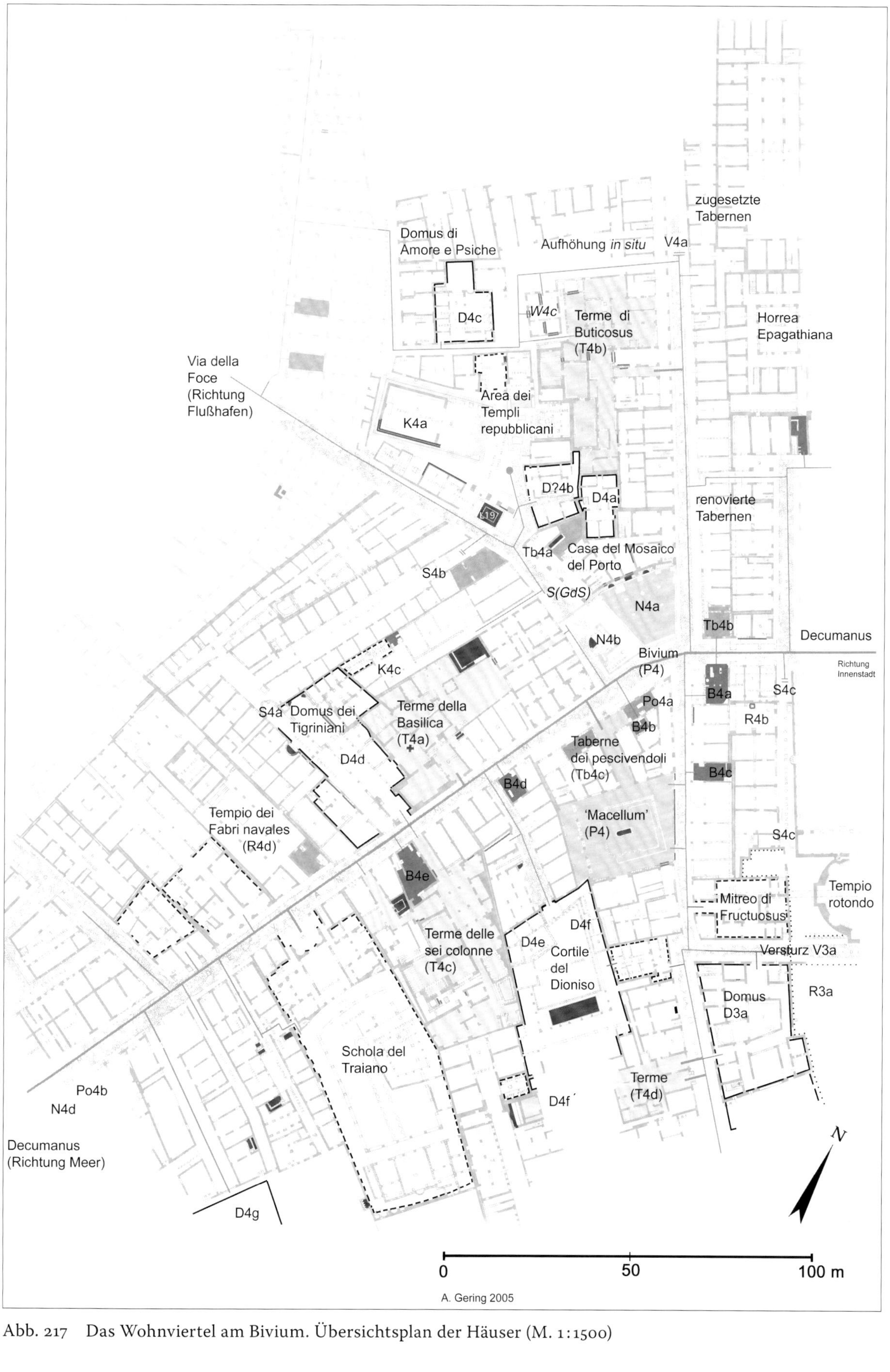

Abb. 217 Das Wohnviertel am Bivium. Übersichtsplan der Häuser (M. 1:1500)

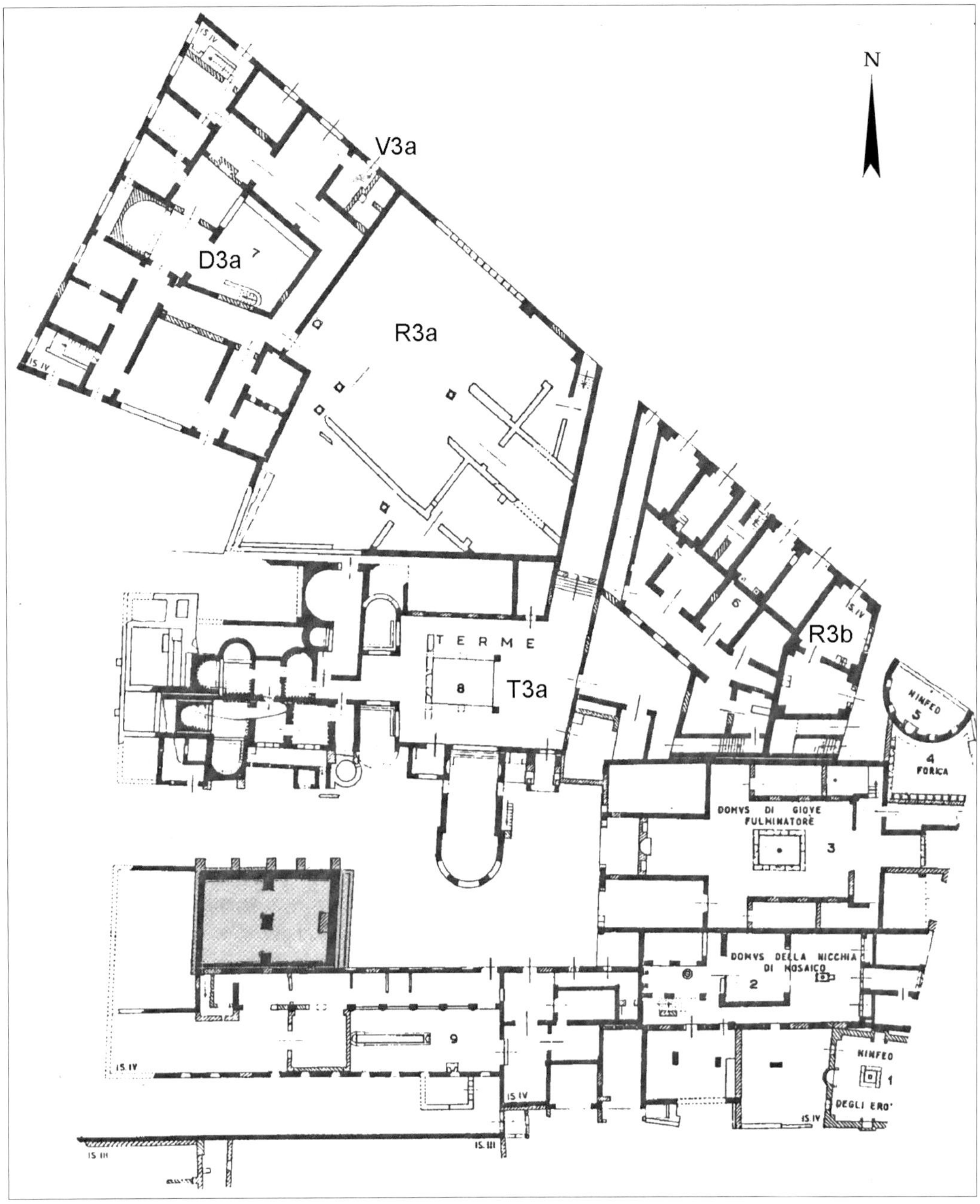

Abb. 218 Erdbebenwirkung an der Via del Tempio Rotondo. Die eingestürzte Domus D3a, die renovierten Terme Bizantine, die in situ verschüttete Steinmetzwerkstatt R3b und die neu gebaute Latrine hinter dem Ninfeo della Venere

östlich des Roma- und Augustustempels zum Forum bereits zugesetzt worden war, zu einer wichtigen ersatzweisen Durchgangsstraße vom südlichen Cardo in Richtung Nordwesten.

Die Domus D3a mit beheizbaren Räumen im Südosten des Hofbereichs 7 (Abb. 218, 7) lag also prominent; sie war mit einer Apsis als Zeichen eines anspruchsvollen Wohngeschmacks der späten Kaiserzeit oder Spätantike in den Erdgeschoßbereich einer bereits wohl aufgegebenen mehrgeschossigen Insula des 2. Jhs. eingebaut worden (Abb. 218, schraffierte Mauerzüge in D3a). Die Fassadenfront dieser Insula war wiederum – möglicherweise zeitgleich mit dem Brand eines gegenüberliegenden Mithräums – direkt auf das Straßenpflaster der Via del Tempio Rotondo gefallen. Die Frage bleibt, ob dieser Einsturz der Fassade das Ende der Domus in der Insula bedeutet hatte oder ob der Einbau der Domus auch erst nach dem Einsturz der vielgeschossigen Insula geschehen sein konnte.

Das direkt auf das severische Straßenpflaster der Via del Tempio Rotondo gefallene Fassadenteil der Domus D3a mit 60 cm Mauerdicke (Abb. 219) blieb – genau wie die 1938 entfernten Trümmer der Horreafassade in der Via Epagathiana – in der Spätantike unter dem bis auf +70 cm erhöhten Gehniveau dieser Nebenstraße verborgen[894]. Die wichtige Zugangsstraße konnte durch die

894 Dazu s. Kapitel II. 4. d.

Abb. 219 Die eingestürzte Fassade des ersten Geschosses der Domus D3a

Erhöhung über die Ruinen auf einem Niveau von mindestens 3,10 m NN wieder benutzt werden.

Die auf die Straße gefallene Fassade (Abb. 217–219, V3a) stammt von der Seite des Haupteingangs des Hauses. Die Zugänge zu den ehemaligen Tabernen in den Außenfassaden der Insula mußten zum Bau des Privathauses notwendigerweise vermauert werden: Interessanterweise geschah das zumindest bei einer Tür u. a. auch durch ein spezifisches Mauerwerk, das vorwiegend aus zerkleinerten Obergeschoßböden bestand. Diese Bautechnik setzt einen lokalen Einsturz oder bewußten Abriß von nicht mehr gebrauchten Obergeschossen voraus, was als Indiz dafür gewertet werden könnte, daß ein Abriß oder gewaltsamer Einsturz der Obergeschosse dem Einbau des aufwendigen Wohnhauses oder zumindest seiner Erweiterung mit der repräsentativen Apsis vorangegangen war.

Grundsätzlich stellt sich bei den spätantiken Häusern, die in vielgeschossige Insulae nachträglich eingebaut worden waren, die Frage nach der Beleuchtung. Wären alle zwei bis drei Obergeschosse, die sich bei einer Insula mit Mauerdicken von 60 cm gewöhnlich über dem Erdgeschoß erstreckt haben können, beibehalten worden – wie das zumindest für den luxuriösen Domuseinbau in die Casa di Diana im frühen 3. Jh. belegt ist –, dann wäre das Peristyl des Hauses nur sehr spärlich beleuchtbar. Die Bewohner der Obergeschosse hätten ferner direkten Einblick in den zentralen Verteilerbereich des Hauses gehabt. Gastempfang oder auch familiäre Aktivitäten könnten so kaum ohne visuelle Anteilnahme vieler Personen niedrigerer sozialer Schichten vonstatten gegangen sein. Das könnte die Vermutung bestätigen, daß dem Umbau von Insulae in Domus eine Reduktion der ehemals zahlreichen und frei vermietbaren Obergeschosse auf wenige gezielt eingebaute ›Einliegerwohnungen‹ im ersten Obergeschoß vorangegangen gewesen sein müßte[895].

Aufschlüsse darüber, daß die Domus erst nach dem Abriß der Obergeschosse hier eingebaut worden war, könnten auch die Treppen ergeben. Treppen waren jeweils in die ehemalige südliche wie nördliche Ecktaberne der Insula eingebaut worden. Ihre Dimension zeigt, daß das nicht mit der Nutzungsphase der Tabernen zusammenhängen kann, die dadurch (fast) komplett ausgefüllt worden wären. Die Treppen erweisen sich symmetrisch zum Einbau der Apsis. Beide Treppen weisen auch im letzten erhalten gebliebenen Zustand des Hauses eine direkte Verbindung auf die Straße auf: Die unabhängige Vermietung zumindest einiger Wohnungen im Obergeschoß der Domus ist damit möglich. Zentral ist aber: In beiden Fällen handelt es sich, dem Plan Gismondis zufolge, um nachträglich eingebaute Treppenhäuser, die bis zum Erreichen des Obergeschosses zwei Treppenflügel ergänzen lassen[896]. Offenbar waren die älteren Obergeschosse der Insula und die Treppen der

895 Dazu s. Gering 2002a.

896 Cosimi 1998, 62 Abb. 1 (Typus IV).

Insula nicht mehr wiederverwendbar oder eben bereits intentional abgerissen worden, als die Domus hier eingebaut worden war.

Der Versturz als Zeichen der Nutzungsaufgabe einer anspruchsvollen Bewohnung

Die auf die Straße gefallene Fassade weist zwei kleine Fenster auf (Abb. 219). Ein nicht zugehöriges Säulenfragment steckt in einem der Fenster. Diese Fensteröffnungen mit Bogenabschluß korrespondieren in ihrer Lage zweifelsfrei mit kleinen Räumen im ersten Obergeschoß über den Tabernenräumen des Erdgeschosses. Das Fassadenfragment V3a umfaßt aber auch noch Teile unterhalb der Deckenhöhe des Erdgeschosses. Die Außenmauern der Domus D3a zeigen umgekehrt keine Zeichen von spätantiken Aufbauten oder Reparaturen für ein neues Erdgeschoß, wie das z. B. bei Wohnraum in der Regio III überliefert ist[897].

Der erhaltene Ausschnitt der gefallenen Fassade V3a vor der Haustür von D3a, der auch die Außenmauer der Domus im Erdgeschoß bildete, spricht hier also dafür, daß die Domus, die im Vorfeld bereits in eine geschoßreduzierte Insula eingebaut worden war (s. o.), selbst einer plötzlichen Einsturzkatastrophe zum Opfer gefallen war. Der plötzliche Einsturz des verbliebenen Obergeschosses einschließlich des Erdgeschosses markierte das Ende der Nutzung als Domus zum Einsturzzeitpunkt.

Die Aufhöhung des Cardo und der Via del Tempio Rotondo als ›direktes Krisenmanagement‹ nach geballten Einsturzkatastrophen durch das Erdbeben von 442/443?

Auf die Straße gefallene Fassaden waren ein in Ostia zur Grabungszeit häufiger faßbares Phänomen, das je nach Lage sehr unterschiedlich zu datieren ist. In der Via di Diana, also einem früh verlassenen Stadtviertel (s. o.), kann das offenbar bereits ins späte 3. oder 4. Jh. datiert werden, weil die erheblich höheren Verschüttungen darüber nach Ausweis der Forschungen von Janet DeLaine spätestens ans Ende des 4. Jhs. datieren (s. o.).

Der wohl späteste bekannte Einsturz stammt hingegen aus der Via del Sabazeo. Wegen ihrer Anbindung an die sogar noch in karolingischer Zeit renovierte Bischofskirche von Ostia erschloß diese Straße eines der am längsten benutzten Quartiere Ostias. Dort war eine Fassade ebenfalls direkt auf die vorgelagerte Straße eingestürzt, wobei der Einsturzzeitpunkt nach Michael Heinzelmann und Benjamin Streubel am Ende des 6. Jhs. angenommen wird. Eine Münze des Heraclius aus dem Jahr 622/623, die in das Gehniveau unmittelbar über dem Fassadeneinsturz verbacken war, ist als Terminus post quem eines vorletzten Nutzungsniveaus gesichert[898].

Der Einsturz der Fassade V3a (Abb. 219) scheint bei einer Gesamterhöhung um +70 cm bereits aufgrund der Mauerdicke von 60 cm unmittelbar auf das Straßenpflaster erfolgt zu sein. Eine Untersuchung des Materials, das sich in einer Versturzschicht von nur maximal etwa 10 cm Dicke unter der Fassade befindet und in den Fenstern bis heute nach Säuberungen als Anschnitt sichtbar ist, belegt keine offensichtliche Humusbildung zwischen gefallener Fassade und dem hier gut erhaltenen Straßenpflaster. Der Einsturz geschah also zu einem Zeitpunkt, als das Gehniveau der Via del Tempio Rotondo und des südlichen Cardo noch nicht erhöht gewesen war; stratigraphisch spiegelt dieser Einsturz einer ganzen Hausfassade damit dieselbe Situation wieder wie die Trümmer des Dachs und die namensgebende Statue des Roma- und Augustustempels, die ebenfalls direkt auf dem Cardopflaster lagen (s. o.). Die Hypothese derselben Erdbebenwirkung zur Mitte des 5. Jhs. ist für den lokalen Versturz der Fassade V3a wie für das gesamte Areal im Süden des Forums daher die wahrscheinlichste Variante zur Erklärung, warum man die Fassade nicht beseitigt hatte, sondern einfach unter einem neuen Nutzungsniveau begrub. Das entspricht der improvisierten Art einer ›Bewältigung von plötzlichem Verfall‹, die bereits anhand der gefallenen Bauteile und der ›beerdigten‹ statuarischen Ausstattung des Roma- und Augustustempels erörtert worden war und dort bereits als unmittelbare Folge des Erdbebens von 442/443 datiert wurde (s. o.).

Über 60 Fundmünzen konnten bei einer Oberflächendokumentation des Status quo des Mörtelbodens im Jahr 2013 in Raum 4 und 5 in der Südwestportikus MFD verzeichnet werden (Abb. 220). Die oberflächliche Säuberung der Fundamentoberkanten, die ursprünglich nur zur Dokumentation des aufgehenden Mauerwerks geplant waren, brachten eine stark durch moderne Vegetation bedrohte Mörtelschicht zutage, die sich noch über dem hadrianischen Fundamentniveau der Mauern befand. Die Dokumentation wurde auf diese Schicht erweitert, weil sie die einzige im gesamten Forumsbe-

897 Vgl. dazu z. B. die Appartements gegenüber der Casa di Annio in der Regio III oder die Horrea in der Via degli Aurighi, die ebenfalls über dem Erdgeschoß insgesamt neu mit Bruchmauerwerk oder Opus vittatum aufgebaut worden waren, zumindest, um eine neue Überdachung zu erhalten.

898 Heinzelmann u. a. 2000, 394; Streubel 2010, 89.

Abb. 220 Fotomosaik der Südwestportikus MFD. Umbau in eine Steinmetzwerkstatt (Räume 1–5) und der planierte Roma- und Augustustempel

reich erhaltene Evidenz eines Bodens aus Mörtel und Marmorabschlägen darstellt. Alle Münzen waren nachweislich Teil der Einfüllungen, die zum Bau des spätesten Fußbodens an dieser Stelle verwendet wurden. Diese neue Mörtelschicht überlappt die Ziegel des älteren Fußbodens, der deutliche Spuren eines Einsturzes, seien es Risse oder regelrechte Trichter vom punktuellen Einschlag schwerer Gegenstände, aufweist (Abb. 221, Kontext 1999f–g). Die Münzreihe kann zu Altfunden parallelisiert werden: 1700 bzw. weitere 1800 Münzen wurden 1923 in den benachbarten Tabernen an der Via del Tempio Rotondo (Abb. 220, TTR 1) gefunden, weitere 17 Münzen waren in den Tabernen auf der gegenüberliegenden Seite der Via del Tempio Rotondo bei den Altgrabungen seit 1938 zutage getreten[899]. Die Münzen der Hortfunde aus den Altgrabungen wurden bislang nicht ausgewertet, obwohl ihre Aussagekraft für den Einsturzzeitpunkt durch Schlußmünzen statistisch repräsentativ wäre, auch wenn man einen gewissen Unsicherheitsfaktor durch die Weiterverwendung älterer Münzen im 5. Jh. berücksichtigen muß. Um so mehr interessieren jene Münzen aus dem Abraum des Versturzes, die in die Schicht der unmittelbaren Bewältigung des Einsturzes, also den neuen Mörtelboden zur Nivellierung der eingebrochenen Bodenziegel, geraten waren (Abb. 221).

Die Reinigung dieses Materials ist noch nicht abgeschlossen, die erste Durchsicht ergibt aber ein Spektrum an *nummi*, deren Datierung exakt wie bei der Insula del Soffitto Dipinto (s. o.) ins zweite Viertel des 5. Jhs. reicht und bislang zumindest die Annahme eines Versturzzeitpunkts um die Mitte des 5. Jhs. grundlegend stützt[900].

899 GdS 27, 1938–1942, 164 f.

900 Die Münzen werden 2014 aufgearbeitet und im nächsten Zwischenbericht sowie online publiziert: vgl. dazu auch <www.ostiaforumproject.com> (01.05.2014).

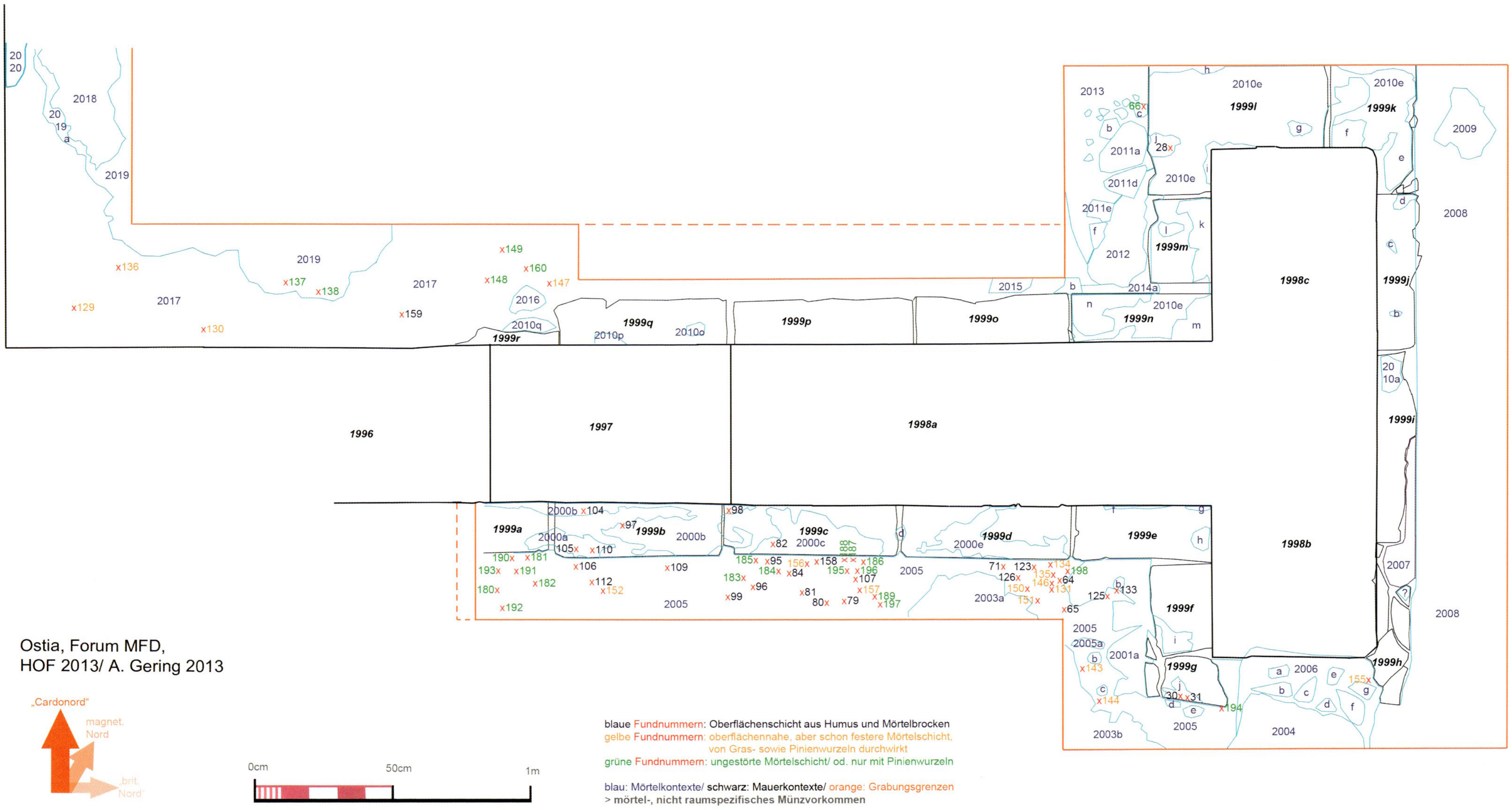

Abb. 221 Die Oberflächendokumentation des erodierten Bodens in der Südwestportikus MFD: Münzfunde im Mörtel (mit x markierte Fundnummern). M. 1:20

Kartiert man die Orte von nachweisbaren Einsturzkatastrophen in der Via del Tempio Rotondo, dann ergibt sich der Eindruck, daß nicht nur die Domus D3a und die gegenüberliegende Insula mit dem Mithräum nachweislich ausgebrannt und eingestürzt waren, sondern beide Straßenfronten auf der gesamten Länge der Via del Tempio Rotondo bis hin zur Domus del Tempio Rotondo DTR.

Berücksichtigt man den konzentrierten Einsturz fast der gesamten Fassadenbebauung an der Via del Tempio Rotondo, dann wird die Hypothese, die Aufhöhung über dem bei den Altgrabungen nicht beseitigten Fassadenfragment V3a sei eine direkte Folge dieser Einsturzkatastrophe, plausibel. Durch die Aufhöhung konnte man wohl die Notwendigkeit einer Niveauanpassung als Prävention gegen die alljährlichen Tiberüberschwemmungen mit einer lokalen Entsorgung des Bauschutts verbinden.

Abb. 222 Der Neubau der +70 cm erhöhten Latrine in der Mitte des 5. Jhs.

Kontinuierlich genutzte Orte der Kommunikation? Eine neu gebaute öffentliche Prachtlatrine nach der Aufhöhung des Cardo

Der Bau der öffentlichen Latrine wurde von Sandro Lorenzatti in Bezug zu der erheblichen Erhöhung des Gehniveaus mit der spätesten Phase F der Domus di Giove Fulminatore parallelisiert; per se stellt eine öffentliche Latrine bereits ein Zeichen urbanen Lebens mit Anspruch noch lange vor dem ›reinen Überleben‹, »al puro livello di sussistenza«, dar[901]. Ganz offenbar war der Bautypus der mit Marmor ausgestatteten vielsitzigen ›Pracht‹-Latrine in Ostia generell wesentlich später eingeführt worden als in anderen Städten, was zeigt, daß diese beliebten Treffpunkte im öffentlichen Raum der mittleren Kaiserzeit keineswegs durch einen allgemeingültigen Wertewandel für spätantike Zeitgenossen unattraktiv geworden sein mußten[902]. Insofern ist es besonders interessant, für dieses Beispiel neue absolute Datierungsanhalte zu gewinnen, die in eine noch spätere Epoche weisen als bislang vermutet.

Die Erhöhung der Forumsthermen unter Ragonius Vincentius Celsus (*praefectus annonae*, 385–389) dient zumindest als Terminus post quem für die Errichtung der Latrine[903]. Die Fundamentierung der Latrine an der Ecke der Via del Tempio Rotondo zum südlichen Cardo (Abb. 218, ›ninfeo 5‹ und ›forica 4‹ am rechten Rand; Abb. 222) ist vom Cardo aus gut sichtbar. Mörtel und Bauschutt waren in eine Bettung eingebracht worden, die eine unregelmäßige Oberfläche des Fundaments erzeugte, die wiederum nicht gesehen werden sollte. Der Bau setzte im Gegensatz zur gefallenen Fassade daher also eine bereits existente oder zumindest gleichzeitig vorgenommene Erhöhung des Gehniveaus von etwa +70–90 cm auf insgesamt mehr als 3,10 m NN voraus, was dem Gehniveau der Via del Tempio Rotondo über der gefallenen Fassade entspricht. Damit erweist sich diese Baumaßnahme als gleichzeitig oder später als die Aufhöhung in direkter Folge des Einsturzes der Fassade V3a und als der Einsturz des Roma- und Augustustempels um die Mitte des 5. Jhs. (s. o.).

In das Fundament der Latrine wurden neben charakteristischem Bauschutt aus eingestürzten Obergeschossen viele Fragmente von Marmor, teilweise auch aus vorstädtischen Nekropolen, eingegossen, was bereits Richard Neudecker im Rahmen seiner Arbeit über Latrinen ausdrücklich hervorhebt (Abb. 222)[904].

Die erhaltenen Ansätze der Marmorverkleidung sprechen auch beim angrenzenden Nymphäum für eine umfangreiche und aufwendige spätantike Neuausstattung, u. a. mit der hier tatsächlich bis zum letzten Stadtzustand beibehaltenen und daher auch in situ gefundenen Venusstatue. Das Wasser, das der in der zentralen Nische aufgestellten Venusstatue die Füße umspülte, floß zur rückwärtig angrenzenden Prachtlatrine am Cardo weiter: Nymphäum und Latrine bildeten trotz

901 Lorenzatti 1998, 94 f.

902 So noch Neudecker 1994, 91. 143; Schmölder-Veit 2010, 114. Vgl. aber auch Schmölder-Veit 2010, 115 mit Anm. 29.

903 Cicerchia – Marinucci 1992, 138.

904 Dazu s. GdS 27, 1938–1942, 164 f. Vgl. dazu Neudecker 1994, 108 f. Zur Datierung der Brandkatastrophe des Mithräums s. o.

unterschiedlicher Niveaus also eine Funktionseinheit. Es ist anzunehmen, daß das Nymphäum ein erhöhtes Parapet erhalten hatte, das der regelmäßigen Aufhöhung des Cardo an dieser Stelle über dem sehr unregelmäßigen Straßenpflaster entsprochen haben kann.

Spezifisch spätantike Orte für Kommunikation und ihr Ende – Zur Zugänglichkeit der ›Nymphäumsräume‹ nach der Mitte des 5. Jhs.

Folgt man der These zur katastrophenbedingten Aufhöhung des Cardo auf ein Gehniveau zwischen 3,10 m NN – über der Fassade V3a – und 3,60 m NN – ebenerdiger Zugang zu den Forumthermen – zur Mitte des 5. Jhs., dann scheinen auch mehrere spätantike Bauten diesen Aufhöhungen nicht mehr gefolgt zu sein. Insbesondere mag das für das ›Ninfeo degli Eroti‹, dessen Haupteingang direkt auf den Cardo wies, gegolten haben. Dieser Bau des 4. Jhs. wurde von Andrea Schmölder-Veit ausführlich vorgestellt[905]. Der kleine Raum war durch Kreuzgewölbe überspannt und verfügte über eine statuarische Ausstattung von zwei Repliken des bogenspannenden Eros und einer Venus[906]. Hier soll ergänzend nur auf seine Verfallsgeschichte eingegangen werden: Es ist ein deutliches Zeichen der Aufgabe, daß die Türschwelle auf unveränderter Einbauhöhe gefunden worden war. Ein Blick auf die Überlieferungslage zu einem weiteren Nymphäumsraum in Ostia, der im Katalog von Schmölder-Veit nicht aufgenommen war, zeigt eine auffällige Übereinstimmung in der Verfallsgeschichte.

Am Forum war ein Raum aus den Forumsthermen ausgegliedert und direkt auf den Forumsplatz geöffnet worden. Das geschah nach Ausweis der Einbauhöhe der Türschwelle mit 2,80 m NN zum Forum hin eindeutig nach dem Abriß der hadrianischen Portikus an dieser Stelle und einer Aufhöhung um etwa +40–50 cm über dem beraubten Mosaikboden der Portikus[907]. Diese Aufhöhung wird mit der Bautätigkeit des Ragonius Vincentius Celsus, Präfekt der Annona von 385–389, verbunden[908]. Der Raum bestand nur aus einem mittigen Wasserbecken und einer kleinen Brunnennische seitlich des Nebeneingangs von der Via della Forica her (Abb. 223). Der erhöhte Raum ersetzte offenbar eine ältere Latrine, die hier vor der Erhöhung des Gehniveaus bestanden hatte[909].

Der Zugang zu diesem Raum wurde bei der Erhöhung des Gehniveaus über dem planierten Tempelpodium des Roma- und Augustustempels nicht mehr modifiziert wie der benachbarte Thermeneingang auf etwa 3,60 m NN. Daraus kann man schließen, daß auch dieser spezifische Ort für Kommunikation in der zweiten Hälfte des 5. Jhs. nicht mehr vom Forum aus repräsentativ zugänglich sein mußte, obwohl die angrenzende Südostportikus MFP damals noch nachweislich renoviert worden war[910].

Ein weiterer Beleg ergibt sich, wenn man die zum Teil hier gefundene und mehr als 4 m lange Architravinschrift des Ragonius Vincentius Celsus auf diesen Nymphäumsraum bezieht, z. B. in den Rahmen einer vorgeblendeten kleinen Halle der Forumsfront integriert. Der Verbau eines Teils der Inschrift in eine Reparatureinfüllung des Bodens der Exedra EXE/P2a war oben bereits erörtert worden: die wohl zur Mitte des 5. Jhs. datierende Reparaturphase von P2a würde dann – sehr deutlich sichtbar anhand des Abrisses der vielleicht baufällig gewordenen Vorhalle – das Ende der Stiftung des Ragonius markiert haben.

Der Zweck der Nymphäumsräume wird von Andrea Schmölder-Veit im 4. und vor allem im 5. Jh. als Ersatz des sozialen Raums in Großthermen und Prachtlatrinen erklärt[911]. Tatsächlich erfolgte nach den ersten Brand- und Einsturzkatastrophen vieler kaiserzeitlicher Insulae im 4. Jh. bereits ein geballter Einbau von kleinen Thermen in aufgelassene Bereiche. Das bezog sich hier auf die am südlichen Cardo gelegenen Terme del Faro und die auf die Via del Tempio Rotondo geöffneten Terme Bizantine (Abb. 218, T3a). Tendenziell ersetzten diese kleineren Thermen ohne große *frigidaria* seit dem späten 3. Jh. zunehmend die großen Thermenanlagen des 2. Jhs., deren Dimension auf die extreme Bevölkerungsdichte des 2. Jhs. zugeschnitten war und deren Unterhalt bereits aus Gründen der extremen Raumhöhe der Frigidarien für eine reduzierte Anwohnerschaft kaum adäquat war[912]. Mit den neuen ›Ersatzthermen‹ mußte keine Senkung der urbanen Lebensqualität verbunden gewesen sein, wenn man berücksichtigt, daß spezifische Orte der Kommunikation aus den Thermen partiell in neue und ›überschaubarere‹ Kontexte wie die Nymphäumsräume der spätantiken Stadt ausgelagert worden sein konnten.

905 Schmölder-Veit 2010, 115 f.
906 Schmölder-Veit 2010, 115 mit Anm. 36.
907 Zur Portikus MFS neuestens vgl. Lavan 2012, 653.
908 Lorenzatti 1998, 94 f.
909 Diesen Hinweis verdanke ich Alfredo Marinucci, der hier eine unpublizierte Sondage vorgenommen hatte und auf die Kanäle der Latrine gestoßen war.
910 Eine Rekonstruktion von Stufen wäre hier nach der Planierung des Roma- und Augustustempels weniger wahrscheinlich als die Aufhöhung des gesamten Areals für eine einheitliche Planierungshöhe mit den beiden Thermenzugängen.
911 Schmölder-Veit 2010, 114 mit Anm. 26.
912 Poccardi 2001, 170 f.

Abb. 223 Der ›Nymphäumsraum‹ des Ragonius Vincentius Celsus am Forum

Die Aufgabe der Nutzung dieses Bautyps in der zweiten Hälfte des 5. Jhs. bzw. seine Umnutzung zu Marktanlagen wie beim Beispiel des Nymphäums am Bivium (s. o.) ist dementsprechend aussagekräftig, um eine veränderte Nutzungsweise bzw. einen veränderten Benutzerkreis von städtischem Raum festzustellen. So waren Angehörige der lokalen Oberschicht in der zweiten Hälfte des 5. Jhs. offenbar weniger im öffentlichen Raum präsent als zuvor, weil »der allzu öffentliche Raum der Stadt uninteressant für die Angehörigen der obersten Gesellschaftsschicht« geworden war[913] oder diese Gesellschaftsschichten zunehmend aus der Stadt weggezogen waren, was anhand des nicht mehr bewältigten Einsturzes mittelgroßer Häuser mit bis zu 1000 qm Grundfläche in der zweiten Hälfte des 5. Jhs. noch thematisiert wird (s. u.).

Die Aufhöhungen im Vicolo del Tempio Rotondo und das Ende der gewerblichen Aktivitäten zwischen dem späten 4. und der Mitte des 5. Jhs.

Der Zugang zum Vicolo del Tempio Rotondo, einer kleinen Nebenstraße von der Via del Tempio Rotondo zum Decumanus hin, war durch mehrere Mauern und Wasserbecken zugebaut und eingeschränkt worden. Die Baugeschichte einer Taberne unmittelbar hinter diesen Zugangsbeschränkungen ist aussagekräftig zur Datierung dieser Verschließungen im Straßenraum einer ›halböffentlichen‹ Straße, die unmittelbar mit den Produktionsflächen der Seil- und Stopfenmacher (*stuppatores*) verbunden war[914]. Nach der Aufarbeitung der älteren stratigraphischen Befunde durch Archer Martin ergibt sich folgendes Bild: Die letzte Nutzungsphase

913 Neudecker 1994, 150.

914 Zu den *stuppatores* s. Hermansen 1981, 61. 74 f. 77. 84; Hermansen 1982.

Abb. 224 Der Einbau eines Stützpfeilers in den Arbeitsbereich der *stuppatores* auf dem erhöhten Gehniveau des 5. Jhs.

der Taberne (Phase 7) datiert mit einem Terminus post quem des Fundmaterials seit dem späteren 4. Jh. und korrespondiert mit einer Erhöhung des Gehniveaus um +65 cm[915]. Das zur Aufhöhung verwendete Material entspricht den Befunden der Sondagen um die Terme Piccole (s. o.).

Diese Erhöhung setzen wiederum die neuen Stützpfeiler voraus (Abb. 224), die in einer weiter nördlich gelegenen Taberne R4b eingebaut worden waren und eine Beschädigung des vielgeschossigen Gebäudes bereits vorauszusetzen scheinen.

Die vorangegangene erste Erhöhung der Taberne 3 (Phase 6) gegenüber dem ursprünglichen trajanischen Straßen- und Nutzungsniveau der Gebäude datiert ins frühe 3. Jh., beträgt etwa +50 cm und ähnelt damit den Befunden in der Innenstadt in I iii und I iv[916]. Auch der Befund der Phase 8 stimmt mit vielen weiteren Beobachtungen im übrigen Stadtgebiet, nicht nur zum direkt angrenzenden Mithräum des Fructuosus, überein. Spätestens zur Mitte des 5. Jhs. ist hier ein gewaltsames Ende der Benutzung durch Brand und die Plünderung aller brauchbarer Materialien belegt, was die Fundmünzen in der Geldkassette aus dem ausgebrannten und eingestürzt belassenen spätseverischen Appartement vor den Terme Bizantine (Abb. 218, R3b) als stadtteilübergreifendes Ereignis immerhin bis zum Südende des Forums zu bestätigen scheinen[917].

Häuser und Thermen als Einbauten in aufgelassene Gewerbebauten und Tempelbezirke am Bivium – Ein Ballungspunkt mit hoher Wohnqualität

Das Haus D3a besaß einige für Ostia seltene Luxusmerkmale wie einen großen apsidialen Speise- und Gelageraum nach Vorbild senatorischen Wohnens in Rom, ferner ein eigenes Bad und einen direkt angebundenen Peristylgarten, der aus einem aufgelassenen Ruinengelände gewonnen wurde (Abb. 218, R3a). Die Domus gehörte daher zu den flächengrößten Innenstadthäusern Ostias, ihre Wohnqualität reichte aufgrund ihrer Anbindung einerseits ans alte Zentrum mit dem Forum und andererseits an die Weststadt zum Meer hin mit einer außerordentlichen Thermendichte über den Großteil der übrigen Stadthäuser hinaus[918].

Am Bivium und entlang des Decumanusverlaufs unmittelbar außerhalb des Stadtzentrums fällt eine starke Ballung von Thermen auf (Abb. 217, Terme della Basilica T4a[919], Terme di Buticosus T4b[920], Terme delle Sei Colonne T4c[921], Terme am Cortile del Dioniso T4d).

Die genannten Thermen lagen u. a. im direkten Einzugsbereich von Häusern, die in der Spätantike entstanden waren (Abb. 217). Das sind vor allem die Häuser D4a und D4b auf dem Areal paganer Tempel (Abb. 217, K4a, Area dei Templi Repubblicani), was eine Entstehung im 5. Jh. nahelegt, und die Domus di Amore e Psiche D4c. Hinzu kommen die Domus dei Tigriniani D4d, deren Apsis im späten Wohngeschmack im Erdgeschoß eine Nebenstraße zu wichtigen Märkten des 2. Jhs. blokkiert hatte und die auch aufgrund ihrer Bauweise als einer der spätesten Neubauten eines privaten Hauses in Ostia gelten kann. Die Reihe ließe sich durch die kleinen Wohneinheiten D4e und D4f im Cortile del Dioniso fortsetzen: Möglicherweise handelte es sich zumindest in einer ersten Entstehungsphase des späten 3. Jhs. um

915 Dazu s. Martin 1996, 32 f.

916 Dazu s. Martin 1996, 32 f. (Phase 6). Vgl. dazu Kapitel II. 3. c.

917 Zu Haushaltsinventaren, zu denen u. a. auch unfertige Werkstücke aus den Tabernen selbst gehörten und zu den Grabungen in den Terme Bizantine T3a s. GdS 27, 1938–1942, 164 f.

918 Dazu gehören vor allem auch Häuser an der Porta Marina: s. u. – Der Peristylgarten R3a wurde durch eine Mauer von der erhöhten Via del Tempio Rotondo abgegrenzt. Teile des Peristyls waren hier bereits für den Bau des benachbarten Tempio Rotondo gebraucht worden und finden sich dort in den Wendeltreppen verbaut. Zu dieser ›ersten offiziellen‹ Spolienverwertung in Ostia vgl. Gessert 2001, 230 f.

919 Nach Ricciardi – Scrinari 1996, Bd. 1, 161 f. als spätantiker Neubau klassifiziert.

920 Nach Ricciardi – Scrinari 1996, Bd. 1, 148 f. als ›trajanisch‹ klassifiziert. Eine wesentliche Neuausstattung erfuhr die Therme jedoch im 4. oder frühen 5. Jh.

921 Nach Ricciardi – Scrinari 1996, Bd. 1, 174 f.

autarke Wohneinheiten, wahrscheinlicher ist jedoch, daß sie Teile eines extrem großen Hauses bildeten, das den gesamten Cortile del Dioniso besetzte. Zumindest befindet sich im Süden des Cortile eine Ansammlung extrem großer, breit geöffneter und damit repräsentativer Empfangsräume D4f, die in direkter Verbindung zu den offenbar ›privaten‹ Thermen T4d standen. Die einzelne und über Eck laufende Raumreihe D4f im Nordosten des Cortile war dagegen allein kaum bewohnbar, weil nur ein spezifischer Raumtypus wiederholt angeordnet war, der hier seriell zugänglich ist. Auch dieses ›Konglomerat‹ von Wohnflächen am Cortile scheint nicht verlassen worden zu sein, als die Domus D3a aufgegeben wurde, sondern zu dieser Zeit erst ihre größte Ausdehnung erreicht zu haben. Eine ähnliche spätantike Wohnballung wie um das Bivium fällt ansonsten nur an der Semita, am südlichen Cardo und im Viertel vor der Porta Marina auf. Letzteres bereits vorstädtische Viertel bildete ein autarkes ›Subzentrum‹ am Meer und zugleich den Endpunkt des Decumanus. Das weit zentraler gelegene Viertel am Bivium stellt damit allein durch seine Nachbarschaft mit dem politisch-administrativen Stadtzentrum neben dem Semitaviertel das prominenteste der vier am stärksten prosperierenden spätantiken Wohnviertel Ostias dar.

Privater und öffentlicher Raum – Die Wiederverwendung von Ruinen bis zur Mitte des 5. Jhs. als Zeichen von kontinuierlicher Prosperität im Wohnungsbau …

Das Forum und das angrenzende Macellum des Foro della Statua Eroica hatten nachweisbare Ausbauphasen um und nach der Mitte des 5. Jhs.: Drei von fünf Portiken wurden damals noch renoviert (MFE, MFW, MFP, Abb. 158), nur die zwei kleinen Portiken seitlich des Roma- und Augustustempels waren im Zug der Umstrukturierung des Forums-Südendes in ein neues Foyer für die Forumsthermen einerseits (MFS) und in eine Werkstatt (MFD) andererseits umgewandelt worden.

So verwundert es nicht, daß auch der private Raum im Stadtzentrum in dieser Zeit – durchaus im Gegensatz zu einigen schon früher aufgegebenen Häusern im vorstädtischen Bereich – zumindest bis zur Mitte des 5. Jhs. anspruchsvoll bewohnt blieb. Das gilt nachweislich für die spätesten Häuser (D4b–d) um das Bivium, die allesamt in ›ungewöhnliche‹ Kontexte eingebaut worden waren: Die Domus in den Templi Repubblicani D4b in einen Temenos, der ehemals u. a. dem Hercules bzw. Vulkan (K4a) sowie der Hygieia gewidmet war, die Domus di Amore e Psiche D4c in eine Produktionsstätte, und die Domus die Tigriniani D4d in einen Marktbereich auf eine ehemalige Nebenstraße. Nur der Einbau D4b könnte noch mit einer teilweisen Nutzungskontinuität des Tempelareals im späten 4. und frühen 5. Jh. einhergegangen sein, die übrigen Häuser besetzten ihre Kontexte dagegen komplett und setzten damit deren Funktionsaufgabe voraus.

… und die anschließende Pauperisierung in der zweiten Hälfte des 5. Jhs.? Desiderate zukünftiger Forschung zum Wohnen im späten 5. und 6. Jh.

Eine merkliche Diskontinuität des anspruchsvollen Wohnens scheint sich dagegen nach der Mitte bzw. in der zweiten Hälfte des 5. Jhs. feststellen zu lassen. Gesicherte Daten aus stratigraphischen Sondagen sind dazu allerdings Mangelware, so daß bislang keine statistisch relevanten Schlüsse daraus gezogen werden können. So wurden u. a. in der Domus delle Colonne am südlichen Cardo zwei exemplarische Sondagen unter dem Fußboden, der zur Installation einer Fußbodenheizung spätantik erhöht worden war, angelegt[922]. Dieser erhöhte Fußboden wurde durch einen Versturz außer Funktion gesetzt, wobei der Versturz das Ende der Nutzung des Haushalts markierte und offenbar ins mittlere oder späte 5. Jh. gesetzt werden kann. Wie bei der Domus D3a wurde der Einsturz – im Gegensatz zum erhöhten Straßenraum der Via del Tempio Rotondo, den reparierten Terme Bizantine und dem Neubau der Latrine – jedoch nicht mehr bewältigt und führte zur irreversiblen Aufgabe des Hauses. Der Einsturzzeitpunkt zumindest könnte eine direkte Parallele zu den stratifizierten Befunden des Erdbebens von 442–443 am Forum und am Foro della Statua Eroica (s. o.) bzw. von weiteren bewältigten Einsturzkatastrophen im späten 5. Jh. am Macellum (s. o.) darstellen.

Es bleibt die Frage, inwiefern zumindest einige Häuser auch eine entsprechende Kontinuität anspruchsvoller Bewohnung bis zum Ende des 5. Jhs. und darüberhinaus aufweisen konnten, wofür bereits die Arbeit von Thea Heres einige Anhalte lieferte[923].

Dennoch scheint es zumindest im öffentlichen Raum bei den letzten faßbaren Reparaturen des späten 5. Jhs. zu einer deutlichen Reduzierung des repräsentativen Anspruchs gekommen zu sein, was sich bereits seit

922 Den Hinweis auf die 2012 erfolgten Sondagen von Marcel Danner verdanke ich Michael Heinzelmann.

923 Heres 1982. Eine ›Klientenbank‹ im Vorraum einer späten Domus der Regio V wird von Heres, 1982, 548 ins 6. Jh. datiert, belegt damit aber zugleich die Fortdauer von ritualisierten Patronatsverhältnissen und die Existenz einer urbanen Elite in dieser Zeit.

Abb. 225 Der Einbau einer Domus in die aufgegebene Palästra der Forumsthermen

Mitte des 5. Jhs. mit der Aufgabe der ›Nymphäumsräume‹ an Forum und Cardo oder dem Zubau des großen Fassadennymphäums am Biviumplatz sowie der abusiven Besetzung der Plätze entlang der Promenade angekündigt hat. Ein konkretes Indiz dafür wäre auch die Nivellierung der unregelmäßig eingesunkenen Marmorböden der Forumsportikus MFP durch eine einfache Mörteloberfläche anstelle der Wiederverlegung von Marmorplatten in der Phase 3d[924].

Ein entsprechendes Pendant einfacheren Wiederaufbaus nach den großen Einsturzkatastrophen des mittleren und späten 5. Jhs. könnte man gleichzeitig auch im privaten Raum, insbesondere bei der Ersetzung und Reparatur von Mosaikböden, sei es durch größere Tesserae, Mörtel oder Spolien, erwarten[925]. Die archäologische Hinterlassenschaft solcher ›einfachen‹ Reparaturen wurde bislang aber kaum beachtet und sie wird auch nur näher datierbar, wenn systematische Untersuchungen zur Stratigraphie unter den entsprechend reparierten Böden durchgeführt werden können.

Exkurs – Anspruchsvolles Wohnen der zweiten Hälfte des 5. Jhs. in aufgelassenen öffentlichen Plätzen? Die Domus auf der Südseite der Palästra der Forumsthermen

Die Ausgrabungen des Kent-Teams unter Luke Lavan im Rahmen der Kent-Berlin-Excavations im Jahr 2009 in der Palästra der Forumsthermen haben Hinweise auf einen Einbau anspruchsvollen Wohnraums als »Final Antique Occupation« erbracht, der die Aufgabe dieses ehemals öffentlichen Platzes voraussetzt[926]. Inner-

Abb. 226 Ein Versturz in situ: das Erdbeben von 443/442 und die Aufgabe der Palästra

halb der Ruinen der teilweise eingestürzten Portikus (Abb. 226) wurden Interkolumnien mit Mauern aus Opus vittatum zugesetzt, die sich vor einer repräsentativ gestalteten Raumgruppe mit einer Ausstattung aus Buntmarmor befanden (Abb. 225). Innerhalb der Raumgruppe aus ehemaligen Tabernen war ein Empfangsbereich mit erhöhtem Säulenportal eingebaut worden, der direkte Parallelen in den Einbauten von Empfangsräumen in Bauten der Regio III (III ii 3) findet.

Die Erhöhung des Nutzungniveaus um weitere +50 cm gegenüber dem Mosaikboden und den Resten eines Marmorspolienbodens, zum Teil aus Inschrif-

924 Dazu vgl. hier Kapitel II. 3.
925 Ein Beispiel findet sich in der Domus Regio V vii 4–5: Dort wurde ein aufwendig ornamentiertes Mosaik des 2. Jhs. entsprechend zu einem Pendant, aber im Zeitstil des 4. oder 5. Jhs., wiederhergestellt.
926 Lavan 2012, 666 mit Abb. 14.

Abb. 227 Die späte Domus von innen: Mauerzusetzungen und Säulenstellungen

tenplatten (Abb. 227)[927], lassen diesen Ausbau einer möglicherweise schon bestehenden Raumgruppe als sehr späte ›Privatisierung‹ der Portikus auffassen und sich nach dem Einsturz in die zweite Hälfte des 5. Jhs. setzen. Möglicherweise handelte es sich hierbei um eine repräsentative Domus mit acht Räumen und einer Nutzfläche ähnlich der Domus delle Colonne. Der Einbau des Vorraums auf die Portikusfläche fand in einer Platzphase statt, als die Marmorverkleidung der Pfeiler der Portikus schon beraubt war. Lavan beobachtete bei einer Säuberung der Platzfläche, daß anhand von regelmäßigen Pfostenlöchern dieser ›privatisierten‹ Portikus eine weitere, allerdings hölzerne, Portikus vorgelagert gewesen sein könnte[928].

Interessant ist, daß eine große Reihe von Statuenfunden vom Platz, aber auch aus dem direkten Kontext der Domus überliefert ist. Auch wenn Teile davon fragmentiert waren, ist doch davon auszugehen, daß sie nicht zur Kalkgewinnung hierher verbracht worden waren, sondern zur letzten Platz- bzw. Hausausstattung gehört hatten. Damit verzierten diese Statuen sowohl den Innenraum als auch das direkte Umfeld des spätantiken Domus-Einbaus. Dazu zählte zunächst der 1940 gefundene ›Togatus Ostia‹[929], der sogar aus der Portikus des Hauses selbst stammte: Als Fundort wurde von Raissa De Chirico und Guido Calza »al margine ovest del portico che circondava la palaestra delle Terme del Foro« angegeben, was durch eine Grabungsfotografie bestätigt wird[930]. Die Statue ist mitsamt ihrer zugehörigen Plinthe erhalten, wobei auch der Statuenkörper und Kopf ohne Bruch aufeinandersitzen. Die Datierung erfolgt in konstantinische Zeit und schließt auch anhand der ritterlichen *calcei* die bisherigen Zuweisungen zu Q. Aurelius Symmachus oder Ragonius

927 Lavan 2012, 662 Anm. 33 mit Abb. 10.
928 Lavan 2012, 666.
929 Ostia, Museum Inv. 55.
930 Calza – De Chirico 1941, 113.

Vincentius Celsus aus[931]. Der außerordentliche Erhaltungszustand spricht für einen geschützten Aufstellungskontext innerhalb der Portikus bis zu deren endgültiger Verschüttung. Eher aus ungeschützten Kontexten stammen die übrigen Statuen, so vorwiegend Götter und mythologisches Personal, Isis, Eros, Apollo, Asklepios und zwei weitere Gottheiten sowie ferner der Kopf der Julia Domna[932]. Direkt aus dem Hauptraum mit den Säulen der späten Domus stammt der Kopf eines Athleten und eine *imago clipeata*[933].

Der Versturzblock der Insulafassade zwischen Palästraplatz und südlichem Cardo (Abb. 226) liegt dabei unmittelbar auf dem bereits erhöhten und mit Marmorplatten gepflasterten Gehniveau innerhalb der Portiken auf. Teile der Marmorpflasterung haben sich bis heute in situ auf fast derselben Höhe wie die Mosaiken der Platzfläche erhalten (Abb. 227) und entsprechen in ihrer Verlegungsweise der Portikusphase MFP 2. Der Einsturzzeitpunkt scheint einen Terminus ante quem der Mitte des 5. Jhs. für dieses Pflaster wie das Mosaik zu liefern.

II. 5. c Der Zubau einer Straßenkreuzung zwischen Horrea und der Via della Foce – Belassener Einsturz und ein Thermenneubau in der zweiten Hälfte des 5. Jhs.

Einsturzkatastrophen und ›Krisenmanagement‹ in aufgelassenen Arealen – Zur spätantiken Stadtwahrnehmung von Wandel im Umgang mit Ruinen

Die Promenade des Decumanus war bis zum Forum durch den Befund der alten Grabungstagebücher bis 1924 verhältnismäßig gut belegt: Inschriften und Funde ließen auch noch viele Jahrzehnte nach der Grabung zumindest einige Aussagen zur spätantiken Gestalt zu, weswegen die Promenade bis zum Bivium P4 auch als zusammenhängender Abschnitt behandelt werden konnte. Anders nun der Westen Ostias: Die Regio III wurde 1938–1941 ergraben, wobei weder ausreichend genaue Fundberichte noch eine adäquate fotografische Dokumentation vorliegen. Hier können neben der Vermessung der heute noch über das Straßenniveau ragenden spätantiken Fundamente ausschließlich neue Säuberungen, Sondagen und Grabungen Licht auf die verlorene spätantike Stratigraphie werfen[934].

Die Verfalls- und Baugeschichte der Via della Foce am westlichen Ende des Areals der Altgrabungen Guido Calzas wurde bereits unter verschiedenen Aspekten vorgestellt, die auf den Befund konzentriert waren[935]. Hier sollen einige Beobachtungen zur Baugeschichte unter dem Gesichtspunkt der vergleichenden Deutung von Aspekten antiker ›Stadtwahrnehmung‹[936] ergänzt werden, die bereits bei der Betrachtung des spätantiken Wohnraums auffällig geworden waren. Die spezifischen Arten, wie mit Ruinen der Vorgängerbauten umgegangen wurde, wie man Neubauten darin integrierte und wie man »in und mit Ruinen lebte«, d. h. inwieweit man sich der Altlasten nicht mehr gebrauchter Bauten entledigen konnte und inwieweit ab einem gewissen Zeitpunkt Ruinen zu irreversiblen und selbstverständlichen Konstanten des Stadtbilds geworden waren[937].

Die Ausgrabungen und Bauforschungen in den Jahren 2004–2005 konzentrierten sich auf den Straßenraum der Via della Foce (Abb. 228. 229, P5). Die Umgebung des 1938/1939 in situ belassenen Versturzes einer Insulafassade konnte in zwei Kampagnen im Herbst 2004 und Frühjahr 2005 vom Autor, Susanna Wittmann und einem Team von erfahrenen Grabungsarbeitern der italienischen Antikenverwaltungen archäologisch untersucht werden[938]. Der Fundamentbereich der Terme Piccole T5b und die Abwasserkanäle wurden mit räumlich begrenzten Sondagen ergraben, um den zeitlichen Zusammenhang und die gegenseitige Abhängigkeit zwischen dem letzten gepflasterten Straßenniveau, dem Versturz der vier- bis fünfgeschossigen Insula und den spätantiken Aufhöhungen und Neubauten an dieser zentralen Stelle zu klären. Der Versturzblock V5a der Insulafassade lag immerhin mitten auf der zweitwichtigsten Gewerbeader und Kultachse Ostias hinter dem Decumanus, nämlich der Via della Foce. Das war die Hauptverkehrsachse u. a. zum Flußhafen und den meisten Horrea Ostias, zum Dioskurentempel, zur Residenz des ›Palazzo Imperiale‹ und zum Fährverkehr

931 Diesen Hinweis verdanke ich Henning Wrede und Ulrich Gehn.
932 GdS 1939–1940, 58. 60–62. 64. 138. Zur Julia Domna s. Cicerchia – Marinucci 1992, 154.
933 s. Cicerchia – Marinucci 1992, 153–157.
934 Diesem Bereich war daher 2014 ein eigenes Forschungskolloquium an der Academia Belgica in Rom gewidmet, das alle neueren Forschungen zur Weststadt Ostias bündeln wird: Gering 2018.
935 Gering 2013b, 273 mit Anm. 17 zur älteren Literatur.
936 Hierzu s. Gering 2016.
937 Hier interessieren nur die für den Aspekt der ›Bewältigung‹ von Verfall relevanten Befunde und die daran anknüpfende Deutung zu den Erhöhungen des Nutzungsniveaus. Die Funde werden zusammen mit einer Bauaufnahme der Terme Piccole T5b gesondert publiziert.
938 Zu Team, Grabung und Publikation vgl. Gering 2013b, 275–288 mit Anm. 17.

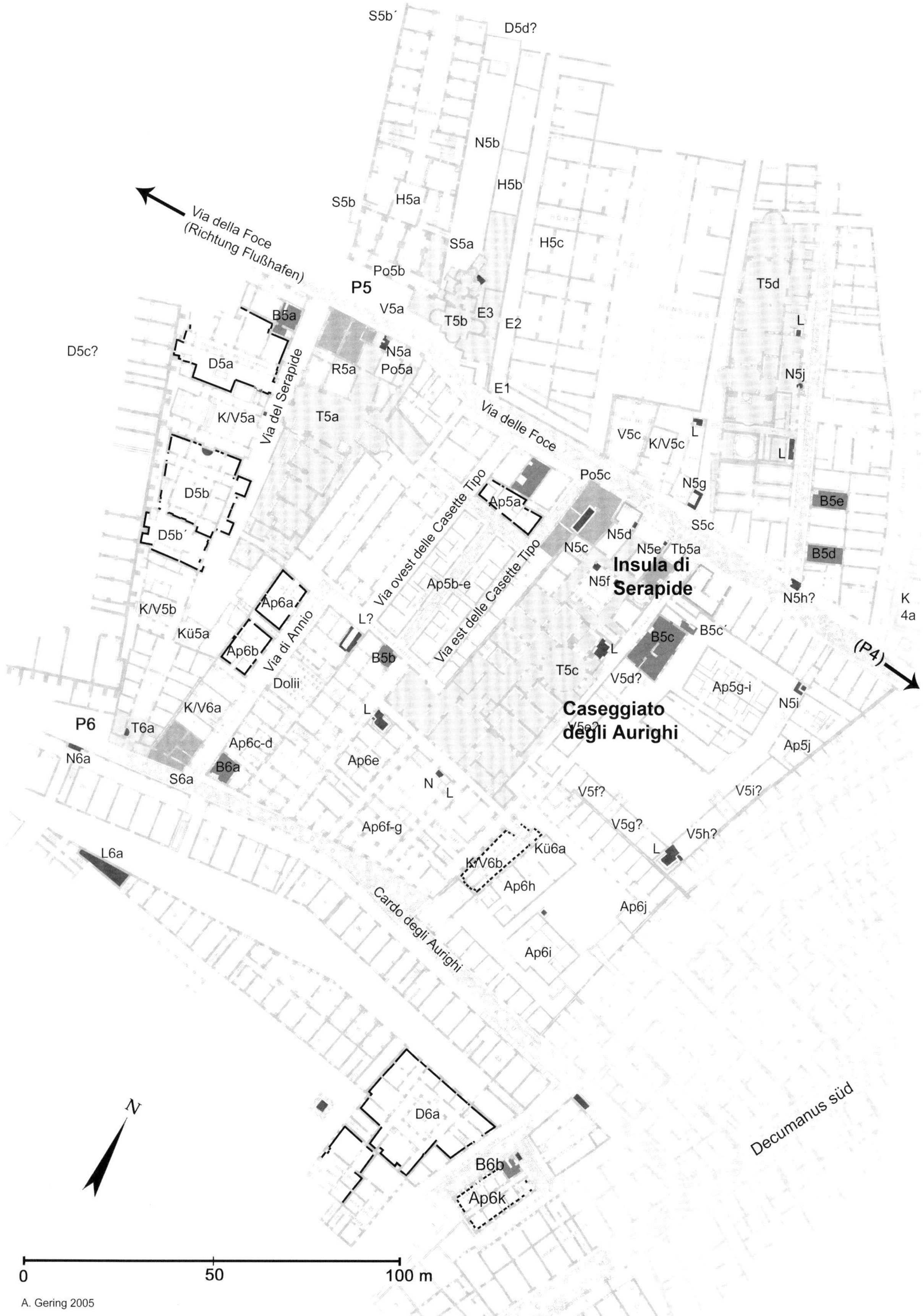

Abb. 228 Übersichtsplan. Das Wohnviertel an der Via della Foce (M. 1:1500)

Abb. 229 Die Terme Piccole und der Einsturz der gegenüberliegenden Insula di Trinacria (M. 1:600)

nach Transtiberim und Portus über die Via Flavia. Die spätantik neu gebauten Terme Piccole T5b hatten hingegen die breiteste Nebenstraße Ostias zu den größten Marktanlagen der Stadt, den Mercati oder Magazzini Traianei H5a, komplett besetzt.

Hier liegt bis heute die eingestürzte Insulafassade auf der Straße (Abb. 228. 229, V5a). Die Säuberung des Versturzblocks von moderner Vegetation erfolgte zunächst nur so weit, um seine antike Gestalt freizulegen und moderne grabungszeitliche wie konservatorische Eingriffe zu lokalisieren. Ein wichtiges Teilergebnis war, daß sich die Abarbeitung des Fenstersturzes im Süd- wie Ostteil des Fassadenrestes (Abb. 230) durch stratigraphische Beobachtungen als original spätantiker Eingriff, keine grabungszeitliche Modifikation erwies.

Das Vorderhaus der Streifeninsula vor den sogenannten Terme della Trinacria war über einer Höhe von 1–3 m des Erdgeschosses komplett eingestürzt. Der Ein-

Abb. 230 Der Versturz V5a in situ und seine teilweise Abarbeitung und Überbauung

sturz geschah plötzlich und wurde durch einen Brand begleitet, was durch die Funde von karbonisierten Fensterrahmen und großen Mengen von Fensterglas in den Fensterlaibungen unter der gefallenen Außenfassade deutlich wurde. Zum Einsturzzeitpunkt lassen sich Keramikfunde in der Auffüllungsschicht nahe der Fassade heranziehen, die es erlauben, ein erstes ›Krisenmanagement‹ mit Terminus post quem nicht vor Mitte des 4. Jhs. anzunehmen[939]. Der Einsturz kann also der fehlenden Wartung der Insula nach ihrem Verlassen und einer singulären Brandkatastrophe geschuldet sein, ebenso aber einem stadtweit wirksam gewordenen Aus-

939 Vgl. bereits Gering 2013b, 277. Dafür spräche u. a. auch die Tonlampe aus dem Einsturzmaterial, deren Produktionsbeginn im frühen oder mittleren 4. Jh. angesetzt wird. Die späteste Tonlampe aus Terra Sigillata Africana des Typus Hayes I datiert den Einsturz als Terminus post quem nicht vor 325 oder sogar frühestens in die Mitte des 4. Jhs. Vgl. dazu bereits Gering 2004, 356 Anm. 131. – Das Fensterglas hatte durch den Brand stark gelitten. Die Hitzeeinwirkung zeigt sich anhand der heute nur noch sehr dünn erhaltenen Glasfragmente um oder unter 1 mm Dicke. Einige Scheibenteile in gut erhaltener Gipsrahmung, die offenbar weniger stark von der Brandwirkung betroffen waren, lassen zumindest einen ehemaligen Durchmesser von über 5 mm ergänzen.

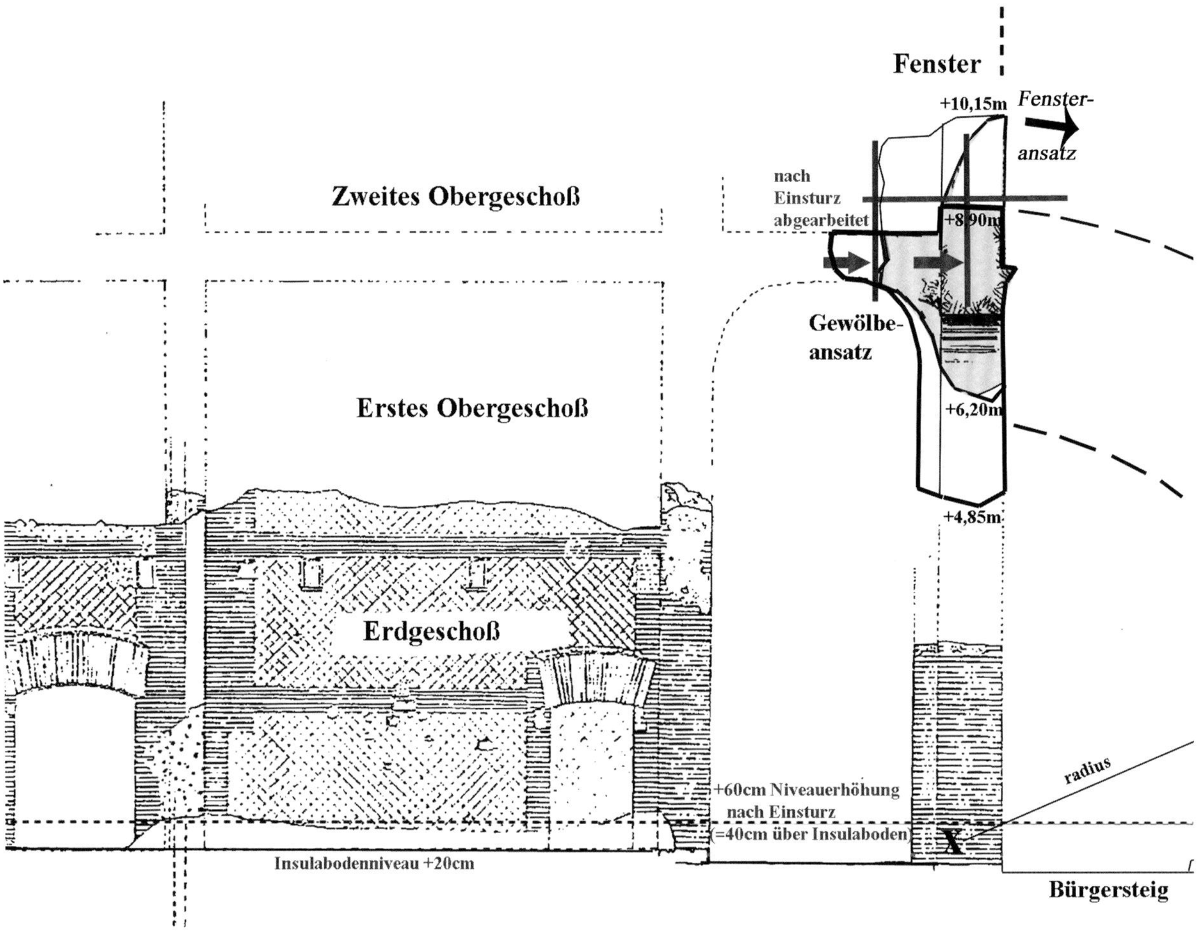

Abb. 231 Die Rekonstruktion des Einsturzes (nach R. Mar). M. 1:100

löser wie einem Erdbeben dieser Zeit zwischen der Mitte des 4. Jhs. und der Mitte des 5. Jhs. Wichtig ist für die Deutung die Tatsache, daß die Ruine der Fassade in der Spätantike nicht mehr komplett beseitigt wurde, teilweise jedoch überbaut worden war. Als Terminus ante quem des Einsturzes dient also zugleich seine bauliche Bewältigung. Aus einer Reihe von Indizien wurde klar, daß die Datierung der ersten Bauphase der Thermenanlage mit ihrer Aufhöhung über dieser gefallenen Fassade in der zweiten Hälfte des 5. Jhs. von Thea Heres sehr zutreffend angesetzt wurde[940].

Die in Sturzlage erhaltene und ehemals viergeschossige Fassade mißt etwa 75 cm Mauerdicke, knapp 25 m Länge und eine Höhe der erhaltenen Gußgewölbe von maximal 170 cm (Abb. 231). Die gefallene Fassade war deutlich sichtbar, weit deutlicher als der Fassadenversturz in der Via del Tempio Rotondo (s. o.): Der Versturz V5a befand sich inmitten einer Straße und war noch relativ direkt auf das hochkaiserzeitliche Straßenpflaster gefallen[941]. Es gab hier ferner für längere Zeit keine Aufhöhung, die hoch genug gewesen wäre, den Block der Sichtbarkeit zu entziehen. Der Versturz blockierte (zunächst) den gesamten Straßenverkehr, weil er sich über die gesamte Straßenbreite inklusive der Gehsteige erstreckt hatte. Soweit der Zustand vor dem ›Krisenmanagement‹.

Abarbeitungen der Gußgewölbebögen zeigen, daß bereits in der Antike – und nicht grabungszeitlich, wie alte Grabungsfotografien belegen können – die liegende Fassade beschnitten wurde. Man entfernte dazu die Pfeiler, die zu den Gewölbebögen geführt hatten. Ergebnis war, daß die Straße zwar nicht unbedingt in ihrem originalen Verlauf, aber zumindest in einer ausreichenden Straßenbreite wieder passierbar war. Indem der südliche ›Bürgersteig‹ für Straßenverkehr umgenutzt wurde, konnte man eine Breite von etwas mehr als 5 m vom gekappten Versturz bis zur Insularuine hin erhalten, was als ausreichend für einspurigen Verkehr und

940 Heres 1982, 484 (»phase 1 A.D. 450–500«); Gering 2013b, 277.

941 Zur ersten Erhöhung des Bürgersteigs durch eine Aufhöhung um maximal +20–30 cm s. u.

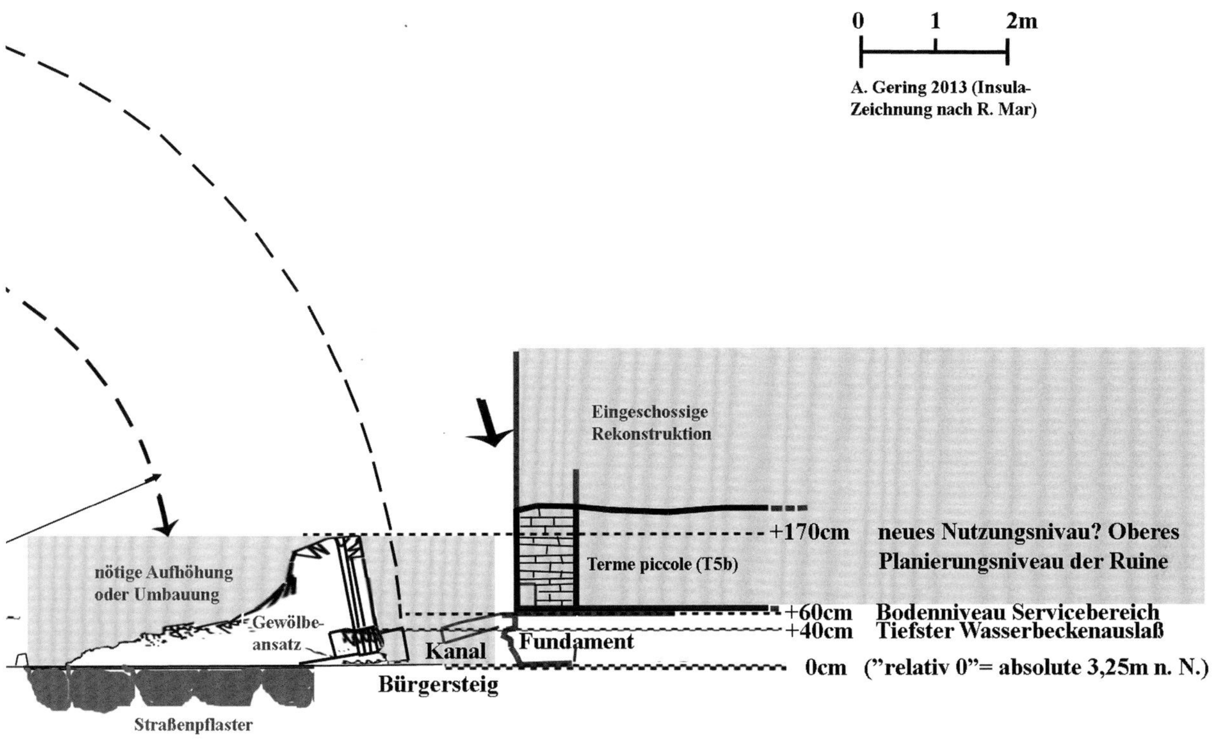

eine parallele ungestörte Passantenfluktuation gelten kann (Abb. 231).

Aber auch die Ostseite des Versturzblocks, auf die man von der Stadtmitte kommend sehen konnte, wurde abgearbeitet. Primär diente das offenbar dazu, einen für Bauleute möglichst praktikablen Zugang zum Bebauungsareal über dieser Fassade zu schaffen, auf dem eine Thermenanlage entstand. Dafür erwies sich der erhöhte Untergrund als sehr praktisch: Üblicherweise benötigt man ein Halbgeschoß unter Thermen, das der Bedienung und Beheizung, aber auch der Abwasserführung vorbehalten blieb.

Im Decumanus befand sich eine zentrale Abwasserleitung, ebenso in der Via della Foce. Beide entwässerten in Richtung Tiber. Es ist interessant festzustellen, daß man für den Hauptkanal der Therme – wohlgemerkt in seinem letzten erhaltenen, nicht notwendigerweise original geplanten Zustand – nur eine lokale Sickergrube mit charakteristischer Füllung aus locker eingefüllter Keramik und Bauschutt baute (Abb. 232. 233). Die Grube wurde in den ›Gehsteig‹ seitlich des Straßenbetts eingetieft, indem man hier einige Basaltblöcke entnommen hatte. Grabungen ergaben, daß sie nachweislich nicht jenen Hauptkanal erreichte, der in der Straßenmitte verlief. Das Abwassersystem der Via della Foce und damit der gesamten nördlichen Regio III und I war zum Einbauzeitpunkt also bereits außer Funktion. Diese Disfunktion bedeutete grundlegende Einschnitte in der Lebensqualität der Anwohner und Nutzer, eine entsprechende Entwicklung von Gerüchen und Krankheitsherden ist leicht vorstellbar. Es ist ferner kaum vorstellbar, daß das Wasser all jener Zierbrunnen, die vor allem die Abbiegeoptionen der Via della Foce nach Norden systematisch besetzt hatten (Abb. 228, N5d–h), nach Ende des Abwassersystems einfach auf die Straße geflossen wäre. War ein damals offenbar noch benutztes Stadtviertel also in einen urbanistischen Ausnahmezustand geraten?

Der Bauvorgang der Terme Piccole auf dem Versturz war bereits abgeschlossen und diese – zumindest prinzipiell – in voller Funktion, als eine Planänderung bzw. Modifikation auffällig wurde. Anstelle regulärer Kanäle bis ins Straßenbett wurde generell auf eine Wasserentsorgung in Sickergruben umgestellt. Die regulären Kanäle der ersten Bauphase waren oberflächennah gebaut. Sie wurden 2005 mit eingebrochenen Abdeckungen

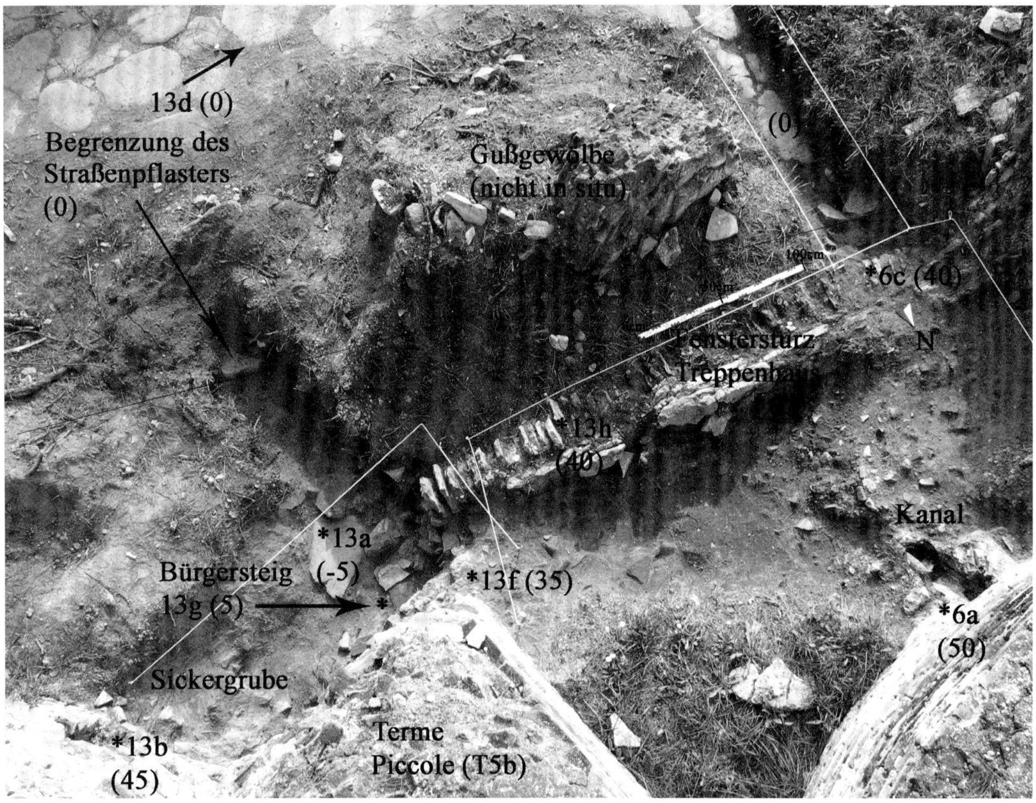

Abb. 232 Die eingestürzte Fassade V5a und die darin sekundär eingebaute Thermenentwässerung

Abb. 233 Eine Sickergrube im Detail

ausgegraben, angefüllt mit Versturzmaterial. Man kann daraus schließen, daß man es mit zwei verschiedenen Katastrophen zu tun hat: einer, die den Versturz bewirkte, auf dem dann die Thermen gebaut wurden, als die Kanalisation noch funktionierte, und eine zweite, die mit einer grundlegenden Modifikation der Thermen zusammenhing.

Ein Chronologiegerüst für den Stadtteil

Folgt man dem Chronologiegerüst nach Thea Heres, dann wäre die zweite Phase der Thermen, die mit dem Ende der kommunalen Abwasserentsorgung korrespondierte, nach 490 zu datieren; die Benutzungszeit der Thermen reichte nach Heres wie Calza offenbar bis weit ins 6. Jh. in ›byzantinische‹ Zeiten, was anhand der reichen Ausstattungsfunde, die leider nie zusammenfassend publiziert wurden, nahegelegt wird[942]. Heres Phaseneinteilung wurde aufgrund von minutiösen Mauervergleichen mit datierten stadtrömischen Bauten gewonnen, was in der Forschung auch grundsätzlich methodisch kritisiert wurde. Es ist jedoch um so auffälliger, wie nahe Heres' Phase 1 ab 450 und Phase 2 ab 490, beide nach den Grabungsresultaten von 2004–2005 nachweislich mit großen vorangegangenen Einsturzkatastrophen zu verbinden, an mögliche Ursachen anschließt, wenn man die hier bereits in ihrer Relevanz ausführlich diskutierten Erdbeben von 442–443 und möglicherweise 484 betrachtet. Es wäre wünschenswert, die Relevanz möglicher Erdbeben auf die Baugeschichte eindeutig zu erweisen: Leider ergaben die Funde sowohl zum Einsturzzeitpunkt selbst als auch zu seiner Bewältigung durch Aufhöhung hier nur ungefähre Anhalte für eine absolute Datierung[943]. So bleibt methodisch nur, den Datierungsrahmen von Aufhöhungen und Einsturzkatastrophen aus weiteren Mikrohistorien aus der Umgebung einzubeziehen.

Bauuntersuchungen an Nachbargebäuden (Regio I xx 1) wie den Mercati Traianei (Abb. 218. 219, H5a) belegen hier tatsächlich seismische Befunde, die ein stadtübergreifend starkes Erdbeben voraussetzen[944]. Eine Domus nördlich der Terme Piccole (Abb. 228, D5d?), die mit spätantiker Stratigraphie erhalten blieb, wurde bislang leider noch nicht ergraben; sie brächte wohl entscheidende Aufschlüsse über die wichtigsten späten Phasen des Stadtviertels. Möglicherweise handelt es sich auch dabei um einen der bislang kaum untersuchten Einbauten von anspruchsvollem Wohnraum in die Ruinen aufgelassener Bereiche. Ähnliches mag für eine weitere Domus als später Einbau innerhalb von Horrea in der Nähe gelten (Abb. 228, D5c). Die Datierungsansätze von Ricardo Mar sehen einen letzten Hauptausbau des Serapeums in severischer Zeit vor; danach postuliert er einen sehr frühen Einsturz im späten 3. Jh. und eine anschließende letzte Bewältigung durch Einbauten bis spätestens ins frühe 4. Jh.[945]. Beobachtungen aus stratigraphischen Sondagen zeigen, daß die Domus accanto al Serapeo innerhalb des aufgelassenen Heiligtums der ägyptischen Götter offenbar im 4. Jh. mit einem großzügigen Vestibül ausgestattet worden war, das ein älteres ersetzte; diese Domus war damit wahrscheinlich bereits vor dem Einsturz der Fassadenbebauung dieses Areals dort vorhanden, nicht erst im Nachhinein in die Ruine gesetzt worden[946].

Nach dem gewaltsamen Einsturz der Insula della Trinacria und der gegenüberliegenden Mercati Traianei H5a, scheint das Leben im Stadtviertel an der Via della Foce vielleicht beeinträchtigt, aber keineswegs beendet gewesen zu sein, wie die Bauphase 2 und die lange Nutzungszeit der Terme Piccole bis weit ins 6. Jh. nahelegen.

Bereits vor dem Einsturz war jedoch eine neue Stadtviertelstruktur entstanden. Häuser (D5c, D5d), Thermen (T5b) und Bars (N5a) wurden seit dem späteren 3. Jh. schrittweise in aufgegebene Warenhäuser (H5a–c) und Insulae eingebaut, auch schon lange bevor diese ihre Obergeschosse im späteren 4. oder 5. Jh. katastrophenbedingt verloren hatten. Die größte Marktanlage Ostias, die Mercati Traianei H5a, vielgeschossig und gut vergleichbar zu den stadtrömischen Trajansmärkten, waren also bereits seit dem 3. Jh. aufgelassen worden, nur einzelne Räume hatte man dann als Zisterne für die Thermen zweitverwendet (Abb. 228, H5a).

Die Lebensqualität für die spätantiken Anwohner des 4. Jhs. war dabei auch im 5. Jh. kontinuierlich aufrecht erhalten worden (Abb. 228[947]): Während zwei Thermen

942 Gering 2013a, 279 mit Anm. 20; GdS 24, 1938–1939, 138–166 (12.01.1939 – 18.10.1939).

943 Die Bewältigung dieser Einsturzkatastrophe, die Phase 1 des Thermenneubaus hat ebenfalls einen Terminus post quem: Münzen des Constans und Valens aus der Mitte bzw. der zweiten Hälfte des 4. Jhs.

944 Bartolini – Turchetti 1999, 28.

945 Fast alle Umbauphasen in Opus vittatum bis hin zum Einbau der Therme T6a analog zur Therme T5b sieht Mar (Mar 2001, 135 f. 161. 350 f.) als severisch an, obwohl sich anhand der Fundmünzen der zweiten Hälfte des 4. Jhs. für die Therme T5b eine spätantike Datierung zweifelsfrei ergibt. Die Verstärkungen nach einer Einsturzkatastrophe datiert Mar (vgl. Mar 2001, 103) an das Ende des 3. und ins frühe 4. Jh.

946 Auch diesen Hinweis auf neueste stratigraphische Sondagen verdanke ich Michael Heinzelmann und Marcel Danner.

947 Spätantike Häuser und ausgebaute Appartements sind schwarz umrandet, Thermen hellgrau gefüllt.

zumindest während des 4. Jhs. noch in Betrieb blieben, nämlich die Terme della Trinacria und die Terme delle Sette Sapienti (Abb. 228, T5a und T5c), so traten im 5. Jh. zwei kleinere Thermen an deren Stelle, nämlich neben den hier besprochenen Terme Piccole T5b auch die Thermen in den Serapeumshorrea (Abb. 228, T6a). Eine bestehende größere Thermenanlage severischer Zeit, die Terme di Mitra, wurde im 4. Jh. noch mit einer Apsis im Norden, die ebenfalls eine Straße blockierte, erheblich erweitert und im 5. Jh. mit neuer Infrastruktur ausgestattet (Abb. 228, T5d. Daneben die spätantiken Bars B5d/5e und die Straßennymphäen N5g/N5h?/N5j).

Zu Struktur, Bau- und Verfallsgeschichte der Insula della Trinacria im Detail[948]

Die gesamte Südseite der Via della Foce vor den Terme della Trinacria (Abb. 228. 229[949], T5a) bestand aus einer vier- bis fünfgeschossigen schmalen ›Streifeninsula‹. Diese war der durchschnittlich nur ein- bis zweigeschossigen Innenbebauung der Thermen straßenseitig vorgeblendet. Die Streifeninsula selbst bestand aus einer Portikus (Po5a) und einer Reihe rückwärtig anschließender Tabernen (Abb. 228. 229, R5a). Sie bildete die östliche Hälfte des Vorderhauses des Serapeum-Komplexes, dem bereits eine Monographie von Ricardo Mar gewidmet ist[950].

Die schmale, aber hohe Streifeninsula war zumindest im Abschnitt östlich des Haupteingangs zum Serapeum bis auf die Höhe der Grundmauern des Erdgeschosses eingestürzt und ausgebrannt (Abb. 231)[951]. Diese Insula ist heute daher nur noch im Bereich der Tabernen hinter der Portikus Po5a knapp über die Höhe der Balkenlöcher für die Holzdecke des Erdgeschosses hinaus erhalten (Abb. 231, Erdgeschoß). Teile der Fassade der Insula della Trinacria mit großen Fenstern, die Gußgewölbe der Decke des ersten Obergeschosses und einige daran angesetzte Mauern der Innenaufteilung des zweiten Obergeschosses waren damals ›am Stück‹ auf die Via della Foce gefallen. Sie blieben bis heute als Versturz auf dieser Straße bis hin zu einer nach Norden abzweigenden Nebenstraße in situ erhalten.

Zum Zeitpunkt des Einsturzes war das Stadtviertel keineswegs aufgegeben, wie man bisher vermutet hatte. Daher fanden sowohl an der verbleibenden Insula als auch an der umgebenden Bebauung auch nach der

Abb. 234 Der beschnittene Fassadenrest auf dem Decumanuspflaster

Katastrophe noch Reparaturen statt. Daß hier die Fassade direkt nach Norden umgefallen war, während der Hauptteil des Gebäudes in sich zusammengesackt war, läßt sich aus dem Baubefund heute noch deutlich ablesen. Die Abmessungen des liegenden Fenstersturzes lassen seine Rekonstruktion als oberer Abschluß des Treppenhausfensters des ersten Obergeschosses der Portikus der Streifeninsula ›della Trinacria‹ zweifelsfrei erweisen (Abb. 231, Gewölbe-/Fensteransatz), nachdem die eingestürzte Fassade freigelegt wurde.

Die eingestürzte Fassade V5a

Die Außenseite der Fassade liegt dabei teilweise auf einer Lage von Dachziegeln und weiteren Einsturztrümmern, die zum Einsturzzeitpunkt offenbar zuerst auf das Pflaster gefallen waren. Unter den losen Ziegeln des Fenstersturzes fanden sich mehrere Dachziegel, die in enger Verbindung mit einem festgepreßten Konglomerat standen. Die im Einsturzmaterial gefundenen gestempelten Ziegel, die auf den Basaltblock eines Straßenabschnitts vor der Südseite der Terme Piccole gefallen waren, entsprechen in ihrer Datierung um 123–125 exakt dem Baumaterial der Portikus der Streifeninsula[952]. Sie stammen zum Teil von einem Fenster in der Fassade (Abb. 230, Fenstersturz Treppenhaus), das an

948 Dazu vgl. bereits Gering 2013b, 273–275.
949 Der Plan ist im Gegensatz zum älteren Grundplan von Gismondi, der insbesondere am Grabungsrand Ungenauigkeiten aufweist, orthofotografisch erstellt, also maß- und winkeltreu. Für die Mercati Traianei existiert ein Detailplan bei Bartolini – Turchetti 1999, 27 Abb. 1.
950 Mar 2001.
951 Zur gestürzten Fassade vgl. Mar 2001, 54. 66 f.
952 Dazu s. Calza u. a. 1953 236; Mar 2001, 121 f.

Abb. 235 Der Versturzblock auf der Via della Foce von Westen gesehen

dieser Stelle bis an das erhöhte Fundament der Terme Piccole heranreicht und selbst direkt auf der Pflasterung aufliegt. Das Fundament der Thermen wurde nachträglich von oben eingegossen. Dieses Gußfundament überdeckt dabei einige Ziegel der Insulafassade und setzt damit den Einsturz zweifelsfrei voraus. Die Höhe des Gußfundaments beträgt etwa +35–40 cm über dem Gehsteig. Die eigentliche Fundamentlinie, charakterisiert durch eine Lage von Tufelli, liegt an der Unterseite etwa +50 cm und an der Oberseite etwa +60 cm über dem severischen Straßenpflaster der Via della Foce.

Das Einsturzmaterial unter der liegenden Fassade bestand aus kalzinierten Mörtelresten, Keramikscherben und Scherben von nurmehr 2–3 mm dick erhaltenem Fensterglas, die als Patina Spuren einer starken Feuereinwirkung zeigen. Dieses Einsturzmaterial wurde beim späteren Bau der Thermen auf dem Einsturzmaterial wiederverwendet, beispielsweise, um zugehörige Sickergruben zu verfüllen, die sich unmittelbar vor dem Austritt des Hauptkanals nachweisen ließen (Abb. 232. 233) oder die Oberfläche kleiner Kanäle zu verfestigen, die zu unmittelbar vorgelagerten Sickergruben führten.

In Verbindung mit einer deutlichen Brandschicht ist klar, daß die Fassade zum Zeitpunkt ihres Einsturzes offenbar mit den Fenstern und Fensterläden zu Boden gefallen waren, wobei die Fassade das severische Straßenpflaster, Teile des Bürgersteigs und bereits spätantike Einbauten auf diesem Bürgersteig begrub. Die Fassade war also, soweit es ihren Holzanteil betrifft, zuletzt wohl noch auf der Straße liegend ausgebrannt[953]. Die mit der Front nach unten liegenden Arkaden sind bis heute sichtbar geblieben (Abb. 234).

Über diesem festgepreßten Einsturzmaterial und den Fassadentrümmern folgt eine lockerere Verfüllung mit Keramikscherben und Haushalts- bzw. Gewerbemüll aller Art, vor allem aber Amphorenscherben. Sie bildete Teil jener für ganz Ostia üblichen nachträglichen Aufhöhung des Gehniveaus, wie man es aus den alten Grabungstagebüchern kennt (s. o.).

Der straßenmittige und bis zur Höhe von 170 cm reichende Versturzblock V5a wurde in seiner heutigen Form bereits zum Bauzeitpunkt der Therme T5b in situ belassen (Abb. 235). Die Hauptverkehrsachse der Via della Foce führte zumindest in der ersten Bauphase der Thermen also wohl noch nicht über den Versturzblock, sondern wurde über den Bürgersteig umgeleitet (s. o.). Erhöhungen von +180 cm, die zur direkten Überfahrung nötig gewesen wären, sind erst später, nämlich seit dem späten 5. und im frühen 6. Jh. belegt[954].

953 Das zeigt sich anhand der Brandschicht. Näheres zum Befund s. bereits Gering 2004, 356 Anm. 131.

954 Zu den Erhöhungen von +1–3 m im Viertel um die Via di Diana vgl. hier Kapitel II. 4. b.

Abb. 236 Der Zubau der Portikus vor den Mercati Traianei und die Gehniveaus

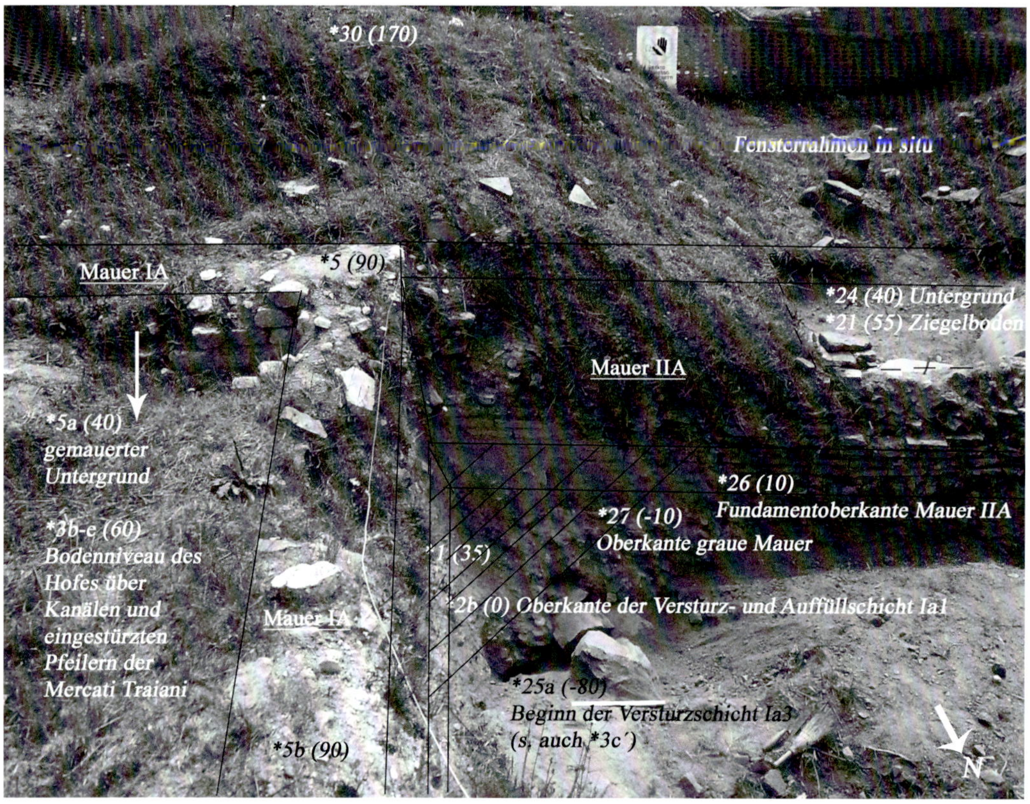

Abb. 237 Der Wirtschaftshof der Terme Piccole und die Stratigraphie um den Versturzblock

Abb. 238 Die Ausstattung der gefallenen Insulafassade. Wanddekor im Versturz

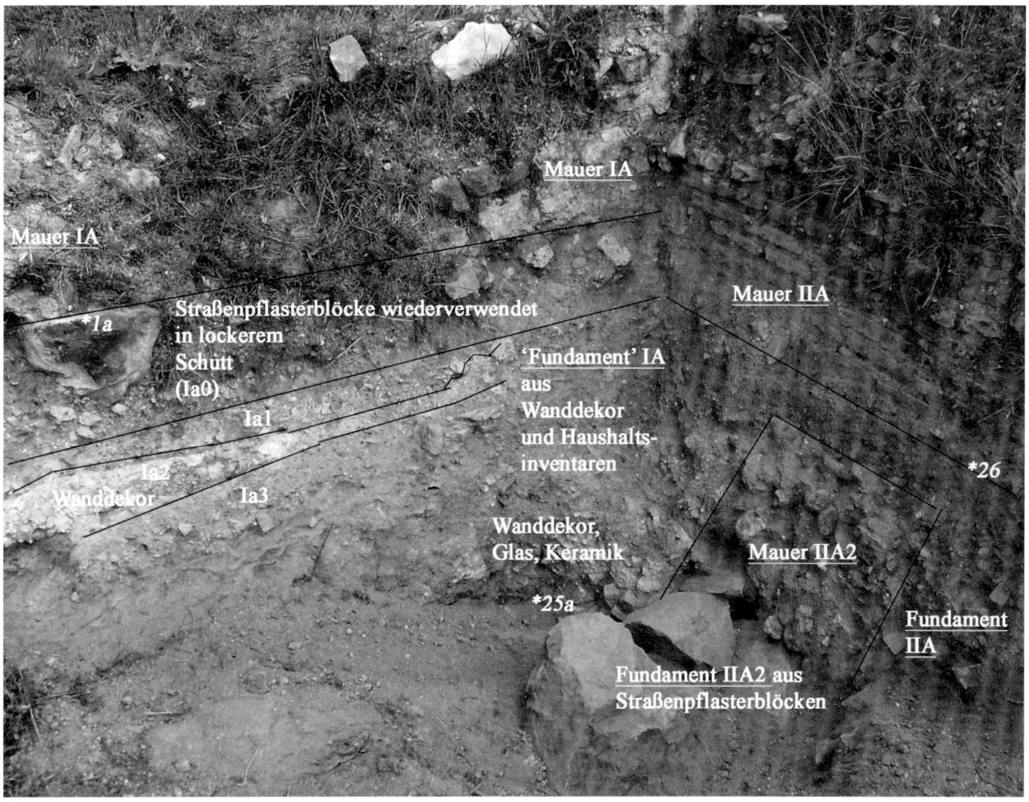

Abb. 239 Der Versturzblock im Querschnitt

Von der Straße aus hätte man den Versturz in Phase 1 also noch deutlich wahrnehmen können, wenn er nicht verkleidet bzw. überbaut worden wäre.

Zum Zustand des späten 5. und 6. Jhs. nach weiteren Erhöhungen existiert nur noch die Evidenz der alten Grabungsfotografien: Die spätesten Niveaus aus gestampfter Erde wurden als feste Grundlage für die Verlegung der Schienen des Grabungszugs verwendet[955]. Erst auf diesem Nutzungsniveau konnte der Versturz als vollständig überwunden gelten, die Straße war damals wieder auf voller Breite benutzbar.

Die sichtbare Stratigraphie der spätantiken Stadt – Die Nordseite des Versturzblocks

Die gesamte Nordseite des Versturzes V5a ist ein Mikrokosmos der spätantiken Stratigraphie und Stadtentwicklung. Geradezu beispielhaft zeigt sich hier die gegenseitige Abhängigkeit und Verschränkung von Verfall und Neubau. Einige Mauern spiegeln ein erstes Krisenmanagement unmittelbar nach dem Verfall, andere, die bereits ein höheres Gehniveau voraussetzen, belegen die umfassende funktionale Neuorientierung des Platzensembles unter den neuen Voraussetzungen einer mittigen Ruine. Als letzte Maßnahmen sind zunehmend improvisierte Nutzungen und schließlich der Verfall der Therme selbst faßbar.

Das Ziegelmauerwerk der Terme Piccole war in seinem bis heute erhalten gebliebenen Zustand gemeinsam mit dem Thermenhof verputzt worden. Es handelt sich um die südliche Einfassung des Thermenhofes mit den Praturnia. Die spätantike Stratigraphie scheint sich an der westlichen Abschlußmauer dieses Wirtschaftstrakts beispielhaft rekonstruieren zu lassen: Die Tuffmauer IA (Abb. 236. 237) wurde an die Ziegelwand der Therme T5b angesetzt und datiert sowohl nach dem Bau der Therme als auch nach dem Einsturz V5a.

Zur Stratigraphie:

- Zum Bau der Tuffmauer IA (Abb. 235), die zum Zeitpunkt der Grabung noch deutlich höher als heute erhalten war, jedoch wegen ihrer geringen Dicke wohl keine Überdachung trug, mußte der Versturzblock V5a bereits auf der Straße gelegen haben. Die Tuffmauer IA umschließt einen Innenhof, der zu den Präfurnia führte.
- Die Oberkante der Versturz- und Auffüllschicht 1a1 (Abb. 237, *2b) entspricht exakt dem severischen Gehniveau der Via della Foce. Die aktuelle Säuberung zeigt, daß an dieser Stelle die Grabungen von 1938–1941 noch etwa 40–50 cm tiefer reichten.
- Die Fundamentoberkante der Mauer IIA befindet sich +10 cm über dem severischen Straßenpflaster auf der anderen Seite des Versturzes. Das Fundament IIA (Abb. 237. 238. 239) fußt direkt auf der Auffüllschicht aus Haushaltsschutt, aber auch einigen Vorgängerstrukturen wie der Mauer IIA2, die für den Bau der Mauer IIA und des entsprechenden Raumbodens gekappt wurden. Die Mauer IIA wurde also gebaut, als die Mauer IA und das mit ihr korrespondierende höhere Raumniveau von +35 cm noch nicht existierte und dieser Raum noch nicht bis auf +35 cm aufgefüllt und mit Straßenpflaster versehen worden war.

Lokal differierende Fundamenterhöhungen von +50 cm im Nordwesten und +70 cm im Osten der Terme Piccole resultieren aus der jeweils anstehenden Vorgängerbebauung und den dort zum Teil wesentlich tieferen Gehniveaus. In der Spätantike wurden die Niveauunterschiede durch neu gebaute Treppen zu den Thermen (Abb. 228. 229, E3; Abb. 242) überwunden. Sie führten auf das bereits etwa +60 cm erhöhte Umgebungsniveau des Bedienungstrakts, wobei weitere insgesamt etwa 75 cm hohe Stufen zum Innenniveau der Terme Piccole auf +1,40 m über der Straße führten.

Ein Ensemble von Zier- und Vergnügungsbauten als letzter Zustand der antiken Stadt

Der Zubau von Portiken ist ein typisch spätantikes Phänomen, das bei fast allen Plätzen und Promenaden, also den spätantiken Nutzungsschwerpunkten und Hauptwegen Ostias, aber auch in anderen Städten in spätantiker Zeit festgestellt werden kann. Bei der Portikus am Piazzale della Vittoria wurden durch die Abtrennung eines Abschnitts einer ehemals größeren Portikus (Po1b, Abb. 16) die erweiterten Grenzen des Vereinsbesitzes der Cisiarii und die zugleich reduzierten Renovierungsgrenzen in der Spätantike gegenüber dem Zustand der hohen Kaiserzeit deutlich.

Der Bereich am Südrand der platzartigen Erweiterung der Via della Foce gegenüber den Mercati Traianei und den Terme Piccole T5b besteht aus der Portikus Po5a, die mehrfach durch Mauern nachträglich zugesetzt worden ist (Abb. 228. 229). Diese Portikus war direkt auf das severische Pflaster des Platzes gestürzt (V5a, s. o.), zeigt jedoch selbst Einbauten auf einem um +35–50 cm erhöhten Gehniveau (Abb. 240). Hier hatte offenbar eine Renovierung und Nutzung nach dem ersten – und offenbar noch nicht endgültigen – Einsturz stattgefunden.

Die Zusetzungen hatten neben einer möglicherweise statisch bedingten Funktion zur Stützung der Portikus Po5b offenbar auch den Zweck, jeweils einen Tabernenraum und einen zugehörigen Vorbau voneinander zu separieren. Auf diese Weise entstand zumin-

955 Das severische Pflaster liegt hier auf der Höhe von 3,28 m: Vgl. dazu Abb. 229.

Abb. 240 Die Erhöhung des Gehniveaus in der Portikus

Abb. 241 Der Zubau der eingestürzten Insula di Trinacria

Abb. 242 Der Marmortresen in der Portikus

dest eine Taberneneinheit, die nicht mit den Terme della Trinacria T5a verbunden war. Die Einbauten auf den Raum der ehemals durchgängigen Portikus wurden in einem Mauerwerk ausgeführt, daß sowohl aus regelmäßigen Ziegellagen – mit durchwegs wiederverwendetem Material mit abgerundeten Ecken – als auch aus Opus vittatum und bzw. oder Bruchmauerwerk aus zerkleinerten Obergeschoßzwischenböden bestand (Abb. 241).

Der Befund legt eine nachträgliche Aufhöhung des Innenniveaus in allen Räumen nahe, wie sie auch anhand einiger in situ befindlicher Türlaibungssteine seitlich fehlender Schwellen bestätigt werden kann, die +50–60 cm über dem Niveau des Straßenpflasters liegen (Abb. 240). Die Rückseite der Struktur aus Opus vittatum A erweist sich jedoch nicht als Mauer, sondern als dreiteiliger Sockel mit zwei halbrunden Wasserbekken, die ehemals offenbar mit Marmor verkleidet waren (Abb. 228. 229, N5a; Abb. 242).

Zumindest in einer Teilfunktion erinnert es mit den gut zugänglichen Wasserbecken auf Bodenhöhe eher an einen Bartresen als an ein Ziernymphäum, wie es vor allem im Innenraum von späten Häusern zu finden ist. Der originale Bestand der Struktur erwies sich nach einer Säuberung nach Osten hin ansteigend etwa 45–60 cm hoch über dem spätantiken Marmorboden erhalten, die dahinterliegende Quermauer aus

Opus vittatum ist noch bis zu 80 cm vom erhöhten Innenboden der östlich angrenzenden Taberne aus in situ erhalten. Damit erweist sich die Struktur wohl als zweigeteilt, als Rückmauer und ein vorgelagerter Sockel, für dessen Deutung als Tresen neben der Lage und Ausstattung auch spräche, daß eine übliche Tresenhöhe von 1 m bis 1,20 m ergänzt werden kann, was auch der modernen Rekonstruktionshöhe entspricht[956].

Die spätesten erhaltenen Funktionsbereiche, die auf einem von +35–65 cm stufenweise erhöhten Nutzungsniveau gebaut worden waren, belegen den Entstehungsprozeß eines Ensembles von Zier- und Vergnügungsbauten. Im Zustand des späten 4. und 5. Jhs. war hier wie an den übrigen Platzanlagen eine aufeinander abgestimmte Verbindung der Elemente Bar, Ziernymphäen bzw. ›Wasserspiele‹ und Thermen entstanden. Die exemplarische Untersuchung der kleinen Thermen und ihrer Anbauten gewinnt vor dem Hintergrund der allgemeinen Phänomene, die hier baulich umgesetzt wurden, an Bedeutung, weil sich die Portikusbesetzung, Aufhöhung und neue Infrastrukturballung nicht als marginal, sondern für Ostia als zentraler Schlüssel zum Verständnis seiner spätantiken Stadtkultur erweisen läßt und auch an weiteren Plätzen und Promenaden anderer Metropolen verfolgt werden kann.

Hier fällt mehr als anderswo ein sehr kreativer Umgang mit Verfall und Ruinen auf: Es ist ein ›Leben in und mit Ruinen‹, das hier in neu gestalteter, aber wesentlich kleinteiligerer Architektur stattfand. Bei aller Kreativität und Improvisationsleistung wird aber auch beispielhaft klar: Städtebaulicher Verfall war hier bereits knapp hinter der ›Schaufassade‹ der Straßensperren und kleinen Nymphäen auf beiden Seiten der Via della Foce deutlich wahrnehmbar und sicher dementsprechend prägend. Suchten sich die Bewohner der marmorglänzenden späten Häuser hier vielleicht sogar bewußt Orte für ein Domizil, an denen ›alt‹ und ›neu‹ in deutlichem Kontrast stand? Ob die Wahrnehmung des Verfalls tatsächlich im Sinn eines individuellen Wohngeschmacks zu deuten ist und dabei im Sinn von neuzeitlicher Ruinenromantik ein gesuchter Assoziationsanreiz gewesen sein könnte, kann aus urbanistischer Perspektive aber nicht geklärt werden.

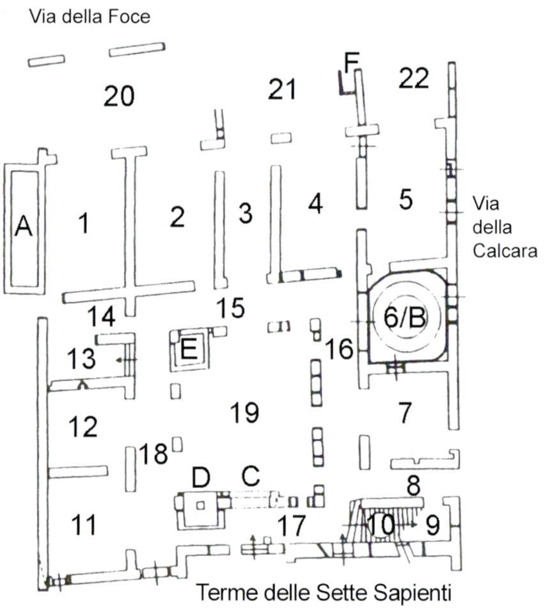

Abb. 243 Grundplan. Die Insula di Serapide

II. 5. d Eine vorgezogene Tabernenfront – Reaktion auf Verkehrsentlastung und Indiz einer verkehrsberuhigten Einkaufsstraße

Verstärkte Werbung für eine Therme – Ein Schmuckportal und seine Baugeschichte

Der Bereich der Terme dei Sette Sapienti (III x 2, Abb. 228, T5c) in der Mitte zwischen zwei vier- bis fünfgeschossigen Insulae, nämlich dem Caseggiato degli Aurighi im Süden und der Insula di Serapide im Norden, war erst in einer zweiten Phase in spätantoninisch-severischer Zeit als Anwohnertherme umgebaut und in Folge zunehmend erweitert worden[957].

Bereits zu dieser Zeit war die Therme offenbar schon auf einen größeren Besucheranteil von außen und von der Via della Foce von Norden her eingestellt als auf den ›Anwohneranteil‹ der unmittelbar im Süden angrenzenden Insulae[958]. Das ist durch die Bildung eines getrennt zugänglichen Apodyteriums für Anwohner (Abb. 228. 243, Zugang von Treppe 9/10), das von der öffentlichen Umkleide separiert worden war, eindeutig nachweisbar.

956 Eine vergleichbare Anordnung der Schmalseite zum Straßenraum und der Becken nach außen findet sich bei einer Bar am Eingang zu den Neptunsthermen (Kapitel II. 2. a) oder bei der Bar B2d südlich der Ruine des Caseggiato del Sole R2d. Dazu vgl. hier Kapitel II. 1.

957 Dazu vgl. Heres 1992/1993, 76 f.

958 Der Caseggiato degli Aurighi (III x 1) bildete die größte der insgesamt vier Insulae, aus denen der zusammenhängend geplante wohnungsbauliche Komplex III x 1–3/xiv 1 bestanden hatte. Bald nach der Fertigstellung von III x 1 in antoninischer Zeit erfolgte der Zubau sowohl der ehemals breit geöffneten Front dieser Insula auf den Cardo degli Aurighi durch Wohnungen, als auch der Trennung ihres ehemals zusammenhängenden Hofbereichs mit der Therme durch einen querenden Korridor. Dazu s. Packer 1971, 106 Abb. 25; Mols 1999, 321 f. 333 f. mit Abb. 82–90.

Abb. 244 Insula di Serapide. Eingangsportal zu den Terme dei Sette Sapienti

Deutlichstes Indiz für diese Entwicklung ist der nachträgliche Einbau eines Portals zu den Thermen, das sich im Innenhof der Insula di Serapide (Abb. 243, C; Abb. 244) befindet[959].

Der Vorder- oder Schmuckseite des Portals kam offenbar eine vornehmliche Zier- und Werbefunktion zu, weil eine praktische Nutzung als Tür hier auszuschließen ist. Der Durchgang zur Therme besaß nämlich nach Ausweis des durch Marmorspolien gebildeten Schwellenbereichs (Abb. 244), der den Opus-spicatum-Belag des Hofbereichs deutlich von dem Mosaikboden des Thermenbereichs trennte, selbst keine verschließbaren Türflügel. Diese sind erst bei der dahinter liegenden, eigentlichen Thermentür durch Türangeln belegt.

Westlich des Portals grenzt die für die Insula namensgebende Kultnische des Sarapis an[960]. Der Blick durch den engen Eingangskorridor läßt von der Straße aus aber nur das Schmuckportal wahrnehmen[961].

Am Ende des 3. Jhs. wurden nach den Untersuchungen von Thea Heres die Terme dei Sette Sapienti (III x 2) letztmalig umfassend renoviert[962]. Damals war der gesamte Baukomplex III x 1–3 offenbar wegen fehlender Wartung, vielleicht aber auch durch Einsturzkatastrophen

959 Zur Baugeschichte der Insula di Serapide s. Calza u. a. 1953, 223 f. Die hauptsächlich Anfang 1938 ergrabene Insula zeigt bei einer relativ großen Menge datierbarer Ziegelstempel den engen zeitlichen Zusammenhang einer einzigen Bauphase. Erhaltene Vorgängerbebauung findet sich in dieser Insula nur noch in einem Bogen der Südwestwand des Treppenflügels (Abb. 243, Raum 9/10), der zusammen mit dem namensgebenden Raum der Terme dei Sette Sapienti, möglicherweise einer ehemaligen Prachlatrine, in flavisch-trajanische Zeit zu datieren ist. Die chronologische Verteilung der übrigen Ziegelstempel ergibt 87 % für das Jahr 123, etwa 4 % für 124 und mehr als 7 % für 125. – Die Datierungsanhalte der Insula degli Aurighi, die im Süden an die Therme angrenzt, ergeben sich aus der Hauptmasse der Ziegelstempel, die im Bauschutt bei den Grabungen gefunden wurden. Nach Calza u. a. 1953, 224 ergibt die Auswertung kein ähnlich signifikantes Bild wie bei der Insula di Serapide. Einige Exemplare stammen aus den ersten Regierungsjahren des Antoninus Pius: dazu s. Calza u. a. 1953, 224.; Packer 1971, 182; Meiggs 1973, 138 Anm. 4. Der Bau der Therme selbst wird in ihrer Grundstruktur zwischen beiden Eckdaten, also um 130–140 anzusetzen sein. Dazu s. Calza u. a. 1953, 137 f. 224; Meiggs 1973, 138 Anm. 4.

960 Dazu s. Mols 1999, 252 f. mit Abb. 2.

961 Dazu vgl. Mols 1999, 258 f. mit Abb. 11.

962 Dazu s. Heres 1992/1993, 92 f. Die Datierung beruht auf den an sich problematischen absoluten Datierungen von Mauerwerk nach Heres (Heres 1982), wird aber an dieser Stelle durch den stratigraphischen Befund unterstützt. Dazu vgl. Mols 1999, 270 f.

Abb. 245 Rückseite des Portals mit Reparaturen in Opus vittatum nach Einsturz

in Mitleidenschaft gezogen worden, was einerseits in den mittigen Thermen zu umfangreichen Verstärkungsmaßnahmen – Verkleinerungen von Türöffnungen, Zubauten und Stützungen – der tragenden Grundstruktur geführt hatte, andererseits aber auch durch die vorgezogene spätantike Tabernenfront[963] (Abb. 243, 20–22) mit den neuen Räumen 20–23 kaschiert werden mußte. Offenbar waren im Verlauf des 3. Jhs. bereits viele Appartements in den Obergeschossen verlassen worden, worauf fehlende Reparaturspuren im spätantiken Ausstattungs- bzw. Wohngeschmack zu deuten scheinen[964]. Damals war auch das Portal selbst und nicht nur die umgebenden Hofpfeiler durch eine Einsturzkatastrophe beschädigt und danach wieder repariert worden. Die Rückseite des Portals (Abb. 245) läßt bereits auf den ersten Blick mehrere Bauphasen trennen, was sich insbesondere durch die unregelmäßige Bruchkante zwischen der Mauerfüllung aus Gußbeton mit Tuffstücken über dem Ziegelbogen des antoninischen Portals und der darüberliegenden aus Opus-vittatum-A-Mauer erweist. Dort sieht man eine Abbruchkante, die aus dem Einsturz darüber befindlicher schwerer Gebäudeteile resultiert haben mußte, wie die Untersuchung sowohl der unregelmäßigen Oberfläche der Mauerfüllung, als auch der abgeschlagenen Ziegelverschalung erwies. Es handelte sich jedoch nicht um den endgültigen Einsturz der Gewölbe, weil diesem eine Phase der Bewältigung des Verfalls gefolgt war: Die Mauer aus Opus vittatum A wurde verstärkend zwischen Portaloberkante und Arkadenscheitel eingefügt, um ein repariertes Gewölbe an dieser Stelle zu stützen[965].

Es fällt auf, daß die üblichen Tufflagen der Mauer aus Opus vittatum A hier fast ausschließlich aus Bauschutt gebildet wurden, die ersten drei Reihen über der Bruchkante sogar ohne Ziegellagen. Der Bauschutt setzt sich hier wie an vielen anderen Stellen im Stadtge-

963 Zur spätantiken Datierung der vorgezogenen Portikus vgl. bereits Calza u. a. 1953, 155 Abb. 35 (schraffiert).

964 Dazu vgl. Mols 1999, 370. Zur Aufgabe vieler Appartements in nachseverischer Zeit vgl. Gering 2001, 209 f.

965 Dazu s. Mols 1999, 327 f. Abb. 72. 76. Zur Rekonstruktion des ersten Obergeschosses, das mit dem Einbau der Pfeilerverstärkungen korrespondiert, vgl. bereits Gering 2001, 200 Abb. 1. Sicher ist, daß die an der Westseite weggebrochene Mauerverstärkung über den Putz reichte, der zur originalen Dekoration der Pfeiler gehört hatte. Die Verstärkung steht in der Tradition einer üblichen Pfeilerverstärkung aus Ziegelmauerwerk, ist der Grundstruktur fast identisch und bei allen Hofarkadenpfeilern in III x 1 nachzuweisen. Ehemals reichte das Ziegelmauerwerk des Portaleinbaus, das inzwischen an der linken Seite weggebrochen ist, wohl bis zum Ende des Pfeilers, auf dem die Arkaden ansetzen (Abb. 245): Die Mauer aus Opus vittatum A wurde jedoch ganz offenbar nachträglich gegen diese inzwischen weggebrochene Ziegelmauer gesetzt. Ihre Funktion unterscheidet sich aber kaum von der Vorgängerkonstruktion eines vorgesetzten Stützpfeilers und der Funktion des untersten Ziegelbogens, der noch direkt in die hadrianischen Pfeiler einbindet: Die schlanken Pfeiler der Portikus sollten stabilisiert werden.

biet aus zugeschnittenen Obergeschoß-Zwischenböden zusammen. Bauschutt ist als Baumaterial zwar undatierbar, wurde jedoch gewöhnlich, wie ein stadtweiter Mauersurvey erweisen konnte, aus dem jeweils in der direkten Umgebung angefallenen Schutt eingestürzter oder abgerissener Obergeschosse gewonnen. Auch die einzelnen Ziegellagen zwischen den Tufflagen bestehen zum Großteil aus wiederverwendetem Material, was für eine nachseverische Datierung, jedoch ohne nähere Eingrenzbarkeit im späteren 3. und gesamten 4.–5. Jh., spricht. Die Vorderseite war insgesamt verputzt und die eigentlich tragende Struktur der später angefügten und unverputzten Mauer aus Opus vittatum A zumindest von hier aus nicht sichtbar[966].

Zur spätesten Bauphase mit einer zeittypischen und sehr umfangreichen Verwendung von Bauschutt aus Zwischenböden von eingestürzten Obergeschossen gehören auch die letzten nachweisbaren Einbauten in die Thermen, nämlich ein umlaufender Absatz zum Sitzen im ehemaligen Verteilerbereich (Abb. 246). Diese definierten in dem ehemaligen Durchgangsraum eine neue Funktion: Der Durchgang wurde damit offenbar zum Apodyterium umgewandelt. Die übrige späteste faßbare Ausstattung der Therme besteht aus Mauerzusetzungen, die zum Teil statisch zu erklären sind: Das Mauerwerk des Erdgeschosses ließ sich durch den Zubau von allzu großen Türen stabilisieren[967]. Während der letzten antiken Nutzungsphase als Therme wird die Innenraumhöhe des renovierten Verteilers mit einer maximal zweigeschossigen Raumhöhe wie der angrenzende Kuppelsaal zu ergänzen sein, was aber auch für den Eingangsbereich hinter dem Thermenportal gilt.

Abb. 246 Terme dei Sette Sapienti. Sitzbank aus Fragmenten von Obergeschoß-Zwischenböden

Folgt man der bisherigen Chronologie nach Heres, dann werden diese Ausbauten der Therme wie auch die Reparaturen der Mosaikböden im Apodyterium und den Korridoren im ›random style‹ (Abb. 246), zum Teil sogar unter Berücksichtigung der Motive wie bei der stilisierten Ranke[968], kurz vor oder um 300 angesetzt. Dieser Datierungsvorschlag läßt sich mit den Beobachtungen zu den ersten ›diokletianisch-konstantinischen‹ Erhöhungen des Gehniveaus an dieser Stelle in Übereinstimmung bringen: Die Aufhöhung des Nutzungsniveaus um

966 Das Fehlen des Putzes an der Rückseite des Portals – und dort vor allem gegenüber der Stelle, wo sich Putz noch gut erhalten hatte – ist zweifach aussagekräftig: Offenbar war zu dem Zeitpunkt, als die Vittatum-Verstärkung der älteren Stützung eingefügt wurde, der originale Putz noch nicht abgewittert. Die Insula muß dagegen noch längere Zeit nach der Reparatur gestanden haben, wobei nur der Verputz der Vorderseite bis zuletzt beibehalten wurde, während die Rückseite nach der Reparatur offenbar nicht mehr weiter verputzt worden war. Zu einer ähnlichen qualitativen Differenzierung entsprechend der Ansichtsseite innerhalb des gesamten Innenhofs anhand der neuen Sokkelgliederung vgl. Mols 1999, 255 f. mit Abb. 12. 13.

967 Dazu vgl. Heres 1992/1993, 92 f.

968 Am Ende des 3. Jhs. war die Therme zum letzten Mal umfassend repariert und ausgestattet worden. Möglicherweise entsprach der damaligen Beschädigung des Mauerwerks und des teilweisen Einsturzes eine umfassende Reparatur des Bodenbelags: Die vielen jeweils an sich kaum datierbaren Reparaturen des Abwasserkanalnetzes spiegeln sich in den vielen und sehr unterschiedlichen Reparaturen der darüberliegenden Mosaiken wider, die vor allem in den Korridoren im ›random style‹ ohne erkennbare Motive (Abb. 246) gestaltet waren. Auch die sehr aufwendigen figuralen Bodenmosaiken im Kuppelsaal zeigen solche Reparaturen, zum Teil jedoch noch mit einiger Rücksichtnahme auf die ursprüngliche Motivik der Ranken. Ähnliche sehr ›konservative‹ Eingriffe scheinen typisch für diese Zeit und ihr Krisenmanagement: Auch in der Domus R2f südlich der Domus degli Augustali (Abb. 15) mußte ein Mosaikboden nach Einsturz des Raumes in der Nordostecke des Hauses im frühen 4. Jh. vollständig erneuert werden. Auch dort geschah das, indem man das ursprüngliche Motiv beibehielt, aber im Zeitstil mit einer entsprechenden Tendenz zur Minimalisierung und Abstraktion ausführte. Auch in den Terme dei Sette Sapienti (III x 2) wurde abstrahiert und minimalisiert: Die tragende Ranke wird beibehalten, die Figuren hingegen nicht fortgeführt. Es handelte sich um eine antike Reparatur und keine moderne Ergänzung, weil darunter der Verlauf des Kanals zu ergänzen ist, der entweder gereinigt bzw. neu verlegt werden mußte oder über dem der originale hadrianische Bodendekor vielleicht infolge einer zwischenzeitlichen Verschüttung eingebrochen war. Zum Bodendekor vgl. Mols 1999, 313 f.

Abb. 247 Wasserleitung auf erhöhtem Gehniveau: Reparatur nach Erdbeben von 442/443 (?)

+30–40 cm kann vom späten 3. Jh. bis in die erste Hälfte bzw. zur Mitte des 4. Jhs. datiert werden (s. o.), die Reduktion der Obergeschosse der Insulae fand im Rahmen der ›Bewältigung des ersten großflächigen Verfalls‹ hier dementsprechend wohl noch davor statt.

Nach der Erhöhung ›diokletianisch-konstantinischer‹ Zeit datiert die letzte nachweisliche Reparatur der Fließwasserversorgung der Thermen T5c ins 4. Jh.[969]. Die Druckwasserleitung unter der Via della Foce wurde über einen Abzweiger in der nordöstlichen Ecktaberne mit dem Thermeninneren verbunden. Das ältere rechteckige Becken an der Rückwand (Abb. 247), das selbst aufgrund seiner Form keinen Kalkofen dargestellt haben kann, war durch die künstliche Aufhöhung verborgen und daher gut erhalten geblieben. Die viertelkreisförmige Führung der Druckwasserleitung nimmt keine Rücksicht auf die Zugänglichkeit und Funktion des Beckens und stammt daher wohl aus späterer Zeit[970]. Offenbar diente der Hauptstrang der Druckwasserleitung der Versorgung der nachträglich angebauten severischen Reihentherme[971], war selbst aber eine spätere Reparatur des Wasserleitungsnetzes nach Erdbebenschäden im späteren 4. bis mittleren 5. Jh., die sich in diesem Stadtviertel anhand einer direkt auf die Straße gestürzten Fassade nachweisen lassen[972].

Die Druckwasserleitung wurde durch eine nachträglich vermauerte Seitentür von der Via della Calcara in die Taberne geführt und setzte sich in Richtung Therme durch einen Raum fort, der zu einem späteren Zeitpunkt in einen Kalkofen verwandelt worden war (Abb. 243, 6/B). Die Höhe dieses spät- oder nachantiken Kalkofens, nach dem die Seitenstraße Via della Calcara benannt wurde, belegt, daß die Insula noch zum Zeitpunkt des Ofeneinbaus zumindest ebenerdig zugänglich und noch mindestens zweigeschossig erhalten war.

Ein bis heute erhaltener Abzweiger der erwähnten Druckwasserleitung (Abb. 247, Bildmitte) führte wiederum zu den spätantiken Becken in Raum 21 der Tabernenfront, die auf einem ebenfalls bereits um etwa +40–50 cm erhöhten Nutzungsniveau errichtet wur-

969 Offenbar spielten hier die severischen Erhöhungen des Nutzungsniveaus keine nachvollziehbare Rolle, obwohl sie andernorts wie z. B. im Dianaviertel bis zu 60 cm Höhendifferenz bewirkt hatten. Dazu vgl. hier Kapitel II. 4. b. Das kann dort nicht nur mit der verstärkten Gefahr der Tiberüberschwemmungen in den tibernahen Vierteln begründet werden, ähnliche Befunde kamen nämlich auch bei der Aufarbeitung älterer Sondagen durch Archer Martin südlich des Decumanus zutage: Dazu s. hier Kapitel II. 5. b.

970 Die Anlage der Leitungsführung erinnert direkt an die ebenfalls viertelkreisförmige Zuleitung des Druckrohrs von der Via della Foce zum Warmwasserboiler im Norden der Terme Piccole T5b. Eine ähnliche Datierung wäre auch wegen der ähnlichen Niveauerhöhung anzunehmen. Dazu s. Kapitel II. 5. c.

971 Dazu s. Calza u. a. 1953, Abb. 34 (schraffierter Bereich in der Terme dei Sette Sapienti [Regio III x 2]); Heres 1992/1993, 92 f.

972 Dazu s. hier Kapitel II. 5. c.

Abb. 248 Insula di Serapide. Straßenverengung durch vorgelagerte Tabernenreihe

den[973]. Damit scheint sich eine Datierung der letzten Nutzungsphase von Thermen und Tabernenfront bzw. der vorgelagerten Portikus (Abb. 243, Räume 20–22) in die zweite Hälfte des 4. Jhs. oder danach bestätigen zu lassen. In diese Zeit könnte auch die zweite grundlegende strukturelle Stabilisierung durch Material aus eingestürzten Obergeschossen und die Wiedererrichtung des Thermenportals datieren[974].

Besetzter Straßenraum durch eine vorgezogene Tabernenfront – Eine Reaktion auf Verkehrsentlastung und typischer Bestandteil antiker Fußgängerzonen

Weit vor die hadrianische Straßenfront der Tabernen 1–5 (Abb. 243) wurden auf den Gehsteig und teilweise auch noch auf dem gepflasterten Straßenraum der Via della Foce mehrere späte Mauern gebaut (Abb. 248). Es lassen sich aufgrund der unterschiedlichen Fundamentniveaus und Bautechniken der Mauern verschiedene Bauphasen trennen: Die ersten vorgesetzten Mauern der ›Vorräume‹ 20–22 reichen von der Fassade des 2. Jhs. aus gesehen nur etwa 2 m nach Norden. Sie blockierten damit nur einen Teil des Bürgersteigs und korrespondieren mit dem severischen Gehniveau des Straßenpflasters, das an dieser Stelle wie auch an vielen anderen Bereichen bis zum späten 3. Jh. nachweislich beibehalten worden war.

In der Mauertechnik, Mörtelzusammensetzung und dem Baumaterial, das aus gemischten roten und gelben Ziegeln, jedoch noch nicht aus wiederverwendeten Ziegeln besteht, gleichen diese Vorbauten den Mauern der Grundstruktur des 2. Jhs. oder auch dem Einbau des langen Beckens A (Abb. 243, A). Dieses Becken war zwar ebenfalls noch nicht erhöht worden, ist aber zumindest nachseverisch zu datieren, weil es die Aufgabe der Taberne 1 voraussetzt.

Die Mauern aus Opus testaceum und Opus vittatum A, die an diese erste Phase der Besetzung des Bürgersteigs anschließen, bestehen aus wiederverwendeten Ziegeln in sehr unregelmäßiger Schichtung und sind auch durch dickere Mörtellagen charakterisiert. Die Oberkante des Fundaments, das aus Bruchsteinen und Bauschutt gebildet ist, liegt zwischen +40–50 cm über dem severischen Straßenpflaster an dieser Stelle. Das Becken F (Abb. 243. 248. 249) erhob sich über diesem erhöhten Boden, ist aber nur in seinem Kern antik: Die heute sichtbare Ummauerung in Opus vittatum ist eine moderne Rekonstruktion, die aus Unkenntnis der Erhöhung bis auf das Straßenpflaster gemauert wurde. Vom Pendant zum Becken F ist nicht mehr viel erhalten. Der

973 Zur vorgezogenen Tabernenfront vgl. die ähnliche Erhöhung des Nutzungsniveaus innerhalb des gesamten Viertels: Kapitel II. 5. a–d.

974 Auf der in Abb. 243 zugesetzt verzeichneten Südmauer des Raums 11, die sich westlich des Thermenportals und hinter der Sarapisnische befindet, ist bis heute ein großer bis in den Mauerkern reichender Riß sichtbar, der aufgrund seiner Charakteristik als Torsions- nicht Setzriß mit großer Wahrscheinlichkeit auf ein Erdbeben zurückgegangen sein kann.

Abb. 249 Insula di Serapide. Erhöhtes Fundament und Becken F

Beckenboden begann aber wie bei F nach den Vermessungen unter Ricciardi +42 cm[975] über dem Straßenpflaster, +5 cm über der Fundamentoberkante der Mauer und etwa +30 cm über der Oberkante der hadrianischen Türschwelle der Tabernen.

Ebenfalls auf einem höheren Fundamentniveau, das teilweise aus dem Bauschutt kollabierter oder abgerissener Obergeschosse gebildet wurde, liegen die späten Vorbauten der östlich angrenzenden Tabernenreihe III i 14 (Abb. 228. 250–251). Auch sie wurden nachträglich an die trajanische Grundstruktur der Tabernen angefügt und erstrecken sich auf dem ehemaligen Gehsteig der Via della Foce. Das neue Gehniveau reichte über die hadrianischen Schwellen der Tabernen, die allerdings nicht in situ liegen, sondern nach der Grabung aus Fundstücken rekonstruiert wurden. Dadurch ist nicht mehr erkennbar, ob die Schwellen innerhalb des spätantiken Vorbaus dem neuen Nutzungsniveau des 4. Jhs. angepaßt und höher versetzt wurden oder nicht[976]. Die vorgezogene Seitenmauer des Haupteingangs zeigt allerdings, daß das neue Gehniveau durch einen Boden aus Opus spicatum gebildet wurde.

Deutlich innerhalb des Straßenraums stehen die Reste der spätantiken Verblendung der Insulafront III x 3 (Abb. 248). Die stark modern rekonstruierte Mauer besteht zum Großteil aus wiederverwendeten Ziegeln und läßt sich in der Ausführung und Mörtelqualität gut mit der Rückmauer des Nymphäums N4a am Platz beim Bivium (P4) vergleichen (s. o.). Die erhebliche Mauerdikke der straßenmittigen Abschlußmauer von 45 cm läßt zusammen mit den 30 cm starken Tabernenvorbauten – die Maße erinnern an die benachbarten sogenannten Casette Tipo, die Treppen und damit nachweislich Obergeschosse hatten – eine zumindest zweigeschossige Gebäudehöhe der spätantiken Vorbauten auf den Straßenraum ergänzen.

Eine spätantike Straßensperre – möglicherweise in Form eines Zierbrunnens, von dem jedoch zur Grabungszeit bereits nur noch der Mauerkern erhalten geblieben war – befindet sich direkt gegenüber (Abb. 228, N5g). Die heute fast unsichtbaren Reste lassen sich als Ausschnitt aus einer grabungszeitlichen Fotografie erkennen. Eine in Grundriß und Ausführung eng verwandte Straßensperre liegt westlich der Mercati Traianei. In beiden Fällen wird die Straßenbreite auf eine Fahrspur und Fußgängerpassagen reduziert. Alle Zubringerachsen, die von der Via della Foce aus nach Norden führten bzw. von den Tibervierteln darauf mündeten, waren sogar insgesamt verkehrsgesperrt.

975 Dazu s. Ricciardi – Scrinari 1996, Bd. 2, 122: Die Datierung wird hier allgemein ins 3./4. Jh. angegeben und korrespondiert mit stadtweit üblichen Erhöhungen in diokletianisch-konstantinischer Zeit.

976 Zur entsprechenden Datierungsproblematik der letzten Nutzungsphasen nach 275 vgl. bereits Heres 1992/1993, 92 f.

II. 5. e Die neue Infrastruktur in der Via della Foce – Wohnkomplexe, Nymphäen, Bars

Die Besetzung des Straßenraums mit Zierbauten

Der gleichmäßig breite Straßenraum der großen Hauptadern in der Stadt der hohen Kaiserzeit hatte vor allem den Anforderungen eines hohen Verkehrsaufkommens zu genügen. Sobald aber die gewerblichen Vorgaben nur noch an manchen Stellen des Stadtgebiets bindend dafür waren, wie städtischer Raum gestaltet werden mußte, konnte sich in den übrigen Teilen des Stadtbilds von Ostia eine grundlegend neue Qualität entfalten, sowohl durch ›passive‹ Anpassung an den vorangegangenen Verfall als auch durch bewußten Formwillen bei Neubauten im spätantiken ›Ausstattungsgeschmack‹.

In der hohen Kaiserzeit gab es das Bestreben, aus praktischen, verkehrstechnischen wie auch ästhetischen Gründen, Gewerbeachsen über mehrere Gebäude hinaus durch lange Fluchten von Portiken vor den Tabernen zu vereinheitlichen und zu begradigen. Ein gutes Beispiel dafür bilden die Portiken hadrianischer Zeit, die entlang des Decumanus in fast ununterbrochener Reihe von der Porta Romana bis zu den Neptunsthermen reichten und in der Spätantike deutliche Renovierungen und Ergänzungen auf der Fortsetzung des Decumanus bis zum Forum erfuhren (s. o.). Zwischen Theater und Forum kamen mehrere spätantike Portiken hinzu, die zur Gesamtwirkung einer ›Hallenstraße‹ – die jedoch in Details stark zusammengestückelt erscheinen mußte – beitrugen.

Entlang der spätantiken ›Fußgängerzonen‹ wie der Via della Foce scheint Begradigung dagegen kein vorrangiges Ziel gewesen zu sein. Der Wechsel von vorspringenden Portiken und Einbauten und zurückgesetzten Fassaden vermittelt einen zwar kleinteiligeren, aber auch abwechslungsreicheren Eindruck als die gleichförmigen Tabernenfassaden der hochkaiserzeitlichen Stadt. Es ist ein Straßenprospekt, der variierende Fluchtlinien beinhaltete und so die Wahrnehmung großer Achsen und entsprechender Fernblicke erheblich einschränkte.

Als typisches Beispiel können die Straßenbrunnen in der Via della Foce gelten, die fast alle Nebenstraßen nach Norden hin blockierten. Als analoges Phänomen war der Portikusvorbau der Insula di Serapide (Po5a, s. o., Abb. 228. 243. 248) im letzten Kapitel erörtert worden, der in den Straßenraum reichte. Offenbar handelte es sich bei der Portikus Po5a um eine Baumaßnahme, bei der ähnlich zur Nordseite des Decumanus am Platz P1 die ehemalige Straßenrandbebauung mit Insulaeingängen, Tabernen und Straßenabzweigungen durch eine vorgezogene ein- bis zweigeschossige Hallenarchitektur ›verblendet‹ wurde[977]. Die Portikuspfeiler aus wiederverwendetem Ziegelmauerwerk (Abb. 248) können eine maximal zweigeschossige Portikus getragen haben, die wiederum mit der seinerzeit wohl bereits deutlich geschoßreduzierten Randbebauung der Insula di Serapide korrespondierte. Die spätantike Überdachung der ehemals vier- bis fünfgeschossigen Insula di Serapide ist den Einbauten eines Dachbalkenträgers zufolge wohl bereits auf der Höhe der Kuppel der hadrianischen Anwohnertherme T5c, also unmittelbar über dem zweiten Obergeschoß, anzusetzen. Die vorgelagerte Portikus Po5a ersetzte möglicherweise ruinöse Tabernen im Inneren der Insula. Vor allem scheint aber beabsichtigt gewesen zu sein, einen repräsentativen Eindruck zu erzeugen, was zumindest für jenen Abschnitt der Via della Foce gilt, an dem sich die meisten spätantiken Neu-, Um- und Einbauten um den zentralen Durchgang zur Therme T5c fanden. Die Verbindung von neuen oder statisch verstärkten Portiken zu neuen Einbauten und Bars an den Seiten von Thermeneingängen ist im Stadtgebiet so weit verbreitet, daß sie als typisches spätantikes Bebauungsmuster gelten kann[978].

Das Vorbild des verkehrsberuhigten Straßenraums, den man in vielen spätrömischen Städten findet, wurde durch die Einrichtung der vorgezogenen Tabernen in Form und Funktion vervollständigt: Die Portikus Po5a konnte man nach Ausweis der erhöhten Wasserbecken und Tabernenschwellen zumindest nach dem ersten großflächigen Einsturz der Altbauten und der Erhöhung des Nutzungsniveaus um etwa +40 cm nachweislich als überdachte ›Einkaufspassage‹ nutzen[979]. Die Via della Foce wiederum wurde durch die Portikus erheblich verengt, was einer Nutzung der Straße für Schwerverkehr entgegenstand.

977 Zur Portikus Po1a vor den Terme dei Cisiarii T1a und den teilweise gesperrten Nebenstraßen (S1a, S1b) s. hier Kapitel II. 1. Damit handelt es sich um eine weitere ›unbekannte‹ spätantike Portikus.

978 Der Hauptzugang zu den Terme dei Cisiarii T1a mit Bars in der Portikus nördlich der Straßensperre S1a, der Hauptzugang zu T1b mit Bars in der statisch verstärkten Portikus Po1c, die renovierte Portikus vor dem semitaseitigen Haupteingang zur Therme T2b mit B2b, die Portikus Po3a mit Bars vor dem Haupteingang zur Therme T3b, dasselbe Ensemble aus Bar und Portikus vor den Terme di Buticosus T4b, den Terme della Trinacria T5a und den Thermen in den Serapeumshorrea T6a, etc.

979 Dazu vgl. hier letztes Kapitel.

Zur Kontinuität und Zäsur ›hinter‹ der Straßenrandbebauung – Der insgesamt erhöhte Wohnkomplex III i und seine spätantike Nutzung

Die Entwicklung der Tabernenfront der Insula di Serapide (III x 3) wurde im Vorigen in ihrem Bezug zu den Niveauerhöhungen datiert und näher untersucht: Die Altbauten der hohen Kaiserzeit waren dort demzufolge nach fast zwei Jahrhunderten kontinuierlicher statischer Probleme und auf eine wohl aktuelle Einsturzgefahr bzw. einen Teileinsturz mancher Räume im 4. Jh. hin geschoßreduziert worden.

Die neue spätkaiserzeitliche und spätantike Stadt konzentrierte sich wieder mehr auf das Erdgeschoß. Ein Desiderat in der nunmehr zur Fußgängerzone umgewandelten Via della Foce betraf die Infrastruktur, die bisher außerhalb des Stadtzentrums nur sehr spärlich in den privaten ›Boomvierteln‹ des 2. Jhs. Einzug gehalten hatte. Wie bereits entlang der Promenade des Decumanus bezog sich das vor allem auf eine verbesserte Anwohnerversorgung.

Die Untersuchung der späteren Beckeneinbauten[980] in und an die Insula di Serapide läßt die chronologische Abfolge näher fassen. Zunächst war die Nordwestecke der hadrianischen Tabernen modifiziert worden: Wo ehemals eine Mauer stand, wurde ein Becken gesetzt, das wohl zunächst nicht überdacht und von der Straße wie auch dem Gebäude aus frei zugänglich war (Abb. 228, N5c; Abb. 243, A). Dieser nachträgliche Beckeneinbau repräsentiert wie das beschädigte Schmuckportal zur Therme, das hier behandelt wurde, einen Zustand des Verfalls der Insula im Laufe des 3. Jhs. gegenüber ihrem Zustand im 2. Jh., der erst durch den spätantiken Vorbau professionell bewältigt wurde. Der gesamte Bereich war offenbar als Gewerbefläche gerade nach der Erhöhung wieder attraktiv geworden bzw. – wie die Erweiterung der Tabernenflächen ohne gleichzeitige Aufgabe der alten Tabernen belegen kann – in dieser Hinsicht sogar intensiver genutzt als zuvor.

Die Frage ist, ob und inwieweit sich spätantike Bauaktivitäten nur auf den unmittelbaren Straßenrand der Via della Foce als Fußgängerzone und ›zweiter Promenade‹ beschränkten, oder auch auf die angrenzenden großen Hofanlagen im Süden der Via della Foce (III i und III ii).

Besonders aussagekräftig ist die lokal erhalten gebliebene Erhöhung des Gehniveaus im gesamten Inneren der Hofanlage III i und die damit verbundenen Einbau-

Abb. 250 Eingang zum erhöhten Gehniveau des Gartenareals III i

ten. Neue Bartresen in und vor der ehemaligen Wohneinheit III i 10 (Abb. 228, B5c) und die Unterfütterung der beraubten Türschwelle auf die Via della Calcara hin (Abb. 250) bestehen wie fast alle wichtigen Umbaumaßnahmen in diesem Viertel aus Bauschutt eingestürzter oder abgerissener Obergeschosse. Die Verbreitung des Bauschutts aus eingestürzten Obergeschossen ist auch hier identisch mit der Verteilung der Bauten des 4. und 5. Jhs. gemäß der Grabungspublikation[981].

Auch hier läßt sich diese erste, durch die Mauersurveys bis 2003 gewonnene Erkenntnis spätantiker Bauaktivitäten durch einen näheren Blick auf die Baugeschichte der Anrainergebäude vertiefen. Die heute sichtbaren Höhen der Fundamente (Abb. 250. 251) belegen ein um etwa +50 bis +70 cm höheres Nutzungsniveau im gesamten Innenhof von III i sowohl gegenüber dem heute freigelegten severischen[982] Gehniveau der Via della Calcara als auch in Relation zum Inneren der gegenüberliegenden Insulae III x 2–3 mit dem zentralen Bau der Terme dei Sette Sapienti.

Die spätantike Erhöhung der Fundamentkanten um etwa +50 cm ist nur auf die späteren Mauerzüge der aus Opus testaceum und Opus vittatum zusammengesetzten Mauer (Abb. 250, unten) beschränkt. Der Unterschied von +50 cm Höhe zum insgesamt um etwa +70 cm erhöhten Innenniveau der Hofanlage war durch eine heute nicht mehr erhaltene und wohl etwa 20 cm hohe Türschwelle bedingt. Der spätantike Zustand des Bodens ist im gesamten Hofareal von III i erhalten

980 Eine relative Bauabfolge läßt dieses Becken allgemein ins 3. Jh. datieren: Dazu s. Ricciardi – Scrinari 1996, Bd. 2, 123.

981 Dazu vgl. Calza u. a. 1953, 155 Abb. 35.

982 Offenbar gab es hier im Straßenraum keine spezifisch severische Erhöhungsphase. Dazu vgl. bereits letzter Abschnitt.

Abb. 251 Gartenareal III i. Ausfluß auf ehemals erhöhtes Gehniveau der Via della Calcara

geblieben, was für Ostia eine bedeutende Ausnahme darstellt und dieses Areal als Idealfall für zukünftige Bauforschungen, Sondagen und Säuberungen ausweist. Eine entsprechende Aufhöhung um etwa +50 cm Höhe wäre also bereits anhand des geschilderten Befunds auch außerhalb, d. h. in der Via della Calcara, zu erschließen. Die bereits untersuchten und nur etwa 10 m weiter westlich liegenden Wasserbecken der vorgesetzten Tabernenfront mit ihrer Aufhöhung um +41 cm scheinen also die Vermutung zu bestätigen, zumindest bis zur Höhe des Türschwellenansatzes über dem heute freigelegten severischen Straßenniveau der Via della Calcara eine solche etwa 50 cm hohe Aufschüttung zu ergänzen[983].

Das ehemals noch etwa 20 cm höhere original spätantike Bodenniveau wird im Bereich der Fundamente später Mauern aus Opus vittatum und der gemauerten Verstärkungen aus wiederverwendeten Ziegeln hinter dem Seiteneingang zum Innenhof III i und dem späten ›Tresen‹ neben der Bar mit separatem Tresen in III i 10 (Abb. 228, B5c') deutlich.

Das ehemals über den oberen Abschluß der Mauer aus regelmäßigen Ziegellagen reichende spätantike Nutzungsniveau wird sowohl durch die Einbauten, als auch anhand der giebelförmigen Kanaldurchführung (Abb. 251)[984] und der in der Spätantike erhöht wieder eingesetzten Türschwelle zur vorgelagerten Taberne deutlich. Der Hintereingang zu dieser Taberne, der vom Innenhof III i aus zu einem analog zur Insula di Serapide auf den Straßenraum der Via della Foce vorgesetzten Tabernenkomplex führte, dessen Mauern gegenüber der angrenzenden Ziegelmauer des 2. Jhs. ebenfalls bereits ein erhöhtes Fundamentniveau aufweisen, war hier erst nachträglich eingerichtet worden.

Weitere Belege für ein erhöhtes Nutzungsniveau der trajanischen Hofanlage III i finden sich an ihren übrigen Eingängen. Die beiden großen Hofanlagen III i und III ix (Case a Giardino) hatten gerade in der beginnenden

983 Aufhöhungen sind nur relativ zum jeweils gültigen Vorgängerniveau aussagekräftig. Die Niveaus der Via della Calcara fallen nach Süden hin ab.

984 Die Kanaldurchführung belegt wiederum, daß auch das andere Ende, das auf die Via della Calcara weist, überdeckt war. Offenbar handelte es sich nicht um die Zuleitung einer Druckwasserleitung an dieser Stelle, sondern um eine Entwässerung, die jedoch nicht mehr mit dem kommunalen Abwassernetz verbunden war, sondern in die ehemals vorgelagerte Scherbenbettung aus Geschirr- und Amphorenscherben als ›Sickergrube‹ entwässerte. Dazu vgl. die Befunde von den Terme Piccole T5b und den Thermen in den Serapeumshorrea T6a.

Spätantike, was die Nutzungsart und -schwerpunkte anging, deutliche Veränderungen erfahren, die mit der Aufgabe der Bewohnung der Mittelbebauung zusammenhingen, aber hier wie dort offenbar auch eine Veränderung der Eingangssituation zur Folge hatten[985].

Für die Frage nach Kontinuität und Zäsur zwischen Prinzipat und Spätantike aus urbanistischer Sicht ist es aussagekräftig, daß die Hofanlage III i auf einem erhöhten Gehniveau vollständig genutzt blieb. Das können sowohl die späten Einbauten in der Nordhälfte von III i, u. a. eines Tresens und eines gegenüberliegenden Wasserspiels (Abb. 228, N5i), aber auch die umfangreichen Mauern aus wiederverwendeten Ziegeln in und um die Hofanlage herum ausreichend belegen. Die letzte erhalten gebliebene Funktion war dabei wohl die einer Herberge: In Zusammenhang zur späten Bar III i 10 (B5c), deren Tresen aus Opus vittatum A besteht, steht auch der bereits erwähnte Bartresen am Seiteneingang zum Innenhof III i von der Via della Calcara aus (Abb. 228, B5c'). Möglicherweise bildete auch der in die Straße vorgezogene Tabernenvorbau aus Opus vittatum A (Abb. 251) einen funktionalen Zusammenhang mit der Hofanlage, weil sich im Rückraum Türen befanden. Der ganze Hof läßt auch nach seiner Erhöhung eine hohe Bewohnungsdichte vermuten, möglicherweise als Komplex von kurzfristig vermietbaren Wohnungen, kleineren Zimmern und Ställen[986].

Eine neue Infrastruktur an der Via della Foce als Fußgängerzone

Die Via della Foce blieb nach Süden hin auch im 4. und 5. Jh. ohne Straßensperren auf das dort angrenzende Stadtviertel geöffnet. Bei der spätantiken Reorganisation des Stadtbilds stand hier wohl vor allem die Anwohnerversorgung im Bereich zwischen Via della Foce und Cardo degli Aurighi im Vordergrund. In der Spätantike scheint neben den vorgezogenen Tabernenfronten und der insgesamt als Bazarbereich[987] neu gestalteten Nebenstraße zwischen den Türschwellen S4b und der Vermauerung S4a auch mit diversen neuen Thermenneubauten in diesem Viertel (Mithrasthermen T5d: Anfang 4. Jh.[988]; Terme Piccole T5b und Thermen in den Serapeumshorrea T6a: zweite Hälfte 5. Jh.[989]) eine vermehrte Autarkie im Infrastrukturangebot einhergegangen zu sein. Vor allem südlich der Via della Foce reichte der spätantike Renovierungsanspruch weit hinter eine oberflächliche ›Schaufassade‹, während die Nordflanke der Via della Foce mit Ausnahme der umgenutzten Horrea für Thermen T5b und T5d als Ruinenfläche belassen und systematisch abgesperrt worden war.

Damit ergibt sich:

- Die einheitliche Erhöhung um etwa +40–50 cm vor der Insula di Serapide gegenüber dem gegenwärtig sichtbaren und seit 1938 freigelegten Straßenniveau severischer Zeit belegt zumindest einen funktionalen Zusammenhang mehrerer Baumaßnahmen im Straßenraum und am Straßenrand der Via della Foce als neuer ›Fußgängerzone‹.
- Alle Neubau- und Renovierungsmaßnahmen stehen in direktem Bezug zu bzw. liegen im Einzugsbereich von spätantik neu gebauten oder zumindest renovierten Thermen.
- Spätestens durch die Zusetzungen sowohl der Hauptachse bei P4 und P5 selbst als auch fast aller Zubringer vom Norden her wurde der dazwischenliegende Abschnitt der Via della Foce weitestgehend ›verkehrsberuhigt‹. Hier war also kein Lieferverkehr von den Horrea im Norden der Via della Foce aus mehr zu erwarten, nachdem sowohl diese Horrea selbst fast ohne Ausnahme zugebaut, aufgegeben oder umgenutzt worden waren, als auch die nach Norden führenden Straßen durch Nymphäen besetzt und verkehrsgesperrt wurden (Abb. 228, N5g und N5h?). Die Zulieferung dieser Horrea von den Schiffen am Tiberkai war ehemals wohl wie bei den Mercati Traianei direkt über

985 Zu den Erhöhungen in III ix s. bereits Gering 2002a, 125 f. Dort lassen sich anhand der Türschwellen Aufhöhungen von +30 cm, +50 cm und außen vor III ix 9 sogar um +70–90 cm feststellen.

986 Zur Deutung als Hotel, allerdings der hohen Kaiserzeit, nicht der Spätantike, s. Hermansen 1981, 149 f. Im 2. Jh. waren hier allerdings ausschließlich Appartements ohne Bartreseneinbauten geballt. Die Einheiten Ap5f–k erinnern in ihrem Anlageschema an sogenannte Rumpfmediana, also einem verbreiteten Typus kleiner Wohnungen mit einem größeren und zwei kleinen Räumen bis zu 100 qm Grundfläche. Dazu s. Gering 2002a, 50 Kat. Nr. 16. Die spätantiken Einbauten vorspringender Treppenaufgänge bedürfen aber einer näheren baugeschichtlichen Klärung. Die große Bar, die Wasserbauten (N5i) an den Ausgängen und der mittige Stallbereich sprechen dafür, daß es sich tatsächlich um einen – wie Hermansen vermutete – ›Motelkomplex‹ in der üblichen Verbindung nachweisbarer Hotels in Ostia mit Ställen handelte. Einen direkten Vergleich zu einem Hotelhof gibt es nicht. Die Verbindung ist aber bei der Insula III v 1 belegt, der Insula delle Volte Dipinte mit dem benachbarten Gebäude, das zum Abstellen von Fuhrwerken und Pferden diente.

987 Dazu s. Calza u. a. 1953, 155 Abb. 35 (schraffierte Straße).

988 Vor der Erhöhung um +50 cm.

989 Nach der Erhöhung um +50 cm.

ihre Tiberfront erfolgt, die Verbindung des Güterverkehrs der in diesen ›Auktionshäusern‹ verhandelten Waren zu den dezentralisierten Produktionsstätten bzw. der Weiterverarbeitung in der Innenstadt war aber über die Via della Foce geführt worden. Der mit dem Ende des Gewerbeschwerpunkts frei werdende Straßenraum konnte nun anderweitig genutzt – oder auch bebaut und besetzt – werden.

II. 5. f Der Endpunkt des Decumanus – Das Subzentrum der Porta Marina P7 in der Spätantike

Die Caupona des Alexander Helix B7a und ihr Aussagewert zur Rekonstruktion nachseverischer Aufhöhungen

Noch lange bevor man begonnen hatte, während der großen Grabungskampagne 1938–1941 den südlichen Decumanus in Richtung Meer am Stück freizulegen, war die Porta Marina als isolierter Bereich ausgegraben worden, um mehr über den Verlauf und die Art der als spätrepublikanisch erkannten Stadtmauern zu erfahren[990]. Dabei kam eine Taberne oder Bar, die Caupona des Alexander Helix (Abb. 252, B7a) mit gut erhaltener Ausstattung ursprünglich severischer Zeit zutage. Da diese Bar mehrere Jahrhunderte in Benutzung blieb, läßt sich lediglich anhand der Höhe der Tabernenschwellen oder Nebeneingänge entscheiden, welche Bereiche zum Zeitpunkt der Erhöhungen des Gehniveaus bereits aufgegeben waren und zu welcher Seite sich die Räume während der letzten Nutzungsphase orientiert hatten. Anhand einzelner Einbauten ist es möglich, die stratigraphische Information, die durch die undokumentierten Grabungen als verloren galt, zu ergänzen. Die urbanistische Einbettung dieser Daten erlaubt es wiederum, Bereiche von Kontinuität und Zäsur, aber eben auch Schwerpunktverschiebungen in der Nutzung und urbanen Einbindung dieser wichtigen Platzanlage festzustellen.

Die Caupona lag an einem Knotenpunkt der Verkehrswege und war zugleich eines der größten Beispiele ihrer Art. Gustav Hermansen begreift sie als Einheit eines Schankraums mit Rückraum[991]. Dieser Rückraum war bei den Grabungen nach 1938 nicht freigelegt worden und ist bis heute verschüttet geblieben. Auch ohne den Bodendekor dieses Rückraums zu kennen, schließt Hermansen aus der Anlage des Raums mit Fenstern, daß es sich dort nur um einen Speiseraum gehandelt haben kann, der wohl mit fest aufgestellten Klinen oder auch Tischen und Stühlen zu ergänzen ist[992]. Die Annahme ist plausibel, denn Speiseräume kommen auch im übrigen Stadtgebiet bei fast allen großen Bars als Annexbauten vor, so dem Thermopolium in der Via di Diana, wo es sich um die Bereiche in und um einen offenen Hof mit Springbrunnen und gemauerten Bänken handelte oder bei der Caupona des Fortunatus, wo sich mehrere Speiseräume auf ein vorgelagertes Wasserspiel orientiert hatten[993].

Die Caupona des Alexander Helix wies wie die wesentlich aufwendiger gestaltete Caupona des Fortunatus ein mittiges Wasserspiel in direkter Blickachse der Laufkundschaft, die den Decumanus an der Porta Marina passierte, auf. Dieses Stadttor war in der hohen Kaiserzeit außer Funktion gesetzt und in der Spätantike übergangsweise wieder benutzt worden. Der Haupteingang der Caupona öffnet sich mit dem charakteristischen Bartresen auf den Decumanus. Eine zusätzliche Feuerstelle (*focus*) dahinter weist darauf hin, daß auch warme Speisen zubereitet werden konnten, die entweder im angrenzenden Speiseraum verzehrt oder über den Bartresen mitgenommen werden konnten. Der gesamte Bereich aus Bar- und Speiseraum könnte von den Zeitgenossen durchaus mit dem antiken Begriff *caupona* bezeichnet worden sein, der auch in der neueren Forschung noch üblich ist, die tatsächlich verwendete antike Bezeichnung ist jedoch unklar. Auch der nur sehr selten belegte spätantike Begiff *thermopolium* ließe sich Hermansen zufolge anführen, weil diese Raumgruppe mit Tresen, Wasserbecken und Kochgelegenheit ihrer erweiterten Ausstattung entsprechend als ›Bar-Restaurant‹ mit einer ›Lizenz‹ zur Zubereitung warmer Speisen verstanden werden muß[994].

Der straßenseitig geöffnete Barraum war nach Ausweis der Mosaiken in der heute noch erhaltenen Struktur in severischer Zeit entstanden. Der teilweise erhaltene Marmordekor der Wände datiert dagegen wohl deutlich später[995]. Die Eingangsschwelle beim Tresen und die nächste nordöstlich angrenzende Tabernenschwelle waren um 30 cm gegenüber den Türschwellen

990 Zur Grabungsgeschichte vgl. Kapitel I.
991 Dazu s. Hermansen 1981, 173.
992 Dazu s. Hermansen 1981, 173 Abb. 112 f. Zum Vergleich der Funktion – nicht jedoch der Form – des Wasserspiels als Trinkfontäne mit dem Thermopolium an der Via di Diana vgl. Hermansen 1981, 173 Abb. 113. Zu Tischen und Stühlen als Speiseraum der ›unteren‹ Schichten in den zentralen Räumen der Appartements s. Hermansen 1981, 43 f.
993 Zur Caupona des Fortunatus s. Kapitel II. 1. c.
994 Dazu s. Hermansen 1981, 173 f. Zum Thermopolium in der Via di Diana vgl. Kapitel II. 3. c.
995 Dazu s. Hermansen 1981, 172 f. mit Plan Abb. 109.

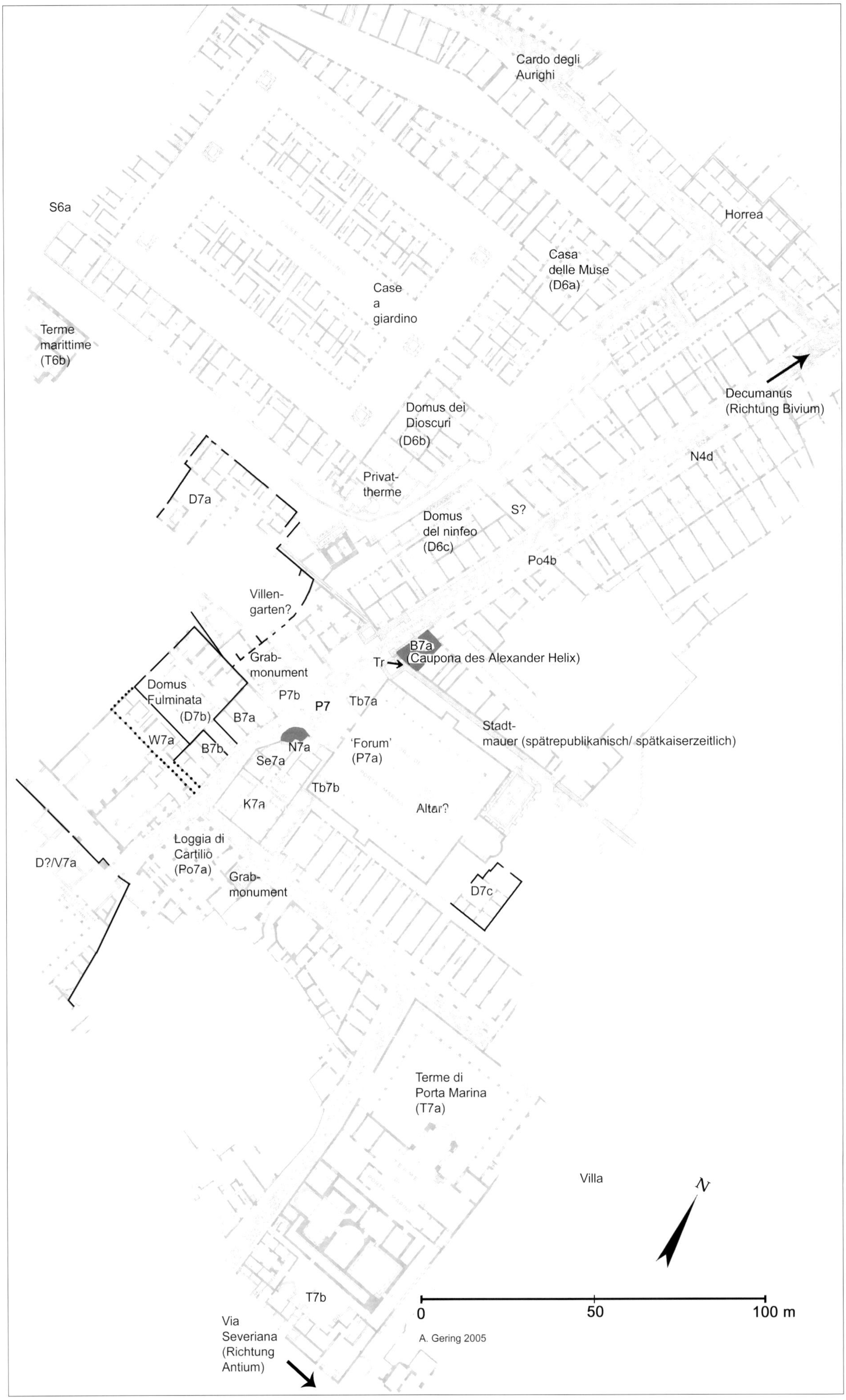

Abb. 252 Übersichtsplan. Südlicher Decumanus und das Stadtviertel vor der Porta Marina (M. 1: 1500)

der weiter nordöstlich angrenzenden Tabernen entlang des Decumanus (Po4b) erhöht worden. Der vorgelagerte Gehsteig war danach mit Stützpfeilern und daran angebauten Sitzbänken bebaut worden, wie das auch beim innerstädtischen Thermopolium an der Via di Diana oder möglicherweise auch an den Bars am Piazzale della Vittoria P1 belegt ist.

Für die vorliegende Frage nach der Bewältigung des Verfalls und dem spätantiken Funktionswandel in Folge von Aufhöhungen ist besonders der Nebeneingang nach Süden hin aussagekräftig. Dieser wird bei Hermansen kursorisch im Rahmen der drei Eingänge »from the Decumanus, from the portico north of the tavern, and from the square outside the Porta Marina« erwähnt, ohne dabei jedoch seine Bedeutung für die Rekonstruktion des spätantiken Zustands der Platzanlage P7 zu berücksichtigen[996]. Der Nebeneingang dieses Restaurants öffnete sich auf den Bereich der unmittelbar vorgelagerten Stadtmauer und dahinter auf den Piazzale fuori Porta Marina (Abb. 252, P7; 261. 262), wobei offenbar zur Bauzeit der Treppe ein deutlicher Höhenunterschied zwischen dem Platz und dem Innenniveau der Caupona zu überwinden war.

Eine Nahaufnahme erweist, daß die drei ansteigenden Stufen Tr von insgesamt +70 cm[997] Höhe ausschließlich aus wiederverwendeten Ziegeln bestehen und hier nachträglich eingefügt, sowie in nachseverischer Zeit ebenso wie die Wände der Caupona mit Marmor verkleidet wurden (Abb. 253): Offenbar war zu einem gewissen Zeitpunkt das Niveau des vorgelagerten Bereichs erhöht worden, während das severische Innenniveau des Altbaus der Caupona bis zum Ende der Benutzung im späteren 5. oder im 6. Jh. beibehalten blieb.

Niveaumessungen an mehreren Stellen des Platzes P7 ergaben, daß die heute noch erhaltene Oberkante der Türschwelle – die Türangel ist hier durch ein Angelloch belegt – abzüglich der Schwellenhöhe selbst mit einer Aufhöhung des Platzes um etwa +70–80 cm fluchtet[998]. Interessant ist in diesem Zusammenhang einer der wenigen ausführlicher publizierten Grabungsberichte Guido Calzas aus der Zeit des Zweiten Weltkriegs, der eine Erhöhung des Gehniveaus über dem bereits verlassenen und in der ersten Hälfte des 5. Jhs. planierten ›vorstädtischen‹ Heiligtum der Bona Dea K7a (Abb. 252) überliefert[999].

Abb. 253 Die Caupona des Alexander Helix. Stufen für den Niveauausgleich zur erhöhten Platzfläche von P7

Die Angabe zu dieser Erhöhung und zum neuen Gehniveau über dem letzten erhaltenen Straßenpflaster mit etwa +70–75 cm entspricht der Höhe des heute noch erhaltenen originalen Mauerbestands des Heiligtums, wenn man die modernen Rekonstruktionen darüber abzieht. Die umgebende Bebauung ist dagegen mit 2–4 m deutlich höher erhalten: so das kürzlich neu untersuchte Areal der Domus Fulminata (Abb. 254. 259, D7b; Abb. 263. 264)[1000] und die Loggia di Cartilio (Abb. 259, Po7a) an der Südseite des Platzes, die nach Ausweis der Rampen auch nach der späten Erhöhung noch als Marktbereich mit Verbindung zu einem angrenzenden Lagerraum diente.

Ein ungewöhnliches Phänomen in der spätantiken Stadt – Straßenverbreiterungen

Das Heiligtum der Bona Dea war nachweislich nicht langsam verfallen, sondern planiert worden (Abb. 255). Das geschah zu einer Zeit, als das Areal vor der Porta Marina offenbar intensiver als jemals zuvor genutzt worden war. Diese intensivierte Nutzung der Plätze P7 und P7a (Abb. 252. 259) als ›Forum‹ im Alltag des spätantiken Subzentrums an der Porta Marina im 4. und 5. Jh. basierte auf vorangegangenen Entwicklungen. So war das Heiligtum K7a bereits im späteren 3. Jh., also mehr als

996 Dazu s. Hermansen 1981, 173. Das Mosaik der Pankratiasten bezieht sich auf den Nebeneingang auf den Platz P7.

997 Die originale Schwellenoberkante ist durch das Angelloch gesichert. Die Angaben stellen die jeweiligen relativen Höhenunterschiede zur Cauponaschwelle dar. Abzüglich der Schwellenhöhe von etwa +30 cm, die als Antritt immer erhöht und frei liegt, ergeben sich die Grundmaße von +70, 75, 78 und +84 cm, d. h., es ist eine in etwa +70–80 cm messende Erhöhung des Platzniveaus vorauszusetzen, um die Caupona ohne weitere Stufen zu erreichen.

998 Vgl. hier Anm. 16.

999 Dazu s. Calza 1942, 164 f.

1000 Dazu s. van der Meer u. a. 2005 104 f.

Abb. 254 Blick auf das Nymphäum N7a und die Begradigung der Straße

ein Jahrhundert vor seiner Aufgabe, ›beschnitten‹ worden, um Raum sowohl für eine breitere Straße, als auch für ein neues Nymphäum (N7a) zu schaffen, das den Platz nun in der Ansicht von der Stadt aus dominierte.

Die im Laufe des 3. Jhs. erfolgte Verbreiterung der Straße über die ehemals fast ebenerdig planierte – und heute teilweise wieder aufgemauerte – ältere Rückwand des Tempels der Bona Dea K7a aus Opus reticulatum (Abb. 252, Se7a; Abb. 255) erscheint vor dem Hintergrund der übrigen Entwicklung ungewöhnlich. Der Vorgang steht in Kontrast zur Zonenbildung, also den ›Privatisierungen‹, Schließungen und Zubauten des Straßenraums, die in der Innenstadt bereits in der spätseverischen Zeit begonnen hatten.

Der Decumanus hatte innerhalb des Stadtgebiets viele Zubauten an seinem Rand erfahren, an seiner Fortsetzung vor der Porta Marina wurde dagegen die Fahrbahn für die Breite von zwei Wägen ausgebaut. Dieser Maßnahme war entweder nur eine geringfügige erste Erhöhung des Straßenniveaus oder der Bau eines Gehsteigs an dieser Stelle vorausgegangen. Die Cella des Heiligtums der Bona Dea wurde so zwar in ihrer ehemals rechteckigen Form beschnitten, aber noch nicht aufgegeben, was der Neubau einer Ersatzmauer aus Opus vittatum A bzw. Opus vittatum mixtum vor der an dieser Stelle weitestgehend abgerissenen älteren Rückwand beweist.

Die Einbindung von ›Monumenten alter Größe‹ auf mehreren Ebenen – Ein Grabmal

Die spätantike Einfassung zweier Platzteile, nämlich des Eingangsbereichs sowohl zum Forum P7a (Abb. 258) als auch zum Villenkomplex P7b (Abb. 256) blieben bis heute erhalten. Eine zentrale Frage betrifft die mögliche urbane Einbindung und Zugänglichkeit des spätrepublikanischen Grabmals (Abb. 256. 257. 259), das sich auf einem mehrere Meter tieferen Gehniveau befindet, als ›bleibendes Monument alter Größe‹ in dem Platzabschnitt P7b[1001].

1001 Dazu s. Floriani Squarciapino 1959, 181 f.

Abb. 255 Das auf dem Gehniveau von +70 cm planierte Heiligtum der Bona Dea

Abb. 256 Ein republikanisches Grabmal wird spätantik eingefaßt

Abb. 257 Ein republikanisches Grabmal als Vorhof einer spätantiken Villa

Die Rekonstruktion ist durch eine ausreichende Anzahl an Fragmenten des aufgehenden Mauerwerks und seiner Baudekoration gesichert[1002]. Das Monument erhob sich demnach auch in der Spätantike noch mehr als 8 m hoch[1003].

Es bleibt zu untersuchen, ob der Bereich P7b dabei noch wie bisher einen Teil des öffentlichen Platzes bildete oder in der Spätantike in ein eher privates Wirkungsfeld des Villenareals eingebettet wurde[1004]. Die Einbindung eines ›öffentlichen Monuments‹ mit Möglichkeiten zum Verweilen in das unmittelbare Vorfeld eines privaten Wohnsitzes erinnert an die Anbindung des Ninfeo degli Eroti an eine kleine innerstädtische Domus[1005].

Den entscheidenden Aufschluß auf die Erhöhung des Gehniveaus um das Grabmal ergibt die Untersuchung der spätantiken Villenfront hinter dem Grabmal (Abb. 257): Die Fotografie zeigt einen Blick vom Platz auf den Garteneingang der Villa und die auch bei einer spätantiken Aufhöhung noch sichtbar gebliebene Struktur des Grabmals. Der fest ummauerte Gußkern des Grabmals war nie planiert worden, sondern ragte daher nachweislich auch in der Spätantike wohl noch mitsamt der inzwischen verlorenen Inschrift über das spätantike Gehniveau heraus.

Die Maueröffnung der Villa zeigt über der Fundamentgrenze heute noch deutlich eine nachträgliche Einfügung von Tuffblöcken ohne Ziegellagen, die der Erhöhung der Türschwellenbereiche diente. Letztere Ziegelbettungen sind als die direkte Unterlage von heute nicht mehr erhaltenen Türschwellen anzusehen, die wie üblich aus Travertin bestanden hatten und wie für Ostia üblich nachantik geraubt wurden. Damit ergeben sich Hinweise auf zwei verschiedene Gehniveaus, wovon das untere – was kaum als Zufall zu deuten ist – in etwa mit dem erhaltenen severischen Straßenpflaster der Platzanlage P7 korrespondiert, das obere jedoch um +70 cm erhöht wurde. Beide Nutzungsniveaus der Türschwellen und Eingangsbereiche der späten Villa passen damit hervorragend zu den Befunden der Stratigraphie der Platzanlage P7 selbst. Die Villa gehört nach Ausweis der wie bei der Caupona um etwa +70 cm erhöhten Türschwelle zu den bis zuletzt in Funktion gebliebenen Gebäuden am und um den Platz P7 herum, bei denen dieselbe Erhöhung festgestellt werden konnte (s. o.)[1006].

1002 Dazu s. Floriani Squarciapino 1959, 181 f. Abb. 79–90; Pavolini 1983, 164 f.
1003 Zu den Abmessungen s. Floriani Squarciapino 1959, 189 Abb. 91.
1004 Dazu van der Meer u. a. 2005, 125. Bisher vgl. Pavolini 1983 164 f. Dazu s. u.
1005 Dazu s. Pensabene 1999. Die einzige Abweichung, nämlich der sepulkrale Bezug beim Platzabschnitt P7b, war ohnehin nur vor den Toren der Stadt möglich und beeinträchtigt den Vergleich nicht grundsätzlich.
1006 Zur »massima fioritura nella tarda antichità« vgl. Pavolini 1983, 163 f.

Der mit fast 2000 qm relativ große und unmittelbar an die Stadtmauer grenzende suburbane Villenkomplex (Abb. 252, D7a), der hier erstmals als solcher benannt wird, bestand aus einem zentralen offenen Bereich, der möglicherweise als Garten gedient hatte und daran angrenzenden Bauten. Der funktionale Zusammenhang der um diesen Bereich gruppierten und zum Teil sehr aufwendig dekorierten Gebäudeteile aus mehr als 20 erhaltenen Räumen und Raumgruppen ist anhand der Orientierung der Raumöffnungen evident. Bisher war dieser Bereich aber mit Ausnahme eines oktogonalen Mosaikraumes noch nie als zusammenhängende Wohn- und Besitzeinheit erkannt und behandelt worden[1007]. Das ist insofern um so erstaunlicher, als sich hier einer jener Wohnsitze erhalten hat, der anhand seiner Größe im Gegensatz zu den innerstädtischen Häusern für die grundbesitzende Elite Ostias in Anspruch genommen werden könnte. Für eine anspruchsvolle Bewohnung spricht nicht nur das einzig erhaltene und äußerst aufwendige Mosaik, sondern auch der Grundrißtypus der repräsentativen Dreiraumgruppe an der Nordwestseite des Gartenareals (Abb. 252, D7a). Aus dem größten Hauptraum, auf den sich mehrere Seitenräume mit breiter Türöffnung beziehen, blickt man durch drei Zugänge direkt auf den Garten und eine vorgelagerte Säulenreihe, die wohl einen separierten Teilbereich des Peristyls bildete[1008].

Das Peristyl ist ein weiteres Merkmal, das diese Villa von den bisher bekannten Stadthäusern des 2. Jhs. abgrenzt und mit jenen Wohnsitzen der Elite in den Stadtrandlagen zusammenschließen läßt, die in den geophysikalischen Prospektionen unter Michael Heinzelmann in fast allen Stadtteilen zutage traten und Grundflächen dieser Größenordnung aufweisen[1009].

Der im Norden des Gartens erhaltene Bereich der Villa besteht fast insgesamt aus Opus vittatum A, wobei nur wenige ältere Mauerzüge einer älteren Tabernenreihe inkorporiert wurden. Dieser Bereich grenzt wiederum mit seinem Eingang im Nordosten an eine privatisierte Straße, auf die sich direkt gegenüber ein Zugang zu den Case a Giardino (III ix) bzw. zur Domus dei Dioscuri (III ix 1) orientiert. Im Bereich der südlichen Randbebauung der Case a Giardino (III ix 2–3) ist – im Gegensatz zur Mittenbebauung dieser hochkaiserzeitlichen Wohnanlage – seit dem 3. Jh. eine Anhebung des Wohnstandards festzustellen[1010]. Zusammen mit der aufwendig dekorierten Domus dei Dioscuri (III ix 1) und der Domus D?/V7a mit dem großen Triclinium mit dem heute im »Museo dell'Alto Medioevo« in Rom befindlichen figürlichen Opus sectile (Abb. 252. 265) läßt sich hier damit eine Ballung späten luxuriösen Wohnens feststellen, die in Verbindung zum Meer und den unmittelbar benachbarten Thermen gut zu erklären ist. Bis zur Aufgabe der anspruchsvollen spätantiken Bewohnung im Laufe des 5. Jhs., das in diesem Stadtviertel an der Porta Marina durch die Verschüttung des größten peristyllosen Stadthauses Ostias, der Domus delle Muse (III ix 1), und die Aufgabe der größten bereits ergrabenen suburbanen Villa Ostias mit Peristyl (D?/V7a) durch Erdbebenwirkung charakterisiert ist, sind hier über die erwähnten +70 cm keine weiteren Niveauerhöhungen mehr nachweisbar[1011].

Eine Platzanlage mit spätantiker Ausstattungsphase

Das ›architektonische Gegenüber‹ zur spätantiken Einfassung des republikanischen Grabmals und der Front der dahinterliegenden Villa D7a bildet ein vergleichbar monumental gefaßter Eingangsbereich zu einer großen und von Portiken gerahmten Platzanlage P7a (Abb. 258). Die heutige Betonung des Eingangs ist tatsächlich identisch mit seiner spätantiken Gestalt: Hier befanden sich jene Säulen, die vom Ausgräber Guido Calza während der großen Grabungskampagne 1938–1941 zunächst auf der Piazzale fuori Porta Marina P7 verteilt aufgestellt worden sind, tatsächlich in situ. Der mit diesen Säulen ausgestattete Eingangsbereich kennzeichnet eine eigenständige Platzanlage. Aber auch die Seiten dieses Portals erhielten eine deutlichere Betonung, als das beim hochkaiserzeitlichen Platzensemble an dieser Stelle der Fall gewesen war. Der Eingang zum Forum P7a erhielt sowohl durch das Nymphäum N7a als auch durch einen nördlich gegenüberliegenden Raum aus Opus vittatum eine deutliche seitliche Rahmung.

Beide Flanken des Portals von P7a bestehen damit aus Neubaumaßnahmen, die sich anhand der Gehniveaus noch in das spätere 3. Jh. bzw. ins frühe 4. Jh. datieren lassen: Das Nymphäum N7a im Süden läßt sich anhand des Beckens vor einem massiven Fassadensockel und des Überlaufs mit Gitterspuren in seiner Funktion als Zierbrunnen erklären. Anders der Neubau eines Raumes aus Opus vittatum im Norden: Die architektonische Ausstattung und der Innendekor sind vollständig

1007 Zum Dekor eines kleinen achteckigen Raums s. Becatti 1961, 122.

1008 Ein vergleichbares ›Gartenstadion‹ mit ovalem Mauerabschluß ist ansonsten – wenn überhaupt – nur als spätantiker Einbau in die größten aufgegebenen Horrea im Süden der Semita Horreorum bzw. dei Cippi bekannt.

1009 Dazu vgl. Heinzelmann 2002b, 234 f.

1010 Dazu s. Gering 2002a, 122 f.

1011 Vgl. dazu Gering 2002a, 135 f. mit Abb. 18.

Abb. 258 Der Eingangsbereich zum Foro di Porta Marina P7a

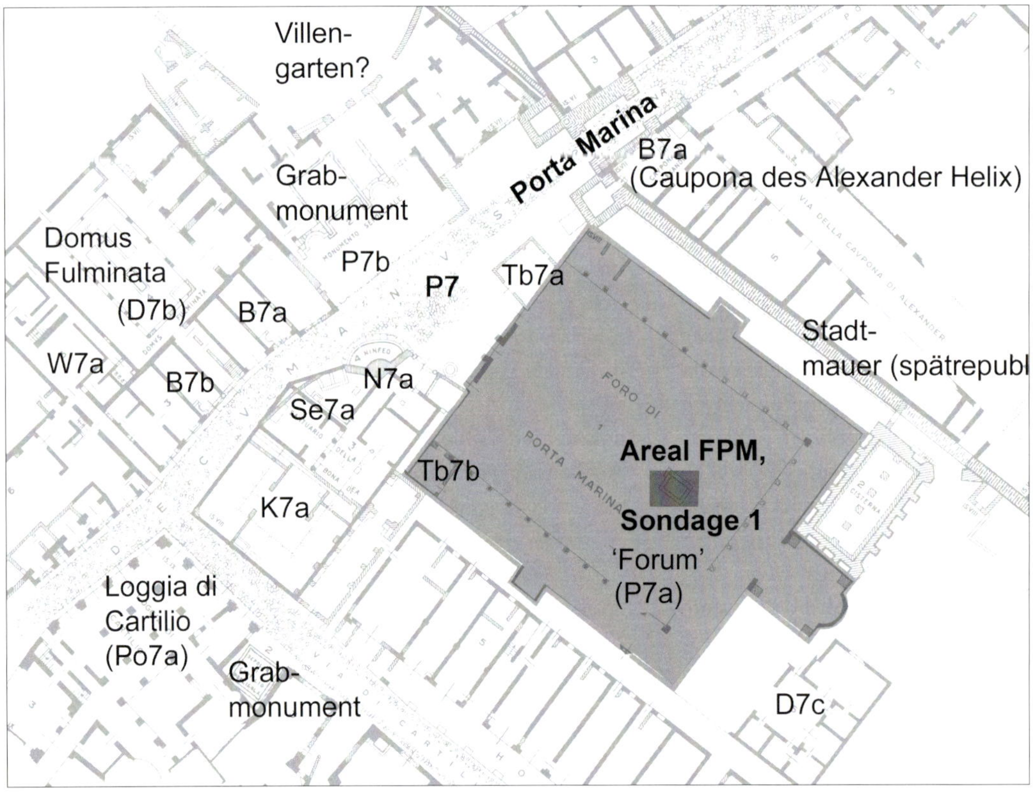

Abb. 259 Das Foro di Porta Marina und seine unmittelbare Umgebung

Abb. 260 Der platzmittige Altar und seine Marmorverkleidung aus Spolien (nach GdS). M. 1 : 50

verschwunden. Hier ist nur zu bemerken, daß der größere Eingang dieses Raums sich auf den Vorplatz vor dem Portal von P7a öffnet.

Im Inneren der Platzanlage P7a lassen sich anhand älterer Pläne und Fotografien dünne Zwischenwände ergänzen, die in der Nordecke zum Teil noch bis heute ansatzweise erhalten sind, durch die Lücken im Putz auf alten Grabungsfotografien aber für das ganze Gebäude belegt werden können. Diese Mauern gehörten zwar offenbar nicht zur ersten hochkaiserzeitlichen Bauphase dieser Platzanlage, ihrem Einbau war aber zumindest noch eine grundlegende Verputzung gefolgt. Damit war hier in einer späteren Bauphase unklarer Datierung eine Gliederung der Portikus in viele einzelne Räume entstanden (Abb. 259, Tb7b), die an die Struktur des Piazzale delle Corporazioni oder auch an ein Macellum erinnert. Die Portiken bestanden zu diesem oder einem späteren Zeitpunkt aus kleineren offenen und größeren mit Türschwellen abschließbaren Tabernen, wovon zumindest noch ein in den Plan von Gismondi aufgenommener Einbau-Raum im Südwesten der Portikus zeugt[1012].

Der Platz P7a zeichnet sich dadurch aus, daß während der alten Grabungen ein Großteil der bekannten Fragmente der Fasten, aber wohl sekundär als Bodenplatten im Platzpflaster verbaut, hier gefunden worden waren[1013]. Setzt man eine lokale Spolienverwendung für die späteste Platzpflasterung voraus, dann könnte die Existenz der Fasten Indiz für eine Deutung des Platzes als bedeutende Kultanlage in Verbindung zum Vulkankult sein, wie sie jüngst von L. Bouke van der Meer geäußert worden war[1014]. Unabhängig von dieser Hypothese, die im Gegensatz zu den neueren Forschungen zur religiösen Topographie Ostias von Rieger[1015] steht, ist dennoch eine bedeutende politisch-administrative Funktion des Platzes anzunehmen. Der Platz P7a kann

1012 Dazu s. Calza u. a. 1953, Beilagen.
1013 Dazu s. van der Meer u. a. 2005, 91 f. 103.
1014 Dazu s. van der Meer u. a. 2005, 91 f.
1015 Nach Rieger 2004, 220 befand sich der Vulkantempel in der Stadtmitte an Stelle der Curia.

Abb. 261 Der Platz vor der Porta Marina P7: 3-D-Modell von Westen gesehen

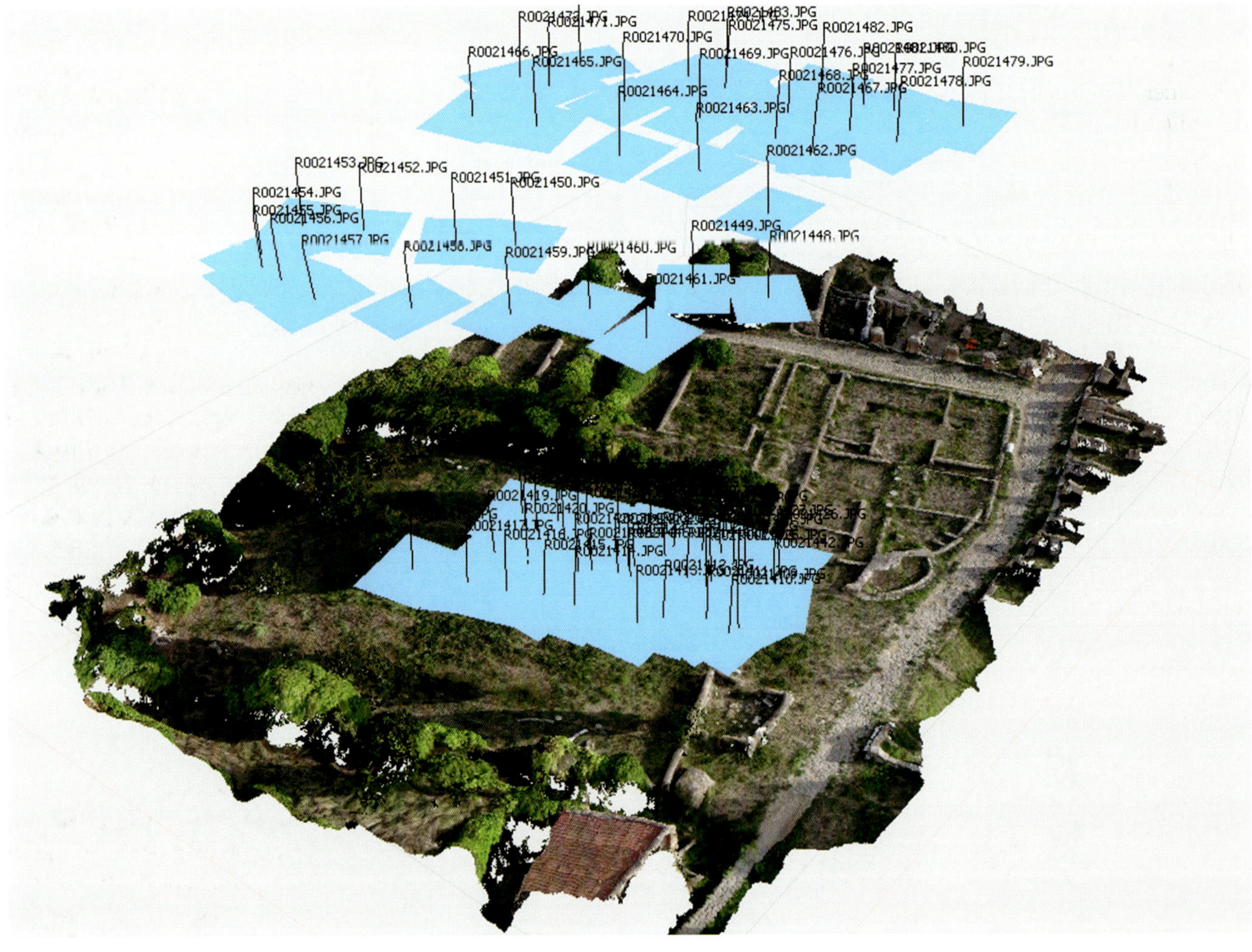

Abb. 262 Der Platz vor der Porta Marina P7: 3-D-Modell von Osten gesehen

demnach vielleicht als zumindest teilweise kultisch genutzte Anlage gedeutet werden, worauf eine inzwischen weitestgehend verschwundene, aber durch alte Fotografien und Pläne belegte und wohl als ›Altar‹ zu deutende Struktur mit frontalen Treppen hinweist (Abb. 260), die sich in der Mittelachse vor der spätantik renovierten rückwärtigen Apsis des Platzareals befand. Möglicherweise handelte es sich jedoch um einen kleinen Tempel, der in Spolienbauweise ausgeführt worden war und in Blickachse der repräsentativen Aula dieser Platzanlage steht.

Das Platzareal P7a bildete allein wegen seiner Größe und direkten Anbindung ein wichtiges Alltagszentrum des Stadtviertels an der Porta Marina (Abb. 261. 262). P7a war wie auch der Piazzale fuori Porta Marina P7 ein Platz mit langer Nutzungsgeschichte und einer möglichen kultischen Konnotation[1016]. Nach der Planierung und Erhöhung um +70 cm scheint der platzmittige ›Altar‹ bzw. das Wasserspiel ähnlicher Struktur aber wie das Bona-Dea-Heiligtum auf P7 nicht mehr sichtbar geblieben zu sein. Möglicherweise wurde die Platzanlage also zusammen mit der Erhöhung des Nutzungsniveaus durch die Rasur von kultisch konnotierten Vorgängerbauten im späten 4. oder frühen 5. Jh. ›profanisiert‹, wie das z. B. auch für den Isistempel und die Kaiserkultanlagen auf dem Staatsmarkt in Ephesos überliefert ist[1017]. Mit einer Reihe von späteren Einbauten in die Portiken diente der Platz auch nach seiner Erhöhung noch als spätantikes Forum oder Markt (*macellum*) bis zur Aufgabe des Stadtviertels, unabhängig davon, ob dieser Platz mit einem durch die Historia Augusta für Aurelian überlieferten Neubau eines ›meeresnahen‹ Forums identisch ist oder nicht[1018].

Auch auf der Via Severiana als Fortsetzung des Decumanus lassen sich Analogien zu den innerstädtischen Phänomenen der Bebauung des abnehmend frequentierten Straßenraums finden. Das Phänomen des Zubaus eines Teils des Straßenraums wird hier in die letzte Ausstattungsphase der Therme T7b gegenüber der Synagoge im späten 4. Jh. gesetzt[1019]. Die Aufgabe der Straße zu den Meeresvillen bis Antium und ihre abusive Blockade ist den Sondagen unter Carlo Pavolini zufolge seit der Mitte des 5. Jhs. anzusetzen[1020].

Der Aussagewert der Stratigraphie – Der Zustand des Subzentrums vor und nach den spätantiken Erhöhungen des Nutzungsniveaus

Vor der Planierung des Heiligtums wurden mehrere Maßnahmen, die ins 3. oder frühe 4. Jh. datieren, umgesetzt: Es sind (1.) die Verbreiterung des Decumanus für Verkehr auf Kosten des Heiligtums, (2.) eine neue Platzbebauung durch den Zierbrunnen N7a auf Kosten des Heiligtums und (3.) der Einbau von Bars in die aufgegebenen Tabernen der Front der Domus Fulminata B7b sowie deren Akzentuierung durch Spoliensäulen (Abb. 263. 264). Alle diese Baumaßnahmen korrespondieren mit einem Gehniveau, das gar nicht oder nur geringfügig bis zu +20 cm erhöht worden war.

Der Eingangsbereich zum Platz P7a wurde zu beiden Seiten neu gestaltet, das gegenüberliegende republikanische Grabmal bzw. das, was davon noch sichtbar geblieben war, wurde durch die späte Mauer erstmals in das Ensemble der späten Villa einbezogen. Das Grabmal gehörte damals offenbar nicht zur Besitzeinheit der benachbarten Domus Fulminata, die davon komplett abgeschlossen ist. Der Bezug auf die Villa ergibt hier eine Anbindungsart, die direkt an das Ninfeo degli Eroti N3c erinnert, das ebenfalls über eine große – dort etwa 3 m breite – Türschwelle direkt vom Cardo betreten werden konnte, aber dennoch vom Verkehr und öffentlichen Raum abgegrenzt und in seiner Anbindung an ein Haus eines reichen Ostiensers ›privatisiert‹ erscheint[1021]. Das ältere Grabmal wurde analog zum Neubau des Ninfeo degli Eroti von einem ehemals öffentlichen Teilbereich des Platzes offenbar zum Foyer eines spätantiken Wohnsitzes, hier einer suburbanen Villa, umgenutzt.

Der großräumig planierte und aufgehöhte Platz erstreckte sich auf der gesamten Fläche über das Heiligtum der Bona Dea und seine Annexbauten. Die Platzfläche war dazu erst relativ spät, d. h. nicht vor Ende des 4. Jhs. um +70 cm erhöht worden, was der intentionale Abriß des Heiligtums nahelegt.

Die Eingangsfront der großen Villa hinter dem Grabmal wurde um etwa +70 cm erhöht und so an das neue Nutzungsniveau der Platzanlage angepaßt. Das gilt jedoch nicht:

1016 Zur These des Vulkanbezirks an dieser Stelle s. van der Meer u. a. 2005.

1017 Dazu s. Kapitel III.

1018 Zu einer möglichen Zuweisung des durch die Historia Augusta überlieferten ›meeresnahen‹ Forums des Aurelian zum Foro della Statua Eroica s. bereits Kapitel II. 3. a.

1019 Zur Therme T7b s. Pellegrino u. a. 1994, 517 f. Diese Ausstattungsphase und ihre Bauausführung erinnern direkt an die Hauptausbauphase der Terme Piccole T5b. Dazu Kapitel II. 4. d.

1020 Dazu vgl. Pavolini 1981. Vgl. dazu Brandt 2001, 27.

1021 Dazu s. Calza u. a. 1953, Beilage 13: Die beiden Türen des Ninfeo degli Eroti, die dem Hauptzugang vom Cardo aus gegenüberlagen, konnten anhand ihrer Türschwellen vom Hofbereich aus verschlossen werden. Ihre Außenseite weist auf den Nymphäumsraum. Auch an der direkt gegenüberliegenden Ecktaberne

Abb. 263 Die Verblendung von Ziegelfassaden durch Spoliensäulen

Abb. 264 Die Eingangsbetonung zu einem späten Wohnhaus

- für die große Domus mit dem Triclinium in Opus sectile (Abb. 252, D?/V7a; Abb. 265), deren aufwendiger spätantiker Ausbau nach Ausweis der Ausgräber durch Erdbebenwirkung aufgegeben wurde,
- für die benachbarte suburbane Villa, die unter Michael Heinzelmann prospektiert wurde, und – wenn die Datierung sich in der Endpublikation bestätigt findet – bereits am Ende des 3. Jhs. völlig zerstört war und im 4. Jh. einen Funktionswandel erlebt hatte[1022],

der Domus delle Colonne war ein ›öffentlicher‹ Repräsentationsraum eingebaut. Auch dieser Raum gehörte zum privaten Grundbesitz eines reichen Ostiensers der Spätantike.

1022 Zur Aufgabe der Villa südöstlich der großen Thermen vgl. Heinzelmann 2002b, 234 f.: »Der Kopfbau des Stadions wurde, wie alle übrigen untersuchten Bereiche der Villa, in den letzten Jahrzehnten des dritten Jahrhunderts vollständig zerstört. Im Gegensatz zum eigentlichen Wohnbereich der Villa fanden sich hier keinerlei Spuren einer spätantiken Wiederbesiedlung«. Die Wiederbesiedlung des Kernbereichs ist dementsprechend bei Heinzelmann 2002b, 234 durch »Spuren einer sehr viel einfacheren Übermalung« charakterisiert. Dabei wurde nach Heinzelmann 2002b, 235 offenbar keinerlei Rücksicht auf die Vorgängerbebauung genommen. Es handelt sich also sowohl um einen Funktionswandel als auch um eine Senkung des qualitativen Anspruchs.

Abb. 265 Der Raum des Opus sectile-Mosaiks des späten 4. Jhs. aus Opus vittatum

- für die Domus Fulminata, deren Nutzung und Bewohnung im 4. Jh. nur bis zur Erhöhung des Platzniveaus belegt ist[1023], wobei diese Nutzung möglicherweise mit dem Vulkankult zusammenhing und damit auch mit dem Ende dieser Kultpraxis im späten 4. Jh. als Priesterkollegiumstreffpunkt oder -wohnung nicht mehr in Frage kommt und,
- für die Kultbauten, also das Heiligtum der Bona Dea, aber auch das Forum P7a, das wegen des mittigen Altars vor der zentralen Nische einen kultischen Bezug vor seiner Aufhöhung aufwies. Damit wurde hier ein radikaler Funktionswandel im späten 4. oder im 5. Jh. vollzogen. Erhalten blieb in der alten Funktion die ›Caupona‹ sowie möglicherweise auch der Marktbereich in der Loggia di Cartilio. Der Platzteil P7a scheint als neues Forum den Nutzungsmittelpunkt des späten Platzensembles gebildet zu haben.

1023 Die Wohnung D7b war im späten 3. Jh. nochmals neu ausgestattet worden: Dazu s. Becatti 1961, Nr. 203/4. Taf. 112. 113. Dazu vgl. Brandt 2001, 25. Das Eingangsportal wurde aber nicht mehr an die erhebliche Erhöhung des Nutzungsniveaus angepaßt, wie das für den Nebeneingang der Caupona nachgewiesen werden konnte.

III. Vergleiche zu Metropolen des Reichsostens. Die Zentren der späten Stadt im urbanistischen Zusammenhang – Prozessionsachse, Festplatz und Theater

III. 1. Die Südagora von Aphrodisias – Ein spätantiker Festplatz in Theaternähe

Gerade Aphrodisias und Ephesos eignen sich nach Ostia für eine umfassende urbanistische Bewertung, inwiefern und wie weitgehend die Bewältigung des städtebaulichen Verfalls innerhalb spätantiker Stadtkulturen zu einem Wandel der Funktion von Bauten geführt hatte: Die öffentlichen Bauten im Stadtzentrum sind fast insgesamt ergraben und in ihren spätantiken Bauphasen auch gut untersuchbar. Das übrige Stadtgebiet mit den vorwiegenden Wohnzonen ist zumindest in Aphrodisias auch jenseits des Zentrums und der an dieser Stelle besonders breiten Promenade, die sich vom Theater nordwärts erstreckt, inzwischen dank flächendeckender geophysikalischer Prospektionen[1024] in seiner grundlegenden Aufteilung der Gebäudeblöcke und Organisation des Straßensystems erfaßt. Fragen nach der Verteilung von Gewerbezonen und Stadtvierteln unterschiedlicher Wohnqualität sind zwar noch nicht zu beantworten[1025], das für urbanistische Fragen – wie z. B. nach der Entwicklung des Verhältnisses vom Zentrum zur Peripherie oder nach Straßensperren und Zonenbildung – bedeutsame Verkehrsnetz ist jedoch trotz der insgesamt begrenzten Grabungstätigkeit weitgehend rekonstruierbar. Verschiedene Straßenbreiten lassen gewöhnliche Hauptstraßen von der Promenade und ihren Zubringern unterscheiden, ebenso lassen sich spätantik veränderte Platzanlagen in ihrer urbanen Einbettung untersuchen.

Drei Vergleichspunkte zur Promenade und dem Theater-Piazzale-Komplex von Ostia bieten sich an:

- abgeschlossene Plätze[1026] mit idealerweise zwei großen Freiluftbecken wie die Südagora von Aphrodisias mit Theaternähe[1027] als innerstädtischer ›Nymphenhain‹;
- Theater, die nachweislich für Wasserspiele umgebaut wurden (z. B. Hierapolis, Assos etc.) und für die konkrete Festivitäten überliefert sind;
- formal vergleichbare Plätze ›hinter‹ dem Theater mit mittigem (Brunnen-)Monument wie etwa der Tetrastoon-Komplex von Aphrodisias (Abb. 278) und der Brunnenplatz in Side.

Urbaner Wandel – Die Südagora von Aphrodisias als spätantiker Festplatz?

Der eindrucksvollste Zugang zur Südagora erfolgte in der hohen Kaiserzeit an der östlichen Schmalseite des Platzes über das Agorator (Abb. 266). Die gesamte Breite der Südagora wurde von einem zweigeschossigen Propylon mit insgesamt acht Treppendurchgängen und zwei seitlichen dreigeschossigen Flügelbauten, sogenannten Pyrgoi mit Eingangskorridoren eingenommen[1028]. Diese Toranlage war als prunkvolle Schaufassade in antoninischer Zeit entstanden und vermittelte zwischen der Hauptachse der Stadt, die zwischen dem Theater und dem Bereich des ebenfalls antoninischen Tetrapylons im Norden des ehemaligen Zentrums verlief, und der Südagora, die sich auf einem deutlich niedrigeren Gehniveau erstreckte. Eine Reihe von Stufen überbrückt diesen Niveauunterschied (Abb. 266–269).

In der Spätantike war die Südagora durch eine Veränderung ihrer Zugangssituation von der Hauptpromenade zwischen dem Theater und Tetrapylon weitest-

1024 Zu den Prospektionen und zur Erstreckung der prospektierten Areale s. Ratté 2001, 140 f. Zu den neueren Grabungskampagnen vgl. Smith – Ratté 2004.

1025 Anspruchsvolles Wohnen ballte sich wie in vielen anderen spätantiken Städten am Forum bzw. an der Agora, hier wohl vor allem zwischen Nordagora und dem Haupttempel der Stadt, der wohl erst im späten 5. Jh. in eine Kirche umgewandelt worden war. Vgl. dazu Baldini Lippolis 2001, 99 f. Die Wohnungsgrößen neben den etwa 5 größeren Häusern sind außer dem vollständig ergrabenen ›Bischofspalast‹ aber nicht bekannt, so daß bisher kein Vergleich zu anderen Städten möglich ist. Dazu s. Berenfeld 2002.

1026 Auch der Hauptzugang des Piazzale delle Corporazioni in Ostia vom Tiber her war bereits im Vorfeld seiner spätantiken Umwandlung begrenzt worden: In der Spätantike wurde er zugesetzt.

1027 Der eigens ausgebaute Festplatz der Südagora ersetzt die Notwendigkeit, Kolymbethra im Theater von Aphrodisias abzuhalten, so daß das Theater hier trotz der spätantiken Blüte im Gegensatz zu seinen unmittelbaren Nachbar- und Konkurrenzstädten ausnahmsweise nicht umgebaut werden mußte.

1028 Zu den ›Pyrgoi‹ und der Dedikationsinschrift des 2. Jhs. s. Roueché – Smith 1996, 158.

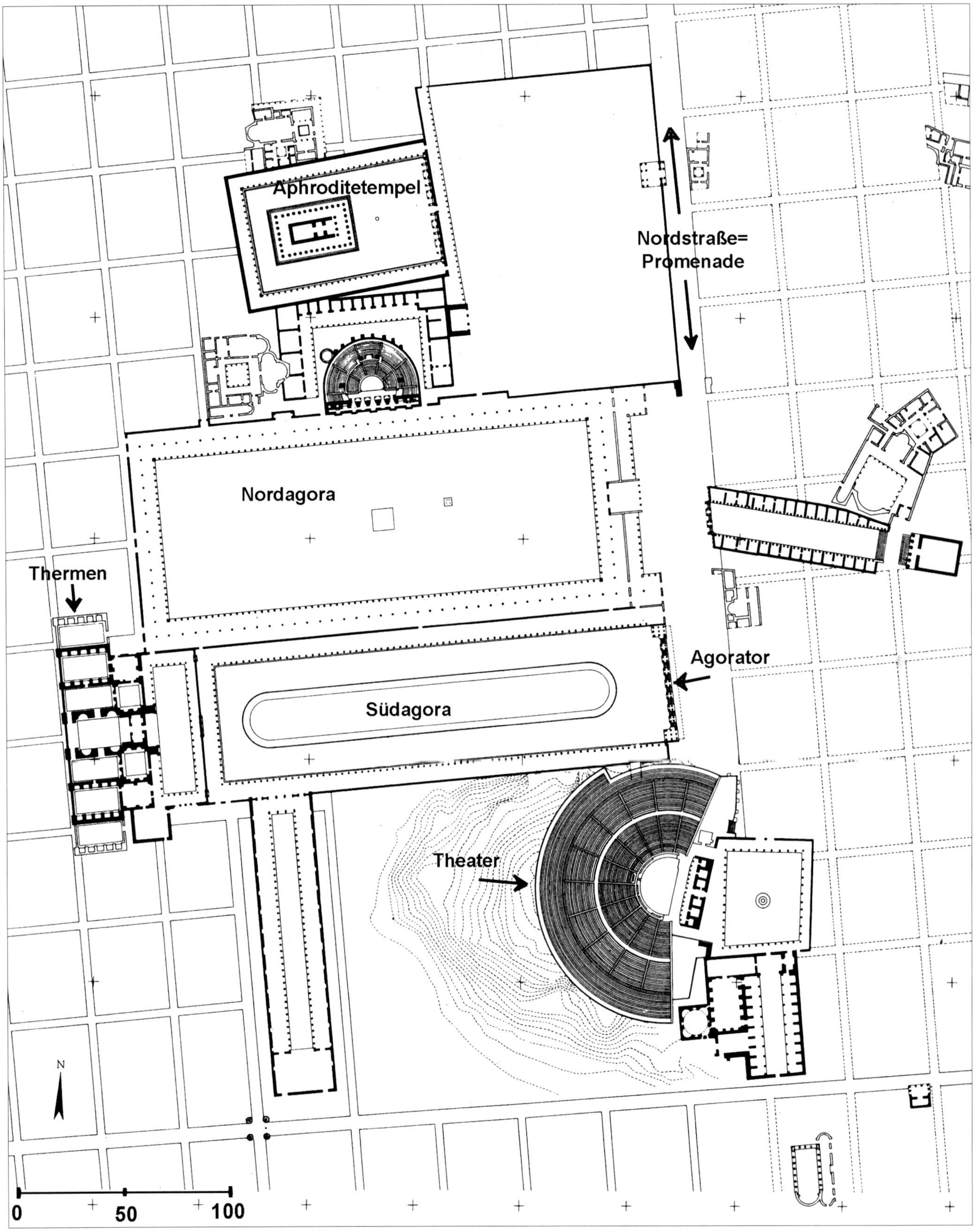

Abb. 266 Das Stadtzentrum von Aphrodisias (nach R. Ratté). M. 1: 2500

Abb. 267 Aphrodisias, Südagora. Eine zugesetzte Treppenanlage

Abb. 268 Aphrodisias.
Die lateralen Treppen mit hoher Graffitidichte bleiben zugänglich

Abb. 269 Aphrodisias. Blick auf die Südagora vom Theaterhügel aus

gehend abgeschnitten worden. Der Zugang zur Agora wurde bis auf zwei schmale Durchgänge an den Seiten eines großen Wasserbeckens zugesetzt. Dieses Becken orientierte sich – anders als die wohl zweiseitige Prunkfassade – auf die Innenseite des Platzes, nicht auf die östlich angrenzende Promenade. Die Treppenaufgänge wurden für den Umbau zum Fassadennymphäum durch vorgesetzte Orthostatenplatten (Abb. 267) verschlossen, die mehrere Inschriften tragen (s. u.). Nur noch die äußeren Treppen blieben in Benutzung (Abb. 268): Nur sie erweisen sich als extrem reich mit Graffiti, hauptsächlich christlichen Kreuzen und Spielfeldern verziert, die sich hier daher eindeutig nach dem Bau des Nymphäums datieren lassen. Die durch die Platten geschlossene Sockelzone der neuen Schauwand anstelle des ehemals offenen Treppen- und Pfeilerbaus veränderte die Wirkung und Funktion des Baus radikal. Dieser grundlegende Funktionswandel erinnert an die Celsusbibliothek in Ephesos, die als ehemals zugängliches Gebäude ebenfalls durch die Anfügung eines Wasserbeckens auf eine Ansichtsseite und eine dementsprechend ausschließliche Fassadenwirkung reduziert worden war.

Das Parapet des Beckens vor dem Agorator besteht hier wie der spätantike Anbau eines Beckens vor der Celsusbibliothek aus einer Mauer aus Bruchsteinen (Abb. 273), die mit Marmorplatten verkleidet wurde (Abb. 270. 271). Im vorliegenden Fall der Südagora bestanden diese Marmorplatten teilweise aus ornamental gerahmten Neuanfertigungen, aber auch Spolien, zum Teil sogar aus Reliefs[1029]. Der gemauerte Beckenrand wird an seinen Seiten von sehr unterschiedlichen Marmorspolien eingefaßt (Abb. 270. 272), die Ansichtsseite der Fassadenrückfront und des Beckeninneren bestand dagegen aus größeren Marmorspolien ehemaliger Architekturelemente in Form von relativ einheitlich gestalteten Marmorpaneelen (Abb. 271).

Seit 1987 wurden ferner 15 fast komplett erhaltene Reliefplatten mit jeweils etwa derselben Abmessung von 2 m Breite × 1,20 m Höhe näher untersucht, die bereits 1977 ans Tageslicht getreten waren, als man den Rand des Wasserbeckens vor dem Agorator freigelegt

1029 Zum Monument s. Erim 1981, 180 f.; Roueché 1989, 68.

Abb. 270 Aphrodisias, Maiumasbecken. Die Spolienverkleidung des Beckenrands vor dem zugesetzten Agorator

Abb. 271 Aphrodisias, Maiumasbecken. Blick auf die Rückwand mit Stifterinschrift

Abb. 272 Aphrodisias, nördliche Treppe. Beckenrand mit wiederverwendetem Relief

Abb. 273 Aphrodisias, Maiumasbecken. Südlicher Beckenrand mit Überlaufrinne

hatte[1030]. Die großfigurigen Reliefs zierten in Zweitverwendung – neben einigen wiederverwendeten Inschriftenblöcken, die einen Terminus post quem von 414 liefern[1031] – die Vorderseite des Beckens und waren daher gut sichtbar, wie das auch beim über 2 m hohen Becken vor der Celsusbibliothek in Ephesos der Fall war. Das Becken in Aphrodisias ließ sich maximal hüfthoch mit Wasser füllen, an seinem Rand ist der Überlauf erhalten (Abb. 273).

Zwei große hypäthrale Becken – Spätantike Nutzungsmöglichkeiten der Südagora

Die ringsum mit Portiken versehene Südagora mißt 215 m Länge und 70 m Breite (Abb. 269). Die Nordportikus war bereits unter Tiberius gestiftet worden[1032], die übrigen Portiken waren in der Folgezeit hinzugekommen und wurden in der Spätantike allesamt renoviert[1033].

Im Jahr 1988 wurde unter der Leitung von Kenan T. Erim eine für Platzanlagen sehr ungewöhnliche Bebauung entdeckt: Ein platzmittiges Becken mit den halbrunden Schmalseiten mißt mit immerhin 169 × 19 m eine Fläche von etwa 3210 qm und stellt in dieser Form das größte innerstädtische Wasserbecken sowohl in Aphrodisias als auch in römischen Städten generell dar (Abb. 266. 269)[1034]. Das Wasserbecken hatte eine Tiefe von nur 85 cm – was gegen eine vorwiegende Nutzung als Speicherbecken spricht – und einen Boden aus Kieseln. Im Becken fanden sich bereits in den ersten Kampagnen eine Reihe von Skulpturfragmenten in spätantiken Schichten, u. a. von archaistischen Karyatiden und spätantiken Statuen von Honoratioren, aber auch der Polos einer Statuette der Aphrodite von Aphrodisias, ein auf einem Delphin reitender Eros und die ebenfalls spätantike Statuette einer Aphroditepriesterin, die allesamt wohl aus dem Becken selbst oder vom umgebenden Platz der Südagora stammen und für die Deutung der letzten Nutzungsphasen der Südagora eine erhebliche Rolle spielen (s. u.)[1035].

Ungewöhnlich ist das sehr komplizierte System der Wasserführung und -zirkulation des großen Wasserbeckens, das 1990 näher erforscht wurde: Zwischen der Außen- und Innenmauer des Beckens lief ein Wasserkanal (Abb. 274). Dessen Abfluß war am Westende des Beckens über Röhren, die unter dem Platzpflaster verliefen, mit den nahen hadrianischen Thermen verbunden[1036]. Der Zufluß von Quellwasser erfolgte am Ostende des Beckens beim Agorator über Tonröhren. Die Lokalisierung der Quelle beim spätantiken Becken ist dabei ebenfalls von großer Bedeutung für die Deutung. Das große Becken wurde im späten 1. oder im 2. Jh. gebaut und weist spätantike Ausbauphasen auf[1037]. Am Ostende, unmittelbar bevor der Halbkreis in die Gerade der Nordseite übergeht, existiert eine nachträglich angefügte Zugangsrampe (Abb. 276), die es in spätantiker Zeit erleichterte, das Becken zu betreten. Zum Schwimmen war das Becken nicht tief genug, so daß dieser Zugang entweder der Wartung und Reinigung diente oder für rituelle Zwecke in Verbindung zum benachbarten spätantiken Becken des Agorators verwendet wurde (s. u.). Der an dieser Stelle nahe des Agorators direkt erfolgende Zulauf von Quellwasser, das hier offenbar zutage tritt, hat möglicherweise eine spezielle Bedeutung für die hier praktizierten Riten auch im Rahmen spätantiker Feste, die innerhalb der Stadt an Becken stattfanden, wo Quellwasser eingefangen und von dort aus weitergeleitet wurde.

Aphrodisias verfügte damit über gleich zwei hypäthrale Becken, die in ihren außerordentlichen Dimensionen an die Wasserbecken u. a. des Festortes Androna in Syrien oder Birketein bei Gerasa erinnern, für Innenstädte insbesondere im Reichswesten aber – mit der möglichen Ausnahme des Festplatzes des Piazzale delle Corporazioni Ostias – ohne Parallele sind, zumal es sich dort neben einer möglichen temporären kultischen Nutzung um reine Zierbecken ohne die hauptsächliche Funktion eines Wasserreservoirs handelte.

Das hypäthrale Becken diente wohl mehreren Funktionen, wovon jene als Wasserreservoir nicht der Hauptzweck gewesen sein konnte, da es nicht wie bei innerstädtischen Zisternen überdeckt war.

Einen ersten Hinweis zumindest auf temporäre Platznutzungen bildet die erhaltene ›letzte‹ Ausstattung des ›Agorapools‹ vor seiner Verschüttung im 6. Jh. Keineswegs legt der Fundort der Statuette einer Priesterin aus dem 5. Jh., die mit weiterem Kultmaterial und einem Kultbild der Aphrodite von Aphrodisias (s. o.) vergesellschaftet war, nahe, daß die genannten Elemente aus privatem Raum stammen mußten oder eine ausschließlich private Kultpraxis repräsentierten, wie noch Smith vermutete: »This figure and others like it from

1030 Zu den Reliefs vgl. Roueché – Smith 1996, 174 f.
1031 Dazu s. Roueché 1989, 16 f. (Nr. 7: spätes 3. Jh.). 61 f. (Nr. 36: datiert um 414, s. Roueché 1989, 63).
1032 Dazu s. Smith – Erim 1991, 13.
1033 Dazu s. Roueché – Erim 1990, 18.
1034 Dazu s. Roueché – Erim 1990, 20. Zu den genauen Maßen vgl. Smith – Erim 1991, 13.
1035 Dazu s. Roueché – Erim 1990, 20. Abb. 23. 24. Dazu s. Smith – Erim 1991, 13 f. 20 f. mit Abb. 4–18.
1036 Dazu s. Smith – Erim 1991, 13.
1037 Dazu s. Smith – Erim 1991, 13.

Abb. 274 Aphrodisias, Agorabecken. Beckenrand mit Graffiti

Abb. 275 Aphrodisias, Südagora. Sitzstufe am Platzrand mit Spielfeldern

Aphrodisias bring that private world of late paganism vividly to life«[1038].

Für nähere Deutungen ist zu klären, welche grundlegende Infrastruktur die Südagora in der hohen Kaiserzeit hatte, welche Bauten auch noch im mittleren oder späteren 5. Jh. gewartet wurden und wie diese in der Folgezeit umgenutzt wurden. Interessanterweise weisen beide Schmalseiten des agoramittigen großen Beckens bereits seit der hohen Kaiserzeit einen Aufbau für Sitzstufen auf (Abb. 274), der mit dem Stylobat der Nord- und Westportikus (Abb. 275) korrespondierte: »The outer edge was treated like theatre-seats«[1039]. Ganz offenbar konnte man zu Füßen der sogenannten Portikus des Tiberius zumindest einreihig mit Blick auf den Platz nebeneinander sitzen, was auch für den Beckenrand selbst galt: »The theatre-like arrangements of the outer

1038 Vgl. dazu Smith – Erim 1991, 20. Dazu s. Ratté 2001, 140 f. Gerade die Existenz der ungewöhnlichen Statuetten von Aphrodite und einer Priesterin aus dem späten 4. oder 5. Jh. zeigen, daß spätantik-pagane Nutzungen durchaus auch im öffentlichen Raum noch eine Rolle gespielt haben können. Möglicherweise trug die Priesterin eine Fackel als Attribut in der Hand – vgl. dazu Smith – Erim 1991, 20 –, was sich neben vielen anderen Konnotationen vielleicht auch mit einem spezifischen Aspekt ihrer Tätigkeit beim nächtlichen und öffentlichen Wasserspektakel des Maiumas verbinden ließe. – Vgl. dazu auch die für die Südagora überlieferte Darstellung der Aphrodite mit Eroten, die Lampen hielten: s. Abschnitt: »Das Agorator, das Theater und der Palmenhain – Ein Zusammenhang der Nutzung?«. Der Bildtypus der Priesterin ist nach Smith in der Gewanddrapierung und Haltung durchaus ungewöhnlich und könnte durchaus über übliche Topoi hinaus eine vergleichbar-konkrete Aussage enthalten. Unabhängig vom hypothetischen Charakter dieser Erklärung steht aber fest, daß diese Kult- sowie Priesterstatuen vor ihrer Abräumung – wohl im 7. Jh. – ehemals zumindest zeitweise seit dem 4./5. Jh. auf der Agora sichtbar waren oder zumindest für die öffentlich ausgeübte Festpraxis des Maiumas Verwendung fanden. Der zentrale Raum für den Stadtkult selbst war erst ungewöhnlich spät durch eine Basilika überbaut worden. Offenbar gab es jedoch auch im 5. Jh. noch öffentliche Aufstellungskontexte von pagan-konnotierten Kultbildern, sofern sie kleineren Formats und leicht transportabel waren.

1039 Dazu s. Roueché – Erim 1990, 20.

Abb. 276 Aphrodisias, Agorabecken. Fahrrampe für Kultwagen

Abb. 277 Aphrodisias, Agorabecken. Einlassungen für ephemere Bauten

rim, echoed by the stylobate of the colonnade, suggest seating for spectators«[1040]. Die Nutzungsspuren geben in Aphrodisias einzigartig klare Hinweise: Deutliche Vertiefungen von Generationen von Sitzenden zeigen sich jenseits der meist platztrennenden Spielfelder, die weniger stark oder gar nicht eingetieft sind. Nachdem sich der Großteil der Spielfelder und Graffiti mit teilweise dezidiert paganen Darstellungen, u. a. von Kultstatuen mit Polos, analog zum Beckenzubau des Agorators auf der gesamten Südagora als Ausstattung der letzten Nutzungsphase ab dem späten 5. Jh. ansetzen läßt, könnte das als Hinweis darauf gelten, daß der Großteil der Zuschauer diese Abnutzung erst in der Spätantike hervorgerufen zu haben scheint (Abb. 275). Die dadurch nachweisbar spätantike Schwerpunktnutzung als Aufenthalts- und Zuschauerraum erweist sich damit unabhängig von der Diskussion um die ursprüngliche Funktion der Stufen: In Verbindung zur westlich angrenzenden Thermenanlage deutete Erim diese Sitzstufen zunächst als Teil einer Palästra, stellte aber zugleich fest, daß Form und Größe des Beckens kaum Parallelen bei Palästren oder Gymnasien finden[1041]. Die Beweiskraft der Ergebnisse einiger Sondagen zur tatsächlichen Rekonstruktion eines ›Palästrabodens‹ wird aber bereits von Smith wohl zu Recht in Frage gestellt[1042].

1040 Dazu s. Roueché – Erim 1990, 20.

1041 Dazu vgl. Roueché – Erim 1990, 20. Der nächstliegende Vergleich weist dagegen zu den Bereichen der *amoenitas* im Kontext privater Villen wie auch zum Canopus der Hadriansvilla in Tivoli, wenn man die Hadriansbibliothek in Athen einmal außer Acht läßt. Die Deutung der Südagora zumindest in ihrer ursprünglichen Konzeption als ›Palästra‹ ist in neuerer Zeit wieder von Nathalie de Chaisemartin aufgenommen worden und beruht u. a. auf einer entsprechenden Deutung des Frieses der Portiken mit Masken und Girlanden, zu dem es auch spätantike ›Ersatzstücke‹ gibt. Dazu s. de Chaisemartin 1989; Smith – Erim 1991, 45.

1042 Dazu s. Smith – Erim 1991, 45. Dagegen spricht auch der Charakter als Durchgangsraum: vgl. Smith – Erim

Das Becken konnte über eine Fahrrampe – mit fuhrwerksgeeigneten Querrillen bei Steigungen – ebenerdig betreten werden (Abb. 276). Diese Rampe erweist sich durch ihre Machart aus Spolien als spätantike Anfügung, ebenso die vielen nachträglichen Einlassungsspuren für ephemere Konstruktionen wie Sonnensegel etc. (Abb. 277). Neben alltäglichen Wartungsarbeiten läßt diese Rampe vermuten, daß das Becken hier wie jene Becken des Piazzale delle Corporazioni betreten werden konnte und darüberhinaus hier sogar Wagen – möglicherweise als Ritual zur Waschung der Kultstatue – ins Wasser gefahren werden konnten.

Die Promenade zwischen Tetrapylon und Tetrastoonkomplex

Das Wahrzeichen des heutigen Aphrodisias, das wiederaufgebaute Tetrapylon als Bau des mittleren 2. Jhs., war im späten 4. oder frühen 5. Jh renoviert worden. Zweifelsfreie datierende Indizien bilden Bronzemünzen des späten 4. Jhs., die zwischen Stylobat und einer der Säulenbasen gefunden worden waren[1043]. Das Tetrapylon wurde bei der spätantiken Reparatur bis auf das Fundament abgetragen und bis auf Ausnahmen, die mit Fehlern beim Bauvorgang erklärt werden können, mit den alten Baugliedern im originalen Zustand wiedererrichtet[1044].

Der gesamte Straßenabschnitt zwischen dem renovierten Tetrapylon und dem Theaterplatz des Tetrastoon-Komplexes bzw. der Abzweigung zur Südagora (Abb. 266) war in der Spätantike neu gepflastert worden und von Portiken eingefaßt, die wohl zweigeschossig zu ergänzen sind. Grundlegende Reparaturphasen im späten 4. oder 5. Jh. gingen hier mit einer Erhöhung des Gehniveaus, nachweisbar des westlichen Bürgersteigs, einher[1045]. In den Portiken südlich des Tetrapylons, auf der Sebasteionstraße, befanden sich spätantike Statuen, von denen Teile in situ gefunden wurden[1046]. Die Erhöhungen des Gehniveaus der spätantiken Hauptachse – wie sie auch in Ostia in mehreren Phasen für das gesamte Stadtgebiet im 4.–7. Jh. oder für Ephesos zumindest auf den beiden Hauptplätzen festgestellt werden konnte – führt Erim auf »inundations caused by the late 4th c. earthquake« zurück[1047]. Ob es sich wirklich um die Maßnahmen zur Bewältigung nur einer konkreten Katastrophe gehandelt hatte, scheint bei der komplexen Stratigraphie sehr zweifelhaft: Die spätantiken Aufhöhungen gehörten hier wie in den Vergleichsmetropolen zum ›Standard‹ der Stadtentwicklung parallel zum altersbedingten Verfall ungebrauchter kaiserzeitlicher Altbauten u. a. auch als einfache Möglichkeit zur Entsorgung des Bauschutts nach Abrißmaßnahmen. Die Anhebung des Gehniveaus kann daneben auch durch lokalspezifische Ursachen, so vielleicht nach Erim durch die Bewältigung eines steigenden Grundwasserspiegels erklärt werden[1048]. Östlich des Agorators wurde, um Art und Umfang der Erhöhungen zu prüfen, noch unter Erim eine Straßensondage angelegt. Es ergab sich, daß die ältere Marmorpflasterung hier entfernt worden war, um der Pflasterung späterer Straßenniveaus an anderer Stelle zu dienen. Die flankierenden Portiken waren wohl zeitgleich mit den Portiken der Südagora noch im 5. oder 6. Jh. renoviert oder in Teilen sogar neu ausgeführt worden[1049].

Der Übergang von der zentralen Promenade zum Bereich um das Theater ist bisher noch nicht ausreichend erforscht. Klar ist jedoch, daß die besonders breite Prachtstraße und Promenade mindestens vom Tetrapylon im Norden bis zum Tetrastoon-Komplex (Abb. 266. 278)[1050] vor dem Theater im Süden reichte und mit einigen Zugangsbeschränkungen, die an den spätantiken Platz vor der Celsusbibliothek in Ephesos (s. u.) erinnern, direkt auf letzteren Platz vor dem Theater mündete. Der Platz ist insofern von besonderem Interesse, da er wie die Promenade selbst einen zentralen Teil der spätantiken Neuorganisation der Stadt bildete. Anstelle der dorischen Portikus der hellenistisch-hochkaiserzeitlichen Bauphasen wurde im späten 4. Jh. hier eine große Platzanlage, nachweislich mit zumindest temporärer Marktfunktion, errichtet. Es handelt sich also hier um einen spätantik neu ausgestatteten End- und Zielpunkt der Promenade.

Das Stadium im Norden der Stadt war Endpunkt der Nord-Süd-Achse und Fortsetzung der zentralen Prachtstraße. Es erfuhr wie auch das Theater bis ins 6. Jh. letzte Renovierungsmaßnahmen, die eine kontinuierliche Funktion widerspiegeln (s. u.).

Die Stadt scheint bis zur Mitte des 6. Jhs. keine Anzeichen von Abwanderung zu zeigen[1051]. Damit waren hier die Probleme wie Leerstand und großflächiger Verfall,

1991, 49. Die bildliche Ausstattung des Frieses der Portiken paßt indessen auch zu einem multifunktionalen Fest- und Versammlungsplatz.

1043 Dazu s. Roueché – Erim 1990, 9; Smith – Erim 1991, 11. Anstelle der Reliefbüste der Aphrodite von Aphrodisias setzte man in frühchristlicher Zeit allerdings das Kreuz in die zentrale Lünette der Toranlage.

1044 Dazu s. Smith – Erim 1991, 12.

1045 Dazu s. Roueché – Erim 1990, 9.

1046 Dazu s. Roueché – Erim 1990, 11.

1047 Dazu s. Roueché – Erim 1990, 11.

1048 Dazu vgl. z. B. Roueché – Erim 1990, 15. Vgl. dagegen Ratté 2001, 138.

1049 Dazu s. Roueché – Erim 1990, 11.

1050 Dazu vgl. Roueché – Erim 1990, 32.

1051 Dazu s. Ratté 2001, 138.

Abb. 278 Aphrodisias, Tetrastoon als Macellum

die in vielen Städten bereits im späten 3. Jh. virulent geworden waren und dann seit dem frühen 4. Jh. zur Notwendigkeit geführt hatten, das Stadtbild durch Straßensperren, Zubauten, Abriß und Aufschüttung neu zu organisieren, um das Leben in den zu groß gewordenen Siedlungsflächen zu kanalisieren und zu konzentrieren, nicht in vergleichbarem Maß gegeben. Dennoch dienten einzelne Maßnahmen vielleicht der Steigerung der inneren Sicherheit: Durch die Reduktion des Zugangs von acht einzelnen Treppenaufgängen, die von der Agora zur Promenade aufwärts führten, auf zwei bereits als Torbau gestaltete Passagen, war es vielleicht möglich, diese Seite temporär – z. B. bei der Abhaltung von Festen und Festspielen – im Zugang zu kontrollieren oder auch ganz zu schließen, wie das beim Hadrianstor am Embolos von Ephesos durch das Gitter in der mittigen Passage (s. u.) möglich war. Die Zugangsbeschränkung von Plätzen findet auch Parallelen im Zubau des Westtors der Handelsagora von Ephesos (s. u.). Dort diente die Maßnahme, große Plätze abzusperren, den Anforderungen bestimmter Spektaktel bzw. allgemeiner: der funktionalen Zonierung des Stadtbilds, der Kanalisierung und beabsichtigten Erhöhung der Nutzungsdichte des öffentlichen Raums oder der veränderten Nutzung der Plätze bei Akklamationen, politischen Versammlungen und religiösen Zeremonien für eine selektierte Öffentlichkeit.

Zu den Inschriften – Die Funktion und der Kontext des Agorators im 5. Jh.

Im Bereich des vorgelagerten Beckens des spätantik renovierten, jedoch in seiner ursprünglichen Fassung antoninischen Agorators[1052] wurde eine Reihe von Inschriften gefunden (Inschriften 38–40). Die sehr ausführliche dreiteilige Stiftungsinschrift, die sich am Sokkel der Schaufassade über dem hinteren Beckenrand befindet[1053] (Abb. 279), ist von großer Bedeutung. Mit

1052 Dazu s. Ratté 2001 121.

1053 Der Text 40, der im Zustand unmittelbar nach seiner Freilegung abgebildet ist, befindet sich mit Ausnahme eines Buchstabens auf zwei von insgesamt drei Platten,

Abb. 279 Aphrodisias, Rückwand des Maiumasbeckens. Stifterinschrift (Inschriften Nr. 38–40)

dem Verweis auf die Nymphen wird dezidiert auf die Umnutzung des Torbaus in ein Nymphäum verwiesen, nicht auf eine Renovierung des Torbaus allein, die ansonsten auch unabhängig von der Umnutzung verstanden werden könnte. Damit steht hier – im Gegensatz zu Ephesos – eine Datierung der Umnutzung in das spätere 5. Jh. fest.

Die mehrteilige Inschrift war auf bereits existenten Marmorplatten rot gefärbt und gut lesbar angebracht worden. In einem einheitlichen Schrifttypus gibt sie Aufschluß über die spätantiken Stifter und Bauherrn, den verdienten Stadtvater Ampelius sowie den Gouverneur Dulcitius. Der Text der Inschrift 38 lautet: »Dem Rechtskundigen und süßen Vater seines Vaterlands, Ampelius, sind wir Nymphen dankbar, weil er diesem Platz der Palmen glänzende Schönheit verlieh, so daß einer, der sich bei unseren Wassern flüchtig umblickt, ein Loblied singen möge sowohl für ihn als auch für den Platz und auch für die Nymphen. Pythiodorus, der Rhetor aus Tralles, hat das geschrieben«[1054]. Das Fragment 39, das 1983 entdeckt wurde, erwähnt den ›Temenos der Nymphen‹, der in Verbindung zu einem innerstädtischen Palmenhain als (ehemaligem?) Temenos der Aphrodite von großem Interesse ist[1055]: »Und diesen

die jeweils die Front der insgesamt sieben Sockel bildeten, die jeweils vier Säulen und die weitere aufgehende Architektur trugen. Es handelt sich dabei um den dritten Sockel der Fassade von Süden. Nur bei diesem Sockel war – wie ansonsten beim oberen Beckenrand – der obere Abschluß erhalten geblieben. Die übrigen Inschriften befanden sich auf den Sockeln links des mittigen, also vierten Sockels, der selbst unbeschriftet geblieben war.

1054 Übers. vom Autor. Mehrere Übersetzungsmöglichkeiten gibt es nur für das Toponym des umgebenden Platzes als »roter Platz« oder »Platz der Palmen«. Dazu s. Roueché 1989, 70.

1055 Zu Inschrift Nr. 39 s. Roueché 1989, 68. Übers. vom Autor. Zur Frage nach der Lokalisierung dieses ›Temenos‹ s. u.

Temenos der Nymphen errichtete Dulcitius, ›(Wieder-) Gründer‹ von Aphrodisias, der nicht an Reichtum gespart hat des edlen Ruhms wegen, der den Sterblichen ein ewiges Zeichen ist«. Der Begriff Temenos der Nymphen muß sich dabei auf die gesamte Südagora d. h. auf das größere, platzmittige Becken beziehen, in dem u. a. Palmen angepflanzt gewesen sein könnten, nicht (nur) auf die unmittelbare Umgebung des neu gebauten Bekkens vor den blockierten Treppenaufgängen.

Der Text der Inschrift 40 berichtet »Vom Spielegeber, Gründer und Freund der Ehre und Maiumarch, Dulcitius, dem Hegemon, singe, Fremder, der mich aufgerichtet hat, der ich für ungezählte Jahre gelitten habe, indem er seine starke Hand ausgestreckt hat«. Der Passus kann wohl als klarer Verweis auf eine längere Periode der Vernachlässigung oder bereits beginnender Baufälligkeit gewertet werden. Der imaginäre ›Sprecher‹ dieser Inschrift ist hier die Fassade des älteren Torbaus selbst, auf deren Sockel sich die Inschrift passenderweise befindet.

Am rechten Rand der Inschriftenserie angebracht, war das ebenfalls mit roter Farbe unterlegte Epigramm zu Ehren des Statthalters (*Hegemon/praeses*) Dulcitius, gut lesbar[1056] (Abb. 279). Der Titel des ›Maiumarchen‹, der nach Roueché möglicherweise zwar erst nach der Komposition des Epigramms, aber noch vor der gemeinsamen Anbringung hinzugefügt worden war, gilt als Ehrentitel für Dulcitius[1057]. Diese Benennung tritt als rechter Abschluß der Inschrift besonders deutlich hervor (Abb. 279).

Dulcitius ist wie auch ein weiterer Gouverneur in dieser Zeit, Vitianus, in Aphrodisias als Spielegeber belegt; entsprechende Akklamationen für die Darsteller und ihre ›Parteien‹ (*factiones*) fanden wohl im Theater statt, wofür eine Reihe von Belegen in und um das Theater existieren[1058]. Offenbar hatten zu einem gewissen Zeitpunkt im 5. Jh. die *factiones* die Durchführung von Theateraufführungen und auch anderen Festspielen übernommen[1059].

Der Titel des Maiumarchen für Dulcitius konnte sich auch in seiner Position als Statthalter durchaus auf eine konkrete Funktion als Spielegeber und Festorganisator beziehen[1060]: Nach der offiziellen Legitimation des Maiumasfestes im Reichsosten im Jahr 448 konnte das Fest wieder, ohne Konsequenzen befürchten zu müssen, von lokalen Honoratioren oder römischen Gouverneuren unterstützt werden. Die Maßnahme des Gesetzgebers kann als vollständige Rehabilitierung des Festes verstanden werden. Die nächste Parallele zur Maiumasinschrift von Aphrodisias aus Gerasa nennt den Archonten Paulos[1061]. Auch Paulos war neben seinen sonstigen städtischen Würden zugleich *praeses provinciae* und wurde von einem Untergebenen, dem Ausführenden des Baus und *comes provinciae* begleitet, dessen Name nicht mehr erhalten ist[1062]. Auch dort ist also ein direkter Bezug zwischen dem rehabilitierten Fest paganen Ursprungs und einem Stifter in hoher Position – sogar noch im 6. Jh. – belegt.

Die Nennung der Verdienste des Dulcitius für das Fest erfolgte zwar nach seinen ›üblichen‹ Titeln, es handelt sich dabei aber wie erwähnt, was Schriftduktus und Sichtbarkeit angeht, um eine hervorgehobene Stelle. Es ist anzunehmen, daß er sich über die bloße Duldung der Festpraxis hinaus für das Maiumasfest aktiv eingesetzt hatte. Möglicherweise hatte das konkret mit einer Geldzuwendung zu tun und brachte ihm diesen Ehrentitel ein, der offenbar erst in einem zweiten Schritt bewilligt worden war[1063].

Dulcitius tritt hier zusammen mit anderen Stiftern lokalen Ursprungs auf, die wie Ampelius oder später Pytheas alle festrelevanten Bauten im Umkreis der Südagora und der anschließenden Promenade, also vom Theater und den Festtoren im Osten über die Portiken bis zu den Thermen im Westen, erneuern ließen. Das längste und offenbar auch beliebteste Volksfest der Spätantike bildete anhand einer Vielzahl von Vergnügungs- und Festbauten einen deutlich sichtbaren Schwerpunkt im Stadtbild. Vielleicht ist das als Gegengewicht zu dem seit den Kalenderreformen des mittleren 4. Jhs. und unter Theodosius I. formal christlich geprägten Jahresrhytmus zu deuten, wobei die entsprechenden christlichen Festivitäten zwar sicher auch den Kalender einer Metropole wie Aphrodisias nominell dominierten, jedoch den öffentlichen Raum gerade dieser

1056 Dazu s. Roueché 1989, 67 f.
1057 Dazu s. Roueché 1989, 71.
1058 Dazu s. Roueché 1989, 219. Zu den Spielen im Stadium und ihrer epigraphischen Evidenz vgl. Roueché 1989, 219 f.
1059 Dazu s. Cameron 1973, 276.
1060 Vgl. Roueché 1989, 71: Agonothet ist ein relativ seltener Begriff in spätantiker Zeit, kommt in Aphrodisias jedoch sogar noch später als im Fall des Dulcitius vor. Spielegeber spielten hier vielleicht bis zur Zeit des Justinian eine gewisse Rolle, wenn auch eher als Vorsitzende und Verantwortliche für den Ablauf denn als Finanzier. Merkwürdigerweise wendet sich Mentzu-Meimare – vgl. Mentzu-Meimare 1996, 70 – gegen diese Deutung als ›Spielegeber und Festorganisator‹ aus Gründen der Unvereinbarkeit mit der anti-paganen Linie der offiziellen Stellen und der Gesetzgebung, obwohl sie den offiziellen Charakter des Festes im Verlauf ihrer Argumentation mehrfach betont hatte.
1061 Dazu vgl. hier Anm. 2.
1062 Dazu s. Mentzu-Meimare 1996, 71.
1063 Dazu vgl. Roueché 1989, 71.

Stadt mit ihrem besonderen Bezug zu Aphrodite im Gegensatz dazu offenbar bis ins frühe 6. Jh. nur marginal geprägt hatten. Ein tatsächlich christianisiertes Stadtbild erhielt Aphrodisias erst durch den Bau seiner Kathedrale anstelle des Aphroditetempels und durch die vielfältigen Maßnahmen der Zusetzung der Zugänge zu den traditionellen Fest- und Kultorten. Die vollständige Blockade des Waren- und Personenverkehrs wurde jedoch offenbar erst wesentlich später in Kauf genommen, als man mit einem Kircheneinbau auf der wichtigsten Kreuzung im Süden von Aphrodisias die zentrale Promenade und Hauptverkehrsachse durch die Stadt und damit auch den Hauptzugang zur Südagora wohl demonstrativ blockierte. Dabei handelte es sich um eine einschneidende Baumaßnahme, die frühestens seit der rapiden Entvölkerung der Stätte im 7. Jh. denkbar ist und in diesem konkreten Fall der Dreikonchenkirche in ihrem erhaltenen Zustand wohl aus noch späterer Zeit zu stammen scheint (s. o.).

Die extreme Auffälligkeit des Festes und seiner Festbauten im Stadtbild des 5. Jhs. – sie belegten das topographische wie politische Zentrum der Stadt – bedurfte zweifelsohne der offiziellen Duldung durch die kommunalen Autoritäten. Hier eine krypto-pagane Kultausübung zu vermuten, würde weder dem offiziell-identitätsstiftenden und zugleich auch karitativen Charakter des Maiumasfestes – letzteres betreffs der Volksspeisung während der Spektakel – gerecht, noch der Struktur der entsprechenden Festbauten, die keinerlei Form von Abgeschlossenheit demonstrieren. Der Zubau des Agorators kann kaum in dieser Hinsicht gedeutet werden, weil die Südagora insgesamt vielleicht zwar einen verkehrsreduzierten, jedoch nicht aus der offiziellen Wahrnehmung ›ausgeblendeten‹ Platz darstellte. Die Südagora blieb keineswegs etwa nur ein dezidiert ›paganes Zentrum‹, sondern bildete auch im 5. und 6. Jh. noch den Schwerpunkt der kommunalen politischen Repräsentation, was durch die Dichte der Ehreninschriften deutlich wird. Eine konkrete Aufteilung und Zonenbildung zwischen Süd- und Nordagora, also zwischen dem Einfluß- und Repräsentationsbereich der pagan orientierten und selbstbewußt auftretenden Stadtväter wie Pytheas (s. o.) einerseits und dem Bischof andererseits zu vermuten, ist weniger als realer Antagonismus denn als grabungsgeschichtliches Problem anhand eines quantitativen Ungleichgewichts der epigraphischen Indizien tendenziell faßbar und muß daher auf Basis des bisherigen Grabungsstands noch hypothetisch bleiben. Gesichert ist nur der architektonische Rahmen dieser Interaktion oder Konfrontation[1064], indem für das spätantike Aphrodisias kommunale Autoritäten mit dezidiert paganem kulturellem Selbstverständnis auf Augenhöhe mit dem Bischof verbürgt sind, das politische Zentrum der zivilen Basilika, die auch im 5. Jh. noch gewartet wurde, an der Südagora liegt und der in diesem Fall durchaus wahrscheinlich anzunehmende Bischofssitz dagegen unmittelbar an die Nordagora angrenzt[1065].

Die traditionelle Repräsentation auf der Südagora blieb im gesamten 5. Jh. und wohl auch danach noch bis zur Regierungszeit Justinians der Kernpunkt der städtischen Identifikation. Die Realität des städtischen Erscheinungsbilds stand damit in direktem Gegensatz zum Sollzustand und der Erwartungshaltung der antipaganen Gesetzgebung. Unabhängig davon, ob die letzte offizielle pagane Renaissance unter Anthemius[1066] (467–472) damit in Verbindung gebracht werden kann oder nicht, scheint es vor diesem Hintergrund kaum verständlich, warum es Dulcitius Stellung nicht gestattet haben sollte, in den ersten Jahren oder Jahrzehnten nach der vollständigen Rehabilitierung des Maiumas im Jahr 448 »an diesem Fest teilzunehmen, zumal es in der Vergangenheit durch kaiserliche Edikte wegen seines anstößigen Charakters verboten worden war«[1067]. Daß das Maiumasfest auch polarisieren konnte, wird allerdings vor Ort recht eindrücklich sichtbar: Eine sehr geballte christliche Bannung der paganen Festpraxis (s. u.) könnte man aus der Beobachtung ableiten, daß in den Durchgängen zu diesem Becken und direkt am Beckenrand vor dem Agorator herum die dichteste Ballung von Kreuzeszeichen in ganz Aphrodisias anzutreffen ist (Abb. 280).

Ein wichtiger Vergleich zu anderen Inschriften, die das Maiumasfest thematisieren, betrifft den durchaus vergleichbaren Kontext der Toranlagen. Roueché betont, daß wie für das Agorator in Aphrodisias auch für einen Bau im vorstädtischen Festort Birketein bei

1064 Neben der pagan-christlichen Mischkultur der spätantiken Alltagswelt zeigen sich auch Aspekte der beabsichtigten Konfrontation kultureller Konzepte. Die eingangs zitierte Inschrift (s. o.) thematisiert u. a. neben paganer Genußkultur als einzigem Stiftungssinn das Stiftermotiv explizit: »... des edlen Ruhmes wegen, der den Sterblichen ein ewiges Zeichen ist.« Auch die Verbindung von ewigen Werten mit der Welt der Sterblichen in dieser Aussage konnte als bewußtes Gegenprogramm zur Ideologie des Jenseits gelesen worden sein.

1065 Zum Bischofssitz s. Berenfeld 2002.

1066 Zur Situation im gleichzeitigen Alexandria vgl. z. B. Clauss 2003, 311 f.

1067 Dazu s. Mentzu-Meimare 1996, 70.

Abb. 280 Aphrodisias, Maiumasbecken. Christliche ›Besetzung‹ durch Graffiti

Gerasa gilt: »The inscription was cut on the pillar of a *gateway* between a small theatre and a water-basin«[1068]. Ganz konkret führte die Initiative des Dulcitius wohl dazu, daß aus dem nicht mehr in seiner vollen Breite benötigten und ruinös gewordenen Torbau durch Wiederaufbau der Schaufassade und Hinzufügen des Beckens über die Zierfunktion des Beckens hinaus ein spezifisch auf den Maiumas zugeschnittenes Festtor wurde. Ohne konkrete Funktion wäre der Bau an dieser Stelle in direkter Nachbarschaft zu einem zweiten und viel größeren Becken kaum verständlich. So trägt der unmittelbare Hintergrund des Beckens selbst deutlich lesbar etwa 1 m über der Wasseroberfläche – und nicht der mehrgeschossige Fassadenbau dahinter wie im Fall der Stephanusinschrift im Obergeschoß der Celsusfassade in Ephesos – den Verweis auf den Stifter und wohl auch Festleiter. Mit der Wiedererrichtung des nutzlosen Torbaus ging also wohl seine Spezifizierung für das Maifest (Maiumas) und seiner aquatischen Festspiele einher. Ein ›Platz unter Wasser‹ war neben dem Theaterumbau für Wasserspiele dazu offenbar Voraussetzung, wie ihn mehrere spätantike Städte, so u. a. auch Ostia, boten.

Eine spätantike Aufgabe bzw. Vernachlässigung der Südagora zugunsten der Nordagora – an der sich der Bischofspalast befindet[1069] –, wie sie von Erim zunächst noch vermutet worden ist, ist vor dem Hintergrund der gesamten inschriftlichen Evidenz zum spätantiken Stifterwesen an dieser Stelle kaum wahrscheinlich. Auch im 6. Jh. blieben die Kolonnaden der südlichen Agora wie jene der nördlichen und demgegenüber weit größeren Agora kontinuierlich renoviert[1070].

Der namentlich genannte Flavius Ampelius ist für Aphrodisias u. a. als Stifter des mittleren und späteren 5. Jhs. für sehr unterschiedliche Baukomplexe verbürgt: Ein Stadttor, das Bouleuterion und das Theater bzw. die Theaterthermen[1071]. Die Tätigkeiten der zwei spätantiken Stifter von Renovierungen des Bouleuterions, Ampelius und Pytheas, lassen sich mehrfach auf der südlichen Agora nachweisen. Während Pytheas, der sich mit dezidiert paganen Äußerungen auch im späteren 5. Jh. noch profilierte, aber damit wohl kaum innerhalb seiner Schicht der lokalen Elite von Aphrodisias aufgefallen sein dürfte, sich um die Westseite der Südagora mit den hadrianischen Thermen durch Renovierungen intensiv bemühte, ist für die Baumaßnahmen auf der Ostseite Ampelius als Stifter belegt[1072]. Der große Platz dazwischen ist ebenfalls durch zahlreiche Stiftertätigkeiten ausgewiesen[1073]. Auch die umlaufenden Kolonnaden waren im 5. Jh. noch mehrfach repariert worden[1074].

Es dauerte mindestens bis ins frühe 6. Jh., bis der zentrale Aphroditetempel in die Kathedrale von Aphrodisias umgewandelt worden war[1075]. Die Bauanstrengungen der Stadtväter von Aphrodisias unterlagen bis dahin also ganz deutlich abweichenden Präferenzen. Der Schwerpunkt ihres Engagements lag offenbar – nach dem gegenwärtigen Stand der Grabungsergebnisse – auf der Südagora und ihrer Ausgestaltung als Zentrum einer immer noch deutlich traditionell verwalteten und pagan konnotierten Topographie des Stadtbilds. Es war ein Indiz unter vielen, das die »unusual tenacity of paganism in the city«[1076] unterstreicht. Unabhängig von der Anwesenheit eines Bischofs ist die ›zivile‹ spätantike Blüte von Aphrodisias nach Michelle Berenfeld fast der gesamten inschriftlich faßbaren lokalen Elite zu verdanken, die sich auf Basis ihres Reichtums sowie ihrer Macht und Verbindungen offenbar bis ins späte 5. Jh. dem wachsenden Druck der Gesetzgebung und Kontrollversuche aus Konstantinopel widersetzen konnte.

1068 Dazu s. Roueché 1989, 73. Kursive Markierung vom Autor.
1069 Dazu s. Berenfeld 2002.
1070 Dazu s. Ratté 2001, 137.
1071 Dazu s. Ratté 2001, 134 mit Anm. 53.
1072 Zu den Inschriften und ihrer Deutung s. Ratté 2001, 135 mit Anm. 59. 60.
1073 Dazu s. Ratté 2001, 142.
1074 Zur Wiederaufrichtung der westlichen Kolonnade durch Albinus und der südlichen durch Philip s. Ratté 2001, 135 mit Anm. 61. 62.
1075 Dazu s. Berenfeld 2002, 116.
1076 Dazu s. Berenfeld 2002, 118.

Das Agorator, das Theater und der Palmenhain – Ein Zusammenhang in der Nutzung?

Das erste Epigramm auf dem Agorator (Text 38, s. o.), das sich auf dem am nördlichsten gelegenen Sockel der Schauwand hinter dem Wasserbecken befindet, nennt die Nymphen als fiktive Sprecher. Ferner enthält es eine Ortsbezeichnung, die sich nach Charlotte Roueché mit großer Wahrscheinlichkeit auf einen Palmenhain als ›Temenos‹ der Aphrodite bzw. der Nymphen bezog (s. o.). Ein innerstädtischer Palmenhain ist tatsächlich seit der hohen Kaiserzeit in Aphrodisias belegt. Artemidorus Pedisas weihte in Zusammenhang zur Einrichtung eines Palmenhains wohl bereits im 1. Jh. Statuen des Hermes und der Aphrodite mit Eroten, die Lampen hielten[1077]. Das spezifische Motiv der Lampen kann vielfach verstanden worden sein, auch als konkreter Anhalt für die Festpraxis[1078].

Nach Roueché befand sich dieser Hain auf der Ostseite der Südagora selbst[1079] und wurde dort durch die Umnutzung des Agorators in ein Wassermonument im 5. Jh. noch neu ausgestattet und betont. Möglicherweise befand sich dieser Hain oder zumindest der Großteil seiner Erstreckung jedoch nicht nur auf der Agora selbst, sondern auch in den teilweise unbebauten Bereichen des Theaterhügels. Die räumliche wie inhaltliche Nähe des Palmenhains als Aufstellungskontext der Statuen zur Agora ist nach Roueché jedoch unabhängig davon durch die spezifische Verkörperung des Hermes Agoraios naheliegend, der den in Aphrodisias einzigen nachweislich verehrten Aspekt des Hermes bildet und in direkter räumlicher Verbindung zur Agora stehen muß[1080]. Die primäre Bindung des Maiumasfestes an Hermes, Maia und die Nymphen könnte einen weiteren Aspekt in die Debatte bringen: Möglicherweise war diese ungewöhnliche Zusammenstellung weniger der Agoranähe geschuldet als dezidiert mit diesem speziellen Fest verbunden[1081].

Auch zum Aufstellungskontext von Erotendarstellungen auf der Agora ergäben sich nach Roueché ausreichend gesicherte Parallelen, so daß von einer Lokalisierung dieses Hains in der unmittelbaren Umgebung des Agorators mit relativ großer Wahrscheinlichkeit auszugehen ist[1082]. Bei dieser engen kultischen Konnotation der Südagora mit der Stadtgöttin Aphrodite und ihrem mythologischen Personal könnte man vermuten, daß auch der kleine Erot am nördlichen Beckenrand (Abb. 272) als eine der Spolienverwendungen mit ›Sinn‹[1083] zu verstehen ist.

Möglicherweise kam dem innerstädtischen Palmenhain die Rolle des bewaldeten Kontextes zu, der für die Festpraxis neben dem Quell- oder Flußwasser, das hier in unmittelbarer Nähe sowohl zur spätantiken Rampe im großen Becken als auch zum neuen Wasserbecken vor dem Agorator aus Tonröhren gefaßt wurde, unabdingbar scheint und daher für viele der bekannten Festorte des Maiumas, z. B. in Gerasa, Gadara und Daphne bei Antiochia, belegt ist[1084]. Die Bedeutung des Maiumasfestes, das überhaupt erst seit dem 3. Jh. von einem syrischen Lokalfest verstärkt in den Vordergrund städtischen Festalltags auch anderer Provinzen trat, unterstreicht dabei den Charakter der Innovation: Es war ein neues Fest, das hier ins Zentrum der spätantiken Stadtkulturen trat.

Für einen übergeordneten Nutzungszusammenhang bezüglich des Maiumasfestes spräche beim freigelegten Abschnitt am Südostende der Südagora wie bei den genannten Festorten auch, daß sich unmittelbar zwischen dem neuen spätantiken Becken vor dem Agorator und dem halbrunden Abschluß des großen hochkaiserzeitlichen Beckens mit den Sitzstufen ein breiter Treppenzugang zum Theater befindet. Interessant ist dabei, daß der Zugang von der Südagora zur oberen Cavea des Theaters durch ein großes Interkolumnium auch im spätantiken Zustand der Portiken betont blieb.

Die Untersuchungen unter Erim und Smith an der Südostecke der Agora zwischen dem Agorator und dem Theaterzugang am Theaterhügel bzw. der ›Akropolis‹ im Jahr 1991 ergaben ferner, daß hier das Gehniveau in der Spätantike angehoben worden war, als die südliche

1077 Dazu s. Roueché 1989, 70 f.

1078 Eine mögliche Konnotation mag vielleicht auch das nächtlich stattfindende Fest des Maiumas – im Fall von Aphrodisias nachweislich zu Ehren der Stadtgöttin selbst – gewesen sein, wobei in dessen Zusammenhang den Schriftquellen zufolge Becken und Gelagebereiche im Freien standen, die mit Fackeln und vielleicht sogar regelrechtem Feuerwerk beleuchtet waren.

1079 Dazu s. Roueché 1989, 71.

1080 Dazu s. Roueché 1989, 73. Zu Verweisen auf einen ähnlichen Palmenhain in Smyrna, der reich mit Statuen – und Inschriften – ausgestattet war, vgl. Robert 1937, 526. Ein Zusammenhang mit dem ›Temenos der Nymphen‹ scheint hier naheliegend. Dazu s. u.

1081 Zu dieser Hypothese und der Rolle des Hermes beim Festbetrieb s. u. Auch für Ostia ist diese Trias in Bezug zum Maiumasfest verbürgt: s. u.

1082 Dazu vgl. Roueché 1989, 73.

1083 Eine Panzerstatue in der ›Arena‹ von Patara könnte ebenfalls als seltenes Beispiel für ›sinnhafte‹ Spolienverwertung angeführt werden.

1084 Dazu s. einen umfassenden Überblick bei Mentzu-Meimare 1996. Eine Studie des Autors zum Thema Maiumas als wichtiger Teil spätantiker Fest- und Genußkultur ist in Vorbereitung.

Portikus im 5. Jh. wiedererrichtet wurde und dieser Bereich also auch in der Folgezeit – unabhängig von der Theorie möglicher spätantiker Überschwemmungen – noch in Benutzung blieb[1085].

Die Verteilung der spätantiken Statuen ballt sich innerhalb der Südagora vor allem in ihrem Ostteil und der angrenzenden ›Palästra‹ der Thermen sowie außerhalb der Agora vor allem unmittelbar vor dem Bouleuterion und vor dem Theater. Das Theater, das in der zweiten Hälfte des 1. Jhs. entstanden war, blieb bis zum Ende des 5. Jhs. nachweislich in traditioneller Art und Weise in Funktion, wozu auch spätere Modifikationen des Bühnenbaus gehörten. Erst im Laufe des 6. Jhs. wurde im Bühnengebäude eine Kapelle eingebaut und in der ersten Hälfte des 7. Jhs. wurde es als Befestigung ausgebaut, wobei die Statuenausstattung des Bühnengebäudes und des umliegenden Areals verwendet wurde[1086].

Der seit dem Bau des späthellenistischen Theaters bestehende Zugang wurde wohl erst zu einem Zeitpunkt geschlossen, als die Akropolis in eine Zitadelle umgewandelt worden war, was wohl nicht vor dem mittleren 7. Jh. anzusetzen ist[1087].

Side – Eine Analogie zum Festplatz auf dem Piazzale delle Corporazioni?

Ein weiterer Brunnenplatz befindet sich im unmittelbaren Einzugsbereich des Theaters in Side[1088]. Von Osten grenzt die Hallenstraße an, der Brunnenplatz selbst ist durch eine Toranlage davon abgetrennt, südlich grenzt das Theater und ein quadratischer Platz an, der anhand des Umfangs der Baumaßnahmen als spätantiker Neubau zu werten ist[1089]. Diese Analogie erscheint nicht nur als Zufall und Produkt einer langen Stadtentwicklung, sondern anhand der durch viele Inschriften rekonstruierbaren Bezüge (s. u.) als eine Konstante, die wohl aus den Anforderungen von Versammlungen, Akklamationen und auch zentralen Stadtfesten wie lokalen Stadtgründungsfesten, prominenten Theaterspektakeln oder den mittelmeerweit verbreiteten Jahreszeitenfesten wie u. a. dem in Ost und West vereinheitlichten Maifest (Maiumas) herrührt.

Auf dem Platz selbst befinden sich jedoch keine hypäthralen Wasserbecken, was unter Umständen damit erklärt werden kann, daß hier das Theater selbst einem solchen Umbau für Wasserspiele bzw. Kolymbethra unterzogen worden war.

Das spätantike Kaiserforum des Arkadius in Side, das bisher nur aufgrund einer zweitverwendeten Inschrift bekannt ist, wird von Bauer mit einem Platz zwischen Stadttor und einem mehrgeschossigen Fassadennymphäum in Verbindung gebracht, obwohl sich die Inschrift möglicherweise auch auf die Hauptagora bezogen haben könnte[1090]. Interessanterweise befinden sich dort Sitzstufen, die den Platz – wie das auch für mehrere Plätze an der Arkadiane oder den Platz vor der Celsusbibliothek in Ephesos galt – für Akklamationen und (Fest-)Versammlungen aller Art als geeignet ausweisen. Auch für den Staatsmarkt in Ephesos läßt sich nach Bauer eine ähnliche Anlage mit Sitzstufen belegen[1091].

In Side handelte es sich wie bei den genannten Beispielen aus Ephesos um einen spätantiken ›Brunnenplatz‹, was durch »das gewaltige Nymphäum, das die Ostseite des Platzes begrenzte« deutlich wird, zu dem bis heute eine eingehende Bauuntersuchung fehlt[1092]. Auch dieses Nymphäum, das wohl eher aus dem frühen 3. Jh. denn aus dem 2. Jh. stammt, scheint mit reichem mythologischem Dekor ausgestattet gewesen zu sein. Das läßt zumindest ein seit längerem publiziertes Relief aus diesem Bauzusammenhang vermuten, das bereits bei Bauer Erwähnung findet[1093]. Die Thematik schließt das Nymphäum an die Basilika und das Agorabecken von Aphrodisias an: Auf den Parapetreliefs finden sich Illustrationen zur geradezu mythischen Bedeutung der eigenen Stadt[1094]. Inschriften und Darstellungen mit Preiskronen, Palmzweigen und Preisamphoren[1095] werfen daneben ein Schlaglicht auf die Bedeutung der Nymphäen neben ihrer Zier- und Schöpffunktion: Sie belegen die große Rolle von Festspielen, seien es Siege bei internationalen Spielen oder auch konkret identitätsstiftende Rituale, die um diesen Bau stattfanden und hier memoriert wurden. Auch hier handelt es sich um einen inschriftlich belegten ›Hort der Nymphen‹[1096]. Eine

1085 Dazu s. Smith – Erim 1991, 44. Zur Evidenz von Straten der Überschwemmungen im Südteil der Stadt vgl. Smith – Erim 1991, 27.
1086 Dazu s. Roueché 1989, 223.
1087 Dazu vgl. Roueché – Erim 1990, 18.
1088 Dazu s. Dorl-Klingenschmid 2001, 147 f.
1089 Zur Übersicht über die spätantiken Neubauprojekte vgl. Berenfeld 2002, 116.
1090 Dazu s. Bauer 1996, 293 mit Anm. 148.
1091 Dazu s. Bauer 1996, 293.
1092 Dazu s. Bauer 1996, 293. Neuerdings erfolgte eine Sichtung durch Claudia Dorl-Klingenschmid. Dazu s. Dorl-Klingenschmid 2001, 242 f.
1093 Dazu s. Bauer 1996, 293 mit Anm. 149. Einige weitere noch in situ befindliche Reliefplatten zeugen von der Bedeutung der Ausstattung. Dazu s. neuerdings Dorl-Klingenschmid 2001, 244.
1094 Dazu vgl. Dorl-Klingenschmid 2001, 244; Wittmann 2004, Tabelle 3a.
1095 Dazu s Dorl-Klingenschmid 2001, 244.
1096 Zur Bezeichnung vgl. Dorl-Klingenschmid 2001, 244.

spätkaiserzeitliche Renovierungsphase scheint sich mit Gordian III. verbinden zu lassen, das Monument wird jedoch wahrscheinlich auch in der Spätantike Renovierungen oder Umbauten erfahren haben, was durch zukünftige Bauaufnahmen zu erforschen wäre[1097].

Gerade in der Spätantike passte dieses konzentrierte Ensemble in Art eines Kompendiums, was traditionell-pagane Antike ausmacht, aufs Beste in die Formen städtischer Repräsentation, sei es für Besucher aus dem unmittelbaren Einzugsgebiet dieses Zentral- und Marktortes oder auch als Zentrum bürgerlicher Identifikation für die direkten Anwohner. Nach Claudia Dorl-Klingenschmid ergab sich für einen ›Städtereisenden an der Wende zum 4. Jh.‹ wie analog zur städtebaulichen Situation in Perge dadurch »schon beim Eintreffen am Tor des äußeren sidetischen Mauerrings ein vertrautes Bild: Der Torhof hinter dem dreistöckigen Fassadennymphaeum [...] war zu einer Galerie umgestaltet worden, in der man in 28 Nischen Götterstatuen und Portraits verdienter Persönlichkeiten präsentierte«[1098].

Der genannte Zustand war zumindest auch in den folgenden Jahrhunderten beibehalten worden, wenn man nicht sogar eine spätantike Ausstattungsphase dieser Statuenaufstellung annehmen will.

Der spätkaiserzeitliche und spätantike Befund des mit Marmor ausgestatteten Platzensembles aus Sitzstufen und Nymphäum legt nahe, daß die Anlage solcher Platzanlagen weit über die Notwendigkeit politischer Machtdemonstration oder als »Mittel des Loyalitätsbeweises« hinausging, wie das noch Bauer sehr ausschließlich formulierte[1099]. Es sind vornehmlich lokale Honoratioren und allgemeinverständliche Mythen vor allem hinsichtlich – sehr weitgehend konstruierter – lokaler Bezüge dargestellt, die mit der unmittelbaren städtischen Repräsentation und damit auch unmittelbar mit der Bürgeridentifikation verknüpft scheinen. Die ausschließliche Begrenzung des Blickwinkels auf politische Aussagen und eine entsprechende Interaktion der Elite mit der Kapitale wird den lokalen Bedürfnissen des Alltags und der Lebenswelt der meisten Bürger in einer weitestgehend in sich abgeschlossenen Stadtkultur wohl kaum gerecht. Hier wären als Erklärungsmodelle mehr als bisher auch lokale Desiderate einer gewandelten, aber eben nicht dezidiert christlichen Festkultur der Spätantike heranzuziehen.

Die Aneinanderreihung von Schmuckfassaden und die »Präsentation möglichst vieler, verschiedenartiger Brunnenbauten«[1100], die sich nach Dorl-Klingenschmid als spätantike Neubauten am inneren Stadttor des verkleinerten Mauerrings des späteren 3. Jhs. ballten, erfolgte sicher nicht willkürlich. Vor allem in der Nähe des Theaters ist eine solche Konzentration der Bauaktivitäten als eine direkte Analogie zu den oben genannten Befunden der Südagora von Aphrodisias zu werten, um hier nach Bauer ein »Schaufenster der Bedeutung einer traditionsreichen Provinzmetropole in Vergangenheit und Gegenwart«[1101] zu bilden , aber auch ganz konkret neuen Raum für spätantike Volksfeste zu bieten, die wie z. B. das Maiumasfest alle Propaganda *contra ludos et theatra* bis weit ins byzantinische und frühislamische Mittelalter überlebt hatten. Die Reihe der Städte, in denen sich solche spätantiken Maßnahmen bestätigen lassen, wird wohl mit zunehmendem Grabungsfortschritt noch weit über das Ausmaß hinaus wachsen, das noch Bauer oder Dorl-Klingenschmid diesem Phänomen zugebilligt hatten[1102].

III. 2. Ephesos – Die Prozessionsachse der Arkadiane zum Theater, die Fußgängerzone des Embolos und der Festplatz vor der umgebauten Celsusbibliothek

Der ›umgenutzte‹ Brunnenplatz am Theater und die Tetragonos-Agora

Wie in Aphrodisias standen auch zwei innerstädtische Prozessionsabschnitte auf der ephesischen Hauptstraße, nämlich die Arkadiane und die Kuretenstraße, in Bezug zu spätantik umgenutzten Platzanlagen. Die Arkadiane ermöglichte den festlichen Zugang zur Stadt ›von außen‹, in diesem Fall vom Hafentor her. Sie selbst blieb für Wagenverkehr gesperrt, der auf die weiter südlich verlaufende parallele Hauptachse ausgelagert wurde, die zur Handelsagora führte. Der Charakter des Besonderen wurde von der Möglichkeit unterstrichen, die Arkadiane vom Hafentor bis zu ihrem Ende am Standbild des wilden Ebers mit fünfzig Laternen zu beleuchten. Durch ein breiteres Interkolumnium und eine gegenüberliegende Exedra war der Abzweiger zu den Hafenthermen deutlich markiert. Als Foyer zu

1097 Zu »dieser (oder einer noch späteren?) Bauphase« s. Dorl-Klingenschmid 2001, 244.
1098 Dazu s. Dorl-Klingenschmid 2001, 147.
1099 Dazu s. Bauer 1996, 293.
1100 Dazu vgl. Dorl-Klingenschmid 2001, 148. Konzentriert angelegt wurden die Brunnen Kat. 105, 107 und 108.
1101 Dazu s. Bauer 1996, 149; Dorl-Klingenschmid 2001, 149.
1102 Bei Bauer – vgl. dazu Bauer 1996, 299 – war Ephesos neben Konstantinopel noch eine ›Ausnahme‹. Dorl-Klingenschmid – vgl. dazu Dorl-Klingenschmid 2001, 149 – erweiterte das Bild um Perge und Side. Aphrodisias läßt sich anhand des bisher erörterten Befunds zweifellos hinzufügen, Sagalassos und viele weitere Städte werden wohl in Zukunft vollständig genug ergraben sein, um einem Vergleich unterzogen zu werden.

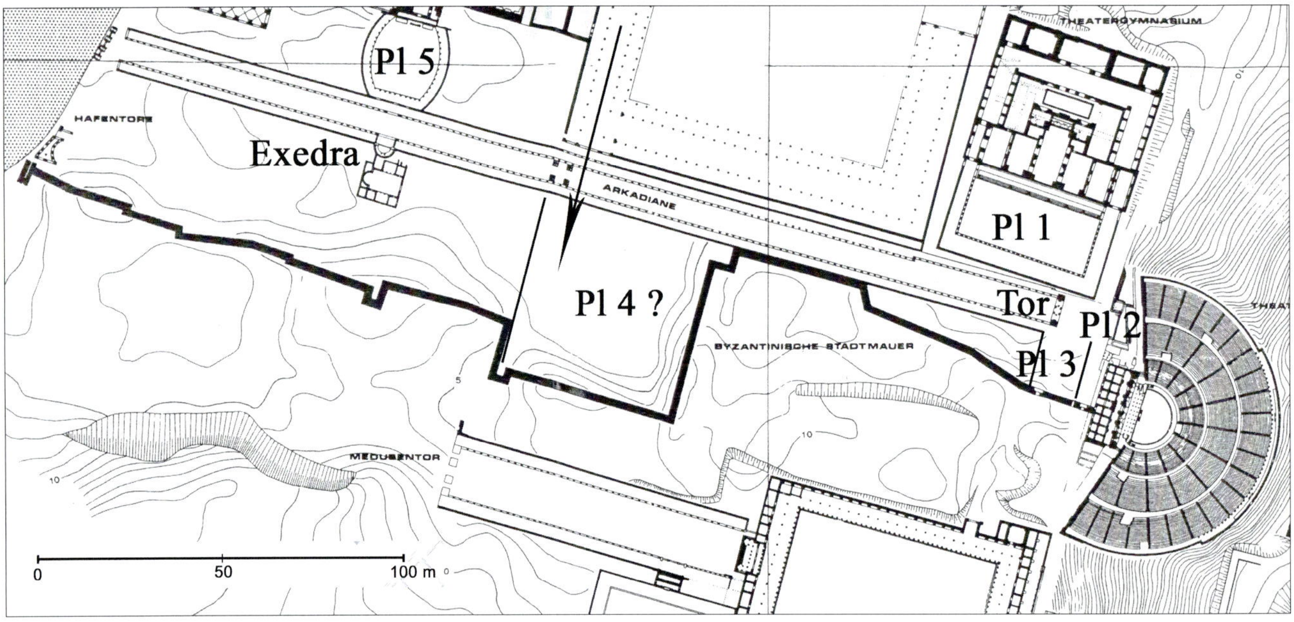

Abb. 281 Ephesos. Plan der Arkadiane (nach P. Scherrer). M. 1:2000

diesen Thermen diente eine spätantik neu eingerichtete Platzanlage, deren Ausstattung in mehreren Statuen und zwei Becken am Kopfende des Platzes gipfelte. Dieser Bereich war anhand von Größe und Ausstattung als Versammlungsplatz für Zuschauer von Spektakeln im öffentlichen Raum geeignet. Es gibt entlang der Arkadiane jedoch noch einen weiteren potentiellen Fest- und Versammlungsplatz, der deutliche Spuren spätantiker Umnutzung zeigt, in unmittelbarer Nähe zu dem im 4. Jh. umgebauten Theater liegt und daher im folgenden näher betrachtet werden soll.

Die Säulenstraße der Arkadiane führt axial auf das koressische Tor, das auf einem heute noch erhaltenen Stufenunterbau ergänzt werden kann (Abb. 281, Tor), zu. Östlich davon befand sich ein Bereich, der auf der gesamten Breite auf den Straßenraum der Arkadiane geöffnet war (Abb. 281, Pl 3). Dieses Areal wurde in den Bau der byzantinischen Stadtmauer des frühen 7. Jhs. einbezogen, was bereits für den großen quadratischen Platz südlich des Viersäulenmonuments gegolten hatte (Abb. 281, Pl 4). Offenbar kam dem Platz auch damals noch eine wichtige Funktion zu. An der Ostseite des Bereichs Pl 3 befinden sich parallel zur Marmorstraße Sitzstufen.

Östlich schließt ein kleiner Vorplatz vor der seitlichen Zugangsrampe des Theaters an (Abb. 281, Pl 2). Hier kreuzte die auch in der Spätantike stark befahrene Marmorstraße. Diese Kreuzung bildete den ›Endpunkt‹ der Arkadiane, d. h. den Abschluss des ersten Teils der mit Marmor ausgestatteten Fußgängerzone. An diesem Verkehrsknotenpunkt und Verteiler liegt neben den erwähnten Versammlungsbereichen Pl 2 und Pl 3 eine in der Spätantike umgebaute Platzanlage, die den Aufenthalt einer größeren Menge an Menschen erlaubte (Abb. 281, Pl 1). Diese Platzanlage wurde bisher meist als ›Palästra‹ der Theaterthermen bzw. des Theatergymnasiums bezeichnet[1103]. Das betrifft jedoch nur die hauptsächliche Funktion dieser Platzanlage mit dreiseitiger Portikus in der hohen Kaiserzeit. Problematisch für eine Deutung der nur teilweise freigelegten Platzanlage auf dem jetzigen Kenntnisstand ist, daß ihre spätantike Ausbauphase bisher kaum gewürdigt wurde. Eine erste Erwähnung einer möglicherweise fundamentalen Bedeutung als spätantiker Versammlungsplatz findet sich bisher nur in der jüngst erschienenen Studie von Peter Scherrer zur Tetragonos-Agora[1104]. Aufgrund des Charakteristikums von Sitzstufen (Abb. 282)[1105] vermutet Scherrer für den Platz Pl 1: »Es könnte hier aber eine spätantike Neugestaltung zu einem besonders für Festreden und Versammlungen geeigneten Platz vorliegen«[1106]. Zum Platz Pl 1 existiert bisher nur ein summarischer Grundplan[1107], der die Bauphasen und die Zugangssituation vor Ort mit deutlichen Niveauunterschieden zur Arkadiane hin (Abb. 283, vorgelagerte Tabernenreihe) weitgehend ungeklärt läßt.

1103 Dazu vgl. Scherrer – Trinkl 2006, 11.
1104 Scherrer – Trinkl 2006.
1105 Vgl. dazu Scherrer – Trinkl 2006, 12 Abb. 17.
1106 Dazu s. Scherrer – Trinkl 2006, 11.
1107 Vgl. Friesinger – Krinzinger 1999, Plan 7.

Abb. 282 Ephesos. Platzanlage P1 mit Schautreppen zur Arkadiane hin

Abb. 283 Ephesos. Tabernen auf tieferem Gehniveau der Arkadiane

Abb. 284 Ephesos, Substruktionen des Theaters. Wasserspeicher

Abb. 285 Ephesos, Theater. Orchestra mit Kanal

Die Fülle der spätantik in Funktion befindlichen, umgebauten sowie neu hinzugekommenen Plätze und damit verbundenen Bauaktivitäten überrascht und weicht deutlich von dem Bild einer Reduktion auf den Straßenraum des Embolos ab, das Bauer für das späte Ephesos gezeichnet hatte (s. o.). Unabhängig von Abwanderung und einer möglichen rückläufigen demographischen Entwicklung scheint sich ein gestiegener Bedarf an öffentlichen Versammlungsflächen an allen wichtigen Straßenkreuzungen und Nutzungsmittelpunkten des späten urbanen Lebens abzuzeichnen. Das gilt bereits für den vergleichsweise kleinen Ausschnitt des Stadtbilds, der bis heute bekannt ist. Die genannte These der spätantiken Reduktion der Aktivitäten auf den Straßenraum der Kuretenstraße bzw. des Embolos ist unter dieser Prämisse und der Einsicht, wie viel vom übrigen Stadtgebiet noch unbekannt ist, wohl kaum zu halten. Ein neuerdings vorbildhaft untersuchter Ausschnitt aus dem Stadtbild, die Tetragonos-Agora, mag als Pars pro Toto für die Vermutung eines umfassenden Funktionswandels gelten, der bereits für Ostia großflächig belegt werden konnte. Die Tetragonos-Agora war durch Straßensperren im Westen von ihrem gewerblichen Kontext, der Hauptverbindung zum Hafen getrennt und schrittweise neu gestaltet worden[1108]: Insbesondere die Verbindung zum abschließenden Torbau auf der Arkadiane und dem östlich daran anschließenden Bereich Pl 3 dürfte für zukünftige Bauuntersuchungen von Interesse sein, wenn man eine Fest- und Versammlungsnutzung in Analogie zur ebenfalls bisher kaum erforschten Platzanlage Pl 4 südlich des Viersäulenmonuments voraussetzt. Das späte 4. wie frühe 5. Jh. käme für die Einrichtung eines spätantiken Forums o. ä. an dieser Stelle in Frage[1109].

Trifft die Einordnung in das frühe 5. Jh. zu, dann stand in Ephesos der neu gebauten Platzanlage vor den Hafenthermen (Abb. 281, Pl 5[1110]) gegenüber der Exedra (Abb. 281, Exedra – apsidialer Bau gegenüber des Platzzugangs[1111]) als Bau des 4. Jhs. mindestens immerhin zwei neu gestaltete Platzanlagen des 5. Jhs. gegenüber. Neben dem rechteckigen Areal unklarer Funktion Pl 4 südlich des Viersäulenmonuments, das wiederum erst ins späte 5. oder frühe 6. Jh. zu datieren ist, gilt das vor allem für die umgestaltete ›Palästra‹ Pl 1, aber auch den kleinen Platz Pl 2 beim Theateraufgang.

1108 Dazu s. Scherrer – Trinkl 2006, 28 f. mit Abb. 49. Berücksichtigt man die wenigen Einblicke in die spätantike Topographie, die bisher aufgrund genauerer Bauuntersuchungen gewonnen werden konnten, dann läßt sich trotz der grabungsbedingten Verluste im übrigen freigelegten Areal zumindest vermuten, daß es auch dort zu einer Erweiterung des öffentlichen Nutzungsraums jenseits des Straßenraums gekommen war.

1109 Von Scherrer wird neuerdings wieder eine bereits mehrfach erwähnte Inschrift zur Diskussion gestellt, die 1866–1868 ohne exakte Fundangabe im Theater bzw. seiner Umgebung gefunden worden war: Es handelt sich um die Beschriftung eines ›Foros Theodosianos‹, das nach Bauers Argumentation Theodosius II. zugeschrieben werden muss, weil sich die drei Buchstaben der einleitenden Zeile am ehesten als einen direkten Verweis auf die neue Rolle der Gottesmutter ergänzen lassen, der nur nach dem Konzil von 431 denkbar sei, wobei Scherrer jedoch Gegenbeispiele aufführt, die dieses Kürzel auch mehrere Jahrzehnte früher zwischen 405 und 410 belegen. Dazu s. Bauer 1996, 293. Vgl. dazu Scherrer – Trinkl 2006, 11 mit Anm. 40. Zum Bauvolumen unter Theodosius I. vgl. Scherrer 1995.

1110 Vgl. dazu Friesinger – Krinzinger 1999, Plan 7 (Struktur ›F‹).

1111 Vgl. dazu Friesinger – Krinzinger 1999, Plan 7 (Struktur ›G‹).

Abb. 286 Ephesos. Schaubecken am Endpunkt der Prozessionsstraße ›am Eber‹

Abb. 287 Ephesos, Beckenrand. Nutzungsspuren und Spolienverwendung

Die nördlichen Treppenhäuser und der zentrale Korridor des Bühnengebäudes des Theaters wurden im 4. Jh. verstärkt (Abb. 284) und als Wasserspeicher genutzt[1112]. Diese Wasserspeicher stehen in Verbindung zu einem spätantiken Umbau des Theaters für *venationes*, wegen der direkten Analogien des halbrunden Ablaufkanals zur Orchestra des Theaters von Ostia aber auch nachweislich für Wasserspiele (Abb. 285) und zur Errichtung eines unmittelbar vorgelagerten und zweigeteilten Wasserbeckens auf dem kleinen, aber um so prominenter gelegenen Platz Pl 2, von dem man aus die gesamte Arkadiane überblicken kann (Abb. 286. 287).

Das spätantik offenbar umfassend neu gestaltete sogenannte Standbild des Ebers beim Nymphäum vor dem Theater bildet wiederum einen zentralen städtebaulichen Akzent und war Teil eines kleinen und erhöhten Platzes, der durch Monumente an seinen Rändern charakterisiert ist, die sich unmittelbar mit dem Gründungsmythos von Ephesos verbinden lassen. Dazu gehören ein älteres, bereits hellenistisches Brunnenhaus im Norden, das den Untersuchungen von Scherrer zufolge in seinen spätantiken Ausbauphasen zum Reiterdenkmal avancierte, und direkt gegenüber, auf der Südseite der urbanen Freifläche, ein insgesamt 15 × 3 m großes zweigeteiltes Brunnenbecken, das wegen seiner Verbindung zu einem Wasserreservoir des 4. Jhs. ebenso spätantik zu datieren ist.

Die mögliche spätantike Ausstattung eines oder mehrerer Wasserbecken auf diesem Platz mit reliefierten Friesplatten läßt sich direkt mit dem Becken vor der Celsusbibliothek vergleichen, wobei jedoch hier im Gegensatz zur Celsusbibliothek eine nähere Untersuchung der Spolienreliefs noch aussteht[1113].

Innerstädtische Brunnenplätze mit Sitzstufen – Der Platz vor der Celsusbibliothek

Ein wesentlich besser bekannter spätantiker ›Brunnenplatz‹ als die Beispiele an der Arkadiane (Pl 1–4) befand sich in Ephesos vor dem umgenutzten Fassaden-

1112 Zu den Speicherreservoirs im Theater vgl. Dorl-Klingenschmid 2001, 181.

1113 Das Parapet des hypäthralen Beckens am Theater erscheint deutlich niedriger als bei der Celsusbibliothek. Das hängt jedoch möglicherweise mit der Höhe der wiederverwendeten Platten zusammen, die sich offenbar nicht verkleinern ließen, ohne ihre Wirkung als Dekor völlig zu verlieren. Auch der Zugangsweg der Kuretenstraße vom Heraklestor nach Westen hin gipfelt in einem Brunnenplatz, hier mit dem weithin sichtbaren Fassadennymphäum der umgenutzten Celsusbibliothek. Im Umkreis der Celsusbibliothek kulminierte die spätantike Nachrüstung mit Brunnenbauten aus ›frühchristlichen‹ Schrankenplatten.

Abb. 288 Ephesos. Sitzstufen am Platz vor der Celsusbibliothek

nymphäum der Celsusbibliothek. Abgesehen von der byzantinischen Trennmauer, die den Platzzugang von der Kuretenstraße aus erheblich verengt hatte, befand sich am unteren Embolos in direktem Sichtbezug zueinander ein spätantikes Ensemble von immerhin vier nachträglich umgebauten Wassermonumenten, die zum Großteil nicht zur Wasserentnahme geeignet oder zumindest nicht zu diesem Zweck konzipiert worden waren[1114].

Weitere direkte Parallelen zum Platz vor der Celsusbibliothek ergeben sich zum Stadtbild von Side in seinem Zustand an der Wende vom 4. zum 5. Jh.: Hier war Dorl-Klingenschmid zufolge ein monumentaler ›Brunnenplatz‹ nahe beim Theater entstanden, der Ziel- und Ausgangspunkt der Promenade als Hallenstraße mit durchgehenden Säulenreihen war. Dort konnte wie im Fall des unteren Embolos keiner der Brunnen als öffentliche Wasserentnahmestelle genutzt werden[1115]. Der Kontext läßt in diesen Fällen vermuten, daß die Wasserbecken in Ephesos wie im Fall von Side nicht nur »Füllobjekte [...], die weiterhin die Prosperität der Stadt – die sich inzwischen nur noch im Wasserreichtum äußerte – anzeigten«[1116] waren. Man würde an Plätzen wie dem unteren Embolos, wo Akklamationen stattfanden, verdiente Persönlichkeiten geehrt, Erlasse proklamiert und die wichtigsten Kapitel der Stadtgeschichte aufbereitet wurden, den Mittelpunkt von identitätsstiftenden Veranstaltungen der Stadt erwarten.

Insbesondere die Sitzstufen, die sich an allen untersuchten Plätzen finden, unterstreichen deren Bedeutung als konkrete Nutzbauten und Versammlungs- bzw. Festorte oder als Zuschauerraum für Spektakel, Prozessionen und Feste (Abb. 288). Politische Versammlungen und Akklamationen, wie sie Roueché für die Kuretenstraße anhand von Inschriften und Graffiti belegen konnte[1117], konnten prinzipiell im Stehen abgehalten worden sein. Das galt wohl insbesondere für den Straßenraum, der nicht dauerhaft blockiert werden sollte und daher kaum für länger dauernde Vorführungen und Spektakel in Frage kam. Auch in der spätantiken Stadt gab es deswegen neben dem Straßenraum – auch wenn dieser wie im Fall der Arkadiane oder Kuretenstraße durch Verkehrssperren als Fußgängerzone verkehrsberuhigt worden war – den Bedarf nach großen verkehrsfreien Plätzen, die ein entsprechend dauerhaftes Verweilen ermöglichten.

1114 Dazu zählen Becken, die mit einer Ausnahme wie im Fall des Brunnenplatzes von Side nicht vorrangig oder sogar überhaupt nicht zur Wasserentnahme geeignet waren. Zu den vier Monumenten zählen: (1.) die zwei spätantiken Beckeneinbauten von Schöpfbrunnen in den seitlichen Durchgängen des Hadrianstors, (2.) das große Becken vor der Celsusbibliothek selbst, (3.) das nachträglich angebaute Becken vor dem Androklosmonument und (4.) der Straßenbrunnen neben dem Oktogon. Zu diesen Monumenten vgl. Dorl-Klingenschmid 2001, 180 f. Kat. 17; 191 Kat. 29.

1115 Zu den Brunnen und dem ›Fehlen von Schöpfrillen‹ vgl. Dorl-Klingenschmid 2001, 147 f. mit Abb. 88.

1116 Dazu s. Dorl-Klingenschmid 2001, 149. Wasserluxus nur als abstrakte Chiffre für ›Reichtum‹ zu deuten, scheint jedoch zu kurz gegriffen und einem anachronistischen Blick auf rezente Stadtausstattung geschuldet. Die Absichten spätantiker Planer und Bauverantwortlicher lassen sich daneben nicht nur auf scheinbar sinnentleerten Dekor und *amoenitas* reduzieren, insbesondere, wenn es sich um eine Ballung dieser Bauten an den wichtigsten Aufenthaltsmittelpunkten der späten Stadt handelte. Der Überfluss an Wasser, der ohnehin eher von Zufällen der Lage als der Leistung des Gemeinwesens abhängt, würde von Zeitgenossen kaum als wirklicher Ersatz für verlorene Prosperität ernsthaft gewürdigt worden sein, auch wenn das Wassermonument selbst mit einer konkret erfahrbaren sinnlichen Qualität, z. B. einer exzeptionell lauten, großen, auffälligen oder angenehm-kühlen Wasserinszenierung mit mehrgeschossigen Kaskaden etc. verbunden gewesen wäre. Als Motivation für eine neue Bauinitiative, um ›Brunnenplätze‹ an Prozessionsstraßen zu realisieren, könnten anstelle eines allgemein bleibenden ›Schmuckgedankens‹ eher konkret gebrauchte Nutzbauten in Verbindung mit regelmäßigen Veranstaltungen, Spielen oder Prozessionen ausschlaggebend gewesen sein.

1117 Dazu s. Roueché 1999, 161.

Parallelen von Brunnenplätzen mit Sitzgelegenheiten in anderen Städten stehen damit der älteren Vermutung von Roueché deutlich entgegen: »on this evidence, the Maiouma appears to have included some activity involving water, but not in the form of a public performance«[1118]. Unabhängig davon, wie man sich den konkreten Ablauf der nächtlichen Riten und tageszeitlichen Festbankette sowie die Häufigkeit und Bedeutung solcher Stadtfeste auch im 5. Jh. noch vorstellen mag[1119], ist bedeutsam, daß es weit über das Ende des 4. Jhs. hinaus immer noch städtischen Raum gab, der für öffentliche Großereignisse zur Verfügung stand, deren Verwurzelung in der paganen Fest- und Genußkultur außer Zweifel stehen musste. Das direkte bauliche Pendant zur Südagora von Aphrodisias bildete dahingehend, auch bezüglich der Sitzstufen, der Celsusvorplatz. Er wies eine umfangreiche Reihe von Sitzmöglichkeiten (Abb. 288) mit Blick auf das Wasserbecken wie auf den Platz und die nahe Prozessionsstraße auf, so daß dieses sehr variabel verwendete ›Auditorium‹ sich durchaus nicht nur auf einzelne überdachte Bereiche, sondern auf das ganze Ensemble des Platzteils mit der spätantiken Pflasterung und darüberhinaus auch die Westflanke der Marmorstraße selbst in Verbindung zum spätantiken Neubau der Tetragonos-Agora beziehen läßt[1120].

III. 3. Die Funktion von Festplatz und Theater in der Spätantike – Eine offene Diskussion

Stadtfeste und spätantike Stadtstruktur – Die neue Rolle der ›Brunnenplätze‹

Der Umbau vieler ungebrauchter Bauten und Fassaden zum Hintergrund von monumentalen Wasserflächen ist ein dezidiert spätantikes Phänomen, wie man nicht nur an den Brunnenplätzen in Aphrodisias, Ephesos, Side oder Ostia erkennen kann. Entlang der Promenaden der genannten und vieler weiterer Städte entstanden viele neue Wasserbecken: Daß das als einheitliche Maßnahme geschehen konnte, also einer Ensembleplanung entsprang, sieht man am besten in Ephesos, wo Becken aus reliefierten Spolienplatten sowohl an den umgenutzten Platzanlagen entlang der Arkadiane, als auch um den Beginn der Kuretenstraße herum aus denselben ›Sets‹ von Spolien gebaut worden waren. In Aphrodisias existiert ebenfalls der Hinweis auf eine solche Ensembleplanung. Als Endpunkt längerer Blickachsen von Straßen oder Plätzen mit renovierter Randbebauung liegen neugebaute Fassadennymphäen, was innerhalb des begrenzt freigelegten Stadtgebiets von Aphrodisias bereits an der Ost-West-Achse östlich der Theaterthermen

1118 Dazu s. Roueché 1989, 73. Gerade weil das große Bekken möglicherweise Teil eines Parks bildete – dazu s. Roueché 1989, 73 – der als ideales Ambiente für vorstädtische Festplätze wie Gerasa oder Gadara überliefert ist, sollte der öffentliche Anteil am Fest, der für die Prozessionen und die *spectacula* der Rechtstexte diente, nicht unterschätzt werden. Dafür sprechen neben der Rampe nicht zuletzt auch die Funde in diesen Becken, die durch die neuere Grabungsarbeit seit der ersten Behandlung der Beckeninschrift durch Roueché hinzugekommen sind. Die letzte erhalten gebliebene Ausstattungsphase des großen agoramittigen Beckens ist im Schutt durch eine Statuette einer Priesterin – die trotz des bereits lange bestehenden Verbots paganer Priestertätigkeit in das 5. Jh. datiert wird – und einem Fragment der Aphrodite von Aphrodisias charakterisiert, die als Kultherrin offenbar dem ›säkularisierten‹ mythologischen Personal innerhalb eines mehr oder weniger eklektischen Festcharakters zur Seite stand. Zur ›Säkularisation‹, d. h. der Entfernung zu expliziter pagan-sakraler Komponenten, des Maiumasfests in frühchristlicher Zeit am Beispiel von Gerasa vgl. Lichtenberger 2003, 214 f. 217.

1119 Dazu insbesondere für Hafen- und Handelsstädte wie Gaza, Askalon oder Alexandria s. Mentzu-Meimare 1996, 73. Vgl. auch Roueché 1989, 73.

1120 Dazu s. Scherrer – Trinkl 2006, 48 f. – Zur ›Neronischen Halle‹ in diesem Zusammenhang vgl. Scherrer – Trinkl 2006, 52 f. Wie auf dem ›Foron ton Arkadion‹ in Side, das ein Platzensemble mit einer Hallenstraße bildete (s. o.), oder den genannten Beispielen anderer Metropolen – meist kosmopolitischen Hafenstädten – bildeten monumentale Schaufassaden mit vorgelagerten Becken und Wasserspielen möglicherweise die neue Hintergrundfolie für ganz konkrete Rituale und Spektakel. Der Bezug zu spezifischen Festen wie dem Maiumasfest ist für Ephesos zwar nicht belegt, die allgemeine Eignung als Festort für die *spectacula* der Rechtsquellen erscheint jedoch kaum zweifelhaft. Auch die Ausstattung entspricht jener des ›idealen Festplatzes‹ an der Südagora von Aphrodisias, hier wie dort findet man eine reiche mythologische Bilderwelt am Beckenrand in spätantikem Arrangement sowie eine vergleichbare Anbindung an die Infrastruktur des individuellen Vergnügens: Wie in Aphrodisias sind Thermen in direkter Nähe des Versammlungs- und Festplatzes gelegen. Direkt gegenüber des Celsusplatzes öffnet sich jenseits der Promenade der späteste Bau der Promenade, der noch in justinianischer Zeit neu gefasste und monumentalisierte Eingangsbereich zu den Scholastikiathermen und den daran angeschlossenen Portiken mit Prachtlatrinen, Bars und Tabernen.

oder beim Wasserbecken auf der Südagora beobachtet werden konnte. Dort befanden sich die beiden größten innerstädtischen Wasserbecken auf einem Platz in der Nähe eines nachweislich durch Inschriften belegten Festtors, in Side auf einem ebenfalls nahe des Theaters gelegenen ›Brunnenplatzes‹.

Einzelne Wasserbecken, die meist durch ein niedriges Parapet oder nahe Treppen oder Sitzstufen charakterisiert sind, wurden daneben entlang der Promenade im 4. und 5. Jh. nachgerüstet. Der Umfang der Ausstattung mit gut sichtbaren Wasserbecken erreichte im spätantiken Stadtbild zweifellos den Höhepunkt, was sich kaum ausschließlich mit Notwendigkeiten der Versorgung der Anwohner nach Erdbeben erklären ließe[1121]. Für einige dieser Monumente ist der Bezug durch Inschriften zu Festaktivitäten konkret belegt. Die Popularität säkularisierter Jahreszeiten-, Stadt- und Volksfeste reicht nachweislich bis in die ausgehende Spätantike, so daß hierfür sogar Siegesfeierlichkeiten verschoben wurden[1122]. Die Festtradition blieb sowohl in der Hauptstadt Konstantinopel, als auch vor allem in Hafen- und Handelsstädten im Osten des Imperiums verbreitet. Hinzu kamen Städte, deren lokale Gründungstraditionen eng mit Fruchtbarkeitsgottheiten und dem aphrodisisch-dionysischen Kreis verbunden waren, wie das zweifellos für Aphrodisias galt. Entsprechende Festaktivitäten sind aber auch ohne einen konkret kultischen Kontext von weiblichen Fruchtbarkeitsgottheiten für einige Hafen- und Handelsstädte im Westen des Reichs belegt. Die dortigen Festaktivitäten, die durch den Zufall der Überlieferung gerade für Ostia ausschnitthaft beleuchtet sind, spiegeln ein synkretistisches Frühjahrs- bzw. Maifest mit einem ebenso diffusen wie anspielungsreichen mythologischen Hintergrund wider, dessen gemeinsamer Nenner der Bezug auf ›unverfängliches‹ mythologisches Personal wie Nymphen und Grazien darstellt, im Fall von Ostia die auch im Reichsosten verbreitete und offenbar vereinheitlichte Verbindung von Nymphen mit Hermes und Maia[1123].

Die lokal begrenzte Umwandlung und christliche Besetzung paganer Feste und Festorte begann zwar bereits zur Mitte des 4. Jhs., langlebige und zugleich extrem populäre Traditionen wie das Maiumasfest konnten jedoch auch noch zwei Jahrhunderte später nur in einigen Städten lokal, aber keineswegs reichsweit, christlich umbenannt und ersetzt werden. Das ist möglicherweise in Edessa mit dem Fest des Apostels Thomas anstelle des Maiumasfests belegt[1124].

Der architektonische Befund zu Fest- und Versammlungsplätzen ist vielfältig. Zumindest bis zum späten 5. Jh. dienten diese Plätze nicht nur Akklamationen, worauf sie bisher häufig funktional reduziert wurden, sondern können darüberhinaus auch als Pars pro Toto für ein größeres Spektrum von lokalen Traditionen und Festen gesehen werden, die eine wichtige Rolle in den spätantiken Stadtkulturen gespielt hatten. Daher scheint die reiche Evidenz der spätantiken Neubauten keineswegs wie bisher meist vermutet nur im Rahmen einer ›ornamentalen‹ Wirkung erklärbar[1125]. Die zahlreichen Brunnenplätze hatten wohl nicht nur in den genannten Fällen eine konkret kultisch-religiöse und damit identitätsstiftende Funktion, in deren Zusammenhang weniger der entsprechende Bau für sich, als vielmehr seine Rolle bei bestimmten ritualisierten Nutzungen zur Geltung kommen konnte. So wirft die spätantike Festpraxis zumindest ein Schlaglicht darauf, wie die Promenade und die unmittelbar daran angrenzenden Platzanlagen zeitweise genutzt worden waren. Zur spezifischen Infrastruktur der spätantiken Promenaden gehörten vor allem neu gebaute oder zumindest renovierte Thermen und Theater sowie die dabei meist als End- und Zielpunkt von Promenaden und Prozessionswegen hervorgehobenen Brunnenplätze mit Sitzstufen und oft reich verzierten Wasserbecken. Diese Infrastruktur diente, wie anhand der betrachteten Städte deutlich wurde, u. a. für große saisonale Festspiele paganen Ursprungs und analog zu Stadtgründungs- und Jahreszeitenfesten vielleicht auch für weitere dezidiert nicht-christliche Festivitäten, zu denen es aufgrund späterer Quellenauslese keine vergleichbar reiche Überlieferung mehr gibt.

1121 Zu dieser Theorie vgl. Thür 1999, 117.

1122 Zum verschobenen Triumph Leons IV. nach dem Sieg seines Heeres über die Araber im Jahr 777 vgl. Mentzu-Meimare 1996, 64.

1123 Dazu vgl. Mentzu-Meimare 1996, 73; Lichtenberger 2003, 217. Lichtenberger schließt dabei jedoch nicht nur auf einen lokalen Vorgängerkult des spätantiken Festes der Chariten für Gerasa, bzw. seinem Vorort Birketein, sondern auf eine grundsätzliche Verehrung dieses Zeusaspekts im Rahmen des Maiumasfests. Als Beleg führt er vor allem »die mögliche Verbindung von Maiumas und Marnas-Kult in Ostia« an, wobei demzufolge für Zeus Epikarpios und Marnas ähnliche Charakteristiken und vielleicht sogar »ähnliche Kultfeiern« angenommen werden dürfen.

1124 Dazu s. Retzleff 2001, 247 mit Anm. 33.

1125 Einen entsprechenden Ansatz s. z. B. bei Dorl-Klingenschmid 2001.

IV. Die Bewältigung des Verfalls im spätantiken Ostia – Ein Überblick

Betrachtet man die Summe der Mikrohistorien bzw. Baugeschichten von Häusern und öffentlichen Bauten, so erhält man Aufschlüsse auf die Prosperität einer Stadtkultur. Dabei zeigt sich bereits innerhalb Italiens ein lokal sehr divergierendes Bild: Neben vielen recht früh desurbanisierten Zentren im Norden fällt aber auch die kontinuierliche Prosperität einiger spätantiker Stadtkulturen auf, die von den Wechselfällen und drastischen Einschnitten der ›großen‹ politischen Geschichte offenbar auffallend wenig betroffen zu sein scheinen. Die Spätantike stellte auch im Reichswesten eine städtebaulich sehr aktive Epoche dar, die weit in die Zeit der ostgotischen Herrschaft oder des politisch krisengeplagten, jedoch ökonomisch prosperierenden byzantinischen ›Commonwealth‹ des 6. Jhs. hinein reichen konnte.

Fünf Phasen geballter Bauaktivitäten nach Einsturzkatastrophen

Die Genese der spätantiken Stadtorganisation erfolgte in manchen Stadtkulturen kontinuierlich, in anderen dagegen in bestimmten Zeiträumen geballt, z. B. nach großflächigen Einsturzkatastrophen der Altstadt, Leerstand und einer entsprechend deutlichen nutzungsgeschichtlichen Zäsur. Die Geschichte der Bewältigung des spätantiken Verfalls in Ostia läßt neben deutlichen Aspekten der Diskontinuität, so der großflächigen Aufgabe gewerblich dominierter Stadtviertel und der Verlagerung von Wohnvierteln, zumindest fünf Phasen besonders geballter Bauaktivitäten im verbliebenen Stadtareal differenzieren:

- Baumaßnahmen als Reaktion auf besonders verbreitete Einsturzkatastrophen um 275/280, deren Ursache wartungsbedingter Verfall, gewerbliche Umstrukturierung (die Aufgabe von ›Export‹), möglicherweise aber auch Stadtbrände gewesen sein könnten, die in mehreren Bauten nachweisbare Schäden ausgelöst hatten;
- Einsturz, wartungsbedingte Reparaturen und Neubauten um die Mitte des 4. Jhs.;
- die konzentrierten Stiftungen des Ragonius Vincentius Celsus (385–389) und seiner unmittelbaren Nachfolger bis um 430;
- der Wiederaufbau der Zeit um 450, der ebenfalls auf eine Serie geballter Einsturz- und Brandkatastrophen, möglicherweise zum Teil mit gemeinsamer Ursache der Erdbeben von 442/443 in Rom und Ravenna, gefolgt war;
- die bislang letzten nachgewiesenen Reparaturen des Infrastrukturangebots im späten 5. Jh. bzw. frühen 6. Jh.

Vom späten 3. Jh. bis zur Mitte des 5. Jhs. erfuhr Ostia einen grundsätzlichen Wandel, der schrittweise vonstatten ging und auf der Bewältigung des Verfalls der hochkaiserzeitlichen Stadtstruktur beruhte. Dieser Wandel betraf die wesentlichen Bereiche städtischen Lebens und damit fast alle heute noch untersuchbaren Parameter von Stadtstruktur:

- Verkehrsnetz: Durchlässigkeit im Inneren sowie Orientierung nach außen.
- Die Organisation und ›Zonierung‹ von Stadtvierteln mit lokal sehr unterschiedlichen Charakteristiken.
- Organisation der offiziellen Repräsentation entlang einer geballten Prachtmeile oder ›Promenade‹ des Decumanus bis zum Forum.
- Gewerbe, Produktion, Handel: Die neuen Marktanlagen der Innenstadt zu beiden Seiten des Forums anstelle der aufgegebenen Horrea der tibernahen Stadtviertel.
- Dienstleistung und die grundlegende Versorgung der Anwohner.
- Das neue oder erweiterte Infrastrukturangebot für Vergnügen, Kommunikation, Müßiggang: Nymphäumsräume, Prachtlatrinen, kleine Thermenanlagen, Portiken und Plätze.
- Die Organisation und Verteilung anspruchsvollen Wohnens in aufgelassenen Gewerbe- und Tempelarealen: Neue Wohnungsarten, -größen, -anordnung.
- Die sakrale Topographie: Kontinuität von heidnischen Kulten und Festorten gegenüber der schrittweisen Auflassung von Tempeln und der Wiederverwendung der Ausstattung.
- Die Spoliation der vorstädtischen Nekropolen zur Pflasterung der spätantiken Plätze, Portiken und zur Ausschmückung der Innenstadt mit Statuen.

Die Genese der Ergebnisse im Überblick:

1. Die Ausgrabungen des »Ostia-Forum-Projekts« unter Leitung des Autors seit 2010 <www.ostiaforumproject.com> (01.05.2016) ergaben bislang nicht bekannte Ausbauphasen des Forums, greifbar in den Forumsportiken. Durch die umfassende Dokumentation auch der umliegenden Bodenoberflächen konnten erstmals absolute Datierungsanhalte zu den spätesten Ausbauphasen (fast) aller öffentlichen Bauten des Stadtzentrums auch nach Mitte des 5. Jhs.

gewonnen werden. Zwischen 2010 und 2012 konnte ferner schwerpunktartig die kultische Topographie spätantiker Platzanlagen, insbesondere des Forums, dank eines Forschungsstipendiums der Gerda-Henkel-Stiftung untersucht werden. Hier ergaben sich u. a. neue Aufschlüsse einerseits zur paganen Kontinuität insbesondere auf der Forumsnordhälfte sowie am Theater und andererseits dem überraschend frühzeitigen Ende des Kaiserkults und der Planierung des Roma- und Augustustempels.

2. Die Evidenz einer ungewöhnlich langen Bau- und Nutzungsgeschichte des Hauptplatzes von Ostia ergänzt die Arbeiten vor Ort von 2001 bis 2009, die sich weiteren öffentlichen Platzanlagen von der Porta Romana bis zum Foro della Statua Eroica FSE/P2b gewidmet hatten. Eine Reihe von zum Teil bislang völlig unbekannten Platzanlagen und Portiken entlang des Decumanus konnte durch Archivstudien bestimmt und vor Ort erstmals dokumentiert und stratigraphisch untersucht werden, was auch hier erstmals zu absoluten Datierungsanhalten ihrer wesentlichen Bauphasen in das 4. und die erste Hälfte des 5. Jhs., beim Foro della Statua Eroica FSE/P2b sogar noch darüberhinaus, führte.
3. Aufgrund einer systematischen Untersuchung zu allen datierbaren Einsturzkatastrophen und den Maßnahmen zur Bewältigung dieses Verfalls, u. a. durch Aufhöhungen des Gehniveaus, konnte der chronologische Rahmen der Bauentwicklung im öffentlichen Raum auf den gesamten Stadtraum vom späten 4. Jh. auf das gesamte 5. Jh. erweitert werden, wobei viele der hier angeführten Baumaßnahmen bislang als nicht oder kaum untersucht gelten konnten.
4. Aufgrund der systematischen Untersuchung aller Straßenzubauten konnte eine umfassende Reorganisation des Verkehrsnetzes festgestellt werden. Diese Reorganisation Ostias in der Spätantike erfolgte nach einem einschneidenden ökonomischen Strukturwandel der ersten Hälfte des 3. Jhs., der bereits seit dem späteren 3. Jh. zur Aufgabe vieler Stadtviertel und der Zweiteilung des Stadtbilds in vernachlässigte und konzentriert ausgebaute Stadtviertel führte.
5. Aus der Verteilung der Fundballungen von Bauplastik in den Altgrabungen ergaben sich Anhalte, die bauliche Ausstattung und die Fassadenfronten großer spätantiker Bauten und Platzanlagen entlang des Decumanus zu rekonstruieren. Umgekehrt war es möglich, anhand der Herkunft der Spolien zu erfassen, welche Bauten im spätantiken Stadtbild nicht mehr vorhanden waren, weil sie nach Einsturzkatastrophen demontiert und wiederverwendet worden waren, als bestimmte Neubauten wie die spätantiken Plätze und Portiken entstanden.
6. Durch Archivstudien wurden alle Marmorfunde der Altgrabungen im öffentlichen Raum, vor allem Bauplastik, Bauornamentik und Marmorplatten, entlang des Decumanus und im Stadtzentrum auf repräsentativer statistischer Basis aufgenommen und untersucht.
   Die Analyse der Fundballungen der Altgrabungen gestattete es, bisherige Theorien zur Relevanz von Kalköfen zu falsifizieren und Aufschlüsse zur Organisation des spätantiken Stadtumbaus durch Steinwerkstätten, Marmorlager sowie sonstige ›Recyclingbetriebe‹ zu gewinnen, deren Zustand um die Mitte des 5. Jhs. konserviert wurde.
7. Die Analyse der Art und thematischen Bandbreite der statuarischen Funde der Altgrabungen entlang des Decumanus von 1908 bis 1924 und auf dem Forum von 1802–1924 erlaubte Rückschlüsse auf ihren letzten Verwendungskontext und ihre Herkunft.
   Dabei ergab sich durch münzdatierte Einsturzbefunde und neue Bauuntersuchungen, daß sich die Wiederverwendungskontexte von Statuen aus einzelnen eingestürzten Bauten und Tempeln parallel zum letzten Stadtausbau Ostias begreifen ließen. Ein Großteil der Statuen, die bei den Altgrabungen entlang des Decumanus gefunden wurden, war dazu verwendet worden, die neuen Zentren und Aufenthaltsmittelpunkte der spätantiken Stadt auszuschmücken, während intentional ›beerdigte‹ Statuen und Tempelinventare[1126], die also in der Spätantike nicht mehr sichtbar blieben, oder intentionale Beschädigungen von Statuen eine Ausnahme bildeten. In den neuen spätantiken Platzanlagen konnte ferner eine Reihe von bislang unbekannten Einbauten, u. a. neue statuarische Aufstellungskontexte, festgestellt werden. Diese belegen, daß Statuen in der Spätantike hier auch in Aufstellungskontexten des 5. Jhs. nicht beseitigt, sondern im Gegenteil sogar neue Statuen in den öffentlichen Raum einbezogen wurden.
8. Aufgrund von datierten Bau- und Wiederverwertungskontexten von Material aus den Nekropolen (Sarkophage, Inschriften, Grabstatuen) konnte dieser Prozess der Abräumung von Nekropolen, aber auch die Planierung einiger Tempelareale unter neuen Platzbauten extern datiert werden. Damit liegen stratigraphische Daten vor, die die sekundäre Ver-

1126 An diesem Fragenkomplex zu Kultstatuen und Kultinventaren orientierte sich ein von der Gerda-Henkel-Stiftung gefördertes Projekt von 2010–2012, ohne dessen Unterstützung die vorliegende Arbeit nicht in ihrem zweiten Schwerpunkt auf Ausstattung vollendet worden wäre.

wendung von Material aus Nekropolen in Ostias Innenstadt lange vor dem Einbau frühmittelalterlicher Kalköfen des 7.–8. Jhs., nämlich vom Beginn des 4. Jhs. bis in das späte 5. Jh. datieren.

Insgesamt ergibt sich dadurch das überraschend vielfältige Bild eines regelrechten ›Baubooms‹ von Platzanlagen, Portiken, Fassadennymphäen, Nymphäumsräumen, Prachtlatrinen etc. als einer bislang völlig unterschätzten Blüte gerade des öffentlichen Raums in der Spätantike im 4. und der ersten Hälfte des 5. Jhs. Ebenso überraschend erwies sich, daß dieser Status quo der *civitas amoenissima* sogar nach einschneidenden Einsturzkatastrophen der Mitte des 5. Jhs. zumindest noch teilweise bewahrt oder ergänzt wurde. Das kontrastiert die gleichzeitige lineare Entwicklung einer zunehmenden Auflassung des öffentlichen Raums seit dem späten 4. Jh. in vielen Vergleichsstädten außer den spätantiken Provinzzentren und Metropolen, denen in Kapitel III ein abschließender Vergleich gewidmet war.

Durch Material von aufgelassenen Arealen, Tempeln und Nekropolen wurden der Straßenraum und die Platzanlagen im 4. und 5. Jh. grundlegend wiederhergestellt, vollständig mit Marmor verkleidet und sogar durch Neubauten auf ein vorher nicht erreichtes urbanistisches Niveau gehoben. Die Neubauten dienten der traditionellen Repräsentation der Elite, aber auch einer reichen spätantiken Festkultur, die sich gerade mit Blick auf Vergleichsmetropolen für Ostias bislang kaum erklärbares spätantikes Platzensemble mit Wasserbekken am Theater und dessen Umbau für Wasserspiele, u. a. im Rahmen des Maifestes (Maiumas) verstehen ließ. Dieser Zustand einer Stadtblüte insbesondere des späten 4. bis mittleren 5. Jhs. blieb dann gleichermaßen ›eingefroren‹ durch alle folgenden Jahrhunderte bis zum endgültigen Verlassen von Ostia im 8. Jh. hindurch beibehalten. Als temporäre Ursachen des Baustopps der spätantiken Prachtentfaltung im öffentlichen Raum, aber auch des konzentrierten Einsturzes von privater Bebauung konnte beinahe stadtweit ein Erdbeben der Mitte des 5. Jhs. anhand von Münzhorten der Altgrabungen und neuen stratigraphischen Befunden nachgewiesen werden. Dieses Erdbeben wurde noch durch Um- und Neubauten bis ins 6. Jh. bewältigt, leitete aber – zumindest bis zu der Entvölkerung durch Pestepidemien und Kriege justinianischer Zeit – den Übergang zu einem kontinuierlich vitalen ›Leben in und mit Ruinen‹, aber vor einem weniger repräsentativ-monumentalen Hintergrund ein.

Ostia scheint gerade in seiner langen und vielfältigen spätantiken Entwicklung und der großen Bedeutung spätantiker Umnutzungen für das Stadtbild kein Einzelfall geblieben zu sein, was den Ansporn bildet, weitere umfassende Altgrabungen aus urbanistischer Perspektive zum Vergleich heranzuziehen und das bestehende Fundmaterial vielleicht unter neuen Prämissen zu sortieren und zu deuten.

Eine bislang unterschätzte Epoche urbaner Prosperität nach der Bewältigung des städtebaulichen Verfalls

Eine natürliche ›Epochengrenze‹, mit der stadtkultureller Niedergang eindeutig verbunden werden könnte, ist bei der Vielzahl der Einsturzkatastrophen des 4. und 5. Jhs. mit ihrer in vielen Fällen noch erfolgreichen lokalen Bewältigung schwer zu benennen. Eine deutlichere Zäsur urbaner Siedlungsmuster und traditioneller Lebenskonzepte scheint sich erst mit der Re-Kommerzialisierung und abusiven Bebauung der Promenade und neuen Platzanlagen der ›monumentalen‹ Phase Ostias abzuzeichnen, was mit dem gewerblichen Bau vor dem Fassadennymphäum des Biviums in der zweiten Hälfte des 5. Jhs. einen deutlichen Ausdruck gefunden hat. Blickt man nach Portus, so sieht man ähnliche Kontinuitätsstränge, denn interessanterweise markierte das späte 5. Jh. keinen generellen Niedergang der Region, sondern lediglich einen Rückzug stadtrömischer Interessen aus Ostia. Die schon seit dem 3. Jh. forcierte konkrete Schwerpunktverschiebung zugunsten von Portus als Alleinversorger von Rom mit Direktanbindung an die alte Kapitale wirkte sich offenbar nur sehr langsam auf eine Pauperisierung Ostias aus, dessen bis heute weitgehend unbekannte jenseits des Tibers gelegenen Stadtareale nach inschriftlicher Evidenz einer Brückenreparatur auch nach 476 noch über eine funktionierende Direktanbindung an Portus verfügten.

Nachdem sich die Kontinuitätsstränge vom 4. ins 5. Jh. aufgrund der Mikrohistorien weit dominanter darstellen als bislang angenommen, werden hier einige Probleme traditioneller Gattungsgrenzen berührt. Bis heute nämlich liegt besonders bei der Urbanistik des 5. Jhs. der Schwerpunkt auf einer per se dominanten christlichen Kultur- und Gesellschaftsentwicklung, weswegen pagane Kontinuitäten oder die zwar äußerst innovative, dabei aber noch vorwiegend säkulare bzw. profane Stadtorganisation oft weitgehend ausgeblendet blieben. Eine eigenständige vergleichende Urbanistik des 4.–5. Jhs. für Ostia und die Metropolen des Reichsostens stand hier daher einmal jenseits der populären Frage nach der ›Christianisierung der Stadt‹ im Zentrum einer Studie.

Verfall und Neubau war auch noch in der ersten Hälfte des 5. Jhs. im Stadtbild auf allen öffentlichen Platzanlagen gleichermaßen deutlich wahrnehmbar: Das spätantike Stadtzentrum und der Bereich am Theater erwiesen sich als eine permanente Baustelle, an der Stadtentwicklung als aktiver Prozess sichtbar blieb. Auch der städtebauliche Verfall dieser Zeit war weder

Dekadenzphänomen noch endgültig; er konnte bewältigt werden, wie die Vielzahl von erhöhten Innenböden im Wohn- wie Gewerberaum und in öffentlichen Gebäuden demonstrieren konnte. Gerade in die letzte Phase großflächiger Bauaktivitäten um oder nach einem geballten Einsturz um 450, möglicherweise in Folge der Erdbeben von 442/443 in Rom und Ravenna, weisen sowohl der anspruchsvolle Wiederaufbau von Säulenhallen des Forums mit einer gezielten Neuausstattung aus Spolienmonumenten als auch viele der Straßensperren. Bei dieser letzten großen Renovierungsphase wurden u. a. auch viele Spolien der Stadtausbauphase von 380–430 wiederverwendet, jedoch auf einem damals deutlich erhöhten Gehniveau des Decumanus.

Die ebenso deutlich erhöhten Straßensperren dieser Zeit entsprachen wie auch ihre Vorgänger weit verbreiteten urbanistischen Musterlösungen zur Bewältigung von sozialem und ökonomischem Strukturwandel, Leerstand und einer temporären inneren Unsicherheit. Die Abwanderung eines Teils der produktiven Bevölkerungsschichten nach Portus hatte gerade in Ostia bereits unmittelbar nach den gehäuften Einsturzkatastrophen des späten 3. Jhs. zu einem sehr ›dynamischen‹ Umbau des vielgeschossigen Wohnungsbaus – jener oft zitierten ›Insulae‹ – in meist zweigeschossige Häuser oder eingeschossige öffentliche Bauten geführt. Ein »collapse oft the middle classes« (R. Meiggs) erwies sich allerdings als eine zu weit gehende Deutung. Die Bewohner Ostias waren, betrachtet man den auch im 4. und 5. Jh. besonders verbreiteten Wohnraum der Größen zwischen 200–500 qm Grundfläche, sicher nicht die hier auch inschriftlich fassbaren stadtrömischen Senatoren, sondern sind anhand ihrer Wohnsituation oft als soziale Aufsteiger zu begreifen, die offenbar den Umzug aus den Obergeschossen der Insula »ins eigene Haus« geschafft hatten.

Der Leerstand und die erste vermehrte Ruinenbildung der Insulae konnten in ihrer Dichte und Verbreitung bestimmt werden: bei den Einsturzbefunden der Insulae, die durch Münzreihen teilweise sehr exakt datiert werden können, handelt es sich also um wertvolle Indizien auf einer repräsentativen Materialbasis. Als eines der Ergebnisse kann gelten, daß sich einerseits die Stadtviertel weit mehr als zuvor in ihrer Entwicklungsdynamik unterschieden, andererseits neuer Marmorglanz und abusive Müllhalden als gleichzeitige und koexistierende Phänomene zu begreifen sind, die nahe benachbart, jedoch durch ›Schaufassaden‹ und Straßensperren effizient voneinander getrennt blieben. Die Einsturztrümmer vieler im späteren 3. Jh. letztmalig renovierter vier- bis fünfgeschossigen Altbauten waren dabei oft noch direkt auf das Straßenpflaster der hochkaiserzeitlichen Stadt, nicht bereits auf die umfangreicheren spätantiken Erhöhungen des Gehniveaus der Mitte des 5. Jhs. gefallen. Diese Beobachtung, die vor Ort und durch das vergleichende Studium aller Grabungstagebücher stadtweit gewonnen wurde, ist neu und durchaus folgenreich. Das vergleichsweise frühe und im 4. sowie 5. Jh. erfolgreich bewältigte Phänomen der Aufgabe ganzer Stadtviertel und eines geballten Abrisses vielgeschossiger Bauten erweist sich so als Grundlage der spätantiken Stadtblüte und selbst wiederum als unmittelbare Folge jener regionalen ökonomischen Schwerpunktverschiebungen zwischen Ostia und Portus im 3. Jh.

Ältere Synthesen zu Ostias Stadtgeschichte schildern den städtebaulichen Verfall ausschließlich als endgültigen Zustand und Dekadenzphänomen, obwohl geballter Verfall sich anhand der Münzhorte insbesondere in einer Zeit feststellen läßt, als man die Nutzung gerade der Obergeschosse mehrgeschossiger Altbauten wie Horrea und Insulae zwar aufgegeben hatte, die spätantike Stadt aber gerade erst im Entstehen begriffen war. Ausgehend von den Belegen des ersten großflächigen Verfalls ergab sich hier also ein abweichendes Bild: Dieses erstreckt sich auch noch im 5. Jh. auf die gegenseitige Abhängigkeit von Verfall und städtebaulicher Blüte sowie Neuorientierung, was in dezidiertem Gegensatz zu den bisherigen statischen Modellen einer linearen Abfolge von Prosperität und Verfall steht. Ostia erweist sich als Musterexempel für fast alle verbreiteten städtebaulichen Strategien wie Leerstand, Verfall und urbane Schrumpfungsprozesse sowie die Entstehung unkontrollierter Problemzonen (abusive Müllhalden, Slums), die durch eine grundlegende Umnutzung alter und neuer Funktionsbereiche, eine systematische ›Recyclingindustrie‹ und die Zonenbildung durch Straßensperrungen innerhalb der bestehenden Altstadt bewältigt wurden.

V. Zusammenfassung

Es gibt bislang keine Synthese zu Ostia in der Spätantike. Bisherige Versuche beschränken sich auf Teilbereiche bzw. einzelne Aspekte wie z. B. die kultische Topographie oder das spätantike Wohnen. Ein Überblick zur Stadtentwicklung nach dem 3. Jh., d. h. in der Spätantike des 4.–6. Jhs., fehlt dagegen. Es ist die Absicht der vorliegenden Studie, diese Lücke zu füllen, und zwar unter dezidiert urbanistischem Blickwinkel. Das bedeutet, daß hier mehr als 20 Jahre Stadtsurveys und eigene Erfahrung in der Arbeit vor Ort mit dem Studium aller Grabungstagebücher und bislang existenten Mikrohistorien zu einzelnen Bauten verbunden wurde. Ziel war eine Art auch vor Ort benutzbarer Stadtführer, der den Besucher auf seinem Weg entlang des Decumanus mit den notwendigen Informationen versorgt, um sich das spätantike Stadtbild vorstellen und dabei die heute noch sichtbaren Befunde auch selbst überprüfen zu können.

Ostias Spätantike kann zu Recht als ›vergessen‹ bezeichnet werden: Während die unpublizierten Grabungstagebücher der Jahre von 1910 bis 1924, das »Giornale dello Scavo« (GdS), noch zahlreiche Belege von Bauaktivitäten aus einer ›epoca tarda‹ oder ›tempi tardissimi‹ überliefern, kam davon fast gar nichts in die grundlegenden Grabungspublikationen. Dieser Trend setzte sich bis vor kurzem fort, so daß auch moderne Sekundärliteratur auf eine nur überraschend begrenzte Materialbasis zugreift.

Um Ostias vergessene Spätantike zu studieren, sind die unpublizierten Grabungstagebücher der Altgrabungen des frühen 20. Jhs., die zum überwiegenden Teil vom Grabungsassistenten Raffaele Finelli verfasst wurden, daher grundlegend. Deutungen, die nur auf der späteren Sekundärliteratur aufbauen, fehlt ein ganz entscheidender Teil der Evidenz. Die vorliegende Arbeit geht daher einen umgekehrten Weg als die meisten rezenten Studien: sie basiert auf der vollständigen und systematischen Lektüre aller alten Fundberichten des GdS und den daraus publizierten Aspekten in den »Notizie degli Scavi« (NSc) oder dem exzellenten Abriß zu den Kontexten spätantiker Inschriften des CIL bei Wickert von 1932. Der Leser wird hingegen manche neuere Literatur vermissen – das ist dem hier verfolgten Ansatz geschuldet, die Altgrabungen erst einmal grundlegend auf der Materialebene aufzuarbeiten, *bevor* neue Deutungen zitiert und erörtert werden. Der Schwerpunkt liegt hier also auf der Grundlagenforschung: es ist eine Aufarbeitung der Altgrabungen der ersten Hälfte des 20. Jhs. und ihrer Dokumente. Das kann ein Fundament dafür bieten, so hoffe ich, in zukünftigen Studien mehr Material als bislang zur Verfügung zu haben. Dann können auch neuere Forschungen, breiter als das hier geschieht, einbezogen werden, um damit in Zukunft eine Gesamtperspektive auf die spätantike Stadtentwicklung zu erhalten.

Es ist einer der unschätzbaren Vorteile einer großen zusammenhängenden Flächenausgrabung wie Ostia, daß man urbanistische Fragen an ein (fast) vollständig bekanntes Stadtbild stellen und beantworten kann. Interessanterweise wird dieser Vorteil der alten Flächengrabung (die man so heute kaum mehr machen kann oder wollen würde) aber kaum genutzt. Im Gegenteil, viele neuere Synthesen zum Thema ›Ostia‹ beruhen auf einer sehr begrenzten Materialauswahl, meist basierend auf den wenigen gut aufgearbeiteten Fallstudien. Doch damit gerät man schnell in die Gefahr, anstelle statistisch repräsentative Ergebnisse zu erhalten die archäologische Hinterlassenschaft nur dazu zu verwenden, eine Bestätigung für bereits bestehende Denkmodelle zu suchen und zu finden.

Der Großteil der Hinterlassenschaft des spätantiken Ostia wurde bis 1941 ohne nähere Dokumentation abgegraben. Das klingt zunächst ernüchternd, aber da die Altgrabungen gerade zwischen 1939 und 1941 sehr schnell vor sich gingen, wurden auch viele kleinere Stellen einfach ›übersehen‹: es handelt sich dabei um eine über das gesamte Stadtgebiet verbreitete, aber meist sehr unauffällige Evidenz. Diese Evidenz fand bislang keinen Einzug in den Forschungsdiskurs, sie wurde gleichsam zufällig entdeckt während der ausgedehnten Surveys und Streifzüge durch die Stadt, die der Autor während langer Jahre Arbeit vor Ort bei Bauaufnahmen oder Grabungen unternehmen konnte. So lokal begrenzt die Beobachtungen von erhöhten Fundamenten mit Spolien, Zusetzungen oder kleinen Mauerreparaturen etc. auch erscheinen mögen, in ihrem Zusammenhang auf die ganze Stadt betrachtet werden sie sehr aussagekräftig. Sie spiegeln in ihrer Verteilung und Dichte die spätantiken Zentren des Alltagslebens oder die letzten repräsentativen öffentlichen Baustiftungen und sogar über den letzten monumentalen Zustand des Stadtbilds hinaus noch, wie man sich mit einer zunehmend verfallenden Stadt arrangiert und eingerichtet hatte. Das Phänomen der Wiederverwertung und Aneignung wird über die Einzelstudie hinaus in der urbanistischen Perspektive zu einem Neuland, das bisherige Arbeiten nicht betreten haben.

Ein beliebiges Beispiel für Forschungsdesiderate mögen die jeweils unscheinbaren, aber doch ungewöhnlich zahlreichen Spuren möglicher spätantiker Häuser am Decumanus zwischen der Porta Romana und dem Theater sein, die sich jeweils durch Apsidenräume und nahe daran gelegene Empfangsräume mit zwei Säulen auszeichnen. Es ist wohl ihrem Erhaltungszustand geschuldet, daß diese möglichen Häuser bislang noch nie thematisiert wurden. Selbst wenn man nur bei wenigen großen Beispielen eine Wohnfunktion definitiv auch im Zusammenhang mit den Mosaik- und Ausstattungsfunden aus den Grabungstagebüchern tatsächlich nachweisen kann wie bei jener Domus gegenüber des Theaters, die in ältere Horrea eingebaut worden war, so bleibt es doch bereits ein Ergebnis für sich, zukünftige Bauforschung auf diese Desiderate hinzuweisen.

Ein anderes Phänomen ist ebenso selten untersucht wie weit verbreitet: die Wiederverwertung und Aneignung von Material aus den vorstädtischen Nekropolen, das in der Spätantike offenbar recht systematisch für Reparaturen und Neubauten in der Stadt verwendet worden war. Das reicht von sichtbar verbauten Sarkophagfragmenten und Grabinschriften in Außenmauern spätantiker Häuser, Thermenböden bis hin zu Toilettensitzen und Türschwellen einerseits und zur Wiederaufstellung von Grabstatuen in der Stadt andererseits – ein in Ostia besonders gut untersuchbares Phänomen, zu dem interessanterweise erst in neuester Zeit breiter angelegte Forschungsprojekte entstehen. Das Phänomen kann nur dann als überraschend bezeichnet werden, wenn man die Grabungstagebücher Finellis (GdS) nicht gelesen hat: dort wird bereits zwischen 1910 und 1924 dieser Befund ausführlich diskutiert und über den ganzen Stadtraum verbreitet geschildert. Auch hieran wird beispielhaft deutlich: Die heute noch sichtbaren einzelnen Indizien werden erst vor der Gesamtlektüre des GdS aussagekräftig und umgekehrt. Die Evidenz der spätantiken Aus- und Umbauphasen in Ostia ist also nicht wie bislang meist geglaubt unwiederbringlich abgegraben und verloren – sondern zum Großteil einfach nur ›vergessen‹ (daher der Titel der vorliegenden Studie). ›Vergessen‹ in dem Sinn, daß entsprechende Beobachtungen Finellis bis 1924 bereits keinen Eingang in die damals publizierten Berichte der NSc oder der späteren Grabungspublikationsreihe der »Scavi di Ostia« (ScO) ab 1953 gefunden hatten, und in Folge auch keinen Eingang in die neuere Sekundärliteratur.

Zur Beurteilung der spätantiken Stadt Ostia erwies sich als grundlegend, die Evidenz der alten Grabungsberichte (GdS) genau zu lokalisieren, gerade weil Pläne dort fast völlig fehlen und Toponyme öfters wechselten oder unscharf definiert waren. In einem zweiten Schritt war zu prüfen, was davon heute noch erhalten ist. Der grundlegende rote Faden der vorliegenden Studie folgt daher der Dichte der Evidenz der alten Grabungstagebücher. Wo diese aussagekräftig waren, beschränkt sich die Studie auf ergänzende lokale Bauaufnahmen, dokumentiert in Plänen und Fotografien. Wo diese nicht mehr aussagekräftig sind, wurden umfassendere Neugrabungen nötig (wie im Fall des ›Foro della Statua Eroica‹ oder des Forums selbst). Daher ist die hier vorliegende Studie nichts Abschließendes zum Thema, sondern allerhöchstens etwas Abschließendes zu den Altgrabungen bis 1941. Deren Aufarbeitung ist Produkt von nunmehr fast zwei Jahrzehnten andauernder eigener Forschungsprojekte seit der Promotion: aus den Beobachtungen auf der Materialebene ergaben und ergeben sich jedes Jahr neue Fragen und dementsprechend neue Seitenprojekte. Ein Ende ist bislang nicht abzusehen, was weitere Publikationen des Autors, insbesondere die bis 2022 geplanten Monografien zum Forum, bedingt. Den Ausgangspunkt für die vorliegende Studie bildeten baugeschichtliche Untersuchungen zum ›Nachleben‹ der Case a Giardino aus dem Jahr 1999–2000, die neuesten Nachträge im Stand 2016 entsprechen eher ›Zwischenberichten‹ der laufenden Forschungen zu den zentralen Platzanlagen der Stadtmitte und ihren spätantiken Benutzungshorizonten. Ostias vergessene Spätantike ist und bleibt in diesem Sinn ›work in progress‹. Für Leser und Rezensenten möchte ich hier nochmals eigens betonen, um Enttäuschungen zu vermeiden: Getreu dem Titel soll ergänzend zum bislang bekannten (auf das hier aus Platzgründen auch kaum eingegangen wird) vor allem eine bislang komplett vergessene oder vernachlässigte Evidenz zur Sprache kommen. Die Arbeit verfolgt in diesem Sinn einen komplementären Zweck zu bereits bestehenden Synthesen, erhebt selbst aber keinerlei Anspruch auf Vollständigkeit, gerade, was die zahlreichen rezenten Projekte betrifft, zu denen noch keine umfassenderen Abschlußpublikationen vorliegen. Das spätantike Ostia ist und bleibt ein breites und fruchtbares Feld auch für zukünftige Forschungen.

Es wird hier versucht, die Wirkung von Architektur auf einen fiktiven Betrachter im Rahmen eines Spaziergangs durch Ostia nachzuvollziehen. Die Route des Spaziergangs, für den das vorliegende Buch als Leitfaden dient, beginnt an der Porta Romana, wo der von Rom her angekommene Besucher die Stadt betritt. Der weitere Weg ist durch jenen Abschnitt des Decumanus definiert, der von der Porta Romana aus bis zum Forum führt. Dieser Straßenabschnitt wurde in der Spätantike vielfach renoviert, umgebaut und auch durch neue Platzanlagen, Portiken und kleinere Zierbauten ausgebaut. Zudem handelt es sich bedingt durch die Ausgrabungsgeschichte um den relativ am besten dokumentierten Abschnitt der Altgrabungen: hier wurde von der Porta Romana aus seit der Mitte des 19. Jhs. und vor allem im frühen 20. Jh. die Stadt Ostia systematisch freigelegt, wobei diese Altgrabungen zunächst vor allem der Hauptstraße des Decumanus gefolgt waren.

Ein Schwerpunkt der Renovierungs- und Umbautätigkeit zeigte sich auch oder gerade in der Spätantike im Stadtviertel um das Theater. Den nächsten Schwerpunkt bildeten, unmittelbar, bevor man das Forum betrat, zwei große Platzanlagen, die in der Spätantike neu gebaut worden waren. Eine davon, das sogenannte Foro della Statua Eroica, wurde dabei vom Autor in Kooperation mit der Kent-University von 2008–2009 in gemeinsamen Kampagnen freigelegt. Hier tritt eine geballte Evidenz spätantiker Bauaktivität, die bislang noch nie thematisiert worden war, ans Tageslicht. Viele Phänomene und wertvolle Anhalte zur Stratigraphie konnten hiervon abgeleitet werden.

Am Forum ändert sich die Situation. Der Platz wurde seit 200 Jahren mehrfach undokumentiert ausgegraben und wieder zugeschüttet. Die ersten systematisch geführten Grabungstagebücher des frühen 20. Jhs. thematisieren kaum mehr intakt erhaltene Stratigraphie, weswegen sich kaum jemand mehr mit dem Forum in neuerer Zeit beschäftigte. Und dennoch ergaben Testgrabungen, daß die Situation keineswegs so verheerend ist, wie man das bislang vermutet hatte. Es waren große zusammenhängende (spät-)antike Oberflächen erhalten geblieben, und zwar in den Portiken, die den Forumsplatz umgaben. Der Forumsplatz selbst wurde durch Tiefengrabungen nach Methode des ›wall-searching‹ leider zu stark in Mitleidenschaft gezogen, um hier durch gezielte Nachgrabungen noch nähere Aufschlüsse zur Datierung der ansonsten von Italo Gismondi zumindest zeichnerisch vorbildlich dokumentierten Mauerzüge zu gewinnen. Der architektonische Befund wurde fast völlig von seinem stratigraphischen Kontext isoliert. In der vorliegenden Studie muß also versucht werden, durch gezielte Vermessung und 3-D-Dokumentation ausgewählter Fundamentsondagen an den Forumsrändern (Portiken und Tabernen) die verlorene stratigraphische Information der Altgrabungen zu Gehniveaus, Baugruben, Versturzschichten, Wiedereinfüllungen, Brand- und Überschwemmungsschichten etc. zu ergänzen bzw. zu übertragen.

Um der problematischen Ausgrabungsgeschichte von Ostia bis weit nach den Zweiten Weltkrieg gerecht zu werden, wird das Forum seit 2010 vom Autor in internationaler Kooperation dank der steten Gastfreundschaft der Sopraintendenz von Roma und der Direktion der »Scavi di Ostia« in bis heute andauernden Arbeitskampagnen umfassend neu untersucht. Dazu wurden zunächst alle in den Altgrabungen bis 1924 freigelegten Bodenoberflächen wieder gereinigt und hochauflösend dokumentiert. In einem zweiten Schritt wurden geophysikalische Analysen zu allen Freiflächen und Räumen des Stadtzentrums unternommen. In einem dritten Schritt wurden minimal-invasiv oberflächennahe Testsondagen angelegt, um die Baugeschichte des Stadtzentrums insbesondere in der Spätantike, aber auch für relevante Vorgängerphasen verfolgen und auch die bereits existenten Pläne besser verstehen zu können.

Nach dem Forum endet der lineare Spaziergang entlang des Decumanus. Es folgt ein abstrakteres Gliederungsprinzip nach den verschiedenen Phänomenen von städtebaulichem Verfall und dessen Bewältigung in den westlichen Stadtvierteln bis hin zur Porta Marina mit topographischen Rückgriffen auf die tibernahen Viertel beim Theater. Der Abschnitt nach dem Forum ist nämlich vor allem den Phänomenen der Vernachlässigung und Ausgrenzung jenseits der ›Schokoladenseite‹ der spätantiken Stadt gewidmet, so der Bildung von Müllhalden oder der systematischen ›Wiederverwertungsindustrie‹, die sich zweckmäßigerweise vorwiegend in Ruinen angesiedelt hatte. Hier interessieren insbesondere die Art, Geschwindigkeit und Dynamik der Desurbanisierung Ostias von der Metropole – die es noch in der ersten Hälfte des 5. Jhs. zweifellos länger als bislang vermutet gewesen war – bis hin zur massenhaften Ausbreitung von ›Recyclingbetrieben‹ und Kalköfen nach der Mitte dieses ›letzten‹ Jahrhunderts der klassisch-antiken Stadt.

Der Spaziergang entlang des Decumanus im Überblick, in der Reihenfolge der Kapitel

Unmittelbar hinter der Porta Romana bot sich dem spätantiken Besucher ein aufwendig dekoriertes Platzensemble, der sogenannte Piazzale della Vittoria. Das **Kapitel II.1.a**, das sich an die Vorbemerkungen (I.) anschließt, widmet sich diesem Platz als Anfangspunkt von Ostias Hauptstraße, des Decumanus.

Es ließ sich anhand der Evidenz der alten Grabungstagebücher erweisen, daß dieser Platz nicht bereits in severischer Zeit, sondern erst in der Spätantike vollständig in die bis heute sichtbare Freifläche umgewandelt worden war. Interessant ist, daß das Entree nach Ostia hier erst im 4. Jh., also vergleichsweise spät, nach höchst anspruchsvollen urbanistischen ›Standards‹ der hohen Kaiserzeit möbliert wurde. Entsprechende Standards sind insbesondere bei den Städten im Reichsosten verbreitet: Stadteingänge werden wie üblich durch Plätze mit Statuen, Säulenmonumenten, Sitzgelegenheiten und zusätzlich durch mehrgeschossige Wassermonumente, sogenannte Fassadennymphäen ausgestattet. Das steigert die Attraktivität des städtischen Raums und erhöht dabei auch die Frequentation, Aufenthaltsdichte und Aufenthaltsdauer. Dies erlangte eine besondere Bedeutung in einer Zeit, in der belebte Plätze bereits eher ein Topos im Städtelob geworden waren als Spiegel der realen Erlebniswelt. Unabhängig von divergierendem Anspruch und Wirklichkeit: Bereits am Eingang zur Stadt wurde mit einem – zumindest für den Reichswesten – ›extravaganten‹ Bautypus wie einem Fassadennymphäum Luxus, Reichtum und Ingenieurskunst eindrucksvoll vor Augen geführt, auf der einen Seite des Brunnenbaus sogar mit dem größten hypäthralen Wasserbecken der gesamten Stadt. Da dieses Zierwasserbecken von weiteren Brauchwasserbecken klar getrennt wurde, tritt die Intention, mit der Fassadenfront auf den Decumanus einen *locus amoenus* für eine *amoenissima civitas* zu schaffen, eindeutig zutage.

Weitere typische Merkmale des neu entstandenen Platzensembles waren eine große Markthalle, kleinere Portiken und direkt dahinter eine große Thermenanlage mit vielen kleinen ›Bar-Restaurants‹, also kleinen Dienstleistungsbetrieben, die jedoch nach neuester Mode mit Buntmarmor aufwendiger als die ›Gassenschänken‹ in früheren Zeiten dekoriert worden waren. Von der statuarischen Ausstattung außerhalb der Thermen läßt sich nicht viel rekonstruieren, ungewöhnlich detailliert gehen die alten Grabungstagebücher dagegen auf das letzte erhalten gebliebene Fundinventar einer Reihe von Ladenlokalen bzw. Tabernen am Nordrand des Piazzale selbst ein, die hier unter einer späteren Aufhöhung im Untergeschoß gut erhalten geblieben waren. Die Funde spiegeln den Zustand ihrer letzten Funktion der Spätantike wider: es waren Reparatur- und Werkstattbetriebe, die sich dem Keramik- und Metallhandwerk, aber auch der Steinbearbeitung gewidmet hatten.

Das platzbeherrschende Fassadennymphäum erwies sich von großer Bedeutung für die Funktionsweise der spätantiken Stadt. Es bildete einen ›Verkehrsteiler‹ zwischen zwei nun voneinander funktional diversifizierten Straßen. Die Zierfassade nach Norden zum Decumanus hin kontrastierte die ›Brauchseite‹ zur Wasserentnahme nach Süden hin: dort schloß sich eine Durchgangsstraße für gewerblichen Güterverkehr an, während der Decumanus nach dem Piazzale della Vittoria zu einer verkehrsreduzierten und zugangsbeschränkten sogenannten ›Fußgängerzone‹ umgewandelt worden war. Eine solches Phänomen von ›Verkehrsteilung‹ ist u.a. auch aus spätantiken ›Boomstädten‹ wie Ephesos oder Aphrodisias belegt, wo die ehemalige Hauptachse durch Verkehrssperren beruhigt wurde, während der Waren- und Durchgangsverkehr mit Wagen durch Nebenstraßen umgeleitet wurde. Inwieweit hier eine bewußte ›Entschleunigung‹ mit der Anlage von neuen Aufenthaltsbereichen für Fußgänger einherging, wird anhand mehrerer neuer Platzanlagen entlang des Decumanus erörtert. Ob es sich dabei tatsächlich um einen Akt von aktiver Planung urbaner Annehmlichkeiten handelt, kann nicht mehr bewiesen werden. Klar ist aber, daß das Phänomen ein Nebeneffekt eines weit verbreiteten urbanistischen Phänomens ist, nämlich des Bedeutungsverlusts von Exportgewerbe. Dieses Exportgewerbe hatte im Ostia der hohen Kaiserzeit einen hohen Stellenwert, sei es mittelmeerweit für die Rückfracht der Schiffe, sei es lokal in die Region und nach Rom, angefangen von Keramikproduktion bis hin zu Großbäckereien, deren Funktionsfähigkeit ebenfalls auf einer Durchlässigkeit insbesondere der Nord-Süd-Achsen zum Tiber hin basiert hatte. Weitere Faktoren neben dem ökonomischen Bedeutungsverlust waren die zunehmende Entvölkerung und entsprechende urbane Schrumpfungsprozessen einerseits, und der notwendigen Konzentration von Bauaktivität bei schwindenden Ressourcen andererseits. So entspricht der Aufteilung in Promenade, Verkehrsachsen und neuen Sackgassen eine analoge Teilung eines ehemals vollständig durchlässigen Stadtraumes in zugangsbeschränkte Wohnviertel zum einen und aufgelassene Ruinenviertel zum anderen. Eine solche Zonenbildung läßt sich in Ostia beispielhaft untersuchen, da das Stadtgebiet innerhalb der Stadtmauern fast vollständig bekannt ist und viele der zur Reorganisation der Verkehrssystems benutzen ›Straßenabschlüsse‹, entweder Sichtblockaden, Zugangsbeschränkungen für Fußgänger oder regelrechte Wagenverkehrssperren, im letzten Zustand des Straßennetzes erhalten geblieben sind und sich in ihrem antiken funktionalen Zusammenhang als System rekonstruieren und begreifen lassen.

Ostia war während seiner Gewerbeblüte im 2. und frühen 3. Jh. zu einer oft nachweislich vier- bis fünfgeschossigen Stadtsilhouette angewachsen. Den urbanen Schrumpfungsprozessen und der Abwanderung vieler Gewerbetreibenden in der Folgezeit war dementsprechend ein ›Rückbau‹ der Stadt gefolgt: anstelle den nunmehr ungebrauchten Wohnraum vor allem in den Obergeschossen verfallen zu lassen, wurden oft anstelle der ehemals vielgeschossigen Insulae wieder maximal zwei- bis dreigeschossige Häuser gebaut. Insulae wurden dazu aber nur in Ausnahmefällen vollständig abgerissen, es erschien einfacher, die Häuser in aufgelassene Insulae oder Horrea einzubauen, unter Wiederverwertung ihrer Grundrisse, aber mit reduzierter Geschoßzahl.

Generell wird das spätantike Ostia durch eine solche Wiederverwertung oder Aneignung bestehender Ziegelbauten charakterisiert. Das Areal der vielgeschossigen Horrea an der Nordseite des Piazzale della Vittoria war hier schon seit severischer Zeit durch neue Funktionsbereiche ›besetzt‹ worden, einerseits durch eine Thermenanlage, andererseits durch regelrechte ›Bazarstraßen‹ auf den nunmehr ungebrauchten und viel zu breiten Fahrstraßen in Richtung Tiber. Diese ehemaligen Durchgangsachsen wurden durch Türschwellen zu abschließbaren Bereichen, der Verkaufsraum der die

Fahrstraßen flankierenden Tabernen wurde dagegen nun oft auf den Straßenraum selbst vorgezogen und erweitert. Die gebauten Zugangsbeschränkungen auf dem Straßenraum dienten der sichtbaren Abgrenzung der Funktionsbereiche, einer neuen und klaren sozialen Hierarchierung sowie Kontrolle und dabei nicht zuletzt einem offenbar erhöhten Sicherheitsbedürfnis in der zunehmend entvölkerten Stadt.

Im weiteren Verlauf des Spaziergangs entlang des Decumanus in Richtung Theater ließen sich Beobachtungen zur Kontinuität von Besitzgrenzen treffen (**Kapitel II. 1. b**). Das war von größerer Bedeutung, weil es sich dabei um Raum für Vereinigungen bzw. Korporationen gehandelt hatte, deren Blüte meist nur bis zum Ende des 3. Jhs. angenommen wird. Auch hier scheint jedoch die archäologische Evidenz jener der epigraphischen Belege zu widersprechen oder genauer: die Baugeschichte erweist sich länger kontinuierlich als der epigraphische Habitus, Mitgliederlisten von Vereinen in Stein zu verewigen.

Dazu wurde die gesamte funktionale Einheit des Vereinssitzes in seiner Renovierungsgeschichte bis ins 5. Jh. verfolgt. An den Vereinssitz direkt angeschlossen waren auch eine Tabernenreihe und auf den Decumanus vorgeblendete Portiken. In diesem Zusammenhang wurde auch ein weiteres Phänomen beleuchtet, das entlang des Decumanus sehr verbreitet war: Die Renovierung und der Ausbau von Portiken in der Spätantike, aber auch deren wechselnde Aufteilung im Lauf der Stadtgeschichte. Gerade in den letzten faßbaren Nutzungsphasen scheint eine Tendenz zur Aufteilung größerer – ehemals kommunal kontrollierter – Renovierungsmaßnahmen festzustellen, faßbar in nunmehr kleineren Besitzeinheiten und Renovierungsgrenzen. Diese Fragestellung auf der gesamten Materialbasis zu verfolgen bedeutete allerdings ausreichend Material für eine eigene Studie.

Im weiteren Verlauf des Decumanus westlich des Piazzale della Vittoria wurden weit verbreitete spätantike Renovierungsphasen an Portiken festgestellt, die durch einzelne Erweiterungen und Neubauten von Portiken ergänzt wurden (**Kapitel II. 1. c**). Auf dieser Basis gelang es erstmals in der Stadtgeschichte Ostias, eine zumindest einseitig durchgehende überdachte Randbebauung des Decumanus herzustellen. Die Aufteilung bestehender Portiken führte umgekehrt dazu, den Fußgängerverkehr über den Straßenraum dieser ehemaligen Durchgangsachse zu leiten.

Seitenstraßen, die auf die Hauptachse des Decumanus führten, wurden umgekehrt geradezu ausnahmslos und daher wohl systematisch mit Wagenverkehrshindernissen in Form von Niveausprüngen, Türschwellen, Mauern oder sogar Zierbauten wie Straßenbrunnen auf dem ehemaligen Straßenraum bebaut. Viele dieser Zusetzungen von Nebenstraßen haben einen repräsentativen Charakter (z. B. als Säulenreihe oder Brunnenmonument), stehen aber daneben auch in direkter Verbindung mit Mauern und Türschwellen, die eine konkrete Abschließung bzw. tageszeitlich reglementierte Zugangskontrolle ermöglichten, insbesondere, wenn sie in neu erschlossene Wohnviertel im Süden des Decumanus wie jenem Wohnviertel der Regio V an der Semita dei Cippi führten. Ein wichtiges analoges Phänomen bildete jedoch der bereits zwischen Piazzale della Vittoria und Theater geballte Einbau von Häusern im spätantiken Wohngeschmack mit zentralem Apsisraum für Stibadia in verlassene Horrea.

Diese bislang nicht erkannte Evidenz atypischer bzw. typologisch kaum faßbarer Häuser, die jedoch auf Basis von Mosaiken und Funden als Wohnraum gedeutet werden können und zum Teil sogar Wohnflächen von über 1000 qm aufweisen, kontrastiert das Bild, daß ausschließlich der Westen Ostias an der Via Severiana einen spätantiken anspruchsvollen Bewohnungsschwerpunkt gehabt hatte.

Der nächste Teil (**Kapitel II. 2**) führt in ein zusammengehöriges Stadtviertel, das sich zwischen Neptunsthermen und Theater erstreckt und zahlreiche Indizien spätantiker Reparatur zeigt. Einen zentralen Aufenthaltsmittelpunkt auch oder gerade in der spätantiken Stadt bildeten hier die Neptunsthermen selbst. Der Mosaikboden weist gesicherte Ergänzungen der Spätantike mit christlicher Motivik auf, was auf die lange Benutzungszeit schließen läßt, auch wenn es ab einem gewissen Zeitpunkt – wie auch bei allen anderen Großthermen Ostias – zur Reduzierung der Nutzfläche der Thermen gekommen war.

Detaillierte Grabungsberichte (GdS) bis 1924 gestatten es, die letzte Ausstattung der Portiken und angeschlossenen Bauten der Decumanusfront der Thermen zu rekonstruieren (**Kapitel II. 2. a**). Hier wird nach dem Piazzale della Vittoria zum zweiten Mal ein Phänomen faßbar, das im gesamten spätantiken Ostia weit verbreitet, bislang aber noch nie umfassend datiert und gedeutet worden ist: die Wiederverwendung von Material aus abgeräumten Nekropolen für Bauaktivitäten in der späten Stadt. Die systematische Wiederverwendung in privaten wie öffentlichen Kontexten sowie das große Ausmaß läßt auf eine kommunale Billigung solcher Vorgänge schließen, auch wenn das vielleicht nicht dem Soll-Zustand der Gesetzgebung entsprochen haben dürfte. Für Ostia betraf das als zahlenstärkste Kategorie von Material vor allem Bodenplatten für neue Pflasterung sowie Wandpaneele aus Marmor. Dazu eigneten sich u. a. Grabinschriften, die zum Teil auch sichtbar verbaut worden waren, zum Großteil aber mit der Schriftseite in das Mörtelbett neuer Bauten und

Böden gedrückt wurden. Die Grabungstagebücher bis 1924 überliefern insbesondere im Verlauf des Decumanus und bei den neu gebauten spätantiken Platzanlagen große Mengen an Grabinschriften, die als praktisch verwendbare Platten auf eine inzwischen verlorene Spolienpflasterung von Straßenrand wie Plätzen deuten. Grabaltäre finden sich in vielen spätantiken Häusern als Untersatz oder Becken, Sarkophagunterteile wurde gerne zu Türschwellen umgebaut. Von großem Interesse sind auch die Fundlistungen der Grabungstagebücher bis 1924 zur letzten statuarischen Ausstattung des städtischen Raums, bei der u.a. Kult- oder Ehrenstatuen (und möglicherweise auch Grabstatuen) der hohen Kaiserzeit neue Aufstellungskontexte entlang der Straßenränder oder auf den neuen Platzanlagen gefunden zu haben scheinen. In diesem Zusammenhang wurden in der vorliegenden Studie auch die Verteilung von Marmordepots und Kalköfen einer umfassenden Neudeutung unterzogen: es gibt eine Reihe von Hinweisen, die Fundkontexte aus den GdS tatsächlich mehr als nur eine zufällige Verbringung in Kalköfen widerspiegeln, sondern tatsächlich aussagekräftig für den letzten Zustand einer bewußten Stadtmöblierung aus Spolien sein könnten. Die Kontexte der Wiederverwertung beginnen dabei bereits in Bauphasen des späten 3. oder 4. Jhs., das Verbreitungsmaximum scheint unmittelbar nach Mitte bis zum Ende des 5. Jhs. erreicht. Das Datierungsspektrum ergibt sich neben der Fundkeramik vor allem durch zahlreiche Münzen. Diese reichen von jeweils zahlreichen Beispielen der Konstantinsfamilie über Valens bis Arcadius und Honorius, wobei viele ausgewertete Münzreihen auch noch kleinste Nominale durch halbierte, geviertelte und noch weiter geteilte Münzen aufweisen, die den spätesten *nummi* des 5. Jhs. entsprechen. Es mag umgekehrt als signifikant gelten, daß bislang keine ostgotischen oder byzantinischen Emissionen nachgewiesen werden konnten, die hingegen in Portus oder Rom zahlreich vorhanden sind.

Zielorte der Wiederverwendung des Marmors waren neue Böden und Wanddekorationen von öffentlichen Portiken, Plätzen sowie privaten Häusern und die Tresen oder Wasserspiele von luxuriösen ›Bar-Restaurants‹ einerseits und andererseits die neuartigen Nymphäumsräume, die oft wie das Ninfeo degli Eroti mit bekannten Kunstwerken ausgestattet waren und als Treffpunkte einer selektierten Öffentlichkeit dienten. Gerade die genannten ›Bars‹, die durch einen charakteristischen Ausschank-Tresen als solche ausgewiesen sind, waren in der Spätantike aufwendig mit Marmor verkleidet und wiesen durch angeschlossene Küchen und Liege- bzw. Gelageräume auch den Charakter regelrechter Restaurants oder halböffentlicher Vereinsräume auf. Ein Beispiel dieser Spezies findet sich in jedem Stadtviertel, im Theaterviertel wurde die sogenannte Caupona des Fortunatus einer genaueren Detailanalyse zur Baugeschichte und Funktionsweise unterzogen. Möglicherweise handelte es sich dabei um einen Vereinssitz, der noch oder gerade in der Spätantike eine wichtige Bedeutung in Ostia hatte.

Im nächsten **Kapitel II.2.b** wurde der Vorplatz des Theaters zum Decumanus hin betrachtet. Hier sind konkrete Bezüge zu spätantiken Bauherrn anhand von Inschriften faßbar, auf die im einzelnen eingegangen wird, zumal es sich um Funde handelt, deren Aufstellungskontext gesichert ist. Wichtigstes Beispiel am Theater war die wiederaufgestellte Statue einer Dea Roma unter dem Präfekten der Annona, Ragonius Vincentius Celsus. Möglicherweise wurde dadurch zugleich auch der Stifter des neu gebauten Platzensembles um diese Statue herum geehrt. Mit dieser Person ist zugleich der am besten belegte spätantike Bauherr Ostias greifbar, von dem weitere Stiftungen am Forum überliefert sind. Am Forum wie hier am Theater konnten die Statuensockel des Celsus (einer am Forum im frühen 20. Jh. neu aufgestellt, einer seit Anfang des 19. Jhs. im Vatikan) ihrem originalen Standort des späten 4. Jhs., als Flankierung der Via della Forica, wieder zugewiesen werden.

Hinsichtlich der Deutung des Theatervorplatzes stand eine Hypothese der Ausgräber auf dem Prüfstand, die hier bereits im 4. Jh. eine große Verehrungsstätte jener Märtyrermemoria vermuteten, die für viel spätere Zeiten durch den Bau einer kleinen Kapelle auf dem Decumanus tatsächlich belegt ist. Die genaue Scheidung mehrerer Bauphasen auf verschiedenen Gehniveaus erlaubt aber, zu differenzieren. Generell wurden in der vorliegenden Studie alle bisherigen Angaben zu inzwischen abgegrabenen spätantiken Gehniveaus gesammelt und miteinander vergleichen, um zumindest ein relatives Datierungsgerüst für die spätantiken Aus- und Umbauten entlang des Decumanus zu gewinnen. Klar ist dabei, daß dessen Gehniveau zum Zeitpunkt der letzten spätantiken Marmorausstattung um mindestens 60 cm höher lag als das durch die Altgrabungen freigelegte Basalt- oder Travertinpflaster, das heute sichtbar ist. Auf diesem bereits erhöhten Gehniveau im Zustand des späten 4. Jhs. erstreckte sich ein Säulenvorhang zum Decumanus hin, dem auch Spoliensäulen entlang der davon abzweigenden Via delle Corporazioni entsprachen. Die Platzausstattung wurde nachträglich mit christlichen Symbolen besetzt, was als zweite Phase zu deuten ist. Die erste Bauphase, der Platzneubau, stand in direkter auch funktionaler Verbindung zum Umbau des Theaters für Wasserspiele und -spektakel, die nach einem kurzfristigen Verbot im Jahr 399 im 5. Jh. wieder legitimiert wurden. Erst nach dem Einsturz des äußeren Teils der Cavea um oder nach Mitte des 5. Jhs. kann es zu einer umfassenderen ›Christianisierung‹ des Platzensembles gekommen sein, wohl als Besetzung bzw. Umwertung dieses ehemals beliebten Festplatzes.

Die spätantike Portikus vor dem Theater des 4. Jhs. war also keine christlich motivierte ›Verkleidung‹ einer nicht mehr gebrauchten pagan konnotierten Spielstätte, wie es die Ausgräber noch vermutet hatten, sondern gehörte selbst zum Funktionszusammenhang des paganen Festspielbetriebs im Theater nach dessen Umbau für Wasserspektakel. Allzu kontrastierend konstruierte Standpunkte eines ›Kulturkampfes‹ werden der zugleich pagan sowie christlich geprägten Mischkultur nicht gerecht, wobei ein breites Deutungsspektrum christlicher wie heidnischer Konnotationen auch noch im 5. Jh. koexistiert zu haben scheint.

Mit dem Umbau des Theaters für Wasserspiele im späten 4. Jh. hing offenbar auch der Ausbau des Piazzale delle Corporazioni mit einem großen Kanal und zwei offenen und über Stufen betretbaren Wasserbecken zusammen, auch wenn die ältesten Teilbereiche dieser Konstruktionen möglicherweise bereits in severischer Zeit angesetzt werden können (**Kapitel II. 2. c**).

In diesem Zusammenhang wurde ein näherer Blick auf die Orchestra des Theaters und die Funktionsweise der Umbauten geworfen. Anhand alter Grabungs- und Reiseberichte des 19. Jhs. ließ sich der spätantike Endzustand des Theaters rekonstruieren, der unter Guido Calza im frühen 20. Jh. in einen vermeintlich originalen Zustand rückversetzt worden war. Parallelen aus dem Mittelmeerraum illustrieren den Typus des Umbaus auf ausreichend breiter Materialbasis, um die Funktionsweise auch für Ostia zu rekonstruieren. Die massiven Wasserspeicher, die dem Effekt einer schnellen Umwandlung von Land zu Wasser bei den Vorführungen gedient hatten, wurden von den Ausgräbern als Beleg zur Wasserknappheit im spätantiken Ostia umgedeutet – auch hier ein Beleg dafür, wie schwierig es war und ist, auch gut erhaltenes Material und eindeutige Befunde entgegen jeweils vorherrschenden Narrativen unvoreingenommen zu deuten.

Nach dem Einsturz der äußeren Caveaerweiterung begann die Spoliation des Theaters. Es gibt Hinweise, die eine Spätdatierung dieses Einsturzes am Ende des 5. Jhs. nahelegen. Bereits davor waren die Tabernen innerhalb der Substruktionen der Cavea jedoch schon teilweise als Marmorlager genutzt worden, das dank einer Brandkatastrophe des mittleren 5. Jhs. offenbar unter einer Brandschicht erhalten geblieben war. Dieses im Ansatz antike Marmordepot einer möglichen ›Recyclingwerkstatt‹ war dann sekundär als Marmorlager der Ausgrabungen des 19. Jhs. wiederverwendet worden, was zu einigen Verwechslungen im Fundbericht Finellis seit 1910 geführt haben könnte. Dennoch ist klar, daß die Werkstücke aus diesem Depot das Inventar einer in der Nähe befindlichen spätantiken Steinwerkstatt widerspiegeln.

Der Spaziergang entlang des Decumanus führt unmittelbar westlich des Theaters zu einem weiteren Ballungspunkt spätantiker Bauaktivitäten (**Kapitel II. 3. a**). Die Decumanusfront der Quattro Tempietti wurde damals umfassend neu gestaltet: an Stelle einer Tabernafront entstand eine Portikus aus verschiedensten Spolien, der eine Bauinschrift (und ihr spiegelbildliches Pendant) aus der Zeit des Theodosius zugeordnet werden kann. Es handelt sich um zwei Portiken, die sich über Eck erstreckten, also zugleich auf das Theater und den Decumanus hin geöffnet waren, allerdings auf einem deutlich erhöhten Gehniveau. Unabhängig von ihrer neuen Funktion ist aufgrund dieses höheren Gehniveaus klar, daß die Portikus sowohl die ältere Tabernenreihe außer Funktion setzte als auch der vollständigen Verblendung des ehemaligen Haupteingangs zu den Quattro Tempietti sowie des gesamten Tempelareals selbst diente. Offenbar sollten die Tempel aus der öffentlichen Wahrnehmung eines Besuchers des Decumanus ausgeblendet werden. Interessant ist, daß das Areal in Folge als Müllhalde sekundär genutzt und während der Krisen des 5. Jhs. offenbar auch als temporäre Begräbnisstätte drittgenutzt worden war.

In Verbindung zu Inschriftenfunden aus der Nähe des Theaters folgt der Versuch einer Neuinterpretation des heute noch sichtbaren Befunds des sogenannten Caracallabogens und seiner Bauglieder sowie möglicher Fundamente. Im Licht neuerer Bauuntersuchungen muß von mehreren Umarbeitungen ausgegangen werden, wobei diese nicht nur früheres Material miteinschlossen, sondern möglicherweise auch einen Wiederaufbau in spätantiker Zeit mit einer möglichen Umwidmung beinhalteten. Die zusammenhängend gefundene Bauinschrift des Caracalla selbst könnte zu diesem Zeitpunkt in eine Auffüllung zur Anhebung des Gehniveaus geraten sein, was eine Neuinterpretation der Befunde prinzipiell ermöglichen würde – bis auf nähere Detailuntersuchungen der Zukunft kann hier allerdings nur der bisher simplifizierte Befund in Frage gestellt werden. Möglicherweise standen in der Spätantike mehrere Bogenmonumente oder vergleichbare Bauten mit Marmorausstattung in unmittelbarer Nähe vor dem Theater, wovon eines zur statischen Stabilisierung der Cavea im späten 4. oder frühen 5. Jh. zweitverwendet worden war. Fest steht, daß der vielfach am Mauerbefund ablesbaren spätantiken Bautätigkeit eine geballt inschriftlich belegte Bauaktivität unter Valentinian II., Theodosius, Honorius und Arkadius am und um das Theater herum entspricht. Unklar ist nur, inwieweit eine Bauphase der statischen Konsolidierung hier eine Folgephase des Umbaus des Theaters für Wasserspiele war oder in direktem Zusammenhang dazu als einheitliche Umbauphase anzusehen ist.

Vom Theater ausgehend setzt sich der virtuelle Spaziergang entlang des Decumanus in Richtung Westen zum Forum fort. Für den spätantiken Betrachter wäre unmittelbar hinter der neu gebauten Portikus vor den Quattro Tempietti eine kleine Platzanlage sichtbar geworden, die sich direkt gegenüber des Haupteingangs zu einem großen spätantiken Haus, der Domus degli Augustali, an der nördlichen Flanke des Decumanus an die späte Portikus anschloß. Dieser Platz lag auf einem deutlich erhöhten Nutzungsniveau über den planierten Resten eines antoninischen Straßennymphäums. Die bei der Auffindung des Ensembles gemachten statuarischen Funde gehören zweifelsfrei zur Bauphase des spätantiken Platzes. Die einheitliche Fundamenthöhe zum Decumanus hin legt nahe, daß die Platzanlage und die angrenzende ›theodosianische Portikus‹ in nicht allzu großer zeitlicher Entfernung zueinander ausgeführt worden waren.

Die Rückwand des Platzes zeigt verschiedenste Mauertechniken auf einem Spolienfundament. Die übrigen Seiten der Platzanlage wurden aus zugesetzten Mauern bereits bestehender Tabernen gewonnen. Der Bau orientiert sich damit zum Großteil an bereits bestehenden Strukturen, seine spätantike Funktion weicht aber grundlegend davon ab: während die Via dei Grandi Horrea ehemals eine der größten gewerblichen Durchgangsachsen mit der Breite etwa der Via dei Molini oder Semita dei Cippi gewesen war, wurde diese Verbindung zu den größten Horrea Ostias nun auf die Breite einer Türschwelle eines Hauses zugesetzt. Die Grandi Horrea selbst waren einem Münzhort zufolge bereits im 4. Jh. außer Funktion gesetzt gewesen. Der Zubau der Verbindungsstraße nicht vor Ende des 4. Jhs. ist damit eine logische Konsequenz der wirtschaftlichen Veränderungen im Verhältnis von Ostia zu Portus und Ostias zu Rom. Interessant ist, daß der spätantike Platz bislang nicht als eigene Bauphase erkannt worden war, obwohl Spolienfunde in situ eindeutig belegen, daß sich hier eine aus Spolien gewonnene Marmorverkleidung der Seiten- und Rückwände aus dem gleichmäßigen Tabernenreihen deutlich abgehoben hatte. Vom Platzpflaster selbst haben sich nur Spuren in den alten Grabungsberichten erhalten: offenbar bestand es zum Teil aus Grabinschriften, also um Marmorplatten, die sich gut als Bodenpflaster wiederverwenden ließen. Grabungsfotografien belegen ferner zwei weibliche Ehrenstatuen im Typus der Pudicitia, die vom Sujet her kaum zum Vorgängerbau, einem Brunnen, gepaßt haben dürften. Aufgrund der Größe und Vollständigkeit der Statuen ist es unwahrscheinlich, daß sie aus einem Kalkofen stammen bzw. nur für die Verbrennung in einem Kalkofen hierher gebracht worden sein könnten. Ihre gute Erhaltung wird gerade im Vergleich zu weiteren späten Plätzen aussagekräftig, wo dieser Typus von Ehren- oder auch Grabstatuen eine geradezu ›platztypische‹ Ausstattung darstellt: die Listen der Altgrabungen von 1801–1924 zum letzten erhalten gebliebenen Inventar des Forums, des Tempio Rotondo oder des Foro della Statua Eroica sind entsprechend aufschlußreich. Dagegen sprechen ferner repräsentative Analysen von allen bekannten Depots für Kalköfen in Ostia, die meist aus stark zerkleinertem Material bestehen, wobei Statuen, auch deren Fragmente, im Gegensatz zu Marmorplatten schlecht zu stapeln und daher relativ uneffektiv für den Brennvorgang sind, so lange noch andere und besser geeignete Marmorobjekte vorliegen. Zudem scheint nach den bisherigen Untersuchungen die vorherrschende Organisationsform spätantiker ›Recyclingbetriebe‹ dezentral, d. h.: sie wurden möglichst nahe an lukrative Materialquellen gebaut, um lange Transportwege für den Nachschub zu vermeiden. Daran schließt sich ein Exkurs zur ideologisch motivierten Verstümmelung von Statuen an, zu der es in Ostia kaum direkte Belege zu geben scheint. Bei der Betrachtung des spät- und nachantiken Forums wird diesem Aspekt noch ausführlicher Rechnung getragen. Es schloß sich die Frage an, ob es mit der sekundären Schaffung vieler neuer Frei- und Zierflächen, also Portiken, Platzanlagen oder Nymphäumsräume, zumindest im späten 4. und frühen 5. Jh. zu einer vermehrten Nachfrage nach Statuen zur Ausstattung dieser Bauten gekommen war. Die Fundlisten der alten Grabungstagebücher spiegeln in dieser Hinsicht keine Augenblicksaufnahme, sondern einen End- bzw. Summenzustand der Aufstellungspraxis aus mehreren Jahrhunderten wider. Dieser aufgefundene Endzustand entspricht damit weniger dem kaiserzeitlichen Originalzustand von Ausstattungsprogrammen als einer spätantiken Redaktion des Erhaltenswerten. Klar ist aber, daß zur Ausstattung dieser spätantiken Um- und Neubauten fast ausschließlich bereits bestehende Statuen herangezogen worden waren, die aus den unterschiedlichsten Kontexten stammten: aus aufgelassenen Plätzen, Tempelanlagen, Häusern und nicht zuletzt wohl auch den vorstädtischen Nekropolen, die rein numerisch den größten Vorrat an Statuen liefern konnten.

Es folgen Ausführungen zum Fundort und möglichen Aufstellungskontexten eines der bekanntesten spätantiken Portraits aus Ostia, wohl eines wichtigen Magistrats des späteren 5. Jhs. (Ostia Museum, Inv. 42). Vor allem zwei Platzanlagen kommen dazu in Betracht, die im Einzugsbereich der spätesten Zubauten der Via dei Molini lagen: ein Platz westlich der Quattro Tempietti sowie das Foro della Statua Eroica. Interessant ist, daß offenbar auch in Zeiten einer fortgeschrittenen ›Christianisierung‹ des Stadtbilds – die Fassade des Foro della Statua Eroica kollabierte nachweislich erst nach dem

6. Jh. – die statuarische Ausstattung der Decumanusränder und Platzanlagen beibehalten worden war, bis die Altgrabungen seit 1801 die Kontexte sehr heterogener, aber an sich meist unzerstörter Statuengruppen ans Tageslicht förderten. Die Nähe oder relative Entfernung zum Einzugsbereich von Kalköfen beeinflusste dabei die Art und Bandbreite der Zusammenstellung der Funde nicht, so daß hier die These vertreten wird, daß die Kollektionen der alten Fundberichte tatsächlich mit gewissen Abstrichen aussagekräftiger für die spätantiken Aufstellungskontexte sind als für die Verteilung der Kalköfen, die nur ein späteres ›Nebenprodukt‹ bereits existenter Marmorballungen darstellten.

Es schlossen sich Überlegungen zur Funktion und den Stiftern bzw. Bauherrn der neuen spätantiken Aufenthaltspunkte am Decumanus – der Portiken, Platzanlagen und Nymphäumsräume – an. Der meist direkte Bezug zu den gegenüberliegenden Eingangsportalen großer Häuser legt nahe, daß die Bewohner und Besitzer dieser Häuser ein Eigeninteresse daran hatten, den Einzugsbereich ihrer Domizile repräsentativ zu gestalten, was eindeutige Parallelen zu den ›privaten Platzstiftungen‹ im gleichzeitigen Rom der Spätantike hatte. Auch das späteste Beispiel, das Haus im Süden der Palästra der Forumsthermen, das an späterer Stelle erörtert wird, folgt diesem Beispiel, wobei die Palästra im unmittelbaren Einzugsbereich dessen Eingangs durch eine Vielzahl an sehr heterogenen Statuen von Tieren, Menschen und Göttern möbliert wurde, was den eklektischen und wohl vorrangig dekorativen Aspekt solcher späten Kollektionen des 5. Jhs. unterstreichen mag.

Insgesamt ergaben sich bei der bisherigen Betrachtung des Decumanusverlaufs vor allem vier Phänomene der Reorganisation des Stadtbilds nach einer offensichtlichen Entvölkerung und der Aufgabe vieler tibernaher Gewerbegebiete und Stadtviertel:

1. der Zubau von nicht mehr gebrauchtem Gewerberaum am Decumanus,
2. die systematische Zugangskontrolle und Absperrung der spätantiken Wohnviertel im Süden des Decumanus als Zeichen eines vermehrten Sicherheitsbedürfnisses (›Ghettobildung‹),
3. Einbauten von neuen Plätzen, Portiken und Zierbauten zur Verschönerung des Decumanus als ›Prachtmeile‹, und
4. die Verlagerung von Einkaufsmöglichkeiten auf offene Platzanlagen in der Stadtmitte, die zum Teil dazu neu ausgestattet wurden, sowie in zugangsbeschränkte Seitenstraßen (›Bazarbereiche‹) in den übrigen Stadtvierteln.

Alle Phänomene spiegeln eine bislang nicht gekannte Kanalisierung und Konzentration von Bautätigkeit. Damit geht eine völlig neue Hierarchisierung des Stadtbilds einher. Zu diesen urbanistischen Phänomenen gibt es Parallelen in vielen anderen Städten, die in späteren Kapiteln erörtert werden. Nur in Ostia sind diese Phänomene aber auf breiter Materialbasis an allen Schnittstellen zwischen öffentlicher Bebauung und den ausgedehnten Wohnvierteln der Peripherie untersuchbar und auch quantifizierbar.

Die nächsten Abschnitte (**Kapitel II. 3. b–e**) beschäftigen sich mit dem Areal der Innenstadt Ostias, das durch den Verlauf der alten Castrummauern definiert wurde und im Stadtbild durch einen spezifischen Straßenverlauf immer sichtbar geblieben war. Diese Alt- oder Innenstadt Ostias beginnt im Osten mit einem Ensemble aus zwei großen Platzanlagen, einer sigmaförmigen sogenannten Exedra (**Kapitel II. 3. b**) und dem angrenzenden Foro della Statua Eroica (**Kapitel II. 3. c**). Es kann als Alleinstellungsmerkmal gelten, daß beide Plätze spätantike Neubauten waren, was ansonsten im Reichswesten eine Seltenheit darstellt. Ostia bildete offenbar einen Sonderfall, weil einerseits eine entsprechende urbane Grundausstattung bis zum Beginn der Spätantike noch Desiderat geblieben war und andererseits offenbar doch noch genug Kapital und Eigeninteresse vorhanden war, die Stadt auch nach ihrem offensichtlichen kommerziellen Bedeutungsverlust ansprechend zu gestalten. Deutlich ist, daß fast die gesamte Innenstadt von Platzanlagen westlich wie östlich des Forums dominiert wurde, wobei die östlich gelegenen als spätes Pendant zum Vorplatz des sogenannten Tempio Rotondo auf dem Areal einer außer Funktion gesetzten Thermenanlage und Bäckerei ›nachgerüstet‹ worden waren.

Aufgrund der sehr hohen Nutzungsniveaus von etwa +3,60 m NN datieren alle genannten Plätze östlich wie westlich des Forums in die spätantike Nutzungsphase der Stadt. Die Exedra schloß eine der wichtigsten Gewerbeachsen der Stadt des 2. Jhs., die Semita dei Cippi, bis auf einen Fußgängerdurchgang ab. Der Bau datiert frühestens in das späte 4. Jh., sehr wahrscheinlich aber mit wichtigen Ausbauphasen in das 5. Jh. Das Foro della Statua Eroica hatte einen unfertig gebliebenen Vorläufer des späten 3. Jhs., wurde aber als Platzanlage erst später an eine bereits bestehende Fassade aus Spolien angefügt. Beide Längsportiken dieses Platzes erlebten einen grundlegenden Einsturz und wurden danach, durch Funde in den Fundamentgräben in etwa auf die Mitte des 5. Jhs. datiert, übergangsweise durch eine dritte Portikus ersetzt. Exedra und Foro della Statua Eroica scheinen einen funktionalen Zusammenhang gebildet zu haben (**Kapitel II. 3. c**), der in spätantiken Städten recht weit verbreitet war, wobei die Exedra auch als Platz für Tribunale verwendet werden konnte während das benachbarte ›neue‹ Forum zum Großteil als Markt diente, worauf viele Einlassungsspuren im Bodenpflaster für Tische und Marktstände hinweisen.

Die genaue Analyse der Mörtelstratigraphie ergab viele Hinweise auf spätantike Reparaturen auch noch des fortgeschrittenen 5. Jhs., was die kontinuierliche Bedeutung des Marktplatzes an dieser Stelle in Ergänzung zum Forum unterstreicht. Zahlreiche Inschriftenspolien, darunter wie üblich auch Grabinschriften, wurden als Platzpflaster wiederverwendet oder hinterließen zumindest einen Abdruck im Mörtelbett. Zum ersten Mal in Ostias Stadtzentrum konnten hier – trotz aller Störungen durch frühere Ausgrabungen – Areale mit ungestörter Stratigraphie des 5. Jhs. identifiziert werden. Das erlaubt einzigartige Rückschlüsse auf ähnliche Mörtelbettungen am Forum und bietet damit eine weit reichende Deutungsgrundlage zu ›Ostias vergessener Spätantike‹, vor allem zum bislang weitgehend unbekannten 5. Jh. in Ostias Stadtentwicklung. Insbesondere bedeutend ist dabei die stratifizierte Wiederverwendung von Spolien des Roma- und Augustustempels zur Auffüllung von eingestürzten Zisternen unter dem Platzpflaster um die Mitte des 5. Jhs. Das erlaubt im Rückschluß die Annahme, daß dieser Tempel zu dieser Zeit gerade mit zahlreichen beschädigten Bauteilen zur Auffüllung des Gehniveaus oder weiterer Wiederverwendung zur Verfügung gestanden hatte. Querverweise zu den wiederverwendeten Baugliedern aus spätantiken Marmordepots gestatten es darüberhinaus, die Entwicklung des Stadtzentrums von den Forumsthermen bis hin zum Tempio Rotondo in das relative Chronologiegerüst von Einsturz und Reparaturen des Foro della Statua Eroica wie des Forums einzubeziehen. – Im abschließenden Abschnitt des **Kapitels II.3.c** wird die spätantike Schaufassade des Foro della Statua Eroica rekonstruiert und in einen weiteren Kontext gestellt. Es handelte sich um die größte neu gebaute Fassade dieser Zeit in Italien. Direkt gegenüber dieser Fassade ist ein weiterer wichtiger Bau des spätantiken Ostia greifbar, dessen Funktion allerdings zunächst sehr kontrovers deutbar scheint. Ausgehend von einer multifunktionalen Pfeilerhalle des 2. Jhs. wurden in die sogenannte Casa della Basilica Einbauten vorgenommen, mit denen man einen weiteren neu gebauten Funktionsbereich, die sogenannte Aula del Buon Pastore, angebunden hatte. Resultat war, wenn man den letzteren Bereich nicht als offenen Innenhof, sondern als überdachten Raum deuten will, ein Verwaltungssitz in einem geläufigen spätantiken Grundrißtypus. Das **Kapitel II.3.d** widmet sich diesem Baukomplex, der bislang als Vereinsraum gedeutet wurde. Eine solche Vereinszuweisung nur auf Grundlage hier wiederverwendeter Inschriften, die als Fußbodenplatten dienten, ist kaum haltbar. Hier wird vor allem die Umbaugeschichte seit dem mittleren 3. Jh. thematisiert, wobei der Bau zunächst als Arbeitshypothese als mögliches *praetorium urbanum*, also als politisch-administrativer Funktionsbereich und zumindest temporärer Sitz des Präfekten der Annona (Getreideversorgung) angesprochen werden könnte. Diese Deutung basiert auf typologischen Parallelen und hängt im wesentlichen mit der genauen Rekonstruktion des Baus zusammen. Grundlegend für die Deutung der Raumfunktionen ist, die neue Überdachung nach dem Einsturz der Obergeschosse zu verstehen, was eine architektonische Bauanalyse bedingt, jedoch den Rahmen der vorliegenden Studie sprengen würde. Eine abschließende Bewertung ist daher einem noch in Arbeit befindlichen Dissertationsprojekt im Rahmen des »Ostia-Forum-Projekts« vorbehalten.

Straßensperren in Form von Türschwellen stehen in baulichem Zusammenhang zu diesem wichtigen spätantiken Bau, der durch seine außerordentliche Eingangsbreite und ein auf den Decumanus vorgezogenes Portal als eine der wichtigsten Bauten am Decumanus ausgewiesen ist. – Darauf folgt das **Kapitel II.3.e**, das sich mit den neuesten Untersuchungen zum Forum beschäftigt. Die noch andauernden Forschungen des Autors zur Baugeschichte des Forums werden in einer eigenen Monographie veröffentlicht werden. Der hier gegebene Überblick dient der Einführung in die Problematik und Möglichkeiten für Erkenntnisgewinn, wenn die Altgrabungen hier mit neueren Fundamentsondagen kombiniert ausgewertet werden. Ostias Forum bietet auch heute noch die einzigartige Chance, den Verfall und den bewußten Abriß zentraler öffentlicher Bauten im Detail zu studieren. Unterschiedliche Aufhöhungen und Gehniveaus erlauben es, drei wesentliche spätantike Bauphasen am Forum zu unterscheiden:

1. Phase I, Ende 3. – Ende 4. Jh., noch vor einem Einsturzszenario,
2. Phase II, Ende 4. Jh. und frühes 5. Jh., eine Phase intensiver Bautätigkeit und
3. Phase III, um 440/450, eine Phase eines improvisierten Krisenmanagements nach einer viele Bauten übergreifenden Einsturzkatastrophe, die in vielen Fällen nicht mehr bewältigt werden konnte.

Die Baugeschichte der großen Forumsportiken umfaßt dabei alle drei genannten spätantiken Hauptphasen, wobei erst nach Mitte des 5. Jhs. eine deutliche Tendenz zur Improvisation faßbar wird, wenn z.B. bereits zerbrochene Pflasterplatten mit Mörtel wiedereingesetzt oder Platten ohne Mörteluntergrund verlegt wurden.

Ein weiterer Abschnitt widmet sich der verlorenen Stratigraphie des Forums. Spätantike Füll- und Aufhöhungsschichten in situ sind am Forum recht selten und durch moderne Erosion stark bedroht. Daher war und ist deren erste Dokumentation im Status quo nach mehr als 70 Jahren nach den letzten Ausgrabungen eines der wichtigsten Ziele des »Ostia-Forum-Projekts« (OFP) unter Leitung des Autors, das von 2010 bis 2022 angesetzt ist. Ein großer Teil des heute noch sichtbaren Materials an der Oberfläche der Portikusböden besteht aus Wiedereinfüllungen bereits ausgegrabenen Materials aus meist undokumentierten Altgrabungen. Umso wichtiger ist das Material, das 1921–1924 bei den Ausgrabungen des Roma- und Augustustempels unter anderem über dem heute noch sichtbaren Straßenpflaster des Cardo zutage gefördert und in nahen Marmordepots zwischengelagert worden ist. Es kann heute nachträglich in seinem originalen Fundkontext rekonstruiert werden. Eine charakteristische Aufhöhung auf eine Höhe um + 3,60 m NN bestand aus den Resten des nachträglich planierten Tempels und läßt dessen Einsturz sowie seine Spoliation datieren.

Ein letzter Abschnitt im **Kapitel II. 3. e** beschäftigt sich mit der Frage nach der Selektion des Brauchbaren: welche Marmorbauteile eigneten sich besser für spätantike Wiederverwertung als andere und fehlen daher heute im Fundspektrum? Neue methodische Möglichkeiten der Spolienforschung werden erörtert, insbesondere durch die Analyse der Wiederverwendung in stratifizierten Kontexten innerhalb der Forumsportiken. Eine gegenseitige Datierung von Abriß und Neubau wird so innerhalb eines relativen Chronologiegerüsts möglich. Ein vielsagendes Beispiel dazu bietet die halb zerlegte Basis eines Reiterstandbilds des Manlius Rusticianus am Forum, die heute nicht mehr in situ steht, aber in ihrem originalen Fundkontext rekonstruiert werden kann und hier deswegen exemplarisch untersucht wird.

Daran schließen sich Überlegungen an, die sich mit spätantiken Steinverarbeitungs- oder Recyclingbetrieben, Depots und Kalkbrennöfen am Forum beschäftigen. Die weit über 10 000 Marmorfragmente aus meist grabungszeitlichen Steindepots der Innenstadt stellen eine wesentliche Evidenz dar, um die Art, Geschwindigkeit und Dynamik städtebaulichen Wandels sowie den ›Rückbau‹ Ostias, also seine finale Desurbanisierung besser verstehen zu können. Ein Großteil der Fragmente geht den sekundären Zerkleinerungsspuren zufolge auf bereits antike Marmordepots für Kalköfen oder Recyclingbetriebe zurück. Der archäologische Einzelfall des nicht angezündeten Kalkofens in einem der Depots des Forums wird mit dem statistischen Normalfall des Steindepots für direkt angeschlossene Recyclingwerkstätten und Kalkbrenner kontrastiert: seit Mitte des 5. Jhs. verwandelte sich das Forum zunehmend in einen ›Baumarkt‹ für Marmorrohmaterial sowie bereits ausgeführte Umarbeitungen. Eine der in situ erhaltenen Werkstätten am Forum (MFD) wurde 2013–2015 exemplarisch untersucht. Ihre Funktion ist durch mehrere Tonnen Steinabschläge in einem durch Münzhorte stratifiziertem und datierbarem Kontext zumindest der zweiten Hälfte des 5. Jhs. ausreichend gesichert.

Darauf folgt die Analyse einer Gruppe aus drei Räumen (MFR) und einer gut erhaltenen Portikus im Nordwesten des Forums (MFW), die durch sehr charakteristische Erdbebenrisse im Boden und Verwerfungen des noch anstehenden Mauerwerks charakterisiert ist. Gemeinsam ist beiden Bauten, daß sie Sockel zur Wiederaufstellung von Statuen in einem spätantiken Kontext aufwiesen. Hier waren ab einem gewissen Zeitpunkt die Obergeschosse eingestürzt und durch eingeschossige Bauten ersetzt worden. Bodenreparaturen insbesondere der Dreiraumgruppe MFR zeigen die Verwendung von insgesamt abgeräumten Monumenten aus Kultbezirken des Stadtzentrums, u. a. wohl auch des Vulkankults, der bereits im 2. Jh. aus dem Stadtzentrum in die Peripherie verlegt worden war. Der Zeitpunkt der letzten Reparaturen wird auch für die übrigen Forumsbauten, so die sogenannte Kurie, die Forumsbasilika und das zentrale Rundmonument auf dem Forum (MUN) erörtert.

Es schließen sich Überlegungen zur Statuenausstattung des Forums und insbesondere der Forumsportiken in ihrem letzten spätantiken Zustand an. Diese Ausstattung war bis zum Zeitpunkt der Ausgrabungen von 1801–1804 offenbar zu großen Teilen noch erhalten geblieben und hat auch bis heute noch bislang unbekannte oder kaum untersuchte Spuren hinterlassen.

Die Fundkataloge der ersten Ausgrabungen des frühen 19. Jhs., die 1912 veröffentlicht wurden, erlauben einen ungefähren quantitativen Überblick, allerdings läßt sich die genaue Herkunft der Statuenfunde innerhalb des damals freigelegten Areals nicht mehr ermitteln. Fest steht nur, daß die Nordwestportikus MFW damals im Zentrum der Ausgrabungen stand, das Areal allerdings im Süden auch weiter bis zum Tempio Rotondo reichte. Nachgrabungen unter Leitung des Autors erlaubten es 2011, den Pflasterboden der gesamten Portikus MFW erstmals genau zu untersuchen. Damals wurde die späteste erhaltene Aufteilung der Pflasterplatten auch in beraubten Arealen anhand der Abdrücke im antiken Mörtelbett rekonstruiert. Der systematische Vergleich von Proben zur Mörtelstratigraphie erlaubt es ferner, den Bauvorgang zu untersuchen sowie die Areale verschiedener Reparaturphasen vertikal wie horizontal an den Böden zu lokalisieren. Es ergaben sich auch Rückschlüsse auf eine letzte umfassende Einsturzkatastrophe, die zweifelsfrei auf ein Erdbeben zurückgeführt werden kann. Diese Schäden führten sowohl zur Verwerfung des gesamten Bodens, einer partiellen Absenkung des Pflasterbetts als auch zur Torsion und Fraktur des stehenden Mauerwerks. Die Schäden wurden noch in der Spätantike letztmalig repariert, wenn auch in stark improvisierter Weise. Spolienbasen und Statuen scheinen innerhalb der Portikus von einem Einsturzbefund überdeckt gewesen zu sein, der erst Anfang des 19. Jhs. ergraben wurde. Dennoch lassen sich bis heute Spuren von sehr unregelmäßig geformte Aussparungen in einer regelmäßigen Reihe im spätesten Pflaster vor der Rückwand der Portikus beobachten. So entsprechen diese Aussparungen jenen improvisiert zusammengestellten Statuenbasen, die man etwa auch am Forum von Aquileia oder an der Agora von Sagalassos, um nur zwei prominente Beispiel zu nennen, finden kann. Vor der Rückwand der Portikus lassen sich wohl über die sechs im Mörtelabdruck erhaltenen Basen hinaus eine ganze Reihe von Statuenwiederaufstellungen ergänzen. Es handelte sich dabei offenbar um eine Wiederaufstellung aus anderen Kontexten, wie die unmittelbar südlich der Portikus MFW gefundene Inschriftenbasis zur Aufstellung einer Statue »*ex sordentibus locis*« nahelegt, die entweder auch aus der Portikus selbst oder vom unmittelbar vorgelagerten Forumsplatz stammt. Das Mörtelbett ist durch Fundmünzen mit einem Terminus post quem des späten 4. oder frühen 5. Jhs. datiert; es handelt sich damit um eine der spätesten überlieferten Statuenaufstellungen aus stratifiziertem Kontext, wenn die Annahme der Spolienbasen zutrifft. Zusammen mit weiteren Altfunden vom Forum aus späteren Ausgrabungen des frühen 20. Jhs. könnte man auf das Vorhandensein einer Kaisergalerie des 2. Jhs. schließen, möglicherweise in spätantiker Redaktion mit Erweiterung um spätantike Herrscher- bzw. Herrscherinnenportraits. In verschiedenen Materialien und Formaten kommt daneben die Auswahl der kanonischen zwölf Götter vor, die man auch vom Forum in Aquileia oder der Portikus der *dei consentes* aus Rom her kennt. Das Vorhandensein paganer Götterstatuen an prominenter Stelle am Forum kann nicht überraschen, wenn man die stadtrömische Evidenz einer noch um 472/473 wiederaufgestellten Minervastatue vor der Kurie berücksichtigt. Statuen wurde offenbar nur in sehr geringem Maß für Kalköfen zerkleinert (weniger als 2 % der Gesamtmenge an intentional zerkleinerten Fragmenten), was auch die quantitative Untersuchung von Marmordepots in den Jahren 2015–2016 ergab. Der weitaus überwiegende Teil entfällt auf marmorne Boden- und Wandplatten sowie Architekturelemente. Es ist für das Forum in Ostia also hervorzuheben, daß Statuen hier weitgehend ganz und nicht verstümmelt gefunden worden waren, was ihre kontinuierliche geschützte Aufbewahrung bis zur letzten und endgültigen Verschüttung der Forumsbauten nahelegt.

(Fast) vollständig erhaltene, aber intentional ›beerdigte‹, also im spätantiken Stadtbild nicht mehr sichtbar gebliebene und nicht wiederaufgestellte Statuen stellen dabei nur einen kleinen Anteil: am Forum nachweisbar gibt es dazu nur den Fall der Kultstatue der Dea Roma sowie einer der Viktorien als Akroterfigur, die unter einer Erhöhung des Straßenbetts des Cardo am südlichen Forumsrand gefunden worden war, während sich 2016 bereits halb zerlegte Fragmente von Panzerstatuen wie auch weiblichen Gewandstatuen als Fragmente dem Kontext einer spätantiken Recyclingwerkstatt zuordnen ließen. Es wurde auf Basis statistisch relevanter Mengen die Hypothese aufgestellt, daß der überwiegende Großteil der vollständig gefundenen Statuen aus den Altgrabungen aus spätantiken Wiederaufstellungskontexten stammt. Sie dienten damals neben der ›Möblierung‹ von neuen spätantiken Häusern auch der ›Füllung‹ von Plätzen, wie das aus Schriftquellen zum spätantiken Städtelob bekannt ist. Nur die intentional zerkleinerten Fragmente von Statuen waren für eine Befüllung von Kalköfen geeignet und der Befund ›nicht angezündeter‹ Kalköfen stellte auch am Forum einen Ausnahmefall dar. Durch die systematische Analyse aller spätantiken bis modernen Marmordepots in und um das Forum wird eine Grundlage geschaffen, statistisch relevante Zahlenverhältnisse von Zerstörung über spätantikes ›Recycling‹ bis zur Wiederaufstellung zu erhalten und damit geläufige Thesen der absichtsvollen Zerstörung von Statuen auch im 5. Jh. auf den Prüfstand zu stellen (auch wenn die Dunkelziffer bereits restlos verbrannter Statuen natürlich fehlt).

Die Betrachtung der spätantiken Gestalt des Stadtzentrums von Ostia, das die Fläche des gesamten ehemaligen Castrums einnahm, endet mit einem Platz, der unmittelbar westlich an die Forumsbasilika angrenzt und hier als ›Piazzale del Tempio Rotondo‹ benannt wird. Die alten Grabungsberichte überliefern hier eine letzte Umwandlung des ehemaligen Festplatzes eines Kaiserkulttempels zu einem Marktplatz. Nach der oder den großen Einsturzkatastrophe(n) der ersten Hälfte des 5. Jhs. scheinen aus praktischen Gründen eines möglichst ökonomischen Wiederaufbaus ehemals in vielgeschossigen Bauten integrierte Marktfunktionen (*horrea*) auf freie Platzanlagen verlagert worden zu sein.

Die Aufgabe des stadtweit dezentral organisierten Speicher- und Gewerberaums wurde bereits durch eine umfangreiche Reorganisation des Ein- und Ausladesystems im Netzwerk zwischen Ostia und Portus sowie einer Verlagerung der Funktion Ostias als ›Handelsdrehscheibe‹ zugunsten z.B. von Leptis Magna seit severischer Zeit begründet. Damals scheint der Anfangspunkt einer Entwicklung zur Zentralisierung der innerstädtischen Grundversorgung gesetzt worden zu sein, die durch die *curatores*, Präfekten der Annona und später die Stadtpräfekten Roms selbst offenbar fortgeführt wurde. Das *macellum reparatum* des Aurelius Symmachus, sehr wahrscheinlich identifizierbar mit dem Foro della Statua Eroica, lieferte dafür eines der wenigen, ausnahmsweise auch epigraphisch konnotierten Beispiele des frühen 5. Jhs., der mit Travertinquadern und Opus sectile umgebaute Vorplatz des Tempio Rotondo ist dessen Pendant.

Die wesentliche Ursache, neben dem Straßennetz und den Plätzen vor allem im Stadtzentrum auch noch die öffentliche Infrastruktur im späten 4. und der ersten Hälfte des 5. Jhs. auszubauen, muß in der spezifischen Versorgungssicherheit Ostias durch stadtrömisch-senatorische Investoren gesucht werden, die hier durch Fistulae auch im 5. Jh. noch als Grundbesitzer verbürgt sind. Durch deren Eigeninteresse war es offenbar auch nach dem radikalen Einbruch des Mietmarktes im späten 3. Jh. zum Umbau von einer vielgeschossigen zu einer ein- bis zweigeschossigen Stadtlandschaft gekommen. Erleichternd kam wohl gerade im Lauf des 5. Jhs. hinzu, daß Bauplätze für die senatorischen Stifter auf ihrem ›eigenen‹ Grund kostenfrei oder ansonsten zumindest sehr kostengünstig zur Verfügung gestanden haben dürften, nachdem die Areale der traditionellen ›sakralen‹ Topographie zunehmend zur Nachnutzung freistanden wie auch der ›Mietmarkt‹ gleichermaßen in dieser Zeit endgültig zusammengebrochen gewesen sein dürfte.

Alle neuen Platzanlagen inklusive des Vorplatzes des Tempio Rotondo liegen hinter Portiken oder Schaufassaden, sie sind vom Decumanus aus also zunächst als Erweiterungen zu einer ›Hallenstraße‹ wahrnehmbar. Die Bereinigung des Decumanus und seiner Randbebauung von gewerblichen Zubauten steht hier im dezidierten Gegensatz zu allen übrigen großen Verbindungsachsen wie der Via della Foce oder Via della Vittoria etc., die durch Vorbauten auf den Straßenraum verengt wurden, wobei diese Vorbauten gewerblich dominiert waren.

Der Straßenrand des 2. Jhs. hatte vor allem dazu eingeladen, das reibungslose Funktionieren der insgesamt mehr als 1300 erhaltenen Verkaufs- und Produktionseinheiten (Tabernen) zu gewährleisten. An der Stelle von insgesamt knapp 100 nachweisbar geschlossenenen Tabernen (bei einer wohl viel höheren Dunkelziffer mit grabungszeitlich entfernter Vermauerung) wurden seit dem 4. Jh. verschiedene Plätze bzw. Freiflächen als Verweilpunkte entlang der Promenade gebaut.

Daran schließt sich als letzter Abschnitt des **Kapitels II.3.e** die Frage an, welche Funktionen dieser hier als ›Promenade‹ bezeichnete Abschnitt des bereinigten und durch Freiflächen erweiterten Decumanus zwischen Porta Romana und Forum in der spätantiken Stadt gehabt haben könnte. Durch die Flächengrabung werden in Ostia einzigartige Einblicke in die urbane Organisation des gesamten Verlaufs einer spätantiken ›Prachtmeile‹ möglich.

Der Ablauf von politisch-religiösen Prozessionen oder profanen Machtdemonstrationen und Akklamationen ist in Ostia – im Gegensatz etwa zu Aphrodisias oder Ephesos – jedoch nicht näher durch Graffiti belegt, sieht man von einfachen und meist auf Spiele bezogenen Siegeszeichen etc. ab. Daher können nur einige Überlegungen zur prinzipiellen architektonischen Eignung von Ostias Prachtmeile für solche Spektakel oder ›Zeremonielle‹ angestellt werden, die bei der Ankunft oder Audienz der Präfekten bzw. sonstiger Honoratioren, wichtigen Spielen oder besonderen Stadtfesten stattgefunden haben könnten.

Zunächst benötigen zuschauerreiche Spektakel grundlegende Versorgungseinrichtungen – wie z.B. die zahlreichen Bars und Laufbrunnen. Ferner benötigt man Zuschauerraum am Straßenrand. Zentral ist weiterhin der Zielpunkt, grundlegend abweichend beim Transport von sakralen Reliquien oder von säkularen Aufzügen politischer Würdenträger.

Das Forum erwies sich als praktikabler Endpunkt solcher ›profaner‹ Prozessionen zumindest bis ins spätere 5. Jh., als das bestehende Pflaster der Forumsportiken letztmalig mit Mörtel nivelliert wurde. Bis zu dieser Zeit erwies es sich als sinnvoll, dauerhafte Einlassungen auch für ephemere, aber offenbar regelmäßige Aufführungen, die der Aufstellung von vielsitzigen Tribünen dienten, vorzusehen. Deren letzte geschlossene Einlassungsspuren sind – aussagekräftig für ein ›geordnetes‹ Ende des Feststatus – im baulichen Befund des Pflasters bis heute erhalten geblieben.

Auffällig ist umgekehrt, daß westlich des Forums keine neu gebauten oder zumindest neu ausgestatteten Hallen und Portiken mehr auffallen. Das spricht zwar nicht gegen die Möglichkeit, daß einzelne Prozessionen auch zum Meer weitergingen. Es zeigt jedoch sehr deutlich, daß jene spätantiken Spektakel und Prozessionen mit besonderem politisch-repräsentativen Anspruch nur bis zum Forum oder seinen westlich wie östlich angrenzenden Platzanlagen und ihrer unmittelbaren Umgebung wie dem möglichen *praetorium urbanum* reichten. Festzuhalten bleibt ferner auch: Eine dezidiert christliche Prozessionsachse zur konstantinischen Basilika existierte zumindest nicht mit innerstädtischer Anbindung, was auch die Straßensperre der Via del Sabazeo auf den Decumanus belegt.

Nach den vorigen Beobachtungen zur aktiven Renovierung bzw. sogar zum Ausbau der Infrastruktur im spätantiken Ostia folgt nun eine Analyse gegenteiliger Phänomene (**Kapitel II.4**) zur Aufgabe von Stadtteilen mit großem Anteil an Leerstand und der Bildung von abusiven Müllhalden im Erdgeschoß sowie einer ›squatter occupation‹ der verlassenen Obergeschosse von Insulae. Zunächst wird dazu ein bereits in den Altgrabungen relativ gut dokumentiertes Stadtviertel herangezogen, das von den Neptunsthermen nördlich bis zum Tiber reichte (**Kapitel II.4.a**). Dieses Stadtviertel bestand zum Großteil aus Horrea oder großen Insulae, die im Typus an die Caserma dei Vigili erinnern. Anhand der Benutzungsgeschichte letzterer Caserma konnte exemplarisch geklärt werden, wie und wann das Stadtviertel außer Funktion geraten war. Planierte Gebäude häufen sich in Richtung Tiber, sie waren bereits in der Antike abgerissen und ihr Baumaterial wiederverwertet worden. Der Straßenraum wurde durch eine Reihe von gebauten, aber nicht weiter verzierten Straßensperren ausgegrenzt, dahinter liegende ›Sackgassen‹ blieben über kleine Türen in Fußgängerbreite zugänglich. Der Straßenraum selbst wurde in mehreren Fällen durch kleine Baustrukturen besetzt, die wohl gewerblichen Zwecken gedient haben konnten, da sie Wasserbecken aufweisen. Besonders interessante Funde, die bereits der Grabungsassistent Raffaele Finelli vermerkte, waren Stapel von vorsortierten Baumaterialien, seien es Dachziegel oder Tufelli. Das endgültige Verlassen des Viertels ist an seinen prominentesten Wohnungen greifbar, die in einer plötzlichen Einsturzkatastrophe begraben wurden und mit ihrem gesamten Inventar erhalten blieben: Die Insula del Soffitto Dipinto und der sie umgebende gesamte Block bis zu einer Großbäckerei. Die Grabungstagebücher thematisieren Münzen im Versturz, die bis knapp an die Mitte des 5. Jhs. heranreichen, was eine große gemeinsame Einsturzkatastrophe zur Mitte des 5. Jhs. zu unterstreichen scheint. Durch den Einsturz wurde das Material von Werkstattbetrieben und mehrere unterbrochene Recyclingvorgänge am Wohnraum, u. a. Arbeitsprozesse eines Mosaizisten, überliefert.

Die Beobachtungen wurden aus einer großen Reihe von Mikrohistorien gewonnen, die einige gemeinsame Phänomene ergeben: Das gesamte Viertel wurde vom Decumanus systematisch abgetrennt. Dieser grundsätzlichen Entvölkerung, Aufgabe und Ausgrenzung fast aller tibernahen Stadtviertel nördlich des Decumanus bereits vor der Mitte des 5. Jhs. steht ein Ausbau der Viertel südlich des Decumanus gegenüber. Der Zustand einer bereits demontierten Bebauung mit den Stapeln entnommenen Baumaterials wurde durch den Einsturz der Mitte des 5. Jhs. konserviert und blieb bis zur Grabungszeit in situ erhalten.

Ein weiteres interessantes Phänomen bildete das Ende der kontinuierlichen Bewohnung der meisten Insulae. Nach einer Unterbrechung im 4. oder frühen 5. Jh. begann in einer schwer datierbaren Folgezeit eine Wiederbenutzung, allerdings auf erhöhtem Nutzungsniveau, meist ab dem ersten Obergeschoß. Es handelt sich um stark improvisierte Wohnungen mit Notdächern und Mauerdurchbrüchen, die sehr roh belassen blieben. Das Abwassersystem war insbesondere in den tibernahen Stadtvierteln bereits vor der Mitte des 5. Jhs. nicht mehr in Funktion, weil viele der Einbauten vor ihrem Terminus ante quem des finalen Einsturzes bereits Sickergruben nutzten.

Offenbar war es jenseits der Promenade und spätantiken ›Boomviertel‹ nicht mehr Pflicht bzw. geltender Usus, das kommunale Abwassersystem zu benutzen – oder es wurde nicht mehr entsprechend überwacht. Die Verbindung zum Gehniveau des Promenadenausbaus belegt jedoch, daß sich Maßnahmen, die von der abusiven Bebauung des Straßenraums vor eingestürzten Altbauten bis zur improvisierten Sickergrube reichen, etwa zur selben Zeit datieren lassen wie die neu errichteten marmorgepflasterten Platzanlagen am Decumanus. Auch das ist ein Indiz, daß die synchrone, aber eben räumlich getrennte Polarität des späten Ostia zwischen Kleingewerbezonen und ›Bazarvierteln‹ einerseits und letztmalig renovierten großzügigen Prachtstraßen und Luxuswohnvierteln ohne Gewerbeanteil andererseits beleuchtet.

Die offensichtlich einfachsten Behausungen mit Kleingewerbeanteil und ihre provisorisch wirkende Bauweise und Abwasserentsorgung sind also nicht späteste Dekadenzphänomene des 6. oder 7. Jhs., sondern aufgrund ihres Verhältnisses zu denselben Niveauerhöhungen gleichzeitig mit der späten Blüte der Stadt seit Mitte des 4. Jhs. anzusetzen. Das Trennelement zwischen südlichen und nördlichen Stadtvierteln, der Decumanus, bildete selbst zugleich als Höhepunkt des urbanen Ausstattungsluxus eine ›eigene‹ Zone, die allerdings durch hohe Mauern hinter den neu errichteten Plätzen vom Anblick und Geruch großflächiger Müllhalden bei einer zugleich nicht mehr funktionierenden Abwasserentsorgung in diesen Bereichen abgegrenzt wurde.

Ebenfalls nördlich des Decumanus liegt der Piazzale delle Corporazioni. Unzweifelhaft ist der Befund der Aufgabe des hochkaiserzeitlichen Händlertreffpunkts durch seine Spoliation bereits im 4. Jh.: Die Sockel der Monumente bürgerlicher Selbstdarstellung des 2. und 3. Jhs. fanden beim Theaterumbau für Wasserspiele und in der statischen Stabilisierung des Theatereingangs Verwendung. Bereits unter Ragonius Vincentius Celsus, Präfekt der Annona, der 385–389 eine Statuenbasis vom Piazzale wiederverwendete, war der Piazzale also offenbar schon nicht mehr in regulärer Funktion gewesen und zur Spoliation freigegeben. Das Verlassen der Kontore und temporären Gelagebereiche am Piazzale äußert sich wiederum archäologisch am deutlichsten im Zubau der Verbindung der Küche über die Tür in Raum A zum Piazzale hin mit Bauschutt aus kollabierten Dächern, Zwischenböden bzw. Decken und Mauern. Nach dem Zubau konnten am Piazzale keine Gelage mehr versorgt werden, obwohl das wohl eine der Hauptfunktionen der ›Handelskontore‹ gewesen war.

Man kann die östlich an den Piazzale delle Corporazioni angrenzende Insula dell'Ercole Bambino und die wiederum daran angrenzende Insula del Soffitto Dipinto als einen wichtigen Schlüssel zum Verständnis der Erhöhungen des Nutzungsniveaus und der damit verbundenen Umwandlungen im Stadtteil östlich des Theaters bezeichnen. Die Wohnformen der Appartements im vielgeschossigen Kontext waren typisch für das hochkaiserzeitliche Ostia gewesen. Sie fanden keine Kontinuität im spätkaiserzeitlichen und spätantiken Ostia. Eine teilweise Aufwertung konnte für eine ›Attikawohnung‹ der Insula del Soffitto Dipinto anhand der Teile eines mosaizierten Innennymphäums aus dem Versturzmaterial der Obergeschosse vermutet werden wie das auch für die Ausstattung einer balkonartigen Loggia im Obergeschoß in den Case a Giardino (Regio III ix) belegt ist. Daneben dominierte hier aber die vollständige und ersatzlose Aufgabe des anspruchsvollen Wohnraums im Erdgeschoß analog zur Situation der Via di Diana und Via dei Balconi.

In der Insula dell'Ercole Bambino wurden mehrere, zum Teil sehr umfangreiche Gruppen von Münzen gefunden. Als besonders wichtig erweist sich dabei ein bestimmter Münzhort, weil er vom Grabungsassistenten Finelli mit einer genauen stratigraphischen Angabe (!) versehen wurde und diese Angabe auch heute noch auswertbar vorliegt: Aus einem der *cubicula*, den nur indirekt beleuchteten Nebenräumen der *medianum*-Appartements, stammen 117 Münzen aus einer innerhalb der ganzen Wohnung einheitlich dicken letzten Einsturzschicht, die nicht mehr entfernt bzw. bewältigt worden war. Die spätesten Münzen stammen dabei offenbar aus den Jahren 423–425, ihre Laufzeit kann jedoch noch durchaus länger veranschlagt werden. Hier ist eine Münzreihe greifbar, die auffällig nahe an verbreitete Einsturzballungen um die Mitte des 5. Jhs. heranreicht, möglicherweise verbunden mit dem Erdbeben von 442/443, zumal es sich hier um einen plötzlichen wie auch endgültigen Einsturz handelt. Wichtig ist für das Verständnis der Phänomene allmählicher Aufgabe bereits im Vorfeld der Erdbebenkatastrophe auch, daß die hölzerne Decke des meist gewerblich genutzten Erdgeschosses – unabhängig von der kontinuierlichen Wohnnutzung der Obergeschosse über dem Zementgewölbe des ersten Obergeschosses – damals bereits entfernt bzw. an anderer Stelle als Baumaterial wiederverwendet worden war, lange bevor die Insula endgültig eingestürzt war.

Das Phänomen der Ausgrenzung und Sicherung von Ruinen nach unbewältigten Einsturzkatastrophen konnte im Extremfall ein ganzes Stadtviertel betreffen: Das wird besonders im Bereich um die Via di Diana und die Via dei Balconi deutlich, die man von der Promenade des Decumanus aus nur noch als Ortskundiger erreichen konnte (**Kapitel II. 4. b**).

Das Vorziehen der Tabernen in ehemalige Portiken war ein fester ›Umbautypus‹ von Einkaufsstraßen. Offenbar entstanden sie vorzugsweise hinter den neu geschaffenen und dabei dezidiert nicht kommerziell genutzten Platzanlagen. Die Via dei Molini führt auf die neue Platzanlage der Exedra wie die Via dei Magazzini Repubblicani auf den Piazzale della Vittoria, beides ein Beispiel für das postulierte Phänomen einer zunehmenden funktionalen Spezifizierung im spätantiken Stadtbild. Beide Fälle spiegeln eine klare funktionale Differenzierung zwischen rein repräsentativ genutzten Flächen und Souk-ähnlichen konzentrierten Gewerbeflächen wider. Eine solche funktionale Differenzierung war zumindest in diesem Maß in der hochkaiserzeitlichen Stadt noch unbekannt.

Die genannten Straßensperren gehen insgesamt einher mit einer grundlegenden Veränderung der Erschließung und Verkehrsanbindung der dahinterliegenden Stadtviertel. Um die Via di Diana entstand ein Netz von Sackgassen, das auf eine systematische Planung und ähnliche Zeitstellung der Zusetzungen beruhte, da sie nur in ihrem gegenseitigen Zusammenhang funktionieren konnten.

Durchgangsstraßen, die einseitig vermauert, im Straßenraum bebaut oder durch Türschwellen zugangsbeschränkt wurden, belegen, daß die an den Plätzen festgestellten neuen Akzente der Hierarchisierung des Stadtbilds und der kanalisierten Bautätigkeit am Decumanus keinen isolierten Einzelfall bildeten, sondern mit einem entgegengesetzten Phänomen korrespondierten: der Ausgrenzung und als Folge auch der Abwertung bestimmter Stadtviertel.

Nach der Mitte des 3. Jhs. lassen sich Tendenzen in der Mikrohistorie vieler Insulae feststellen, die für die Entwicklung der Wirtschafts- und Sozialgeschichte der Stadtviertel nördlich des Decumanus, also jenseits der späten Boomzentren des südlichen Stadtareals seit dem späteren 3. Jh. typisch erscheint. So spiegelt sich die Verarmung der ›produktiven Klassen‹, jener Kleinunternehmer in den separat vermietbaren Tabernen und kleineren Tabernengruppen, sowie der sozialen Aufsteiger und Appartementbewohner, wohl ebenfalls *liberti*, in den zunehmend kleinen Wohneinheiten aufgeteilter Appartements wider, was insgesamt als Senkung des qualitativen Anspruchs des ursprünglichen wohnungsbaulichen Konzepts gedeutet werden muß. Auf der Ebene der einzelnen Mikrohistorie kann zwar neben solchen Marktschwankungen auch ein eventueller Besitzerwechsel etc. zugrunde gelegen haben; eine ›individuelle‹ Motivation zu Umbauten bleibt aber bei der erheblichen Anzahl von Analogien im gesamten Stadtgebiet vernachlässigbar: Es handelte sich tatsächlich um übergeordnete Phänomene eines Sozialstrukturwandels.

Das Material der spätantiken Aufhöhungen des Gehniveaus läßt an vielen verschiedenen Stellen im Stadtgebiet ähnliche Aussagen zum Hergang des Verfalls der Stadtviertel nördlich des Decumanus und seiner direkten Bewältigung zu: die Schicht mit den Fassadenteilen stammt von einem intentionalen Abriß der

Obergeschosse zur Materialgewinnung. Nach erfolgter Spolienentnahme war das verlassene Viertel dann als Mülldeponie genutzt worden. Doch damit endete die Bewohnungsgeschichte vieler Insulae keineswegs. Nach einer vollständigen Nutzungszäsur war es zu einer Wiederbesiedlung gekommen, die ihre spärlichen Spuren in den heute noch sichtbaren Mauerdurchbrüchen auf der Ebene des ersten Obergeschosses in etwa +3 m Höhe hinterlassen hat, das als neues Erdgeschoß mit einem nunmehr nur noch gestampften Erdfußboden verwendet worden war. Am höchsten erwies sich die Schuttauffüllung in der Insula di Giove e Ganimede (Regio I iv 2) mit bis zu +5 m. Es verwundert nicht, daß diese Insula daher neben dem Kapitol eines der bis heute am höchsten erhaltenen Gebäude Ostias darstellt. So konservierte die artifizielle Aufschüttung hier tatsächlich das vollständig in situ stehende Mauerwerk bis zum ersten Obergeschoß und originale Mauerteile bis zum Boden des zweiten Obergeschosses, die während der Grabungen unter Calza dann relativ problemlos wieder ›zusammengesetzt‹ werden konnten.

Das Fehlen großer Vorkommen von Ziegeln in der Schuttschicht mit den Amphorenscherben legt nahe, daß man in den spätesten Besiedlungsphasen das erste oder zweite Obergeschoß der Insulae abusiv bewohnte, weitere Obergeschosse und die originale hochkaiserzeitliche Überdachung damals aber bereits eingestürzt oder abgerissen und als Baumaterial für Neubauten an anderer Stelle abtransportiert worden waren. Deswegen nahm man nach der Freilegung der ersten Insulae Ostias auch nur eine durchschnittlich dreigeschossige Bebauungshöhe der Insulae an. Das kann heute jedoch nicht nur durch die außerordentlichen Mauerdicken, die geräumigen Treppenhäuser sowie die zahlreichen Obergeschoßböden mit Mosaiken oder Opus spicatum im Bauschutt, sondern auch durch die bessere Kenntnis der Verfallsgeschichte Ostias als Fehlschluß erwiesen werden.

Eine große Durchlässigkeit, insbesondere von Nord nach Süd, also vom Tiberufer zu den vielfältigen Gewerbe-und Lagerbereichen innerhalb des Stadtgebiets, war die zentrale Voraussetzung der dezentralen privaten Wirtschaftsstruktur der hohen Kaiserzeit. In der Spätantike erscheint die maßgebliche Erschließungsrichtung des Verkehrssystems innerhalb Ostias dagegen um 90° gedreht. Anstelle der Nord-Süd-Achsen blieb vor allem der Decumanus als zentrale Ost-West-Achse von bzw. zu den Villen am Meer entlang der Via Severiana als uneingeschränkt durchlässige Promenade auf einem einheitlichen Gehniveau beibehalten. Den lokalen Güterverkehr leitete man statt über die alten Verkehrsadern Decumanus, Cardo oder Semita und Via dei Molini nun über ehemalige Nebenstraßen. Das gemeinsame zugrundeliegende Ziel eines komplexen Systems aus mehreren Straßensperren oder -verengungen und Sichtblockaden war, das verbliebene und flächenreduzierte Stadtareal neu zu vernetzen und zugleich bestehende Ruinen aus dem wahrnehmbaren Stadtbild ›auszublenden‹. Ein gutes Beispiel bildet neben dem Dianaviertel auch die Blockade des Zugangs vom Forum zum nördlichen Cardo, der sich nicht nur auf der Straße selbst, sondern auch im Zubau vieler unmittelbar umliegender Tabernen spiegelt.

Der Sinn der Straßenschließungen in Form einer Wohnungs- oder Tabernentür ist wohl zum Teil in einem zunehmenden Sicherheitsbedürfnis der Anwohner zu suchen. Die Richtung der Türöffnung gibt dazu einige Aufschlüsse, wozu ein Wohnviertel an der Semita (Regio Vii und V iii) den deutlichsten Beleg liefert (**Kapitel II. 4. c**): Der unkontrollierte Zugang von großen zusammenhängenden Ruinenflächen ehemaliger Horrea oder von nahen Überlandstraßen im Süden der geballten Wohnungen der Regio V sollte offenbar temporär, wahrscheinlich vor allem nachts, begrenzt werden.

Die Einbindung von Infrastruktur unterscheidet die neuen Boomviertel wie die genannte Regio V von Abbruchvierteln: Das eindeutig abgewertete Dianaviertel nördlich des Decumanus weist keine Thermen oder größere Hauser auf, in die Regio V werden hingegen mehrere späte Anwohnerthermen integriert, die den Bestand der zahlreichen öffentlichen Thermen noch ergänzten. Auch wenn einzelne Ruinen auch in den Boomvierteln anzutreffen waren, so wurden diese doch aktiv durch Mauern aus der Wahrnehmung ausgeblendet und waren vom Eingang zu den großen Häusern aus zumindest nicht sichtbar.

Das nächste **Kapitel II. 5** ist den Stadtvierteln außerhalb des Stadtzentrums vom Cardo bis zur Via della Foce und den Phänomenen Nobilitierung contra ›Re-Kommerzialisierung‹, Ruinenbildung und Ausgrenzung gewidmet.

Die wichtigste Straßenkreuzung und der größte Verkehrsknotenpunkt im Westen Ostias ist der Platz am Bivium P4, der im Zentrum des **Kapitels II. 5. a** steht. Der Platz befindet sich am Westrand der Innen- oder Altstadt, die durch die Grenzen des republikanischen Castrum definiert wird, das wiederum noch in der Spätantike am Straßenmuster erkennbar war. Dieser zentrale Schnittpunkt zwischen der Altstadt und den neuen Stadtteilen der hohen Kaiserzeit im Westen Ostias (Regio III und IV) wird durch drei spätantike Entwicklungen charakterisiert.

Der Platz wurde:

1. durch eine große Schaufassade mit Statuennischen, ein ›Fassadennymphäum‹ besetzt,
2. am Rand durch spätantike Tabernenreihen eingefaßt und zugebaut, und

3. in einem spätesten Zustand seit Ende des 5. Jhs. nach Nordwesten hin durch Straßensperren von den Verbindungen zum Tiberufer und dem Flußhafen bzw. dem Tempel der Dioskuren (Zielpunkt spätester paganer Prozessionen noch unter Papst Gelasius am Ende des 5. Jhs.) zunehmend isoliert.

Bereits im späten 3. oder frühen 4. Jh. hatte der Platz zugunsten der neuen Zierfunktion mit Fassadennymphäum seine ehemalige Bedeutung als Marktbereich und Umlademöglichkeit für den gewerblichen Güterverkehr verloren. Die Schaufassade und das Wasserspiel hatten zumindest im 4. und der ersten Hälfte des 5. Jhs. einen einzigartigen städtebaulichen Akzent gesetzt, auch wenn das originale Wasserbecken nach neuesten Ausgrabungen wohl nur mit etwa 2 m Breite und einer Gesamtfläche von weniger als 40 qm ergänzt werden muß. Dem Fassadennymphäum mit seinen Nischen und Podien kann mit großer Wahrscheinlichkeit wieder seine originale statuarische Ausstattung zugewiesen werden.

In seiner letzten Umbauphase vor dem Verfall wurde die marmorne Zierfassade durch einen vorgeblendeten Bau aus der Wahrnehmung verdrängt, offenbar zu einer Zeit, als der Decumanus keine spezifisch repräsentativen Zwecken mehr dienen mußte und Plätze nicht mehr neu gebaut, sondern abusiv besetzt worden waren. Nach dem Ende des kommunalen Ideals einer repräsentativen Hauptachse wurde der Platz in einen Markt mit Lager- oder Warenhaus umgewandelt. Möglicherweise markierten auch hier Einsturzkatastrophen der Mitte oder des späteren 5. Jhs. einen ›Katalysator‹ für den Übergang von der monumental-repräsentativen Phase des Stadtbilds zur ›funktional-anspruchslosen Stadt‹ mit einer ausschließlichen Orientierung auf den Anwohnerbedarf, die vom Wegzug der Eliten beschleunigt wurde und sich in einem entsprechend gesenkten urbanistischen Anspruch eines Decumanus ohne sichtbare Zierbauten äußerte.

Das nächste **Kapitel II. 5. b** beschäftigt sich mit dem Cardo, der Via del Tempio Rotondo und einem geballten Wohnviertel um das Bivium (P4). Eine der ehemals sehr häufigen, jedoch nach den Ausgrabungen meist entfernten Spuren von Verfall bilden auf den Straßenraum gefallene Fassaden. Den in situ belassenen Versturz einer Fassade findet man vor einem großen Stadthaus in der sogenannten Via del Tempio Rotondo, aber auch vielen Seitenstraßen in diesem Viertel. Diese Domus, die im Vorfeld bereits in eine geschoßreduzierte Insula eingebaut worden war, war selbst einer plötzlichen Einsturzkatastrophe zum Opfer gefallen. Der Einsturz geschah zu einem Zeitpunkt, als das Gehniveau der Via del Tempio Rotondo und des südlichen Cardo noch nicht erhöht gewesen war; stratigraphisch spiegelt dieser Einsturz einer ganzen Hausfassade damit dieselbe Situation wider wie die Trümmer von Cella, Giebel und Dach und die namensgebende Statue des Roma- und Augustustempels, die ebenfalls direkt auf dem Cardopflaster lagen. Die Hypothese derselben plötzlichen Erdbebenwirkung ist für den lokalen Einsturz der Fassade wie für das gesamte Areal im Süden des Forums daher die wahrscheinlichste Variante zur Erklärung, warum man die Fassade nicht beseitigt hatte, sondern einfach unter einem neuen Nutzungsniveau begrub.

Das entspricht der improvisierten Art einer ›Bewältigung von plötzlichem Verfall‹, die bereits anhand der gefallenen Bauteile und der ›beerdigten‹ statuarischen Ausstattung des Roma- und Augustustempels erörtert worden war und als unmittelbare Folge einer stadtweiten Einsturz-, Brand- und Überflutungskatastrophe um die Mitte des 5. Jhs., möglicherweise in Folge der schriftlich überlieferten Erdbeben in Ravenna und Rom von 442/443, datiert wurde.

Ein wichtiger Aspekt betrifft die Entwicklung der Nachfrage nach spätantikem Wohnraum unter den Aspekten Kontinuität oder Zäsur im 5. Jh. Öffentliche Bauten und Flächen wie das Forum und das angrenzende Foro della Statua Eroica hatten nachweisbare Ausbauphasen um und nach der Mitte des 5. Jhs.: Drei von fünf Portiken wurden damals immerhin noch renoviert (MFE, MFW, MFP), nur die zwei kleinen Portiken seitlich des Roma- und Augustustempels waren im Zug der Umstrukturierung des Forums-Südendes aufgelassen (MFS) bzw. in eine Werkstatt (MFD) umgewandelt worden.

So verwundert es nicht, daß auch der private Raum im Stadtzentrum – durchaus im Gegensatz zu einigen schon früher aufgegebenen Villen und Häusern im vorstädtischen Bereich oder im Viertel vor der Porta Marina – zumindest bis zur Mitte des 5. Jhs. mit gleichbleibendem Anspruch an die Benutzbarkeit aller Räume bewohnt blieb. Das gilt nachweislich für die spätesten Häuser um das Bivium (P4), die allesamt in ›ungewöhnliche‹ Kontexte eingebaut worden waren: Ein Haus entstand im Temenos bzw. sakralen Areal der Templi Repubblicani, die ehemals u. a. wohl dem Hercules gewidmet waren. Ein weiteres Haus, die Domus di Amore e Psiche wurde durch Umwandlung einer ehemaligen Produktionsstätte gewonnen und der repräsentative Eingangstrakt mit Nymphäum im ›basilikalen Stil‹ der Domus dei Tigriniani bedingte den Zubau einer Straße zu einem ehemaligen Marktareal.

Eine ähnliche spätantike Wohnballung wie um das Bivium fällt ansonsten nur an der Semita, am südlichen Cardo und im Viertel vor der Porta Marina auf. Letzteres bereits vorstädtische Viertel bildete ein autarkes ›Subzentrum‹ am Meer und zugleich den Endpunkt des Decumanus. Viele Spolien von abgerissenen Kultbauten aus dem Stadtzentrum finden sich im letzten Ausbauzustand des ›Foro di Porta Marina‹ wiederverwendet. Das weit zentraler gelegene Viertel am Bivium stellt damit allein durch seine Nachbarschaft mit dem politisch-administrativen Stadtzentrum neben dem Semitaviertel das prominenteste und am längsten kontinuierlich bewohnte der vier am stärksten prosperierenden spätantiken Wohnviertel Ostias dar.

Eine merkliche Diskontinuität des anspruchsvollen Wohnens scheint sich dagegen nach der Mitte bzw. in der zweiten Hälfte des 5. Jhs. feststellen zu lassen. Gesicherte Daten aus stratigraphischen Sondagen sind dazu allerdings so selten, so daß über einige Hypothesen zu spätesten Häusern an der Palästra der Forumsthermen hinaus bislang keine statistisch relevanten Schlüsse daraus gezogen werden können.

Das nächste **Kapitel II. 5. c** beschäftigt sich mit Einsturzkatastrophen und ›Krisenmanagement‹ in aufgelassenen Arealen, dem Zubau einer Straßenkreuzung an der Via della Foce und einem Thermenneubau in der zweiten Hälfte des 5. Jhs.

Der Fundamentbereich der Terme Piccole und die Abwasserkanäle wurden 2004 und 2005 vom Autor in mehreren Sondagen ergraben, um den zeitlichen Zusammenhang und die gegenseitige Abhängigkeit zwischen dem letzten gepflasterten Straßenniveau der Via della Foce, den liegengebliebenen Trümmern vom Einsturz einer Insula auf diese Straße und den spätantiken Aufhöhungen des Gehniveaus und Neubauten an dieser wichtigen Stelle zu klären. Der Versturz einer Insulafassade lag immerhin mitten auf der zweitwichtigsten Gewerbeader und Kultachse Ostias. Es handelte sich um die Hauptverkehrsachse u. a. zum Flußhafen und den meisten Horrea Ostias, zum Dioskurentempel, zum ›Palazzo Imperiale‹ und zum Fährverkehr nach Transtiberim bzw. der Verbindung zu Portus über die Via Flavia. Die spätantik neu gebauten Terme Piccole hatten die hinter Cardo und Decumanus breiteste Straße Ostias, die zu den zu wichtigen überdachten Marktanlagen der Stadt, den Mercati oder Magazzini Traianei führten, komplett besetzt.

Folgt man dem hier zugrunde gelegten Chronologiegerüst, dann wäre die zweite Phase der Thermen, die mit dem Ende der kommunalen Abwasserentsorgung korrespondierte, noch im späten 5. Jh. zu datieren; die Benutzungszeit der Thermen reichte offenbar bis zu einer plötzlichen Einsturzkatastrophe des 6. Jhs., was anhand der reichen Ausstattungsfunde, die in den Grabungstagebüchern überraschend ausführlich erwähnt wurden, nahegelegt wird.

Die Via della Foce führte zumindest in der ersten Bauphase der Thermen also wohl noch nicht über den Versturzblock, sondern wurde über den Bürgersteig umgeleitet. Erhöhungen über dem gepflasterten Gehniveau von +180 cm, die zur direkten Planierung eines neuen Gehniveaus nötig gewesen wären, sind erst später, nämlich im 6. Jh. belegt.

Im Zustand des späten 4. bis mittleren 5. Jhs. war hier wie an den übrigen Platzanlagen Ostias ein Ensemble aus Bars, Ziernymphäen bzw. ›Wasserspielen‹ und Thermen entstanden. Die exemplarische Untersuchung der kleinen Thermen und ihrer Anbauten gewinnt vor dem Hintergrund der allgemeinen Phänomene, die hier baulich umgesetzt wurden, an Bedeutung: Eine Portikus wurde nach ihrem Einsturz neu bebaut, wobei die Ruinen liegengeblieben waren und in das Ensemble miteinbezogen wurden. Das stellt ein Novum dar und erweist sich nicht nur für Ostia als zentraler Schlüssel zum Verständnis der letzten Phase seiner spätantiken Stadtkultur. Hier fällt mehr als anderswo ein sehr kreativer Umgang mit Verfall und Ruinen auf: Es ist ein ›Leben in und mit Ruinen‹, das hier in neu gestalteter, aber wesentlich kleinteiligerer Architektur als bislang stattfand. Bei aller Improvisationsleistung wird aber auch beispielhaft klar: Städtebaulicher Verfall war hier bereits knapp hinter der ›Schaufassade‹ der Straßensperren und kleinen Nymphäen auf beiden Seiten der Via della Foce deutlich wahrnehmbar geblieben, also nicht mehr wie bislang erfolgreich ›verdrängt‹ oder bewältigt worden. Ob die Besetzung von Ruinen durch Neubauten wie im Fall der Häuser im Serapeum tatsächlich im Sinn eines individuellen Wohngeschmacks, also einer beabsichtigten Wahrnehmung des Verfalls zu deuten ist und dabei im Sinn von neuzeitlicher Ruinenromantik ein gesuchter Assoziationsanreiz gewesen sein konnte, muß offen bleiben.

Das folgende **Kapitel II. 5. d** beschäftigt sich mit einer vorgezogenen Tabernenfront als Reaktion auf Verkehrsentlastung und Indiz einer verkehrsberuhigten Einkaufsstraße.

Die Via della Foce blieb auf den Decumanus hin auch im 4. und 5. Jh. noch ohne Straßensperren zugänglich. Bei der spätantiken Reorganisation des Stadtbilds nach vermehrten Einsturzkatastrophen stand hier wohl vor allem die Aufrechterhaltung der Anwohnerversorgung im Bereich zwischen Via della Foce und Cardo degli Aurighi im Vordergrund. Damals erfolgten neben den vorgezogenen Tabernenfronten und dem insgesamt als Bazarbereich neu gestalteten Straßenrand auch diverse letzte Thermenausbauten in diesem Viertel (Mithrasthermen; Terme Piccole und Thermen in den Serapeumshorrea). Das spiegelt einen kontinuierlichen Anspruch an die ›Wohnqualität‹ des Stadtviertels zumindest bis ins spätere 5. Jh. Vor allem südlich der Via della Foce reichte der spätantike Renovierungsanspruch weit hinter eine oberflächliche ›Schaufassade‹, während die Nordflanke der Via della Foce mit Ausnahme der für Thermen umgenutzten Horrea als große zusammenhängende Ruinenfläche belassen und systematisch abgesperrt worden war.

Nach dem **Kapitel II. 5. e** zu einem großen wohnungsbaulichen Komplex trajanischer Zeit (Regio III, i), der ein Vorbild für die ›Case a Giardino‹ gebildet hatte und wohl auch in der Spätantike noch als Herberge genutzt worden war, beschäftigt sich das letzte Kapitel zu Ostia (**II. 5. f**) mit dem Endpunkt des Decumanus, nämlich dem Subzentrum der Porta Marina in der Spätantike.

Die Caupona des Alexander Helix, ein Bar-Restaurant im Typus, wie es bereits mehrfach untersucht worden war, hatte einen großen Aussagewert zur Rekonstruktion nachseverischer Aufhöhungen und der baulichen Entwicklung des Areals vor dem ehemaligen Stadttor. Das Heiligtum der Bona Dea war nachweislich nicht langsam verfallen, sondern planiert worden. Das geschah zu einer Zeit, als das Areal vor der Porta Marina offenbar intensiver als jemals zuvor genutzt worden war. Diese intensivierte Nutzung der Plätze vor dem Stadttor als ›Forum‹ des Subzentrums an der Porta Marina seit dem 3. Jh. basierte auf vorangegangenen städtebaulichen Entwicklungen, die hier bis zur Erweiterung der Platzfläche in der Spätantike verfolgt werden.

Der eigentliche Platz unmittelbar vor dem (ehemaligen) westlichen Stadttor, der Porta Marina, war relativ spät in der Stadtgeschichte, d. h. nicht vor dem 4. Jh., durch Planierung von ungebrauchten Altbauten, hier vor allem eines Heiligtums, entstanden. Das erinnert unmittelbar an die städtebauliche Entwicklung des Piazzale della Vittoria am ›anderen‹ Ende der Stadt, also im Osten unmittelbar an der Porta Romana. Einige Aspekte sind allerdings unterschiedlich: Während am Piazzale della Vittoria zwar einzelne Grabstatuen aus den nahen Nekropolen für die Ausstattung des Platzensembles wiederverwendet worden zu sein schienen, die Gräber aber selbst beibehalten wurden, wurde hier an der Porta Marina ein ganzes Grabmal teilweise überbaut und in einen spätantik ausgebauten Villenkomplex einbezogen.

Der fast 2000 qm große und unmittelbar an die Stadtmauer grenzende suburbane Villenkomplex, der hier erstmals als solcher benannt wird, bestand aus einem zentralen offenen Bereich, der möglicherweise als Garten gedient hatte und daran angrenzenden Bauten. Der funktionale Zusammenhang der um diesen Bereich gruppierten und zum Teil sehr aufwendig dekorierten Gebäudeteile aus mehr als 20 erhaltenen Räumen und Raumgruppen ist anhand der Orientierung der Raumöffnungen aufeinander evident. Bisher war dieser Bereich aber mit Ausnahme eines oktogonalen Mosaikraumes noch nie als zusammenhängende Wohn- und Besitzeinheit erkannt und behandelt worden. Das ist insofern umso erstaunlicher, als sich hier einer jener Wohnsitze erhalten hat, der anhand seiner Größe im Gegensatz zu den innerstädtischen Häusern für die grundbesitzende Elite Ostias in Anspruch genommen werden könnte. Für eine anspruchsvolle Bewohnung spricht nicht nur das einzig erhaltene und sehr aufwendige Mosaik, sondern auch der Grundrißtypus der repräsentativen Dreiraumgruppe an der Nordwestseite des Gartenareals.

Gegenüber dieser Villenanlage lag ein durch Mauern umgebenes Platzareal, das sogenannte Foro di Porta Marina (FPM). Es bildete allein wegen seiner Größe und direkten Anbindung offenbar ein wichtiges Zentrum des Stadtviertels an der Porta Marina. Auf Basis des Apsidenraums am rückwärtigen Platzende kann es vielleicht als zumindest teilweise kultisch genutzt gedeutet werden. Dafür spräche auch eine inzwischen weitgehend verschwundene, aber durch alte Fotografien belegte und wohl als ›Altar‹ zu deutende Struktur mit frontalen Treppen, die sich in der Mittelachse vor der spätantik renovierten rückwärtigen Apsis des Platzareals befand. Möglicherweise handelte es sich auch um einen kleinen Tempel, der in Spolienbauweise ausgeführt worden war.

Mit einer Reihe von späteren Einbauten in die Portiken diente der Platz auch nach seiner Erhöhung noch als spätantikes Forum oder Markt (*macellum*) bis zur Aufgabe des Stadtviertels. Es ist nicht mehr klärbar, ob dieser Platz mit einem durch die Historia Augusta für Aurelian überlieferten Neubau eines ›meeresnahen‹ Forums identisch ist oder nicht, seine grundlegende Anlage geht aber auf das 2. Jh. zurück. Nachuntersuchungen haben ergeben, daß die Portiken mit mehreren Trennmauern in Art von Tabernen ausgestattet waren, wobei sich der Verlauf einiger dieser heute fast vollständig verschwundenen Trennmauern noch am Putz ablesen läßt. Plätze dieser Art lassen sich typologisch am ehesten mit Macella vergleichen.

Teil III der Arbeit ist den Vergleichen zu Metropolen des Reichsostens gewidmet, insbesondere den Analogien zu einem spezifischen urbanistischen Zusammenhang aus Prozessionsachse, Festplatz und Theater. **Kapitel III. 1** beginnt mit der Untersuchung der Südagora von Aphrodisias.

Drei Vergleichspunkte zur Promenade und dem Komplex aus Theater und Piazzale delle Corporazioni von Ostia bieten sich an:

- abgeschlossene Plätze mit idealerweise zwei großen Freiluftbecken wie die Südagora von Aphrodisias mit Anbindung des Theaters und als innerstädtischer ›Nymphenhain‹;
- Theater, die nachweislich für Wasserspiele umgebaut wurden (z. B. Hierapolis, Assos etc.) und für die konkrete Festivitäten wie das sogenannte Maiumas- oder Maifest überliefert sind;
- formal vergleichbare Plätze ›hinter‹ dem Theater mit mittigem (Brunnen-)Monument wie etwa der Tetrastoon-Komplex von Aphrodisias und der extra-murale Brunnenplatz in Side.

Der Zugang zur Südagora von Aphrodisias wurde bis auf zwei schmale Durchgänge an den Seiten eines großen Wasserbeckens zugesetzt. Die durch die Platten geschlossene Sockelzone der neuen Schauwand anstelle des ehemals offenen Treppen- und Pfeilerbaus veränderte die Wirkung und Funktion des Baus radikal. Dieser grundlegende Funktionswandel erinnert an die Celsusbibliothek in Ephesos, die als ehemals zugängliches Gebäude ebenfalls durch die Anfügung eines Wasserbeckens auf eine Ansichtsseite und eine dementsprechend ausschließliche Fassadenwirkung reduziert worden war.

Die großfigurigen Reliefs zierten in Zweitverwendung die Vorderseite des Beckens der Südagora – einige wiederverwendete Inschriften ergeben einen Terminus post quem von 414 – und waren daher gut sichtbar, wie das auch beim über 2 m hohen Becken vor der Celsusbibliothek in Ephesos nach der Zerstörung des Innenraums der Celsusbibliothek durch die Erdbeben von 262 und einer längeren urbanen Rekreationsphase im 4. Jh. der Fall war. Aphrodisias verfügte damit über zwei hypäthrale Becken, die in ihren außerordentlichen Dimensionen an die Wasserbecken u. a. des Festortes Androna in Syrien oder Birketein bei Gerasa erinnern, für Innenstädte insbesondere im Reichswesten aber – mit der möglichen Ausnahme des Festplatzes des Piazzale delle Corporazioni Ostias – ohne Parallele sind, zumal es sich dort neben einer möglichen temporären kultischen Nutzung um reine Zierbecken ohne die hauptsächliche Funktion eines Wasserreservoirs handelte.

Die Nutzungsspuren geben in Aphrodisias einzigartig klare Hinweise auf die Funktion dieser Wasserbauten und der im Zusammenhang dazu errichteten Sitzstufen: Deutliche Vertiefungen von Generationen von Sitzenden zeigen sich jenseits der meist platztrennenden Spielfelder, die weniger stark oder gar nicht eingetieft sind. Nachdem sich der Großteil der Spielfelder und Graffiti mit teilweise dezidiert paganen Darstellungen, u. a. von Kultstatuen mit Polos, analog zum Beckenzubau des Agorators auf der gesamten Südagora als Ausstattung der letzten Nutzungsphase im 5. Jh. ansetzen läßt, konnte das als Hinweis auf die kultischen Abläufe gelten, wobei auch Kultinventar entsprechend zu den Graffiti in situ im ›Nymphenhain‹ in Mitte des Platzes gefunden wurde. Die dadurch nachweisbar spätantike Schwerpunktnutzung als Aufenthalts- und Zuschauerraum für spätantike Feste paganen Ursprungs erweist sich damit unabhängig von der Diskussion um die ursprüngliche Funktion der Stufen: In Verbindung zur westlich angrenzenden Thermenanlage deutete man diese frühkaiserzeitlichen Sitzstufen zunächst als Teil einer Palästra. Mit der Wiedererrichtung des nutzlos gewordenen Torbaus ging also wohl seine Spezifizierung für das Maifest (Maiumas) und seiner aquatischen Festspiele einher. Betretbare ›Schaubecken‹ waren neben dem Theaterumbau für Wasserspiele dazu offenbar Voraussetzung, wie sie mehrere spätantike Städte, so u. a. auch Ostia, boten.

Der Übergang von der zentralen Promenade zum Bereich um das Theater ist bisher noch nicht ausreichend erforscht. Klar ist jedoch, daß die besonders breite Prachtstraße und Promenade mindestens vom Tetrapylon im Norden bis zum Tetrastoon-Komplex vor dem Theater im Süden reichte und mit einigen Zugangsbeschränkungen, die an den spätantiken Platz vor der Celsusbibliothek in Ephesos erinnern, direkt auf letzteren Platz vor dem Theater mündete. Der Platz ist insofern von besonderem Interesse, da er wie die Promenade selbst einen zentralen Teil der spätantiken Neuorganisation der Stadt bildete. Anstelle der dorischen Portikus der hellenistisch-hochkaiserzeitlichen Bauphasen wurde im späten 4. Jh. hier eine große Platzanlage, nachweislich mit zumindest temporärer Marktfunktion, errichtet. Es handelt sich also hier um die nächste funktionale und kontextuale Parallele zum Foro della Statua Eroica in Ostia. Hier wie dort handelte es sich möglicherweise auch um einen spätantik neu ausgestatteten End- und Zielpunkt der Promenade.

Nicht-christliche Versammlungs- und Festbauten belegten das topographische wie politische Zentrum der Stadt auch noch in der zunehmend christianisierten Gesellschaft des 5. Jhs. und bedurften zweifelsohne der offiziellen Duldung durch die kommunalen Autoritäten. Als Pars pro Toto vieler ›vergessener‹ Feste der Spätantike wurde hier ein Fest näher untersucht, das in der Spätantike überraschend gut überliefert ist: Das Maifest ›Maiumas‹. Die Bedeutung des Maiumasfestes, das überhaupt erst seit dem 3. Jh. von einem syrischen Lokalfest verstärkt in den Vordergrund städtischen Festalltags auch anderer Provinzen trat, unterstreicht dabei den Charakter der Innovation: Es war ein neues Fest, das hier ins Zentrum überraschend vieler spätantiker Stadtkulturen trat. Das mit bis zu 30 Feiertagen längste und offenbar auch weithin beliebteste Volksfest der Spätantike, Maiumas, wurde nach zwischenzeitlichen Verboten bis in mittelbyzantinische Zeit gefeiert. Szenische Wasserspektakel im Theater, die damit zusammenhingen, erreichten gerade in der ausgehenden Spätantike eine große Beliebtheit: der Spielbetrieb im Theater von Aphrodisias reicht bis zum Einbau einer Kapelle des 6. Jhs., im Theater von Ephesos kann dieser sogar nach dem Bau der byzantinischen Mauer weiter angedauert haben. Vor diesem Hintergrund wird deutlich, daß dieses Fest – oder ähnliche Festspiele im regulären Theaterbetrieb ohne direkten kultischen Kontext – offenbar nicht nur im Reichsosten, sondern auch in einigen kosmopolitischen Hafenstädten des Westens wie Ostia anhand der Theaterumbauten und einer Vielzahl von weiteren Vergnügungs- und Festbauten einen deutlich sichtbaren Schwerpunkt im Stadtbild hinterlassen haben konnten.

Hier eine krypto-pagane Kultausübung zu vermuten, würde weder dem offiziell-identitätsstiftenden Charakter des Maiumasfestes gerecht, noch der Struktur der entsprechenden Festbauten, die keinerlei Form von Abgeschlossenheit demonstrieren. Gesichert ist hier wie in Ostia der architektonische Rahmen dieser szenischen Wassserspektakel im Theater und dem angrenzenden Piazzale delle Corporazioni mit großen hypäthralen und über Stufen betretbaren Wasserbecken. Das findet eine direkte Analogie im betretbaren Becken der Südagora von Aphrodisias, das sogar über eine breite Rampe für einen Festwagen o. ä. zugänglich war. Im Fall von Aphrodisias blieben die nicht-christlichen Festivitäten unter kommunaler Initiative nicht nur baulich, sondern auch inschriftlich bis ans Ende des 5. Jhs. überliefert. So wirft die spätantike Festpraxis zumindest zum hier näher untersuchten Frühjahrsfest Maiumas (weitere Jahreszeitenfeste, zu denen es aufgrund späterer christlich motivierter Quellenredaktion keine vergleichbar reiche Überlieferung mehr gibt, wären dementsprechend zu erwarten) ein Schlaglicht darauf, wie die Promenade und die unmittelbar daran angrenzenden spätantiken Platzanlagen zeitweise genutzt worden sein konnten.

Das nächste **Kapitel III.2** beschäftigt sich mit Analogien aus einer sozialstrukturell gut mit Ostia vergleichbaren Hafenstadt, nämlich Ephesos. Im Schwerpunkt des Interesses stehen drei städtebauliche Ensembles, die Prozessionsachse der Arkadiane zum Theater, die Fußgängerzone des Embolos und der Festplatz vor der umgebauten Celsusbibliothek als ›umgenutzter‹ Brunnenplatz.

Wie in Aphrodisias standen auch zwei innerstädtische Prozessionsabschnitte auf der ephesischen Hauptstraße, nämlich die Arkadiane und die Kuretenstraße, in Bezug zu spätantik umgenutzten Platzanlagen. Die Arkadiane ermöglichte den festlichen Zugang zur Stadt ›von außen‹, in diesem Fall vom Hafentor her. Sie selbst blieb vielleicht für Wagenverkehr gesperrt, der auf die weiter südlich verlaufende parallele Hauptachse ausgelagert wurde, die zur Handelsagora führte. Der Charakter des Besonderen wurde von der Möglichkeit unterstrichen, die Arkadiane vom Hafentor bis zu ihrem Ende am Standbild des wilden Ebers mit fünfzig Laternen zu beleuchten.

Auch für Ephesos gilt wie für Ostia: Die Fülle der spätantik in Funktion befindlichen, umgebauten sowie neu hinzugekommenen Plätze und damit verbundenen Bauaktivitäten überrascht und erweitert das bisherige Bild einer Reduktion spätantiker Bauaktivität ›nur‹ auf den Straßenraum. Unabhängig von Abwanderung und einer möglichen rückläufigen demographischen Entwicklung scheint sich ein kontinuierlicher Bedarf an öffentlichen Versammlungsflächen an allen wichtigen Straßenkreuzungen und Nutzungsmittelpunkten des späten urbanen Lebens abzuzeichnen. Das gilt bereits für den vergleichsweise kleinen Ausschnitt des Stadtbilds, der bis heute bekannt ist. Insbesondere die Sitzstufen, die sich an allen untersuchten Plätzen finden, unterstreichen deren Bedeutung als konkrete Nutzbauten und Versammlungs- bzw. Festorte oder als Zuschauerraum für Spektakel, Prozessionen und Feste. Unabhängig davon, wie man sich den konkreten Ablauf der Festivitäten sowie die Häufigkeit und Bedeutung solcher ›säkularer‹, d. h. von den verbotenen paganen Kulten auf mythologisches Begleitpersonal wie Chariten, Nymphen oder Grazien übertragene Stadtfeste auch im 5. Jh. noch vorstellen mag, ist bedeutsam, daß es auch über das Ende des 4. Jhs. hinaus immer noch städtischen Raum gab, der für öffentliche Großereignisse zur Verfügung stand, deren Verwurzelung in der paganen Fest- und Genußkultur außer Zweifel stehen musste. Das direkte bauliche Pendant zur Südagora von Aphrodisias bildete dahingehend, auch bezüglich der Sitzstufen, der Celsusvorplatz. Der hier untersuchte Ausschnitt aus dem Stadtbild von Ephesos mag als Pars pro Toto für die Vermutung einer umfassenden Kontinuität des repräsentativen Anspruchs an öffentlichen Raum im 4. und 5. Jh. trotz des umfangreichen Funktionswandels gelten, der bereits für Ostia großflächig belegt werden konnte.

Das letzte **Kapitel IV** versucht einen Überblick über wesentliche hier vertretene Thesen zur Bewältigung des Verfalls im spätantiken Ostia zu geben.

Die Genese der spätantiken Stadtorganisation erfolgte in manchen Stadtkulturen kontinuierlich, in anderen dagegen in bestimmten Zeitraumen geballt, z. B. nach großflächigen Einsturzkatastrophen der Altstadt, Leerstand und einer entsprechend deutlichen nutzungsgeschichtlichen Zäsur. Die Geschichte der Bewältigung des spätantiken Verfalls in Ostia läßt neben deutlichen Aspekten der Diskontinuität, so der großflächigen Aufgabe gewerblich dominierter Stadtviertel und der Verlagerung von Wohnvierteln, zumindest fünf Phasen besonders geballter Bauaktivitäten im verbliebenen Stadtareal im Sinn eines kontinuierlichen repräsentativen Anspruchs an öffentlichen Raum differenzieren:

- Baumaßnahmen als Reaktion auf besonders verbreitete Einsturzkatastrophen um 275/280, deren Ursache wartungsbedingter Verfall, gewerbliche Umstrukturierung (die Aufgabe von ›Export‹), möglicherweise aber auch Stadtbrände gewesen sein konnten, die in mehreren Bauten nachweisbare Schäden ausgelöst hatten;

- Einsturz, wartungsbedingte Reparaturen und Neubauten um die Mitte des 4. Jhs.;
- die konzentrierten Stiftungen des Ragonius Vincentius Celsus (385–389) und seiner unmittelbaren Nachfolger;
- der Wiederaufbau der Zeit um 450, der ebenfalls auf eine Serie geballter Einsturz- und Brandkatastrophen, möglicherweise zum Teil mit gemeinsamer Ursache der Erdbeben von 442/443 in Rom und Ravenna, gefolgt war;
- die bislang letzten nachgewiesenen Reparaturen des Infrastrukturangebots im späten 5. Jh. bzw. frühen 6. Jh. (das betraf vorwiegend improvisierte Reparaturen des Bodenpflasters spätantiker Marktplätze wie z. B. des Foro della Statua Eroica).

Vom späten 3. Jh. bis zur Mitte des 5. Jhs. erfuhr Ostia einen grundsätzlichen Wandel, der schrittweise vonstatten ging und auf der Bewältigung des Verfalls der hochkaiserzeitlichen Stadtstruktur beruhte. Dieser Wandel betraf die wesentlichen Bereiche städtischen Lebens und damit fast alle heute noch untersuchbaren Parameter von Stadtstruktur:

- Verkehrsnetz: Durchlässigkeit im Inneren sowie Orientierung nach außen.
- Die Organisation und ›Zonierung‹ von Stadtvierteln mit lokal sehr unterschiedlichen Charakteristiken.
- Organisation der offiziellen Repräsentation entlang einer geballten Prachtmeile oder ›Promenade‹ des Decumanus bis zum Forum.
- Gewerbe, Produktion, Handel: Die neuen Marktanlagen der Innenstadt zu beiden Seiten des Forums anstelle der aufgegebenen Horrea der tibernahen Stadtviertel.
- Dienstleistung und die grundlegende Versorgung der Anwohner.
- Das neue oder erweiterte Infrastrukturangebot für Vergnügen, Kommunikation, Müßiggang: Nymphäumsräume, Prachtlatrinen, kleine Thermenanlagen, Portiken und Plätze.
- Die Organisation und Verteilung anspruchsvollen Wohnens in aufgelassenen Gewerbe- und Tempelarealen: neue Wohnungsarten, -größen, -anordnung.
- Die sakrale Topographie: Kontinuität von heidnischen Kulten und Festorten gegenüber der schrittweisen Auflassung von Tempeln und der Wiederverwendung der Ausstattung.
- Die Spoliation der vorstädtischen Nekropolen zur Pflasterung der spätantiken Plätze, Portiken und zur Ausschmückung der Innenstadt mit Statuen.

Die bisherige Beschäftigung mit dem spätantiken Ostia läßt sich meist auf eines der sieben gängigsten Hypothesen oder historische ›Narrative‹ reduzieren, die auf einer ausschnittsweisen Materialbasis gewonnen wurden. Sie stehen auf dem Prüfstand, weil die Grabungstagebücher Finellis (GdS) oder die Kommentare zu Inschriften bei Wickert jeweils eher davon abweichende Deutungen zu unterstützen scheinen:

1. Das Narrativ vom ›langsamen Verlassen‹ Ostias ohne Katastrophenszenarien
2. Das Narrativ des ›frühen Verlassens‹ Ostias bereits seit dem späten 3. Jh.
3. Das Narrativ der vollständigen Christianisierung des Stadtbilds bereits im 4. Jh.
4. Das Narrativ einer kurzen, isolierten und folgenlosen ›paganen Renaissance‹ im späteren 4. Jh.
5. Das Narrativ der beinahe völligen Bedeutungslosigkeit Ostias im bis heute unbekannt gebliebenen 5. Jh.
6. Das Narrativ der Verschiebung des spätantiken Siedlungsschwerpunkts in den Westen der Stadt
7. Das Narrativ der administrativ-kommerziellen Bedeutungslosigkeit des Stadtzentrums in der Spätantike

Die vorliegende Studie versammelt eine bislang nur sehr verstreut wahrnehmbare und daher bislang kaum wahrgenommene Evidenz, diesen sieben Narrativen zu entgegnen. Hier sei nur kurz auf einige in der Arbeit näher ausgeführte Aspekte eingegangen, diese Hypothesen zu relativieren.

Ad 1.) Ostia stellt seit seiner Auffindung in der breiten Wahrnehmung eine Art ›Gegenbild‹ zu den Vesuvstädten Pompeji oder Herculaneum dar. Dieses Bild ist – wie generell jedes Narrativ – eine historische Konstruktion, die neben dem Interpretationsspielraum des Materials auch abhängig von den Fragen und Anschauungen der jeweiligen Forscher und dem Zeitgeist ihrer Generation ist. In Ostia dominieren – das war die zentrale Neuerkenntnis der Ausgrabungen Guido Calzas seit 1917 – vielgeschossige Insulae, in den Vesuvstädten zweigeschossige Häuser, hier war der Niedergang durch schleichenden Verfall charakterisiert, dort ein abruptes Ende durch die spektakuläre Katastrophe. Das ist bereits für den zu stark kontrastierten Unterschied Insula-Haus für beide Seiten des Vergleichs nicht zutreffend und auch chronologisch zu differenzieren, zumal Ostias Insulae gerade in späteren Phasen einem neuen ›Hausboom‹ weichen mußten. Aber auch in Ostia spielen externe Katastrophen eine bislang unterschätze Rolle: es ist eine bislang unbeachtete Evidenz von Rissen in Böden und Mauerwerk zu beobachten, die z. B. erst neuere Ansätze zur Archäoseismologie als System zu verstehen beginnen. Gerade Ziegelmauerwerk ist ein einzigartig aussagekräftiges ›historisches Archiv‹ zur Bau- wie Verfallsgeschichte eines Gebäudes. Aber auch neuere Bauaufnahmen und der Befund einer sehr typischen Zerstörungs-, Brand- und Lehmschicht in einer Stratigraphie des Foro della Statua Eroica und des Forums um die Mitte des 5. Jhs. scheinen das gewohnte Bild schleichenden Verfalls und steter Ausraubung zu stören. Doch bei aufmerksamer Betrachtung ist eine Korrektur bereits aufgrund des Studiums der Grabungstagebücher (GdS) notwendig: Finelli schildert, sobald er auf die höchsten, also spätesten Schichten zu sprechen kommt, im Großteil der Fälle Szenarien von plötzlichem Einsturz in einer Brandschicht, wobei meist viel Ausstattung wie z. B. auch Statuen in diesem Versturz liegengeblieben war. Und nicht zu vergessen: Gerade Ostia überliefert die größte Anzahl von Inschriften sowie Statuen aus einer antiken Stadt vergleichbarer Größe, d. h. von einer kontinuierlichen, schleichenden Beraubung würde man sich eine andere Hinterlassenschaft erwarten. Ein derzeit laufendes Forschungsprojekt des Autors in Kooperation mit einem Habilitationsprojekt von Laura Pecchioli widmet sich gerade den Szenarien katastrophenbedingten Verfalls auf Basis der genauen Analyse von erdbebentypischen Brüchen in Böden und Wänden. Diese Verfallsbefunde müssen mit stratifizierten Befunden von Reparaturen, aber auch einsturzbedingten Münzhorten abgeglichen werden, um Datierungshinweise zu erhalten. Erst die Übereinstimmung vieler Mikrohistorien erlaubt es dann, extern datierte Katastrophen methodisch legitim bestimmen zu können, die möglicherweise zur gleichen Zeit größere Teile der Stadt verwüstet hatten. In der vorliegenden Arbeit verdichtet sich bislang der Eindruck, der auf einer großen Reihe von Mikrohistorien gewonnen wurde, zur Mitte des 5. Jhs. einen wesentlichen Wendepunkt in der Stadtentwicklung Ostias fassen zu können. Inwiefern hier auch jenseits der Innenstadt von einem einzelnen Auslöser wie einem Erdbeben wie jenem für 442/443 überlieferten auszugehen ist, bleibt letztendlich noch durch den Vergleich aller neueren Studien zu Ostia, u. a. in Kooperation mit Geologen oder dem Porta-Marina-Projekt zu klären. Eine reiche Evidenz an gesicherten Erdbebenzerstörungen, die gerade im Fall der Marmorbauten um das Forum auch eine deutliche Zäsur in der Funktion des gesamten Platzensembles darstellten, spricht aber für ein Szenario plötzlichen Einsturzes, der durch eine Erhöhung des Gehniveaus in der Stadt ›kaschiert‹ wurde. Umgekehrt beginnen in der zweiten Hälfte des 5. Jhs. die Zeichen der unwiderruflichen Demontage der antiken Bauten zu dominieren, einhergehend mit neu entstehenden ›Recyclingbetrieben‹ für Marmor. Gerade die Umwandlung des Forums vom repräsentativen Zentrum des Gemeinwesens in einen ›Baumarkt‹ für Spolien mit angeschlossenen Kalkbrennereien läßt sich weniger durch schleichende Schrumpfungsprozesse als durch eine nicht mehr zu bewältigende Einsturzkatastrophe erklären, nach der plötzlich riesige Mengen an Marmorbruch zur Verfügung standen. Auch die Bewohnungsgeschichte vieler innerstädtischer Häuser wie die Domus delle Colonne zeigt zur Mitte des 5. Jhs. eine deutliche Zäsur, wobei danach viele wichtige Räume eingestürzt oder unbenutzt blieben. Das bislang offenbar erfolgreich gewartete Abwassersystem, das in den Tiber entwässerte, wurde seit der zweiten Hälfte des 5. Jhs. wieder durch lokale Sickergruben ersetzt. Auch die Fließwasserversorgung scheint nur in einigen Fällen noch nachweislich renoviert, so anhand von beschrifteten Bleileitungen nach Jahrhundertmitte in den Terme del Faro. Der Zusammenhang von Sickergruben und der Umstellung auf Grundwasserbrunnen auf das Entstehen von Seuchen sei nur stellvertretend angedeutet, um die Ursachen für die rapide Desurbanisierung durch Entvölkerung nach dem 5. Jh. auch ohne die Einwirkung weiterer externer Katastrophen – wie z. B. die Gotenkriege oder Pestepidemien – zu verstehen.

Ad 2.) Dem für Gewerberaum wie Tabernen, Produktionsbetriebe (vor allem Bäckereien) und Horrea durchaus zutreffenden Verlassen noch im 3. Jh. steht eine reiche Evidenz anderer Bauten entgegen, die gerade in der Spätantike in Ostia ihre (späte) Blüte erfuhren. Ein prominentes Beispiel wären die beiden großen Fassadennymphäen der Stadt, jeweils an den Enden des repräsentativ ausgebauten Decumanus, am Piazzale della Vittoria und dem Platz am Bivium (P4) unmittelbar westlich des Castrums, andere Beispiele die neuen Portiken und Platzanlagen, sowie eine Vielzahl neu entstandener kleiner Marmorbauten, seien es Zierbrunnen, Prachtlatrinen oder ein neuer Typus halböffentlicher Aufenthaltsbereiche wie sogenannter Nymphäumsräume. Das Narrativ ist also nicht per se falsch, jedoch auf einseitiger Materialauswahl oder einer rein exportgewerblichen Perspektive basierend. Was mit Ostia nach der Mitte des 3. Jhs. geschah, kann sich statt einem linearen Verfallskonzept folgend tendenziell eher mit einem grundsätzlichen Wandel von einer gleichförmigen Gewerbestadt und deutlichen Defiziten an öffentlicher Infrastruktur gerade im 2. Jh. zu einem Elite- und Vergnügungsresort gehobenen urbanistischen Ausstattungsstandards im 4. Jh. beschreiben lassen.

Ad 3.) in einem eigenen Forschungsprojekt, das von der Gerda-Henkel-Stiftung finanziert worden war, konnte die Evidenz paganer kontinuierlicher Nutzung der zentralen Heiligtümer der Innenstadt, aber auch die Umwandlung von Brachflächen wie des aufgegebenen ›Händlerforums‹ des Piazzale delle Corporazioni in einen spätantiken Festplatz für Wasserspektakel unter freiem Himmel untersucht werden. Die Spoliation des Altars des Kapitols ist nach neuesten Erkenntnissen erst durch späteste Steindepots gesichert, in denen die intentionale Zerkleinerung zudem unvollendet blieb. Ein kleiner Tempel, der im Detail von der Kent-University untersucht wurde, war wohl noch im 4. Jh. durch Umbau aus einem severischen Brunnenmonument gewonnen worden. Bis zur Mitte des 5. Jhs. blieb das zentrale Rundmonument auf dem Forum Anknüpfungspunkt der ältesten Stadtgeschichte und wohl Identifikationsort auch für populäre Stadtgründungsfeste, zugänglich und gewartet. Die zahlreichen Festplätze um das für Wasserspiele umgebaute Theater legen ebenfalls nahe, daß hier eine christliche Topgraphie von Märtyrermemoria – wenn überhaupt – nur versteckt lesbar war. Die Eignung des mit neuen Portiken ausgebauten Decumanus für Prozessionen mit Endpunkt Forum bezog sich nachweislich nicht auf die am Stadtrand gelegene Hauptkirche Ostias. Das Stadtbild Ostias war also auch im frühen 5. Jh. noch höchstens im Ansatz ›christianisiert‹, sein rapider Verfall nach der großen Katastrophe zur Mitte des 5. Jhs. verhinderte wohl eine weitere, intensivierte und nun auch das ehemalige Stadtzentrum umfassende Christianisierung.

Ad 4.) Die Idee einer kurzfristigen paganen ›Renaissance‹ geht auf die Annahme der Ausgräber des frühen 20. Jhs. zurück, die überraschend zahlreichen Bauinschriften des späten 4. Jhs. in einen konkreten mentalitätsgeschichtlichen Kontext zu stellen. Die hier durchgeführten neuen Untersuchungen zur Baugeschichte der wichtigsten Marmorbauten am und um das Forum herum zeigt dagegen mehr Kontinuität vom späten 4. Jh. in die erste Hälfte des 5. Jhs. an. Relativ regelmäßige Renovierungsintervalle derselben Bauten belegen also, daß das Phänomen der Baustiftungen der Präfekten der Annona zwar gegen Ende des 4. Jhs. aufhört, die Baufürsorge aber auch ohne inschriftliche Evidenz durchaus noch weiter im 5. Jh. andauerte. Der geballte Neubau in der Zeit des Theodosius scheint vielleicht eine konkrete Antwort auf den ebenso geballten Verfall von Altbauten um oder nach der Mitte des 4. Jhs. gewesen zu sein, der sich durch zahlreiche Münzhorte in verfallen gebliebenen oder nachträglich erhöhten Bereichen stadtweit nachweisen lies. Dieser Verfall war nicht endgültig: er wurde offenbar durch ein umfassendes und auch sehr nachhaltiges ›Krisenmanagement‹ überwunden. Die spätantike Reorganisation des Verkehrssystems, der Bau der meisten späten Platzanlagen und die neue Organisation der Wohnviertel jeweils um einen zentralen Nukleus aus großen spätantiken Häusern scheint nach Ausweis gleichartiger Erhöhungen des Gehniveaus in die zweite Hälfte des 4. Jhs. und erste Hälfte des 5. Jhs. zu weisen.

Ad 5.) Nur zwei Bauinschriften lassen sich auf das 5. Jh. beziehen, die eine auf eine renovierte Kurie, die andere auf ein repariertes Macellum. Doch diesem auslaufenden ›epigraphic habit‹ stehen erstmals stratifizierte und überraschend zahlreiche Befunde spätantiker Bautätigkeit des 5. Jhs. auf dem Foro della Statua Eroica und dem Forum selbst entgegen. Die letzten Ausbauphasen eines repräsentativen Marmorpflasters auch der übrigen Platzanlagen der Innenstadt Ostias reichen ebenfalls zumindest bis zur Mitte des 5. Jhs., als Reparatur einer großen Einsturzkatastrophe. Die Portiken des Forums wie des Foro della Statua Eroica – und wohl auch des Vorplatzes vor dem Tempio Rotondo – wurden damals ein letzen Mal eingeschossig wiedererrichtet. Großflächiger Leerstand und die Aufgabe bzw. Umwandlung von marmorisierten Portiken in Lager- und Gewerberaum erfolgte zunächst nur vereinzelt (MFD), als nach Ausweis der Münzen nach Mitte des 5. Jhs. Ostias Zentrum zunehmend eine neue Rolle als Baustofflieferant und Ort intensiven Recyclings zugekommen war.

Ad 6.) Dagegen sprechen vor allem die spärliche, aber doch überraschend zahlreiche Evidenz möglicher Häuser mit Apsis und weiteren Räumen im spätantiken Wohngeschmack, die auffallend oft in aufgegebene Horreabauten an der Südflanke des Decumanus vom Piazzale della Vittoria an bis zur Höhe des Theaters eingebaut worden zu sein scheinen. Ein weiteres Argument bilden die zahlreichen Neubauten von kleinen Platzensembles an der Nordflanke des Decumanus, die in Art der zeitgleichen ›privaten Plätze‹ Roms im späten 4. und 5. Jh. in Beziehung zu großen spätantiken Häusern gebaut worden waren. Vor allem aber spricht der Umbau des Theaters für Wasserspiele dagegen, der sich mit einer Reihe von um das Theater geballten und sogar durch Bauinschriften gesicherten Baumaßnahmen des späten 4. Jhs. verbinden läßt. Möglicherweise war es sogar zur Umwidmung und dem Neubau von Bogenmonumenten an dieser Stelle gekommen, was neben der Ballung privaten Wohnens auch einen prominenten öffentlichen Aspekt spätantiker Bautätigkeit an dieser Stelle illustriert. Eine Statue der Dea Roma wird hier am Ende des 4. Jhs. mit Inschrift eines der Präfekten der Annona neu aufgestellt. Bereits Wickert kommentierte die Ballung spätantiker Bauaktivitäten im Stadtviertel um das Theater anhand der Inschriftendichte dieser späten Zeit als außerordentlich, sogar als größer als um das Forum und den gesamten Westen der Stadt. Auch der nunmehr aufgegeben Piazzale delle Corporazioni hinter dem Theater erhält eine neue Bedeutung als Festplatz für gerade in der Spätantike in Mode gekommene Feste, bei denen hypäthrale Schaubecken und Wasserspiele eine bedeutende Rolle spielten. Es muß also kein Zufall sein, daß das vorwiegend im Reichsosten bekannte Maiumasfest (Maifest) als letztes synkretistisches Fest der Spätantike auch in byzantinischen Quellen als eine der wenigen Orte im Reichswesten für Ostia erwähnt wird.

Ad 7.) Dagegen sprechen die spätantiken Umbauten und Nutzungsphasen aller Platzanlagen des Stadtzentrums, die zusammengenommen fast die gesamte Fläche des alten Castrums einnahmen. Auf dem Forum und seinen im Osten wie Westen angrenzenden Plätzen ist zumindest bis zur Mitte des 5. Jhs. eine kontinuierlich repräsentative Bau- und Renovierungstätigkeit nachzuweisen. Zwei der fünf größten Plätze der Innenstadt wurden in der Spätantike sogar *ex novo* gebaut, was sogar einen gesteigerten Bedarf an marmorgepflasterten Platzanlagen in der Spätzeit Ostia gegenüber der hohen Kaiserzeit belegt (Exedra, Foro della Statua Eroica, Platzanlage P1h neben der ›theodosianischen‹ Portikus). Auf der Palästra der Forumsthermen entstanden durch Umbau die bislang spätesten faßbaren Häuser und Tempel Ostias. Der Vorplatz des Tempio Rotondo auf das Forum hin wurde zu einem großen Marktplatz umgewandelt, der im 4. Jh. insgesamt neu gepflastert worden war und eine Ausstattung aus Spolienbasen erhielt, die auch im 5. Jh. weiter instand gehalten wurden. Dasselbe gilt für die Forumsportiken und das ›Foro della Statua Eroica‹, deren späteste Renovierungen zwar einen improvisierten Charakter aufweisen, jedoch noch in die zweite Hälfte des 5. Jhs. zu datieren sind. Die sekundäre Marktnutzung ist auf allen genannten Plätzen möglicherweise als Ersatz inzwischen aufgegebener Areale in den tibernahen Stadtvierteln zu verstehen. Auf dem Forum werden zur selben Zeit auch administrative Schwerpunkte renoviert (Dreiraumgruppe MFR) oder sogar neu ausgebaut (Casa della Basilica CDB und Aula del Buon Pastore (ABP) gegenüber des Foro della Statua Eroica), was der These eines administrativen Bedeutungsverlusts des Stadtzentrums zumindest bis zur Mitte des 5. Jhs. widerspricht.

Hervorzuheben ist, daß im spätantiken Ostia des 5. Jhs. beide urbanistischen Phänomene, die Verarmung und Vernachlässigung ganzer Stadtviertel einerseits, und der Bau neuer Luxuswohnungen und Häuser andererseits zeitgleich und parallel zueinander stattgefunden hatten. Dazu wurden gut vergleichbare städtische Ensembles aus Ephesos und Aphrodisias als Vergleich erörtert. Auch dort kommt das Phänomen der Kaschierung von Ruinen und der Betonung neuer Hauptachsen sowie der nun konzentrierte Ausbau der Infrastruktur, z. B. um das Theater vor. Und auch dort gab es Areale, die aus der Wahrnehmung ausgegrenzt bzw. durch Mauern abgeschlossen wurden und fortan nur noch ›abusiv‹ genutzt wurden. Zu fast allen geschilderten Phänomenen lassen sich Analogien finden, nur sind die Befunde in Ostia unter urbanistischem Blickwinkel immer noch die vollständigsten sowie auf Basis der Menge an Befunden auch statistisch relevantesten. Hier wie dort gab es also keine lineare Abfolge eines irreversiblen Niedergangs der spätantiken Stadtkultur vor dem 6. Jh., sondern eine Koexistenz von Niedergang, Kontinuität und neuer Blüte, wenn auch auf spezifische Anforderungen konzentriert. Das Trennelement beider Zonen von Verfall und Blüte bildete die vor allem in Ostia weit mehr als davor mit Marmorbauten nobilitierte Hauptachse des Decumanus. Dieser war mit Marmorspolien gepflastert worden und erreichte den Höhepunkt seines Ausstattungsluxus erst im Lauf des 5. Jhs., als die letzten Platzanlagen vollendet worden waren und die beiden Fassadennymphäen als Anfangs- und Endpunkt des ausgebauten Bereichs zwischen Piazzale della Vittoria und Bivium (P4) eine letzte umfassende Reparatur erhalten hatten.

Durch Material von aufgelassenen Arealen, Tempeln und Nekropolen wurden der Straßenraum und die Platzanlagen im 4. und 5. Jh. grundlegend wiederhergestellt, vollständig mit Marmor verkleidet und sogar durch Neubauten auf ein vorher nicht erreichtes urbanistisches Niveau gehoben. Die Neubauten dienten der traditionellen Repräsentation der Elite, aber auch einer reichen spätantiken Vergnügungs- und Festkultur, die sich gerade mit Blick auf Vergleichsmetropolen für Ostias neue Platzensembles um das Theater und dessen Umbau für Wasserspiele verstehen ließ. Dieser Zustand einer Stadtblüte insbesondere des späten 4. bis mittleren 5. Jhs. blieb dann gleichermaßen ›eingefroren‹ durch alle folgenden Jahrhunderte bis zum endgültigen Verlassen von Ostia im 8. Jh. hindurch beibehalten, sei es auch unter oft meterhohen Verschüttungen. Als temporäre Ursachen des Baustopps der spätantiken Prachtentfaltung im öffentlichen Raum, aber auch des verbreiteten Einsturzes privater Bebauung konnte beinahe stadtweit ein Erdbeben der Mitte des 5. Jhs. anhand von Münzhorten und neuen stratigraphischen Befunden nachgewiesen werden. Dieses Erdbeben wurde nur noch teilweise durch Um- und Neubauten bewältigt, große Teile der Stadt lagen nun aber brach. Das leitete schrittweise zur Entvölkerung durch Pestepidemien und den Kriegen justinianischer Zeit über – große Geschichte, die ihre Parallele in den Mikrohistorien findet, die ein im architektonischen wie urbanistischen Anspruch gesenktes ›Leben in und mit Ruinen‹ widerspiegeln. Ostia selbst lebte noch Jahrhunderte weiter, aber nicht mehr in Tradition der klassischen Antike mit ihrem spezifischen Ausstattungsluxus.

Ostia scheint gerade in seiner langen und vielfältigen spätantiken Entwicklung und der großen Bedeutung spätantiker Umnutzungen für das Stadtbild kein Einzelfall geblieben zu sein, was den Ansporn bilden könnte, weitere umfassende Altgrabungen in anderen Stätten aus gesamtheitlich-urbanistischer Perspektive zum

Vergleich heranzuziehen und das bestehende Fundmaterial aus Altgrabungen immer wieder neu in direkten Augenschein zu nehmen und unter jeweils veränderten Prämissen zu sortieren und zu deuten.

VI. Riassunto

Ad oggi non è mai stata realizzata una sintesi generale riguardante Ostia nel periodo della tarda antichità. I tentativi precedenti si sono limitati a curare singoli aspetti, come per esempio la topografia dei culti o le abitazioni tardoantiche: manca di conseguenza una panoramica dello sviluppo urbanistico successivo al III secolo d. C., precisamente dal IV al VI secolo. Lo scopo del presente studio è proprio quello di colmare questa lacuna, secondo una prospettiva urbanistica; ciò significa che saranno integrati in questo studio vent'anni di ricerche che hanno impegnato chi scrive, con lavori sul campo – quali prospezioni, ricognizioni, scavi – con l'esame dei documenti d'archivio, giornali di scavo e le microstorie di singoli edifici. L'intenzione vorrebbe essere anche quella di creare una sorta di guida della città, utilizzabile anche sul posto, che fornisca ai visitatori le informazioni necessarie per una visita lungo il Decumano, introducendo il paesaggio urbano tardoantico e potendo verificare le tracce ancora visibili.

La tarda antichità di Ostia si può veramente definire come ›un'epoca dimenticata‹: infatti, mentre i diari di scavo non pubblicati che vanno dal 1910 al 1924 (Giornale di Scavo = GdS) davano notizie di attività di costruzione avvenute in »epoca tarda« o in »tempi tardissimi«, le pubblicazioni degli scavi successivi non fornivano nessuna notizia al riguardo. Questa tendenza è continuata fino a poco tempo fa, tanto che la letteratura moderna secondaria si serve di una base di materiale sorprendentemente limitata.

Per poter conoscere la ›dimenticata‹ Ostia tardoantica, risultano fondamentali i diari di scavo inediti dei primi anni del XX secolo, scritti per la maggior parte dall'assistente di scavo Raffaele Finelli. Le interpretazioni, basate esclusivamente sulla letteratura secondaria successiva, hanno il difetto di non considerare una parte importante di evidenze archeologiche. A tal proposito, il presente lavoro segue una nuova direttrice, differente rispetto a quella seguita nella maggior parte di studi recenti: in particolare trova il suo fondamento nella lettura completa e sistematica di tutti i rapporti dei Giornali di Scavo (GdS), sugli aspetti pubblicati in »Notizie degli Scavi di antichità« e sull'eccellente compendio delle iscrizioni tardoantiche del CIL a cura di Wickert nel 1932. Il lettore, d'altra parte, sentirà la mancanza di alcune fonti bibliografiche più recenti (ciò è dovuto all'approccio qui adottato): prima di citare e discutere nuove interpretazioni, sono stati analizzati, discussi e rielaborati criticamente i risultati dei vecchi scavi. Il focus della ricerca si basa sulla rivisitazione degli scavi effettuati nella prima metà del XX secolo e sulla relativa documentazione. Si auspica che questa ricerca possa costituire il primo passo per avere a disposizione più materiale rispetto a quello attuale in futuri studi sulla città tardoantica; di conseguenza potranno essere incluse nuove ricerche al fine di avere una prospettiva di studio più ampia sullo sviluppo urbano di Ostia nella tarda antichità.

È un inestimabile vantaggio avere un'ampia area di scavo come Ostia, dove si possono porre domande su un sito quasi completamente conosciuto e avere delle risposte adeguate; è interessante notare come questa grande opportunità di poter disporre di estensivi scavi antichi (che oggi più raramente è possibile o desiderabile effettuare) sia stata poco sfruttata. Al contrario, molte recenti ricerche su Ostia si basano su una selezione molto limitata di materiali, fondate principalmente su ben pochi studi approfonditi. Questo fa incappare rapidamente nel rischio di cercare e trovare la conferma in modelli di pensiero esistenti, invece di fruire di dati statistici rappresentativi dell'eredità archeologica ostiense.

La maggior parte delle evidenze tardoantiche sono state portate alla luce fino al 1941. In un primo momento può sembrare deludente, ma poiché gli scavi degli anni 1939–1941 furono eseguiti velocemente, numerose porzioni minori vennero ›trascurate‹: si tratta di esigue evidenze, che tuttavia sono diffuse in tutta la città. Tali attestazioni erano state finora ignorate dalla letteratura scientifica e sono state scoperte accidentalmente durante le indagini e le ricognizioni topografiche nella città, effettuate dall'autore nei suoi lunghi anni di rilievi e scavo sul sito. Le osservazioni di fondazioni elevate con *spolia* (aggiunte o piccole riparazioni di muri ecc.) potranno anche apparire così limitate localmente, ma prese nel contesto dell'intera città possono risultare davvero significative: questi elementi riflettono nella loro densità e distribuzione i centri tardo antichi della vita quotidiana o le ultime rappresentative fondazioni di edifici pubblici e persino l'ultimo stadio monumentale del paesaggio urbano, come esso era organizzato e configurato in una città progressivamente in declino. Il fenomeno del reimpiego e dell'appropriazione diventa nella prospettiva urbanistica un nuovo territorio, in cui le opere precedenti non si sono mai addentrate.

Un esempio qualsiasi potrebbero essere le tracce nelle case tardoantiche sul Decumano tra Porta Romana e il Teatro, di modesta entità ma tuttavia insolitamente numerose; queste dimore sono caratterizzate da ambienti ad abside, nelle cui vicinanze vi erano tablini contraddistinti dalla presenza di due colonne. Probabilmente, a causa del loro stato di conservazione, queste potenziali abitazioni non sono mai state analizzate nello specifico; anche supponendo che solo pochi grandi esempi possono dimostrare una funzione abitativa in relazione a mosaici e arredi documentati nei »Giornali di Scavo«, come per quello della *domus* di fronte al Teatro, realizzata in un antico Horrea, resta comunque un risultato che richiama l'attenzione di studi architettonici futuri su tali evidenze.

Un altro fenomeno è ancor più diffuso: il reimpiego e l'appropriazione dei materiali delle necropoli suburbane, utilizzati abbastanza sistematicamente nella tarda antichità per restauri e nuove costruzioni nella città. Testimonianza di tale uso sono i frammenti di sarcofagi e iscrizioni sepolcrali visibili nelle pareti esterne delle case coeve, i pavimenti delle terme, le sellae pertusae delle latrine e le soglie delle porte, come anche la ricollocazione di statue sepolcrali in città – fenomeno estremamente diffuso ad Ostia e facilmente indagabile, da cui potrebbero nascere interessanti progetti di ricerca. La frequenza del fenomeno del reimpiego potrebbe sorprendere se non si leggessero i Giornali di Scavo del Finelli, dove sono documentate – tra il 1910 e il 1914 – tracce di tale fenomeno di riutilizzo in tutta la città. Questo è un ulteriore esempio del fatto che gli indizi tutt'oggi visibili diventano molto significativi e possono essere riconsiderati solamente dopo una lettura completa dei Giornali di Scavo.

L'evidenza degli ampliamenti e restauri tardo antichi ad Ostia non è dunque, come si è visto in precedenza, irrimediabilmente scavata e perduta – ma per la maggior parte solamente ›dimenticata‹, da qui il titolo del presente studio. ›Dimenticato‹ in quanto le osservazioni del Finelli fino al 1924 non hanno avuto voce nei rapporti annuali pubblicati su »Notizie degli Scavi di Antichità« o nella serie successiva »Scavi di Ostia« pubblicata dal 1953, e di conseguenza nessuna menzione nella letteratura secondaria.

Di conseguenza è necessario individuare le evidenze dei Giornali di Scavo ed esaminare esattamente ciò che rimane. Quindi, il filo conduttore alla base del presente studio è rintracciare la densità delle evidenze archeologiche riscontrate nei vecchi diari di scavo. Dove esse sono ancora significative, lo studio si limita alla loro rilocalizzazione e ai rilievi. Al contrario, laddove non risultano così consistenti, si sono resi necessari nuovi scavi (come nel caso del cosiddetto Foro della Statua Eroica o del Foro stesso). Pertanto, il presente lavoro non ha la pretesa di essere esaustivo sul tema, ma è il frutto di quasi vent'anni di studi, iniziati con la ricerca di dottorato: dalle osservazioni effettuate sui materiali e da quelle derivate ogni anno dalle nuove domande e dai progetti di ricerca paralleli. Il punto di partenza è costituito dagli studi sulla ›sopravvivenza‹ delle Case a Giardino negli anni 1999–2000, mentre i più recenti aggiornamenti corrispondono piuttosto a ›relazioni intermedie‹ sullo stato delle ricerche in corso, sui fori delle colonie e sui loro tardi orizzonti. Ostia tardoantica dimenticata è in questo senso un ›lavoro in corso‹.

In linea con il titolo, oltre alle testimonianze precedentemente note (che qui per motivi di spazio non sono inserite) dovrebbero essere prese in considerazione le evidenze ostiensi dimenticate o trascurate. Di conseguenza, il lavoro persegue uno scopo complementare alle sintesi esistenti, ma non pretende di essere esaustivo. Il tardo antico ad Ostia costituisce un ampio e fertile campo per la ricerca futura.

Nel presente studio si tenta di ricostruire l'effetto dell'architettura seguendo un osservatore immaginario durante una passeggiata ad Ostia: il percorso della visita, per la quale il libro serve da guida, inizia a Porta Romana, da dove il visitatore proveniente da Roma entra in città. Il tratto successivo è definito dalla sezione del *Decumanus* che conduce da Porta Romana al Foro. Questo segmento della strada è stato spesso ristrutturato nella tarda antichità e persino modificato con nuove piazze, portici e piccoli edifici ornamentali, la cosiddetta *Promenade*. Inoltre, questo è il tratto per cui disponiamo della migliore documentazione relativa ai vecchi scavi: infatti nella metà del XIX secolo e soprattutto agli inizi del XX, la città di Ostia è stata sistematicamente scavata seguendo sempre la strada principale del Decumano.

Una zona cruciale su cui si sono concentrati i lavori di ristrutturazione nella tarda antichità era proprio quella vicino al Teatro (*Regio* II, ii-viii e *Regio* V, xi-xii). Il prossimo punto importante è costituito dai due grandi piazzali, l'Exedra e il Foro della Statua Eroica, nell'area prossima al Foro, costruiti in tale periodo. Il Foro della Statua Eroica (I, xii, 2) è stato scavato dall'autore in collaborazione con la University of Kent dal 2008 al 2009. Qui si riscontra una concentrazione di attività edilizia nel periodo tardo antico, finora non discussa, da cui possono essere dedotti molti fenomeni e preziosi indicatori stratigrafici.

A partire dal Foro la situazione cambia: la piazza è stata scavata e reinterrata diverse volte da oltre 200 anni senza un'opportuna documentazione. I primi Giornali di Scavo sistematici dell'inizio del Novecento non si preoccupano di descrivere dettagliatamente la stratigrafia e, di conseguenza, quasi nessuno si è interessato all'area del Foro in tempi recenti. Tuttavia i risultati dei sondaggi hanno rivelato che la situazione non è affatto disastrosa, come era stato sinora sospettato: sono infatti rimaste conservate *in situ* superfici contigue tardoantiche nei portici che circondano la piazza. Il Foro stesso è stato danneggiato con scavi eseguiti in profondità con il metodo ›wall-searching‹, per poter ottenere attraverso scavi mirati maggiori chiarimenti sulle datazioni delle strutture murarie eccellentemente documentate da Italo Gismondi. Inoltre qui si è cercato di colmare, attraverso i rilievi sistematici e la documentazione in 3D ai margini del Foro (portici e *tabernae*), le informazioni relative al livello di calpestio e alle fasi di costruzione irrimediabilmente perdute negli scavi precedenti.

Per compensare le lacune di questa storia degli studi, il Foro è stato indagato, a partire dal 2010, attraverso regolari ed estese campagne di scavo effettuate dall'autore e da un'équipe internazionale, grazie alla continua disponibilità della Soprintendenza di Roma e della Direzione degli Scavi di Ostia. A tal fine, tutte le superfici scoperte nei precedenti scavi fino al 1924 sono state nuovamente riportate alla luce e documentate. In un secondo momento sono state condotte indagini geofisiche inerenti agli spazi aperti e alle zone del centro cittadino. In una terza fase, sono state effettuate analisi puntuali e poco invasive in prossimità della superficie, allo scopo di comprendere la storia edilizia del centro di Ostia e per verificare le planimetrie già esistenti.

Dopo aver visitato il Foro, lasceremo la visita sistematica lungo il Decumano e ci dedicheremo ai diversi fenomeni di ristrutturazione, restauro e costruzione nei quartieri occidentali fino ad arrivare a Porta Marina.

La sezione successiva a quella dedicata al Foro è riservata al lato più interessante del fenomeno urbano tardo antico, vale a dire l'abbandono, la decadenza e l'emarginazione di interi quartieri, la formazione di discariche, l'industria sistematica del recupero e riciclaggio dei materiali, che si stabilisce nelle rovine, così come le modalità, la natura, la velocità e la dinamica della deurbanizzazione di Ostia verso Roma – che sicuramente è stata più lunga di quanto supposto – sino all'ultimo insediamento nel Teatro e nell'attuale Borgo di Sant' Aurea.

Una panoramica della visita lungo il Decumanus, nell'ordine dei capitoli del libro

Appena oltrepassata Porta Romana, il tardo antico accoglie il visitatore con un vasto piazzale squisitamente decorato, il cosiddetto Piazzale della Vittoria (Il **capitolo II. 1. a**, che segue queste osservazioni preliminari (I.), è dedicato a questa piazza come punto di partenza della via principale di Ostia, il *Decumanus*).

In base alle testimonianze dei vecchi diari di scavo si può affermare che questo spazio non era stato ancora terminato al tempo di Settimio Severo, ma solo nella tarda antichità. Più precisamente non assunse le sembianze odierne prima del IV secolo. È interessante notare che l'ingresso ad Ostia sia stato organizzato secondo i più esigenti standard urbanistici solo nel IV secolo, vale a dire in un'epoca relativamente tarda. Tali standard sono diffusi soprattutto nelle città dell'Impero d'Oriente: gli accessi delle città vengono abbelliti con statue, colonne monumentali, banchi per sedersi e fontane monumentali a più piani, le cosiddette facciate a ninfeo. Questo aumenta l'attrattività dell'area urbana, l'assiduità e la consistenza dei soggiorni, in un momento in cui i luoghi più frequentati divengono un *topos* di città ideale (*Stadtlob*). Già all'ingresso della città si voleva impressionare il viandante con l'ostentazione dell'acqua; infatti da una parte della fontana si può notare il grande bacino ipetrale della città.

Altre caratteristiche peculiari della nuova concezione urbanistica della piazza furono: la creazione di un grande mercato coperto, portici più piccoli e nella parte posteriore un grande edifico termale con ›bar‹ (simili a piccole *tabernae*) decorato, secondo la moda del tempo, con marmi caratterizzati da una maggiore varietà nelle forme e nei colori.

Della decorazione scultorea non è possibile ricostruire molto; i vecchi diari di scavo, però, sono eccezionalmente dettagliati e offrono un inventario dei ritrovamenti di un certo numero di ambienti, per esempio le *tabernae*, ben conservate al di sotto di un tardo rialzamento del piano interrato e il cui stato riflette il loro ultimo livello tardo antico. Nello specifico esse avevano assunto l'aspetto di botteghe destinate alla produzione e al riciclaggio di ceramica e metallo, nonché alla lavorazione delle pietre.

L'imponente facciata del ninfeo si dimostra di grande importanza per capire il funzionamento della città tardoantica: i suoi lati lunghi, costituivano una sorta di ›spartitraffico‹ tra due strade ormai diversificate. La decorazione della facciata a nord del Decumano contrasta con il lato utilizzato per il prelievo dell'acqua a sud: qui è associato un percorso per trasporti commerciali, mentre il tratto del Decumano dopo il Piazzale della Vittoria era stato convertito in una zona a traffico ridotto e l'accesso limitato alla cosiddetta ›zona pedonale‹. Un tale fenomeno di divisione dello spazio è tra l'altro documentato anche in città che conoscono un boom economico, ad esempio Efeso o Afrodisia, dove il primario asse stradale è stato diviso da spartitraffico, mentre la merce e il transito dei carri vengono deviati su strade secondarie. Fino a che punto ci fosse stato anche qui un deliberato ›rallentamento‹ del traffico con la creazione di nuove aree di sosta per i pedoni, potrebbe essere verificabile sulla base dei nuovi e differenti spiazzi lungo il Decumano: al momento però non è possibile dimostrare se questo sia stato un atto d'intenzionale pianificazione. Tuttavia, è chiaro che tale aspetto sia un effetto collaterale di un processo urbanistico ampiamente diffuso nella tarda antichità, vale a dire la perdita d'importanza del commercio d'esportazione, il crescente spopolamento, il processo di contrazione urbana da un lato e la necessaria concentrazione dell'attività edilizia dall'altro. Alla divisione degli assi viari corrisponde un'analoga ripartizione del precedente spazio urbano in zone esclusivamente residenziali e in quartieri abbandonati. Una tale suddivisione in zone ad Ostia può essere analizzata e studiata, poiché l'area urbana all'interno delle mura è quasi completamente conosciuta e molte delle riorganizzazioni dei sistemi di trasporto utilizzano ›il blocco stradale' o meglio ›i blocchi di traffico‹. Questi sono perfettamente conservati nell'ultimo tratto della rete stradale ed in tal modo possono essere ricostruiti e interpretati nel loro contesto funzionale.

Ostia, durante il suo momento di floridezza economica tra il II e l'inizio del III secolo, presenta un profilo urbano che si sviluppa intensivamente in altezza, caratterizzato da edifici di quattro-cinque piani. I processi di contrazione urbana e l'esodo di molti commercianti nel periodo successivo sono quindi seguiti da una ›decostruzione‹ della città: invece di lasciar decadere lo spazio abitativo inutilizzato, le *insulae* a quattro piani vengono sostituite da tipologie abitative a due piani e solo in casi eccezionali vennero demolite. Laddove risultasse più facile installare le abitazioni in *insulae* o in *horrea* abbandonati, la loro struttura fu riutilizzata ma con un numero ridotto di piani.

In generale, il tardo antico di Ostia è caratterizzato da una sorta di riciclo o appropriazione di preesistenti edifici in laterizio. Le *insulae* a più piani e gli *horrea* posti al lato nord del Piazzale della Vittoria erano stati ›occupati‹ da nuove aree funzionali fin dal periodo severiano, da un lato le terme, dall'altro una rete di stradine e vicoli commerciali (*Bazarstrasse*) sui larghi e inutilizzati assi viari in direzione del Tevere. Le restrizioni di accesso dello spazio stradale servivano alla visibile demarcazione e ad un'indispensabile sicurezza, aumentata evidentemente in una città sempre più spopolata.

Nel successivo tratto della passeggiata lungo il Decumano in direzione del Teatro, si possono osservare i confini delle proprietà (**capitolo II. 1. b**). Questo aspetto assume maggior importanza perché si trattava di spazi in cui le associazioni, le cosiddette Corporazioni, si dedicavano alle loro attività commerciali, la cui fioritura è solitamente accettata sino alla fine del III secolo. Anche qui, però, le prove archeologiche sembrano contraddire o meglio precisare le testimonianze epigrafiche: la storia edilizia si dimostra più continuativa rispetto alla consuetudine epigrafica di perpetuare nella pietra le liste dei membri delle Corporazioni. Inoltre l'intera unità edilizia delle Corporazioni è stata seguita nella sua storia di rinnovamento fino al V secolo.

Alle sedi delle Corporazioni erano direttamente collegate una serie di *tabernae* e portici che si affacciavano sul Decumano, ove si è potuto osservare chiaramente un altro fenomeno, particolarmente diffuso: il restauro e l'ampliamento dei portici, ma anche la loro mutevole distribuzione nel corso della storia della città. Soprattutto nelle ultime fasi di evidente utilizzo, sembra ci sia una tendenza ad una maggior ripartizione degli ambienti – controllata dalla comunità – rispecchiata in unità di proprietà più piccole, nei limiti della loro ristrutturazione. Per seguire questa questione bisognerebbe studiare tutti i materiali: tuttavia questo richiederebbe sufficienti dati per uno studio dedicato.

Proseguendo sul *Decumanus*, ad ovest del Piazzale della Vittoria, si trovano diverse fasi di tardi restauri di portici; queste sono caratterizzate da ampliamenti e da nuove costruzioni (**capitolo II. 1. c**). Seguendo questo sviluppo, per la prima volta nella storia della città di Ostia è stato possibile documentare un lato coperto sul Decumano. D'altra parte, la suddivisione dei portici esistenti ha spostato il traffico pedonale sulla precedente carreggiata di transito.

Le strade laterali, che portavano all'asse principale del Decumano, vennero senza eccezioni invertite e sistematicamente modificate con la costruzione di ostacoli per impedire la circolazione dei carri. Molte di queste aggiunte nelle strade secondarie hanno un carattere rappresentativo (per esempio una fila di colonne o una fontana monumentale) e sono direttamente collegate a soglie, che consentivano un concreto controllo dell'accesso, specialmente in zone a carattere residenziale di recente sviluppo a sud del Decumano, come nel caso del quartiere abitativo sulla Sèmita dei Cippi, nella *Regio* V.

Un altro importante fenomeno correlato è rappresentato dalla densità di costruzioni nel tratto tra Piazzale della Vittoria e il Teatro, possibili residenze negli *horrea* abbandonati, caratterizzate dal gusto tardo antico di uno spazio centrale ad abside per gli *stibadia*. Questa evidenza finora sconosciuta smentisce l'ipotesi che i quartieri abitativi gravitassero esclusivamente sulla via Severiana nella parte occidentale di Ostia.

La sezione successiva (**capitolo II. 2**) si diparte in un distretto correlato, che si estende tra le Terme di Nettuno e il Teatro, il quale mostra numerosi segni di rimaneggiamenti. Un punto centrale di sosta nella città tardoantica è costituito dalle Terme di Nettuno: la pavimentazione musiva mostra sicure aggiunte di motivi decorativi cristiani, che suggeriscono il lungo periodo di utilizzo – come per tutte le altre grandi terme ostiensi –, anche se questo è avvenuto nel momento in cui è stata ridotta l'area termale fruibile.

Dettagliati Giornali di Scavo consentono di ricostruire l'ultimo assetto dei portici e degli edifici delle Terme sul fronte del Decumano (**capitolo II. 2. a**). Qui subito dopo il Piazzale della Vittoria è comprensibile per la seconda volta un fenomeno che si è diffuso in tutta Ostia tardoantica, ma che finora non è mai stato datato e interpretato: il riutilizzo sistematico di materiali dalle necropoli per lavori edilizi nella città, nei contesti privati e in quelli pubblici, nonché la diffusione su vasta scala del fenomeno, suggeriscono una comune accettazione di tali procedure, anche se questo non era conforme alla legislazione. Caratteristica peculiare ostiense è che la stragrande maggioranza di materiali utilizzati per le nuove decorazioni pavimentali e parietali fosse costituita da lastre di marmo. A tal fine vengono adattate le iscrizioni sepolcrali, alcune delle quali furono mantenute visibili nelle nuove collocazioni, ma che per la maggior parte furono inserite con la parte inscritta nella malta e nei pavimenti dei nuovi edifici. Finelli tramanda che soprattutto sul Decumano e presso le nuove piazze è stata rinvenuta una grande quantità di epigrafi funerarie, che possono essere interpretate come lastre di una pavimentazione di spoglio del ciglio stradale. Monumenti funerari ad altare si trovano in molte case tardoantiche, riutilizzati come basamento o bacini; parti di sarcofago, invece, nelle soglie. Di grande interesse sono anche le osservazioni di Finelli sul tardo arredamento scultoreo dell'area urbana, dove statue onorarie o funerarie potrebbero aver trovato posto lungo le strade o nelle nuove piazze. In questo contesto è stata anche analizzata, seguendo una nuova interpretazione, la distribuzione dei depositi di marmo e delle calcare: ci sono una serie di indicazioni nei Giornali di Scavo su come alcuni contesti di rinvenimento riflettano un trasporto non casuale di materiale verso le fornaci di calce. I contesti di riutilizzo iniziano già nelle fasi di costruzione di fine III o IV secolo e la distribuzione massima sembra si sia raggiunta nei depositi di marmo dopo la metà del V secolo.

Le destinazioni di riutilizzo comprendevano nuove pavimentazioni e decorazioni parietali di portici e piazze pubbliche – così come d'abitazioni private – e nuovi banconi e fontane nelle *cauponae* e nei *thermopolia* ›semiprivati‹. Parallelamente nuovi ninfei, come il Ninfeo degli Eroti, vengono decorati con note opere d'arte e servono come luogo d'incontro per un pubblico selezionato.

Soprattutto i famosi *thermopolia*, ›bar-tavole calde‹, sono stati identificati grazie ad un bancone di servizio (per esempio il Termopolio di Via di Diana), rivestiti di marmo nella tarda antichità, e dalle cucine e dai triclini annessi. Stanze per i banchetti erano anche una caratteristica ricorrente nei punti di ristoro o nelle stanze semi private delle Corporazioni, un esempio dei quali si trova in ogni quartiere. Per capire meglio la loro funzione, la cosiddetta Caupona di Fortunatus nel distretto del Teatro è stata sottoposta ad una dettagliata analisi edilizia. Probabilmente era un luogo di ritrovamento di una Corporazione, che aveva assunto notevole importanza ad Ostia soprattutto nel periodo tardo antico.

Nel **capitolo II. 2. b** verrà esaminato il piazzale dinanzi il Teatro sul Decumano. Qui riferimenti concreti sui committenti tardo antichi possono essere acquisiti sulla base delle iscrizioni, che vengono trattate in dettaglio perché reperti il cui contesto di rinvenimento è sicuro. L'esempio più importante presso il Teatro è la ricollocazione di una statua della Dea Roma durante la prefettura dell'Annona di *Ragonius Vincentius Celsus*. Questo personaggio fu probabilmente anche il promotore della nuova disposizione della piazza dove la statua venne collocata; al contempo è l'evergete maggiormente documentato per il periodo tardo antico ad Ostia, di cui vengono tramandate anche altre costruzioni nel Foro. Qui, come anche al Teatro, i basamenti della statua di Celso potrebbero essere stati nuovamente ricollocati nella loro posizione originaria alla fine del IV secolo.

Per quanto riguarda l'interpretazione del piazzale antistante il Teatro, è stata sottoposta a verifica un'ipotesi degli scavatori, secondo cui nel IV secolo vi era un importante luogo di culto alla memoria di martiri, testimoniato in tempi successivi grazie alla costruzione di una piccola cappella. Tuttavia, l'esatto riconoscimento delle diverse fasi costruttive dei livelli di calpestio, consente un'ulteriore differenziazione. In generale, sono stati raccolti e confrontati nel presente studio tutti i dati dei precedenti scavi, allo scopo di ottenere una cronologia relativa degli ampliamenti e dei restauri lungo il Decumano. È chiaro che il livello pavimentale di marmo dell'ultima fase tardoantica fosse almeno 60 cm più alto rispetto al basolato portato alla luce dai vecchi scavi, attualmente visibile.

Su questo livello pavimentale già elevato nel tardo IV secolo, si estendeva un colonnato lungo il Decumano, al quale erano collegate anche le colonne di reimpiego lungo la Via delle Corporazioni. Lo spazio venne poi decorato con simboli cristiani, che bisogna interpretare come appartenenti ad una seconda fase. La prima fase edilizia, la costruzione della nuova piazza, era direttamente legata al rinnovamento del Teatro per giochi e spettacoli d'acqua, che vennero nuovamente consentiti dopo un divieto a breve termine nel 399. Solo dopo il crollo della parte esterna della cavea, intorno o dopo la metà del V secolo, si sarebbe giunti ad una più completa ›cristianizzazione' della piazza e degli edifici annessi, probabilmente come occupazione o sconvolgimento di questo luogo pagano. Il portico del IV secolo di fronte al Teatro non era quindi un ›travestimento‹ motivato da una riutilizzazione cristiana di una sede a carattere pagano inutilizzata, come sospettavano gli scavatori; piuttosto faceva parte del contesto funzionale dei giochi pagani del Teatro dopo la sua conversione per gli spettacoli acquatici. Punti di vista eccessivamente basati sull'idea della ›lotta tra culture' non terrebbero conto della commistione culturale di paganesimo e cristianesimo ancora nel V secolo, momento in cui sono possibili interpretazioni in entrambi i sensi.

Questi interventi nel Teatro per ospitare giochi acquatici sono da mettere in relazione con la trasformazione del Piazzale delle Corporazioni: viene creato un grande canale e due bacini aperti accessibili con scale; tuttavia è possibile che le parti più antiche di queste costruzioni possano riferirsi al periodo severiano (**capitolo II. 2. c**).

In questo contesto, sono state approfonditamente analizzate l'orchestra del Teatro e le funzionalità delle ristrutturazioni. Sulla base dei vecchi scavi e dei rapporti di viaggio del XIX secolo, è stato possibile ricostruire l'ultima fase tardoantica del Teatro, che era stato riportato alla presunta condizione originaria dei primi anni del III secolo sotto Guido Calza nel XX secolo. Confronti con il contesto Mediterraneo permettono di chiarire il tipo di ristrutturazione su una base materiale sufficientemente ampia che permette di ricostruire il funzionamento del Teatro ostiense. Le grandi cisterne, che erano servite alle rappresentazioni dei »tetimìmi« o »*kolymbetra*«, gli spettacoli acquatici, vennero interpretate dagli scavatori come prova della scarsità d'acqua ad Ostia nella tarda antichità – questa è una sicura prova della difficoltà riscontrata, nel passato e nel presente, di un'interpretazione obiettiva, anche nel caso di dati evidenti e di materiali in buono stato di conservazione.

Dopo il crollo dell'ampliamento esterno della cavea, iniziò la spoliazione del Teatro. Ci sono indicazioni che suggeriscono una datazione di questo cedimento alla fine del V secolo. Ancor prima, le *tabernae* poste all'interno delle sostruzioni della cavea, erano state in parte utilizzate come magazzini di marmo ed in seguito ad un disastroso incendio, avvenuto intorno alla metà del V secolo, si sono conservate sotto uno strato di cenere. Le *tabernae* furono probabilmente in origine preposte a laboratorio di riciclaggio ed utilizzate durante gli scavi del XIX secolo come deposito di marmi, il che avrebbe potuto generare un fraintendimento nei resoconti di Finelli. Tuttavia, è chiaro che i pezzi provenienti da questo deposito riflettono l'inventario di un'officina di marmorari attiva nel tardo antico.

La passeggiata lungo il Decumano conduce immediatamente ad ovest del Teatro verso un altro punto in cui nel tardo antico si sono concentrate attività edilizie (**capitolo II. 3. a**). Il fronte dei Quattro Tempietti sul Decumano, in quel periodo, venne ampiamente riorganizzato: al posto di una fila di *tabernae* venne creato un portico con vari elementi di spoglio, che è possibile datare attraverso un'iscrizione onoraria del *praefectus Annonae* (e il suo riscontro corrispondente) al tempo di Teodosio. In realtà si tratta di due portici, che affacciavano sia verso il Teatro che sul Decumano; costruiti però su un livello di calpestio più alto. Indipendentemente dalla sua nuova funzione, è chiaro che il nuovo livello di pavimentazione dei portici servisse a rendere inutilizzabili la più antica fila di *tabernae* e ad oscurare completamente l'ingresso originario principale ai Quattro Tempietti e all'intera area templare. È interessante notare che la zona è stata successivamente utilizzata come discarica e durante le crisi del V secolo come luogo di sepoltura temporanea.

In connessione con le iscrizioni rinvenute nelle vicinanze del Teatro, segue una reinterpretazione delle scoperte tuttora visibili, riguardanti l'arco onorario di Caracalla e dei suoi costruttori. Alla luce dei nuovi studi sull'edilizia è necessario presupporre diversi rimaneggiamenti, che includevano non solo il materiale precedente, ma anche ricostruzioni nella tarda antichità, con possibili ridediche. L'iscrizione monumentale dell'arco di Caracalla potrebbe a questo punto suggerire un riempimento per rialzare la quota di calpestio, eventualità che una nuova interpretazione dei dati potrebbe rendere possibile – tuttavia sino ad ulteriori indagini più dettagliate, le scoperte precedentemente descritte devono essere necessariamente relativizzate.

È possibile che nella tarda antichità vi fossero numerosi archi onorari o edifici simili decorati in marmo nelle immediate vicinanze del Teatro, uno dei quali era stato utilizzato per stabilizzare staticamente la cavea alla fine del IV o al principio del V secolo. È certo che l'attività edilizia tardoantica, spesso letta sui reperti murari, corrisponde ad un'attività di costruzione concentrata sotto Valentiniano II, Teodosio, Onorio e Arcadio nel Teatro e nei sui dintorni. Non è chiaro fino a che punto la fase di consolidamento statico sia stata una fase successiva all'adattamento per i »tetimìmi«, oppure esse siano avvenute contemporaneamente, come un'unica fase di trasformazione.

Ripartendo dal Teatro, la passeggiata virtuale lungo il Decumano riprende in direzione ovest, per arrivare al Foro. L'osservatore tardo antico poteva vedere immediatamente ad ovest del portico dei Quattro Tempietti, sul fianco settentrionale del Decumano, una piccola piazza che si trovava direttamente di fronte all'ingresso principale di una grande casa tardoantica, la Sede degli Augustali. Questa piazza (*Regio* II, ix, 1) sorgeva ad un livello di calpestio più alto, sulle rovine di un ninfeo, risalente all'età antonina, successivamente distrutto e livellato. I reperti statuari rinvenuti durante la scoperta del complesso appartengono indubbiamente alla fase di costruzione della piazza tardoantica. La medesima quota delle fondazioni sul Decumano suggerisce che gli edifici non siano stati eseguiti a grande distanza temporale.

La parete posteriore della piazza mostra una diversità di tecniche edilizie basate sulla pratica del reimpiego di materiale. I restanti lati vennero ricavati da precedenti muri di *tabernae*. La costruzione è in gran parte basata su strutture preesistenti, ma la funzione è sostanzialmente diversa: mentre la Via dei Grandi Horrea era una delle arterie commerciali principali affiancata alle ampie Vie dei Molini e della Sèmita dei Cippi, questo collegamento con il più grande Horrea ostiense era percorribile solo dai pedoni. Gli stessi Grandi Horrea erano stati abbandonati a partire dal IV secolo, a conferma di tale cronologia è stato rinvenuto un deposito di monete che permette una datazione *post quem*. La costruzione della strada di collegamento non prima della fine del IV secolo è quindi una logica conseguenza dei cambiamenti economici tra Ostia e Portus e tra Ostia e Roma. È interessante notare che non era ancora stata riconosciuta la fase edilizia tardoantica della piazza, sebbene i materiali di spoglio *in loco* lo dimostrassero chiaramente. Infatti sulla fila uniforme delle *tabernae* sulle pareti laterali e posteriori si stagliava chiaramente un rivestimento di marmo ottenuto con *spolia*. Abbiamo riferimenti del lastricato della piazza solo nei Giornali di Scavo: apparentemente esso era rivestito in parte da epitaffi, quindi da sottili lastre di marmo che potevano essere ben riutilizzate come pavimentazione. Le fotografie di scavo mostrano anche statue onorarie o sepolcrali, del tipo della *Pudicitia*. Proprio per il loro ottimo stato di conservazione, è improbabile che esse fossero destinate all'incenerimento in una fornace; piuttosto vennero utilizzate come ornamento della città tardoantica nelle piazze o dentro le case. Le analisi rappresentative di tutti i siti noti delle calcare di Ostia dimostrano che solitamente il materiale dei depositi per una calcara è altamente frantumato e presenta notevoli tracce di piccone; inoltre bisogna precisare che i frammenti di statue a differenza delle lastre di marmo non sono facilmente accatastabili e sono quindi relativamente inadatte a tale scopo. In base a studi precedenti, la forma predominante d'organizzazione delle operazioni di riciclaggio tardo antico appare decentralizzata: generalmente tali postazioni vengono costruite il più vicino possibile a luoghi dove è più facilmente reperibile una grande quantità di materiale, in modo da evitare lunghi percorsi di trasporto per il rifornimento.

Segue un *excursus* sui motivi ideologici che portarono alla mutilazione delle statue pagane, di cui però ad Ostia restano poche tracce. Questo aspetto verrà considerato in modo più dettagliato nell'analisi del Foro tardo antico.

Inoltre è interessante capire se con la creazione secondaria di numerosi spazi urbani, cioè portici, piazze, ninfei, ci sia stata una maggiore richiesta di statue tra la fine del IV e l'inizio del V secolo per adornare ed impreziosire questi edifici. Le liste dei rinvenimenti nei diari di scavo non offrono in questo senso una visione del Foro nell'età imperiale, ma piuttosto mostrano uno stato finale o sommario della pratica di collocazione e ricollocazione nei diversi secoli dopo la prima disposizione.

Lo stadio finale che è stato rinvenuto corrisponde in misura minore all'originaria situazione dei programmi decorativi d'età imperiale, quanto piuttosto ad una selezione tardoantica del patrimonio statuario. Tuttavia è chiaro, che le statue esistenti erano state utilizzate quasi esclusivamente per arredare gli edifici restaurati o costruiti nel tardo antico; queste provenivano da un'ampia varietà di contesti: piazze, templi, case abbandonate, ed infine dalle necropoli suburbane, che in termini puramente numerici potevano fornire la più grande quantità di statuette, come risulta nelle liste dei rinvenimenti del Finelli.

Seguono le osservazioni sul luogo di rinvenimento e sulla possibile ubicazione di uno dei più famosi ritratti tardo antichi di Ostia, probabilmente effigie di un importante magistrato del V secolo (Ostia, Museo Archeologico Ostiense, inv. 42). In particolare, sono da considerare due piazze, che erano nel bacino di utenza degli ultimi rimaneggiamenti tardo antichi presso via dei Molini: la piazza ad ovest dei Quattro Tempietti e il Foro della Statua Eroica. È interessante notare che anche in tempi di un'avanzata ›cristianizzazione‹ del paesaggio urbano – la facciata del Foro della Statua Eroica rimase in funzione fino alla fine del VI secolo – la decorazione scultorea ai margini del Decumano e nelle piazze venne mantenuta tale sino all'abbandono della città.

A partire dagli scavi del 1801, i contesti in cui vennero rinvenute le statue erano molto eterogenei, e tuttavia i gruppi statuari vennero portati alla luce per la maggior parte integri. La vicinanza o la relativa distanza all'area delle calcare non ha influenzato la selezione dei reperti raccolti. Si può quindi supporre che i materiali scultorei, attestati nelle prime liste dei ritrovamenti della documentazione degli scavi del 1801–1804, siano più significativi per ricostruire l'*ornamentum urbis* nella tarda antichità rispetto alla distribuzione delle calcare.

Seguono riflessioni sulla funzione e sugli evergeti, precisamente i costruttori dei luoghi di sosta – i portici, le piazze e i ninfei – sul Decumano nel tardo antico. La relazione diretta con i portali d'ingresso delle grandi *domus* suggerisce che gli abitanti e i proprietari di queste case avevano un interesse personale a rendere evidente e riconoscibile il loro domicilio. Questo aspetto ha chiari parallelismi con le ›fondazioni private di piazze‹ nell'Urbe tardo antica. Anche l'esempio più tardo della casa posta a sud della Palestra delle Terme del Foro (Sede di una corporazione, I, xii, 8), di cui parleremo più avanti, segue questo modello: in questo caso la palestra è stata adornata da una moltitudine di decorazioni scultoree.

Complessivamente, le prime osservazioni lungo il Decumano hanno rivelato quattro fenomeni di riorganizzazione del paesaggio urbano, dopo un evidente spopolamento e l'abbandono di molti quartieri industriali e delle zone abitative nelle vicinanze del Tevere:

1. la chiusura e il riuso di spazi commerciali non più utilizzati sul Decumano;
2. il controllo sistematico degli accessi e la separazione della zona residenziale tardoantica a sud del Decumano come segno di un maggior bisogno di sicurezza (›costituzione di ghetti‹);
3. l'installazione di nuove piazze porticate ed edifici marmorei per abbellire il Decumano come ›un'imponente arteria stradale‹;
4. il trasferimento delle strutture commerciali nelle piazze al centro della città, in cui le strade vengono parzialmente riadattate e i vicoli laterali diventano ›aree di Bazar‹ nei restanti quartieri.

Tutti i fenomeni riflettono una canalizzazione e una concentrazione finora sconosciute dell'attività edilizia, accompagnate da una gerarchizzazione completamente nuova del paesaggio urbano. Per tali fenomeni urbanistici ci sono confronti con molte altre città dell'impero, le cui argomentazioni saranno discusse nei capitoli successivi; tuttavia bisogna sottolineare che solo ad Ostia questi fenomeni si possono ampiamente esaminare e quantificare per tutte le interfacce tra lo sviluppo pubblico e gli estesi quartieri residenziali in periferia.

I paragrafi successivi (**capitolo II. 3. b–e**) trattano l'area centrale di Ostia, che è stata definita dal corso delle antiche mura del Castrum ed è sempre rimasta distinguibile nel paesaggio urbano attraverso un percorso specifico della strada. Questo nucleo originario di Ostia inizia ad oriente con un complesso costituito da due grandi piazze: una a forma di sigma, la cosiddetta Esedra (**capitolo II. 3 b**) e il contiguo Foro della Statua Eroica (**capitolo II. 3. c**). Può essere considerato un tratto distintivo che entrambe le piazze siano edifici che vengono costruiti ex-novo nel tardo antico, evento raro nell'Impero Romano d'Occidente. Evidentemente Ostia rappresenta un caso eccezionale, perché da un lato un adeguato assetto urbanistico era ancora auspicato all'inizio della tarda antichità, dall'altro sembrava ci fossero abbastanza capitali e interessi personali per rendere la città attraente anche dopo la sua ovvia perdita d'importanza commerciale. È chiaro che quasi l'intero nucleo originario, il cosiddetto Castrum, fosse dominato dalla costruzione di piazze ad ovest e ad est del Foro.

In base al livello di utilizzo di circa 3,60 metri s.l.m., entrambi i piazzali sono stati datati alla fase tardoantica della città. L'Esedra sul Decumano (I, xii, 3) chiuse una delle più importanti arterie commerciali della città del II secolo, la Sèmita dei Cippi, ad eccezione di uno stretto passaggio pedonale. L'edificio risale alla fine del IV secolo, ma molto probabilmente importanti fasi di espansione si ebbero nel V secolo. Il Foro della Statua Eroica ha avuto un precursore incompiuto alla fine del III secolo, ma è stato adibito come piazza solo in seguito con una facciata già esistente di *spolia*. Entrambi i portici longitudinali subirono un sostanziale crollo e furono in seguito sostituiti da un terzo portico, con reperti nelle fondazioni risalenti alla metà del V secolo.

L'Esedra e il Foro della Statua Eroica sembrano formare un contesto funzionale (**capitolo II. 3. c**) molto diffuso nelle città tardoantiche: l'Esedra poteva anche essere stata impiegata come luogo per i tribunali, mentre il vicino ›nuovo‹ Foro era stato destinato per la maggior parte a mercato, come indicano le numerose tracce di tavoli e banchi sul lastricato.

L'analisi dettagliata della stratigrafia della malta ha fornito molte indicazioni sulle riparazioni di epoca tardoantica, anche per la fine del V secolo, sottolineando la continuativa importanza della piazza del mercato come supplemento al Foro. Numerose iscrizioni sono state reimpiegate, incluse le epigrafi funerarie, anch'esse rinvenute nella pavimentazione della piazza o la cui impronta è rimasta impressa sul letto di malta. Per la prima volta nel centro di Ostia sono state identificate zone con una stratigrafia del V secolo inalterata, nonostante i disturbi causati dai precedenti scavi. Ciò consente di trarre conclusioni sugli alloggiamenti di malta analoghi a quelli del Foro e fornisce quindi un'ampia base per l'interpretazione della ›tarda antichità dimenticata‹ di Ostia, in particolare per l'inesplorato sviluppo urbanistico del V secolo. Particolarmente importante è il riutilizzo stratificato di *spolia* del Tempio di Roma e Augusto per riempire cisterne crollate sotto la pavimentazione del Foro della Statua Eroica nella metà del V secolo. Questo ci permette di ipotizzare che durante questo periodo questo tempio fosse utilizzato principalmente come fonte di materiale di spoglio. Riferimenti incrociati ai frammenti riutilizzati provenienti dai depositi di marmo tardo antico consentono inoltre di considerare lo sviluppo del centro cittadino dalle Terme del Foro fino al Tempio Rotondo, nel quadro cronologico del Foro della Statua Eroica e del Foro.

Nella sezione conclusiva del II capitolo (**capitolo II. 3. c**) la facciata tardoantica del Foro della Statua Eroica viene ricostruita ed inserita in un contesto più ampio: rappresenta l'esempio più imponente realizzato in questo periodo in Italia. Direttamente di fronte sorge un altro importante edificio risalente al tardo antico, la cui funzione appare allo stato attuale alquanto controversa. A partire da una sala a pilastri polifunzionale del II secolo, costruita nella cosiddetta Casa della Basilica (I, ii, 3), si raccordava attraverso uno stretto corridoio un'altra nuova area funzionale, la cosiddetta Aula del Buon Pastore (I, ii, 4). L'esito della ricerca, qualora quest'ultima area venisse interpretata come uno spazio coperto e non come un cortile aperto, indica che questo ambiente era probabilmente una sede amministrativa, con una tipologia planimetrica riscontrabile diffusamente in tale periodo.

Il **capitolo II. 3. d.** è dedicato a questo complesso edilizio, che in precedenza era stato interpretato come sede di un'associazione. Tale attribuzione ad una corporazione era stata data solamente sulla base delle iscrizioni qui rinvenute e riutilizzate nella pavimentazione. Tuttavia risulta oggi difficilmente sostenibile: in particolare viene qui discussa la storia edilizia dalla metà del III secolo. Come tesi provvisoria, l'edificio potrebbe essere considerato in un primo momento come possibile sede del *Praetorium Urbanum*, cioè come area funzionale politico-amministrativa e (almeno temporaneamente) sede del prefetto dell'Annona. Questa interpretazione è basata su confronti tipologici ed è essenzialmente correlata all'esatta ricostruzione dell'edificio. Per poter meglio interpretare le funzioni degli ambienti è necessario comprendere la nuova copertura realizzata dopo il crollo dei piani superiori, la quale ha permesso l'analisi architettonica della costruzione nel presente studio. Un commento conclusivo è riservato ad una ricerca di dottorato nell'ambito dell'»Ostia Forum-Projektes« (OFP).

Sbarramenti stradali sotto forma di soglie sono strutturalmente collegati a quest'importante edificio tardo antico, che alla luce dell'imponenza e della magnificenza del suo portale viene identificato come uno degli edifici più importanti sul Decumano.

Segue il **capitolo II. 3. e**, che tratta delle più recenti ricerche sul Foro. Le correnti ricerche dell'autore sulla storia edilizia del Foro verranno successivamente pubblicate in una monografia ad essa dedicata. La panoramica qui fornita risulta essere un'utile introduzione ai problemi e offrirebbe la possibilità di acquisire nuove conoscenze, qualora questi recenti sondaggi venissero integrati con i risultati dei vecchi scavi. Il Foro di Ostia rappresenta quindi un'opportunità unica per studiare in dettaglio il degrado e la deliberata demolizione di edifici pubblici centrali. I vari rialzamenti e i livelli di calpestio consentono di identificare tre principali fasi di costruzione tardoantica nel Foro:

1. I Fase (280–380), precedente ad uno scenario di crolli;
2. II Fase (380–430), caratterizzata da un'intensa attività edilizia dopo gli eventi distruttivi;
3. III Fase (circa 440–450), momento di gestione della crisi in seguito ad un crollo esteso di diversi edifici, che in molti casi risultarono irrecuperabili.

La storia edilizia dei portici del Foro copre tutti e tre i principali periodi del tardo antico; tuttavia solo dopo la metà del V secolo si manifesta una chiara tendenza all'improvvisazione, per esempio la ricomposizione con malta di lastre di basolato frantumate o lo spostamento di lastroni privi dello strato di malta. Un'altra sezione è dedicata alla stratigrafia perduta del Foro. Gli strati tardo antichi di riempimento e di innalzamento *in situ* sono qui piuttosto rari e notevolmente minacciati dai fenomeni di erosione moderna. Gran parte dei materiali ancora oggi visibili sulla superficie del pavimento del portico sono costituiti dal riversamento di materiali già scavati proventi da vecchi scavi, perlopiù non documentati.

Pertanto, la prima documentazione dello *status quo*, realizzata oltre 70 anni dopo gli ultimi scavi e programmata fino al 2022, è uno degli obiettivi più importanti dell'»Ostia Forum Projekt« (OFP), sotto la direzione scientifica dell'autore.

Ancora più importante è il materiale che è stato scoperto durante gli scavi del Tempio di Roma e di Augusto negli anni 1921–1924, il quale venne rinvenuto, tra l'altro, sull'antica pavimentazione stradale del Cardo e successivamente conservato nei vicini depositi di marmo. Oggi è possibile ricostruire il suo contesto di rinvenimento originale: un caratteristico innalzamento di 3,60 metri s.l.m. consisteva di resti del tempio successivamente livellati, permettendo di datare la sua distruzione, così come il fenomeno di spoliazione.

Un'ultima sezione del **capitolo II. 3. e** tratta della questione della selezione dei materiali reimpiegabili: quali componenti di marmo erano più adatti per il riuso tardo antico rispetto ad altri e quali mancano nello spettro dei rinvenimenti? Vengono discusse nuove possibilità metodologiche di ricerca degli *spolia*, in particolare attraverso l'analisi del riuso in contesti stratificati all'interno dei portici del Foro. Una datazione reciproca delle demolizioni e delle ricostruzioni è quindi possibile all'interno di un quadro cronologico relativo. Un esempio importante è offerto dalla base semi-scomposta di una statua equestre di Manlio Rusticiano al Foro, che verrà esaminata a questo proposito come esempio.

Seguono considerazioni che trattano gli impianti tardo antichi di lavorazione e di riciclaggio dei materiali lapidei, i depositi e le calcare nel Foro. I depositi dei materiali lapidei cittadini, con più di 10.000 frammenti di marmo, rappresentano una prova significativa per comprendere la natura, la velocità e la dinamica del cambiamento urbano, così come la ›decostruzione‹ di Ostia, ossia la fase finale di deurbanizzazione. L'unico caso archeologico di calcara non accesa in uno dei depositi del Foro è in forte contrasto con i dati statistici normalmente associati ai depositi dei materiali lapidei, direttamente connessi con le officine di riciclaggio e le calcare: dalla metà del V secolo il Foro diventa sempre più un ›mercato dell'edilizia‹ per la fornitura di marmo, così come per gli ulteriori rimaneggiamenti. Una delle officine del Foro è stata studiata dal 2013 come esempio pilota: la sua funzione è sufficientemente indicata dalle diverse tonnellate di frammenti lapidei rinvenuti ed è databile, grazie ad un tesoretto, alla seconda metà del V secolo.

Segue l'analisi di un gruppo di tre stanze monumentali (MFR) e di un portico ben conservato a nord-ovest del Foro (MFW), caratterizzato dalle tipiche lesioni da terremoto nel pavimento e dalle deformazioni nella restante muratura. Entrambi gli edifici hanno in comune i piedistalli per la ricollocazione di statue in un contesto tardo antico. Le tre stanze (MFR) erano servite come luogo di rappresentanza per ufficiali (forse anche per il prefetto dell'Annona); o in alternativa come sacello di culti importanti della città, come ad esempio quello del dio Vulcano, venerato nelle vicinanze, precisamente nella parte nord del Foro come attesta un'iscrizione trovata nella stanza centrale di MFR. In un momento noto, i piani superiori sono crollati e vengono sostituiti da un edificio ad un unico piano. La pavimentazione, in particolare delle tre stanze (MFR), mostra complessivamente le caratteristiche tracce dei monumenti sgomberati. La datazione delle ultime riparazioni verrà discussa anche per gli altri edifici del Foro: la cosiddetta Curia, la Basilica del Foro e il monumento circolare centrale al Foro (MUN). Questo è seguito da riflessioni sull'arredo scultoreo forense ed in particolare dei suoi portici nella loro ultima fase tardoantica. Tale decorazione è stata per la maggior parte conservata fino agli scavi del 1801-4 ed ha lasciato poche tracce nel pavimento finora ignorate.

I cataloghi dei rinvenimenti dei primi scavi degli inizi dell'Ottocento, pubblicati nel 1912, consentono una panoramica alquanto quantitativa ed approssimata; tuttavia l'esatta origine dei ritrovamenti statuari all'interno dell'area non può più essere determinata. Quel che è certo è che il portico nord-ovest (MFW) fosse al centro degli scavi dell'epoca e che l'area a sud proseguisse sino al Tempio Rotondo. Moderni scavi eseguiti nel 2011, sotto la direzione dell'autore, hanno permesso di esaminare per la prima volta in modo autoptico la pavimentazione dell'intero portico nord-ovest (MFW). A quel tempo, è stato possibile riconoscere lo schema decorativo pavimentale delle lastre di rivestimento dell'area in base alle tracce ancora impresse nel letto di malta. Il confronto sistematico di campioni stratigrafici di malta ha anche permesso di studiare la tecnica edilizia e l'identificazione delle diverse fasi di restauro e della sequenza relativa degli interventi sia orizzontali che verticali della pavimentazione. Si è giunti alla conclusione che sia avvenuto un crollo catastrofico, il quale può essere attribuito senza dubbio ad un terremoto. Questo evento ha comportato sia l'incurvamento dell'intero suolo ed il parziale abbassamento del piano di pavimentazione, sia la torsione e la frattura delle murature. Tali danneggiamenti sono stati riparati per l'ultima volta alla metà o alla fine del V secolo, anche se in modo alquanto improvvisato. Le basi e le statue ricollocate sembrano essere state sepolte all'interno del portico da un crollo che è stato scavato all'inizio del XIX secolo. Ciononostante, ancora oggi si possono osservare le tracce dei basamenti irregolari dell'incavo in un filare dell'ultimo lastricato dinanzi la parete di fondo del portico. Come per la ricostruzione storica dell'Agora di Sagalassos, anche qui il portico viene ridecorato con basamenti di statue improvvisati, costituiti da materiale di spoliazione; inoltre si potrebbe supporre che nella parete di fondo oltre ai sei basamenti rinvenuti ci fosse lo spazio per ospitare altri monumenti della ricca storia di Ostia, come ad esempio immagini dell'iconografia imperiale del II secolo sino a ritratti tardo antichi. Tuttavia, si tratterebbe anche in questo caso di materiale prelevato dal Foro, precedentemente riconvertito ad uso commerciale. Probabilmente si tratta di una ricollocazione proveniente da altri contesti, come suggerisce il ritrovamento dell'iscrizione, immediatamente a sud del portico MFW, che ricorda l'erezione di una statua *ex sordentibus locis*. L'allettamento di malta è stato datato grazie ad un rinvenimento monetale *terminus post quem* al tardo IV o al primo V secolo; se si accettasse l'ipotesi che sia una base di spoglio, si tratterebbe di una delle ultime collocazioni di statue in un contesto stratificato. Insieme ad altri reperti del Foro provenienti dagli ultimi scavi del primo Novecento, si potrebbe ipotizzare la presenza di una galleria imperiale del II secolo, forse del principato adottivo in una versione tardoantica, con l'aggiunta dei signori e delle signore del tempo. Accanto vi era la serie scultorea delle dodici divinità canoniche, in diversi materiali e dimensioni, come ben conosciamo anche dal Foro di Aquileia o dal portico degli Dei Consenti di Roma. L'esistenza di statue di divinità pagane in un posto di rilievo nel Foro non può sorprendere, se si pensa al fatto che nel Foro Romano la statua di Minerva venne ricollocata davanti la Curia nel 472–473. Solitamente, sembrerebbe che le statue venissero frantumate in misura minore per la cottura nelle calcare (si calcola complessivamente che solo una percentuale inferiore al 2 % fosse di frammenti intenzionalmente schiacciati per il riuso), secondo un'analisi quantitativa, condotta sotto la direzione scientifica dell'autore nel 2015–2016, dei depositi di marmo, per un totale di oltre 12.000 frammenti. La stragrande maggioranza (> 98 %) è composta da lastre pavimentali, pannelli di marmo ed elementi architettonici. Tutti questi frammenti provengono della spoliazione del Foro dopo la metà del V secolo. Il materiale è rappresentativo, perché consente di escludere le statue integre provenienti da altri contesti, ma non dai depositi per le calcare. Per quanto riguarda il Foro ostiense, va sottolineato che le statue sono state rinvenute per la maggior parte integre e non mutilate, il che suggerisce la loro continua conservazione fino all'ultima e definitiva sepoltura degli edifici forensi.

Statue intenzionalmente interrate non riutilizzate e non più visibili nel paesaggio urbano tardo antico costituiscono un fenomeno limitato: nel bordo meridionale del Foro risulta documentato solo il caso della statua di culto della Dea Roma, che è stata trovata al di sotto di un rialzamento del manto stradale del Cardo; mentre nel 2016 frammenti di una statua di culto, probabilmente maschile, e di una statua femminile panneggiata sono state rinvenute in un contesto di un'officina dedita al riciclaggio. Sulla base di una quantità statisticamente rilevante di statue integre rinvenute nei vecchi scavi, si è ipotizzato che la grande maggioranza di queste risalgano a contesti di reinstallazione tardoantica. Oltre all'arredamento delle nuove case, servivano anche come ›riempimento‹ delle piazze, come è ben noto dalle fonti sulla ›città ideale‹ tardoantica.

Solo i frammenti deliberatamente sminuzzati di statue erano adatti per riempire le calcare e anche il ritrovamento di fornaci ›cariche del materiale‹ era un caso eccezionale ad Ostia: attraverso l'analisi sistematica di tutti i depositi di marmo, dal tardo antico fino ai tempi moderni, del Foro e dei relativi dintorni, sono stati creati i presupposti per ottenere rilevanti dati statistici sulle distruzioni relative sia al riciclaggio che alla ricollocazione, in modo da verificare la comunemente accettata tesi della deliberata distruzione di statue nel V secolo (anche se ovviamente mancano i dati relativi alle statue completamente bruciate).

La riflessione sulla conformazione tardoantica del centro di Ostia riguarda l'area dell'antico *castrum* e termina con un piazzale immediatamente ad ovest della Basilica del Foro, il cosiddetto Piazzale del Tempio Rotondo. I Giornali di Scavo descrivono qui una conversione definitiva di un antico luogo deputato al culto imperiale, che divenne nella sua ultima fase una piazza di mercato. Dopo il grande evento catastrofico che colpì la città nella prima metà o alla metà del V secolo, per ragioni di praticità le funzioni di mercato, precedentemente integrate in edifici a più piani, sembrano essere state trasferite in spazi aperti per una ricostruzione il più economica possibile.

Il compito di ambienti adibiti allo stoccaggio delle merci e spazi commerciali, decentrati e diffusi in tutta la città, è motivato da una imponente riorganizzazione dei sistemi di carico e scarico nella rete tra Ostia e Portus, nonché dalla delocalizzazione della funzione di Ostia come ›centro commerciale‹ del Mediterraneo occidentale a favore di Leptis Magna e altre città dal tempo dei Severi. A quel periodo è riconducibile l'inizio di uno sviluppo della centralizzazione del rifornimento alimentare cittadino, che venne evidentemente proseguito dai *Curatores*, dai prefetti dell'Annona e successivamente dagli stessi prefetti dell'Urbe. Il *macellum reparatum* di *Aurelius Symmachus* nel centro della città rappresenta uno dei pochi esempi epigraficamente connotati agli inizi del V secolo, di cui il Piazzale del Tempio Rotondo costituisce un suo pendant.

Le principali cause dell'abbellimento delle piazze e dell'ultima pavimentazione delle strade principali con marmi di reimpiego soprattutto nel centro della città nel tardo IV e inizio V secolo, deve essere ricercato nella sicurezza dell'approvvigionamento di Ostia da parte dei senatori romani, proprietari terrieri ed investitori. A causa dei loro interessi personali, sono ancora indicati nel V secolo nelle *fistulae* come proprietari terrieri, anche dopo il crollo radicale del ›mercato immobiliare' nel tardo III secolo, momento in cui il paesaggio urbano con edifici a più piani subisce una riduzione ad uno o due piani. L'alleggerimento è arrivato proprio nel corso della prima metà del V secolo, momento in cui spazi per la costruzione di fondazioni di spicco come i *macella* potrebbero essere stati messi a disposizione dai senatori sui ›propri‹ terreni a titolo gratuito o, comunque, a buon mercato, dopo che le tradizionali aree ›sacre‹ erano sempre più disponibili al riutilizzo e ›il mercato degli affitti‹ era indebolito in questo periodo.

Tutte le nuove piazze, compreso il Piazzale del Tempio Rotondo, sono situate dietro portici o facciate scenografiche; di conseguenza dal Decumano sono inizialmente percepibili come spazi che rappresentano un'*amoenissima civitas*. I blocchi stradali e il restringimento delle strade commerciali che conducevano al Decumano non erano assolutamente il segno del declino della cultura urbana, piuttosto un indizio della monumentalizzazione e della canalizzazione sul Decumano come un'importante arteria stradale, ai cui bordi, a quanto pare, vi erano ampi spazi liberi disponibili (indizio di un lusso che non esisteva nella città commerciale del II secolo). La sistemazione del Decumano e lo sviluppo ai suoi margini di fabbricati a carattere commerciale si trova in netto contrasto con tutti gli altri principali assi di collegamento (come Via della Foce, Via della Vittoria, ecc.), i quali erano stati ristretti attraverso avancorpi aggettanti sulla strada, dominati da attività commerciali. Il margine delle strade del II secolo invitava particolarmente all'accesso nelle singole *tabernae*. Al loro posto vennero costruiti, a partire dal IV secolo, diversi spazi aperti come punti di attrazione e luoghi di divertimento.
Come ultima sezione del **capitolo II. 3. e**, segue la questione sulla funzione che potrebbe aver avuto il tratto del Decumano, liberato e ampliato con spazi aperti, noto come *promenade*, tra Porta Romana e il Foro nella città tardoantica.

Attraverso lo scavo di determinate aree ad Ostia è stato possibile avere informazioni sull'organizzazione urbana dei ›cerimoniali‹, che avevano luogo all'arrivo o durante le pubbliche udienze dei prefetti, o anche in occasione di celebrazioni, giochi importanti, speciali feste cittadine. Come è stato più volte accennato, si trattava di rituali legati a processioni che partivano da Porta Romana ed arrivavano ai *fora* ostiensi (Foro e Foro della Statua Eroica). Lo svolgimento di tali processioni politico-religiose o dimostrazioni profane del potere come spettacoli, per i quali sono necessari punti di ristoro – come ad esempio i numerosi ›bar‹ e fontane – e in particolare l'*auditorium* sul lato della strada, mostra che vi era poca differenza tra le processioni di reliquie religiose ed i cortei delle autorità politiche, distinguibili solamente per le destinazioni finali. Il Foro si rivelò un valido punto di arrivo di tali processioni ›profane‹, almeno fino alla fine del V secolo, quando l'attuale pavimentazione a lastre fu livellata con la malta. Fino a questo momento, si è dimostrato possibile anche l'allestimento di strutture per rappresentazioni temporanee, ma apparentemente regolari, in cui venivano allestite tribune a più file. Le ultime tracce delle porte d'accesso si sono conservate nei reperti strutturali delle lastre fino ad oggi. Al contrario, è evidente che ad ovest del Foro non si distingue nessun nuovo edificio, quantomeno complessi padiglioni o portici. Ciò non contraddice la possibilità che le singole processioni arrivassero fino al mare; tuttavia, è molto chiaro che le processioni tardoantiche a carattere politico-rappresentativo raggiungevano solo il Foro o le piazze occidentali e orientali e le strutture nelle immediate vicinanze, come probabilmente il *praetorium urbanum*. Perciò è chiaro che la parte più significativa dell'infrastruttura pubblica profana rimase nel centro della città anche durante il V secolo. Resta anche da notare che non esisteva, perlomeno in diretta connessione con il centro cittadino, un sicuro asse processionale cristiano che conducesse alla Basilica Costantiniana, come attestato dal blocco stradale di Via del Sabazeo sul Decumano.

Seguendo le precedenti osservazioni sulle ristrutturazioni o addirittura sugli ampliamenti delle infrastrutture riguardo l'*amoenitas* e il lusso ad Ostia nella tarda antichità, segue un'analisi dei fenomeni opposti (**capitolo II. 4**): l'abbandono, la trascuratezza, gli edifici in disuso e la formazione di discariche abusive al piano terra e ›l'occupazione illecita‹ dei piani superiori abbandonati delle *insulae*. In un primo momento viene preso in considerazione un distretto, relativamente ben documentato nei diari di scavo, che si estendeva dalle Terme di Nettuno fino a nord del Tevere (**capitolo II. 4. a**). Questo distretto consisteva principalmente in *horrea* o grandi *insulae*, che ricordano il tipo della Caserma dei Vigili. Sulla base della storia d'utilizzo di quest'ultima Caserma, si potrebbe chiarire in modo esemplare quando l'area cittadina cessò di essere utilizzata. Verso il Tevere si accumularono edifici spianati, che tuttavia erano già stati demoliti nell'antichità e il loro materiale da costruzione riciclato. La sede stradale venne delimitata attraverso una serie di blocchi costruiti ma non ulteriormente decorati, mentre i ›vicoli ciechi‹ dietro di essi rimasero accessibili attraverso piccole porte pedonali sul marciapiede. La strada stessa era occupata in diversi casi da piccole strutture, che potevano avere destinazione commerciale, in quanto sono stati rinvenuti bacini d'acqua. Tra i rinvenimenti di particolare interesse, che vennero già segnalati dal Finelli, vi erano cataste di materiali da costruzione preordinati, sia tegole che tufelli, per un'industria ›ufficiale‹ del riciclaggio.

L'ultimo stadio di abbandono del quartiere è tangibile nelle case più prominenti, le quali sono state sepolte da un improvviso crollo e vennero conservate con tutto il loro mobilio: l'*insula* del Soffitto Dipinto e il blocco circostante fino ad un grande panificio. I diari di scavo indicano il rinvenimento di monete nello strato di crollo, incluse in un arco cronologico sino alla metà del V secolo; ciò sembra sottolineare che alla metà del V secolo sia avvenuto un grande crollo catastrofico. Grazie ad esso è stato possibile recuperare materie prime e prodotti intermedi utilizzati dalle officine e diversi processi di riciclaggio interrotti.

Le osservazioni sono state ottenute in base ad un gran numero di microstorie, che mostrano tuttavia un fenomeno comune: la sistematica separazione dell'intero quartiere dal Decumano. Questo sostanziale spopolamento, abbandono ed emarginazione di quasi tutti i quartieri vicino al Tevere, a nord del Decumano cominciano con il tardo III secolo e durano sino alla prima metà del V secolo, e sono in contrasto con l'espansione delle aree a sud del Decumano.

La condizione di un edificio già smantellato, come si deduce dai bolli dei materiali da costruzione, venne preservata dal crollo della metà del V secolo e rimase fino al momento dello scavo *in situ*.

Un fenomeno interessante è stata la fine della continua d'uso della maggior parte delle *insulae*. Dopo un momento di interruzione, databile soltanto in casi studio tra il III e IV secolo, è iniziato un riutilizzo, sebbene ad un livello di calpestio rialzato, almeno dal primo piano: si tratta di abitazioni improvvisate con coperture di emergenza e aperture nelle pareti, con una fattura molto grossolana.

Il sistema fognario era già fuori funzione prima della metà del V secolo, soprattutto nei quartieri vicini al Tevere, poiché molte installazioni erano già utilizzate come pozzi neri prima del termine *ante quem* rappresentato dal loro crollo finale.

Ad eccezione della *promenade* sul Decumano e dei quartieri di espansione tardoantica, sembrerebbe che non fosse più obbligatorio, o meglio non costituisse una pratica comune, l'utilizzo del sistema fognario municipale – oppure che quest'ultimo non venisse più adeguatamente monitorato. Tuttavia, il collegamento con il livello di calpestio dell'ampliamento della *promenade*, dimostra che gli interventi relativi all'urbanizzazione abusiva dello spazio stradale dei vecchi edifici crollati e all'installazione arrangiata di pozzi neri, possono essere datati all'incirca nello stesso periodo delle nuove pavimentazioni di marmo delle piazze sul Decumano. Anche questo è un indizio che mostra la sincronia, ma soprattutto la polare separazione spaziale ad Ostia nel tardo antico, tra le piccole zone commerciali ed ›i quartieri a Bazar‹ da un lato e gli ampi viali e le zone residenziali di lusso privi di spazi commerciali dall'altro: tutte le installazioni abusive conosciute si trovano in un spazio stradale non più utilizzato a nord del Decumano o nella *Regio* III. Le abitazioni apparentemente più semplici, con una piccola parte adibita a bottega e caratterizzate da una fattura improvvisata, e i servizi igienico-sanitari fanno parte, come è già stato parzialmente supposto nelle Case a Giardino (III ix), non degli ultimi fenomeni di decadenza del VI o VII secolo, ma della tarda fioritura della città, alla luce della loro relazione stratigrafica con l'elevazione dei piani di calpestio. Il Decumano, l'elemento divisorio tra i distretti meridionale e settentrionale, formava allo stesso tempo un settore ›indipendente‹ come punto culminante del lusso delle strutture urbane: una zona che fu schermata visivamente e olfattivamente dalle grandi discariche degli impianti igienico-sanitari dismessi di queste aree, ricorrendo ad alte mura dietro alle piazze e ai blocchi stradali.

A nord del Decumano si trova anche il Piazzale delle Corporazioni. Le spoliazioni, già documentate per il IV secolo, indicano chiaramente un abbandono tardo antico del luogo di ritrovo utilizzato dai commercianti del periodo alto imperiale. Quando venne restaurato il Teatro, per essere adibito ai giochi d'acqua e per migliorarne la condizione statica, vennero riutilizzate le basi dei monumenti autocelebrativi dei *cives* del II e III secolo. Si può dedurre che il luogo non fosse più in funzione e in preda ad operazioni di spoglio già sotto *Ragonius Vincentius Celsus*, prefetto dell'Annona, che intorno al 385–389 riutilizzò la base di una statua del Piazzale. L'abbandono degli uffici commerciali e il loro temporaneo uso a luogo di banchetti presso il Piazzale delle Corporazioni, si esprime chiaramente a livello archeologico con la chiusura della porta che conduceva alla cucina attraverso la stanza A sul Piazzale, effettuata con macerie di tetti crollati, controsoffitti o soffitti e murature. Dopo tale cesura non è stato più possibile rifornire i banchetti nel Piazzale, sebbene questa fosse stata, probabilmente, una delle funzioni principali.

L'*insula* dell'Ercole Bambino e l'adiacente *insula* del Soffitto Dipinto possono essere considerate una chiave importante per comprendere l'elevazione dei livelli di calpestio e le trasformazioni connesse al quartiere ad est del Piazzale delle Corporazioni e del Teatro. Le forme residenziali degli appartamenti ad *insulae* erano tipiche di Ostia nel periodo alto imperiale; infatti esse non trovarono continuità nella città tardo imperiale e tardoantica. Difatti si potrebbe ipotizzare una parziale riqualificazione di un ›attico‹ dell'*insula* del Soffitto Dipinto sulla base delle parti di un ninfeo domestico decorato a mosaico trovato nel materiale di crollo dei piani superiori, oltre che l'allestimento di una loggia al piano superiore delle Case a Giardino. Tuttavia, domina qui il completo e definitivo abbandono delle sofisticate abitazioni delle classi medie al piano terra, analogamente alla situazione di Via di Diana e Via dei Balconi. Nell'*insula* dell'Ercole Bambino vennero rinvenuti diversi gruppi di monete, in alcuni casi molto numerosi. Particolarmente importante risulta essere uno specifico tesoretto, il quale venne corredato dal Finelli con una precisa indicazione stratigrafica ed è ancora oggi analizzabile: in uno dei *cubicula* – le uniche stanze attigue indirettamente illuminate degli appartamenti del *medianum* – uno spesso strato di crollo, di circa 10–12 cm ed esteso in tutto l'appartamento, ha conservato 117 monete. Le monete più tarde sono chiaramente riconducibili agli anni 423–425; si può tuttavia supporre che il loro impiego sia continuato più a lungo. Qui è evidente che il deposito di monete fosse sorprendentemente vicino all'ampia concentrazione di macerie della metà del V secolo ed è forse da collegare al terremoto del 442–443, perché si tratta di un crollo improvviso e definitivo. Importante per la datazione del fenomeno è che il soffitto di legno del piano terra – non la copertura a volta frequentemente riscontrata al primo piano – all'epoca venne rimosso e apparentemente riutilizzato altrove come materiale da costruzione, molto prima che l'*insula* fosse crollata definitivamente.

Il fenomeno di esclusione e messa in sicurezza delle rovine potrebbe, in casi estremi, riguardare un intero quartiere: ciò è particolarmente evidente nell'area intorno alla Via di Diana e alla Via dei Balconi, che potevano essere raggiunte dalla *promenade* del Decumano solo da persone pratiche del luogo (**capitolo II. 4. b**). L'avanzamento delle *tabernae* negli antichi portici era un ›tipo di ricostruzione‹ fisso per tali strade commerciali, dove queste si sono apparentemente sviluppate in combinazione con le piazze predisposte, anche se con un utilizzo non esplicitamente commerciale. La Via dei Molini conduce alla nuova piazza dell'Exedra come la Via dei Magazzini Repubblicani al Piazzale della Vittoria, entrambe esempio dell'interessante fenomeno di una crescente specializzazione funzionale nel paesaggio urbano tardo antico. Tutti e due i casi riflettono una chiara differenziazione funzionale, ancora sconosciuta nella città alto imperiale, tra zone puramente rappresentative e raggruppate aree commerciali, simili ai suq.

I suddetti blocchi stradali vanno di pari passo con un fondamentale cambiamento nello sfruttamento e nei sistemi di trasporto dei quartieri circostanti: intorno alla Via di Diana sorse una rete di vicoli ciechi, basata su una pianificazione sistematica e su un'occupazione temporanea, poiché tali aggiunte potevano funzionare solo all'interno del reciproco contesto.

Vie di transito – murate su un lato, ricavate nello spazio stradale oppure delimitate da soglie – dimostrano che la nuova gerarchizzazione del paesaggio urbano e l'attività di costruzione canalizzata sul Decumano (documentata per le piazze) non costituivano un caso isolato, ma corrispondevano a un fenomeno opposto: l'esclusione e la conseguente svalutazione di alcuni quartieri.

A partire dalla metà del III secolo si possono accertare tendenze nella microstoria di molte *insulae,* unità abitative tipiche dello sviluppo economico e sociale dei quartieri a nord del Decumano, che compaiono dunque al di là del tardo boom delle aree meridionali iniziato nel III secolo. L'impoverimento delle ›classi medie‹ si riflette così nelle abitazioni sempre più piccole, che devono essere interpretate come una riduzione della rivendicazione qualitativa dell'originario concetto di tipologia residenziale. A livello della singola microstoria, potrebbe trattarsi comunque di eventuali fluttuazioni di mercato o di un possibile cambio di proprietà; una motivazione ›individuale‹ per queste modifiche edilizie rimane trascurabile dato il considerevole numero di analogie nell'intera area urbana: si trattava quindi di uniformi fenomeni che indicavano un cambiamento strutturale della società.

Il materiale dei rialzamenti del piano di calpestio nel tardo antico fornisce informazioni sul processo di decadenza dei distretti a nord del Decumano e sulla sua diretta amministrazione: lo strato con parti di facciate proviene infatti da una demolizione intenzionale dei piani superiori per l'estrazione dei materiali. Dopo aver prelevato le spoglie il quartiere venne abbandonato ed utilizzato come discarica. In seguito ad un'interruzione d'uso, vi fu una rioccupazione che ha lasciato scarse tracce nelle sezioni delle pareti ancora visibili oggi al livello del primo piano; altri labili indizi sono costituiti dalle aperture provvisorie per porte secondarie nelle murature d'età imperiale e dalle tamponature con una muratura molto grossolana costruite direttamente sul terreno, a circa 3 metri di altezza sulla pavimentazione imperiale (un rialzamento poi rimosso in fase di scavo). Presso l'*insula* di Giove e Ganimede (*Regio* I, iv, 2), il più alto accumulo di detriti è arrivato a più di 5 metri; non sorprende quindi che questa *insula* sia una delle meglio conservate in altezza. In questo modo, la discarica artificiale ha effettivamente conservato completamente la muratura *in situ* fino al primo piano, incluse parti originali del pavimento del secondo piano, che dopo gli scavi del Calza potevano essere facilmente ›riassemblate‹.

L'assenza di grandi depositi di mattoni nello strato di smantellamento e i frammenti di anfora suggeriscono che il primo o il secondo piano delle *insulae* nelle ultime fasi di insediamento siano stati abitati abusivamente. I piani superiori e la copertura originale del periodo imperiale erano già crollati o demoliti e vennero utilizzati altrove come materiale da costruzione per i nuovi edifici, dopo essere stati rimossi.

Pertanto, non sorprende che dopo il rinvenimento della prima *insula* ostiense sia stata ipotizzata un'altezza media di tre piani per tale tipologia abitativa. Tuttavia, questo non può essere dimostrato solo dagli straordinari spessori delle pareti, dalle ampie trombe delle scale e dai numerosi piani superiori decorati con *opus spicatum* o con mosaici rinvenuti nelle macerie; piuttosto deve essere documentato con una maggiore conoscenza della storia finale di Ostia, che per la maggior parte è caratterizzata da un'organizzata industria di riciclaggio.

Una grande permeabilità soprattutto da nord a sud, cioè dalle sponde del Tevere sino alle diverse aree commerciali e di stoccaggio all'interno dell'area urbana, era il presupposto centrale della struttura economica privata decentralizzata del periodo alto imperiale. Tuttavia, durante il tardo antico, la direttrice di sviluppo del sistema di trasporto all'interno della città appare ruotata di 90°: invece dell'asse nord-sud (il Cardo), il Decumano, l'asse centrale est-ovest, collegava la città alle ville marittime lungo la Via Severiana e rimase soprattutto una *Promenade* completamente fruibile, mantenutasi ad un livello di calpestio costante. Il traffico merci locale invece di attraversare le originarie arterie (Decumano, Cardo, Sèmita o Via dei Molini) si svolgeva lungo antiche strade secondarie; l'obiettivo comune di fondo era quello di ›nascondere‹ le rovine esistenti dal paesaggio urbano percepibile, attraverso un complesso sistema di numerosi blocchi stradali. Un buon esempio è nei pressi del quartiere di Diana, dove il blocco di accesso al Cardo settentrionale non si riflette solo sulla strada stessa, ma anche nella costruzione di molte *tabernae* immediatamente circostanti.

Lo scopo dello sbarramento delle strade, sotto forma di porta di un'abitazione o di *taberna,* è probabilmente da ricercare in un crescente bisogno di sicurezza da parte dei residenti. L'orientamento di un'apertura di una porta, in una zona residenziale sulla Sèmita (*Regio* V ii e V iii), fornisce la prova più evidente di come l'accesso incontrollato alle grandi aree di rovine contigue agli antichi *horrea* o alle vicine strade di campagna a sud degli ammassati appartamenti della *Regio* V, ii/iii, dovesse apparentemente essere limitato temporaneamente (**capitolo II. 4. c**).

L'integrazione con le infrastrutture distingue i nuovi distretti costruiti durante il boom, come la già citata *Regio* V, ii/iii, da quelli demoliti in questo periodo: il quartiere di Diana, chiaramente svalutato a nord del Decumano, non ha terme o grandiose abitazioni; nella stessa *Regio* diverse terme residenziali vengono integrate dalle numerose terme pubbliche esistenti. Sebbene siano state trovate anche singole rovine nei distretti del boom edilizio, queste vennero efficacemente nascoste alla vista attraverso mura poste all'ingresso delle grandi residenze.

Il prossimo **capitolo II. 5** è dedicato ai quartieri periferici, dal Cardo fino a Via della Foce, e ai fenomeni di riqualificazione, formazione delle rovine, conservazione e ›ricommercializzazione‹.

L'incrocio principale – ed anche il più grande nodo stradale – si trova nella parte occidentale di Ostia, costituito dalla piazza sul Bivium P4, che viene descritta nella parte centrale del **capitolo II. 5. a**. La piazza si trova sul bordo occidentale dell'originaria colonia, definita dai confini del Castrum repubblicano, ed era ancora riconoscibile nella tarda antichità dal reticolo stradale. Quest'intersezione centrale tra l'antico centro e i nuovi quartieri del periodo alto imperiale, che riguarda la parte occidentale di Ostia (*Regio* III e IV), è caratterizzata da tre fasi di sviluppo nel tardo antico.

La piazza fu:

1. occupata da una facciata monumentale con nicchie per statue, ›ninfeo a facciata‹;
2. delimitata da una fila di *tabernae* tardoantiche; ed infine
3. sempre più isolata in uno stadio tardo, alla fine del V secolo, dalla costruzione di blocchi stradali posti lungo gli assi stradali nord-ovest, che collegavano le rive del Tevere e il porto fluviale al tempio dei Dioscuri (destinazione delle processioni pagane sotto Papa Gelasio alla fine del V secolo).

La piazza, fin dal principio di quest'evoluzione alla fine del III o agli esordi del IV secolo, assunse una nuova funzione ornamentale con la facciata del ninfeo che aveva progressivamente sostituito l'antica destinazione d'uso ad area mercantile e struttura di smistamento per i traffici commerciali. La facciata monumentale e i giochi d'acqua avevano una particolare rilevanza nel contesto urbano, almeno nel IV e alla prima metà del V secolo, anche se il bacino idrografico originario, secondo recenti scavi, doveva essere probabilmente completato con una larghezza di circa 2 metri e ricopriva complessivamente un'area inferiore a 40 mq. Sulla base degli elementi qui riutilizzati per un blocco stradale più tardo si può in parte ricostruire l'originale apparato decorativo della facciata del ninfeo: con le sue nicchie, podi e le sue decorazioni scultoree caratterizzate da delfini, due erme di personaggi dionisiaci ed un giovane Bacco.

Nella sua ultima fase di ricostruzione prima dell'abbandono finale, la facciata ornamentale di marmo venne schermata alla vista da un edificio: questo coincide con il momento in cui il Decumano non aveva più finalità specificamente rappresentative e si erano interrotti i restauri delle piazze, ora occupate abusivamente. Con l'inizio della ›fase utilitaristica‹, la piazza venne trasformata in un deposito o in un grande magazzino, probabilmente dotato di un tipo di *suspensurae* per depositare il grano. Probabilmente anche qui eventi catastrofici, alla metà o alla fine del V secolo, agirono da ›catalizzatore‹ per il passaggio dalla fase monumentale-rappresentativa del paesaggio urbano alla fase della ›città modesta‹ con un nuovo orientamento rivolto ai bisogni dei cittadini dei ceti medio e bassi. Questo processo venne ulteriormente accelerato dalla migrazione dell'élite e si espresse in una corrispondente ridotta esigenza urbanistica del Decumano privo di visibili strutture ornamentali.

La sezione seguente (**capitolo II. 5. b**) tratta del Cardo, della Via del Tempio Rotondo e di una zona residenziale sviluppatasi attorno al Bivium.

Una delle tracce antiche più frequenti di degrado, seppure distrutte durante gli scavi, è rappresentata dai crolli delle facciate sulle strade; il crollo *in situ* di una di queste si può trovare davanti ad una grande residenza, la quale venne incorporata in un'*insula* ridotta ad un piano e fu essa stessa vittima di una catastrofe improvvisa. Il crollo dell'intera facciata avvenne nel momento in cui il livello di calpestio della Via del Tempio Rotondo e del Cardo meridionale non era ancora aumentato; stratigraficamente il cedimento riflette la stessa situazione delle macerie della cella, del frontone, del tetto e dell'omonima statua del Tempio di Roma e di Augusto, anch'essi posti direttamente sul lastricato del Cardo. L'ipotesi di un terremoto, avvenuto alla metà del V secolo, è quindi l'alternativa più probabile per spiegare il crollo della facciata e dell'intera area a sud del Foro, non rimossa ma semplicemente sepolta al di sotto di un nuovo livello di utilizzo. Questo corrisponde al modo improvvisato di ›gestire una catastrofe‹, già discusso sulla base degli elementi strutturali crollati e della decorazione scultorea ›sepolta‹ del Tempio di Roma e Augusto, e come conseguenza diretta di un evento disastroso, caratterizzato da crolli, incendi e inondazioni alla metà del V secolo, probabilmente a seguito dei terremoti ricordati dalle fonti scritte negli anni 442/443.

Gli edifici pubblici e aree come il Foro e l'adiacente Foro della Statua Eroica, hanno avuto fasi di sviluppo databili alla metà del V secolo: tre dei cinque portici erano ancora in fase di ristrutturazione (MFE, MFW, MFP), mentre solo due dei piccoli portici prospicenti al Tempio di Roma e Augusto sono stati abbandonati nel corso della ristrutturazione dell'area sud del Foro (MFS) o trasformati in un'officina (MFD).

Un altro aspetto importante è costituito dallo spazio abitativo tardo antico: non sorprende che gli spazi privati al centro della città siano rimasti abitati almeno fino alla metà del V secolo, con la costante esigenza di utilizzare tutti gli ambienti. Ciò risulta essere in contrasto con quanto dimostrato da alcune ville e dimore precedentemente abbandonate nella zona suburbana e nel quartiere di Porta Marina. Questo è dimostrabile per le tarde case intorno al Bivium, le quali vengono costruite tutte in contesti ›insoliti‹: una casa sorge nel *temenos* dei Templi Repubblicani, anticamente dedicato ad Ercole e ad Igea; un'altra casa, la *domus* di Amore e Psiche, venne ricavata dalla conversione di un precedente impianto produttivo; e la *domus* dei Tigriniani è impiantata su un asse viario.

Un simile agglomerato tardo antico come quello intorno al Bivium trova come unico parallelo solo l'area lungo la Sèmita, sul lato sud del Cardo e nel quartiere di fronte a Porta Marina. Quest'ultimo distretto suburbano formava un ›ulteriore centro‹ autosufficiente prossimo al mare, ed era allo stesso tempo il punto finale del Decumano. Il quartiere centrale ubicato presso il Bivium rappresenta quindi grazie alla sua vicinanza al centro politico-amministrativo della città, prossimo a quello della Sèmita, il più prospero e il più lungamente abitato delle quattro zone residenziali del periodo tardo antico.

Un'evidente discontinuità dell'edilizia domestica di lusso appare essere rintracciabile dopo la metà del V secolo. Sicure datazioni derivate da sondaggi stratigrafici sono tuttavia molto rare: allo stato attuale non si sono potute trarre conclusioni statisticamente rilevanti sulle dimore tardoantiche presso la Palestra delle Terme del Foro.

Il prossimo **capitolo II. 5 c** tratta degli eventi catastrofici e della ›gestione delle crisi‹ nelle aree abbandonate, nonché della costruzione di un bivio su Via della Foce e di un nuovo edificio termale nella seconda metà del V secolo.

Le fondazioni delle Terme Piccole e le fogne sono state scavate dall'autore con diversi sondaggi nel 2004–2005, allo scopo di chiarire in quest'area centrale la relazione temporale e funzionale tra la pavimentazione dell'ultimo livello di calpestio di Via della Foce, le macerie rimanenti dal crollo di un'*insula* su questa strada, le sopraelevazioni del piano pavimentale e le nuove costruzioni tardoantiche. Il crollo della facciata dell'*insula* si trovava proprio nel mezzo del secondo più importante asse commerciale e di culto della città: tra l'altro, era anche l'arteria viaria principale che conduceva al porto fluviale e alla maggior parte degli *horrea* ostiensi, al tempio dei Dioscuri, al Palazzo Imperiale e al traffico di traghetti per *Transtiberim* e *Portus* sulla via Flavia. La costruzione tardoantica delle Terme Piccole aveva completamente occupato la parte posteriore del Cardo e del Decumano, la strada più ampia di Ostia, che portava agli importanti impianti del mercato coperto della città, i Mercati o Magazzini Traianei.

Se si segue questo quadro cronologico, allora la seconda fase delle terme, che corrispondeva alla fine dell'uso comunitario delle strutture igienico-sanitarie, sarebbe da datare alla fine del V secolo; il periodo di utilizzo delle stesse visse evidentemente un momento di improvviso crollo, come suggerito dai ricchi arredi menzionati in dettaglio nei diari di scavo.

Almeno durante la prima fase costruttiva delle terme, Via della Foce non sembra attraversasse il crollo, nonostante fosse stata deviata sul marciapiede: rialzamenti di 180 cm sarebbero stati necessari per livellare un nuovo piano di deambulazione e sono documentati per un momento successivo, vale a dire nel VI secolo. Tra la fine del IV e la metà del V secolo, qui come nelle restanti piazze ostiensi, si svilupparono ›bar‹, ninfei con ›giochi d'acqua‹ e terme. Lo studio esemplificativo delle Piccole Terme e delle loro aggiunte acquisisce importanza sulla base dei fenomeni generali precedentemente descritti e riscontrabili anche qui: nello specifico, un portico è stato ricostruito dopo il suo crollo, includendo le macerie nella successiva struttura. Questo costituisce una novità e risulta essere una chiave per comprendere la fase finale della cultura urbana tardoantica, non solo per il caso di Ostia. Qui più che altrove, si può infatti descrivere una relazione molto ›creativa‹ con il degrado e le rovine: è una ›vita nelle e con le rovine‹, realizzata con un'architettura di nuova progettazione, ma in una scala inferiore rispetto a prima. Con tutti i lavori di improvvisazione, tuttavia, diventa evidente come il degrado urbano fosse già chiaramente visibile proprio dietro la ›facciata scenografica‹ dei blocchi di traffico e dei piccoli ninfei su entrambi i lati di Via della Foce, e che quindi non si fosse più in grado di ›dislocarlo‹ o contrastarlo con successo. Un interrogativo che deve restare aperto è dato dalla percezione della decadenza, ad esempio nel caso delle case del *Serapeum*, la quale può essere interpretata come gusto residenziale individuale o come un ricercato incentivo associativo nel senso di un moderno ›romanticismo delle rovine‹.

Il seguente **capitolo II. 5. d** si occupa dell'avanzamento del fronte delle *tabernae* in seguito alla riduzione del traffico e indica una strada commerciale a traffico limitato.

Via della Foce rimase accessibile sul Decumano anche nel IV e V secolo, in quanto sprovvista di sbarramenti stradali. Nella riorganizzazione del paesaggio urbano dopo le crescenti catastrofi, l'obiettivo principale era il mantenimento delle abitazioni nell'area compresa tra Via della Foce e il Cardo degli Aurighi. In quel periodo, oltre all'avanzamento delle *tabernae* e alla riconfigurazione dei margini stradali come ›bazar‹, sorsero anche i numerosi edifici termali in questo quartiere (Terme del Mitra, Terme Piccole e Terme negli Horrea del Serapeo): ciò riflette una continua rivendicazione della ›qualità residenziale‹. A sud di Via della Foce, l'esigenza di rinnovamento tardo antico superò di gran lunga la ristrutturazione superficiale delle ›facciate‹. Al contrario, sul lato settentrionale si verifica un fenomeno differente con l'eccezione delle terme: qui infatti gli Horrea furono lasciati come un grande cumulo di rovine contigue e vennero sistematicamente chiusi.

Nel **capitolo II. 5. e** ci si concentra sullo studio di un grande complesso residenziale del periodo traianeo (*Regio* III, I), modello per le Case a Giardino e probabilmente utilizzato parzialmente come albergo o ricovero nella tarda antichità; l'ultimo capitolo su Ostia (**capitolo II. 5. f**) si occupa del tratto finale del Decumano, cioè la zona di Porta Marina.

La più volte studiata Caupona di *Alexander Helix*, locanda dove si servivano cibi e bevande, riveste un'importanza fondamentale per la ricostruzione delle quote dei rialzamenti post severiani e dello sviluppo costruttivo dell'area presso l'antica porta della città. Il santuario della *Bona Dea* (IV, viii, 3) non subì un lento declino, ma venne spianato nel momento in cui l'area contigua a Porta Marina fu utilizzata in modo più intensivo; tale impiego della piazza davanti alla porta urbica, adibita a ›Foro‹ del centro secondario nel IV–V secolo, si basa sui precedenti sviluppi urbanistici, che avevano portato qui all'ampliamento della superficie dello spiazzo durante il periodo tardo antico.

La piazza immediatamente di fronte all'antico accesso occidentale della città venne costruita relativamente tardi, precisamente non prima del IV secolo, livellando vecchie costruzioni inutilizzate, tra cui un santuario della Bona Dea. Questo ricorda lo sviluppo urbanistico del Piazzale della Vittoria all'altro capo della città, prospiciente Porta Romana. Vi sono tuttavia alcune differenze: mentre presso il Piazzale della Vittoria solo alcune statue, riutilizzate per l'abbellimento della piazza, provenivano anche dalle vicine necropoli, a Porta Marina un monumento funerario venne parzialmente demolito e incluso in un complesso di ville. Questa tomba, appartenuta ad un importante dignitario del periodo tardo repubblicano, sembra essere stata conservata a lungo come un monumento ›alla grandezza antica‹. In primo luogo è in connessione con la riorganizzazione di un ingresso; apparentemente, l'edificio funerario non apparteneva alla proprietà della vicina *domus fulminata*, dalla quale risulta completamente chiusa ed isolata.

L'inclusione di un ›monumento pubblico‹ e l'opportunità di trattenersi nel piazzale immediatamente antistante ad una residenza privata, ricordano la connessione del Ninfeo degli Eroti alla piccola *domus* sul Cardo.

Il complesso di ville suburbane, di quasi 2000 metri quadrati adiacenti alle mura cittadine, nominato qui per la prima volta, consisteva in un'area centrale aperta che poteva essere utilizzata come giardino, attorno alla quale si disponevano edifici. La connessione funzionale degli ambienti così raggruppati, ossia più di 20 stanze o gruppi di stanze, alcune delle quali sfarzosamente decorate, è evidente sulla base del reciproco orientamento delle aperture. Finora quest'area, ad eccezione di una stanza ottagonale decorata a mosaico, non era mai stata riconosciuta e trattata come un'unità residenziale appartenente ad un solo proprietario. Questo è tanto più sorprendente in quanto si è conservata una di quelle residenze, la cui dimensione, in contrasto con le case del centro città, potrebbe essere ricollegabile all'élite terriera ostiense: una committenza esigente è suggerita non solo dalla fattura dell'unico mosaico rinvenuto, ma anche dalla tipologia planimetrica del gruppo delle tre stanze di rappresentanza sul lato nord-ovest dell'area giardino.

Di fronte a questo complesso di ville vi era un'area delimitata da un muro perimetrale, il cosiddetto Foro di Porta Marina (FPM). Le sue dimensioni e il collegamento diretto alla porta lasciano supporre si trattasse di un importante centro in questo quartiere.

Le stanze ad abside nella parte posteriore della piazza suggeriscono un'interpretazione cultuale di questo luogo; forse era dedicato ad una divinità come Vulcano, qui attestabile a partire dall'età adrianea (il primo tempio di Vulcano è stato rimosso dalla sua posizione originale del II secolo a. C. nella zona nord del Foro dopo la costruzione del portico est). Tale ipotesi è supportata anche da una struttura documentata nelle fotografie storiche, oggi in gran parte scomparsa: è probabilmente da interpretarsi come un ›altare‹ con scale frontali, sull'asse centrale di fronte all'abside della piazza, rinnovato prima del periodo tardo antico. Forse si trattava di un tempietto modificato in un certo momento del III o IV secolo, con elementi di *spolia* (come il tempietto tardo sulla Palestra delle Terme del Foro, poi adattato a ninfeo in età severiana).

Con una serie di aggiunte successive nei portici, la piazza fu anche utilizzata dopo il suo rialzamento come foro o mercato tardo antico (*macellum*) sino all'abbandono del quartiere, prescindendo il fatto che fosse il foro voluto da Aureliano nei pressi del mare come tramandato dalla *Historia Augusta*. I sondaggi hanno mostrato che i portici erano dotati di molte pareti divisorie alla maniera delle *tabernae*; è possibile riconoscere l'andamento di questi muri divisori grazie alle tracce lasciate sull'intonaco. Piazze di questo genere possono essere tipologicamente paragonate ai *macella*.

La III parte dell'opera è dedicata ai confronti con le metropoli dell'Impero d'Oriente, in particolare alle analogie con uno specifico contesto urbanistico, caratterizzato da asse processionale, piazza e teatro. Il **capitolo III. 1** inizia con lo studio dell'Agorà Meridionale di Afrodisia.

Tre punti di confronto con la *promenade* e il complesso del Teatro e il Piazzale delle Corporazioni di Ostia sono offerti da:

- piazze parzialmente chiuse al traffico con due grandi vasche o piscine, come nell'Agorà sud di Afrodisia con collegamenti al Teatro e al ›Boschetto delle Ninfe‹;
- teatri riadattati per i giochi d'acqua (per esempio Hierapolis, Assos) e per festività, come il cosiddetto *Maiumas* o la festa di maggio;
- piazze costruite ›dietro‹ il teatro con al centro un monumento (-fontana), come il complesso del *Tetrastoon* di Afrodisia e la piazza con la fontana a Side.

L'accesso all'Agorà sud di Afrodisia fu ampliato con due stretti passaggi ai lati di una grande vasca. La zona inferiore della nuova parete, delimitata da lastre, sostituì la precedente struttura di scale e colonnato, cambiando radicalmente l'effetto e la funzione dell'edificio. Questa trasformazione funzionale ricorda la Biblioteca di Celso ad Efeso, che da edificio precedentemente accessibile, fu ridotta attraverso l'aggiunta di una vasca su un lato, assumendo unicamente un effetto di facciata.

I rilievi a grandi figure che adornavano il secondo piano – oltre ad un blocco di iscrizioni riutilizzate che fornisce un *terminus post quem* all'anno 414 – e la parte anteriore della vasca risultavano ben visibili, come nel caso della vasca di oltre 2 metri di fronte alla Biblioteca di Celso ad Efeso. L'Agorà di Afrodisia disponeva di due bacini ipetrali, che nelle loro straordinarie dimensioni ricordavano località dove si svolgevano spettacoli teatrali acquatici, come Androna in Siria o Birketein presso Gerasa; tale peculiarità è senza confronti nell'Impero d'Occidente, con la possibile eccezione del Piazzale delle Corporazioni di Ostia, soprattutto perché la piscina non aveva la funzione principale di riserva idrica ma un uso rituale temporaneo.

Le tracce di utilizzo forniscono in Afrodisia chiare indicazioni sulla funzione di queste strutture idrauliche e sulle connesse gradinate: incisioni di generazioni di spettatori, utilizzate nella maggior parte dei casi, sono evidenti oltre ai campi di gioco. Questo fenomeno potrebbe essere considerato un'indicazione del funzionamento cultuale, dal momento che molti graffiti presentano raffigurazioni pagane, oltre che statue di culto con *polos*, similmente alla costruzione del bacino di Ampelio nell'Agorà sud come elemento dell'ultima fase di utilizzo del V secolo; è stato anche rinvenuto un elenco dei culti, che corrisponde ai graffiti *in situ* nel ›Boschetto delle Ninfe‹ al centro della piazza. Il centro principale dell'Agora, documentabile grazie ai graffiti, utilizzato come sosta e *auditorium* per le feste tardoantiche di origine pagana, si dimostra quindi indipendente dalla discussione sulla prima funzione delle gradinate: in connessione con le terme sul lato occidentale, questi posti a sedere del primo periodo imperiale sono stati interpretati per il momento come parte di una palestra. Di pari passo al ristabilimento dell'inutilizzata porta dell'Agorà, segue la sua destinazione funzionale al festival di maggio (*Maiumas*) e ai giochi d'acqua: ›vasche ornamentali‹ accessibili, insieme alla ristrutturazione del teatro, erano apparentemente il presupposto per offrire al pubblico spettacoli acquatici, come molte città tardoantiche, tra cui Ostia, dimostrano.

Ad Afrodisia la transizione dalla *promenade* all'area intorno al Teatro non è stata ancora sufficientemente esplorata. È chiaro, tuttavia, che il viale lussuoso si estendesse dal *Tetrapylon* a nord fino al complesso *Tetrastoon* di fronte al Teatro a sud e sfociasse direttamente sull'ultima piazza prospiciente il Teatro con alcune restrizioni di accesso, come nella piazza tardoantica di fronte alla Biblioteca di Celso ad Efeso. La piazza è particolarmente interessante, in quanto rappresenta una parte centrale della riorganizzazione della città. Al posto del portico dorico della fase costruttiva ellenistico-alto imperiale, nel tardo IV secolo venne creata una grande piazza, probabilmente con una funzione temporanea di mercato. Si tratta di un altro parallelismo funzionale e contestuale al Foro della Statua Eroica di Ostia. In entrambi i casi si potrebbe forse trattare di una risistemazione tardoantica del punto d'arrivo della *Promenade*.

Il *Maiumas* era la festa popolare più lunga (durava ben trenta giorni) ed apparentemente anche quella più amata nella tarda antichità pagana: infatti venne celebrata, salvo divieti provvisori, fino al periodo medio bizantino. Risulta evidente che tale festività avesse un ruolo centrale nel panorama urbano non solo nell'Impero Romano d'Oriente, ma anche in alcune città portuali cosmopolite dell'Occidente come Ostia, come dimostrerebbe il numero cospicuo di edifici permanenti preposti allo svago e al divertimento.

Le costruzioni di ritrovo non cristiane occuparono il centro topografico e politico della città, anche nella società sempre più cristianizzata del V secolo; ciò presuppone senza dubbio un certo grado di tolleranza da parte delle autorità locali. L'importanza del *Maiumas*, che da festa locale siriana è diventata dal III secolo l'evento cittadino più importante anche in altre provincie, sottolinea il carattere dell'innovazione: probabilmente sostituì celebrazioni pagane dimenticate o soppresse e comparve nel centro di un sorprendente numero di culture urbane tardoantiche.

Supporre una pratica cultuale cripto-pagana non renderebbe tuttavia giustizia al carattere identitario ufficiale del *Maiumas*, né alla struttura degli edifici corrispondenti, che non dimostrano alcuna forma di isolamento. Ad Afrodisia tardoantica come ad Ostia, è conosciuto il contesto topografico di questa interazione o confronto, in cui le autorità pubbliche si fanno garanti della città attraverso un'immagine culturale decisamente tradizionale, costituita dalla zona del teatro e delle piazze al centro della città.

Il prossimo **capitolo III. 2.** si occupa delle analogie con Efeso, una città portuale socialmente paragonabile a Ostia. L'interesse si concentra su tre strutture urbanistiche: l'asse processionale dell'*Arkadianè*, che partiva dal teatro; la zona pedonale dell'*Embolos*; e la piazza di fronte alla Biblioteca di Celso, ›convertita‹ in una piazza con fontana.

Come ad Afrodisia, vi erano anche ad Efeso due assi stradali processionali, in relazione ai luoghi riutilizzati nel tardo antico, la Via dei Cureti e l'*Arkadianè*; questa permetteva l'entrata solenne nella città ›dall'esterno‹, in questo caso dalla porta del porto. La strada rimase chiusa al traffico carrabile, spostato sul principale asse stradale parallelo più a sud, che conduceva all'Agorà commerciale. Il particolare carattere di tale asse stradale veniva sottolineato dalla possibilità di illuminare con cinquanta lanterne l'*Arkadianè* dalla porta del porto sino alla sua estremità cittadina, costituita dalla Statua del Cinghiale in una piazza vicino al teatro.

Per Efeso sono valide le stesse considerazioni fatte per Ostia, dove sorprende la profusione edilizia, tra ricostruzioni, restauri e nuove costruzioni; ciò si discosta in modo significativo dalla precedente immagine di una riduzione dell'attività di costruzione tardoantica sullo spazio stradale dell'*Embolos*.

Indipendentemente da un possibile declino dello sviluppo demografico, sembra esservi una continua necessità di spazi pubblici di aggregazione in tutte le principali intersezioni e centri di utilizzo della vita urbana tardoantica: queste considerazioni sono già valide per la sezione urbana ad oggi conosciuta, meno estesa in confronto ad Ostia. In particolare le gradinate che si trovano in tutti gli spazi investigati sottolineano la loro funzionalità di utilizzo per gli eventi pubblici, ossia luoghi permanenti come *auditorium* per gli spettacoli, processioni e cerimonie. Indipendentemente dal modo in cui si vogliano presentare l'andamento effettivo dei banchetti, la frequenza e il significato di simili ›istituzioni secolari‹ – vale a dire delle feste cittadine documentate ancora nel V secolo, dedicate a culti pagani proibiti rivolti ad assistenti mitologici, come le Cariti, le Ninfe o le Grazie – , è significativo che alla fine del IV secolo vi fosse ancora spazio urbano disponibile per i grandi eventi pubblici, il cui radicamento nelle festività pagane e nella cultura culinaria è fuori da ogni dubbio. Il diretto parallelo architettonico dell'Agorà Sud di Afrodisia è rappresentato in tal senso dalla piazza davanti alla Biblioteca di Celso, anche in relazione alle gradinate per sedersi. La sezione del paesaggio urbano qui esaminata, può essere considerata come ipotesi *pars per toto* di un completo cambiamento di funzioni, che sono state ampiamente documentate in ambito ostiense.

Così la pratica tardoantica delle festività, almeno per quella primaverile del *Maiumas* (anche altre cerimonie stagionali sarebbero state previste, ma non vi è una tradizione comparabilmente ricca a causa della cernita operata dai tardi editori cristiani), puntano un riflettore su come la passeggiata del Decumano (*promenade*) o dell'*Arkadianè* e le piazze immediatamente adiacenti potevano essere occasionalmente utilizzate.

Il **capitolo IV**, l'ultimo del libro, tenta di fornire una panoramica sulle tesi qui presentate sul declino di Ostia nel periodo tardo antico.

La genesi dell'organizzazione urbanistica tardoantica si svolgeva in alcune culture urbane in modo continuativo, mentre in altre si concentrava in determinati periodi di tempo, per esempio dopo eventi catastrofici su larga scala che distruggevano il nucleo più antico, seguiti da un successivo abbandono e quindi da una chiara cesura nella storia di utilizzo. La storia del superamento del declino tardo antico ad Ostia, insieme ad evidenti aspetti di discontinuità, come l'abbandono di distretti a forte carattere commerciale e il decentramento di quartieri residenziali, lascia comunque distinguere almeno cinque fasi edilizie concentrate nelle aree cittadine rimaste in uso:

- opere edilizie in risposta ai diversi crolli avvenuti tra il 275 e il 280, causati dalla ristrutturazione commerciale (il compito di ›Export‹), così come dal degrado legato alla mancanza di manutenzione, ma forse imputabili anche ad incendi che avevano causato danni in diversi edifici;
- crolli, interventi di manutenzione ed erezione di nuovi edifici intorno alla metà del IV secolo;
- opere evergetiche di *Ragonius Vincentius Celsus* (385–389) e dei suoi immediati successori fino al 430;
- la ricostruzione intorno al 450 seguita ad una lunga serie di crolli ed incendi, forse in parte dovuti ai terremoti del 442/443 a Roma e Ravenna;
- i più recenti restauri che testimoniano l'ampliamento delle infrastrutture in un modo improvvisato, sino alla fine del V – inizio VI secolo.

Dalla fine del III secolo fino alla metà del V, Ostia ha subito un significativo cambiamento, che ha avuto luogo gradualmente e si è basato sul superamento del declino della struttura urbanistica d'età imperiale. Questa trasformazione ha interessato le aree essenziali della vita urbana e quindi gran parte di quello che ancora oggi può essere esaminato:

- rete stradale – permeabilità interna nonché ramificazione verso l'esterno;
- l'organizzazione e lo ›Zoning‹ dei quartieri con caratteristiche ambientali molto diverse;
- organizzazione della rappresentazione ufficiale lungo l'asse viario principale, la cosiddetta *promenade* sul Decumano che conduce al Forum;
- attività, produzione e commercio: i nuovi mercati del centro città sono su entrambi i lati del Forum al posto degli Horrea abbandonati nei quartieri vicini al Tevere;
- lavoro e approvvigionamento di base per i residenti;
- una nuova ed estesa offerta di infrastrutture per lo svago, l'intrattenimento e l'ozio: ninfei, magnifiche latrine, piccole terme, portici e piazze;
- l'organizzazione e la distribuzione di raffinate residenze nelle zone commerciali e nelle aree di culto abbandonate: nuove abitazioni per tipologia, dimensione e disposizione;
- la topografia sacra: continuità dei culti e delle feste tradizionali – con alcuni cambiamenti nell'iconografia o nel contesto urbano – nonostante il graduale abbandono dei templi e il riutilizzo delle aree sacre;
- la spoliazione delle necropoli suburbane per la pavimentazione di piazze e portici tardo antichi e per l'abbellimento delle aree centrali con statue.

I lavori precedenti su Ostia tardoantica possono essere generalmente ricondotti ad una delle sette ipotesi o ›narrazioni‹ storiche più comunemente ottenute su base documentaria frammentaria.

Sono state qui analizzate perché i Giornali di Scavo del Finelli (GdS) o i commenti sulle iscrizioni del Wickert sembrano giungere ad interpretazioni piuttosto divergenti:

1. l'ipotesi del ›lento declino‹ di Ostia senza scenari legati ad eventi catastrofici;
2. l'ipotesi del ›prematuro declino‹ ostiense dalla fine del III secolo;
3. l'ipotesi della completa cristianizzazione del paesaggio urbano fin dal IV secolo;
4. l'ipotesi di un breve, isolato ed inconsistente ›rinascimento pagano‹ nel tardo IV secolo;
5. l'ipotesi della scarsa importanza di Ostia nel V secolo, tuttora sconosciuta;
6. l'ipotesi dello spostamento del centro di gravità urbana tardoantica nella parte occidentale della città;
7. l'ipotesi dell'irrilevanza amministrativo-commerciale della città nella tarda antichità.

Il presente studio riunisce evidenze sinora sparse e vagamente distinguibili per confutare queste sette ipotesi: di seguito si esaminano brevemente alcuni degli aspetti presentati in dettaglio nell'opera per relativizzarle.

Ad (1) Fin dalla sua scoperta, Ostia rappresenta nell'ideale collettivo una sorta di ›immagine antagonista‹ di Pompei ed Ercolano. Quest'idea è – come generalmente accade con qualsiasi narrazione – una costruzione storica che dipende oltre che dall'interpretazione dei materiali, anche dalle domande e dalle opinioni dei rispettivi ricercatori, dalla filosofia e dallo spirito del tempo. Ad Ostia dominano le *insulae* a più piani, mentre nelle città del Vesuvio le residenze a due piani; nella prima il declino è caratterizzato da un lento decadimento, invece nelle seconde la fine è avvenuta a causa di un evento catastrofico senza precedenti. La grande differenza tra la *domus* e l'*insula* non rende interamente confrontabili i due contesti, anche dal punto di vista cronologico; soprattutto perché le *insulae* di Ostia, in una fase tarda, dovettero cedere ad un nuovo boom immobiliare. Tuttavia anche in questo contesto eventi catastrofici esterni giocarono un ruolo finora sottovalutato: una prova sinora rimasta inosservata sono le lesioni nei pavimenti e nelle murature; un tipo di evidenza che renderà l'archeosismologia un nuovo approccio metodologico imprescindibile. La muratura in laterizio, in particolare, è un ›archivio storico‹ unico e significativo dell'edificio – anche per le sue fasi di declino. Indagini più recenti sembrano alterare la consueta immagine del lento decadimento e dell'espropriazione nel Foro della Statua Eroica e del Foro alla metà del V secolo, poiché sono stati frequentemente rinvenuti strati di crollo, insieme a strati di bruciato e d'argilla. Tuttavia già dopo un'attenta analisi dei Giornali di Scavo sarebbe necessaria una correzione: il Finelli, nell'indagare gli strati superiori, cioè i livelli tardo antichi, riscontra nella maggior parte dei casi improvvisi crolli in uno strato di bruciato, nei quali solitamente rinviene una grande quantità di materiali, come per esempio statue. Non bisogna dimenticare che Ostia ha restituito il maggior numero di iscrizioni, così come di statue, rispetto a qualsiasi altro centro di dimensioni simili: da una città sottoposta a ripetuti saccheggiamenti ci si aspetterebbe un'altra eredità. Un progetto di ricerca in cooperazione dell'autore, attualmente in corso, è dedicato agli scenari di declino legati ad avvenimenti catastrofici, sulla base di un'attenta analisi delle tipiche lesioni da terremoto sui pavimenti e sulle murature. Queste evidenze di degrado devono essere confrontate con i risultati stratigrafici delle ristrutturazioni, ma anche con i depositi di monete ad essi correlati, grazie ai quali si possono avere sicuri riferimenti cronologici. Solo la sintesi di più microstorie consente quindi di riconoscere metodicamente catastrofi, che forse hanno colpito su larga scala tutta la città. In seguito a ciò, nel presente lavoro ha preso corpo l'impressione di poter cogliere una significativa svolta nello sviluppo urbanistico ostiense alla metà del V secolo. Resta ancora da chiarire, attraverso il confronto con tutti i recenti studi, tra cui la collaborazione con i geologi o con il progetto Ostia Marina, in che misura anche al di fuori del centro cittadino vi sia una singola causa dietro questo cambiamento urbanistico, ad esempio un terremoto come quello documentato per il 442–443. Una ricca evidenza delle distruzioni sismiche, che soprattutto nel caso degli edifici in marmo attorno al Foro hanno rappresentato anche un significativo punto di svolta nella funzione dell'intera piazza, suggerisce però uno scenario di crolli improvvisi, ›mascherato‹ da un aumento del livello di calpestio. Viceversa, nella seconda metà del V secolo, i segni di un definitivo smantellamento degli antichi edifici iniziarono a dominare il paesaggio urbano, insieme alla comparsa di officine preposte al riciclaggio del marmo. La conversione del Foro da centro rappresentativo della comunità ad una ›cava di materiali‹ per il reimpiego, con fornaci per la cottura della calce annesse, si spiega non tanto con lenti e progressivi processi di contrazione, quanto piuttosto con la mancata ripresa dopo un evento catastrofico, che rese improvvisamente disponibili enormi quantità di frammenti marmorei. Anche le vicende costruttive di molte abitazioni del centro cittadino, come la *domus* delle Colonne, mostrano una significativa svolta alla metà del V secolo, quando molte stanze di rappresentanza crollarono o rimasero inutilizzate.

Il sistema fognario, che scaricava nel Tevere, fino ad allora mantenuto con successo, fu nuovamente sostituito nella seconda metà del V secolo da pozzi neri. Anche i sistemi di fornitura d'acqua corrente sembra siano stati ripristinati solo in alcuni casi, come dimostrano ad esempio le condutture in piombo delle Terme del Faro, i cui bolli impressi sono ascrivibili alla metà del V secolo. La coesistenza di aree intramurali per rifiuti, dei pozzi neri e dei pozzi di acqua sotterranei, sarebbe da considerarsi solo come un'ulteriore condizione per spiegare le cause del rapido spopolamento del V secolo, senza ricorrere necessariamente ad eventi esterni, come ad esempio la guerra gotica e la peste.

Ad (2) L'abbandono ancora nel III secolo di alcuni spazi commerciali come *tabernae*, impianti di produzione (soprattutto panifici) ed Horrea, è contrastato da abbondanti testimonianze provenienti da altri edifici, che hanno avuto la loro fioritura ad Ostia nella tarda antichità. Un esempio di spicco è costituito dalle facciate dei due ninfei monumentali, ognuno dei quali era posto alle estremità del Decumano, uno presso Piazzale della Vittoria e uno presso la piazza del Bivium immediatamente ad ovest del Castrum; altri esempi sono i nuovi portici e le piazze, nonché una moltitudine di piccoli edifici in marmo di nuova creazione, cioè fontane ornamentali, splendide latrine o un nuovo tipo di spazio semi-pubblico come le cosiddette stanze ninfeo (*Nymphäumsräume*). L'ipotesi del prematuro declino ostiense dal III secolo non è quindi di per sé sbagliata, quanto piuttosto basata su una selezione unilaterale di materiale o su una prospettiva puramente legata al commercio di esportazione. Quello che si verifica ad Ostia dopo la metà del III secolo si può descrivere non come un processo lineare di decadenza, ma come un successivo e sostanziale cambiamento da un'uniforme città commerciale, con deficit alle infrastrutture pubbliche già nel II secolo, ad un ›resort‹ di piacere per l'élite con più elevati standard di servizi urbani nel IV secolo.

Ad (3) In un altro progetto di ricerca, finanziato dalla Fondazione »Gerda Henkel«, è stato possibile esaminare le prove del continuativo utilizzo pagano dei santuari cittadini, così come la trasformazione di aree dismesse quali il »foro dei commercianti« del Piazzale delle Corporazioni, in un luogo tardo antico di festa per gli spettacoli d'acqua a cielo aperto. La spoliazione dell'altare del *Capitolium* è stata datata, grazie a nuovi dati provenienti da un deposito di marmo, alla seconda metà del V secolo. Un piccolo tempio, studiato in dettaglio dalla University of Kent, venne probabilmente ricavato nel IV secolo attraverso la conversione di un ninfeo di età severiana, similmente ad un altare presso il Foro di Porta Marina. Fino alla metà del V secolo, il monumento circolare al centro del Foro rimase il punto di contatto con la più antica storia della città e, probabilmente, anche il luogo di identificazione per le popolari feste di fondazione. Le numerose piazze intorno al Teatro, modificate per ospitare i giochi d'acqua, suggeriscono che queste aree – forse già nel IV secolo, seppur in maniera segreta – costituivano punti di riferimento per un'altra ›lettura‹ della città in chiave cristiana e legata alla *lectio* dei martiri e dei miracoli.

L'utilizzo del Decumano, dotato di nuovi portici per le processioni che avevano come punto finale il Foro, non era sicuramente correlato alla chiesa principale di Ostia, posta alla periferia della città. Il paesaggio urbano di Ostia, all'inizio del V secolo, stava se non altro iniziando a risultare ›cristianizzato‹, e il suo rapido declino dopo la grande catastrofe della metà del V secolo probabilmente prevenne un'ulteriore e intensificata cristianizzazione dell'antico centro cittadino.

Ad (4) L'idea di un ›rinascimento‹ pagano di breve durata risale alla tesi degli scavatori del XX secolo, allo scopo di poter collocare in un contesto storico-mentale concreto le numerose iscrizioni riferite ad edifici del tardo IV secolo. D'altra parte, recenti studi sulla storia edilizia delle più importanti costruzioni di marmo nel Foro e nelle sue vicinanze, mostrano maggiore continuità dalla fine del IV alla prima metà del V secolo. Intervalli di restauri relativamente regolari, dimostrano che il fenomeno delle fondazioni di edifici da parte dei prefetti dell'Annona cessa alla fine del IV secolo, ma che i lavori di costruzione continuarono ulteriormente nel V, anche se senza alcuna testimonianza epigrafica. Il nuovo periodo di fioritura edilizia al tempo di Teodosio sembra essere stato una risposta concreta al decadimento altrettanto evidente degli antichi edifici intorno o dopo la metà del IV secolo, documentato attraverso numerosi tesoretti – con monete della famiglia di Costantino – rinvenuti in aree fatiscenti o in zone della città caratterizzate da un rialzamento di livello. Questo declino non era definitivo: fu apparentemente superato da una completa e persistente ›gestione delle crisi‹. La riorganizzazione tardoantica dell'infrastruttura stradale, la costruzione della maggior parte delle piazze e la nuova organizzazione dei quartieri residenziali attorno a un nucleo centrale di grandi case, sembrano indicare che il livello di calpestio venne rialzato nella seconda metà del IV e nella prima metà del V secolo.

Ad (5) Solo due iscrizioni di restauro ricordano interventi nel V secolo: il rinnovamento della curia e la riparazione del *macellum*.

Contrariamente a quanto suggerito da questo morente ›epigraphic habit‹, per la prima volta sono stati rinvenuti numerosi reperti che testimoniano un'intensa attività edilizia nel Foro della Statua Eroica e nel Foro stesso. Anche le ultime fasi di espansione delle restanti piazze ostiensi si protraggono almeno fino alla metà del V secolo.

Ad (6) Contro l'ipotesi dello spostamento del centro gravitazionale tardo antico nella parte occidentale della città, propendono tutte le numerose evidenze di case con abside ed altre stanze dal gusto tardo antico, che vennero spesso edificate in *horrea* abbandonati sul fianco meridionale del Decumano, da Piazzale della Vittoria all'altezza del Teatro, ma anche nel centro intorno alla Palestra delle Terme del Foro e nella cosiddetta Sèmita dei Cippi. Un'ulteriore smentita proviene dai numerosi edifici di nuova costruzione presso le piccole piazze sul lato settentrionale del Decumano, che sono state costruite nello stile delle contemporanee ›piazze private‹ dell'Urbe del tardo IV e V secolo, in relazione alle grandi case tardoantiche. È tuttavia l'adattamento del Teatro per giochi d'acqua a costituire la prova più chiara, essendo combinato con una serie di progetti avvenuti nelle immediate vicinanze e documentati da iscrizioni di cantiere del tardo IV secolo. Probabilmente, questo potrebbe mostrare un lato pubblico prominente dell'attività di costruzione tardoantica, costituito pure dalla ridedica e dalla costruzione di nuovi portici e monumenti ad arco, che affianca la realizzazione di abitazioni private. Una statua della Dea Roma, con la dedica di un prefetto dell'Annona, venne nuovamente eretta alla fine del IV secolo. Già il Wickert definì come fuori dall'ordinario l'intensa attività edilizia tardoantica nel quartiere intorno al Teatro, tesi basata sull'alto numero di iscrizioni rinvenute per questo periodo, addirittura maggiori in quantità rispetto a quelle del Foro e di tutta la parte occidentale della città. Anche l'ormai abbandonato Piazzale delle Corporazioni alle spalle del Teatro, assunse una nuova importanza come piazza utilizzata per le feste, tanto diffuse nella tarda antichità, nelle quali i bacini ipetrali e i giochi d'acqua rivestivano un ruolo importante.

Non deve quindi sembrare una coincidenza che il popolare festival di *Maiumas* (festa di maggio), diffusa nell'Impero Romano d'Oriente ed in poche località dell'Impero Romano d'Occidente, tra cui Ostia, sia menzionata anche dalle fonti bizantine come l'ultima festa sincretista della tarda antichità; un periodo quello del V secolo caratterizzato quindi da una cultura cittadina mista, ›quasi cristiana‹ o ›quasi pagana‹, sicuramente ancora molto lontana da quella completamente cristianizzata del medioevo.

Ad (7) L'irrilevanza amministrativo-commerciale di Ostia nella tarda antichità è smentita dalle conversioni e dalle fasi di utilizzo di questo periodo di tutte le piazze del centro città, che insieme occupano quasi l'intera area dell'antico *castrum*. Nel Foro e nelle piazze adiacenti sul lato orientale ed occidentale, è possibile dimostrare una continua attività di costruzione e ristrutturazione almeno fino alla metà del V secolo. Due delle cinque piazze più grandi del centro città furono addirittura costruite *ex novo*, dimostrando una necessità ancora maggiore di spazi aperti pavimentati in marmo (Exedra, Foro della Statua Eroica). Sullo spiazzo della palestra delle Terme del Foro vennero ricostruite delle case e un tempietto, considerate le più recenti della colonia. Il piazzale tra il Tempio Rotondo e il Foro venne trasformato in una grande piazza di mercato, completamente ripavimentata nel IV secolo e arredata con *spolia* ed ulteriormente restaurata nel V secolo. Lo stesso vale per i portici del Foro e per il Foro della Statua Eroica, le cui ultime ristrutturazioni, alquanto improvvisate, risalgono alla seconda metà del V secolo. L'utilizzo secondario di tutte queste piazze come mercato può essere visto come una compensazione per le aree abbandonate nei quartieri urbani prossimi al Tevere. Nello stesso momento presso il Foro, anche sedi amministrative vennero ristrutturate (Gruppo delle tre stanze, MFR) o nuovamente ricostruite (Casa della Basilica, CDB e l'Aula del Buon Pastore prospiciente il Foro della Statua Eroica); fenomeno che contraddice la tesi di una perdita di importanza amministrativa del centro ostiense, almeno fino alla metà del V secolo.

Una panoramica della genesi dei risultati:

1. Gli scavi dell'»Ostia Forum Projekt«, che si svolgono dal 2010 sotto la direzione dell'autore (www.ostiaforumproject.com), hanno rivelato fasi di sviluppo del Foro, riconoscibili nei portici, precedentemente sconosciute. Attraverso la totale documentazione delle superfici del terreno circostante, è stato possibile per la prima volta fornire una cronologia assoluta delle ultime fasi edilizie di quasi tutti gli edifici pubblici del centro ostiense, anche dopo la metà del V secolo. Tra il 2010 e il 2012 si è potuto esaminare la topografia cultuale delle piazze tardoantiche, in particolare del Foro, grazie ad un finanziamento della Fondazione »Gerda Henkel«.
   Qui si offrono nuove informazioni sia sulla continuità pagana, in particolare riguardanti la parte nord del Foro e il Teatro, sia sulla sorprendente e prematura fine del culto imperiale e sul livellamento del Tempio di Roma e Augusto.
2. Le testimonianze di una lunga ed insolita storia costruttiva e d'utilizzo della piazza principale di Ostia arricchiscono il lavoro svolto *in loco* dal 2001 al 2009, dedicato agli spazi pubblici posti tra Porta Romana sino al Foro della Statua Eroica. Attraverso ricerche d'archivio, documentazioni e misurazioni stratigrafiche, è stato possibile esaminare una serie di piazze e portici lungo il Decumano parzialmente sconosciuti; i quali hanno portato per la prima volta a datazioni cronologiche assolute delle fasi edilizie del IV e della prima metà del V secolo e, nel caso del Foro della Statua Eroica, persino più tarde.
3. Sulla base di uno studio sistematico di tutti i crolli databili e delle misure attuate per contrastare tale declino, tra cui l'aumento del livello di calpestio, è stato possibile estendere il quadro cronologico dello sviluppo degli edifici pubblici all'intero spazio urbano dalla fine del IV a tutto il V secolo, anche se molte delle misure edilizie qui elencate sono state finora poco considerate o addirittura non indagate.
4. In seguito alla ricerca sistematica di tutte le opere stradali, è stata riconosciuta e determinata la riorganizzazione della rete viaria: quest'adeguamento nella tarda antichità ebbe luogo dopo un drastico cambiamento dell'economia ostiense nella prima metà del III secolo; tale trasformazione portò già dal tardo III secolo all'abbandono di molte zone e alla creazione di una dicotomia nel paesaggio urbano, tra quartieri trascurati da un lato e quartieri caratterizzati da un concentrato sviluppo dall'altro.
5. In base alla concentrazione e alla distribuzione delle sculture architettoniche dei vecchi scavi, ci sono gli elementi per ricostruire le ornamentazioni strutturali, le facciate dei grandi edifici tardo antichi e le piazze lungo il Decumano. Al contrario, considerando l'origine degli *spolia*, è stato possibile comprendere quali edifici non fossero più presenti nel paesaggio urbano tardo antico, poiché smantellati dopo crolli catastrofici e riutilizzati nella costruzione di nuovi edifici, come le piazze e i portici, che sono l'ultima evidenza dell'*ornamentum urbis* caratterizzato da una profusione di marmi.
6. Attraverso ricerche d'archivio, tutti i ritrovamenti di marmo (in particolare lastre, sculture ed ornamentazioni architettoniche) dei vecchi scavi provenienti da spazi pubblici lungo il Decumano e nel centro della città, sono state registrate e analizzate su una base statistica rappresentativa. Quest'analisi ha permesso di smentire le teorie precedenti sulla tarda datazione delle calcare e di ottenere informazioni sull'organizzazione delle riqualificazioni urbanistiche tardoantiche attraverso le officine di marmorari, i magazzini di marmo ed altre organizzazioni preposte al riciclaggio, il cui stato di conservazione rispecchia la loro condizione alla metà del V secolo.
7. L'analisi tipologica e della gamma tematica dei reperti statuari degli scavi lungo il Decumano (dal 1908 al 1924) e sul Foro (dal 1802 al 1924), ha permesso di trarre interessanti conclusioni sull'ultimo contesto d'utilizzo e sulla loro origine. Attraverso scoperte di crolli datati grazie a rinvenimenti numismatici e nuove indagini sugli edifici, si è stati in grado di comprendere i contesti di riutilizzo delle statue provenienti dai singoli edifici e dai templi crollati parallelamente all'ultimo sviluppo urbanistico ostiense. Gran parte delle statue rinvenute nei precedenti scavi lungo il Decumano erano state utilizzate per decorare i nuovi punti d'incontro e i centri di residenza della città tardoantica, mentre rappresentavano un'eccezione le statue ed i patrimoni dei templi ›sepolti‹ volutamente, che non erano già più visibili nella tarda antichità, o lo sfregio intenzionale delle statue. Nel nuovo assetto tardo antico delle piazze è stato possibile studiare un numero di edifici sinora sconosciuti, tra l'altro nuovi contesti di ubicazione delle statue. Questi provano che esse non vennero sempre eliminate nei nuovi contesti del V secolo, ma che al contrario nuove opere vennero incluse nello spazio urbanistico pubblico.
8. Sulla base della datazione certa degli edifici e dei contesti di riciclaggio del materiale proveniente dalle ne-

cropoli (sarcofagi, iscrizioni, statue funerarie), è stato possibile datare l'inizio del loro saccheggio, ma anche lo spianamento di alcune aree di culto su cui furono realizzate le nuove piazze. Ci sono quindi elementi stratigrafici databili dall'inizio del IV alla fine del V secolo che mostrano l'utilizzo secondario di materiale proveniente dalle necropoli nel centro di Ostia, molto prima dell'installazione delle calcare medievali del VII–VIII secolo. Nel complesso, ciò si traduce in un quadro sorprendentemente diversificato di vero e proprio ›boom edilizio‹ di piazze, portici, ninfei, splendide latrine, come una fioritura dello spazio pubblico nel IV e nel V secolo finora completamente sottovalutata. Altrettanto sorprendente è il fatto che questo *status quo* della *civitas amoenissima* è stato almeno parzialmente conservato o riorganizzato, anche dopo i grandi eventi catastrofici della metà del V secolo. Ciò contrasta con lo sviluppo lineare e simultaneo di un crescente abbandono dello spazio pubblico, a partire dalla fine del IV secolo in molte città simili, ad eccezione dei centri e delle metropoli provinciali tardoantiche a cui è stato dedicato un confronto nel **capitolo III**.

Va sottolineato che nell'ambito ostiense del V secolo, i fenomeni urbanistici di impoverimento e incuria di interi quartieri e la costruzione di nuove case e appartamenti di lusso avevano avuto luogo parallelamente e contemporaneamente. Per questo sono stati ampiamente discussi complessi urbanistici affini come Efeso e Afrodisia. Anche qui avviene il fenomeno di mascheramento delle rovine e l'enfasi sui nuovi assi stradali principali, così come l'espansione delle infrastrutture attorno al Teatro. Tuttavia anche nei dintorni del Teatro vi erano aree escluse dalla percezione visiva o cinte da mura, che da quel momento in poi vennero utilizzate solo ›in modo abusivo‹. Benché si possano trovare analogie per quasi tutti i fenomeni descritti, i rinvenimenti di Ostia rimangono i più esaurienti. Qui, prima del VI secolo, non vi era una lineare sequenza di un declino irreversibile della cultura urbana tardoantica, piuttosto una coesistenza di declino, continuità e nuova fioritura, sebbene quest'ultima fosse focalizzata su specifiche esigenze. L'elemento di divisione tra la zona di decadimento e quella di fioritura era costituito dall'asse stradale principale del Decumano, che specialmente ad Ostia venne arricchito con edifici in marmo e pavimentato con spoglie marmoree, raggiungendo l'apice del lusso solo nel V secolo, quando le ultime piazze furono completate e le due facciate dei ninfei, poste al punto iniziale e finale dell'area tra Piazzale della Vittoria e il Bivium, ricevettero un ultimo e completo restauro.

Lo spazio stradale e le piazze vennero restaurati con il materiale proveniente dalle aree abbandonate, dai templi e dalle necropoli, e completamente rivestiti in marmo, talvolta arricchiti con la costruzione di nuovi edifici su un livello stratigrafico non raggiunto precedentemente. I nuovi edifici servivano per la tradizionale rappresentazione dell'élite, ma anche per una cultura tardoantica maggiormente orientata al piacere e alle festività; rivolgendo uno sguardo alle città di confronto, si possono interpretare al meglio i nuovi assetti delle piazze ostiensi attorno al Teatro e l'adattamento di quest'ultimo per ospitare giochi d'acqua. Questa condizione di città fiorente, soprattutto tra il tardo IV e la metà del V secolo, rimase alla stessa maniera ›congelata‹ per tutti i periodi successivi, fino a quando la città non venne quasi completamente abbandonata nell'VIII secolo. Come causa temporanea dell'interruzione dell'attività edilizia e dello splendore tardo antico negli spazi pubblici, ma anche del crollo di numerosi edifici privati, potrebbe essere imputato un terremoto che interessò la città alla metà del V secolo, come dimostrano i nuovi studi stratigrafici e i rinvenimenti di tesoretti di monete e di ceramica tarda. Questo terremoto venne superato parzialmente attraverso la ristrutturazione e la costruzione di nuovi edifici; tuttavia, gran parte della città era già in rovina. Ciò ha avviato – almeno fino allo spopolamento dovuto alle epidemie di peste e alle guerre sotto Giustiniano – la transizione ad una ›vita nelle rovine‹ ridimensionata sia nelle esigenze architettoniche che urbanistiche. Dopo una fase di improvvisi restauri alla metà del V secolo, sembrerebbe che anche i requisiti rappresentativi della *Promenade* sul Decumano siano decaduti. Un chiaro segno è la trasformazione della facciata del ninfeo sulla piazza del Bivium in un magazzino. Ostia stessa visse ancora per secoli, ma non più nel solco della tradizione classica, caratterizzata da arredi di lusso.

Ostia non risulta essere un caso isolato per quanto riguarda il lungo e vario sviluppo tardo antico e la grande importanza delle conversioni del paesaggio urbano: ciò potrebbe essere un incentivo per stabilire confronti con ulteriori ed estesi vecchi scavi in altre città, seguendo la stessa prospettiva urbanistica e sociale, e per analizzare, catalogare e interpretare nuovamente i vecchi materiali di scavo secondo nuovi presupposti.

traduzione Silvia Diani

Literaturverzeichnis

Albo 2002	C. Albo, Il Capitolium di Ostia. Alcuni considerazioni sulla tecnica edilizia ed ipotesi ricostruttiva, MEFRA 114, 2002, 363–390
Ashby 1912	Th. Ashby, Recent Discoveries at Ostia, JRS 2, 1912, 153–194
Bakker 1988	A. Vicari – J. T. Bakker, Già sento l'emozione – una vita per Ostia (Interview) <http://www.ostia-antica.org/fulltext/vicari/vicari.htm> (22.07.2014)
Bakker 1994	J. T. Bakker, Living and Working with the Gods. Studies of Evidence for Private Religion and its Material Environment in the City of Ostia 100–500 AD (Amsterdam 1994)
Bakker 1999	J. Th. Bakker, The Mills-Bakeries of Ostia. Description and Interpretation (Amsterdam 1999)
Baldini Lippolis 2001	I. Baldini Lippolis, La Domus tardoantica. Forme e rappresentazioni dello spazio domestico nelle città del Mediterraneo (Bologna 2001)
Bartolini – Turchetti 1999	F. Bartolini – R. Turchetti, I Magazzini cosiddetti Traianei, MededRom 58, 1999, 26–28
Battistelli – Greco 2002	P. Battistelli – G. Greco, Lo sviluppo architettonico del complesso del teatro di Ostia alla luce delle recenti indagini nell'edificio scenico, MEFRA 114, 2002, 391–420
Bauer 1996	F. A. Bauer, Stadt, Platz und Denkmal in der Spätantike. Untersuchungen zur Ausstattung des öffentlichen Raums in den spätantiken Städten Rom, Konstantinopel und Ephesos (Mainz 1996)
Bauer 1997	F. A. Bauer, Einige weniger bekannte Platzanlagen im spätantiken Rom, in: R. L. Colella – M. Gill – L. A. Jenkens (Hrsg.), Pratum Romanum. Festschrift Richard Krautheimer (Wiesbaden 1997) 27–54
Bauer 2003	F. A. Bauer, Stadtbild und Heiligenlegenden. Die Christianisierung Ostias in der spätantiken Gedankenwelt, in: G. Brands – H.-G. Severin (Hrsg.), Die spätantike Stadt und ihre Christianisierung. Symposion vom 14. bis 16. Februar in Halle a. d. Saale (Wiesbaden 2003) 43–61
Bauer – Heinzelmann 1999	F. A. Bauer – M. Heinzelmann, The Constantinian Bishop's Church at Ostia. Preliminary Report on the 1998 Season, JRA 12, 1999, 342–353
Bauer – Heinzelmann 2001	F. A. Bauer – M. Heinzelmann, L'église episcopale d'Ostie, in: J.-P. Descœudres (Hrsg.), Ostia, port et porte de la Rome antique. Ausstellungskatalog Genf (Genf 2001) 278–282
Bauer – Witschel 2007	F. A. Bauer – Ch. Witschel, Statuen in der Spätantike, Spätantike, frühes Christentum, Byzanz. Reihe B, Studien und Perspektiven 23 (Wiesbaden 2007)
Bauers 2004	N. M. Bauers, Bauuntersuchung der insulae ›dell'Ercole bambino‹ und ›del Soffitto dipinto‹ in Ostia (Diss. Technische Universität München 2004)
Becatti 1949	G. Becatti, Case Ostiensi del tardo impero (Rom 1949)
Becatti 1954	G. Becatti (Hrsg.), Scavi di Ostia 2. I Mitrei (Rom 1954)
Becatti 1961	G. Becatti, Scavi di Ostia 4. Mosaici e pavimenti marmorei (Rom 1961)
Berenfeld 2002	M. L. Berenfeld, The Site of the Bishop's Palace at Aphrodisias. A Late Roman Townhouse in the Center of the City (Diss. New York University 2002)

Bergmann – Kondoleon 1999 B. Bergmann – Chr. Kondoleon (Hrsg.), The Act of Ancient Spectacle. Symposion Washington 10–11 May 1996, Studies in the History of Art 56 (Washington 1999)

Berlan-Bajard 2006 A. Berlan-Bajard, Les spectacles aquatiques romains, CEFR 360 (Rom 2006)

Boersma u. a. 1985 J. S. Boersma – Th. L. Heres – H. A. G. Brijder – J. J. Feye – M. Gnade – S. L. Wynia, Amoenissima Civitas. Block V.ii at Ostia. Description and Analysis of its Visible Remains (Assen 1985)

Boin 2013 D. R. Boin, Ostia in Late Antiquity (Cambridge 2013)

Bollmann 1998 B. Bollmann, Römische Vereinshäuser. Untersuchungen zu den Scholae der römischen Berufs-, Kult- und Augustalen-Kollegien in Italien (Mainz 1998)

Bollmann 2001 B. Bollmann, Les collèges religieux et professionnels romains et leurs lieux de réunion à Ostie, in: J.-P. Descœudres (Hrsg.), Ostia, port et porte de la Rome antique. Ausstellungskatalog Genf (Genf 2001) 172–178

Brandt 2001 O. Brandt, The Quarter Surrounding the Synagogue at Ostia, in: B. Olsson – D. Mitternacht – O. Brandt (Hrsg.), The Synagogue of Ancient Ostia and the Jews of Rome. Interdisciplinary Studies, OpArch 57 (Jonsered 2001) 19–28

Brenk 2001 B. Brenk, La christianisation d'Ostie, in: J.-P. Descœudres (Hrsg.), Ostia, port et porte de la Rome antique. Ausstellungskatalog Genf (Genf 2001) 262–271

Brenk 2003 B. Brenk, Die Christianisierung der spätrömischen Welt. Stadt, Land, Haus, Kirche und Kloster in frühchristlicher Zeit, Spätantike, frühes Christentum, Byzanz. Reihe B, Studien und Perspektiven 10 (Wiesbaden 2003)

Briggs 1930 C. C. Briggs, The 'Pantheon' of Ostia (and its Immediate Surroundings), MemAmAc 8, 1930, 161–169

Brown 1988 P. R. L. Brown, The Body and Society. Men, Women and Sexual Renunciation in Early Christianity, Lectures on the History of Religions (N. S) 13 (New York 1988)

Burmeister 2006 E. Burmeister, Antike griechische und römische Theater (Darmstadt 2006)

Buzzetti 1993 LTUR 1 (Rom 1993) 277–278 s. v. Claudius, Divus, Templum (Reg. II) (C. Buzzetti)

Calandra 2000 E. Calandra, Documenti inediti sul tempio di Roma e Augusto a Ostia, RM 107, 2000, 417–450

Calza 1914 G. Calza, Continuazione dello scavo sul decumano. Scoperta di nuove scholae nel portico dietro il teatro, NSc 1914, 69–74

Calza 1917 G. Calza, La casa detta di Diana. Un amuleto magico con l'effigie di Salomone, NSc 1917, 312–328

Calza 1920/1921 G. Calza, Gli scavi recenti nell'abitato di Ostia, MonAnt 26, 1920/1921, 322–430

Calza 1925 G. Calza, Ostia. Guida storico-monumentale (Rom 1925)

Calza 1932 G. Calza, Ostia. Un nuovo frammento dei Fasti Annali (a. 108–113), NSc 1932, 188–205

Calza 1942 G. Calza, Il tempio della Bona Dea, NSc 1942, 150–165

Calza – Becatti 1949 G. Calza – G. Becatti, Guida di Ostia antica (Rom 1949)

Calza – De Chirico 1941 G. Calza – R. De Chirico, Sull'edificio degli Augustali, NSc 1941, 165–246

Calza u. a. 1953 G. Calza – G. Becatti – G. Gismondi – G. De Angelis d'Ossat – H. Bloch, Scavi di Ostia I. Topografia generale (Rom 1953)

Cameron 1973 A. Cameron, Porphyrius the Charioteer (Oxford 1973)

Cicerchia – Marinucci 1992 — P. Cicerchia – A. Marinucci, Le terme del foro o di Gavio Massimo, Scavi di Ostia 11 (Rom 1992)

Clauss 2003 — M. Clauss, Alexandria. Schicksale einer antiken Weltstadt (Stuttgart 2003)

Cosimi 1998 — E. Cosimi, Scale e piani inclinati nell'edilizia abitativa della prima regione ostiense, BA 49/50, 1998, 57–78

D'Andria 2001 — F. D'Andria, Hierapolis of Phrygia, in: D. C. Parrish (Hrsg.), Urbanism in Western Asia Minor. New Studies on Aphrodisias, Ephesos, Hierapolis, Pergamon, Perge and Xanthos, JRA Suppl. 45 (Portsmouth 2001) 96–115

Danner (im Druck) — M. Danner, Wohnkultur im spätantiken Ostia (Köln).

David 1999 — M. David, La successione dei livelli pavimentali nel perimetro della schola del Traiano (IV v 15), MededRom 58, 1999, 66–70

De Benardi Ferrero – Berti 1993 — D. De Benardi Ferrero – F. Berti (Hrsg.), Arslantepe, Hierapolis, Iasos, Kyme. Scavi archeologici italiani in Turchia (Venedig 1993)

de Chaisemartin 1989 — N. de Chaisemartin, Le portique de Tibère à Aphrodisias. Problèmes d'identification et de fonction, REA 91, 3, 1989, 23–45

DeLaine 1995 — J. DeLaine, The Insula of the Paintings at Ostia I iv 2–4. Paradigm for a City in Flux, in: T. J. Cornell – K. Lomas (Hrsg.), Urban Society in Roman Italy (London 1995) 83–112

DeLaine – Wilkinson 1999 — J. DeLaine – D. Wilkinson, The House of Jove and Ganymed, MededRom 58, 1999, 77–79

De Ruyt 1999 — C. De Ruyt, Fasi successive di rialzamento individuate nello scavo dei Fabri Navales, MededRom 58, 1999, 65

Descœudres 2001 — J.-P. Descœudres (Hrsg.), Ostia, port et porte de la Rome antique. Ausstellungskatalog Genf (Genf 2001)

Dombart 1922 — Th. Dombart, Das palatinische Septizonium zu Rom (München 1922)

Dorl-Klingenschmid 2001 — C. Dorl-Klingenschmid, Prunkbrunnen in kleinasiatischen Städten. Funktion im Kontext, Studien zur antiken Stadt 7 (München 2001)

Egelhaaf-Gaiser 2002 — U. Egelhaaf-Gaiser, Religionsästhetik und Raumordnung am Beispiel der Vereinsgebäude von Ostia, in: U. Egelhaaf-Gaiser – A. Schäfer (Hrsg.), Religiöse Vereine in der römischen Antike. Untersuchungen zu Organisation, Ritual und Raumordnung, Studien und Texte zu Antike und Christentum 13 (Tübingen 2002) 123–172

Erim 1981 — K. T. Erim, Recent Archaeological Research in Turkey, AnSt 31, 1981, 177–208

Falzone 1999 — S. Falzone, Alcune riflessioni sulla decorazione pittorica della casa di Diana, MededRom 58, 1999, 149–164

Falzone 2004 — S. Falzone, Scavi di Ostia 14. Le pitture delle insulae, 180–250 circa d. C. (Rom 2004)

Falzone 2007 — S. Falzone, Ornata aedificia. Pitture parietali dalle case ostiensi (Rom 2007)

Février 1958 — P.-A. Février, Ostie et Porto à la fin de l'antiquité. Topographie religieuse et vie sociale, Mélanges d'archéologie et d'histoire 70, 1958, 295–330

Fisch 1898 — R. Fisch, Eine Wanderung nach den Trümmern von Ostia, Wissenschaftliche Beilage zum Jahresbericht des Andreas-Realgymnasiums zu Berlin, Ostern 1898, 3–37

Floriani Squarciapino 1959 — M. Floriani Squarciapino (Hrsg.), Le Necropoli. Scavi di Ostia 3 (Rom 1959)

French 1985 — D. R. French, Christian Emperors and Pagan Spectacles. The Secularization of the Ludi A. D. 382–525 (Diss. University of California Berkeley 1985)

Freyberger 1990 — K. S. Freyberger, Stadtrömische Kapitelle aus der Zeit von Domitian bis Alexander Severus. Zur Arbeitsweise und Organisation stadtrömischer Werkstätten der Kaiserzeit (Mainz 1990)

Friesinger – Krinzinger 1999 — H. Friesinger – F. Krinzinger (Hrsg.), 100 Jahre Österreichische Forschungen in Ephesos. Akten des Symposions Wien 1995 (Wien 1999)

Gatti – Borsari 1897 — G. Gatti – L. Borsari, Indagini fra il teatro e la stazione dei Vigili et oggetti vari quivi rinvenuti, NSc 1897, 519–528

Gehn 2012 — U. Gehn, Ehrenstatuen in der Spätantike. Chlamydati und Togati, Spätantike, frühes Christentum, Byzanz. Reihe B, Studien und Perspektiven 34 (Wiesbaden 2012)

Geremia Nucci 1999 — R. Geremia Nucci, Da un riesame dell fistulae ostiensi. Dati prosopografici e storia urbana, MededRom 58, 1999, 26–37

Geremia Nucci 2001 — R. Geremia Nucci, Les fistulae aquariae inscrites d'Ostie, in: J.-P. Descœudres (Hrsg.), Ostia, port et porte de la Rome antique. Ausstellungskatalog Genf (Genf 2001) 108–113

Geremia Nucci 2005 — R. Geremia Nucci, Il tempio di Roma e di Augusto a Ostia. Osservazioni critiche su alcune recenti interpretazioni, ArchCl 56, 2005, 545–556

Geremia Nucci 2013 — R. Geremia Nucci, Il tempio di Roma e di Augusto a Ostia (Rom 2013)

Gering 1999 — A. Gering, ›Medianum-apartments‹. Konzepte von Wohnen in der *insula* im 2. Jh. n. Chr., MededRom 58, 1999, 103–116

Gering 2001 — A. Gering, Habiter a Ostie. La fonction et l'histoire de l'espace 'prive', in: J.-P. Descœudres (Hrsg.), Ostia, port et porte de la Rome antique. Ausstellungskatalog Genf (Genf 2001) 199–211

Gering 2002a — A. Gering, Die Case a Giardino als unerfüllter Architektentraum. Planung und gewandelte Nutzung einer Luxuswohnanlage im antiken Ostia, RM 109, 2002, 109–140

Gering 2002b — A. Gering, Wohnen in der Insula (Diss. Ludwigs-Maximilians-Universität München 2002)

Gering 2004 — A. Gering, Plätze und Straßensperren an Promenaden. Zum Funktionswandel Ostias in der Spätantike, RM 111, 2004, 299–382

Gering 2010 — A. Gering, Genusskultur und Ghettobildung. Ist Ostia repräsentativ für spätantike Metropolen?, in: N. Burkhardt – R. Stichel (Hrsg.), Die antike Stadt im Umbruch. Kolloquium in Darmstadt, 19. bis 20. Mai 2006 (Wiesbaden 2010) 92–108

Gering 2011 — A. Gering, Krise, Kontinuität, Auflassung und Aufschwung in Ostia seit der Mitte des 3. Jahrhunderts, in: S. M. Kilcher – R. Schatzmann (Hrsg.), L'empire romain en mutation. Répercussions sur les villes dans la deuxième moitié du IIIe siècle, Colloque international, Bern/Augst (Suisse), 3.–5. 12. 2009 Bern (Bern 2011) 301–314

Gering 2013a — A. Gering, Mit oder ohne Alarich. Geballte Einsturzkatastrophen, Abriss und der letzte monumentale Wiederaufbau des Forums von Ostia im 5. Jh. n. Chr., in: J. Lipps – C. Machado – Ph. von Rummel (Hrsg.), The Sack of Rome in 410 AD. The Event, Its Context and Its Impact. Proceedings of the Conference Held at the German Archaeological Institute at Rome 4.–6. November 2010, Palilia 28 (Wiesbaden 2013) 215–234

Gering 2013b — A. Gering, Ruins, Rubbish Dumps and Encroachment. Resurveying Late Antique Ostia, in: L. Lavan – M. Mulryan (Hrsg.), Fieldmethods and Post-Excavation Techniques in Late Antique Achaeology 9, 2012 (Leiden 2013) 249–288

Gering 2014 — A. Gering, Le ultime fasi della monumentalizzazione del centro di Ostia Tardoantica. Attività della missione della Humboldt-Universität di Berlino tra il 2009 e il 2013, MEFRA 126, 2014, 207–225, <http://mefra.revues.org/2140> (20.7.2014)

Gering 2016 — A. Gering, Brüche in der Stadtwahrnehmung. Bauten und Bildausstattung des Forums von Ostia im Wandel, in: A. Haug – P. Kreuz (Hrsg.), Stadtwahrnehmung als Sinneserfahrung in der römischen Kaiserzeit. Kolloquium Hannover 25.–26. Juni 2014, Studies in Classical Archaeology 2 (Turnhout 2016) 247–266

Gering 2017 — A. Gering, Marmordepots. Zum ›Recycling‹ des Forums von Ostia im 5. und 6. Jh. n. Chr., in: D. Kurapkat – U. Wulf-Rheidt (Hrsg.), Werkspuren. Materialverarbeitung und handwerkliches Wissen im antiken Bauwesen, Diskussionen zur archäologischen Bauforschung 12 (Regensburg 2017), 149–166

Gering 2018 — A. Gering, Marble Recycling Workshops nearby the Temple of Roma and Augustus: An interim Report of the Ostia-Forum-Project's Working Campaigns in 2013 and 2014, in: C. De Ruyt – T. Morard – F. Van Haeperen (Hrsg.), Ostia Antica. Nouvelles études et recherces sur les quartiers occidentaux de la cite. Actes du colloque international, Rome-Ostia Antica, 22–24 septembre 2014, Artes 8, 2018, 23–30.

Gering u. a. 2011 — A. Gering – L. Kaumanns – L. Lavan, Das Stadtzentrum von Ostia in der Spätantike. Vorbericht zu den Ausgrabungen 2008–2011, RM 117, 2011, 409–509

Gessert 2001 — G. S. Gessert, Urban Spaces, Public Decoration and Civic Identity in Ancient Ostia (Ann Arbor, Mich. 2001)

GdS — Giornale degli Scavi/Giornale di Scavo, unpublizierte Grabungstagebücher im Planarchiv der Sopraintendenz von Ostia

Gismondi 1955 — I. Gismondi, La Colimbetra del teatro di Ostia, in: Anthemon, Scritti di archeologia e di antichità classiche in onore di Carlo Anti (Venedig 1955) 293–308

Greco 1999 — G. Greco, Notizie dall'archivio fotografico. I restauri del teatro Romano, MededRom 58, 1999, 13–18

Guidoboni 1986 — E. Guidoboni, I terremoti prima del mille in Italia e nell'area di mediterraneo (Rom 1986)

Guattani 1805 — G. A. Guattani, Monumenti antichi inediti overo Notizie sulle Antichità e Belle Arti di Roma per l'Anno MDCCCV (Rom 1805)

Haug 2010 — A. Haug, Stadträume im Wandel. Urbane Zentren in Norditalien, in: N. Burkhardt – R. H. Stichel (Hrsg.), Die antike Stadt im Umbruch. Kolloquium Darmstadt, 19.–16. Mai 2006 (Wiesbaden 2010) 71–83

Heinzelmann 1998 — M. Heinzelmann, Beobachtungen zur suburbanen Topographie Ostias. Ein orthogonales Straßensystem im Bereich der Pianabella, RM 105, 1998, 175–225

Heinzelmann 1999 — M. Heinzelmann, Zur Entwicklung der Gelände- und Straßenniveaus in der Nekropole vor der Porta Romana, MededRom 58, 1999, 84–92

Heinzelmann 2000 — M. Heinzelmann, Die Nekropolen von Ostia. Untersuchungen zu den Gräberstraßen vor der Porta Romana und an der Via Laurentina (München 2000)

Heinzelmann 2002a — M. Heinzelmann, Bauboom und urbanistische Defizite – zur städtebaulichen Entwicklung Ostias im 2. Jh., in: Ch. Bruun – A. Gallina Zevi (Hrsg.), Ostia e Portus nelle loro relazioni con Roma. Atti del convegno all'Istitutum Romanum Finlandiae, 3 e 4 dicembre 1999, ActaInstRomFin 27, 2002, 103–121

Heinzelmann 2002b — M. Heinzelmann, Ostia. Vorbericht zur vierten Grabungskampagne, RM 109, 2002, 225–242

Heinzelmann u. a. 1999 — M. Heinzelmann – F. A. Bauer – A. Martin – A. Schaub, Untersuchungen im Bereich der konstantinischen Bischofskirche Ostias. Vorbericht zur ersten Grabungskampagne 1998. Mit Beiträgen von B. Ch. Ewald, M. G. Granino und E. Spagnoli, RM 106, 1999, 289–341

Heinzelmann u. a. 2000 — M. Heinzelmann – F. A. Bauer – A. Martin, Ostia. Ein urbanistisches Forschungsprojekt in den unausgegrabenen Bereichen des Stadtgebiets. Vorbericht zur 2. Grabungskampagne 1999 mit Beiträgen von M. Langner, W. Loerts, S. F. A. M. Mols, E. Spagnoli, RM 107, 2000, 375–415

Heres 1978 — Th. L. Heres, Una ricerca sulla storia edilizia delle terme di Nettuno ad Ostia Antica (II, 4, 2) nel periodo post-adrianeo, MededRom 40, 1978, 93–113

Heres 1982 — Th. L. Heres, Paries. A Proposal for a Dating System of Late Antique Masonry Structures in Rome and Ostia A. D. 235–600 (Amsterdam 1982)

Heres 1992/1993 — Th. L. Heres, La storia edilizia delle terme dei Sette Sapienti (III X 2) ad Ostia Antica. Uno studio preliminare, MededRom 51/52, 1992/1993, 76–113

Heres 1999 — Th. L. Heres, The Building History, in: J. Th. Bakker (Hrsg.), The Mills-Bakeries of Ostia. Description and Interpretation (Amsterdam 1999) 16–33

Hermansen 1981 — G. Hermansen, Ostia. Aspects of Roman City Life (Edmonton 1981)

Hermansen 1982 — G. Hermansen, The Stuppatores and Their Guild in Ostia, AJA 86, 1982, 121–126

Jacobs 2010 — I. Jacobs, Production to Destruction? Pagan and Mythological Statuary in Asia Minor, AJA 114, 2010, 267–303

Jansen 2002 — G. C. M. Jansen, Water in de romeinse Stad. Pompeji – Herculaneum – Ostia (Leuven 2002)

Kleberg 1957 — T. Kleberg, Hôtels, restaurants, et cabarets dans l'antiquité romaine (Uppsala 1957)

Kockel 1992 — V. Kockel, Ostia im 2. Jh. n. Chr. Beobachtungen zum Wandel eines Stadtbilds, in: H. v. Hesberg – H.-J. Schalles – P. Zanker (Hrsg.), Die römische Stadt im 2. Jahrhundert n. Chr. Der Funktionswandel des öffentlichen Raumes. Kolloquium in Xanten vom 2. bis 4. Mai 1990 (Köln 1992) 99–117

Kockel 2001 — V. Kockel, Ostie. Images de la ville, in: J.-P. Descœudres (Hrsg.), Ostia, port et porte de la Rome antique. Ausstellungskatalog Genf (Genf 2001) 81–90

Kockel – Ortisi 2000 — V. Kockel – S. Ortisi, Sog. Macellum (VI 5, 2). Vorbericht über die Ausgrabungen der Universität Augsburg 1997/1998, RM 107, 2000, 351–363

Lanciani 1880 — R. Lanciani, Ostia. Intorno agli scavi del Teatro di Ostia e sue adiacenze, NSc 1880, 469–478

Lanciani 1881 — R. Lanciani, Ostia. Scavi e scoperte nell'area dell'antica città, NSc 1881, 109–120

Langner 2001 — M. Langner, Antike Graffitizeichnungen. Motive, Gestaltung und Bedeutung, Palilia 11 (Wiesbaden 2001)

Lavan 1999 — L. Lavan, The Residences of Late Antique Governors. A Gazetteer, AnTard 7, 1999, 135–164

Lavan 2003 — L. Lavan, Late Antique Urban Topography. From Architecture to Human Space, in: L. Lavan – W. Bowden (Hrsg.), Theory and Practice in Late Antique Archaeology (Leiden 2003) 171–195

Lavan 2011 — L. Lavan, Residual »pagan« Statues in Late antique Public Space, in: L. Lavan – M. Mulryan (Hrsg.), The Archeology of Late antique »Paganism«, Late Antique Archeology 7, 2009 (Leiden 2011) 439–477

Lavan 2012 — L. Lavan, Public Space in Late Antique Ostia. Excavation and Survey 2008–2011, AJA 116, 2012, 649–691

Lenzi 1998 — P. Lenzi, »Sita in loco qui vocatur calcaria«. Attività di spoliazione e forni da calce a Ostia, AMediev 25, 1998, 247–263

Leone 2007 — A. Leone, Changing Townscapes in North Africa from Late Antiquity to the Arab Conquest, Munera 28 (Bari 2007)

Letzner 1990 — W. Letzner, Römische Brunnen und Nymphaea in der westlichen Reichshälfte (Diss. Universität Münster 1990)

Lichtenberger 2003 — A. Lichtenberger, Kulte und Kultur der Dekapolis. Untersuchungen zu numismatischen, archäologischen und epigraphischen Zeugnissen, Abhandlungen des Deutschen Palästinavereins 29 (Wiesbaden 2003)

Lipps 2013 — J. Lipps, Alarichs Goten auf dem Forum Romanum? Überlegungen zu Gestalt, Chronologie und Verständnis der spätantiken Platzanlage, in: J. Lipps – C. Machado – Ph. von Rummel (Hrsg.), The Sack of Rome in 410 AD. The Event, its Context and its Impact. Proceedings of the Conference held at the German Archaeological Institute at Rome, 04–06 November 2010, Palilia 28 (Wiesbaden 2013) 103–122

Lorenzatti 1998 — S. Lorenzatti, La Domus di Giove Fulminatore, BA 49/50, 1998, 79–98

MacDonald 1986 — W. L. MacDonald, The Architecture of the Roman Empire 2. An Urban Appraisal, Yale Publications in the History of Art 35 (New Haven 1986)

Mannucci 1995 — V. Mannucci (Hrsg.), Atlante di Ostia antica (Venedig 1995)

Mansel 1963 — A. M. Mansel, Die Ruinen von Side (Berlin 1963)

Mar 1992 — R. Mar, El teatro de Tarragona y el santuario de Hércules en Ostia. Dos elementos en la transformación de las ciudades del occidente romano durante los siglos II y III d. C., in: H. v. Hesberg – H.-J. Schalles – P. Zanker (Hrsg.), Die römische Stadt im 2. Jahrhundert n. Chr. Der Funktionswandel des öffentlichen Raumes. Kolloquium in Xanten vom 2. bis 4. Mai 1990 (Köln 1992) 163–181

Mar 1996 — R. Mar, Santuarios e inversion inmobiliaria en la urbanistica ostiense del siglo II, in: A. Gallina Zevi – A. Claridge (Hrsg.), Roman Ostia Revisited. Archaeological and Historical Papers in Memory of Russell Meiggs (London 1996) 115–164

Mar 2001 — R. Mar, El santuario de Serapis en Ostia, Documents d'Arqueologia Clàssica 4 (Tarragona 2001)

Mar 2002 — R. Mar, Ostia. Una ciudad modelada por el comercio. La construcción del Foro, MEFRA 114, 2002, 111–180

Marchese 2003 — M. E. Marchese, Monumenti equestri ad Ostia Antica, RM 10, 2003, 319–328

Marinucci – Falzone 2001 — A. Marinucci – S. Falzone, La Maison de Diane (I iii 3–4), in: J.-P. Descœudres (Hrsg.), Ostia, port et porte de la Rome antique. Ausstellungskatalog Genf (Genf 2001) 230–246

Martin 1996 — A. Martin, Un saggio sulle mura del castrum di Ostia (Reg: I ins. x, 3), in: A. Gallina Zevi – A. Claridge (Hrsg.), »Roman Ostia« Revisited. Archeological and Historical Papers in Memory of Russell Meiggs (London 1996) 19–36

Martin 1999 — A. Martin, The Rises in Level at Ostia, Regio I, Insula x 3, MededRom 58, 1999, 74–76

Martin 2005 — A. Martin, Pottery at Ostia (4th to 8th centuries). The Evidence from the AAR-DAI excavations, ReiCretActa 39, 2005, 127–132

Meiggs 1960 — R. Meiggs, Roman Ostia (Oxford 1960)

Meiggs 1973 R. Meiggs, Roman Ostia [2](Oxford 1973)

Mentzu-Meimare 1996 K. Mentzu-Meimare, Der ΧΑΡΙΕΣΤΑΤΟΣ ΜΑΙΟΥΜΑΣ, ByzZ 89, 1996, 58–73

Mols 1999 S. T. A. M. Mols, Decorazione e uso dello spazio a Ostia. Il caso dell'insula III x (Caseggiato del Serapide, Terme dei Sette Sapienti e Caseggiato degli Aurighi), MededRom 58, 1999, 247–386

Murer 2016 C. Murer, The Reuse of Funerary Statues in Late Antique Prestige Buildings at Ostia, in: T. Myrup Kristensen – L. Stirling, The Afterlife of Greek and Roman Sculpture. Late Antique Responses and Practices (Michigan 2016) 177–197

Neudecker 1994 R. Neudecker, Die Pracht der Latrine. Zum Wandel öffentlicher Bedürfnisanstalten in der kaiserzeitlichen Stadt, Studien zur antiken Stadt 1 (München 1994)

Neuerburg 1965 N. Neuerburg, L'architettura delle fontane e dei ninfei nell'Italia antica (Neapel 1965)

Nibby 1819 A. Nibby, Viaggio antiquario ne' contorni di Roma. Viaggio ad Ostia (Rom 1819)

Nielsen 2002 I. Nielsen (Hrsg.), Zwischen Kult und Gesellschaft. Kosmopolitische Zentren des antiken Mittelmeerraumes als Aktionsraum von Kultvereinen und Religionsgemeinschaften, Hephaistos 24 (Augsburg 2002)

Oepen 2003 A. Oepen, Die Nutzung kaiserzeitlicher Theaterbauten in Hispanien während der Spätantike und der Westgotenzeit, in: G. Brands – H. G. Severin (Hrsg.), Die spätantike Stadt und ihre Christianisierung. Symposion vom 14. bis 16. Februar in Halle a. d. Saale (Wiesbaden 2003) 199–217

Olivanti 2001 P. Olivanti, Les fouilles d'Ostie de Vaglieri à nos jours, in: J.-P. Descœudres (Hrsg.), Ostia, port et porte de la Rome antique. Ausstellungskatalog Genf (Genf 2001) 56–65

Ortisi 1999 S. Ortisi, Das sog. Macellum von Ostia. Aufhöhungen der späten Republik und frühen Kaiserzeit vor dem Südtor des Castrum, MededRom 58, 1999, 71–73

Packer 1971 J. E. Packer, The Insulae of Imperial Ostia, MemAmAc 31 (Rom 1971)

Paoli 1979 U. E. Paoli, Das Leben im Alten Rom [3](Bern 1979)

Paribeni 1916a R. Paribeni, Frammento di annali trovato ad Ostia, BCom 44, 1916, 208–227

Paribeni 1916b R. Paribeni, NSc 1916

- Scavi sul piazzale delle Corporazioni nell' isola tra il decumano e la via della Casa di Diana 138–148
- Scavo dell' isola ad est dell' area sacra del tempio di Vulcano 399–429

Paribeni 1920 R. Paribeni, Ostia. Rinvenimenti presso la Porta Romana, NSc 1920, 156–166

Paroli 1993 L. Paroli, Ostia nella tarda antichità e nell'alto medioevo, in: L. Paroli – P. Delogu (Hrsg.), La storia economica di Roma nell'alto Medioevo alla luce dei recenti scavi archeologici (Florenz 1993) 153–175

Paschetto 1912 L. Paschetto, Ostia. Colonia romana. Storia e monumenti (Rom 1912)

Pavis d'Escurac 1976 H. Pavis d'Escurac, La préfecture de l'annone service administratif impérial d'Auguste à Constantin (Rom 1976)

Pavolini 1981 C. Pavolini, Ostia. Saggi lungo la via Severiana, NSc 35, 1981, 115–143

Pavolini 1983 C. Pavolini, Ostia. Guide Archeologiche Laterza 8 (Rom 1983)

Pavolini 1986a C. Pavolini, L'edilizia commerciale e l'edilizia abitativa nel contesto di Ostia tardo-antica, in: A. Giardina (Hrsg.), Società romana e impero tardoantico 2. Roma. Politica, economia, paesaggio urbano (Rom 1986) 239–297

Pavolini 1986b C. Pavolini, La vita quotidiana a Ostia (Rom 1986)

Pavolini 2002 — C. Pavolini, La trasformazione del ruolo di Ostia nel III sec. d. C., MEFRA 114, 2002, 325–352

Pavolini 2004 — C. Pavolini, Il rapporto Ostia – Roma, JRA 17, 2004, 589–592

Pavolini 2006 — C. Pavolini, Ostia. Guide Archeologiche Laterza 8. Nuova edizione riveduta e aggiornata (Rom 2006)

Pavolini 2011 — C. Pavolini, Un gruppo di ricche case ostiensi del tardo impero. Trasformazioni architettoniche e cambiamenti sociali, in: O. Brandt – Ph. Pergola (Hrsg.), In marmoribus vestita. Studi in onore di Federico Guidobaldi (Rom 2011) 1025–1048

Pellegrino u. a. 1994 — A. Pellegrino – P. Olivanti – F. Panariti, Mosaico di una terma extraurbana di Ostia. Atti del II Colloquio dell'Associazione Italiana per lo Studio e la Conservazione del Mosaico, Roma 5–7 dicembre 1994 (Bordighera 1994) 517–524

Pensabene – Zevi 1971 — P. Pensabene – F. Zevi, Un arco in onore di Caracalla ad Ostia, RendLinc 26, 1971, 481–525

Pensabene 1973 — P. Pensabene, Scavi di Ostia 7. I Capitelli (Rom 1973)

Pensabene 1996 — P. Pensabene, Committenza pubblica e committenza privata a Ostia, in: A. Gallina Zevi – A. Claridge (Hrsg.), »Roman Ostia« Revisited. Archeological and Historical Papers in Memory of Russell Meiggs (London 1996) 185–222

Pensabene 1999 — P. Pensabene, I rivestimenti marmorei del ninfeo degli Eroti ad Ostia, in: Atti del VI Colloquio dell'Associazione Italiana per lo Studio e la Conservazione del Mosaico, Venezia 20–23 gennaio 1999 (Ravenna 1999) 341–350

Pensabene 2002 — P. Pensabene, Committenza edilizia a Ostia tra la fine del I e i primi decenni del III secolo. Lo studio dei marmi e della decorazione architettonica come strumento d'indagine, MEFRA 114, 2002, 181–324

Pensabene 2004 — P. Pensabene, Reimpiego e depositi di marmi a Roma e Ostia tra la seconda meta del IV e i primi decenni del V secolo, in: M. Fixot (Hrsg.), Paul-Albert Février, de l'antiquité au moyen âge. Actes du colloque de Fréjus, 7 et 8 avril 2001 (Aix-en-Provence 2004) 281–297

Pensabene 2007 — P. Pensabene, Ostiensium marmorum decus et decor. Studi architettonici, decorativi e archeometrici, Studi miscellanei 33 (Rom 2007)

Picard – Baillon 1992 — G. C. Picard – M. Baillon, Le théâtre romain de Carthage, in: Histoire et archéologie de l'Afrique du Nord. Spectacles, vie portuaire, religions. Actes du Ve Colloque international, réuni dans le cadre du 115e Congrès national des Sociétés savantes, Avignon 9–13 avril 1990 (Paris 1992) 11–27

Pisano Sartorio 1996 — LTUR 4 (Rom 1996) 269–272 s. v. Septizonia (G. Pisano Sartorio)

Poccardi 2001 — G. Poccardi, Thermes et bains de l'Ostie antique, in: J.-P. Descœudres (Hrsg.), Ostia, port et porte de la Rome antique. Ausstellungskatalog Genf (Genf 2001) 161–171

Prusac 2011 — M. Prusac, From Face to Face. Recarving of Roman Portraits and the Late-Antique Portrait Arts, Monumenta Graeca et Romana 18 (Leiden 2011)

Ratté 2001 — Ch. Ratté, New Research on the Urban Development of Aphrodisias in Late Antiquity, in: D. C. Parrish (Hrsg.), Urbanism in Western Asia Minor. New Studies on Aphrodisias, Ephesos, Hierapolis, Pergamon, Perge and Xanthos, JRA Suppl. 45 (Portsmouth 2001) 117–147

Retzleff 2001 — A. G. Retzleff, The Orchestra Space in Theaters of the Roman and Byzantine Near East (Diss. University of North Carolina, Chapel Hill 2001)

Ricciardi – Scrinari 1996 — M. A. Ricciardi – V. S. M. Scrinari, La civiltà dell'acqua in Ostia Antica 1–2 (Rom 1996)

Rieger 2004 — A. K. Rieger, Heiligtümer in Ostia, Studien zur antiken Stadt 8 (München 2004)

Riva 1999 — S. Riva, Le cucine delle case di Ostia, MededRom 58, 1999, 117–128

Robert 1937 — L. Robert, Études anatoliennes. Recherches sur les inscriptions grecques de l'Asie mineure (Paris 1937)

Rothaus 2000 — R. M. Rothaus, Corinth. The First City of Greece. An Urban History of Late Antique Cult and Religion, Religions in the Graeco Roman World 139 (Leiden 2000)

Roueché 1989 — Ch. Roueché, Aphrodisias in Late Antiquity. The Late Roman and Byzantine Inscriptions Including Texts from the Excavations at Aphrodisias (London 1989)

Roueché 1993 — Ch. Roueché, Performers and Partisans at Aphrodisias in the Roman and Late Rome Period. A Study Based on Insciptions from the Current Excavation at Aphrodisias in Canea (London 1993)

Roueché 1999 — Ch. Roueché, Looking for Late Antique Ceremonial. Ephesos and Aphrodisias, in: Friesinger – Krinzinger 1999, 161–168

Roueché 2002 — Ch. Roueché, Images of Performance. New Evidence from Ephesos, in: P. Easterling - E. Holl (Hrsg.), Greek and Roman Actors. Aspects of an Ancient Profession (Cambridge 2002) 251–281

Roueché – Erim 1990 — Ch. Roueché – K. T. Erim (Hrsg.), Aphrodisias Papers. Recent Work on Architecture and Sculpture, JRA Suppl. 1 (Ann Arbor 1990)

Roueché – Smith 1996 — Ch. Roueché – R. R. R. Smith (Hrsg.), Aphrodisias Papers 3. The Setting and Quarries, Mythological and Other Sculptural Decoration, Architectural Development, Portico of Tiberius, and Tetrapylon. Including the Papers Given at the Fourth International Aphrodisias Colloquium Held at the King's College, London on 14 March 1992, in Memory of K. T. Erim, JRA Suppl. 20 (Ann Arbor 1996)

Scheithauer 2000 — A. Scheithauer, Kaiserliche Bautätigkeit in Rom. Das Echo in der antiken Literatur, Heidelberger althistorische und epigraphische Studien 32 (Stuttgart 2000)

Scherrer 1995 — P. Scherrer, Der Neubau von Ephesos unter Kaiser Theodosius I., in: La Ciutat en el món romà. Actes XIV Congrés International d'Arqueologia Clàssica, Tarragona, 5.–11. Sept. 1993 (Tarragona 1995) 388–389

Scherrer – Trinkl 2006 — P. Scherrer – E. Trinkl, Die Tetragonos Agora in Ephesos. Grabungsergebnisse von archaischer bis in byzantinische Zeit. Ein Überblick. Befunde und Funde Klassischer Zeit, FiE 13, 2 (Wien 2006)

Schmölder 2001 — A. Schmölder, Le ravitaillement en eau, in: J.-P. Descœudres (Hrsg.), Ostia, port et porte de la Rome antique. Ausstellungskatalog Genf (Genf 2001) 100–107

Schmölder-Veit 2010 — A. Schmölder-Veit, Nymphäumsräume. Neue Treffpunkte in der spätantiken Stadt, in: N. Burkhardt – R. Stichel (Hrsg.), Die antike Stadt im Umbruch. Kolloquium in Darmstadt, 19. bis 20. Mai 2006 (Wiesbaden 2010) 109–120

Sears 2006 — F. B. Sears, Roman Theaters. An Architectural Study, Oxford Monographs on Classical Archaeology (Oxford 2006)

Segal 1997 — A. Segal, From Function to Monument. Urban Landscapes of Roman Palestine, Syria and Provincia Arabia (Oxford 1997)

Smith – Erim 1991 — R. R. R. Smith – K. T. Erim (Hrsg.), Aphrodisias Papers 2. The Theatre, a Sculptor's Work Shop, Philosophers, and Coin-types, JRA Suppl. 2 (Ann Arbor 1991)

Smith – Ratté 2004 R. R. R. Smith – Ch. Ratté, Archeological Research at Aphrodisias in Caria, 1999–2001, AJA 108, 2004, 145–186

Steuernagel 2004 D. Steuernagel, Kult und Alltag in römischen Hafenstädten. Soziale Prozesse in archäologischer Perspektive, Potsdamer Altertumswissenschaftliche Beiträge 11 (Stuttgart 2004)

Streubel 2010 B. Streubel, Ostia – Entwicklung und Visualisierung der Geländeniveaus im Stadtraum, in: N. Burkhardt – R. Stichel (Hrsg.), Die antike Stadt im Umbruch. Kolloquium in Darmstadt, 19. bis 20. Mai 2006 (Wiesbaden 2010) 84–92

Thür 1999 H. Thür, Die spätantike Bauphase der Kuretenstraße, in: R. Pillinger (Hrsg.), Efeso paleocristiana e bizantina – Frühchristliches und byzantinisches Ephesos. Referate des vom 22. bis 24. Februar 1996 im Historischen Institut beim Österreichischen Kulturinstitut in Rom durchgeführten internationalen Kongresses aus Anlass des 100-jährigen Jubiläums der österreichischen Ausgrabungen in Ephesos (Wien 1999) 104–120

Tosi 2003 G. Tosi, Gli edifici per spettacoli nell'Italia romana (Rom 2003)

Traversari 1950 G. Traversari, Tetimimo e Colimbétra. Ultime manifestazioni del teatro antico, Dioniso 13, 1950, 18–35

Traversari 1952 G. Traversari, Nuovi contributi alla conoscenza della colimbétra teatrale e del tetimimo, Dioniso 15, 1952, 302–311

Tuttahs 1998 G. Tuttahs, Milet und das Wasser. Ein Beispiel für die Wasserwirtschaft einer antiken Stadt (Diss. Universität Essen 1998)

Vaglieri 1908 D. Vaglieri, Ostia. Nuove scoperte nell'ambito dell'antica città, NSc 1908, 247–249

Vaglieri 1909 D. Vaglieri, NSc 1909

- Ostia. Nuove scoperte tra la via dei Sepolcri e le Terme, 17–28
- Ostia. Nuove scoperte tra la via dei Sepolcri, le Terme ed il Teatro, 82–99
- Ostia. Nuove scoperte presso le Terme, 116–131
- Ostia. Scoperte di un nuovo portico presso la via del Teatro, 231–240

Vaglieri 1910 D. Vaglieri, NSc 1910

- Ostia. Scoperte nelle Terme e nei sepolcri. Scoperta della porta principale e della via Ostiense, 3–33
- Ostia. Sterro lungo la via Ostiense, presso la porta lungo la via del Teatro, 58–72
- Ostia. Sterri nell'area delle tombe, sulla via principale e intorno al Teatro, 93–114
- Ostia. Scoperta della cinta urbana e di una chiesetta medievale, 134–139
- Ostia. Scavi presso la porta e lungo la via principale, 228–238
- Ostia. Richerche nell'area dei sepolcri e scoperte varie, 549–555

Vaglieri 1911 D. Vaglieri, NSc 1911

- Ostia. Scoperte varie. Avanzi repubblicani, 193–201
- Ostia. Scavi presso le porte, nella caserma dei Vigili, nelle Terme e presso il piccolo mercato, 403–410

Vaglieri 1912 D. Vaglieri, Ostia. Scavi nella tombe. Richerche nel portico sul Decumano. Scavi nella via dei Vigili presso la Caserma, e presso il Tempio di Vulcano, NSc 1912, 235–245

Vaglieri 1913 D. Vaglieri, NSc 1913
- Ostia. Scavi nella necropoli. Pianta delle Terme. Scavi nella via della Fullonica, in quella delle Corporazioni, e nel piazzale dietro il Teatro, 10–16
- Ostia. Scavi nella necropoli, in via delle Corporazioni, nel Teatro, sotto i Quattro Tempietti, sul Decumano. Scoperte varie, 46–51
- Ostia. Scavi nella necropoli. Scoperta di creta fullonica. Case di via delle Corporazioni. Scavo del Teatro e nell'area innanzi ai Quattro Tempietti, 71–81
- Ostia. Scavi e ricerche nel Decumano, in via delle Corporazioni, nel portico dietro il Teatro, nel Teatro, ad ovest di questo, nel piazzale innanzi ai Quattro Tempietti, nella via ad ovest del Piccolo Mercato, 120–141
- Ostia. Scavi sul Decumano, nel Teatro, nell'area dei Quattro Tempietti, ad ovest della Piscina. Via tecta, 174–184
- Ostia – Scavo del Decumano. Scoperte varie, 204–220
- Ostia. Scavi nel Teatro, nell'area dei Quattro Tempietti, sul Decumano, nel Foro e nell'area di Vulcano. Scoperte varie, 227–240
- Ostia. Via delle corporazioni, Teatro, Decumano. Scoperta di taberne repubblicane sotto l'area del tempio di Vulcano. Mura repubblicane. Scoperte varie, 295–307
- Ostia. Scoperte nel Teatro e sul Decumano, 351–355
- Ostia. Scavi nella necropoli Ostiense. Terme. Teatro. Area dei Quattro Tempietti. Decumano. Area del tempio di Vulcano, 391–404
- Ostia. Scavi nell'area delle tombe, nel Teatro e nell'area del tempio di Vulcano. Scoperte varie, 444–447
- Ostia. Scavi nel Teatro, nell'area dei Quattro Tempietti, sul Decumano, nel Foro e nell'area di Vulcano, 469–472

Vaglieri 1914 D. Vaglieri, Ostia. Cenni storici e guida (Rom 1914)

van der Meer u. a. 2005 L. B. van der Meer – N. L. C. Stevens – H. Stoeger, Domus fulminata. The House of the Thunderbolt at Ostia (III, vii, 3–5), BaBesch 80, 2005, 91–110

van Essen 1956–1958 C. van Essen, Studio cronologico sulle pitture parietali di Ostia, Bullettino della Commissione Archeologica Comunale di Roma 76, 1956–1958, 155–181

Visconti 1857 C. L. Visconti, BdI 39, 1857, 281

von Hesberg 1998 H. von Hesberg, Minerva Custos Urbis – zum Bildschmuck der Porta Romana in Ostia, in: P. Kneissel – V. Losemann (Hrsg.), Imperium Romanum. Studien zur Geschichte und Rezeption. Festschrift K. Christ (Stuttgart 1998) 370–378

Vorster 2004 Ch. Vorster, Museo Gregoriano Profano. Katalog der Skulpturen II 2. Römische Skulpturen des späten Hellenismus und der Kaiserzeit 2. Werke nach Vorlagen und Bildformeln hellenistischer Zeit, MAR 34 (Wiesbaden 2004)

Ward-Perkins 2006 A. Ward-Perkins, The Fall of Rome and the End of Civilization (New York 2006)

Weiss – Talgam 2002 Z. Weiss – R. Talgam, The Nile Festival Building and its Mosaics. Mythological Representations in Early Byzantine Sepphoris, in: J. Humphrey (Hrsg.), The Roman and Byzantine Near East III, JRA Suppl. 49 (Portsmouth 2002) 61–73

Wickert 1933 L. Wickert, Supplementum Ostiense, Fasc. 2, in: H. Dessau (Hrsg.), Inscriptiones Latii Veteris Latinae, CIL XIV (Berlin 1933)

Wiegand 1919 — Th. Wiegand, Die Entwicklung der antiken Brunnenarchitektur, in: J. Hülsen, Milet. Ergebnisse der Ausgrabungen und Untersuchungen seit dem Jahre 1899. 1, 5. Das Nymphaeum (Berlin 1919) 73–80

Wittmann 2004 — S. Wittmann, Mehrgeschossige Fassadennymphäen. Untersuchungen einer kaiserzeitlichen Bauform (unpublizierte Magisterarbeit Berlin 2004)

Wrede 1981 — H. Wrede, Consecratio in formam deorum. Vergöttlichte Privatpersonen in der römischen Kaiserzeit (Mainz 1981)

Zevi 1971 — F. Zevi, Miscellanea Ostiense, RendLinc 26, 1971, 449–470

Zevi 2004 — F. Zevi, Cicero and Ostia, in: A. Gallina Zevi – J. H. Humphrey (Hrsg.), Ostia, Cicero, Gamala, Feasts, & the Economy. Papers in Memory of John H. D'Arms, JRA Suppl. 57 (Portsmouth 2004) 15–32

Verzeichnis antiker Autoren

A. Adler (Hrsg.), Sudiae Lexicon, ed., I–V (Leipzig 1928–1938)

L. Dindorf (Hrsg.), Ioannis Malalae Chronographia (Bonn 1831)

G. Fatouros (Übers.), Libanius. Kaiserreden (Stuttgart 2002)

M. H. Rocha-Pereira (Hrsg.), Pausaniae Graeciae descriptio ²(Leipzig 1989)

J. A. Wagner – C. Erfurdt (Hrsg.), Res gestae Ammianus Marcellinus (Leipzig 1808, wiederabgedruckt Hildesheim 1975)

W. Wright (Übers.), The Chronicle of Joshua the Stylite, Composed in Syriac A. D. 507 (Cambridge 1882, wiederabgedruckt 1968)

R. Wünsch (Hrsg.), Ioannis Lydi de mensibus (Leipzig 1898)

Zitierte Zeitungen

The Times (London), 31.12.1857, 6: »Excavations at Ostia. – The works now going on ...«

The Times (London), 7.5.1858, 6: »The Excavations at Ostia. – A letter from Rome gives some additional details ...«

The Times (London), 2.6.1858, 6

Il Giornale di Roma vom 15.5.1858 und 28.3.1860

Abbildungsnachweis

Alle Abbildungen konnten dank der steten Unterstützung und dem großzügigen Entgegenkommen der Sopraintendenz von Ostia und Rom von A. Gering erstellt werden. Das geschah in einer ersten Fotokampagne mit der Genehmigung von Anna Gallina Zevi in den Jahren 2004–2005 (zu den Ausgrabungen an den Terme Piccole und der Exedra). Eine zweite Fotokampagne fand mit der Genehmigung des Direktors der Scavi di Ostia, Angelo Pellegrino und autorisiert vom damaligen Sopraintendenten Giuseppe Proietti in den Jahren 2008–2012 (zu den damals laufenden »Berlin-Kent-Ostia Excavations« am Foro della Statua Eroica und dem Forum) statt. Die unbürokratische Art, dieses Material der Wissenschaft im Rahmen des Projektübereinkommens zu den »Berlin-Kent-Ostia Excavations« von 2007 in mehreren Aufsätzen und auch in der vorliegenden Form autorisiert zur Verfügung stellen zu können, sei hier gesondert hervorgehoben!

Abb. 1	A. Gering (auf Basis des Plans von I. Gismondi 1925, in: Calza u. a. 1953, 65 Abb. 17)
Abb. 2	A. Gering (auf Basis des Plans von I. Gismondi – O. Visca 1949, in: Calza u. a. 1953, Beil. 5 und 10)
Abb. 3	A. Gering
Abb. 4	A. Gering (nach Kockel 2001, 86 Abb. 8)
Abb. 5	A. Gering
Abb. 6	A. Gering (auf Basis des Plans von I. Gismondi – O. Visca 1949, in: Calza u. a. 1953, 164, Abb. 36)
Abb. 7–14	A. Gering
Abb. 15	A. Gering (auf Basis des Plans von I. Gismondi – O. Visca 1949, in: Calza u. a. 1953, 164, Abb. 36, mit Erweiterungen nach M. Heinzelmann, Les necropoles d'Ostie. Topographie, développement, architecture, structuresociale, in: Descœudres 2001, 374 Abb. 1)
Abb. 16	A. Gering (auf Basis des Plans von I. Gismondi – O. Visca 1949, in: Calza u. a. 1953, Beil. 5)
Abb. 17–29	A. Gering
Abb. 30	A. Gering (auf Basis des Plans von I. Gismondi – O. Visca 1949, in: Calza u. a. 1953, Beil. 4. 8 und 9)
Abb. 31	A. Gering (Collage des Plans von G. Gatti 1909, in: Ricciardi – Scrinari 1996, 18, Abb. 4 und eines vergrößerten Bildausschnitts daraus)
Abb. 32. 33	A. Gering
Abb. 34	A. Gering (auf Basis des Plans von G. Gatti 1909, in: Ricciardi – Scrinari 1996, 18, Abb. 4)
Abb. 35	A. Gering (auf Basis des Plans von I. Gismondi – O. Visca 1949, in: Calza 1953, Beil. 9)
Abb. 36–38	A. Gering
Abb. 39	A. Gering (auf Basis des Plans von I. Gismondi – O. Visca 1949, in: Calza 1953, Beil. 4 und 9)
Abb. 40	A. Gering
Abb. 41	A. Gering (nach Ricciardi – Scrinari 1997, 200 Abb. 351)
Abb. 42–45	A. Gering
Abb. 46	A. Gering (auf Basis des Plans von I. Gismondi 1912, in: Ricciardi – Scrinari 1997, 199 Abb. 350)
Abb. 47–53	A. Gering
Abb. 54	A. Gering (auf Basis des Plans R. Lanciani 1881, aus: Rieger 2004, 246 Abb. 207 a)
Abb. 55	A. Gering (auf Basis des Plans von I. Gismondi 1954, in: Ricciardi – Scrinari 1996, 116 Abb. 169)
Abb. 56–65	A. Gering
Abb. 66	A. Gering (auf Basis Bollmann 1998, Abb. 57)
Abb. 67–70	A. Gering
Abb. 71	A. Gering (auf Basis des Plans von R. Lanciani 1881, aus: Rieger 2004, 246, Abb. 207 a)
Abb. 72	A. Gering (auf Basis des Plans von I. Gismondi – O. Visca 1949, in: Calza 1953, Beil. 8 und 9
Abb. 73. 74	A. Gering
Abb. 75	A. Gering (auf Basis I. Gismondi 1914, aus: Ricciardi – Scrinari 1996, 38, Abb. 38)
Abb. 76–88	A. Gering
Abb. 89	A. Gering (auf Basis des Plans von I. Gismondi 1914, in: Ricciardi – Scrinari 1996, 38 Abb. 38)
Abb. 90	A. Gering (auf Basis Ricciardi – Scrinari 1997, 209, Abb. 370 [Archivio Ostia B 2100])

Abb. 91 A. Gering (Ausschnitt aus dem Plan von I. Gismondi – O. Visca 1949, in: Calza 1953, Beil. 8)
Abb. 92–94 A. Gering
Abb. 95 A. Gering (auf Basis des Plans von I. Gismondi – O. Visca 1949, in: Calza 1953, Beil. 8)
Abb. 96–99 A. Gering
Abb. 100 A. Gering (auf Basis des Plans von I. Gismondi – O. Visca 1949, in: Calza 1953, Beil. 2. 3. 7. 8)
Abb. 101 A. Gering (auf Basis des Plans von I Gismondi – O. Visca 1949, in: Calza 1953, Beil. 8)
Abb. 102 A. Gering (auf Basis des Plans von I Gismondi – O. Visca 1949, in: Calza 1953, Beil. 8)
Abb. 103–111 A. Gering
Abb. 112 A. Gering (auf Basis des Plans von W. Fioroni, aus: Ricciardi – Scrinari 1997, 38 Abb. 53 und UAV-Fotos Ch. Krug 2010)
Abb. 113. 114 A. Gering
Abb. 115 A. Gering (Fotomosaik auf Basis von UAV-Fotos von Ch. Krug 2010, H. P. Thamm 2011, B. Takats 2015 sowie Fotomosaiken von A. Gering, Plangrundlage Mannucci 1995)
Abb. 116 A. Gering (auf Basis des Plans von I Gismondi – O. Visca 1949, in: Calza 1953, Beil. 8)
Abb. 117 A. Gering
Abb. 118 A. Gering (Fotomosaik auf Basis von UAV-Fotos von Ch. Krug 2010, H. P. Thamm 2011 sowie Fotomosaiken von A. Gering, Plangrundlage Mannucci 1995)
Abb. 119 A. Gering (Fotomosaik A. Gering auf Plangrundlage A. Gering – L. Lavan)
Abb. 120–122 A. Gering
Abb. 123 A. Gering (auf Basis der Zeichnung von A. Obermann 2009)
Abb. 124–146 A. Gering
Abb. 147 A. Gering (Fotomosaik auf Basis von UAV-Fotos von Ch. Krug 2010, Plangrundlage Mannucci 1995, Plangrundlage (oben) Paribeni 1916b, Abb. 1)
Abb. 148–152 A. Gering
Abb. 153 A. Gering (Fotomosaik auf Basis von UAV-Fotos von Ch. Krug 2010, Plangrundlage Mannucci 1995)
Abb. 154 A. Gering (Fotomosaik auf Basis von UAV-Fotos von Ch. Krug 2010, H. P. Thamm 2011, B. Takats 2015 sowie Fotomosaiken vom A. Gering, Plangrundlage Mannucci 1995)
Abb. 155 A. Gering (auf UAV-Bild H. P. Thamm 2011)
Abb. 157 A. Gering (auf Basis von Fotomosaiken A. Gering 2015 und 3-D-Orthofoto H. P. Thamm 2011)
Abb. 158 A. Gering (auf Basis des Plans von I. Gismondi – O. Visca 1949, in: Calza 1953, Beil. 2. 3. 7 und 8)
Abb. 159. 160 A. Gering
Abb. 161 A. Gering (auf Basis CAD-Modell H. Engels – S. Horacek 2012)
Abb. 162 A. Gering
Abb. 163. 164 A. Gering (auf Basis Orthoschnitt von Laserscans U. Lieberwirth 2011)
Abb. 165 A. Gering
Abb. 166 A. Gering (auf Basis des Plans von I. Gismondi – O. Visca 1949, in: Calza 1953, Beil. 2. 3. 7 und 8)
Abb. 167 A. Gering
Abb. 168 A. Gering (auf Basis von Fotomosaiken A. Gering 2015 und 3-D-Orthofoto H. P. Thamm 2011)
Abb. 169 A. Gering
Abb. 170 A. Gering (auf Basis von Fotomosaiken A. Gering 2015 und 3-D-Orthofoto H. P. Thamm 2011)
Abb. 171. 172 A. Gering (auf Basis 3-D-Modell der Sopraintendenz von Ostia 2001)
Abb. 173 A. Gering (auf Basis von 3-D-Modell B. Fritsch 2011)
Abb. 174–179 A. Gering
Abb. 180 A. Gering (auf Basis des Plans von I. Gismondi – O. Visca 1949, in: Calza 1953, 164, Abb. 36
Abb. 181–184 A. Gering
Abb. 185 A. Gering (nach Ricciardi – Scrinari1997, 69 Abb. 116)
Abb. 186 A. Gering (auf Basis des Plans von D. Vaglieri 1910, in: Pavolini 1986, 58)
Abb. 187. 188 A. Gering
Abb. 189 A. Gering (auf Basis des Plans von I. Gismondi 1913, aus: Ricciardi – Scrinari 1997, 71 Abb. 121)
Abb. 190–210 A. Gering
Abb. 211 A. Gering (auf Basis des Plans von I. Gismondi – O. Visca 1949, in: Calza 1953, 164 Abb. 36)

Abb. 212	A. Gering (auf Basis des Plans von I. Gismondi – O. Visca 1949, in: Calza 1953, Beil. 6. 7. 11 und 12)
Abb. 213–216	A. Gering
Abb. 217	A. Gering (auf Basis des Plans von I. Gismondi – O. Visca 1949, in: Calza 1953, Beil. 6. 7. 11 und 1)
Abb. 218	A. Gering (auf Basis Ricciardi – Scrinari 1996, 126 Abb. 191)
Abb. 219–227	A. Gering
Abb. 228	A. Gering (auf Basis des Plans von I. Gismondi – O. Visca 1949, in: Calza 1953, Beil. 1. 2. 6 und 7)
Abb. 229	A. Gering – S. Wittmann (auf Basis der Plangrundlage Mannucci 1995)
Abb. 230	A. Gering
Abb. 231	A. Gering (auf Basis Mar 2001, Abb. 44)
Abb. 232–251	A. Gering
Abb. 252	A. Gering (auf Basis des Plans von I. Gismondi – O. Visca 1949, in: Calza 1953, Beil. 6. 7. 11. 12 und 14)
Abb. 253–258	A. Gering
Abb. 259	A. Gering (auf Basis des Plans von I. Gismondi – O. Visca 1949, in: Calza 1953, Beil. 11)
Abb. 260	A. Gering (auf Basis GdS 1968 ohne Nr.)
Abb. 261. 262	A. Gering (auf Basis Luftfotos H. P. Thamm)
Abb. 263–265	A. Gering
Abb. 266	A. Gering (auf Basis der Plangrundlage Ratté 2001, Taf. 1. 2)
Abb. 267–280	A. Gering
Abb. 281	A. Gering (auf Basis der Plangrundlage Scherrer 2001, Abb. 1)
Abb. 282–288	A. Gering